Sozialwissenschaften

Wirtschaft Gesellschaft Politik

Jahrgangsstufen 12/13

Herausgegeben von
Franz Josef Floren

Schöningh

www.schoeningh-schulbuch.de
Schöningh Verlag, Jühenplatz 1–3, 33098 Paderborn

Druck A 5 4 3 2 1 / Jahr 2010 09 08 07 06
Alle Drucke der Serie A sind im Unterricht parallel verwendbar.
Die letzte Zahl bezeichnet das Jahr dieses Druckes.

Umschlaggestaltung: Hans Kießling
Druck und Bindung: westermann druck GmbH, Braunschweig

ISBN 13: 978-3-14-023995-0
ISBN 10: 3-14-023995-5

Inhaltsverzeichnis

Zur Einführung

Der vorliegende Band versteht sich als Fortsetzung des gleichnamigen Bandes für die Jahrgangsstufe 11. Er berücksichtigt die zentralen Themen und Gegenstände der Inhaltsfelder III, IV, V und VI der Richtlinien für das Fach Sozialwissenschaften des Landes NRW und der Lernbereiche in den Richtlinien anderer Bundesländer. Neben den in der Reihe „Sozialwissenschaften" erschienenen Einzelheften für diese Inhaltsfelder, die weitergeführt werden, liegt damit ein kompakter Gesamtband vor, der eine verlässliche, sich auf die wichtigsten Aspekte konzentrierende Grundlage für die Unterrichtsarbeit in den Jahrgangsstufen 12 und 13 darstellt (auch im Hinblick auf die zentralen Vorgaben für die schriftliche Abiturprüfung in NRW).

- Die Zusammenfassung der inhaltsfeldbezogenen Themen in fünf Kapiteln eines Gesamtbandes bietet für die *Praxis der Unterrichtsarbeit* u. a. den Vorteil, dass Aspekte verschiedener Lernfelder miteinander verbunden oder in Beziehung zueinander gesetzt werden können und so z. B. die Voraussetzung geschaffen wird für die Erarbeitung von inhaltsfeldübergreifenden Themen und Unterrichtssequenzen, die von Lehrenden und Lernenden je nach Interessenlage und Aktualität selbst konzipiert werden können. Zahlreiche *Querverweise* in allen Teilen des Bandes und das differenzierte *Register* erleichtern ein solches Verfahren.

- *Ökonomische Themen* machen den inhaltlichen Schwerpunkt des Bandes aus, nicht nur, weil das Kapitel zur Wirtschaftspolitik (C) umfangreicher als die übrigen Kapitel angelegt ist, sondern auch, weil in den Kapiteln zur Sozialstruktur und Sozialpolitik (B), zur EU-Politik (D) und zu den globalen politischen Strukturen (E) ökonomische Aspekte eine wesentliche Rolle spielen. Über die inhaltliche Schwerpunktsetzung und *Binnenstrukturierung der einzelnen Kapitel* informiert jeweils ein *Einleitungstext „Zur Orientierung"* (im Anschluss an eine Auftaktseite, deren Abbildungen auf unterschiedliche thematische Aspekte des Kapitels verweisen). Er enthält auch Hinweise auf leicht verfügbare zusätzliche *Informationsmaterialien* für die Hand aller Schülerinnen und Schüler und auf wenige ausgewählte, für Schülerinnen und Schüler geeignete *Titel aus der wissenschaftlichen Literatur* (z. B. für Schülerreferate und Jahresarbeiten). Verweise auf *Internet-Informationsmöglichkeiten* werden durchgehend zu den Abschnitten und Materialien selbst gegeben. Dass Internetadressen in vielen Fällen schnell „veralten" können, muss dabei in Kauf genommen werden.

- Die *didaktische und methodische Konzeption* des Bandes folgt den vom Autor in den bisherigen Bänden verfolgten Prinzipien. Sie orientiert sich nachdrücklich an dem Grundsatz, dass „politische Urteilsbildung auf den intensiven Austausch von Wissen – nicht nur von Meinungen oder alltäglichen Vorurteilen – angewiesen [ist], wenn die Schülerinnen und Schüler zu einer realistischen Beurteilung politischen Handelns und politischer Wirklichkeit hingeführt werden sollen." (Georg Weißeno, Politische Urteilsbildung in Schulbüchern. In: Politische Urteilsbildung, Bundeszentrale für politische Bildung, Bonn 1997, S. 275). Dem Ziel der „eigenständigen Bearbeitung problemhaltiger Aufgaben in methodisch gesicherten Formen" (Wolfgang Sander [Hg.], Handbuch zur politischen Bildung, Bonn 2005, S. 218) und der *Sicherung eines sozialwissenschaftlichen Fundaments* für die Unterrichtsarbeit soll insbesondere die Gestaltung der *Arbeitshinweise* dienen. Als Angebot verstanden, verbinden sie Strukturierungshilfen zur selbstständigen Erarbeitung vielfältiger Materialien und zur Erschließung gedanklicher Zusammenhänge mit Anregungen zur methodischen Reflexion, zur Argumentation und Diskussion und werden von Fall zu Fall durch Vorschläge für besondere Arbeitsformen (z. B. Gruppenarbeit) ergänzt.

- Materialien zur vertiefenden Betrachtung *sozialwissenschaftlicher Methoden und Theorieansätze* sind z. T. in den thematischen Zusammenhang eingebunden (auch auf grafisch hervorgehobenen *„Sonderseiten"*), z. T. finden sie sich im *Anhang*, der auch Hinweise zu einigen *Unterrichtsmethoden* enthält. Glossarbegriffe sind im Text markiert (*).

Für Rückmeldungen und kritische Hinweise (gerichtet an den Schöningh Verlag, Jühenplatz 1–3, 33098 Paderborn; Fax: 05251/127-860; E-Mail: info@schoeningh.de) ist der Verfasser dankbar.

A Politische Strukturen und Prozesse in Deutschland

(Foto: action press/MÜLLER-STAUFFENBERG, HARTMUT)

(Foto: © dpa-Report)

(Foto: © dpa-Fotoreport)

(Foto: action press/MÜLLER-STAUFFENBERG, HARTMUT)

Zur Orientierung

Das vorliegende Kapitel versucht, grundlegende Aspekte des Inhaltsfeldes mit solchen zu verbinden, die sich aus der aktuellen politischen Problemlage und der darauf bezogenen politikwissenschaftlichen Diskussion ergeben. Es eignet sich auch insofern als Grundlage für den ersten Unterrichtsabschnitt innerhalb des zweijährigen Durchgangs durch die Jahrgangsstufen 12 und 13, als einleitend die *Politikwissenschaft* als Teildisziplin der *Sozialwissenschaften* dargestellt (M 1), der Stellenwert grundlegender Begriffe wie „System" und „Modell" verdeutlicht wird (M 5) und die Klärung des „Politik"-Begriffs (M 2) auch für die Beschäftigung mit den beiden folgenden Kapiteln (Sozialpolitik, Wirtschaftspolitik) hilfreich sein kann. Die *Dimensionen* des Politischen (Form, Inhalt, Prozess) werden an einem konkreten Beispiel aus der Kommunalpolitik verdeutlicht (M 3).
Die beiden folgenden Abschnitte (zu grundlegenden *Demokratietheorien* [M 6 – M 10], zum Modell des *Grundgesetzes* [M 12 – M 15] und zu den *Verfassungsinstitutionen des parlamentarischen Systems* [M 16 – M 24; mit Exkurs zur *Föderalismusreform*]) können je nach Vorwissen der Schülerinnen und Schüler (aus dem Unterricht in der Jgst. 11) vollständig oder in Auswahl bearbeitet werden.
Der Hauptteil des Kapitels ist sodann der Erörterung zentraler Problemaspekte des politischen Systems gewidmet und orientiert sich grob an folgenden Fragen:

- Welche *Strukturmerkmale des Regierens* bestimmen – neben oder in Konkurrenz zu den Verfassungsinstitutionen – die politischen Entscheidungsprozesse in Deutschland (Typisierungen: Wettbewerbs- vs. Konsensusdemokratie, Koalitionsdemokratie, Kanzlerdemokratie)? (M 25 – M 29)
- Wie nehmen die *politischen Parteien* ihre Funktionen wahr? Wie hat sich das Parteiensystem nach den Bundestagswahlen 2005 verändert? (M 30 – M 37) Hilft mehr *„direkte Demokratie"* gegen „Parteienverdrossenheit"? (M 38 – M 40)
- Wandelt sich die Parteiendemokratie zur „*Mediendemokratie*"? Wie ist die „Macht der Medien" einzuschätzen? (M 41 – M 45)
- Welchen Einfluss haben die *Verbände*? Überwuchert zunehmender *Lobbyismus* den parlamentarischen Entscheidungsprozess? (M 46 – M 56)

Als zusätzliche Information für die Hand der Schülerinnen und Schüler können von der Bundeszentrale für politische Bildung die beiden Hefte der *Informationen zur politischen Bildung* Nr. 284 (Demokratie) und Nr. 275 (Föderalismus in Deutschland) sowie das *„pocket politik"* im Klassensatz bezogen werden.
Zur vertiefenden Information sei aus der umfangreichen *wissenschaftlichen* Literatur auf folgende Titel hingewiesen:

- Zur Einführung in die *Politikwissenschaft*:
  Anton Pelinka, Grundzüge der Politikwissenschaft, Böhlau Verlag, Wien 2004, UTB 2613
  Werner J. Patzelt, Einführung in die Politikwissenschaft, Wissenschaftsverlag Richard Rothe, Passau 2003
- Zum Gesamtkomplex, insbesondere zum *politischen System* und zum *politischen Prozess:*
  Wolfgang Rudzio, Das politische System der Bundesrepublik Deutschland, VS Verlag für Sozialwissenschaften, Wiesbaden, 7. Aufl. 2006
  Karl-Rudolf Korte/Manuel Fröhlich, Politik und Regieren in Deutschland, Verlag Ferdinand Schöningh, Paderborn 2004, UTB 2436
- Zur „*Mediendemokratie*":
  Winfried Schulz, Politische Kommunikation, VS Verlag für Sozialwissenschaften, Wiesbaden, 2. Aufl. 2006
- Zum Einfluss der *Verbände:*
  Martin Sebaldt/Alexander Straßner, Verbände in der Bundesrepublik Deutschland, VS Verlag für Sozialwissenschaften, Wiesbaden 2004
  Thomas Leif/Rudolf Speth (Hrsg.), Die fünfte Gewalt. Lobbyismus in Deutschland, Bundeszentrale für politische Bildung, Bonn 2006

I. Grundbegriffe und Dimensionen der Politik

M 1 Politik und Politikwissenschaft

Politikwissenschaft ist eine sozialwissenschaftliche Teildisziplin. Mit den anderen sozialwissenschaftlichen Teildisziplinen – wie vor allem Ökonomie und Soziologie – ist die Politikwissenschaft durch einen grundsätzlichen Gleichklang der Methodik verbunden. Von diesen anderen Teildisziplinen unterscheidet sich die Politikwissenschaft durch ihr Untersuchungsobjekt.

- Die *Sozialwissenschaften* sind *empirische* Wissenschaft im weitesten Sinn. Ihr Interesse ist es, Erkenntnisse über gesellschaftliche Zusammenhänge zu gewinnen. Allen Sozialwissenschaften geht es um die gesellschaftliche Wirklichkeit. Diese zu beobachten, zu beschreiben, zu analysieren und letztlich die Erkenntnisse zu einer Theorie zu verarbeiten, ist die Aufgabe jeder Sozialwissenschaft.

Empirisch sind die Sozialwissenschaften deshalb, weil alle ihre Aussagen an der Wirklichkeit messbar sein müssen. Das unterscheidet auch sozialwissenschaftliche, auch politikwissenschaftliche Theoriebildung von der Spekulation – gleichgültig, ob theoretische Aussagen Wünschenswertes oder Abzulehnendes betreffen, sie müssen zur gesellschaftlichen, das heißt hier politischen Wirklichkeit rückgekoppelt werden können; sie müssen anhand dieser Wirklichkeit überprüfbar und veränderbar sein. Politikwissenschaft ist somit nicht die Lehre vom bestmöglichen Zustand der Gesellschaft und der Politik, sie ist zunächst die Lehre vom tatsächlichen Zustand gesellschaftlicher und politischer Verhältnisse.

- Dieser empirische Charakter, der die Politikwissenschaft – wie auch die anderen Sozialwissenschaften – an die Tatsachen bindet, bedeutet freilich nicht, dass politikwissenschaftliche Erkenntnisse politisch neutral sein müssen. Selbstverständlich können diese Erkenntnisse für politische Ziele, d. h. für die Bemühungen um die Herstellung bestimmter Zielvorstellungen im Wettbewerb mit anderen Vorstellungen eingesetzt werden. Wenn z. B. eine politische Partei erfährt, dass die Politik der von ihr gestützten Regierung zunehmend jüngere Wähler verärgert, so wird das Ergebnis dieser etwa durch die Wahlforschung gewonnenen Erkenntnis nicht „neutral" sein; so wird vielmehr diese Erkenntnis dazu führen, dass die Partei bei der Gestaltung der Regierungspolitik stärker Rücksicht auf die Interessen jüngerer Wähler nehmen wird.

- Politikwissenschaft – auch hier wie die anderen Sozialwissenschaften – ist *wertfrei* und *nicht wertfrei* zugleich. Der eigentliche Vorgang der Beobachtung, der Erhebung, der Beschreibung und der Analyse politischer Sachverhalte, auch deren Weiterentwicklung zu theoretischen Aussagen, soll möglichst unbeeinflusst von Wertvorstellungen und von Interessen, also von bewusst parteinehmenden Einstellungen sein. Politikwissenschaftliche Forschung als Vorgang kann und soll in diesem Sinn um *Wertfreiheit* bemüht sein. Gleichzeitig ist jedoch dieser Forschungsvorgang in einen Wissenschaftsbetrieb hineingestellt, der für sich nicht wertfrei ist, der vielmehr von Wertvorstellungen und Interessen abhängig ist. Ob etwa im Bereich der wissenschaftlichen

> **Werturteil**: Aussage, die explizit eine Wertung enthält, d. h. bestimmte Vorgänge, Handlungen oder Entscheidungen als gerechtfertigt/wünschenswert/gut bzw. als nicht gerechtfertigt/schlecht bezeichnet. Die von *Max Weber** geforderte **Wertfreiheit** (genauer: Werturteilsfreiheit) der Wissenschaften zielt darauf ab, wissenschaftliche Aussagen intersubjektiv überprüfbar zu machen, sie also von subjektiven Bewertungen freizuhalten, die nichts zur kognitiv-informativen Zielsetzung der Wissenschaft beitragen können. Sie bedeutet nicht, dass der Forscher kein individuelles Wertsystem haben darf, durch das seine Themenwahl, sein Interesse und seine Theorienbildung beeinflusst werden.
>
> (Autorentext)

Beschäftigung mit Internationaler Politik die Politikwissenschaft sich stärker mit Fragen der strukturellen Gewalt, etwa mit der Ungleichheit zwischen Norden und Süden beschäftigt, oder ob sich die Politikwissenschaft stärker mit personaler Gewalt, etwa mit den Kriegen und Befreiungskämpfen in Afrika befasst, ist eine Entscheidung, die von Interessen und Werten abhängt. Vor allem hängt aber auch die Verwertung politikwissenschaftlicher Erkenntnisse von Interessen und Werten ab – ob und in welcher Weise Erkenntnisse öffentlich gemacht werden, ob und in welcher Weise politische Entscheidungsträger diese Erkenntnisse berücksichtigen, das alles ist selbstverständlich nicht wertfrei.

- Die Politikwissenschaft unterscheidet sich von den anderen Sozialwissenschaften, die alle durch eine gemeinsame Methodik gekennzeichnet sind, durch ihr *Forschungsobjekt*. Die Politikwissenschaft kümmert sich um die Politik. Die Grenzziehung zwischen politischen und nicht politischen gesellschaftlichen Bereichen, also zwischen den Objekten der Politikwissenschaft und den Objekten der anderen Sozialwissenschaften, ist freilich fließend. Denn es hängt von der *Definition des Politischen* ab, die wiederum oft die Folge gewisser historischer Zufälligkeiten, sicherlich immer aber auch von bestimmten Interessen ist, ob ein gesellschaftlicher Bereich als politisch oder als nicht politisch angesehen wird (s. M 2). In der Praxis sozialwissenschaftlicher Tätigkeit lässt sich überdies oft beobachten, dass bestimmte Gebiete von mehreren Sozialwissenschaften gleichzeitig behandelt werden. So kann etwa das Phänomen Sozialpartnerschaft von der Volkswirtschaft untersucht werden, weil die Zusammenarbeit zwischen den großen Wirtschaftsverbänden wesentliche Folgen für die Wirtschaftspolitik hat. Gleichzeitig sind aber die inneren Entscheidungsprozesse dieser Wirtschaftsverbände auch für die Wirtschaftssoziologie nicht unerheblich. Und dennoch befasst sich auch die Politikwissenschaft intensiv mit Fragen der Sozialpartnerschaft. Das Nebeneinander der Sozialwissenschaften bedeutet also nicht strenge Abgrenzung, sondern unterschiedliche Schwerpunktsetzung bei gleichzeitiger Überlappung der Forschungsgebiete.

(Anton Pelinka, Grundzüge der Politikwissenschaft, Böhlau Verlag, Wien 2004, UTB 2613, S. 13ff.)

1. *In M 1 werden einige wichtige Gesichtspunkte zum Verhältnis von Politikwissenschaft und Politik (als ihrem Gegenstand) dargestellt, die es für die Arbeit an diesem Kapitel – und darüber hinaus an allen Kapiteln dieses Buches – zu bedenken gilt. Machen Sie deutlich,*
   - *inwiefern Politikwissenschaft eine Teildisziplin der Sozialwissenschaften ist und was unter deren „empirischem" Charakter zu verstehen ist;*
   - *inwiefern die Sozialwissenschaften sich zugleich als wertfrei und als nicht wertfrei verstehen (vgl. dazu auch die Forderung Max Webers nach „Werturteilsfreiheit");*
   - *warum der Gegenstand der Politikwissenschaft nicht so einfach zu bestimmen und abzugrenzen ist (s. dazu M 2);*

2. *Auf weitere, die Sozialwissenschaften charakterisierende Aspekte, wie z. B. die Bildung und Anwendung von Modellen und Theorien und spezifische Methoden der Ökonomie, die in M 1 nicht angesprochen werden, werden wir später – im jeweiligen Zusammenhang – näher eingehen.*

M 2 Was heißt „Politik"?

Die Frage, was „Politik" sei, mag Ihnen unverständlich oder überflüssig erscheinen: Weiß nicht jede(r), was gemeint ist, wenn man von „Politik" redet? Die folgenden Materialien können Ihnen zeigen, dass – wie bei vielen Begriffen des täglichen Sprachgebrauchs, so auch bei „Politik" – scheinbar Selbstverständliches fragwürdig und problematisch wird, wenn man der Sache, von der man spricht, gründlich nachzugehen versucht. Im Hinblick auf „Politik" sind ein solches Nachdenken und eine sich daraus ergebende Verständigung von besonderer Wichtigkeit, weil „irgendwie" unser aller Leben ja (auch) von Politik bestimmt wird (damit sagen wir schon etwas aus über den Politikbegriff) und es deshalb angebracht und nützlich erscheint, diesem Sachverhalt auf den Grund zu gehen. Aber vielleicht sollten Sie vor Beginn der Arbeit einmal ganz spontan versuchen, Ihrerseits kurz zu formulieren, was Sie unter Politik verstehen, oder ein *„Blitzlicht"* zu veranstalten, bei dem jede(r) von Ihnen dem Begriff „Politik" ein Wort oder eine kurze Aussage zuordnet, die zeigt, woran Sie denken, wenn Sie den Begriff „Politik" hören.

M 2a Unterschiedliche Politikbegriffe

Der innere Pluralismus der Politikwissenschaft und auch die Unmöglichkeit, zwischen Politikwissenschaft und den anderen Sozialwissenschaften eine strenge Trennlinie zu ziehen (s. M 1), ergibt sich schon aus dem Nebeneinander unterschiedlicher Politikbegriffe. Die in der Politikwissenschaft (s. Kasten) vertretenen Politikbegriffe lassen sich nach verschiedenen Dimensionen gliedern (siehe dazu *Arbeitshinweis 1., S. 12*).

Diese Politikbegriffe stehen einander nicht streng abgegrenzt gegenüber, vielmehr handelt es sich dabei um bestimmte Betonungen, um verschiedene Schwerpunktsetzungen. Alle diese Politikbegriffe unterstreichen ein Merkmal, das insgesamt für das Verständnis des Politischen wesentlich ist.

Die Fülle von Einzeldefinitionen zeigt, dass es für die Politikwissenschaft nicht wichtig ist, den einen und einzigen Politikbegriff zu erarbeiten und zu vertreten. Politik auf eine einzige Definition zu bringen bedeutet entweder einen zu hohen Abstraktionsgrad – d. h., die Definition von Politik umfasst zwar alle Phänomene, ist aber unscharf, weil zu allgemein; oder eine solche einzige Definition greift zu kurz – d. h., sie schließt wichtige Aspekte des Politischen aus. Das Wesen der Politik kann am besten im Spannungsfeld zwischen den verschiedenen Begriffen und Definitionsversuchen gesehen werden.

Für die Diskussion von Politik ist jedoch insbesondere die Unterscheidung zwischen einem „engen" und einem „weiten" Politikbegriff wesentlich. Ein *enger* Politikbegriff, in der Tradition des gouvernementalen [auf die Regierung bezogenen] Politikverständnisses, klammert breite Bereiche der Gesellschaft aus; ein weiter Politikbegriff hingegen kennt keine gesellschaftlichen Bereiche, die von vornherein „unpolitisch" wären. Ein weiter Politikbegriff betrachtet alle Sektoren der Gesellschaft als zumindest potenziell politisch.

(Anton Pelinka, Grundzüge der Politikwissenschaft, Böhlau Verlag, Wien 2004, UTB 2613, S. 18f.)

Einzeldefinitionen

- Politik ist die Sicherung und Ordnung des Zusammenlebens von Menschen.
- Politik ist das Bemühen um die gute Ordnung einer Gesellschaft.
- Politik ist das Streben nach der Verwirklichung der Staatszwecke (etwa Sicherheit, Wohlfahrt, Freiheit, Frieden, Demokratie).
- Politik ist Kampf um und Benutzung von Macht.
- Politik ist die Unterscheidung von Freund und Feind sowie die Auseinandersetzung mit dem Feind.
- Politik ist das Streben nach Herrschaft im Staat.
- Politik ist die Kunst der Führung von Menschen und Gruppen.
- Politik ist Führung von Gemeinwesen.
- Politik ist Entscheidungsbildung auf öffentlichem Weg.
- Politik ist Handeln, welches gesellschaftliche Konflikte über Werte und materielle Güter sowie über deren Verteilung verbindlich zu regeln versucht.
- Politik ist der Kampf der Klassen und ihrer Parteien, von Staaten und Staatensystemen zum Zweck der Durchsetzung ihrer Interessen und Ziele.
- Politik ist Kampf um die Veränderung oder Bewahrung bestehender Verhältnisse.
- Politik ist die Gesamtheit jener Prozesse, die zur Herstellung von Akzeptanz für staatliche Entscheidungen dienen.

(Nach: Werner J. Patzelt, Einführung in die Politikwissenschaft, Passau 2003, S. 22)

M 2b Politik im „weiten" und im „engeren" Sinn

Nicht alle menschliche Praxis ist Politik. Menschen handeln miteinander in unterschiedlichen Praxisfeldern; man spricht dabei von **sozialem Handeln** im Unterschied zu rein individuellen Tätigkeiten. Der Unterschied zum individuellen Handeln liegt darin, dass im Sozialen die Individuen ihre Handlungen aufeinander abstimmen müssen, Erwartungen und Reaktionen der anderen einkalkulieren müssen. Aber nicht alles soziale Handeln ist schon politisches Handeln. Wenn man Definitionen von Politik durchmustert, trifft man zwar auf deutliche Unterschiede, aber in den meisten Definitionen wird das Element des *Konflikthaften* in den Vordergrund gerückt, etwa mit Begriffen wie Kampf, Interessenkonkurrenz, *Macht*; hinzu treten dann häufig Begriffe wie Regelung, Ordnung, *Herrschaft*. Vor dem Hintergrund solcher Überlegungen umschreiben wir zunächst **das Politische** am Sozialen, indem wir sagen:

Das Soziale wird immer dann und immer dort politisch, wenn und wo das Miteinander der Menschen als solches zum *Problem* wird; zu einem Problem, dessen *Lösung* spezifische Anstrengungen erfordert. Das Handeln im Sinne solcher Anstrengungen nennen wir politisch. Wir haben damit einen relativ weiten, aber dennoch spezifischen Politikbegriff. Wir sprechen zunächst von **Politik im weiteren Sinne**.
[In diesem Sinn geht es z. B. in einer Schulklasse, die mit ihrem Klassenlehrer über die Gestaltung eines Wandertages diskutiert und entscheidet, um Politik; bestimmte *Kategorien des Politischen* werden sichtbar: Unterschiedliche *Interessen* und Absichten können zu *Konflikten* führen, eine rein „sachliche" Lösung gibt es nicht. Eine für alle *verbindliche Lösung* muss gefunden werden. Im Prozess der *Willensbildung* und *Entscheidungsfindung* hat jeder ein gewisses Maß an *Einfluss (Macht)*, das aber unterschiedlich groß sein kann. Die Diskussion muss sich an bestimmte *Verfahrensregeln* halten.]
Man kann sich ähnliche Beispiele vorstellen aus einem Freundeskreis, aus einem Verein, aus einem Betrieb. In allen diesen Fällen haben wir es aber mit Sozialgebilden zu tun, deren *spezifischer Zweck* oder Sinn nicht eigentlich Politik ist. Man richtet nicht eine Schule ein, man gründet nicht einen Musikverein, man führt nicht einen Betrieb, um die dann entstehenden Konflikte zu bearbeiten. Die Konflikte kommen hinzu, das heißt, das Politische ist in solchen Sozialgebilden neben ihrem primären Zweck ein sekundäres Phänomen. Eben deshalb sprechen wir zunächst von Politik im weiteren Sinne. Es ist aber wichtig zu sehen, dass Politik in diesem Sinn *in allen Sozialgebilden* vorkommen kann. Deshalb bedürfen diese Gebilde, gerade damit sie ihren eigentlichen Zweck erfüllen können, auch einer *Ordnung* (Vereinssatzung, Schulordnung, Betriebsordnung), die Formen und Wege der Konfliktregelung vorsieht. Solche Regeln umschreiben aber nur einen Handlungsspielraum, das darin sich bewegende Handeln selbst ist von eigener, von politischer Art. [...]
Es gibt nun aber eine Dimension der Gesellschaft, in welcher dieses *spezifisch politische Handeln* zur eigentlichen Aufgabe von Handelnden und zum Sinn dazu ausgebildeter Organe wird. Denn für eine Gesellschaft als Gesamtheit ist das Miteinander der vielen Gruppen, Interessen und Überzeugungen ein ständiges und allgemeines Problem, dessen Lösung eben deshalb *ständige Organe* und ständiges Bemühen erforderlich macht. Die allgemeine Bewältigung der Problemdimension des Miteinanders einer ganzen Gesellschaft führt zur Konstituierung des politischen Verbandes mit seinen *Institutionen* und Organen, den man neuzeitlich „Staat" nennt.
Unter **Politik im engeren Sinne** verstehen wir deshalb alles soziale Handeln, das sich auf die gesamtgesellschaftlich verbindliche Ordnung bezieht oder einzelne verbindliche Entscheidungen zum Gegenstand hat. [...]
Die beobachtbaren Unterschiede zwischen Politik im weiteren und im engeren Sinn haben ihren Grund darin, dass es in letzterer nicht mehr um die fallweise Bewältigung von Situationen bestimmter Gruppen geht, sondern um die Ermöglichung des Zusammenlebens einer Gesellschaft als ganzer.

(Bernhard Sutor/Joachim Detjen, Politik – Ein Studienbuch zur politischen Bildung, Schöningh Verlag, Paderborn 2001, S. 29f.; Verf.: Bernhard Sutor)

1. *Untersuchen Sie die aufgelisteten, jeweils einen bestimmten Aspekt hervorhebenden Definitionen von „Politik" (Kasten S. 11) und versuchen Sie sie nach der Art des betonten Aspekts zu ordnen:*
- *Welche Definitionen sind eher „normativ" (wertbezogen, an einem bestimmten Sollzustand orientiert) geprägt?*
- *Welche sind eher „deskriptiv" (wollen den Charakter von Politik nur beschreiben)?*
- *Welche betonen eher den Konflikt, welche eher den Konsens als spezifisches Merkmal von Politik?*
- *Welche Rolle spielen jeweils der Staat, staatliche Macht und Herrschaft?*
- *Welche Definition halten Sie selbst für am umfassendsten (verschiedene Aspekte am ehesten zusammenfassend)?*

2. *Erläutern Sie mit eigenen Worten B. Sutors Unterscheidungen zwischen sozialem und individuellem sowie zwischen sozialem und politischem Handeln (M 2b, Z. 1–22). Ordnen Sie die drei*

Begriffe grafisch einander zu und erläutern Sie konkreter das angeführte Beispiel der Schulklasse im Hinblick auf die genannten Elemente des „Politischen".

3. *Für die Unterscheidung zwischen Politik im weiteren und im engeren Sinn ist der Hinweis auf den besonderen Charakter der Sozialgebilde entscheidend, deren Sinn oder Zweck nicht eigentlich politisch ist. Erläutern Sie, welche spezifischen, sachbezogenen Aufgaben (Funktionen) Schulen, Familien, Vereine und Jugendgruppen haben. Wozu sind sie eigentlich da? Inwiefern gibt es in ihnen auch (als „sekundäres Phänomen") das „Politische"?*

4. *Worin liegt der entscheidende Unterschied zwischen Politik im „weiteren" und im „engeren" Sinn? An welchem Politikverständnis haben Sie selbst sich bisher im Allgemeinen orientiert?*

In den bisherigen Materialien ging es um eine allgemeine Charakteristik dessen, was wir unter „Politik" verstehen. Das folgende Beispiel soll Ihnen zu einem tieferen Verständnis dessen verhelfen, was der Verfasser des Textes an anderer Stelle als die „wirkliche" Politik bezeichnet: den „Ablauf ihrer Prozesse, das Gewicht und die Wirkungsweise der einzelnen Faktoren, die sie prägen und vorantreiben, die Ursachen ihrer Ergebnisse". Die Erarbeitung des klar gegliederten Textes (ggf. in Gruppenarbeit; vgl. die Arbeitshinweise S. 17f.) wird für Sie eine wichtige Hilfe sein, wenn Sie sich mit den Themen und Gegenständen dieses Arbeitsbuches auseinandersetzen und zu einer angemessenen Beurteilung politischer Strukturen und Prozesse in Deutschland kommen wollen.

M 3 Grundbegriffe zur Wirkungsweise des politischen Prozesses – Ein Beispiel aus der Kommunalpolitik

Die Rolle und der Zusammenhang der politischen Grundbegriffe, die die Wirkungsweise der hauptsächlichen, immer anzutreffenden Wirkfaktoren im Prozess des Politischen strukturieren, lassen sich an einem Beispiel aus der Kommunalpolitik illustrieren.

Die Lage

In *A-Stadt* hat die Mehrheitsfraktion im Stadtrat, gebildet von der Partei *CDU*, eine Beschlussvorlage zur Schließung zweier Jugendzentren in der Stadt eingebracht. Die Opposition im Stadtrat, bestehend aus den Parteien *SPD* und *Grüne*, wendet sich vehement gegen den Beschluss. Sie verlangt die Erhaltung der Jugendzentren. Stattdessen schlägt sie entsprechende Kürzungen im Bereich der Kultursubvention vor, da sie die Notwendigkeit von Haushaltskürzungen in der gegebenen finanziellen Lage anerkennt. Im Bewusstsein der Öffentlichkeit der Stadt ist weitgehend noch lebendig, dass die beiden Jugendzentren, neben einem weiteren in einem anderen Stadtteil, vor einem reichlichen Jahrzehnt im Stadtrat beschlossen wurden, weil die Zunahme von Drogenkonsum und Jugenddelinquenz [Jugendkriminalität] in diesen Teilen der Stadt Besorgnis erregend angewachsen war. Damals hatte sich das Argument durchgesetzt, dass betreute Jugendzentren einen wesentlichen Beitrag zur Verminderung problembehafteten sozialen Verhaltens von Jugendlichen leisten können.

(Foto: Verlagsarchiv Schöningh)

Die Haushaltslage habe sich seither drastisch verschlechtert, so lautet nun das Hauptargument der Ratsmehrheit. Die Stadt müsse nun in allen Bereichen sparen und könne sich somit wegen der unumgänglichen finanziellen Restriktionen einfach nicht mehr alle drei Jugendzentren leisten, so bedauerlich ein solcher Schritt auch von allen Beteiligten zu Recht angesehen werde. Die Legitimation* (Kürzungszwang) für das vorgeschlagene Handlungsprogramm (Schließung) wird als möglichst alternativlos dargestellt.

1. Der Rahmen, in dem sich Politik abspielt (Form – polity)

a) Der rechtliche Rahmen: Verfassung, Gesetze und Institutionen

Auf der Ebene der *polity*, der geschriebenen und ungeschriebenen Verfassung des Gemeinwesens, ist nach dem geltenden verfassungsmäßigen und gesetzlichen Rahmen zu fragen, der für die Lösung des hier vorgegebenen politischen Problems als verbindlich vorausgesetzt werden muss. Der rechtliche institutionelle Rahmen besteht in diesem Falle darin, dass aufgrund der **Kommunalverfassung** des Bundeslandes, in dem die *A-Stadt* liegt, der vorliegende Fall tatsächlich in der Entscheidungskompetenz des **Stadtrates** liegt.

Dieser kann aufgrund seiner geordneten Haushaltsverhältnisse auch selbstständig über eine Finanzfrage dieser Art entscheiden, ohne dass besondere Genehmigungsvorbehalte durch übergeordnete Gremien bestehen, was im Falle einer erheblichen Überschuldung, die ständige außerordentliche Zuschüsse des Landes notwendig macht, durchaus der Fall sein könnte. Es bestehen darüber hinaus auch keine gesetzlichen Verpflichtungen zur Unterhaltung derartiger Jugendzentren, im Gegensatz etwa zum Unterhalt von Schulen und Kindergärten, zu dem die Stadt auf jeden Fall verpflichtet wäre, unabhängig von den Konjunkturen der jeweiligen Haushaltssituation. Demzufolge ist die anstehende Entscheidung allein auf der Basis einer einfachen Mehrheit im Rat zu treffen, über die die lokale CDU ja auch tatsächlich verfügt. [...]

> In der englischen Sprache kann das deutsche Wort „Politik" in drei voneinander verschiedene Worte und Begriffe übersetzt werden:
> - **„polity"** umschreibt die *formale Organisation* von Politik, also Verfassung, Normen, Institutionen, und stellt Ordnung in den Mittelpunkt des Politischen;
> - **„policy** (policies)" betrifft die *Inhalte* politischer Entscheidungen, ist auf die Ziele und programmatischen Orientierungen der Politik gerichtet und betont die Gestaltung als Aufgabe von Politik;
> - **„politics"** beschreibt den politischen *Prozess* und seinen Rahmen, ist auf Interessen und ihre Gegenläufigkeit abgestellt und hebt die Durchsetzung dieser Interessen hervor.
>
> (Anton Pelinka [= M 1], S. 21)

2. Worum es inhaltlich geht – Ziele und Werte (Inhalt – policy)

Auf der Ebene der *policy* fallen folgende Faktoren ins Gewicht: Das Problem, das es zu lösen gilt, hat zwei spannungsreiche Dimensionen. Zum Ersten *muss* der **städtische Haushalt** saniert werden, damit die Stadt handlungsfähig bleibt. Dies ist unabdingbar. Zum Zweiten gilt es durchaus auch in Rechnung zu stellen, dass sich die **Jugenddelinquenz** wieder erhöhen könnte, wodurch seinerseits erhöhte erhebliche öffentliche Ausgaben verursacht werden können. Zu bedenken ist auch, ob bei einer kompromisslosen Haltung der Beteiligten Risse zwischen den politischen Akteuren entstehen können, die in anderen Fragen dann über Gebühr wichtige Problemlösungen erschweren. Es ist eine durchaus folgenreiche politische Einschätzungs- und Strategiefrage, wie die Akteure diese Problem-Dimensionen in ihrem Verhältnis zueinander gewichten und in ihrer wechselseitigen Kausalität beurteilen.

Für die Lösung des umstrittenen *Problems* werden von den beteiligten Akteuren *Programme* angeboten, die jeweils den Anspruch erheben, die dafür am besten geeigneten Mittel zur Verfügung zu stellen. Das Programm der CDU lautet: ersatzlose Schließung der beiden Jugendzentren zur Einsparung der Mittel und Verstärkung des Appells zur privaten Solidarität und Selbsthilfe. Das Programm der Oppositionsparteien SPD und Grüne lautet: Erhalt der beiden Jugendzentren und Einsparungen im Kulturhaushalt der Stadt, vor allem bei den Subventionen* für das Städtische Theater.

3. Das Zusammenwirken der Akteure im politischen Prozess (Prozess – politics)

Im Verlaufe des politischen *Prozesses*, der sich zwischen den beteiligten Akteuren nun entfaltet, und in der Folge der dann tatsächlich getroffenen Entscheidungen gewinnt die Frage ausschlaggebende Bedeutung, welches der Programme die anstehenden Probleme wirklich *lösen* kann, gegebenenfalls mit welchen Nebenfolgen und welchen neuen Problemen, die sich daraus ergeben.
In der Definition der bestehenden politischen Probleme sind sich die Parteien prinzipiell einig, ebenso wie die politische *Öffentlichkeit* der Stadt und auch die Vereine, Verbände und Bürgerinitiativen, die sich in den politischen Prozess eingeschaltet haben.
Die Sanierung des Stadthaushaltes wird von allen befürwortet, die Eindämmung der Jugenddelinquenz im Prinzip ebenfalls. Umstritten ist aber, ob das Jugendzentrum tatsächlich einen entscheidenden Beitrag zur Verringerung der Jugenddelinquenz geleistet hat und ob es für die Einsparung eine Alternative gibt, die nicht in anderen Bereichen dann noch größere Probleme aufwerfen wird. Die Differenz besteht im Wesentlichen in der Bewertung der Programme, die zur Lösung der anstehenden Probleme angeboten werden, und deren erwarteten Folgen und Nebenfolgen.
Auf der Ebene der *Politics* geht es um das Zusammenwirken der unterschiedlichen beteiligten *Akteure* beim Versuch, die Entscheidung maßgeblich zu beeinflussen.

a) Wer sind die Akteure? Medien, Parteien, Verbände

Die Akteure, die am hier ablaufenden politischen Prozess beteiligt sind, befinden sich in unterschiedlicher Distanz zum eigentlichen politischen Entscheidungszentrum, dem Stadtparlament, und müssen daher unterschiedliche Wege der Einflussnahme auf dessen letztverbindliche Entscheidungen einschlagen. Sie verfügen zudem über sehr verschiedenartige Ressourcen*. Nur die zentralen Akteure, die **politischen Parteien**, können am Ende an der verbindlichen Entscheidung über den Haushalt im Stadtparlament direkt mitwirken. Ausschlaggebend ist dabei natürlich die Mehrheitspartei, da sie allein über die Stimmenzahl verfügt, um die *Entscheidung* gegebenenfalls nach eigenem Ermessen fällen zu können.
Als Akteure in diesem zunächst offenen, konfliktreichen und höchst komplexen Prozess versuchen die *Parteien* auf die öffentliche Meinungsbildung einzuwirken, in den Medien ihre eigene Position überzeugend darzustellen, im Gespräch mit Vereinen und Bürgerinitiativen für ihre Ziele zu werben, um damit die Mehrheitsunterstützung für dieses Projekt in der Bevölkerung, besonders auch in den *Verbänden* und den *öffentlichen Medien*, zu gewinnen. Ein weiterer wichtiger Akteur sind die **Zeitungen der Stadt**, die durch den Raum, den sie für die Darstellung des Themas zur Verfügung stellen, durch die Art seiner Behandlung, durch das Wohlwollen oder die Kommunikationschancen, die sie den anderen Akteuren einräumen, die Sicht der Bevölkerungsmehrheit auf das Problem und seine Lösungswege in entscheidendem Maße mit beeinflussen können.
[...]
Während die *Parteien* dabei das *Interesse* verfolgen, einerseits die Interessen der Bürger zu bedienen, von denen sie eine ausreichende Wahlunterstützung erwarten, um in der Stadt mehrheitsfähig zu bleiben, ist das Hauptinteresse der *Medien* der publizistische Erfolg, wenn auch mit einem Blick auf bestimmte politische und soziale Interessen, die die Verleger aus unterschiedlichen Gründen bevorzugen. SPD und Grüne vertreten im vorliegenden Konfliktfall aus ihrer Sicht eher die Interessen der Unterschichten und der besonders an sozialer Integration der Benachteiligten interessierten Gruppen in der Stadt, gestützt von Gewerkschaften und einigen Sozialverbänden. Die CDU ist stärker mit den Interessen der Wirtschafts- und der Geschäftswelt der Stadt verbunden und, vor allem deswegen, an einer Politik der strengen Haushaltskonsolidierung orientiert. [...] Ein weiterer wichtiger Akteur in diesem Prozess ist die örtliche **Bürgerinitiative**, bestehend z.T. aus den Eltern der von der Schließung direkt betroffenen Jugendlichen, z.T. aus besorgten Bürgern der Stadt, aus einzelnen Politikern der Oppositionsparteien und Vertretern der Vereine und Verbände sowie Sozialarbeitern und Sozialpädagogen, die in den von der Schließung bedrohten Jugendzentren tätig sind. Auch eine Reihe von Jugendlichen, die das Jugendzentrum in Anspruch nehmen, haben sich den Bürgerinitiativen angeschlossen.

b) Welche Möglichkeiten haben die Akteure zur Durchsetzung ihrer Interessen und Ziele? Macht und Legitimation

Die *Ressourcen**, die für die Durchsetzung dieser Interessen mobilisiert werden können, also die soziale *Macht*, die sie im Entscheidungsprozess entfalten können, sind auch in diesem Fall höchst unterschiedlicher Natur. Die CDU verfügt über die *institutionell-administrative* [durch die Ämter der Stadtverwaltung gegebene] Macht der *Entscheidungskompetenz als Mehrheitspartei* und ist in diesem Sinne formell gesehen allen anderen Akteuren überlegen. Sie muss aber auch im Sinne der langfristigen Sicherung dieser Machtressource auf die Ressource der öffentlichen Zustimmung setzen und diese pflegen, was die Möglichkeiten des direkten Einsatzes der politisch-administrativen Machtressource und somit deren Gewicht relativiert.

Die *Oppositionsparteien* verfügen über die Ressourcen einer erhöhten Aufmerksamkeit für ihre Stimme in der Öffentlichkeit durch ihre zentrale Position im politischen Entscheidungsprozess sowie ihre Kontakte zu einigen der Vereine und zur Bürgerinitiative. Die *Vereine* verfügen über die Ressourcen moralischer Glaubwürdigkeit und eines auf sie gestützten, bevorzugten öffentlichen Gehörs. Die *Bürgerinitiative* verfügt über die Ressource, außer der Mobilisierung größerer Menschenmengen, gegebenenfalls auch der Störung der Abläufe des öffentlichen Lebens bei Demonstrationen und anderen informellen Formen des politischen Protests, aber auch über die Ressource der Glaubwürdigkeit in der öffentlichen Debatte, da sie sich ohne politische Macht und Amtsinteressen direkt für die Belange der Betroffenen einsetzt.

Der **Faktor Macht** tritt hier in zwei unterschiedlichen Rollen auf. Zum einen spielt die soziale Macht eine Rolle, die die einzelnen Akteure mobilisieren können, einige von ihnen wie die Gewerkschaften und die Kirchen mit einem erheblichen finanziellen Rückhalt, der sie zu erheblichen publizistischen Interventionen [Einschaltung der örtlichen Presse] befähigt. Am Ende bindet die *Macht der legitimen Entscheidung*, über die im Rahmen der bestehenden Gesetze und Verfassungsregelungen die Mehrheitspartei verfügt, dann alle Betroffenen, für die die politische Entscheidung verbindlich ist. Macht ist also als *soziale Macht* ein *Faktor* im *Prozess* der Politik und als *politisch-administrative Macht* das *Produkt*, das am *Ende des Prozesses* entsteht.

> **Legitimation:** Beglaubigung, Berechtigung, Begründung, Rechtfertigung. In der Politik der Vorgang oder das Ergebnis der *Anerkennung einer Herrschaft* durch die Bürger als rechtmäßig/wohlbegründet/anerkennungswürdig.
> **Legitimität:** Die Rechtfertigung des Staates, seiner Herrschaftsgewalt und seiner Handlungen durch höhere Werte und Grundsätze, im Unterschied zur formellen Gesetzmäßigkeit (Legalität) und zur rein faktischen Machtausübung. Die entscheidende Grundlage der Legitimität in einer repräsentativen Demokratie bildet das Prinzip der Volkssouveränität, nach dem alle Staatsgewalt letztlich vom Volk ausgeht (direkt oder indirekt durch Wahl von Volksvertretern).
> (Autorentext)

Als eine Ressource der Akteure im Prozess ihrer Auseinandersetzung erweist sich aber auch der **Faktor Legitimation** (s. Kasten), nämlich die guten Gründe, die sie im Hinblick auf das von allen geteilte *Interesse* am *Gemeinwohl* anführen können, um ihre jeweiligen *Programme* zu rechtfertigen. Während die Oppositionsparteien sich auf das Legitimationsargument der Erhaltung des Friedens und der sozialen Integration in der Stadt stützen, macht die Regierungspartei das legitimierende Argument ihrer Verpflichtung für einen ausgeglichenen Haushalt für die Stadt geltend. Es ist die Frage, welches der legitimierenden Argumente in der gegebenen Situation im Hinblick auf die politische Kultur die vorgeschlagenen Programme in den Augen der Öffentlichkeit überzeugender begründen kann.

4. Handlung/Erfolg

Im vorliegenden Falle sieht die CDU im Verlaufe des hitzig gewordenen politischen Prozesses von ihrem Vorhaben ab, kürzt aber die erforderliche Summe auch nicht im Kulturbereich, um nicht den Forderungen der Oppositionsparteien in diesem Punkt allzu offensichtlich nachzugeben. Sie findet stattdessen im Verwaltungsetat eine Möglichkeit, die die Weiterführung wenigstens eines der Jugendzentren mit leicht vermindertem Haushalt gewährleistet. Den Ausschlag hat ihre Überlegung gegeben, dass angesichts der *politischen Kultur* der Stadt und der starken Wirkung der *legitimierenden* Argumente der Oppositionsparteien sowie der großen *Zahl von Ver-*

einen, Bürgerinitiativen und Bürgerinnen und Bürgern, die sich dafür eingesetzt haben, es einen längerfristigen Imageschaden und damit eine Verringerung künftiger Wahlerfolge bedeuten würde, wenn sie starr an dem einmal gesetzten Ziel festhält.
Ihre Legitimation und die Wahrung ihres Gesichts in der politischen Öffentlichkeit erreicht sie dadurch, dass sie gleichwohl Haushaltskürzungen vornimmt, in den betreffenden Jugendzentren ein wenig spart, um zu demonstrieren, dass eine gewisse Ersparnis auch hier unabdingbar war, und im Übrigen eine verschärfte Prüfung in Aussicht stellt, die durch unabhängige Sachverständige klären lassen soll, ob die Arbeit der Jugendzentren tatsächlich, wie behauptet, zur Verminderung der Jugenddelinquenz in der Stadt in ausreichendem Maße beiträgt. Sie wahrt damit ihr politisches Gesicht, erleidet keine Legitimationseinbußen und vermeidet zugleich, dass ein Ausspielen ihrer institutionellen Mehrheitsmacht ihr am Ende längerfristig wirkende politische Nachteile verschafft.

(Thomas Meyer, Was ist Politik?, Leske + Budrich Verlag, Opladen, 2. Aufl. 2003, S. 143–152)

M 4 Dimensionen des Politischen als Analyse-Instrument

Dimensionen	Kategorien	Schlüsselfragen
Polity (Form) Politischer Handlungsrahmen	Internationale Abkommen und Regelungen Grundgesetz Zentrale Verfassungsprinzipien politische Institutionen Gesetze und Rechtsnormen	Welche internationalen Abkommen/Regelungen bestimmen den Handlungsrahmen? Welche Grundgesetzartikel werden berührt? Welche zentralen verfassungsrechtlichen Prinzipien müssen berücksichtigt werden? Welche politischen Institutionen sind an politischen Entscheidungen beteiligt und welche Kompetenzen haben sie? Welche Gesetze und Rechtsnormen spielen eine Rolle?
Policy (Inhalt) Inhaltliches Handlungsprogramm	Politisches Problem Programme/Ziele Lösungen Ergebnisse der Politik Bewertung der Politik	Um welches politische Problem geht es? Welche Ziele sollen erreicht werden? Welche Lösungsvorschläge werden diskutiert? Zu welchen Ergebnissen hat die Politik geführt? Wie werden die Ergebnisse bewertet?
Politics (Prozess) Politischer Willensbildungs- und Entscheidungsprozess	politische Akteure/Beteiligte, Betroffene Partizipation Konflikte Kampf um Machtanteile und um Entscheidungsbefugnis Interessen(vermittlung) -artikulation -auswahl -bündelung -durchsetzung Legitimationsbeschaffung – Verhandlungen – Kompromisssuche – Konsensfindung	Welche politischen Akteure stehen im Mittelpunkt? Wer ist beteiligt, wer ist betroffen? Welche Chancen der Mitwirkung bestehen und welche werden genutzt? Wie verlaufen die Konfliktlinien? Welche Machtstrukturen lassen sich feststellen und was beeinflusst sie? Welche Interessen können definiert werden, wie werden sie vermittelt und durchgesetzt? Wie werden Mehrheiten gefunden und wie wird Zustimmung gesucht?

(Bundeszentrale für politische Bildung [Hg.], Politikdidaktik kurzgefasst, Bonn 1994, S. 31f.)

1. *Die Darstellung in M 3 orientiert sich insgesamt an einer (von der deutschen Politikwissenschaft aus dem angelsächsischen Bereich übernommenen) Unterscheidung des Begriffsinhaltes von Politik nach drei „Dimensionen" (Ausprägungen), wie sie in M 4 in einer systematischen Übersicht aufgeführt sind. Für die Erarbeitung (ggf. in Gruppenarbeit) können Ihnen die darin formulierten Kategorien und Untersuchungsfragen, soweit sie für das Beispiel relevant sind, eine Hilfe sein. Als*

Ergebnis der Erarbeitung sollten Sie (bzw. die jeweilige Gruppe) eine Übersicht (in der Form eines Tafelschemas) anstreben, die sich an der Gliederung des Textes orientiert und den allgemeinen Kategorien stichwortartig die jeweiligen konkreten Aspekte des Beispiels (!) zuordnet.

2. *Vielleicht ergibt sich die Gelegenheit, ein aktuelles Beispiel aus der Politik Ihrer Gemeinde (z. B. anhand eines Presseberichtes) mithilfe der Kategorien aus M 4 (ggf. in verkürzter, sich auf die wichtigsten Aspekte konzentrierender Form) zu analysieren.*

M 5 Was bedeutet „politisches System"?

M 5a Modelle des politischen Systems

1.

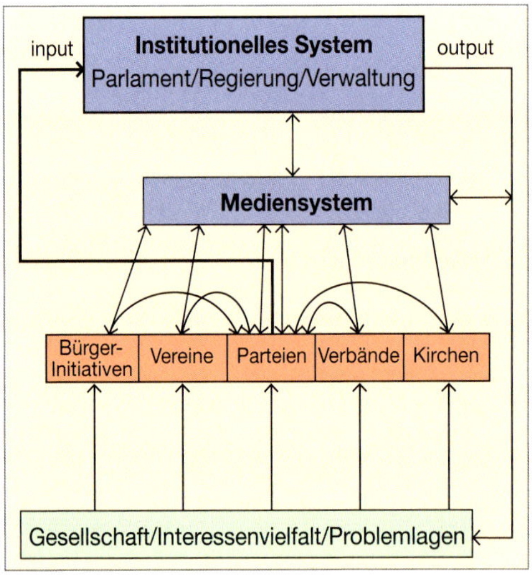

(Thomas Meyer, Was ist Politik?, Leske + Budrich, Opladen 2003, S. 104)

2.

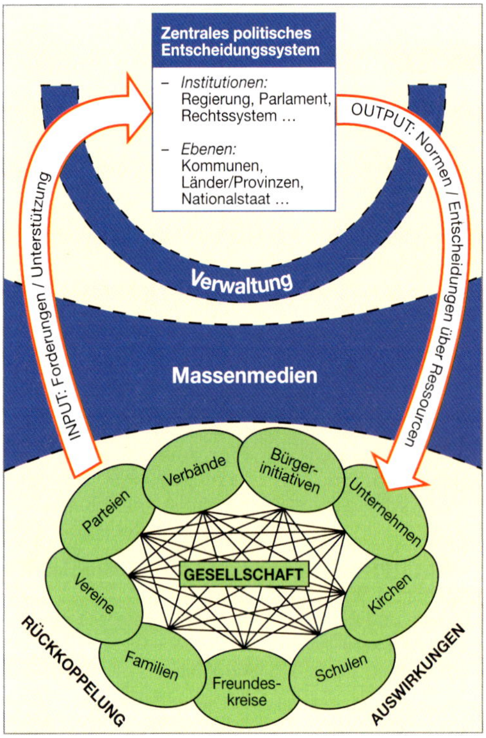

(Werner J. Patzelt, Einführung in die Politikwissenschaft, Wissenschaftsverlag Richard Rothe, Passau 2003, S. 221)

Als Begriff der politikwissenschaftlichen Methodenlehre bezeichnet ein **Modell** die „gedanklich konstruierte, gezielt vereinfachende Nachbildung grundlegender Merkmale eines Sachverhalts, Vorgangs, Grund-Folge-Zusammenhangs oder einer Wechselwirkung." (Manfred G. Schmidt, Wörterbuch zur Politik, Stuttgart 2004, S. 459). Ein Modell soll es also ermöglichen oder erleichtern, den gesamten Sachverhalt in seiner Struktur zu verstehen. Ein Modell ist also nicht der gemeinte Sachverhalt selbst, es versucht, die für den Sachverhalt am wichtigsten erscheinenden Zusammenhänge abzubilden, setzt also immer eine Entscheidung darüber voraus, was als wesentlich und was als vernachlässigbar anzusehen ist. (Autorentext)

M 5b Begriff, Elemente und Funktionen des politischen Systems

Als *System* im allgemeinen Sinne lässt sich jeder geordnete Zusammenhang einzelner Elemente beschreiben, die als ein einheitliches Ganzes zusammenwirken. Das politische System eines Gemeinwesens, also die Gesamtheit der Elemente, die in ihrem Zusammenwirken die Einheit der

politischen Funktionen des Gemeinwesens stiften, umfasst daher mehr als nur die großen Entscheidungsinstitutionen des politisch administrativen Systems. Zu ihm gehören alle Einheiten und Handlungen, die an der Vorbereitung, am Vollzug und an der Durchsetzung politischer Entscheidungen teilhaben. Auf der Ebene der Gesellschaft sind dies die Aktivitäten der Interessensartikulation der Bürger, die Initiativen, Vereine und Organisationen, in denen politische Forderungen erhoben werden, also die zwischen Bürgern und Institutionen vermittelnden (intermediären) *Organisationen*. Dazu gehören vor allem auch die *politischen Parteien* und die *Kommunikationsmedien*, die sich an der Herstellung von Öffentlichkeit beteiligen.
Diese Teile wirken in einer spezifischen Weise zusammen. Gesellschaft und intermediäre Organisationen bringen ihre Ansprüche ein, die als *Eingaben (***Inputs***)* in das eigentliche Entscheidungssystem wirken. Innerhalb des Entscheidungssystems, vor allem in Parlamenten und Regierungen der verschiedenen Entscheidungsebenen, werden diese Eingaben zunächst strittig erörtert und dann nach Maßgabe der institutionellen Regeln entschieden. Diese Entscheidungen in Form von Gesetzen, Ausgabe- und Handlungsprogrammen oder Verordnungen wirken als politische *Handlungsergebnisse (***Outputs***)* in die Gesellschaft zurück und sollen dort die Interessen befriedigen, aus denen Ansprüche an das Entscheidungssystem entstanden sind. In der Regel entstehen auf dieser Basis dann wieder neue Probleme, so dass der Kreislauf des politischen Systems mit anderen Akzentsetzungen aufs Neue einsetzt.

(Thomas Meyer, Was ist Politik?, Leske + Budrich, Opladen, 2. Aufl. 2003, S. 103f.)

> Die Darstellung eines *politischen Systems* muss einerseits mehr umfassen als nur die staatlichen Institutionen, andererseits weniger als die gesamte Gesellschaft. Sie hat diejenigen Akteure und Rollenzusammenhänge vorzustellen, mittels deren gesamtgesellschaftlich verbindliche Entscheidungen bewusst beeinflusst, legitim herbeigeführt und in der Gesellschaft durchgesetzt werden. Das politische System lässt sich als spezifisch diesem Zweck dienendes *Subsystem der Gesellschaft* verstehen. Ihm gehört der Einzelne in den *Rollen* als Staatsbürger, Wähler, Verbands- und Parteimitglied, Demonstrant, Abgeordneter u.a.m. an.
>
> (Wolfgang Rudzio, Das politische System der Bundesrepublik Deutschland, Leske + Budrich, Opladen, 5. Aufl. 2003, S. 9)
>
> Im Vergleich zum Terminus **Regierungssystem** ist das politische System wiederum der umfassendere Begriff. Das Regierungssystem bezieht sich im Wesentlichen auf die im engeren Sinne politischen Institutionen und den dort stattfindenden Prozess der politischen Willensbildung, wobei die Parteien, die zwar Verfassungsqualität besitzen, aber keine Staatsorgane sind, in der Regel noch zum Regierungssystem gezählt werden. Das politische System umfasst dagegen zusätzlich noch weitere vorstaatliche Akteure, wie Interessenverbände und Massenmedien.
>
> (Peter Massing, Politisches System; in: Uwe Andersen/Wichard Woyke [Hg.], Handwörterbuch des politischen Systems, Verlag für Sozialwissenschaften, Bonn, 5. Aufl. 2003, S. 528–530)

Der amerikanische Politikwissenschaftler David Easton, auf dessen Modell und Begrifflichkeit im Wesentlichen die vorliegende Darstellung beruht, unterscheidet bei den „inputs" zwischen Unterstützungsleistungen (supports) und Forderungen (demands) der gesellschaftlichen Ebene.

Zu den gesellschaftlichen *Unterstützungen*, ohne die kein politisches System denkbar ist, gehören z. B. das Zahlen von Steuern und die Bereitschaft, Gesetze zu respektieren, ebenso dazu wie der Wille, Opfer zu bringen, wenn die gesellschaftliche Ordnung bedroht erscheint. Zu den *Forderungen* an das politische System zählen u.a. die Ansprüche von Interessengruppen, die finanzielle Hilfen vom Staat verlangen, aber auch solche Forderungen, die wollen, dass bestimmte Gesetze (z. B. Steuergesetze) geändert werden, oder die verlangen, das Familienrecht oder Erziehungsinhalte zu ändern. Das politische System greift sowohl die Unterstützungsleistungen als auch die Forderungen auf. [...]
Wesentlich im Konzept von Easton ist, dass konkurrierende Forderungen auf das politische System einwirken und es die Aufgabe hat, aus diesen Forderungen auszuwählen; einige Forderungen abzuweisen oder abzuschwächen, anderen nachzugeben und sie zu bündeln. Auf diese Weise fällt das politische System Entscheidungen und trifft Maßnahmen. D. h., das politische System produziert Outputs. Diese wirken auf das gesellschaftliche Umfeld ein und auf

das politische System zurück. Es findet ein sog. „Feedback"-Prozess statt. Als Ergebnis dieses „Feedbacks" entstehen neue Inputs im politischen System, entweder als Unterstützungen oder als Forderungen.

(Peter Massing, Politisches System, in: Uwe Andersen/Wichard Woyke [Hg.], Handwörterbuch des politischen Systems, Verlag für Sozialwissenschaften, Bonn, 5. Aufl. 2003, S. 531)

1. *Klären Sie anhand des Textes M 5b (Z. 1–20) spezifische Merkmale des Begriffs „System" bzw. „politisches System". Inwiefern umfasst das politische System „mehr als nur die staatlichen Institutionen", aber „weniger als die gesamte Gesellschaft" (s. Kasten S. 19)?*

2. *Neben dem politischen System werden im Allgemeinen als Teilsysteme (Subsysteme) der Gesellschaft das „ökonomische System" unterschieden, das der Produktion und Verteilung von Gütern zur Befriedigung von Bedürfnissen dient, und das „kulturelle System", das die Bereiche von Kultur, Religion und Bildung umfasst. Nennen Sie – analog zu den Rollen des Einzelnen im politischen System (s. Kasten) – Rollen, die Sie selbst im ökonomischen und im kulturellen System wahrnehmen.*

3. *Der Begriff „politisches System" hat in den 1960er-Jahren in der Politikwissenschaft den älteren, bis dahin den etwa gleichen Bedeutungsgehalt repräsentierenden Begriff „Regierungssystem" abgelöst. Seither wird mit Regierungssystem im Allgemeinen ein bestimmter Teil des politischen Systems gekennzeichnet. Erläutern Sie diese Abgrenzung näher (s. Kasten).*

4. *Erläutern Sie Begriff und Funktion von Modellen (M 5a) und analysieren Sie die beiden* **Modelldarstellungen** *in Verbindung mit den darauf bezogenen Texten (M 5b, Z. 21ff.).*
   Im Einzelnen können Sie dabei z. B. folgendermaßen vorgehen:
   - *Charakterisieren Sie die Bedeutung des zentralen Entscheidungssystems und nennen Sie die in Deutschland geltenden Bezeichnungen für die zu diesem System gehörigen Institutionen (für die Organe der Verwaltung" und des „Rechtssystems" können Sie einige Ihnen bekannte Beispiele benennen).*
   - *Beschreiben Sie sodann, welche Merkmale den Bereich der Gesellschaft (des Gesellschaftssystems) kennzeichnen, welche Bedeutung den sog. „intermediären" (vermittelnden) Institutionen zukommt und inwiefern den Massenmedien dabei eine besondere Stellung beigemessen wird.*
   - *Erläutern Sie schließlich die Bedeutung der zentralen Begriffe „input" und „output": Inwiefern besteht der input nicht nur aus Forderungen und Erwartungen an das Entscheidungssystem, sondern auch aus „Unterstützungsleistungen"? In welche Situation gerät ein politisches System, wenn es an solchen Unterstützungsleistungen mangelt (vgl. später S. 71 zum Begriff „Politikverdrossenheit")? Welche Art von Normen* produziert das politische System vornehmlich? Welche Ressourcen* verteilt es? Um welche gibt es zurzeit in Deutschland heftigen Streit und lebhafte Diskussionen?*

5. *Vergleichen Sie die beiden Modelldarstellungen (M 5a) z. B. im Hinblick auf die Darstellung der einzelnen gesellschaftlichen Subsysteme (z. B. der Parteien) und den Stellenwert der einzelnen Systemelemente. Welche Darstellung ist Ihrer Einschätzung nach besser geeignet, die (in M 5b beschriebenen) Beziehungen und Funktionen zu verdeutlichen?*

II. Was heißt Demokratie? Grundlegende theoretische Ansätze und das Modell des Grundgesetzes

1. Identitäts- und Konkurrenztheorie der Demokratie

In Glarus (5645 Einwohner) in der Schweiz versammeln sich an jedem ersten Sonntag im Mai die Stimmbürgerinnen und Stimmbürger, um politische Probleme zu diskutieren und Beschlüsse zu fassen. Jeder Glaruser Bürger hat das Recht, auf der Bühne (Ringmitte) Anträge zu stellen, Kritik oder Zustimmung vorzubringen. Alle Stimmberechtigten stehen auf dem Podest. Abstimmungen erfolgen durch Handzeichen. Diese Form der direkten Demokratie gibt es nur noch in Glarus.

(Informationen zur politischen Bildung, H. 165/1992, S. 15; Foto: Bilderdienst Süddeutscher Verlag)

„Wir haben eine Verfassung, die nicht den Gesetzen unserer Nachbarn nachgebildet ist; viel eher sind wir selbst für andere ein Muster (Paradigma), als dass wir andere nachahmen. Mit Namen heißt sie Volksherrschaft (Demokratie), weil sie nicht die Sache Weniger, sondern die der Mehrheit ist.“ Dieser von stolzem Selbstbewusstsein geprägte Satz, den der athenische Staatsmann *Perikles* im Jahre

431 v. Chr. in einer berühmten Rede vor der Volksversammlung seines Stadtstaates formulierte, enthält die erste kurze Definition eines Begriffes, der heute zu den meistgebrauchten, aber auch vieldeutigsten politischen Begriffen gehört. Perikles' Definition hebt ab auf die Mehrheitsentscheidungen in der *Volksversammlung*, zu der alle athenischen Vollbürger, Arme und Reiche, mit gleichem Stimmrecht (freilich nicht die Frauen und Sklaven) zusammenkamen, um die Politik ihrer Stadt direkt (also ohne ein zwischengeschaltetes Gremium) zu bestimmen. Und Perikles ergänzt seine kurze Erklärung des Begriffs, den auch die Athener erst seit kurzer Zeit kannten, durch zwei „weitere tragende Elemente" dieser Staatsform: Rechtsgleichheit (Isonomie) und Freiheit.
Die Geschichte der *modernen Demokratie* beginnt erst mit der Philosophie der Aufklärung* und – für Europa entscheidend – mit der Französischen Revolution am Ende des 18. Jahrhunderts. Sie ist zu Anfang geprägt durch den Kampf des Bürgertums gegen Feudalismus* und Absolutismus* mit dem Ziel der ökonomischen und politischen Befreiung. Dabei bildet sich – was das Verständnis des Begriffs Demokratie angeht – neben der französischen, wesentlich durch den Philosophen *Rousseau* (1712 – 1778) geprägten eine zweite Hauptströmung der Demokratietheorie heraus, die sich aus der Entwicklung der Demokratie in *Großbritannien* und in *Nordamerika* ergab, wo es im amerikanischen Unabhängigkeitskrieg mit der Virginia Bill of Rights (1776) zur ersten demokratischen Verfassungsdeklaration gekommen war.
Da diese beiden unterschiedlichen Vorstellungen die Diskussion um die Ausgestaltung demokratischer Herrschaftsformen bis heute bestimmen, sollen sie im Folgenden genauer dargestellt werden. Für die eher theoretische (modellartig) angeleitete, durch *Rousseau* bestimmte Vorstellung hat sich der Begriff „**Identitätstheorie**" herausgebildet: Die Trennung zwischen Regierenden und Regierten soll in der Demokratie aufgehoben, die Identität von Herrschern und Beherrschten hergestellt werden (auch *direkte Demokratie* genannt, weil die politische Macht direkt vom Volk ausgeübt wird). Dem steht die der angelsächsischen Tradition entstammende, aus der historischen Wirklichkeit der liberalen, parlamentarischen Demokratie Englands und der USA abgeleitete „**Konkurrenztheorie**" gegenüber: Das Volk entscheidet, welcher der konkurrierenden Gruppen es die Staatsmacht überträgt (auch „*repräsentative*" oder „*indirekte*", manchmal auch „*empirische*" oder „*realistische*" Demokratie genannt).

M 6 Die „Identitätstheorie" – Die Einheit des Volkswillens in der Sicht Rousseaus

M 6a Rousseaus Modell der „direkten Demokratie"

Jean-Jacques Rousseau (1712 – 1778) entwickelte unter dem Eindruck der griechischen direkten Demokratie und einer aus dem verweltlichten Reich-Gottes-Gedanken abgeleiteten Freiheitsvorstellung ein Modell der Demokratie, das große geistesgeschichtliche und politische Bedeutung gewann. Rousseau will Freiheit und Gleichheit mit Einordnung in die Gesellschaft verbinden, er fragt: „*Wie findet man eine Gesellschaftsform, die mit der ganzen gemeinsamen Kraft die Person und das Vermögen jedes Gesellschaftsmitgliedes verteidigt und schützt und in der jeder Einzelne, obgleich er sich mit allen vereint, gleichwohl nur sich selbst gehorcht und so frei bleibt wie vorher?*" Die Antwort glaubt Rousseau in der direkten Demokratie zu finden. Alle Bürger sollen gleichberechtigt an der Volksversammlung teilnehmen und gemeinsam das souveräne Staatsoberhaupt bilden. Die gleiche Körperschaft, das versammelte Volk, ist zugleich Gesetzgeber und Regierung, erlässt die Gesetze und bestimmt die Maßnahmen zu ihrer Ausführung.

Jean-Jacques Rousseau (*28. Juni 1712 in Genf, † 2. Juli 1778 in Ermenonville bei Paris) war ein französisch-schweizerischer Schriftsteller, Pädagoge, Komponist sowie Gesellschafts- und Staatstheoretiker. Zusammen mit seinem Gegner Voltaire gehört er zu den einflussreichsten Autoren der europäischen Aufklärung. Über sein bewegtes Leben und seine Werke informiert näher: http://de.wikipedia.org/wiki/Jean_Jacques_Rousseau.

(Foto: AKG, Berlin)

Wenn in der Volksversammlung immer Einstimmigkeit herrschte, so wäre wirklich ROUSSEAUS Frage beantwortet: Jeder gehorchte nur den Gesetzen, denen er selber zugestimmt hat. Einstimmigkeit aber ist selbst in kleinen Versammlungen selten; daher versucht ROUSSEAU, das Problem der abweichenden Meinungen durch seinen Begriff der *„volonté générale"* zu lösen. Nach ROUSSEAU gibt es einen einheitlichen, dem wahren Gemeinwohl* stets entsprechenden Volkswillen, den er *Gemeinwillen* (volonté générale) nennt. Er behauptet, dass sich Meinungsverschiedenheiten darüber, was das wahre Gemeinwohl sei, aus mangelhaftem Wissen und infolge der Sonderinteressen der Einzelnen ergäben. Das einfache Zusammenzählen der Einzelwillen könne daher auch nicht den richtigen Gemeinwillen, sondern höchstens den von egoistischen Interessen verfälschten *„Willen aller"* (volonté de tous) ergeben. Der wahre Gemeinwille sei so zu ermitteln, dass sich gut unterrichtete Bürger in der Volksversammlung beraten, wobei sich die auf mangelndes Wissen und Sonderinteressen zurückgehenden Meinungsverschiedenheiten ausglichen. Voraussetzung für diesen Ausgleich sei, dass jeder Einzelne nach eigenem Urteil entscheide und keine festen Verbindungen zwischen den Stimmberechtigten entstünden. Parteibildungen verhinderten das Erkennen des wahren Volkswillens.

ROUSSEAU erkannte natürlich, dass die von ihm geschilderte direkte Demokratie nur in sehr kleinen Staaten möglich ist; denn wie sollten sonst alle Bürger gemeinsam beraten können? Er verlangte außerdem, dass sich die Bürger mit einer einfachen Lebenshaltung begnügen, damit sie nicht durch wirtschaftliche Interessen von der Teilnahme an der Politik abgelenkt werden (s. Kasten). Vor allem sah er, dass die unmittelbare Demokratie sehr hohe Anforderungen an die Sittlichkeit aller Bürger stellt: Der wahre Gemeinwille kann nur erkannt werden, wenn sich alle Bürger ehrlich um das Gemeinwohl bemühen und bereit sind, Sonderinteressen zurückzustellen. Je besser die Sitten der Bürger seien, desto weniger Gesetze seien notwendig und desto schwächer könne die Regierung sein.

Da die Voraussetzungen für die Verwirklichung seines Ideals der direkten Demokratie nur selten anzutreffen sind, war ROUSSEAU gezwungen, auch die Aristokratie und die Monarchie als legitime Regierungsformen anzuerkennen. Bedingung ist jedoch, dass auch in diesen Regierungsformen die Souveränität beim ganzen Volk liegt. In jeder legitimen Regierungsform muss das Volk die oberste Gewalt verkörpern und die Gesetzgebung vornehmen; lediglich die Regierung ist in der Aristokratie einer besonderen Gruppe, in der Monarchie einem einzelnen Fürsten übertragen. Die absolute Monarchie seiner Zeit betrachtete er als Despotie [Gewaltherrschaft].

(Hans-Hermann Hartwich [Hrsg.], Politik im 20. Jahrhundert, Westermann Verlag, Braunschweig 1984, S. 66)

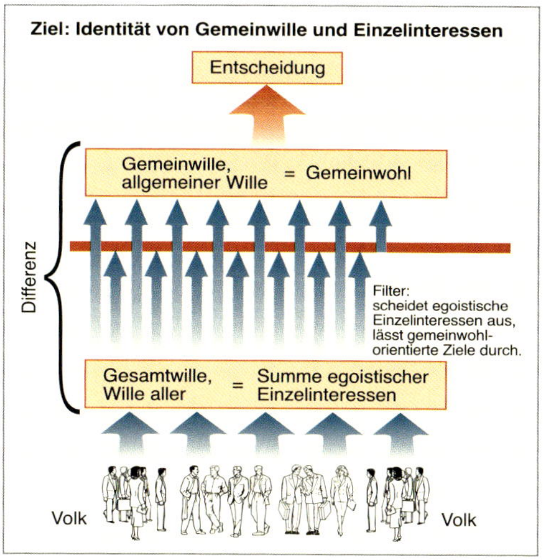

Demokratie als „Identität"

(Zeichnung: Günter Frohmüller, in: Informationen zur politischen Bildung, Nr. 165 [Neudruck 1992], S. 20)

„Wie viele schwer zu vereinigende Bedingungen setzt diese Regierungsform doch voraus! Erstens einen sehr kleinen Staat, in dem das Volk leicht zu versammeln ist und die Bürger sich kennenlernen können. Zweitens eine große Einfachheit der Lebensumstände, die nicht viele schwierige Tätigkeiten und Beratungen erforderlich macht. Dann große Gleichheit des Standes und der Vermögen, ohne die auch die Egalität der Rechte und des Einflusses nicht lange bestehen würde. Endlich wenig oder gar keinen Luxus; denn Luxus ist entweder die Folge der Reichtümer oder er macht sie nötig, er verdirbt den Reichen und den Armen zugleich, den einen durch den Besitz, den anderen durch die Habsucht. [...] Deshalb hat ein berühmter Autor die Tugend für das Prinzip der Republik erklärt. [...] Gäbe es ein Volk von Göttern, so würde es sich demokratisch regieren. Eine so vollkommene Regierung passt für Menschen nicht (3, 4)."

(Jean-Jacques Rousseau, Auszug aus dem Contrat Social, zit. nach: J.-J. Rousseau, Politische Schriften, Band 1, Verlag Ferdinand Schöningh, Paderborn 1977, S. 129)

M 6b Rousseau: Der Gemeinwille ist unteilbar und unfehlbar

„Der Mensch ist frei geboren, und überall liegt er in Ketten. Mancher hält sich für den Herrn seiner Mitmenschen und ist trotzdem mehr Sklave als sie." [Contrat Social, 1. 1]

„Auf seine Freiheit verzichten, heißt auf seine Menschheit, die Menschenrechte, ja selbst auf seine Pflichten verzichten. [...] Eine solche Entsagung ist mit der Natur des Menschen unvereinbar, und man entzieht, wenn man seinem Willen die Freiheit nimmt, seinen Handlungen allen sittlichen Wert." [1. 4]

„Wie kann eine Gesellschaftsform gefunden werden, die mit der gesamten gemeinsamen Kraft aller Mitglieder die Person und die Habe eines jeden einzelnen Mitglieds verteidigt und beschützt; in der jeder Einzelne, mit allen verbündet, nur sich selbst gehorcht und so frei bleibt wie zuvor?" Das ist das Grundproblem, das der *Gesellschaftsvertrag (contrat social)* löst. [...]

Die Bedingungen dieses Vertrages [...] lassen sich [...] auf eine einzige zurückführen: die vollständige Überäußerung eines jeden Mitglieds mit all seinen Rechten an die Gemeinschaft. Wenn sich nämlich ... jeder ganz übereignet, ist die Bedingung für alle gleich; niemand hat ein Interesse, sie für die anderen drückend zu machen. [...]

Alles Unwesentliche weggelassen, lässt sich der Gesellschaftsvertrag auf folgende Begriffe zurückführen: Jeder von uns unterstellt gemeinschaftlich seine Person und seine ganze Kraft (puissance) der höchsten Leitung des Gemeinwillens (volonté générale), und wir empfangen als Körper jedes Glied als unzertrennlichen Teil des Ganzen. [...] [1. 6]

Die Souveränität ist unveräußerlich

Die erste und wichtigste Folgerung aus den obigen Prinzipien ist, dass allein der Gemeinwille die Kräfte des Staates dem Zweck seiner Gründung entsprechend lenken kann. Der Zweck aber ist das Gemeinwohl. [...] Ich wiederhole also, dass die Souveränität [Staatshoheit] nur der Vollzug des Gemeinwillens ist und niemals veräußert werden darf, und dass der Souverän ein Kollektivwesen ist, das nur durch sich selbst dargestellt werden kann: Man kann die Macht sehr wohl übertragen, den Willen aber nicht. [...] [2. 1]

Die Souveränität ist unteilbar

Da die Souveränität unveräußerlich ist, ist sie aus dem gleichen Grund auch unteilbar, denn der Wille ist entweder allgemein oder er ist es nicht. Entweder ist er der Wille des ganzen Volkes oder nur eines Teiles. Im ersten Fall ist diese Willenserklärung ein Souveränitätsakt und schafft Gesetz. Im zweiten Fall ist es nur ein Einzelwille, d. h. ein Verwaltungsakt. [...]

Die Souveränität kann aus dem gleichen Grund nicht vertreten werden, wie sie nicht veräußert werden kann. Sie besteht im Wesentlichen aus dem Gemeinwillen, und der Wille lässt sich nicht vertreten: Entweder ist er er selbst oder er ist es nicht. Dazwischen gibt es nichts. Abgeordnete des Volkes sind und können nicht seine Stellvertreter sein. Sie sind nur seine Beauftragten. Sie können nichts endgültig beschließen. Jedes Gesetz, das das Volk nicht selbst bestätigt hat, ist null und nichtig: Es ist kein Gesetz. Das englische Volk glaubt frei zu sein. Es täuscht sich sehr. Es ist nur während der Wahl der Parlamentsmitglieder frei. Sobald sie gewählt sind, ist es Sklave: Es ist nichts. Der Gebrauch, den es in den kurzen Augenblicken von seiner Freiheit macht, verdient nichts Besseres, als dass es sie wieder verliert. [...] [2. 2]

Kann der Gemeinwille irren?

Aus dem Vorhergehenden folgt, dass der Gemeinwille immer Recht hat und immer auf das Gemeinwohl zielt; aber es folgt nicht daraus, dass die Beschlüsse des Volkes immer richtig sind. Man will immer sein Bestes, aber man sieht es nicht immer. Das Volk lässt sich nie bestechen; aber es wird oft getäuscht; und dann erst scheint es zu wollen, was schlecht ist.

Oft besteht ein großer Unterschied zwischen dem Gesamtwillen (volonté de tous) und dem Gemeinwillen (volonté générale). Er zielt nur auf das Gemeininteresse, der andere auf das Einzelinteresse und ist nur die Summe der Einzelinteressen. Zieht man davon die Extreme ab, die sich gegenseitig aufheben, so bleibt als Summe der Differenzen der Gemeinwille übrig.

[...] Wenn sich aber auf Kosten der Gemeinschaft Klüngel und Parteien bilden, dann wird aus dem Willen eines jeden dieser Verbände in Bezug auf seine Mitglieder ein Gemeinwille und in Bezug auf den Staat ein Sonderwille. Dann kann man sagen, dass es nicht mehr so viele Stimmberechtigte wie Menschen gibt, sondern nur mehr so viele wie Verbände. [2. 3]

(Jean-Jacques Rousseau, Auszüge aus dem Contrat Social, zit. nach: J.-J. Rousseau, Politische Schriften, Band 1, Verlag Ferdinand Schöningh, Paderborn 1977, S. 73f., 158f., 84ff.; Zwischenüberschriften ergänzt)

M 7 Freiheitsgefährdende Elemente in Rousseaus Demokratietheorie

In ROUSSEAUS Theorie sind die Keime für zwei gänzlich verschiedene Entwicklungen enthalten: Sein leidenschaftliches Eintreten für die Beteiligung des ganzen Volkes an der politischen Gewalt gab dem Gedanken der Volkssouveränität in Europa neue Kraft. Es ist bezeichnend, dass IMMANUEL KANT erklärte, er habe durch ROUSSEAU gelernt, den einfachen Menschen zu achten und mit der philosophischen Forschung die Rechte der Menschheit zu fördern. Doch zugleich sind in ROUSSEAUS Demokratiebegriff freiheitsgefährdende Elemente enthalten, die ihm selbst offenbar nicht bewusst waren, die aber von späteren Diktatoren zur Errichtung einer Scheindemokratie missbraucht wurden: die Behauptung, dass es einen unfehlbaren Gemeinwillen gäbe, die Machtkonzentration bei der Volksversammlung, das Fehlen unantastbarer Grundrechte.
ROUSSEAUS „volonté générale" erhebt den Anspruch, ähnlich wie ein Naturgesetz absolut gültig und richtig zu sein. Wie wird dieser unfehlbare Gemeinwille ermittelt? Nach ROUSSEAU durch die Diskussion aller Bürger, sofern sie nur gutwillig und gut unterrichtet sind. Was aber, wenn der von ROUSSEAU angenommene Ausgleich der Sonderinteressen nicht stattfindet und keine Einstimmigkeit erzielt wird? Dann ist für ROUSSEAU die Minderheit im Irrtum. Wenn sie diesen Irrtum nicht einsieht, muss sie zur Unterwerfung unter den Mehrheitswillen gezwungen werden (s. Kasten). Wer an die „volonté générale" glaubt, kann abweichende Meinungen nicht dulden; denn für ihn ist der Wille der angeblich gut unterrichteten und am Gemeinwohl orientierten Mehrheit unfehlbar.
Der Anspruch der Mehrheit, den unfehlbaren Gemeinwillen zu vertreten, wird noch gefährlicher dadurch, dass ROUSSEAU der Minderheit keine Möglichkeit gewährt, lebenswichtige Interessen zu schützen. Er kennt keine dem Gemeinwillen entzogenen, unantastbaren Menschenrechte. Er glaubt, in der Volksversammlung würden sich immer Vernunft und Gerechtigkeit durchsetzen, weil es ihm undenkbar erscheint, dass das Volk sich selbst unvernünftige und ungerechte Gesetze geben könnte. So hält er Begrenzungen des Volkswillens, etwa durch das Prinzip der Gewaltenteilung und durch unantastbare Menschenrechte, für unnötig.
Auf ROUSSEAUS Lehre von der „volonté générale" konnten sich daher alle Tyrannen berufen, die behaupteten, im Namen des unfehlbaren Volkswillen zu handeln: ROBESPIERRE, LENIN, STALIN, HITLER. [...]
ROUSSEAUS Lösung des Problems, wie die politische Ordnung durch die Gesamtheit der Bürger bestimmt werden kann, führt daher zur Bedrohung der Freiheit des Einzelnen. Erst die Verbindung des Prinzips der politischen Mitbestimmung aller Bürger mit dem Prinzip des Schutzes des Einzelnen und der Minderheiten vor willkürlicher Ausübung jeder politischen

„Jedes Individuum (kann) als Mensch einen Sonderwillen haben, der dem Gemeinwillen, den er als Bürger hat, zuwiderläuft oder sich von diesem unterscheidet. Sein Sonderinteresse kann ihm ganz anderes sagen als das Gemeininteresse; sein selbstständiges [...] Dasein kann ihn das, was er der gemeinsamen Sache schuldig ist, als eine unnütze Abgabe betrachten lassen, deren Einbuße den anderen weniger schadet, als ihn ihre Leistung belastet. [...] Damit nun aber der Gesellschaftsvertrag keine Leerformel sei, schließt er stillschweigend jene Übereinkunft ein, dass, wer immer sich weigert, dem Gemeinwillen zu folgen, von der gesamten Körperschaft dazu gezwungen wird, was nichts anderes heißt, als dass man ihn zwingt, frei zu sein." (1. 8)

(Jean-Jacques Rousseau, Contrat Social [= M 6b])

Der Versuch, die Einheit des Staatsvolkes herzustellen, sie aufrechtzuerhalten und die unterschiedlichen Interessen zu unterdrücken, schlägt im Extremfall in *totale Herrschaft* um. [...] Der „Führer" oder „die Partei" setzt den einmal als richtig erkannten Gemeinwillen in die Tat um. Abweichungen und oppositionelle Strömungen gelten als Ketzerei. Die Menschen sollen zu ihrem Glück gezwungen werden.

(Eckhard Jesse, in: Informationen zur politischen Bildung Nr. 227, Neudruck 1993, S. 2)

Das Dritte Reich des Nationalsozialismus und der Kommunismus (v. a. der Stalinismus) – aber auch der faschistische Staat Italiens – gelten als historische Ausprägungen des *totalitären Staates**, in dem alle gesellschaftlichen und politischen Bereiche totalitär gleichgeschaltet waren. Auch die sozialistischen „Einparteien-Diktaturen" der früheren Ostblock-Staaten trugen Züge totalitärer Herrschaft.

(Autorentext)

Macht schuf die Voraussetzungen für eine politische Ordnung, in der die persönliche und politische Freiheit aller Bürger gesichert ist.

(Hans-Hermann Hartwich [Hg.], Politik im 20. Jahrhundert, Westermann Verlag, Braunschweig 1984, S. 67)

Für das Verständnis der auf Jean-Jacques Rousseau zurückgehenden „Identitätstheorie" der Demokratie ist es sinnvoll, die beiden Materialien M 6 a und b im Zusammenhang miteinander zu lesen und zu erarbeiten. Sie können sich dabei an den folgenden Hinweisen und Fragen orientieren.

1. *Von welchem Menschenbild geht Rousseau aus und welches „Grundproblem" will er auf diesem Hintergrund lösen (M 6a/b)?*
2. *Erläutern Sie den zentralen Begriff des „Gemeinwillens" („volonté générale"). Was bedeutet seine Realisierung für jeden einzelnen Staatsbürger? Warum ist der Gemeinwille „unteilbar" (nur als ganzer vorstellbar)? Warum kann er nicht „vertreten" werden (wie im englischen Parlament)? Welchen Unterschied macht Rousseau in dieser Hinsicht zwischen der gesetzgeberischen und der vollziehenden Gewalt? (M 6a/b)*
3. *Eine der schwierigsten begrifflichen Unterscheidungen in der Rousseau'schen Theorie ist die zwischen der „volonté générale" und der „volonté de tous" (M 6a). Erläutern Sie diese Differenz und stellen Sie heraus, worin ihr Vorkommen nach Rousseau wurzelt, inwieweit er ihre Entstehung für vermeidbar hält und warum von ihrer Vermeidung oder Nicht-Vermeidung die Existenz des gesamten Staatsmodells abhängt. Wie stellt sich Rousseau die Herausbildung des Gemeinwillens aus dem „Willen aller" vor? (M 6a/b)*
4. *Wichtig für die weitere Entwicklung der Demokratie ist Rousseaus scharfe Ablehnung der Bildung von Gruppen und Verbänden („Klüngel", „Parteien") in der Gesellschaft (M 6a/b). Wie hängt diese Einstellung mit der Theorie des Gemeinwillens zusammen?*
5. *Rousseau stand der Verwirklichung seines Modells selbst sehr skeptisch gegenüber. Erläutern Sie, worauf diese Skepsis sich begründet.*
6. *„Man ist frei, auch wenn man den Gesetzen unterworfen ist, aber nicht, wenn man einem Menschen gehorcht, weil ich in diesem letzteren Fall dem Willen eines anderen gehorche; aber indem ich dem Gesetz gehorche, gehorche ich nur dem öffentlichen Willen, der ebenso sehr der meine wie der jedes Beliebigen ist" (Fragments politiques, p. 492). Gehen Sie anhand dieses Rousseau-Zitates noch einmal wichtigen Fragen des Rousseau'schen Demokratiemodells nach:*
   - *Wie löst Rousseau das Problem des Verhältnisses von Freiheit und Gleichheit?*
   - *Worin gründet der Absolutheitsanspruch des Gemeinwillens als des souveränen Herrschers in der Demokratie?*
7. *Stellen Sie heraus, worin die „freiheitsgefährdenden Elemente" der unbedingten Herrschaft des Gemeinwillens bei Rousseau liegen (M 7). Inwiefern kann hier eine Nähe zum Herrschaftsanspruch totalitärer Staaten (s. Kasten) gesehen werden?*

Weitere Informationen zur Demokratietheorie Rousseaus, auch zu kritischen Gesichtspunkten, können Sie den Informationen zur politischen Bildung Nr. 284 (3. Quartal 2004) entnehmen (im Internet: www.bpb.de/publikationen/WRYH61,0,Demokratie.htm, Abschnitt „Wege zur modernen Demokratie", und: http://www.ahuels.de/schnick/hsrous.htm).

M 8 James Madison: Demokratie durch Repräsentation

Die angelsächsische Konkurrenztheorie der Demokratie geht nicht vom einheitlichen Willen, sondern von der Gespaltenheit der Gesellschaft in unterschiedliche ökonomische Interessen und weltanschaulich-politische Willensrichtungen aus. Im „Federalist No. 10", einem jener 85 berühmten frühen Kommentare zur US-Bundesverfassung, entwirft *James Madison** (Präsident der USA von 1809 – 1817) in bewusster Abgrenzung zu Rousseau die Skizze einer „Republik" (heute: repräsentativen Demokratie) mit unvermeidlich unterschiedlichen Interessengruppen (den „factions"), einer großen Flächenausdehnung, repräsentativen Institutionen (Herrschaft durch gewählte Vertreter) und – nicht zuletzt – einer bundesstaatlichen Struktur (Näheres zu den Federalist Papers: http://de.wikipedia.org/wiki/Federalist_Papers).

James Madison* (Kreidelithografie, um 1860)

(© picture-alliance/akg-images)

Unter den zahlreichen Vorteilen, die eine gut aufgebaute Union verspricht, verdient keiner genauer dargelegt zu werden als die mögliche Fähigkeit, die Gewalttätigkeit von Faktionen zu beenden und auf Dauer zu kontrollieren. [...] Unter einer Faktion [Partei] verstehe ich eine Gruppe von Bürgern, – das kann eine Mehrheit oder eine Minderheit der Gesamtheit sein –, die durch den gemeinsamen Impuls einer Leidenschaft oder eines Interesses vereint und zum Handeln motiviert ist, welcher im Widerspruch zu den Rechten anderer Bürger oder den permanenten und gemeinsamen Interessen der Gemeinschaft steht. Es gibt zwei Methoden, die negativen Auswirkungen solcher Faktionen abzustellen: zum einen die Beseitigung der Ursachen, zum anderen die Beherrschung der Konsequenzen. [...]

Solange die menschliche Vernunft fehlbar ist und der Mensch frei ist, sie zu benutzen, wird es unterschiedliche Meinungen geben. [...] Daraus ergibt sich, dass man die *Ursachen* von Faktionen nicht beseitigen kann und Abhilfe nur in den Mitteln zu finden ist, die deren *Auswirkungen* unter Kontrolle zu bringen trachten. [...] Aus dieser Sicht des Problems kommt man zu dem Schluss, dass eine reine Demokratie – womit ich ein Gemeinwesen meine, das aus wenigen Bürgern besteht, die sich *in personam* versammeln und die Regierungsgewalt selbst ausüben, – kein Heilmittel gegen die schädlichen Folgen von Faktionen kennt. [...] Die politischen Theoretiker, die für diese Regierungsform eingetreten sind, sind fälschlicherweise davon ausgegangen, dass die Menschen mit der Einführung einer vollkommenen Gleichheit der politischen Rechte gleichzeitig in ihrem Eigentum, ihren Meinungen und ihren Leidenschaften vollkommen gleich und einander angeglichen würden.

Eine Republik, womit ich ein Regierungssystem meine, in dem das Konzept der Repräsentation verwirklicht ist, eröffnet ganz andere Perspektiven und bietet das Heilmittel, nach dem wir suchen. Analysieren wir die Punkte, in denen sich Republik und reine Demokratie unterscheiden, dann wird die Art des Heilmittels verständlich. [...]

Die beiden entscheidenden Unterschiede zwischen einer Demokratie und einer Republik sind: erstens die Delegierung der Herrschaftsgewalt an eine kleine Zahl von den Übrigen gewählter Bürger in Letzterer; zweitens eine größere Zahl von Bürgern und ein größeres Territorium, auf das die Republik ausgedehnt werden kann.

Der erste Unterschied bewirkt einerseits eine Erweiterung des Horizonts und Differenzierung der öffentlichen Meinung, da sie das Medium eines gewählten Gremiums von Bürgern durchläuft, die aufgrund ihrer Kenntnisse und Erfahrung das wahre Interesse des Landes am besten erkennen können und deren Patriotismus und Gerechtigkeitsliebe kaum erwarten lassen, dass sie sie momentanen oder parteilichen Überlegungen opfern werden. Eine derartige Regelung kann sehr wohl dazu führen, dass die öffentliche Meinung aus dem Munde der Volksvertreter eher dem öffentlichen Wohl entspricht als aus dem Munde des Volkes, sollte es selbst zu diesem Zweck zusammentreten. Diese Wirkung kann sich aber in ihr Gegenteil verkehren. Männer, die durch einen parteiischen Charakter, lokale Vorurteile oder finstere Absichten motiviert sind, können sich durch Intrigen, Korruption oder andere Mittel zuerst die Stimmen bei der Wahl sichern und anschließend die Interessen des Volkes verraten. Daraus ergibt sich die Frage, ob kleine

Je mehr Interessen miteinander konkurrieren und je weniger die Möglichkeit besteht, dass sich diese zu einer Mehrheit vereinigen, je größer und fragmentarisierter die Gesellschaft also ist, desto größer ist nach Madison die Chance, Machtmissbrauch zu verhindern und die Freiheit des Einzelnen zu sichern. Die Grundlage für die Erhaltung der Freiheit ist nach Madison die Trennung der Regierungsgewalten.

(Winand Gellner/Armin Glatzmeier, Macht und Gegenmacht. Einführung in die Regierungslehre, Nomos Verlagsgesellschaft, Baden-Baden 2004, S. 52)

oder große Republiken eher zur Wahl der wahren Wächter des öffentlichen Wohls beitragen, und sie wird eindeutig zugunsten der großen Republik entschieden. [...]
Je weniger Personen eine Mehrheit bilden können, und je enger sie beieinander leben, desto leichter fällt es ihnen, ihre Pläne zur Unterdrückung anderer zu koordinieren und ins Werk zu setzen. Vergrößert man das Gebiet, so umfasst es eine größere Vielfalt von Parteien und Interessen, damit aber wird es weniger wahrscheinlich, dass eine Mehrheit des Ganzen ein gemeinsames Motiv hat und die Rechte der anderen Bürger verletzt.
[...] Die vielfältigen und widersprüchlichen Interessen zu regulieren, ist die vordringliche Aufgabe moderner Gesetzgebung, die auch Parteigeist und Interessengegensätze in die nötigen und normalen Funktionen eines Regierungssystems einbeziehen muss.

(Angela Adams/Willi Paul Adams [Hg.], Alexander Hamilton/James Madison/John Jay, Die Federalist-Artikel. Politische Theorie und Verfassungskommentar der amerikanischen Gründerväter, Verlag Ferdinand Schöningh, Paderborn (UTB) 1994, S. 51 – 54 [10. Artikel])

M 9 Joseph A. Schumpeter: Demokratie als Konkurrenzkampf um die Stimmen des Volkes

[...] Wir nehmen nun den Standpunkt ein, dass die Rolle des Volkes darin besteht, eine Regierung hervorzubringen oder sonst eine dazwischengeschobene Körperschaft, die ihrerseits eine nationale Exekutive oder Regierung hervorbringt. Und wir definieren: Die demokratische Methode ist diejenige Ordnung der Institutionen zur Erreichung politischer Entscheidungen, bei welcher Einzelne die Entscheidungsbefugnis (power to decide) vermittels eines Konkurrenzkampfes um die Stimmen des Volkes erwerben. [...]

Joseph Alois Schumpeter, 1883 – 1950: österreichisch-amerikanischer Nationalökonom; Professor in Bonn (1925 – 1932) und Harvard (seit 1932); entwickelte in seinem Hauptwerk „Kapitalismus, Sozialismus und Demokratie“ (1942) eine umfassende Theorie der sozio-ökonomischen Entwicklung (s. dazu Kap. C, S. 247).
(Autorentext)

Demokratie bedeutet nur, dass das Volk die Möglichkeit hat, die Männer, die es beherrschen sollen, zu akzeptieren oder abzulehnen. Aber da es dies auch auf völlig undemokratischen Wegen entscheiden kann, mussten wir unsere Definition verengen durch Einführung eines weiteren Kriteriums zur Identifizierung der demokratischen Methode, nämlich des freien Wettbewerbs zwischen den Führungsanwärtern um die Stimmen der Wählerschaft.
[...] Ihre Entscheidung – die ideologisch zur „Berufung durch das Volk“ verklärt wird – fließt nicht aus ihrer eigenen Initiative, sondern wird geformt, und diese Formung ist ein wesentlicher Teil des demokratischen Prozesses. Wähler entscheiden keine Streitfragen. Aber ebenso wenig lesen sie völlig unbefangen ihre Parlamentsmitglieder aus der wählbaren Bevölkerung aus. In allen normalen Fällen liegt die Initiative beim Kandidaten, der sich um das Amt als Parlamentsmitglied und die damit verbundene lokale Führung bewirbt. Die Wähler beschränken sich darauf, sein Angebot entweder anderen vorzuziehen und es anzunehmen oder es abzulehnen. [...]

(Joseph A. Schumpeter, Eine andere Theorie der Demokratie; in: J. A. Schumpeter, Kapitalismus, Sozialismus und Demokratie, UTB, A. Francke Verlag, Tübingen/Basel 1972, S. 427ff., 432, 448f., 452)

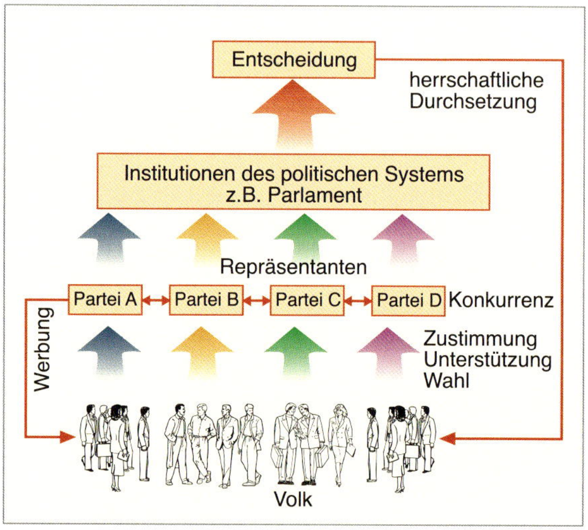

Demokratie als „Konkurrenz“

(Zeichnung: Günter Frohmüller, in: Informationen zur politischen Bildung, Nr. 165 [Neudruck 1992], S. 20)

1. *Stellen Sie anhand der Auszüge aus dem Text von James Madison (Federalist Nr. 10) die zentralen Gesichtspunkte heraus, welche die Konkurrenztheorie der Demokratie kennzeichnen (M 8).*
   - *Was versteht Madison unter „Demokratie", was unter „Republik"? Welche Vorteile hat in seiner Sicht die „Delegierung der Herrschaftsgewalt" an Vertreter des Volkes?*
   - *Wie beurteilt Madison die Entstehungsursache von Interessengruppen und Parteien („Faktionen") in der Gesellschaft und die Möglichkeiten, die von ihnen ausgehenden negativen Auswirkungen zu beherrschen? Gegen welche Auffassungen Rousseaus (als eines der „politischen Theoretiker") wendet er sich in dieser Hinsicht?*
   - *Welche Rolle spielt in Madisons Überlegungen die Größe des Gemeinwesens?*
   - *Worin liegen die wesentlichen Unterschiede zwischen den Theorieansätzen von Rousseau und Madison?*
2. *Stellen Sie die wesentlichen Merkmale der „demokratischen Methode" in der Sicht von Schumpeter heraus (M 9). Welcher Gesichtspunkt steht im Vordergrund? Was können Kritiker meinen, wenn sie Schumpeters Demokratiekonzept als „minimalistisch" bezeichnen?*
3. *Schumpeters Demokratietheorie wird manchmal als auch „realistisch" bezeichnet. Wie schätzen Sie unter diesem Gesichtspunkt seine Beschreibung der Rolle der Wählerschaft ein?*

Näheres zur Person und Bedeutung Schumpeters finden Sie unter http://de.wikipedia.org/wiki/Schumpeter.

M 10 Ernst Fraenkel: Von der Konkurrenztheorie zur Pluralismustheorie – Politik als Bereich unterschiedlicher Interessen

Übersieht die Konkurrenztheorie der Demokratie nicht, dass auf die Dauer kein Staat bestehen kann, wenn in ihm nicht ein genuiner Gemeinwille seiner Bürger lebendig ist? [...]

Weit davon entfernt, die Unentbehrlichkeit eines solchen nichtkontroversen Sektors von Staat und Gesellschaft zu bestreiten, wendet sich die Konkurrenztheorie der Demokratie lediglich dagegen, die Wirklichkeit des Gemeinwillens dadurch zu gefährden, dass sie ihm eine universale Bedeutung beimisst. Die Existenz eines Gemeinwillens wird unglaubhaft, die Vorstellung des Gemeinwillens verblasst zu einer Ideologie, wenn nicht ausreichend in Rechnung gestellt wird, dass es weite Gebiete der Sozialordnung gibt, über die man abstimmen muss, weil sich die Bürger über ihre Ausgestaltung nicht einig sind. Das charakteristische Merkmal einer jeden pluralistischen Demokratie ist in der offenen Anerkennung der Tatsache zu finden, dass es neben dem nichtkontroversen Sektor einen weiteren Sektor des Gemeinschaftslebens gibt, einen Sozialbereich, in dem ein consensus omnium [Übereinstimmung aller Bürger] nicht besteht, ja nicht einmal bestehen soll: der Bereich der Politik. [...]

Einheit der Interessen zwischen Regierenden und Regierten ist ... nur möglich, wenn auch eine Harmonie der Interessen innerhalb der Bürgerschaft besteht, zum mindesten aber, wenn Vorsorge dagegen getroffen ist, dass etwaige Differenzen der Partikularwillen [Willen von Teilgruppen] sich im öffentlichen Bereich geltend machen. Die pluralistische Staatslehre lehnt die Identitätstheorie mit aller erdenklichen Entschiedenheit ab und betrachtet sich als ihre Antipodin. Vom empirischen* Blickpunkt aus gesehen, ist sie in ihren Augen bestenfalls eine Fiktion. Vom theoretischen Standpunkt aus betrachtet, verwirft der Pluralismus die Identitätslehre mit der Begründung, dass sie das Phänomen der differenzierten Gesellschaft unbeachtet lasse und – wenn überhaupt – nur nach einer radikalen Revolution verwendbar sei. Nach Ansicht der pluralistischen Staatslehre steht die Identitätstheorie im Widerspruch zu den Grundprinzipien einer repräsentativen Demokratie. [...]

Nach Rousseau ist bereits die isolierte Geltendmachung von Partikularwillen vom Übel. Ihre kollektive Geltendmachung führt unfehlbar zur Zersetzung der volonté générale. Interes-

Ernst Fraenkel: bedeutender deutscher Politikwissenschaftler (1898 – 1975); nach seiner Emigration 1938 in die USA seit 1951 Professor in Berlin mit dem Schwerpunkt Demokratietheorie und vergleichende Regierungslehre; wichtigster Vertreter der modernen Pluralismus-Theorie (Neo-Pluralismus).

(Autorentext)

senverbände stellen Partikularinteressen in ihrer potenzierten Form dar. Ein Staat, der sie duldet, ist zum Untergang reif. Die Notwendigkeit der Verdrängung von Sonderinteressen durch das Gemeininteresse ist das Herzstück der Rousseau'schen Staatstheorie (vgl. M 6a/b). [...]

Der Pluralismus hält zwar ein Minimum von Homogenität [Gleichförmigkeit] für erforderlich, jedoch ein Maximum von Homogenität nicht für erstrebenswert. Der Anti-Pluralismus hält ein Minimum von Heterogenität [Unterschiedlichkeit] zwar für unvermeidlich, glaubt jedoch, dass eine Heterogenität, die dieses Minimum übersteigt, unerträglich ist. Pluralismus und Anti-Pluralismus gehen prinzipiell über die Frage auseinander, wo das Optimum einer anzustrebenden Homogenität zu suchen und mittels welcher Methoden es zu verwirklichen ist. [...]

Wird das Optimum der unerlässlich erforderlichen Homogenität unterschritten, dann besteht die Gefahr, dass der Staat an Hypotrophie (zu geringer Größe) verkümmert; wird es überschritten, dann besteht die Gefahr, dass der Staat an Hypertrophie (Übergröße) zugrunde geht. Pluralismus beruht auf dem optimistischen Vertrauen, dass ein automatisch zu erzielender consensus omnium in der Regel ausreichend stark ist, um den heterogenen Kräften zu gestatten, sich frei in Staat und Gesellschaft zu betätigen; Anti-Pluralismus beruht auf dem pessimistischen Verdacht, dass ein automatischer consensus omnium in der Regel zu schwach ist, um darauf verzichten zu können, gegen die heterogenen Kräfte in Staat und Gesellschaft Gewalt anzuwenden.

(Ernst Fraenkel, Deutschland und die westlichen Demokratien, erweiterte Ausgabe, 1. Aufl. 1991, Suhrkamp Verlag, Frankfurt a. M., S. 88f., 308, 311, 312; S. 88f.: Vortrag auf beamtenpolit. Arbeitstagung des Dt. Beamtenbundes 1964; S. 308 – 312 u. Kasten: Festvortrag zum 45. Dt. Juristentag in Karlsruhe 1964)

„Der Apostel des Anti-Pluralismus ist Jean-Jacques Rousseau. Seine gesellschaftlichen und politischen Lehren sind in das Unterbewusstsein der westlichen Menschheit eingedrungen. Sie liegen weitgehend den Kategorien zugrunde, in denen wir politisch denken; sie bilden einen essenziellen Bestandteil dessen, was ich als vulgärdemokratisches Denken bezeichnen möchte. [...] Die Theorie eines jeden Anti-Pluralismus ist auf das engste mit der Vorstellung verknüpft, dass:

(1) der konkrete Inhalt dessen, was als „bonum commune [Gemeinwohl*] anzusprechen ist, vorgegeben sei;

(2) der begnadete Staatsmann es auf mysteriöse Weise zu entdecken vermag;

(3) er allein dazu ausersehen ist, es zu verwirklichen.

Der Pluralismus beruht auf der Vorstellung, dass die Entscheidung über die Grundfrage einer jeden Politik, was jeweils als das „bonum commune" anzusehen sei, in einer Demokratie nur autonom und in dem notwendigerweise heterogenen Staat einer zugleich freien und differenzierten Gesellschaft lediglich unter aktiver Mitwirkung der autonomen Gruppen zustande kommen kann."

(Ernst Fraenkel [s. u.], S. 307, 324)

Die pluralistische Theorie des Gemeinwohls* bestreitet keineswegs, dass es weite Gebiete des staatlichen und gesellschaftlichen Lebens gibt, über deren Ordnung ein consensus omnium [Übereinstimmung aller Bürger] vorliegt; ja sie betont mit Nachdruck, dass auf die Dauer ein Staat nicht lebensfähig ist, in dem weder über ein Minimum fundamentaler noch über zahlreiche detaillierte Fragen der Wirtschaft, Gesellschaft und Politik eine weitgehende Übereinstimmung besteht. Sie nimmt jedoch den Umstand, dass es weite Gebiete des staatlichen und gesellschaftlichen Lebens gibt, über deren Regelung Meinungsverschiedenheiten zwischen verschiedenen Gruppen existieren, nicht nur mit Gleichmut hin, sondern erachtet dies als unvermeidlich, ja geradezu als ein Indiz eines in Freiheit pulsierenden öffentlichen Lebens. Sie hält es weder für wünschenswert noch für möglich, dass in einem freiheitlichen Staatswesen ein einheitlicher Gemeinwille besteht, der die divergierenden Gruppenwillen restlos in sich aufsaugt. Sie glaubt, dass die kollektive Geltendmachung von partikulären Interessen unerlässlich erforderlich ist, um zu verhüten, dass entweder der Wille einer autokratisch-staatlichen oder der Wille eines Oligopols [Vorherrschaft Weniger] nicht minder autokratisch privater Bürokratien in kontroversen Fragen entscheidet. Die offene Austragung der in jedem freien Staat unausbleiblichen Meinungsverschiedenheiten und die Kompromisse, durch die diese Konflikte beigelegt werden, betrachtet sie als den einzig geeigneten Weg, eine tragbare Lösung für Probleme zu finden, über die ein consensus omnium nicht besteht.

(Ernst Fraenkel [= M 10], S. 300f.; Festvortrag zum 45. Dt. Juristentag in Karlsruhe 1964)

1. *Ernst Fraenkel hat seine Theorie einer pluralistischen Demokratie weitgehend in Auseinandersetzung mit der Rousseau'schen Identitätstheorie entwickelt und dabei insbesondere Rousseaus Vorstellung von der „volonté générale" kritisiert. Untersuchen Sie M 10 auf Formulierungen hin, welche die Rousseau'sche Vorstellung charakterisieren, ohne sie ausdrücklich beim Namen zu nennen.*
2. *Legen Sie dar, wie Fraenkel seine Ablehnung eines totalen gesellschaftlichen Konsenses begründet. Was unterscheidet seinen Begriff vom Gemeinwohl (bonum commune) von dem Rousseaus? Vergleichen Sie dazu auch die von Fraenkel stammende Unterscheidung eines Gemeinwohls „a priori" und „a posteriori" (Kasten S. 106).*
3. *Versuchen Sie Fraenkels Abgrenzung zwischen einem notwendigen Konsensbereich und einem ebenso notwendigen kontroversen Bereich konkreter zu erläutern. Was wäre im Einzelnen zu einem „generell akzeptierten Wertkodex" zu rechnen? Soll es sich nur um formale Spielregeln oder auch um inhaltliche Vorstellungen handeln (s. Kasten)?*

M 11 Demokratietheorien

	Identitätstheorie	Konkurrenz- und Pluralismustheorie
Menschenbild	Anspruch: wahres Interesse wird erkannt (allgemeiner Wille) – Betonung des Gleichheitsaspektes – Mensch frei geboren, sich selbst genügend, gut – wahre Freiheit: Gehorsam gegenüber dem allgemeinen Willen	– Individualität – unterschiedliche Interessen – kein einheitlicher Wille – Menschen organisieren sich in Gruppen
Gesellschafts-auffassung	– homogener Volkswille – keine Konflikte – soziale und ökonomische Gleichheit kann verwirklicht werden	– Interessenpluralismus – Minimalkonsens über die „Spielregeln" des Zusammenlebens in der Gesellschaft – Partizipation durch Wahlen – Konkurrenz der Interessen/Parteien ohne Einfluss auf die politische Entscheidung – Konflikte legitim – Individuum: Mitglied verschiedener Gruppen = Sicherung des „Zusammenhalts" der Gesellschaft
Staatsauffassung	– Identität zwischen Herrschenden/Beherrschten (Regierenden/Regierten) – Verwirklichung des Volkswillens (allgemeiner Wille)	– politische Gewalt an Gesetze gebunden, trifft verbindliche Entscheidungen, sorgt für Interessenausgleich
Kritik	– Positiv: Betonung der Volkssouveränität* – Gefahr: Legitimation für Diktatur – Leugnen der Interessenvielfalt und der gesellschaftlichen Konflikte – keine totale Gleichheit ohne Zwang – keine Rechtssicherheit – kein Minderheitenschutz – keine Verantwortlichkeit bei getroffenen Entscheidungen – keine Sicherung der vorstaatlichen Menschenrechte	– Schutz der Besitzenden, keine gesellschaftliche Veränderung im Sinne sozialer Gerechtigkeit? – Vernachlässigung der Willensbildung? – „Stabilität" = wichtigster Aspekt? – Werden Interessen der Gruppenmitglieder von den Eliten tatsächlich vertreten?

(Carl Deichmann, Stundenblätter Demokratie – Theorien und Modelle, Ernst Klett Schulbuchverlag, Stuttgart 1991, S. 18f.)

Das Schema M 11 gibt Ihnen Gelegenheit, zum Abschluss dieses Abschnitts (ggf. zur Wiederholung und zur Sicherung des Grundwissens) wesentliche Merkmale der beiden (idealtypisch gegenübergestellten) Demokratietheorien noch einmal zu erläutern. Versuchen Sie dabei, die einzelnen Stichworte an die betreffenden Materialien dieses Abschnitts zurückzubinden und auch die „Kritikpunkte", von denen bisher nur im Hinblick auf die Identitätstheorie die Rede war, zu erläutern.*

2. Die Demokratie des Grundgesetzes der Bundesrepublik Deutschland

M 12 Der Kern der Verfassung – Grundlegende Gestaltungsprinzipien der politischen Ordnung der Bundesrepublik

Artikel 1:
(1) Die Würde des Menschen ist unantastbar. Sie zu achten und zu schützen ist Verpflichtung aller staatlichen Gewalt.
(2) Das Deutsche Volk bekennt sich darum zu unverletzlichen und unveräußerlichen Menschenrechten als Grundlage jeder menschlichen Gemeinschaft, des Friedens und der Gerechtigkeit in der Welt.
(3) Die nachfolgenden Grundrechte binden Gesetzgebung, vollziehende Gewalt und Rechtsprechung als unmittelbar geltendes Recht.

Artikel 20:
(1) Die Bundesrepublik Deutschland ist ein demokratischer und sozialer Bundesstaat.
(2) Alle Staatsgewalt geht vom Volke aus. Sie wird vom Volke in Wahlen und Abstimmungen und durch besondere Organe der Gesetzgebung, der vollziehenden Gewalt und der Rechtsprechung ausgeübt.
(3) Die Gesetzgebung ist an die verfassungsmäßige Ordnung, die vollziehende Gewalt und die Rechtsprechung sind an Gesetz und Recht gebunden.
(4) Gegen jeden, der es unternimmt, diese Ordnung zu beseitigen, haben alle Deutschen das Recht zum Widerstand, wenn andere Abhilfe nicht möglich ist.

Artikel 28:
(1) Die verfassungsmäßige Ordnung in den Ländern muss den Grundsätzen des republikanischen, demokratischen und sozialen Rechtsstaates im Sinne dieses Grundgesetzes entsprechen. In den Ländern, Kreisen und Gemeinden muss das Volk eine Vertretung haben, die aus allgemeinen, unmittelbaren, freien, gleichen und geheimen Wahlen hervorgegangen ist. In Gemeinden kann an die Stelle einer gewählten Körperschaft die Gemeindeversammlung treten.

Artikel 79:
(1) Das Grundgesetz kann nur durch ein Gesetz geändert werden, das den Wortlaut des Grundgesetzes ausdrücklich ändert oder ergänzt. [...]
(2) Ein solches Gesetz bedarf der Zustimmung von zwei Dritteln der Mitglieder des Bundestages und zwei Dritteln der Stimmen des Bundesrates.
(3) Eine Änderung dieses Grundgesetzes, durch welche die Gliederung des Bundes in Länder, die grundsätzliche Mitwirkung der Länder bei der Gesetzgebung oder die in den Artikeln 1 und 20 niedergelegten Grundsätze berührt werden, ist unzulässig.

Das **Demokratieprinzip** garantiert den Grundsatz der Volkssouveränität („Alle Staatsgewalt geht vom Volke aus") und orientiert sich dabei am Modell der repräsentativen („indirekten") Demokratie (das Volk wird durch gewählte Vertreter repräsentiert) und der Konkurrenztheorie der Demokratie: Die Vielfalt unterschiedlicher Interessen und ihrer Vertretung durch Parteien, Verbände und andere gesellschaftliche Gruppierungen wird als legitim und für die Erreichung gemeinwohlorientierter Entscheidungen notwendig anerkannt.
Das **Rechtsstaatsprinzip** bindet die staatliche Gewalt an Recht und Gesetz und verteilt sie auf Organe der Gesetzgebung, der Regierung und der Rechtsprechung (Gewaltenteilung). Die Menschenrechte, zu deren Schutz die Exekutive und die Gerichte verpflichtet sind, garantieren die Freiheit des Einzelnen und schützen seine Privatsphäre gegen staatliche Eingriffe. Die Rechtsgleichheit („Gleichheit vor dem Gesetz") und die Rechtssicherheit, die den Bürger vor staatlicher Willkür schützt (er kann die rechtlichen Folgen seines Handelns klar kalkulieren), sind weitere wichtige

Merkmale des Rechtsstaats.
Das **Sozialstaatsprinzip** verpflichtet den Staat, für die soziale Sicherheit seiner Bürger zu sorgen (durch die verschiedenen Zweige der Sozialversicherung) und Maßnahmen zum sozialen Ausgleich (z. B. durch die Gestaltung des Steuersystems, durch staatliche Transferleistungen und soziale Grundsicherung) zu treffen (vgl. dazu M 58, S. 187).

Die „freiheitliche demokratische Grundordnung"

Freiheitliche demokratische Grundordnung im Sinne des Art. 21 Abs. 2 GG ist eine Ordnung, die unter Ausschluss jeglicher Gewalt- und Willkürherrschaft eine rechtsstaatliche Herrschaftsordnung auf der Grundlage der Selbstbestimmung des Volkes nach dem Willen der jeweiligen Mehrheit und der Freiheit und Gleichheit darstellt. Zu den grundlegenden Prinzipien dieser Ordnung sind mindestens zu rechnen: die Achtung vor den im Grundgesetz konkretisierten Menschenrechten, vor allem vor dem Recht der Persönlichkeit auf Leben und freie Entfaltung, die Volkssouveränität*, die Gewaltenteilung, die Verantwortlichkeit der Regierung, die Gesetzmäßigkeit der Verwaltung, die Unabhängigkeit der Gerichte, das Mehrparteienprinzip und die Chancengleichheit für alle politischen Parteien mit dem Recht auf verfassungsmäßige Bildung und Ausübung einer Opposition.

(Entscheidung des Bundesverfassungsgerichts v. 23.10.1952 – Verbot der Sozialistischen Reichsparteien [SRP*] – BverfE 2, 1 [12f.])

Das **Bundesstaatsprinzip** (Föderalismus*) sichert den Bundesländern eigene staatliche Kompetenzen in Gesetzgebung und Verwaltung (vor allem im Bereich der Bildungspolitik) und stellt so ein Element der („vertikalen") Gewaltenteilung (s. M 16, S. 39) dar. Es sorgt für den Erhalt und die Förderung wirtschaftlicher und kultureller Besonderheiten der einzelnen Regionen in Deutschland.

(Autorentext)

1. *Erläutern Sie die knappe Beschreibung der vier grundlegenden Gestaltungsprinzipien (M 12) und stellen Sie dabei fest, aus welchen der beigefügten zentralen Grundgesetzartikel (Kästen) diese Prinzipien jeweils hervorgehen.*
2. *Erklären Sie die Bedeutung der sog. „Ewigkeitsklausel" (Art. 79 [3] GG). Dort werden „die in den Artikeln 1 und 20 [nicht: 1 bis 20] niedergelegten Grundsätze" angesprochen. Wie lässt sich begründen, dass nicht nur Art. 1 selbst, sondern auch die in den folgenden Artikeln genannten Grundrechte in ihrem „Wesensgehalt" einer Änderung entzogen sind (vgl. die Entscheidung des Bundesverfassungsgerichts zur „freiheitlichen demokratischen Grundordnung")?*
3. *In der öffentlichen Diskussion über Verfassungsfragen wird häufig der Begriff der „freiheitlichen demokratischen Grundordnung" gebraucht, der im Grundgesetz zwar wiederholt genannt, aber inhaltlich nicht näher beschrieben wird. Erläutern Sie seine Elemente anhand der genaueren Festlegung durch das Urteil des Bundesverfassungsgerichts (s. Kasten oben). Stellen Sie fest, auf welchen Grundgesetzartikeln die Auslegung des Gerichts beruht und wo die einzelnen Elemente in der Beschreibung der vier Gestaltungsprinzipien der politischen Ordnung angesprochen werden.*

M 13 Demokratie im Verständnis des Grundgesetzes

Der Verfassungsgrundsatz, dass alle Staatsgewalt vom Volke ausgeht (Art. 20 Abs. 2 Satz 1), konstituiert keine Selbstregierung des Volkes im Sinne einer unvermittelten Identität von Regierenden und Regierten. [...] Ausgehend vom Prinzip der Volkssouveränität* hat das GG eine bestimmte Form repräsentativer Demokratie verfasst, deren Grundstruktur gemäß Artikel 79 Absatz 3 unabänderlich ist. Hiernach wird die im Volke wurzelnde Staatsgewalt vom Volke (nur) in Wahlen und Abstimmungen sowie durch besondere Organe der Gesetzgebung, der vollziehenden Gewalt und der Rechtsprechung ausgeübt (Art. 20 Abs. 2).
Von der Mehrheit des Wahlvolkes und der gewählten Repräsentanten wird die Staatsgewalt legitimiert (s. Kasten S. 34). [...] Die Grundsätze der Volkssouveränität* und der repräsentativen Herrschaft hat das GG verfassungsrechtlich miteinander verbunden. [...]
Im demokratischen Verfassungsstaat des GG ist zu unterscheiden zwischen Trägerschaft und Ausübung der Staatsgewalt. Das Volk ist Subjekt der verfassungsgebenden Gewalt, und von ihm

Die Funktionen von Wahlen

In der Demokratie haben Wahlen eine Vielzahl von Funktionen, die sie allerdings je nach Ausprägung des demokratischen Systems, der konkreten Struktur der Gesellschaft, der Struktur des politisch-institutionellen Systems und je nach Wahlsystem unterschiedlich wirksam wahrnehmen. [...]
- Sie legitimieren das politische System (*Legitimationsfunktion*).
- Sie sind die allgemeinste Form politischer Beteiligung in der Demokratie (*Partizipationsfunktion*).
- Sie ermöglichen durch periodische Wahl bzw. Abwahl der politischen Entscheidungsträger die Kontrolle der Regierenden durch die Regierten (*Kontrollfunktion*).
- Sie dienen der Repräsentation von Meinungen und Interessen der Wahlbevölkerung (*Repräsentationsfunktion*).
- Sie mobilisieren die Wählerschaft für politische Ziele, Programme und Lösungsvorschläge (*Artikulationsfunktion*).
- Sie integrieren den gesellschaftlichen Pluralismus durch die Bildung eines aktionsfähigen Mehrheitswillens und durch die Kanalisierung politischer Konflikte zu ihrer friedlichen Beilegung (*Integrationsfunktion*).
- Sie entscheiden über Mehrheit und Minderheit, über Regierungsbildung und Opposition (*Regierungsbildungsfunktion*).
- Sie ermöglichen Machtverschiebungen bis hin zum Machtwechsel (*Machtverteilungsfunktion*).

(Peter Massing, Wahlen in der Demokratie; in: Projektgruppe Berlin [Hg.], Beispiel Wahlen, Schwalbach/Ts. 2004, S. 25 – 26)

geht die ganze Fülle der verfassten Staatsgewalt aus (Art. 20 Abs. 2 Satz 1). Indessen wird die Staatsgewalt, abgesehen von Wahlen und Abstimmungen, nicht vom Volk unmittelbar ausgeübt. Sie wird vielmehr „durch besondere Organe der Gesetzgebung, der vollziehenden Gewalt und der Rechtsprechung" repräsentativ für das Volk ausgeübt. Das GG hat sich bewusst zugunsten einer repräsentativen Ausformung des demokratischen Prinzips entschieden.

(Rudolf Weber-Fas, Wörterbuch zum Grundgesetz, Klett-Cotta, Stuttgart 1993, S. 88ff.)

M 14 Was „Repräsentation" bedeutet

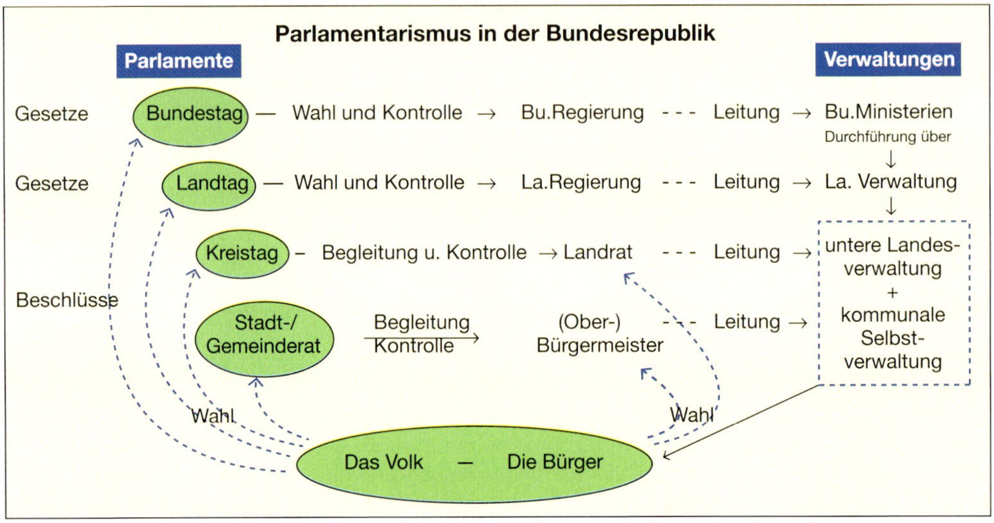

(Politik verstehen – Demokratie bejahen, Klaus Rothe, ISBN 3-7892-8034-8, Olzog Verlag GmbH, München)

Parlamentarismus ist eine Form politischer Repräsentation. *Repräsentation* kann zustande kommen, wenn im Zug gesellschaftlicher Arbeitsteilung zwischen Regierenden und Regierten eine Vertretungskörperschaft mit den folgenden Funktionen entsteht: zumindest dem Anspruch nach Einflussnahme auf die Regierungstätigkeit; wenigstens behauptete Vertretung von Interessen der Regierten; sowie immerhin versuchsweise Einwirkung auf die Regierten, um getroffenen Entscheidungen Legitimität zu beschaffen. Das bloße Bestehen einer Vertretungskörperschaft stiftet allerdings noch nicht Repräsentation. Eine Repräsentationsbeziehung liegt vielmehr erst dann vor, wenn die Repräsentanten im Interesse der Repräsentierten und hinsichtlich deren Wünschen responsiv (s. Kasten) agieren; wenn Repräsentanten und Repräsentierte unabhängig voneinander handeln können, sodass es jederzeit zwischen ihnen zu Konflikten kommen kann; und wenn trotzdem, dank praktizierter Responsivität und tatkräftiger politischer Führung der Repräsentanten, solche Konflikte nicht allzu häufig bzw. nicht allzu intensiv sind. [...]

Oft wird die Repräsentationsfunktion des Bundestages naiverweise dahingehend aufgefasst, er müsse ein „verkleinertes Abbild" des Volkes sein und wie eine „repräsentative Stichprobe" dessen Sozialstruktur widerspiegeln. In Wirklichkeit meint Repräsentation aber anderes. Im Einzelnen besteht die Repräsentationsaufgabe des Bundestages – erstens – darin, die Spannweite der im Volk vorhandenen Ansichten, Wünsche und Interessen in die parlamentarische Willensbildung einzubringen. Einerseits müssen von den Parlamentariern die Anliegen aus den verschiedensten Bereichen der Gesellschaft tatsächlich geltend gemacht und zum ernst genommenen Gegenstand der politischen Meinungsbildung und Entscheidungsfindung werden („Responsivität", *„Artikulationsfunktion"*). Andererseits muss der Bevölkerung bewusst gemacht werden, dass ihre Ansichten, Wünsche und Interessen im Parlament bekannt sind und erörtert werden (*„Öffentlichkeitsfunktion"*).

Ob der Bundestag das deutsche Volk wirklich repräsentiert, hängt ferner davon ab, ob es sich durch ihn und seine Entscheidungen auch repräsentiert *fühlt*. Das wiederum hat zur Voraussetzung, dass die Parlamentarier und ihre Parteien es immer wieder schaffen, die Bevölkerung davon zu überzeugen, die vom Bundestag bekundeten politischen Sichtweisen und getroffenen Entscheidungen lägen im Interesse der Nation und letztlich auch des (unzufriedenen) Einzelnen. Repräsentation beinhaltet darum – zweitens – die Funktion kommunikativer politischer Führung (*„Willensbildungsfunktion"*).

(Werner J. Patzelt, Parlamentarismus, in: Peter Massing [Hg.], Das Demokratiemodell der Bundesrepublik Deutschland, Wochenschau Verlag, Schwalbach 1996, S. 23, 33)

Responsivität

Dieser Begriff kommt vom lateinischen Wort *respondere* für antworten und bedeutet, dass die handelnden Politiker hinhören auf das, was die Bürger und Wähler wünschen, dass sie gesellschaftliche Konflikte und Probleme sowie die darin zum Ausdruck gelangenden Anliegen der Bürger aufmerksam verfolgen und dass sie sich bemühen, darauf durch erfolgreiches Konfliktmanagement zu antworten.[...]

Hierzu trägt ganz wesentlich bei, dass es in diesem System auch eine Mehrzahl von Wahlterminen gibt, eben nicht nur alle vier Jahre eine Bundestagswahl, sondern zwischendurch ebenso Landtagswahlen und Kommunalwahlen, denen sich die vielfältigen Akteure stellen müssen und deren Ergebnisse die Parteien sorgfältig verfolgen als Ausdruck von Wünschen, Anliegen und Problemsichten seitens der Wähler und Bürger.

Ob sie dies nun machen, um Stimmen zu gewinnen oder um Probleme zu lösen, ist zweitrangig. In der Sache läuft es auf das Gleiche hinaus, nämlich auf den Versuch, eine bessere Antwort zu geben auf die Anliegen der Bürger.

(Klaus Rothe, Politik verstehen, Demokratie bejahen. Politik und politisches System in der Bundesrepublik Deutschland, Olzog Verlag, München 2000, S. 288 – 290)

Untersuchungen und Befragungen haben ergeben, dass ein wesentlicher Teil der in der Öffentlichkeit (beim „Wahlvolk") verbreiteten Unzufriedenheit mit der Politik und den Politikern auf Missverständnisse und Fehlbeurteilungen des Systems der parlamentarischen Demokratie zurückzuführen sind (s. Kasten S. 37), dessen unterschiedliche „Systemlogik" im Vergleich etwa zum amerikanischen und französischen „präsidentiellen" Regierungssystem zu wenig bekannt bzw. im Bewusstsein verankert ist.

Wir wollen daher zum Abschluss dieses Abschnitts die wesentlichen Merkmale des „parlamentarischen" und des „präsidentiellen" Systems als der beiden Grundformen der modernen Demokratie gegenüberstellen (M 15).

M 15 „Parlamentarisches" und „präsidentielles" System – zwei Grundformen der modernen Demokratie

Die moderne Demokratie hat zwei Grundformen ausgebildet, die sich in der Zuordnung der Institutionen von Parlament, Regierung und Staatsoberhaupt unterscheiden.

In der **parlamentarischen Demokratie** geht die Regierung aus dem Parlament hervor. Sie ist in Amtsführung und Amtsdauer vom Vertrauen des Parlaments bzw. seiner Mehrheit abhängig, was in der Regel zu einer engen Verbindung zwischen Regierung und Parlamentsmehrheit führt. Der Regierungschef wird vom Parlament gewählt und ist auf dessen Vertrauen angewiesen. Als Mutterland der parlamentarischen Demokratie gilt England. Auch die Bundesrepublik Deutschland ist eine parlamentarische Demokratie.

Die **präsidentielle Demokratie** zeichnet sich durch eine strikte Trennung von Parlament und Regierung aus. Der Präsident, der die Funktionen des Regierungschefs und des Staatsoberhaupts in sich vereint, wird vom Volk gewählt.

Im präsidentiellen Regierungssystem der **USA** ist der Präsident Regierungschef und wird indirekt (durch „Wahlmänner") vom Volk gewählt. Volksvertretung ist der aus Senat und Repräsentantenhaus bestehende Kongress. Der Präsident hängt nicht vom Vertrauen des Kongresses ab und kann vom Kongress auch nicht abgewählt werden; lediglich, wenn dem Präsidenten Rechtsverletzung vorgeworfen wird, ist Anklage („impeachment") möglich. Regierungschef und Volksvertretung sind somit voneinander relativ unabhängig. Die Gewaltenteilungslinie verläuft zwischen Regierung und Volksvertretung; dem entspricht es, dass Regierungsmitglieder nicht Mitglieder des Kongresses sein dürfen („Inkompatibilität").

Im Falle **Frankreichs** wird von einem semi-präsidentiellen System gesprochen, weil es dort neben dem vom Volk gewählten Präsidenten auch einen Ministerpräsidenten gibt, der sowohl vom Staatspräsidenten wie vom Parlament abhängig ist. Der direkt durchs Volk gewählte Staatspräsident nimmt eine starke Stellung ein. Er ernennt den Premierminister und das Kabinett, hat gegenüber Gesetzesbeschlüssen des Parlaments ein Veto-Recht und kann die Nationalversammlung auflösen. (Autorentext)

Parlamentarisches System	Präsidentielles System
Parlament und Regierung gehen aus demselben Wahlgang hervor. ⇨ Die Regierung hängt von der Parlamentsmehrheit ab. *Tendenz zur Gewaltenverschränkung*	Parlament und Regierung gehen aus getrennten Wahlgängen hervor. ⇨ Sie verfügen jeweils über eine eigenständige Legitimation. *Tendenz zur Gewaltentrennung*
Die Regierung kann – aus politischen Gründen – durch das Parlament abberufen werden.	Der Präsident kann nur bei – strafrechtlich relevanten oder anderen schwerwiegenden Verfehlungen – in einem *impeachment*-Verfahren angeklagt werden.
Starke Fraktiondisziplin	Schwache Fraktionsdisziplin
Die Regierung kann das Parlament auflösen und Neuwahlen veranlassen.	Der Präsident kann das Parlament nicht auflösen.
In der Regel kann oder muss der Regierungschef dem Parlament angehören. Allerdings gibt es etwa in den Niederlanden ein Inkompatibilitätsgebot. Keine einheitlichen Regelungen auch für die übrigen Regierungsämter.	Das Amt des Präsidenten ist mit einem Parlamentsmandat grundsätzlich nicht kompatibel. Inkompatibilität auch für die übrigen Regierungsämter mit Ausnahme des Vizepräsidenten (Vorsitzender des Senats).
Doppelte Struktur der Exekutive, d. h. das Amt des Regierungschefs ist vom Amt des Staatschefs getrennt. (Kanzler und Präsident; Premier und König/in)	Geschlossene Struktur der Exekutive, d. h. das Amt des Regierungschefs ist mit dem des Staatschefs in einer Person verbunden.
Gesetzesinitiative der Regierung möglich.	Gesetzesinitiative der Regierung formal nicht möglich.
Kein Vetorecht der Regierung. Jedoch z. T. Ausnahmen, etwa Finanzgesetze i. S. Art. 112 und Art. 113 GG.	Vetorecht des Präsidenten.

(Winand Gellner/Armin Glatzmeier, Macht und Gegenmacht. Einführung in die Regierungslehre. Nomos Verlagsgesellschaft, Baden-Baden 2004, S. 135)

Der Politikwissenschaftler Werner J. Patzelt hat wiederholt darauf hingewiesen, dass „ein Großteil politikverdrossenen Grummelns“ in Deutschland darauf zurückzuführen sei, dass in den Köpfen vieler Bürger falsche Vorstellungen von der durch das Grundgesetz vorgegebenen Praxis des politischen Entscheidungsprozesses vorhanden seien. Patzelt spricht in diesem Zusammenhang von einem „**latenten Verfassungskonflikt** zwischen vermuteter und gelebter Verfassung“, der dazu führe, dass viele Bürger in ihrer Beurteilung des demokratisch-parlamentarischen Prozesses von falschen Maßstäben ausgingen.
„Vor wenigen Jahren wurde dieser Konflikt auch demoskopisch nachgewiesen. Es zeigte sich, dass unser Regierungssystem von der Mehrheit der Deutschen nicht nur schlecht gekannt, sondern überdies anhand von Erwartungen beurteilt wird, die ihm ganz einfach unangemessen sind. Das politische System funktioniert schlechterdings anders, als viele Bürger das glauben. [...]
Gut 60 Prozent der Deutschen wissen zwar, *dass* bei uns die Regierung aus dem Parlament hervorgeht und dem aus Regierung und regierungstragenden Fraktionen bestehenden Führungszentrum des politischen Systems die parlamentarische Minderheit als Opposition gegenübersteht. Dass ein Regierungssystem so, nämlich als *parlamentarisches*, auch konstruiert sein *sollte*, glauben aber nur 40 Prozent der Bürger. Überaus populär – mit 33 Prozent Zustimmung – ist unter ihnen das Konstruktionsprinzip des *präsidentiellen* Regierungssystems, bei welchem das Volk einesteils den tatsächlichen Führer der Regierung, andernteils ein der Regierung als Ganzes gegenüberstehendes Parlament wählt. Vergleicht man die Angaben zum gewünschten Regierungssystem mit dem als bestehend wahrgenommenen, so zeigt sich ..., [dass] 21 Prozent der Deutschen das etablierte parlamentarische Regierungssystem als eine Abweichung von der eigentlich erstrebenswerten Norm auffassen.“

(Werner J. Patzelt, Die Deutschen und ihre politischen Missverständnisse. In: Politische Bildung Nr. 3, Jg. 36/2003, S. 67f.)

1. *Bestimmen Sie anhand von M 13 (und auf dem Hintergrund Ihrer Kenntnisse zu Demokratie-Theorien; vgl. M 6ff.) näher das Demokratie-Modell des Grundgesetzes, insbesondere im Hinblick auf die Beziehung zwischen „Trägerschaft und Ausübung der Staatsgewalt“ (Z. 11f.).*

2. *Erläutern Sie, was das für die Demokratie der Bundesrepublik grundlegende Prinzip der parlamentarischen Repräsentation (nicht) zu bedeuten hat (M 14), und verdeutlichen Sie anhand des Schemas, inwiefern dies Prinzip alle Ebenen der Politik durchzieht und dazu führt, dass die Bürger nicht nur durch 598 Bundestagsabgeordnete, sondern durch eine Vielzahl von gewählten Vertretern repräsentiert werden. Inwiefern haben sie darüber hinaus auf Kreis- und Gemeindeebene eine direkte Einflussmöglichkeit auf die Ausübung der staatlichen Gewalt?*

3. *Erläutern Sie mit eigenen Worten die drei Hauptfunktionen, in die die gesamte Repräsentationsaufgabe des Bundestags sich untergliedern lässt (M 14).*

4. *In M 14 wird deutlich, dass das – im Sinne des Demokratieprinzips gute – Funktionieren des parlamentarischen/repräsentativen Systems durch die bloße Einrichtung von Repräsentationsorganen noch nicht garantiert ist. Als wichtiges Merkmal für die demokratische Qualität des repräsentativen Systems bezeichnet die Politikwissenschaft die „Responsivität“. Erläutern Sie (s. Kasten), was mit diesem wichtigen Begriff gemeint ist und welche Fähigkeiten und Verhaltensweisen dies Prinzip von den „Politikern“ (als den „Repräsentanten“) verlangt. Wie steht es Ihrer Einschätzung nach um die Responsivität des Bundestages und der Vertretung Ihrer Gemeinde?*

5. *Die „Mehrzahl der Wahltermine“ wird in M 14 (s. Kasten) als günstige Voraussetzung für Responsivität gesehen; sie wird andererseits häufig auch kritisch beurteilt, weil das ständige „Schielen“ auf mögliche Wahlerfolge bzw. Misserfolge Parteien und Regierung häufig von an sich notwendigen Entscheidungen abhalte und zu „Reformstau“ führe. Wie beurteilen Sie diesen Gesichtspunkt?*

6. *Stellen Sie anhand von M 15 die wesentlichen Unterschiede zwischen dem „parlamentarischen“ und dem „präsidentiellen“ System heraus (zur Gewaltenteilung im parlamentarischen System s. M 16). Machen Sie insbesondere klar, worin sich die Positionen des amerikanischen Präsidenten und des deutschen Bundeskanzlers im Hinblick auf ihre Machtstellung und ihre demokratische Legitimationsgrundlage unterscheiden.*

7. *Warum erscheint im Hinblick auf die Einstellung der Bürger zur Politik und zu den Politikern eine klare Vorstellung von der Funktionslogik der parlamentarischen Demokratie so wichtig? (s. Kasten oben).*

III. Die Institutionen des parlamentarischen Systems im politischen Prozess und Strukturmerkmale des Regierens

In einer neueren Veröffentlichung zum politischen System der Bundesrepublik heißt es:

„Der Versuch, die Funktionsweise des politischen Systems der Bundesrepublik mit dem Blick auf die staatsrechtlichen Kompetenzen der Verfassungsorgane zu erklären, wird längst durch eine Reihe von Forschungsthesen hinterfragt. In unterschiedlicher Gewichtung werden neben den Organen des Grundgesetzes und an ihrer Stelle die politischen Parteien als eigentliche Akteure des politischen Geschehens ausgemacht, der Einfluss der Medien auf das politische Geschehen als dominant nachgezeichnet und grundsätzlich die ‚Auswanderung der Politik aus den Institutionen' thematisiert. [...]
Die Journalisten Elisabeth Niejahr und Rainer Pörtner schließlich legten ein Buch vor, das zeigen sollte, ‚wie Politik wirklich funktioniert', und welches weitestgehend ohne die Behandlung der Verfassungsorgane auskommt. [...]
Die bloße Nennung des Zuschnitts und der Kompetenzen einzelner Verfassungsorgane stellt [in der Tat] einen notwendigen, aber keinen hinreichenden Aspekt der Schilderung des politischen Systems dar. Dennoch stellen die verfassungsrechtlich vorgegebenen Verfahrensabläufe und Kompetenzverteilungen das grundlegende Webmuster von Politik und Regieren in Deutschland dar. Sie sollen an dieser Stelle in einem ersten Durchlauf kurz vorgestellt werden." (Karl-Rudolf Korte/Manuel Fröhlich, Politik und Regieren in Deutschland, Verlag Ferdinand Schöningh, Paderborn 2004, S. 41f.)

In diesem Sinne wollen wir im Folgenden zunächst (*Abschnitt 1.*, M 16ff.) einen gerafften Überblick über die Stellung und die Funktionen der **zentralen Institutionen der politischen Ordnung** der Bundesrepublik geben. Dieser Abschnitt dient der Information, der Ergänzung und Vertiefung Ihres Vorwissens. Auf besondere Arbeitshinweise haben wir dabei verzichtet. Ergänzt haben wir diesen Überblick durch einen kleinen „Exkurs" zu der seit einigen Jahren lebhaft geführten Diskussion über eine Reform der bundesstaatlichen Ordnung (*„Föderalismusreform"*; die neue Bundesregierung hat diese Reform zu einer ihrer Hauptaufgaben erklärt). In einem zweiten Schritt (*Abschnitt 2.*, M 21ff.) wird sodann aufgezeigt, welche wichtigen „Strukturmerkmale" – neben den genannten Institutionen und in ihrem Rahmen – die in der Realität vielschichtigen **Entscheidungsprozesse des Regierungshandelns** charakterisieren (im Sinne des zitierten Buchtitels „Wie Politik wirklich funktioniert"). Die Bedeutung der **Parteien** und der **Medien** werden in *Abschnitt 3.* („Von der Parteien- zur Mediendemokratie?") eingehender dargestellt.

1. Die Verfassungsorgane im politischen Prozess

Regierungssystem und Staatsorgane der Bundesrepublik Deutschland

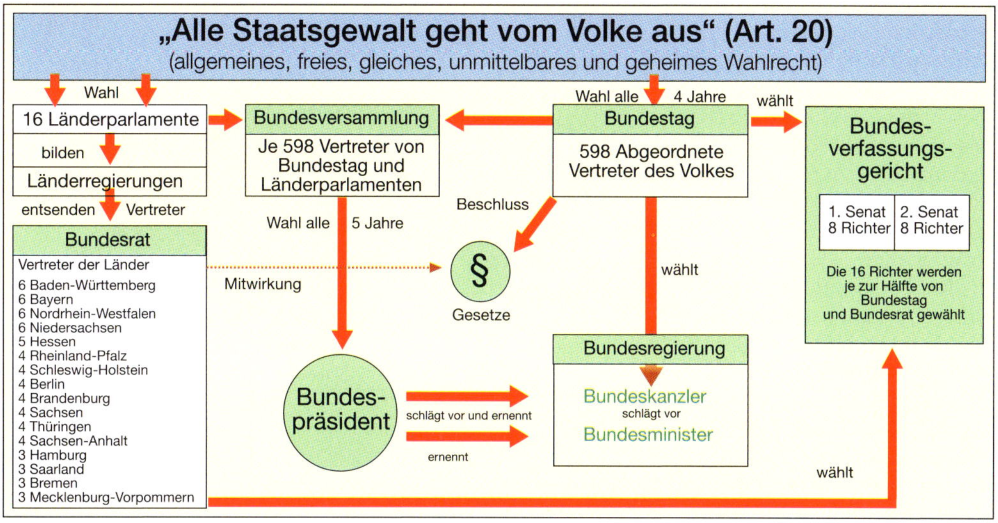

M 16 Die Rolle des Bundestags

Die Zuordungen und das Wechselspiel der Organe untereinander sind relativ klar zu erschließen. Das Gesamtsystem funktioniert nach demokratischen Spielregeln. Die Abgeordneten des Deutschen Bundestages werden nach Art. 38 GG in allgemeiner, unmittelbarer, freier, gleicher und geheimer Wahl gewählt. Damit verfügt allein der Bundestag über die unmittelbare Legitimation durch die Bürger. [...] [Ihm kommt] im Gefüge des politischen Systems die zentrale Rolle zu.
Die Gleichsetzung des Parlaments mit einer von der Regierung/Exekutive klar abzugrenzenden Legislative greift jedoch zu kurz. Die Vorstellung einer klassischen Trennung zwischen Legislative und Exekutive (Gewaltenteilung) hat sich für die Analyse der Parlamentsrealität als unbrauchbar erwiesen. Vielmehr strukturiert der *Gegensatz zwischen regierender Mehrheit und Opposition* den Bundestag. „Regierung, Regierungsmehrheit und Spitzen der Ministerialbürokratie bilden eine politische Handlungseinheit“ (Rudzio). Die Regierungsmehrheit bildet eine Art Funktionseinheit mit der Regierung.
Das Gesamtparlament als ausschlaggebendes Gesetzgebungsorgan gerät bei dieser Sichtweise einer politischen Handlungseinheit aus dem Blickfeld. Machthemmung und Machtkontrolle

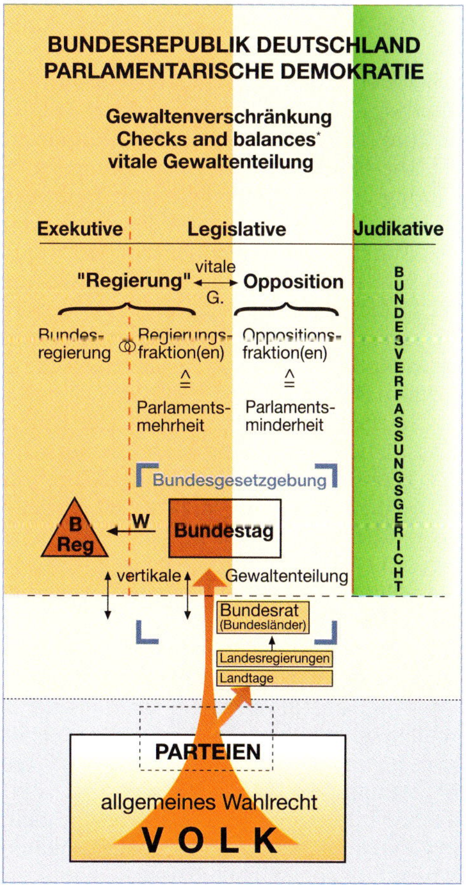

(© Verlagsarchiv Schöningh)

der Regierung übernimmt in weiten Bereichen nicht das gesamte Parlament, sondern die *Opposition*. Die modernen Neubauten der Landesparlamente bzw. des Bundestages verdeutlichen dies auch architektonisch. Die Regierungsbank ist den Parlamentariern nicht gegenübergesetzt. Die Regierung ist vielmehr meist durch eine rundförmige Sitzordnung in das Parlament integriert. Das parlamentarische Regierungssystem bringt somit im Bundestag *drei Kraftpole* hervor: Regierung, Mehrheitsfraktion und Opposition. Die Übereinstimmung zwischen Regierung und Mehrheitsfraktion muss jeweils durch Interaktion und Kommunikation erarbeitet werden, um wechselseitige Einbindungen und Profilierungschancen zur Geltung kommen zu lassen. In Anlehnung an den klassischen Aufgabenkatalog von Walter Bagehot (1826–1877) lassen sich dem Parlament bestimmte **Funktionen** zuordnen und seine Leistungen dadurch untersuchen bzw. überprüfen.

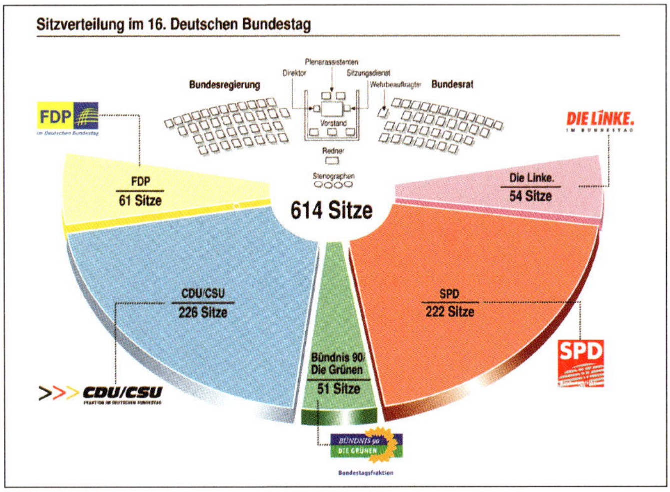

(Grafik: Deutscher Bundestag)

Danach trägt der Bundestag erstens zur **Regierungsbildung** bei: Die Abgeordneten wählen den Bundeskanzler und können ihn durch ein konstruktives Misstrauensvotum abberufen (s. S. 43). De jure wird die Regierung vom Bundespräsidenten auf Vorschlag des Bundeskanzlers gebildet. Die Möglichkeit zur Abberufung des Bundeskanzlers – und mit ihm der Bundesregierung – ordnet die Bundesrepublik dem Typus des parlamentarischen Regierungssystems zu. Bei der Wahl des Bundeskanzlers ist der Bundestag letztlich an das Wählervotum gebunden. Neben der Wahlfunktion hat der Bundestag durch die Bereithaltung von Abgeordneten für die Besetzung von Ministerämtern eine **Rekrutierungsfunktion** inne. Zusammen mit Vertretern der Länder konstituiert der Bundestag die Bundesversammlung, die den Bundespräsidenten wählt. Der Bundestag hat neben seinen Funktionen bei Regierungsbildung und Wahlen eine **Artikulations- bzw. Repräsentationsfunktion** für die politische Öffentlichkeit. Dabei sind die Abgeordneten in ihrer sozialen Zusammensetzung jedoch keinesfalls ein Spiegelbild der Bevölkerung. Der Unterrepräsentation von Frauen und Arbeitern steht die Überrepräsentation von Beamten (über 50 %) und Akademikern (über 80 %) gegenüber. Gleichfalls prägt ein Übergewicht von Juristen und ein geringer Anteil von Naturwissenschaftlern, Technikern und Selbstständigen das Parlament.

Doch niemand wird primär als Vertreter einer Berufsgruppe in den Bundestag gewählt. Der Weg führt immer über die Parteien. Im Willensbildungsprozess des Bundestages kommt den Fraktionen eine entscheidende Bedeutung zu. Bei der Artikulation politischer Interessen ist der Bundestag gleichwohl nur ein Faktor in der kommunikativen Vermittlung politischer Prozesse. Auf diesem

Berufe mit unselbstständiger Tätigkeit:
- *228 Beamte und Angestellte des öffentlichen Dienstes* (darunter 95 aus dem Verwaltungs- und 86 aus dem Schulbereich)
- *66 Angestellte bei politischen und gesellschaftlichen Organisationen* (Parteien, Gewerkschaften)
- *115 Angestellte aus dem Bereich der Wirtschaft*, (darunter 68 aus Handwerk/Handel/Gewerbe/Industrie)

Berufe mit selbstständiger Tätigkeit:
- *46 aus dem Bereich der Wirtschaft*
- *104 Freie Berufe* (darunter 82 aus dem Bereich der Rechts-, Wirtschafts- und Steuerberatung)

Sonstige: 44
Stand: 15. Bundestag (2002 – 2005)

(Quelle: Deutscher Bundestag)

Gebiet haben die Medien neben anderen gesellschaftlichen Interessengruppen zunehmend an Bedeutung gewonnen.

Ohne die Beschlussfassung des Bundestages kommt kein Gesetz zustande, er übt damit die **Gesetzgebungsfunktion** aus. Die Gesetzesinitiative hat dabei weitgehend die Regierung übernommen. Durchschnittlich 75 Prozent der verabschiedeten Gesetze entstammen der Feder der Regierung. Kritik taucht immer wieder auf, weil der Bundestag angeblich selbst zu wenig aktiv wird. Gesetze können nämlich Bundesregierung, Bundestagsabgeordnete (eine Fraktion oder fünf Prozent der Abgeordneten) und Bundesrat gleichermaßen einbringen. Die Gesetzesinitiativen, die unmittelbar aus dem Bundestag kommen, stammen meistens von der Opposition. Aber weder die Abgeordneten der Mehrheitsfraktionen noch die der Opposition sind bei den Gesetzesvorlagen nur Vollstreckungsgehilfen der Regierung. Sie sind in die Vorbereitung von Gesetzesprojekten integriert und verändern in den Bundestagsausschüssen die Gesetzesentwürfe meist sehr stark.

Seine **Kontrollfunktion** nimmt der Bundestag heute weniger im Nachhinein als vielmehr im Prozess der laufenden Regierungsarbeit wahr. Kontrollieren im weiteren Sinne bezeichnet dabei alle Prozesse der Informationsgewinnung, -verarbeitung, -bewertung und Stellungnahme. Die institutionellen Kontrollmittel werden vornehmlich von der Opposition angewandt. Dazu zählen: Große Anfrage, Kleine Anfrage, Fragestunde, Aktuelle Stunde und in zunehmendem Maße auch die Arbeit in Untersuchungsausschüssen. Meist abseits der Öffentlichkeit finden allerdings auch innerhalb der Regierungsmehrheit Kontrollprozesse statt, denn die Parlamentarier der Regierungsparteien haben einen unmittelbareren Zugriff auf Verwaltung und Kabinett, als dies der Opposition möglich ist. Dass sich die Mehrheitsfraktion offen gegen Regierungsinitiativen ausspricht, gehört in diesem Kontext zu den Ausnahmen. In der Regel werden der Regierungschef oder die Minister aus Gründen des eigenen Machterhalts zunächst versuchen, die eigene Fraktion in ihre beabsichtigten Initiativen einzubinden. Kontroll- und Gesetzgebungsfunktion lassen sich oft nur noch theoretisch voneinander trennen. Denn die Veränderung von Regierungsvorlagen im Rahmen des Entstehungsprozesses kann als Regierungskontrolle, aber auch als Mitwirkung bei der Gesetzgebung interpretiert werden.

Die Opposition zielt vor diesem Hintergrund weniger auf die konkrete Änderung der Regierungspolitik als vielmehr auf das Herstellen von Öffentlichkeit. Opposition heißt deshalb: Gegenpositionen aufzeigen. Von ihr muss in einem gewaltenteilig angelegten System wie der Bundesrepublik öffentlich wahrnehmbarer Druck ausgehen, damit die Regierungsmehrheit ihre Politik öffentlich rechtfertigt. Dies geht mittlerweile nicht mehr ohne die Medien. Der Druck durch die Medien ist meist sogar stärker als der Druck durch die Opposition. Oftmals scheint es, als bliebe außer der Suche nach einem möglichen Koalitionspartner und dem geduldigen Warten auf den inneren Machtverfall der Regierung für die parlamentarische Opposition wenig zu tun. Die Regel bestätigt, dass Wahlen nicht von der Opposition gewonnen, sondern von der Regierung verloren werden. Gleichwohl kann die Opposition über die Wahl verschiedener Strategien nicht unwesentlich die politische Dynamik des Regierens beeinflussen.

(Karl-Rudolf Korte/Manuel Fröhlich, Politik und Regieren in Deutschland, Verlag Ferdinand Schöningh, Paderborn 2004, S. 42 – 47)

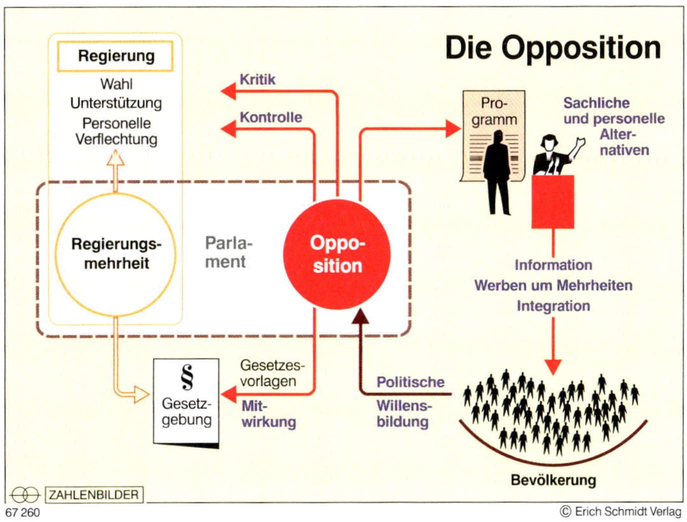

M 17 Die Bundesregierung

Die Bundesregierung besteht laut Art. 62 GG aus dem Bundeskanzler und den Bundesministern. Zu den besonderen Spezifika des deutschen Regierungssystems gehört die *herausgehobene Stellung des Bundeskanzlers*. Als einziges Regierungsmitglied wird er vom Bundestag gewählt. Die Wahl erfolgt dabei auf Vorschlag des Bundespräsidenten und erfordert die Mehrheit der Mitglieder des Bundestages (die sogenannte „Kanzlermehrheit").

Um die Regierungsbildung nach der Bundestagswahl auch im Falle unklarer Mehrheitsverhältnisse zu gewährleisten, sieht das Grundgesetz ausdrücklich auch Verfahrensweisen für den Fall vor, dass der vorgeschlagene Kandidat im ersten Anlauf nicht die Mehrheit der Stimmen der Mitglieder des Bundestages erlangt. Demnach kann der Wahlgang innerhalb von 14 Tagen nach erfolgloser Wahl beliebig oft wiederholt werden. Kriterium der Wahl ist jedoch auch hier die „Kanzlermehrheit". Kommt es auch nach 14 Tagen nicht zur Wahl eines Kanzlers, so gilt für den folgenden Wahlgang, dass auch die relative Mehrheit der Stimmen zur Wahl genügt. Allerdings kommt nun dem Bundespräsidenten ein Ermessensspielraum zu: Nur mit relativer Mehrheit gewählte Kandidaten kann er ernennen, er muss es jedoch nicht. Seine Entscheidung kann er eine Woche lang abwägen. Entscheidet er sich gegen eine Ernennung, muss er den Bundestag auflösen.

Wahl und Auswahl der *Bundesminister*, also der personelle Zuschnitt der Regierung, obliegt formell dagegen allein dem Kanzler: Bundesminister werden auf seinen Vorschlag hin vom Bundespräsidenten ernannt (und entlassen). Die Arbeit der Bundesregierung wird in Art. 65 GG strukturiert. Hier findet sich zum einen die *Richtlinienkompetenz* des Bundeskanzlers*: „Der Bundeskanzler bestimmt die Richtlinien der Politik und trägt dafür die Verantwortung". Daneben wird die Eigenverantwortlichkeit der Bundesminister etabliert: „Innerhalb dieser Richtlinien leitet jeder Bundesminister seinen Geschäftsbereich selbstständig und unter eigener Verantwortung." Schließlich beinhaltet Art. 65 GG die Regelung, dass die Bundesregierung als Ganzes über

Meinungsverschiedenheiten zwischen den Ministerien entscheidet. Damit charakterisieren drei nicht notwendigerweise gegenseitig exklusive Organisationsprinzipien Arbeitsweise und Stellung der Bundesregierung: das *Kanzlerprinzip*, das *Ressortprinzip* und das *Kollegialprinzip*.

Die Richtlinienkompetenz des Bundeskanzlers, die durch die Geschäftsordnung der Bundesregierung noch einmal festgeschrieben wird, ist eine Führungsbefugnis, nach der ein Bundeskanzler vorrangig in strittigen Fällen seine Vorstellungen durchsetzen kann. Sie ist vage und reicht von bloßer Koordinierung bis hin zur gesamten politischen Leitung. Dies erscheint zunächst als Widerspruch zu den anderen Prinzipien. Trotz der Richtlinienkompetenz soll die Bundesregierung schließlich als Ganzes über Meinungsverschiedenheiten zwischen den Ministern entscheiden. Kombiniert sind hier offenbar Kollegialsystem und Einzelführung. Die starke Stellung des Bundeskanzlers rührt jedoch auch aus dem Umstand, dass die Möglichkeiten zu seiner Abberufung im Grundgesetz mit hohen Anforderungen versehen wurden. Neben der mit einer regelmäßigen Bundestagswahl verbundenen „Abwahl" des Kanzlers und damit der gesamten Regierung eröffnen Art. 67 GG und Art. 68 GG Möglichkeiten der Absetzung durch das Parlament und der Herbeiführung vorzeitiger Neuwahlen.

Art. 67 GG etabliert das *„konstruktive" Misstrauensvotum:* Der Bundestag kann einem Bundeskanzler nur dann das Misstrauen aussprechen, wenn er mit der Mehrheit seiner Mitglieder einen Nachfolger wählt – eine Wahl, für welche die gleichen Erfordernisse gelten wie bei der „normalen" Kanzlerwahl. Es muss also nicht nur die eigene Kanzlermehrheit aufgelöst, sondern zugleich eine fremde Kanzlermehrheit gebildet sein, um das Verfahren nach Art. 67 GG durchzuführen. Diese endet mit der Ernennung des neuen Kanzlers durch den Bundespräsidenten, der (ebenso wie bei der „normalen" Kanzlerwahl mit absoluter Mehrheit) bei erfolgreichem Misstrauensvotum keinen Ermessensspielraum hat.

Während das konstruktive Misstrauensvotum also gegen die Regierung initiiert wird, stellt die *Vertrauensfrage* nach Art. 68 GG die Möglichkeit der Bundesregierung dar, sich der politischen Zustimmung der Bundestagsmehrheit zu versichern und bei Mangel an politischer Unterstützung entweder dem Bundespräsidenten vorzuschlagen, den Bundestag vorzeitig aufzulösen, oder aber als Minderheitskabinett weiterzuregieren.

(Karl Rudolf Korte/Manuel Fröhlich [= M 16], S. 51f.)

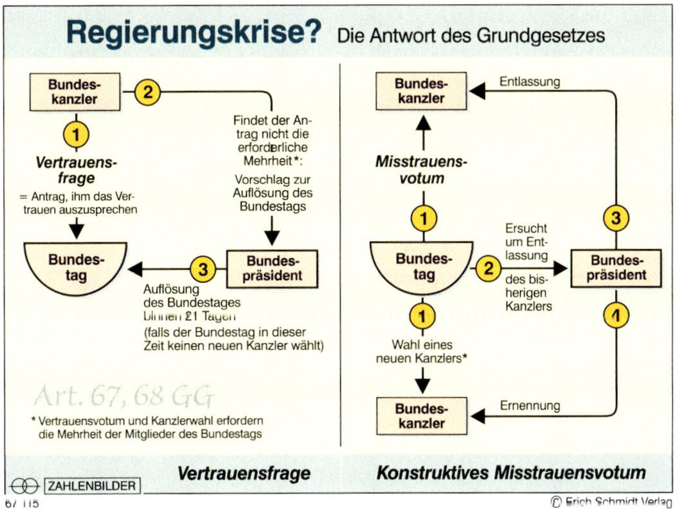

M 18 Der Bundespräsident

Der Bundespräsident wird nach Art. 54 GG von der *Bundesversammlung* auf fünf Jahre gewählt, die einmalige Wiederwahl ist zulässig. Die Bundesversammlung ist zur Hälfte vom Bundestag und zur Hälfte von den Landesparlamenten beschickt. Im ersten und zweiten Wahlgang benötigt ein Kandidat zur Wahl die absolute Mehrheit, im dritten Wahlgang nur noch die relative Mehrheit der Stimmen.

Dem Bundespräsidenten obliegen laut Grundgesetz vornehmlich *repräsentative Funktionen:* die völkerrechtliche Vertretung des Bundes, die Ernennung und Entlassung der Bundesrichter und Bundesbeamten sowie das Begnadigungsrecht. Die Ernennung und Entlassung des Bundeskanzlers und der Bundesminister fällt ebenso in seinen Zuständigkeitsbereich wie die Mitwir-

Horst Köhler, Bundespräsident seit Mai 2004

(Foto: © picture-alliance/dpa-Fotoreport)

Für die Wahl des Bundespräsidenten durch die Bundesversammlung ist im ersten und im eventuell erforderlichen zweiten Durchgang die absolute Mehrheit erforderlich. In einem möglichen dritten Wahlgang genügt die einfache Mehrheit.

kung bei der Auflösung des Bundestages, wo ihm nach dem oben genannten Verfahren „eine gewisse Nothelferfunktion“ (Jesse) zukommt.
Hauptsächlich jedoch handelt der Bundespräsident im Gesetzgebungsverfahren zusammen mit der Regierung. Anordnungen und Verfügungen des Bundespräsidenten bedürfen grundsätzlich der Gegenzeichnung durch die Regierung. Wo also lässt sich die eigenständige politische Rolle des Bundespräsidenten – immerhin das Staatsoberhaupt der Bundesrepublik Deutschland – verorten? Seine politische Bedeutung liegt größtenteils in der Kraft seines Wortes. Es sind die öffentlichen Reden des Bundespräsidenten, die dieser als Impuls in den politischen Prozess einspeisen kann und mittels derer er seinem Amt Relevanz verschaffen kann. Wie Dolf Sternberger zu Recht feststellt, wird dieses zentrale Instrument des Bundespräsidenten im Grundgesetz mit keinem Wort erwähnt und doch gilt gerade angesichts der Amtspraxis der bisherigen Bundespräsidenten: „Auch Reden sind Taten“ (Sternberger). [...]
Noch stärker als im Amt des Bundeskanzlers schlägt das persönliche Temperament des Amtsinhabers im Amt des Bundespräsidenten durch. Literarische, intellektuelle, landsmannschaftliche und nicht zuletzt religiöse Prägungen haben die bisherigen Bundespräsidenten allesamt in ihre Amtspraxis mit eingebracht und dadurch den verfassungsrechtlich gesehen relativ interpretationsoffenen Bestimmungen ihren Stempel aufgedrückt. Einen dezidierten Einfluss auf die Regierungspolitik wollen die Deutschen dem Bundespräsidenten indes nicht zugestehen, wenngleich die Zustimmung zu einer aktiveren Rolle etwas gestiegen ist.

(Karl Rudolf Korte/Manuel Fröhlich [= M 16], S. 56 – 59)

M 19 Das Bundesverfassungsgericht

Auch das Bundesverfassungsgericht ist in der Konzeption auf Un- und Überparteilichkeit angelegt. Die Aufgaben des Bundesverfassungsgerichts werden in Art. 93 festgelegt.
Danach entscheidet das Gericht über so genannte *Organstreitigkeiten* zwischen Bundesorganen, über *Streitfragen* zwischen Bundes- und Landesrecht sowie bei Streitfragen zwischen Bürger und Staat, wenn eine *Verletzung der Grundrechte* geltend gemacht werden kann. Diesen Aufgaben fügt Art. 100 GG das *Normenkontrollverfahren* hinzu, in dem das Bundesverfassungsgericht bei Unklarheiten über die Verfassungsmäßigkeit bzw. Verfassungswidrigkeit eines Gesetzes entscheidet. Kurz gesagt: „Es hat dafür Sorge zu tragen, dass die Verfassungswirklichkeit weitestmöglich

mit der geschriebenen Verfassung übereinstimmt“ (Säcker). Bis Ende 1990 wurde statistisch gesehen jedes achte Bundesgesetz vom Verfassungsgericht überprüft. Den weitaus größten Teil der Arbeit (seit 1951 96,2 % bei einer Erfolgsquote von 2,5 %) machen die *Verfassungsbeschwerden* aus.

© Erich Schmidt Verlag 129 015

Die Mitglieder des Bundesverfassungsgerichtes werden je zur Hälfte von Bundestag und Bundesrat mit Zweidrittelmehrheit gewählt. Das Gericht ist mit je acht Richtern in zwei Senaten organisiert. Der Erste Senat beschäftigt sich primär mit Verfassungsbeschwerden und Organstreitigkeiten, während der zweite Senat unter anderem in Normenkontrollverfahren und über die Verfassungswidrigkeit von Parteien entscheidet.

(http://www.bundesverfassungsgericht.de/)

Wenngleich das Bundesverfassungsgericht sich weitestgehend parteipolitischer Auseinandersetzung entziehen will und soll, muss jedoch angefügt werden, dass es in zunehmendem Maße mit genuin politischen Fragen beschäftigt wird und die Einschaltung des Gerichts von verschiedenen Seiten durchaus einen parteipolitischen Effekt haben soll: „Die deutsche Verfassungsgerichtsbarkeit öffnet sich ihrer Einbeziehung in den politischen Prozess ganz besonders, da es – anders als in den USA – die abstrakte Normenkontrolle ermöglicht, einen politischen Konflikt durch die politisch unterlegene Minderheit unmittelbar in ein verfassungsrechtliches Verfahren zu transformieren“ (Rudzio). In der Tendenz stellt sich die Anrufung des Bundesverfassungsgerichts eher als Handlungsoption der Opposition dar, was durchaus im Sinne des Schutzes der demokratischen Minderheit begründet werden kann. Das Gericht sieht sich damit einerseits möglicher politischer Instrumentalisierung und andererseits der Bestimmung dessen ausgesetzt, was im Sinne der US-amerikanischen Verfassungsgerichtsbarkeit eine primär „politische Frage“ ausmacht und deren Beantwortung dem Gericht nicht obliegt. In diesem Sinne hat das Bundesverfassungsgericht in einer Reihe von Entscheidungen seine Ausführungen mit einem deutlichen Appell zur konkreten Ausgestaltung seitens des Gesetzgebers versehen. Christine Landfried kommentiert mit Blick auf die Reform des § 218: In einem solchen Fall wird das Gericht zu einem „Ersatz-Gesetzgeber‘“ (Landfried). Die Überbetonung einer solchen Rolle, inklusive der Möglichkeit von

(Zeichnung: Walter Hanel/CCC, www.c5.net)

„vorauseilendem Gehorsam des Gesetzgebers“ (Rudzio), wäre unter demokratie-theoretischen Aspekten zu hinterfragen. Bezüglich einer möglichen einseitigen politischen Grundrichtung, die das Gericht durch seine Urteile in die Politik einbringen könnte, urteilt Rudzio hingegen mit Verweis auf das parteipolitische austarierte Besetzungsverfahren der Richter: „Diese Grundkonstellation erklärt die kompromissförmigen, nicht immer eleganten, aber friedensstiftenden Urteile, die das Bundesverfassungsgericht im Laufe seiner Geschichte gefällt hat. Es bewegt sich meist auf einer Linie der Mitte und fungiert quasi als ‚Vermittlungsausschuss‘ zwischen den großen politischen Kräften“ (Rudzio).

(Karl Rudolf Korte/Manuel Fröhlich [= M 16], S. 60 – 63)

M 20 Mehrebenensystem: Bundesrat, Europäische Union

Ein Überblick zu den wichtigen Merkmalen und Besonderheiten des parlamentarischen Regierungssystems in Deutschland wäre ohne die Erwähnung des **Bundesrates** unvollständig. Laut Art. 50 GG wirken die Länder durch den Bundesrat „bei der Gesetzgebung und Verwaltung des Bundes und in Angelegenheiten der Europäischen Union“ mit. Damit nimmt er zwar bei der Gesetzgebung parlamentarische Funktionen wahr, ist allerdings von seiner Struktur her kein Parlament. Zwar hat er in funktionaler Hinsicht durchaus die Befugnisse einer zweiten Parlamentskammer, doch die Mitglieder des Bundesrates – alles Mitglieder der sechzehn Landesregierungen – haben kein von ihnen persönlich zu verantwortendes, sondern ein imperatives Mandat: Art. 51 GG regelt, dass der Bundesrat „aus Mitgliedern der Regierungen der Länder“ besteht, „die sie bestellen und abberufen“. Der Bundesrat ist somit eine Versammlung von Mitgliedern der Landesregierungen, die als struktu-

Sitzung des Bundesrates in Berlin (Foto: vario-press/Ulrich Baumgarten)

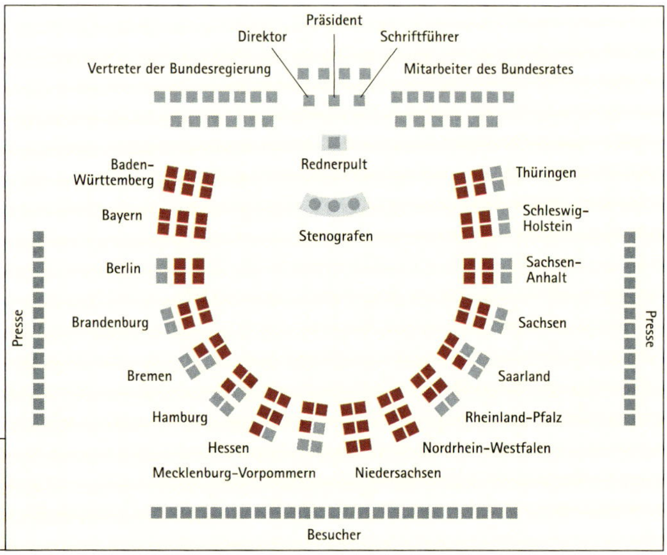

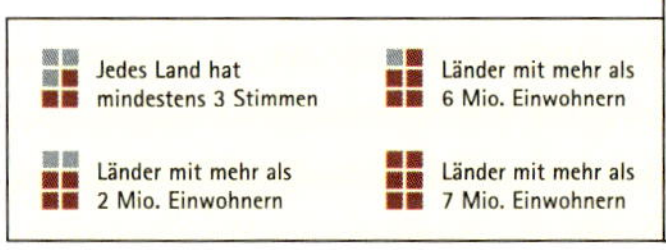

(Bundesrat [Hrsg.], Gesetzgebung des Bundes ... Natürlich nur mit den Ländern, Faltblatt, Berlin 2004 – www.bundesrat.de)

relles Exekutivorgan auf Bundesebene die Kompetenzen eines gesetzgebenden Organs ausübt. Das Stimmenverhältnis innerhalb des Bundesrates wird nach einem an der Einwohnerzahl orientierten Schlüssel geregelt. Danach bekommt jedes Bundesland mindestens drei Stimmen. Länder, deren Einwohnerzahl größer als zwei, sechs oder sieben Millionen Einwohner ist, bekommen gestaffelt vier, fünf oder sechs Stimmen. Die Stimmen eines Landes dürfen jedoch nur einheitlich im Block abgegeben werden. Danach ergibt sich die Stimmverteilung.

[...]

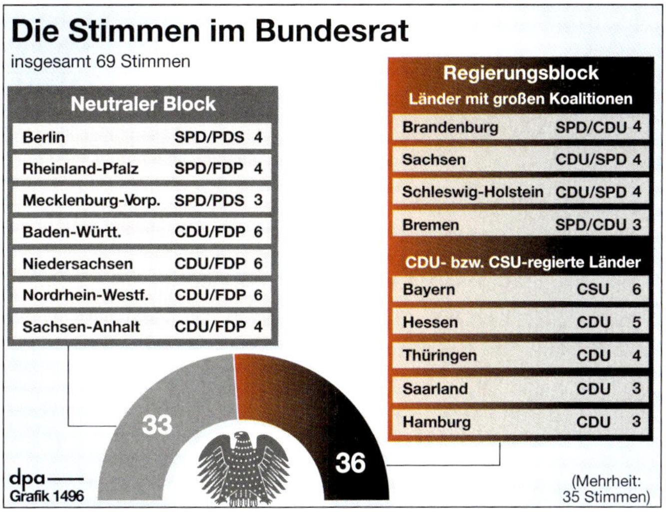

Seit der Landtagswahl 2006 (26.3.) hat Sachsen-Anhalt eine große Koalition (CDU/SPD), der „Regierungsblock" (Bundesregierung) damit eine Mehrheit von 40 Stimmen. Nächste Landtagswahlen: Berlin, Mecklenburg-Vorpommern (17.9.2006); Bremen (Frühjahr 2007)

Das Zusammenspiel von Bundesrat und -regierung wird in Art. 53 geregelt. Danach haben Mitglieder der Regierung das Recht bzw. auf Verlangen die Pflicht, an Sitzungen des Bundesrates und seiner Ausschüsse teilzunehmen bzw. gehört zu werden. Zudem gilt: „Der Bundesrat ist von der Bundesregierung über die Führung der Geschäfte auf dem Laufenden zu halten." Im Dreiecksverhältnis von Bundesregierung, Bundestag und Bundesrat ist mit zwei möglicherweise unterschiedlichen Mehrheiten, verschiedenen Wahlverfahren, Abhängigkeiten und Interessenkonstellationen zu rechnen. Je nach parteipolitischer Ausrichtung ist die Regierung zu einer Art informeller großer Koalition mit einem oppositionell dominierten Bundesrat gezwungen. Die Struktur des Bundesrates lässt keine ausschließlich parteipolitische oder ausschließlich am einzelnen Landesinteresse orientierte Politik zu. Zu einer langandauernden *Blockadesituation* zwischen Bundestag und Bundesrat ist es nur in Ausnahmefällen gekommen. Meist siegte eine pragmatische Orientierung im *Vermittlungsausschuss*, dessen Ergebnis Bundestag und Bundesrat dann nur noch unverändert annehmen oder verwerfen können. [...]

Eine Besonderheit des deutschen politischen Systems liegt schließlich in der engen Verzahnung von Verwaltungs- und Regierungsprozessen mit der **europäischen Ebene**. Die Einbettung der Bundesrepublik in die Europäische Union ist entscheidend – auch und gerade für den Alltag des Regierens. Sturm und Pehle gehen sogar davon aus „dass es das ‚alte' deutsche Regierungssystem mit festen durch Staatsgrenzen markierten Grenzlinien politischer Gestaltung nicht mehr gibt" (Sturm/Pehle). Während die Verfassungsorgane (vielleicht mit der Ausnahme des Bundesverfassungsgerichts) noch nicht durchdringend von einer europäischen Perspektive bestimmt werden, lässt sich das für einige Politikbereiche umso deutlicher feststellen; Währungs-, Agrar-, Regional- oder Umweltpolitik werden in bestimmendem Maße auf der europäischen Ebene festgelegt. Abstimmungen und Treffen auf ministerieller und Beamten-Ebene gehören deshalb zum Alltag des Regierens. Die meisten Ministerien weisen eigene europapolitische Abteilungen bzw. Referate auf. Der Bundestag wiederum hat sich in erheblichem Maße mit Vorgaben aus Brüssel zu beschäftigen, sei es, indem er ihren Inhalt ratifiziert, diesen in nationales Recht umsetzt oder ihn bei der nationalen Gesetzgebung beachtet. Durch die Ergänzung der europäischen Ebene erhält das politische System der Bundesrepublik sozusagen einen zusätzlichen Rahmen, innerhalb dessen die deutschen Verfassungsorgane einerseits europäisch agieren und mitwirken, andererseits aber stets um die Wahrung ihrer institutionellen und politischen Substanz bangen bzw. diese akzentuieren – einen Aspekt, den auch das Bundesverfassungsgericht in seinem einschlägigen Urteil zum Vertrag von Maastricht unterstrichen hat. In jedem Fall verlängert bzw. verkürzt sich der politische Entscheidungsweg zwischen den Verfassungsorganen der Bundesrepublik in wesentlichen Feldern um die jeweils eigenen Entscheidungsverfahren der europäischen Ebene.

(Karl Rudolf Korte/Manuel Fröhlich [= M 16], S. 63 – 66)

Exkurs: Die Rolle des Bundesrates bei der Gesetzgebung und die Diskussion über die „Föderalismusreform"

M 21 Verteilung der Gesetzgebungskompetenzen zwischen Bund und Ländern

In einem Bundesstaat sind die staatlichen Aufgaben zwischen Bund und Ländern aufgeteilt. Der Bund hat andere Befugnisse als die Länder, das heißt auch, er darf in anderen Bereichen Gesetze erlassen als die Länder.
Grundlegend für die Gesetzgebung ist zunächst, dass sich nach dem Grundgesetz die Gesetzgebungsmaterien in fünf Kategorien gliedern:

- einen Bereich der *ausschließlichen Bundesgesetzgebung*: Auswärtige Angelegenheiten, Verteidigung, Geld und Währung, Bahnen, Post und Luftverkehr, Regelungen zur Zusammenarbeit von Bund und Ländern beim Verfassungsschutz und der Verbrechensverfolgung u.a. (Art. 71 und 73 GG);
- den Bereich der *„konkurrierenden Gesetzgebung"*, in dem die Länder Gesetzgebungsbefugnisse besitzen, „solange und soweit der Bund von seiner Gesetzgebungszuständigkeit nicht durch Gesetz Gebrauch gemacht hat": Bürgerliches und Strafrecht, Justizwesen, Besoldungsrecht, Wirtschaft, Arbeitsrecht, Soziales, Verkehr, Umwelt, Gesundheit u.a. (Art. 72, 74 und Art. 74 a GG);
- den Bereich der *Rahmengesetzgebung des Bundes*, wo sich der Bund auf allgemeine Regelungen zu beschränken hat: Recht des öffentlichen Dienstes, Hochschulwesen, Presse, Raumordnung, Melde- und Ausweiswesen u.a. (Art. 75 GG);
- die *„Gemeinschaftsaufgaben"*, bei denen der Bund bei der Erfüllung von Aufgaben der Länder mitwirkt: Hochschulausbau, Verbesserung der regionalen Wirtschaftsstruktur, der Agrarstruktur und des Küstenschutzes (Art 91 a GG);
- den Bereich der *ausschließlichen Landesgesetzgebung*: Kultur, Schulwesen, Polizei, Kommunalverfassung sowie alle übrigen, nicht ausdrücklich den anderen Kategorien zugeordneten Gegenstände (Art. 70 GG).

(Wolfgang Rudzio, Das politische System der Bundesrepublik Deutschland, Leske + Budrich, UTB, Opladen, 6. Aufl. 2003, S. 377)

Aus der bundesstaatlichen Ordnung ergibt sich das Problem, einerseits den Ländern unterschiedliche Regelungen zu ermöglichen, die ihren spezifischen Vorstellungen und kulturellen Traditionen entsprechen, andererseits die Lebensverhältnisse in der gesamten Bundesrepublik sich nicht allzu verschieden entwickeln zu lassen.
Stellen Sie fest, welche Lebensbereiche entweder allein vom Bund oder allein von den Ländern gesetzlich geregelt werden (erste und letzte Kategorie) und wie die Gesetzgebungskompetenzen in den übrigen drei Kategorien abgegrenzt werden (M 21; vgl. ggf. den vollständigen Text der Grundgesetzartikel im Internet: http://dejure.org/gesetze/GG). Wie lässt sich begründen, dass z. B. die Bereiche „Verteidigung", „Geld und Währung", „Post" zur ersten Kategorie, die Bereiche „Kultur" und „Schulwesen" zur letzten Kategorie gehören? Inwiefern lassen sich Begründungen für die Zuordnung in den drei anderen Kategorien schwerer finden?

M 22 Die Mitwirkung des Bundesrates an der Gesetzgebung des Bundes

M 22a

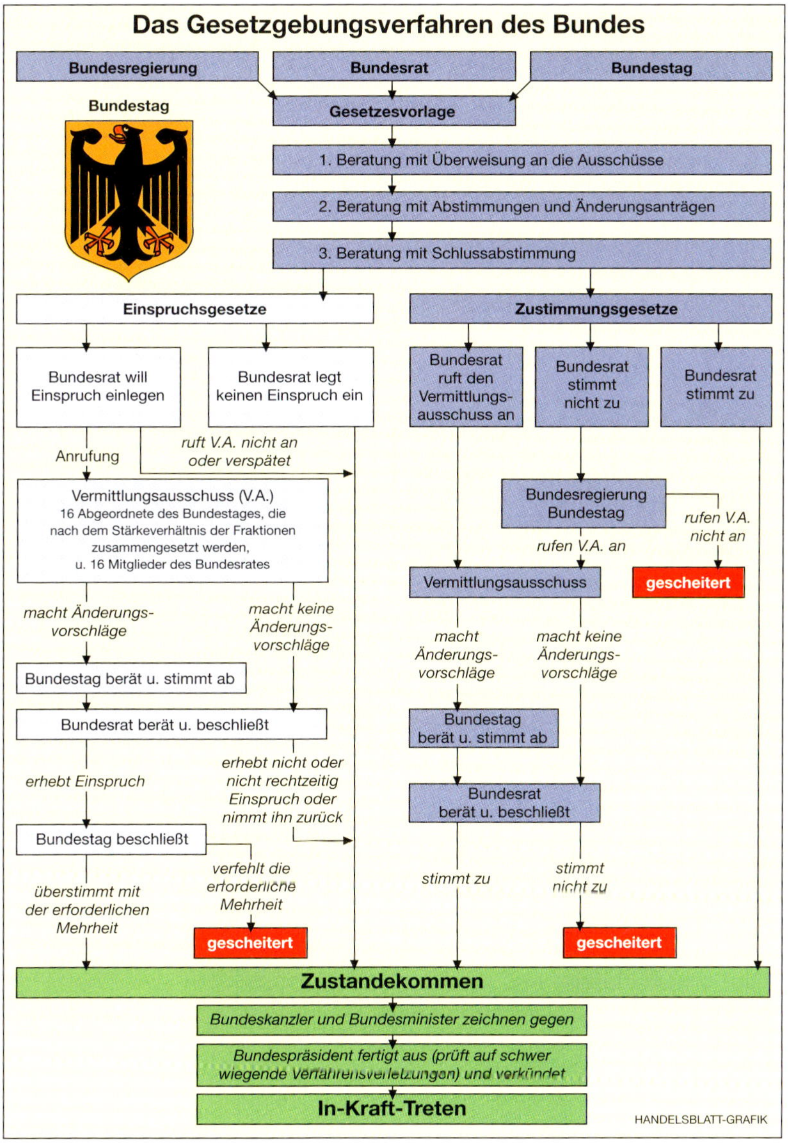

(Handelsblatt Nr. 208 v. 29. 10.2003, S. 5)

Die größte Bedeutung kommt dem Bundesrat bei den verfassungsändernden Gesetzen und den Zustimmungsgesetzen zu. Jede Verfassungsänderung hängt vom Verhalten des Bundesrates ab, denn die verfassungsändernden Gesetzbeschlüsse des Bundestages können nur wirksam werden, wenn ihnen auch der Bundesrat mit einer Zweidrittelmehrheit zustimmt. Bei allen anderen Gesetzbeschlüssen muss entschieden werden zwischen denen, die zustimmungsbedürftig sind, und solchen, die nicht zustimmungsbedürftig sind, gegen die der Bundesrat also lediglich Einspruch einlegen kann. Bei zustimmungsbedürftigen Gesetzen verfügt der Bundesrat über ein *absolutes Veto*. Bei nicht zustimmungsbedürftigen Gesetzbeschlüssen steht dem Bundesrat durch seinen Einspruch nur ein *aufschiebendes Veto* zu. Dieses aufschiebende oder suspensive Vetorecht bei Einspruchsgesetzen kann vom Bundestag zurückgewiesen werden.

- Zustimmungsbedürftig sind Gesetze,
  - die durch die Bundesländer auszuführen sind und Regelungen zur Behördenorganisation, zum öffentlichen Dienst sowie zum Verwaltungsverfahren enthalten (Art. 74 a, 80, 84 – 85, 87, 104 a, 108, 120 a GG);
  - die Steuern mit Länderanteilen, den Finanzausgleich*, die Finanzverwaltung oder im Übrigen die Finanzen der Länder betreffen (Art. 105 – 108 und 134 – 135 GG), auch die für Bund und Länder gemeinsamen Haushaltsgrundsätze (Art. 109 GG);
  - die Gemeinschaftsaufgaben betreffen (Axt. 91 GG);
  - die Ausübung von Bundesgerichtsbarkeit durch Gerichte der Länder regeln (Art. 96 GG);
  - die Gebietsstände verändern (Art. 29 Abs. 7 GG), Hoheitsrechte übertragen und die Ländermitwirkung in der EU berühren (Art. 23 GG);
  - die Regelungen für den Verteidigungsfall und den Gesetzgebungsnotstand vorsehen (Art. 115 und 81 GG).

(Informationen zur politischen Bildung Nr. 275/2002: Föderalismus in Deutschland, Bundeszentrale für politische Bildung, Bonn 2002, S. 27)

M 22b Die Rolle des Vermittlungsausschusses

- Bevor der Bundesrat gegen einen nicht zustimmungspflichtigen Gesetzbeschluss des Bundestages Einspruch einlegen kann, muss er den Vermittlungsausschuss anrufen. Erst nach Ende des Vermittlungsverfahrens kann der Bundesrat Einspruch erheben. Bei Zustimmungsgesetzen können nicht nur der Bundesrat, sondern auch die Bundesregierung und der Bundestag die Einberufung des Vermittlungsausschusses verlangen.
- Der Ausschuss setzt sich aus Mitgliedern des Bundestages und des Bundesrates zusammen (Art. 77 Abs. 2 Satz 1 GG). Aus dem Bundesrat wird für jedes Land ein Mitglied entsandt, der Bundestag entsendet entsprechend dem Fraktionsproporz ebenfalls 16 Mitglieder.
- Die Bundesratsmitglieder sind an Weisungen – sei es des Bundesrates oder ihrer jeweiligen Landesregierung – nicht gebunden.
- Der Vermittlungsausschuss tagt nicht öffentlich.
- Der Kompromissvorschlag des Vermittlungsausschusses kann vom Bundesrat und vom Bundestag nur unverändert angenommen oder verworfen werden.
- Der Vermittlungsausschuss kann für einen Gesetzentwurf bis zu dreimal angerufen werden.

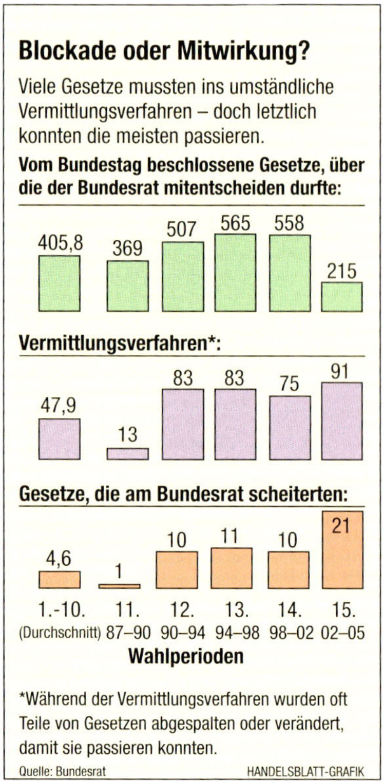

(Handelsblatt Nr. 156 v. 15.8.2005, S. 4)

Durch die Vermittlungstätigkeit des Ausschusses war es in vielen Fällen möglich, rechtliche oder sachliche Bedenken des Bundesrates auszuräumen. Bundestag und Bundesrat gibt er die Gelegenheit, die anstehenden Probleme in einem kleinen Gremium von erfahrenen Politikerinnen und Politikern überdenken zu lassen, die vertraulich beraten und deren Ziel ein Kompromiss ist. Der Vermittlungsausschuss hat so in der Vergangenheit oft eine gegenseitige Blockade vermeiden können. Kritische Resonanz findet allerdings die mangelnde Transparenz seiner Arbeitsweise, und es wird beanstandet, dass seine Legitimation (s. Kasten S. 16) in keinem angemessenen Verhältnis zu seiner tatsächlichen politischen Bedeutung steht. Die Parlamentsmehrheit sei faktisch gezwungen, den im Vermittlungsausschuss ausgehandelten Kompromissen zuzustimmen.

(Informationen zur politischen Bildung [= M 22a], S. 28)

1. *Gehen Sie mithilfe des Schemas S. 49 die einzelnen Stationen des Gesetzgebungsprozesses durch und machen Sie sich jeweils die Art der Mitwirkung des Bundesrats klar (M 22a). Achten Sie insbesondere auf das unterschiedliche Verfahren bei zustimmungspflichtigen und nicht zustimmungspflichtigen Gesetzen, bei denen der Bundesrat nur ein „Einspruchsrecht", kein „Vetorecht" hat.*
2. *Erläutern Sie genauer die Rolle des Vermittlungsausschusses. Welche Begründung kann man dafür anführen, dass seine Verhandlungen nicht öffentlich geführt werden (M 22b)?*
3. *Welche Auswirkungen hat die „mangelnde Transparenz" (M 22b, Z. 31) auf die Möglichkeiten des Bürgers, die Verantwortung für politische Entscheidungen bestimmten Parteien, die er (nicht) gewählt hat, zuzuordnen?*

M 23 „Politikverflechtung" und „Exekutivföderalismus" als Problem

M 23a Die Entwicklung des föderativen Systems

Die Entwicklung des föderativen Systems in den vergangenen Jahrzehnten hat sowohl das institutionelle Arrangement zwischen den Verfassungsorganen auf Bundesebene als auch das Verhältnis zwischen Bund und Ländern verschoben. War der Bundesstaat in der ursprünglichen Fassung des Grundgesetzes von 1949 noch auf eine weitgehende Trennung von Bund und Ländern in der Kompetenzverteilung und Aufgabenwahrnehmung angelegt, so ist seither eine Wandlung des föderativen Systems hin zur Unitarisierung [Vereinheitlichung durch Stärkung der Kompetenzen des Bundes] festzustellen. Die wesentlichen, gesetzgeberisch gestaltenden Aufgaben werden heute auf Bundesebene unter Mitwirkung der Länder wahrgenommen. Zahlreiche Änderungen des Grundgesetzes, in denen Kompetenzen von den Ländern auf den Bund übertragen wurden, die Verlagerung der Steuergesetzgebung auf den Bund, die Einführung der Gemeinschaftsaufgaben (Art. 91a und 91b GG) sowie die ausufernde Mischfinanzierung von Bund und Ländern (vgl. Übersicht S. 326) sind Ausdruck dieser Entwicklung. Hinzu kommt die extensive Wahrnehmung der Gesetzgebungskompetenzen des Bundes im Bereich der konkurrierenden Gesetzgebung (Art. 74 GG). Dieser Prozess hat zu einer zunehmenden Einschränkung eigenständiger Handlungs- und Gestaltungsfähigkeit der Länder geführt. Im Gegenzug haben sich die Länder diese Kompetenzerweiterung des Bundes stets mit einer verbindlichen Mitsprache über den Bundesrat entgelten lassen. Die Länderkammer, deren Mitwirkung an der Bundesgesetzgebung in Form von zustimmungspflichtigen Gesetzen zu Beginn des Grundgesetzes auf wenige Bereiche begrenzt war, hat so in der bundesrepublikanischen Verfassungsgeschichte eine beispiellose Karriere gemacht. Der Handlungsschwerpunkt der Länder verlagerte sich im Zuge dieses Veränderungsprozesses zunehmend von eigenständiger landespolitischer Gestaltungsfreiheit hin zur Beteiligung an Entscheidungen des Bundes. Die Entwicklung von der Autonomie zur Partizipation ist das dominante Merkmal dieses Veränderungsprozesses des bundesdeutschen föderativen Gefüges.

Augenfällig wird die gewachsene Vetomacht des Bundesrates bei der Veränderung des Verhältnisses von Zustimmungs- und Einspruchsgesetzen. Der Verfassungsgeber von 1949 ist von Einspruchsgesetzen als Normalität und von der Zustimmungsbedürftigkeit als Ausnahme ausgegangen. Heute sind rund 60 Prozent der Gesetze zustimmungsbedürftig, wobei darin die wesentlichen, politisch bedeutsamen Gesetzesvorhaben enthalten sind.

(Roland Johne, Bundesrat und parlamentarische Demokratie. In: Aus Politik und Zeitgeschichte B 50 – 51/2004 v. 6.12.2004, S. 11f.; www.bpb.de/files/M854KJ.pdf)

M 23b „Exekutivföderalismus"

Je mehr Gesetzgebungsmaterien der Bund aber an sich zog, desto unbedeutender wurde die Gesetzgebung in den Landtagen – und damit jeder einzelne Landtag. Ein süddeutscher Ministerpräsident stöhnte bei Gelegenheit seines Jubiläums: Im vergangenen Jahrzehnt hat sich die Menge der Landtagsdrucksachen verfünffacht, die Bedeutung der klassischen Landtagsdebatten

(und Drucksachen) gleichzeitig auf ein Fünftel reduziert. Diese Verlagerung hin zu mehr Bundesgesetzen und damit zu mehr Zustimmungsgesetzen hat zwar die parteipolitisch motivierte Mit- und Sperrwirkung der Länder in der Bundesgesetzgebung verstärkt, zugleich aber zu einem ziemlich undemokratischen „Exekutivföderalismus" geführt: Die Landtage haben nichts mehr von Belang zu beschließen – der enorm gestärkte Ministerpräsident richtet sein Verhalten im Bundesrat eher am Bundesvorstand seiner Partei [...] aus, gewiss aber nicht am Landtag.
Wer den Föderalismus sanieren will, muss also die Zahl der Zustimmungsgesetze verringern. Zugleich muss er die Gesetzgebung des Bundes zurückschneiden und den Ländern mehr Raum für eigene legislative Gestaltung geben.

(Robert Leicht, Deutschland, kleinlich Vaterland, in: DIE ZEIT Nr. 41 vom 1.10.2003, S. 7)

M 24 Anforderungen an eine Föderalismusreform

Was ist der Föderalismus* doch eigentlich für eine feine Sache. Regionale Probleme werden regional gelöst: Wenn die Saarländer bei sich zu Hause etwas klären wollen, müssen sie dafür nicht erst in ganz Deutschland eine Mehrheit organisieren. Die katholischen Bayern können sonntags in die Kirche gehen, die konfessionslosen Mecklenburger zum Einkaufen. Statt Gleichförmigkeit herrscht Wettbewerb: Die Schwaben probieren es so, die Bremer anders und wer erfolgreicher ist, lässt hinterher die anderen an seinen Erfahrungen teilhaben. Flexibel, handlungsfähig, schlank – die ganze Welt müsste uns um unsere Bundesstaatlichkeit beneiden.
Tut sie aber nicht. Der deutsche Föderalismus gilt allenthalben als Teil des Problems, nicht der Lösung. Nicht Ideenvielfalt und Beweglichkeit kennzeichnen das deutsche System, sondern Blockade, Lähmung und Intransparenz. Die Länder sind in Wahrheit kaum mehr als Verwaltungsprovinzen des Bundes, ohne eigene Gestaltungs- und Finanzspielräume. Ihre Regierungschefs halten sich in Berlin schadlos: Dort können sie zwar nichts gestalten, aber viel verhindern. Infolgedessen läuft im Bund alle Macht nicht im Kanzleramt oder im Bundestag zusammen, sondern im Vermittlungsausschuss, wo seit Jahr und Tag hinter verschlossener Tür der große Reformenreißwolf arbeitet.
Obwohl die Schwächen lange bekannt sind, hat bislang keine noch so große Anstrengung ausgereicht, sie zu beseitigen. [...]
Was also ist zu tun? Könnte man eine Schere nehmen und sich die Verfassung neu zurechtschneidern, wäre das Schnittmuster relativ klar: Die Länder müssen mehr gesetzgeberische Verantwortung bekommen. Das schließt auch Zuständigkeiten im Steuerrecht mit ein: Sie müssen selbst dafür sorgen können, dass für ihre neuen Aufgaben auch das nötige Geld zur Verfügung steht. Dann bräuchte man auch keinen so rigiden Länderfinanzausgleich* mehr.
In den Politikbereichen der Länder dürfte der Bund allenfalls noch harmonisieren, aber nicht mehr das gesamte Bundesgebiet von Flensburg bis Berchtesgaden feinsteuern. Dafür könnte er in Fragen, die die Länder nichts angehen, endlich nach eigenem Gutdünken schalten und walten. Der Bundesrat wäre kaum mehr als eine Art diplomatische Vertretung der Länder in Berlin, im Kernbereich der Bundespolitik hätten die Ministerpräsidenten nichts mehr verloren. Das wäre nicht nur effizienter, sondern auch besser für die Demokratie: Wenn irgendwo etwas schief geht, weiß der Wähler, wen er abwählen muss.

(Handelsblatt v. 15.8.2005, S. 4; Verf.: Maximilian Steinbeis)

Eine **Föderalismusreform** ist daran zu bemessen, ob sie die Möglichkeiten des Bürgers befördert, Politik zu gestalten. Der Bürger erwartet vom Staat, dass er hilft, gewährleistet, sichert und befähigt. Diese Erwartungen werden nicht erfüllt, solange die Entscheidungsabläufe hoch komplex und undurchschaubar sind und politische Entscheidungen ohne klare Zuordnung von Verantwortung und damit für den Bürger weitgehend anonym getroffen werden. Hinzu kommt, dass aus der Sicht des Bürgers Politik von bürgerfernen Bürokratien und Gremien maßgeblich mitbestimmt wird. Solange der Bürger den Staat aber als ein unübersichtliches, ihm fernes Gebilde erfährt, steht er den politisch Handelnden kritisch bis ablehnend gegenüber. Die Folge sind Politiker- und Parteienverdrossenheit.

(Udo Margedant, Ein bürgerfernes Machtspiel ohne Gewinner. In: Aus Politik und Zeitgeschichte B 13 – 14/2005, S. 26)

1. *Beschreiben Sie die Entwicklung, die das föderative System in den vergangenen Jahrzehnten genommen hat (M 23). Inwiefern kann man von einer zunehmenden, ursprünglich nicht angestrebten „Politikverflechtung" zwischen Bund und Ländern sprechen?*
2. *Die beschriebene Entwicklung – mehr Mitbestimmung des Bundesrats (Vertretung der Länderregierungen) bei der Gesetzgebung des Bundes einerseits, vergrößerte Gesetzgebungskompetenz des Bundes andererseits – hat zu einer deutlich verringerten Bedeutung der Länderparlamente (und damit der Legislative) geführt. Erläutern Sie den kritisch gemeinten Begriff „Exekutivföderalismus" (M 23b). Wie beurteilen Sie diese Entwicklung unter „demokratietheoretischen" Gesichtspunkten?*
3. *„Der bürokratische Aufwand ist enorm, es kommt oft zu Blockaden (vor allem, wenn im Bundesrat die Bundestagsopposition die Mehrheit hat), die Verabschiedung eines umstrittenen Gesetzes kann sich über Monate oder sogar Jahre hinziehen, der gemeine Bürger hat den Überblick über die Zuständigkeiten verloren." Analysieren und diskutieren Sie anhand dieses Zeitungszitats (Bernd Oswald in der Süddeutschen Zeitung v. 13.12.2004) die in den Materialien M 22 – M 23 angesprochenen Probleme des bestehenden föderalen Systems.*
4. *Die anhaltende Diskussion über „Politikblockade" und „Reformstau" hatte im Herbst des Jahres 2003 zur Einsetzung einer Kommission mit dem Auftrag einer „Modernisierung der bundesstaatlichen Ordnung" („Föderalismusreform") geführt, deren Ergebnis aber nicht umgesetzt wurde, weil sich Bund und Länder letztlich nicht über die Kompetenzverteilung im Bildungsbereich einigen konnten. Erkundigen Sie sich ggf. nach Verlauf und Ergebnis eines weiteren Reformversuchs, wie ihn die neue Bundesregierung der Großen Koalition im März 2006 in die Wege geleitet hat. Beschreiben Sie, welche Ziele nach M 24 eine solche Reform verfolgen sollte, und bedenken Sie dabei, warum es nicht leicht ist, die verschiedenen Zielrichtungen (Entflechtung, klare Kompetenzverteilung zwischen Bund und Ländern, bürgernahe Entscheidungsstrukturen und die an sich wünschenswerte bundesweite Angleichung der Lebensverhältnisse) miteinander zu verknüpfen.*

2. Strukturmerkmale des Regierens

„Welche Muster des Zusammenspiels der im vorhergehenden Kapitel vorgestellten Verfassungsorgane charakterisieren das alltägliche Regierungshandeln? Wer ist neben den genannten Institutionen als individueller, kollektiver oder korporatistischer Akteur am Prozess des Regierens beteiligt? Über die formale Funktion der Gesetzgebung hinaus stellt sich der politische Prozess in der Bundesrepublik Deutschland als vielschichtiger Politikzyklus mit einer *Vielzahl von Nebenregierungen* dar. Die diesem Prozess zugrunde liegende Dynamik kann nur erfasst werden, wenn die systemischen und akteursbezogenen Komponenten im deutschen Regierungssystem miteinander verbunden werden. Die politischen Akteure handeln in einem von der Verfassung und den Geschäftsordnungen, der jahrzehntelangen politischen Praxis und der politischen Kultur herausgebildeten Aktions- und Interessenfeld. Der Charakter des Regierens im deutschen

Abb.: Strukturmerkmale des Regierens

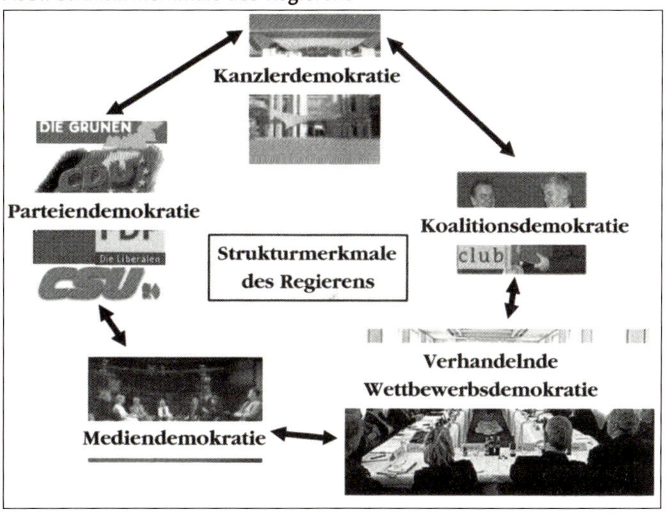

(© 2003 Korte/Fröhlich/Florack)

politischen System ergibt sich aus einer spezifischen *Mixtur verschiedener Strukturmerkmale.* [...] Mit den sechs Schlüsselkoordinaten – den Strukturmerkmalen des Regierens – lässt sich eine politische Strukturperspektive des Regierens in Deutschland entwerfen (siehe Abb. S. 53)." (Karl-Rudolf Korte/Manuel Fröhlich [= M 16], S. 71f.)
Wie in der Einleitung zu M 16 (S. 38) angekündigt, wollen wir im Sinne der in diesem Zitat formulierten Fragestellung im Folgenden (M 25 – M 29) einen „zweiten Blick" auf das *Funktionieren des politischen Entscheidungsprozesses* in Deutschland werfen, der u.a. auch den spezifischen Charakter des deutschen politischen Systems im Vergleich mit anderen europäischen Systemen erkennbar macht. Neben den *Verfassungsorganen* kommt auf diese Weise der Einfluss *weiterer Akteure* und *Handlungsmuster* in den Blick, welche die Realität des alltäglichen Regierungshandelns maßgeblich bestimmen und sich mit den in der Abb. S. 53 dargestellten Begriffen als „Strukturmerkmale des Regierens" kennzeichnen lassen. „Parteiendemokratie" und „Mediendemokratie" als die vielleicht gewichtigsten Merkmale werden in Abschnitt IV. (S. 62ff.) gesondert analysiert.

M 25 Wettbewerbs- und Mehrheitsdemokratie oder Konsens- und Verhandlungsdemokratie?

Die typologische Unterscheidung zwischen der Mehrheits- und der Konsensdemokratie [...] geht auf den niederländisch-amerikanischen Politikwissenschaftler Lijphart zurück. Mit den *Idealtypen* (s. Kasten) der Mehrheits- und der Konsensdemokratie lassen sich die Problemlagen des deutschen politischen Systems noch besser erfassen als allein mit der Konzentration auf den parlamentarischen Charakter des Regierungssystems. [...]
Die Mehrheit schöpft in der Mehrheitsdemokratie ihre Überlegenheit voll aus, um ihre politischen Vorsätze in Gesetzesform zu gießen. Konsensuelle Regierungssysteme bremsen den rigorosen Gebrauch der parlamentarischen Mehrheit mit vielerlei Mechanismen und in unterschiedlicher Intensität aus.
Die Auswahl der folgenden Kriterien der Mehrheits- und der Konsensdemokratie eignet sich besonders für das Verstehen des politischen Systems der Bundesrepublik.

- Es handelt sich zunächst um den Unterschied von *parlamentsabhängiger* und *parlamentsunabhängiger Regierung.* Im parlamentarischen System agieren Regierung und Parlamentsmehrheit als Einheit. Die Mehrheitsbeschaffung ist dort ein geringeres Problem als im präsidentiellen System, in dem wechselseitige Blockaden zwischen Regierung und Parlament möglich sind (vgl. M 15).
- Ferner ist zwischen *Zweiparteiensystem und Mehrparteiensystem* zu unterscheiden. Maßgeblich für den Unterschied ist die Anzahl der im Parlament vertretenen Parteien, die üblicherweise die Regierung bilden. Im Mehrparteiensystem sind es mindestens zwei, im Zweiparteiensystem ist es eine Partei.
- Mit dieser Differenzierung ist eng die *Konzentration und die Streuung der Entscheidungsmacht in der Regierung* verbunden. Sie entspricht dem Typus der *Einparteiregierung* und der *Koalitionsregierung.* Dieses Unterscheidungskriterium macht nur in den parlamentarischen Regierungssystemen Sinn. Koalitionsregierungen funktionieren, solange tagtäglich der Kompromiss zwischen den Regierungspartnern gelingt. [...] Große Koalitionen (Links-Rechts) und Allparteienkoalitionen im Dauerbetrieb reduzieren den Part

Der große deutsche Soziologe Wax Weber* (1864 – 1920) hat für solche gedanklichen Konstrukte als Instrumente zur Analyse der Realität den Begriff **Idealtypus** geprägt (charakterisiert „durch einseitige Steigerung eines oder einiger Gesichtspunkte und durch Zusammenschluss einer Fülle von Einzelerscheinungen, die sich jenen einseitig herausgehobenen Gesichtspunkten fügen, zu einem in sich einheitlichen Gedankengebilde"). Mit Idealtypus ist also keineswegs ein Ideal (im wertenden Sinne des Vorbildhaften, Wünschenswerten) gemeint; der Begriff ist vom griechischen Wort idea (= Form, Gestalt, Vorstellung) abgeleitet und weist darauf hin, dass es sich hier nicht um einen real existierenden Gegenstand handelt, sondern um eine gedankliche Konstruktion, um eine typische „Gestalt", in der wesentliche Züge realer Einzelgegenstände hervorgehoben, unwesentliche vernachlässigt werden. Durch die Ermittlung des Maßes der Annäherung einer geschichtlich-soziokulturellen Erscheinung bzw. eines konkreten Falles an den Idealtyp können die mannigfaltigen Phänomene geordnet und verstanden werden. (Autorentext) der Opposition auf eine unbedeutende Nebenrolle. Ihre Grundlage ist eine konsensbetonte Politik.

- Die Notwendigkeit, Koalitionsregierungen zu bilden, fußt unter anderem auf dem *Wahlsystem*. Mehrheitswahlsysteme begünstigen die Mehrheitsdemokratie, Verhältniswahlsysteme die Konsensdemokratie (s. Kasten [Beispiel Großbritannien] und Kasten S. 60).
- Ein weiterer Aspekt der Demokratieform ist das *Vorhandensein eines Ein- oder eines Zweikammerparlaments*. Der entscheidende Punkt ist hier weniger die Existenz einer Zweiten Kammer als deren Rechte. Führt im Gesetzgebungsprozess an der Zustimmung der Zweiten Kammer kein Weg vorbei, dann begünstigt diese Tatsache eher die Konsensregierung – dies vor allem dann, wenn die Mehrheit in der Zweiten Kammer anders zusammengesetzt ist als in der Ersten Kammer. Solche Mehrheitsdifferenzen sind vor allem im politischen System der Bundesrepublik (Bundesrat) und in den USA (Senat) geläufig.

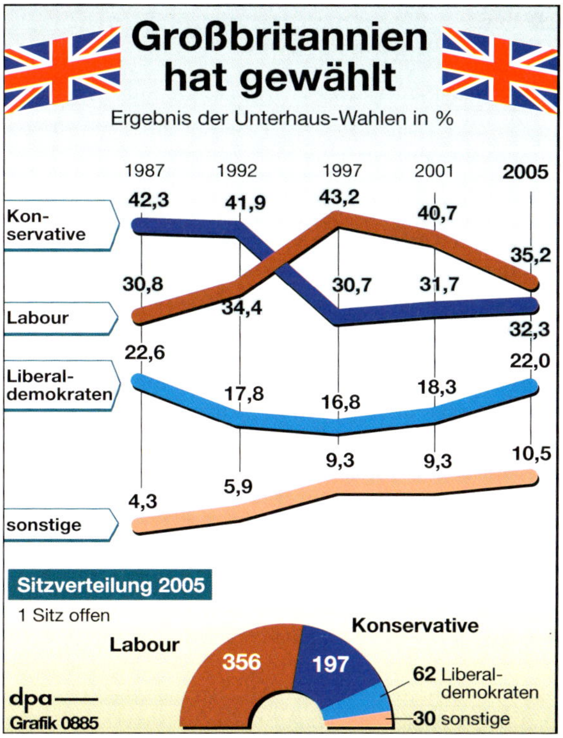

- Des Weiteren wirkt sich die Struktureigenschaft des *Einheitsstaates oder Bundesstaates* auf die Mehrheitsherrschaft aus. Bundesstaaten sind konsensbedürftiger als Einheitsstaaten.
- Schließlich ist zu prüfen, ob ein *Verfassungsgericht* vorhanden ist, das Gesetzesbeschlüsse annullieren und so der Politik Grenzen ziehen kann.

Eine scharfe Grenze zwischen Mehrheits- und Konsensregierung gibt es nicht. Moderate Konsenszwänge lassen sich mit dem vorherrschenden Muster der Mehrheitsdemokratie vereinbaren, starke Konsenszwänge schalten das Regieren gegen den Willen größerer Minderheiten praktisch aus. Das Schema der Konsens- und Mehrheitsdemokratie lässt auch Mischsysteme zu.

Die typisierenden Bewertungen des politischen Systems der Bundesrepublik stimmen darin überein, dass dieses keinesfalls dem Bild der Mehrheitsdemokratie entspricht. Lijphart charakterisiert es als eine Kombination mehrheits- und konsensdemokratischer Strukturen.

(Jürgen Hartmann, Das politische System der Bundesrepublik im Kontext, VS Verlag für Sozialwissenschaften, Wiesbaden 2004, S. 104 – 107)

1. *Verdeutlichen Sie den „idealtypischen" Charakter der beiden in M 25 dargestellten Typisierungen („Mehrheitsdemokratie" wird auch als „Wettbewerbsdemokratie" bezeichnet, „Konsensdemokratie" auch als „Verhandlungsdemokratie" [s. M 26]).*

2. *Erläutern Sie mit eigenen Worten die einzelnen Kriterien, nach denen sich die beiden Typen kennzeichnen und unterscheiden lassen, und verdeutlichen Sie, inwiefern das Mehrheitswahlrecht entscheidend dazu beiträgt, dass das britische Regierungssystem deutlich dem Typ der Mehrheitsdemokratie entspricht (s. Grafik). Wie viele der 645 Sitze hätten die einzelnen Parteien bei einer Verhältniswahl besetzt?*

3. *Versuchen Sie – noch vor der Erarbeitung von M 26 – zu erklären, warum der genannte Politikwissenschaftler zu dem Schluss kommt, das deutsche System sei „eine Kombination mehrheits- und konsensdemokratischer Strukturen" (Z. 75). Überprüfen Sie dazu aufgrund Ihrer eigenen Kenntnisse das Vorhandensein (oder Nicht-Vorhandensein) der in M 25 aufgelisteten typisierenden Merkmale im deutschen politischen System (zur „Koalitionsdemokratie" s. später M 29).*

M 26 „Nebenregierungen" in der „verhandelnden Wettbewerbsdemokratie"

Das politische System der Bundesrepublik Deutschland kann [...] als Mischform charakterisiert werden: Es handelt sich um eine Kombination von parlamentarischen Strukturen und Verhandlungssystemen. Als Unterscheidungsmerkmal dient dabei der Typus der Konfliktregelung. In den parlamentarischen Strukturen einer *Wettbewerbsdemokratie* wird über den Parteienwettbewerb und das Mehrheitsprinzip entschieden. Die politische Macht ist in repräsentativer Form bei der Parlamentsmehrheit und ihrer Regierung konzentriert, was eine weitgehende Machtausübung ohne besondere Rücksichtnahmen auf die Opposition erlaubt. [...]

In einer *Verhandlungsdemokratie* entfalten Parteienwettbewerb und Mehrheitsprinzip bei Wahlen und parlamentarischen Prozessen in nur eingeschränktem Maße ihre Wirkung. Denn die Konfliktregelung erfolgt strikt durch Aushandlungsprozesse. Das gütliche, freiwillige, konsensuale, kompromissgeprägte und informelle Einvernehmen der beteiligten Akteure führt zur Konfliktlösung weitgehend ohne die Transparenz der Willens- und Entscheidungsbildungsprozesse. Da wird beispielsweise der Gesetzestext zum Atomausstieg bis in die kleinsten Einzelheiten mit den betroffenen Energieunternehmen ausgehandelt, bevor sich der Deutsche Bundestag formell damit befasst hat.

Dennoch lassen sich eine Vielzahl von konkreten politischen Entscheidungen anführen, in denen die Politik die Einbindung aller möglichen Interessengruppen zwar zuließ, sich dennoch der Mehrheitsregel verpflichtend am Ende des Prozesses gegen die Wünsche und Zielsetzungen machtvoller gesellschaftlicher Gruppen entschied. [...]

Die Bundesrepublik Deutschland ist somit weder eine reine Wettbewerbsdemokratie noch eine reine Verhandlungsdemokratie. Mehrheitsdemokratische und konsensuale Entscheidungsmodi haben nebeneinander Gültigkeit, so dass sich das Regierungshandeln in der Bundesrepublik primär am Modell der *verhandelnden Wettbewerbsdemokratie* orientiert. In diesem institutionellen Rahmen erfolgen Konfliktregelungen und Problemlösungen in gegenseitiger Abhängigkeit, die Verhandlungszwänge entstehen lassen. [...]

Gleichgültig, von welcher konkreten Akteurskonstellation Deutschland regiert wird, die Kennzeichen der verhandelnden Wettbewerbsdemokratie gelten für alle. Welche konkreten *„Nebenregierungen"* (**„Veto-Spieler"**; s. Kasten) können nun aus systemischen Gesichtspunkten heraus benannt werden, die eine politische Entscheidung für jede Bundesregierung komplexer und zeitintensiver machen? Wie gestaltet sich der institutionelle Pluralismus?

Die nachfolgend dargestellten Nebenregierungen sind nicht alle im Verlauf der letzten Jahrzehnte linear stärker geworden; die Bundesregierung ist nicht kontinuierlich schwächer geworden. Der politischen Realität kommt eher ein Kurvenverlauf nahe. Zu benennen sind folgende Aspekte:

- Der Einigungszwang in der *Koalitionsdemokratie* (s. M 29): Stärke und Schwäche des Koalitionspartners hängen nicht nur von den Mehrheitsverhältnissen im Bundestag ab, sondern auch von persönlichen Prägungen und dem politischen Gewicht der verhandelnden Hauptakteure.

> Gerhard Lehmbruch, der wohl bekannteste Analytiker des deutschen Regierungssystems, stellte fest, in der deutschen Politik stünden sich Elemente des politischen Wettbewerbs und Verhandlungszwänge im Wege (Lehmbruch 2000). Verhandlungszwänge charakterisieren die Konsensdemokratie: Sie werden durch Institutionen und Verfahren wirksam, die Entscheidungen verhindern können.
> Mit einer stark verallgemeinernden Geste hat der amerikanische Politikwissenschaftler Tsebelis institutionelle Hürden, Engpässe und kritische Knotenpunkte in Mehrheitsbildungsprozessen als die Arenen politischer **Veto-Spieler** umschrieben. Der Juniorpartner in der Koalition, widrige Bundesratsmehrheiten, „die Sozialpolitiker", die Arbeitsgemeinschaft für Arbeitnehmer (AfA) in der SPD, die Standesvertretungen der Ärzte und Apotheker mit ihrer Nähe zu Union und Liberalen – sie alle können der Regierung und selbst der parlamentarischen Opposition das Leben schwer machen, wenn sie ihre Klientelen mobilisieren, wenn sie drohen, wenn sie die Abänderung aufwändig ausgetüftelter Regierungsvorlagen verlangen, wenn sie mit wenig Aufwand die TV-Nachrichten und die Schlagzeilen der Massenpresse erobern oder wenn sie gar eine Klage beim Bundesverfassungsgericht lancieren.
>
> (Jürgen Hartmann [= M 25], S. 22)

- Die Macht der Ländervertretung, die *Politikverflechtung zwischen Bund und Ländern* (s. M 23) und die gegenläufige Machtverteilung zwischen den Parteien in Bund und Ländern: Zeitweilig regierten die Kanzler mit der Unterstützung der Mehrheit auch im Bundesrat. [...] Die Verflechtung führte somit nicht grundsätzlich zur Blockade von Politikprozessen. Vielmehr kamen Politikergebnisse gerade deswegen zustande, weil ein langwieriger Abstimmungsprozess auf unterschiedlichen Ebenen vorausgegangen war.
- Mitwirkung *organisierter Interessen*: Neue Verhandlungsarrangements ergeben sich auch dadurch, dass Verbände, Gewerkschaften und andere organisierte Interessen an der Formulierung und Umsetzung bindender Entscheidungen mitwirken (näher dazu Abschnitt V., M 46ff.).
- Die *Verfassungsgerichtsbarkeit*: Trotz zunehmender Verrechtlichung der politischen Entscheidungen und der zum Teil bewussten Entscheidungsverlagerung nach Karlsruhe, dem Sitz des Bundesverfassungsgerichts, sind gerade Beispiele auf dem Gebiet der Außenpolitik anzuführen, die eine parlamentarische Mitsteuerung – und damit den zentralen Ort der Gesetzgebung – wieder gestärkt haben (vgl. M 19). [...]
- Das *europäische Mehrebenensystem*: Im Zentrum der Vernetzung steht das europäische Mehrebenensystem (s. S. 389f.): Wie bereits angesprochen (s. M 20, S. 47), kann kaum mehr über ein Politikfeld autonom in Berlin entschieden werde. Das deutsche Regierungssystem ist ein penetriertes [durchdrungenes, durchzogenes] politisches System, in dem die *europäische Einmischung* vertraglich verankert und legitimiert ist. Regierungshandeln verläuft in vielen Politikfeldern in zunehmendem Maß analog zur europäischen Entscheidungsfindung.

(Karl Rudolf Korte/Manuel Fröhlich [= M 16], S. 74–77)

M 27 Mehrheits- oder Konsensprinzip – Vorteile und Nachteile

Die Mehrheitsdemokratie stellt auf Machtkonzentration ab. Sie eröffnet der Parlamentsmehrheit und der durch diese kreierten Regierung einen außerordentlich hohen Spielraum. Die Konsensusdemokratie verteilt die politische Macht und schafft so „Sicherungen und Gegenkräfte gegen die Mehrheit in der Legislative" sowie gegen die Exekutive. Darüber hinaus räumt sie Minderheiten einen besondern Schutz durch gesicherte Partizipationsmöglichkeiten sowie Erschwernisse bei einer Verfassungsänderung ein. Auch dies beschneidet den Handlungsrahmen von parlamentarischer Mehrheit und Regierung.

(Winand Geller/Armin Glatzmeier, Macht und Gegenmacht. Einführung in die Religionslehre, Nomos Verlagsgesellschaft, Baden-Baden 2004, S. 376f.)

Die Vorteile [der Konsensusdemokratie] bestehen in der Integration aller gesellschaftlichen (ethnischen, sprachlichen, kulturellen und religiösen) Gruppen, ihrer Repräsentation auf der politischen Entscheidungsebene und im Schutz von Minderheiten. Nachteile sind im langwierigen Aushandlungsprozess, im hohen Konsensbildungsbedarf und im Entscheidungsergebnis (Kompromiss auf kleinstem gemeinsamem Nenner) zu sehen.

(Informationen zur politischen Bildung Nr. 284/2004: Demokratie, Bundeszentrale für politische Bildung, Bonn 2004, S. 45)

1. *Anhand von M 26 können Sie näher analysieren, inwiefern das deutsche politische System vom Verfasser als „verhandelnde Wettbewerbsdemokratie" (in der Terminologie von M 25 könnte man von „konsensorientierter Mehrheitsdemokratie" sprechen) gekennzeichnet wird. Die Bedeutung der genannten „Nebenregierungen" und „Veto-Spieler" (s. Kasten S. 56) können Sie auf dem Hintergrund Ihrer Beschäftigung mit den Materialien M 16ff. leicht verdeutlichen.*
2. *Verdeutlichen Sie (M 27), welche Vor- und Nachteile den beiden Systemtypen zugeschrieben werden. Zu welcher Beurteilung kommen Sie selbst (auch im Hinblick auf das deutsche „Mischsystem")?*

M 28 Kanzlerdemokratie

Der Parlamentarische Rat hatte sich 1949 konsequent für ein parlamentarisches Regierungssystem entschieden. Diese Konstruktion entsprach dem Gebot des Antitotalitären und dem Rückbezug auf das Weimarer System. Die Einführung des parlamentarischen Regierungssystems im Bundesstaat resultierte daraus ebenso wie die Stärkung des Regierungschefs. Der gesamte Exekutivbereich liegt in der Obhut der parlamentarisch verantwortlichen Regierung. Der Bundeskanzler ist parlamentarisch verantwortlich und legitimiert. Diese Primärlegitimation und die verfassungsrechtlich hervorgehobene Richtlinienkompetenz nach Art. 65 GG (s. Kasten) bewirken gemeinsam, dass vom Strukturmerkmal der „Kanzlerdemokratie" gesprochen werden kann. [...] Im Begriff der „Kanzlerdemokratie" bündeln sich

- unterstellte *personale Führungsqualitäten* („Frauen und Männer machen Geschichte"): Hier kann das persönliche Prestige des Kanzlers bei zunehmend ausgeprägter Personalisierung der politischen Auseinandersetzungen angeführt werden. Auch das besondere persönliche Engagement in der Außenpolitik gehört in diese Kategorie. Der Führungsanspruch wird zumeist dadurch unterstrichen, dass es eine Personalunion zwischen Regierungschef und Parteichef gibt. Nur Helmut Schmidt (SPD) war als Kanzler nicht Vorsitzender seiner Partei.
- *historische Bezugsaspekte* („Am Anfang war Adenauer"): Die Begriffsprägung ergibt sich durch die Amtsführung des ersten Kanzlers Adenauer, der die historische Chance des Anfangs nutzte. Umstritten bleibt, ob der Entscheidungsstil der Adenauerzeit einem verallgemeinerbaren Regierungstypus entspricht. Dabei rücken immer deutlicher die Sonderbedingungen, die den ersten Bundeskanzler zu seinem spezifischen Regierungsstil veranlassten, in den Blickpunkt. Ein kooperativer und moderierender Führungsstil, der heute stärker die Koalitionspartner in der Parteiendemokratie berücksichtigen muss und hinter den Kulissen wirkt, fordert Koordinationskompetenz als Führungsleistung.
- Annahmen über *hierarchisch* ausgerichtete Steuerungsprozesse* politischer Entscheidungen: [...] Systemlogisch wird die Perspektive von oben nach unten, von der Machtspitze zum Vollzug unterstellt. Das hängt mit der starken verfassungsrechtlichen Stellung des Kanzlers zusammen. Er ist nur durch das konstruktive Misstrauensvotum (Art. 67 GG) zu stürzen (s. M 17, S. 43), ihm obliegt die Ministerauswahl (Art. 64 GG) und er verfügt über die Richtlinienkompetenz (Art. 65 GG). Organisatorisch wird diese Spitzenstellung durch das Bundeskanzleramt und das Presse- und Informationsamt der Bundesregierung untermauert.

Die politische Praxis der Kanzlerdemokratie ist dabei jedoch stark abhängig von einer wichtigen institutionellen Ressource* des Bundeskanzlers, dem *Bundeskanzleramt*. Dieses auf den ersten Blick, gerade im Vergleich zu traditionellen Ministerien, eher als bloßes Verwaltungsanhängsel der Bundespolitik erscheinende „Amt" hat zentrale Bedeutung für Politik und Regieren in der Bundesrepublik.

Richtlinienkompetenz

Nach Artikel 65 des Grundgesetzes bestimmt der Bundeskanzler die Richtlinien der Regierungspolitik. In dieser Kompetenz manifestiert sich die *Führungsfunktion des Kanzlers*; er ist also deutlich mehr als ein Primus inter Pares, als ein nur Herausgehobener unter Gleichrangigen. Der Parlamentarische Rat wollte damit Lehren aus den instabilen Regierungen der Weimarer Republik ziehen und einen starken, aber doch nicht übermächtigen Regierungschef etablieren. Trotz der Richtlinienkompetenz leitet jeder Bundesminister des Kabinetts seinen Geschäftsbereich unter eigener Verantwortung. Wie weit der Kanzler die großen Linien aber wirklich bestimmt, hängt von der parlamentarischen Basis seiner Regierung ab. In der Großen Koalition 1966 bis 1969 galt CDU-Kanzler Kurt Georg Kiesinger (s. S. 42) als „wandelnder Vermittlungsausschuss", weil die Abstimmung mit der SPD ihn zur ständigen Suche nach Kompromissen zwang. Der erste Bundeskanzler, Konrad Adenauer, machte häufig Gebrauch von der Richtlinienkompetenz, gerade bei umstrittenen Grundsatzentscheidungen wie der Westbindung und der Wiedergutmachung. *Verfassungsrechtlich* hat der Kanzler zur Durchsetzung der Richtlinienkompetenz mehrere Befugnisse, nämlich das Recht, seine Minister vorzuschlagen, Organisation und Zuschnitt seines Kabinetts zu bestimmen, diesem vorzusitzen und bei Uneinigkeit zu entscheiden.

(Süddeutsche Zeitung v. 12.10.2005, S. 2)

Abschließend bleibt festzuhalten, dass Kanzlerdemokratie trotz der verfassungspolitisch starken Stellung und der außenpolitischen Profilierung des Kanzlers keineswegs Alleinherrschaft bedeutet. Die Machtbalance ist sowohl institutionell mit „Barrieren gegen die Mehrheitsherrschaft" als auch informell mit einer Vielzahl von verhandlungsdemokratischen Arrangements wie den bereits erwähnten Nebenregierungen abgefedert. „Am Anfang war Adenauer", der als erster Bundeskanzler stilbildend dieses Amt prägte. *Persönliches Prestige und ausgeprägte Personalisierung* der politischen Auseinandersetzung sind seither wichtige Merkmale der Kanzlerdemokratie. Jeder der insgesamt sieben Kanzler in der bundesdeutschen Geschichte (s. S. 42) prägte dieses Amt durch seine politischen Entscheidungen und seinen spezifischen Regierungsstil auf ganz persönliche Weise. Dabei standen sie jedoch auch immer im Wechselspiel mit den sie unterstützenden und tragenden Parteien.

(Karl Rudolf Korte/Manuel Fröhlich [= M 16], S. 79 – 81, 91)

Grafik: Informelle Entscheidungszentren

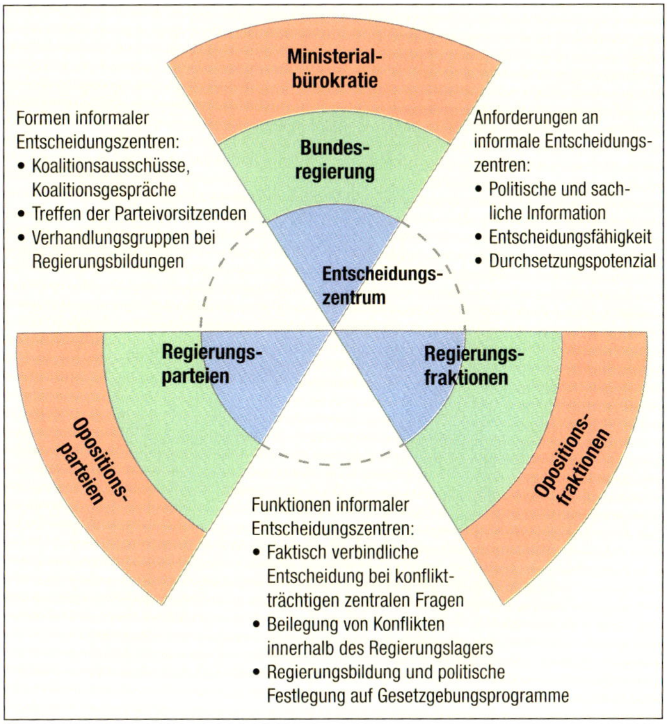

(Wolfgang Rudzio, Das politische System der Bundesrepublik Deutschland, Leske + Budrich Verlag, Opladen, 6. Aufl. 2003, S. 298)

1. *Stellen Sie wichtige Aspekte des Begriffs „Kanzlerdemokratie" heraus (M 28) und gehen Sie dabei besonders auf die historische Entstehung dieser Typisierung, die Richtlinienkompetenz und die Bedeutung des Kanzleramts ein.*

2. *Inwiefern hängt die starke oder schwache Stellung des Kanzlers zum einen vom „persönlichen Prestige" des jeweiligen Kanzlers und zum anderen von der Form der Regierungskoalition (Koalition zwischen einer großen und einer deutlich kleineren Fraktion oder „Große Koalition" zwischen zwei ungefähr gleich großen Fraktionen) ab?*

3. *Erläutern Sie anhand der Grafik, in welche „informellen Entscheidungszentren" Bundeskanzler und Bundesregierung als das maßgebliche formelle Entscheidungszentrum eingebunden sind und welche Funktionen diese Mitentscheidungsträger erfüllen.*

M 29 Koalitionsdemokratie

Bislang ist es in der Geschichte der Bundesrepublik nicht vorgekommen, dass eine Partei allein die Regierungsgewalt auf Bundesebene ausgeübt hat. Vielmehr setzten sich die Bundesregierungen bislang immer aus Koalitionen zusammen. Unter Koalitionen versteht man Zusammenschlüsse von zwei oder mehreren Parteien, die unter der Führung derjenigen Partei, die als Wahlsieger aus den Bundestagswahlen hervorging, die Regierungsaufgaben wahrnehmen.

Regierung und Opposition seit 1949

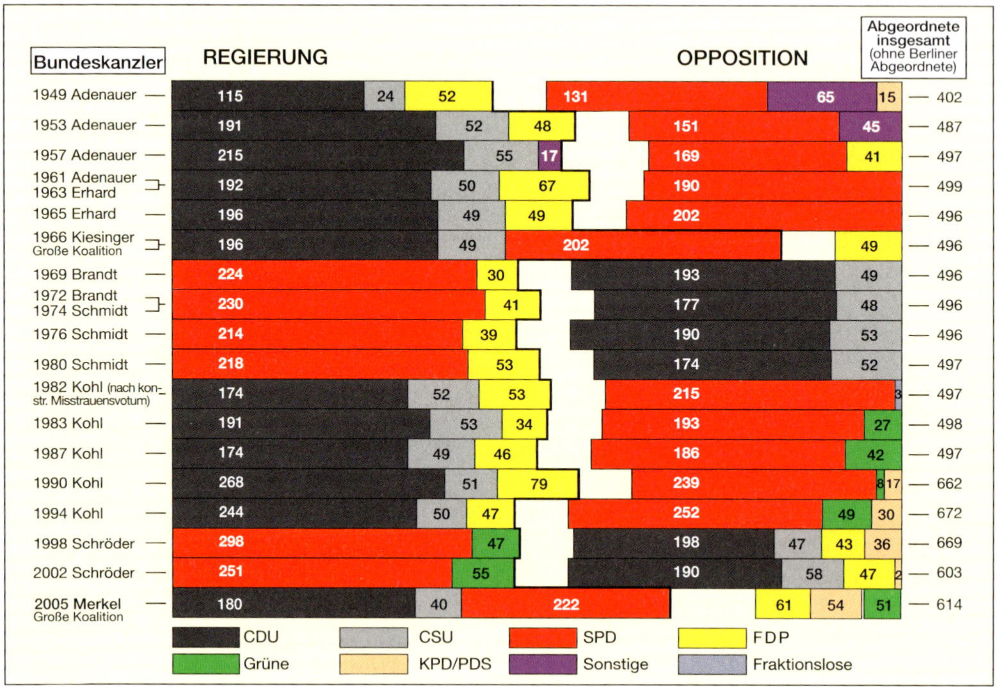

(Stephan Kurz-Gieseler [Hg.], Sozialkunde, Politik in der Sekundarstufe II, Schöningh Verlag, Paderborn 2003, S. 299; ergänzt)

Der Zusammenschluss wird von den Koalitionspartnern meist als Zweckbündnis auf Zeit wahrgenommen, das aber nichtsdestotrotz als Garant für Regierungsstabilität dient.
Das personalisierte Verhältniswahlsystem verhinderte in Deutschland absolute Mehrheiten mit der Ausnahme von 1957, als die CDU/CSU die absolute Mehrheit an Sitzen und Stimmen errang. Doch auch in dieser Situation setzte Konrad Adenauer das Bündnis mit der DP (Deutschen Partei) fort. Es hatte sich nicht nur bewährt, sondern diente auch unter dem Gesichtspunkt der Stabilitätserhaltung dazu, die Kritik an der Alleinherrschaft einer Partei abzuschwächen. Regierungsstabilität und Integrationseffekte sollten durch diese Vorgehensweise idealtypisch zusammentreffen.
Die Koalitionsdemokratie hat jedoch nicht nur die Regierungspraxis stabilisiert. Sie hat auch die Wege der politischen Entscheidungsfindung geprägt. Informelle Entscheidungsmuster sind zum Kennzeichen der Bonner und Berliner Koalitionsregierungen geworden. Die Gesetze, Geschäftsordnungen und Spielregeln, nach denen im Bund regiert wird, haben sich über die Jahrzehnte nicht grundlegend verändert. Was sich änderte, liegt eher im informellen Bereich. [...]

(Karl-Rudolf Korte/Manuel Fröhlich [= M 16], S. 94f.)

Das „**personalisierte Verhältniswahlsystem**" in Deutschland beruht darauf, dass jeder Wähler zwei Stimmen vergeben kann. Während die „Zweitstimme" über die *Sitzverteilung* im Bundestag entscheidet (jede Partei erhält im Sinne der Verhältniswahl so viele Mandate, wie es ihrem prozentualen Anteil an der Gesamtzahl der Zweitstimmen entspricht), kann der Wähler mit der Erststimme darüber entscheiden, welche *Person* (Kanditat/in) aus seinem Wahlkreis in den Bundestag einzieht (gewählt ist, wer die meisten Stimmen erhält; Mehrheitswahlprinzip). Die Zahl der auf diese Weise (direkt) gewählten Abgeordneten wird für jede Partei von der Zahl abgezogen, die jeder Partei insgesamt zusteht. Die übrigen Mandate (insgesamt also die Hälfte aller Mandate des Bundestags) werden von den Kandidaten auf den *Landeslisten* der Parteien besetzt.

(Autorentext)

Abbildung: Informale Kooperations- und Entscheidungsregeln von Koalitionen

Regel/Norm	Inhalt
Verbot wechselnder Mehrheiten Koalitionsdisziplin	Im Plenum und in den Ausschüssen darf nicht mit wechselnden Mehrheiten abgestimmt werden. Sofern eine Abstimmung nicht freigegeben ist, darf eine Koalitionsfraktion nicht mit Teilen der Opposition stimmen. Dies gilt auch für Materien, die nicht in der Koalitionsvereinbarung festgeschrieben sind. *Einschränkung:* „Gewissensentscheidung“ (Art. 38 GG) des einzelnen Abgeordneten bleibt unberührt.
Gebot parlamentarischer Abstimmung	Initiativen, Große Anfragen, Aktuelle Debatten sind unter den Fraktionsvorsitzenden in Inhalt und Vorgehen abzustimmen. Parlamentarische Vorhaben und Initiativen sind in den Arbeitskreisen der Fraktionen (bzw. Koalitionsarbeitskreisen) einvernehmlich abzustimmen; Vorbereitung der Parlamentsausschüsse.
Koalitionsausschuss	Gremium zur Konfliktschlichtung und/oder Steuerung und Koordination der Regierungsgeschäfte; Zusammensetzung: in aller Regel Fraktions- und Regierungschefs sowie Parteivorsitzende (zuweilen in Personalunion), zuweilen Fachpolitiker der Fraktionen. Damit Vernetzung verschiedener Handlungsebenen im Regierungsalltag.

(Oscar W. Gabriel/Everhard Holtmann [Hrsg.], Handbuch Politisches System der Bundesrepublik Deutschland, R. Oldenbourg Verlag, 3. Aufl. München 2005, S. 138)

Aus dem Koalitionsvertrag der CDU/CSU/SPD-Koalition 2005

Diese Koalitionsvereinbarung gilt für die Dauer der 16. Wahlperiode. Die Koalitionspartner verpflichten sich, diese Vereinbarung im Regierungshandeln umzusetzen. Die Partner tragen für die gesamte Politik der Koalition gemeinsam Verantwortung.

Die Koalitionspartner CDU, CSU und SPD werden ihre Arbeit in Parlament und Regierung laufend und umfassend miteinander abstimmen und zu Verfahrens-, Sach- und Personalfragen Konsens herstellen. Die Koalitionspartner treffen sich regelmäßig mindestens einmal monatlich zu Koalitionsgesprächen im Koalitionsausschuss. Darüber hinaus tritt er auf Wunsch eines Koalitionspartners zusammen.

Er berät Angelegenheiten von grundsätzlicher Bedeutung, die zwischen den Koalitionspartnern abgestimmt werden müssen, und führt in Konfliktfällen Konsens herbei. Ihm gehören Kanzler, Viekanzler, Fraktionsvorsitzende (bei der CDU/CSU-Fraktion auch der erste stellvertretende Fraktionsvorsitzende) und, soweit darunter nicht die Parteivorsitzenden sind, die Parteivorsitzenden an.

(http://www.cducsu.de/upload/koalitionsvertrag/C_I.htm)

Am 18.11.2005 unterzeichneten die Vorsitzenden der drei Koalitionsparteien den 191 Seiten umfassenden Koalitionsvertrag der „Großen Koalition“ (v. l.: Platzeck/SPD, Merkel/CDU, Stoiber/CSU).

(Foto: action-press/Rainer Unkel)

1. *Erläutern Sie die besondere Bedeutung, die dem (in den vorangehenden Materialien bereits angesprochenen) Strukturmerkmal „Koalitionsdemokratie“ in der Geschichte der Bundesrepublik zukommt (M 29).*
2. *Erläutern Sie aus Ihrer eigenen Kenntnis heraus, durch welches Bundestagswahlergebnis (s. M 33) bedingt und unter welchen besonderen Schwierigkeiten die jüngste Koalitionsbildung (SPD-CDU/CSU) zustande kam (s. Kasten und Foto).*
3. *Aus welcher Sicht heraus werden Große Koalitionen von vielen als grundsätzlich problematisch angesehen? Warum erhalten „informelle Entscheidungszentren“, wie vor allem der „Koalitionsausschuss“, gerade in Großen Koalitionen eine verstärkte Bedeutung? Welche besonderen Anforderungen stellen sie an die Fraktionen des Parlaments?*

IV. Von der Parteiendemokratie zur Mediendemokratie? Die Parteien in Deutschland und die politische Bedeutung der Massenmedien

„Im Mittelpunkt sowohl der Politikverdrossenheit als auch der mit Kritik bedachten realen Veränderungen des politischen Systems stehen ohne Zweifel die Parteien und der Parteienstaat in ihrer heutigen Form. Darüber sind sich alle Experten einig, und auch die Bürger nennen auf die Frage nach den Gründen ihres Unmuts vor allem Parteienaspekte. Das entspricht dem politischen Stellenwert der Parteien. Sie sind die wichtigsten Transmissionsriemen [Instrumente der Machtübertragung und Machtverteilung] der Politik. Ihre Aktionen und Akteure stehen im Lichte politischer Öffentlichkeit. Auf diese Weise werden die Parteien zur Hauptzielscheibe von Kritik, Aggression und Frustration, von Abwendung und Protest." (Martin Greiffenhagen, Politische Legitimität in Deutschland, Bertelsmann-Stiftung, Gütersloh 1997, S. 364)

Was Martin Greiffenhagen 1997 formulierte, gilt auch heute noch unvermindert. Bevor wir auf die einzelnen Problemkomplexe, vor die sich die Parteien gestellt sehen, näher eingehen (Abschnitt 2., M 34ff.), wollen wir die *verfassungsrechtliche und politische Stellung* der Parteien genauer beschreiben, weil die Beurteilung der Kritik an den Parteien sich an den *Funktionen* orientieren muss, die den Parteien im politischen System der Bundesrepublik zukommen.

Umfassende Informationen zu den einzelnen Parteien finden Sie am besten über die folgende Internetseite:

> Auf den folgenden Seiten finden Sie umfangreiche Informationen zu allen im Bundestag vertretenen Parteien. Klar strukturiert nach „Partei", „Programm", „Statistik" und „News & Facts" gelangen Sie direkt zu den relevanten Seiten der gewünschten Partei. Bitte treffen Sie Ihre Auswahl!
>
> **Sozialdemokratische Partei Deutschlands (SPD)**
> **Christlich Demokratische Union Deutschlands (CDU)**
> **Freie Demokratische Partei (FDP)**
> **Die Linkspartei.PDS (Die Linke.)**
> **Bündnis 90/Die Grünen (B90/Grüne)**
> **Christlich Soziale Union in Bayern (CSU)**
>
> (http://www.politikerscreen.de/index.php/ZahlenFakten/Parteien)

1. Verfassungsrechtliche Stellung, Funktionen und Entwicklung der Parteien

M 30 Stellung und Aufgaben der Parteien nach dem Grundgesetz

M 30a Die Aufgaben der Parteien – Was das Grundgesetz sagt

Art. 21 (Parteien)

(1) Die Parteien wirken bei der politischen Willensbildung des Volkes mit. Ihre Gründung ist frei. Ihre innere Ordnung muss demokratischen Grundsätzen entsprechen. Sie müssen über die Herkunft und Verwendung ihrer Mittel sowie über ihr Vermögen öffentlich Rechenschaft geben.

(2) Parteien, die nach ihren Zielen oder nach dem Verhalten ihrer Anhänger darauf ausgehen, die freiheitliche demokratische Grundordnung zu beeinträchtigen oder zu beseitigen oder den Bestand der Bundesrepublik Deutschland zu gefährden, sind verfassungswidrig. Über die Frage der Verfassungswidrigkeit entscheidet das Bundesverfassungsgericht.

(3) Das Nähere regeln Bundesgesetze.

M 30b Volkswillensbildung und Staatswillensbildung durch die Parteien

Die *generelle Zweckbestimmung* politischer Parteien ergibt sich aus der Binnendifferenzierung des politischen Systems in Volk einerseits und Staatsorgane andererseits. Da die Verfassung staatliche Herrschaft zwar auf das Volk zurückführt, aber nicht von ihm selbst ausüben lässt, stellt sich das Problem der *Vermittlung*. [...]

Die Vermittlung findet in verschiedenen *Formen* statt. Das Grundgesetz sieht als wichtigsten Vermittlungsmechanismus zwischen Volk und Staat die **Wahl** vor, in der das Volk das zentrale legitimationsspendende Staatsorgan, das Parlament, bestellt, von dem aus sich der Legitimationsstrom dann in vielfältiger Weise verzweigt. Gerade die Wahl macht aber die Hilfsbedürftigkeit des Volkes besonders augenfällig. Es besitzt keinen natürlichen Gesamtwillen, sondern trägt in sich nur die ungestaltete und widersprüchliche Vielfalt individueller Meinungen und Interessen. Da sie in der Wahl von jedem Einzelnen in eine einfache Ja-Nein-Entscheidung über Person und Personengruppen übersetzt werden muss, wird das Volk zur Wahl erst fähig, nachdem die gesellschaftliche Vielfalt in einem Prozess fortschreitender Selektion [Auswahl] auf wenige *entscheidungsfähige Alternativen* reduziert ist. Diese Reduktion [Zurückführung, Vereinfachung] nehmen die *politischen Parteien* vor, indem sie verwandte Meinungen und Interessen zusammenfassen, in sich ausgleichen und zu politischen Programmen verdichten sowie Führungspersonal auslesen, das sich den Programmzielen verschreibt und dadurch für den Wähler identifizierbar wird. [...] Insofern diese Funktionen der Interessenaggregation [Bündelung vielfältiger Interessen] Zielfindung und Führungsauslese Wahlen erst ermöglichen, kann man die Parteien in der Tat, wie vom Bundesverfassungsgericht wiederholt formuliert, als *„Wahlvorbereitungsorganisationen"* bezeichnen. In dieser Eigenschaft erscheinen sie unter den gegenwärtigen Bedingungen unersetzbar und sind folglich wie die Wahl selbst demokratienotwendig.

(Dieter Grimm, Die politischen Parteien. In: Dieter Grimm, Die Zukunft der Verfassung, suhrkamp taschenbuch wissenschaft 968, Suhrkamp Verlag, Frankfurt/Main 1994, S. 265)

1. *Erläutern Sie, welche zentrale Aufgabe das Grundgesetz den Parteien stellt und an welche Regelungen sie das Wirken der Parteien bindet (M 30a).*

2. *Machen Sie deutlich, wie der ehemalige Bundesverfassungsrichter Dieter Grimm zu dem Schluss kommt, dass die Parteien „demokratienotwendig" seien (M 30b). Vergleichen Sie ggf. dazu die Merkmale des deutschen Demokratiemodells nach dem Grundgesetz (M 12) und die Formulierung in § 1 (1) des Parteiengesetzes (M 31a).*

M 31a Die Funktionen der Parteien nach dem Parteiengesetz

Erster Abschnitt – Allgemeine Bestimmungen
§ 1 Verfassungsrechtliche Stellung und Aufgaben der Parteien

(1) Die Parteien sind ein verfassungsrechtlich notwendiger Bestandteil der freiheitlichen demokratischen Grundordnung. Sie erfüllen mit ihrer freien, dauernden Mitwirkung an der politischen Willensbildung des Volkes eine ihnen nach dem Grundgesetz obliegende und von ihm verbürgte öffentliche Aufgabe.

(2) Die Parteien wirken an der Bildung des politischen Willens des Volkes auf allen Gebieten des öffentlichen Lebens mit, indem sie insbesondere auf die Gestaltung der öffentlichen Meinung Einfluss nehmen, die politische Bildung anregen und vertiefen, die aktive Teilnahme der Bürger am politischen Leben fördern, zur Übernahme öffentlicher Verantwortung befähigte Bürger heranbilden, sich durch Aufstellung von Bewerbern an den Wahlen in Bund, Ländern und Gemeinden beteiligen, auf die politische Entwicklung in Parlament und Regierung Einfluss nehmen, die von ihnen erarbeiteten politischen Ziele in den Prozess der staatlichen Willensbildung einführen und für eine ständige lebendige Verbindung zwischen dem Volk und den Staatsorganen sorgen.

(3) Die Parteien legen ihre Ziele in politischen Programmen nieder.

(4) Die Parteien verwenden ihre Mittel ausschließlich für die ihnen nach dem Grundgesetz und diesem Gesetz obliegenden Aufgaben.

(Prof. Dr. E. Wiesendahl, www.sozial-wiss.uni-hamburg.de/publish/Ipw/Seminar/wiesendahl/07part.de)

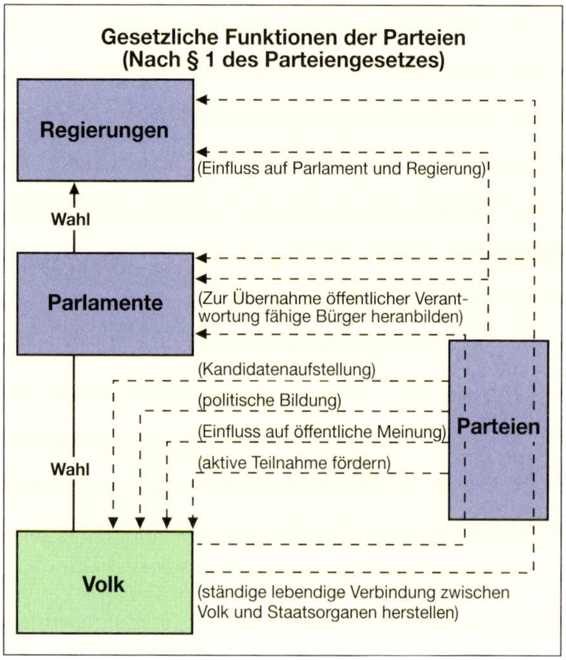

M 31b Politikwissenschaftliche Funktionsbegriffe

In der politikwissenschaftlichen Literatur werden, wenn auch mit unterschiedlichen Begriffen, im Wesentlichen übereinstimmend folgende Funktionen politischer Parteien erörtert:

- *Personalrekrutierung:* Parteien wählen Personen aus und präsentieren sie bei Wahlen zur Besetzung politischer Ämter.
- *Interessenartikulation:* Parteien formulieren öffentliche Erwartungen und Forderungen gesellschaftlicher Gruppen und Kräfte an das politische System.
- *Programmfunktion:* Parteien integrieren unterschiedliche Interessen in eine Gesamtvorstellung von Politik, in ein politisches Programm, für das sie um Zustimmung und um Mehrheit werben.
- *Partizipationsfunktion:* Parteien stellen eine Verbindung her zwischen Bürgern und politischem System; sie ermöglichen politische Beteiligung von Einzelnen und Gruppen mit Aussicht auf Erfolg.
- *Legitimationsfunktion:* Indem Parteien die Verbindung zwischen Bürgern, gesellschaftlichen Gruppen und dem politischen System herstellen, tragen sie zur Verankerung der politischen Ordnung im Bewusstsein der Bürger und bei den gesellschaftlichen Kräften bei.

(Bernhard Sutor/Joachim Detjen, Politik – Ein Studienbuch zur politischen Bildung, Schöningh Verlag, Paderborn 2001, S. 161; Verf.: J. Detjen)

1. *Erläutern Sie anhand des Textes (§ 1, Absatz 2 des Parteiengesetzes) das in M 31a enthaltene Schema und versuchen Sie, für jede der genannten Aufgaben (Funktionen) ein konkretes Beispiel aus der politischen Praxis der Parteien zu nennen.*
2. *Nicht selten wird kritisiert, dass das Parteiengesetz in seinen Formulierungen weit über den im Grundgesetz (M 30) enthaltenen Mitwirkungsauftrag hinausgehe und die Parteien ihren Einfluss viel zu weit ausgedehnt hätten. Was könnte man dem entgegenhalten?*
3. *In M 31b werden die bisher erörterten Aufgaben der politischen Parteien in fünf „Funktionen" zusammengefasst, die sich im Zuge der politikwissenschaftlichen Diskussion herausgebildet haben. Überprüfen Sie, inwieweit sich diese Funktionen inhaltlich in den Formulierungen der Texte M 30 und M 31 wiederfinden lassen.*

M 32 Die Entwicklung des Parteiensystems 1949 – 2005

Die Entwicklung der Bundesrepublik Deutschland seit 1949 war innenpolitisch durch weitgehende Stabilität gekennzeichnet. Entscheidenden Anteil daran hatte das **Parteiensystem**, das sich bereits in den ersten Nachkriegsjahren herauskristallisierte. Wie die Ergebnisse der Bundestagswahlen zeigen (s. M 33), wurde das anfangs noch breite Parteienspektrum schon bald auf wenige Hauptlinien reduziert („**Konzentration**"). Zogen in den ersten Bundestag 1949 noch zwölf Parteien ein, so waren 1961–1983 nur mehr vier Parteien in Bonn vertreten (CDU/CSU, SPD, FDP). Diese Vereinfachung des Parteiengefüges beruhte zum Teil auf der 5 %-Sperrklausel, die eine Zersplitterung der politischen Kräfte wie in der Weimarer Republik verhindern und stabile politische Mehrheiten ermöglichen sollte. Letztlich ausschlaggebend war aber das Verhalten der Wählerinnen und Wähler, das heißt die Konzentration auf **zwei große politische Richtungen** mit CDU/CSU und SPD als führenden Parteien, zwischen denen die FDP ihre Rolle als „Zünglein an der Waage" spielte. Mit den GRÜNEN gelangte 1983 erstmals nach mehr als zwei Jahrzehnten wieder eine neue Partei in den Bundestag. Das bestehende *zweipolige Parteiensystem* wurde dadurch aber nicht umgestoßen. [...]

Nach der deutschen Einigung glichen sich die (partei-)politischen Strukturen in Ostdeutschland überraschend schnell an die der früheren Bundesrepublik an. Ehemalige DDR-„Blockparteien" und Parteigründungen der Nach-Wende-Zeit gingen schon bald in den entsprechenden Parteien westdeutscher Herkunft auf oder schlossen sich mit ihnen zusammen. Eine Ausnahme machte allerdings die PDS, Nachfolgerin der früheren DDR-Staatspartei SED, die in den neuen Ländern erfolgreich Stimmen sammelte und sich so ab 1990 als eigenständige ostdeutsche Regionalpartei im Bundestag etablierte.

In den ersten Jahrzehnten nach Gründung der Bundesrepublik gaben die *Unionsparteien* im Bundestag den Ton an. Ihren größten Wahlerfolg erzielten sie 1957 mit dem Gewinn der absoluten Mehrheit. Ende 1966, nach dem Bruch ihres Bündnisses mit der FDP, gingen CDU und CSU eine *„große Koalition"* mit den Sozialdemokraten ein, die nach der Wahl von 1969 ihrerseits mit der FDP koalierten und erstmals den Bundeskanzler stellten (vgl. Grafik S. 60). Die *sozialliberale Koalition* blieb zusammen, bis die FDP im Herbst 1982 die Seiten wechselte und sich der CDU/CSU als Partner anbot. Unter Bundeskanzler Kohl blieb das christlich-liberale Bündnis mehr als 16 Jahre lang am Ruder und behauptete sich 1990 und 1994 auch auf gesamtdeutscher Ebene, ehe es im Herbst

Die **Fünf-Prozent-Hürde** besagt, dass nur jene Parteien in das Parlament einziehen, die bundesweit mindestens fünf Prozent der Zweitstimmen erreicht haben. Die Klausel soll Parteizersplitterung eindämmen und regierungsfähige Mehrheiten fördern. Sie begünstigt einerseits zwar die Parteienkonzentration, andererseits ist sie aber für neue Kräfte nicht unüberwindlich, wie die Wahlerfolge der Grünen und der PDS belegen. Anhängern der Verhältniswahl galt sie als eine Verletzung des Gleichheitsprinzips, Befürwortern der Mehrheitswahl geht sie nicht weit genug. Manch ein Wähler votiert für „seine" Partei nur deshalb nicht, weil er – zu Recht oder Unrecht – fürchtet, sie könne an der Fünf-Prozent-Hürde scheitern („Papierkorbstimmen"). Und umgekehrt votiert manch einer für kleine Parteien, um ihnen in jedem Fall die parlamentarische Repräsentanz zu ermöglichen („Leihstimmen").

(Eckard Jesse, Das Wahlsystem zum Deutschen Bundestag, in: Das Parlament Nr. 35 – 36 v. 2./9.9.2002, S. 2)

1998 seine Mehrheit verlor. Auf Bundesebene wurde damit zum ersten Mal eine Regierung komplett abgewählt. Eindeutige Wahlsiegerin war die SPD, die sich mit den GRÜNEN auf eine gemeinsame Regierung verständigte. Nach einem erneuten (knappen) Wahlsieg der rot-grünen Regierungskoalition 2002 kam es am 18.9.2005 auf Initiative von Bundeskanzler Schröder zur Auflösung des Bundestags und zu einer vorgezogenen Bundestagswahl. Das Wahlergebnis führte zur Bildung einer Regierungskoalition von CDU/CSU und SPD (*„Große Koalition“*).

(Schmidt-Zahlenbilder)

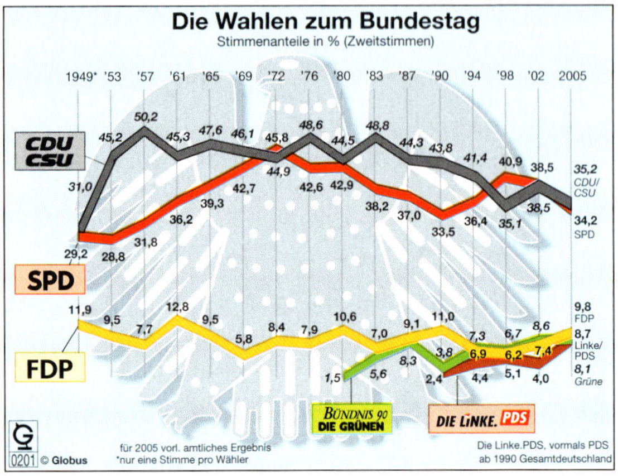

M 33 Ergebnisse der Bundestagswahlen und Zahl der Sitze

	Ergebnisse der Bundestagswahlen															
	1949	1953	1957	1961	1965	1969	1972	1976	1980	1983	1987	1990	1994	1998	2002	2005
Wahlberechtigte (Mio)	**31,2**	**33,1**	**35,4**	**37,4**	**38,5**	**38,7**	**41,4**	**42,1**	**43,2**	**44,1**	**45,3**	**60,4**	**60,5**	**60,8**	**61,4**	**61,9**
Wahlbeteiligung in %	*78,5*	*86,0*	*87,8*	*87,7*	*86,8*	*86,7*	*91,1*	*90,7*	*88,7*	*89,1*	*84,4*	*77,8*	*79,0*	*82,2*	*79,1*	*77,7*
Gültige Stimmen (Mio)	**23,7**	**27,6**	**29,9**	**31,6**	**32,6**	**33,0**	**37,5**	**37,8**	**37,9**	**38,9**	**37,9**	**46,5**	**47,1**	**49,3**	**48,0**	**47,3**
davon in %:																
SPD	29,2	28,8	31,8	36,2	39,3	42,7	45,8	42,6	42,9	38,2	37,0	33,5	36,4	40,9	38,5	34,2
CDU/CSU	31,0	45,2	50,2	45,3	47,6	46,1	44,9	48,6	44,5	48,8	44,3	43,8	41,4	35,2	38,5	35,2
GRÜNE	–	–	–	–	–	–	–	–	1,5	5,6	8,3	5,0	7,3	6,7	8,6	8,1
FDP	11,9	9,5	7,7	12,8	9,5	5,8	8,4	7,9	10,6	7,0	9,1	11,0	6,9	6,2	7,4	9,8
PDS[1]	–	–	–	–	–	–	–	–	–	–	–	2,4	4,4	5,1	4,0	8,7
Republikaner	–	–	–	–	–	–	–	–	–	–	–	2,1	1,9	1,8	0,6	0,6
DVU	–	–	–	–	–	–	–	–	–	.	–	–	–	1,2	–	–
DP → GDP	4,0	3,3	3,4	2,8	–	0,1	–	–	–	–	–	–	–	–	–	–
GB/BHE → GDP	–	5,9	4,6													
Zentrum	3,1	0,8	0,3	–	–	–	–	–	–	–	0,1	–	0,0	0,0	0,0	0,0
Bayernpartei	4,2	1,7	0,5	–	–	0,2	–	–	–	–	0,1	0,1	0,1	0,1	–	–
DRP; NPD	1,8	1,1	1,0	0,8	2,0	4,3	0,6	0,3	0,2	0,2	0,6	0,3	–	0,3	0,4	1,6
KPD; DFU; DKP	5,7	2,2	–	1,9	1,3	0,6	0,3	0,3	0,2	0,2	–	–	–	–	0,0	–
Sonstige	9,1	1,5	0,5	0,2	0,3	0,2	0,1	0,3	0,1	0,1	0,6	1,7	1,7	2,5	1,8	1,8[2]
	Abgeordnetensitze im Deutschen Bundestag															
SPD	131	151	169	190	202	224	230	214	218	193	186	239	252	298	251	222
CDU/CSU	139	243	270	242	245	242	225	243	226	244	223	319	294	245	248	226[5]
GRÜNE	–	–	–	–	–	–	–	–	–	27	42	8	49	47	55	51
FDP	52	48	41	67	49	30	41	39	53	34	46	79	47	43	47	61
PDS	–	–	–	–	–	–	–	–	–	–	–	17	30	36	2[3]	54
DP	17	15	17	–	–	–	–	–	–	–	–	–	–	–	–	–
GB/BHE	–	27	–	–	–	–	–	–	–	–	–	–	–	–	–	–
Zentrum	10	3	–	–	–	–	–	–	–	–	–	–	–	–	–	–
Bayernpartei	17	–	–	–	–	–	–	–	–	–	–	–	–	–	–	–
DRP	5	–	–	–	–	–	–	–	–	–	–	–	–	–	–	–
KPD	15	–	–	–	–	–	–	–	–	–	–	–	–	–	–	–
Sonstige	16	–	–	–	–	–	–	–	–	–	–	–	–	–	–	–
Insgesamt	**402**	**487**	**497**	**499**	**496**	**496**	**496**	**496**	**497**	**498**	**497**	**662**	**672**	**669**	**603[4]**	**614**
Berliner Abgeordnete	19	22	22	22	22	22	22	22	22	22	22					

DP = Deutsche Partei; GB/BHE = Gesamtdeutscher Block/Bund der Heimatvertriebenen und Entrechteten; DFU = Deutsche Friedensunion; Grüne: seit 1993 Bündnis 90/Die Grünen; DVU = Deutsche Volksunion; DRP = Deutsche Reichspartei; NPD = Nationaldemokratische Partei Deutschlands

[1] 2005: „Die Linke.PDS“ (Bündnis aus der 2005 in Westdeutschland gegründeten „Wahlalternative Soziale Gerechtigkeit“ [WASG] und der bisherigen PDS); [2] darunter: „Graue“ 0,4, „Familie“ 0,4, „Tierschutz“ 0,2; [3] Direktmandate; [4] Verringerung der Zahl der Wahlkreise von 656 auf 598; [5] CDU 180, CSU 46

(Schmidt-Zahlenbilder 88502, ergänzt)

Überhangmandate im Deutschen Bundestag					
Jahr	Überhangmandate	Jahr	Überhangmandate	Jahr	Überhangmandate
1949	1 CDU, 1 SPD	1980	1 SPD	1994	12 CDU, 4 SPD
1953	2 CDU, 1 SPD	1983	2 SPD	1998	13 SPD
1957	3 CDU	1987	1 CDU	2002	4 SPD, 1 CDU
1961	5 CDU	1990	6 CDU	2005	9 SPD, 7 CDU

(Quelle: Deutscher Bundestag)

Die vorgezogene Bundestagswahl am 18.9.2005 kam zustande, weil Bundeskanzler Schröder sich nach der für die SPD verloren gegangenen Landtagswahl in Nordrhein-Westfalen veranlasst sah, durch ein von ihm selbst herbeigeführtes *Misstrauensvotum* die *Auflösung des Bundestags* in die Wege zu leiten. Das Wahlergebnis wurde von manchen Kommentatoren als spürbare *Veränderung des Parteiensystems* gewertet: Die beiden großen Volksparteien gewannen zusammen einen deutlich geringeren Stimmenanteil als bisher (zum ersten Mal weniger als 70% der Stimmen); die PDS zog (nach Bildung einer gemeinsamen Liste mit einer in Westdeutschland neu gegründeten „Wahlalternative Soziale Gerechtigkeit"/WASG) mit 8,9 % der Wählerstimmen wieder in den Bundestag ein (Fraktion „Die Linke"). Ein förmlicher Zusammenschluss der beiden Parteien (PDS, WASG) ist für 2006 geplant.

1. *Beschreiben Sie die Entwicklung des Parteiensystems (M 32) und untersuchen Sie dazu die Ergebnisse der Bundestagswahlen seit 1949 (M 33). Beachten Sie dabei, dass die Ergebnisse der Bundestagswahlen seit 1990 nur bedingt mit den Ergebnissen der vorhergehenden Wahlen vergleichbar sind, da seit 1990 die neuen Bundesländer (die ehemalige DDR) an der Wahl beteiligt sind.*
Die folgenden Fragen nennen einzelne Untersuchungsgesichtspunkte:
• Welche Entwicklung ist bei der Wahlbeteiligung festzustellen? Überlegen Sie, welche Bedeutung einer hohen bzw. einer niedrigen Wahlbeteiligung zukommt.
• Wie entwickelt sich der Stimmenanteil der im Bundestag vertretenen Parteien? Lassen sich längerfristige Entwicklungstrends feststellen?
• Inwieweit lassen sich am Stimmenanteil der zwei bzw. drei größten Parteien Prozesse der „Konzentration" und der „Dekonzentration" des Parteiensystems feststellen? Vergleichen Sie dazu die Umsetzung wichtiger Teile der Tabelle in eine Grafik (S. 66 o.).

2. *Eine Teilerklärung für feststellbare Konzentrationsprozesse im Parteiensystem (d. h. die Verteilung der Stimmen auf weniger Parteien) gibt die Einführung der Fünfprozentklausel (Kasten in M 32) in den Fünfzigerjahren. Erläutern Sie diesen Hinweis näher.*

3. *Untersuchen Sie genauer das in mancher Hinsicht von der Entwicklung seit 1990 abweichende Wahlergebnis des Jahres 2005 im Hinblick auf*
– den Anteil der beiden großen Volksparteien (SPD, CDU/CSU) am Gesamtergebnis,
– den Anteil der Listenverbindung „Die Linke.PDS" („Linkspartei").
Inwieweit lässt sich von einem „Trendwechsel" im Sinne der „Dekonzentration" des Parteiensystems sprechen?

2. Problemfelder der Parteiendemokratie

M 34 Probleme der deutschen Parteiendemokratie im Überblick

Veränderung des Parteiensystems und Mitgliederschwund

Die Bundesrepublik Deutschland hat nach einer kurzen Phase der Konzentration des Parteiensystems in den Fünfzigerjahren eine ziemlich stabile, auf wenige Parteien beschränkte und gut funktionierende Parteiendemokratie hervorgebracht. Seit Beginn der Neunzigerjahre hat es aber den Anschein, als sei die Stabilität des alten Parteiensystems durch neuere Entwicklungen gefährdet. Zwar vermochte das Hinzutreten neuer Parteien durch die Einbeziehung der ehemaligen DDR in die staatliche und politische Ordnung der Bundesrepublik das bundesdeutsche Parteiensystem äußerlich nur unwesentlich zu verändern, sieht man von der PDS ab. Doch hat die Bereitschaft, sich in Wahlen für eine politische Partei auszusprechen, abgenommen; sie ist bei Bundestagswahlen unter die 80-Prozent-Marke gefallen und fällt bei anderen Wahlen noch weitaus tiefer (s. M 35). Auch die Neigung der Wähler, sich mit einer bestimmten Partei dauerhaft zu identifizieren, nimmt ab, während die Zahl der Wechselwähler, auf die keine Partei fest bauen kann, im Ansteigen begriffen ist. Vor allem aber ist die Mitgliedschaft in den Parteien rapide, wenn nicht drastisch gesunken: Seit 1990 haben die im Bundestag vertretenen Parteien mehr als ein Viertel ihrer Mitglieder verloren, ihre Mitgliederzahl ist von 2,3 auf 1,74 Millionen gesunken und macht nur noch 3 Prozent der Wahlberechtigten aus. Selbst die noch in den Parteien eingeschriebenen und Mitgliedsbeiträge zahlenden Staatsbürger nehmen nur zu einem Bruchteil aktiv am Parteileben teil, sie beteiligen sich kaum an der den Parteien im Grundgesetz aufgetragenen Mitwirkung an der politischen Willensbildung. Alle diese Tendenzen tragen zu einer zwar nicht dramatischen, aber doch merklichen Veränderung des Parteiensystems in der Bundesrepublik bei.

Tabelle: Entwicklung der Parteimitgliedschaften 1990 – 2005: Stand jeweils 31.12. (2005: 31.11.) und Veränderung zum Vorjahr in Prozent

	CDU[1]		SPD[2]		CSU		FDP		GRÜNE[3]		PDS[4]	
	n	%	n	%	n	%	n	%	n	%	n	%
1991	751.163	–	919.871	–	184.513	–	137.853	–	38.873	–	172.579	–
1992	713.846	-5,0	885.958	-3,7	181.757	-1,5	103.488	-24,9	36.320	-6,6	146.742	-15,0
1993	685.343	-4,0	861.480	-2,8	177.289	-2,5	94.197	-9,0	39.761	+9,5	131.406	-10,5
1994	671.497	-2,0	849.374	-1,4	176.250	-0,6	87.992	-6,6	43.899	+10,4	123.751	-5,8
1995	657.643	-2,1	817.650	-3,7	179.647	+1,9	80.431	-8,6	46.410	+5,7	114.940	-7,1
1996	645.786	-1,8	792.773	-3,0	179.312	-0,2	75.038	-6,7	48.034	+3,5	105.029	-8,6
1997	631.700	-2,2	776.183	-2,1	178.457	-0,5	69.621	-7,2	48.980	+2,0	98.624	-6,1
1998	626.342	-0,8	775.036	-0,1	179.520	+0,6	67.897	-2,5	51.812	+5,8	94.627	-4,1
1999	638.056	+1,9	755.066	-2,6	181.873	+1,3	64.407	-5,1	49.488	-4,5	88.594	-6,4
2000	616.722	-3,3	734.667	-2,7	178.347	-1,9	62.721	-2,6	46.631	-5,8	83.475	-5,8
2001	604.135	-2,0	717.513	-2,3	177.036	-0,7	64.063	+2,1	44.053	-5,5	77.845	-6,7
2002	594.391	-1,6	693.894	-3,3	177.667	+0,4	66.560	+3,9	43.881	-0,4	70.805	-9,0
2003	587.244	-1,2	650.798	-6,2	176.950	-0,4	65.192	-2,1	44.052	+0,4	65.753	-7,1
2004	579.526	-1,3	605.807	-6,9	172.855	-2,3	64.146	-1,6	44.344	+0,7	61.107	-7,0
2005[5]	573.979	-0,9	591.076	-2,4	172.000	-0,5	66.000	+2,9	46.000	+3,6	–	–

[1] Am 31.12.1990 waren erst wenige ostdeutsche Mitglieder in der Zentralen Mitgliederkartei der CDU erfasst, die Erfassung wurde im September 1991 abgeschlossen. Verlässliche Zahlen liegen daher erst zum 31.12.1991 vor.

[2] Durch EDV-Umstellung Anfang 1998 sind insges. 5240 Mitglieder verloren gegangen.

[3] 1993 Vereinigung mit Bündnis 90; 2004: vorläufige Zahlen.

[4] 1990 bestanden noch keine westdeutschen Landesverbände; Schätzung der westdeutschen Mitgliederzahl (etwa 600). Daten zum 31.12.2004 bei Redaktionsschluss (April 2005) noch nicht vorhanden.

[5] Angaben der Parteien Ende Dezember 2005; für CSU, FDP und Grüne ungefähre Zahlen; Mitgliederentwicklung der PDS unklar

Quelle: Niedermayer, Oskar: Parteimitglieder seit 1990: Version I/2005, Berlin 2005.

Parteienfremdheit der Jugend

Auffällig ist ferner, dass alle etablierten Parteien seit zwei Jahrzehnten Schwierigkeiten haben, die junge Generation für sich zu interessieren und junge Mitglieder zu gewinnen. Zwar kommen in allen Parteien – zumal nach der Bundestagswahl von 1998 – die Vierzig- und Fünfzigjährigen stärker zum Zuge, sodass ein deutlicher Generationenwechsel sichtbar wird. Doch die gegenwärtige Parteienfremdheit der Jugend bleibt ein Problem, das die Regeneration der Parteien und ihrer Politik ganz erheblich gefährdet. Selbst die junge Partei der Grünen, die im Wesentlichen aus (inzwischen) Endvierzigjährigen zusammengesetzt ist, scheint große Mühe zu haben, jüngere Generationen zu gewinnen.

Abb. 1: Anteil jüngerer Parteimitglieder (bis 29/30 J.) seit 1970 (%)

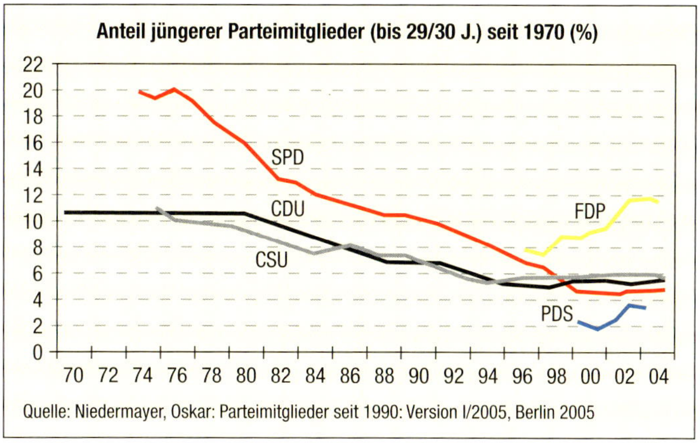

(www.polwiss.fu-berlin.de/osi/osz/forschung.htm#Mitglieder)

Parteienverdrossenheit

Mit diesen Veränderungen im deutschen Parteiensystem korrespondiert eine zwar schon immer latent vorhandene, aber seit Beginn der Neunzigerjahre offen zutage tretende allgemeine Unzufriedenheit eines beachtlichen Teils der deutschen Bevölkerung mit den politischen Parteien insgesamt. Das Phänomen wird in der öffentlichen Diskussion mit den Ausdrücken „Parteienverdrossenheit“ oder „Parteientfremdung“ bezeichnet, die zum Ausdruck bringen, dass die deutschen Parteien ihre Hauptfunktion, zwischen Bürger und Staat bzw. der Gesellschaft und ihren politischen Institutionen effektiv und repräsentativ zu vermitteln, nicht mehr überzeugend wahrnehmen, zumindest aus der Sicht vieler Bürger.

Abb. 2

(Zeichnung: Gerhard Mester/CCC,www.c5.net)

„Postenschacher“ und Ämterpatronage

Das heutige Bild der deutschen Gesellschaft wird durch die große Aktionsweite ihres Parteiensystems bestimmt. Die politischen Parteien sind bemüht, Personen ihres Vertrauens in alle maßgeblichen gesellschaftlichen und kulturellen Organisationen zu lancieren. Die höchsten Posten bei den öffentlich-rechtlichen Rundfunk- und Fernsehanstalten, im Schulwesen und ganz regulär in den oberen Rängen des bürokratischen Apparates werden in Deutschland in der Regel nur von Kandidaten besetzt, die das „richtige“ Parteibuch haben. Obwohl der Proporz nicht die Rolle gespielt hat wie im Österreich der langjährigen Großen Koalition, ist der Parteien- und Konfessionsproporz ein oft kritisiertes Charakteristikum der deutschen Politik geworden. Durch diese Praxis findet eine teilweise ungute Politisierung von nichtpolitischen Ämtern statt, die besser aus dem Parteienproporz heraus-

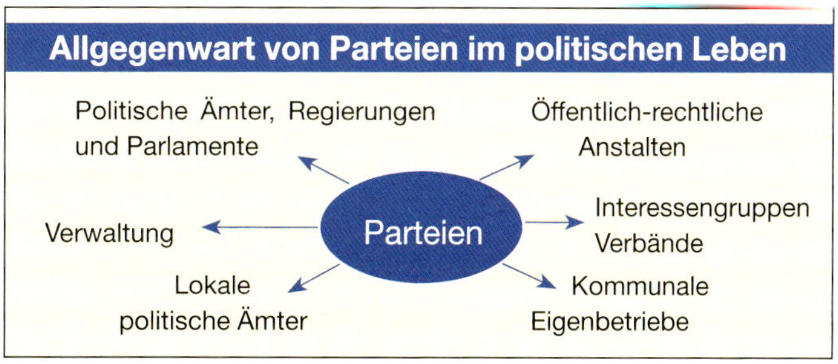

gehalten und nach nichtpolitischen Kriterien besetzt werden sollten. Zugleich ermutigt dieser Trend karrierebewusste Männer und Frauen zum Parteibeitritt aus eher unpolitischen Motiven, was wiederum dem Parteileben wenig dienlich ist. Die deutschen Parteien wären deshalb gut beraten, würden sie der Tendenz zur Parteipolitisierung des sozialen Lebens gegensteuern und vordergründige Interessen ihrer Mitglieder zugunsten einer Stabilisierung des demokratischen Parteiwesens zurückstellen.

Verfilzung und Spendenaffären in „staatlich finanzierten Großorganisationen"

Auf alle Staatsbürger abschreckend wirken die durch die Medien vermittelten Enthüllungen über die so genannte Verfilzung der politischen Parteien, vor allem dort, wo sie besonders lange an der Macht sind. Unter Verfilzung versteht man die ungenügend saubere Trennung zwischen Parteifunktion und Staatsfunktion sowie die Durchlässigkeit der Parteien für individuelle Interessen in Verbindung mit materiellen Vorteilen. Die Parteispendenaffären der Siebzigerjahre und der jüngsten Zeit (s. Kasten), bei denen deutsche Wirtschaftsführer und Lobbyisten gegen die Bestimmungen des Parteiengesetzes und hinter dem Rücken der Steuerbehörden den Parteien auf geheimen Kanälen Millionenbeträge zufließen ließen, haben enthüllt, mit welch moralischer Unbedenklichkeit sich führende Parteifunktionäre und ihre Helfer über die gesetzlichen Bestimmungen zur Parteienfinanzierung hinwegsetzten. Solche und andere Affären haben das Ansehen der Parteien in der deutschen Öffentlichkeit erheblich beschädigt.

Es ist ein ernstes Problem für die Zukunft des deutschen Parteiensystems, dass die Parteien zu mächtigen, gut finanzierten Großorganisationen mit einer spezifischen Eigendynamik geworden sind, die dazu tendieren, sich von der

Abb. 3

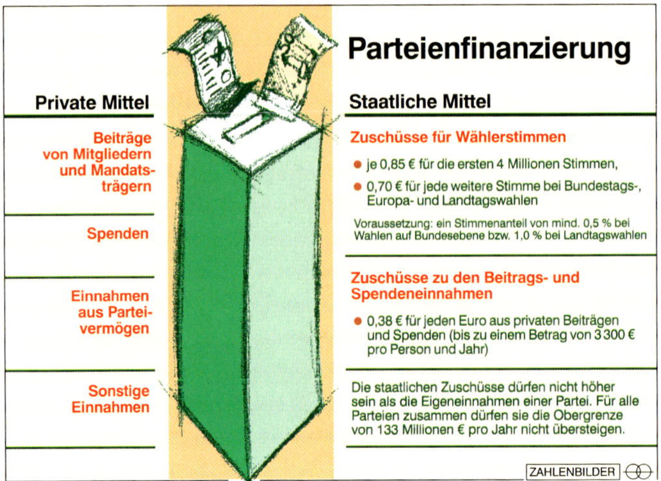

© Erich Schmidt Verlag

Abb. 4

(Zeichnung: Fritz Behrendt/CCC, www.c5.net)

Im *Parteispendenskandal der CDU*, der von November 1999 bis zum Frühjahr 2000 mit immer neuen Enthüllungen die Öffentlichkeit erregte, ging es darum, dass große Parteispenden an die CDU nicht (wie im Parteiengesetz vorgeschrieben) in den Rechenschaftsberichten aufgeführt wurden (darunter von 1993 bis 1998 ca. 1 Mio. Euro an den früheren Bundeskanzler Kohl, der sich auch vor dem eingesetzten Untersuchungsausschuss weigerte, die Namen der Spender zu nennen); die hessische CDU hatte bereits 1983 ca. 9 Mio. Euro in die Schweiz transferiert. Für den fehlerhaften Rechenschaftsbericht 1998 in Hessen musste die CDU rd. 21 Mio. Euro erhaltene Bundeszuschüsse zurückzahlen. Anfang März 2002 wurde bekannt, dass die Führung der *Kölner SPD* in den Jahren 1994 – 1999 Großspenden von ca. 400 000 Euro nicht ordnungsgemäß verbucht und zahlreichen SPD-Mitgliedern fingierte Spendenquittungen ausgestellt hatte. (Autorentext)

Gesellschaft zu lösen und zu einträglichen Unternehmen mit guten Versorgungsaussichten für alle Beteiligten zu werden. Der Weg zu einer solchen Verselbstständigung der Parteien ist durch die staatliche Finanzierung der Wahlkampfkosten, die das Bundesverfassungsgericht bestätigt hat, zweifellos erleichtert worden. Die deutsche Parteiendemokratie ist auf dem Wege zu einem Parteienstaat, der kraft seines finanziell immer besser abgesicherten Eigendaseins Gefahr läuft, die im Parteiengesetz formulierte Verpflichtung aus dem Blick zu verlieren, „für eine ständige lebendige Verbindung zwischen dem Volk und den Staatsorganen zu sorgen".

(Kurt Sontheimer/Wilhelm Bleek, Grundzüge des politischen Systems Deutschlands, Piper Verlag, München, 14. Aufl. 2002, Lizenzausgabe der Bundeszentrale für politische Bildung 2003, S. 259 – 265)

M 34 beschreibt und kommentiert (aus der Sicht der Verfasser) in zusammenhängender Darstellung die wichtigsten Probleme des „Parteienstaates", wie sie vor allem in den Neunzigerjahren diskutiert wurden. Analysieren Sie den Text abschnittsweise und versuchen Sie die einzelnen Problemkomplexe ggf. durch aktuelle Beispiele aus der Medienberichterstattung zu veranschaulichen.

In einer umfassenden wissenschaftlichen Untersuchung zum Thema „**Politikverdrossenheit**" heißt es: „Die Debatte über Politikverdrossenheit, die seit geraumer Zeit in der deutschen Öffentlichkeit geführt wird, ist außerordentlich vielschichtig und weist – zumindest hinsichtlich des Verständnisses, was als Politikverdrossenheit gelten soll und welche Indikatoren* zu ihrer Bemessung herangezogen werden sollen – partiell chaotische Züge auf. So werden immer wieder neue Indikatoren [...] ins Spiel gebracht, in denen sich Politikverdrossenheit oder irgendeiner der vielen anderen Verdrossenheitstypen manifestieren sollen. Im gegenwärtigen Sprachgebrauch wird unter Politikverdrossenheit üblicherweise eine recht undifferenzierte Unzufriedenheit mit der Politik im Allgemeinen verstanden. Bei genauerer Betrachtung wird aber deutlich, dass Politikverdrossenheit selbst eine gewisse interne Struktur aufzuweisen scheint, da unter diesem Begriff eine ganze Reihe von Objekten aus dem Kernbereich der Politik, vor allem aber die zentralen politischen Akteure und Strukturen subsumiert werden. Die am häufigsten genannten Objekte sind dabei die politischen Parteien, insbesondere die Altparteien CDU/CSU, SPD und FDP, ihre Repräsentanten und der Staat oder die Demokratie selbst. [...] Politikverdrossenheit bezeichnet somit keine eigene Form der Verdrossenheit, sondern ist als Oberbegriff für Verdrossenheit mit einer Reihe spezifischer politischer Objekte zu verstehen. Politikverdrossenheit ist also ein Syndrom, dessen wichtigste Dimensionen mit Parteien-, Politiker- und Demokratieverdrossenheit benannt werden können." (Jürgen Maier, Politikverdrossenheit in der Bundesrepublik Deutschland, Leske + Budrich Verlag, Opladen 2000, S. 23, 19f.)
Auf eine nähere Darstellung und Erörterung der mit diesen Hinweisen angesprochenen Probleme bei der begrifflichen und empirischen Erfassung von „Politikverdrossenheit" müssen wir im Rahmen dieses Arbeitsbuchs verzichten.
Wir beschränken uns auf einen Bericht über Forschungsergebnisse (einer Mannheimer Forschungsgruppe) zu diesem insgesamt etwas diffusen Untersuchungsbereich, den wir durch neuere Daten zu den **drei Indikatoren** ergänzt haben, die im Zusammenhang mit Politik- bzw. Parteienverdrossenheit häufig genannt werden:

- die *Zufriedenheit* mit der Politik (der Demokratie, dem politischen System),
- das *Vertrauen* in politische und gesellschaftliche Institutionen und
- die *Wahlbeteiligung*.

Zu den **Ursachen**, die in M 35 und M 37 sowohl aufseiten der Parteien als auch bei den Bürgern gesehen werden, werden häufig auch tiefer liegende gesellschaftliche Veränderungsprozesse wie *„Individualisierung"* und *„Wertewandel"* gerechnet. Darüber können Sie sich ggf. aus Kap. B (M 29, S. 143, und M 31, S. 145ff.) informieren.

M 35 Politik- und/oder Parteienverdrossenheit? Eine Frage der „Indikatoren"

Wenn Politiker und Medienvertreter über politische Partizipation [Beteiligung] nachdenken und sprechen, ist es nur eine Frage der Zeit, bis der viel zitierte Begriff der Politikverdrossenheit fällt. Die Untersuchungen der Forschungsgruppe Wahlen, die Dieter Roth präsentierte, scheinen dies zunächst zu bestätigen: 43 Prozent der Befragten im Westen und 65 Prozent im Osten sind mit der Demokratie in Deutschland eher unzufrieden. „Ein Negativrekord", bestätigt Roth, „aber gleichzeitig bekundet zurzeit gut die Hälfte der Bundesbürger starkes Interesse für Politik. Das sind deutlich mehr als in den 90er-Jahren." Und auch die Einschätzung des politischen Systems insgesamt erfreut den Wissenschaftler, halten doch 77 Prozent der Deutschen die Demokratie für die beste Staatsform. Nur 14 Prozent glauben, es gäbe bessere Alternativen.

Doch bei aller Systemzufriedenheit: Die Frustration über den output [Ergebnis, Leistung] der Demokratie ist groß. Auf einer Skala von +5 bis −5 liegen Politiker und Parteien deutlich im Minus. Das **Vertrauen** der Bürger in ihre Kompetenz ist gering, ebenso wie die in die Fähigkeiten der Gewerkschaften. „Sämtliche Spitzenpolitiker haben klar negative Imagewerte", bestätigt Roth, „die Bürger sind gegenüber den politischen Akteuren generell missgestimmt." [...] 68 Prozent der Befragten beklagen, dass die Politiker sich nicht viel darum kümmerten, „was Leute wie ich denken", über die Hälfte kritisiert, dass Politik manchmal so kompliziert sei, „dass jemand wie ich gar nicht versteht, was vor sich geht".

Doch wer daraus vorschnell ableitet, die Bürger zögen sich zunehmend aus der politischen Diskussion zurück, der irrt. „Auf Bundesebene hatten wir in den 90er-Jahren einen Anstieg der **Wahlbeteiligung**, nur von 1998 auf 2004 gab es einen kleinen Rückgang zu verzeichnen", so Roth. 85 Prozent der Befragten bezeichneten die Entscheidungen des Deutschen Bundestags als persönlich relevant. Die geringere Beteiligung an Landtags- und Europawahlen sei ebenfalls kein Ausdruck von Politikverdrossenheit, sondern liege darin begründet, dass nur wenige Bürger Entscheidungen, die etwa in Brüssel oder Straßburg fielen, persönlich für wichtig hielten. Interessant sei, dass das „flexible Wählen" oder die gezielte Option der Wahlenthaltung mehr und mehr an Bedeutung gewinne. „Fast die Hälfte der Deut-

Grafik 1: Demokratiezufriedenheit in Deutschland und Europa

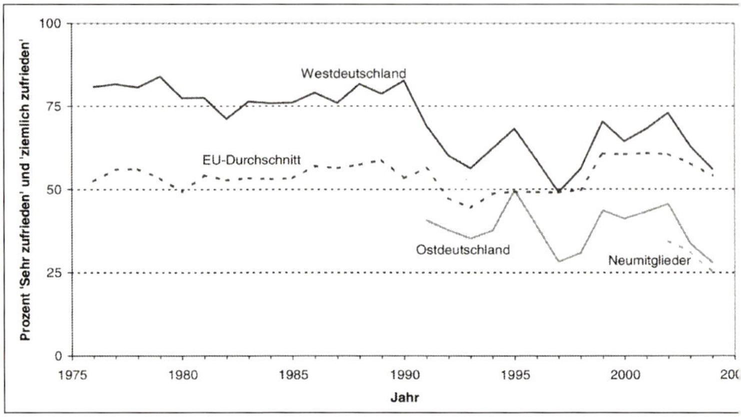

Indikator: „Sind Sie mit der Art und Weise, wie die Demokratie in [Land] funktioniert, alles in allem sehr zufrieden, ziemlich zufrieden, nicht sehr zufrieden oder überhaupt nicht zufrieden?" Dargestellt sind Prozentanteile „sehr zufrieden" und „ziemlich zufrieden". Datenbasis: The Mannheim Eurobarometer Trend File 1970 – 1999, Eurobarometer 2000 – 2004

(ISI [Informationsdienst Soziale Indikatoren, ZUMA] Nr. 33, Januar 2005, S. 8)

Grafik 2

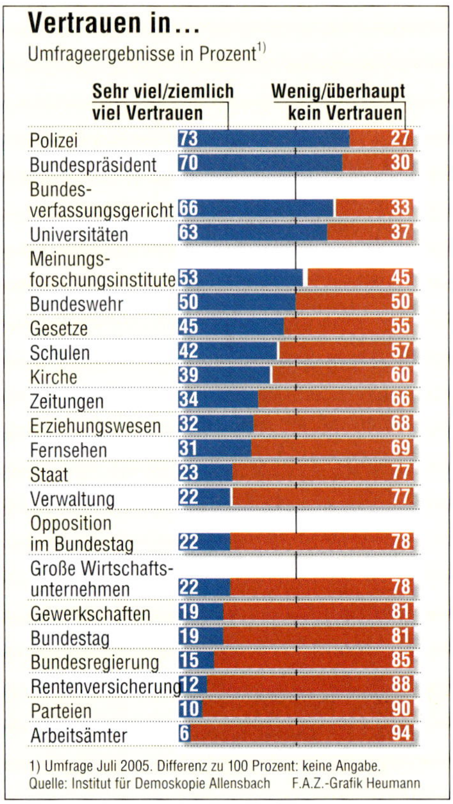

(Grafik: Thomas Heumann, in: Frankfurter Allgemeine Zeitung v. 20.7.2005, S. 5)

schen hält es zukünftig für möglich, etwa aus Protest gezielt eine Partei zu wählen, die für sie normalerweise nicht in Frage käme, 36 Prozent ziehen generell auch eine protestmotivierte Wahlenthaltung in Betracht.“ Ergebnisse, die Politikern und Parteien Unbehagen bereiten – denen sie sich aber künftig in weit größerem Maße stellen müssen als bisher. Bislang bemühen sie gern die These, die Unzufriedenheit mit den politischen Eliten könne abgebaut werden, wenn die Politik nur wieder besser vermittelt werden könne. Ein Irrtum, so Roth. „Das ist eine beliebte Argumentation der Parteien, die jedoch vergisst, dass sie es mit einem ganz anderen Politikverständnis der Wähler zu tun haben. Die Bürger nutzen einen klassischen Politikbegriff, der die gesamte Gemeinschaft betrifft, während die Parteien ihn auf Regierungs- oder Oppositionspolitik einengen. Sie beharren auf diesem Verständnis, auch wenn die Mitgliederverluste beweisen, dass das nicht ausreicht.“ Die Parteien hätten in den vergangenen Jahren einen gravierenden Wandel vollzogen: von Vertretungsorganen großer Gruppen der Gesellschaft über Mitgliederparteien hin zu kurzfristig orientierten Serviceorganisationen für Wähler. Daraus leite sich aber keine grundlegende Neuorientierung ab, bilanziert Roth. „Nur wenn der Versuch, Wähler zu gewinnen, scheitert, ist das Beküm-

Grafik 3: Wahlbeteiligung[1] bei Bundestags- und Landtagswahlen

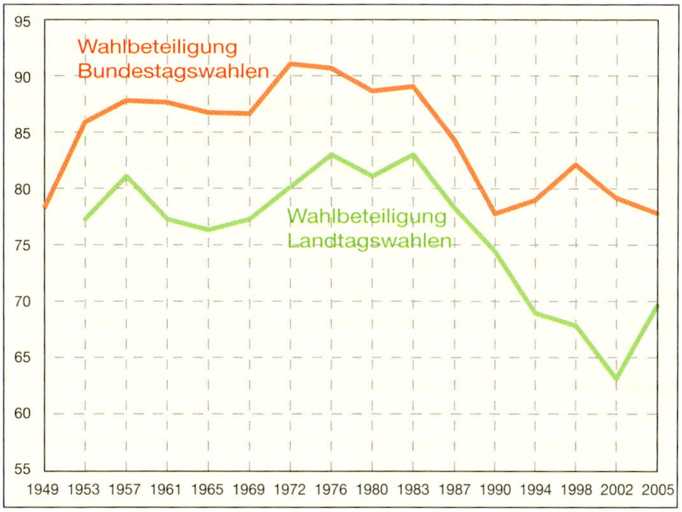

[1] Bis 1989 alte Bundesländer; Wahlbeteiligung Landtagswahlen: Mittelwert aus der Summe aller Landtagswahlen eines Jahres; zu den Bundestagswahlen vgl. M 33 Quelle: Amtliche Wahlstatistiken

(Elmar Wiesendahl, Wie geht es weiter mit den Großparteien? In: Aus Politik und Zeitgeschichte B 1–2, 1998, S. 16; ergänzt)

(Zeichnung: Burkhard Mohr/CCC, www.c5.net)

Wohl zu wenig bekannt ist, dass die Politikertätigkeit alles andere als ein Traumjob ist. Laut Zeitbudgetstudien über die **Arbeitsbelastung** der durchschnittlichen Abgeordneten sind jene über 70 Stunden pro Woche amtlich beschäftigt. Auch gegen die These der Abgehobenheit der Politiker spricht einiges. Abgeordnete suchen den Kontakt zu den Bürgern, Unternehmen, etc. im Wahlkreis – jeder durchschnittlich zwischen 400 und 500 Mal pro Jahr. Aber das hohe numerische Verhältnis von Bürgern zu Abgeordneten setzt hier eine strukturelle Grenze, Bürger zu erreichen. Das hat Folgen für die Beurteilung der Politik und ihrer Akteure durch die Bürger. Unter denjenigen, die persönlich mit Politikern in Berührung kommen, ist der Anteil, der davon ausgeht, sowohl Parteien als auch Politiker würden sich um die Belange der Bürger kümmern, doppelt so hoch wie unter denjenigen, die keine Kontakte zu Politikern haben. Auch die Zufriedenheit mit dem Funktionieren unserer Demokratie ist bei diesen Bürgern sehr viel höher und erreicht mit 77 Prozent Werte wie in Großbritannien oder in der Schweiz. Eine ähnlich hohe Demokratiezufriedenheit weisen Bürger auf, die davon ausgehen, dass die Politiker sich um die Belange der Bürger kümmern.

(Bernhard Weßels, Wer murrt und mosert, kennt seine Abgeordneten nicht, in: Das Parlament Nr. 10 – 11 vom 3./12.3.2003, S. 9)

mernis groß. Sonst allerdings scheint die Tagesarbeit das nötige Nachdenken über sich selbst in den Hintergrund zu rücken."

Die Bürger hingegen orientieren sich zunehmend anderweitig. Ihr Eindruck, individuell auf den politischen Prozess einwirken zu können, ist in den vergangenen Jahren stetig gewachsen: 36 Prozent der Deutschen glauben heute, über starke und sehr starke Möglichkeiten zu verfügen, politischen Einfluss zu nehmen. Unkonventionelle Formen der politischen Beteiligung haben dabei Konjunktur. Mehr als 60 Prozent sehen die Mitarbeit in Bürgerinitiativen oder die Beteiligung an Demonstrationen als Möglichkeit der Partizipation, mehr als ein Drittel der Deutschen übernehmen ehrenamtliche Aufgaben in Verbänden und Vereinen.

Die Ergebnisse, die Dieter Roth präsentierte, beweisen schnell, wie falsch der Begriff der Politikverdrossenheit ist. Die Bürger wollen mitreden und mitgestalten – aber nicht nach den Regeln der etablierten Parteien, denen sie nicht vertrauen.

(Das Parlament Nr. 50/51 v. 6./13.12.2004, S. 2; Verf.: Susanne Kailitz)

M 36 „Kein Anlass zur Dramatisierung"

Trotz aller Kritik an den Parteien und den von der Wahlforschung auch messbaren Veränderungen in den Sympathie- und Loyalitätswerten der Bevölkerung gegenüber den Parteien gibt es allerdings keinen Anlass zur Dramatisierung. Bisher folgte regelmäßig auf eine Welle öffentlicher Kritik eine Phase ruhiger und gelassener Auseinandersetzungen.

Grundsätzlich bleibt zu fragen, ob es überhaupt andere denkbare Möglichkeiten in einer modernen, komplexen und parlamentarischen Demokratie gibt, die Einheit zwischen Volk und Staat herzustellen. Wer sich mit dieser Frage beschäftigt, wird schnell zu der Antwort gelangen, dass die Allgegenwart der Parteien in allen Bereichen des politischen und gesellschaftlichen Lebens eine Voraussetzung ist, um moderne Willensbildung und Entscheidungsfindung zu garantieren.

Dazu müssen die Parteien in einem permanenten Kommunikationsprozess mit der Bevölkerung stehen. [...] Sie sind nur den Parteimitgliedern und ihren Wählern gegenüber in der Pflicht. Das Bundesverfassungsgericht hielt in seinem Grundsatzurteil zur Parteienfinanzierung 1992 ausdrücklich fest: „Die vom Grundgesetz vorausgesetzte Staatsfreiheit der Parteien erfordert nicht nur die Gewährleistung ihrer Unabhängigkeit vom Staat, sondern auch, dass die Parteien sich ihren Charakter als frei gebildete, im gesellschaftlich-politischen Bereich wurzelnde Gruppen bewahren."

Dazu ist jedoch ein gewandeltes Verständnis der Volksparteien erforderlich. Wer sie allzu sehr vorrangig auf die Funktionen der Interessenartikulation und Interessenaggregation (vgl. M 31b) einengt, wird über den Kanon der traditionellen Parteienschelte in der Mediendemokratie nicht hinauskommen. Wer sie jedoch zunehmend auf ihre aktive Rolle als Regierungs- und Oppositionspartei festlegt und daran ihre Funktion bemisst, wird zu anderen Schlussfolgerungen kommen. Denn wer sonst als die politischen Parteien werben und streiten mit einem je eigenen Politikangebot um die Mehrheit in der Wählerschaft? Sie setzen das professionell um, was auch bei den Bürgern an unterschiedlichen Interessen und Bedürfnissen vorliegt. Wenn der Wähler mit der Umsetzung nicht einverstanden ist, kann das auch damit zusammenhängen, dass, angesichts der Globalisierung der Problemstrukturen eindeutige – keinesfalls schnelle –, Lösungsmöglichkeiten für Probleme meist nicht mehr existieren. Dem Bürger bleibt am Ende immer der Akt der Wahl, um die Konstellation zwischen Regierungs- und Oppositionspartei zu verändern.

Gefordert sind jedoch auch die Parteien. Um den Trend des Mitgliederschwundes zu brechen, sind veränderte Formen innerparteilicher Willensbildung notwendig. Aktuelle Studien zeigen, dass ein neuer Typ von Parteimitgliedern auf dem Vormarsch ist, dem es weniger um eine soziale Einbindung als um die Mitgestaltung der gemeinsamen Überzeugungen geht. Die Parteien sind auf die freiwillige Mitarbeit der Mitglieder nicht nur in Wahlzeiten angewiesen. Sie mobilisieren Wähler, kommunizieren mit ihnen und übersetzen politische Themen, unabhängig vom konkreten Wahltermin. Die Bundesrepublik ist als Parteiendemokratie konzipiert. Das macht nur Sinn, wenn sich die einzelnen Parteien wandlungsfähig zeigen.

(Karl-Rudolf Korte, Das politische System der Bundesrepublik. In: Manfred Mols/Hans-Joachim Lauth/Christian Wagner, Politikwissenschaft: Eine Einführung. Verlag Ferdinand Schöningh, Paderborn, 2. Aufl. 2003, S. 87f., UTB 1789)

M 37 „Der Schwachpunkt ist der Bürger" – Wissenslücken und Vorurteile gegenüber dem politischen System

● Im Kern ist unsere Verfassungsordnung, sind unsere Institutionen gut und gelten auch weltweit so. Ebenfalls ist unsere politische Klasse überwiegend solide und tüchtig. Deren gute Leistungen, zumindest im Bund und in einer Mehrzahl der Bundesländer, sind ja nicht zu übersehen: ein jahrzehntelang stabiler Ordnungsrahmen für eine kräftige Wirtschaft; eine Gesellschaftsordnung, die – öffnete man alle Grenzen – gewaltige Einwanderungsströme anzöge; eine politische Ordnung, welche – ungleich ihren Konkurrenten – die Nachkriegsjahrzehnte lebenskräftig überdauerte; sowie die erstmals gelungene Einbettung eines machtvollen Deutschlands in eine Umwelt befreundeter Nachbarstaaten. Nichts davon war oder ist selbstverständlich. Und nichts davon war zu schaffen ohne jene, die man zur Zielscheibe billiger Empörung macht: die Politiker.

● Allen solchen Errungenschaften zum Trotz, um die Deutschland im Ausland vielfach beneidet wird, hängt über unserem Land ein Nebel aus Nörgelei und Meckern, aus Empörung und Erregung, aus Aufbrauserei und Ohne-mich-Gehabe. Aus Tausenden von Alltagsgesprächen, aus Talkshows im Fernsehen, aus Podiumsdiskussionen in Akademien, von den Stammtischen der Nation steigt er auf. Und von niemand anderem als den Bürgern geht er aus. Das führt zu einer Vermutung, die auf den Kopf stellt, was man gemeinhin für wahr hält: Unsere politischen Institutionen sind gut, unsere Politiker sind brauchbar; der Schwachpunkt unserer Demokratie ist vielmehr der Bürger mit seinen Vorurteilen, seinen durch Halbbildung nur überwucherten Wissenslücken, seinem oft bloß aufgesetzten Begehren nach politischem Engagement, bei dem man ihn – bitte! – nicht über die Spaßgrenze hinaus fordern soll.

● Natürlich gleicht das einer Bürgerbeschimpfung und ist also ungeheuerlich: Ist denn der Bürger nicht der Souverän, vor dem man – in einer Demokratie! – allen Respekt haben sollte? [...] Aber wie viel politische Potenz und Kompetenz darf eigentlich brachliegen, ohne dass eine Nation, zumal die unsere mit ihren großen innen- und außenpolitischen Problemen, Schaden nimmt? Wie viel Politikerverachtung verträgt wohl die politische Klasse, bevor sie sich auf Selbstsucht und Zynismus zurückzieht? Und wie viel Politikverachtung hält ein Gemeinwesen aus, das sich demokratisch regieren will? Sicher lassen sich solche Grenzen nicht genau angeben. Noch gewisser aber ist, dass sie auszutesten töricht wäre. Will man sie aber nicht austesten, dann muss man rechtzeitig und immer wieder sagen, wo unser Gemeinwesen wirklich seine politisch-kulturelle Achillesferse hat. Und das ist genau hier: bei den herrschenden Voreinstellungen bzw. Vorurteilen gegenüber unserem politischen System.

● Sollten wir dann aber eher unser politisches System dem Vorstellungshorizont der Bürger oder lieber deren politisches Wissen der Komplexität unseres Institutionensystems anpassen? Hätte unsere Demokratie vor allem Fehlleistungen produziert, wäre die erste Antwort angemessen. Unsere politischen Institutionen haben sich im Wesentlichen aber bewährt. Darum ist anzuraten, zwar unser politisches System dort zu verbessern, wo es mangelhaft funktioniert. Noch dringender aber ist es, an den Schulen und in den Massenmedien immer wieder solche politische Bildungsarbeit zu versuchen, welche die erreichbaren Bürger von ihren jeweils bedrohlichsten Kenntnislücken, Missverständnissen und Vorurteilen kuriert. Das gleicht zwar dem Versuch, eine gotische Kathedrale aus verletzlichem Sandstein über Jahrhunderte zu erhalten. Doch er muss immer wieder unternommen werden, wollen wir unsere freiheitliche Verfassungsordnung an unsere Kinder und Enkel weitergeben.

(Werner J. Patzelt, Die Deutschen und ihre politischen Missverständnisse, in: Politische Bildung Nr. 3, Jg. 36/2003, S. 58ff.)

1. *Stellen Sie die Untersuchungsergebnisse heraus, über die in M 35 berichtet wird, und analysieren Sie dazu auch die in den Grafiken dargestellten Daten zu den drei Indikatoren der sog. „Politikverdrossenheit". Inwieweit entsprechen sie den Einschätzungen von Dieter Roth?*

2. *Wie wird in M 35 die These begründet, dass es sich nicht um „Politikverdrossenheit", sondern eher um „Parteien- oder Politikerverdrossenheit" handelt (vgl. Einleitungstext S. 71)?*

3. *Wie erklären Sie sich angesichts der Arbeitsbelastung von Politikern und ihrer Tätigkeitsstruktur (s. Kasten S. 73) die verbreitete Klage von Bürgern, die Politiker kümmerten sich nicht um ihre Belange?*

4. *Fassen Sie die Einschätzung von Karl-Rudolf Korte (M 36) zur Unentbehrlichkeit der Parteien zusammen. Worauf führt er die Unzufriedenheit der Bürger z. T. zurück? Wie unterscheidet sich sein Verständnis der Funktionen von Parteien von dem in M 35 geforderten?*

5. *Der Politikwissenschaftler Werner J. Patzelt hat in mehreren Untersuchungen festgestellt, dass die Einschätzung der Parteiendemokratie durch die Bürger häufig auch durch falsche Vorstellungen vom parlamentarischen System, durch fehlende Kenntnisse und verbreitete Vorurteile verursacht ist (vgl. Kasten S. 37). Welche Kritik übt er (M 37) an der Diskussion über Politik- und Parteienverdrossenheit? Beschreiben Sie die Folgerungen, die er aus seiner Betrachtung zieht, und schätzen Sie in diesem Zusammenhang den Stellenwert Ihres eigenen Unterrichts ein.*

6. *Zu welcher Beurteilung der aufgeworfenen Probleme und Fragen kommen Sie selbst?*

3. „Direkte Demokratie" gegen „Parteienverdrossenheit"? Chancen und Probleme von Volksabstimmungen in der parlamentarischen Demokratie

Demonstration für die Einführung von Volksabstimmungen am 13.3.2003 (eine Aktion von Mehr Demokratie e.V.) (Foto: action press)

(www.mehr-demokratie.de/; © Mehr Demokratie e.V.)

Wie Umfrageergebnisse zeigen, ist der Wunsch nach „mehr Demokratie" (verstanden als „direkte" Demokratie durch Volksabstimmungen) in breiten Schichten der Bevölkerung und bei Anhängern aller Parteien seit längerem vorhanden; die Initiative „Mehr Demokratie e.V." (s. Website) hat sich zur Sprecherin dieses Anliegens und zur Organisatorin entsprechender Aktionen gemacht. Befragungsergebnisse zeigen auch, dass man sich von der Einfügung „plebiszitärer Elemente" in das Grundgesetz eine Verbesserung des Verhältnisses Bürger – Staat und einen Abbau des Unbehagens an der bestehenden Parteiendemokratie verspricht. Ein entsprechendes Gesetzesvorhaben ist aber bisher noch nicht in den Bundestag eingebracht worden, u.a. weil die konkrete Ausgestaltung solcher Elemente unter den Parteien und auch unter Wissenschaftlern umstritten ist. Wir wollen im Folgenden zunächst klären, was genauer unter „plebiszitären Elementen" zu verstehen ist und welche Erfahrungen man bisher mit solchen Möglichkeiten auf Landes- und Kommunalebene gemacht hat.

M 38a Partizipationsmöglichkeiten des Bürgers (am Beispiel Nordrhein-Westfalen)

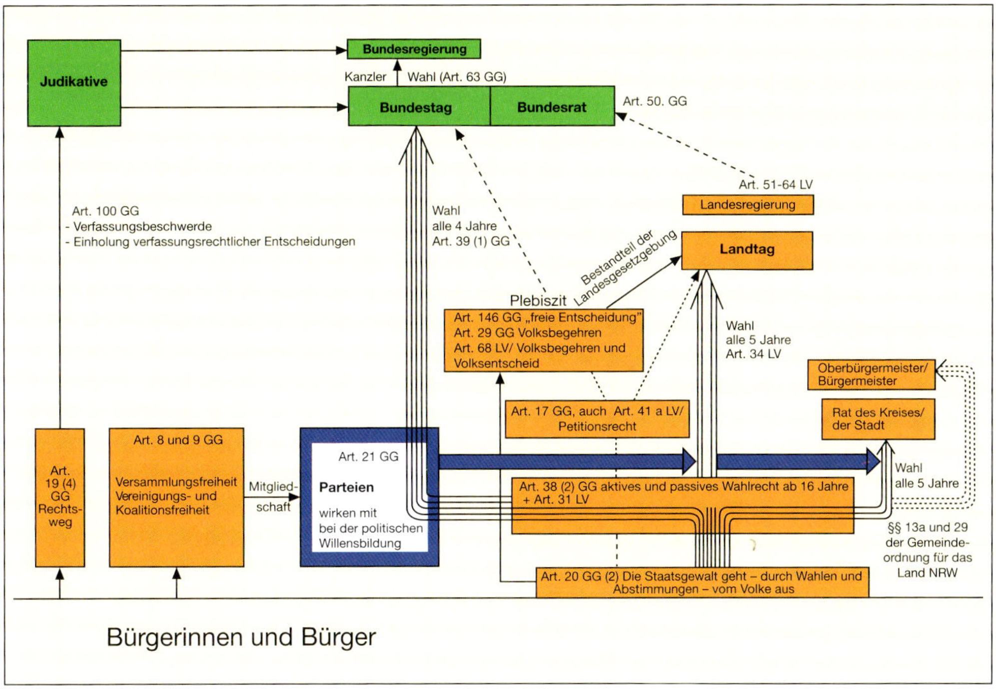

(Thomas Jauer/Klaus Kreppel, Partizipation im parlamentarischen System: Wer bestimmt in der Politik?, Schroedel Verlag, Hannover 1994, S.40)

M 38b Volksgesetzgebung in Nordrhein-Westfalen

Artikel 67 a (Fn 14a)

(1) Volksinitiativen können darauf gerichtet sein, den Landtag im Rahmen seiner Entscheidungszuständigkeit mit bestimmten Gegenständen der politischen Willensbildung zu befassen. Einer Initiative kann auch ein mit Gründen versehener Gesetzentwurf zugrunde liegen.

(2) Volksinitiativen müssen von mindestens 0,5 vom Hundert der Stimmberechtigten unterzeichnet sein. Artikel 31 Abs. 1 und Abs. 2 Satz 1 über das Wahlrecht findet auf das Stimmrecht entsprechende Anwendung.

(3) Das Nähere wird durch Gesetz geregelt.

Artikel 68 (Fn 14a)

(1) Volksbegehren können darauf gerichtet werden, Gesetze zu erlassen, zu ändern oder aufzuheben. Dem Volksbegehren muss ein ausgearbeiteter und mit Gründen versehener Gesetzentwurf zugrunde liegen. Ein Volksbegehren ist nur auf Gebieten zulässig, die der Gesetzgebungsgewalt des Landes unterliegen, über Finanzfragen, Abgabengesetze und Besoldungsordnungen ist ein Volksbegehren nicht zulässig. Über die Zulässigkeit entscheidet die Landesregierung. Gegen die Entscheidung ist die Anrufung des Verfassungsgerichtshofes zulässig. Das Volksbegehren ist nur rechtswirksam, wenn es von mindestens 8 vom Hundert der Stimmberechtigten gestellt ist.

(2) Das Volksbegehren ist von der Landesregierung unter Darlegung ihres Standpunktes unverzüglich dem Landtag zu unterbreiten. Entspricht der Landtag dem Volksbegehren nicht, so ist binnen zehn Wochen ein Volksentscheid herbeizuführen. Entspricht der Landtag dem Volksbegehren, so unterbleibt der Volksentscheid.

(3) Auch die Landesregierung hat das Recht, ein von ihr eingebrachtes, vom Landtag jedoch abgelehntes Gesetz zum Volksentscheid zu stellen. Wird das Gesetz durch den Volksentscheid angenommen, so kann die Landesregierung den Landtag auflösen; wird es durch den Volksentscheid abgelehnt, so muss die Landesregierung zurücktreten.

(4) Die Abstimmung kann nur bejahend oder verneinend sein. Es entscheidet die Mehrheit der abgegebenen Stimmen, sofern diese Mehrheit mindestens 15 vom Hundert der Stimmberechtigten beträgt.

(5) Die Vorschriften des Artikels 31 Abs. 1 bis 3 über das Wahlrecht und Wahlverfahren finden auf das Stimmrecht und das Abstimmungsverfahren entsprechende Anwendung. Das Nähere wird durch Gesetz geregelt.

Volksinitiative oder **Volksbegehren** betreffen die *Initiierung eines Gesetzes,* das **Referendum** im engeren Sinne hingegen dient der *Bestätigung/Verwerfung eines verabschiedeten Gesetzes:* „Die Volksinitiative *steht am Beginn* eines Entscheidungsprozesses. Sie kann eine Initiativfunktion ausüben und als eine Art politischer Katalysator fungieren, indem ein von den Parteien und repräsentativen Politikinstitutionen ignoriertes, verzerrtes bzw. verfehltes Thema neu oder erneut angesprochen und behandelt wird. [...] Beim Referendum wird über ein vom Parlament beschlossenes Gesetz ... ein Volksentscheid abgehalten, der eine verwerfende oder bestätigende Funktion haben kann. Das Referendum bildet mithin den *Abschluss* eines politischen Entscheidungsprozesses." (W. Luthardt, Direkte Demokratie, 1994, S. 162) Beide Formen direkter Gesetzgebung qua Sachentscheidung durch Volksabstimmung sind in der Bundesrepublik Deutschland auf Bundesebene bislang nicht gegeben, wenn man vom Territorialplebiszit absieht.

(Wolfgang Luthardt/Arno Waschkuhn, Plebiszitäre Komponenten in der repräsentativen Demokratie. Entwicklungsstand und Perspektiven. In: Ansgar Klein/Rainer Schmalz-Bruns [Hg.], Politische Beteiligung und Bürgerengagement in Deutschland, Bundeszentrale für polit. Bildung, Bonn 1997, S. 75f.)

1. *Anhand von M 38 können Sie sich über die im Bundesland Nordrhein-Westfalen bestehenden Möglichkeiten der Volksgesetzgebung (M 38b) und über alle sonstigen Mitwirkungsmöglichkeiten der Bürger an der politischen Willensbildung (M 38a) informieren. Klären Sie auch den Unterschied zwischen den Begriffen Volksinitiativen/Volksbegehren und Referendum (s. Kasten).*

2. *In allen übrigen Bundesländern gibt es ähnliche (im Einzelnen leicht unterschiedliche) Regelungen zur „Volksgesetzgebung" wie in NRW. Eine entsprechende Übersicht bietet der Verein „Mehr Demokratie" (s. Einleitungstext S. 76) auf seiner Internetseite (zu Volksinitiative/Volksbegehren: www.mehr-demokratie.de/laender_vb-regeln.html; zu Bürgerinitiativen/Bürgerbegehren [kommunale Ebene]: www.mehr-demokratie.de/bb-regeln.html).*

3. *Neben umfangreichen Informationen (u.a. zur Position der Parteien und zu laufenden Aktionen in den einzelnen Bundesländern) bietet „Mehr Demokratie" auch Argumente zur Begründung der Forderung nach mehr „direkter Demokratie" sowie eine eingehende (6 Seiten) Auseinandersetzung mit Einwänden und Kritikpunkten, wie sie u.a. von der CDU/CSU zur Einführung plebiszitärer Elemente auf Bundesebene vorgebracht wurden: www.mehr-demokratie.de/fileadmin/bund/pdf/pos04.pdf. Diese Darstellung lässt sich ggf. gut für ein Schülerreferat nutzen. Wir beschränken uns im Folgenden auf einige von „Mehr Demokratie" vorgetragene Argumente (M 39) und eine neuere, zusammenfassende, kritische Einschätzung zweier Politikwissenschaftler (M 40). Eine im März 2006 erschienene Aufsatzsammlung („Direkte Demokratie") steht im Internet zur Verfügung: www.bpb.de/files/YRK9YG.pdf*

M 39 „Arznei gegen die Probleme unserer Politik"

Volksentscheide sind kein Allheilmittel, aber eine wirksame Arznei gegen die Probleme unserer Politik. [...]

Von uns Bürgerinnen und Bürgern geht alle Staatsgewalt aus. Aber nur einmal innerhalb von vier Jahren. Dann geben wir unsere Stimmen und damit unsere Souveränität ab. Mit dem Recht auf Volksabstimmung können wir Wähler unsere Stimme viel differenzierter zum Ausdruck

bringen: Eine Bürgerin kann z. B. die CDU wählen, aber beim Volksentscheid – anders als „ihre“ Partei – gegen die Atomkraft stimmen.
Gute Ideen prallen oft an Parteien und Parlamenten ab. Die Folge: Reformstau und hohe Kosten. Durch Volksabstimmungen können Bürgerinnen und Bürger die Politik selbst voranbringen. Mit der Direkten Demokratie kann die Kompetenz vieler Bürgerinnen und Bürger zum Wohle der Gesellschaft genutzt werden. Allein in der Bundesrepublik gibt es ca. 70 000 Bürgerinitiativen, die ein riesiges Reservoir an Wissen und neuen Ideen bergen. Doch trotz ihres Einfallsreichtums und ihrer Kompetenz kommen sie oft nicht zum Zuge, weil nur die Amts- und Mandatsträger verbindliche politische Entscheidungsrechte besitzen. [...]

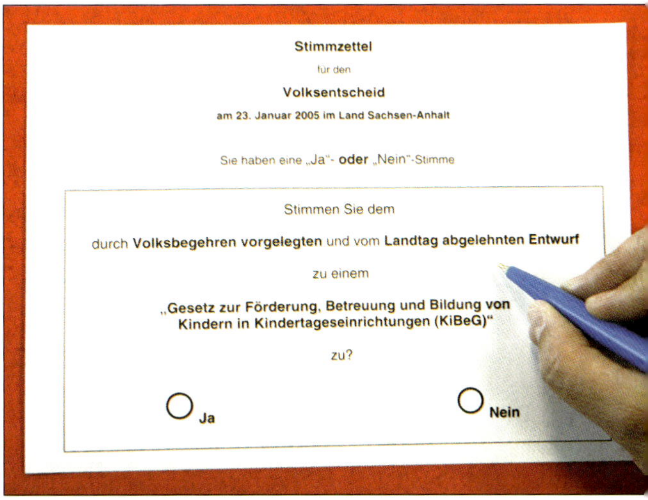

(Foto: © dpa-Report)

Die Parteien haben sich breit gemacht in unserem Staat. Durch Volksabstimmungen können wir Bürgerinnen und Bürger die politischen Spielregeln neu gestalten. [...]
Viele sagen: „Die da oben machen doch, was sie wollen.“ Die Menschen können kaum Einfluss auf die Politik nehmen. Die Folge: Resignation, sinkende Wahlbeteiligung. Dabei wollen 75 Prozent der Deutschen die Volksabstimmung. Die Unterstützung geht quer durch die Anhängerschaft aller Parteien. Denn der Volksentscheid hat keine politische Farbe. Er ist ein Instrument, das Menschen ermutigt, sich zu engagieren. Die Bürgerinnen und Bürger identifizieren sich wieder mit der Politik, wenn sie etwas bewegen können. [...]
Alle politischen Entscheidungen betreffen die Menschen. Insofern ist es selbstverständlich, dass den Betroffenen die Chance gegeben wird, sich an Lösung und Diskussion der Probleme zu beteiligen. Durch das Recht auf Volksentscheid werden die Menschen ernster genommen und beteiligen sich stärker an der Politik. Dadurch werden die Problemlösungsfähigkeit der Menschen und ihr Verständnis für die Politik gefördert. [...]
Die Gesellschaft befindet sich in einem ständigen Fluss von Veränderungen. Wir leben heute anders als vor vierzig oder fünfzig Jahren. Die Menschen verfügen über mehr Bildung und nehmen gesellschaftliche Probleme stärker wahr. Daher müssen sich auch die demokratischen Formen weiterentwickeln. Die Demokratie hat zwei Standbeine: Wahlen und Abstimmungen. Seit über vierzig Jahren hüpft unsere Demokratie auf einen Bein herum. Das muss sich ändern, damit wir sicher und gefestigt in die Zukunft gehen können.

(www.mehr-demokratie.de/fileadmin/bund/pdf/positionen/pos01.pdf)

M 40 „Die Bedeutung nicht überschätzen“ – Chancen und Probleme der Einführung direktdemokratischer Elemente auf Bundesebene

Plebiszitäre Elemente sollen die repräsentative Demokratie nicht ersetzen, sondern ergänzen. Es gilt zwischen Sach- und Personalplebisziten zu differenzieren. Für die Einführung von **Sachplebisziten** auf Bundesebene sprächen:

- erhöhte Transparenz;
- Berücksichtigung von neuen, ausgeklammerten oder sogar tabuisierten Themen;
- Möglichkeit von Kompromissen und verschiedenen Lösungsvorschlägen (nicht bloße „Ja-Nein“-Entscheidungen);
- bewährte Praxis in den Bundesländern.

Dagegen lässt sich anführen:

- Einschnitt in die Verfassungssystematik;
- Problematik hei der Auswahl von Themen, gerade auf Bundesebene;
- zusätzliche Einflussmöglichkeit der Parteien;
- offene Frage der Verantwortlichkeit;
- Gefahr des Populismus [Aufgreifen von Stimmungslagen in der Bevölkerung, Angebot einfacher Problemlösungen].

Besteht Änderungsbedarf? Skepsis ist angebracht. Bei einem Volksentscheid trägt niemand die Verantwortung. Wer ist in der Pflicht? Da hilft auch der Einwand nicht, die Bevölkerung spüre die Richtigkeit oder Unrichtigkeit der Entscheidungen am eigenen Leibe und handele aus diesem Grund verantwortungsvoll. Von der Einführung plebiszitärer Elemente Wunder erwarten zu wollen, wäre unangemessen. Eine kategorische Ablehnung plebiszitärer Elemente ist ebenso verfehlt wie deren bedingungslose Akzeptanz. [...]
Die Vorstellung, durch die Einführung direktdemokratischer Sachentscheide auf Bundesebene würden die Parteien veranlasst, in den ständigen Dialog mit den Bürgern zu treten, geht an der Realität vorbei. Im Vorfeld von Volksabstimmungen führten die Parteien einen „Wahlkampf" um die Bestätigung ihrer Politik durch den Bürger. Der unmittelbare Appell an das Volk korrigiert höchstens im Einzelfall politische Entscheidungen, zudem fördert er Populismus: Plebiszite können Zeichen der Ablehnung von Repräsentativkörperschaften, Abstimmungen eines antielitären Protests sein. Volksentscheide eröffnen die Möglichkeit, Vorurteile aufzugreifen und dann durch einen scheinbar demokratischen Mehrheitsbeschluss legitimieren zu lassen.
Eine Einführung plebiszitärer Verfahren auf Bundesebene würde Parteienverdrossenheit nicht verringern. Auch Parteien könnten sich dieser Verfahren bedienen. Sie hätten dann die freie Wahl darüber, ob sie ein spezifisches Anliegen auf plebiszitärem oder parlamentarischem Wege verfolgen sollten, fliehen möglicherweise aus der parlamentarischen Verantwortung. Effizienter erscheint eine Reform der Parteiendemokratie. Parteiinterne Urwahlen, Mitgliederbefragungen und -entscheide in personellen Fragen wie die Möglichkeit der Kandidatenreihenfolge auf den Wahllisten wären mögliche Ansatzpunkte. [...]
Die Einführung **personalplebiszitärer Elemente** könnte dazu beitragen, den Bürger stärker politisch zu motivieren. Die Direktwahl des *Ministerpräsidenten* würde freilich keinen Sinn machen. Ein quasi-präsidentielles System (s. M 15) entstünde. Wie ist es mit der vielfach geforderten Volkswahl des *Bundespräsidenten* bestellt? Der Bundespräsident nimmt primär repräsentative Funktionen wahr (s. M 18), und es mutet seltsam an, ihn deshalb durch das Volk wählen zu lassen. Es ist zudem eine der wichtigsten Aufgaben des Präsidenten, integrierend zu wirken. Durch eine Volkswahl und einen damit verbundenen Wahlkampf ließe der „einigende" Effekt vermutlich nach. Gerade weil der Bundespräsident kaum Kompetenzen besitzt, kann er eine moralische Instanz sein – weit über die Parteigrenzen hinweg. Das Wahlverfahren für den Bundespräsidenten hat sich im Großen und Ganzen bewährt: Die gewählten Bundespräsidenten wurden in der deutschen Öffentlichkeit durchweg positiv beurteilt. [...]

Zusammenfassend: Die Einführung von direktdemokratischen Elementen ist verfassungsrechtlich möglich, verfassungspolitisch nicht unbedingt nötig. Gegner wie Anhänger sollten die Bedeutung der Frage nicht überschätzen. Weder dürften die Anhänger ihre Hoffnungen noch die Gegner ihre Befürchtungen bestätigt sehen. Es sind nicht die historischen Erfahrungen (Weimar/Drittes Reich), die Anlass zu Skepsis gegenüber einer Reform geben, sondern eher demokratietheoretische Überlegungen.
Die repräsentative Demokratie lässt Raum für Führung, verbürgt Minderheitenrechte und sichert ein hohes Maß an Liberalität. Wir haben jetzt schon ein hohes Maß an „Stimmungsdemokratie". Die Politiker orientieren sich stark an demoskopischen Daten, fragen vielfach nicht genügend nach der Notwendigkeit von unpopulären Reformen, weil sie eine Nicht-Wiederwahl befürchten. Direktdemokratische Elemente dürften überspannte Vorstellungen wecken, die so nicht erfüllt werden können. Die Enttäuschung ist dann umso größer. Für die Etablierung direktdemokratischer Elemente spricht allerdings folgender Umstand: Wir haben vielfach eine

„blockierte Demokratie". Mag sein, dass die „Konsensfalle" [Reformen kommen nicht zustande, weil der Konsens zwischen den Parteien und Verbänden nicht hergestellt werden kann] dann an Bedeutung verliert. [...]
Ob und wann direktdemokratische Elemente in das Grundgesetz aufgenommen werden, ist schwierig zu sagen. Gerade diesem Thema wohnt eine Dynamik inne, wie die zunehmende Aufgeschlossenheit für direktdemokratische Elemente bei Teilen der CSU erkennen lässt. Und umgekehrt könnte die Reserviertheit bei den Grünen gegenüber solchen Mechanismen steigen, würde sich herausstellen, dass die Bevölkerung konservativer eingestellt ist. Da eine Zwei-Drittel-Mehrheit im Bundestag und im Bundesrat nötig erscheint, spricht momentan wenig für eine Etablierung direktdemokratischer Elemente in das Grundgesetz. Doch mag es sein, dass in Verbindung mit einer anderen Reform (z. B. Verlängerung der Legislaturperiode auf fünf Jahre) die Fronten schnell aufweichen. Sie sind ohnehin nicht mehr so starr wie noch vor einem Jahrzehnt. Die Diskussion läuft in ruhigeren Bahnen.

(Florian Hartleb/Eckhard Jesse, Direkte Demokratie in der Bundesrepublik Deutschland. Positionen und Kontroversen. In: Politische Bildung, Jg. 38/2005, Heft 1, Wochenschau Verlag, Bad Schwalbach 2005, S. 19ff.)

1. *Stellen Sie heraus, welche „Probleme unserer Politik" in M 39 angesprochen werden und inwiefern Volksentscheide nach Auffassung der Verfasser eine „Arznei" gegen diese Probleme darstellen können.*
2. *Zu den in M 40, Z. 4ff. gegenübergestellten Argumenten für und gegen die Einführung plebiszitärer Elemente enthält der Text nähere Erläuterungen und Einschätzungen der Autoren. Arbeiten Sie diese Beurteilungsaspekte näher heraus und stellen Sie sie (ggf. tabellarisch) stichwortartig gegenüber. Unterscheiden Sie dabei auch nach Sachplebisziten (Volksbegehren/Volksentscheiden) und Personalplebisziten (Wahlen).*
3. *Formulieren Sie – auch auf dem Hintergrund Ihrer Beschäftigung mit den Materialien aus Abschnitt 2. (S. 67–76) – Ihre eigene Stellungnahme zur Einführung von plebiszitären Elementen auf Bundesebene.*

4. Auf dem Weg in die „Mediendemokratie"? Die problematische Beziehung zwischen Parteien und Medien

M 41 Was sich im Wechselverhältnis von Politik und Medien verändert hat

Zunächst einmal ist festzuhalten: Moderne Demokratien sind ohne die vielfältigen Leistungen der Massenmedien schlechthin nicht funktionsfähig. Deshalb ist die Handlungs- und Gestaltungsfreiheit der Medien in allen westlichen Verfassungen besonders geschützt, in Deutschland z. B. in Artikel 5 des Grundgesetzes, der neben der Informations- und Meinungsfreiheit des Bürgers die Freiheit von Presse, Rundfunk und Film garantiert.
Gerade im politischen Bereich sind die Massenmedien nicht nur passives Transportmittel für den Informationsaustausch zwischen Bürger und Staat, sondern *selbstständige Akteure im politischen Kommunikationsprozess*. Zu ihren Aufgaben gehören insbesondere:

- die *Herstellung von Öffentlichkeit* für gesellschaftliche Problemlagen und Missstände, die Artikulation der Interessenlagen von Individuen und Gruppen, die Berichterstattung über politische Ziele und Aktivitäten von Verbänden, Parteien, Parlament, Regierung und Verwaltung;
- die *Kritik und Kontrolle* politischer Machtträger auf allen staatlichen Ebenen zur Gewährleistung ihrer Gemeinwohlorientierung;

- die *politische Sozialisation* der Bürger* durch Förderung von Integration und Identifikation mit dem demokratischen Gemeinwesen, die Weckung von politischem Interesse und Bereitschaft zur Beteiligung.

Diese durch Verfassung, Gesetze und Staatsverträge erfolgte Zuweisung politischer Aufgaben an die Massenmedien wurde lange Zeit mit der Annahme verbunden, die Medien seien auch willens und in der Lage, diese Aufgaben in hinreichender Quantität und Qualität wahrzunehmen. Ihre wirtschaftlichen Eigeninteressen – vor allem bei Presse und privatem Rundfunk – galten als mit den Zielen der Politik harmonisierbar. [...]

Dieses recht idealistische Modell politischer Kommunikation in der Demokratie wird seit einigen Jahren in der kommunikations- und politikwissenschaftlichen Forschung zunehmend infrage gestellt. Galt das politische System der Bundesrepublik Deutschland bis dahin wegen der starken Stellung der politischen Parteien im öffentlichen Leben als „Parteiendemokratie“, so spricht man heute immer häufiger von einem Strukturwandel hin zu einer „Mediendemokratie“. Mit diesem Begriff soll eine Reihe von *Veränderungen im Wechselverhältnis von Politik und Massenmedien* bezeichnet werden, die sich wie folgt zusammenfassen lassen:

(© Leske + Budrich)

- Die Massenmedien emanzipieren sich von der Inpflichtnahme durch die Politik und verfolgen verstärkt *kommerzielle* [wirtschaftliche] *Ziele*, was sich in dem Bestreben nach erhöhter *Massenattraktivität* äußert. Die intensivierte Skandalberichterstattung ist ein Indikator* für diese Tendenz.
- Die politischen Parteien, vor allem ihre Führungseliten, versuchen ihr Handeln in zunehmendem Maß durch *Präsenz in den Massenmedien*, besonders im Fernsehen, zu legitimieren. [...]
- Um trotz der neuen „Medienlogik“ weiterhin Zugang zur Öffentlichkeit zu finden, professionalisieren politische Institutionen und Parteien ihre *Öffentlichkeitsarbeit* [lassen z. B. Werbung und Wahlkampfstrategien durch berufsspezifisch ausgebildete Experten und entsprechende Agenturen gestalten] und suchen neue Wege für ein „Going public“, um die wachsende Gruppe der politisch Uninteressierten oder Resignierten („Politikverdrossenheit“) dennoch zu erreichen und wieder in den politischen Kommunikationsprozess einzubinden.

(Heribert Schatz, Gerhard-Mercator-Universität Duisburg, Forum Forschung 2002/2003; www.forum-forschung.de/2002/pdf/pdf/foto2002_schatz. pdf)

M 41 soll einen Überblick über die Themen und Fragen geben, um die es in diesem Abschnitt geht.

1. *Hintergrund sind die „klassischen“ politischen Funktionen der Massenmedien in der Demokratie, auf die wir hier nicht näher eingehen wollen. Sie können sie anhand des ersten Abschnitts (Z. 9ff.) erläutern.*

2. *Die Entwicklung der Massenmedien hat dazu geführt, dass sie sich vor allem immer mehr an ökonomischen Gesichtspunkten, an den gewünschten Auflagen und Quoten, orientieren und insofern ihrer eigenen „Logik“ folgen. Inwiefern führt das dazu, dass ihre Praxis nicht mehr ohne weiteres im Einklang mit den politischen Funktionen steht, die sie in einer Demokratie wahrnehmen sollen?*

3. *Warum sind Politiker und Parteien ihrerseits immer mehr auf die allgegenwärtigen Medien angewiesen, um ihr Handeln zu legitimieren? Inwiefern fügen sie sich daher den Vorgaben der „Medienlogik", versuchen aber auch, die Medien in ihrem eigenen Interesse einzusetzen?*

M 42 Politik als „Darstellungskunst"

Politik ist ein zähes, schwerfälliges, kompliziertes, verschachteltes und meist sehr belastendes Geschäft. Die handelnden Akteure – selbst im Bundestag – kennen ihre Grenzen. [...] Der tägliche Politikbetrieb, die unendliche Papierproduktion, die oft unkoordinierten Sitzungen bis tief in die Nacht, das Gefühl der Ohnmacht und der Einflusslosigkeit, der Druck der Überforderung und der Inkompetenz, die Abhängigkeit von Fraktionsspitzen oder Ministern – all das lässt sich schlecht vermitteln. Viele relevante Entscheidungen spielen sich hinter den Kulissen unter dem bestimmenden Einfluss von Ministerialbürokratie und mächtigen Lobbygruppen ab. [...] Das Resultat dieses Politikbetriebs [...] ist ein Zuwachs von Darstellungspolitik, die zunehmend als Ersatz für die klassische Politikvermittlung fungiert. [...]

(Zeichnung: Burkhard Mohr/CCC, www.c5.net)

Nicht nur Minister, Ministerpräsidenten und Oberbürgermeister verlegen sich aufgrund reduzierter Handlungsspielräume zunehmend aufs Repräsentieren, hecheln von Termin zu Termin, haben kaum Zeit zum Denken oder gar die Muße, ein Problem wirklich zu durchdringen. Um ihre Bedeutung zu unterstreichen, suchen sie das Licht der Öffentlichkeit, die Beachtung der Medien. Denn allein Medienpräsenz bietet heute die Legitimationsgrundlage für den politischen Betrieb. Öffentliche Beachtung ist die Währung, in der politischer Erfolg gemessen wird. In unserer Erfolgsgesellschaft werden die Medien folglich auch zum Fluchtpunkt für Politiker, die mit Medienpräsenz ihre eigene Ohnmacht überspielen. [...]

„Ein Bild sagt mehr als tausend Worte" – diese Volksweisheit untermauert den Boom der Bilderproduktion zur Vermittlung politischer Botschaften. Eine Untersuchung der University of Columbia belegt, dass über die persönliche Ausstrahlung einer Person zu 55 Prozent nonverbale Signale und zu 38 Prozent die Stimme entscheiden. Nur zu sieben Prozent wirkt sich der gesagte Inhalt in der Beurteilung eines Menschen aus. Diese Ergebnisse korrespondieren mit der Erkenntnis, dass der Mensch seine Umwelt mit etwa 75 Prozent über das Auge und mit etwa zehn Prozent über das Ohr wahrnimmt. Auf diese Befunde baut die Darstellungspolitik auf. Der medienerfahrene Politikwissenschaftler Jürgen Falter hat den politischen Betrieb immer wieder von innen besichtigt und kommt zu einem Befund, der als Leitformel für die Entwicklung von Medienstrategien gelten kann: „Politik besteht heute viel stärker als früher aus einer Abfolge von Inszenierungen. Das liegt nicht zuletzt an der Ausbreitung des Fernsehens, das dem Betrachter eine scheinbar direkte Beziehung zwischen Politikern und Bürgern über

Darstellungs- und Entscheidungspolitik erscheinen nicht als sich ausschließende Alternativen, sondern jeweils bedingende Ergänzungen von Politik und Regieren. Wichtig ist jedoch die jeweils neu auszutarierende Balance zwischen diesen beiden Elementen, deren Verhältnis auch durch unterschiedliche Gewichtung in verschiedenen Phasen des politischen Prozesses bestimmt sein kann. Sowohl Darstellungs- als auch Entscheidungspolitik sind jedoch auf Politikvermittlung angewiesen und auf diesem Wege werden die Medien – in je unterschiedlicher Intensität und Konstellation – zu einem Faktor von Politik und Regieren, dessen Bedeutung für den politischen Prozess mit dem Stellenwert manch einer etablierten politischen Institution gleichzusetzen ist.

(Karl-Rudolf Korte/Manuel Fröhlich, Politik und Regieren in Deutschland, Verlag Ferdinand Schöningh, Paderborn 2004, S. 266)

den Bildschirm vorgaukelt. Scheinbar deshalb, weil das Medium mit seinen Machern, seinen Gesetzmäßigkeiten und Manipulationsmöglichkeiten ja immer dazwischengeschaltet ist. Die Gesetzmäßigkeiten des Mediums Fernsehen wiederum begünstigen bestimmte Inszenierungsformen der Politik: schnelle Statements vor laufender Kamera, zwanzigfach wiederholt, und Talkshows in scheinbar wechselnder und doch längerfristig gesehen immer gleicher Besetzung mit 50 bis max. 75 Gesichtern und bestenfalls zehn verschiedenen Meinungen."

(Thomas Leif, Verkürzte Realität, verflachter Sinn, stillgelegter Diskurs – Von den Auswirkungen medialer Präsenz, in: Vorgänge, Zeitschrift für Bürgerrechte und Gesellschaftspolitik, Leske + Budrich Verlag, H. 2/Juni 2002, S. 39ff.)

1. *Erläutern Sie, was mit dem Unterschied zwischen „Entscheidungspolitik" und „Darstellungspolitik" gemeint ist. Worauf wird der „Zuwachs an Darstellungspolitik" zurückgeführt? (M 42)*

2. *In welchen „Phasen des politischen Prozesses" (s. Kasten) erhält „Darstellungspolitik" ein verstärktes Gewicht? Benennen Sie ggf. aktuelle konkrete Beispiele.*

M 43 „Mediatisierung" und „Fernsehtauglichkeit"

M 43a Mediatisierung: „Das Medium beeinflusst die Botschaft"

Zunächst einmal ist davon auszugehen, dass eine jegliche politische Äußerung im politischen Prozess eines modernen demokratischen Staates auf die Vermittlung durch die Medien angewiesen ist. Direkt-Kommunikation mit der Öffentlichkeit und dem Bürger bleibt in der Regel auf einige Aspekte von Wahlkampfveranstaltungen oder Vorträgen begrenzt. Politische Kommunikation findet also grundsätzlich „mediatisiert" statt. Nicht nur Schulz (Winfried Schulz, Politische Kommunikation, Wiesbaden 2006) verweist dabei auf die *doppelte Bedeutung des Begriffs „Mediatisierung"*: Darunter kann man zum einen – im engen Sinne – die Vermittlung einer Botschaft durch und mithilfe eines Mediums verstehen. Daneben kann man jedoch – in einem weiten Sinne – schon in diesem Begriff einen Hinweis dafür erkennen, dass die Vermittlungsleistung durch das Medium nicht ohne Wirkung auf die Botschaft selbst bleibt: „Die mediale Informationsverarbeitung prägt den Botschaften eine spezifische Medienlogik auf und beeinflusst damit notwendigerweise die durch Kommunikation begründeten Wahrnehmungen und Handlungen". Dadurch ist der Modus der Politikvermittlung als Variable neben den Inhalt der Politikvermittlung getreten. Die effiziente Vermittlung einer politischen Aussage muss, bedingt durch die dominante Medienstruktur und das Mediennutzungsverhalten der Bürger, in erheblichem Maße auf Kriterien wie Nachrichtenwert oder Fernsehtauglichkeit achten, um Gehör zu finden.

(Karl-Rudolf Korte/Manuel Fröhlich [= M 42, Kasten], S. 261)

M 43b Fernsehtauglichkeit als Wettbewerbs- und Karrierevorteil

Wenn bei Politikern ein Mikrofon, besser noch eine Kamera den Adrenalinausstoß in die Höhe treibt, wenn zudem die Fähigkeit ausgereift ist, mit den üblichen Versatzstücken der Formulierungskunst und mit den aktuellen Anglizismen frei in die Kamera zu sprechen, wenn die frohe Botschaft schließlich noch ohne Stammeln, am besten mit einer Prise von Humor überbracht wird, dann winkt eine vielversprechende Laufbahn. Wie weit die oder der solchermaßen Befähigte mit diesem medialen Grundkapital kommt, ist allerdings eine andere Sache. [...]

(Zeichnung: Burkhard Mohr/CCC, www.c5.net)

Politiker müssen bereit sein, vor der Kamera bei den impertinentesten und einfältigsten Fragen die Fassung zu bewahren, sich schnöde unterbrechen zu lassen – kurz: alles das, was im Alltagsleben als ungebührlich gilt, kommentarlos und mit guter Miene über sich ergehen zu lassen. Die Rache nicht nur des TV-Mediums wäre gewiss, würde ungnädig darauf reagiert. Das Schmerzliche solchen Geschehens wird erst deutlich, wenn man bedenkt, dass dieselben Personen, die diese Situation auf sich nehmen, im Umgang mit ihrer Umgebung nicht selten ungeduldig und intolerant sind. Beides hat seinen guten Grund.

Hier geht es darum, aus der Konfrontation mit den Medien das Beste zu machen. Dort sind Zeitmanagement, Effizienz und die Trennung des Wichtigen vom Unwichtigen gefragt. Anders ausgedrückt: Wer bei einem laberhaften oder schlicht unverschämten Moderator oder Interviewer keine Nerven zeigt, versagt im Elektorat [Erwerb hohen Ansehens]. Im Fernsehmedium sind die schlichtesten Statements Trumpf. Sie haben die größte Breitenwirkung. Das Verhältnis der Politik zu den Medien ist symbiotisch [beide Seiten leben voneinander]. Das politische Ereignis als Nachrichtenstoff ist das tägliche Brot des Journalisten, in welchem Medium auch immer. Ohne die Medien hätten ambitionierte Politiker keine Stimme. Sie lassen sich inzwischen hier und dort bereits auf das Auftreten in Talkshows und anderen Unterhaltungssendungen ein, bei denen die Einschaltquote mit Sicherheit größer ist als bei Politmagazinsendungen und Programmen für einschlägig Interessierte.

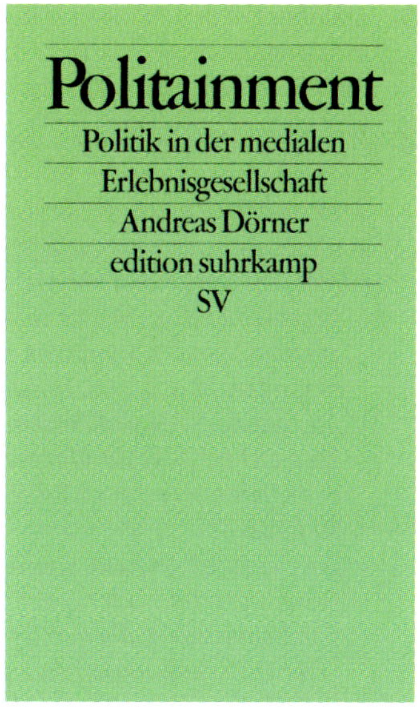

„Politainment bezeichnet eine bestimmte Form der öffentlichen, massenmedial vermittelten Kommunikation, in der politische Themen, Akteure, Prozesse, Deutungsmuster, Identitäten und Sinnentwürfe im Modus der Unterhaltung zu einer neuen Realität des Politischen montiert werden. Diese neue Realität konstituiert den Erfahrungsraum, in dem den Bürgern heutzutage typischerweise Politik zugänglich wird." (Dörner)

„Im Zeitalter des *Politainment* werden ... nicht nur Showgrößen zu politischen Meinungsführern, sondern Politiker auch zu Showgrößen. Sie sind im Angesicht des allgegenwärtigen Medienpublikums dringend darauf angewiesen, Bildschirmpräsenz zu zeigen. Politische Elite und Prominenz stellen sich heute als untrennbare Komponenten des öffentlichen Lebens dar. Politische Macht kann in der medialen Erlebnisgesellschaft mit ihrem demokratischen Massenmarkt nur generiert [hergestellt] und dauerhaft verankert werden, wenn sie medial wahrnehmbar ist. [...] Das knappe Gut der Aufmerksamkeit derjenigen, die zugleich Fernsehpublikum und Wählerschaft sind, lässt sich aber nur dann erobern, wenn man es mithilfe geschickter Inszenierungstechniken schafft, immer wieder präsent zu sein und die knappe Medienzeit möglichst markant zu nutzen. Wer diese Ressource erobert hat, kann sich dann auch im innerparteilichen Machtkampf leichter durchsetzen" (Andreas Dörner 2001: Politainment. Politik in der medialen Erlebnisgesellschaft, Frankfurt/M., S. 142; Politainment ist eine Wortverbindung aus „Politik" und „Entertainment"). [...]

Die *Visualisierung der Politik durch das Fernsehen* vermittelt kein realistisches Bild von den in der Regel mühsamen und langwierigen politischen Prozessen und von der Relevanz politischer Regelungsdetails. Was sich nicht in interessante, sprich unterhaltsame Bilder und kurze Statements fassen lässt, existiert für das Fernsehmedium nicht. Der Unterhaltungseffekt konsumiert die realitätsnahe Information. Die politisch Informierten bleiben letztlich unter sich. Es handelt sich weitgehend um jene, die beruflich mit der Politik zu tun haben.

Die publizitätsdurstigen Spitzenpolitiker jedoch instrumentalisieren das Medium, um in aller Öffentlichkeit Fakten zu schaffen, die von Problemen ablenken, denen sich keine günstigen Meldungen abgewinnen lassen.

(Jürgen Hartmann, Das politische System der Bundesrepublik im Kontext, VS Verlag für Sozialwissenschaften, Wiesbaden 2004, S. 104 – 107)

1. *Erklären Sie den Hinweis, dass Politik „in einem modernen demokratischen Staat“ auf die „Vermittlung durch die Medien“ angewiesen ist (M 43a). Was will der Begriff der „Mediatisierung“ darüber hinaus zum Ausdruck bringen?*

2. *Für die Analyse und Beurteilung der in M 43b gegebenen Beschreibung und Bewertung des Auftretens von Politikern in Fernsehsendungen und des spezifischen Charakters solcher Sendungen wäre es hilfreich, wenn Sie sich z. B. eine bestimmte politisch geprägte Talkshow („Politik-Talk“) gemeinsam (oder doch jede[r] für sich zu Hause) ansehen und ihre Auswertung mit der Analyse von M 43b verbinden könnten.*
   - *Beschreiben Sie, welche spezifischen Fähigkeiten von Politikern in Fernsehdiskussionen besonders „gefragt“ sind. Können Sie Politiker nennen, die wegen ihrer besonderen „Fernsehtauglichkeit“ besonders häufig z. B. in Talkshows auftreten? Welche Probleme sehen Sie darin? Lassen sich noch andere Auswahlkriterien feststellen?*
   - *Zu welchen Zugeständnissen müssen Politiker häufig bereit sein, um sowohl den Erwartungen der Moderatorin/des Moderators gerecht zu werden als auch beim Publikum das eigene Image zu fördern?*
   - *Was versteht Andreas Dörner unter dem Begriff „Politainment“? Welche Elemente bestimmter Sendungen und/oder welche Verhaltensweisen von Moderatoren und Talkshow-Gästen lassen sich beobachten, die den Unterhaltungscharakter dieser Sendungen unterstreichen?*
   - *„Der Unterhaltungseffekt konsumiert die realitätsnahe Information“ (Z. 59f.). Diskutieren Sie diese Beurteilung. Können Sie auch positive Aspekte der Politikvermittlung in Talkshows nennen?*

Grundlegend für das genauere Verständnis der angesprochenen Prozesse und der damit verbundenen Folgen und Probleme ist die allgemeine Erkenntnis, dass die Medien nicht etwa die Wirklichkeit (also auch die politische Wirklichkeit) einfach abbilden (können), sondern dass sie zwangsläufig eine *eigene Wirklichkeit konstruieren*; sie sind deshalb nicht nur Beobachter und Berichterstatter über Politik, sondern auch „selbstständige politische Akteure“ (s. M 41).
Sie sollten daher nicht darauf verzichten, den folgenden Text, der den Charakter dieser Medienwirklichkeit anschaulich beschreibt, zu erarbeiten und die einzelnen Aspekte stichwortartig zusammenzustellen. Der Autor unterscheidet darin zwischen der „*Operationswirklichkeit*“ (der Wirklichkeit des Handelns, des „Operierens“ der Menschen/Politiker) und der *Medienwirklichkeit* (der von den Medien konstruierten Wirklichkeit).

M 44 Politisch wichtige Merkmale von Medienwirklichkeit – Warum Massenmedien zwangsläufig eine große politische Rolle spielen

Medienwirklichkeit kennzeichnet sich, politisch folgenreich, durch einige besondere Konstruktionsmerkmale und medienspezifische Darstellungszwänge, die Medienwirklichkeit *grundsätzlich* um jeden Charakter einer bloßen – und somit politisch ‚neutralen‘ – ‚Widerspiegelung‘ der Operationswirklichkeit bringen. Vier überaus wichtige, politisch höchst problematische Folgen einiger **Konstruktionsmerkmale von Medienwirklichkeit**, die sich aus funktionslogisch völlig vernünftigen Gründen ergeben, sind wie folgt in Rechnung zu stellen:

- Nicht alles, was geschieht und im Prinzip berichtenswert wäre, hat die gleiche Chance, in den Massenmedien tatsächlich mitgeteilt zu werden. Zunächst einmal unterhalten viele Medien kein oder kein allzu ausgedehntes politisches Korrespondentennetz, weswegen sie für ihre politische Berichterstattung von einer vergleichsweise kleinen Gruppe von *Nachrichtenagenturen* und Film- bzw. Bilderdiensten abhängen. Was nicht von einer Nachrichtenagentur verbreitet, also zuvor von deren Journalisten aufgegriffen wurde, hat darum im Grunde schon keine sonderliche Chance mehr, ein Publikum zu erreichen. Innerhalb des im Prinzip Berichtbaren orientieren sich sodann viele Massenmedien an besonders prestigeträchtigen oder wirkungsvollen ‚*Leitmedien*‘, sodass deren Journalisten übergroßer Einfluss zukommt. [...]

‚Läuft‘ dann erst einmal ein Thema, so kommt es leicht zum Phänomen des ‚Rudeljournalis-

Die Art und Weise, wie ein Ereignis in das mediale Interesse rückt und wie seine Aufarbeitung erfolgt, hängt von den medialen Selektions- und Transformationskriterien ab. Die journalistischen Motive spielen dabei eine ebenso große Rolle wie die verfügbaren Darstellungsformate. Die **Darstellungsformate** sind wesentlich von den technischen Bedingungen bestimmt. Für den *Printbereich* kann es eine wichtige Frage sein, ob ein Beitrag mit einem Bild ergänzt werden kann oder ob für Bild und Textlayout Farbdruckverfahren möglich sind. Im *Hörfunkbereich* müssen Texte auf Hörgewohnheiten hin redigiert werden und im *Fernsehen* schließlich stellt sich die Frage nach den verschiedensten Kombinationen von audiovisuellen Elementen aus verschiedensten Quellen. [...]
Die **redaktionelle Linie** dient der Grundausrichtung der Berichterstattung, z.B. an der politischen Präferenz des Herausgebers, an den Interessen der Stammleserschaft usw. Um darüber hinaus in der Flut täglicher Ereignisse und Meldungen Wesentliches vom Unwesentlichen zu unterscheiden, orientieren sich die Mitarbeiter in den Redaktionen an **Nachrichtenfaktoren**. Je mehr dieser Faktoren ein Ereignis erfüllt, umso größer ist seine Chance, in die Berichterstattung einbezogen zu werden. „Nachrichtenfaktoren sind journalistische Kriterien, mit denen zwischen berichterstattenswerten und nichtberichterstattenswerten Ereignissen unterschieden wird. [...] Journalisten treffen diese Entscheidung auf Basis persönlicher und sozialer Werthaltungen, beruflicher Normen sowie organisatorischer Zwänge. Die wichtigste Grundlage der Auswahlentscheidung bilden Ereignismerkmale, die Nachrichtenfaktoren. Aus ihnen kann der Nachrichtenwert bestimmt werden." (in Anlehnung an: Helmut Scherer: Nachrichtenfaktoren, in: Otfried Jarren/Ulrich Sarcinelli/Ulrich Saxer [Hg.], Politische Kommunikation in der demokratischen Gesellschaft. Ein Handbuch mit Lexikonteil, Westdeutscher Verlag, Wiesbaden 1998). Die tabellarische Zusammenfassung gibt einen Überblick über einige zentrale Nachrichtenfaktoren.

(Winand Gellner/Armin Glatzmeier, Macht und Gegenmacht. Einführung in die Regierungslehre, Nomos Verlagsgesellschaft, Baden-Baden 2004, S. 344 – 346)

Nachrichtenfaktoren	Fragezusammenhang
Status; Bezug auf Eliten	Betrifft das Ereignis Personen des allgemeinen Interesses, des öffentlichen Lebens oder solche mit einem anderen relevanten Status? (Gerhard Schröder, Angela Merkel, Dieter Bohlen)
Valenz	Eine hohe Wertigkeit des Ereignisses besteht etwa bei umstrittenen Themen.
Relevanz; Bedeutsamkeit	Hierbei geht es um die Tragweite des Ereignisses. Die Relevanz ist z.B. dann hoch, wenn viele Personen von einem Ereignis betroffen sind. (Hartz IV)
Identifikation	Kann der Leser/Adressat einen persönlichen Bezug zum Thema herstellen? (Einzelfallbeispiel; ein Arbeitsloser stellvertretend für viele; ist das Publikum etwa als Verbraucher selbst betroffen?)
Konsonanz	Hat das Ereignis Auswirkungen auf andere wichtige Themen? (Politische Situation im Irak hat u.a. Einfluss auf die Ölpreisentwicklung.)
Dynamik	Zeichnet sich das Ereignis durch besondere Aktualität, einen überraschenden Verlauf oder Ähnliches aus? (unerwartete bzw. besonders schnelle Entwicklung)
Frequenz	Findet das Ereignis in regelmäßig wiederkehrenden Abständen statt? (regelmäßige Veranstaltung und v.a. Jubiläen, aber auch wiederholte Überschwemmungen, Dürren, Unfallschwerpunkte)
Kontinuität	Handelt es sich um ein zeitlich ausgedehntes Phänomen? (Festhalten an umstrittenem Reformkurs, Festhalten an Bewährtem)
Personalisierung	Kann eine konkrete Person stellvertretend für einen abstrakten Zusammenhang oder eine Kollektivmeinung präsentiert werden? (Münte-Effekt; „Merkel für Steuersenkung", gemeint ist aber nicht die Parteivorsitzende Angela Merkel, sondern die CDU)
Negativismus	Zeichnet sich ein Ereignis durch besonders schlimme Wirkungen oder Nebenwirkungen aus, oder werden solche befürchtet? (Hartz IV) Ist ein Verhalten moralisch verwerflich? (Korruption)

mus', insofern nämlich im Grunde alle Journalisten sich den gleichen Inhalten widmen, und zur selben Zeit vieles andere Wichtige weitgehend unbeachtet bleibt. [...]

- *Besonderen Informations- und Nachrichtenwert* hat – neben dem offensichtlich Wichtigen und vermutlich Folgenreichen – stets das *Unübliche*, das *aus dem Rahmen Fallende*, und somit auch das *Neue* und das *Schlechte*. *Vernünftigerweise* von solchen Auswahlgrundsätzen geprägt, kann Medienwirklichkeit gar nicht anders, als ein entsprechend *verschobenes* Bild der Operationswirklichkeit zu zeichnen. Dieses wird dann allerdings, und zwar meist ohne dass jene ‚Verschiebung' bedacht wird, zur Grundlage persönlicher und gesellschaftlicher Wahrnehmungs- bzw. Redewirklichkeit. [...]

- Ein Sonderproblem dieser durchaus rationalen Auswahlpraxis massenmedialer Berichterstattung ist ihr *'Negativismus'*. Systematische Medieninhaltsanalysen zeigen seit Jahren, dass bei der Berichterstattung über Politiker, über politische Parteien, über politische Institutionen und über konkrete Politikprozesse die meisten Meldungen und Kommentare in den Massenmedien zwar neutral sind, dass die Anzahl der Meldungen über Schlechtes und negativer Kommentare bei der Politikberichterstattung aber die Anzahl der Meldungen über Gelingendes und positiver Kommentare fast immer deutlich übersteigt. Die Folge dessen ist aus demoskopischen Untersuchungen seit langem bekannt: Die Lage in der eigenen Lebenswelt, die man aus persönlicher Erfahrung kennt, wird stets als wesentlich besser eingeschätzt als die allgemeine Lage, über die man aus der Medienwirklichkeit und der von dieser geprägten Redewirklichkeit erfährt. [...]

Wenn nun also Menschen *die allgemeine Lage als schlechter einschätzen als ihre persönliche Lage,* dann führen sie das in der Regel nicht auf jene Medienwirklichkeit zurück, anhand welcher sie zu ihrem Urteil kommen; vielmehr glauben sie meist wirklich daran, die allgemeine Lage sei schlechter als ihre persönliche. Für die vermutete Überdurchschnittlichkeit ihrer eigenen Lage sind sie oft dankbar; nicht selten führen sie derlei auf Glück oder die eigene Tüchtigkeit zurück. Ebenso gibt es dafür, dass die Lage außerhalb der eigenen Lebenswelt klar schlechter ‚ist' als die eigene Lage, einen Verantwortlichen: nämlich die Politik. Ihr wird die Schuld an den verbreiteten Missständen natürlich umso eher zugeschrieben, je mehr Politiker ... die Lösung im Grunde aller wirtschaftlichen und gesellschaftlichen Probleme durch die Mittel der Politik versprechen. Wenn nun aber die allgemeinen Zustände gemeinhin überhaupt nicht so schlecht sind, wie das die Bürger auf der Grundlage der von ihnen genutzten Medienwirklichkeit vermuten, [...] dann wird offenbar ‚der Politik' oft ganz zu Unrecht ‚Versagen' vorgeworfen. [...]

- Massenmedien können zwar nur sehr eingeschränkt beeinflussen, wie über etwas gesprochen und geurteilt wird, sehr wohl aber, worüber gesprochen und geurteilt wird (*‚agenda setting'*). Solche Themen stehen dann auf der Agenda* einesteils öffentlicher politischer Diskurse, andernteils politischer Handlungsaufgaben. Massenmediale Nachrichtengebung und öffentliche Diskussionen haben aber Eigendynamik. Sobald kaum mehr Neues zu melden ist, wenn alles mehrfach berichtet und kommentiert wurde, dann ist ein Thema gewissermaßen ‚abgegrast'. Auch verliert sich öffentliches Interesse, falls nur noch wenig Personalisierbares, Dramatisierbares, Skandalisierbares zu erfahren ist. Themen beenden dann sozusagen eine Karriere, die kometengleich begonnen haben mag. Über ein solches Thema als Journalist oder gar als Politiker dann weitere Meldungen ‚durchzubekommen', kann nachgerade unmöglich werden – einesteils, weil das Thema wirklich niemanden mehr interessiert, andernteils, weil inzwischen neue Themen die journalistische Aufmerksamkeit und den Platz in Zeitungen, die Zeit in Hörfunk- und Fernsehsendungen beanspruchen. [...]

(Werner J. Patzelt, Einführung in die Politikwissenschaft, Wissenschaftsverlag Richard Rothe, 5. Auflage, Passau 2003, S. 393 – 396)

agenda setting (engl.: Festlegung der Tagesordnung): Für den Bereich der Massenmedien geht die „agenda-setting-Theorie" davon aus, dass die Medien durch die Auswahl der Themen und Nachrichten (Berücksichtigung bzw. Nichtberücksichtigung bestimmter Themen) die politische Meinungsbildung und Entscheidungsfindung stark mitbestimmen.

(Autorentext)

Beachten Sie bei der Erarbeitung und Analyse von M 44 auch die folgenden Fragen:

- *Welche beiden Faktoren führen dazu, dass nur bestimmte Themen in den Massenmedien Berücksichtigung finden, andere nicht? Was versteht der Autor unter „Rudeljournalismus"?*
- *Inwiefern liefert die Medienwirklichkeit immer ein „verschobenes Bild' von der Operationswirklichkeit? Warum bezeichnet der Autor die „Auswahlpraxis" der Medien als rational und „vernünftig"? Welche Konsequenzen hat das für die Wahrnehmung und Beurteilung von Politik?*
- *Worin liegt das besondere Problem des „Negativismus" der Nachrichtenauswahl? Was bedeutet dieses Prinzip für die Beurteilung von Politik durch die Bevölkerung?*
- *Was besagt die „agenda setting*"-Funktion der Medien? Wovon hängt es ab, ob ein bestimmtes Thema Karriere macht oder nicht? Warum nehmen i.d.R. Zufriedenheit und Vertrauen der Bürger in Wahlkampfzeiten zu, nach der Wahl aber wieder deutlich ab?*

M 45 Politik und Medien – Wer besitzt die größere Macht?

Mit dem folgenden Text wollen wir abschließend noch einmal der zentralen Frage nachgehen, die sich mit dem Thema dieses Abschnitts stellt (s. Überschrift zu M 45). Der Text berichtet über die Diskussion in den Politik- und Kommunikationswissenschaften, die sich in ihren Untersuchungen an bestimmten *Modellen* über die Beziehungen zwischen Politik und Medien orientieren. Zu Beginn Ihrer Erarbeitung sollten Sie den Charakter und die Funktion von Modellen (der im Text verwendete Begriff *Paradigma** entspricht in etwa dem des Modells) klären (vgl. dazu S. 18, Text zu M 5a).

Die Beziehung zwischen Politik und Medien beschäftigt Politik-, Kommunikations- und Medienwissenschaft nachhaltig. Besonders die Frage, welche der beiden Seiten in diesem Beziehungsgeflecht die größere Machtposition einnimmt bzw. einnehmen soll. [...]

Das **Instrumentalisierungsparadigma** geht davon aus, dass ein Dominanz-Dependenz-Verhältnis zwischen den Medien und den politischen Akteuren besteht. Es sind dabei *zwei Ausprägungen* möglich, die beide in der Wissenschaft vertreten werden.

Eine Position vertritt die **Dominanz** [„Herrschaft] **der Massenmedien über die Politik.** Das Verhältnis zwischen Medien und Politik ist mediendominiert und durch eine asymmetrische funktionale Abhängigkeit gekennzeichnet. Das heißt, die Medien sind zwar weiterhin auf Nachrichten und Informationen aus der Politik angewiesen, doch überwiegt die Abhängigkeit der Politiker von den Medien. Diese benötigen in der medial vermittelten Repräsentativdemokratie Kommunikationskanäle und Präsentationsforen, um den Kontakt mit der Gesellschaft aufrechtzuerhalten und sich, wie z. B. im Wahlkampf, selbst zu positionieren. Damit werden die Medien faktisch zu Akteuren und Machtinhabern („Mediokratie-Modell"; s. Kasten).

Die zweite Position vertritt die **Dominanz der Politik über die Medien**. Die Annahme lautet, dass das Massenkommunikationssystem gegenüber dem politischen System an Autonomie verloren hat. Die Politik hat erfolgreiche Instrumentalisierungsmechanismen entwickelt, um die Medien in den eigenen Dienst zu stellen, und setzt diese als Steuerungsinstrumente bei der Legitimation des politischen Handelns ein. Die Instrumentalisierung erfolgt über direkte und vor allem über indirekte Einflussnahme auf die Medien. Mit der Professionalisierung der eigenen Presse- und Öffentlichkeitsarbeit (PR; vgl. M 41) und „persuasiven [„überredenden"] PR-Strategien" gelingt es den politischen Akteuren, die Selektionsmechanismen [Methoden der Auswahl und Steuerung] der Journalisten erfolgreich außer Kraft zu setzen („Top-down-Modell"; s. Kasten S. 90).

Problematisch an diesem Ansatz [der Instrumentalisierung] ist:

- Einerseits *Überbewertung der medialen Macht* – eine so dominante Stellung würde voraussetzen, dass die Medien geschlossen als neutrale Akteure den parteipolitischen Akteuren gegenüberstehen. Jedoch favorisieren einzelne Medien bestimmte Parteien, denen sie deshalb auch bereitwilliger als Kanal dienen. Auch personelle Kontakte zwischen Journalisten und Politikern tragen dazu bei, dass sich die Politik nicht bei den Medien anbiedern muss.

Das Mediokratie-Modell
Obwohl schon der Begriff umstritten ist, so ist doch klar: Mediokratie meint, dass die heutigen Massenmedien mindestens als „Vierte Gewalt" mitherrschen, möglicherweise sogar eine Art Übergewalt gewonnen haben. Sie bestimmten die politische Agenda [„Was zu tun ist", „Tagesordnung"] gegenüber den Politikern nach „oben" und gegenüber dem Publikum nach „unten" (*vgl. Abb.*). Sie machten aus sachlicher Information seichte Unterhaltung, sie personalisierten die Politik durch den Zwang des Fernsehens zur Visualisierung prägnanter Personen.

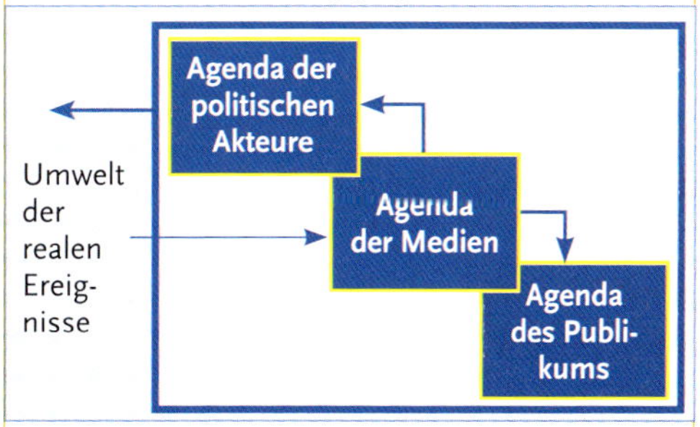

© U. v. A. 1996

(Ulrich von Alemann, Parteien und Medien, in: Oscar W. Gabriel/Oskar Niedermayer/Richard Stöss [Hrsg.], Parteiendemokratie in Deutschland, Bundeszentrale für politische Bildung, Bonn 2001, S. 475)

● Andererseits *Unterbewertung der medialen Macht* – ein solches Übergewicht der politischen Akteure bei der Besetzung der Agenda würde voraussetzen, dass (a) politische Rahmenbedingungen die freie Entfaltung der Medien behindern würden oder (b) die Akteure der Polit-PR das Register des Journalismus besser zögen als die Journalisten selbst. Die Option (a) scheidet in freiheitlichen Demokratien in der Regel aus. Die Option (b) geht davon aus, dass die Journalisten nicht in der Lage sind, PR-Strategien zu durchschauen, und wirft damit ein recht schlechtes Bild auf den gesamten Berufsstand, das in diesem Umfang sicher verfehlt sein dürfte.

Das **Interdependenz- und Symbiose-Paradigma**, das heute überwiegend vertreten wird, geht von einer komplexen Interaktion und gegenseitigen Durchdringung zwischen Medien und Politik aus. Dieses Verhältnis ist geprägt durch wechselseitige Abhängigkeit und gegenseitige Anpassung. In Tauschprozessen wird „Information gegen Publizität – und umgekehrt – eingetauscht". Aus dieser wechselseitigen Abhängigkeit entsteht eine Verflechtung mit klaren Rollenverteilungen und etablierten Regeln und Verhaltenskodizes.

(Winand Gellner/Armin Glatzmeier, Macht und Gegenmacht. Einführung in die Regierungslehre, Nomos Verlagsgesellschaft, Baden-Baden 2004, S. 354 – 356)

Das Top-down-Modell

Das Top-down-Modell geht von einer Hierarchie* oder einer Kaskade des politischen Kommunikationsprozesses aus (*vgl. Abb.*). Die Parteipolitiker auf der obersten Stufe fällen politische Entscheidungen und geben damit Impulse an die „reale Welt". Sie verabschieden Haushalte, machen Gesetze, geben Subventionen*, regeln und steuern in den gegebenen (engen) Spielräumen. Sie erzielen damit Wirkungen, die sie als Rückkoppelung zurückempfangen. Sie bilden somit eine politische Agenda, die sie an die Medien nach unten weitervermitteln, die ganz von dieser Informationszufuhr abhängig sind. Die Medien vermitteln diese Agenda weiter nach unten an das allgemeine Publikum.

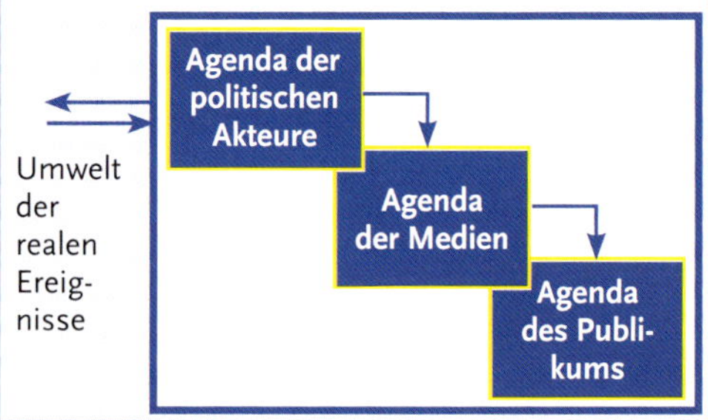

© U. v. A. 1996

(Ulrich von Alemann [s. o.], S. 471)

1. *Bemühen Sie sich, die in abstrakt-wissenschaftlicher Sprache gehaltene Beschreibung und kritische Würdigung der Beziehungsmodelle mit eigenen Worten zu erläutern und die verwendeten wissenschaftlichen Fachbegriffe zu „übersetzen". Sie können dabei Bezug nehmen auf die in den vorangehenden Materialien näher beschriebenen Aspekte.*
2. *Stellen Sie die kritischen Einwände gegen die beiden Modelle deutlich heraus, nach denen Politik und Medien sich jeweils als Werkzeug zur Durchsetzung ihrer je eigenen Interessen benutzen („Instrumentalisierungsthese").*
3. *Erläutern Sie das von der Mehrheit der Wissenschaftler vertretene Modell der gegenseitigen Abhängigkeit (Interdependenz) und Symbiose (Zusammenleben gegensätzlicher Elemente zum gegenseitigen Nutzen). Entwerfen Sie eine eigene grafische Darstellung dieses Modells.*
4. *Nehmen Sie aus Ihrer Sicht (auf dem Hintergrund der Arbeitsergebnisse zu den vorangehenden Materialien und ggf. eigener Beobachtungen) zu den einzelnen Modellen Stellung.*
5. *Vielleicht können Sie den/die Chefredakteur(in) einer örtlichen oder regionalen Tageszeitung zu einer* ***Expertenbefragung*** *(s. Anhang S. 571) in den Unterricht einladen und nach seiner/ihrer Einschätzung z. B. der in M 44 und M 45 angesprochenen Aspekte und Probleme befragen.*

V. Regieren die Verbände? Stellung und politischer Einfluss von Interessenorganisationen in Deutschland

1. Verbände in Deutschland – Arten, Funktionen, Machtpotenzial

M 46 „Verbände allerorten"

Der Wecker klingelt. V. Erband wacht auf. Er geht ins Badezimmer, um sich zu waschen und die Zähne zu putzen, und freut sich über die neue Sanitärausstattung. Das Wasser ist mal wieder viel zu kalt! Er zieht sich an und überlegt dabei, ob seine leichte Bekleidung wohl ausreichen wird. Beim Frühstück genießt er Fruchtsaft und ein frisches Brötchen. Er schlägt die Zeitung auf und wirft einen Blick auf die Überschriften: „Streik in der Metallindustrie! Greenpeace besetzt Mülldeponien! Rotes Kreuz sucht Blutkonserven! Bauernverband fordert Entschädigungen wegen Frost!"

Nachdenklich schlägt Herr V. Erband die Zeitung wieder zu. Verbände allerorten: Sie fordern, schlagen vor, mahnen, informieren, schützen, drohen, besetzen, versprechen, beeinflussen, unterstützen, klagen oder begrüßen. Sie begleiten uns von der Geburt (*Deutsche Gesellschaft für Gynäkologie und Geburtshilfe*) bis zum Friedhof (*Bund deutscher Friedhofsgärtner*), bei der Arbeit und in der Freizeit, von der Gemeinde bis zur UNO, von morgens bis abends: beim Aufstehen,

Waschen, Ankleiden, Frühstücken, während der Fahrt zum Dienst, am Arbeitsplatz, in der Familie, bei Hobby und Spiel, bei Weiterbildung und Urlaub. Fast alles ist organisiert und verbandlich abgestützt.

Wir leben in einer organisierten Gesellschaft, ohne dabei immer darauf zu achten, dass wir ständig von Verbänden umgeben sind. Es wird einem jedoch schnell bewusst, wenn man sich bei der Zeitungslektüre oder den Fernsehnachrichten, am Arbeitsplatz oder beim Einkaufen, in der Freizeit oder in der Familie nicht nur fragt, welche Verbände oft genannt werden, sondern auch überlegt, ob es irgendeinen Bereich oder eine private Tätigkeit gibt, um die sich kein Verband kümmert. Die Prognose sei gewagt, dass es schwer sein dürfte, fündig zu werden. [...]

Wenn also V. Erband [...] im Jahre 2010 zu Bett geht, so wird sein Tagesablauf wohl nicht grundsätzlich anders gewesen sein als 1996: Er wird auf dem Weg zur Arbeit mit dem Auto (als Mitglied des *ADAC*) oder mit der Bahn (als Mitglied von *PRO BAHN e.V.*, der Interessenvertretung der Fahrgäste öffentlicher Verkehrsmittel) von seinen Verbänden unterstützt, während der Arbeit von seiner Gewerkschaft geschützt. Er wird sich in der Freizeit in Sportvereinen, gesellschaftspolitischen Verbänden und kulturellen Vereinigungen betätigen. Wer zählt die Verbände, nennt die Namen, die an einem Tage mit V. Erband zusammenkamen? Geht er schließlich abends ins Bett, schaltet er gewissenhaft alle Lichter im Haus aus, denn er ist auch Mitglied im *Bund der Energieverbraucher e.V.* Verbände sind in unser aller Leben eben einfach unvermeidlich.

(Ulrich von Alemann, in: Informationen zur politischen Bildung Nr. 253: Interessenverbände, 4. Quartal 1996, Bonn 1996, S. 345)

M 47 Interessenorganisationen in Deutschland im Überblick

M 47a Verbände und Vereine

Nach Angaben der Deutschen Gesellschaft für Verbandsmanagement e.V. (DGVM), einer Art Dachverband der Verbände, gibt es in der Bundesrepublik gut 13 900 Verbände, in denen sich Einzelpersonen oder Körperschaften freiwillig zur Verfolgung gemeinsamer Zwecke und Interessen zusammengeschlossen haben. Sie verfügen meist über eine feste interne Organisationsstruktur und werden zu etwa zwei Dritteln von Hauptamtlichen – d. h. also professionell – geführt.

Diese Verbände sind in der Sache, obwohl sie der Rechtsform nach zumeist Vereine sind, nicht mit den rund 540 000 eingetragenen Vereinen (e.V.) zu verwechseln. Diese dienen in aller Regel der gemeinsamen Betätigung ihrer Mitglieder (z. B. Gesellschafts-, Kultur- oder Sportvereine), werden normalerweise nebenamtlich geführt und haben den Schwerpunkt ihrer Aktivitäten nicht auf der Vertretung partikularer Interessen nach außen. Nach Tätigkeitsfeldern und Interessengebieten lassen sich die deutschen Verbände wie folgt unterteilen:

Begriffe im Vergleich	
Organisiertes Interesse	– Alternativer Begriff für Interessengruppe, Interessenorganisation – Kombination aus • *Organisation:* Ordnung von arbeitsteilig und zielgerichtet miteinander arbeitenden Personen und Gruppen • *Interesse:* individuell/materiell/ideell
Pressure group	Betonung des *konfliktiven Verhältnisses:* Ausübung von Druck als Vorgehensweise zur Durchsetzung des Eigeninteresses
Verband	Betonung einer *festen organisatorischen Struktur* über einen langen Zeitraum hinweg: • bürokratischer Apparat • Prinzip von Führung und Gefolgschaft • *Zweck:* Einflusssicherung auf Politik und verbesserte Durchsetzbarkeit
Verein	im Bereich der Freizeit angesiedelte, freiwillig gegründete Organisationen, meist ohne politischen Hintergrund
Lobby / Lobbying	• Ursprünglich: Lobby als Vorraum des Parlaments • Form der „inneren Beeinflussung“: Vordringen der Verbandsvertreter in Institutionen • Einflussnahme besonders durch einflussreiche und vermögende Verbände

(Martin Sebaldt/Alexander Straßner, Verbände in der Bundesrepublik Deutschland, VS Verlag für Sozialwissenschaften, Wiesbaden 2004, S. 23)

1. Arbeit und Wirtschaft (7 594 Verbände)
2. Gesellschaft und Politik (1 818 Verbände)
3. Freizeit und Kultur (981 Verbände)
4. Bildung und Wissenschaft (1 281 Verbände)
5. Gesundheit und Soziales (2 267 Verbände)

(Redaktion Wochenschau; Daten nach: Homepage des Deutschen Verbände Forums [www.verbaende.com/], Stand: 2004; zit. nach: Wochenschau II, Nr. 3/4, Mai-August 2005, S. 167)

M 47b Verbände informieren

Adressarchiv - Verbände und Organisationen

Hier finden Sie die aktuellen **Adressen von über 12.000 Verbänden und Organisationen** in Deutschland.

Geben Sie einen Suchbegriff ein:

Suche starten ▶

- Erweiterte Suche
- Linkliste
- Neueintrag
- Nutzungshinweise

Pressemitteilungen der Verbände

Montag, 26.1.2004

Tagesaktuelle Pressemitteilungen und Statements deutscher Verbände und Organisationen.
22959 Pressemitteilungen im Nachrichtenbereich und Archiv

(http://www.verbaende.com/index.htm)

1. *„Verbände allerorten" heißt es in M 46. Überprüfen Sie, inwieweit Sie in der Familie, in der Schule und im Freizeitbereich in direkter oder indirekter Form mit Verbänden zu tun haben. Welche der durch ihre Logos vorgestellten Verbände (S. 91) sind Ihnen (aus welchem Zusammenhang?) bekannt?*

2. *Die große Zahl und die Vielfalt der Interessenverbände in Deutschland sind beeindruckend. Erläutern Sie die Kategorien, nach denen die Übersicht (M 47c) eingeteilt ist, und machen Sie an Beispielen klar, warum die Zuordnung im Einzelnen schwierig sein kann. Welche Interessen vertritt z. B. der ADAC, der gleichzeitig Autofahrer-/Verbraucherverband, Autosportclub, Reiseunternehmen und Dienstleistungsorganisation ist?*

3. *Was unterscheidet Freizeitvereinigungen, wie z. B. Gesangsvereine, von „Verbänden" (M 47a)? Zu weiteren Begriffen, die im Zusammenhang mit dem Thema „Verbände" verwendet werden (Lobby, pressure group usw.), s. Kasten S. 92.*

4. *Die Übersicht M 47c (S. 94) ist nach etwas anderen Gesichtspunkten geordnet als die Einteilung in M 47a. Verschaffen Sie sich einen Überblick und nennen Sie diejenigen Organisationen, mit denen Sie Ihrer heutigen Einschätzung nach in Ihrem zukünftigen Leben etwas (oder nichts) zu tun haben könnten.*

5. *Anhand des Internet-Informationsangebots der Verbände (M 47b) können Sie ggf. nähere Informationen einholen.*

M 47c Interessenorganisationen in Deutschland

I. Interessenorganisationen im Wirtschafts- und Arbeitsbereich

1. Unternehmens- und Selbstständigenorganisationen
a) Branchenverbände:
- „Bundesverband der Dt. Industrie" (BDI) mit 35 Branchenv., u. a. „V. Dt. Maschinen- u. Anlagenbau" mit 3 000, „V. der Chemischen Industrie" mit 1 600 und „Zentralv. Elektrotechnik- u. Elektronikindustrie" mit 1 441 M.; insges. über 300 Fachv. u. Arbeitsgemeinschaften u. ca. 80 000 M.
- Handwerksverbände wie „Bundesverband Metall" mit 15 Unterorg. u. 22 869 M., „Zentralv. Dt. Elektro- u. Informationstechnischen Handwerke" mit 20 Unterorg. u. 42 500 M. oder der Augenoptiker, Zahntechniker u. a.; Zentralv. mit 117 Unterorg.; örtl. Handwerkerinnungen.
- „Dt. Bauernverband" mit 65 assoziierten Unterverbänden (z. B. der Winzer u. der Imker) und rd. 1 Mill. M.
- „Bundesverband der Freien Berufe" mit zahlreichen Mitgliedsv., darunter der Ärzte (u.a. „Hartmannbund" mit 61 899, „Marburger Bund" mit 73 411 M.), Ingenieure, Architekten u. Anwälte
- „Hauptv. des Dt. Einzelhandels" mit 46 Einzelv. u. 100 000 M., „Bundesverband des Dt. Groß- u. Außenhandels" mit 80 Einzelv. und 124 000 M.
- Verbände der Banken, Sparkassen, Handelsvertreter, Reeder, Makler, Hoteliers, des Straßenverkehrsgewerbes
- „Arbeitsgemeinschaft Selbstständiger Unternehmer" (ASU) mit 6 850 M.

b) Kammern: 83 Industrie- u. Handelskammern, 55 Handwerks-, 10 westdt. Landwirtschaftskammern a), Berufskammern der Ärzte, Notare, Tierärzte u. Zahnärzte (letztere mit 17 Unterorg. u. 75 000 M.)

c) Arbeitgeberverbände: „Bundesvereinigung der Dt. Arbeitgeberverbände" mit 52 Mitgliedsv. u. rd. 1 000 Arbeitgeberv.

2. Arbeitnehmerverbände
a) „Dt. Gewerkschaftsbund" (DGB) mit 8 Einzelgewerkschaften u. insgesamt 7 772 795 M., darunter in den Gewerkschaften (in tsd. M.): Bauen, Agrar, Umwelt 490/Bergbau, Chemie, Energie 823/Transnet 295/Erziehung u. Wissenschaft (GEW) 264/Vereinte Dienstleistungsgewerkschaft (Ver.di) 2 770/Metall (IGM) 2 650/Nahrung, Genuss, Gaststätten (NGG) 245/Polizei (GdP) 191
b) Sonstige Gewerkschaften und Arbeitnehmerverbände:
- „Dt. Beamtenbund" mit 47 Unterverb. (wie „Dt. Polizeigewerkschaft" mit 85 000 M.) u. insgesamt 1 300 000 M.
- „Christlicher Gewerkschaftsbund" (CGB) mit 14 Unterv. u. 304 708 M.
- „Union der Leitenden Angestellten" (ca. 50 000 M.)
- „Dt. Journalistenv." mit 33 000 M.
- „Dt. Bundeswehr-Verband" mit 240 000 M.
- „Katholische Arbeitnehmer-Bewegung" (KAB) mit ca. 300 000 M.
- „Vereinigung Cockpit" mit 6 000 M.

3. Verbraucherorganisationen
- 34 regionale „Verbraucherzentralen"
- „Pro Bahn" mit 4 600 M.
- „Allgemeiner Patientenverband" mit 1 588 M.

4. Berufsverbände
„Verein Dt. Ingenieure" (126 000 M.), „Dt. Hochschulv." der Professoren (18 500 M.), „V. der Geschichtslehrer Dtlds." (6 000 M.), „Berufsv. der Dt. Chirurgen" (13 000 M.), „Berufsv., Dt. Psychologinnen u. Psychologen" (16 000 M.) u.a.m.

II. Verbände im sozialen Bereich

1. Kriegsfolgenverbände
- „Sozialverband Deutschland" (500 000 M.)
- „Verband der Kriegs- u. Wehrdienstopfer, Behinderten u. Rentner" (VdK) mit rd. 1 Mill. M.
- „Volksbund Dt. Kriegsgräberfürsorge" (270 000 M.)
- „Verband der Heimkehrer, Kriegsgefangenen u. Vermisstenangehörigen Dtlds." (56 000 M.).
- „Bund der Vertriebenen" mit 41 Unterv. und „Landsmannschaften" (z. B. Schlesien mit 250 000, Sudetendeutsche Landsmannschaft mit 250 000 M.) u. insgesamt 2 Mill. M
- „Verband deutscher Soldaten" mit 80 000 M.

2. Wohlfahrtsverbände
- „Dt. Rotes Kreuz" mit 5,0 Mill. M. (1996: 42 000 hauptberufliche Mitarbeiter)
- „Arbeiterwohlfahrt" mit 650 000 M. (1996: 69 000 Mitarbeiter)
- „Arbeiter-Samariter-Bund" mit 1 643 499 M.
- „Dt. Caritasverband" mit Unterorg. wie „Malteser-Hilfsdienst" u. 650 000 M. (1996: 463 000 Mitarbeiter)
- „Diakonisches Werk der Evangel. Kirche in Dtld." mit 122 Organisationen (1996: rd. 400 000 Mitarbeiter)
- „Volkssolidarität" mit 456 109 M.

3. Sonstige Sozialverbände
- „Bund der Steuerzahler" mit 15 Unterorg. u. 428 000 M.
- „Dt. Mieterbund" mit rd. 1,3 Mill. M.
- „Haus und Grund Dtld." mit 21 Org.
- „Arbeitslosenverband Dtls." (5 500 M.)
- „Dt. Elternverein" (20 000 M.)
- „Weißer Ring" (70 000 Mitgl.)
- „Dt. Kinderschutzbund" (48 750 M.)
- „Lesbenring" (3 500 M.)
- „Dt. Gesellschaft für Humanes Sterben" (40 000 M.)
- „V. alleinerziehender Mütter u. Väter" (9 000 M.)
- „V. der Reservisten" (137 000 M.)
- „Demokratischer Frauenbund Deutschlands" (ehem. DDR, 10 500 M. 1997)

III. Bürgerinitiativen

Überwiegend örtl. Gruppen, meist raumbezogene Interessen vertretend. „Bundesverband Bürgerinitiativen Umweltschutz" (BBU) mit 150 Org. und 200 000 M.

IV. Vereinigungen im Freizeitbereich

- „Dt. Sportbund" (DSB) mit Spartenv., darunter Fußballv., Schützenv. (1,6 Mill. M.). Turnerv.; insges. 26,8 Mill. aktive u. passive M.
- „Dt. Sängerbund" mit 1,8 Mill. M.
- „Allgemeiner Dt. Automobil-Club" (ADAC) mit 14,4 Mill. M.
- „Automobilclub von Deutschland" (AvD) mit 1,4 Mill. M.
- Studentische Verbindungen wie „Cartellverband der Kathol. Dt. Studentenverbindungen" (CV) mit 31 613 M., „Landsmannschaften" (15 000 M.)
- „Dt. Alpenverein" mit 620 000 M.

V. Politische u. ideelle Vereinigungen

- „Naturschutzbund Dtld." (250 000 M.)
- „Greenpeace" (517 000 M.)
- „Bund für Umwelt und Naturschutz Dtld." (BUND) mit 257 000 M.
- „amnesty international" (35 000 M.)
- „Internationale Gesellschaft für Menschenrechte" (3 046 M.)
- „Gesellsch. für bedrohte Völker" (8 200 M.)
- „Dt. Vereinigung für Politische Wissenschaft" (DVPW) mit ca. 1 400 M.
- „Domowina" (6 143 M.)
- „Dt.-Israelische Gesellschaft" (5 000 M.)
- „Dt. Friedensgesellschaft – Vereinigte Kriegsdienstgegner" (6 175 M.)

VI. Verbände öffentlicher Gebietskörperschaften

- „Dt. Städte- und Gemeindebund" mit kreisangehörigen Mitgliedsgemeinden
- „Dt. Städtetag" mit kreisfreien und anderen Städten
- „Dt. Landkreistag" mit den Landkreisen als Mitgliedern

a) Zahl der Kammern nach Stand 1998; M = Einzelmitglieder; Dt. = Deutscher(r); Org. = Organisationen; v. = verband/verein; rd. = rund

(Wolfgang Rudzio, Das politische System der Bundesrepublik Deutschland, Leske + Budrich Verlag, Opladen, 6. Aufl. 2003, S. 75ff.; Stand: 2002)

M 48 Die Bedeutung der Verbände im demokratischen System

Inwiefern und in welchem Ausmaß ist die konsequente Artikulation und Berücksichtigung dezidierter Einzelinteressen aus der Gesellschaft für eine gemeinwohlorientierte, demokratische Politik sinnvoll? Die Wahrnehmung organisierter Interessen als berechtigte und effektive Akteure der Politikgestaltung in demokratischen Gemeinwesen geht dabei auf die Pluralismustheorie zurück, wie sie insbesondere Ernst Fraenkel in den Fünfziger- und Sechzigerjahren entwickelt hat (s. M 10). Eine der Grundüberzeugungen Fraenkels ist dabei die Einsicht, dass Gemeinwohl* allenfalls *a posteriori* – also im Nachhinein, nach dem Austausch vorhandener gesellschaftlicher Standpunkte und Interessen – bestimmt werden könne und nicht als davon unabhängige Größe den staatlichen Institutionen schon *a priori* („von vornherein") ersichtlich sei (s. Kasten S. 106). Organisierte Interessen nehmen dabei also eine wesentliche Funktion ein. „Man könnte fast sagen, Pluralismus ist die Theorie organisierter Interessen überhaupt".

(Karl-Rudolf Korte/Manuel Fröhlich [= M 42], S. 118)

Die Aktivität organisierter Interessen ist in einem solchen politischen System geradezu notwendig und stabilisierend:

- Die freie *Artikulation* von Interessen stärkt die demokratische Legitimität (s. Kasten S. 15) der politischen Entscheidungen. Denn sie erleichtert es, gesellschaftliche Bedürfnisse wahrzunehmen und auf sie einzugehen. Während die Vielfalt gesellschaftlicher Interessen sich in einer Vielzahl von Interessenorganisationen widerspiegeln kann, wäre dies in wenigen politischen Parteien kaum möglich. [...]
- Die *Aggregierung* von Interessen, d. h. die Bündelung und Umformung spezieller Interessen durch größere Interessenorganisationen, soll zwar deren Durchsetzungsfähigkeit stärken, bedeutet aber für das politische System eine Komplexitätsreduktion [Verringerung der Komplexität, Vereinfachung], welche die Interessen überschaubar und damit verarbeitbar macht. Verbunden ist damit eine Entlastung von Einzelkonflikten, welche bereits innerhalb von oder zwischen Interessenverbänden ausgetragen werden (innerverbandliche Kompromisse, Tarifkonflikte).
- Indem Interessenorganisationen *an Entscheidungen beteiligt* sind, veranlasst sie dies – wollen sie künftig wieder als Verhandlungspartner berücksichtigt werden – zu einem integrativ-befriedenden Verhalten, nämlich zu der „Verpflichtungsleistung", „dass sie erzielte Verhandlungsergebnisse ihren Mitgliedern erläutern und ihnen vor allen Dingen klar machen, dass nicht mehr zu erreichen war" (vgl. Abb. 1).

Abb. 1: Doppelseitige Vermittlung von Entscheidungen durch Verbände

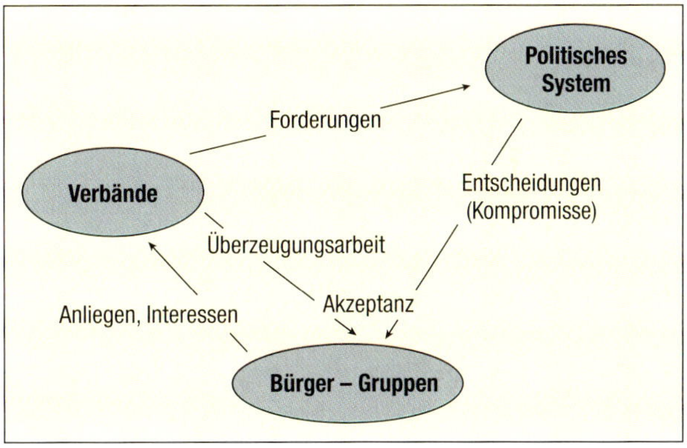

(Politik verstehen – Demokratie bejahen, Klaus Rothe, ISBN3-7892-8034-8, Olzog Verlag GmbH, München)

(Wolfgang Rudzio, Das politische System der Bundesrepublik Deutschland, Leske + Budrich, UTB, Opladen, 6. Aufl. 2003, S. 71f.)

Interessenartikulation stellt sich als komplexer zweistufiger Prozess dar (Abb. 2). Um der Wirklichkeit organisierter Interessen gerecht zu werden, muss allerdings an dieser Stelle auch der Hinweis darauf erfolgen, dass Interessengruppen nicht nur der Transformator [Übertrager] für die Wünsche der Mitglieder sind. Vielmehr entwickeln die *Führungsstrukturen* solcher Organisationen eine eigene Dynamik; das heißt, dass in der Verbandswirklichkeit Forderungen regelmäßig von *Funktionären* formuliert und öffentlich vertreten werden. Die Initiative muss also nicht notwendigerweise von der Basis ausgehen, wenngleich dies aus normativer, demokratietheoretischer Sicht vielleicht wünschenswert wäre. Die Verbandsfunktionäre sind vielmehr Treuhänder, „die auf Basis eines generalisierten [allgemeinen] Mandats“ Vorteile für ihr Klientel [Gesamtheit der Mitglieder] durchsetzen wollen, daneben aber auch eigene Interessen propagieren.

Abb. 2: Interessenartikulation als zweistufiger Prozess

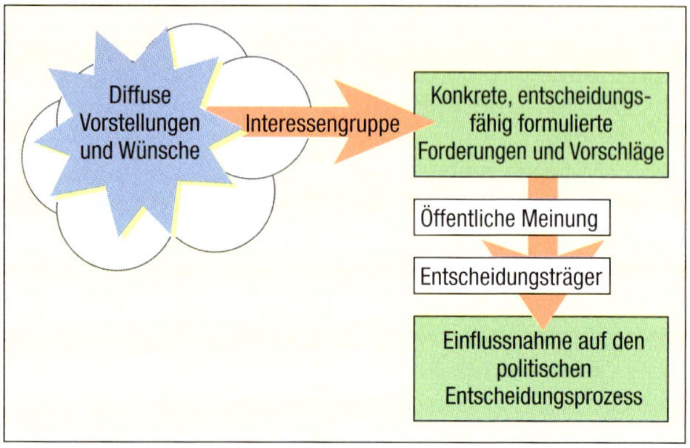

(Winand Gellner/Armin Glatzmeier, Macht und Gegenmacht. Einführung in die Regierungslehre, Nomos Verlagsgesellschaft, Baden-Baden 2004, S. 267)

M 49 Was Verbände von Parteien unterscheidet

Parteien	Verbände
Betätigung in allen politischen Bereichen	Betätigung in einzelnen politischen Bereichen (z. B. Wirtschaft, Verkehr, Umwelt)
Bündelung unterschiedlicher Interessen zu einer gesellschaftspolitischen Gesamtkonzeption	Artikulierung und Durchsetzung spezifischer (Partikular-)Interessen
Teilnahme an Wahlen	Veröffentlichung von Wahlempfehlungen
Beteiligung an Regierung (oder Opposition)	indirekte Einflussnahme auf die Regierung (die Opposition)
umfassende politische Beteiligung	begrenzte politische Beteiligung
gesetzliche Verpflichtung zur innerparteilichen Demokratie	keine Verpflichtung zur innerverbandlichen Demokratie
Mitwirkung an der politischen Willensbildung des Volkes (GG Art. 21.1)	Wahrung und Förderung der Arbeits- und Wirtschaftsbedingungen (GG Art. 9.3)
Unmittelbares politisches Handeln in allen Politikbereichen	Mittelbares politisches Handeln in einzelnen Politikbereichen

(Gerhart Maier, Was ist Politik?, in: Thema im Unterricht 13, hg. von der Bundeszentrale f. politische Bildung, Bonn 1998, Lehrerheft, S. 16)

1. *Machen Sie deutlich, inwiefern Verbände ein wesentlicher Bestandteil und eine wichtige Bedingung der pluralistischen Demokratie der Bundesrepublik sind (sie werden im Grundgesetz nicht ausdrücklich erwähnt, sind aber ein Unterfall der in Art. 9 genannten „Vereinigungen und Gesellschaften“). Vergleichen Sie dazu auch die Darstellung von Ernst Fraenkel in M 10 und erläutern Sie das angesprochene Verständnis des „Gemeinwohls a posteriori“ (M 48, 1. Abschnitt).*
2. *Erläutern Sie den Stellenwert der Verbände auch anhand der Modelldarstellung des politischen Systems (M 5a) und stellen Sie fest, für welches der „Strukturmerkmale des Regierens“ (M 25) sie von zentraler Bedeutung sind.*
3. *Erläutern Sie die drei genannten Funktionen, welche die Verbände erfüllen können (M 48, 2. Abschnitt), und stellen Sie ihre Bedeutung als Vermittlungsinstanz zwischen Volk und Staat heraus. Inwiefern kann von einer „doppelseitigen Vermittlung“ gesprochen werden (vgl. Abb. 1)?*

4. *Erläutern Sie das im dritten Abschnitt von M 48 angesprochene Problem der „innerverbandlichen Demokratie“. Inwiefern ist es von Bedeutung für den demokratischen Stellenwert der Verbände?*

5. *Vergleichen Sie anhand von M 49 noch einmal zusammenfassend die Stellung und die Funktionen von Parteien und Verbänden. Welche allgemeine Funktion ist ihnen gemeinsam? Worin liegen im Einzelnen die Unterschiede? Inwiefern ergänzen und unterstützen Verbände die Funktionen der Parteien (erbringen also spezifische zusätzliche, von den Parteien selbst nicht zu realisierende Leistungen im Sinne der pluralistischen Demokratie)?*

M 50 Quellen der Verbandsmacht: Organisations- und Konfliktfähigkeit

Nicht jeder Interessenorganisation [stehen] alle Einflussmittel gleichermaßen zur Verfügung. Sie unterscheiden sich hinsichtlich ihrer

- *Finanzkraft*, die bei Unternehmensorganisationen, aber auch bei Gewerkschaften relativ hoch, bei politisch-ideellen Verbänden eher niedrig einzuschätzen ist;
- *Mitgliedsstärke*, bei der Unternehmensverbände relativ schlecht abschneiden;
- *Stellung im System* der Interessenorganisationen, unterschiedlich danach, ob konkurrierende Verbände bestehen oder nicht, ob Gegenverbände bestehen (Beispiel: Gewerkschaften – Arbeitgeberverbände, Haus- und Grundbesitzerverbände – Mieterbund) oder nicht;
- *Privilegierungen*, indem öffentlich-rechtliche Kammern auf Zwangsmitgliedschaft fußen, Beamtenvertretungen nicht über das Mittel des Streiks verfügen.

Ausschlaggebend scheint vor allem die unterschiedliche Fähigkeit der Verbandsmitglieder, durch Leistungsverweigerungen die Allgemeinheit oder Kontrahenten unter Druck zu setzen. So sind die Investitionsbereitschaft von Unternehmen und Kapitaleignern, die Streikfähigkeit von Arbeitnehmern, das Konfliktpotenzial bestimmter Berufsgruppen (u.a. Verkehr, Müllabfuhr, Computer-Spezialisten) Faktoren, welche den entsprechenden Verbänden Macht verleihen. Sozialklientelgruppen andererseits verfügen über nichts Vergleichbares.

(Wolfgang Rudzio, Das politische System der Bundesrepublik Deutschland, Leske + Budrich, UTB, Opladen, 6. Aufl. 2003, S. 101)

Ein wirksames Druckmittel ist die Zurückhaltung von Kapital und/oder Arbeit, wie sie etwa von Unternehmerverbänden und Gewerkschaften in Konflikten eingesetzt wird (z. B. bei einem Streik). Ein weiteres Druckmittel von Verbänden gegenüber politischen Parteien, das seit Bestehen der Interessengruppen eine große Rolle spielt, ist die Drohung mit dem Entzug von Wählerstimmen. Die Effektivität solcher Drohungen ist von gewissen Konstellationen im politischen System abhängig. Wenn bspw. ein Wechsel der Parteipräferenzen bei knappen Mehrheiten im Parlament angedroht werden kann, steigt der Einfluss von Interessenorganisationen. Vergleicht man das Durchsetzungspotenzial gewisser ökonomischer Interessengruppen mit den geringen Entzugsmöglichkeiten anderer Gruppen, etwa der Behinderten, Kinder, Hausfrauen, alten Menschen, Verbraucher etc., dann wird deren geringer politischer Einfluss schnell einsichtig. Manche dieser kaum konfliktfähigen und

In der Kritik spielte bekanntlich lange Zeit das folgende Argument eine große Rolle: *Sonderinteressen* seien organisationsfähig und besäßen eine beachtliche Konfliktfähigkeit. Deshalb hätten sie überdurchschnittlich große Chancen, ihre Anliegen durchzusetzen. Im Gegensatz dazu hätten nichtspezialisierte, *allgemeine Interessen*, wie das Interesse an öffentlichen Gütern, beispielsweise an einer sauberen Umwelt, weit größere Organisationsprobleme und insgesamt beträchtlich geringere Konfliktfähigkeit. Entsprechend gering sei die Durchsetzungschance allgemeiner Interessen. Gerade am Beispiel der Äußerung und Organisation von *Umweltschutzinteressen* lässt sich allerdings zeigen, dass die pluralistische Demokratie für solche allgemeinen Interessen offen sein kann. Das Emporkommen ökologischer Bewegungen und Parteien, die Ausbreitung des Umweltschutzgedankens bis weit in die etablierten Parteien hinein und der somit verstärkte Aufstieg von ökologischen Streitfragen im Parteienwettbewerb sind hierfür schlagende Beispiele.

(Manfred G. Schmidt, Demokratietheorien, UTB, Leske + Budrich, Opladen, 3. Aufl. 2000, S. 231)

oft auch nur schwer zu organisierenden Gruppen werden im Vereins- und Verbandssystem meistens durch von den Betroffenen nicht selbst entwickelte soziale Organisationen (z. B. Wohlfahrtsverbände, s. M 47c) repräsentiert, deren Gefahr darin liegt, dass diese die Gruppenprobleme nicht adäquat thematisieren, sondern primär ihre eigenen selektiven Organisationsinteressen im Auge haben.

(Uwe Andersen/Wichard Woyke [Hg.], Handwörterbuch des politischen Systems der Bundesrepublik Deutschland, Westdeutscher Verlag, 5. Aufl., Opladen 2003, S. 257)

1. *Beschreiben Sie die vier Kriterien, von denen das unterschiedliche „Druckpotenzial“ von Verbänden abhängt, und unterscheiden Sie dabei nach Machtfaktoren und der Art und Organisationsfähigkeit der Interessen (vgl. Kasten). Vielleicht können Sie die hohe Bedeutung, die in dieser Hinsicht der „Leistungsverweigerung“ zukommt, an einem Beispiel (z. B. dem des Fluglotsenstreiks) verdeutlichen. Wie schätzen Sie die unterschiedliche Verbandsmacht z. B. des Bäckerverbandes und der Ärzteverbände ein?*

2. *Wovon hängt es ab, ob ein Verband (z. B. die Gewerkschaften oder der Beamtenbund) Erfolg mit der „Drohung des Entzugs von Wählerstimmen“ haben kann?*

2. Die Praxis des Lobbyismus in der Diskussion

M 51 Adressaten und Methoden des Verbandseinflusses

Interessenartikulation: Klar erkennbar gemachte, argumentativ möglichst gut aufbereitete interessengeleitete Positionen werden einesteils unmittelbar gegenüber den *politischen Adressaten* von Verbandseinfluss geltend gemacht, andernteils möglichst wirkungsvoll in die *Öffentlichkeit* gebracht. Auf diese Weise soll so viel an Problembewusstsein und gegebenenfalls Handlungsdruck erzeugt werden, dass die artikulierten Interessen im Prozess politischer Willensbildung und Entscheidungsfindung künftig eine möglichst wichtige Rolle spielen. Zentrale Mittel der Interessenartikulation sind Aufbau und Pflege eines verlässlichen, belastbaren *Kommunikationsnetzes* hinein in die Ministerien, zu den Spitzen von Regierung, Parlament und Parteien, zu allen einschlägigen Fachpolitikern sowie zu den betroffenen Einrichtungen und zu anderen, als Verbündeten infrage kommenden Organisationen des vorpolitischen Raums.

Kampf um die Durchsetzung der Interessen: Um die Verwirklichung der eigenen Wünsche zu erzwingen oder zu beschleunigen bzw. um

(Zeichnung: Burkhard Mohr/CCC, www.c5.net)

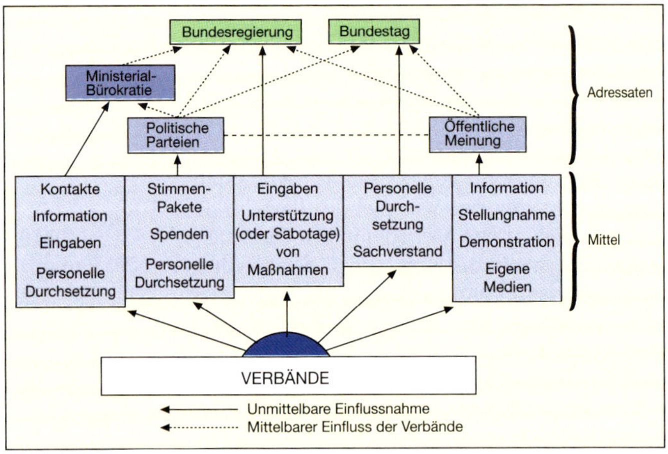

(Wolfgang Rudzio, Die organisierte Demokratie, Metzler Verlag, Stuttgart 1977, S. 41; © Schroedel Schulbuchverlag)

konkurrierende Interessengruppen eben daran zu hindern, oder um wenigstens für ein den eigenen Anliegen mittelfristig günstiges Meinungsklima in der Öffentlichkeit zu sorgen, versucht man in den Massenmedien eine möglichst positive Berichterstattung über die eigenen Anliegen und Argumentationen zu erlangen. Auf dem Weg dorthin sind Unterschriftensammlungen und Demonstrationen, auch Streiks oder öffentlichkeitswirksame Nötigungen (etwa durch Straßenblockaden) bewährte Mittel. Ferner bemüht man sich um Fürsprache und Unterstützung seitens politischer Elitegruppen. Auf dergestalt gut vorbereiteter Machtgrundlage führt man dann offene Interessenkonflikte herbei und versucht sie entweder zu gewinnen oder wenigstens eine gute Ausgangsbasis dafür zu schaffen, dass man im schließlich nötigen Kompromiss möglichst viel an eigenen Positionen durchsetzen kann.

(Werner J. Patzelt, Einführung in die Politikwissenschaft, Wissenschaftsverlag Richard Rothe, Passau 2003, S. 332)

1. *Beschreiben Sie anhand von M 51 die Art des Kommunikationsnetzes, das Verbände aufzubauen versuchen, um ihre Interessen zu artikulieren, und die Methoden, die sie anwenden, um diese Interessen durchzusetzen. Vergleichen Sie dazu auch das Begriffskonzept der „Veto-Spieler“ (Kasten S. 56).*

2. *Das Schema, das im Hinblick auf die folgenden Materialien der Orientierung dienen soll, unterscheidet nach mittelbarem und unmittelbarem Einfluss. Machen Sie sich diese Unterscheidung klar und stellen Sie fest, um was es in den folgenden Materialien (M 52ff.) geht.*

M 52 Verbandseinfluss in Parlament und Regierung

Im Zentrum der Bemühungen der Interessenverbände stehen die Regierung – hier nicht zuletzt verstanden als die einzelnen Ministerien – sowie die Fachausschüsse des Parlamentes. Rudzio verweist darauf, dass die Versuche zur Einflussnahme zeitlich gesehen regelmäßig im „vorparlamentarischen“ Raum stattfinden: „Dort im Regierungsbereich suchen daher Interessengruppen auf den Inhalt künftiger Gesetze und Verordnungen bereits im Entstehungsstadium, dem ‚Referentenstadium‘, einzuwirken, d. h. wenn die zuständigen Ministerialbeamten an ersten Entwürfen arbeiten und diese noch relativ leicht veränderbar erscheinen“ (Rudzio). Umgekehrt haben jedoch auch die Ministerien ein Interesse an Informationen und Urteilen derjenigen Organisationen, die wesentlich durch die Materie eines neuen Gesetzes tangiert sind. Dieser – zunächst unverbindliche – gegenseitige Informationsaustausch ist bei einigen Ministerien in der Form von „Beiräten“ institutionalisiert (Rudzio). Informell kann sich daraus ein Netz kontinuierlich bemühter Kontakt- und Austauschwege entwickeln. Die Interaktion zwischen den staatlichen Institutionen und den organisierten Interessen wird nicht zuletzt dadurch geprägt, dass eine Reihe von Politikern selbst in diversen Verbänden organisiert ist. Die nachfolgende Tabelle gibt einen Überblick zur „Verbandsfärbung“ der Mitglieder des Deutschen Bundestages – verstanden als *hauptberufliche oder ehrenamtliche (frühere oder aktuelle) Funktion in den jeweiligen Verbänden* (s. Tabelle S. 100).

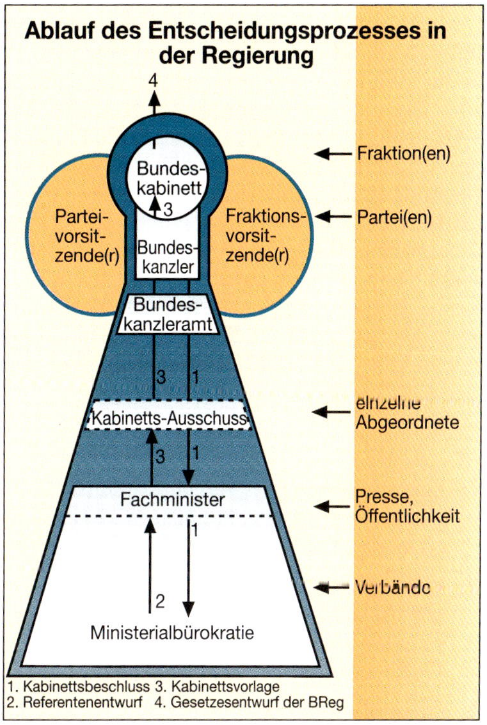

(Stephan Kurz-Gieseler [Hrsg.], Sozialkunde, Schöningh Verlag, Paderborn 2003, S. 320; © Verlagsarchiv Schöningh)

Tab.: Verbandsfärbung des 15. Deutschen Bundestages (Wahl 2002) – Funktionsträger in den genannten Verbänden in Prozent der Mitglieder des Bundestages bzw. der jeweiligen Fraktion

	Bundestag	CDU/CSU	SPD	FDP	B 90/Grüne
DGB-Gewerkschaften a)	5,8	0,4	13,5	–	–
Beamtenbund	0,3	0,8	–	–	–
Bauernverband	1,7	3,6	–	2,1	–
Mittelstandsorganisationen	1,3	2,4	0,4	2,1	–
Unternehmensorganisationen	1,8	3,2	0,4	4,3	–
Soziale Hilfe und Interessen b)	7,0	5,2	11,2	–	1,8
Evangelische Organisationen	4,3	4,0	5,6	–	3,6
Katholische Organisationen	3,2	7,3	0,4	–	–
Vertriebenenverbände	0,7	1,6	–	–	–
Umwelt und Naturschutz	4,8	2,0	4,8	–	21,8
Frauenorganisationen c)	2,0	–	3,6	–	5,5
Sport, Freizeit, Kultur	5,6	8,1	3,6	10,6	–

a) Einschließlich freigestellter Betriebsräte; b) Wohlfahrts-, Rentner- und Beschädigtenverbände, Mieterbund u.a.m.; c) Einschließlich Kinderschutzbund, Pro Familia, Schwulenverband

Quellen: Kürschners Volkshandbuch Deutscher Bundestag 14. Wahlperiode, Stand 15.1.1999, Bad Honnef 1999; www.bundestag.de/November 02 (eigene Auszählungen)

(Wolfgang Rudzio, Das politische System der Bundesrepublik Deutschland, Leske + Budrich, Opladen, 6. Aufl. 2003, S. 93)

Einzelne Parteien zeigen dabei unterschiedliche Schwerpunkte. So ist (erwartungsgemäß) der Anteil etwa für katholische Organisationen besonders hoch bei der CDU/CSU, während die Gewerkschaften stark in der SPD vertreten sind. Geht man von dem engen Kriterium der Funktionsübernahme zur bloßen **Mitgliedschaft**, so sind bei der SPD-Fraktion fast 76 % der Abgeordneten Mitglied einer Gewerkschaft (Der Spiegel 47/2002: 24 – 25). In einer Titelstory des Spiegel zum Einfluss der Gewerkschaften in der Wirtschafts- und Sozialpolitik der Bundesregierung 2002 – 2005 wird zudem auf die starke Präsenz von ehemaligen Gewerkschaftsfunktionären und -mitarbeitern in der „zweiten Reihe" verwiesen: Der Leiter der Abteilung Soziales, Umwelt und Gesundheit im Bundeskanzleramt, der parlamentarische Staatssekretär im Bundesministerium für Wirtschaft und Arbeit sowie beide Staatssekretäre im Bundesministerium für Soziales und Gesundheit arbeiteten vormals bei Gewerkschaften. Damit ist jedoch keineswegs schon ein unmittelbarer Einfluss auf die Politik nachgewiesen. Politiker und Ministerialbeamte definieren sich sicher nicht exklusiv über eine Verbandsmitgliedschaft. Umgekehrt gilt, dass bei der Auswahl des Spitzenpersonals Verbandsfunktionären und -mitarbeitern in der Regel auch besondere Expertise und Erfahrung mit einem gegebenen Arbeitsfeld zugerechnet wird.

(Karl-Rudolf Korte/Manuel Fröhlich [= M 42], S. 123f.)

1. *Zentrales Zielfeld des Verbandseinflusses ist die Gesetzgebung. Warum wenden sich Interessengruppen aber weniger häufig an die „Legislative" (und hier an die Fachausschüsse des Parlaments) als an die „Exekutive" (Ministerialbürokratie, vgl. Schema in M 51)?*

2. *Stellen Sie fest, inwieweit sich, gemessen an dem Indikator Verbandszugehörigkeit bzw. Funktionsträgerschaft von Bundestagsabgeordneten, von einer spezifischen „Nähe" bestimmter Parteien zu bestimmten Interessenverbänden reden lässt (M 52). Welches „spezifische interessenpolitische Profil" im Vergleich der Fraktionen lässt sich aus der Tabelle (S. 100) ablesen?*

3. *Gegen die These, dass der Verbandseinfluss die Gesetzgebung auf dem Weg über die Ministerialbürokratie zu stark beeinflusse (über 70 % der verabschiedeten Gesetzentwürfe waren in den Jahren 1990 – 1998 von der Bundesregierung eingebracht, weniger als 20 % waren Initiativen des Bundestages), kann man einwenden, dass die eigentlichen Entscheidungen über Gesetzentwürfe ja doch im Parlament (und seinen Ausschüssen) fallen. Nehmen Sie Stellung zu diesem Hinweis.*

Wie in M 20 (S. 47) kurz beschrieben (und in Kap. D ausführlicher dargestellt), lassen sich in weiten Bereichen politische Entscheidungsprozesse in Deutschland seit langem nicht mehr von solchen auf der *Ebene der Europäischen Union* trennen; deutsche Gesetze stellen in zahlreichen Fällen nur die Umsetzung von EU-„Richtlinien" dar. Kein Wunder, dass dieser *Europäisierung der Politik* auch eine Europäisierung der Verbände und des Verbandseinflusses entspricht. Darüber berichtet M 53.
Eine weitere Entwicklung des Lobbyismus stellt die Tatsache dar, dass neben den Verbänden zunehmend auch große *Unternehmen* mit vielfältigen Aktivitäten eigenständige Lobbyarbeit betreiben. M 54 gibt einen anschaulichen Bericht über den entsprechenden „Lobbyismus-Alltag" in der deutschen Hauptstadt Berlin.

M 53 Europas heimliche (Mit-)Entscheider

Von Beginn an haben organisierte gesellschaftliche Kräfte eine wichtige Rolle im europäischen Integrationsprozess gespielt. Verbände, NROs [Nicht-Regierungs-Organisationen] und Unternehmen sind auf vielfältige Weise in die Entscheidung der EU einbezogen. Besonders in den letzten zwanzig Jahren haben sich die Strukturen und Strategien der Interessenvertretung professionalisiert. Zahlreiche Akteure haben in Brüssel eigenständige Informations- und Handlungsressourcen aufgebaut.
Gegenwärtig sind nahezu alle nationalen Interessenorganisationen in Brüssel vertreten: Fach-, Branchen- und Dachverbände der Wirtschaft, Agrar-, Umweltschutz- und Verbraucherverbände sowie Gewerkschafts- und Wohlfahrtsverbände. Die meisten von ihnen haben sich mittlerweile in europäischen Verbänden organisiert. Zudem unterhalten zahlreiche nationale Verbände eigene Vertretungen am Sitz der EU-Institutionen, darunter der Bundesverband der Deutschen Industrie (BDI), der Deutsche Industrie- und Handelstag (DIHT), der Deutsche Raiffeisenverband (DRV) und der Deutsche Gewerkschaftsbund (DGB).
Neben den Verbänden sind zudem – mit steigender Tendenz – inzwischen auch über 200 multinationale Konzerne mit Verbindungsbüros in Brüssel vertreten. Deren Ressourcenausstattung und Aktionsradius entspricht oftmals auch den Vertretungen der Muttergesellschaften am jeweils nationalen Regierungssitz. Bei wichtigen Industrie- und technologiepolitischen Entscheidungen der EU nehmen diese Konzerne oftmals durch Firmenkonsortien, nationale Koordinierungskreise oder „Produzentenclubs" Einfluss.

Brüssel ist „das Mekka des Lobbyismus", wie der französische *Figaro* schrieb, und zählt derzeit 15 000 Interessenvertreter. Allein im Europäischen Parlament ließen sich fast 5 000 registrieren, das sind rund fünf Lobbyisten pro Abgeordneten. Zur Belohnung gibt es einen Hausausweis, der die Eingangskontrollen abkürzt. Wo 100 Milliarden Euro zu verteilen sind, vor allem aber wo Regeln und Gesetze für rund 450 Millionen Menschen, für Unternehmer wie Verbraucher, für Anbieter wie Kunden geschrieben werden, müssen Konzerne ihre Interessen vortragen. Etwa 70 Prozent der nationalen Gesetze werden von Brüssel mitgeprägt, ja erzwungen.
Die meisten Interessenvertreter sitzen hinter anonymen Glasfassaden im Quartier Européen, stets in Sichtweite der europäischen Institutionen. Die Avenue Cortenbergh etwa reiht wie an einer Perlenschnur den Energiekonzern E.on (Haus Nummer 60), die US-Handelskammer (Nummer 118) oder den Arbeitgeberverband Unice (Nummer 168) auf. Lauter gerade Nummern also, und das ist kein Zufall. Denn die ungerade Nummer 107 vis à vis markiert den Sitz der Generaldirektion Binnenmarkt, in der Europäischen Kommission neben den Wettbewerbshütern und der für die Landwirtschaft zuständigen Generaldirektion die vielleicht mächtigste Institution.

(Götz Hamann, Geld für gute Worte. In: DIE ZEIT Nr. 4 v. 21.1.2005; www.zeit.de/2005/04/Lobby?page7)

Europäische Lobbyagenturen

Seit Mitte der Achtzigerjahre gibt es zahlreiche kommerzielle* Lobbyagenturen, die verschiedenste Klientelinteressen vermitteln und vertreten, darunter auch EU-Rechts- und Unternehmensberatungen („consultant offices"). Mittlerweile existieren etwa 250 Kanzleien und Beratungsbüros, die sich auf EU-Fragen spezialisiert haben. Ihre Dienste werden zunehmend von der Wirtschaft – etwa japanischen oder US-Unternehmen – in Anspruch genommen. Auch europäische Firmen bedienen sich dieser Agenturen, wenn sie kein eigenes EU-bezogenes „inhouse-Lobbying" betreiben oder Interessen und Anliegen verfolgen, die nicht im Rahmen bestimmter Verbände vermittelt werden können.

Gegenwärtig begleiten etwa 1 500 europäische Interessenorganisationen und Lobbyagenturen auf „Brüsseler Ebene" die Gemeinschaftspolitik, um sie zu beeinflussen – etwa bei der Gesetzgebung, der Programmentwicklung (z. B. Grün- oder Weißbücher) oder der Mittelverteilung (Strukturfonds, Forschungsprogramme, Gemeinschaftsinitiativen usw.).

Zu den Kernaufgaben der europäischen Lobbys und Interessengruppen zählen:

- Information der nationalen Mitglieder über das „Brüsseler Geschehen";
- den gegenseitigen Erfahrungsaustausch zu vertiefen;
- gemeinsame europäische Positionen zu formulieren und diese gegenüber den EU-Institutionen zu vertreten.

In der Regel treffen die Lobbys ihre Entscheidungen im Konsens. Einige wenige Verbände haben jedoch im Laufe der Zeit differenzierte Entscheidungsverfahren eingeführt. So trifft beispielsweise der Europäische Gewerkschaftsbund (EGB) seine Entscheidungen bei bestimmten Programm- und Statutenfragen mit qualifizierter Mehrheit. Bei der UNICEF können Entscheidungen durch das Votum von mindestens drei Mitgliedsverbänden blockiert werden.

(http://www.europa-digital.de/aktuell/dossier/lobby/lobbying.shtml)

1. *Beschreiben Sie Umfang und Struktur der Interessenvertretung durch Verbände und Unternehmen „in Brüssel" (M 53) und erklären Sie, aufgrund welcher Entwicklung sich der EU-Lobbyismus in den letzten 20 Jahren so enorm entfaltet hat. Was versteht man unter der sich immer mehr verstärkenden „Europäisierung" der Politik in den Ländern der EU?*

2. *Ein konkretes Beispiel für den Lobby-Einfluss auf die europäische Gesetzgebung finden Sie in Kap. D (M 16b, S. 406ff.).*

M 54 „Ein stilles Geschäft" – Lobbyismus-Alltag in Berlin

Den Regierungsapparat zu beeinflussen und damit ein ganzes Land zu verändern, ist ein stilles Geschäft. Eines, bei dem die Beteiligten versuchen, unter der Wahrnehmungsschwelle einer breiten Öffentlichkeit zu bleiben. [...]

DaimlerChrysler und BASF, Deutsche Bahn und Siemens – alle haben sie Mitarbeiter nach Berlin entsandt, Grundstücke gekauft und üppige Repräsentanzen gebaut oder wenigstens ein paar Zimmerfluchten gemietet. Von dort aus entfalten sie eine Wirkung, die kaum größer wäre, wenn sie mit in der rot-grünen Regierungskoalition säßen. „Seit Jahren ist festzustellen, dass Politiker die Nähe von Unternehmen geradezu suchen", sagt Michael Greven, Politikprofessor an der Hamburger Universität und Autor vieler Aufsätze über den Wandel der deutschen Demokratie. „Ursache ist ein stetig steigender Druck, neue Regeln zu schaffen. Mal erzwingt sie eine kleine Interessengruppe, mal erfordert es der technische Fortschritt, dann wieder die zunehmende Globalisierung – und überall wachsen die Haftungsrisiken. Das Wissen, wie man diesem Ansturm widerstehen kann, vermuten Politiker und Ministerialbeamte zusehends bei Unternehmen."

So kommt keine EU-Richtlinie und kaum ein deutsches Gesetz ohne die Mitwirkung von Lobbyisten zustande. Das gilt für die Chemie-Richtlinie Reach, die ein Zulassungssystem für Tausende von Stoffen regelt, genauso wie für das Gesetz zu erneuerbaren Energien oder die steuerliche Förderung des Dieselrußfilters.

(Zeichnung: Burkhard Mohr)

Die Einflussnahme in Berlin beginnt im Regierungsalltag. Dort tragen Lobbyisten ihre Ideen und Argumente als Erstes den Ministerialbeamten vor, weil diese den Entwurf für ein künftiges Gesetz schreiben. „Die Informationsgrundlage, auf der in den Ministerien ein Gesetz entsteht, ist heute stärker von der Wirtschaft oder einzelnen Unternehmen geprägt als vor 30 Jahren", sagt Bernd Pfaffenbach, der beamteter Staatssekretär im Bundeswirtschaftsministerium ist und zuvor die Abteilung Wirtschafts- und Finanzpolitik im Bundeskanzleramt leitete. [...]

Wie nah die Konzerne derweil an den Bundestag herangerückt sind, fällt im Stadtbild erst einmal kaum auf. Oder welcher normale Berlin-Tourist wusste, dass die alte Prachtstraße „Unter den Linden" inzwischen viel treffender „Unter den Lobbyisten" hieße? An ihrem einen Ende, am Brandenburger Tor, residiert DaimlerChrysler, dazu die Dresdner Bank, die Allianz und gegenüber der Mineralölkonzern BP. Wenige hundert Meter weiter folgen BMW, E.on, Volkswagen und der Touristikkonzern TUI – bis schließlich am anderen Ende der Straße der Medienkonzern Bertelsmann hinter einer schneeweißen Fassade seinen politischen Geschäften nachgeht.

In den Neben- und Seitenstraßen der Berliner Mitte haben sich die modernen Zünfte, vom Verband der Elektrizitätswirtschaft bis zur Bundesvereinigung Deutscher Apothekerverbände, eingerichtet. Es sind mehrere hundert. Dazu kommen etwa 40 freischaffende Agenturen, die fallweise angeheuert werden, wenn es gilt, die Interessen eines Unternehmens noch wirkungsvoller durchzusetzen. Und gerne helfen auch die ungefähr 40 Anwaltskanzleien, die sich darauf spezialisiert haben, Gesetzestexte zu formulieren. [...]

Als besonders gut organisiert gilt die Pharmalobby – und als besonders dreist. Mal argumentiert sie, eine Reform träfe die Patienten, mal droht sie mit Arbeitsplatzabbau. Als einen ihrer größten Erfolge verbuchen die Arzneimittelhersteller, dass es ihnen mehrfach gelungen ist, eine sogenannte Positivliste zu verhindern. Schon der frühere Gesundheitsminister Horst Seehofer wollte sie Ende der Neunzigerjahre durchsetzen. Krankenkassen sollten nur noch solche Medikamente bezahlen, deren besonderer Nutzen auch wirklich erwiesen ist. Doch das Vorhaben scheiterte in jener Zeit am SPD-beherrschten Bundesrat und dem Veto der damaligen Ministerpräsidenten Wolfgang Clement, Hans Eichel und Gerhard Schröder. Ein Zufall? In den von ihnen regierten Bundesländern liegen die Zentralen der Bayer AG (NRW), der Merck KGaA und früher der Hoechst AG (Hessen) sowie die deutsche Niederlassung des britischen Konzerns Wellcome (Niedersachsen). [...]

In den Jahren 2002 und 2003 startete die jetzige Bundesgesundheitsministerin Ulla Schmidt einen weiteren Versuch. Von den mehr als 40 000 zugelassenen Arzneimitteln sollten die Kassen künftig nur noch die Hälfte akzeptieren. Doch während sich die parteipolitische Rollenverteilung inzwischen geändert hatte, blieb der Einfluss der Pharmakonzerne gleich. Dieses Mal gab Roland Koch für die Unionsvertreter in der Allparteien-Verhandlungsrunde die Parole aus: „Die Liste muss weg."

Schmidt war der Druck von der Unionsseite indes gar nicht so unrecht: Auch bei ihr hatten schon rund fünfzig SPD-Abgeordnete interveniert, denen wiederum Pharmavertreter mit dem Abbau von Arbeitsplätzen im Wahlkreis gedroht hatten. [...]

Natürlich werden in diesem Geschäft nicht bloß Informationen ausgetauscht. Konzerne und Verbände üben sehr wohl Druck auf Politiker aus,

Mehr als 4 000 Verbände sitzen rund um den Reichstag, rund 1 900 von ihnen sind in der sogenannten **Lobby-Liste des Deutschen Bundestages** eingetragen. 1974 waren es gerade mal 635 Organisationen. Demnach kommen heute auf jeden Abgeordneten des Bundestages mehr als drei Interessenverbände, die auf sie einwirken. Die offizielle Lobby-Liste umfasst 59 DIN-A-4-Seiten und reicht von ABDA (Bundesvereinigung Deutscher Apothekenverbände) bis zur Zukunftsaktion Kohlegebiet, deren Zukunftsaktion allerdings darin besteht, die Kohle-Vergangenheit möglichst lange zu konservieren.

Zusammen haben die Verbände auf dem Berliner Arbeitsmarkt etwa 3 000 Jobs geschaffen. Außerdem haben auch die größten deutschen Unternehmen eine Repräsentanz in der Hauptstadt. Hinzu kommen so lustig klingende Büros wie die Generalvertretung der Eisenbahnen Russlands in der Bundesrepublik Deutschland, deren Chef mit dem Verkehrsministerium zum Beispiel über die Bahnverbindung zwischen Moskau und Berlin verhandelt. Daneben kämpfen freie Lobbyisten, die von Unternehmen für spezielle Projekte engagiert werden, bei den Ministerien um Einfluss. Nie zuvor ballte sich die Verbandsarbeit so sehr an einem Ort wie heute in Berlin. Was früher über die gesamte Rheinschiene Bonn, Köln, Düsseldorf verteilt war, drängt sich heute in einem Radius von zwei Kilometern um das Kanzleramt.

(Markus Feldkirchen, Sie wollen nicht die bösen Buben sein. In: Das Parlament Nr. 1 – 2 v. 6./13.1.2003, S. 9)

wenn sie es können und es nützlich erscheint. Fast nie spielt Geld eine Rolle, fast immer einige hundert oder tausend Arbeitsplätze. Wie viele Jobs in einem Wahlkreis beispielsweise an VW hängen, daran werden Abgeordnete vor wichtigen Entscheidungen schon mal unsanft erinnert. [...] Ob solche Ereignisse der Demokratie schaden, dafür sei dreierlei entscheidend, sagt Politikprofessor Michael Greven: „Erstens muss die Entscheidungsverantwortung weiter eindeutig bei den Politikern liegen." Natürlich sei ein Abgeordneter den Unternehmen in seinem Wahlkreis verpflichtet, aber zweitens „muss es auch mit wenig Ressourcen* gelingen können, sich Gehör zu verschaffen. Zumindest für den Berliner Regierungsalltag habe ich da meine Zweifel. Da ist die Organisationsmacht der Konzerne und Verbände doch ziemlich überwältigend." Und drittens sei Lobbying nur akzeptabel, wenn es „absolut transparent zugeht".

(DIE ZEIT Nr. 4 v. 20.1.2005, S. 19; Verf.: Götz Hamann)

M 55 „Einfluss völlig überschätzt"

Die Suppenindustrie tut es, der Verband für das deutsche Hundewesen tut es, und auch die Bundesinteressenvertretung der Altenheimbewohner: [...] Insgesamt 1900 Verbände haben sich beim Deutschen Bundestag als Lobbyisten registrieren lassen. Sie alle haben damit das Recht erworben, sich mit mehr oder weniger relevanten Interessen bei Abgeordneten, Beamten und Ministern Gehör zu verschaffen. So wie es (in Berlin) die etablierten Industrie- und Gewerkschaftsverbände, 120 Unternehmensrepräsentanzen und zahllose Politikberater und Kommunikationsagenten auch versuchen. [...]

Ihr Ziel: möglichst frühzeitig Einfluss nehmen, wenn Gesetze geplant sind, die die eigene Klientel betreffen. Ihr gemeinsames Problem: das schlechte Image der Branche, die sich – so der öffentlich diskutierte Verdacht – Abgeordnete einkauft, um mithilfe der „eingebauten Lobbyisten" Politik zu machen. Doch wie mächtig sind die Interessenvertreter wirklich? Erreichen sie ihre Zielgruppe überhaupt, wenn sich die Beteiligten wie in Berlin jeden Tag auf 300 Veranstaltungen mit politikrelevantem Thema verlieren?

Auch SPD-Fraktionsvize Ludwig Stiegler erhält „jeden Tag ganze Berge von Einladungen". Aber: „Ich schmeiß das meiste weg." Wer wolle, könne sich den ganzen Tag mit solchen Terminen füllen. Der Einfluss der Lobbyisten werde „völlig überschätzt", sagt Stiegler. Denn wo es wichtig wird – Beispiel Energie –, seien ohnehin alle dabei: die Alternativen, die Steinkohle-Leute, die Kommunen. „Da belauern sich alle wie an einem Lagerfeuer, wo tausend Wölfe mit glühenden Augen schauen, ob ein Fleischstück in die falsche Richtung fliegt."

Um sich von der Masse abzuheben, kehren viele Lobbyisten zu alten Tugenden der politischen Kommunikation zurück. „Einige wenige, aber gezielte Drähte zu Politikern sind wichtiger als Großveranstaltungen." [...] Zentrale Themen sind dabei die Wirtschafts-, Steuer-, Verbraucher- und Umweltpolitik. Auch informelle, politische Gesprächsrunden werden genutzt – statt Mailings oder Newsletter. Doch Ausnahmen bestätigen die Regel: Als Regierung und Opposition im Sommer 2003 die Gesundheitsreform aushandelten, bekam die Grünen-Gesundheitsexpertin Biggi Bender noch die volle Lobby-Ladung: „Ich bin mit Mails und Briefen zugeschüttet worden", erinnert sich Bender. [...] Dass Lobbyisten sich auch an Politiker wenden, findet die Bundestagsabgeordnete prinzipiell nicht schlimm. „Das ist Teil des Spiels." Schließlich sei es Aufgabe der Politik zu entscheiden, welche Interessen „berechtigt" seien und welche nicht. Man dürfe sich eben nicht „einseifen lassen".

Problematisch wird es dann, wenn die Interessengruppen schon vorher auf der Arbeitsebene der Ministerien tätig werden. Unaufgefordert bieten Verbände und Unternehmen hier häufig ihre Hilfe bei der Formulierung von Gesetzestexten an. „Die Abgeordneten sind für die Lobby gar nicht so interessant, das Augenmerk richtet sich auf die Regierung und ihre Beamten", sagt Public-Affairs-Experte Marco Althaus. Die Parlamentarier bekommen deshalb häufig gar nicht mit, was die Lobbyisten schon untergebracht haben, wenn der Gesetzentwurf aus dem Ministerium in den Bundestag kommt.

Informationen filtern, aufbereiten und in das System einspeisen, die Entscheider erreichen, Debatten anstoßen oder ausnutzen – die „Wertschöpfungskette" der Lobbyisten ist lang. Und sie endet dort, wo sie enden soll: bei der Regierung. [...] „Lobbyismus ist in der aktuellen Diskussion so negativ besetzt", sagt der Hauptstadt-Repräsentant eines Dax-Konzerns. „Das stinkt mir so, dass ich mich nicht mehr öffentlich äußere." Doch Transparenz wird jetzt erwartet – nicht nur von Abgeordneten. „In Berlin stehen die Lobbyisten viel stärker unter medialer Beobachtung. Die Kontrolle ist größer als in Bonn“, sagt Ludwig Stiegler. Damit kommen vor allem ältere Lobbyisten schlecht zurecht. „Wir brauchen deshalb eine neue Generation, die sauber, transparent und nachhaltig arbeitet“, sagt Gunnar Bender, Autor des „Handbuchs des deutschen Lobbyisten“ und Leiter der politischen Kommunikation von AOL. Man könne nicht immer alles an die große Glocke hängen. „Aber mancher Lobbyist alter Schule ist nicht unschuldig daran, wenn wir in der Öffentlichkeit oft als dubiose Strippenzieher betrachtet werden.“

(Tissy Bruns/C. Eubel/H. Mortsiefer/F. Wisdorff, Hauptstadt der Strippenzieher; in: Der Tagesspiegel v. 23.1.2005, S. 3)

1. *Beschreiben Sie die Entwicklung von Art und Umfang des Lobbyismus in der deutschen Hauptstadt und erläutern Sie die Gründe dafür, dass sich neben dem Verbands- auch ein umfangreicher Firmenlobbyismus entwickelt hat. (M 54, M 55)*

2. *Welche Methoden der Lobby-Arbeit stehen im Vordergrund? Welche Kriterien führt der Politologe Michael Greven für die Beantwortung der Frage an, ob diese Arbeit „der Demokratie schadet“? (M 54)*

3. *Wie schätzen die in M 55 zitierten Abgeordneten den Einfluss der Interessenverbände und Firmen auf ihre Arbeit ein? Welche Veränderung vollzieht sich in der Art der Lobby-Arbeit selbst?*

4. *Befragen Sie (ggf. in einer* ***Expertenbefragung****; s. Anhang S. 571) die/den Bundestagsabgeordnete(n) Ihres Wahlkreises zu ihren/seinen Erfahrungen und Einschätzungen des „Lobbyismus-Alltags in Berlin“.*

M 56 Zur Kritik am Einfluss der Verbände

Populäre Verbändekritik rückt in den Mittelpunkt ihrer Klagen, ‚Lobbyisten‘ würden intransparent mit Politikern ‚kungeln‘ und auf diese Weise – durch Korruption befördert – bürgerferne Interessenpolitik an die Stelle von ‚demokratischer Willensbildung‘ setzen. Sofern diese Kritik grundsätzlich die Legitimität von Verbandseinfluss auf politische Entscheidungsträger bestreitet, ist sie strikt zurückzuweisen. Es gibt nämlich kein Politikmonopol für die politische Klasse, schon gar nicht für Abgeordnete oder Regierungsmitglieder. Vielmehr hat in einer freien Gesellschaft ein *jeder* das Recht, sich – von den eigenen Interessen und nichts anderem geleitet – fallweise oder dauerhaft an politischen Willensbildungs- und Entscheidungsprozessen zu beteiligen. Natürlich, und sogar in ganz besonderer Weise, gilt das auch für Interessengruppen. Sofern mit dieser Kritik aber nur auf ganz schlimme, doch uns Bürgern leider im Einzelnen gar nicht bekannte Zustände angespielt wird, kann weitgehend Entwarnung gegeben werden. Der Blick auf die Tatsachen zeigt vielmehr: Die immer wieder ans Tageslicht geratenen Verfilzungen mit illegitimen Geschäften auf Gegenseitigkeit sind nicht die Spitze eines riesigen Eisbergs, sondern überaus kritikwürdige Ausnahmen. Doch natürlich bleibt derlei nur so lange eine Ausnahme, wie entweder konkurrierende Interessenguppen und Parteien oder die Massenmedien im Rahmen ihrer Pflicht zur kritischen Berichterstattung derlei Praktiken sorgsam beobachten, verlässlich zur Aufmerksamkeit der Öffentlichkeit bringen und im Einzelfall wirkungsvoll skandalisieren.

Dennoch bleiben *zwei* [...] *Kritikpunkte* richtig. Erstens ist es plausiblerweise so, dass die leicht organisierbaren Interessen im pluralistischen Wettstreit viel größere Durchsetzungschancen haben als die *schwer* organisierbaren Interessen. Besonders schwer zu organisieren ist aber immer wieder das Engagement für *Allgemein*interessen. Zu ihnen gehören etwa die Sicherung von Recht und Ordnung, von Leistungswillen und Pflichtbewusstsein in der Bevölkerung, nicht zuletzt auch einer ausreichenden Kinderzahl, um etwa eine Gesellschaft mit gut integrierten Arbeitskräften und mit bereitwilligen Rentenzahlern auszustatten. Von der Verwirklichung solcher Interessen profitieren natürlich auch jene, die nichts für ihre Durchsetzung getan haben, insofern nämlich auch sie von der Nutzung solcher ‚öffentlichen Güter‘ nicht ausgeschlossen werden können. [...] Genau darum sind [diese Interessen] aber so schwer organisationsfähig. Das Gegenteil trifft zu für *Partikular*interessen, also für Interessen, deren Erfüllung unmittelbar für einen selbst, nicht aber für jeden anderen wichtig ist. Diese unterschiedliche Organisationsfähigkeit von Allgemein- und Partikularinteressen führt in der Tat dazu, dass im *ungebremsten* Pluralismus das ‚Gemeinwohl' (s. Kasten S. 106) sich im Nachhinein durchaus als Profit der besonders Selbstsüchtigen und darum Organisationsstarken erweisen könnte.

Gemeinwohl: Unterschiedlich definierter Begriff zur Bezeichnung des allgemeinen Wohls, des Gesamtinteresses, der politischen Ziele und Werte einer Gesellschaft, im Unterschied zum Wohl besonderer Gruppen, Personen oder sonstiger Teilinteressen (Partikularinteressen). Der Auffassung, dass das Gemeinwohl vorgegeben („*a priori*", von vornherein) und objektiv feststellbar sei (Rousseau), steht die Ansicht gegenüber, dass das Gemeinwohl sich erst aus dem politischen Willensbildungsprozess und der Auseinandersetzung zwischen unterschiedlichen Interessen („*a posteriori*", im Nachhinein) annäherungsweise ergebe.

(Autorentext)

Verschärft wird dieses Problem – zweitens – dadurch, dass es klare *Unterschiede in der Konfliktfähigkeit* verschiedener Interessen und Interessengruppen gibt. Nicht alle verfügen im Konflikt über die gleiche Kraft und Kompetenz: Der Arbeitslosenverband ist diesbezüglich den Gewerkschaften als Interessengruppe der Arbeitsplatzbesitzer klar unterlegen. Und nicht alle Interessengruppen können gleichermaßen ihren Konkurrenten, der Öffentlichkeit oder den etablierten Machteliten Nachteile für den Fall in Aussicht stellen, dass man ihre Anliegen nicht befriedigt: Die Interessengemeinschaften allein erziehender Mütter oder kinderreicher Familien sind hier in einer klar schlechteren Lage als die Verbände der Piloten oder Fluglotsen. Natürlich setzen sich im Verteilungsstreit dann eher die konfliktfähigen Interessengruppen durch. Was hingegen weder organisationsfähig ist noch so recht konfliktfähig gemacht werden kann, wird in einem sich selbst überlassenen Interessengruppenpluralismus sehr leicht auf der Strecke bleiben. Dann aber kann sich das Gemeinwohl ‚im Nachhinein' ebenso wenig einstellen, wie man es durch Vorabbestimmung verwirklichen kann.

Beide Kritikpunkte müssen überaus ernst genommen werden. Der pluralistische Streit von Interessengruppen führt keineswegs von sich aus zu Verteilungsgerechtigkeit und fairen Problemlösungen. Darum hat sich jede Regierung aufgrund ihres Amtes, haben sich politische Parteien aufgrund ihrer leitenden Werte und Programme sowie die Massenmedien wegen ihrer gesellschaftlichen Kritikfunktion von sich aus, als Teil der *mit ihrer jeweiligen Rolle verbundenen* Pflichten, ganz besonders der Trägergruppen schwer organisierbarer und schlecht konfliktfähiger Interessen anzunehmen. Das Gemeinwohl ist nämlich eine regulative Idee für alle am politischen Prozess Beteiligten, nicht die automatische Wirkung eines mechanischen Systems.

(Werner J. Patzelt, Einführung in die Politikwissenschaft, Wissenschaftsverlag Richard Rothe, Passau 2003, S. 334–336)

1. *M 56 bietet zum Abschluss dieses Abschnitts eine zusammenfassende Erörterung wichtiger, mit dem Einfluss von Interessengruppen verbundener Problemaspekte.*

- *Was versteht der Autor unter „populärer Verbändekritik"? Inwiefern hält er diese Kritik kaum für berechtigt?*
- *Stellen Sie heraus, welche beiden Kritikpunkte nach Meinung des Autors „überaus ernst genommen werden" müssen (vgl. dazu M 50) und welche nachdrücklichen Forderungen er daher an Regierung und Parteien stellt.*

2. *Formulieren Sie auf dem Hintergrund Ihrer Ergebnisse der Arbeit an diesem Kapitel und in Auseinandersetzung mit M 56 zusammenfassend Ihre eigene Beurteilung des politischen Einflusses von Interessenorganisationen in Deutschland.*

B Sozialer Wandel, Sozialstruktur, soziale Ungleichheit, Sozialpolitik

(Foto: Günter Georgi)

Armenspeisung
(in Berlin)
(Foto: Paul Glaser)

(Foto: dpa/Marcel Mettelsiefen)

Luxusautomobile auf der Frankfurter Automobilmesse
(Foto: Friedrich Stark/DAS FOTOARCHIV)

Zur Orientierung

Das vorliegende Kapitel orientiert sich an den Themen und Gegenständen des *Inhaltsfeldes V der Richtlinien Sozialwissenschaften* („Gesellschaftsstrukturen und sozialer Wandel") des Landes Nordrhein-Westfalen.

- Im ersten, umfangreichsten Abschnitt (sozialer Wandel) bilden die Darstellung des *demographischen* Wandels, des Struktur- und Bedeutungswandels der *Familie* und der Pluralisierung der *Lebensformen* den Schwerpunkt. Vorangestellt sind knappe Beschreibungen des Wandels in weiteren wichtigen Bereichen der Sozialstruktur (Entwicklung zur *Dienstleistungsgesellschaft, Wohlfahrtsentwicklung, Bildungsexpansion, Zuwanderung*). Die abschließende Darstellung des *Wertewandels* konzentriert sich auf die Ansätze von Ronald *Inglehart* (Postmaterialismus-These) und von Helmut *Klages* (Wertesynthese, Wertetypen).

- Im *zweiten* Abschnitt steht nach einer Übersichtsdarstellung zur *Ungleichheit der Bildungschancen* die empirische Erfassung sozialer Ungleichheit in den Dimensionen *Einkommen und Vermögen* und im Anschluss daran der Entwicklung von „*Armut*" im Mittelpunkt der Darstellung. Dieser Teil erhält einen besonderen *methodischen Akzent* durch die kritische Betrachtung unterschiedlicher *Messkonzepte* zur Erfassung der Einkommens- und Vermögensverteilung einerseits und der Armut andererseits. Im Zusammenhang damit kommt in diesem Teil der *Statistikanalyse* ein besonderes Gewicht bei der Unterrichtsarbeit zu.
Den Abschluss bildet die Auseinandersetzung mit gesamtgesellschaftlichen *Modellen sozialer Ungleichheit* in Deutschland (Schichtungsmodelle, soziale Lagen, soziale Milieus).

- Der *dritte* und letzte Abschnitt nimmt *staatliches Handeln* als Reaktion auf sozialstrukturellen Wandel und die Entwicklung von Ungleichheitsstrukturen in den Blick. Nach einer gerafften Darstellung des bestehenden *Systems der sozialen Sicherung* und wichtiger Gestaltungsmerkmale der *Sozialpolitik* wird die „*Krise des Sozialstaats*" anhand der aktuellen Daten- und Diskussionslage analysiert; wichtige und unterschiedliche *Reformrichtungen* werden angesprochen. Auf eine ausführliche Darstellung der im Fluss befindlichen und schwer überschaubaren Diskussion über konkrete Reformmodelle zur Renten- und Krankenversicherung wird jedoch verzichtet. Stattdessen dient der letzte Unterabschnitt der Auseinandersetzung mit dem Zielbegriff der *sozialen Gerechtigkeit*, der seit einigen Jahren zum Leitbegriff der öffentlichen Auseinandersetzung um die Gestaltung der Wirtschafts- und Sozialpolitik geworden ist.

Zusätzliches reichhaltiges *Informationsmaterial* zu fast allen thematischen Aspekten dieses Kapitels bieten die Internetseite www.sozialpolitik-aktuell.de und das ,,Dossier" der Bundeszentrale für politische Bildung (Soziale Situation in Deutschland), das im Internet zur Verfügung steht (www.bpb.de/wissen/37OUAU,0,Soziale_Situation_in_Deutschland). Ebenfalls von der Bundeszentrale kann das Heft Nr. 269 der Informationen zur politischen Bildung, ,,Sozialer Wandel in Deutschland" (überarbeitete Neuauflage 2004; Verf.: Rainer Geißler), kostenlos bezogen werden. Eine unverzichtbare Informationsquelle für die Analyse der Einkommens- und Vermögensverteilung sowie der Armutsentwicklung ist der 2. Armuts- und Reichtumsbericht der Bundesregierung („Lebenslagen in Deutschland"), der im Internet zur Verfügung steht (www.sozialpolitik-aktuell.de/docs/Lebenslagen_in_Deutschland_EndBericht.pdf).

Aus der umfangreichen neueren *wissenschaftlichen Literatur* sei auf wenige Titel hingewiesen, die sämtlich im VS Verlag für Sozialwissenschaften (Wiesbaden) erschienen sind:

- Rainer Geißler, Die Sozialstruktur Deutschlands , 4. überarbeitete Auflage, Wiesbaden 2006
- Stefan Hradil, Die Sozialstruktur Deutschlands im internationalen Vergleich, Wiesbaden 2004
- Rüdiger Peuckert, Familienformen im sozialen Wandel, 5. Aufl., Wiesbaden 2004
- Bernhard Frevel (Hrsg.), Herausforderung demografischer Wandel, Wiesbaden 2004
- Bernhard Frevel/Berthold Dietz, Sozialpolitik kompakt, Wiesbaden 2004

I. Sozialer Wandel in Deutschland

„‚Früher, ja früher, da war alles noch ganz anders.' Diesen Satz kennen wir von Menschen, die sich gern an einen vergangenen Abschnitt ihrer eigenen Lebensgeschichte erinnern. Sie tun dies meist in Momenten, in denen ihnen bewusst wird, dass sich im Umgang mit anderen Menschen einiges verändert hat. Ihre Wahrnehmung richtet sich auf Kommunikationsformen in allen gesellschaftlichen Bereichen, sei es in der Familie zwischen Eltern, Großeltern und Kindern, in nachbarschaftlichen Beziehungen, mit Freunden und Bekannten, am Arbeitsplatz mit Kolleginnen, Kollegen und Vorgesetzten oder mit Verwalterinnen und Verwaltern der staatlichen Bürokratien.
Zu der Feststellung, dass sich innerhalb einer bestimmten Zeitspanne etwas verändert hat, tritt zumeist auch eine Bewertung dieses Vorgangs. Für manche war früher vieles einfacher, gemütlicher, bequemer, direkter oder liebevoller; kurzum, die Menschen, die sich wehmütig an eine vergangene Phase ihrer Lebensgeschichte erinnern, fühlten sich in ihrem damaligen sozialen Umfeld wohler. Andere hingegen haben die vergangenen Zeiten in unangenehmer Erinnerung. Jüngere Menschen, die in die veränderten Zustände von klein auf hineingewachsen sind und durch die Kürze ihrer Lebensgeschichte noch nicht so viel anderes erfahren und gelebt haben, begegnen diesen vergangenheitsbezogenen Aussagen oft mit Unmut, Ungeduld oder Abwehr, ist doch ihr Blick vielmehr auf Gegenwart und Zukunft als auf die Vergangenheit gerichtet. Von daher erleben und verstehen sie den gesellschaftlichen Ist-Zustand auch weniger als etwas Gewordenes, sondern als etwas Statisches, ihr Leben selbst nicht als einen Produzenten und zugleich als ein Resultat langfristiger Entwicklungsprozesse." (Gabriele Klein: Evolution, Wandel, Prozess. Zur Geschichte der Begriffe und theoretischen Modelle. In: Hermann Korte/Bernhard Schäfers [Hg.], Einführung in Hauptbegriffe der Soziologie, Opladen 1993, S. 166)

Vielleicht kennen Sie von Ihnen bekannten älteren Menschen ähnliche Beschreibungen und Bewertungen vergangener Zeiten wie die hier zitierten und haben darauf in ähnlicher Weise reagiert. Mit den beiden einleitenden Materialien wollen wir versuchen, Ihr Bewusstsein für Veränderungen in der Gesellchaft zu wecken, die sich in den letzten Jahrzehnten vollzogen haben und möglicherweise in den nächsten Jahrzehnten vollziehen werden.

1. Aspekte des Wandels der Sozialstruktur

M 1a Ein Test: Was gab es bereits in den Fünfzigerjahren? Was gab es noch nicht?

	bereits vorhanden	noch nicht vorhanden
1) Videorekorder		
2) NATO		
3) Bundesbildungsministerium		
4) Bundeswehr		
5) Mondlandung		
6) Gastarbeiter		
7) Personalcomputer (PC)		
8) Die Grünen		

	bereits vorhanden	noch nicht vorhanden
9) Nukleare Waffen		
10) 5%-Klausel bei Wahlen		
11) Farbfernseher		
12) Europäische Gemeinschaften (Montanunion, EWG, EURATOM)		
13) Bafög		
14) Münzfernsprecher		
15) Lernmittelfreiheit für Schüler		
16) Wahlrecht ab 18 Jahre		
17) Fußballbundesliga		
18) Geld- und Kreditkarten		
19) Intercity-Züge		
20) Bundeskartellamt		
21) Umweltschutzpapier		
22) Atomkraftwerke		
23) Quarzuhren		
24) Kindergeld		
25) ZDF		
26) Verkehrsampeln		
27) Bundesverfassungsgericht		
28) Kugelschreiber		
29) Entwicklungshilfe		

(Politik und Unterricht Nr. 4/1991, S. 47; leicht verändert)

1. *„Vieles, was heute selbstverständlich ist, hat es vor 50 Jahren noch gar nicht gegeben". Überprüfen Sie anhand des „Tests" mithilfe Ihres Lehrers/Ihrer Lehrerin Ihr Wissen bzw. Ihr Bewusstsein von Veränderungen/Erfindungen/Entwicklungen, die sich zwischen der Zeit, in der Ihre Eltern geboren wurden (ca. 1950 – 1960), und heute in verschiedenen Bereichen vollzogen haben. Für wie bedeutsam (z. B. im Hinblick auf das alltägliche Leben) halten Sie diese Veränderungen?*

2. *Den folgenden Fragebogen (M 1b) sollten Sie kopieren und vervielfältigen, damit ihn möglichst jede/jeder von Ihnen für sich persönlich und ohne vorherige Diskussion ausfüllen kann. Nehmen Sie sich dazu genügend Zeit. Verzichten Sie aber nicht auf eine auf Ihren Kurs bezogene Zusammenstellung.*
Die **Auswertung** *könnten z. B. je zwei von Ihnen in Hausarbeit vornehmen und das Ergebnis dem Plenum präsentieren. Dabei bietet es sich an, für jedes Item (in der jeweiligen Zeile angegebener einzelner Begriff als Teil des gesamten Fragebogens) die Mittelwerte auszurechnen: Wenn Ihr Kurs z. B. aus 20 Mitgliedern besteht und sich die Entscheidungen zum Item „Familie" (linke Seite) wie folgt verteilen: 2 kreuzen die Wertung „1" an, 2 die Wertung „2", 4 die Wertung „3", 7 die Wertung „4" und 5 die Wertung „5", dann ergibt sich der Mittelwert durch folgende Berechnung: Man multipliziert die Häufigkeiten mit den jeweiligen Werten ($2 \cdot 1 + 2 \cdot 2 + 4 \cdot 3 + 7 \cdot 4 + 5 \cdot 5$) und dividiert die Summe (71) durch die Zahl der Kursmitglieder (20). Der sich ergebende Mittelwert (3,55) signalisiert, dass in der Einschätzung Ihres Kurses die Familie an Bedeutung eher verlieren wird. Diskutieren Sie die Ergebnisse auch unter dem Gesichtspunkt, inwieweit sich bestimmte Trends in bestimmten Bereichen feststellen lassen, zu denen man die einzelnen Items zusammenfassen kann (Politik, Medien, Kriminalität usw.). Beim Ausfüllen des Fragebogens bitte beachten: zwei Kreuze pro Zeile, eins links zur von Ihnen tatsächlich erwarteten, rechts zur von Ihnen gewollten/gewünschten Entwicklung.*

M 1b Fragebogen „Sozialer Wandel“

Die Bedeutung folgender Sachverhalte in den kommenden 30 Jahren:	wird sehr zunehmen 1	wird eher zunehmen 2	wird gleich bleiben 3	wird eher abnehmen 4	wird sehr abnehmen 5	sollte sehr zunehmen 1	sollte eher zunehmen 2	sollte gleich bleiben 3	sollte eher abnehmen 4	sollte sehr abnehmen 5
Parlament										
Bürgerinitiativen										
Gewerkschaften										
Parteien										
Kirchen										
Chemieindustrie										
Autoindustrie										
Atomindustrie										
Gentechnik										
Solartechnik										
Familie										
Ehe										
eigene Kinder										
Gewalt gegen Personen										
Diebstahl und Raub										
Drogengebrauch										
Nationalismus										
Europäische Integration										
UN-Einfluss										
Klimaschutz										

M 2 „Fortschritt“, „Entwicklung“ oder „Wandel“?

Die geschichtsphilosophische Deutung von Geschichte und sozialem Wandel als *sozialem Fortschritt* erscheint vielen problematisch. Oft wird ein vom jeweiligen Forscher (aus welchen gesellschaftlichen oder sonstigen Gründen auch immer) als wertvoll, gut, richtig oder natürlich empfundener Zustand für die Gegenwart festgestellt oder für die Zukunft gewünscht. Dem entspricht dann leicht eine Deutung der bisherigen oder der künftigen Geschichte als sozialer Fortschritt. Es ist der wertende Aspekt in vielen dieser Theorien, der sie verdächtig macht. Dass beispielsweise der Wandel von der Agrarwirtschaft zur Industriewirtschaft, von der Großfamilie zur Kleinfamilie, von der oralen zur technischen Kommunikation, von der Pferdestärke zum Verbrennungsmotor, vom Armenhaus zur psychiatrischen Klinik schlechthin ein Fortschritt sei – das alles sind zunächst einmal bloße Behauptungen, über die sich sinnvoll streiten lässt. [...]
Selbst die Vorstellungen von einer *sozialen Entwicklung (Evolution)* gelten manchen Beobachtern als problematisch. Von Entwicklung kann man eigentlich nur dann sprechen, wenn – wie etwa bei Zeugung – ein Anfang gesetzt wird, der alles Weitere – also Wachstum, Entfaltung der Körperteile usw. – sozusagen schon in sich enthält. Wenn man im sozialen Bereich von Ent-

wicklung spricht, dann besteht leicht die Gefahr, die bisherige und zukünftige Geschichte als ein unbedingt notwendiges Geschehen zu deuten. [...] Die Zukunft erscheint vielmehr als tendenziell offen, wenngleich Offenheit auch nicht Willkür bedeutet.
So eingeschränkt ist der Begriff soziale Entwicklung eigentlich identisch mit dem Begriff *sozialer Wandel*. Dieser wird jedoch wegen seiner neutralen Fassung meistens vorgezogen. In der Soziologie stellt man Veränderungen fest und erforscht deren Ursachen. Vor weiter reichenden Deutungen [...] in Anlehnung an traditionelle Fortschrittsideen hütet sich der Soziologe, weil sie ihm zu spekulativ sind. Selbst in Untersuchungen über soziale Entwicklungen lässt er vorschnelle Behauptungen nicht gelten, wonach es ein umfassend unabdingbar notwendiges Geschehen gebe.

(Alfred Bellebaum, Soziologische Grundbegriffe, Kohlhammer, Stuttgart 2001, S. 107f.)

Im Zusammenhang mit dem Fortschrittsbegriff werden in den Sozialwissenschaften die sozialen Veränderungsprozesse seit dem 19. Jahrhundert häufig als Prozess der „**Modernisierung**" erfasst und analysiert. Dieser zu den Grundbegriffen der Soziologie gehörende, vielschichtige und nicht immer einheitlich definierte Begriff will in den umfassenden und vielfältigen Veränderungsprozessen bestimmte Merkmale und Entwicklungstendenzen erkennbar machen, wie z. B.: Rationalisierung*, Urbanisierung (Verstädterung), Industrialisierung, Säkularisierung* („Verweltlichung"), Demokratisierung, Massenbildung, Wohlstandsmehrung, „Tertiärisierung" (Ausweitung des Dienstleistungssektors), soziale Differenzierung* (Aufgliederung einheitlicher Systeme und Funktionen), Pluralisierung (Vielfalt der Einstellungen, Interessen, Lebensformen), Individualisierung. Auf dieses begriffliche Konzept wird in verschiedenen Materialien dieses Kapitels Bezug genommen.

(Autorentext)

1. *„Sozialer Wandel" ist der soziologische Fachbegriff für unser Thema. Erläutern Sie, inwiefern sich dieser Begriff von dem des „sozialen Fortschritts" und dem der „sozialen Entwicklung" unterscheidet. Warum bemühen sich Wissenschaftler um eine möglichst „neutrale" Untersuchung sozialer Wandlungsprozesse? Weitergehende Informationen zum Begriff und zu Theorien des sozialen Wandels können Sie der folgenden Internetseite der Schader-Stiftung entnehmen: www.schader-stiftung.de/gesellschaft_wandel/383.php*

2. *Auf die nähere Entfaltung und Diskussion des für den sozialen Wandel häufig gebrauchten begrifflichen Konzeptes der „Modernisierung" (s. Kasten) haben wir an dieser Stelle verzichtet (Näheres dazu: www.bpb.de/publikationen/W3H4EM,0,0,Modernisierung.html). Stellen Sie anhand des Inhaltsverzeichnisses fest, welche der dazu genannten Merkmale/Entwicklungstendenzen (s. Kasten) in den Abschnitten I. und II. näher betrachtet werden.*

M 3 Bereiche der Sozialstruktur

Unter sozialem Wandel wird die Veränderung der Sozialstruktur einer Gesellschaft oder einzelner ihrer Bereiche in einem bestimmten Zeitraum verstanden. Die Sozialstruktur einer Gesellschaft ist daher nur eine Momentaufnahme ihrer kontinuierlichen Veränderung. [...]

Die wichtigsten Bereiche der Sozialstruktur einer Gesellschaft sind die folgenden:

- die *Bevölkerungsstruktur* und mit ihr in enger Verknüpfung die Haushalts- und Familienstrukturen (z. B. ihre Bedeutung für das generative Verhalten, für den Generationszusammenhang, für die Erwerbsquote, für die Entwicklung der Siedlungs- und Infrastruktur usw.);

Der allgemeine Begriff der **Struktur** ist ein Instrument, das dazu dient, den inneren Aufbau eines Phänomens zu analysieren. Er untergliedert die Gesamtheit der Erscheinung in verschiedene Elemente (Teilbereiche) und untersucht die relativ dauerhaften Beziehungen und Zusammenhänge zwischen den Elementen. In diesem Sinne erforschen Chemiker die Struktur von Molekülen, Sprachwissenschaftler die Struktur der Sprache oder Psychologen die Struktur der Persönlichkeit. Auch Soziologen wenden den Strukturbegriff auf ihren spezifischen Forschungsgegenstand an und sprechen von der „Struktur einer Gesellschaft" oder einfacher von „Sozialstruktur". Die *Sozialstrukturanalyse* zergliedert „die Gesellschaft" in ihre relevanten Elemente und Teilbereiche und untersucht die zwischen ihnen bestehenden Wechselbeziehungen und Wirkungszusammenhänge.

(Rainer Geißler, Die Sozialstruktur Deutschlands, Westdeutscher Verlag, Wiesbaden, 2. Aufl. 1996, S. 19)

- das *ökonomische System* und damit die Formen der Arbeit und Produktion, der Bedeutung von Beruf und Erwerbsstruktur für die personale und allgemeine gesellschaftliche Entwicklung;
- das *Gesundheitssystem* und das der sozialen Sicherheit („Sozialstaat");
- das *staatliche und politische System* und damit die Strukturen von Regierung und Parteien, Gesetzgebung und Recht für die Integration und Entwicklung des gesellschaftlichen Systems;
- das *kulturelle System* incl. der Strukturen der Bildung und Ausbildung, der Wissenschaft und des „Kulturbetriebs";
- das *System der Siedlungsformen*, das in enger Wechselbeziehung steht zu Struktur und Wandel der Bevölkerung und zum ökonomischen System, aber auch zu den Ausprägungen der sozialen *Segregation* [Trennung, Ausgliederung von Minderheiten] und der damit gegebenen sozialen Ungleichheit;
- das moderne *Kommunikationssystem* und damit alle Formen (und Wirkungen) medial und sekundär (oder tertiär) vermittelter Information.

(Bernhard Schäfers, Sozialstruktur und sozialer Wandel in Deutschland, Lucius & Lucius Verlag, Stuttgart, 8. Aufl. 2004, S. 10 und 8)

Erläutern Sie, was der (auch in den Sozialwissenschaften nicht präzise definierte) Begriff der Sozialstruktur erfassen soll und welche Bereiche (in sich wiederum gegliederte Teilsysteme) dieses umfassenden Ganzen unterschieden werden.

Im Folgenden können wir nicht auf alle in M 3 aufgeführten Bereiche der Sozialstruktur eingehen. Nach kurzen Hinweisen auf den Wandel zur Dienstleistungsgesellschaft (M 4 – M 6; vgl. dazu Kap. C [S. 270ff.]), die Wohlstandsentwicklung (M 7), die „Bildungsexpansion" (M 8 – M 9) und die Entwicklung der Einwanderung (M 10 – M 12) werden der Wandel der Bevölkerungsstruktur (demographischer Wandel) und der Strukturwandel der Familie in je einem eigenen Abschnitt (2., S. 123ff., und 3., S. 128ff.) etwas eingehender dargestellt.
Der Wandel des Sozialstaats wird in Abschnitt III. (S. 187ff.) analysiert. Der Bereich des politischen Systems ist Gegenstand von Kap. A (dort vor allem Abschnitt III. 2., S. 53ff., und Abschnitt IV., S. 62ff.).

M 4 „Industriegesellschaft" und „industrielle Revolution"

Der französische Sozialreformer und Soziologe *Henri de Saint-Simon* (1760 – 1825) charakterisierte zu Beginn des 19. Jahrhunderts die damals heraufziehende Gesellschaft der Zukunft als *„Industriegesellschaft"*. Auch heute noch wird die Gesellschaft der Bundesrepublik, wie auch andere Gesellschaften in einem ähnlichen Entwicklungsstadium, gern als „moderne Industriegesellschaft" bezeichnet – ein Hinweis darauf, dass wichtige Elemente der Sozialstruktur, die sich im Laufe des 19. Jahrhunderts entfalteten, weiterhin von grundlegender Bedeutung sind. Als namengebendes, wesentliches Merkmal der neuen Gesellschaftsform betrachtete Saint-Simon die industrielle Produktionsweise: Technisches Wissen wird methodisch-systematisch auf die Güterproduktion angewendet und erhöht dadurch in hohem Maß deren Präzision und Effizienz. Der Begriff „Industriegesellschaft" bringt zum Ausdruck, dass Veränderungen in der Produktionsweise – auf der Basis von technologischen Veränderungen – den Kern des sozialen Wandels ausmachen und dass der technisch-ökonomische Wandel auch auf andere Bereiche der Gesellschaft ausstrahlt und weitere soziale, kulturelle und politische Veränderungen nach sich zieht.
Die Umwälzungen, die sich mit dem Vorgang der Industrialisierung verbanden, wurden von dem britischen Historiker *Arnold Toynbee* gegen Ende des 19. Jahrhunderts mit dem Etikett *„industrielle Revolution"* versehen. Auch dieser Begriff setzte sich schnell durch und wird heute noch gern verwendet. Er soll deutlich machen, dass sich die technologischen, wirtschaftlichen und sozialen Entwicklungen, die mit dem Vordringen der industriellen Produktionsweise verkoppelt waren, mit einer besonders hohen Geschwindigkeit und Radikalität vollzogen.

(Rainer Geißler, Die Sozialstruktur Deutschlands, Westdeutscher Verlag, Wiesbaden, 3. Aufl. 2002, S. 23)

M 5 Ursachen des Wandels zur industriellen Dienstleistungsgesellschaft

Dem Wandel zur industriellen Dienstleistungsgesellschaft liegt ein vielschichtiges Geflecht von **Ursachen** zugrunde, für das bisher eine zusammenhängende Theorie fehlt.
Der erste Ursachenkomplex, auf den die Klassiker der Drei-Sektoren-Hypothese (s. M 28 in Kap. C, S. 270ff.) bereits hingewiesen haben, liegt primär im **ökonomischen** Bereich. Er stellt die Zusammenhänge von technischem Fortschritt, Produktivitätssteigerung*, Arbeitskräfteverlagerung und privater Nachfrageverschiebung ins Zentrum. Die ungeheuren Produktivitätsfortschritte in der Agrarproduktion und Güterherstellung setzen Arbeitskräfte frei, die in den Dienstleistungssektor verlagert werden. Der Dienstleistungsbereich kann als Auffangbecken für die „überflüssig" gewordenen Arbeitskräfte dienen, weil dort die Rationalisierung und die Produktivitätszuwächse zumindest teilweise stärkeren Einschränkungen unterliegen; so lassen sich z. B. Schulunterricht oder Pflegedienste an alten Menschen nicht in dem Maße automatisieren wie die Montage von Autos oder Fernsehgeräten. Zudem erhöht sich mit dem Anstieg der Realeinkommen auch die private Nachfrage nach Dienstleistungen; der Anteil von Aufwendungen, die der private Verbraucher für Dienste ausgibt, steigt nachweislich stetig an. In die *Verschiebungen bei der privaten Nachfrage* (vgl. Grafik) spielen auch weitere Veränderungen in den Lebensbedingungen, im Wertesystem oder in der Bevölkerungsstruktur hinein.

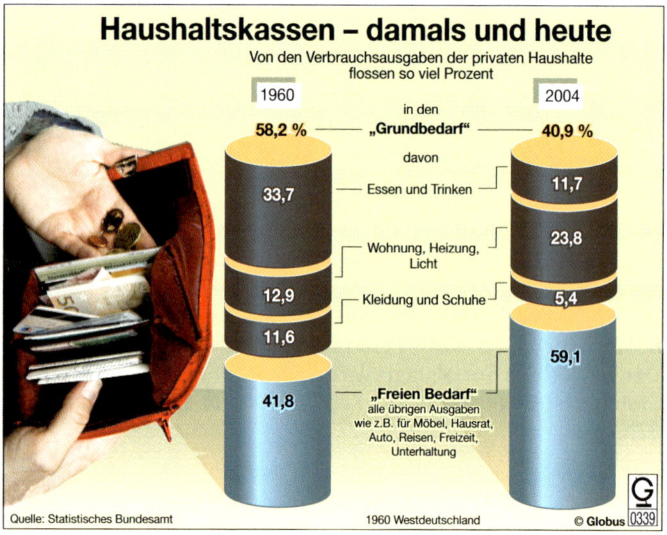

Die folgenden ausgewählten Beispiele können diese Zusammenhänge illustrieren:
- die sinkende *Arbeitszeit* steigert die Nachfrage nach Freizeit- und Urlaubsangeboten;
- die *Alterung* der Bevölkerung erhöht den Bedarf an Unterhaltung, medizinischer Versorgung, Pflegediensten und Versorgung mit warmen Mahlzeiten;
- die *Technisierung* des Alltags und der Haushalte erfordert vermehrt Reparatur- und Wartungsdienste;
- die schnelle *Veränderung der beruflichen Anforderungen* macht Weiterbildung und Umschulung erforderlich;
- die wachsende *Erwerbsbeteiligung* der Frau erhöht die Nachfrage nach Serviceleistungen für Haushalt und Kinderbetreuung. [...]

(Rainer Geißler, Die Sozialstruktur Deutschlands, Bundeszentrale für politische Bildung, Bonn 2002, S. 201ff.)

M 6 Vom Beruf auf Lebenszeit zur Lebensabschnittstätigkeit

Berufsarbeit als auf Dauer angelegte, qualifizierte Erwerbstätigkeit, die der Sicherung des Lebensunterhalts dient, wird es zwar auch weiterhin geben, sie wird jedoch zunehmend ergänzt durch andere Formen der Arbeit, die heute noch als „atypische" Formen der Beschäftigung bezeichnet werden [...], aber vermutlich schon bald zur Normalität einer sich wandelnden Arbeitswelt gehören dürften. [...]

Atypische Beschäftigungsformen sind u. a.:

- Teilzeitarbeit
- befristete Beschäftigung
- geringfügige Beschäftigung, „Minijobs“
- Leiharbeit (Zeitarbeit)
- scheinselbstständige Arbeit
- Arbeit als „Freelancer“ (freie Mitarbeiter) bzw. „e-lancer“ (= „Freelancer“ im Internet)
- Telearbeit und Heimarbeit
- Projektarbeit auf Zeit
- befristete Management-Arbeit
- „unterwertige“ (der Ausbildung nicht entsprechende) Arbeit.

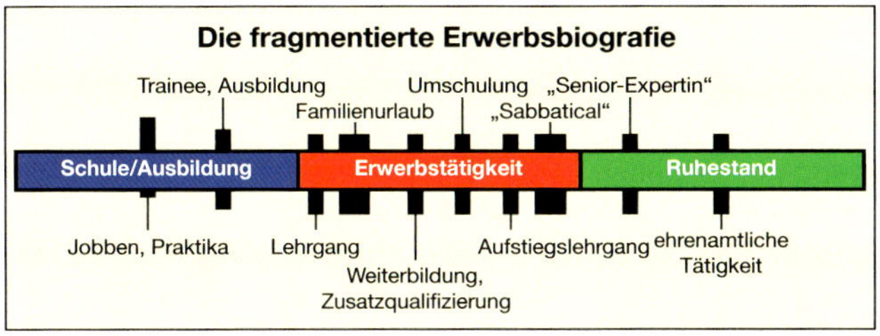

Mobilität: Die Jungen wechseln öfter

So viel Prozent der Erwerbstätigen haben im letzten Jahr den Betrieb oder Beruf gewechselt

Alter von ... bis unter ... Jahren	Betrieb oder Beruf
15 – 20	29,8
20 – 25	27,4
25 – 30	16,9
30 – 35	12,4
35 – 40	10,3
40 – 45	8,3
45 – 50	6,6
50 – 55	5,4
55 – 60	4,1
60 – 65	3,0

Stand 1998. Ursprungsdaten: Statistisches Bundesamt

(© Institut der deutschen Wirtschaft Köln)

An die Stelle der ein ganzes Arbeitsleben andauernden Erwerbstätigkeit in einem Normalarbeitsverhältnis tritt eine allgemeine Tauglichkeit für Erwerbsarbeit: „lifetime *employment*“ wird durch „lifetime *employability*“ ersetzt – die Bereitschaft und die Fähigkeit, im Laufe der Zeit mehrere Berufe bzw. Tätigkeitskombinationen auszuüben. [...]

(Gerhard Willke, Die Zukunft unserer Arbeit, Campus Verlag, Frankfurt/New York 1999, S. 144f., 156ff.)

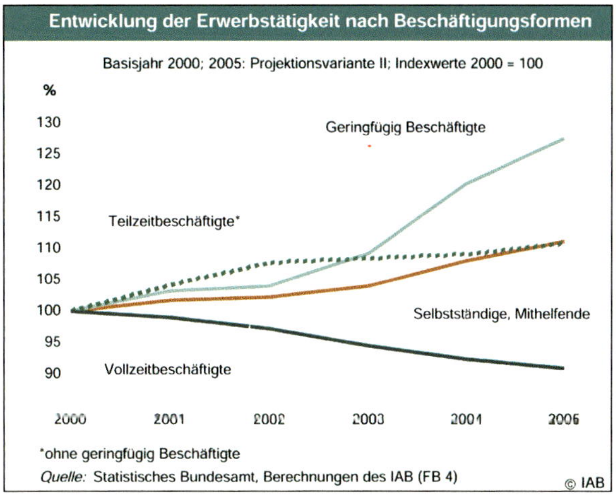

(© IAB, in: IAB-Kurzbericht Nr. 10/2005)

1. *Klären Sie anhand von M 4 die Entstehung und die Bedeutung der Begriffe „Industriegesellschaft“ und „industrielle Revolution“. Welche Aspekte sollen jeweils betont werden? Zur weiteren Information s. ggf.: http://de.wikipedia.org/wiki/Industrielle_Revolution.*

2. *Erläutern Sie mit eigenen Worten den in M 5 beschriebenen Ursachenkomplex für die Entwicklung zur Dienstleistungsgesellschaft. Welche Zusammenhänge bestehen zwischen dem technischen Fortschritt, der Steigerung der Produktivität* (vgl. M 29 in Kap. C, S. 274), der Verlagerung von Arbeitskräften in einen anderen Sektor (vgl. M 28 in Kap. C, S. 271f.) und der Veränderung der Nachfrage nach Konsumgütern (s. Grafik S. 114)? Nennen Sie für die in den Spiegelstrichen aufgeführten Aspekte jeweils konkrete Beispiele.*

3. *Machen Sie deutlich, warum im Dienstleistungsbereich nicht im gleichen Maße menschliche Arbeitskraft ersetzt werden kann wie im industriellen Bereich (Produktion von Sachgütern).*

4. *Wird es Arbeit im erlernten Beruf „auf Lebenszeit“ immer weniger geben? Erläutern Sie, was mit den in M 6 aufgeführten „atypischen Beschäftigungsformen“ jeweils gemeint ist. Worauf ist die Zunahme solcher Formen zurückzuführen? Worin liegt der Unterschied zwischen „lifetime employment“ und „lifetime employability“?*

5. *Erläutern Sie, wodurch sich die „fragmentierte Erwerbsbiografie“ von der traditionellen Abfolge in den drei festgefügten Blöcken Schule/Ausbildung, Erwerbstätigkeit, Ruhestand unterscheidet.*

6. *Beschreiben Sie die in der Grafik (S. 115 u.) dargestellte Entwicklung verschiedener Formen der Erwerbstätigkeit. Wie hängt sie mit der übrigen Darstellung zusammen? Inwiefern wirkt sich diese Entwicklung im Hinblick auf die Finanzlage der Rentenversicherung problemverschärfend aus?*

7. *Wie beurteilen Sie aus Ihrer Sicht die beschriebenen Entwicklungen?*

M 7 „Wohlstandsexplosion“ in der Bundesrepublik

Die materiellen Lebensbedingungen entwickelten sich nach dem Zweiten Weltkrieg in den beiden Teilen Deutschlands sehr unterschiedlich. Mit der Dynamik der sozialen Marktwirtschaft (s. M 53 in Kap. C, S. 304) konnte die zentrale Planwirtschaft des Ostens nicht Schritt halten, der Lebensstandard stieg in der Bundesrepublik erheblich schneller als in der DDR. Die Ost-West-Wohlstandsschere öffnete sich immer weiter und hatte weit reichende sozialpsychologische und politische Folgen. Sie war ein zentraler Ursachenkomplex für den Zusammenbruch der DDR, und der Abbau der ungleichen Lebensbedingungen zwischen alten und neuen Bundesländern war und ist die zentrale Herausforderung an das vereinigte Deutschland.

In Westdeutschland setzte, nachdem die schlimmsten Kriegsfolgen überwunden waren, eine dramatische Aufwärtsentwicklung ein. Das „Wirtschaftswunder“ ließ die Wirtschaftsleistung, die Einkommen und in ihrem Gefolge den Lebensstandard steil in die Höhe schnellen. Das Volkseinkommen – wie in der Wirtschaftswissenschaft die Gesamtheit aller produzierten Güter und Dienste genannt wird – „explodierte“ zwischen 1950 und 1989 von gut 4 400 Euro auf fast 18 400 Euro pro Kopf der Bevölkerung (gerechnet in Preisen von 1989). Das ungeheure Tempo dieses Wachstums wird durch den historischen Vergleich deutlich: Der Sozialwissenschaftler Meinhard Miegel errechnete, dass sich das Volkseinkommen in den eineinhalb Jahrhunderten von 1800 bis 1950 in etwa verdreifachte, während es in den vier Jahrzehnten nach 1950 gleich um mehr als das Vierfache zulegte.

Weltweit gehört Westdeutschland seit langem zu den reichsten Ländern der Erde. In den Neunzigerjahren rangierte es unter den Top Ten der umstrittenen „Weltrangliste“, in der die Gesellschaften nach dem Bruttosozialprodukt je Einwohner geordnet sind.

Die Steigerung des Volkseinkommens spiegelt sich in einem entsprechenden, nahezu kontinuierlichen Wachstum der *Reallöhne* und der *Haushaltseinkommen* wider. Das real [nach Abzug des Preisanstiegs] verfügbare Einkommen pro Kopf erreichte im Jahr 1991 seinen bisherigen Gipfel und lag nach den Berechnungen des Sozialökonomen Richard Hauser bei 12 844 Euro und damit um das 2,3fache über dem Niveau von 1960. 1994 lag das reale Nettoeinkommen pro Kopf um acht Prozent unter dem Niveau von 1991 und stieg dann bis 1997 nur geringfügig wieder an. Die Rückwärtsentwicklung wurde vor allem durch die Erhöhung der Abgabenlast (s. M 64/M 65, S. 195f.). ausgelöst, die wiederum zum Teil mit den Kosten der deutschen Vereinigung zusammenhing. Sie war aber auch auf teilweise rückläufige, stagnierende oder nur geringfügig steigende Reallöhne und -gehälter zurückzuführen (s. dazu Grafik in M 39 in Kap. C, S. 288).

Die „Wohlstandsexplosion“ in den Nachkriegsjahrzehnten lässt sich beispielhaft auch an den *Wohnverhältnissen* und an der *Ausstattung der Haushalte* mit hochwertigen Konsumgütern illustrieren. Die Wohnungen und Eigenheime – ein zentraler Faktor für die Qualität des Familienlebens und ein wichtiges Refugium für die wachsende Freizeit – wurden geräumiger und komfortabler. Die Wohnfläche, die jeder Person im Durchschnitt zur Verfügung stand, hat sich von 15 Quadratmeter im Jahr 1950 auf 39 Quadratmeter 1997 fast verdreifacht; heute sind 90 Prozent aller Wohnungen mit Bad, Innen-WC und Zentralheizung ausgestattet, 1950 hatten noch 80 Prozent kein Bad. Auch die technischen Konsumgüter, die das Leben leichter und angenehmer machen, wie Autos, moderne Haushaltsgeräte und Kommunikationsmedien haben sich nach und nach ausgebreitet und gehören heute zur Normalausstattung (s. Tabelle).

(Informationen zur politischen Bildung Nr. 269: Sozialer Wandel in Deutschland, Bundeszentrale für politische Bildung, überarbeitete Neuauflage 2004, Bonn 2005, S. 11f.; Verf.: Rainer Geißler)

Tab.: Haushaltsausstattung mit Konsumgütern 1962 – 2003 (in Prozent)

	West				Ost			
	1962	1973	1983	2003	1960	1970	1983	2003
PKW	27	55	65	78	3	16	42	72
Waschmaschine[1]	34	75	83	93	6	54[1]	87[1]	95
Gefrierschrank	3	28	65	76	0	19	29[3]	63
Geschirrspülmaschine	0	7	24	60				47
Telefon[2]	14	51	88	99		6	12	98
Fernsehgerät	37	89	94	94	1	70	91	95
Stereoanlage	0	0	38	69				56

[1] West – Waschvollautomat, Ost 1970 und 1983 auch andere Waschmaschinen
[2] DDR – Anzahl der Hauptanschlüsse in Wohnungen je 100 Haushalte
[3] 1985

Quellen: West – Datenreport 1987, 115 (1962-1983); Euler 1989, 309 (1988); Ost – StatJb 1984, 281 und 199, 325 (1960–1988); StBA 2000; 2003: Datenreport 2004

(Rainer Geißler, Die Sozialstruktur Deutschlands, Bundeszentrale für politische Bildung, Bonn, 3. Aufl. 2002, S. 87)

M 8 Weiter bestehende „Ost-West-Lücke"

Der Abstand zwischen Ost- und Westdeutschland bei den Einkommen, in den Wohnbedingungen und in anderen Aspekten des Lebensstandards wurde *erheblich reduziert, aber es besteht weiterhin eine Lücke.* Sie hat für die Ostdeutschen eine besondere psychologische Bedeutung und wird überdimensioniert wahrgenommen.

Der soziale Umbruch hat für die Ostdeutschen nicht nur neuen Wohlstand, sondern auch eine Fülle von schmerzlichen Erfahrungen mit sich gebracht. Die größten Verunsicherungen hat die lang anhaltende *Massenarbeitslosigkeit* ausgelöst, etwa ein Drittel der Arbeitsplätze ist nach dem Zusammenbruch der DDR verlorengegangen. „Das Leiden aller Leiden ist die Arbeitslosigkeit." Dieser Satz Martin Walsers gilt für Ostdeutsche in besonderer Weise, war doch die DDR in stärkerem Maße eine „Arbeitsgesellschaft" mit Arbeitsplatzgarantie gewesen als die Bundesrepublik. Dennoch ist die Gesamtbilanz der Ostdeutschen über die Entwicklung der Lebensbedingungen für eine zunehmende Mehrheit positiv und nur für eine schrumpfende Minderheit negativ. Nach dem Wohlfahrtssurvey gaben 1998 59 Prozent (1993: 48 Prozent) der Bürger in den neuen Ländern an, dass sich die Lebensbedingungen seit 1990 verbessert haben, für 25 Prozent (1993: 29 Prozent) bestand kein Unterschied und nur 16 Prozent (1993: 23 Prozent) beurteilten die heutige Situation als Verschlechterung.

Das Tempo der Annäherung wäre ohne Leistungstransfers von West nach Ost in weltweit einmaliger Größenordnung nicht möglich gewesen. [...]

Trotz dieser Anstrengungen ist das vereinte Deutschland von einer Einheitlichkeit der Lebensbedingungen in Ost und West noch ein erhebliches Stück entfernt, und es ist absehbar, dass die soziale Einheit im Sinne der Herstellung gleicher Lebensverhältnisse ein langwieriger Prozess ist. Die Folgen von fast einem halben Jahrhundert ungleicher Entwicklungen sind nicht innerhalb weniger Jahre zu beseitigen. Die Deutschen – insbesondere ihre wichtigen Entscheidungsträger und Meinungsführer – stehen dabei vor der Aufgabe, beim Abbau der West-Ost-Kluft ein mittleres „goldenes Tempo" zu finden, das weder die Geduld der Ostdeutschen noch die Solidaritätsbereitschaft der Westdeutschen überfordert.

(Informationen zur politischen Bildung Nr. 269: Sozialer Wandel in Deutschland, Bundeszentrale für politische Bildung, überarbeitete Neuauflage 2004, Bonn 2005, S. 12f.; Verf.: Rainer Geißler)

1. *Analysieren Sie – ggf. in Gruppenarbeit – die ausgewählten Aspekte der Wohlstandsentwicklung in der Bundesrepublik (Einkommen, Wohnungsversorgung, Konsumgüterausstattung) und werten Sie dazu auch die Tabelle aus (M 7).*

2. *Beschreiben Sie die Entwicklung in der DDR im Vergleich zur (alten) Bundesrepublik und erläutern Sie die angesprochenen Ursachen des „Wohlstandsgefälles“ (M 8).*

3. *Während viele Defizite in den letzten Jahren nicht nur „gemildert“, sondern z. T. recht weitgehend abgebaut wurden, bleibt die im Vergleich zu den alten Bundesländern ungefähr doppelt so hohe Arbeitslosigkeit der Hauptgrund für die anhaltende Unzufriedenheit vieler Menschen in den neuen Bundesländern. Erläutern Sie, inwiefern dieses Problem gerade von DDR-Bürgern so schmerzlich empfunden werden muss.*

M 9 Die Bildungsexpansion

Abb. 1

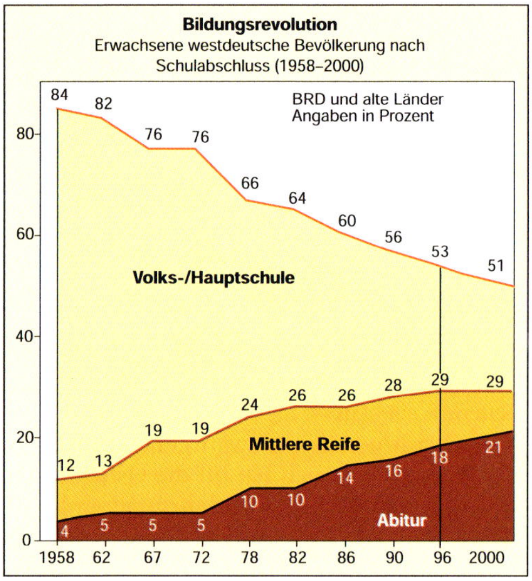

(Aus: Thomas Gensicke, Deutschland im Wandel, Speyerer Forschungsberichte 154, hg. vom Forschungsinstitut für öffentliche Verwaltung bei der Hochschule für Verwaltungswissenschaften Speyer 1996, S. 47, ergänzt)

Zu den auffälligsten Erscheinungen des sozialen Wandels der letzten Jahrzehnte gehört die so genannte **Bildungsexpansion**. Dieser Begriff stammt aus der Bildungsforschung und bezeichnet den enormen *Ausbau der sekundären und tertiären Bereiche* des Bildungswesens – insbesondere der Realschulen, Gesamtschulen und Gymnasien sowie der Fachschulen, Fachhochschulen, Gesamthochschulen und Universitäten. Aus der Sicht der Betroffenen heißt das: Immer mehr Menschen erwerben mittlere bzw. höhere Bildungsabschlüsse; immer mehr junge Menschen verweilen immer länger im Bildungssystem. Es ist sinnvoll, diesen engeren bildungswissenschaftlichen Begriff durch ein weiteres Konzept aus der Perspektive der Sozialstrukturforschung zu ergänzen. Bildungsexpansion aus sozialstruktureller Sicht bedeutet: die Verbesserung der Qualifikationsstruktur, die **Höherqualifizierung** der Bevölkerung. Oder genauer: Immer größere Teile der Bevölkerung verfügen über mittlere oder höhere Bildungsabschlüsse bzw. Qualifikationen.

Die Abb. 1 und 2 machen wichtige Entwicklungen sichtbar, die zur Bildungsexpansion im engeren Sinne gehören. Diese setzte in der **Bundesrepublik** bereits in den 50er-Jahren ein. Ein weiterer kräftiger Schub erfolgte dann im Zusammenhang mit den bildungspolitischen Debatten der 60er-Jahre. Die Bildungsökonomen hoben den Nutzen der Bildung für das Wirtschaftswachstum hervor (Bildung als Humankapital) und sozialliberale Bildungsforscher und -politiker die gesellschaftspolitische Bedeutung der Bildung (Bildung als Bürgerrecht). Die Bildungsexpansion im Schulsystem hielt bis in die Mitte der 90er-Jahre an, obwohl der Ruf nach besseren Bildungschancen fast verstummt war und mit ökonomischen Argumenten vor sogenannten „Qualifikationsüberschüssen“ gewarnt wurde. Sie hatte eine Eigendynamik entwickelt, die sich relativ unabhängig von direkten politischen und ökonomischen Impulsen vollzog.

Allerdings machen sich inzwischen Stagnationstendenzen bemerkbar, und auch das Problem der Bildungschancen wird wieder öffentlich diskutiert, weil in einigen Sektoren des Arbeitsmarktes qualifizierte Arbeitskräfte und hochqualifizierte Spezialisten wie z. B. Computerexperten fehlen und weil internationale Vergleichsstudien wie die PISA-Studie der Qualität und der sozialen Selektivität [Auslesecharakter] des deutschen Bildungssystems ein miserables Zeugnis ausstellen. [...]

Bei einer Betrachtung nach *Schulabschlüssen* (nicht nach Schultypen) ergeben sich folgende Zahlen:

Im Jahr 2004 verließen 986 300 Jungen und Mädchen das Schulsystem, davon 25,0 % mit *Hauptschulabschluss* (Deutsche: 23,5, Ausländer 40,9), 42,6 % mit *Realschulabschluss* (D.: 43,7; A.: 30,8), 23,0 % mit der allgemeinen *Hochschulreife/Abitur* (D.: 24,3; A.: 8,9) und 1,2 % mit der *Fachhochschulreife* (D.: 1,2; A.: 1,3). 8,3 % waren *ohne Schulabschluss* (D.: 7,4; A.: 18,1). (http://www.destatis.de/basis/d/biwiku/schultab16.htm)

Abb. 2

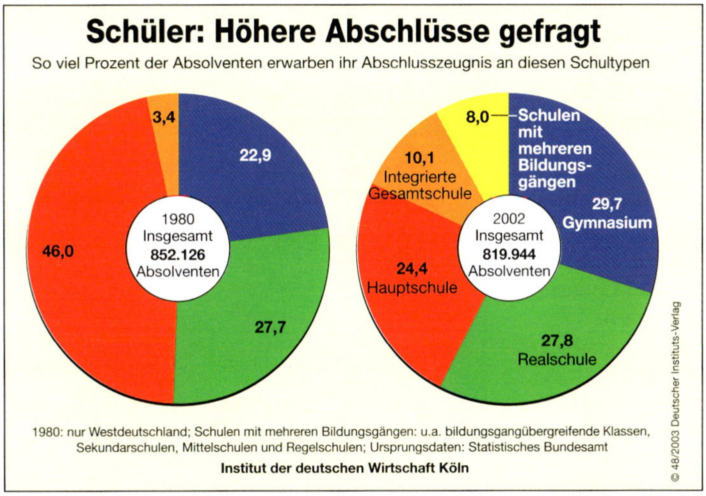

(iwd Nr. 48 v. 27.11.2003, S. 3; © Deutscher Instituts-Verlag)

Der strukturelle Motor der Bildungsexpansion liegt in Ost und West in einer Entwicklung, die *Helmut Schlesky* (1979) als die Entfaltung der „**wissenschaftlich-technischen Zivilisation**" bezeichnet hat. Wissenschaftlicher und technischer Fortschritt, die zunehmende Durchdringung der Arbeitswelt, aber auch aller anderen Lebensbereiche mit Technik und technischen Neuerungen, der zunehmende Einsatz von Sozialtechnologien, um den sozioökonomischen Wandel in einer komplexen Gesellschaft zu kontrollieren und – zumindest teilweise – zu planen und zu steuern, erhöhen kontinuierlich den Bedarf an besseren Qualifikationen. Der Qualifikationsbedarf steigt des Weiteren dadurch an, dass die Verwissenschaftlichung und Technisierung mit einer **wachsenden Komplexität** der Gesellschaft einhergeht – mit zunehmenden Differenzierungen und Spezialisierungen in Wirtschaft, Sozialstruktur und Politik sowie mit zunehmenden internationalen Verflechtungen. Wissen – und dabei wiederum insbesondere das theoretische Wissen – gewinnt eminent an Bedeutung für das wirtschaftliche und gesellschaftliche Leben und den sozialen Wandel; es wird zunehmend zur Triebkraft für die ökonomische und soziale Entwicklung. Der amerikanische Soziologe *Daniel Bell* hat diesen Aspekt der gesellschaftlichen Modernisierung (s. Kasten S. 112) mit seinem Konzept der „nachindustriellen **Wissensgesellschaft**" auf den Begriff gebracht. Die Bildungsexpansion macht offenbar, dass sich die Deutschen in Ost und West auf dem Weg in die „wissenschaftlich-technische Zivilisation" bzw. in die „Wissensgesellschaft" befinden.

(Rainer Geißler, Die Sozialstruktur Deutschlands, Bundeszentrale für politische Bildung, Bonn, 3. Aufl. 2002, S. 334f., 340)

1. *Indikator der „Bildungsexpansion" ist u.a. die Entwicklung der Schulabschlüsse. Beschreiben Sie diese Entwicklung anhand der grafischen Darstellungen und beachten Sie dabei den unterschiedlichen Bezug der Prozentzahlen in der Grafik und in den Angaben zu den Abschlüssen der Schulabgänger 2004. In welchem Zeitabschnitt wird die Veränderung bei den Bildungsabschlüssen der Bevölkerung (Abb. 1) besonders deutlich?*

2. *Versuchen Sie, zu den in M 9 genannten Ursachen und Antriebskräften der Bildungsexpansion die allgemeinen Begriffe durch konkrete Beispiele zu verdeutlichen. Worin zeigt sich z. B. die „Durchdringung der Arbeitswelt, aber auch aller anderen Lebensbereiche mit Technik und technischen Neuerungen"? Welche „Differenzierungen und Spezialisierungen" machen die Gesellschaft immer komplexer? – Zu den Folgen „internationaler Verflechtungen" für gering qualifizierte Erwerbstätige können Sie M 86 aus Kap. C hinzuziehen.*

M 10 Phasen der Zuwanderung von Ausländern

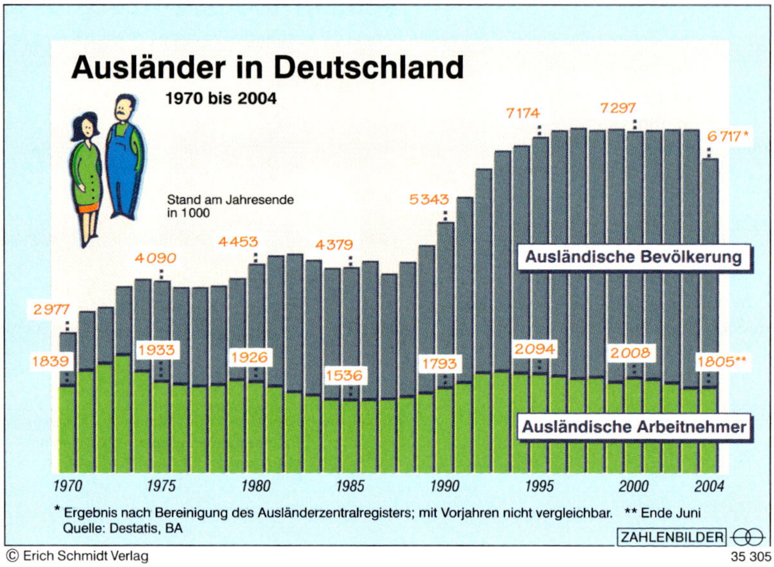

Westdeutschland ist seit den 60er-Jahren aus ökonomischen, demographischen und humanitären Gründen de facto zu einem Einwanderungsland modernen Typs für ethnische Minderheiten geworden. Die westdeutsche Einwanderungsgeschichte (ethnische Minderheiten ohne Spätaussiedler) nach dem Zweiten Weltkrieg lässt sich in *drei Phasen* mit zwei Zuwanderungsschüben unterteilen. Die Zuwanderung begann ab 1955 mit der Anwerbung von sogenannten *Gastarbeitern*. Bereits wenige Jahre nach Gründung der Bundesrepublik Deutschland bestand ein Mangel an Arbeitskräften. Bis 1973 wurden vorwiegend Arbeitskräfte aus Italien, Spanien, Griechenland, der Türkei, Marokko, Portugal, Tunesien und Jugoslawien angeworben.

Die Anwerbung von ausländischen Arbeitskräften wurde im November 1973 gestoppt. Bis zu diesem Zeitpunkt war die Zahl der Ausländer auf rund vier Millionen gewachsen. Mit dem *Anwerbestopp* wurde der weitere Zuzug von Ausländern nach Deutschland zur Arbeitsaufnahme grundsätzlich beendet.

Es begann die *Phase des Nachzugs* von Ehegatten und minderjährigen Kindern. Derzeit leben etwa 1,5 Millionen minderjährige ausländische Kinder in Deutschland, von denen rund zwei Drittel hier geboren sind. Mit einer Änderung der Genehmigungspraxis der Staaten des früheren Ostblocks für Westreisen begann im Jahre 1980 eine verstärkte Zuwanderung von Menschen aus Polen, Ungarn, der Tschechoslowakei und anderen osteuropäischen Staaten. In den Jahren 1987 bis 1992 stieg die *Zahl der Asylsuchenden* pro Jahr von rund 57 000 Personen auf ihren Höhepunkt von rund 438 000 Personen. Im gleichen Zeitraum sank die Anerkennungsquote bei der Feststellung einer politischen Verfolgung von 9,4 auf 4,25 Prozent. Viele Drittstaatsangehörige nutzten das damalige, unter dem Eindruck der deutschen Geschichte im Jahre 1949 großzügig gefasste Asylrecht als Möglichkeit der Zuwanderung nach Deutschland. Nach *Änderung des Asylrechts* Mitte 1993 ging die Zahl der Asylbewerber erheblich zurück und lag im Jahr 2003 bei rund 50 300 Antragstellern (2005: 28 914).

Derzeit leben in Deutschland etwa 1,1 Millionen Personen, die als *Flüchtlinge* anerkannt sind oder sich darum bewerben. Dazu gehören auch 188 000 jüdische Emigranten aus der ehemaligen Sowjetunion, die seit 1990 nach Deutschland gekommen sind.

Zur Zuwanderung aus dem Ausland zählt auch die Aufnahme von *deutschen Spätaussiedlern*. Der Höhepunkt der Zuwanderung dieser deut-

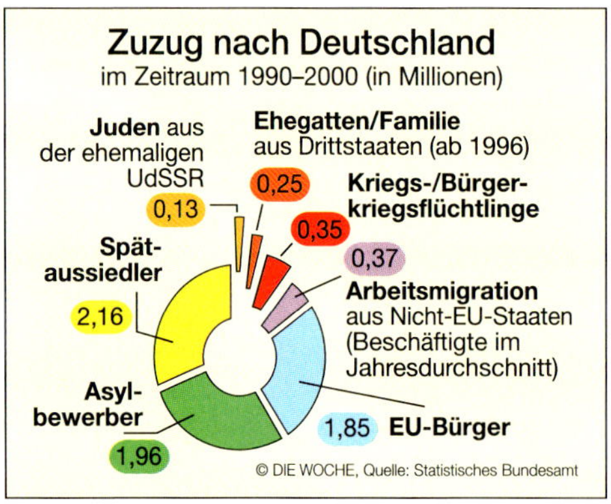

(forsa im Auftrag für DIE WOCHE v. 27.4.2001, S. 6)

schen Volkszugehörigen sowie ihrer Familienangehörigen wurde in den Jahren 1989 und 1990 mit etwa 380 000 bzw. 400 000 Aussiedlern erreicht (2005: 35 522). Insgesamt sind seit 1950 4,4 Millionen Menschen auf diese Weise nach Deutschland gekommen.

(Bundesinnenministerium [Hg.], Zuwanderung – das neue Gesetz, Berlin 2004; www.bmi.bund.de)

M 11 Probleme der Integration

Die Bundesrepublik Deutschland ist kein Einwanderungsland. Das jedenfalls war die Überzeugung der Politiker, als sie im Jahre 1973 einen Anwerbestopp für ausländische Arbeitskräfte verkündeten. Ihre Hoffnung: Die schon hier sind, kehren zurück, weitere kommen nicht nach – und das Problem erledigt sich auf diese Weise von selbst.

Dies hat sich als fataler Irrtum erwiesen. Als Irrtum, weil aufgrund von Aussiedlerzustrom, Familiennachzug, Flüchtlingsströmen aus Bürgerkriegsgebieten und Asylbewerbern der Ausländeranteil beständig gestiegen ist (s. M 10). Als fataler Irrtum, weil aufgrund dieser Fehleinschätzung keine sinnvolle Steuerung der Zuwanderung stattfand und keine tragfähigen Konzepte für eine sozialverträgliche Integration der Zuwanderer entwickelt bzw. realisiert wurden.

Die Folgen dieser verfehlten Politik sind bekannt. Während einigen die Integration gelang, haben andere nicht das Gefühl, in ein Land gekommen zu sein, das sie mit offenen Armen empfängt. „So entstanden auf der Rückseite der Republik ethnische Inseln, Parallelwelten von Ausländern, die eines gemeinsam haben: dass sie in Deutschland leben, ohne jemals in diesem Land angekommen zu sein."

Nicht immer ist die Abgrenzung so total, keineswegs ist sie immer gefährlich, meistens nur bequemer, aber sie ist auf jeden Fall eines: ein Problem für diese Gesellschaft, die auf eine Integration der ausländischen Mitbürger angewiesen ist.

(RAAbits. Sozialkunde/Politik, August 2002, Material S. 23; Verf.: Stylianos Eleftherakis)

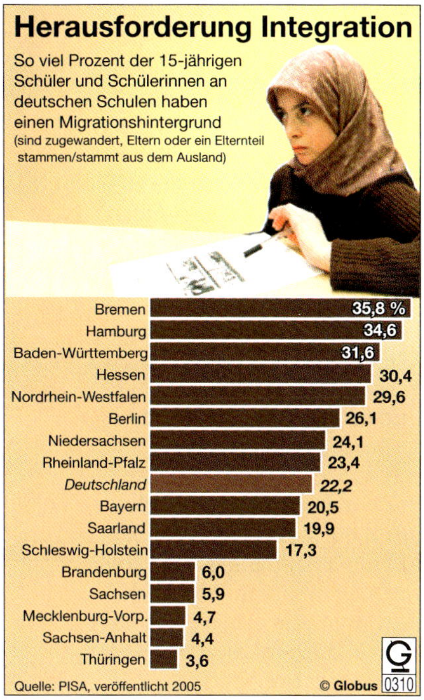

In den Klassen 5 bis 13 der allgemeinbildenden Schulen stammte im Schuljahr 2003/2004 jede(r) zwölfte Schüler(in) (8,4 %) aus einer Migranten Familie. In der Hauptschule betrug dieser Anteil 18,6 %, in Gesamtschulen 12,8 %, in der Realschule 7 % und im Gymnasium 4 %. Zu den Schulabschlüssen ausländischer Schülerinnen und Schüler im Vergleich zu deutschen Schülerinnen und Schülern s. Text zur Grafik in M 9, S. 119.

(Nach: www.integrationsbeauftragte.de/download/LageberichtInternet.pdf)

Gute **Sprachkenntnisse** sind nötig, um dem Unterricht folgen zu können. Viele Schüler sind benachteiligt, weil Deutsch nicht ihre Muttersprache ist. Mehr als jeder fünfte 15-Jährige an deutschen Schulen hat einen Migrationshintergrund – das heißt, er ist selbst zugewandert oder die Eltern stammen aus dem Ausland (s. Grafik). Wie gut die Deutschkenntnisse sind, hängt weniger davon ab, wie lange jemand schon in Deutschland lebt, sondern vielmehr davon, wie sehr er die deutsche Sprache im Alltag verwendet. Besonders hier geborene, türkische Jugendliche sprechen untereinander und zu Hause oftmals kaum Deutsch. Diese Gruppe schnitt im PISA-Test so schlecht ab, dass ein erfolgreiches Weiterlernen in Ausbildung und Beruf für viele von ihnen fraglich ist. Hier sind große Integrationsbemühungen von beiden Seiten gefragt – von den Schulen und der Gesellschaft auf der einen Seite, von den ausländischen Mitbürgern auf der anderen.

(Globus)

M 12 Daten zur sozialen Lage der ausländischen Bevölkerung

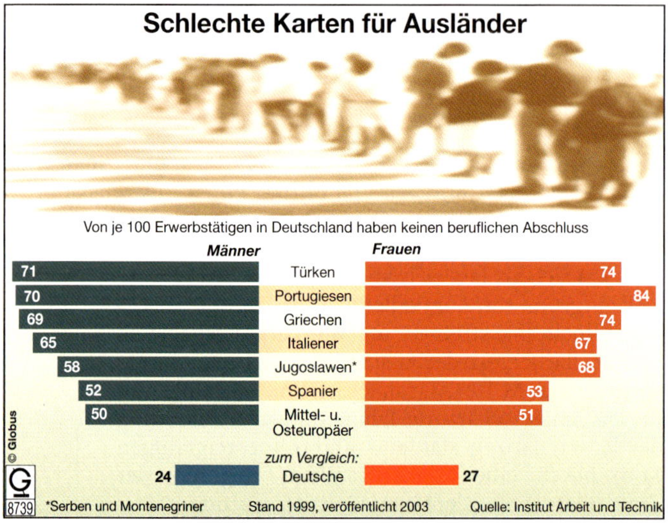

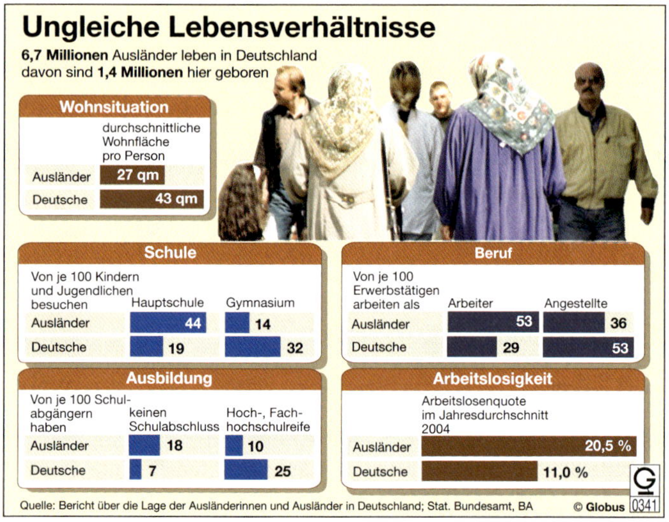

In Deutschland lebende Ausländerinnen und Ausländer gehören derzeit oftmals unteren Einkommensgruppen an und haben daher im Durchschnitt der Gesamtbevölkerung vergleichsweise niedrige Einkommen. Die Einkommenssituation von Zugewanderten wird durch verschiedene Faktoren beeinflusst. Ausländerinnen und Ausländer haben einen schlechteren Zugang zu gut bezahlten Arbeitsplätzen. Dies hängt unter anderem damit zusammen, dass Qualifikationen oftmals nicht anerkannt werden und zum Teil Sprachbarrieren bestehen. Fehlende oder niedrige Schul- und Berufsabschlüsse wirken sich in der zweiten und dritten Generation negativ auf die Arbeitsmarktchancen von Zugewanderten aus. Für einige wenige Ausländergruppen bestehen darüber hinaus unabhängig von ihrer Qualifikation rechtliche Barrieren, die einen Zugang zum Arbeitsmarkt erschweren oder gar versperren.
Zudem waren bzw. sind Ausländerinnen und Ausländer häufig in den vom Strukturwandel besonders betroffenen, als Altindustrien bezeichneten Branchen beschäftigt und sind heute überproportional vom Arbeitsplatzabbau in diesen Industrien betroffen. Die sozialen Sicherungssysteme bei Arbeitslosigkeit und Eintritt ins Rentenalter sind weitgehend von den Erwerbseinkommen abhängig, sodass ein geringer Verdienst während der Berufstätigkeit auch zu geringeren Ansprüchen auf Leistungen der Arbeitslosen- und Rentenversicherung führt. Unter den armen Haushalten sind Migrantinnen und Migranten somit auch dann überdurchschnittlich vertreten, wenn sie eine lang währende Phase der Erwerbstätigkeit aufweisen (s. M 50, Abb. 2, S. 175).

(Bericht der Integrationsbeauftragten der Bundesregierung über die Lage der Ausländerinnen und Ausländer in Deutschland, Juni 2005, S. 89f.; www.integrationsbeauftragte.de/download/LageberichtInternet.pdf)

1. *Beschreiben Sie die Entwicklung der Zuwanderung von Ausländern und Aussiedlern nach Phasen und Hauptgruppen von Zuwanderern (M 10).*

2. *Auf die seit 2004 z. T. lebhaft geführte Diskussion über die in vieler Hinsicht misslungene Integration der Zuwanderer können wir hier nicht ausführlich eingehen. Erläutern Sie, worin der Autor*

von M 11 den Irrtum der bisherigen Zuwanderungspolitik sieht und welche Folgen für die Integration der Zuwanderer daraus erwachsen sind. Analysieren Sie dazu die in M 11 und M 12 zusammengestellten Daten und Fakten zur schulischen Integration und zur Lage der ausländischen Mitbürger auf dem Arbeitsmarkt.

3. *Mit dem im Jahr 2004 verabschiedeten Zuwanderungsgesetz wurden neue Regelungen für die Steuerung der Zuwanderung und die Integration der Zuwanderer geschaffen. Weil viele Integrationsprobleme mit den mangelnden Deutsch-Kenntnissen vieler Ausländer zusammenhängen, stehen Deutschkurse im Mittelpunkt der Integrationsbemühungen nach dem neuen Gesetz. Nähere Informationen darüber finden Sie auf der Website www.zuwanderung.de des Bundesinnenministers und der Seite www.integrationsbeauftragte.de/gra/themen/815.php.*

4. *Umfassende Informationen zu allen Aspekten der Zuwanderung und zur Lage der Ausländer finden Sie zum einen im Bericht (2005) der Integrationsbeauftragten der Bundesregierung (www.integrationsbeauftragte.de/gra/publikationen/publikationen_1172.php) und zum anderen auf der Internetseite des Informationsdienstes isoplan/Ausländer in Deutschland (www.isoplan.de/aid).*

2. Demographischer Wandel: Geburtenentwicklung und Alterung

M 13 Bevölkerungsrückgang in Deutschland

Das Statistische Bundesamt veröffentlicht in regelmäßigen Abständen Bevölkerungsvorausberechnungen für Deutschland, abgestimmt und koordiniert mit den 16 Statistischen Landesämtern, die analoge Vorausberechnungen für ihr jeweiliges Bundesland erstellen. Die letzte zwischen Bund und Ländern koordinierte Vorausberechnung des Statistischen Bundesamtes vom Juni 2003 [...] beruht auf dem Bevölkerungsbestand am 31. Dezember 2001. Ihr Vorausschätzungszeitraum reicht bis zum Jahr 2050 mit Zwischenergebnissen für jedes Jahr. Sie bietet eine Vorausberechnung, die ein Intervall für die künftige Entwicklung absteckt (Bevölkerungsprojektion). Das Intervall umfasst neun Varianten, die sich aus der Kombination von drei Annahmen über die Zunahme der *Lebenserwartung* in der Zukunft mit ebenfalls drei Annahmen über den *Wanderungssaldo* gegenüber dem Ausland ergeben. Für alle neun Varianten wird die gleiche zusammengefasste *Geburtenziffer* (Lebendgeborene pro Frau) angenommen, und zwar 1,4 Lebendgeborene pro Frau. [...]

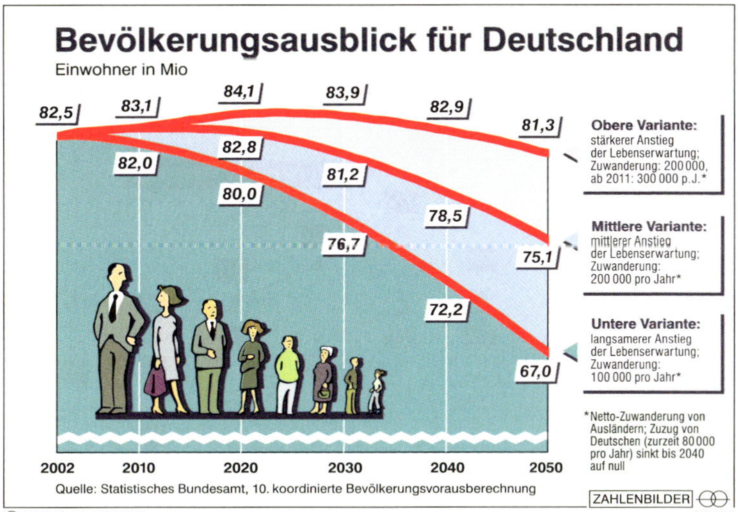

© Erich Schmidt Verlag

Als Fazit ergibt sich: Die Bevölkerungszahl nimmt wie in den letzten drei Jahrzehnten auch in der ersten Dekade des 21. Jahrhunderts infolge der Zuwanderungen vorübergehend noch leicht zu, und zwar bis 2005. Danach beginnt ein langfristiger Rückgang, der sich so lange fortsetzt, wie die Geburtenrate das Bestandserhaltungsniveau unterschreitet und das Geburtendefizit den Einwanderungsüberschuss übertrifft.

Die Bevölkerungsgruppe mit deutscher Staatsangehörigkeit (zum Stichtag 31. Dezember 1998) schrumpft unter den getroffenen Annahmen ohne Berücksichtigung von Staatsbürgerschaftswechseln in den alten Bundesländern von 1998 bis 2050 um rund 20 Millionen Menschen, und zwar von 59,6 auf 39,5 Millionen; die deutsche Bevölkerung in den neuen Bundesländern nimmt im gleichen Zeitraum von 15 auf 9,5 Millionen ab. [...]

Im Gegensatz dazu wächst die Gruppe der zugewanderten Bevölkerung und ihrer Nachkommen von 1998 bis 2050 von 7,4 auf 19 Millionen, wobei der Anteil der Zugewanderten in den alten Bundesländern wesentlich höher ist als in den neuen. Dies ergibt für Deutschland insgesamt trotz des angenommenen Wanderungssaldos von jährlich 170 000 einen Rückgang der Gesamtbevölkerung von 1998 bis 2050 von 82,1 auf 68 Millionen, also um rund 24 Millionen oder um 17,2 Prozent.

(Informationen zur politischen Bildung Nr. 282, 1. Quartal 2004: Bevölkerungsentwicklung, Bundeszentrale für politische Bildung, Bonn 2004, S. 20)

Bevölkerungsvorausberechnungen basieren auf *Hypothesen* und sind deshalb mit Unsicherheiten behaftet. Ihre Ergebnisse hängen zum einen von der aktuellen Bevölkerungszahl und -struktur und zum anderen von den Annahmen zur Entwicklung der Geburtenhäufigkeit, Lebenserwartung und der Wanderungen ab. Da der Verlauf der einzelnen Komponenten mit zunehmendem Abstand vom Basiszeitpunkt immer schwerer vorhersehbar ist, haben langfristige Bevölkerungsvorausberechnungen einen *Modellcharakter*.
Die Berechnung von mehreren Szenarien erlaubt es, die Spannbreite möglicher Veränderungen bei alternativen Annahmen zur Entwicklung der bestimmenden Komponenten aufzuzeigen. Bei unvorhersehbaren Ereignissen – wie z. B. Seuchen, Kriegen oder Naturkatastrophen – bzw. bei einer unerwarteten Wendung im generativen Verhalten der Bevölkerung, wie z. B. der „Pillen-Knick" ab Mitte der 60er-Jahre, oder in den Wanderungen kann auch die Berechnung von alternativen Varianten die Treffsicherheit einer Bevölkerungsvorausberechnung nicht erhöhen.
Der Wert der Bevölkerungsvorausberechnungen besteht allerdings nicht darin, die künftige Entwicklung exakt „vorherzusagen". Vielmehr sollen sie zeigen, wie sich Bevölkerungszahl und -struktur unter bestimmten Voraussetzungen verändern könnten.

(http://www.destatis.de/presse/deutsch/abisz/bevoelkerungsvorausberechnung.htm; © Statistisches Bundesamt, Wiesbaden)

M 14 „Demographische Alterung": „unausweichliches Schicksal"

Kennzeichnend für Deutschland wie für alle Länder der Europäischen Union ist der *Prozess der demographischen Alterung*, der sich aus zwei Teilprozessen zusammensetzt: Die Bevölkerung altert

(www.sozialpolitik-aktuell.de/datensammlung/7/ab/abbVII1.pdf)

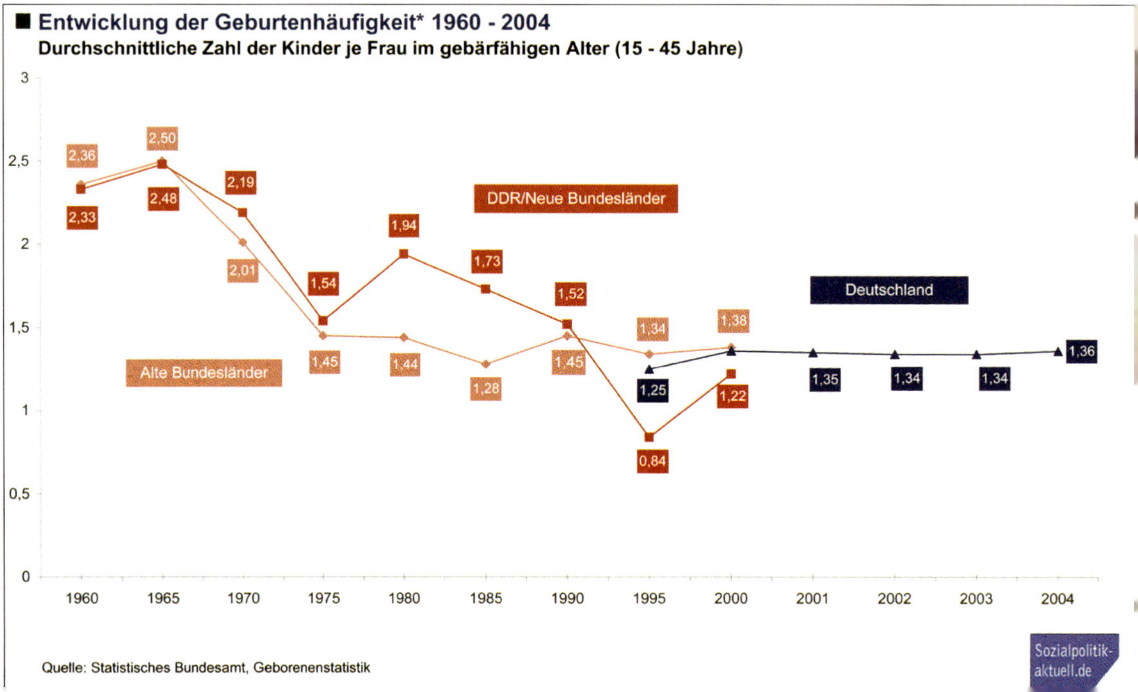

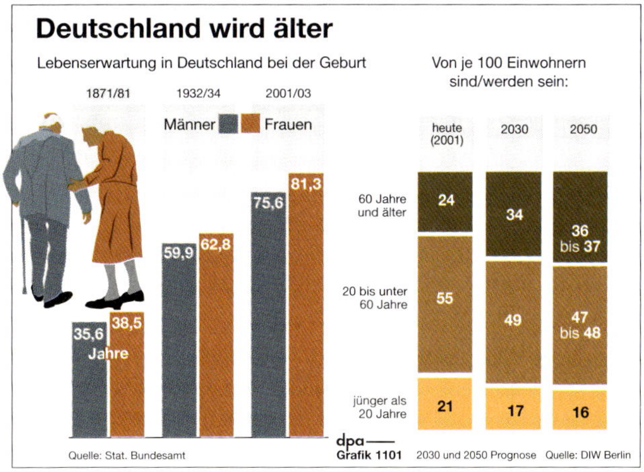

von unten (durch ein langfristig niedriges Geburtenniveau) und sie altert von oben (durch eine steigende Lebenserwartung Älterer). Mit Einsetzen des *Geburtenrückgangs*, dem tragenden Element der demographischen Alterung, wurde der Altersaufbau der Bevölkerung von unten her immer mehr eingeengt. Den stark besetzten Jahrgängen aus den 1950er- und 1960er-Jahren folgten schwach besetzte Jahrgänge aus den 1970er- und 1980er-Jahren, wobei die zusammengefasste Geburtenziffer im früheren Bundesgebiet von 2.36 im Jahre 1960 auf 1.34 im Jahr 2003 gesunken ist. Eine zusätzliche Alterung erfolgt von der Spitze des Altersaufbaus aufgrund des *Rückgangs der Alterssterblichkeit*, die bei einer Überschreitung von 70 Jahren einsetzt. Im Jahr 2000 betrug die durchschnittliche Lebenserwartung zum Zeitpunkt der Geburt bei Frauen 81 Jahre und bei Männern 75 Jahre. Hundert Jahre zuvor betrug die Lebenserwartung nur 48 Jahre bzw. 45 Jahre. Da die Bevölkerung in Deutschland die Lebenserwartung von 70 Jahren überschreitet, altert sie sowohl von der Basis als auch von der Spitze. Der Alterungsprozess der deutschen Bevölkerung beruht dabei nicht nur auf den gegenwärtigen und künftigen demographischen Prozessen, sondern ist weitgehend bereits in den heutigen Bevölkerungsstrukturen festgeschrieben. Einen modulierenden Einfluss auf diese relativ konstanten Größen hat das *Wanderungsgeschehen*, das nur schwer zu prognostizieren ist. Der Umfang der Wanderungsprozesse dürfte allerdings nicht so groß sein, dass er den Alterungsprozess der Bevölkerung in Deutschland nennenswert beeinflusst. Selbst eine sehr hohe Zuwanderung kann den aufgrund des langfristig niedrigen Geburtenniveaus und der sinkenden Alterssterblichkeit vorprogrammierten Alterungseffekt nicht wesentlich abschwächen oder gar aufhalten. […] Die demographische Alterung stellt sich somit als unausweichliches Schicksal.

(Rüdiger Peuckert, Familienformen im sozialen Wandel, VS Verlag für Sozialwissenschaften, Wiesbaden, 5. Aufl. 2004, S. 354f.)

M 15 Altersaufbau der Bevölkerung 2001 und 2050

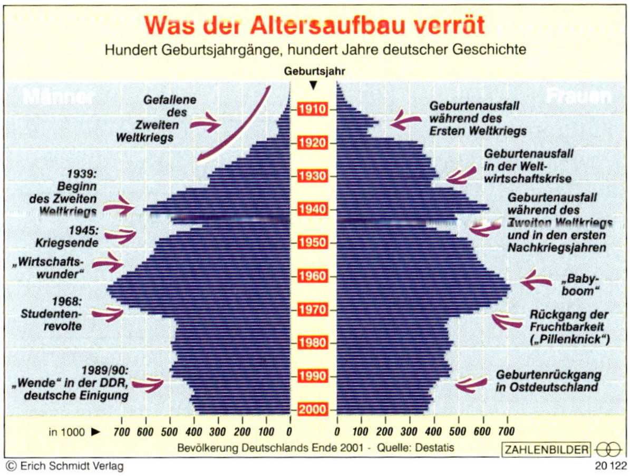

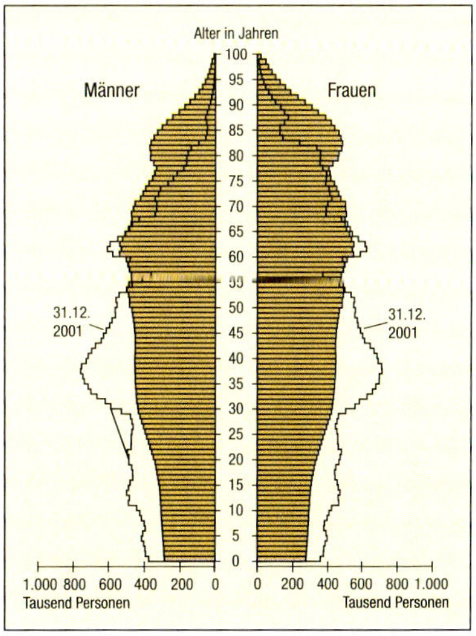

(Grafik: Statistisches Bundesamt; Quelle: isoplan Consult, Ausländer in Deutschland – AiD, Nr. 3/2005, S. 12)

1. *Beschreiben Sie die Berechnungsmethode und die Ergebnisse der jüngsten Bevölkerungsvorausberechnung des Statistischen Bundesamtes (M 13). Welche drei Faktoren sind entscheidend? Welche Annahmen dazu liegen den drei in der Grafik dargestellten Varianten zugrunde?*

2. *Erläutern Sie, inwiefern das Statistische Bundesamt seine Berechnung nicht im strengen Sinn als „Vorhersage" verstanden wissen will (Kasten). Worin liegt der „Modellcharakter" der Berechnung?*

3. *Der für die gesellschaftliche Entwicklung in Deutschland wichtigste Aspekt der Bevölkerungsvorausberechnung liegt in der Veränderung des Altersaufbaus. Stellen Sie anhand von M 14 heraus, welche (z. T. bereits „festgeschriebenen") Prozesse zwangsläufig zur „demographischen Alterung" der Bevölkerung führen. Welche Bedeutung für diese Entwicklung kommt dabei dem „Wanderungsgeschehen" zu?*

4. *Erläutern Sie zur langfristigen Entwicklung des Bevölkerungsaufbaus in Deutschland die geschichtlichen Ereignisse und sozioökonomischen Faktoren, die das Bild der „Bevölkerungspyramide" im 20. Jahrhundert geprägt und in charakteristischer Weise verändert haben (M 15).*

M 16 Strukturelle Ursachen des Geburtenrückgangs

Der Geburtenrückgang (s. Grafik S. 124) ist ein unumkehrbarer säkularer [langfristiger] Prozess, dem ein vielschichtiges Ursachengefüge zugrunde liegt. Eine wesentliche Rolle dürften dabei die folgenden **strukturellen Trends** spielen:

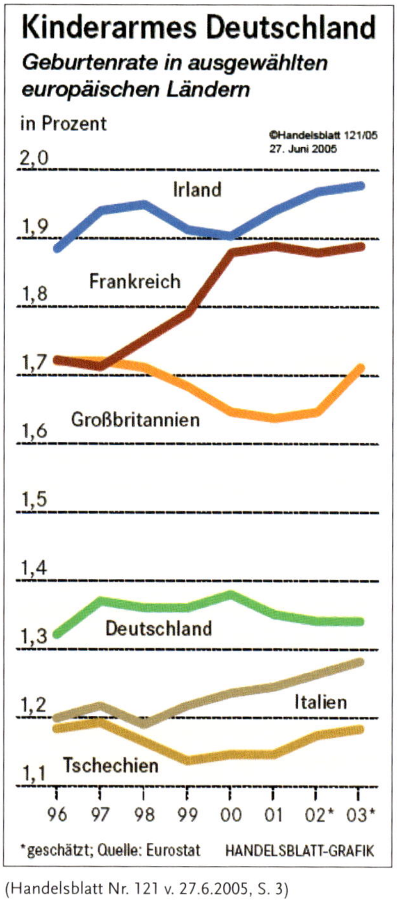

(Handelsblatt Nr. 121 v. 27.6.2005, S. 3)

1. *Funktions- und Strukturwandel der Familie.* Die Mithilfe der Kinder in der Familienwirtschaft und die Fürsorge der Kinder bei Krankheit und im Alter waren früher Motive für hohe Kinderzahlen. Der kontinuierliche Rückgang der Familienbetriebe und die stärkere Übernahme der Fürsorgeleistungen durch gesellschaftliche und staatliche Einrichtungen verminderte die „ökonomische" Bedeutung der Kinder für die Eltern. Heute dominiert das Ideal der Zweikindfamilie, die Statistiken verzeichnen bei deutschen Ehepaaren durchschnittlich 1,7 Kinder pro Familie, bei ausländischen knapp 2,1.

2. *„Emanzipation" und „Enthäuslichung" der Frau.* Kinder binden – angesichts der derzeitigen geschlechtstypischen Arbeitsteilung in der Familie – insbesondere die Mütter ans Haus. Sie kollidieren daher z. T. mit dem sich ausbreitenden Wunsch der Frauen, einer Berufstätigkeit nachzugehen und sich auch anderweitig aus den engen Bindungen des häuslichen Bereichs zu lösen. Bekannt ist, dass Frauen mit höherem Bildungsniveau häufiger auf Kinder verzichten. Bei den Akademikerinnen sind es mittlerweile schon mehr als 42 %. Die stärkere Bildungs- und Berufsorientierung der Frauen kann zur Folge haben, dass die Realisierung bestehender Kinderwünsche so weit hinausgeschoben wird, dass nur noch ein Kind geboren werden kann, oder auch auf ein Kind gänzlich verzichtet wird [das Durchschnittsalter der Mütter lag 1971 bei 24,3 Jahren, 2004 bei 29,5 Jahren].

3. Die *mangelnde staatliche Versorgung mit Kinderbetreuungsplätzen.* Besonders in Westdeutschland haben viele junge Eltern keine Möglichkeit, ihre Kinder in Kindergärten, Vorschulen oder Nachmittagseinrichtungen be-

treuen zu lassen. Zudem haben viele Eltern Zweifel an der Qualität der bestehenden Einrichtungen.

4. *Konsumdenken und anspruchsvoller Lebensstil.* Kinder bedeuten für die Familien nicht nur einen erheblichen Kostenaufwand, der zur sozioökonomischen Benachteiligung beiträgt, sondern der Erziehungsaufwand schränkt die Bewegungsfreiheit der Eltern, insbesondere die der Mütter, räumlich und zeitlich ein. Sie treten daher bei vielen mit den gestiegenen materiellen und individualistischen Ansprüchen in Spannung, mit dem Wunsch nach hohem Lebensstandard und persönlicher Ungebundenheit.

5. *Strukturelle Rücksichtslosigkeit gegenüber der Familie.* Die gesellschaftlichen Strukturen werden mit ihrer fortschreitenden Spezialisierung und Rationalisierung immer ausschließlicher auf die Bedürfnisse der Erwachsenen zugeschnitten, während gegenüber den spezifischen Bedürfnissen von Kindern mehr oder weniger Gleichgültigkeit vorherrscht. Kinder werden zwar nicht abgelehnt, aber den familialen Leistungen fehlt es an gesellschaftlicher Anerkennung und materieller Unterstützung. Mehr noch: Die strukturellen Gegebenheiten verschaffen denjenigen Konkurrenzvorteile, die auf die Übernahme der Elternverantwortung verzichten. Man hat den Eindruck, dass eine Welt für Erwachsene geschaffen wurde, in der 40 % Familien mit mehr als drei und mehr Kindern – wie dies noch vor 100 Jahren der Fall war – nicht mehr vorstellbar sind.

Frauenerwerbstätigkeit und Kinderzahl in Europa

Länder	Frauen-erwerbsquote (25- bis 50-Jährige)	durchschnittliche Kinderzahl je Frau (15- bis 49-Jährige)
EU-15	67,2	1,53
Island	86,6	2,08
Norwegen	82,3	1,85
Dänemark	80,9	1,76
Schweden	80,3	1,54
Finnland	77,1	1,73
Portugal	76,3	1,54
Österreich	75,5	1,32
Niederlande	73,7	1,72
Großbritannien	73,6	1,64
Deutschland	72,2	1,34
Belgien	71,8	1,65
Frankreich	70,3	1,89
Luxemburg	65,6	1,78
Irland	65,5	1,89
Griechenland	55,2	1,30
Spanien	53,3	1,22
Italien	53,0	1,25

(www.land-oberoesterreich.gv.at/cps/rde/xbcr/SID-3DCFCFC3-898282E/ooe/StatWirt _Frauenerwerbsquote21102002.pdf)

Darüber hinaus lassen sich **weitere Ursachenkomplexe** ausmachen, wobei unklar bleibt, welches Gewicht den verschiedenen Faktoren zukommt:

1. *Scheu vor langfristigen Festlegungen und Erhalt von Wahlmöglichkeiten.* Individualisierung und Pluralisierung haben die Handlungsoptionen stark erweitert und die Bereitschaft gemindert, sich langfristig und unumkehrbar festzulegen. Kinder kollidieren mit diesen Tendenzen, weil sie die Eltern für längere Zeit in ihrer Flexibilität einengen. Die Zunahme der Wahlmöglichkeiten für die Lebensgestaltung führt dazu, dass der Kinderwunsch in Konkurrenz zu anderen Lebensentwürfen tritt.

2. *Emotionalisierte und verengte Paarbeziehungen.* Der Strukturwandel der Familie und der Formen privaten Zusammenlebens hat eine Emotionalisierung der Paarbeziehungen zur Folge. Zweierbindungen können sich zu „Zwecken in sich" verengen, wobei dann Kinder als Last, Konkurrenz oder Störung erlebt werden.

3. *Zunehmende gesellschaftliche Akzeptanz von Kinderlosigkeit.* Im Zuge der Pluralisierung und Differenzierung der Privatheit gewinnen Lebensformen ohne Kinder zunehmend an gesellschaftlicher Akzeptanz und treten in legitime Konkurrenz zur „Normalfamilie": Elternschaft hat ihren scheinbar naturwüchsigen Charakter verloren. Einen sozialen Druck, überhaupt Kinder zu haben, gibt es nicht mehr.

4. *Gestiegene Ansprüche an die Elternrolle.* Durch die Pädagogisierung der Gesellschaft, den hohen Stellenwert der Schule und die „Emanzipation des Kindes" haben sich die Anforderungen und Ansprüche an die Eltern als Erzieher erheblich erhöht. Die stärkere Ausrichtung des Familienlebens auf die Kinder kann gerade bei pädagogisch engagierten Eltern zu Erziehungsunsicherheiten und psychischen Belastungen führen.

5. *Rationalisierung* und Familienplanung.* Die Geburt eines Kindes wird durch Aufklärung, bessere Methoden der Empfängnisverhütung (z. B. durch die Pille) oder auch durch Schwangerschaftsabbruch planbarer. Der Satz „Kinder hat man" gilt nicht mehr. Man erwartet Familienplanung als Ergebnis reiflicher Überlegungen. Die heiße Diskussion um den Schwangerschaftsabbruch weist allerdings darauf hin, dass nicht jede Elternschaft bewusst und geplant entsteht. Auch das generative Verhalten unterliegt zwar dem allgemeinen Rationalisierungs- und Säkularisierungsprozess (s. Kasten S. 112), aber „Irrationalitäten" sind weiterhin im Spiel.
6. Die *ungünstige Wirtschaftslage* und die *Arbeitslosigkeit* tragen zum Verzicht auf Kinder bei. Hinzu kommt, dass die vermehrte Vergabe zeitlich befristeter Arbeitsstellen eine längerfristige Planung des eigenen Lebens problematisch macht und Kinder zum finanziellen Risikofaktor werden lässt. Zumal von vielen Ostdeutschen werden materielle – im Westen sind es eher postmaterielle – Gründe für den Geburtenrückgang genannt. Immer weniger kann sich jeder eine Familie leisten, sie besitzt vielmehr zunehmend die Attribute eines Luxusgutes.

(Thomas Meyer, Die Familie im demographischen Wandel. In: Bernhard Frevel [Hrsg.], Herausforderung demographischer Wandel, VS Verlag für Sozialwissenschaften, Wiesbaden 2004, S. 59ff.)

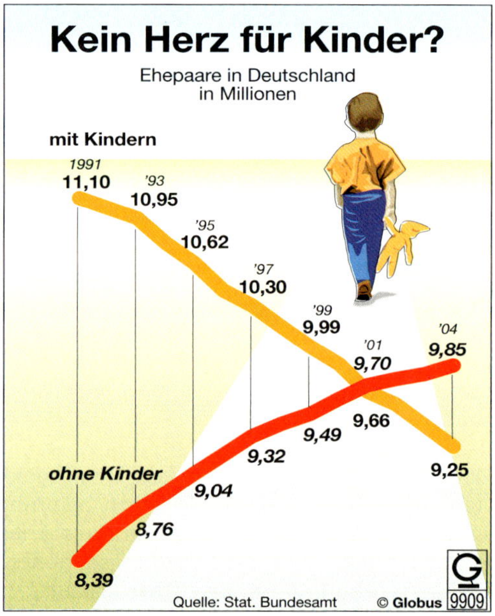

Bei Frauen, die überhaupt Kinder haben, ist die Geburtenzahl pro Frau seit Jahrzehnten ziemlich konstant. Sie beträgt in Deutschland im Durchschnitt rund zwei Kinder pro Frau. Die Abnahme der Zahl der Lebendgeborenen pro Frau – bezogen auf alle Frauen, also einschließlich jener, die kinderlos bleiben – beruht in erster Linie auf dem stark gestiegenen Anteil der kinderlos bleibenden Frauen; bei den Frauen, die 1935 geboren wurden, betrug ihr Anteil nur 9%. Vom Geburtsjahrgang 1950 hatten 15,8 % keine Kinder und für den Geburtsjahrgang 1965 (die im Jahr 2005 40-jährigen Frauen) wird der Anteil auf 32% geschätzt.
Die Gesamtzahl der Geburten in Deutschland erreichte im Jahr 2005 mit ca. 685 000 einen Minusrekord (der niedrigste Wert seit 1945; 1990: 905 675). Mit 8,5 Geburten pro 1000 Einwohner lag Deutschland an letzter Stelle aller 25 EU-Länder. Die Bekanntgabe dieser Zahlen entfachte erneut eine lebhafte Diskussion über die Geburtenentwicklung in Deutschland, über ihre Folgen und über eine Umkehrung des Trends durch mögliche familienpolitische Maßnahmen.

(Autorentext)

1. *Wie in M 13 und M 14 dargestellt, ist das Geburtenniveau und die Geburtenentwicklung von entscheidender Bedeutung für die demographische Entwicklung. Inwiefern ist dies Problem in Deutschland besonders gravierend? (M 16, Grafiken S. 124 und 126)*

2. *Erläutern Sie möglichst mit eigenen Worten und konkreten Beispielen die in M 16 im Einzelnen aufgeführten Ursachenfaktoren. Welche davon halten Sie aus Ihrer Sicht für besonders, welche für weniger relevant? Welche erscheinen Ihnen unvermeidlich oder auch wünschenswert, welche könnten/sollten durch politische Entscheidungen und Maßnahmen beeinflusst und verändert werden? Von welcher Art könnten solche Maßnahmen sein?*

3. *Analysieren Sie gesondert die Tabelle S. 127. Welcher Zusammenhang zwischen Berufstätigkeit von Frauen und Kinderzahl zeigt sich (nicht)? Welche Erklärung könnte es für die unterschiedliche Beziehung in einzelnen Ländern geben (wir können dem hier nicht im Einzelnen nachgehen; vgl. www.das-parlament.de/2004/33-34/Thema/035.html)?*

3. Strukturwandel der Familie und Pluralisierung privater Lebensformen

M 17 Die Entwicklung der Haushaltsgrößen 1900 – 2003

Im Mai 2003 wurden in Deutschland mehr als 38,9 Mill. Haushalte ermittelt, davon zählten über 31,7 Mill. Haushalte zum früheren Bundesgebiet und 7,2 Mill. Haushalte zu den neuen Ländern und Berlin-Ost.

Als Ursache für die seit gut einem Jahrhundert abnehmende Haushaltsgröße kann u. a. der Wandel von der Agrar- zur Industrie- und weiter zur Dienstleistungsgesellschaft (s. M 4, M 5) angesehen werden. Damit in Zusammenhang steht die Zunahme der städtischen Haushalte, die auch heute noch im Durchschnitt kleiner sind als die Haushalte in ländlichen Gemeinden. So waren im Mai 2003 mit 48 % insbesondere die Einpersonenhaushalte in den Großstädten (500 000 Einwohner und mehr) zahlreich vertreten. Damit führte im Jahr 2003 gut jeder vierte Großstadtbewohner (26 %) einen Einpersonenhaushalt, während dies in Gemeinden mit weniger als 100 000 Einwohnern nur auf etwa jeden siebten Einwohner (14 %) zutraf.

Haushaltsgrößen in Prozent der Haushalte

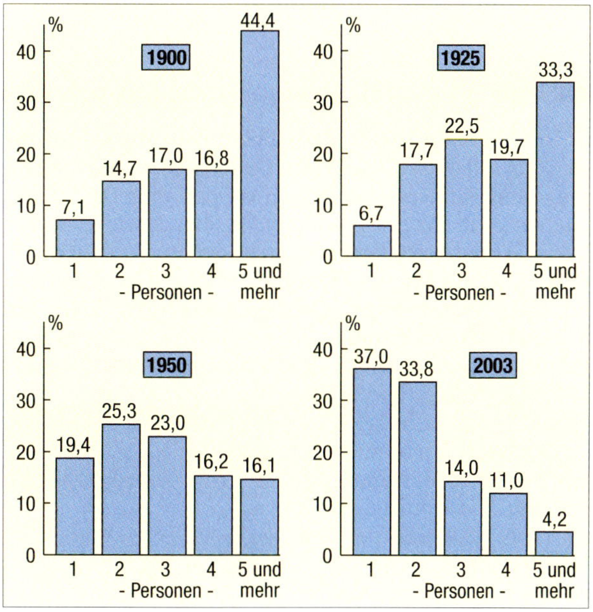

Neben der Frage der Struktur und Entwicklung der Haushalte ist auch die Frage des Familienverbandes – vor allem im Hinblick auf Kinder – von großem öffentlichem und politischem Interesse. 2003 lebten in Deutschland in 52 % der Mehrpersonenhaushalte Kinder (ohne Altersbegrenzung). In der Hälfte (50 %) der knapp 12,6 Mill. Haushalte mit Kindern lebte ein Kind, knapp zwei Fünftel (37 %) dieser Haushalte hatten zwei und knapp ein Achtel (12 %) hatte drei und mehr Kinder.

(Bundeszentrale für politische Bildung, Datenreport 2004, Bonn 2004, S. 40f.)

M 18 Bevölkerung nach Haushaltsgrößen

In Prozent der Bevölkerung, West- und Gesamt-Deutschland 1973 und 2003

	1973	2003
Einpersonenhaushalte	9,8	17,4
Haushalte mit 2 Personen	21,1	31,8
Haushalte mit 3 Personen	21,4	19,8
Haushalte mit 4 Personen	22,6	20,6
Haushalte mit 5 und mehr Personen	25,1	10,5

Quelle: Bundesministerium für Familie, Stand: 11/2004
(http://www.bpb.de/files/UDHR4S.pdf; © 2005 Bundeszentrale für politische Bildung)

1. *Beschreiben Sie die in M 17 und M 18 dargestellte Entwicklung der Haushaltsgrößen und achten Sie bei der Analyse der Grafik und der Tabelle auch auf die unterschiedlichen Bezugsgrößen (Zahl der Haushalte, Bevölkerungsanteile). Stellen Sie die auffälligsten Entwicklungen deutlich heraus.*

2. *Erklären Sie den Hinweis, dass die dargestellte Entwicklung u. a. auf den Wandel von der Agrar- zur Dienstleistungsgesellschaft und auf den Prozess der „Verstädterung" (als Merkmale des Prozesses der „Modernisierung", s. Kasten S. 112) zurückzuführen sei (M 17). Welche weiteren Ursachen können Sie – auf dem Hintergrund Ihrer Beschäftigung mit den Materialien des vorangehenden Abschnitts (M 4ff., M 13ff.) – nennen? Weitere Gesichtspunkte werden Gegenstand der folgenden Materialien zum Wandel der Familienstrukturen sein. Die Materialien M 19/M 20, M 25 und M 26 a/b eignen sich ggf. als Grundlagen für* ***Schülerreferate*** *(s. dazu Anhang S. 572).*

M 19 Eheschließungen und Ehescheidungen

● Die Ehe hat in den letzten Jahrzehnten einen enormen Attraktivitätsverlust erfahren. Der *Anteil der Nicht-Heiratenden* ist in Deutschland kontinuierlich gewachsen. Von den heute lebenden jüngeren Männern und Frauen werden ungefähr 30 % (1970: weniger als 5 %) zeitlebens ledig bleiben – ein für Friedens- und Wohlstandszeiten außerordentlicher Wert. In Großstädten wie Berlin, Hamburg oder Bremen, in denen die Zahl der Ledigen höher liegt als in ländlichen Regionen, waren von der Frauengeneration 1959/1963 bereits 1998 ungefähr 30 % ledig, und nur noch jede zweite Frau war verheiratet (zudem hatten rund 40 % keine Kinder geboren).

● Neben der Heiratsmüdigkeit gilt es den Anstieg des durchschnittlichen *Erstheiratsalters* hervorzuheben. Im Zuge verlängerter Ausbildungszeiten, der Zunahme von nichtehelichen Lebensgemeinschaften (NELG) und allein Lebenden hat sich das Alter in den letzten Jahren stetig erhöht. Bei den Frauen lag der durchschnittliche Wert 2001 bei 28,8 und bei den Männern bei 31,6 Jahren.

● Das höhere Heiratsalter korrespondiert mit der Tendenz vieler junger Leute, länger in der Herkunftsfamilie zu verweilen. Gegenwärtig leben noch mehr als 90 % der 19-Jährigen bei ihren Eltern. Selbst nach dem 25. Lebensjahr wohnen von den jungen Männern heute in den alten Bundesländern noch 24 % und von den Frauen 10 % mit ihren Eltern zusammen („Nesthockerphänomen").

● Es sei noch erwähnt, dass neben der rückläufigen Heiratsneigung auch die Bereitschaft, sich nach einer Scheidung oder Verwitwung wieder zu verheiraten, in den vergangenen Jahrzehnten in beiden Teilen Deutschlands nachgelassen hat.

	Eheschließungen		Ehescheidungen	
	Insgesamt Anzahl	je 1 000 Einwohner	Insgesamt Anzahl	je 1 000 Einwohner
2004	395 922	4,8	213 691	2,6
2003	382 911	4,6	213 975	2,6
2000	418 550	5,1	194 408	2,4
1995	430 534	5,3	169 425	2,1
1991	454 291	5,7	136 317	1,7
1990	516 388	6,5	154 786	1,9
1980	496 603	6,3	141 016	1,8
1970	575 233	7,4	103 927	1,3
1965	621 130	8,1	85 304	1,1
1960	689 028	9,4	73 418	1,0
1951	718 166	10,3	102 119	1,5
1950	750 452	10,8	134 600	1,9

(http://www.destatis.de/print.php; © Statistisches Bundesamt, Wiesbaden)

In den Anfangsjahren der Bundesrepublik Deutschland war die **Scheidungshäufigkeit** zunächst sehr hoch, weil viele schnell geschlossene Ehen den Anforderungen des Nachkriegsalltags nicht gewachsen waren oder weil die Partner sich durch lange, kriegsbedingte Trennung auseinandergelebt hatten. Es folgte ein markanter Rückgang der Scheidungszahlen bis 1956. Dann nahm die Scheidungshäufigkeit zwei Jahrzehnte lang kontinuierlich zu. Unterbrochen wurde diese Entwicklung durch die Reform des Scheidungsrechts im Jahre 1977. Die Reform brachte den Übergang vom *Schuldprinzip*, nach dem eine Ehe nur geschieden werden konnte, wenn ein Partner schwere Eheverfehlungen begangen hatte, zum *Zerrüttungsprinzip*, das die Scheidung allein vom Scheitern der ehelichen Lebensgemeinschaft abhängig macht. Seitdem steigt die Scheidungshäufigkeit wieder.

(Schmidt-Zahlenbilder)

Scheidungen

Ein zentraler Indikator für den Wandel von Ehe und Familie ist die seit dem Ende des letzten Jahrhunderts zu beobachtende Zunahme der Scheidungen. In der alten Bundesrepublik haben sich vor allem seit 1960 die Scheidungszahlen erhöht. Die Wahrscheinlichkeit einer Eheauflösung hat sich in den letzten beiden Jahrzehnten des 20. Jahrhunderts fast verfünffacht. Nachdem sich die Entwicklung in den 90er-Jahren nochmals forciert hatte, werden gegenwärtig fast 40 % der in den letzten Jahren geschlossenen Ehen wieder aufgelöst. Eine Häufung der Ehescheidungen findet um das fünfte und sechste Ehejahr statt. Seit zwei Jahrzehnten zeichnet sich aber auch verstärkt das Verhaltensmuster der *späten Scheidung* ab. Das Scheidungsrisiko zwischen dem 20. und 30. Ehejahr ist heute mehr als doppelt so hoch wie Mitte der 1970er-Jahre. Damals wurden bundesweit rund neun Prozent der Ehen geschieden, die zwanzig Jahre und länger bestanden, heute sind es fast 20 %. Ursachen hierfür sind die zunehmende Erwerbstätigkeit und damit Unabhängigkeit der Frauen im mittleren Lebensalter sowie die gestiegene Lebenserwartung. Letzteres hat dazu geführt, dass sich die Ehedauer von ca. 20 auf 40 bis 50 Jahre in den letzten hundert Jahren deutlich verlängert hat. Gegenwärtig gibt es zwei typische Zeitpunkte, zu denen Ehen scheitern: beim Schritt vom Paar zur Familie und umgekehrt, beim Schritt von der Familie zum Paar.

(Thomas Meyer [= M 16], S. 61f.)

Die **zusammengefasste Ehescheidungsziffer** ist ein Maß, das die Scheidungsintensität des jeweiligen Kalenderjahres abbildet. Sie gibt an, welcher Prozentsatz der in dem betreffenden Jahr geschlossenen Ehen geschieden wird, wenn sich die in dem betreffenden Jahr beobachteten ehedauerspezifischen Scheidungsstrukturen über die gesamte Ehedauer nicht ändern würden. Die zusammengefasste Ehescheidungsziffer für das Jahr 2002 erreicht im früheren Bundesgebiet einen Wert von 41,3 %. Aufgrund der Verhältnisse des Jahres 2002 kann demnach erwartet werden, dass nach 25-jähriger Ehedauer 41,3 % aller Ehen zu einer Scheidung gelangen.

(Rüdiger Peuckert [= M 14], S. 178)

Entwicklung der Scheidungsrate

In Prozent der geschlossenen Ehen, West- und Ost-Deutschland 1970 bis 2003

	West-Deutschland	Ost-Deutschland
1970	15,1	20,7
1980	21,5	32,0
1990	29,2	22,3
1995	34,1	19,3
2000	38,5	32,3
2001	39,5	33,2
2002	41,3	34,6
2003	43,6	37,1

(Quelle: Statistisches Bundesamt, Wiesbaden; Stand: 11/2004)

M 20 Bedeutung und Ursachen des Scheidungsverhaltens

● Wie ist nun die Entwicklung der Scheidungen hin zum „massenstatistischen" Phänomen zu deuten? Unstrittig ist es, dass hier ein massiver kultureller Geltungsverlust des herkömmlichen, auf Dauerhaftigkeit setzenden Ehemodells zum Ausdruck kommt. Indem das gültige Eheverständnis die Scheidung nicht nur rechtlich, sondern auch kulturell akzeptiert und in seine Definition einschließt, sieht die Gesellschaft den Partnerwechsel im Laufe eines Erwachsenenlebens mehr und mehr als durchaus „normal" und als die legitime Form ehelicher Konfliktlösung an. Die Scheidung hat so gesehen nicht nur ihren Charakter einer moralischen Verfehlung verloren, sondern immer häufiger

(Zeichnung: Gerhard Mester/CCC, www.c5.net)

wird sie – unabhängig davon, dass sie für alle Betroffenen zumeist ein dramatisches Ereignis darstellt – als Schritt einer Befreiung und als Ausweis für Unabhängigkeit gedeutet.

- Obwohl die Ehe ihre zwanghafte Kohäsion verloren hat und die Zahlen ein klare Sprache sprechen, sollte man vor überzogenen Interpretationen warnen. Einerseits sind die Scheidungsziffern in der Bundesrepublik niedriger als in vielen anderen Ländern, wie etwa Dänemark, Schweden, Österreich, Großbritannien und den USA. Andererseits spricht einiges dafür, dass die Ehe nicht wegen ihrer nachlassenden Bedeutung, sondern umgekehrt wegen ihrer überragenden subjektiven Relevanz für den Einzelnen instabiler geworden ist. Viele Anhaltspunkte weisen darauf hin, dass die individuellen Ansprüche an die Ehebeziehungen sprunghaft gestiegen sind. Man will nicht ein bloßes Arrangement des Miteinander-Auskommens, sondern höchstes Glück und andauernde Erfüllung; je höher freilich die Erwartungen sind, desto leichter wird die alltägliche Partnerschaft als unbefriedigend empfunden. Im Zweifelsfall wird die Qualität der Partnerschaft höher bewertet als ihre Dauerhaftigkeit.
- Unternimmt man den Versuch, den Scheidungsboom zu erklären, ist auf das Phänomen der sog. „Scheidungsspirale“ zu verweisen. Diese Metapher soll darauf hinweisen, dass die einmal in Gang gesetzte Entwicklung gleichsam einem eigendynamischen Drang zur Beschleunigung unterliegt – eine These, die sich vielfach begründen lässt. Unstrittig ist, dass der Wahrnehmung steigender Scheidungsrisiken „eine sich selbst erfüllende Prognose“ innewohnt, da durch sie die Zweifel an der Dauerhaftigkeit der Ehe gewissermaßen kulturell institutionalisiert werden. Dies schlägt sich typischerweise in einer Verringerung der „ehespezifischen Investitionen“ nieder: Man verzichtet bspw. auf den Erwerb von Wohneigentum – ein Verzicht, der nachweisbar das Scheidungsrisiko erhöht. Die Kalkulation von Scheidungsrisiken verstärkt aber etwa auch die Neigung der Frauen, einen Beruf zu ergreifen – ein Sachverhalt, der statistisch gesehen ebenfalls das Trennungsrisiko steigen lässt. Die Scheidungsspirale kommt aber auch dadurch in Schwung, dass die hohen Trennungsraten die Chancen einer neuen Partnerbeziehung nachhaltig verbessern. Geschiedene können mit guten Gründen hoffen, mit anderen Geschiedenen oder Getrennten eine erneute Partnerschaft einzugehen.
- Zentral ist die These von der sog. „Scheidungstransmission“; sie besagt, dass Ehepartner, deren eigene Eltern geschieden wurden, einem erhöhten Risiko unterliegen, selbst geschieden zu werden. Belegt ist, dass Personen in einer zweiten Ehe ein höheres Scheidungsrisiko aufweisen als Personen, die sich in einer ersten Ehe befinden. In die gleiche Richtung weist eine jüngere Studie, die zeigt, dass die Erfahrung einer (vorehelichen) Partnerschaftstrennung die Stabilität einer späteren Ehe negativ beeinflusst.

(Thomas Meyer [= M 16], S. 63ff.)

1. *Beschreiben Sie die Entwicklungen der Eheschließungszahlen seit 1950 in absoluten Zahlen und je 1000 Einwohner (M 19). Welche Entwicklungsphasen lassen sich unterscheiden? Welche Gründe für die Entwicklungseinschnitte werden angesprochen? Kann man sagen, dass sich die Zahl der Eheschließungen von 1990 bis 2004 um ein Viertel verringert hat? Wie erklären Sie sich das Ansteigen des durchschnittlichen Heiratsalters und das angesprochene „Nesthockerphänomen“?*
2. *Achten Sie bei der Beschreibung der Entwicklung der Scheidungszahlen (Tabelle S. 130) auf die auffälligen Entwicklungen in den Jahren 1950 bis 1960 und zwischen 1970 und 1980. Wie sind sie zu erklären?*
3. *Zur Entwicklung der absoluten Scheidungszahlen ist sicherlich auch zu bedenken, dass sich wegen der stark gestiegenen Lebenserwartung der Menschen die Ehedauer deutlich erhöht hat (von ca. 20 Jahren Anfang des Jahrhunderts auf 40 – 50 Jahre in den letzten Jahren). In welcher Weise hat das Einfluss auf die Entwicklung der Scheidungszahlen?*
4. *Erläutern Sie die Bedeutung des Begriffs „zusammengefasste Ehescheidungsziffer“ (Kasten S. 131). Inwieweit ist die folgende Aussage berechtigt: „Von den 2003 neu geschlossenen Ehen in Westdeutschland wird fast jede zweite geschieden werden“?*
5. *Stellen Sie möglichst mit eigenen Worten die in M 20 aufgeführten Gründe für die Entwicklung der Scheidungszahlen heraus. Was ist mit der „Scheidungsspirale“ und der „Scheidungstransmission“ gemeint? Welche Ursachen erscheinen Ihnen am bedeutsamsten?*

M 21 Lebensformen der Bevölkerung

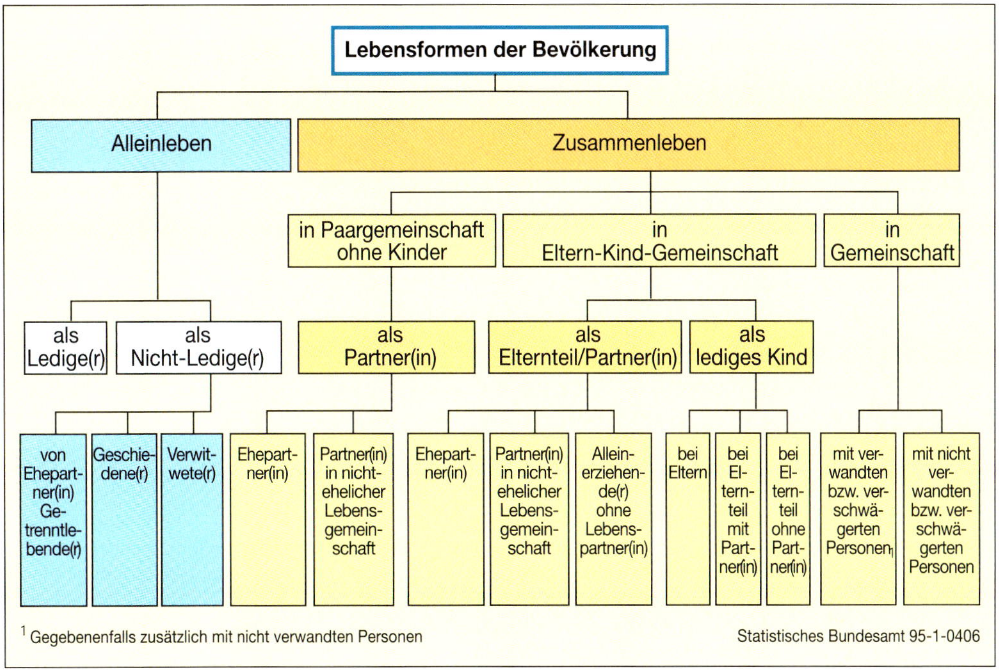

(Quelle: Wirtschaft und Statistik; © Statistisches Bundesamt Wiesbaden 1998: Graphik-Ident-Nummer: 95-1-0406)

M 22 „Bisher unbekannte Pluralität" – die Differenzierung privater Lebensformen

Bis weit in die 1960er-Jahre hinein, dem „golden age of marriage", war die sog. „Normalfamilie" eine kulturelle Selbstverständlichkeit und ein millionenfach fraglos gelebtes Grundmuster. Sie galt der großen Bevölkerungsmehrheit als die einzig gesellschaftlich „richtige" und rechtlich legitimierte private Lebensform. Man heiratete relativ früh, und den Statistiken ist eine enorme Ehefreudigkeit zu entnehmen (s. M 19). 95 % der Bevölkerung hatten wenigstens einmal im Leben geheiratet. Die Zahl der Ehescheidungen war niedrig, erwerbstätige Mütter waren relativ selten. Die Ehe mit Kindern war die übliche und normale Lebensform eines erwachsenen Menschen. Ledig blieben nur katholische Priester und Ordensleute, Frauen, die wegen des Männermangels nach dem Zweiten Weltkrieg keinen Ehepartner finden konnten, sowie die kleine Gruppe der dezidiert Eheunwilligen. „Unkonventionelle" und „alternative" Lebensformen wurden bestenfalls als „Notlösungen" toleriert, in der Regel aber mit offenen oder verdeckten Sanktionen bedacht.
Im Zuge der **Pluralisierung privater Lebensformen** erweist sich eine auf die „Normalfamilie" beschränkte Perspektive als familiensoziologisch unzureichend. Ehe und Familie haben infolge des erweiterten Spektrums an Handlungsspielräumen an Attraktivität verloren, und anders strukturierte Variationen des privaten Zusammenlebens drängen stärker in den Vordergrund. Das relativ einheitliche Muster, auf das sich der säkulare Entwicklungsprozess der Familie hinbewegte, hat sich binnen weniger Jahre aufgelöst und einer bislang unbekannten Pluralität von Privatheitsmustern Raum geschaffen. Die Privatheit polarisiert sich zunehmend in einen *wachsenden Nicht-Familiensektor* (kinderlose Paare, allein Lebende, living apart together; s. M 26a) und einen *schrumpfenden Familiensektor* (Ehepaare mit Kindern, allein Erziehende, nichteheliche Lebensgemeinschaften mit Kindern), wobei die Größenordnung zwischen beiden Gruppen ca. ein Drittel (Nicht-Familiensektor) zu zwei Drittel (Familiensektor) beträgt.

(Thomas Meyer [= M 16], S. 65f.)

M 23 Struktur der Privathaushalte, 1972 und 2000 (Westdeutschland)

	1972		2000	
	1000	%	1000	%
Haushalte ohne Kinder[1]	**11 638**	**50,6**	**20 619**	**66,4**
Ehepaare	5 265	22,9	7 661	24,7
Nichteheliche Lebensgemeinschaften[2]	111	0,5	1 218	3,9
Einpersonenhaushalte	6 014	26,2	11 337	36,5
Männer	1 741	7,6	4 781	15,4
Frauen	4 273	18,6	6 557	21,1
Sonstige Haushalte ohne Kinder	248	1,0	403	1,3
Zweigenerationenhaushalte	**10 587**	**46,0**	**10 173**	**32,8**
mit ausschließlich ledigen Kindern	10 233	44,5	9 903	31,9
Ehepaare	8 947	38,0	7 943	25,6
Nichteheliche Lebensgemeinschaften[2]	25	0,1	251	0,8
Alleinerziehende[3]	1 262	5,5	1 709	5,5
Männer	163	0,7	299	1,0
Frauen	1 099	4,8	1 410	4,5
mit nicht mehr ledigen Kindern	354	1,5	270	0,9
Haushalte mit 3+ Generationen	**768**	**3,3**	**253**	**0,8**
Haushalte insgesamt	22 994	100,0	31 045	100,0

[1] Ohne leibliche, Stief-, Adoptiv- oder Pflegekinder im Haushalt, unabhängig vom Familienstand der Kinder; [2] zwei nicht miteinander verwandte oder verheiratete Personen unterschiedlichen Geschlechts ohne oder mit Kindern; 1972: Schätzung; [3] ohne Lebenspartner im Haushalt

(Engstler, Heribert/Menning, Sonja: Die Familie im Spiegel der amtlichen Statistik. Erweiterte Neuauflage 2003. Berlin: Bundesministerium für Familie, Senioren, Frauen und Jugend, S. 216)

M 24 Private Lebensformen der deutschen Bevölkerung im Alter von 18 und mehr Jahren nach Alter, Deutschland 2003

Alter der Person (in Jahren)	Bev. im Alter von 18 u. mehr Jahren	davon:								
			Alleinlebende		Mit Partner, ohne Kinder		Mit Partner und Kind(ern)			
		ledige Kinder bei Eltern-(teil)	ledig	nicht mehr ledig	verheiratet zus. lebend	unverheiratet zus. lebend	verheiratet zus. lebend	unverheiratet zus. lebend	Alleinerziehende[1]	Sonstige Personen[2]
	1 000	%								
Insgesamt										
18 – 24	5 821	65,1	15,8	0,2	2,0	8,1	2,6	1,6	1,4	3,2
25 – 29	3 684	21,4	25,4	1,1	8,3	15,6	17,2	4,6	3,2	3,3
30 – 34	4 796	7,4	18,6	2,4	10,2	9,8	39,0	6,3	4,5	1,7
35 – 44	12 354	3,5	10,9	4,3	9,2	4,6	54,9	4,8	6,4	1,4
45 – 54	10 597	1,4	6,1	7,6	27,6	3,4	45,7	1,8	5,0	1,4
55 – 64	9 834	0,3	4,2	12,9	60,1	2,9	16,0	0,4	2,1	1,3
65 – 74	8 526	0,1	3,7	21,4	62,5	2,2	6,0	0,1	2,1	2,0
75 – 79	2 937	/	4,5	37,3	47,8	1,6	2,7	/	2,2	3,8
80 und mehr	2 991	/	4,5	54,4	28,0	1,0	1,0	/	2,5	8,6
Zusammen	**61 540**	**9,0**	**9,3**	**11,9**	**30,0**	**4,9**	**26,8**	**2,3**	**3,7**	**2,2**

Quelle: Statistisches Bundesamt, Mikrozensus – Bevölkerung am Familienwohnsitz.

[1] Ohne Lebenspartner im Haushalt.
[2] Personen, die in sonstiger Gemeinschaft mit verwandten und nichtverwandten Personen leben.
/ = Keine Angaben, da Zahlenwert nicht sicher genug.

(www.sozialpolitik-aktuell.de/docs/familieimspiegelaktualisiert2003.pdf, Tab. A 1–7)

Für die Erarbeitung der Materialien M 21 – M 24 bietet sich (arbeitsgleiche) **Gruppenarbeit** *an. Dabei können die folgenden Arbeitshinweise als Orientierung dienen.*

1. *M 21 dient als Überblick über die Vielfalt der Formen, in denen Menschen allein oder zusammen mit anderen leben können. Durch welche Gliederungen kommen die insgesamt 13 Lebensformen zustande?*

2. *Machen Sie deutlich, welcher tiefgreifende Wandel sich seit Ende der 1960er-Jahre im Hinblick auf die Einstellung zu Ehe und Familie in Deutschland vollzogen hat (M 22).*

3. *Beschreiben Sie anhand von 23 den in M 22 angesprochenen Wandel von 1972 bis 2000 und beachten Sie dabei auch folgende Gesichtspunkte:*
   - *Die Zahl der Haushalte insgesamt hat im angegebenen Zeitraum um fast 50 % zugenommen. Welche Haupttypen der Haushalte haben diese Steigerung (nicht) bewirkt?*
   - *Welche der Einzeltypen haben (prozentual) am meisten zu-, welche am meisten abgenommen? Bedenken Sie dabei, dass eine Steigerung des Anteils von z. B. 0,5 auf 3,9 % eine prozentuale Steigerung um 680% bedeutet.*

4. *Beachten Sie, dass der Tabelle M 24 eine etwas andere Einteilung der Haushaltstypen zugrunde liegt und dass es hier nicht um die Zahl der Haushalte, sondern um die Bevölkerungsanteile in den einzelnen Lebensformen geht. Achten Sie bei Ihrer Analyse auch auf folgende Aspekte:*
   - *Warum ist es sinnvoll, sich bei der Betrachtung der Lebensformen auf die erwachsene Bevölkerung zu beziehen? – Die auf die Gesamtbevölkerung bezogenen Daten können Sie ggf. in der als Quelle angegebenen Veröffentlichung (Internetadresse) einsehen.*
   - *Wie viel Prozent der erwachsenen (deutschen) Bevölkerung lebte 2003 in einer Form, die der traditionellen Vorstellung von einer „Normalfamilie" (Ehepaar mit Kind/ern) entspricht?*
   - *Wie sind die älteren Jahrgänge der ohne Kinder zusammenlebenden Ehepaare im Hinblick auf den traditionellen Familienbegriff zu bewerten?*
   - *Wie ist der Prozentsatz der erwachsenen Kinder (bis 29 Jahre) zu beurteilen, die (noch) bei ihren Eltern wohnen? Was will das verbreitete Schlagwort vom „Hotel Mama" besagen?*
   - *In M 22 heißt es, dass die Größenordnung zwischen dem Nicht-Familiensektor und dem Familiensektor ca. ein Drittel zu zwei Drittel beträgt. Untersuchen Sie diesen Hinweis anhand der Tabelle. Welcher Familienbegriff wird hier zugrunde gelegt?*

Im Folgenden wollen wir auf die drei in der Familiensoziologie am meisten diskutierten Lebensformen und deren Entwicklung in den letzten Jahrzehnten (vgl. dazu auch M 23) eingehen: die unverheiratet Zusammenlebenden („**nichteheliche Lebensgemeinschaften**"), die **Alleinlebenden** („Singles") und die **Alleinerziehenden**. Sie können die jeweiligen Materialien ggf. durch weitere Informationen aus dem Mikrozensus 2004 ergänzen, dessen Ergebnisse im Internet unter den Adressen www.destatis.de/presse/deutsch/pk/2005/MZ_Broschuere.pdf und (Tabellenanhang) www.destatis.de/presse/deutsch/pk/2005/Tabanhang_MZ2004.pdf verfügbar sind.

M 25 Nichteheliche Lebensgemeinschaften (NELG)

Bei einer Analyse des Strukturwandels privater Lebensformen, zumal derjenigen, die das partnerschaftliche Zusammenleben betreffen, verdienen die NELG eine besondere Aufmerksamkeit. Einerseits hat sich diese Privatheitsform in den vergangenen Jahrzehnten mit großer Dynamik ausgebreitet, andererseits findet der Rückgang der Eheneigung, der Anstieg des Heiratsalters und der Bedeutungsverlust der Verlobung in ihr eine zumindest teilweise Erklärung. [...]

Neben der quantitativen Entwicklung ist die hohe *soziale Akzeptanz** dieser ehedem rechtlich und sozial diskreditierten Lebensformen bemerkenswert. Hier ist die Tendenz zur Entdiskriminierung „alternativer" Lebensformen jenseits von Ehe und Familie besonders gut erkennbar. Das unverheiratete Zusammenleben gilt heute nicht mehr als „Hort der Sittenlosigkeit", noch ist es die Lebensform derjenigen, die ausdrücklich nicht heiraten wollten oder konnten. Vielmehr sind die NELG als *eigenständige Lebens- und Erprobungsphase* junger Paare mittlerweile fast schon zu einer Norm geworden. Es gibt heute nur noch wenige, die ohne vorheriges Zusammenwohnen eine Ehe eingehen. Mittlerweile gilt es – zumal angesichts steigender Scheidungsziffern – als leichtsinnig, eine Person zu heiraten, mit der man nicht vorher eine Zeit lang probeweise zusammengelebt hat.

Die *Motive*, die den NELG zugrunde liegen, sind vielschichtig: Während die einen eine Ehe auf Probe eingehen, möchten andere eine Alternative zur Ehe wählen. Kaum noch angebracht ist es jedoch, die NELG als eine bewusste und ideologisch unterbaute Distanzierung vom Modell der bürgerlichen Ehe und Familie anzusehen. Heute herrscht eher eine Indifferenz gegenüber der Ehe vor, oder es sind ganz einfach wirtschaftliche und rechtliche Gründe, die der Entscheidung für das unverheiratete Zusammenleben zugrunde liegen.

Überwiegend bildet eine NELG zwar keine beständige biografische Phase. Die tendenzielle Ausweitung der Dauer von NELG, die nicht selten mehrere Jahre bestehen, zeigt jedoch an, dass sie nicht bloß als eine Vorphase zur Ehe, sondern als eigenständige Lebensform angesehen werden sollten.

Die *jüngeren Altersgruppen* spielen eine zentrale Rolle hei der Verbreitung der NELG; bei den 20- bis 29-Jährigen stellen sie heute die dominierende Lebensform dar; dennoch sollten die NELG nicht ausschließlich als Phänomen der sog. Postadoleszenz, d.h. des dritten Lebensjahrzehnts angesehen werden. Diese Lebensform gewinnt gerade auch nach dem Scheitern einer Ehe an Bedeutung und macht einen großen Anteil der unverheirateten Paare mit Kindern („nichteheliche Stieffamilien") aus. Wenngleich die NELG im Zuge ihrer Expansion über alle Soziallagen und Regionen der Bundesrepublik hinweg streuen, sind ihre Mitglieder immer noch eher wohlhabend und gebildet. Zumal Frauen in NELG verfügen im Vergleich mit ihren verheirateten Geschlechtsgenossinnen über eine durchschnittlich bessere Ausbildung. Sie äußern sich oftmals skeptisch gegenüber den traditionellen, an Familie und Ehe geknüpften Rollen und erhoffen sich in alternativen Lebensformen erweiterte Handlungsspielräume.

(Thomas Meyer [= M 16], S. 66f.)

Unter einer **nichtehelichen Lebensgemeinschaft** werden zwei erwachsene Personen unterschiedlichen Geschlechts verstanden, die auf längere Zeit als Mann und Frau zusammenwohnen und gemeinsam wirtschaften, ohne miteinander verheiratet zu sein. In nichtehelichen Lebensgemeinschaften können minderjährige Kinder eines oder beider Partner leben. Da ein klares Abgrenzungskriterium (wie Heirat oder Scheidung) fehlt, sind weitere Spezifizierungen erforderlich. Unterschiedliche Vorstellungen bestehen im Hinblick auf die Dauer der Beziehung. Einige Autoren sprechen erst dann von einer nichtehelichen Lebensgemeinschaft, wenn sie mindestens 3 Monate besteht. Nur kurze Zeit zusammenwohnende Paare, die sich für ein unbefristetes Zusammenwohnen entschieden haben, fallen nicht unter diese Definition. Zweckmäßiger als eine zeitliche Abgrenzung dürfte es sein, die Zukunftsperspektive in den Mittelpunkt zu stellen. Unverheiratetes Zusammenleben bedeutet aus dieser Sicht Zusammenleben auf unbestimmte Zeit.

(Rüdiger Peuckert [= M 14], S. 72)

Tabelle: Nichteheliche Lebensgemeinschaften ohne und mit Kindern

Jahr	Insgesamt	Ohne Kind		Mit Kind(ern)	
	1000	1000	%	1000	%
Früheres Bundesgebiet					
1972	137	111	82	25	18
1982	516	445	86	71	14
1993	1220	979	80	241	20
2000	1593	1222	79	371	23
2004	1835	1353	73,7	481	26,3
Neue Länder und Berlin-Ost					
1991	327	147	45	180	55
2000	520	268	51	252	49
2004	578	244	50,9	284	49,1

(eigene Zusammenstellung; Daten: Statistisches Bundesamt 2003 und 2005)

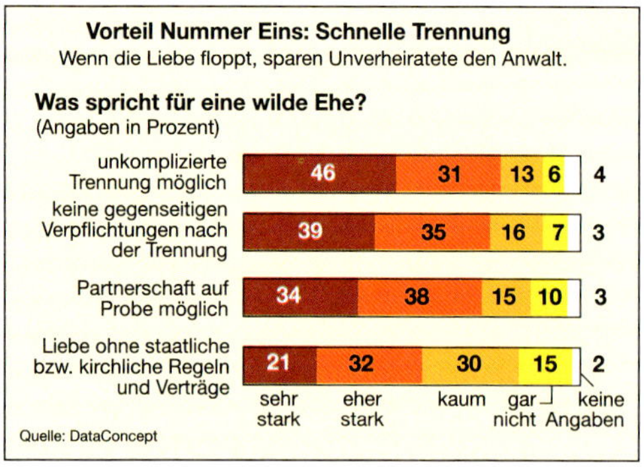

(Focus Nr. 2 v. 10.1.2000, S. 128)

1. *Beschreiben Sie die zahlenmäßige Entwicklung nichtehelicher Lebensgemeinschaften in Deutschland seit 1972 (Tabelle in M 25). Vergleichen Sie zu den prozentualen Anteilen (an der Zahl der Haushalte und der Bevölkerung) die Tabellen M 23 und M 24.*
2. *Erläutern Sie, inwiefern der beschriebenen Entwicklung ein tiefgreifender Einstellungswandel in der Bevölkerung zugrunde liegt.*
3. *Vergleichen Sie zu den im Text angegebenen Gründen und Motive nichtehelicher Partner auch das Befragungsergebnis (Grafik S. 136 u.). Welche Gründe stehen danach im Vordergrund? Welche Nachteile können Sie nennen, die offenbar in Kauf genommen werden?*
4. *Wie lässt sich erklären, dass „wohlhabende und gebildete“ Frauen in überdurchschnittlichem Maß zu nichtehelichen Lebensgemeinschaften neigen?*
5. *Welche Einstellung haben Sie selbst zu nichtehelichen Lebensgemeinschaften? An welchen Wertvorstellungen und Entscheidungskriterien orientieren Sie sich dabei?*

M 26a Alleinlebende und „Singles“

Zu den säkularen [langfristigen] Trends der Gesellschaftsentwicklung gehört die kontinuierliche Entwicklung weg von sehr großen Haushalten hin zu kleinen Zwei- und vor allem Einpersonenhaushalten (s. M 17). Im deutschen Kaiserreich, das hinsichtlich der Bevölkerungszahl mit Westdeutschland vergleichbar ist, gab es um die Jahrhundertwende rund 1 Million allein wohnende Menschen, 2004 waren es in den alten Ländern rund 11,8 Millionen (Deutschland: 14,5 Mill.). Besonders nach 1945 nahm der Anteil der Einpersonenhaushalte an der Gesamtzahl aller Haushalte rapide zu (1925: 7 %, 1957: 18 %, 1975: 28 %, 2000: 37 %). Ein wichtiger Grund für die Ausbreitung der Einpersonen-Haushalte findet sich in der in den letzten Jahrzehnten deutlich *gestiegenen Lebenserwartung*. Die zahlenmäßig stärkste Gruppe der allein Lebenden ist dementsprechend nach wie vor die der über 65-Jährigen. 1997 machen diese über fünf Millionen Haushalte aus, in ihnen leben – der höheren Lebenserwartung entsprechend zu 83 % Frauen. Seit den 60er-Jahren wird die Entwicklung der Einpersonenhaushalte allerdings verstärkt von jüngeren Altersgruppen vorangetrieben. Die Zahl der 25- bis 45-jährigen „Singles“ hat sich zwischen 1972 und 2000 von gut einer Million auf 4,3 Millionen vervierfacht – eine Vervielfältigung, an der mehrheitlich Männer und mit zunehmender Tendenz Frauen beteiligt sind.

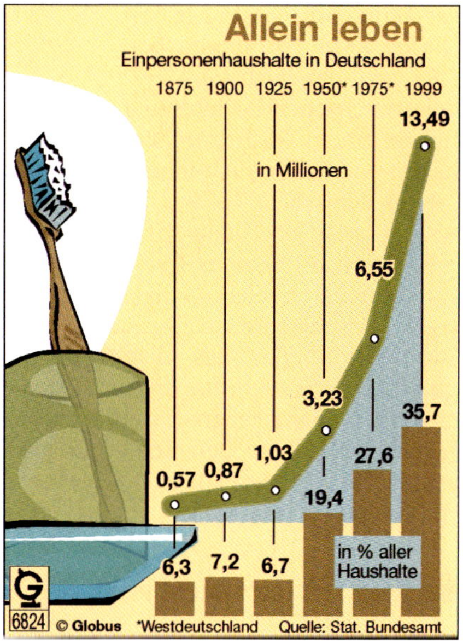

Stand **2004:** 14,5 Mio. (West: 11,8, Ost: 2,7), 37 % aller Haushalte in Ost und West; 17,4 % der Gesamtbevölkerung, 21,2 % der erwachsenen Bevölkerung.
In größeren Städten (200 000 bis 500 000 Einwohner) beträgt der Anteil der Einpersonenhaushalte 45 %, in kleinen Gemeinden (bis 5000 Einwohner) 28 %.

• Die **Ursachen der Entwicklung** liegen auf der Hand. Immer weniger Jugendliche verlassen erst anlässlich ihrer Heirat das Elternhaus oder wechseln direkt in einen Paarhaushalt. Zudem wird die Tendenz zum Alleinleben durch die Wohlstandsentwicklung, die verlängerten Bildungs- und Ausbildungszeiten, die veränderten Sexualnormen und die Mobilitätsimperative [Zwänge zum Arbeitsplatzwechsel] des Arbeitsmarktes vorangetrieben. Hinzu kommt die generell gesunkene Heiratsbereitschaft und die hohen Scheidungszahlen. Hinter dem viel diskutierten Phänomen der Single-Haushalte verbergen sich sehr häufig nicht allein lebende Personen, sondern Beziehungen ohne gemeinsamen Haushalt („*living apart together*“). Ungefähr ein Viertel der 18- bis 55-jährigen allein Lebenden leben de facto in einer Partnerschaft.

Ebenfalls dokumentiert ist, dass die Mehrheit der „Singles“ prinzipiell positiv gegenüber einer Partnerschaft eingestellt ist und dass lediglich eine Minderheit definitiv auf eine feste Partnerschaft verzichten möchte.

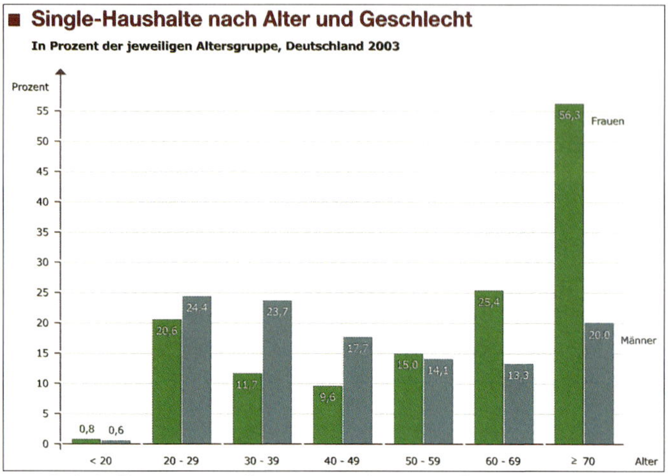

(www.bpb.de/files/R1E3H7.pdf; © 2005 Bundeszentrale für politische Bildung)

- Es ist ratsam, einen engen Single-Begriff zugrunde zu legen, der nur die allein Lebenden im jüngeren und mittleren Lebensalter umfasst, die keinen festen Partner haben und aus eigenem Willen auf längere Zeit allein leben wollen. Folgt man dieser Definition, lässt sich ein „harter Kern“ an Singles bestimmen, der höchstens 3 % der erwachsenen Bevölkerung ausmacht. Dennoch: Auch wenn diese Zahl klein ist, wird zukünftig von einem Wachstum älterer Singles auszugehen sein, die keine Ehe oder Familie gegründet haben und daher auch nicht auf Unterstützungsleistungen seitens Kinder oder Partner zurückgreifen können.
- Fragt man nach den sozialen Merkmalen der jüngeren allein Lebenden, fällt auf, dass sie ein signifikant höheres Bildungsniveau aufweisen als Verheiratete, ein überdurchschnittliches Einkommen erzielen, häufiger in großen Städten leben und eher postmaterialistischen Werten (s. M 31) anhängen als gleichaltrige, nicht allein wohnende Personen. Aufschlussreich ist, dass „weibliche Singles“ das Alleinwohnen insgesamt positiver bewerten als Männer. Zumal hoch qualifizierte Frauen, für die sich Ehe und Familie als Berufs- und Karrierehindernis erweisen, gewinnen dieser Lebensform Vorteile ab und sehen in ihr eine längerfristige Perspektive. Dennoch ist das Alleinleben eine Lebensform, die freiwillig und dauerhaft nur von einer Minderheit angestrebt wird und zumeist nur eine Übergangsphase im Lebenslauf darstellt.

(Thomas Meyer [= M 16], S. 70f.)

M 26b „Lust und Frust der Solisten“

„Die meisten Singles leben ungern allein, sie sehnen sich nach Zweisamkeit“, weiß Ronald Hitzler, Professor für Soziologie an der Dortmunder Universität.
Lust und Frust der Solisten beschreibt eine im Auftrag von Focus erstellte Studie. Das Münchner Meinungsforschungsinstitut NFO Infratest befragte 504 Deutsche zwischen 18 und 64 Jahren, die ledig, geschieden, verwitwet sind oder seit langem getrennt leben, wie sie ihr Single-Dasein empfinden.
Überzeugte Singles gibt es nur wenige. Etwa ein Drittel – darunter mehr Männer als Frauen – wünscht sich eine feste Partnerschaft, hat die Umfrage ergeben (s. Grafik S. 139). Um die Nestwärme einer funktionierenden Familie zu ersetzen, knüpfen Alleinlebende mühevoll Netzwerke. Denn gelegentlicher Sex, auf den angeblich 38 Prozent trotzdem nicht verzichten müssen, befriedigt nicht die Sehnsucht nach Geborgenheit und vertrautem Miteinander.
Um ihren Familienstand Single zu ändern, stürzen sich manche in Aktionen, die Verzweiflung ahnen lassen. Die einen buchen Weinseminare, obwohl sie nach zwei Gläsern an Sodbrennen leiden. Andere schaukeln trotz Seekrankheit über das Mittelmeer. Manche engagieren Therapeuten, um die „Übel“ ihres Charakters zu ergründen, sie trainieren in Wochenendseminaren coole Anmachsprüche oder lassen sich von Computern verkuppeln.
„Trotzdem schaffen es viele nicht, ihr ursprünglich frei gewähltes Lebensmodell wieder aufzugeben und eine Beziehung aufzubauen“, weiß Gesellschaftsforscher Hitzler. Aus dem als Verschnauf-

pause geplanten Intermezzo nach einer gescheiterten Liebe entwickelt sich häufig eine stabile Lebensform: Fast die Hälfte bleibt länger als sechs Jahre ohne Partner, so die Statistik. Viele bleiben es für immer.

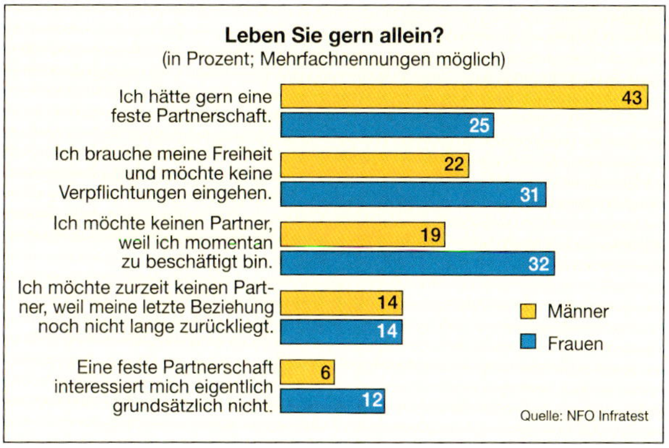

Singles produzieren in den Köpfen derer, die keine sind, vielfältige Vorstellungen und Klischees. Entweder gelten sie als Symbol für Kälte, Vereinzelung und den Niedergang sämtlicher sozialen Beziehungen oder aber als Wahrzeichen für Autonomie, Unbeschwertheit und grenzenlose Freiheit. Die einen beschreiben Alleinlebende als egoistisch, narzisstisch, depressiv und bindungsunfähig, andere als stark, selbstbewusst und lebensfroh. [...]
Millionen Solisten konzentrieren sich vor allem in den Großstädten, trotzdem finden sie offensichtlich nicht zueinander. Laut Studie wünschen sich 43 Prozent der Männer und 25 Prozent der Frauen eine feste Partnerschaft. Nur neun Prozent, darunter vor allem Ältere, gelten als überzeugte Singles, hat die Studie ergeben. [...]
Der Kontaktmarkt wächst ständig. Um das Geschäft mit den meist gut verdienenden Solisten werben Tausende Spezialdienstleister. Partner- und Freizeitagenturen organisieren Romantik und Spaß im Kreise Gleichgesinnter. Private Fernseh- und Radiosender spezialisieren sich aufs Vermitteln einsamer Herzen. Veranstalter ziehen mit „Fisch-sucht-Fahrrad-Partys" durch die Republik. Volkshochschulen lehren erfülltes Alleinsein, Flirtschulen den gekonnten Aufriss und Tanzschulen rhythmisches Balzen bei Mambo und Merengue.
Thorsten Werges erkannte die Marktlücke bereits vor fünf Jahren. Nach seinem Soziologiestudium gründete der heute 36-Jährige in Bonn die Agentur herzen.de und widmet sich seitdem mit einem Team von Pädagogen, Psychologen und Soziologen der Rundumbetreuung der Einsamen. „Wir machen unsere Kunden fit für eine Beziehung", verspricht Werges. Eine reine Partnervermittlung reiche bei Singles, die beziehungsgeschädigt oder seit Jahren allein seien, nicht mehr aus. „Ohne pädagogischen Zeigefinger" will Werges ihnen offenbaren, warum hoffnungsvolle Rendezvous immer wieder als frustrierende Affären enden.
Das Programm klingt wie die Ausbildung zum Popstar: Stimmen Kleidung, Image und Präsentation? Welche Signale sendet der Körper? Was sind die „Knackpunkte im persönlichen Verhaltensmuster"? [...]
Am fehlenden Glanz scheitere es nur selten, weiß Soziologe Hradil, sondern eher daran, „dass die meisten keine Kompromisse eingehen wollen". Besonders weibliche Singles, die der Wissenschaftler als gebildet, sensibel und gut verdienend beschreibt, setzten sehr hohe Maßstäbe an eine Partnerschaft. Lieber solo als abschreckende Erfahrungen zu wiederholen, laute deren Devise.

(Focus Nr. 13 v. 25.3.2002, S. 60, 61–63; Verf: Katrin Sachse)

1. *Beschreiben Sie die Entwicklung der Einpersonen-Haushalte in Deutschland und ihre Verteilung auf Frauen/Männer und Altersgruppen (M 26a). Wie ist zu erklären, dass in den letzten 30 Jahren die Zahl dieser Haushalte sich mehr als verdoppelt, ihr Anteil an allen Haushalten aber nur von 28% auf 37% zugenommen hat?*

2. *Erläutern Sie im Einzelnen die im Text nur kurz angesprochenen Ursachen der Zunahme der Einpersonen-Haushalte. Zum hier nicht genannten Prozess der „Individualisierung" s. M 29, S. 143.*

3. *Wodurch unterscheiden sich „Alleinlebende" von „echten Singles" und von Menschen, die sich an dem Modell des „living apart together" (M 26a, Z. 36) orientieren? Welche „sozialen Merkmale" „echter Singles" werden genannt?*

4. *Die Motive, Einstellungen und Bewusstseinslagen „echter Singles" sind offenbar vielfältig und differenziert zu beurteilen. Analysieren Sie dazu auch die Auszüge aus dem Focus-Artikel und das darin enthaltene Befragungsergebnis (M 26b). Welche Unterschiede zwischen Frauen und Männern lassen sich feststellen? Wie sind sie zu erklären?*

M 27 Alleinerziehende

Als Einelternfamilien oder allein Erziehende werden Familienformen bezeichnet, in denen ein Elternteil die Erziehungsverantwortung für ein oder mehrere Kinder besitzt, mit dem oder denen es in einer Haushaltsgemeinschaft zusammenwohnt. Die Begriffe sind insofern irreführend, da das Kind zwar nur mit einem Elternteil zusammenlebt, jedoch – abgesehen vom Fall der Verwitwung – weiterhin zwei Eltern besitzt. Durch eine Scheidung wird nur die Beziehung zwischen den Ehepartnern, in der Regel nicht aber diejenige zwischen dem Kind und seinen beiden Elternteilen beendet. Hinzu kommt, dass sich ein beträchtlicher Teil der „Alleinerziehenden" in einer eheähnlichen Partnerschaft befindet.

Im Jahr 2004 gab es in Deutschland rund 2,5 Millionen Einelternfamilien mit Kindern (s. Grafik; Anteil an der Gesamtzahl der Eltern-Kind-Gemeinschaften: 20 %). Weiterhin handelt es sich ganz überwiegend um Mutterfamilien und nur selten, wenngleich mit steigender Tendenz, um Vaterfamilien. Mittlerweile lebt fast jeder siebte Heranwachsende bei einer alleinerziehenden Mutter oder einem Vater.

In den neuen Ländern, wo die Einelternfamilien auch nach der Vereinigung, leicht aber kontinuierlich zugenommen haben, ist die Lebensform „alleinerziehend" u. a. wegen der geringeren Heiratsneigung deutlich weiter verbreitet als in Westdeutschland. Wichtig ist, wie oben schon erörtert wurde, dass alleinerziehend nicht zwangsläufig mit „alleinstehend" gleichgesetzt werden darf. Untersuchungen zeigen, dass rund ein Drittel der Befragten wenn auch nicht im gemeinsamen Haushalt, so aber doch in einer festen Partnerschaft lebt. Ausgehend von ihrer primären Erziehungsverantwortung definieren diese sich allerdings mehrheitlich als alleinerziehend und nicht als neue „ideelle Familie". Denn die wenigsten der neuen Partner schlüpfen in eine ausdrückliche Stiefelternrolle. Nach dem Gesagten ist die Vielfalt der Lebenssituationen von Alleinerziehenden bereits angedeutet. Dies zeigt sich auch an dem sehr unterschiedlichen Ausmaß der Kontakte zwischen Kind und zweitem leiblichen Elternteil. Völlig abgebrochen sind diese nur bei einem Viertel der Kinder.

Dass die Alleinerziehenden eine in hohem Maße heterogene Gruppe sind, zeigt sich auch an dem sehr unterschiedlichen Grad der Freiwilligkeit bzw. des Zwangs, der dieser Lebensform zugrunde liegt. Nach der Untersuchung von Schneider u.a. (2001) haben ungefähr 31 % der Befragten diese Lebensform freiwillig, 22 % bedingt freiwillig und weitere 22 % zwangsläufig gewählt. Bei der Betrachtung der Einelternfamilien gilt es besonders deren grundlegend veränderten Entstehungszusammenhang hervorzuheben. War früher die Verwitwung die Hauptursache, ist der Zuwachs an Einelternfamilien – ebenso wie derjenige so genannter Stieffamilien, für die keine genauen Zahlen vorliegen – vor allem eine Folge des Scheidungsgeschehens. Das Alleinerziehen ist daher auch immer weniger eine Lebensform der Verwitweten (7 %) als der Geschiedenen bzw. der verheiratet getrennt Lebenden (57 %) und der Ledigen (37 %), die seit den 80er-Jahren eine zunehmend wichtigere Rolle spielen.

(Thomas Meyer [= M 16], S. 69f.)

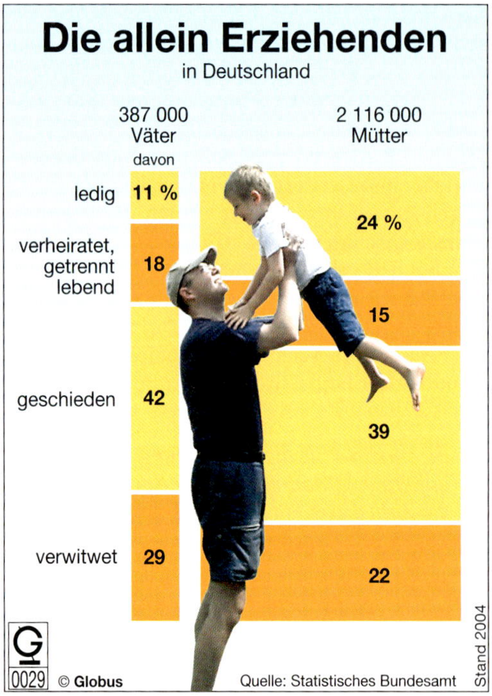

Vergleichszahlen **1996**:

352 000 *Väter* (10,8 % ledig, 18,2 % verheiratet getrennt lebend, 35,8 % geschieden, 35,0 % verwitwet);

11 884 000 *Mütter* (20,4 % ledig, 13,2 % verheiratet getrennt lebend, 37,6 % geschieden, 22 % verwitwet).

1. *Erläutern Sie, inwiefern es sich bei den Alleinerziehenden um eine „in hohem Maße heterogene Gruppe" handelt. (M 27)*

2. *Wodurch unterscheidet sich der „Entstehungszusammenhang" heutiger „Einelternfamilien" von früheren Zeiten? Inwiefern ist ihre soziale Lage häufig sehr prekär (vgl. dazu M 50, Abb. 2, S. 175)?*

M 28 Die Zukunft der Familie: Bedeutungsverlust, Auslaufmodell oder weiterhin Leitbild privater Lebensorientierung?

Der beschriebene Wandel demographischer Kennziffern, allen voran die verlängerte Lebenserwartung sowie die Pluralisierung privater Lebensformen, hat weit reichende Folgen: Der Familienanteil an einem individuellen Leben ist heute geringer als noch vor wenigen Jahrzehnten, kurz: Die Familienphase schrumpft. Dagegen haben sich die Lebensspanne vor einer Familiengründung und besonders die nachelterliche Phase ausgedehnt. Vor allem der Kombination von geringer Geburtenhäufigkeit und hoher Lebenserwartung ist es zuzuschreiben, dass sich die familialen Generationenstrukturen nachhaltig verändern. Die Gesellschaft entwickelt sich immer mehr zu einer Drei-, tendenziell sogar zu einer Viergenerationen-Gesellschaft. Während aber die vertikalen Beziehungen (Kinder, Eltern, Großeltern) immer wichtiger werden, haben die ehemals so bedeutsamen horizontalen Familien- und Verwandtschaftsbeziehungen aufgrund des Geburtenrückgangs an Bedeutung verloren („Bohnenstangenfamilie"). Dabei ist nicht nur von einer größeren Generationenanzahl pro Familie auszugehen, sondern zugleich haben sich die Beziehungen zwischen den Generationen vertieft. Damit ist auch schon angedeutet, dass eine auf die so genannte „Kernfamilie", auf Vater, Mutter, Kind beschränkte Sichtweise familiensoziologisch zu kurz greift. Es ist vielfach belegt, dass intensive *Beziehungen zwischen den Generationen* über die Haushaltsgrenzen hinweg Bestand haben und einem engen Zusammenhalt und regelmäßigen Austausch nicht im Wege stehen. Wenn die Kinder erwachsen sind, wünscht sich die mittlere und ältere Generation eine Form des Miteinanders, die sich durch die Formel „innere Nähe bei äußerer Distanz" kennzeichnen lässt. In den Familien sind heute Konflikte zwischen den Generationen seltener als früher. Die wechselseitigen Kontakte und die materiellen und immateriellen Unterstützungs- und Hilfeleistungen zwischen den Eltern und ihren erwachsenen Kindern sind in Ost und West nicht nur zahlreich, sondern haben in den letzten Jahrzehnten sogar zugenommen. Die moderne „Großfamilie" ist eine *multilokale Familie*, die zwar nur noch selten unter einem Dach lebt, die aber auch in der „individualisierten Gesellschaft" der Gegenwart ein ungebrochenes lebenslanges Zugehörigkeits- und Solidargefühl verbindet.

Fazit: Bei der Pluralisierung geht es weniger um die Entstehung „neuer" privater Lebensformen als darum, dass neben der weiterhin dominierenden „Zweielternfamilie" andere Privatheitsmuster an Gewicht gewonnen haben. Allerdings ist die Pluralität eine begrenzte. Der Strukturwandel hat nicht zu einer Beliebigkeit der Lebensführung geführt, sondern die Vielfalt der Lebensformen ist auf *wenige Grundtypen* beschränkt. 81 % der Bevölkerung im Alter von 35 bis 44 Jahren leben in den drei wichtigsten Lebensformen: verheiratet mit Kindern, verheiratet ohne Kinder, allein lebend/ledig. Zugenommen und diversifiziert haben sich insbesondere *kinderlose private Lebensformen* (kinderlose nichteheliche Lebensgemeinschaften, kinderlose Ehen, „Singles"); aber auch die Struktur familialer Lebensformen hat sich durch die steigende Anzahl von nichtehelichen Lebensgemeinschaften mit Kindern, Alleinerziehenden und sog. Stieffamilien zu Lasten der „Normalfamilie" verändert. Wichtiger noch als die quantitativen Verschiebungen innerhalb des Gefüges privater Lebensformen ist freilich die *normative* Enttraditionalisierung*. Die Vorstellungen dessen, was als normal anzusehen ist, haben sich erheblich geweitet, und die Vorstellungen davon, was als abweichend zu gelten hat, sind entsprechend großzügiger geworden.

Auch wenn wir Zeugen einer Entwicklung sind, die das *traditionelle Familienmodell* nachhaltig verändert, ist vor überzogenen Verfalls- und Krisenszenarien zu warnen. Die „neuen" privaten Lebensformen, die die Konturen des deutschen Familienbildes zunehmend kennzeichnen, werden nur von einer Minderheit als idealer und dauerhafter Privatheitsstatus angesehen. Die hohe subjektive Bedeutung von Ehe und Familie ist den rückläufigen Heiratsquoten und dem hohen Stellenwert von Ausbildung und Berufsleben zum Trotz kulturell in keiner Weise infrage gestellt. Entgegen den verbreiteten Annahmen eines Bedeutungsverlustes sucht nach wie vor die Mehrheit der Gesellschaftsmitglieder ihr individuelles Glück vornehmlich in Familie, Partnerschaft und persönlichen Beziehungen. Die „Normalfamilie" ist zwar in ihrem Monopolanspruch relativiert und ihre Rollenverbindlichkeiten haben sich gelockert. Dennoch bleibt das Kleinfamilienmodell für die Mehrheit der Bevölkerung Fixpunkt und Leitbild der privaten Lebensorientierungen.

(Thomas Meyer [= M 16], S. 71–73)

„Die Familie, Fundament der abendländischen Kultur, ist am Ende". Zu diesem Schluss kam Anfang der 90er-Jahre in seinem Buch „Die Entfernung vom Wolfsrudel" (Frankfurt a. M. 1991, S. 22) der Soziologie-Professor Reimer Gronemeyer mit Blick auf die ansteigenden Scheidungsraten und den Rückgang der Eheschließungen. Stellen Sie heraus, inwiefern der Autor von M 28 zu einem differenzierteren Urteil über die Zukunft der Familie kommt und vor „überzogenen Verfalls- und Krisenszenarien" warnt.

- *Achten Sie bei der Beschreibung des dargestellten Strukturwandels auf die Erläuterung folgender Begriffe: Schrumpfung der Familienphase, „Bohnenstangenfamilie" und „multilokale Familie" („innere Nähe bei äußerer Distanz").*
- *Inwiefern besteht die „Pluralisierung" der Lebensformen weniger in der Entstehung „neuer" als vielmehr in „quantitativen Verschiebungen" innerhalb bestehender Formen?*
- *Worauf bezieht sich der Autor mit seinem Hinweis auf die Abkehr von traditionellen Wertvorstellungen („normative Enttraditionalisierung")?*
- *Wie begründet der Autor sein Urteil, dass von einem Bedeutungsverlust der Familie eigentlich kaum die Rede sein könne? Zu welchem Urteil kommen Sie selbst?*

Die in diesem Abschnitt dargestellten gesellschaftlichen Veränderungsprozesse – Wandel der Familienstrukturen und Pluralisierung der Lebensformen – werden auch im Lichte zweier etwas umfassenderer soziologischer Theorien analysiert und erklärt: der **Individualisierungstheorie** und der **Theorie des Wertewandels**. Dem Wertewandel ist der folgende Abschnitt 4. (M 30 – M 34) gewidmet. Die Individualisierungsthese wird in M 29 in ihren wesentlichen Zügen beschrieben. Darauf beziehen sich die folgenden Arbeitshinweise.

1. *Stellen Sie die zentralen Aspekte der Individualisierungsthese von Ulrich Beck heraus, indem Sie die drei genannten „Dimensionen" möglichst mit eigenen Worten erläutern.*

2. *Wo finden sich im Text Hinweise, die zur Erklärung der in den vorangehenden Materialien dargestellten Veränderungsprozesse (Familie, Lebensformen) beitragen können?*

3. *Inwieweit spiegelt die Beschreibung der Situation von Jugendlichen (Z. 75ff.) Ihr eigenes Bewusstsein und Ihre eigenen Erfahrungen wider?*

Auf die vielfältige, z. T. *kritische Diskussion* zu Ulrich Becks Individualisierungstheorie (kritisiert wurde u. a., dass sie kaum empirisch überprüft werden könne und dass sie zu sehr verallgemeinere, was nur in bestimmten Bereichen und bei bestimmten Gruppen zu beobachten sei) sowie ihre Weiterentwicklung durch den Autor und ihre Verknüpfung mit einer Theorie der „zweiten Moderne", die den Modernisierungsprozess kritisch reflektiert („reflexive Modernisierung"), können wir hier nicht näher eingehen. Weiteres dazu finden Sie z. B. in den im Internet zur Verfügung stehenden Seminararbeiten von Philipp Müller (www.udintersowi.de/5_individualisierung) und Stefan Barth (www.stephan-barth.de/individu.htm). Über Person, Werke und Bedeutung Ulrich Becks informiert die Internetseite www.de/wikipedia.org/wiki/Ulrich_Beck_(Soziologe).

M 29 Die „Individualisierungstheorie" von Ulrich Beck

Welche gesellschaftlich-historischen Ursachen kommen für die Pluralisierung der Lebensformen und für die Deinstitutionalisierung [Bedeutungsverlust als Institution] des bürgerlichen Ehe- und Familienmusters in Betracht? [...]
Der gegenwärtig populärste Erklärungsansatz ist die Individualisierungsthese von Beck. Nach Ulrich Beck haben der steigende Wohlstand, die zunehmende Freizeit, die schärfere individuelle Konkurrenz in Bildungseinrichtungen und im Beruf, die vermehrte Mobilität und die höheren Bildungsniveaus dazu geführt, dass die Menschen seit den 1960er-Jahren sehr viel individueller handeln können und handeln müssen als früher. Wie sie leben, ist ihnen immer weniger von Familie, Gemeinde, Religion oder Schicht bzw. Klasse vorgegeben. Es liegt heute weitgehend am Einzelnen selbst, wie er sein Leben gestaltet. Er kann sich dabei immer weniger auf Muster oder Vorbilder stützen, die als selbstverständlich gelten. Diese Entwicklung bezeichnet Ulrich Beck als Individualisierung (1986). Die individualisierten Einzelnen können sich einerseits darüber freuen, dass sie autonomer und freier als zuvor sind. Andererseits sind die Einzelnen den Gefahren der Norm- und Orientierungslosigkeit mehr denn je ausgesetzt. Wer frei ist, kann sich leicht verirren.

(Stefan Hradil [= M 31], S. 268)

Individualisierungsprozesse beruhen nach Beck (1986) nicht auf der freien Entscheidung der Individuen, sind also nicht ohne weiteres gleichzusetzen mit einem Zuwachs an Freiheiten, sondern zeichnen sich durch *Widersprüche und Ambivalenzen* aus. Einerseits bedeutet Individualisierung einen Gewinn an Handlungsspielräumen/Optionen (= *Freisetzungsdimension*). Die Modernität eröffnet dem Individuum vorher unbekannte Wahlmöglichkeiten und Bahnen der Mobilität. Alte Abhängigkeiten und Zwänge verlieren an prägender Kraft. Andererseits bedeutet Individualisierung einen tendenziellen Geltungsverlust der Sicherheit und Handlungswissen garantierenden sozialen Normen* (= *Entzauberungsdimension*). An die Stelle nicht hinterfragter Lebensmuster treten unverbindliche Lebenskonstruktionen. Das Individuum kann sich immer weniger an einer um das traditionale Familien- und Berufsmodell zentrierten Normalbiografie orientieren, sondern die Definition der Lebenskarriere wird eine individuelle Entscheidung – und zwar gleichermaßen für Mann und Frau. [...] Da es sich immer weniger an kollektiv verbindlichen Leitbildern und Handlungsmustern orientieren kann und seinen Lebenslauf selbst entwerfen muss, bedeutet dies ein hohes Maß an Entscheidungszumutungen. [...] Gleichzeitig entstehen neue Widersprüche, Unfreiheiten und Zwänge (= *Kontrolldimension*). Indem sich der Einzelne als eigenständige Person entwickeln und behaupten muss, wird er gleichzeitig eingebunden in ein System von institutionellen Anforderungen, Kontrollen und Zwängen. Die freigesetzten Individuen werden arbeitsmarktabhängig und damit bildungsabhängig, konsumabhängig, abhängig von sozialrechtlichen Regelungen und Versorgungen. „An die Stelle traditioneller Bindungen und Sozialformen (soziale Klasse, Kleinfamilie) treten sekundäre Instanzen und Institutionen, die den Lebenslauf des Einzelnen prägen und ihn [...] zum Spielball von Moden, Verhältnissen, Konjunkturen und Märkten machen" (Beck 1986). Man kann nicht nur unter mehr Optionen wählen, man muss es auch. Es besteht nicht nur die Chance, sondern auch ein Zwang zu einer stärker individualisierten Lebensführung.

(Rüdiger Peuckert [= M 14], S. 366f.)

Unter den Bedingungen fortschreitender Individualisierung sind **Jugendliche** permanent gezwungen, sich angesichts einer Fülle von theoretischen Möglichkeiten zu entscheiden. Bedingung ist dabei,
- dass sie zunehmend die *Folgen* ihrer Entscheidungen *nicht absehen* können,
- dass sie tagtäglich mit neuen Plänen, Entwürfen und Entscheidungen anderer Menschen konfrontiert werden, die die *eigenen Entscheidungen* mehr oder weniger offen *infrage stellen*, und
- dass es eine unüberbrückbare *Lücke* gibt zwischen den theoretischen *Möglichkeiten und* den realen *Chancen*, auch nur einen Teil davon zu realisieren. [...] Wobei ergänzt werden sollte, dass viele keine Chance haben, hier auch nur annähernd befriedigende Lösungen für sich zu finden. Die „Kunst" besteht dann darin, mit den nicht gelebten, mit den nicht realisierbaren Möglichkeiten zurechtzukommen.

(Christian Lüders, Die Situation der Jugend im Prozess des gesellschaftlichen Wandels. In: Hanns Seidel Stiftung [Hg.], Mit der Jugend Staat machen. Dokumentation eines Expertengesprächs, Atwerb Verlag, Grünwald 1996, S. 31ff.)

4. Wertewandel in Deutschland

M 30 Werte: „Vorstellungen des Guten und Richtigen"

Im soziologischen Sinne kann man unter Werten die bewussten oder unbewussten Vorstellungen der Mitglieder einer Gesellschaft verstehen, was man erstreben und wie man handeln soll. Durch diese kollektiven Vorstellungen des Guten und Richtigen fühlen sich die Individuen einander verbunden.

- *Werte* geben einen allgemeinen Orientierungsrahmen für Denken und Handeln ab, *Normen* schreiben mehr oder weniger streng vor, wie gehandelt werden soll.
- Normen sind Regeln, über deren Einhaltung die Gesellschaft wacht. Das tut sie mittels positiver oder negativer Sanktionen, also Lob und Strafe. Sie erreicht Normkonformität aber viel wirkungsvoller dadurch, dass uns Normen* im Prozess der *Sozialisation* (s. Kasten S. 146 u.) als „normal" nahegebracht werden, dass wir sie als vernünftige Regelungen *internalisieren* [verinnerlichen] und sie im täglichen Handeln als „selbstverständlich" bestätigen.

(Heinz Abels, Einführung in die Soziologie, Bd. 2: Die Individuen in ihrer Gesellschaft, VS Verlag für Sozialwissenschaften, Wiesbaden, 2. Aufl. 2004, S. 15f.)

Werte müssen nicht nur im Kopf präsent, sondern auch im Herzen wirksam sein. Die Person muss sich mit ihnen identifizieren, sie sich zu eigen machen. Die Verinnerlichung oder *Internalisierung* von Werten schafft eine Instanz, einen Richter für das Wünschbare in der Person: das Gewissen. [...] Wenn die Person sich Vorstellungen des Wünschbaren wirklich zu eigen gemacht hat, dann muss sie diesen Vorstellungen auch dann folgen, wenn die Verwirklichung der eigenen Interessen unter gegebenen äußeren Umständen das Gegenteil nahelegt; und sie müssen, wenn Randbedingungen des Handelns sich verändern, im großen Ganzen unverändert bleiben. Internalisierte Werte müssen *bewahrungskräftig* und *langfristig konstant* sein. [...]

Der Begriff des Wertes enthält also vier eng zusammenhängende Bedeutungselemente. Als soziale Realität sind Werte *abstrakt* und *allgemein*; sie sind Maßstab für viele Handlungen und Orientierungspunkt für viele Personen. Als psychische Realität sind Werte *bewahrungskräftig* und *langfristig konstant*; sie müssen den Konflikt mit den erkannten eigenen Interessen überstehen und die Veränderungen von Randbedingungen überdauern können.

(Heiner Meulemann, Werte und Wertewandel. Zur Identität einer geteilten und wieder vereinten Nation, Juventa, Weinheim 1996, S. 48–51)

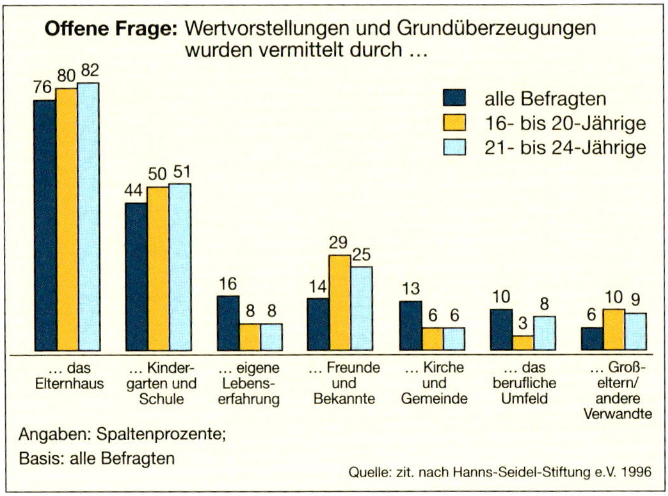

(Martin Greiffenhagen, Politische Legitimität in Deutschland, Bertelsmann, Gütersloh 1997, S. 411)

1. *Erläutern Sie, was man unter dem Begriff Werte verstehen kann und worin der Unterschied zwischen Werten und Normen besteht (M 30, Z. 5f.). Warum ist hiernach weder ein Individuum noch eine Gesellschaft ohne Werte vorstellbar? Welche Beziehung besteht zwischen Werten und Handeln?*

2. *Der zweite Teil von M 30 (Z. 12ff.) will zeigen, dass das Vorhandensein von Werten in der sozialen Realität nicht ausreicht, um den Zusammenhalt einer Gesellschaft (die „soziale Integration") zu garantieren. Erläutern Sie, was mit der „Internalisierung" von Werten gemeint ist.*

3. *Die Internalisierung von Wertvorstellungen geschieht durch Menschen und Institutionen des sozialen Umfeldes, in dem Menschen aufwachsen (Sozialisationsinstanzen): Untersuchen Sie dazu das Befragungsergebnis zur Bedeutung einzelner Instanzen (Grafik S. 144). Entspricht es auch Ihren Erfahrungen? Wie erklären Sie sich die Unterschiede zwischen allen Befragten und den 16- bis 24-Jährigen im Hinblick auf die Instanzen „Freunde/Bekannte" und „Kirche/Gemeinde"?*

Die „stille Revolution" – Ronald Ingleharts Theorie vom Wertewandel

M 31 Von „materialistischen" zu „postmaterialistischen" Wertorientierungen

Ronald Inglehart
(Foto: Armin Pongs)

Wertewandel ist heute ein geläufiger Begriff. Viele verwenden ihn, ohne zu wissen, dass er gleichzeitig ein Fachterminus ist, mit einem theoretischen Konzept und wissenschaftlichen Kontroversen darüber. Das Thema „Wertewandel" verband sich von Anfang an mit dem Namen des amerikanischen Politikwissenschaftlers Ronald Inglehart, der seine Forschungen 1970 begann und sie 1977 in seinem Buch „The Silent Revolution. Changing Values and Political Styles among Western Publics" veröffentlichte. [...] Ingleharts Theorie besteht aus verschiedenen Bausteinen. Sie nimmt ihren Ausgang von der Beschreibung eines tief greifenden Umbruchs, den er aufgrund empirischer* Untersuchungen in allen entwickelten Industrieländern entdeckt:

„Innerhalb weniger Jahrzehnte hat der wirtschaftliche, technologische, politische und soziale Wandel die Kulturen der entwickelten Industriegesellschaften in vielen Bereichen entscheidend verändert. Die Einstellung zur Arbeit, die Inhalte politischer Auseinandersetzungen, die religiösen Überzeugungen der Menschen, ihre Haltung gegenüber Scheidung, Abtreibung und Homosexualität, der Stellenwert von Kindern und Familie – all das ist in Bewegung geraten. Man könnte sogar so weit gehen zu sagen, dass die Menschen in der entwickelten Industriegesellschaft genau das vom Leben erwarten: den unablässigen Wandel."

(Martin und Sylvia Greiffenhagen, Ein schwieriges Vaterland, List, München 1993, S. 156)

Um diese Hypothese zu prüfen, hat Inglehart 1970 in den Ländern der Europäischen Gemeinschaft und 1973 in der erweiterten Gemeinschaft und den USA gefragt, welche Werte und Ziele für die wichtigsten gehalten wurden. Ihnen wurde eine Liste mit folgenden Items* vorgelegt:

A Aufrechterhaltung der Ordnung im Land
B Verstärkte Mitsprache des Volkes bei den Entscheidungen der Regierung
C Bekämpfung der Preissteigerung
D Schutz der freien Meinungsäußerung
E Wirtschaftliches Wachstum
F Sicherung der Verteidigungsstärke des Landes
G Mehr Mitspracherecht der Menschen an ihrem Arbeitsplatz und in der Gemeinde
H Verschönerung unserer Städte und unserer Landschaften
I Eine stabile Wirtschaft
J Verbrechensbekämpfung
K Eine Gesellschaft, die freundlicher und weniger unpersönlich ist
L Eine Gesellschaft, in der Ideen mehr zählen als Geld

Die Wahlmöglichkeiten A, C, E, F, I und J sollten ökonomische und physische Sicherheitsbedürfnisse („materialistische Ziele"), die übrigen das Bedürfnis nach Zugehörigkeit und nach intellektueller und ästhetischer Befriedigung („postmaterialistische Ziele") erfassen. [...]
Das Ergebnis seiner Befragungen fasst Inglehart wie folgt zusammen:
„Befragte, die in relativ wohlhabenden Familien aufgewachsen sind, präferieren postmateria-

listische Ziele in stärkerem Maße als solche, die in weniger wohlhabenden Umständen leben mussten, und dies gilt für jede Altersgruppe. Auch das Muster zwischen den Altersgruppen zeigte in die erwartete Richtung: Die Materialisten stellen die Mehrheit in den älteren Kohorten [Altersgruppen, Geburtsjahrgänge], und die Postmaterialisten gewinnen an Bedeutung in den Kohorten der Nachkriegsgeneration." (Inglehart 1980). Zweitens zeigte sich, wenn *ein* „materialistisches" Item gewählt wurde, dann wurden auch die anderen gewählt, und umgekehrt lagen bei den anderen Werttypen die „postmaterialistischen" Werte eng beieinander.

(Heinz Abels, Einführung in die Soziologie, Bd. 2: Die Individuen in ihrer Gesellschaft, VS Verlag für Sozialwissenschaften, Wiesbaden, 2. Aufl. 2004, S. 43–45)

Der folgende Text zeigt, von welchen (durch die Ergebnisse bestätigten) Hypothesen Inglehart ausging und wie seine Theorie aus heutiger Sicht beurteilt wird.

Inglehart geht davon aus, dass die Werte der Menschen davon abhängen, inwieweit sie im Wohlstand aufwachsen. Er weist darauf hin, dass die Generation, die im und unmittelbar nach dem Zweiten Weltkrieg ihre Jugend verbrachte, in dürftigen materiellen Umständen aufwuchs. Diese Menschen entwickeln – nach Inglehart – „materielle" Werteinstellungen. Sie vertreten Pflichtwerte, sie streben nach Besitz und Verbesserung ihrer Lebensbedingungen. Jene Generation, die in den späten 1960er- und in den 1970er-Jahren ihre Jugend verbrachte, wuchs dagegen im Wohlstand auf. Die Werte dieser Menschen, d.h. ihre „Vorstellungen vom Wünschenswerten" (C. Kluckhohn), konzentrieren sich – Inglehart zufolge – auf ihre eigene Selbstverwirklichung und ihre persönliche Entfaltung. In der Gesellschaft ergibt sich also in der Generationenfolge ein *„Wertewandel" weg von den „materiellen" Pflicht- und Besitzwerten hin zu den von Inglehart so genannten „postmateriellen Werten" der Selbstverwirklichung und Kommunikation.* Sie äußern sich nach der Theorie Ronald Ingleharts auch im Verhalten der Menschen: Die Einzelnen werden jene Berufe, Lebensformen und Lebensstile wählen, die jeweils den eigenen Vorstellungen von persönlicher Selbstverwirklichung am ehesten entsprechen.

Hinter diesen Aussagen stehen *zwei Hypothesen:* Ronald Inglehart ging *erstens* davon aus, dass Menschen das am höchsten schätzen und begehren, was in ihrer Umwelt relativ knapp ist (*Mangelhypothese*). Hierbei ergeben sich mehrere Stufen: Wenn wenig vorhanden ist, stellen die Menschen nach Ingleharts Auffassung zunächst materielle Werte obenan und wollen ihre äußeren Lebensbedingungen (Wohnbedingungen, Arbeitsplatz, Einkommen etc.) verbessern. Erst nach der Erfüllung dieser Ziele dominieren dann die „höheren" sozialen und individuell-psychischen Werte, z.B. jene der Selbstverwirklichung. Hierbei lehnt sich Inglehart an die vom amerikanischen Psychologen Abraham Maslow in den 1950er-Jahren herausgearbeitete „Bedürfnishierarchie" an (s. Kasten).

Zweitens nahm Inglehart an, dass die persönlichen Werte, die ein Mensch vertritt, zum größten Teil in seiner Jugendzeit, in der sog. „formativen Phase", geprägt werden. Im Laufe des weiteren Lebens verändern sich die so ausgebildeten Werte der Einzelnen kaum noch entscheidend (*Sozialisationshypothese*).

Abraham Maslow: Amerikanischer Psychologe, der für die Unterscheidung der Bedürfnisarten des Menschen ein Ordnungsschema entwickelte, das weite Verbreitung gefunden hat, die sogenannte „**Bedürfnishierarchie**": Maslow geht von der folgenden pyramidenartigen Stufung aus: 1) physiologisch bedeutsame Bedürfnisse (bilden die Basis), 2) Sicherheitsbedürfnisse, 3) Bedürfnisse nach sozialer Zugehörigkeit und Anschluss, 4) Bedürfnis nach Wertschätzung durch andere (Sozialprestige), 5) Bedürfnis nach Selbstwert, 6) an oberster Stelle das Bedürfnis nach Selbstverwirklichung. Sind die Bedürfnisse der untersten bzw. der unteren Stufen befriedigt, dann gewinnt die nächsthöhere Bedürfnisstufe Vorrang. Der Grad der Befriedigung einzelner Bedürfnisse ist in verschiedenen Kulturen unterschiedlich. Ansonsten soll das Modell der Bedürfnishierarchie universell verbreitet sein. (Autorentext)

Sozialisation: Bezeichnung für die Gesamtheit aller Vorgänge, in deren Verlauf der Mensch zum Mitglied einer Gesellschaft und Kultur wird. Durch den Sozialisationsprozess der wesentlich durch „Sozialisationsinstanzen" (Familie, Schule, Medien, Freundschaftsgruppe usw.) geprägt wird, gewinnt das Individuum seine Identität als eine gesellschaftlich handlungsfähige Persönlichkeit. (Autorentext)

Daher wird – Inglehart zufolge – die Zahl der „Postmaterialisten“ mit der Wohlstandsmehrung im Laufe der Zeit immer weiter zunehmen. Die ältere Generation der „Materialisten“ wird schrumpfen und dereinst aussterben. Die Verdrängung materieller Werte wird sich im Gefolge der Modernisierung und der Wohlstandssteigerung in allen Ländern der Erde zeigen.
Die Theorie Ronald Ingleharts wurde in den Sozialwissenschaften ausführlich diskutiert und empirisch* geprüft. Dabei stellte sich heraus, dass empirische Daten die These vom „Wertewandel“ im Großen und Ganzen bestätigen. Ferner hat die Ausbreitung von Selbstverwirklichungswerten allem Anschein nach weit reichende Auswirkungen, u.a. auf die Geburtenrate, auf die Pluralisierung von Lebensformen, auf die Emanzipation von Frauen, auf die Herausbildung von „neuen sozialen Bewegungen“. Weiterhin hat die Theorie erhebliche praktische Konsequenzen. Sie macht u.a. verständlich, wieso es sich empfiehlt, junge Menschen heute durch die Weckung persönlicher Überzeugungen zu motivieren und nicht länger durch Appelle an das Pflichtgefühl.
Anders als in vielen Sonntagsreden geäußert, geht der „Wertewandel“ nicht notwendigerweise mit „Werteverfall“, mit wachsendem Egoismus und/oder mit sinkender Leistungsbereitschaft einher. Gerade Menschen, die nach Selbstverwirklichung streben, können sich mit großer Hingabe für bestimmte Aufgaben einsetzen, auch für Aufgaben im Dienste anderer (z. B. in Bürgerinitiativen und in sozialen Umweltbewegungen).
Dennoch deckte die Diskussion *Schwächen der Theorie* Ingleharts auf: *Erstens* stellen die Pole des Materialismus und des Postmaterialismus wohl kein eindimensionales Gegenüber dar. Der Wertewandel vollzieht sich offenbar in unterschiedlichen Dimensionen (z.B. in Hedonismus [s. Kasten S. 152] und Pflichtbewusstsein) unabhängig voneinander und in unterschiedlicher Geschwindigkeit. *Zweitens* stimmt die Sozialisationshypothese wohl nur eingeschränkt. Die Menschen verfolgen nicht notwendigerweise ihr Leben lang die gleichen Werte. Es gibt sehr wohl ein gewisses Zurück zu materiellen Werthaltungen, wenn die wirtschaftliche Lage sich verschlechtert. Und *drittens* reagieren auch die Werte der Menschen – anders als dies Ronald Inglehart annimmt – auf Moden, Konjunkturen und den jeweiligen „Zeitgeist“. Es sind also auch Moden, die einen „Wertewandel“ zustande bringen können. – Trotz dieser Einwände gehen nur wenige Sozialwissenschaftler so weit, Ingleharts Theorie völlig abzulehnen. Sein Ansatz gilt als grob, aber im Wesentlichen zutreffend.

(Stefan Hradil, Die Sozialstruktur Deutschlands im internationalen Vergleich, VS Verlag für Sozialwissenschaften, Wiesbaden 2004, S. 266–268)

1. *Analysieren Sie anhand von M 31 das Konzept und die Ergebnisse der Untersuchungen von Ronald Inglehart, der in den 70er-Jahren die Diskussion über den Wertewandel einleitete.*
- *Erläutern Sie die beiden Hypothesen, die Inglehart zur Grundlage seines theoretischen Konzeptes machte (Z. 63ff.).*
- *Der zweite „Baustein“ des Konzeptes ist die Zweiteilung des Wertesystems in „materialistische“ und „postmaterialistische“ Wertvorstellungen. Was ist damit gemeint? Welche Items (Elemente eines Fragebogens, zu denen sich die Befragten äußern sollen) repräsentieren die beiden Wertegruppen (Z. 20ff.)?*
- *Wie lautet die These, zu der Inglehart die beiden Bausteine verknüpfte und die er durch seine Befragungsergebnisse bestätigt sah?*

2. *Inwiefern hat sich Ingleharts Theorie bestätigt? Auf welche Verdienste, praktische Konsequenzen und auf welche Schwächen weist der Autor hin? Vgl. dazu auch M 32b.*

M 32a Der „Postmaterialismus-Index“ von Inglehart

Wenn es noch eines Beweises für die Brauchbarkeit des Inglehart'schen Theorieansatzes bedürfte, würde er darin liegen, dass die sozialwissenschaftliche Forschung für viele Studien inzwischen einen sogenannten ‚Inglehart-Index‘ verwendet, der hohe Aussagekraft hat. Er markiert eine deutliche Scheidelinie zwischen Bevölkerungsgruppen mit eher materialistischen und eher postmaterialistischen Werten. Deutliche Unterschiede finden sich nach dem Inglehart-Index vor allem zwischen: 1. *Alten und Jungen* und 2. Menschen mit *hoher und niedriger* Bildung. Ein ausgesprochenes ‚Postmaterialismus-Syndrom‘ [Verbindung mehrerer Merkmale] mit stimmigen Einstellungen und Verhaltensweisen zeigt sich statistisch vor allem bei jüngeren Menschen mit hoher formaler Ausbildung.

(Martin und Sylvia Greiffenhagen, Ein schwieriges Vaterland, List, München 1993, S. 160)

Postmaterialismus-Index von Inglehart

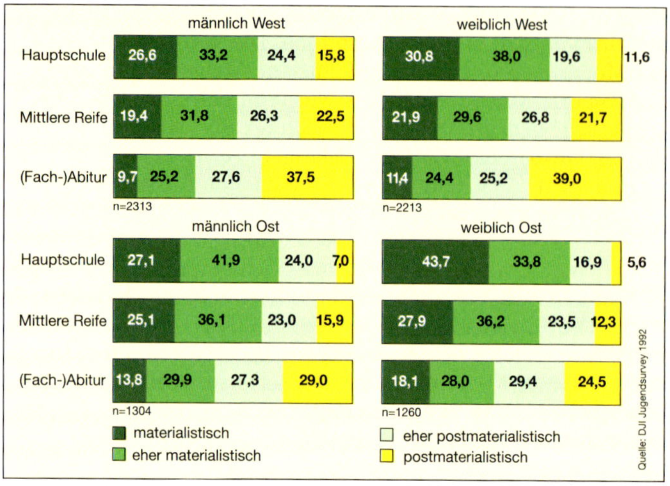

(Martina Gille, Wertorientierungen und Wertewandel bei Jugendlichen und jungen Erwachsenen, in: Politische Studien Nr. 336 v. Juli/August 1994, S. 57)

In der Index-Frage muss man zwischen „materialistischen“ und „postmaterialistischen“ politischen Zielen, zwischen Sicherheit und Teilhabe wählen: „Auch in der Politik kann man nicht alles auf einmal haben. Auf dieser Seite finden Sie einige Ziele, die man in der Politik verfolgen kann. Wenn Sie zwischen diesen verschiedenen Zielen wählen müssten, welches Ziel erschiene Ihnen persönlich am wichtigsten? – Und welches käme an zweiter Stelle? A Aufrechterhaltung von Ruhe und Ordnung. B Mehr Einfluss der Bürger auf die Entscheidungen der Regierung. C Kampf gegen steigende Preise. D Schutz des Rechtes auf freie Meinungsäußerung“. Wer A und C als erstes und zweites Ziel wählt, gilt als „Materialist“; wer B und D als erstes und zweites Ziel wählt, als „Postmaterialist“; alle Übrigen gelten als „**Mischtypen**“. In der Untersuchung, über deren Ergebnisse Martina Gille (1994) berichtet (s. Grafik), werden diejenigen, die einem materialistischen Ziel (A, C) den 1. Rang und einem postmaterialistischen Ziel (B, D) den 2. Rang gaben, als „eher materialistisch“ bezeichnet und umgekehrt diejenigen, die einem postmaterialistischen Ziel den 1. und einem materialistischen den 2. Rang gaben, als „eher postmaterialistisch“.

(Autorentext)

M 32b „Wandel des Wertewandels“?

Unter den empirischen Befunden zum „Wertewandel“ gab seit jeher der hohe und immer noch ansteigende Anteil des „Mischtyps“ (s. M 32a) zu denken. Im Laufe der Jahre nahm der Bevölkerungsanteil mit „gemischter Werthaltung“ von knapp 50 % auf über 60 % zu. Allzu trennscharf kann die Unterscheidung von „Materialisten“ und „Postmaterialisten“ daher nicht sein. [...]
Noch viel irritierender ist der Befund, dass in den 1990er-Jahren der Anteil der westdeutschen „Materialisten“ wieder kräftig stieg und die Quote der „Postmaterialisten“ in Westdeutschland seit Ende der 1980er-Jahre stetig abnahm. Dies steht in deutlichem Widerspruch zu Ingleharts Thesen des Wertewandels.
Diese Trendumkehr dauert schon so lange an, dass von einer kurzen Unterbrechung des Wertewandels nicht mehr gesprochen werden kann. Eher schon ist von einem „Wandel des Wertewandels“ auszugehen. Auffällig ist, dass seit den 1990er-Jahren vor allem für Jugendliche die Werte der Gemeinschaft, der Ordnung und der Sicherheit eine immer größere Rolle spielen und mit an die Spitze der Werterangordnung aufgerückt sind. Offenbar ist – ganz im Sinne der Mangelhypothese und zum Teil auch der Sozialisationshypothese Ingleharts (s. M 31, Z. 63ff.) – eine Generation von Jugendlichen herangewachsen, der es nicht mehr an Autonomie und Partizipation mangelt, wie noch ihren Eltern. Die Jugendlichen von heute haben somit auch keinen Anlass, Selbstverwirklichungs- und Selbstentfaltungswerte ganz obenan zu stellen. Woran es Jugendlichen und vielen Erwachsenen derzeit jedoch fehlt, ist Sicherheit, Orientierung und Gemeinschaft. Unsicherheit entstand z. B. durch die Erfahrung drohender Arbeitslosigkeit. Viele Jugendliche haben erfahren,

wie eine zu weitgehend ausgelebte individuelle Autonomie kräftezehrende Aushandlungs- und Konfliktprozesse und oft auch die Zerstörung von Gemeinsamkeit nach sich zieht. Viele Heranwachsende mussten lernen, dass man sich in allzu großer Freiheit auch verirren und orientierungslos werden kann. Nach solchen Erfahrungen machen seit den 1990er-Jahren viele der Jüngeren in zunehmendem Maße Gemeinschafts-, Ordnungs- und Sicherheitswerte zu Leitlinien ihres Handelns.

(Stefan Hradil [= M 31], S. 274–276)

1. *Dem in M 32a dargestellten Untersuchungsergebnis liegt der ursprüngliche, auf vier Ziele beschränkte Postmaterialismus-Index von Inglehart zugrunde. Wie kommt die Zuordnung zu den vier Kategorien zustande? Welche auffälligen Unterschiede ergeben sich nach Geschlecht, Region und Bildungsniveau? Welche plausiblen Erklärungen haben Sie dafür?*

2. *Entgegen dem Hinweis auf die „hohe Aussagekraft" des Indexes (M 32a) kommt Stefan Hradil (M 32b) zu dem Urteil, dass die Unterscheidung zwischen „Materialisten" und „Postmaterialisten" nicht allzu trennscharf sei. Wie kommt er zu dieser Bewertung und zu dem Schluss, dass der Trend des Wertewandels sich inzwischen – insbesondere bei Jugendlichen – umgekehrt hat? Welche Entwicklungen haben danach dazu geführt, dass „materialistische" Werte gegenüber „postmaterialistischen" wieder in den Vordergrund getreten sind? Wie beurteilen Sie selbst die gegenwärtige Bewusstseinslage Jugendlicher?*

Wertesynthese statt Wertezerfall – Die Theorie von Helmut Klages

M 33 „Der Wertewandel entspricht den Entwicklungen und Erfordernissen der modernen Gesellschaft"

Helmut Klages (*1930) stimmt mit Inglehart überein, dass es in den Industriegesellschaften einen Wertewandel gegeben hat. In der Bundesrepublik setzte er Anfang der 60er-Jahre ein. Klages belegt ihn am Wandel der Erziehungswerte, die das Meinungsforschungsinstitut EMNID in repräsentativen Befragungen über mehrere Jahrzehnte erhoben hat. Eltern waren befragt worden: [...] „Auf welche Eigenschaften sollte die Erziehung der Kinder vor allem hinzielen: Gehorsam

Abb.: Elterliche Erziehungsziele in der Bundesrepublik Deutschland 1951 – 2001[1] (ab 1995 Gesamtdeutschland[2])

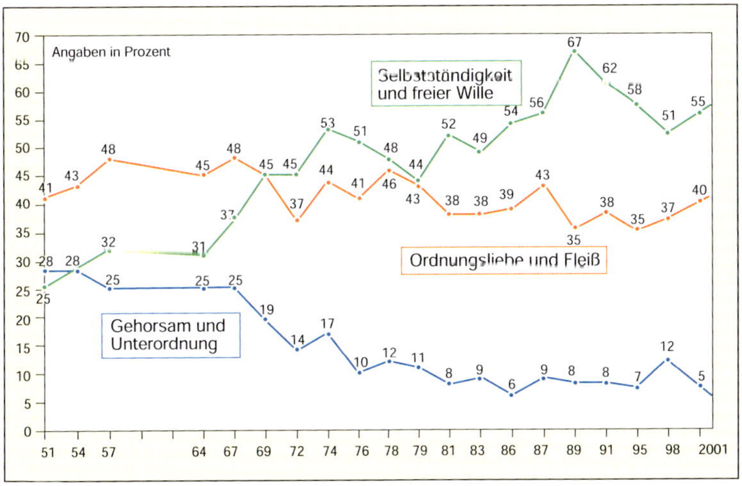

(Quelle: EMNID/Walter Tacke 2001)

[1] Im Verlauf des gesamten, 50-jährigen Befragungszeitraums wurden z.T. unterschiedliche Prozentuierungsbasen verwendet; liegen Prozentsummen unter 100 (u.a. 1951, 1972), wurden die „Stimmenthaltungen" („ohne Angabe") nicht mitberücksichtigt. Prozentsummen über 100 (z.B. 1991) beruhen auf Doppelnennungen; ab 1995 wurden die Doppelnennungen auf 100% umgerechnet (insofern sind die Zahlenwerte nicht ganz vergleichbar).

[2] Deutliche Ost-West-Unterschiede (mehr als drei Prozentpunkte) ergaben sich 1995 bei „Ordnungsliebe und Fleiß" (West 31%, Ost 47%) und „Selbstständigkeit und freier Wille" (West 61%, Ost 46%), 1998 bei „Gehorsam und Unterordnung" (West 11%, Ost 15%).

und Unterordnung, Ordnungsliebe und Fleiß oder Selbstständigkeit und freier Wille?" Die Befragten konnten eine oder auch zwei der drei Kombinationen angeben.
Die Antworten zeigen, dass Werte wie Gehorsam und Unterordnung deutlich zurückgehen, während Selbstständigkeit und freier Wille stark ansteigen. Klages bezeichnet das als *Wandel von Pflicht- und Akzeptanzwerten* zu Selbstentfaltungswerten*. Interessanterweise halten sich gleichzeitig Ordnungsliebe und Fleiß auf einem konstanten, relativ hohen Niveau. Das ist einer der Gründe, weshalb Klages gegen Inglehart kritisch einwendet, der Wertewandel gehe nicht komplett in eine Richtung. Deshalb erlaubten die Daten auch keine Prognosen. Zweitens stimmt er mit Inglehart überein, dass sich eine statistische Korrelation zwischen der Höhe des Bruttosozialprodukts und der Ausprägung eines individualistischen Wertkomplexes feststellen lässt. Doch anders als besorgte Leser der Inglehart'schen These von der Zunahme postmaterialistischer Werte sieht Klages darin eine Entwicklung, die vom Bildungs- und Beschäftigungssystem geboten ist. Drittens stimmt Klages mit Inglehart darin überein, dass es offensichtlich einen Zusammenhang zwischen eher individualistischen Werten und der Höhe des Bildungsniveaus gibt. [...]
Der Wertewandel machte sich insbesondere bei Schülern und Studenten in der Altersgruppe zwischen 16 und 24 Jahren bemerkbar. Diese Gruppe ist traditionell progressiver in ihren Einstellungen als berufstätige Jugendliche. Ihre Wertedisposition wurde durch die Intensivierung der Bildungsprozesse verstärkt, und die Gruppe wurde erheblich größer, weil mehr Jugendliche länger im Bildungssystem blieben. [...]

Eine ganz andere Frage ist nun, was dieser Wertewandel für die Gesellschaft bedeutet. Viele besorgte Beobachter der Gesellschaft haben die These vom Übergang zu postmaterialistischen Werten als Beleg für eine Entwicklung gelesen, dass der Einzelne nur noch an sich denkt. Als Klages in Deutschland eine Abnahme von Pflicht- und Akzeptanzwerten und eine Zunahme von Selbstentfaltungswerten konstatierte, konnte das auf den ersten Blick genauso gelesen werden. „In einer solchen Formel", räumt Klages ein, „schien ein mit dem Wertewandel einhergehender Moralitätsverlust ja fast schon überdeutlich mit bloßen Händen greifbar zu sein" (Klages 1998, S. 109). Umso energischer verteidigte er dann auch den Wertewandel. [...]
Klages belegte, dass von einem Verlust solcher Werte wie Ordnungsliebe, Fleiß und Pflichterfüllung überhaupt nicht die Rede sein könne. [...] Es sei vielmehr so, dass Werte flexibel und situationsangemessen gehandhabt würden. [...] Selbstentfaltung bedeute auch keineswegs Egoismus und Verantwortungslosigkeit. So sei die Toleranz gegenüber andersartigen Menschen – von Homosexuellen bis zu Behinderten, von Ausländern bis zu Randgruppen – deutlich angestiegen. Selbstentfaltung habe auch nicht die oft beschworene Anonymisierung und Isolation gebracht. Im Gegenteil seien ganz neue soziale Netzwerke entstanden. Die Bindung an den Wohnort sei außerordentlich hoch. Schließlich hätten die empirischen Befunde gezeigt, dass die meisten Eltern ihren Kindern weite Rechte einräumen, sich frei zu entfalten, was Hobbys, Kleidung, politische Ansichten, Freunde oder Religion anbetrifft. Auf der anderen Seite sind sie aber genauso entschieden der Meinung, sie sollten (und wollten) ihre Kinder beeinflussen, was ihr Benehmen, den Umgang mit der Wahrheit, ihr Verhalten anderen Menschen gegenüber oder ihre Einstellung zu Schule und Beruf angeht (vgl. Klages 1998, S. 118). Ob sie es tatsächlich tun und wie erfolgreich es ist, das steht natürlich auf einem anderen Blatt!

(Heinz Abels, Einführung in die Soziologie, Bd. 2: Die Individuen in ihrer Gesellschaft, VS Verlag für Sozialwissenschaften, Wiesbaden, 2. Aufl. 2004, S. 47–52)

Klages ist überzeugt, dass weder Anhänger ‚alter' konventioneller Weltbilder noch Anhänger ‚neuer' individualisierter Werte in ihrer Einseitigkeit den Bedürfnissen moderner Gesellschaften gerecht würden. Den traditionellen Vorstellungen fehle die Flexibilität und Modernität, um auf sich verändernde Umweltbedingungen zu reagieren: „Wer angesichts des Wertewandels den ‚guten alten' Werten nachhängt, befleißigt sich somit, schroff gesagt, einer hoffnungslosen Nostalgie und ist in der Gefahr eines Wirklichkeitsverlusts" (Klages 1993: 29). Den ‚neuen' Werten dagegen mangele es an Verantwortung, Leistungsethos und Gemeinschaftsbindung – unabdingbare Voraussetzung einer funktionierenden Gesellschaft. Noch einmal Klages: „Auch in einer ‚modernen', von ‚rationalen' Prinzipien gesteuerten Gesellschaft wird ... ein erhebliches Maß an

Disziplin gefordert, das nicht unterschritten werden kann, wenn nicht Chaos die Folge sein soll" (1993: 30). Klages' Lösung dieses Dilemmas ist die **Wertesynthese**. Menschen, die sowohl ‚alte' als auch ‚neue' Werte hoch einschätzen – sogenannte *aktive Realisten* (s. M 34). Der *Realist* demonstriere eine „planerische und rationale Lebenseinstellung, die für die Bewältigung der schwierigen Lebensumstände einer individualisierten Gesellschaft günstig ist" (Gensicke 1994: 42).

(Sigrid Roßteutscher, Von Realisten und Konformisten – wider die Theorie der Wertesynthese. In: Kölner Zeitschrift für Soziologie und Sozialpsychologie, Jg. 56, Heft 3, 2004, S. 205)

Zitate aus: Helmut Klages, Traditionsbruch als Herausforderung. Frankfurt a. M./New York 1993; Thomas Gensicke, Wertewandel und Familie. In: Aus Politik und Zeitgeschichte, B 29/30, 2004)

1. *Beschreiben Sie, wie Helmut Klages die in M 33 (Abb. S. 149) wiedergegebenen EMNID-Befragungsergebnisse interpretiert und wodurch er seine Deutung des Wertewandels von den Deutungen Ingleharts abgrenzt. Inwiefern hat in seiner Sicht die Entwicklung im Bildungsbereich ganz wesentlich zum Wertewandel in Richtung Selbstentfaltung beigetragen (Z. 20ff.)? Erläutern Sie dazu insbesondere den spezifischen Beitrag der Schule und des von ihr vermittelten Bildungswissens zu einer stärker individuell geprägten Wertorientierung.*
2. *Stellen Sie heraus, inwiefern nach Klages die Entwicklung zu stärkerer „individualistischer Selbstentfaltung" nicht als „Moralitätsverlust" (z. B. im Sinne von Egoismus) zu deuten ist, sondern von den Bedingungen geradezu herausgefordert wird, unter denen Menschen in modernen Gesellschaften leben und arbeiten müssen. Auf welche Merkmale gesellschaftlicher Modernisierung (s. Kasten S. 112) hebt Klages in diesem Zusammenhang besonders ab?*
3. *Fassen Sie zusammen: Was spricht nach Klages dafür, dass Selbstentfaltung nichts mit Egoismus, Verantwortungslosigkeit und Isolation zu tun hat?*

M 34 Wertetypen zwischen „Konventionalisten" und „Idealisten"

Tabelle: Speyerer Typenschema für Wertetypen

	Pflicht- und Akzeptanzwerte[1]	Hedonistisch-materialistische Selbstentfaltung[2]	Idealistische Selbstentfaltung[3]
Typ 1: Ordnungsliebende Konventionalisten	*hoch*	niedrig	niedrig
Typ 2: Perspektivenlose Resignierte	niedrig	niedrig	niedrig
Typ 3: Aktive Realisten	*hoch*	*hoch*	*hoch*
Typ 4: Hedonistische Materialisten	niedrig	*hoch*	niedrig
Typ 5: Nonkonforme Idealisten	niedrig	niedrig	*hoch*

[1] *Gesellschaftsbezogene Pflicht- und Akzeptanzwerte:* Disziplin, Gehorsam, Leistung, Ordnung, Pflichterfüllung, Treue, Unterordnung, Fleiß, Bescheidenheit; *persönlichkeitsbezogene Pflicht- und Akzeptanzwerte:* Selbstbeherrschung, Pünktlichkeit, Anpassungsbereitschaft, Fügsamkeit, Enthaltsamkeit

[2] *Hedonistische Werte:* Genuss, Abenteuer, Spannung, Abwechslung und Ausleben emotionaler Bedürfnisse; *materialistische Werte:* hohes Einkommen, materieller Wohlstand

[3] *Gesellschaftsbezogen:* Emanzipation von Autoritäten, Gleichbehandlung, Gleichheit, Demokratie, Partizipation und Autonomie des Gesellschaftsmitglieds; *persönlichkeitsbezogen*: Kreativität, Spontaneität, Selbstverwirklichung, Ungebundenheit, Eigenständigkeit.

Das Speyerer Schema ist natürlich eine grobe Vereinfachung und soll in erster Linie eine qualitative Vorstellung der Verteilung bestimmter Reaktionen auf die gesellschaftliche Modernisierung liefern.

(Thomas Gensicke, Deutschland im Wandel, 2. Aufl. Speyerer Forschungsberichte 154; Forschungsinstitut für öffentliche Verwaltung bei der Hochschule für Verwaltungswissenschaften Speyer, 1996, S. 25)

Ein Überblick über die Merkmale der insgesamt fünf von uns aufgefundenen Wertetypen zeigt große Unterschiede in der Fähigkeit und Neigung, sich produktiv und „sozialverträglich" auf die Anforderungen der gesellschaftlichen Modernisierung (s. Kasten S. 112) und der Bürgergesellschaft einzulassen. Vorrangig *traditionell* orientierte Menschen (1999: 18 Prozent der Bevölkerung ab 14 Jahren) halten sich eher ans Bewährte und lassen wenig Neigung zur Selbstständigkeit und Risikofreude erkennen. Vorrangig *hedonistisch* und *materiell* Orientierte (15 Prozent) sind zwar flexibel. Die Dominanz des Lustprinzips und Jagd nach schnellen Gewinnen lassen sie jedoch nicht selten die Grenzen des sozial und legal Verträglichen austesten. Vorrangig *idealistisch* Eingestellte (17 Prozent) sind zwar verbale Fortschrittsbejaher, stehen jedoch wegen ihrer oft ideologisch geprägten Sichtweise der Realität der Modernisierung frustrationsanfällig gegenüber. *„Perspektivenlos Resignierte"* (16 Prozent) sind die eigentlichen „Stiefkinder" des gesellschaftlichen Wandels; Rückzug, Passivität und Apathie sind für sie typisch. *Aktive Realisten* können dagegen von ihrer mentalen Grundausstattung her am ehesten als hochgradig modernisierungstüchtige Menschen charakterisiert werden. Die Gruppe umfasste 1999 34 Prozent der Bevölkerung und stellte somit den zahlenmäßig stärksten Typus dar. Menschen, die dieser Gruppe angehören, sind in der Lage, auf verschiedenartigste Herausforderungen ‚pragmatisch' zu reagieren, gleichzeitig aber auch mit starker Erfolgsorientierung ein hohes Niveau an „rationaler" Eigenaktivität und Eigenverantwortung zu erreichen. Sie sind auf eine konstruktiv-kritikfähige und flexible Weise institutionenorientiert und haben verhältnismäßig wenig Schwierigkeiten, sich in einer vom schnellen Wandel geprägten Gesellschaft zielbewusst und mit hoher Selbstsicherheit zu bewegen. Mit allen diesen Eigenschaften nähern sie sich am ehesten dem Sollprofil menschlicher Handlungsfähigkeiten unter den Bedingungen moderner Gesellschaften an.

(Helmut Klages, Brauchen wir eine Rückkehr zu traditionellen Werten? In: Aus Politik und Zeitgeschichte B 29/2001 v. 13.7.2001, S. 11f.; www.bpb.de/publikationen/WDQUI,,0,Wertewandel.html)

Hedonismus (griech.): „Lustlehre". Bereits in der griechischen Philosophie begründete ethische Lehre, nach der der individuelle Genuss das höchste sittliche Prinzip, der individuelle Glückszustand die Tugend darstellt. Der wahrhaft glückliche Mensch ist darum derjenige, der seine Genussfähigkeit zu intensivieren weiß. Im allgemeinen Sprachgebrauch bezieht sich der Begriff heute kritisch auf eine Einstellung, die vornehmlich auf die Befriedigung der eigenen Bedürfnisse durch Konsum ausgerichtet ist (Konsum-Hedonismus). (Autorentext)

(Zeichnung: Burkhard Mohr/CCC,www.c5.net)

Bei der Erarbeitung von M 34 können Sie sich an folgenden Fragestellungen orientieren:

- *Welche Wertegruppen werden mit den in der Kopfzeile des Schemas (S. 151) enthaltenen drei Bezeichnungen zusammengefasst? Erläutern Sie dazu auch die Fremdwörter Akzeptanz, hedonistisch, materialistisch und idealistisch anhand der Anmerkungen.*
- *Auf welche Weise (durch welche Kombinationen) werden die fünf Wertetypen konstruiert?*
- *Beschreiben Sie die einzelnen Wertetypen möglichst mit eigenen Worten. Fertigen Sie dazu eine kurze Übersicht an, in der Sie den einzelnen Typen stichwortartig wichtige Eigenschaften/Einstellungen/Verhaltensweisen zuordnen.*
- *Inwieweit entspricht die karikaturistische Darstellung (s. o.) der Textdarstellung?*

Weiter gehende Informationen zur Diskussion über die „Wertetypen" können Sie der zu M 34 angegebenen Textquelle (Internetadresse) entnehmen. Eine auf den Forschungsergebnissen von Helmut Klages und der 14. Shell-Jugendstudie beruhende Darstellung des Wertewandels bei Jugendlichen findet sich unter www.ksa-archive.de:8080/ksa/redaktion/docs/JugendWertesynthese.pdf.

II. Soziale Ungleichheit und Armut in Deutschland

M 35 Begriff und Dimensionen sozialer Ungleichheit

Unter „Lebensbedingungen“ werden die äußeren Rahmenbedingungen des Lebens und Handelns von Menschen verstanden (Wohnung, Arbeitsplatz etc.). Sie haben (wie z. B. ungesunde Arbeitsbedingungen oder Armut) auch dann Auswirkungen, wenn die Einzelnen die jeweiligen Lebensbedingungen nicht wahrnehmen oder nicht wahrhaben wollen oder ganz unterschiedlich bewerten. Als „soziale Ungleichheiten“ bezeichnet man Lebensbedingungen (Arbeitsbedingungen, Einkommen, Vermögen, Bildungsgrad etc.), die es Menschen erlauben, in ihrem alltäglichen Handeln allgemein geteilte Ziele eines „guten Lebens“ (wie z. B. Gesundheit, Sicherheit, Wohlstand, Ansehen) besser als andere Menschen zu erreichen.

- Soziale Ungleichheiten beziehen sich *erstens* auf „Güter“, die in einer Gesellschaft als *wertvoll* gelten. Wertvoll sind diese „Güter“ dann, wenn sie zum einen prinzipiell geeignet sind, ein „gutes Leben“ zu führen, zum andern aber auch knapp oder „verknappt“ sind. Wasser ist in Deutschland zwar notwendig zum guten Leben, aber nicht knapp. Dies ist in vielen arabischen Ländern anders. *Zweitens* beziehen sich soziale *Ungleichheiten* nur auf solche wertvollen „Güter“, die bestimmten Gesellschaftsmitgliedern in größerem Umfang als anderen zur Verfügung stehen. Und *drittens* beziehen sich soziale Ungleichheiten auf jene wertvollen, ungleich verteilten „Güter“, die Menschen aufgrund ihrer gesellschaftlichen Positionen und ihrer sozialen Beziehungen, also aus sozialstrukturellen Gründen besser oder schlechter, höher oder tiefer als andere stellen und nicht etwa aus individuellen, aus natürlichen oder aus zufällig zustande gekommenen Gründen.
- *Soziale Ungleichheiten* vermitteln Vor- bzw. Nachteile. Sie sind somit begrifflich zu trennen von *sozialen Unterschieden*. Diese stellen nur Andersartigkeiten dar. Wenn z. B. ein Schlosser und ein Schreiner lediglich anderes tun, aber keiner bezüglich Einkommen, Arbeitsbedingungen, Ansehen etc. Vorteile hat, handelt es sich um keine soziale Ungleichheit, sondern um soziale Unterschiedlichkeit.
- In traditionalen Gesellschaften gelten soziale Ungleichheiten meist als selbstverständlich, als „natürlich“ oder als von Gott gegeben, somit als legitim. In Europa wurde vor allem seit der „politischen Modernisierung“ im Zeitalter der Aufklärung* immer häufiger kritisch danach gefragt, inwieweit vorhandene soziale Ungleichheiten berechtigt sind. Zahlreiche, jedoch nicht alle ihrer Erscheinungsformen gelten seither als illegitim. Daher umfasst auch der soziologische Begriff der „sozialen Ungleichheit“ sowohl illegitime (z. B. extreme Armut) als auch legitime Ungleichheiten (u. a. Abstufungen von Tariflöhnen). Dies unterscheidet den soziologischen vom alltäglichen Begriff „soziale Ungleichheit“. Außerhalb der Sozialwissenschaften verbindet sich mit ihm meist die Vorstellung der „Ungerechtigkeit“.
- Es gibt zwei Arten sozialer Ungleichheit: Verteilungs- und Chancenungleichheit. Mit *Verteilungsungleichheit* ist die ungleiche sozialstrukturelle Verteilung eines wertvollen Gutes (z. B. des Einkommens) *in der Bevölkerung schlechthin* gemeint. *Chancenungleichheit* heißt die Chance *einer bestimmten Bevölkerungsgruppe* (der Frauen, der Ausländer, der Arbeiter etc.), innerhalb dieser Verteilung besser bzw. schlechter als andere vergleichbare Gruppen abzuschneiden. So haben Kinder von Ausländern zum Beispiel wesentlich schlechtere Bildungschancen als Kinder von deutschen Eltern. Verändert sich die Verteilungsungleichheit in bestimmter Richtung (wächst zum Beispiel der Anteil der höheren Bildungsabschlüsse im Zuge der Bildungsexpansion), so muss sich die Chancenungleichheit (z. B. zwischen deutschen und ausländischen Kindern) keineswegs in gleicher Richtung verändern.

> **Status:** Sofern die Position eines Menschen in einer Gruppe oder einer Gesellschaft als höher oder niedriger bewertet wird, spricht man von Status (= bewertete Position); Bewertungskriterien können sein: Ansehen, Bildung, Beruf, Einkommen. (Autorentext)

- Es wird unterschieden zwischen Ursachen, Determinanten, Dimensionen und den Folgen sozialer Ungleichheit.
  - Wer den *Ursachen* sozialer Ungleichheit nachgeht, möchte wissen, wieso soziale Ungleichheiten entstehen und fortbestehen. In Theorien sozialer Ungleichheit werden (vermutete) Ursachenzusammenhänge systematisch dargestellt und u.a. bestimmte Arten der Macht, Leistungsunterschiede, funktionale Notwendigkeit etc. als Ursachen genannt.
  - *Determinanten* sozialer Ungleichheit sind soziale Merkmale von Menschen (Berufe bzw. Berufsgruppen, Geschlecht, Alter, ethnische Zugehörigkeit, etc.), die an sich keine Vor- oder Nachteile darstellen, mit denen aber empirisch nachweisbar mit erheblicher Wahrscheinlichkeit soziale Ungleichheiten einhergehen. Es bestehen also Chancenungleichheiten zwischen den Trägern unterschiedlicher Determinanten (z. B. Männern und Frauen).
  - (Un)vorteilhafte Lebensbedingungen existieren in großer Anzahl und Vielfalt. Um sie soziologisch übersichtlich zu halten, werden sie in beschreibende *Dimensionen* gegliedert. Die wichtigsten Dimensionen sozialer Ungleichheit in modernen Gesellschaften gruppieren sich um die berufliche Stellung: Bildung, materieller Wohlstand, Macht und Prestige. Eine höhere oder niedrigere Stellung eines Menschen im berufsnahen Oben und Unten von Bildung, Wohlstand, Macht und/oder Prestige wird Status genannt. Menschen mit ähnlichem Status heißen Schichten.
  - Die in Dimensionen versammelten ungleichen Lebensbedingungen (z. B. Einkommen oder Bildungsabschlüsse) haben umfangreiche *Folgen*. So wird von (un)vorteilhaften Lebensbedingungen u.a. das Denken und Handeln der Einzelnen beeinflusst (Sprache, Kindererziehung, Kontaktverhalten, Kriminalität, Parteineigung und Wahlverhalten, Lebensstil usw.). Diese Mentalitätsmuster können, je nach Ausprägung, wiederum Vorteile oder Nachteile nach sich ziehen. Auch das Zusammenfinden der Menschen in sozialen Gruppierungen mit entsprechendem gemeinsamem Bewusstsein, ggf. einem bestimmten Wir-Gefühl sowie politischen Konfliktfronten etc. wird von ungleichen Lebensbedingungen mitbestimmt.

(Stefan Hradil [= M 31], S. 195 – 197)

„Soziale Ungleichheit“ gehört zu den – auch im (sozial)politischen Bereich – häufig gebrauchten Begriffen, die einer genaueren Klärung bedürfen, um zu erreichen, dass alle an der Diskussion Beteiligten darunter dasselbe verstehen. Gehen Sie in M 35 am besten abschnittsweise vor und verständigen Sie sich über die jeweils vorgenommenen begrifflichen Festlegungen und Unterscheidungen:
- *Wie lässt sich in Verbindung mit dem Begriff „Lebensbedingungen“ der Begriff „soziale Ungleichheit“ definieren? Auf welche Art von Gütern bezieht er sich (nicht)?*
- *Wodurch unterscheiden sich „soziale Unterschiede“ von „sozialen Ungleichheiten“?*
- *Was unterscheidet den (im strengen Sinn) soziologischen Begriff vom alltäglichen Begriff „soziale Ungleichheit“? Worin liegt der Unterschied zwischen „sozialer Ungleichheit“ und „sozialer Ungerechtigkeit“?*
- *Was ist mit „Verteilungs-“, was mit „Chancenungleichheit“ gemeint?*
- *Ursachen, Determinanten, Dimensionen, Folgen: Erläutern Sie möglichst mit eigenen Worten, was jeweils gemeint ist.*

Von den in M 35 genannten vier wichtigsten Dimensionen sozialer Ungleichheit (s. Übersicht S. 155 o.) wollen wir uns im Folgenden auf die **Dimension „materieller Wohlstand“** konzentrieren. Für die empirische Erfassung der Ungleichheit in dieser Dimension stehen mit Daten zu Einkommen und Vermögen (auch zu „Armut“; vgl. M 48ff.) geeignete und allgemein anerkannte **Indikatoren*** zur Verfügung. Für die beiden Dimensionen „Macht“ und „Prestige“ ist die Auswahl geeigneter Indikatoren erheblich problematischer. Die **Dimension „Bildung“** wollen wir im Folgenden (M 36 – M 38) wenigstens kurz ansprechen, bevor wir uns der Analyse der Einkommens- und Vermögensverteilung zuwenden (Abschnitt 2., S. 158ff.). Nach einer Darstellung zur „Armut in Deutschland“ (Abschnitt 3., S. 171ff.) geht es im 4. Abschnitt (S. 178ff.) um Theoriekonzepte und Modelle sozialer Ungleichheit.

Soziale Ungleichheit durch **ungleiche Verfügung über wertvolle Güter (Ressourcen*):**

Dimensionen:	materieller Wohlstand	Macht	Bildung	Prestige
Indikatoren:	Einkommen, Vermögen, Armut	Einfluss und Herkunft von Machteliten	soziale Herkunft von Schülern und Studenten	Berufsprestige

1. Ungleichheit der Bildungschancen

M 36 Geschlechtsspezifische und schichtenspezifische Ungleichheiten der Bildungschancen

Wenn von Chancengleichheit in dem Sinne die Rede ist, dass soziale Hemmnisse Kinder aus bestimmten Bevölkerungsteilen bei der Erbringung und Anerkennung von Leistungen behindern könnten, stehen drei Gruppierungen im Vordergrund der Aufmerksamkeit: Mädchen bzw. Frauen, Kinder aus unteren Schichten und Kinder von Migranten. Kinder aus diesen Bevölkerungsgruppen erreichten in der Vergangenheit weiterführende Bildungsabschlüsse unterproportional häufig.

Wie erwähnt haben Bildungseinrichtungen u.a. die Aufgabe der Selektion [„Auslese"] und der Platzierung: Absolventen sollen durch entsprechende Noten und Bildungsabschlüsse bestimmte Berufsfelder und Positionen im gesellschaftlichen Höher und Tiefer geöffnet bzw. versperrt werden. Diese Koppelung zwischen formalen Bildungsabschlüssen und der späteren beruflichen Stellung ist in Deutschland enger als in den meisten anderen Ländern. Daher ist die Ungleichheit der Bildungschancen in Deutschland „objektiv" besonders folgenreich.

Geschlechtsspezifische Chancenungleichheiten

Noch in den 1960er-Jahren ging in Westdeutschland die Schere der Bildungserfolge von Männern und Frauen schon ab der Realschule immer weiter auseinander. Von Stufe zu Stufe des Bildungssystems waren Jungen mehr und mehr überrepräsentiert.

Diese Situation hat sich grundlegend geändert. Frauen haben im Laufe der letzten 40 Jahre von Stufe zu Stufe des Bildungssystems aufsteigend mit den Männern gleichgezogen. Im Sekundarbereich haben Frauen die Männer mittlerweile nicht nur eingeholt, sondern schon überholt. 1967 waren erst ein gutes Drittel der Abiturienten weiblich. Seit den 1990er-Jahren machen mehr junge Frauen als Männer Abitur. Im Jahr 2000 waren schon gut 55 % aller Abiturienten (mit Allgemeiner Hochschulreife) Frauen. Und sie erwarben die Hochschulreife mit besseren Noten als Männer. Mittlerweile ist der Aufholprozess im Tertiärbereich angekommen: Im Jahr 2000 waren in Westdeutschland gut die Hälfte der Studienanfänger und fast die Hälfte aller Studierenden und Hochschulabsolventen Frauen. In Ostdeutschland war das schon Mitte der 1970er-Jahre so.

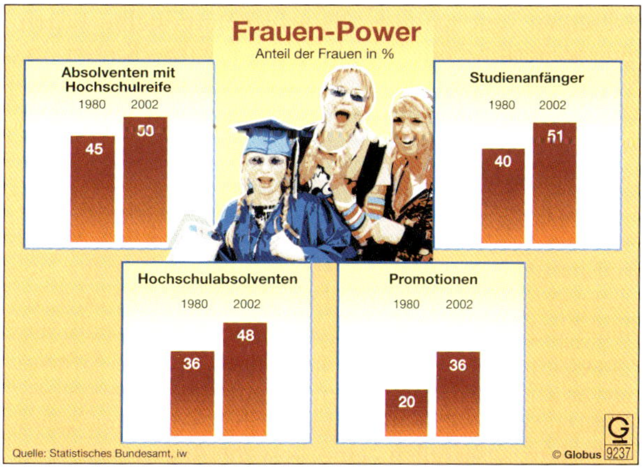

Man muss schon auf die höchsten akademischen Abschlüsse (Promotion, Habilitation) blicken, die es in Deutschland gibt, um noch größere Bildungserfolge von Männern als von Frauen zu finden. [...]

Während Frauen in der „vertikalen“ Hierarchie* der Bildungsabschlüsse zu den Männern (mit Ausnahme der höchsten universitären Grade) aufgeschlossen haben, bleiben sie dennoch benachteiligt, was die „horizontalen“ Bildungschancen betrifft: Jungen/Männer und Mädchen/ Frauen bevorzugen nach wie vor geschlechtsspezifische Ausbildungsberufe und Studienfächer. Hieran hat sich in den letzten Jahrzehnten wenig verändert. Frauentypische Ausbildungsberufe und Studienfächer stellen insofern eine Benachteiligung dar, als mit ihnen häufig geringere Verdienstchancen und Aufstiegsmöglichkeiten einhergehen.

Schichtenspezifische Chancenungleichheiten

Ganz anders als die Entwicklung der geschlechtsspezifischen Bildungschancen verlief in Deutschland die Veränderung der Bildungschancen von Kindern aus unterschiedlichen Schichten. Im Prinzip waren zwar alle Schichten Gewinner der Bildungsexpansion. In den 1990er-Jahren gelangten wesentlich höhere Anteile der Kinder aus allen Schichten auf höhere Schulen und auf Hochschulen als z. B. noch in den 1960er-Jahren. Aber es gelang den Kindern aus unteren Schichten nicht – wie erhofft – in höherem Maße als Kindern aus höheren Schichten, die neuen Möglichkeiten zu weiterführender Bildung zu nutzen. Die Bildungs-, Finanz- und Beziehungsvorteile in den Elternhäusern der besser gestellten Kinder bewirkten, dass diese in mindestens genauso hohem Maße wie die Kinder aus unteren Schichten am vergrößerten Bildungsangebot teilhaben konnten.

Bedenklich ist, dass die Bildungsbeteiligung der Arbeiter- und Angestelltenkinder seit den 1980er-Jahren an Gymnasien und seit den 1990er-Jahren auch an Universitäten stagniert. Die Kinder von Selbstständigen und Beamten gehen dagegen nach wie vor immer häufiger auf weiterführende Bildungseinrichtungen.

In Deutschland haben sich also alle Schichten vom größer gewordenen „Bildungskuchen“ ein größeres Stück abgeschnitten. Die Bildungsungleichheiten zwischen den Kindern der einzelnen sozialen Schichten haben sich dabei eher vergrößert als verkleinert.

Die Ungleichheit herkunftsbedingter Bildungschancen hat zahlreiche **Ursachen**. Hierzu zählen die Lebens-, Wohn- und Arbeitsbedingungen der einzelnen Schichten, die Kindern ungleich viele Möglichkeiten eröffnen und bessergestellten Kindern mehr Anregungen vermitteln. Auch die Erziehung durch die Eltern unterscheidet sich im Hinblick auf Erziehungsziele (Autonomie vs. Anpassung), Leistungsmotivation, Kommunikationsstile und sprachliche Fertigkeiten in den sozialen Schichten stark. Weiterhin streben Eltern aus bessergestellten Schichten weit häufiger als schlechtergestellte Eltern eine weiterführende Schulbildung für ihre Kinder an. Schließlich begünstigen auch die Lehrinhalte und die Organisationsprinzipien von Bildungseinrichtungen sowie die Einstellungen vieler Lehrer Kinder aus gehobenen Schichten. [...]

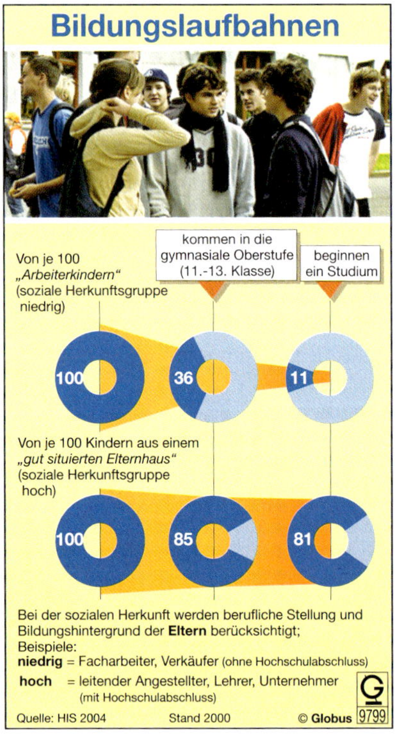

Einigkeit besteht darin, dass weniger soziale Selektivität im Bildungswesen erreicht werden kann, wenn Maßnahmen zur Leistungsförderung der Kinder aus unteren Schichten ergriffen werden. Je früher im Laufe des individuellen Bildungswegs solche Maßnahmen einsetzen, desto mehr Erfolg versprechen sie. Deswegen erscheinen folgende Veränderungen im deutschen Bildungswesen dringlich: der Ausbau von Vorschulen und Ganztagsschulen, eine bessere Ausstattung von

Grundschulen, zeitgemäße und die Lebenswelten unterer Schichten einbeziehende Lehrinhalte, eine Verbesserung des Prestiges und der Ausbildung von Lehrern, mehr Durchlässigkeit zwischen Hauptschulen, Realschulen und Gymnasien bzw. mehr Gesamtschulen sowie die Aktivierung außerschulischer Bildungsinstanzen.

(Stefan Hradil [= M 31], S. 149 –157)

M 37 Die soziale Herkunft der Studenten 1982 und 2003

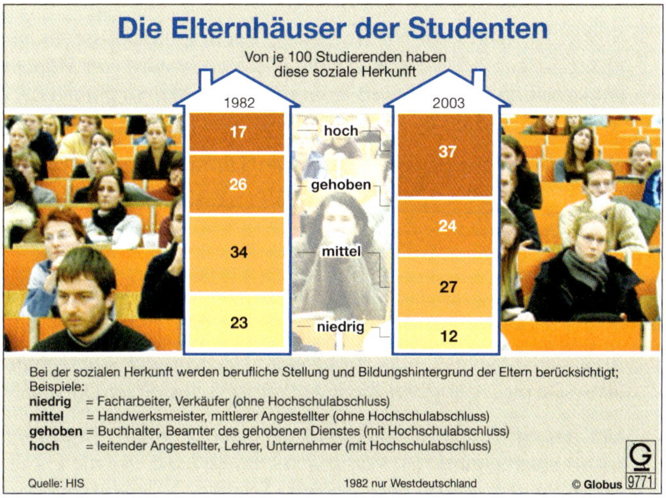

Die soziale Zusammensetzung der Studentenschaft hat sich in den letzten zwanzig Jahren verändert. Studenten aus gut situierten Elternhäusern sind heute doppelt so häufig wie 1982 an den Hochschulen anzutreffen. Umgekehrt hat sich der Anteil der Studierenden aus Arbeiter-Haushalten halbiert. Ein Grund ist, dass das *Bildungsniveau der Bevölkerung insgesamt in den letzten Jahrzehnten gestiegen* ist, es gibt also insgesamt weniger junge Menschen aus hochschulfernen Milieus. Tatsächlich fehlen Jugendlichen aus einkommensschwachen Familien aber auch oft die Voraussetzungen, um eine Universitätsausbildung anzustreben. Deutschland kann es sich eigentlich nicht leisten, Begabungen brachliegen zu lassen. Die Einführung von Studiengebühren könnte dazu führen, dass aus sozial schwachen Gruppen noch weniger junge Leute studieren. Zinsgünstige, elternunabhängige Darlehenssysteme, wie sie zurzeit zum Beispiel von der staatlichen Kreditanstalt für Wiederaufbau entwickelt werden, sollen gegensteuern.

(Globus; statistische Angaben: Hochschul-Informations-System)

M 38 Ethnische Ungleichheiten der Bildungschancen

Kinder von Migranten, insbesondere aus fremdsprachigen Familien, erzielen in Deutschland trotz gewisser Verbesserungen immer noch wesentlich schlechtere Bildungserfolge als deutschsprachige Kinder (vgl. M 9, Abb. 2, S. 119, und M 12, S. 122). Dies gilt für italienische und vor allem für türkische Kinder in besonderem Maße.
Hierbei ist allerdings zu bedenken, dass meistens *zwei Faktoren* zusammenspielen: Die Bildungsnachteile von Migrantenkindern entstehen zum einen, weil diese Kinder aus ausländischen Kulturen kommen und kulturelle Nachteile (z. B. unzureichende Kenntnisse der deutschen Sprache) nicht hinreichend ausgeglichen werden. Zum andern entstehen Nachteile, weil Migranteneltern meist niedrigeren Schichten angehören.
Berücksichtigt man diese Behinderungen, so ist es erstaunlich, dass die Bildungserfolge von Migrantenkindern seit den 1980er-Jahren ständig besser geworden sind. Insbesondere die zweite und dritte Generation von Zuwandererkindern weist erheblich bessere Bildungserfolge als ihre Eltern auf. Freilich ist zu berücksichtigen, dass sich im gleichen Zeitraum auch die Bildungsabschlüsse der deutschen Schüler(innen) verbesserten.
Ein Grund hierfür liegt darin, dass Migrantenkinder häufig aus relativ aktiven und bildungsinteressierten Familien kommen. So erzielen sie, wenn geeignete (z. B. sprachliche) Förderungen stattfinden, oft beachtliche Bildungserfolge. Allerdings haben Migrantenkinder auf deutschen

Schulen in dieser Hinsicht schlechte Karten. In der PISA-Studie zeigte sich, dass die Ungleichheiten der Lesekompetenz zwischen fremdsprachig aufgewachsenen und einheimischen Kindern (mit Ausnahme von Belgien) in allen erfassten Ländern geringer waren als in Deutschland. Wenn beide Migranteneltern schon im Land geboren sind, sind die Vorsprünge der Lesefähigkeit einheimischer Kinder verständlicherweise geringer. In Deutschland wirkt sich dies allerdings weniger günstig aus als in den meisten anderen Ländern. Offenkundig sind die Maßnahmen, Kinder aus ausländischen Familien zu Bildungserfolgen zu führen, hierzulande wenig effektiv.

(Stefan Hradil [= M 31], S. 157f.)

1. *Stellen Sie heraus, welche Bedeutung Bildungsabschlüsse für berufliche Lebenschancen haben, und fassen Sie zusammen, wie sich die Bildungschancen von Mädchen/Frauen seit den 1960er-Jahren entwickelt haben. Inwieweit kann man Ihrer Meinung nach noch von einer „Benachteiligung" sprechen? (M 36)*
2. *Erläutern Sie den Begriff der „sozialen Selektivität" und nennen Sie die Daten und Fakten, an denen sich dieses – offenbar verfestigte – Strukturmerkmal des deutschen Bildungswesens ablesen lässt (M 36).*
3. *Erläutern Sie konkreter die genannten Ursachen der „schichtenspezifischen" Ungleichheit der Bildungschancen (Z. 65ff.). Welche der genannten Maßnahmen zum Abbau dieser Ungleichheit erscheinen Ihnen am wirksamsten?*
4. *Analysieren Sie die Grafik zur sozialen Herkunft der Studierenden 1982 und 2003 (M 37). Formulieren Sie die wichtigsten Aussagen, die sich aus dieser Darstellung ergeben.*
5. *Der Text zur Grafik (S. 157) weist auf einen wichtigen Aspekt hin, durch den die Aussagekraft der Grafik eingeschränkt ist. Was müsste man wissen, um die Entwicklung von 1982 bis 2003 zuverlässig im Sinne zunehmender „sozialer Selektivität" zu interpretieren? Vgl. Sie dazu ggf. den Bericht (17. Sozialerhebung, S. 20), auf dem die Angaben der Grafik beruhen: www.studentenwerke.de/pdf/17Sozialerhebung_Kurzfassung.pdf*
6. *Die Einführung von Studiengebühren wurde im Jahre 2005 lebhaft diskutiert. Wie beurteilen Sie diese Maßnahme?*
7. *Ziehen Sie zur Analyse und Diskussion der ungleichen Bildungschancen von Migrantenkindern auch die Materialien aus Abschnitt 1. (M 11, M 12) hinzu.*

2. Einkommens- und Vermögensverteilung in Deutschland

Einkommensverteilung

M 39 Begriffe und Maße der Einkommensverteilung

Wer ermitteln will, wie die Einkommen innerhalb oder zwischen Gesellschaften verteilt sind, muss zunächst bestimmen, welche Art von Einkommen er erfassen möchte.
In sozialwissenschaftlichen Analysen der Einkommensverteilung, die Auskunft über den jeweiligen Lebensstandard geben sollen, geht man zweckmäßigerweise nicht vom persönlichen Einkommen, sondern vom **Haushaltseinkommen** aus. Hierbei liefert das *Netto*-Haushaltseinkommen bessere Informationen als das Brutto-Einkommen. Um das Netto-Haushaltseinkommen zu berechnen, werden alle Einkommen erfasst, die einem Haushalt zufließen. Dies sind zunächst alle Einkommen aus den *Erwerbstätigkeiten* aller Verdiener eines Haushalts. Außerdem kann es sich um *Besitzeinkommen* (Mieteinnahmen, Kapitalgewinne, Zinsen etc.) handeln. Schließlich

werden ggf. auch staatliche *Transfereinkommen* (Kindergeld, Wohngeld, Sozialhilfe etc.) einbezogen. Von diesen Einkommenszuflüssen werden die gezahlten Steuern und Sozialversicherungsbeiträge abgezogen. Da ein Netto-Haushaltseinkommen von z. B. 2000 € einem Single einen wesentlich höheren Lebensstandard erlaubt als einem Paar mit zwei Kindern, erbringt das *Pro-Kopf*-Nettohaushaltseinkommen noch präzisere Aufschlüsse. Es wird berechnet, indem man das Netto-Haushaltseinkommen durch die Zahl der Haushaltsmitglieder teilt. Allerdings verzerrt auch das Pro-Kopf-Haushaltsnettoeinkommen die wirklichen Lebensstandards. Gleiche Pro-Kopf-Haushaltseinkommen signalisieren keineswegs gleiche Lebensstandards. Mit z. B. 500 € pro Monat kommt ein Einpersonenhaushalt in Deutschland kaum aus. Ein Vier-Personenhaushalt kann mit 2.000 € jedoch hinreichend wirtschaften. Je größer nämlich ein Haushalt ist und je mehr Kinder in ihm leben, desto geringer sind seine Grundkosten pro Haushaltsmitglied. Ein Fünf-Personen-Haushalt benötigt nicht fünf Kühlschränke und fünf Autos, und auch die Wohnung muss nicht fünfmal so groß sein wie die eines Einpersonenhaushalts. Kleine Kinder sind zwar teuer, aber weniger teuer als Jugendliche und als Erwachsene. Um diese Ersparnisvorteile größerer und kinderreicher Haushalte zu berücksichtigen, wird das sog. „**Äquivalenzeinkommen**" berechnet. Es wird auch „bedarfsgewichtetes Pro-Kopf-Haushaltseinkommen" genannt.

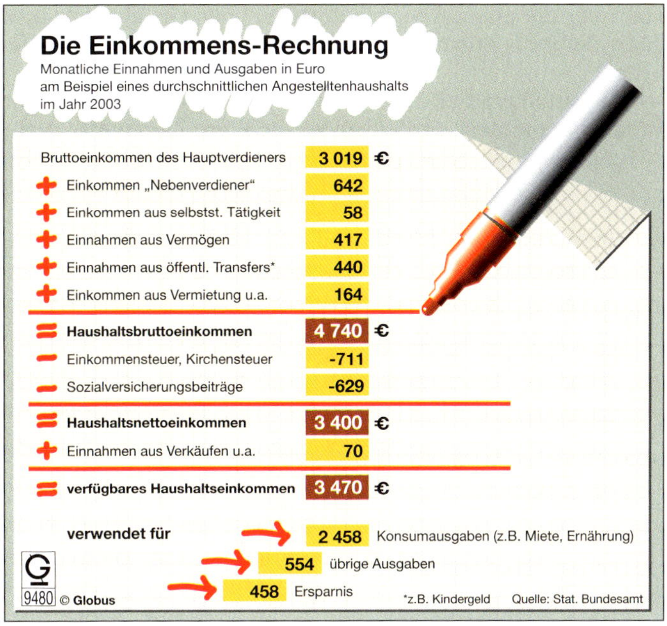

Das „Äquivalenzeinkommen" dient im Grunde dazu, die Pro-Kopf-Haushaltseinkommen größerer und kinderreicher Haushalte künstlich „hochzurechnen". Dies geschieht, indem das Gesamteinkommen des Haushalts nicht durch die Zahl der Personen im Haushalt geteilt wird. Vielmehr wird jedem Haushaltsmitglied ein „Personengewicht" zuerkannt. Es beträgt für das erste erwachsene Haushaltsmitglied 1 und (z. B. in der sog. „älteren OECD-Skala") für jedes weitere Haushaltsmitglied ab 15 Jahren 0,7 und für Kinder bzw. Jugendliche bis einschließlich 14 Jahren 0,5. Das gesamte Haushaltseinkommen wird dann durch die Summe der „Personengewichte" der Haushaltsmitglieder geteilt. So wird zur Ermittlung des „Äquivalenzeinkommens" z. B. das Haushaltseinkommen eines Paares mit zwei Kindern nicht durch 4, sondern durch 2,7 geteilt (zur Gewichtung nach der neueren OECD-Skala s. Kasten). Hierdurch ergibt sich für größere Haushalte mit mehreren Kindern ein höheres Pro-Kopf-Einkommen als nach einer Teilung durch die bloße Personenzahl, was die Ersparnisvorteile des größeren Haushalts berücksichtigt.

Die sog. „**neuere OECD-Skala**" misst jeder Person im Haushalt ab 15 Jahren den Faktor 0,5 und jedem Kind den Faktor 0,3 zu. Die neuere Skala setzt die Kosten für Kinder wesentlich geringer als die ältere Skala an. Insbesondere die Einkommen größerer Familien werden so „nach oben" gerechnet. Hieraus wird deutlich, dass die Ausgestaltung der jeweils benutzten Äquivalenzskala großen Einfluss auf die Ergebnisse von Statistiken der Einkommensverteilung hat. Auch den Regelsatzproportionen der deutschen Sozialhilfe liegt eine Äquivalenzskala zugrunde. Seit 1990 betragen die Bedarfsgewichte 1 für den Haushaltsvorstand, 0,8 für weitere Erwachsene und zwischen 0,5 und 0,9 für Kinder im Haushalt, je nach deren Alter.

Hat man die „Äquivalenzeinkommen" der einzelnen Haushalte erfragt und so berechnet, dann bleibt das **Ausmaß der Ungleichheit** zu bestimmen. Hierzu bestehen mehrere Möglichkeiten:

- Die Verteilung der Menschen auf *Wohlfahrtspositionen* gibt darüber Auskunft, welche Bevölkerungsanteile um einen bestimmten Prozentsatz mehr oder weniger als der Bevölkerungsdurchschnitt verdienen. So gelten in den Sozialwissenschaften häufig die Menschen als „arm", die weniger als die Hälfte des Durchschnittseinkommens der Bevölkerung verdienen. Als „reich" werden oft jene bezeichnet, deren Einkommen höher als das doppelte Durchschnittseinkommen ist (vgl. zu den „Armutsgrenzen" im Einzelnen M 48/49).
- Der **Gini-Koeffizient** stellt eine Maßzahl dar, die das Ausmaß der Einkommenskonzentration in einer einzigen Zahl zwischen 0 und 1 zum Ausdruck bringt. Je höher dieser Wert ist, desto höher ist die Einkommensungleichheit. Beträgt der Gini-Koeffizient 1, so verdient eine Person alles; lautet der Gini-Koeffizient 0, so verdienen alle Personen das Gleiche. [Manchmal, wie z. B. in M 43, wird der Gini-Koeffizient auch in Prozent angegeben; dann entspricht 1 = 100 %.]
- **Quantilsanteile** [von lat. quantum – wie viel] geben darüber Auskunft, welchen Anteil am gesamten Einkommen der Bevölkerung ein bestimmter Bevölkerungsanteil auf sich vereinigt, d.h. wie viel % des Gesamteinkommens z. B. die 10 % einkommensschwächsten oder die 10 % einkommensstärksten Personen auf ihren Konten vorfinden. Auch das *Verhältnis zwischen diesen beiden Einkommensanteilen* (wenn z. B. die 10 % Einkommensstärksten viermal so viel verdienen wie die 10 % Einkommensschwächsten, *Dezilsanteile*; bei 20 % spricht man von *Quintilsanteilen* [Fünfteln]; s. M 42) kann das jeweilige Ausmaß der Ungleichheit in wenigen Zahlen verdeutlichen.

(Stefan Hradil [= M 31], S. 202 – 204)

1. *Zur Analyse und Beurteilung der „personellen" Einkommensverteilung (also der Verteilung auf Personen- und Haushaltsgruppen) ist es von großer Wichtigkeit, genaue begriffliche Klarheit zu schaffen über das, was in Untersuchungen gemessen und in Statistiken dargestellt wird (hier wird z. B. in der Berichterstattung der Medien oft sehr ungenau, oberflächlich und manchmal auch irreführend verfahren). Klären Sie anhand von M 39 zunächst die Abgrenzung der Begriffe „persönliche Einkommen" und „Haushaltseinkommen" sowie „Bruttoeinkommen", „Nettoeinkommen" und „verfügbares Einkommen". Erläutern Sie auch, was mit „Transferzahlungen"* (Transfereinkommen) gemeint ist (vgl. die Grafik S. 159).*

2. *Verdeutlichen Sie die Unterscheidung zwischen Haushaltseinkommen, Pro-Kopf-Haushaltseinkommen und „Netto-Äquivalenzeinkommen". Warum erscheint nur die zuletzt genannte Größe als geeigneter Maßstab für den Lebensstandard eines Haushaltes (seiner Mitglieder)?*

3. *Berechnen Sie: Das Nettoeinkommen eines Haushalts von Eltern mit einem 12-jährigen und einem 16-jährigen Kind beträgt 3 000 €. Wie ergibt sich das Nettoäquivalenzeinkommen von 1034,48 € nach der „älteren OECD-Skala" und von 1304,35 € nach der „neueren" Skala (s. Kasten)? Wie hoch wäre das Haushaltseinkommen bei einem Pro-Kopf-Einkommen von 1034,48 €?*

4. *Das Verständnis der genannten Messgrößen (Quantilsanteile, Gini-Koeffizent) ist für die Analyse und Bewertung der Einkommens- und Vermögensverteilung unerlässlich. Anhand von M 40 können Sie sich darüber genauer informieren.*

M 40 Lorenzkurve und Gini-Koeffizient – Verfahren zur Messung der Einkommens- und Vermögensverteilung

Die **Lorenz-Kurve** (nach dem amerikanischen Statistiker M. C. Lorenz) stellt ein häufig verwendetes Verfahren zur Darstellung der personellen Einkommensverteilung dar. Dabei werden die Haushalte einer Volkswirtschaft nach ihrer Einkommenshöhe, beginnend mit den niedrigsten Einkommen, geordnet. Auf der y-Achse werden die kumulierten Einkommen, auf der x-Achse die kumulierten Einkommensbezieher abgetragen. Wird diese Aufstellung mit dem Volkseinkommen verglichen, ergibt sich ein Maß für die Einkommenskonzentration.

Als Hilfslinie wird die 45°-Linie verwendet. Sie stellt die Kurve der Gleichverteilung dar. Auf ihr entsprechen sich stets die Anteile der Haushalte und des Volkseinkommens. 30 % des Volkseinkommens entfallen auf 30 % der Haushalte, 50 % des Volkseinkommens auf 50 % der Haushalte, 70 % des Volkseinkommens auf 70 % der Haushalte usw. Aus der Lorenz-Kurve lässt sich ablesen, wie viel Prozent des Volkseinkommens auf wie viel Prozent der Einwohner entfallen. In dem hier gewählten Beispiel einer fiktiven Einkommensverteilung (s. Grafik) entfallen auf die ärmeren 50 % der Bevölkerung lediglich 25 % des Volkseinkommens. Am oberen Ende der Einkommensskala können die reichsten 10 % der Bevölkerung ebenfalls 25 % des Volkseinkommens auf sich ziehen. Entsprechend müssen sich im unteren Einkommensbereich 75 % der Bevölkerung die eine Hälfte des Volkseinkommens teilen, während die andere Hälfte des Einkommens den restlichen 25 % der Bevölkerung zur Verfügung steht.

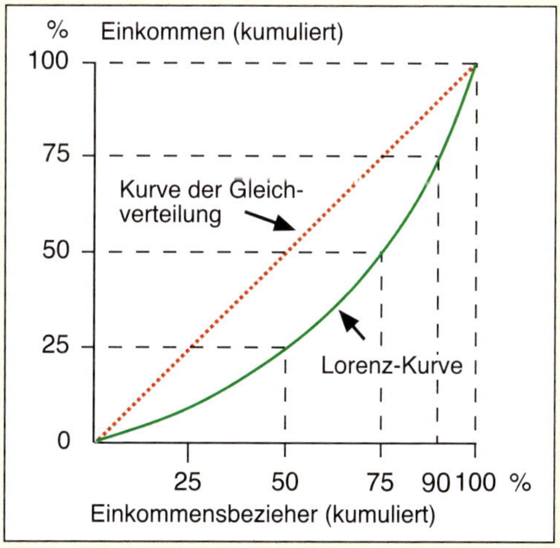

Die Abweichung der Lorenz-Kurve von der Kurve der Gleichverteilung zeigt somit den Grad der Ungleichheit der Einkommensverteilung an. Je weiter sich in einer Volkswirtschaft die Lorenz-Kurve der Gleichverteilungskurve anschmiegt, umso gleichmäßiger ist das Volkseinkommen verteilt; je bauchiger die Kurve ausfällt, umso ungleichmäßiger ist das Einkommen verteilt.

Der **Gini-Koeffizient** ist ein Konzentrationsmaß, mit dessen Hilfe die Abweichung der tatsächlichen Verteilung von der Gleichverteilung in

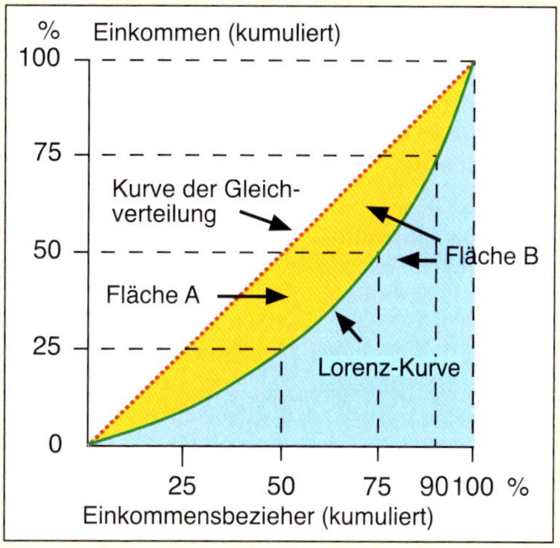

einer Kennziffer ausgedrückt werden kann. Hierzu wird die Fläche zwischen Gleichverteilungskurve und Lorenz-Kurve (Fläche A) ins Verhältnis gesetzt zur *gesamten Dreiecksfläche unterhalb der Gleichverteilungskurve* (Fläche B):

$$\text{Gini-Koeffizient} \quad \frac{\text{Fläche A}}{\text{Fläche B}}$$

Beispiel:

Beträgt die Fläche A 45 und die Fläche B 150, so ergibt sich ein Gini-Koeffizient von 0,3 (30 %).

Je größer der Gini-Koeffizient ist, umso größer ist die Ungleichverteilung bzw. die Konzentration der Einkommen in wenigen Händen. Der Gini-Koeffizient gibt allerdings nur ein Gesamtmaß der Ungleichverteilung an. Er sagt nichts über die Beschaffenheit der Fläche, z. B. darüber aus, ob die Lorenz-Kurve in ihrem unteren Teil oder ihrem oberen Teil bauchiger ist.

(Hans-Jürgen Albers u. a., Volkswirtschaftslehre, Verlag Europa-Lehrmittel, Haan-Gruiten 2005, S. 429f.)

Für die Auswertung der folgenden Statistiken zur Einkommensverteilung (und später zur Vermögensverteilung) schlagen wir Ihnen *arbeitsteilige* **Gruppenarbeit** vor. Jede Gruppe könnte sich mit einer der Statistiken beschäftigen und bei der Erarbeitung des Gruppenberichtes auf folgende Fragen achten:

– Unter welchem Aspekt wird die Einkommensverteilung betrachtet und gemessen? Geht es z. B. um die Einteilung nach *Haushaltsgruppen* (mit jeweils einem bestimmten Anteil am Einkommen) oder von *Einkommensgruppen* (Größenklassen der Einkommen, denen bestimmte Anteile der Einkommensbezieher zugeordnet werden) usw.?
– Was kann man aus der Statistik erfahren, was nicht? Welche Fragen bleiben offen?
– Wie lassen sich die zahlenmäßigen Angaben der Statistik am besten in einprägsame und klar formulierte Aussagen umformen?
(Beispiel: Bei einer Zunahme von 8 auf 23 könnte man formulieren, dass sich der Wert „fast verdreifacht" hat, bei einer Abnahme von 34 auf 18 ist der Wert „fast auf die Hälfte gesunken"; 14 ist im Vergleich zu 5 „fast dreimal so viel" usw.; bei prozentualen Veränderungen ist zwischen der Veränderung in Prozent und in Prozentpunkten* zu unterscheiden.)

Natürlich sind auch die bei jeder **Statistikanalyse** üblichen Gesichtspunkte zu beachten, wie z. B. Art der Kategorien, Art der verwendeten Zahlen (absolute Zahlen, Prozentzahlen), Bezugsgrößen (Raum, Zeit). Ziehen Sie dazu ggf. die Darstellung im Anhang (S. 569f.) heran. Zur inhaltlichen Auswertung haben wir den einzelnen Statistiken einige weitere Arbeitshinweise hinzugefügt.
Zuvor sei noch auf die beiden Datenquellen hingewiesen, die den Untersuchungen der Einkommens- und Vermögensverteilung zugrunde liegen: die „Einkommens- und Verbrauchsstichprobe" (EVS) und das „Soziökonomische Panel" (SOEP).

EVS: Die Einkommens- und Verbrauchsstichprobe (EVS) wird als Quotenstichprobe seit 1963 vom Statistischen Bundesamt in fünfjährigem Abstand durchgeführt. Ziel ist es, Daten über Einnahmen, Ausgaben und Vermögen nach sozio-ökonomischen Merkmalen von Haushalten und von Personen zu erheben. Dies geschieht teilweise, indem Haushaltsbücher geführt und ausgewertet werden. In der EVS werden Informationen über die Einnahmen und Ausgaben von etwa 70 000 Haushalten ermittelt.
(Autorentext)

SOEP: Das Sozioökonomische Panel (SOEP) wird seit 1984 jährlich als Längsschnitt erhoben. 1997 lagen 13 Wellen vor. Befragt werden Deutsche, Ausländer und Zuwanderer in der Bundesrepublik (in Ostdeutschland seit 1990). Die Stichprobe umfasste 1996 knapp 7 000 Haushalte mit mehr als 13 500 Personen. Themenschwerpunkte sind unter anderem Haushaltszusammensetzung, Erwerbs- und Familienbiografie, Erwerbsbeteiligung und berufliche Mobilität, Einkommensverläufe, Gesundheit und Lebenszufriedenheit. Die Organisation des SOEP erfolgt durch die Projektgruppe „Das Sozioökonomische Panel" am Deutschen Institut für Wirtschaftsforschung (DIW) in Berlin.
(Autorentext)

M 41 Die Verteilung der Haushaltseinkommen nach sozialen Gruppen und nach Größenklassen

Zur EVS 2003 (1. Halbjahr 2003) steht im Internet (www.destatis.de/presse/deutsch/pk/2004/evs_2003i.pdf) neben den Tabellen und Schaubildern auch ein **Glossar** zur Verfügung, das genauere Auskunft über methodische Aspekte und verwendete Begriffskategorien gibt. Die Angaben in der Grafik beruhen auf Tab. A 10 (S. 68; zur genaueren Definition des „ausgabefähigen" Einkommens s. dort S. 89 und Grafik in M 39, S. 159).

a) Nettohaushaltseinkommen nach sozialen Gruppen

b) Nettohaushaltseinkommen nach Einkommensgrößenklassen (in Prozent der Haushalte)

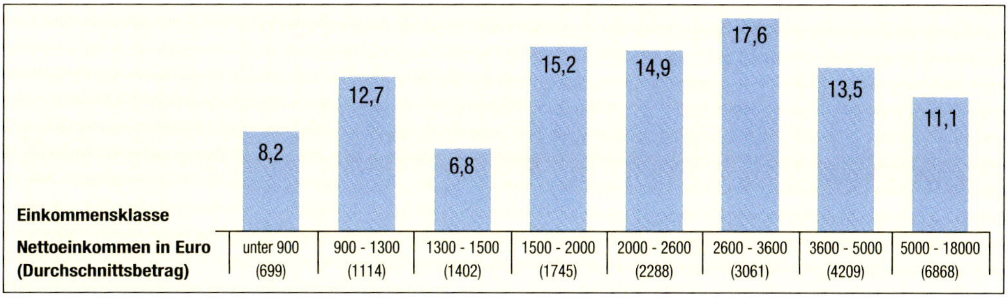

(Eigene Grafik; Datenquelle: Statistisches Landesamt, Einkommens- und Verbrauchsstichprobe 2003, Tabelle A5; www.destatis.de/presse/deutsch//pk/2004/evs_203i.pdf; Gesamtzahl der Haushalte: 37 931)

1. *Beschreiben Sie, wie sich die Einkommensverteilung nach sozialen Gruppen („personelle Einkommensverteilung") für das Jahr 2003 darstellt (M 41a), und beachten Sie dabei auch folgende Gesichtspunkte:*
– Um welche Art von Einkommen (vgl. M 39, Grafik S. 159) handelt es sich?
– Was hat es zu bedeuten, dass es sich um Durchschnittsbeträge handelt? Zur Gruppe der Selbstständigen gehören z. B. die Besitzer von großen und kleinen Unternehmen, von Handwerksbetrieben, von Friseurläden, von Geschäften usw., große und kleine Landwirte, gut und weniger gut verdienende Ärzte, Rechtsanwälte, Steuerberater usw. Zu den Beamten gehört ein hoher Ministerialbeamter ebenso wie ein einfacher Polizeibeamter, zu den Angestellten der Geschäftsführer eines großen Unternehmens ebenso wie ein Briefzusteller bei der Post.

2. *Bedenken Sie, dass die Ermittlung der Einkommensverhältnisse, die in der EVS auf Befragungen beruht, schon deshalb schwierig ist, weil viele Menschen Auskünfte über ihr Einkommen verweigern oder doch dazu neigen, ihr Einkommen zu unterschätzen. In der EVS hat man daher auf die Erfassung von Monatseinkommen über 18 000 € verzichtet (vgl. auch M 41b), was nach allgemeiner Auffassung dazu führt, dass vor allem die Einkommen der Selbstständigen untererfasst werden (Berechnungen und Schätzungen auf der Grundlage der Volkswirtschaftlichen Gesamtrechnungen weisen für die Selbstständigen erheblich höhere Einkommen aus als für alle anderen Gruppen). Andererseits ist zu bedenken, dass Selbstständige von ihrem erfassten Einkommen z. T. noch Aufwendungen für die Alterssicherung, die Krankenversicherung usw. bestreiten müssen, während bei Angestellten alle Sozialversicherungsbeiträge bereits abgezogen sind.*

3. *Analysieren Sie die Verteilung der Einkommen nach Größenklassen (M 41b). Fassen Sie, was Ihnen auffällt, in aussagekräftigen Formulierungen zusammen. Kann man von einer „breiten Mittelschicht" sprechen?*

M 42 Quintilsanteile der Bevölkerung am Gesamteinkommen

Die Daten (Westdeutschland) beruhen auf der EVS und sind daher mit denen in M 42b (SOEP; s. S. 162) nicht voll vergleichbar.

(1. Armuts- und Reichtumsbericht der Bundesregierung, 2001, S. 47, Anhangtabelle I.11; www.bmgs.bund.de/de/sicherung/armutsbericht/ARDatenFakten.pdf)

a) Verteilung der Nettoäquivalenzeinkommen 1973–1988 (neue OECD-Skala)

	1973	1978	1983	1988
1. Fünftel:	10,6	10,6	10,1	9,9
2. Fünftel:	14,6	14,6	14,5	14,5
3. Fünftel:	17,9	17,9	18,1	17,1
4. Fünftel:	22,1	22,3	22,5	22,5
5. Fünftel:	34,9	34,8	34,9	35,1
Gini	0,2417	0,2418	0,2468	0,2499

b) Einkommensanteile in der Bevölkerung 1991 – 2003

Deutschland insgesamt	**1991**	**1994**	**1997**	**2000**	**2001**	**2002**	**2003**
Äquivalenzeinkommen im Monat (real)							
Ärmste 20%	9,5	9,6	9,9	9,8	9,7	9,3	9,2
Reichste 20%	36,2	36,0	35,2	35,4	35,7	36,4	36,9
Gini	0,267	0,264	0,252	0,256	0,259	0,270	0,274
Alte Bundesländer	**1991**	**1994**	**1997**	**2000**	**2001**	**2002**	**2003**
Äquivalenzeinkommen im Monat (real)							
Ärmste 20%	9,8	9,4	9,7	9,7	9,5	9,1	9,1
Reichste 20%	35,2	36,2	35,4	35,5	36,0	36,7	37,1
Gini	0,254	0,267	0,257	0,259	0,264	0,275	0,279
Neue Bundesländer	**1991**	**1994**	**1997**	**2000**	**2001**	**2002**	**2003**
Äquivalenzeinkommen im Monat (real)							
Ärmste 20%	11,6	10,7	10,9	10,7	10,9	10,3	10,0
Reichste 20%	30,9	31,7	31,8	32,4	32,0	32,9	33,4
Gini	0,191	0,209	0,209	0,216	0,211	0,225	0,235

(Bundeszentrale für politische Bildung, Datenreport 2004, 2. aktualisierte Aufl. 2005, S. 626; www.destatis.de/download/d/datenreport/2_18gesch.pdf)

c) Lorenzkurven der Einkommensverteilung in West- und Ostdeutschland 1998

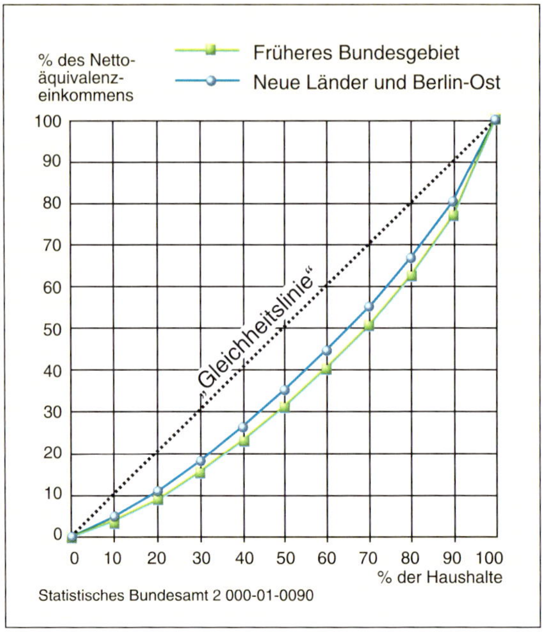

(Graphik-Ident-Nummer: Statistisches Bundesamt 2000 – 01 – 0090; © Statistisches Bundesamt, Wiesbaden)

1. *Machen Sie sich das Messverfahren nach Quantilsanteilen (lat. quantum – wie viel) klar (M 39, Z. 78ff.) und analysieren Sie dann die statistischen Darstellungen M 42a/b.*
- *Wie haben sich zwischen 1973 und 2003 die Anteile des 1. (ärmsten) und des 5. (reichsten) Fünftels entwickelt? Gibt es eine „Trendwende" zu verzeichnen? Sind nach diesem Messverfahren die „Reichen immer reicher, die Armen immer ärmer" geworden?*
- *Zur Verdeutlichung der ungleichen Verteilung wird bei dieser Art der Darstellung häufig das „Quintilsverhältnis" angegeben (z. B. 1997 für Westdeutschland: 35,4 : 9,7 = 3,65), dessen Größe das Maß der Ungleichheit bezeichnet. Ist nach diesem Maßstab die Ungleichverteilung in Ostdeutschland größer oder geringer als in Westdeutschland (M 42b)?*
- *Was kann die Quintilsdarstellung gut verdeutlichen, was weniger gut (vgl. M 39)?*

2. *Überprüfen Sie anhand der Zahlenwerte in M 42b (1997) den Verlauf der beiden Lorenzkurven in M 42c (1998). Welche Punkte in der Grafik zeigen, dass das ärmste Fünftel der ostdeutschen Haushalte 1998 etwa über 11% (Tabelle M 42b für 1997: 10,9%) der Einkommen, das reichste etwa über 32% (Tabelle: 31,8%) verfügte? Je stärker die Kurve „durchhängt", desto stärker ist die ungleiche Verteilung (vgl. M 40).*

3. *Beschreiben Sie die Entwicklung des Gini-Koeffizienten (s. M 40) zur Verteilung der Nettoäquivalenzeinkommen (Deutschland insgesamt) von 1991–2003 (M 42b). Welche Aussage hinsichtlich der Entwicklung der Ungleichheitsverteilung lässt diese Darstellung zu? Welche der beiden Darstellungsformen (Quintilsdarstellung und Gini-Koeffizient) erlaubt einen schnelleren Überblick über die zeitliche Entwicklung, welche einen differenzierteren Einblick in die Struktur der Ungleichheitsverteilung?*

M 43 Entwicklung der Einkommensungleichheit 1985 bis 2003

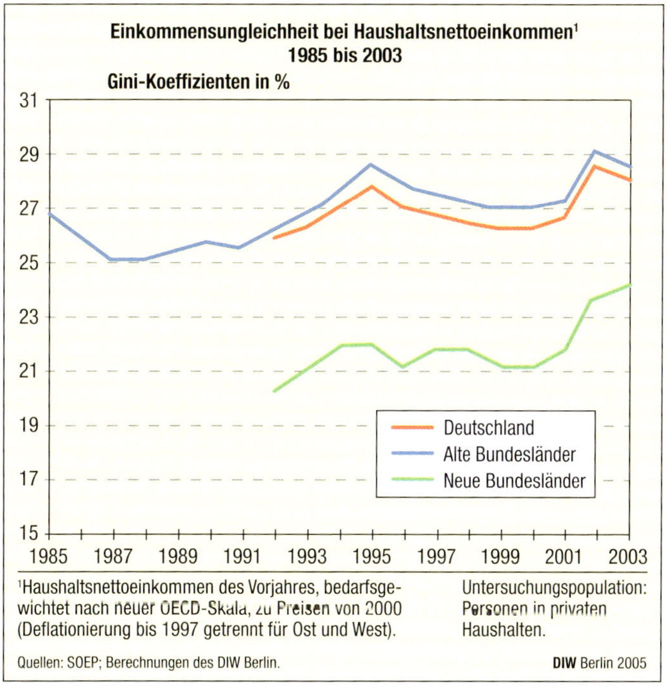

(Deutsches Institut für Wirtschaftsforschung Berlin. Zur langfristigen Entwicklung von Einkommen und Armut in Deutschland, Wochenbericht Nr. 4/2005, 72. Jg./26.1.2005, Abb. 2, S. 62; Verf.: Roland Habich)

Seit dem Jahr 2000 ist in Deutschland ein neuerlicher Anstieg sowohl der Ungleichheit der Einkommen als auch der relativen Einkommensarmut zu beobachten. Dies geht übereinstimmend aus Berichten hervor, die in jüngster Zeit auf Grundlage unterschiedlicher Einkommenskonzepte und Datenquellen veröffentlicht wurden. Viele der Einzelergebnisse basieren auf Daten des vom DIW Berlin in Zusammenarbeit mit Infratest Sozialforschung erhobenen Sozio-oekonomischen Panels (SOEP; s. S. 162). Bei einer Vertiefung und Gesamtbetrachtung dieser Ergebnisse können noch weitere Erkenntnisse gewonnen werden. Besonders hervorzuheben ist, dass die Zunahme von Ungleichheit und Armut seit Mitte der 80er-Jahre keineswegs linear – im Sinne eines säkularen Trends in Richtung stetig steigender Ungleichheit – verlief. Vielmehr lassen sich *im Gleichklang mit der konjunkturellen Entwicklung und insbesondere der Entwicklung der Arbeitslosigkeit* Phasen zu- und auch abnehmender Ungleichheit beobachten. Im Zuge einer sinkenden Arbeitslosigkeit dürfte auch wieder mit abnehmender Ungleichheit und weniger Armut zu rechnen sein. Freilich funktioniert das sozialstaatliche Transfer- und Umverteilungssystem in Zeiten hoher Arbeitslosigkeit nach wie vor. So ist die Reduktion der Ungleichheit von am Markt erzielten Einkommen weiterhin hoch, in Ostdeutschland deutlich stärker als in Westdeutschland (vgl. dazu Tab. 1 und Text Z. 10ff., S. 174). Insofern kann von einem weit reichenden Abbau des Sozialstaats nicht die Rede sein.

(http://www.diw.de/deutsch/produkte/publikationen/wochenberichte/jahrgang05/index.jsp)

M 44 Internationaler Vergleich: Ungleichheit der Einkommen in den Ländern der EU

Einkommenskonzentration (Gini-Index) im europäischen Vergleich (EU-15) 2001[1]

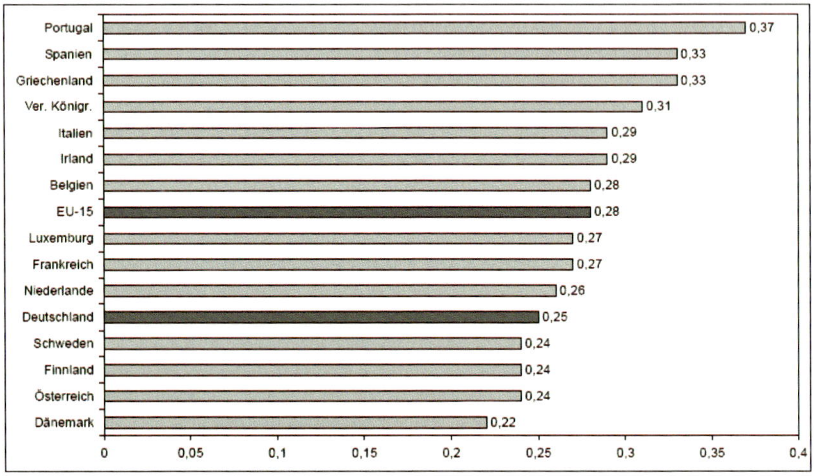

[1] Bedarfsgewichtetes Haushaltsnettoeinkommen (neue OECD-Skala). Die Angaben zum Gini-Index für Deutschland in M 42b, M 43 und in der nebenstehenden Grafik weichen aufgrund unterschiedlicher Berechnungsgrundlagen und Methoden leicht voneinander ab.

Quelle: European System of Social Indicators; Dennis/Guio 2004
(Heinz Herbert Noll/Stefan Weick, Relative Armut und Konzentration der Einkommen deutlich gestiegen. In: Informationsdienst Soziale Indikatoren, Ausgabe 33, Januar 2005, S. 4; www.gesis.org/Publikationen/Zeitschriften/ISI/pdf-files/isi-33.pdf)

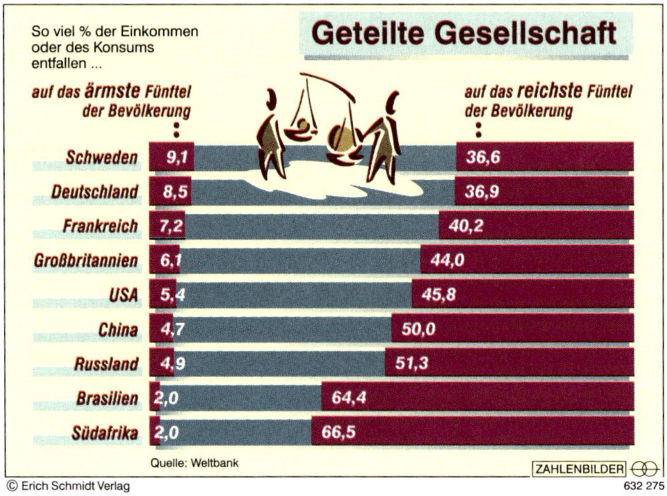

Fragt man, warum bestimmte Länder mehr, andere weniger Einkommensungleichheit aufweisen, so findet man zwei Bestimmungsgründe:

Erstens sind in wohlhabenden Ländern die Einkommen im Allgemeinen gleicher verteilt als in ärmeren. Je reicher ein Land, desto gleicher ist also bei sonst gleichen Bedingungen die Einkommensverteilung. Deswegen zählen die Einkommenskonzentrationen in den wohlhabenden Ländern Dänemark und Luxemburg zu den niedrigsten in der EU; und in den ärmeren Ländern Griechenland und Portugal sind die Einkommenskonzentrationen die höchsten in der EU. Diese Unterschiede entsprechen den Aussagen der Modernisierungstheorien. Sie besagen, dass mit der Modernisierung (s. Kasten S. 112) die Einkommen immer gleicher verteilt werden. Demzufolge war zu erwarten, dass in moderneren Ländern mit größerer Wirtschaftsleistung bzw. mit größerem Wohlstand die Einkommen weniger konzentriert sind als in ärmeren Ländern.

Zweitens sind die Einkommen in Ländern mit breit ausgebautem Wohlfahrtsstaat gleicher verteilt als in Ländern mit geringem Wohlfahrtsstaat. Dies erklärt, warum in Großbritannien die Einkommen verhältnismäßig ungleich verteilt sind, obwohl dieses Land relativ wohlhabend ist. Im wohlhabenden Dänemark sind die Einkommen dagegen besonders gleich verteilt, weil dieses Land zudem noch einen stark ausgebauten Wohlfahrtsstaat besitzt.

(Stefan Hradil [= M 31], S. 207ff.)

1. *Die Abbildung M 43 veranschaulicht die Entwicklung der Einkommensungleichheit, gemessen am Gini-Koeffizient, von 1985 bis 2003 (im Unterschied zu M 42 ist der Gini-Koeffizient hier in Prozent angegeben, 27% z. B. entspräche 0,270 in M 42; für 2002/2003 zeigen sich aufgrund eines älteren Berechnungsstandes leichte Abweichungen von M 42).*
Beschreiben Sie die dargestellte Entwicklung und ihre Kommentierung durch das DIW. Welche Rolle spielt danach die Arbeitslosigkeit für die Einkommensverteilung?

2. *Der Text (M 43, Z. 30ff.) weist auch darauf hin, dass die Ungleichheit der am Markt erzielten Einkommen (hier nicht dargestellt) durch die sozialstaatliche Umverteilung (s. M 61, S. 190) erheblich reduziert wird. Dazu ein Beispiel: Für 2003 betrug der Gini-Koeffizient für die Markteinkommen in den alten Bundesländern 0,362 (neue Länder: 0,353). Vergleichen Sie diese Werte mit den in M 42 angegebenen. Wie viel Prozent betrug jeweils die Gini-Verminderung der Ungleichheit durch die staatliche Umverteilung? (1994 hatte diese Verminderung 17,4% [West] und 31,2% [Ost] betragen.)*

3. *Beschreiben Sie (M 44), wie sich die Einkommensverteilung in Deutschland im internationalen Vergleich darstellt (gemessen am Gini-Koeffizient und an Quintilsanteilen). Verdeutlichen Sie die beiden angeführten Bestimmungsgründe für die z. T. erheblichen Unterschiede in den europäischen Ländern.*

Vermögensverteilung

M 45 Was heißt Vermögen? – Begriff, Arten, Funktionen

Wenn man über jemanden sagt: „Der ist vermögend", dann meint man damit in der Umgangssprache, dass er ein beachtliches Vermögen besitzt und nicht nur einige Tausend Euro auf dem Sparkonto hat. Will man sich jedoch wissenschaftlich mit dem Vermögen und seiner Verteilung auf die Haushalte beschäftigen, dann genügt die umgangssprachliche Vorstellung von Vermögen nicht; man braucht einen genauer abgegrenzten Begriff. [...] Die wichtigsten Vermögensarten, die ein privater Haushalt besitzen kann, sind: *Gebrauchsvermögen* (Wohnungseinrichtung, Kleidung, Auto, Schmuck, Münzen und Edelmetalle, Antiquitäten und Kunstwerke), *Bruttogeldvermögen* (Bargeld, Bankguthaben, Bausparguthaben, festverzinsliche Wertpapiere [s. Kasten], Versicherungsguthaben, andere in Geldeinheiten bewertete Forderungen gegen Private, Firmen, den Staat und ausländische Schuldner), *Grund- und Hausvermögen* (einschließlich Eigentumswohnungen) sowie *Beteiligungen an Unternehmen* (Aktien, Investmentanteile [s. Kasten], GmbH-Anteile und Anteile an Personengesellschaften und Einzelfirmen). Wenn man von der Summe des Bruttovermögens die Summe der Schulden (Verbindlichkeiten gegenüber Banken und anderen Gläubigern) abzieht, erhält man das **Nettovermögen** eines Haushalts. Eine Aufteilung des Haushaltsvermögens auf die Haushaltsmitglieder danach, wer als Eigentümer im Grundbuch eingetragen oder als Inhaber eines Bankdepots registriert ist, kann man als Außenstehender mangels genauerer Informationen nicht vornehmen. Daher werden im Folgenden nur *Haushalte* betrachtet.
Die *Bewertung des Vermögens zu Marktpreisen* ist ein sehr schwieriges Problem, weil die meisten Haushalte nur selten Vermögensbestandteile veräußern. Man kann sich daher nur an den Preisen gleichartiger Güter und Wertpapiere orientieren, die tatsächlich verkauft wurden.

Wertpapiere: Sammelbegriff für Aktien und festverzinsliche Wertpapiere. Letztere werden auch Rentenpapiere, Obligationen oder Schuldverschreibungen genannt. Sie werden ausgegeben durch die staatlichen Institutionen (Bund, Länder, Gemeinden, Bahn, Post), durch Banken, durch die Industrie oder durch das Ausland (Auslandsanleihen).
Investmentgesellschaft: Andere Bezeichnung: *Kapitalanlagegesellschaft*; eine Gesellschaft, die Aktien oder festverzinsliche Wertpapiere kauft oder *Immobilien* erwirbt, dieses Vermögen zu Fonds (Investmentfonds) zusammenfasst und Anteilsscheine (Investmentzertifikate) an diesen Fonds ausgibt. Der Käufer solcher Anteilsscheine erwirbt dann ein Miteigentum an den von der Investmentgesellschaft gehaltenen Wertpapieren oder Immobilien.
Staatsanleihe: Langfristige Schuldenaufnahme des Staates (Bund oder Länder) gegen Ausgabe festverzinslicher Wertpapiere (Schuldverschreibungen). (Autorentext)

Dies ist sehr einfach bei Bankguthaben oder bei Staatsanleihen [vom Staat zur Schuldenfinanzierung ausgegebene Wertpapiere, „Schuldverschreibungen"] und Aktien, die an der Börse gehandelt werden, aber es ist umso schwieriger, je stärker sich die einzelnen Güter unterscheiden (z. B. Häuser und Grundstücke oder Kunstwerke) und je seltener sie auf den Markt kommen.
Aus der Sicht der Haushalte spricht man von fünf **Funktionen**, die Vermögen erfüllen kann: Vermögen, insbesondere der Besitz von größerem *Produktivvermögen* (Anteile oder Alleinbesitz von Unternehmen) verleiht wirtschaftliche und gegebenenfalls auch politische Macht (*Machtfunktion*); aus Vermögen kann man Einkommen in Form von Zinsen, Dividenden [Gewinnanteile aus Aktienbesitz], Mieten, Pachten und ausgeschütteten Gewinnen erhalten (*Einkommenserzielungsfunktion*); Sachvermögen kann selbst genutzt werden (*Nutzungsfunktion*); schließlich kann Vermögen verbraucht oder vererbt werden; es dient daher der individuellen Unabhängigkeit und der Absicherung gegen Risiken (*Sicherungsfunktion*), aber auch als Starthilfe für die Kinder und zu deren Statuserhalt (s. Kasten S. 154) in der gesellschaftlichen Hierarchie* (*soziale Platzierungs- und Statuserhaltungsfunktion*).
Die Statistiken über das gesamte Vermögen aller Haushalte und über die Verteilung auf einzelne Haushaltsgruppen sind sehr unzulänglich, sodass für viele Elemente nur *Schätzungen* möglich sind oder sie mangels genauerer Informationen sogar völlig weggelassen werden müssen. Dies verzerrt natürlich das Bild, das man von der Vermögensverteilung zeichnen kann. Hinzu kommt, dass insbesondere über die sehr vermögensreichen Haushalte kaum Informationen vorliegen, weil diese in der Regel nicht an Umfragen mit freiwilliger Beteiligung teilnehmen (vgl. Arbeitshinweis 2., S. 163).

(Richard Hauser/Werner Hübinger/Holger Stein, Große Vermögen, kleine Vermögen und überhaupt kein Vermögen – zur Vermögensverteilung in Deutschland. In: Gegenwartskunde Nr. 4/1999, Leske + Budrich, Opladen 1999, S. 405f.)

Zum Zusammenhang von Einkommen und Vermögen

Wer in der Einkommensverteilung einer Gesellschaft oben steht, erfreut sich eines vorteilhaften Lebensstandards und sieht bzw. bewertet das Ungleichheitsgefüge anders als ein Niedriglohnempfänger. Der jeweilige Einkommensstatus beeinflusst aber auch die Sparfähigkeit der Gesellschaftsmitglieder und damit ihre Vermögensbildung und ihren Vermögensbestand. Neben den Einkommen aus Erwerbstätigkeit, aus staatlichen Transferzahlungen und fallweisen Vererbungen und Schenkungen fließen den Vermögenden auch Einkünfte (Zinsen, Mieten, Dividenden etc.) aus ihren Vermögensbeständen zu. Diese Einkommen verbessern wiederum ihre Möglichkeiten zur weiteren Vermögensbildung. „Da einerseits die kleinen Einkommen fast ausschließlich zu Verbrauchsausgaben verwendet werden, während ein sehr erheblicher der Großeinkommen gespart wird, da andererseits die hohen Einkommen vorwiegend aus Gewinn und Zinseinkommen bestehen, also Besitzeinkommen sind, fällt zwangsläufig der weitaus größte Teil des jeweils neu geschaffenen Volksvermögens denjenigen zu, welche besitzen" (Föhl 1964: 40). Deswegen ist die Verteilung des Vermögens in allen bekannten Gesellschaften ungleicher als die des Einkommens.

(Stefan Hradil [= M 31], S. 114)

M 46 „Anstieg auf 5 Billionen Euro" – Die Entwicklung des privaten Vermögensbestandes

Deutschland ist ein reiches Land. Dies zeigt sich insbesondere auch an den Vermögenswerten in privater Hand, die ein wichtiger Bestimmungsfaktor für die materielle Lebenslage der Menschen sind. Diese Vermögen umfassen *im engeren Sinne* das verzinsliche **Geldvermögen** (Spar- und Bausparguthaben, Wertpapiere, Termingeld und angesammeltes Kapital bei Lebensversicherungen) und die Verkehrswerte von **Immobilien** abzüglich Bau- und Konsumschulden. Die Vermögen sind in den vergangenen Jahrzehnten stetig gestiegen und haben 2003 eine Summe von rund 5 Billionen Euro [das *gesamte* private Nettovermögen einschließlich Betriebs- und Gebrauchsvermögen schätzte die Deutsche Bundesbank für 2002 auf 7,8 Bio. €].
Im Durchschnitt über alle Haushalte (Mittelwert) sind dies in Deutschland rund 133.000 Euro. Der Haushalt in der Mitte der Verteilung (Median) verfügt über ein Nettovermögen von rund

50 000 Euro. Von 1998 bis 2003 stieg das Nettovermögen nominal um rund 17 %. Bereinigt um die Steigerung der Konsumentenpreise ergibt sich mit gut 10 % auch ein deutlicher realer Vermögenszuwachs in diesem Zeitraum. [...]
Allerdings zeigen sich erhebliche *Unterschiede zwischen West- und Ostdeutschland*, was sich aus der unterschiedlichen historischen Ausgangslage erklärt. Schließlich haben Haushalte in Ostdeutschland erst seit 1990 die Möglichkeit, unter den Bedingungen der sozialen Marktwirtschaft privates Vermögen zu bilden. Von 1993 bis 2003 stieg das Nettovermögen im Durchschnitt nominal um rund 26 %. Während die privaten Haushalte 2003 im früheren Bundesgebiet im Durchschnitt über ein Immobilien- und Geldvermögen von rund 149 000 Euro verfügen, umfassen die Vermögen der ostdeutschen Haushalte mit knapp 60 000 Euro im Durchschnitt nur 40 % des Betrages der westdeutschen Haushalte. Jedoch hat sich der Abstand zwischen ost- und westdeutschen Haushalten im Zeitverlauf erheblich verringert. Die Nettovermögen der ostdeutschen Haushalte sind seit 1993 nominal um 63 % (real 42 %) gewachsen. Mit nominal 19 % bzw. real 3 % blieben die Zuwachsraten der westdeutschen Privatvermögen deutlich dahinter zurück.

Durchschnittliches Nettovermögen nach sozialen Gruppen 1993 – 2003

Gruppe	Durchschnitt in 1.000 Euro		
	1993	1998	2003
	Deutschland		
Arbeitnehmer	99,8	106,7	120,1
Selbstständige	268,7	274,2	296,9
Rentner	99,2	101,9	129,2
Pensionäre	178,0	195,7	252,4
Arbeitslose	48,6	55,5	48,2
	Früheres Bundesgebiet		
Arbeitnehmer	116,0	120,0	131,5
Selbstständige	288,9	284,9	309,5
Rentner	119,7	121,5	150,0
Pensionäre	184,6	196,7	253,3
Arbeitslose	64,6	68,7	58,1
	Neue Länder		
Arbeitnehmer	40,8	53,2	66,9
Selbstständige	96,4	106,4	142,5
Rentner	26,5	33,6	48,8
Arbeitslose	25,3	26,3	30,2

Quelle: EVS, ZEW-Berechnungen

(Lebenslagen in Deutschland. 2. Armuts- und Reichtumsbericht der Bundesregierung, Berlin 2005, S. 32f.; Tab. S. 39)

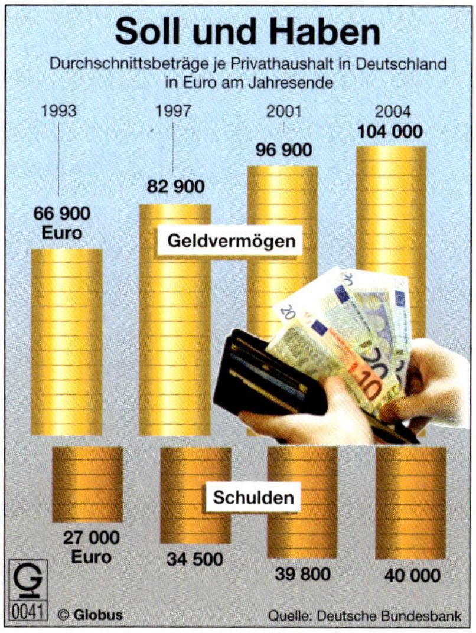

35,7 % des Geldvermögens war 2004 bei *Banken* angelegt (Spareinlagen, Sparbriefe, Sichteinlagen usw.), 25,6 % bei *Versicherungen*, 11,7 % in festverzinslichen *Wertpapieren*, 11,4 % in *Investmentzertifikaten* und 6,2 % in *Aktien*. Bezogen auf die *Haushalte* besaßen 81 % Bankeinlagen, 56 % Versicherungen, 40,5 % Bausparguthaben, 39 % Wertpapiere und 21,1 % Aktien.

Zahl der Haushalte (nach der Stellung des Haupteinkommensbeziehers) in Prozent aller (37 931) Haushalte 2003:

Arbeitnehmer	51,4 %
darunter: Arbeiter	17,7 %
Angestelle	29,4 %
Beamte	4,3 %
Selbstständige	5,9 %
Arbeitslose	6,0 %
Rentner	29,6 %
Pensionäre	3,3 %
Sonstige Nichterwerbstätige	3,7 %

(Quelle: EVS 2003, Tab. A 4)

1. *Erstellen Sie aus M 45 eine Übersicht über die verschiedenen Vermögensbegriffe und -arten (im Folgenden geht es vor allem um das Geld- und das Immobilienvermögen). Klären Sie die verschiedenen Anlagearten des Geldvermögens (s. Text zur Grafik S. 169).*
2. *„Wer hat, dem wird gegeben". Erläutern Sie dieses Sprichwort. Welcher Zusammenhang besteht zwischen Einkommen und Vermögen?*
3. *Fassen Sie die wesentlichen Aussagen zum Umfang und zur Entwicklung des Vermögensbesitzes zusammen (M 46) und analysieren Sie die Verteilung des durchschnittlichen Nettovermögens nach sozialen Gruppen (Tabelle).*

M 47 Die Vermögensverteilung in Deutschland seit 1973

a) Quintilsdarstellung der Verteilung des Nettogesamtvermögens privater Haushalte in der BRD auf Haushaltsebene von 1973 bis 2003

Anteile der Haushalte am Nettogesamtvermögen in %											
Bezugsjahr	1973	1983	1988	1993 (West)	1998 (West)	2003 (West)	1993 (Ost)	1998 (Ost)	2003 (Ost)	1993 (gesamt)	2003 (gesamt)
1. Quintil	0,8	–0,2	–0,7	0,0	–0,2	–0,4	0,0	–0,5	–1,2	0,0	–0,5
2. Quintil	2,0	1,1	1,7	2,2	1,8	1,8	2,4	2,4	2,2	1,8	1,7
3. Quintil	5,7	5,5	7,4	10,3	9,4	9,0	5,7	7,0	7,6	7,1	7,9
4. Quintil	13,5	23,5	24,7	26,2	25,9	24,7	14,8	19,6	22,6	25,1	23,5
5. Quintil	78,0	70,1	66,9	61,2	63,0	65,1	77,2	71,5	68,8	66,1	67,5

b) Gini-Koeffizienten für das Nettogesamtvermögen privater Haushalte in der BRD von 1973 bis 2003

Jahr	Gesamt	Früheres Bundesgebiet	Neue Länder
1973		0,748	
1983		0,701	
1988		0,688	
1993	0,665	0,625	0,718
1998	0,665	0,641	0,682
2003	0,675	0,657	0,671

(M 47a und b: Lebenslagen in Deutschland. 2. Armuts- und Reichtumsbericht der Bundesregierung, www.sozialpolitik-aktuell.de/docs/Lebenslagen%20in%20Deutschland_End Bericht.pdf, S. 36 und 37; Angaben für 1973 bis 1988: Holger Stein, 2001: Trend zu abnehmender Konzentration der Vermögen scheint gestoppt. Analysen zur Vermögensverteilung in Deutschland. In: Informationsdienst Soziale Indikatoren, Nr. 25, S. 2f.; www.gesis.org/Publikationen/Zeitschriften/ISI/pdf-files/isi-25.pdf; Quelle: EVS, ZEW-Berechnungen)

c) Während die ostdeutsche Vermögensverteilung tendenziell gleichmäßiger geworden ist, gilt dies für die westdeutsche Verteilung nicht. Dies ist zum großen Teil eine Folge der konjunkturellen Schwächeperiode in den vergangenen Jahren. Verbunden mit einer verfestigten Langzeitarbeitslosigkeit hat dies zu einer Konzentration der Verteilung der verfügbaren Einkommen geführt und damit auch die Sparfähigkeit der Haushalte verändert. Darüber hinaus dürften auch Änderungen in der Altersstruktur und in der Haushaltsgrößenstruktur per saldo zur ungleichmäßiger werdenden Entwicklung der Vermögen beigetragen haben.

(Lebenslagen in Deutschland [= M 46], S. 48)

1. *Analysieren Sie die Vermögensverteilung nach Quintilen (M 47a) und vergleichen Sie die Werte für Westdeutschland (z. B. auch durch Berechnung der Quintilsverhältnisse) mit der entsprechenden Darstellung zur Einkommensverteilung in M 42a/b. Vergleichen Sie auch die entsprechenden Gini-Koeffizienten zu Einkommen und Vermögen.*
2. *Zeichnen Sie für 1998 (West) die Lorenzkurve (s. M 40) und vergleichen Sie ihren Verlauf mit der Lorenzkurve zur Einkommensverteilung in M 42c, S. 164.*
3. *Bei der Beurteilung des Ausmaßes der Ungleichheit bei der Vermögensverteilung ist auch zu berücksichtigen, dass die EVS, die der Berechnung zugrunde liegt (s. S. 162), Haushalte mit einem*

Nettomonatseinkommen über 18 000 € nicht erfasst (s. Arbeitshinweis 2., S. 163). Warum kann man vermuten, dass sich in dieser Haushaltsgruppe auch die großen Vermögen befinden? Was bedeutet das für die Einschätzung des Ausmaßes der realen Verteilungsungleichheit?

4. *Untersuchen Sie die zeitliche Entwicklung der Vermögensverteilung (M 47a/b). Kann man zwischen 1973 und 2003 von einer „Trendwende" sprechen? Vergleichen Sie dazu auch M 47c.*

3. Armut in Deutschland

M 48 Was ist Armut?

● Armut bedeutete früher in traditionalen Gesellschaften und bedeutet auch heute noch in Entwicklungsländern, sich in unmittelbarer Gefahr des Verhungerns oder körperlichen Verfalls zu befinden. Diese *physische* Armut (**„absolute Armut"**) ist in modernen wohlhabenden Gesellschaften erfreulicherweise selten geworden. Deswegen wird dort von „Armut" nicht nur dann gesprochen, wenn physische Not herrscht, sondern auch dann, wenn *soziokulturell* definierte Mangellagen bestehen (**„relative Armut"**). Als „arm" gelten in modernen Gesellschaften jene Gesellschaftsmitglieder, die über so geringe Mittel verfügen, dass sie nach Auffassung ihrer Mitmenschen nicht in Menschenwürde leben können. Dies kommt u.a. in der *Armutsdefinition der Europäischen Union* (1984) zum Ausdruck. Hiernach sind jene Menschen arm, die „über so geringe (materielle, kulturelle und soziale) Mittel verfügen, dass sie von der Lebensweise ausgeschlossen sind, die in dem Mitgliedstaat, in dem sie leben, als Minimum annehmbar ist". Diese minimale Lebensweise gilt in modernen Gesellschaften spätestens dann als unterschritten, wenn Menschen von wesentlichen Teilhabemöglichkeiten ausgeschlossen sind. Armut in wohlhabenden Gesellschaften besteht somit in Ausstattungsmängeln, die in Exklusion münden.

● Im Prinzip besteht in modernen Gesellschaften Einigkeit darüber, dass Armut vermieden und bekämpft werden sollte. Dies wird einerseits moralisch begründet: Armut wird als ungerecht und inhuman angesehen. Armut wird aber auch aus instrumentellen Gründen abgelehnt: Es wird befürchtet, dass Armut Konflikte, politischen Radikalismus und Kriminalität nach sich zieht, dann die Gesellschaft zerfällt, wodurch auch Wohlhabende beeinträchtigt werden.

● Um Armut näher zu bestimmen, ist zunächst einzugrenzen, um welche Arten von „Mittel" es geht, wenn von Armut als einem Mangel an Mitteln die Rede ist. Im Konzept der *Ressourcen*armut liegt Armut dann vor, wenn zu wenige Hilfsmittel des Handelns vorhanden sind, insbesondere, wenn es an Geld mangelt. Wer das Konzept der *Lebenslagen*armut benutzt, sieht Armut dann als gegeben, wenn die konkreten Lebensbedingungen von Menschen Unterversorgung erkennen lassen. Es geht hierbei um zahlreiche Arten von Lebensbedingungen: Ernährung, Bekleidung, Wohnung, Gesundheitsbedingungen, Bildung, Arbeits- und Arbeitplatzbedingungen, Einkommen, Ansehen, Integration, Partizipation, Freizeit etc. Aus der Sicht des Ressourcenansatzes einerseits, des Lebenslagenansatzes andererseits kommt man nicht notwendigerweise zu den gleichen Schlussfolgerungen. So erscheint ein Erwerbstätiger, der sein auskömmliches Einkommen immer wieder verspielt oder vertrinkt, aus dem Blickwinkel des Ressourcenansatzes nicht als arm; er kann aus der Sicht des Lebenslagenansatzes aber sehr wohl in Armut leben. Auf der anderen Seite gilt ein Studierender, der ausschließlich vom BAFöG-Transfereinkommen* lebt, vor dem Hintergrund des Ressourcenansatzes als arm, nach Maßgabe des Lebenslagenansatzes aber nicht unbedingt. Denn er verfügt u. U. über eine sichere Wohnung, einen ausgedehnten Kontaktkreis, gute Zukunftsaussichten etc.

In den Sozialwissenschaften besteht Einigkeit darüber, dass Lebenslagenkonzeptionen eine

Armut messbar zu machen ist eine schwierige Aufgabe, die im streng wissenschaftlichen Sinn nicht zu lösen ist; denn letztlich stehen hinter jeder Interpretation des Armutsbegriffs und hinter jedem darauf beruhenden Messverfahren Wertüberzeugungen, über deren Richtigkeit im ethischen Sinn sich wissenschaftlich nicht abschließend urteilen lässt. Aus diesem Grund kann jedes Ergebnis einer empirischen Armutsmessung von einer anderen Wertbasis aus angegriffen werden.

(Richard Hauser, Eine Frage der Gerechtigkeit. Armut und Reichtum in Deutschland, in: Aus Politik und Zeitgeschichte B18/99 v. 30.4.1999, S. 5)

umfassendere und angemessenere Sicht der Armutsproblematik ermöglichen als die Ressourcenkonzeptionen. Dennoch soll aus Gründen der Datenlage und der internationalen Vergleichbarkeit im Folgenden der Ressourcenansatz verfolgt und nur die **Einkommensarmut** dargestellt werden. Sie stellt wohl auch den „harten Kern" der Armut in modernen Gesellschaften dar. In der Regel wird in den Sozialwissenschaften das bedarfsgewichtete Pro-Kopf-Haushaltseinkommen *(Netto-Äquivalenzeinkommen)* zur *Messung von Armut* herangezogen.

- Wenn Armut näher bestimmt werden soll, muss ferner festgelegt werden, unterhalb welcher **Einkommensgrenzen** von Armut gesprochen werden soll. Häufig werden *die* Einkommenshöhen als Armutsgrenzen festgelegt, unterhalb derer in den einzelnen Ländern *Sozialhilfe* oder ähnliche armutsbekämpfende Leistungen gewährt werden. Diese *politischen Armutsgrenzen* haben den Vorteil, dass sie nicht willkürlich von Forschern festgesetzt sind, sondern sich an realen sozialpolitischen Maßnahmen orientieren. Diese beruhen auf Festlegungen des Mindestbedarfs, die in den einzelnen Ländern von maßgebenden gesellschaftlichen und politischen Instanzen getroffen werden. Durch die Unterstützungsleistungen werden bestimmte Gesellschaftsmitglieder fühl- und sichtbar als „Hilfsbedürftige" und damit als Arme eingeordnet. Allerdings sind die Einkommensgrenzen der sozialpolitischen Armutsbekämpfung für historisch und international vergleichende Untersuchungen kaum geeignet. Werden nämlich die Einkommensgrenzen von Sozialhilferegelungen verändert, so geraten dadurch mehr bzw. weniger Menschen unter die Armutsgrenze. Nach Maßgabe der „Sozialhilfegrenze" scheinen dann mal weniger, mal mehr Menschen „arm" zu sein, so dass die verschiedenen historischen Phasen nicht vergleichbar sind. Vergleiche über Ländergrenzen sind noch schwieriger. Denn in vielen Ländern existiert keine flächendeckende Armenunterstützung. Und wo es sie gibt, wird nach völlig unterschiedlichen Regeln vorgegangen.
- Geeigneter für internationale Vergleiche ist es, jene Menschen als arm anzusehen, die weniger als 40% (strenge Armut), 50% (Armut) oder 60% (Niedrigeinkommen) des *durchschnittlichen Äquivalenzeinkommens* eines Landes zur Verfügung haben. Diese **relativen Armutsgrenzen** bezeichnen den Abstand zum „üblichen" Einkommen im jeweiligen Land. Sie werden heute in den meisten Armutsstudien verwendet. Statistisch sind sie sowohl für historische als auch für internationale Vergleiche gut geeignet. Freilich besagen sie inhaltlich wenig darüber, welcher Lebensstandard im jeweiligen Land als minimal angesehen wird. Sie nehmen auch auf den Bedarf der untersuchten Menschen keine Rücksicht. Relative Armutsgrenzen stellen im Grunde keine Armutsgrenzen, sondern *Maße sozialer Ungleichheit* dar. In Ländern, in denen die Einkommen eher gleich verteilt sind, wird mit relativen Armutsgrenzen wenig Armut ermittelt – auch dann, wenn diese Länder im Ganzen arm sind. „Nach dieser Sicht der Dinge sind Menschen, die gemeinsam hungern, niemals arm" (Walter Krämer, Statistische Probleme bei der Armutsmessung, Baden-Baden 1997, S. 12). In Ländern, in denen die Einkommen sehr ungleich verteilt sind, wird hingegen viel Armut ermittelt – auch dann, wenn es sich um sehr reiche Länder handelt und die „Armen" immerhin die Hälfte des durchschnittlichen Reichtums zur Verfügung haben. Trotz dieser Einschränkungen werden aus Gründen der Praktikabilität relative Armutsgrenzen verwendet.

(Stefan Hradil [= M 31], S. 220 – 222)

Für das Verständnis des zentralen Maßes **„durchschnittliches Äquivalenzeinkommen"** ist die Unterscheidung zwischen zwei Bezugsgrößen wichtig: dem *arithmetischen Mittel* und dem *„Median"* („Zentralwert", „Halbierer"), der sich ergibt, wenn die Gesamtheit aller ermittelten Zahlenwerte einer Häufigkeitsverteilung in zwei gleich große Hälften geteilt wird (nur in bestimmten Fällen kann er mit dem arithmetischen Mittel übereinstimmen).
Beispiel: Bei einer Häufigkeitsverteilung 2, 4, 8, 12, 14 liegen beide Werte bei 8. Bei einer Verteilung 2, 5, 9, 14, 20 liegt das arithmetische Mittel bei 10, der Median bei 9. Bei geraden Zahlen von Messwerten (z. B. 1, 2, 3, 4, 12, 17) ergibt sich der Median aus dem Mittel zwischen den beiden mittleren Werten (im Beispiel: ½ (3 + 4) = 3,5). In neueren Untersuchungen wird im Allgemeinen der **Median** als Bezugsgröße gewählt. „Die auf den Median bezogenen Armutsquoten sind weniger anfällig für Extremwerte am oberen und unteren Rand der Verteilung und liefern damit robustere Ergebnisse als die aus dem arithmetischen Mittel abgeleiteten Armutsgrenzen." (Statistisches Bundesamt, Datenreport 2004, S. 629)
(Autorentext)

1. *Stellen Sie die grundsätzlichen Schwierigkeiten und unterschiedlichen Konzepte der Messung von „Armut" heraus.*
- *Wodurch unterscheidet sich „absolute" von „relativer" Armut? Erläutern Sie dazu die Begriffe „physisches" und „soziokulturelles Existenzminimum".*
- *Beschreiben Sie, möglichst mit eigenen Worten, die jeweiligen Merkmale, Stärken und Schwächen der beiden „Armutskonzepte". Inwiefern wird das Lebenslagen-Konzept als umfassender und sachlich angemessener bezeichnet? Warum wird es bis heute in Armutsstudien kaum verwendet? Welches Konzept liegt der EU-Definition zugrunde?*

2. *Erläutern Sie den Maßstab des Verfahrens, mit dem (im Sinne des „Ressourcenkonzeptes") Einkommensarmut gemessen wird. Inwiefern sind „relative Armutsgrenzen" „politische" Armutsgrenzen? Erläutern Sie zur Kritik daran das Zitat von Prof. Krämer. Aus welchen Gründen wird an relativen Armutsgrenzen festgehalten?*

3. *In Z. 70ff. wird darauf hingewiesen, dass relative Armutsgrenzen eigentlich nicht „Armut", sondern „soziale Ungleichheit" messen. Worin liegt der grundsätzliche Unterschied zwischen „Armut" und „sozialer Ungleichheit" (z. B. ungleicher Einkommens- und Vermögensverteilung)?*

4. *Machen Sie sich zum Verständnis der Ergebnisse der Armutsmessung in den folgenden Materialien noch einmal die Bedeutung der Messgröße „Äquivalenzeinkommen" (vgl. M 42) und den Unterschied zwischen den Bezugsgrößen „arithmetisches Mittel" und „Median" (Kasten S. 172 u.) klar.*

M 49 „Armutsquoten" bei unterschiedlichen „Armutsgrenzen"

Armutsgrenze	EVS[2] 1998	EVS[2] 2003
alte Bundesländer		
40%	1,9	1,9
50%	5,4	6,0
60%	11,0	12,2
70%	17,7	19,3
neue Bundesländer		
40%	1,9	(2,0)
50%	7,5	8,6
60%	17,1	19,3
70%	30,0	30,1
Deutschland		
40%	1,9	1,9
50%	5,8	6,5
60%	12,1	13,5
70%	20,0	21,3

Armutsquoten[1] 1998 und 2003 bei alternativen Armutsgrenzen (mit Bezug zum gesamtdeutschen Mittelwert der Nettoäquivalenzeinkommen)

In **Euro** lagen 2003 die Armutsgrenzen für einen Einpersonenhaushalt bei monatlich
626 € (40%-Grenze),
782 € (50%-Grenze),
938 € (60%-Grenze),
1095 € (70%-Grenze);
für einen Vierpersonenhaushalt mit zwei Kindern unter 14 Jahren lag die 60%-Grenze bei monatlich 1971 €.

[1] Prozentuale Anteile der Bevölkerung mit einem Nettoäquivalenzeinkommen unterhalb des angegebenen Prozentsatzes des mittleren Einkommens (Medians)

[2] Berechnung nach der EVS (Äquivalenzgewichtung nach der neuen OECD-Skala)

(Richard Hauser/Irene Becker, Abschlussbericht zum Forschungsbericht des Bundesministeriums für Arbeit und Soziales: Verteilung der Einkommen 1999–2003, www.bmas.bund.de/BMAS/Navigation/Service/publikationen.html)

M 50 Die Entwicklung der Einkommensarmut 1973 – 2003

Bereits im 1. Armuts- und Reichtumsbericht wurde ein kontinuierlicher Anstieg der Armutsrisikoquoten von 1983 bis 1998 festgestellt. Dieser Trend hat sich fortgesetzt. Die Armutsrisikoquote nach öffentlichen Transferzahlungen (60% des äquivalenzgewichteten Median-Nettoeinkommens) ist von 12,1% in 1998 auf 13,5% in 2003 gestiegen (s. M 49 und Abb. 1, S. 174). Gleichwohl gehört Deutschland – trotz höherer Arbeitslosigkeit – im europäischen Vergleich nach Dänemark und Schweden zu den Ländern mit der niedrigsten Armutsrisikoquote und relativ geringer Armut und sozialer Ausgrenzung (vgl. Tab. 2, S. 175). Bei Betrachtung des Armutsrisikos in einer engeren Abgrenzung mit der Schwelle von 40 % des Medianeinkommens ergibt sich ein konstanter Anteil von unter 2% (M 49 und Tab. 1, S. 174).

Abb. 1

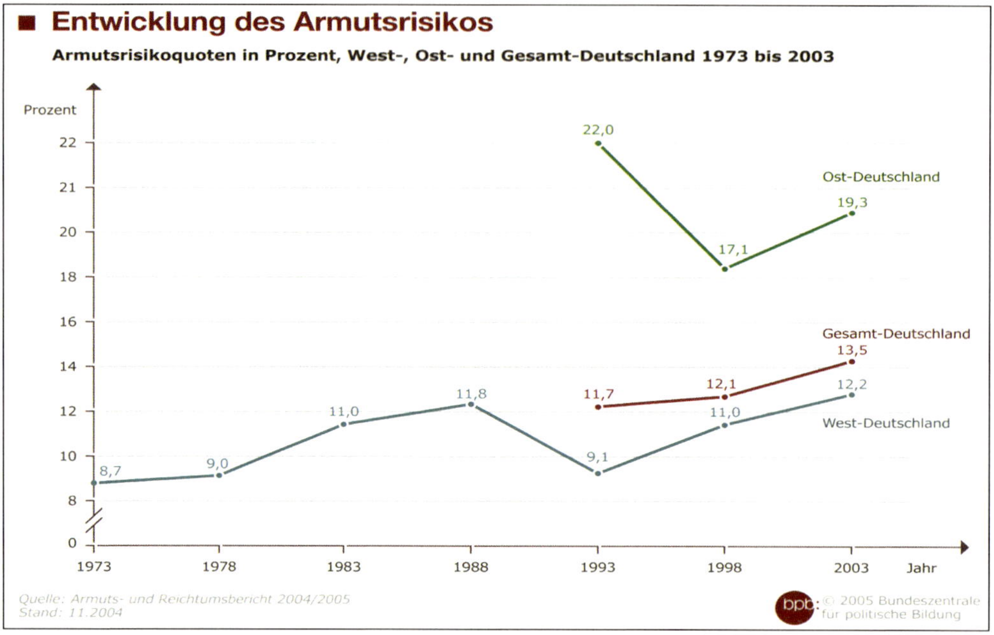

(www.bpb.de/files/KDA06V.pdf)

Der **Beitrag des Transfersystems** zur Vermeidung des Risikos der Einkommensarmut lässt sich darstellen, indem man eine fiktive Armutsrisikoquote vor allen öffentlichen Transfers der Sozialversicherungen und Gebietskörperschaften ausweist. Werden diese Leistungen aus dem Haushaltseinkommen herausgerechnet, ergibt sich als fiktive Armutsrisikoquote des Jahres 2003 ein Wert von 41,3 %. Durch die Transfers [Sozialleistungen des Staates] wurde der Anteil der Bevölkerung, der dem Risiko der Einkommensarmut ausgesetzt ist, um zwei Drittel auf 13,5 % reduziert (Tab. 1).

Tab. 1: Armutsrisikoquoten und Armutslücke[1]

Statistische Maßzahl	Deutschland		Alte Länder		Neue Länder	
	1998	2003	1998	2003	1998	2003
40 % des Medianeinkommens	1,9	1,9	1,9	1,9	1,9	(2,0)
60 % des Medianeinkommens	12,1	13,5	11,0	12,2	17,1	19,3
Fiktive Quote vor öffentlichen Transfers[2]	38,5	41,3	34,9	38,2	54,1	55,1
Armutslücke[3]	15,5	16,0	16,2	16,4	14,6	14,6

[1] Werte beziehen sich auf Berechnungen mit der neuen OECD-Skala (s. Kasten S. 159) und für die Gebietsteile jeweils auf den gesamtdeutschen Mittelwert.
[2] Alle öffentlichen Transfers einschließlich gesetzlicher Renten und Pensionen.
[3] Die ausgewiesenen Werte beziehen sich auf die 60 %-Mediangrenze.
Die **Armutslücke** drückt aus, wie weit (um wie viel Prozent) das Einkommen der von Armut Betroffenen *im Durchschnitt* unterhalb der Armutsgrenze liegt.

Quelle EVS, jeweils Halbjahresergebnisse, Berechnungen von Hauser/Becker 2005

Neben der Entwicklung der Bevölkerungsanteile unterhalb der Grenze zum Risiko der Einkommensarmut ist auch das *Ausmaß des Einkommensrückstandes* der Betroffenen zur Beurteilung der Gesamtsituation von Bedeutung. Denn bei gegebener Armutsrisikoquote ist der Problemdruck umso größer, je weiter die Einkommen der Armutspopulation unter dem Grenzwert liegen. Die **Armutslücke** (s. Anmerkung 3 zur Tab. 1) hat sich von 15,5 % auf 16,0 % leicht erhöht. Dabei bleibt das Ausmaß der Lücke in den neuen Ländern konstant, in den alten zeigt sich eine leichte Zunahme. [...]

Tab. 2: Einkommensarmut in der EU 2001

	Niedrigeinkommensquote[1]		Niedrigeinkommensquote[1]
Irland	21	Malta	15
Griechenland	20	Belgien	13
Portugal	20	Luxemburg	12
Spanien	19	Österreich	12
Italien	19	Deutschland	11
Estland	18	Niederlande	11
Vereinigtes Königreich	17	Finnland	11
Litauen	17	Slowenien	11
Lettland	16	Dänemark	10
Zypern	16	Ungarn	10
Frankreich	15	Schweden	9
EU-15	15	Tschechische Republik	8
Polen	15	Slowakische Republik	5

Quelle: Europäische Kommission; Eurostat; Institut der deutschen Wirtschaft Köln (Christoph Schröder, Armut in Europa, iw-trends 2/2004, S. 14; www.iwkoeln.de)

[1] Anteil (in Prozent) der Bevölkerung mit einem Äquivalenzeinkommen von weniger als 60 % des Einkommensmedians; der im Vergleich zu Abb. 1 niedrigere Wert für Deutschland beruht auf einer (wegen der internationalen Vergleichbarkeit) veränderten Berechnungsgrundlage

Abb. 2

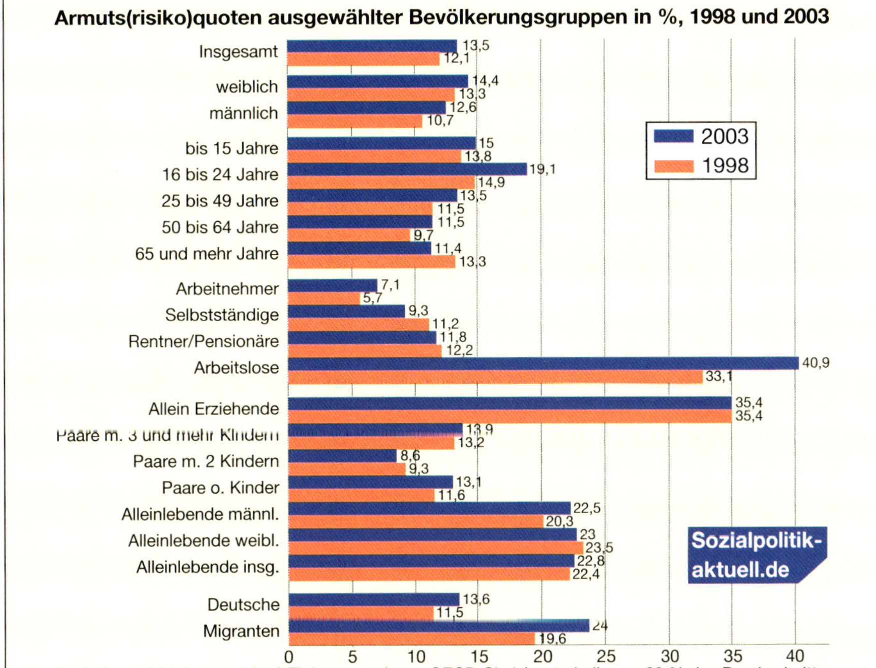

Bedarfsgewichtetes pro-Kopf-Einkommen (neue OECD-Skala) unterhalb von 60 % des Durchschnittseinkommens (Median). Aufgrund der Datengrundlage – SOEP – ist die Armutsrisikoquote zur Nationalität nicht mit den anderen Quoten vergleichbar.

Quelle: 2. Armuts- und Reichtumsbericht der Bundesregierung 2004/2005

(www.sozialpolitik-aktuell.de/docs/3/abbIII2.pdf)

Lesebeispiele: 1. Im Jahr 2003 lebten 15 % der Personen im Alter bis zu 15 Jahren in Haushalten, die über weniger als 60 % des mittleren Einkommens aller Haushalte verfügten.
2. Im Jahr 2003 verfügten 40,9 % aller Arbeitslosen über weniger als 60 % des mittleren Einkommens aller Haushalte.

Das Risiko für Einkommensarmut unter den Älteren ist seit 1998 merklich zurückgegangen. Es beträgt nach der neuen OECD-Skala 11,4 % und nach der alten OECD-Skala 7,5 % und ist damit geringer als für die Gesamtbevölkerung (s. Abb. 2). Das verhältnismäßig niedrige Armutsrisiko für deutsche Senioren bestätigt auch der EU-Vergleich. Den letzten vergleichbaren Zahlen aus dem Jahr 2001 zufolge waren die über 65-Jährigen nur in Luxemburg und in den Niederlanden in geringerem Ausmaß mit Altersarmut konfrontiert. [...]

Während sich beim Vergleich zwischen 1998 und 2003 eine Zunahme in der relativen Betroffenheit der meisten Gruppen zeigt, bilden Selbstständige und in geringem Ausmaß Frauen in Einpersonenhaushalten neben den Senioren weitere Ausnahmen. Folgt man der Auswertung mit der neuen OECD-Skala, ist die relative Einkommensarmut in Paarhaushalten mit Kindern weniger gestiegen als in der Gesamtbevölkerung. Unter Zugrundelegung der alten OECD-Skala ergibt sich für diese Gruppe ein gleichbleibender Wert. [...]

Besonders ins Auge fällt das unverändert hohe Niveau der Quoten bei Arbeitslosen und allein Erziehenden. Offensichtlich sind ihre Einkommensprobleme nicht mit Transferleistungen allein zu lösen, sondern haben ihre Ursachen in den fehlenden Erwerbsmöglichkeiten. Im Fall der allein Erziehenden hängt dies auch mit dem in vielen Teilen Deutschlands noch unzureichenden Angebot außerhäuslicher Kinderbetreuung zusammen.

(Lebenslagen in Deutschland. 2. Armuts- und Reichtumsbericht der Bundesregierung, Berlin 2005, S. 19–22; www.sozialpolitik.de/docs/Lebenslagen_in_Deutschland_EndBericht.pdf)

1. *Anhand von M 49 können Sie aufzeigen, welchen Einfluss auf das Ausmaß der Armut die Wahl unterschiedlicher Armutsgrenzen hat. Vergleichen Sie dazu auch den absoluten Euro-Wert für die heute allgemein übliche „60%-Grenze“ (in Tabelle 2 als „Niedrigeinkommensquote“ bezeichnet). Warum muss dieser Wert jährlich neu errechnet werden?*

2. *Beschreiben Sie die Entwicklung der Einkommensarmut im Zeitraum 1973 bis 2003 (M 50, Abb. 1, S. 174). Welche Phasen und welche Unterschiede zwischen Ost- und Westdeutschland lassen sich erkennen?*

3. *Für die Beurteilung der Auswirkung staatlicher Sozialpolitik (sozialer Ausgleich durch staatliche Transferleistungen) ist der Vergleich mit der (fiktiven) Armutsquote von Bedeutung, die sich ergäbe, wenn man das „Markteinkommen“ (ohne Transferleistungen) zugrunde legte. Beschreiben Sie diesen Effekt, auch im Vergleich zwischen beiden Teilen Deutschlands (Tab. 1, S. 174).*

4. *Welche weiteren Informationen über das Ausmaß der Einkommensarmut vermittelt die „Armutslücke“ (Text und Tab. 1)?*

5. *Heben Sie hervor, welche Bevölkerungsgruppen über- oder unterdurchschnittlich von Einkommensarmut betroffen sind (Text und Abb. 2). Worauf führt der Text die überdurchschnittliche Belastung bei den betroffenen Gruppen zurück?*
   M 50 stellt einen kurzen Ausschnitt aus dem „2. Armuts- und Reichtumsbericht“ der Bundesregierung („Lebenslagen in Deutschland“) dar. Zur umfassenderen Information, aber auch zu den methodischen Aspekten der Armutsmessung können Sie ggf. den vollständigen Text heranziehen, der im Internet zur Verfügung steht:
   www.sozialpolitik-aktuell.de/docs/Lebenslagen_in_Deutschland_EndBericht.pdf

M 51 Armut als Sozialhilfeanspruch

Die anhaltend hohe Arbeitslosigkeit wurde in den letzten Jahren zur wichtigsten Ursache für den Bezug „laufender Hilfe zum Lebensunterhalt“. Ende 2003 erhielten 2,81 Mio. Personen (West: 2,12 Mio., Ost: 0,43 Mio.) in 1,42 Mio. Haushalten diese „Sozialhilfe im engeren Sinne“, 2 % mehr als im Vorjahr. Die „Sozialhilfequote“ (Anteil der Hilfebezieher an der jeweiligen Bevölkerung) stieg insgesamt von 3,3 % auf 3,4 %. Überdurchschnittliche Quoten ergaben sich für *Ausländer* (8,4 %), *Kinder unter 18 Jahren* (7,2 %) sowie insbesondere für *allein erziehende Frauen* (26,3 %), bei denen fehlende Erwerbs- und Kinderbetreuungsmöglichkeiten eine wesentliche Rolle spielten. Deutlich unterdurchschnittlich war dagegen die Quote der über 65-Jährigen (1,3 %). (Autorentext)

Zusammensetzung des monatlichen Regelsatzes in €					
	West	Ost		West	Ost
Essen, Trinken	132,51	127,14	Bus, Bahn, Rad	19,18	18,40
Kleidung, Schuhe	34,08	32,70	Telefon, Post	22,35	21,44
Wasser, Energie	26,83	25,74	Freizeit, Kultur	38,66	37,09
Hausrat	27,73	26,60	Essen auswärts	10,31	9,90
Gesundheit	13,19	12,66	Sonstiges	20,16	19,34
			Gesamt	**345,00**	**331,00**

(Eigene Zusammenstellung; Datenquelle: Statistisches Bundesamt Wiesbaden; Hinweis: seit 1.7.2006 einheitlicher Regelsatz [345 €] für Ost und West)

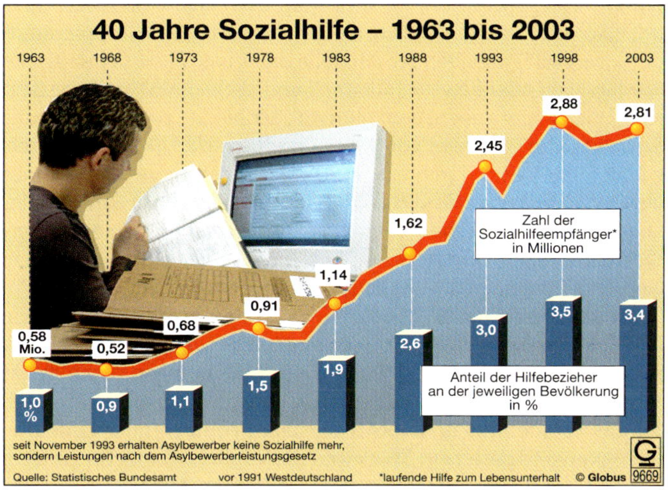

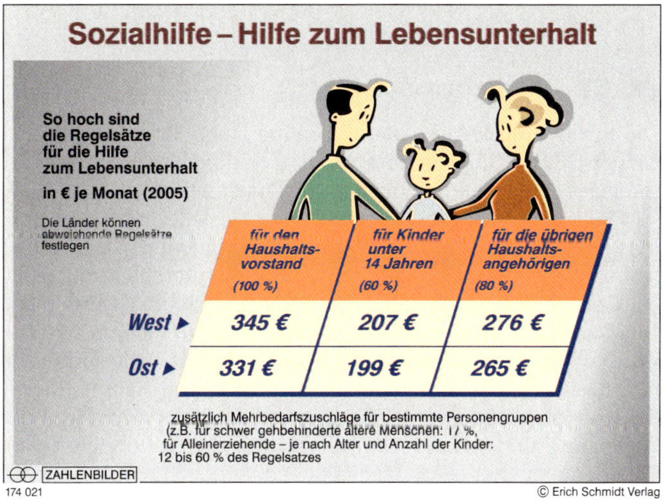

1. *Da mit Inkrafttreten der umfassenden Arbeitsmarkt- und Sozialreform ab 2005 („Hartz IV*") der ganz überwiegende Teil der bisherigen Sozialhilfeempfänger in das System der Arbeitsvermittlung („Arbeitslosengeld II*") übernommen wurde (in der Sozialhilfe verbleiben nur noch solche Personen, die nicht arbeitsfähig sind), kommt dem Sozialhilfeanspruch als Armutsindikator nicht mehr die gleiche Bedeutung zu wie bisher.*
Beschreiben Sie, wie sich die Zahl der Sozialhilfeempfänger in den letzten 40 Jahren entwickelt hat und welche Personengruppen zuletzt besonders betroffen waren.

2. *Über die Neuordnung der Sozialhilfe können Sie sich ggf. über die Internetadresse www.bmgs.bund.de/(→ Soziale Sicherung → Sozialhilfe) näher informieren. Eine Bilanz der bisherigen Sozialhilfe finden Sie unter www.sozialpolitik.de/docs/Lebenslagen_in_Deutschland_End-Bericht.pdf (S. 57ff.).*

3. *Wie beurteilen Sie die Berechnung zur Zusammensetzung des Regelsatzes (s. Tabelle), die anhand statistisch (in der EVS) erfasster Verbrauchsausgaben unterer Einkommensgruppen vorgenommen wird?*

4. *Ein Ehepaar mit zwei Kindern im Alter von 13 und 17 Jahren mit einer Wohnungsmiete (incl. Heizung) von 538 € hat einen Sozialhilfeanspruch von insgesamt 1642 €. Wie setzt sich dieser Betrag zusammen (vgl. Grafik)?*

4. Modelle sozialer Ungleichheit in Deutschland

Nachdem wir im vorausgehenden Abschnitt die Sozialstruktur unter dem Aspekt sozialer Ungleichheit in *einzelnen Dimensionen* analysiert haben, geht es jetzt um die in der deutschen Soziologie seit langem lebhaft diskutierte Frage, inwieweit und auf welche Weise das soziale Gefüge unserer Gesellschaft in einem Gesamtbild, einem **Modell** dargestellt werden kann. Die Entwicklung von *Modellen* ist naturgemäß davon abhängig, unter welchen *Fragestellungen* der betr. Forscher die gesellschaftliche Gesamtstruktur analysiert, welche *Interpretationen* er vornimmt, wie er unterschiedliche empirische Daten und Fakten *gewichtet* usw. Von daher ist es verständlich, dass bis heute die Diskussion über das „richtige" Modell zur Erfassung der Sozialstruktur nicht abgeschlossen ist. Sie hat sich in den letzten Jahren insbesondere immer wieder an der Frage entzündet, ob die sich an den Begriffen **„Klasse"** und **„Schicht"** orientierenden, die gesellschaftlichen Gruppierungen in einem Über- und Untereinander (**„vertikal"**) abbildenden Modelle die Wirklichkeit der deutschen Gesellschaft noch angemessen wiedergeben oder ob sich „Klassen" und „Schichten" im Zuge der „Modernisierung" (Individualisierung, Vielfalt der Lebensbedingungen, Mobilität) zunehmend auflösen („Auflösungsthese") und die Sozialstruktur „Jenseits von Klasse und Schicht" (Kapitelüberschrift in Ulrich Becks „Risikogesellschaft 1986") eher durch ein Ungleichheitsgefüge gekennzeichnet ist, dessen Bestimmungsgründe *weniger als früher in rein wirtschaftlichen und beruflichen Bereichen* liegen, sondern zunehmend auch in Ungleichheiten zwischen Mann und Frau, zwischen kleinen und großen Familien, zwischen Ost- und Westdeutschland und zwischen Ausländern und Deutschen. Solche Ungleichheiten („Disparitäten") werden häufig auch als **„horizontale"** (quer zur eher „vertikalen" Berufs- und Einkommensstruktur liegende) bezeichnet (s. M 53). Hinzu kommt die gestiegene Bedeutung **„neuer" Dimensionen** (neben den klassischen Dimensionen materieller Wohlstand, Macht, Bildung, Prestige) wie z. B. Freizeit-, Arbeits-, Gesundheits- und Wohnumfeldbedingungen sowie das Maß an sozialer Sicherheit.
Wir wollen im Folgenden über die wichtigsten Positionen und Ergebnisse dieser Diskussion, die für das Verständnis unserer Gesellschaft von zentraler Bedeutung ist, in knapper Darstellung informieren und damit ein Stück weit die Voraussetzung für eine eigene Beurteilung schaffen, die Sie anhand des diesen Abschnitt abschließenden Textes M 57 versuchen können. Für weitergehende Informationen s. den Hinweis S. 181 (nach Arbeitshinweis 4.).

M 52 Schichtmodelle

Die Schichtungsanalyse kann auf eine lange Tradition zurückblicken. Sie wurde von Theodor Geiger (1891–1952) – einem von den Nationalsozialisten nach Skandinavien vertriebenen Klassiker der deutschen Soziologie – in Auseinandersetzung mit der Klassentheorie von Karl Marx (1818–1883) in den Dreißigerjahren entwickelt und wird heute noch in modernisierten Varianten eingesetzt. Schichtungsanalytiker untergliedern die Bevölkerung nach „Schichten" – manche sprechen auch von „Klassen" in einer modernen, nichtmarxistischen Version – und beachten dabei Unterschiede in zwei Bereichen: Zu einer Schicht werden Menschen mit ähnlichen „äußeren" Lebensbedingungen sowie ähnlichen „inneren", „psychischen" Merkmalen zusammengefasst.
Zu den äußeren Lebensbedingungen gehören insbesondere die Berufsposition, Einkommen und Besitz, das Qualifikationsniveau sowie Einfluss und Sozialprestige. Häufig orientieren sich Schichteinteilungen an der **Berufsposition**, weil damit die anderen Kriterien für eine Schichtenzuweisung tendenziell verknüpft sind. So setzen hohe Berufspositionen in aller Regel eine gute Qualifikation voraus und ermöglichen vergleichsweise hohe Einkommen, hohes Sozialprestige und hohen Einfluss.
Die Schichtanalyse geht davon aus, dass Menschen in ähnlichen Lebensbedingungen ähnliche Lebenserfahrungen machen und dass die „äußere Lebenslage" daher einen gewissen Einfluss auf die Persönlichkeitsentwicklung und auf das Verhalten der Menschen ausübt. Man nimmt an, dass sich schichttypische Mentalitäten und Lebensstile, ein schichttypischer Habitus herausbilden. Dabei wird nicht unterstellt, dass das Sein das Bewusstsein bestimmt bzw. dass die „äußeren" Lebensbedingungen die „inneren" Merkmale und Verhaltensweisen festlegen. Aber es wird empirisch überprüft, in welchen Bereichen und wie stark innere und äußere Strukturen

zusammenhängen. Eine weitere wichtige Grundannahme ist, dass das Zusammenwirken von schichttypischen Lebensbedingungen und schichttypischen Mentalitäten und Verhaltensweisen schichttypische Lebenschancen zur Folge hat; Schichten unterscheiden sich in der Regel auch durch typische Privilegien und Benachteiligungen.
Die Versuche, in den 1950er- und 1960er-Jahren, die komplexen realen Strukturen zu westlichen Grundmustern zu vereinfachen, haben zu unterschiedlichen Schicht- und Klassenmodellen und zu widersprüchlichen Vorstellungen über die Sozialstruktur geführt.

- Das **Konzept der „nivellierten Mittelstandsgesellschaft"** des Soziologen Helmut **Schelsky** (1912–1984) ging davon aus, dass die kollektiven Auf- und Abstiegsprozesse in einer hochmobilen Gesellschaft die Klassen und Schichten aufgelöst und zu einer sozialen Nivellierung in der gesellschaftlichen Mitte geführt haben.
- **Ralf Dahrendorf** wies dagegen auf die nach wie vor bestehenden Mobilitätsbarrieren hin und setzte der Nivellierungsthese sein **„Hausmodell" der sozialen Schichtung** entgegen (1965), in dem er *sieben Klassen und Schichten* unterschied: Die Spitze der Gesellschaft bilden die Eliten. Im *Obergeschoss* residieren nebeneinander die bürokratischen Helfer der Eliten, die Dienstklasse, „insbesondere nichttechnische Verwaltungsangestellte aller Ränge", sowie der alte Mittelstand der Selbstständigen. Im *Hauptgeschoss* wohnen die große Arbeiterschicht und der falsche Mittelstand der einfachen Dienstleistungsberufe, dessen soziale Stellung sich nicht von derjenigen der Arbeiter unterscheidet, der sich jedoch seinem Selbstverständnis nach „fälschlicherweise" zur Mittelschicht zählt. Die Arbeiterelite (hier Meister und Vorarbeiter) hat sich dagegen nach oben hin vom Rest der Arbeiterschaft abgesetzt. Der *Keller* des Hauses ist bevölkert von der Unterschicht der „Dauererwerbslosen, Unsteten, Rückfallkriminellen, Halbanalphabeten u.a.", die zuweilen als „Bodensatz der Gesellschaft", als „sozial Verachtete" oder auch als „Lumpenproletariat" bezeichnet werden.
- Ein **modernisiertes Hausmodell** für die soziale Schichtung der westdeutschen Bevölkerung im Jahr 2000 orientiert sich an dem von Dahrendorf erkannten Grundmuster, zieht jedoch einige weitere Differenzierungslinien ein und berücksichtigt auch einige Umschichtungen. Der alte Mittelstand ist kleiner geworden und in zwei Teile getrennt – in den bürgerlichen Mittelstand von Handwerkern und Dienstleistern und die stark dezimierte Bauernschaft. Deutlich gewachsen sind die Dienstleistungsschichten (Angestellte und Beamte) im mittleren und höheren Bereich.
Geschrumpft ist dagegen die untere Schicht der ausführenden Dienstleister sowie insbesondere die Arbeiterschaft, die in Facharbeiter einerseits und Un- und Angelernte andererseits untergliedert ist. [...] Hinzugekommen ist ein „Anbau" für die „ausländischen" Schichten. Die Unterbringung der „Ausländer" neben dem Haus der Deutschen signalisiert, dass diese neuen Schichten sozioökonomisch und soziokul-

Abb. 1: Soziale Schichtung der westdeutschen Bevölkerung 2000

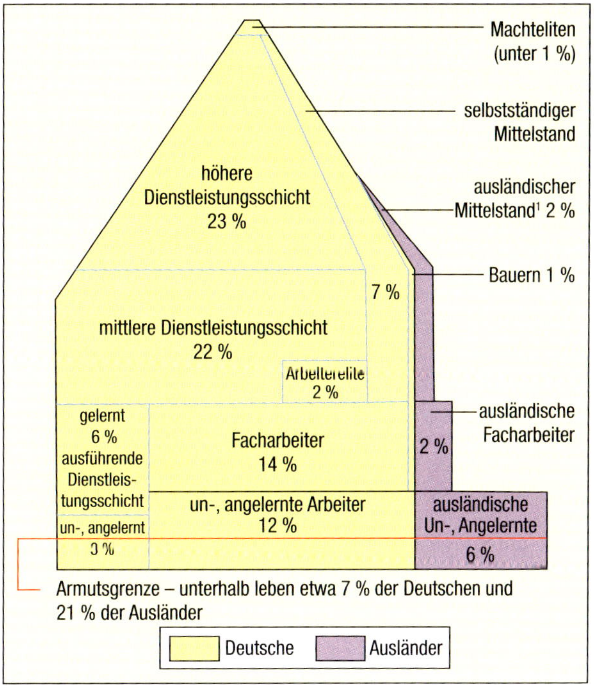

[1] Selbstständige, mittlere und höhere Dienstleister
Datenbasis: SOEP 2000; N = 17850; berechnet von Stefan Weick.

(Rainer Geißler, Die Sozialstruktur Deutschlands. Die gesellschaftliche Entwicklung vor und nach der Vereinigung, VS Verlag für Sozialwissenschaften, 3. grundlegend überarbeitete Auflage, Wiesbaden 2002, S. 119) turell nicht voll in die Kerngesellschaft integriert sind. Seit den 1980er-Jahren hat sich über den beiden ausländischen Arbeiterschichten auch ein ausländischer Mittelstand (Selbstständige, mittlere und höhere Dienstleister) entwickelt.

Um Missverständnissen bei der Interpretation von Schichtmodellen vorzubeugen, müssen vier **Besonderheiten der Schichten** in modernen Sozialstrukturen beachtet werden:

- Die eingezeichneten Linien im Modell bedeuten nicht, dass Schichten scharf voneinander abgegrenzt sind. Scharfe Abstufungen dieser Art existieren in ständischen Gesellschaften oder im Kastensystem; in modernen Sozialstrukturen dagegen weisen Schichten keine klaren Grenzen auf, sie gehen vielmehr ineinander über und überlappen sich zunehmend.
- Es gibt eine langfristige historische Tendenz zur *Differenzierung und Auflockerung der Schichtstruktur*: Die Zusammenhänge zwischen äußeren Lebensbedingungen einerseits und Mentalitäten und Verhaltensweisen andererseits lockern sich in einigen Bereichen auf; schichttypische und schichtunspezifische Verhaltensweisen existieren nebeneinander. So sind zum Beispiel die Minimalformen politischer Teilnahme wie die Beteiligung an Bundestagswahlen weitgehend unabhängig von Schichtzugehörigkeit, während das Engagement in Parteien oder Bürgerinitiativen deutlich schichttypisch variiert: In höheren Schichten ist es erheblich stärker ausgeprägt als in unteren Schichten. Auch die Parteipräferenzen unterscheiden sich, wie der Soziologe Walter Müller in einer Studie aus dem Jahr 1998 nachwies, weiterhin deutlich schichttypisch.
- Schichttypische Unterschiede sind im Zeitalter des Massenkonsums manchmal nicht „auf den ersten Blick“ an der lebensweltlichen Oberfläche zu beobachten, sie müssen erst durch sozialwissenschaftliche Studien sichtbar gemacht werden. So steht zum Beispiel heute in den Wohnungen aller Schichten das sofort wahrnehmbare Farbfernsehgerät, aber die Art, wie es genutzt wird, welche Sendungen gesehen werden, ist nach wie vor schichttypisch unterschiedlich.
- Schließlich sind die Schichten durch *soziale Mobilität* durchlässiger geworden. Menschen wechseln häufiger von einer Schicht in eine andere; auch die Chancen, sozial aufzusteigen, haben zugenommen. Die Etagen und Räume im modernen Haus der sozialen Schichtung sind nicht streng gegeneinander abgeschottet, sondern Durch- und Übergänge ermöglichen häufiger als früher „offenes Wohnen“.

Bisher fehlt es an einem Versuch, ein differenziertes Schichtungsmodell für *Ostdeutschland* zu entwerfen. Ein einfaches Drei-Schichten-Modell, das lediglich die **subjektive Schichteinstufung** als Kriterium heranzieht, macht Ost-West-Unterschiede deutlich. Die Auswertung des repräsentativen Wohlfahrtssurveys durch die Sozialstrukturforscher Roland Habich und Heinz-Herbert Noll zeigt, dass sich Westdeutschland schon seit langem als „Mittelschichtengesellschaft“ versteht – 2002 stufte sich eine Mehrheit von 61 Prozent in die Mittelschicht ein, nur 25 Prozent sahen sich als Angehörige der Arbeiterschicht. Ostdeutschland dagegen war bis vor kurzem von seinem Selbstverständnis her weiterhin eine Arbeitergesellschaft.

Noch 2001 ordnete sich eine Mehrheit von 52 Prozent der Unter- und Arbeiterschicht zu und nur 45 Prozent der Mittelschicht. Vermutlich wirkt in den neuen Ländern noch die sozialistische Arbeiterideologie nach; eventuell spielt bei der niedrigeren Selbsteinstufung der Ostdeutschen auch das verminderte, aber weiterhin bestehende Lebensstandarddefizit gegenüber dem Westen eine Rolle, das überdimensioniert wahrgenommen wird. Erst seit 2001 setzte ein beschleunigter Wandel hin zu einer Mittelschichtgesellschaft ein.

(Informationen zur politischen Bildung Nr. 269: Sozialer Wandel in Deutschland. Überarbeitete Neuauflage 2004, S. 69ff.; Verf.: Rainer Geißler)

Abb. 2: Subjektive Schichteinstufung 1993 und 2002

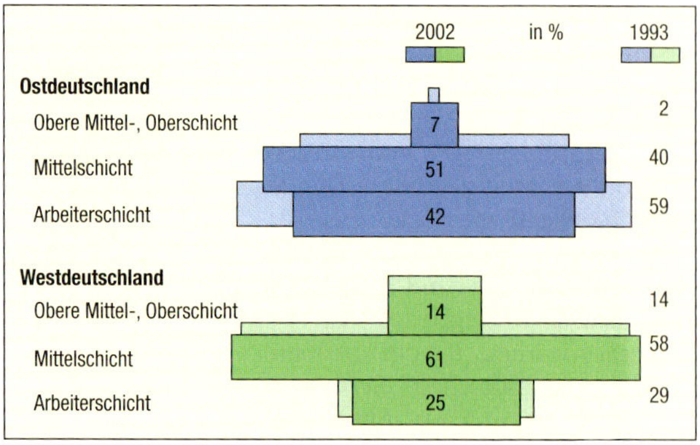

Datenbasis: Wohlfahrtssurvey 1993, Allbus 2002
(Roland Habich/Heinz-Herbert Noll, Soziale Schichtung und soziale Lagen, in: Datenreport 2004, Bonn 2004, S. 612)

1. *Machen Sie deutlich, an welchen Kriterien sich das Modell „Schicht" orientiert. Welcher Zusammenhang zwischen „äußeren" und „inneren" Merkmalen wird angenommen?*
2. *Charakterisieren Sie die Unterschiede zwischen den in den 1950er- und 1960er-Jahren entwickelten und viel diskutierten Schichtmodellen von Schelsky und Dahrendorf. Welche sozialen Gruppen ordnet Dahrendorf den drei Geschossen seines „Hausmodells" zu?*
3. *Beschreiben Sie, durch welche Differenzierungen sich das „modernisierte Hausmodell" von Rainer Geißler vom Dahrendorf'schen Haus unterscheidet. Welche quantitativen Verschiebungen zwischen den sozialen Großgruppen werden berücksichtigt?*
4. *Das Konzept der „subjektiven Selbsteinstufung" hat in der Geschichte der Schichtanalyse immer wieder eine Rolle gespielt. Beschreiben Sie die Ergebnisse solcher Untersuchungen in Ost- und Westdeutschland (Abb. 2). Was meinen Sie: Woran orientieren sich (bewusst oder unbewusst) die befragten Personen bei einem solchen Verfahren? Welche Relevanz für tatsächlich bestehende Schichtgrenzen kann es aus Ihrer Sicht haben?*

Weitergehende Informationen zu Theorien sozialer Ungleichheit, zu Klassen- und Schichtmodellen (ggf. für ein **Schülerreferat**, vgl. S. 572) finden Sie in der Internet-Enzyklopädie Wikipedia (http;//de.wikipedia.org) unter den Stichworten „Sozialstruktur" und „Soziale Klasse" sowie in der Folien-Sammlung von Jan Künzler (www.uni-wuerzburg.de/soziologie/jkbrdfol2.html). Gut geeignet ist auch die übersichtliche, gut lesbare Darstellung von Nicole Burzan (Soziale Ungleichheit. Eine Einführung in die zentralen Theorien, Wiesbaden 2004).

M 53 Soziale Lagen

Schichtmodelle berücksichtigen im Wesentlichen „vertikale" Ungleichheiten zwischen Oben und Unten. Sie sind weitgehend blind für „horizontale" Ungleichheiten zwischen Männern und Frauen, zwischen Alt und Jung, zwischen verschiedenen Generationen oder auch Regionen, zwischen Verheirateten und Ledigen, Kinderreichen und Kinderlosen. Um die Vielgestaltigkeit und Vieldimensionalität der Ungleichheitsstruktur besser zu erfassen, wurden gegen Ende der 1980er-Jahre Modelle der „sozialen Lagen" entwickelt. Sie berücksichtigen neben den vertikalen gleichzeitig auch horizontale Ungleichheiten.

[...] So werden zum Beispiel für ein am WZB (Wissenschaftszentrum Berlin für Sozialforschung) benutztes Modell neben dem „vertikalen" Kriterium Berufsposition die „horizontalen" Kriterien *Geschlecht, Alter* (unter/über 60 Jahre) und *Region* (Ost-West) herangezogen. Aus der Kombination der vier Merkmale entstehen 64 Soziallagen, die einen relativ differenzierten Einblick in die Verteilung der materiellen Ressourcen und die Unterschiede im subjektiven Wohlbefinden der Bevölkerung vermitteln.

So lassen sich etwa *Arbeitslose* sowie *Un- und Angelernte* als Problemgruppen mit geringen Ressourcen, niedriger Selbsteinstufung, vielen Sorgen und einem hohen Grad an Unzufriedenheit identifizieren, wobei dies in den neuen Ländern stärker ausgeprägt ist als in den alten. Den Gegenpol dazu bilden die *Leitenden Angestellten* und *höheren Beamten* in Westdeutschland; mit guten materiellen Ressourcen können sie ein relativ sorgenfreies und zufriedenes Leben führen, und sie stufen sich auf der Oben-Unten-Skala mit Abstand am höchsten ein.

Das beispielhaft angeführte Lagenmodell macht deutlich, dass der Versuch, die Vielgestaltigkeit der Ungleichheitsstruktur gesamthaft in einem Modell einzufangen, schnell an Grenzen stößt. Obwohl in dem Beispiel wichtige Ungleichheitskriterien wie Unterschiede zwischen Stadt und Land, nach Nationalität, Familienstand und Generation unberücksichtigt bleiben, mutet es bereits recht unübersichtlich an.

(Informationen zur politischen Bildung [= M 52], S. 72; Verf.: Rainer Geißler)

1. *Machen Sie deutlich, welche Mängel von (im Wesentlichen an Berufsgruppen orientierten) Schichtmodellen durch Modelle „sozialer Lagen" vermieden werden sollen. Erläutern Sie konkreter, welche „horizontalen" Unterschiede sich innerhalb derselben Schicht ergeben können, welche spezifische Kombination von bestimmten Vor- und Nachteilen eine „soziale Lage" prägen*

können. Fragen Sie ggf. Ihre Lehrerin/Ihren Lehrer: Welche (im Vergleich mit einem anderen „Mittelschichtberuf“ mit etwa gleichem Einkommen, z. B. einem Arzt) spezifischen Vor- und Nachteile seiner „Lage“ sieht sie/er (z. B. im Hinblick auf soziale Sicherheit, Freizeit, Arbeitsbedingungen)?

2. *Worin liegen die Schwierigkeiten und Grenzen des Konzepts, die „Vielgestaltigkeit der Ungleichheitsstruktur gesamthaft in einem Modell einzufangen“ (Z. 20f.)?*

M 54 Soziale Milieus

Neben dem Soziallagenansatz gehört insbesondere die Milieuforschung zu den wichtigen neueren Ansätzen der deutschen Sozialstrukturanalyse. Sie wurde in den Achtzigerjahren vom Sinus-Institut für die Markt- und Wahlforschung entwickelt und danach von den Sozialwissenschaften übernommen, wo sie vor allem zu einem Boom von Lebensstiluntersuchungen führte. Man kann sie als „subjektivistischen“ oder „kulturalistischen“ Ansatz der Sozialstrukturanalyse bezeichnen:
Während die Schichtanalyse eine Bevölkerung zunächst nach ähnlichen „objektiven Lebensbedingungen“ oder „objektiven Soziallagen“ untergliedert und dann untersucht, welche Mentalitäten, Einstellungen, Verhaltensweisen und Lebenschancen mit diesen unterschiedlichen Lebensumständen typischerweise verknüpft sind, gruppiert der Milieuansatz die Menschen *zunächst nach Unterschieden in ihren Wertorientierungen und Lebensstilen*. [...] Die Bevölkerung wird nach ihren Wertorientierungen und Lebenszielen, nach ihren Einstellungen zu Arbeit, Freizeit und Konsum, zu Familie und Partnerschaft, nach ihren Zukunftsperspektiven, politischen Grundüberzeugungen und Lebensstilen befragt und dann nach diesen Merkmalen zu „sozialen Milieus“ bzw. „‚subkulturellen‘ Einheiten“ zusammengefasst. Die Abgrenzungen zwischen den sozialen Milieus ähneln den Grenzlinien in den Schichtmodellen: Sie markieren keine scharfen „realen“ Grenzen. Milieus sind – wie Schichten – keine klar gegeneinander abgrenzbaren Gruppen, sondern es gibt fließende Übergänge, Zwischenformen und Überschneidungen.

(Informationen zur politischen Bildung [= M 52], S. 72f., Verf.: Rainer Geißler)

> Vieles spricht dafür, dass sich die Mitglieder moderner Dienstleistungsgesellschaften nicht mehr so vorrangig wie die Menschen in typischen Industriegesellschaften nach ihrer Berufs- und Schichtzugehörigkeit definieren, sondern ihre gesellschaftliche Ortsbestimmung auch im Hinblick auf ihre Milieuzugehörigkeit und ihren **Lebensstil** ausbilden. Oft symbolisieren sie diese Identität in Kleidung, Musikgeschmack etc. und tragen so ihre Zugehörigkeit nach außen.
> Die Menschen, die einem bestimmten sozialen Milieu angehören, verhalten sich in der Praxis ähnlich, und zwar in recht unterschiedlichen Bereichen: Sie kaufen ähnliche Konsumgüter, wählen ähnliche Parteien, erziehen ihre Kinder in ähnlicher Weise etc. Milieugliederungen sind daher wichtige Hilfsmittel für Marketinganalysten, Wahlkampfstrategen, Sozialisationsforscher etc.
> (Stefan Hradil [= M 31], S. 278)

1. *Machen Sie deutlich, inwiefern sich das Konzept der „sozialen Milieus“ grundsätzlich von dem der Schichtanalyse, aber auch von dem der „sozialen Lagen“ unterscheidet (M 54; vgl. M 53). Warum kann dieser Ansatz als „subjektivistisch“ bezeichnet werden? Nach welchen Merkmalen werden hier bestimmte Gruppierungen innerhalb der Bevölkerung unterschieden? Inwiefern können „Milieugliederungen wichtige Hilfsmittel für Marketinganalysen und Wahlkampfstrategien“ (s. Kasten) sein (vgl. M 56b)?*

2. *Zu dem bekanntesten Milieuforschungsansatz, den* **„Sinus-Milieus“**, *stehen ausführliche Informationen im Internet zur Verfügung. Ausgangsadresse: http://www.sociovision.de (mit einer ausführlichen Darstellung der einzelnen Milieus [vgl. Quellenangabe zu M 56a]). Grundlegende Informationen und ein Beispiel enthalten die folgenden Materialien, die Sie am besten in* **Gruppenarbeit** *erarbeiten und ggf. durch eine Internetrecherche ergänzen sollten. Ziel sollte sein, sich ein Bild davon zu machen, welche Absicht das Sinus-Konzept vornehmlich verfolgt, wie es methodisch angelegt ist und inwiefern es ein typisches Milieu-Konzept ist. In kritischer Betrachtung sollten Sie sodann herausstellen, worin Sie ggf. Probleme, Schwächen und Vorzüge im Hinblick auf die Erfassung sozialer Ungleichheitsstrukturen (im Vergleich zu Schicht- und Lagenkonzepten) sehen. Auf Arbeitshinweise zu den einzelnen Materialien haben wir verzichtet.*

M 55 Die Sinus-Milieus

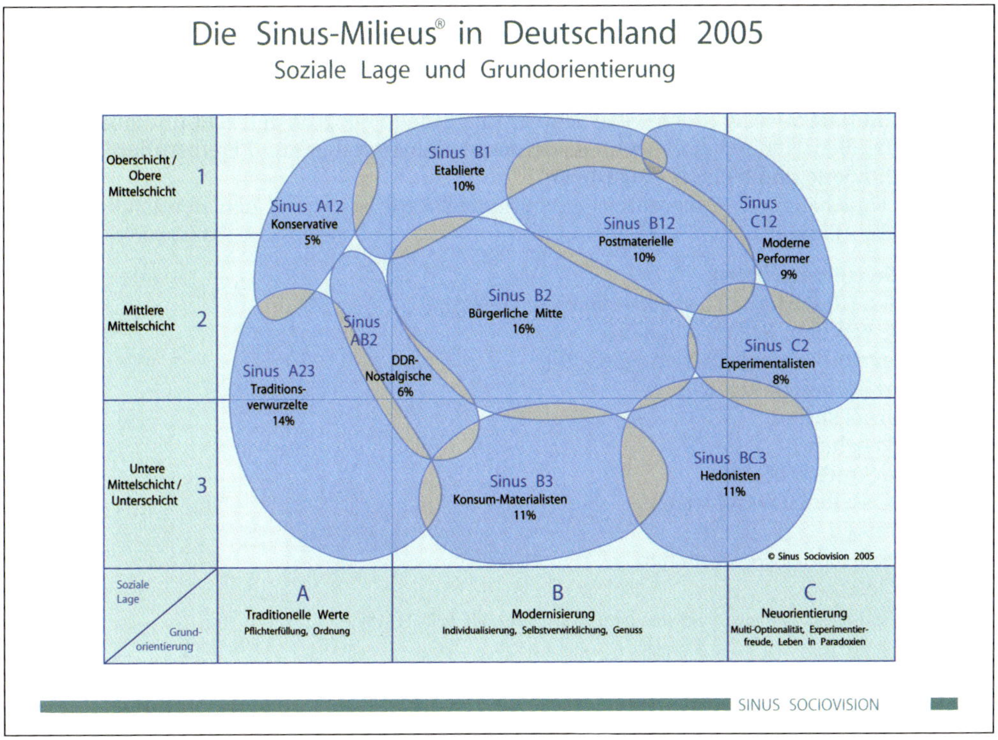

Die „Kartoffel-Grafik“ verortet die Milieus: von *oben* nach *unten*: nach sozialer Lage, auf der Grundlage von Alter, Bildung, Beruf und Einkommen; von *links* nach *rechts*: nach der Grundorientierung, in einem Spannungsbogen von traditionell bis postmodern.
Oben sind die gesellschaftlichen *Leitmilieus* angesiedelt, am linken Rand die *Traditionellen Milieus*, in der Mitte die *Mainstream Milieus* und rechts die *Hedonistischen Milieus*.
Wenn Sie mit der Maus auf die einzelnen Milieus klicken, finden Sie eine charakteristische Lebensweltbeschreibung. (http://www.sinus-sociovision.de/2/2-3-1-1.htm)

M 56a Milieubeispiel: „Moderne Performer“

Sinus C12 (Moderne Performer) 9 %

Die junge, unkonventionelle Leistungselite: intensives Leben – beruflich und privat, Multi-Optionalität, Flexibilität und Multimedia-Begeisterung

Lebenswelt:

- Die Modernen Performer sind die junge, unkonventionelle Leistungselite. Sie wollen ein intensives Leben, in dem sie ihre Multioptionalität und Flexibilität austoben und ihre beruflichen wie sportlichen Leistungsgrenzen erfahren können.
- Ihr ausgeprägter Ehrgeiz richtet sich auf „das eigene Ding“, oft die eigene Selbstständigkeit (Start-ups). Dabei haben sie nicht nur den materiellen Erfolg im Auge. Treibendes Motiv ist ebenso, zu experimentieren, spontan Chancen zu nutzen, wenn sie sich auftun, und die eigenen Fähigkeiten zu erproben.
- Die Modernen Performer sind mit Multimedia groß geworden. Die modernen Kommunikationstechnologien nutzen sie intensiv und lustvoll, im beruflichen wie im privaten Leben.
- Neben der Multimedia-Begeisterung zeigen sie großes Interesse an sportlicher Betätigung und Outdoor-Aktivitäten (Kino, Kneipe, Kunst).

- Ihr Konsumstil ist geprägt durch Lust auf das Besondere, das Integrieren von Einflüssen aus anderen Kulturen und Szenen. Anspruchsvolles Multikulti ist die Devise. Dafür geben sie auch viel Geld aus.

Soziale Lage:
- Jüngstes Milieu in Deutschland, Altersschwerpunkt unter 30 Jahre
- Hohes Bildungsniveau; (noch) viele Schüler und Studenten, zum Teil aber mit Jobs
- Unter den Berufstätigen hoher Anteil (kleinerer) Selbstständiger und Freiberufler (Start-ups) sowie qualifizierte und leitende Angestellte
- Hohes Haushaltsnettoeinkommen (gutsituierte Elternhäuser); bei den Berufstätigen gehobenes eigenes Einkommen

(www.sinus-sociovision.de/2/2-3-1-1.htm)

Typische Freizeitaktivitäten:
- Ausgehen (Restaurant, Gaststätte, Kneipe, Disko)
- Besuche machen, Besuche haben
- Schaufensterbummel machen/Shopping
- Mit dem PC beschäftigen
- Im Internet surfen
- Ins Kino gehen
- Pop-/Rockmusik hören
- Video-Kassetten/DVD ansehen
- Sport treiben
- Sportveranstaltungen besuchen
- Bücher lesen

(www.agf.de/showfile.phtml/agf/broschueren/agf_sinus_2002.pdf?foid=11898)

Eine Darstellung aller übrigen Milieus findet sich in der zu M 56a angegebenen Quelle, eine aktuelle Beschreibung der sozialen Lage von vier Milieus (Postmaterielle, Moderne Performer, Konsum-Materialisten, Hedonisten) unter: www.bpb.de/publikationen/I7978Y,0,Ungleichheit_Ungerechtigkeit.html (Beitrag von Rudolf Tippelt und Aija von Hippel, Weiterbildung, Chancenausgleich und soziale Heterogenität, in: Aus Politik und Zeitgeschichte 37/2005, S. 43ff.).

Unter www.sinus-sociovision.de/2/-2-3-1.htm informiert Sinus am Beispiel des Milieus A 12 über weitere konkrete „Bausteine" (Indikatoren), die der Milieuabgrenzung zugrunde liegen. Sie betreffen die Bereiche: soziale Lage, Arbeit und Beruf, Freizeit, Konsum, Produktinteressen, Mediaverhalten, typischer Wohnstil, Alltagsästhetik, Leitbilder, Geld. Vgl. dazu auch M 56b.

M 56b Sinus: „Auf den Lebensstil kommt es an, nicht auf die soziale Schicht"

Der Verbraucher begegnet dem Marketing in Form von Zielgruppen. Zielgruppen ermöglichen die Annahme, man habe es mit Verbrauchern gleicher Interessenlage zu tun.
Mit so was kann man Glück haben.
Als Teil einer Zielgruppe sieht sich der Mensch nämlich nicht, so sieht ihn nur der Marketer, etwa anhand demographischer Gemeinsamkeiten: Mitte 40, verheiratet, mit Kindern, ein gehobenes Einkommen usw.
Schon das ist riskant.
Herr Ortmann und Herr Urban sind beide Mitte 40, verheiratet, mit Kindern, und beziehen als leitende Angestellte beide ein gehobenes Einkommen. Sie leben in identisch geschnittenen Wohnungen, wie es der Zufall will, in einem Frankfurter Apartementhaus. Sie zählen zur selben Zielgruppe. Bis man genauer hinsieht ...
Beispielsweise lesen sie nicht dieselben bunt bedruckten Seiten: Auf Ortmanns Couch-Tisch liegen, säuberlich gestapelt *Auto, Motor und Sport, PC-Welt, Cosmopolitan* und *Stern*; bei Urbans liegen *Öko-Test, Schöner Wohnen, Essen & Trinken* herum, und *Geo* und *Die Zeit*.
Und wenn er nicht arbeitet, nimmt Ortmann den Filius mit ins Waldstadion und hinterher zu McDonald's. Er tritt zum Tennis an und glänzt im Fitness-Studio. Dagegen liest Urban Belletris-

tik, hört Jazz und zelebriert seinen Espresso. Und seinem Sohn überlässt er weitgehend, was der in seiner Freizeit tun möchte.

Auch den Fernseher nutzen sie unterschiedlich. Ortmann schaltet sowieso ein. Besonders liebt er *Für alle Fälle Stefanie, Hinter Gittern – der Frauenknast*, und er ist stundenplanmäßig exakt auf die Formel 1 getaktet. Aber Urban weiß genau, wann es WISO gibt, er guckt *Spiegel TV* und erlebt sein intellektuelles Chill-down bei *TV Total*.

Wundert es noch, dass sie ihr sauer Verdientes nicht in denselben Läden lassen? Ortmann besitzt den neuesten Pentium, kauft Kosmetik von Hugo Boss und jede Saison die modische Skikluft.

Urban schätzt biodynamische Weine, kauft seine Bücher grundsätzlich nicht übers Internet, ersteht gerne auch mal eine edle Grafik, und für die Naturkosmetik gibt seine Lebensgefährtin viel Geld aus.

Eine demographische Kategorie, aber zwei Lebenswelten, zwei Milieus.

Sehen Sie die Menschen nicht als Merkmalsträger, nicht als Typen, nicht primär bezogen auf Produkte, sondern als Menschen, die sich in ihrer Lebensauffassung und Lebensweise ähneln. Ähnlichkeiten im Lebensstil können, müssen aber nicht in derselben sozialen Schicht auftreten. An welchen Werten man sich orientiert, was einen interessiert oder was man schön und hässlich findet, hat in erster Linie mit dem Milieu zu tun, zu dem man gehört.

Wir betrachten den Menschen ganzheitlich, wir erkunden und beschreiben die Alltagswirklichkeit seines Milieus und kommen so zu Zielgruppen, die es wirklich gibt – und mit denen Sie in der Praxis etwas anfangen können.

(http://www.sinus-sociovision.de/2/2-3.htm)

Man lernt **Zielgruppen** nicht wirklich kennen, wenn man – wie das häufig gemacht wird – nur Alters-, Berufs- oder Einkommensschwerpunkte zur Charakterisierung heranzieht. Denn Zielgruppen setzen sich aus lebendigen Menschen zusammen, die nicht auf den künstlichen Status von „Merkmalsträgern“ reduziert werden sollten.

Was sind die Sinus-Milieus®?

- Die Definition der Sinus-Milieus® geht aus von der Lebenswelt und dem Lebensstil der Menschen – und nicht von formalen demographischen Kriterien wie Schulbildung, Beruf oder Einkommen.
- Grundlegende Wertorientierungen gehen dabei ebenso in die Analyse ein wie Alltagseinstellungen (zur Arbeit, zur Familie, zur Freizeit, zum Konsum).
- Die Sinus-Milieus® fassen also Menschen zusammen, die sich in Lebensauffassung und Lebensweise ähneln. Man könnte die Milieus als „Gruppen Gleichgesinnter“ bezeichnen.

Die Sinus-Milieus® sind Basis-Zielgruppen für das Marketing, die sich bereits in den unterschiedlichsten Märkten bewährt haben.

(www.agf.de/showfile.phtml/agf/broschueren/agf_sinus_2002.pdf?foid=11898, S. 5)

M 57 „Jenseits von Klasse und Schicht“?

In der deutschen Sozialstrukturforschung wird seit den 1980er-Jahren kontrovers diskutiert, ob sich die Klassen und Schichten im Zuge der Modernisierung der Gesellschaft auflösen oder bereits aufgelöst haben. Anhänger der Auflösungsthese – in der wissenschaftlichen Literatur wird sie häufig „Entstrukturierungsthese“ genannt – sind unter anderem Ulrich Beck („Risikogesellschaft“ 1986) und Gerhard Schulze („Erlebnisgesellschaft“ 1993). Zu ihren Kritikern gehören zum Beispiel Michael Vester (Soziale Milieus im gesellschaftlichen Strukturwandel 2001, zuerst 1993) und Rainer Geißler („Die Sozialstruktur Deutschlands“ 2002, zuerst 1992).

Die **Auflösungstheoretiker** heben insbesondere die folgenden sozialstrukturellen Entwicklungstendenzen hervor:

- Steigender Wohlstand und Massenkonsum lassen – begünstigt durch staatliche Umverteilung – auch die unteren Schichten zunehmend an den Privilegien der mittleren und oberen Schichten teilhaben (an komfortablen Wohnungen, Autos, Farbfernsehern, Urlaubsreisen etc.). Frühere Statussymbole haben ihre unterscheidende Kraft verloren, weil sie heute allen zugänglich sind.
- Auch die neuen Risiken der „Risikogesellschaft“, wie sie Ulrich Beck nennt – kennen keine Schichtgrenzen, sie sind „demokratisiert“. Von Massenarbeitslosigkeit, Umweltgefährdungen oder atomarer Bedrohung sind alle Gruppen der Gesellschaft bedroht.
- Schichttypische Milieus mit entsprechenden schichttypischen Mentalitäten, Einstellungen und Verhaltensweisen haben sich nach und nach aufgelöst. Dieser Entwicklung liegen zwei zentrale Ursachen zugrunde: Zum einen werden die Lebensbedingungen, die Soziallagen immer differenzierter und vielfältiger (Differenzierung

und Diversifizierung der Sozialstruktur; vgl. M 9, Z. 47ff.). Zum anderen hat der ökonomische, soziale und kulturelle Wandel einen starken *Individualisierungsschub* ausgelöst, der die Menschen aus ihren bisherigen Bindungen löst und ihre Verhaltensspielräume erheblich erweitert (vgl. M 29, S. 143). [...]

- Die Schichten werden im Alltag immer weniger wahrgenommen und bestimmen immer weniger die alltäglichen Handlungen und Beziehungen. Menschen identifizieren sich nicht mehr mit bestimmten Schichten.
- Die zunehmende soziale Mobilität wirbelt die Lebenswege und Lebenslagen der Individuen durcheinander und verhindert die Herausbildung schichttypischer Milieus.

Auch die **Gegner der Auflösungsthese** sehen den Anstieg des Lebensstandards, die zunehmende Vielfalt der Lebensbedingungen, den Individualisierungsschub und die zunehmende Mobilität als wichtige Entwicklungstendenzen in der modernen Sozialstruktur an. Aber sie werfen den Auflösungstheoretikern vor, die entstrukturierenden Auswirkungen dieses Wandels auf das Schichtungssystem stark zu überzeichnen. Die *Schichtstruktur* der modernen Gesellschaft – so ihre These – ist *nicht verschwunden*, sondern sie ist dynamischer, mobiler und pluraler geworden. Kennzeichen einer modernen Gesellschaft ist nicht die Auflösung der sozialen Schichtung, sondern ein dynamisches, *pluralisiertes Schichtgefüge*, das wegen seiner Vielfalt auch unübersichtlicher und auf den ersten Blick schwerer erkennbar geworden ist. Die Schichtungstheoretiker führen die folgenden, empirisch belegten Argumente ins Feld:

- Wichtige Lebenschancen (wie Bildungs- und Aufstiegschancen, Chancen auf eine hohe Erbschaft, auf politische Teilnahme, auf angenehme und qualifizierte Arbeit) und wichtige Lebensrisiken (wie Arbeitslosigkeit, Armut, Krankheit, Kriminalisierung) sind auch heute noch schicht„typisch“ verteilt.
- Auch viele Wertorientierungen, Lebensstile und Verhaltensweisen – einige davon mit abgrenzendem (distinktiven) Charakter – variieren weiterhin von Schicht zu Schicht. Dazu gehören unter anderem die Erziehungsziele, die Nutzung der Massenmedien und des Internets, die sportlichen Aktivitäten oder die Partnerwahl. So sind zum Beispiel nur 1,5 Prozent der Frauen mit Hauptschulabschluss mit einem Akademiker verheiratet, und von den Männern mit Hauptschulabschluss hat nur jeder 300. eine Ehepartnerin mit Universitätsabschluss. [...]
- Die oft erwähnten Individualisierungs- und Pluralisierungsprozesse (vgl. M 22, M 29) erfassen nicht gleichmäßig alle gesellschaftlichen Gruppen, sondern vollziehen sich in höheren Schichten intensiver; denn mit hohem Wohlstand ist eine starke Freisetzung aus materiellen Zwängen und mit höherem Bildungsniveau ein höheres Maß an Selbstreflexion und eine weitgehendere Lösung aus traditionellen Bindungen verknüpft.
- Auch im Alltagsbewusstsein sind die Schichten weiterhin präsent. Umfragen unter Studierenden und unter Arbeitern und Angestellten von Industriebetrieben belegen, dass fast alle von einer fortbestehenden Schichtstruktur (einige auch von einer fortbestehenden Klassenstruktur) ausgehen. Die konkreten Vorstellungen über die Konturen dieser vertikalen Struktur sind recht unterschiedlich und zum Teil auch diffus. Bei einer Mehrheit zeichnet sich jedoch eine grobe Verteilung in Oben-Mitte-Unten ab, häufig mit weiteren Differenzierungen in unterschiedlichen Varianten. [...]

Eine neue empirische Studie (Weber-Menges 2003) belegt, dass Arbeiter und Angestellte in Industriebetrieben nicht zu einer einheitlichen Gruppe von „Arbeitnehmern“ verschmolzen sind. Arbeiter und Angestellte sind in sich durchaus differenziert, aber sie lassen sich auch in der heutigen deutschen Gesellschaft in soziologisch gehaltvoller Weise als Schichten gegeneinander abgrenzen – mit typischen Unterschieden in ihren materiellen Lebensbedingungen, ihrem Selbstverständnis, ihren Lebenschancen und insbesondere auch ihren Lebensstilen.

(Informationen zur politischen Bildung [= M 52], S. 75f.; Verf.: Rainer Geißler)

In den vorangehenden Materialien (M 52 – M 56) wurden unterschiedliche Modellkonzepte zur sozialen Ungleichheit in Deutschland gegenübergestellt. Welches Konzept die soziale Wirklichkeit am besten erfasst, darüber gibt es Streit, der sich vor allem an der Frage entzündet, ab man in Deutschland überhaupt noch von einer Schichtstruktur (zum Schichtbegriff s. M 52) der Gesellschaft sprechen kann (vgl. Einleitungstext S. 178). Verdeutlichen Sie die in M 57 gegenübergestellten Hauptargumente für und gegen die These von der Auflösung der Schichtstruktur und versuchen Sie auf dem Hintergrund Ihrer Beschäftigung mit den vorangehenden Materialien zu einer eigenen Beurteilung zu gelangen.

III. Sozialpolitik und soziale Gerechtigkeit

1. Entwicklung und Gestaltung der Sozialpolitik in Deutschland

M 58 Sozialstaat und Sozialpolitik

Im Grundgesetz wird ausdrücklich betont: „Die Bundesrepublik Deutschland ist ein demokratischer und sozialer Bundesstaat“ (Art. 20 Abs. 1). Und nach Art. 28 Abs. 1 Satz muss die verfassungsmäßige Ordnung in den Ländern „den Grundsätzen des republikanischen, demokratischen und sozialen Rechtsstaates im Sinne des Grundgesetzes entsprechen.“ Ähnliche Regelungen finden sich in den meisten Landesverfasssungen. Das hier formulierte **Sozialstaatsgebot** ist zwar inhaltlich unbestimmt – legt also nicht fest, welche sozialpolitischen Leistungen in welcher Höhe und Reichweite erforderlich sind –, aber in seiner Rechtsprechung hat das Bundesverfassungsgericht das Sozialstaatsprinzip mehrfach als Verpflichtung des Staates interpretiert, für einen Ausgleich der sozialen Gegensätze und für eine gerechte Sozialordnung zu sorgen und die Existenzgrundlagen der Bürger zu sichern und zu fördern.

(Gerhard Bäcker/Reinhard Bispinck/Klaus Hofemann/Gerhard Naegele, Sozialpolitik und soziale Lage in Deutschland, Bd. 1: Ökonomische Grundlagen, Einkommen, Arbeit und Arbeitsmarkt, Arbeit und Gesundheitsschutz, Westdeutscher Verlag, Wiesbaden, 3. Aufl. 2000, S. 36f.)

Allgemein bezeichnet *Sozialpolitik* politische Institutionen, Prozesse und Politikinhalte, die zumindest darauf angelegt sind,
- die Bürger vor Armut und Not durch Garantie des Existenzminimums zu schützen,
- sie gegen die Wechselfälle des Lebens oder Risiken infolge von Alter, Invalidität, Krankheit, Arbeitslosigkeit oder Pflegebedürftigkeit zu sichern und
- soziale, also nicht natürliche Ungleichheit zu verringern.

(Frank Pilz, Der Sozialstaat. Ausbau – Kontroversen – Umbau, Bundeszentrale für politische Bildung, Bonn 2004, S. 16)

1. *Erläutern Sie, was mit dem „Sozialstaatsprinzip“ des Grundgesetzes gemeint ist und inwieweit dadurch Maßnahmen der Sozialpolitik (nicht) festgelegt werden.*
2. *Versuchen Sie die Abgrenzung der drei genannten Zielrichtungen der Sozialpolitik (Z. 13ff.) zu erläutern und aus Ihrer Kenntnis heraus durch konkrete Beispiele (Maßnahmen, Institutionen) zu verdeutlichen.*
3. *Verdeutlichen Sie an dieser Stelle den Zusammenhang, in dem die Abschnitte II. (S. 153ff.) und III. unseres Buches stehen.*

M 59 Die Expansion der Sozialpolitik in Deutschland bis Mitte der 1990er-Jahre

Zwar wurde in der Weimarer Reichsverfassung die Soziale Sicherung erstmals als Staatsziel aufgenommen, ein hohes Leistungs- und Versorgungsniveau konnte jedoch nicht aufgebaut werden. Auch die in der Weimarer Republik eingeführte Arbeitslosenversicherung bestand die Bewährungsprobe nicht, vor die sie in der Weltwirtschaftskrise* (1929) gestellt wurde.
Erst in der Nachkriegszeit, mit der Gründung der Bundesrepublik Deutschland, kam es zur eigentlichen *Expansion* der Sozialpolitik (vgl. Zeittafel S. 188f.). Zwar wurde an bestehende Strukturen und Institutionen angeknüpft, durch ihren umfassenden quantitativen Ausbau erreichte

die Sozialpolitik freilich eine neue Qualität. Besonders zu erwähnen sind der Ausbau der Versorgungsstandards im *Gesundheitswesen* und die Betonung von Prophylaxe und Rehabilitation, die Bereitstellung eines breiten Spektrums professioneller *sozialer Dienste und Einrichtungen*, die Einleitung einer aktiven *Arbeitsmarkt- und Qualifizierungspolitik*, die Forcierung einer auf Chancengleichheit orientierenden *Bildungspolitik*, die Ansätze zur Humanisierung der *Arbeitswelt* sowie die Einführung des *Familienlastenausgleichs*. Die bestehenden *Sozialversicherungszweige* (s. M 62) wurden in Bezug auf ihren Deckungsgrad, die Art der geschützten Risiken, den erfassten Personenkreis und die Höhe des Leistungsniveaus weiterentwickelt, und durch die Einführung der dynamischen [an die allgemeine Einkommensentwicklung gekoppelte] Rente kam das Prinzip der Lebensstandardsicherung zum Durchbruch. Insgesamt verstärkte sich die Dominanz des Sozialversicherungsprinzips im System der Sozialen Sicherung. Auf der anderen Seite wurde durch die *Sozialhilfe* eine Form der Grundsicherung geschaffen, die zwar von der Sozialversicherung abgeschottet blieb, die traditionellen Elemente der Armenfürsorge allerdings stark einschränkte und die Bedeutung individueller sozialer Hilfen unterstrich.

Die **Ausbauphase** der Sozialpolitik, die in den Jahren der Großen Koalition (CDU/CSU, SPD 1966–1969) und der sozial-liberalen Koalition (SPD, FDP 1969–1982) ihren Höhepunkt fand, wurde gegen Ende der 70er-Jahre durch eine fiskalisch [am Staatshaushalt orientierte] motivierte Politik von z. T. tief greifenden Leistungsänderungen und -kürzungen abgelöst, denen aber auch einzelne Leistungsausweitungen und -verbesserungen gegenüberstanden (so vor allem im Bereich der Familienpolitik, der Kinder- und Jugendhilfe und der sozialen Dienste und Einrichtungen). Trotz der Einschnitte blieben die Grundlagen des Systems insgesamt erhalten; auch die Spar- und Sozialabbaupolitik der konservativ-liberalen Koalition (CDU/CSU, FDP 1982–1998) bewegte sich im Wesentlichen im Rahmen der vorhandenen und akzeptierten Strukturen; durch die Einführung der *Pflegeversicherung* als nunmehr fünfter Zweig der Sozialversicherung kam es Mitte der 90er-Jahre sogar noch zu einer weiteren Ausdehnung des Sozialversicherungsprinzips.

Einen massiven Bedeutungszuwachs erlebte die Sozialpolitik durch den **Prozess der deutschen Einigung**. Binnen kürzester Zeit wurde das gesamte westdeutsche Wirtschafts- und auch Sozialsystem auf die neuen Bundesländer übertragen: Der Sozialpolitik fiel und fällt die gesellschaftspolitisch wichtige Aufgabe zu, den ökonomischen Transformationsprozess von der sozialistischen Plan- zur kapitalistischen Marktwirtschaft abzufedern. Durch einen außerordentlich hohen sozialpolitischen Mitteleinsatz – und zwar insbesondere im Bereich der *Arbeitsmarktpolitik* – ist es bis heute gelungen, die sozialen Folgeprobleme des Systemwechsels, der zu einem Zusammenbruch der ostdeutschen Wirtschaft führte, zu begrenzen und zu kanalisieren. Zugleich ist es zu erheblichen Verbesserungen im Versorgungs- und Leistungsniveau gekommen; vor allem die ältere Generation zählt zu den Gewinnern des Vereinigungsprozesses. Die Finanzierung dieser expansiven Sozialpolitik erfolgt in erster Linie durch Transfers aus den alten Bundesländern mit der Folge steil ansteigender Steuer- und vor allem Beitragsbelastungen. [...]

	1949–1989	**1989–1999**
Arbeitsrecht und Arbeitsschutz	1951: Kündigungsschutzgesetz 1952: Mutterschutzgesetz 1960: Jugendarbeitsschutzgesetz 1969: Lohnfortzahlungsgesetz 1973: Arbeitssicherheitsgesetz 1975: Arbeitsstättenverordnung	1994: Arbeitszeitgesetz 1995: Entgeltfortzahlungsgesetz 1996: Arbeitsschutzgesetz
Betriebs- und Unternehmensverfassung	1951: Montanmitbestimmungsgesetz 1952: Betriebsverfassungsgesetz 1955: Personalvertretungsgesetz 1976: Mitbestimmungsgesetz	1996: Europäisches Betriebsräte-Gesetz
Arbeitsmarktpolitik	1949: Tarifvertragsgesetz 1969: Arbeitsförderungsgesetz 1985: Beschäftigungsförderungsgesetz	1997: 3. Buch des Sozialgesetzbuches: Arbeitsförderung

Sozialversicherung	1955: Kassenarztrecht 1957: Neuregelungsgesetz der Rentenversicherung 1957: Alterssicherung für Landwirte 1971: Schüler-, Studenten- und Kindergartenunfallversicherung 1981: Künstlersozialversicherungsgesetz 1988: Gesundheitsreformgesetz	1989: Rentenreformgesetz 1992: Gesundheitsstrukturgesetz 1995: Pflegeversicherungsgesetz 1998: Rentenreformgesetz
Fürsorge und Sozialhilfe	1961: Bundessozialhilfegesetz 1961: Jugendwohlfahrtsgesetz 1974: Schwerbehindertengesetz	1990: Kinder- und Jugendhilfegesetz 1995: Sozialhilfereformgesetz
Familienpolitik	1954: Kindergeldgesetz 1985: Erziehungsgeldgesetz	1995: Neuordnung des Familienlastenausgleichs

(Gerhard Bäcker/Reinhard Bispinck/Klaus Hofemann/Gerhard Naegele, Sozialpolitik und soziale Lage in Deutschland, Bd. 1: Ökonomische Grundlagen, Einkommen, Arbeit und Arbeitsmarkt, Arbeit und Gesundheitsschutz, Westdeutscher Verlag, Wiesbaden, 3. Aufl. 2000, S. 27–31)

M 60 Der Ausbau des Sozialstaats (Sozialausgaben[1] in Milliarden Euro)

	1960	1970	1980	1991	1995	2000	2001	2003	2003 in %
Sozialbudget insgesamt	**32,6**	**86,3**	**228,5**	**426,0**	**560,5**	**644,8**	**662,1**	**694,4**	**100,0**
darunter[2]									
Rentenversicherung	10,0	26,5	72,4	133,3	184,8	217,4	224,3	238,5	32,5
Krankenversicherung	4,8	12,9	45,5	92,7	122,1	132,0	137,1	143,3	19,6
Pflegeversicherung					5,3	16,7	16,8	17,4	2,4
Unfallversicherung	0,9	2,0	4,8	7,4	10,2	10,8	10,9	11,3	1,5
Arbeitsförderung[3]	0,6	1,8	11,7	44,6	65,8	64,8	65,4	73,3	10,0
Beamtenpensionen	3,5	8,1	16,8	27,8	28,3	33,1	34,2	35,8	4,9
Entgeltfortzahlung	1,5	6,5	14,8	23,4	28,3	26,8	28,7	25,0	3,4
Kindergeld[5]	0,5	1,5	8,8	10,4	10,9	0,1	0,1	0,1	0,0
Erziehungsgeld				3,2	3,9	3,7	3,6	3,5	0,5
Kriegsopferversorgung	2,0	3,7	6,8	6,9	7,1	5,1	4,7	4,5	0,6
Wohngeld		0,4	1,0	2,5	3,2	4,3	4,3	5,2	0,7
Jugendhilfe	0,3	1,0	4,3	10,9	14,9	17,2	17,4	17,9	2,4
Sozialhilfe	0,6	1,7	6,8	18,1	27,7	25,9	26,0	28,0	3,8
Sozialausgaben je Einwohner in Euro	**588**	**1426**	**3736**	**5343**	**6887**	**7855**	**8047**	**8416**	
Sozialleistungsquote[4]	**21,1**	**25,1**	**30,6**	**28,4**	**31,1**	**31,8**	**31,9**	**32,6**	
Finanzierung des Sozialbudgets nach Quellen in Prozent									
Unternehmen	34,3	32,5	32,9	32,5	30,3	28,5	28,0	26,4	
Bund	25,6	24,4	23,5	20,4	20,9	22,1	22,4	24,2	
Länder	13,8	14,0	11,8	10,1	10,0	11,5	11,7	11,8	
Gemeinden	5,1	7,0	7,8	8,5	9,7	9,5	9,5	9,4	
Sozialversicherung	0,2	0,3	0,3	0,3	0,4	0,4	0,4	0,3	
Private Organisationen	1,0	0,9	1,1	1,4	1,6	1,5	1,5	1,5	
Private Haushalte	20,0	21,0	22,5	26,7	27,1	26,4	26,4	26,3	

[1] ab 1991 einschließlich neue Bundesländer, 2003 geschätzte Ergebnisse;
[2] in Auswahl;
[3] Arbeitsförderung und Arbeitslosenversicherung;
[4] Sozialausgaben in Prozent des Bruttoinlandsprodukts; BIP ab 1991 neu berechnet, daher ist die absolute Höhe der Sozialleistungsquote ab 1991 nur bedingt mit den Vorjahren vergleichbar;
[5] Kindergeld wird seit 1996 monatlich als Steuervergünstigung gezahlt.

(Bundesministerium für Arbeit und Soziales, Sozialbudget 2003, Bonn 2005, S. 4, 18, 39; www.bmas.bund.de)

1. *Beschreiben Sie zusammenfassend, wodurch die drei in M 59 dargestellten Phasen des Ausbaus der Sozialpolitik gekennzeichnet waren, und ordnen Sie einige der in der Übersicht zusammengestellten gesetzlichen Regelungen der Textdarstellung zu.*

2. *Versuchen Sie auch eine Zuordnung der in der Übersicht genannten Bereiche und Gesetze zu den in M 52 genannten Zielbereichen der Sozialpolitik. Wozu gehört z. B. die Förderung von Beschäftigung (durch eine entsprechende Wirtschaftspolitik)? Gehören auch die Gesetze zur Mitbestimmung der Arbeitnehmer zur Sozialpolitik?*

3. *Anhand der Tabelle M 60 können Sie die „Expansion" der Sozialpolitik im Hinblick auf die Entwicklung der Kosten und Ausgaben näher analysieren. Verschaffen Sie sich dazu zunächst einen Überblick über den Aufbau dieser Statistik und die verwendeten Kategorien und machen Sie deutlich, inwiefern dem Maßstab „Sozialleistungsquote" für die Beurteilung der dargestellten Entwicklung eine besondere Bedeutung zukommt.*

4. *Vergleichen Sie die Entwicklung der Sozialleistungsquote mit der in M 59 dargestellten Entwicklung (Ausbauphase der Sozialpolitik bis Ende der 1970er-Jahre).*

5. *Wie ist es zu erklären, dass sich zwischen 1980 und 1991 das gesamte Sozialbudget fast verdoppelte, die Sozialausgaben pro Einwohner um über 40% zunahmen, die Sozialleistungsquote sich aber verringerte? Zur allgemeinen Wirtschaftsentwicklung vgl. M 9 und M 11 in Kap. C (S. 238ff.).*

6. *Die drei (mit Abstand) größten „Töpfe" des Sozialbudgets (Renten-, Kranken- und Arbeitslosenversicherung) können nicht im vollem Sinne als Sozialleistungen bzw. Transferzahlungen* des Staates bezeichnet werden. Stellen Sie fest, von wem diese Leistungen finanziert werden (M 62), welchen Anteil diese drei Versicherungen am gesamten Sozialbudget haben und wie hoch daher der Anteil der beiden nichtstaatlichen Kostenträger (Unternehmen, private Haushalte) an der Gesamtfinanzierung des Sozialbudgets ist (M 60).*

Näheres zu der für die gesamte sozialpolitische Diskussion zentralen Frage der Finanzierung des Sozialbudgets enthalten die folgenden Materialien. Detailliertere Informationen zum „Sozialbudget" (M 60) finden Sie im Internet unter der Adresse http://www.bmas.bund.de/BMAS/Navigation/Soziale-Sicherung/berichte,did=96810.html

M 61 Die Finanzierung des deutschen Sozialleistungssystems

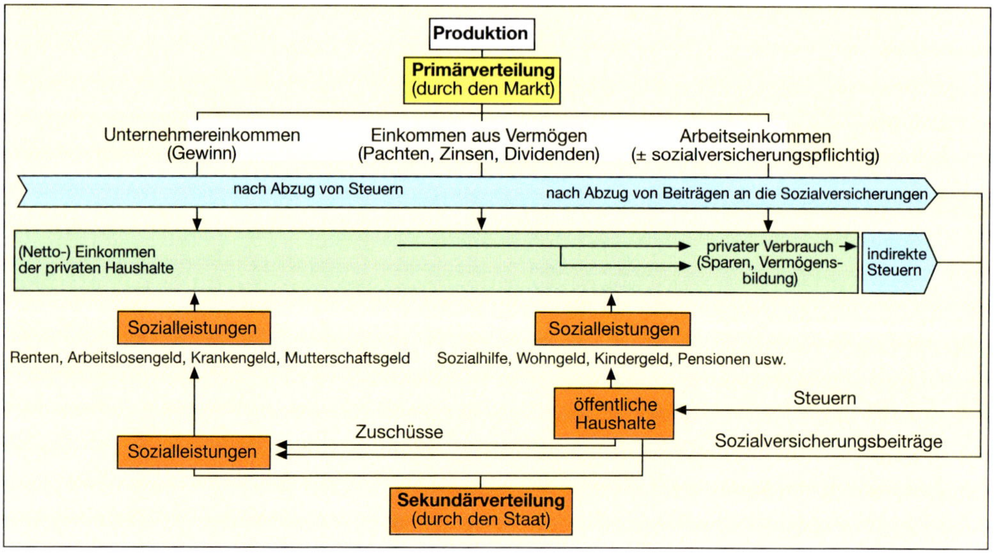

(Harald Podolsky, Gesellschaftsstrukturen und sozialer Wandel in der Informationsgesellschaft, Sozialwissenschaften für die Sekundarstufe II, Klett Verlag, Stuttgart 2001, S. 77)

1. *Das Schema M 61 ist geeignet, den ökonomischen Gesamtzusammenhang, in dem das Sozialleistungssystem in Deutschland verortet ist, zu verdeutlichen. Analysieren Sie die Darstellung, indem Sie zunächst feststellen, welche Arten von Einkommen durch den marktwirtschaftlichen Prozess (Primärverteilung) entstehen und welche Teile dieses Bruttoeinkommens zum einen an die privaten Haushalte (grüne Markierung), zum anderen an den Staat (öffentliche Haushalte) bzw. die Sozialversicherungen (Renten-, Kranken-, Arbeitslosen- und Pflegeversicherung) fließen (blaue Markierung). Wie (alternativ) können die privaten Haushalte ihr Einkommen verwenden? Woraus ergibt sich die Entrichtung „indirekter Steuern"?*
2. *Verdeutlichen Sie dann, auf welche Weise der Staat und die Sozialversicherungen die aus den Primäreinkommen abgeschöpften Mittel verwenden (umverteilen; orange Markierung). Wonach werden die beiden Formen von „Sozialleistungen" unterschieden? Welchen dieser Teile bezeichnet man als „Transferleistungen" (staatliche Leistungen an bestimmte private Haushalte ohne Gegenleistung)?*
3. *In der Unterschrift zu einem Globus-Schaubild zur Finanzierung des Sozialstaats heißt es: „Bedenkt man, wie der Staat und die Unternehmen ihre Sozialanteile finanzieren, so sind es letztlich die Bürger, die dafür aufkommen. Allein die Steuerzahler und Konsumenten finanzieren den Sozialstaat". Erläutern Sie diesen Hinweis.*

M 62 Zweige der gesetzlichen Sozialversicherung im Überblick (2006)

Wer?	Rentenversicherung	Krankenversicherung	Arbeitslosenversicherung	Gesetzliche Unfallversicherung	Pflegeversicherung
	alle Angestellten und Arbeiter; Beitragsbemessungsgrenze[1]: 5250 € (West), 4400 € (Ost) monatliches Bruttoeinkommen	alle Angestellten und Arbeiter; Beitragsbemessungsgrenze[1]: 3562,50 €; Versicherungspflichtgrenze[2]: 3937,50 € monatliches Bruttoeinkommen	alle Angestellten und Arbeiter; Beitragsbemessungsgrenze[1]: 5250 € (West), 4400 € (Ost) monatliches Bruttoeinkommen	alle Arbeitnehmer	alle, die in einer gesetzlichen oder privaten Krankenkasse versichert sind, zahlen einen gesetzlich vorgeschriebenen Beitrag
finanziert durch ...	Pflichtbeiträge: **19,5 %** des Bruttoeinkommens, je zur Hälfte vom Arbeitnehmer und Arbeitgeber zu tragen; Bundeszuschuss (2004): 77,9 Mrd. Euro	Pflichtbeiträge: **13,3 %** des Bruttoeinkommens[3], je zur Hälfte vom Arbeitnehmer und Arbeitgeber zu tragen; Bundeszuschuss (2002): 3,0 Mrd. Euro	Pflichtbeiträge: **6,5 %** des Bruttoeinkommens, je zur Hälfte vom Arbeitnehmer und Arbeitgeber zu tragen; Bundeszuschuss (2003): 6,8 Mrd. Euro	Pflichtbeiträge: der Arbeitgeber, Höhe je nach Gefahrenklasse und Betriebsgröße	Pflichtbeiträge: in Höhe von **1,7 %** des Bruttoeinkommens, je zur Hälfte vom Arbeitnehmer und Arbeitgeber
Leistungen	Renten bei Alter (60/63/65 Jahre), Invalidität und Tod des Versicherten (80 % Hinterbliebenenrente)	Behandlungskosten, Hilfsmittel, Krankengeld (70 % des Nettoeinkommens) bei Arbeitsunfähigkeit wegen Krankheit	Arbeitslosengeld*, dann bei Bedürftigkeit Arbeitslosengeld II*; Maßnahmen zur Arbeitsförderung	Behandlungskosten und Fördermaßnahmen; evtl. Rente bei Arbeitsunfällen und Berufskrankheiten	je nach Pflegestufe (I–III) 205 € bis 1432 € für häusliche oder stationäre Pflege

[1] Jährlich neu festzulegende Höhe des Geldbetrags, bis zu der der Bruttoarbeitsverdienst beitragspflichtig ist; der darüber hinausgehende Verdienst wird nicht zur Beitragszahlung herangezogen.
[2] Höhe des Monatsverdienstes, bis zu dem man der Pflichtversicherung in einer gesetzlichen Krankenkasse unterliegt; bei höherem Verdienst kann man sich privat versichern lassen; von der Pflichtversicherung befreit sind auch Beamte.
[3] Bundesdurchschnitt; von Kasse zu Kasse verschieden

(Autorentext)

Nähere Informationen zu allen Zweigen der Sozialen Sicherungssysteme bietet die Broschüre des Bundesministeriums für Arbeit und Soziales: Soziale Sicherung im Überblick. Sie steht per Download auch im Internet zur Verfügung:
http://www.bmas.bund.de/BMAS/Navigation/Service/publikationen,did=96908.html

M 63 Formale Prinzipien der Sozialversicherung

- Die individuellste Form der sozialen Sicherung, die also dem liberalen Freiheitsgedanken und der Selbstbestimmung des oder der Einzelnen am nächsten kommt, ist das **Versicherungsprinzip**. Es dient rein der individuellen Vorsorge und es liegt daher auch in der individuellen Verantwortung, sich nach diesem Prinzip sozial abzusichern oder nicht. Es ist kein Zwang, dies zu tun, bezieht sich nur auf die jeweilige Person und lässt die Wahl des Leistungsumfanges je nach Leistungsfähigkeit des oder der Einzelnen. Wer viel Sicherheit will und sie sich auch leisten kann, wird im „Schadensfall" viel bekommen.
Die Gesellschaft ist dabei außen vor. Es ist eine Absicherung auf Gegenseitigkeit, ein simples Tauschversprechen. Der Vorleistung stehen Gegenleistungen wie bei einem Sparbuch in Höhe der angesparten Eigenbeiträge (Sparprinzip) oder verhältnismäßig entsprechend dem Risiko und der Dauer und Höhe der angesparten Eigenbeiträge (*Äquivalenzprinzip*) gegenüber.
- Überwiegend wird die Absicherung sozialer Grundrisiken jedoch nicht – zumindest nicht vollständig – dem oder der Einzelnen überlassen, sondern durch die Gemeinschaft der Versicherten in den gesetzlichen Sozialversicherungen getragen. Wie Individualversicherungen funktionieren jedoch nur die Altersrentenleistungen aus der Gesetzlichen Rentenversicherung nach einem relativen Äquivalenzprinzip. In der Mehrzahl gilt das **Solidarprinzip**. Dieses besagt, dass sich zwar die individuellen Beiträge dem Grunde nach an der Leistungsfähigkeit (Einkommen) bemessen, die Leistungen selbst aber entweder normiert (Unfall-, Arbeitslosenversicherung) oder bedarfsabhängig (Krankenversicherung) oder beides sind (Pflegeversicherung).
Am weitesten in ihrer *Umverteilungswirkung* geht dabei die Gesetzliche Krankenversicherung. In ihr zahlen nicht nur die Einkommensstärkeren für die -schwächeren mit, sondern auch die Erwerbstätigen für mitversicherte Familienangehörige, die „Gesünderen" für die „Kränkeren" und die Ledigen und Kinderlosen für die Familien.
- Ein im bundesdeutschen Sicherungsnetz dominantes drittes Prinzip ist das **Versorgungsprinzip**. Es folgt einer völlig anderen Logik. Zwar ist auch hier die Solidargemeinschaft gefragt, aber nicht in einem eigenen, geschlossenen System wie beim Solidarprinzip, sondern als steuerzahlende Allgemeinheit. Aus ihren Abgaben an den Fiskus leistet der Sozialstaat Entschädigungen für erlittene Nachteile, Schäden oder Opfer. Dem Staat geht es dabei um Ausgleich für „Schicksalsschläge", die massenhaft erlebt wurden oder werden und mit denen man die Betroffenen nicht alleine lassen will, aus welchen Gründen auch immer.
- Das Bundessozialhilfegesetz [...] folgt wie auch das Bundeskindergeldgesetz, das Bundeserziehungsgeldgesetz, zum Teil aber auch die Arbeitslosenversicherung der Logik einer am Mindestbedarf orientierten **Fürsorge**. Ihr zufolge wird nicht vorgesorgt, solidarisch ge-

> Arbeitnehmer – und auch einige Gruppen von Selbstständigen – sind in der gesetzlichen **Sozialversicherung** pflichtversichert (Kranken- und Pflegeversicherung: bis zu einer bestimmten Einkommenshöhe). Die Sozialversicherung funktioniert nach dem **Solidarprinzip**. Wer mehr hat, zahlt – bis zu einer bestimmten Obergrenze – höhere Beiträge und unterstützt damit auch die, die weniger eingezahlt haben. Auch die Leistungen der Sozialversicherung sind gesetzlich festgelegt. Damit sorgt der Staat dafür, dass Existenzrisiken wie Krankheit, Arbeitslosigkeit, Unfall und Alter mit einer Grundversorgung abgesichert sind.
> Die **Individualversicherung** ist eine sinnvolle Ergänzung zur Sozialversicherung. Jeder entscheidet selbst darüber, gegen welche Risiken er sich zusätzlich durch eine private Versicherung absichern möchte. Die Beitragshöhe richtet sich nach dem versicherten Risiko (**Äquivalenzprinzip**): Alle Versicherten zahlen die gleichen Beiträge für das gleiche Risiko. Je höher die Risikofaktoren sind, desto höher sind die Beiträge bzw. Prämien.
> (Arbeitsgemeinschaft Jugend und Bildung e.V., Safety 1st plus, Rente und soziale Sicherung, Schülermagazin 2005, Sek. II, Universum Verlag, Wiesbaden 2005, S. 5)

sichert oder entschädigt, sondern staatliche „Barmherzigkeit“ geübt. Fürsorgeleistungen sind noch am ehesten Residuen, Überbleibsel mittelalterlicher Almosenzeiten. Sie sollen die drängendste individuelle Not lindern. Dieses Versprechen, in der Not barmherzig zu sein, gibt der Staat aber nur unter der Bedingung, dass alle anderen vorstaatlichen Hilfemöglichkeiten ausgeschöpft wurden. Dieser, der katholischen Soziallehre entstammende Leitgedanke der **Subsidiarität** bedeutet, dass eine größere Einheit der Gesellschaft nachrangig zu den jeweils kleineren Einheiten ist. Zuerst ist also die individuelle, dann die familiäre, schließlich die lokale, zum Schluss die staatliche Einheit in der Pflicht zur Hilfe. Damit die nächstgrößere Einheit einspringt, muss eine Überforderung aller vorrangigen Einheiten gegeben sein.

(Bernhard Frevel/Berthold Dietz, Sozialpolitik kompakt, VS Verlag für Sozialwissenschaften, Wiesbaden 2004, S. 58–61)

1. *Verschaffen Sie sich anhand von M 62 einen Überblick über das System der gesetzlichen Sozialversicherung in Deutschland und seine Finanzierung.*
Die Zweige der Sozialversicherung haben den Charakter von Zwangsversicherungen, für die alle „sozialversicherungspflichtig Beschäftigten“ (also alle Erwerbstätigen außer den Selbstständigen und den Beamten) beitragspflichtig sind (zum Umfang dieser „Sozialabgaben“ und ihrem Anteil am Bruttolohn s. M 65c). Welche Bedeutung hat in diesem Zusammenhang die so genannte „Beitragsbemessungsgrenze“ (Obergrenze, bis zu der man beitragspflichtig ist)? Warum wird sie jährlich der allgemeinen Einkommensentwicklung angepasst (i. d. R. also erhöht)?
Welche Möglichkeit haben im Hinblick auf die Krankenversicherung Angestellte mit einem Bruttoverdienst oberhalb der „Versicherungspflichtgrenze“?

2. *Machen Sie die Bedeutung der Prinzipien deutlich, die für das deutsche Sozialsystem und für die Sozialpolitik maßgeblich sind. (M 63)*
- *Inwiefern richten sich die Rentenversicherung und z. T. auch die Arbeitslosenversicherung nach dem Äquivalenz- und Versicherungsprinzip, die Kranken- und die Pflegeversicherung nach dem Solidarprinzip?*
- *Welchem Prinzip entsprechen z. B. die Kriegsopferversorgung (Bundesversorgungsgesetz seit 1960) und das Gesetz zur Entschädigung für die Opfer von Gewalttaten (1976)?*
- *Welche Bedeutung kommt dem Subsidiaritätsprinzip z. B. für Leistungen der Sozialhilfe zu?*

M 64 Die Entwicklung der Sozialversicherungsbeiträge 1950 – 2003

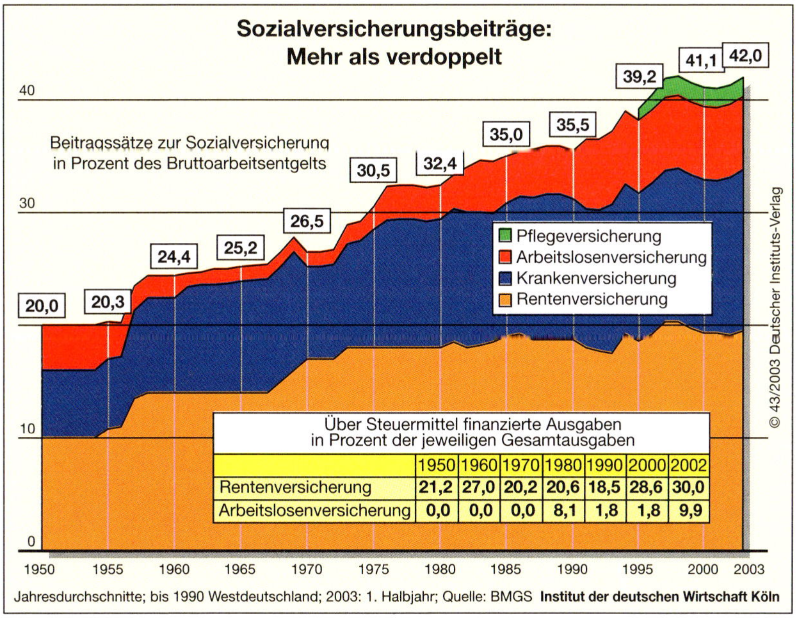

Über Steuermittel finanzierte Ausgaben in Prozent der jeweiligen Gesamtausgaben

	1950	1960	1970	1980	1990	2000	2002
Rentenversicherung	21,2	27,0	20,2	20,6	18,5	28,6	30,0
Arbeitslosenversicherung	0,0	0,0	0,0	8,1	1,8	1,8	9,9

Stand 2005 und 2006: 41,0 (s. M 62)

(iwd Nr. 43 v. 23.10.2003, S. 2; © Deutscher Instituts-Verlag)

M 65 Die „Beitragslast" für Arbeitgeber und Arbeitnehmer

a) Personalzusatzkosten 2004
im Produzierenden Gewerbe in Euro je 100 Euro Direktentgelt

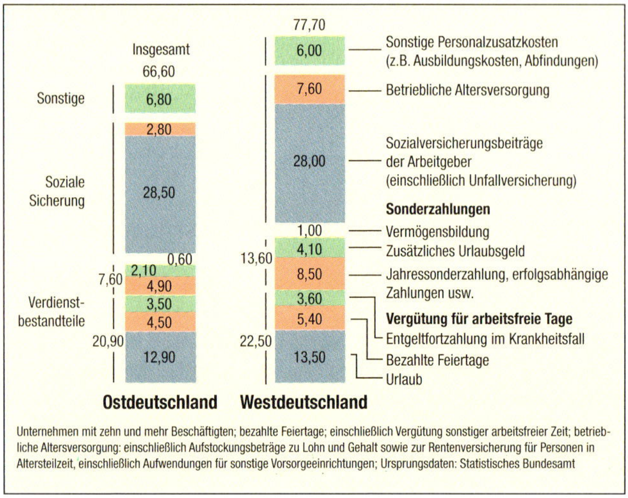

b)

(iwd Nr. 20/2005; © Deutscher Instituts-Verlag)

c) Was vom Lohn übrig bleibt

Abgabeart	alleinstehend, ohne Kind	verheiratet, ein Ehepartner arbeitet, ein Kind
Bruttolohn	**2000,00**	**2000,00**
Sozialversicherung insgesamt	**422,50**	**420,00**
Rentenversicherung (die Hälfte von 19,5 %)	195,00	195,00
Krankenversicherung (die Hälfte von 14,3 %)*	143,00	143,00
Pflegeversicherung (die Hälfte von 1,7 %)**)***	19,50	17,00
Arbeitslosenversicherung (die Hälfte von 6,5 %)	65,00	65,00
Steuern insgesamt	**335,00**	**66,10**
Lohnsteuer	292,00	65,80
Kirchensteuer	26,00	0,30
Solidaritätszuschlag	16,00	–
Abzüge insgesamt	**757,50**	**486,10**
plus Kindergeld	–	154
Nettolohn	**1242,50**	**1667,90**

*) Durchschnittswert 2005, **) In Sachsen beteiligt sich der Arbeitgeber in geringerem Umfang, ***) Kinderlose zahlen ab 2005 1,95 %

(AG Jugend und Bildung [= Kasten in M 63], Sek I, S. 11)

1. *Beschreiben Sie die Entwicklung der Sozialversicherungsbeiträge, auch im Verhältnis der einzelnen Versicherungen untereinander (M 64). Stellen Sie begründete Vermutungen an über einen Zusammenhang mit der Entwicklung der Arbeitslosigkeit (s. M 22, S. 261) und ihrer Auswirkungen auf das Versicherungssystem (s. M 67) und vergleichen Sie dazu auch die Entwicklung der Höhe der Zuschüsse des Staates (Steuermittel) zur Rentenversicherung (ab 1991 kommt hinzu, dass die Rentenversicherung nach der deutschen Wiedervereinigung die Rentenansprüche und viele zusätzliche Leistungen für die Bevölkerung in den neuen Bundesländern übernommen hat; s. M 59, Z. 34ff.).*

2. *Erläutern Sie, wie sich die in M 64 dargestellte Entwicklung der Sozialversicherungsbeiträge auf die Kostenbelastung der Unternehmen einerseits und die Nettolöhne der Arbeitnehmer andererseits auswirkt (M 65).*
- *Welche weiteren „Zusatzkosten" (neben den Sozialversicherungsbeiträgen) haben Unternehmen zu tragen (M 65a)?*
- *Kann man sagen, dass – unter Einbeziehung der Lohnsteuer – der durchschnittliche Nettoverdienst eines Arbeitnehmers nur etwa die Hälfte der vom Arbeitgeber aufgewandten Arbeitskosten ausmacht (M 65b)?*

3. *Die Belastung des monatlichen Bruttoeinkommens (Löhne und Gehälter) durch Steuern und Sozialabgaben stellt sich je nach Steuerklasse für den einzelnen Einkommensbezieher unterschiedlich dar. Vergleichen Sie dazu die Beispiele in M 65c (Steuerklasse I für einen Ledigen; Steuerklasse III für einen Verheirateten mit zwei Kindern). Berechnen Sie, wie hoch jeweils der Prozentsatz der „Abgabenlast" ist.*

4. *Wie lässt sich die unterschiedliche Abgabenbelastung rechtfertigen? Bedenken Sie dabei auch, dass Ehefrau und Kinder des verheirateten Arbeitnehmers in der Krankenversicherung mitversichert sind (Solidarprinzip; vgl. M 63).*

2. Das Sozialsystem in der Finanzierungskrise

In den letzten Jahren ist der Sozialstaat der Bundesrepublik zunehmend „unter Druck geraten". Die heftige Diskussion darüber, wie die zukünftige Sozialpolitik gestaltet werden soll, können wir hier nicht ausführlich darstellen. Zusammenfassend und vereinfachend formuliert, lautet die Frage nach der Zukunft des Sozialstaats, ob angesichts
- *der demographischen Entwicklung* (vgl. dazu M 66),
- *geringerer Wachstumsraten des Bruttoinlandsprodukts* (vgl. Grafik M 11b, S. 241),
- *anhaltender Massenarbeitslosigkeit* (vgl. M 22, S. 261),
- *hoher Arbeitskosten und hoher Sozialabgabenlast* (vgl. M 64 und M 65) sowie
- *steigender Ansprüche* an den *Sozialstaat*

das gegenwärtige Leistungsniveau des sozialen Sicherungssystems (s. M 62) erhalten bzw. gar gesteigert werden kann oder ob hier „gespart" werden muss und die privaten Haushalte in stärkerem Maße zur Absicherung gegen soziale Risiken verpflichtet werden sollen.

(Zeichnung: Reiner Schwalme/CCC, www.c5.net)

M 66 Folgen der demographischen Alterung für die sozialen Sicherungssysteme

Der Altenquotient [das zahlenmäßige Verhältnis der nicht mehr erwerbstätigen über 60-/65-Jährigen zu den 15- bis 60-/64-Jährigen] hat wichtige Folgen für die Sicherung der Renten, für das Krankenversicherungssystem und für die Sicherung der Pflege. Die Finanzierung der sozialen Sicherungssysteme, die in erster Linie über die *Beiträge der Erwerbsbevölkerung* erfolgt, stößt immer mehr an ihre Grenzen. Erschwerend wirken sich die längeren Ausbildungszeiten und die frühere Beendigung des Arbeitslebens aus. Aufgabe der Politik muss es in dieser Situation sein, sich rechtzeitig der Sicherung der Alterseinkommen bei einem zunehmenden Ungleichgewicht zwischen Beitragszahlern und Rentenbeziehern und der Versorgung von immer mehr älteren Menschen, die häufiger und schwerer krank bzw. pflegebedürftig sind, zu widmen, ohne die mittlere Generation, die Beitragszahler und pflegenden Familienmitglieder, zu stark zu belasten. Dabei wird es aufgrund der Altersstruktur – 2010 werden z. B. in Deutschland die Hälfte und 2050 fast 60 % der Wahlberechtigten über 50 Jahre alt sein – politisch zunehmend schwieriger, etwas zu Lasten der älteren Generation durchzusetzen.

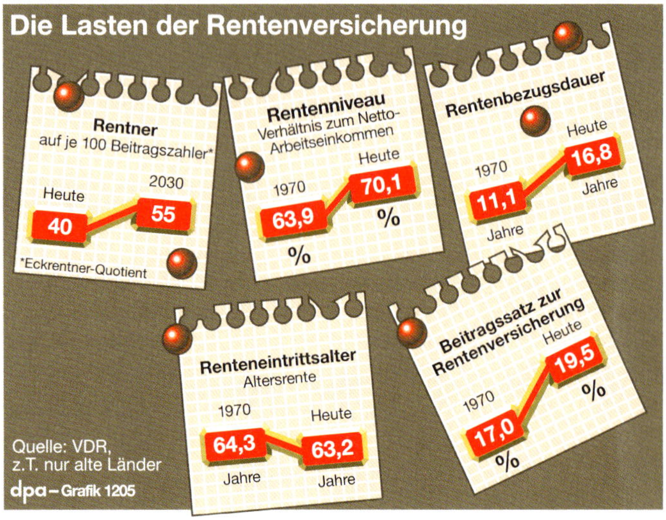

● Die **Rentenfrage** dürfte dabei das wichtigste Problem sein, das es infolge der demographischen Alterung (s. S. 125) zu lösen gilt. Dem Rentenversicherungssystem liegt der sog. *Drei-Generationen-Vertrag* zugrunde. Die noch nicht und die nicht mehr erwerbsfähigen Generationen werden von den Beiträgen und/oder Steuern der erwerbstätigen Generation unterhalten. Da aufgrund der demographischen Alterung die Relation zwischen Beitragszahler und Rentenempfänger langfristig immer ungünstiger wird, treten erhebliche Probleme auf. Als Maßnahmen zur Kostensenkung bzw. -dämpfung der Alterssicherung werden u.a. diskutiert: eine Erhöhung des Beitragssatzes, eine Kürzung der Renten, die Erleichterung eines flexibleren Rückzugs vom Arbeitsmarkt, eine größere Mobilisierung bisher nicht erwerbstätiger Frauen, z. B. durch Maßnahmen zur Förderung der Vereinbarkeit von Familie und Beruf, ein früherer Eintritt in das Erwerbsleben, eine gesteuerte Zuwanderung, die Einführung einer gesetzlichen privaten Zusatzvorsorge sowie (im Falle eines Rückgangs der hohen Arbeitslosenzahlen) die Anhebung des Renteneintrittsalters. Was den letzten Punkt anbelangt, verläuft die Entwicklung allerdings genau umgekehrt. Das Berufsaustrittsalter der Männer und Frauen ist kontinuierlich gesunken. Während in Deutschland Anfang der 1970er-Jahre noch 70 % der Männer zwischen 60 und 65 erwerbstätig waren, sind es Mitte der 1990er-Jahre nur noch knapp ein Drittel. Bei den Frauen ist der entsprechende Anteil von etwa 20 % auf 11 % gesunken. Das durchschnittliche tatsächliche Renteneintrittsalter liegt derzeit bei 60 Jahren. Je nach Maßnahme wird entweder die mittlere oder die ältere Generation stärker belastet.

● Die demographische Alterung (s. Grafik S. 125) führt auch zu steigenden Aufwendungen zur Sicherung der alterungsbedingten **Krankheitskosten**, da ältere Menschen einem höheren Krankheitsrisiko unterliegen und der medizinische Fortschritt immer mehr neue Diagnose- und Behandlungsmethoden mit sich bringt. Die Berliner Altersstudie zeigt, dass 88 % der über 70-Jährigen fünf und mehr Krankheiten haben. Eine Dämpfung der Kosten ohne wesentliche Steigerung der Krankenversicherungsbeiträge ist nur über den Ausschluss von nicht

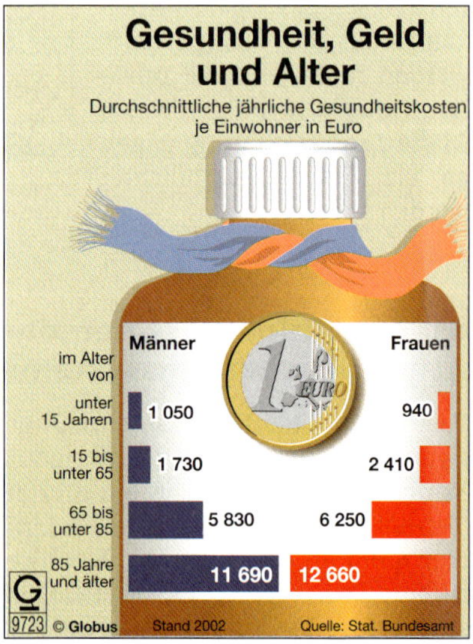

zentralen Kosten (z. B. Massagen) möglich. Vor allem bei Hochbetagten (über 80-Jährige), deren Anteil sich voraussichtlich bis 2035 von derzeit weniger als 4 % auf über 12 % mehr als verdreifachen wird, steigt außerdem das Risiko der **Hilfs- bzw. Pflegebedürftigkeit**. Um die im Pflegefall auftretenden Kosten abzusichern, wurde in Deutschland 1995 die gesetzliche Pflegeversicherung eingeführt. Zwar wird der weitaus größte Teil der Pflegeleistungen in privaten Haushalten erbracht – meist von Ehefrauen, Töchtern und Schwiegertöchtern –, doch geht mit dem Trend zu kleineren Haushalten eine Verknappung des Potenzials an Pflegepersonal einher. Immer mehr Pflegebedürftige verfügen aufgrund der sich verändernden Familienstrukturen (sinkendes Geburten- und Heiratsniveau, steigende Scheidungshäufigkeit) über immer kleinere familiale Unterstützungssysteme. Fraglich ist auch, inwieweit Frauen bei steigender Erwerbstätigkeit in Zukunft noch bereit und in der Lage sind, häusliche Pflege zu übernehmen. Eine erfolgreiche Bewältigung der zu erwartenden Probleme wird nur möglich sein, wenn es gelingt, die Solidarität zwischen den Generationen und das familiale Netzwerk unter Einschluss der Männer zu stärken.

(Rüdiger Peuckert, Familienformen im sozialen Wandel, VS Verlag für Sozialwissenschaften, Wiesbaden, 5. Aufl. 2004, S. 357ff.)

M 67 Arbeitslosigkeit und Wandel der Erwerbsstruktur als Probleme des Sozialsystems

[Es] besteht eine Situation, dass ein weitaus größerer Teil der registrierten und verdeckten **Arbeitslosigkeit** strukturell verfestigt ist, sich also auch bei einem entsprechenden Wirtschaftswachstum nicht auflöst (vgl. S. 261). Dieser früher auch „Sockelarbeitslosigkeit“ genannte Teil der Arbeitslosigkeit wie auch das Ausmaß der als „Schwarzarbeit“ bezeichneten **Schattenwirtschaft** (s. S. 231f.) hat für Sozialpolitiker alarmierende Dimensionen angenommen. Denn: Die Sozialversicherungen sind *direkt* (über die vom Bruttolohn einbehaltenen Sozialversicherungsbeiträge) und die steuerfinanzierten Sozialleistungen sind *indirekt* (über Einkommensteuereinnahmen) von der Beschäftigungslage in Deutschland abhängig. Steigt die Arbeitslosigkeit, steigen auch die Sozialausgaben (in erster Linie in der Arbeitslosen- und Rentenversicherung). Zugleich schrumpft aber die Zahl der Versicherten und Einkommensteuerpflichtigen und damit auch die Einnahmen der Sicherungssysteme. [...]

Insgesamt haben die Sozialversicherungen aufgrund ihrer Abhängigkeit von der Erwerbsquote und der Entwicklung der Bruttoeinkommen mit dem grundlegenden **Wandel der Beschäftigungsstruktur** zu kämpfen. Ende der Fünfzigerjahre sollten die Sozialkassen Vollerwerbstätige in deren sozialen Risiken absichern und am Ende für dieses Arbeitsleben belohnen. Heute herrschen weitgehend andere Erwerbsformen vor als damals. Die Tendenz geht eindeutig weg vom *Beruf* in Richtung *Job*. Ein einmal erlerntes „Handwerk“ wird nicht mehr bis zum Rentenalter unterbrechungslos ausgeübt, der sich rasant wandelnde Arbeitsmarkt verlangt zwei oder drei aufeinander folgende Qualifikationen, häufiges Umschulen und Weiterbilden, die permanente Bereitschaft zur Flexibilität, zum Wechsel des Arbeitgebers und des Arbeitsortes, das Führen eines arbeitsmarktlichen Halbnomadentums. Die für eine dauerhafte Sesshaftigkeit konzipierten Sozialversicherungen ziehen da nicht mit (um). Geringfügige Beschäftigung und Selbstständigkeit sowie „Scheinselbstständigkeit“ sind stark wachsende Erwerbsformen (s. Grafik S. 115), die allerdings dem Solidarsystem nicht nützen, da sie nur einen geringen oder keinen Beitrag bringen. Wenn auch Freiberuflern und Selbstständigen keine Leistungsansprüche erwachsen – sobald deren Anteil an der Erwerbsquote steigt, erwächst daraus unweigerlich ein Problem für das oh-

Als **„Umlageverfahren“** (Umlagefinanzierung) wird das bestehende Verfahren der Rentenfinanzierung bezeichnet, nach dem die Finanzierung der laufenden Renten eines Jahres durch die in dieser Zeit gezahlten Beiträge der Arbeitnehmer und Arbeitgeber (je zur Hälfte) erfolgt.
Im Unterschied dazu bedeutet das **„Kapitaldeckungsverfahren“**, dass die Versicherten im Laufe der Zeit ihrer Erwerbstätigkeit in der Rentenversicherung Kapital ansammeln, über dessen Summe (zusätzlich zu der sich ergebenden Rendite [Gewinnanteile]) sie dann im Alter verfügen können.

(Autorentext)

nehin nicht sehr komfortable Verhältnis zwischen beitragszahlenden Arbeitnehmerinnen und Arbeitnehmern und den Leistungsbeziehenden. Das Umlagefinanzierungsprinzip, welches für die Umverteilung zwischen aktuell Beitragszahlenden und den Nicht-, Noch-nicht- oder Nicht-mehr-Beitragszahlenden steht, droht immer weiter zu kippen. Längst hat sich neben dem staatlichen Solidarsystem ein wachsender privatversicherungsrechtlicher Bereich entwickelt, in dem die Menschen größere Beträge als je zuvor in die private Kapitalbildung einzahlen, volkswirtschaftliche Summen, die also am Solidarsystem vorbei in die Individualvorsorge gehen.

Nun wird es ein Zuviel oder Zuwenig branchenspezifisch Qualifizierter auf dem Arbeitsmarkt immer geben. Die freie Ausbildungs- und Berufswahl bringt es nun einmal mit sich, dass junge Menschen sich zum falschen Zeitpunkt für die richtige Ausbildung entscheiden, die vielleicht zu Beginn, aber nicht mehr mit Ende der Ausbildung nachgefragt wird. Das muss eine Volkswirtschaft verkraften können. Dergestalt wird es immer eine Verantwortung des Sozialstaates für diejenigen geben müssen, die auf dem Arbeitsmarkt (wenn auch nur vorübergehend) nicht Fuß fassen. Unabhängig machen müsste sich die Finanzierungslogik sozialer Sicherung aber von der so genannten Normalerwerbsbiografie. Denn je mehr diese verschwindet, desto mehr erodiert die Grundlage der Sozialversicherungen.

Was Grundlage der Konzeption der Sozialversicherungen war, ist heute ein Ausnahmefall: Hinlänglich abgesichert betrachten konnte sich, wer als Arbeiter oder Angestellter einen Beruf erlernte, diesen über 40 oder 50 Jahre ausübte und während dieser Zeit mehr oder weniger lückenlos Sozialbeiträge zahlte. Im Gegenzug schützte ihn die Mitgliedschaft in den Sozialversicherungen während der Berufstätigkeit gegen allzu hohe Kosten und Lohneinbußen bei Krankheit, Unfall oder Arbeitslosigkeit, stellte die Arbeitsplatzvermittlung und den Lohnausfall bei vorübergehendem Verlust des Arbeitsplatzes sicher und garantierte bei Ausscheiden aus dem Erwerbsleben eine Rente, die ein sorgenfreies Leben im Alter, zumindest aber keine wesentlichen Abstriche vom erreichten Lebensstandard abverlangte. Was für den weitaus größten Teil der abhängig Beschäftigten eine fast lückenlose Absicherung war, die vor allem in den Sachleistungen qualitativ seinesgleichen suchte, passt heute nicht mehr. Lücken in der Erwerbsbiografie, der häufigere Wechsel des Arbeitsplatzes, die Anforderung, den Beruf zu wechseln und sich weiterzubilden, längere Auszeiten für Kindererziehung, Qualifikation oder aus anderen Gründen zu nehmen – alle diese im Grunde „normalen" und auch durchaus positiven Anforderungen des modernen Erwerbslebens wirken sich nachteilig auf Leistungsansprüche aus oder werden durch die Gesetzeslage nachgerade verhindert.

(Bernhard Frevel/Berthold Dietz, Sozialpolitik kompakt, VS Verlag für Sozialwissenschaften, Wiesbaden 2004, S. 138 – 141)

1. *Für die Beschreibung der Auswirkungen der „demographischen Alterung" auf das Sozialversicherungssystem (M 66) können Sie ggf. die nähere Darstellung der demographischen Entwicklung in M 14, S. 124f. hinzuziehen.*
   Machen Sie für jedes der drei Sicherungssysteme deutlich, welche schwerwiegenden Herausforderungen für die Finanzierung sich allein aufgrund dieser Entwicklung abzeichnen (zum Problem des Arbeitsmarktes s. M 67). Erläutern Sie dazu auch die im Text nur kurz (Z. 33ff.) angesprochenen Möglichkeiten, diesen Herausforderungen zu begegnen (zu bisherigen Reformschritten s. Kasten S. 202).
2. *Erläutern Sie den negativen Doppeleffekt, der sich aus hoher bzw. steigender Arbeitslosigkeit für die Finanzierung der Sozialversicherungssysteme ergibt (M 67, 1. Abschnitt).*
3. *Welche Probleme ergeben sich aus dem Wandel der Erwerbsstruktur und der „Flexibilisierung" der Erwerbsformen (vgl. M 6, S. 114f.)? Erklären Sie mit eigenen Worten, warum im Text von einem „arbeitsmarktlichen Halbnomadentum" die Rede ist, durch welches das „Umlagefinanzierungssystem" der Rentenversicherung „immer weiter zu kippen" droht.*
4. *Wie beurteilen Sie die „durchaus positiven Anforderungen des modernen Erwerbslebens" (M 67, Z. 64f.)?*

M 68 Sozialpolitik

a) Im internationalen Vergleich nimmt Deutschlands Sozialpolitik einen Rang in der Oberschicht der Wohlfahrtsstaaten ein. Das gilt sowohl für die Höhe der Pro-Kopf-Sozialleistungen und die Sozialleistungsquote (Prozentanteil öffentlicher und gesetzlich festgelegter privater Sozialausgaben am Sozialprodukt) wie auch für die Verminderung von Armutsrisiken und für den weit ausgebauten arbeitsrechtlichen Schutz der Jobbesitzer. Einen Spitzenplatz nimmt Deutschlands Sozialstaat ein, wenn zusätzlich zu den öffentlichen Sozialausgaben die sozialpolitisch gezielten Steuererleichterungen sowie Pflichtsozialleistungen von Privaten, z. B. die Lohnfortzahlung im Krankheitsfall, berücksichtigt werden.

Sozialleistungsquoten[1] der EU-Mitgliedstaaten[2] in 2002 – Sozialleistungen in % des BIP

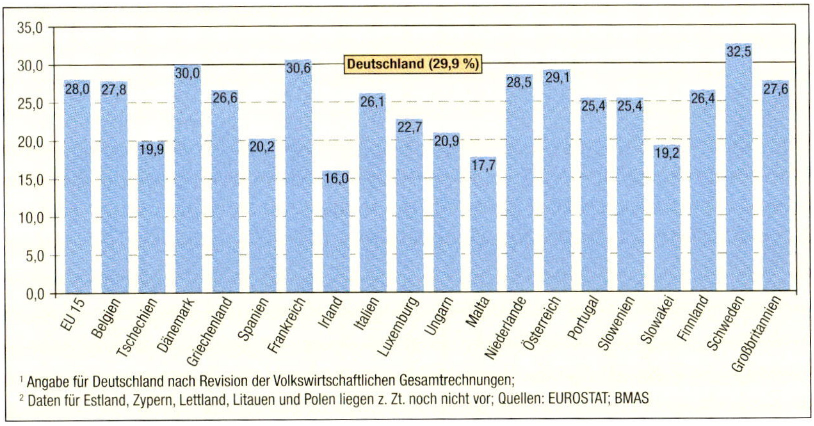

(Bundesministerium für Arbeit und Soziales, Sozialbericht 2005, S. 194)

Deutschlands Sozialpolitik sind Stärken und Schwächen eigen. Als besondere **Stärken** gelten:

1. der weitreichende Schutz, den die Sozialpolitik den Anspruchsberechtigten verschafft,
2. die Dämpfung der sozialen und politischen Folgen größerer wirtschaftlicher Konjunktur- und Strukturkrisen,
3. ihr Beitrag zu Einbindung und Befriedung der Gewerkschaften,
4. die Entlastung der Betriebe vom Konflikt um Sozialleistungen,
5. ihre Akzeptanz in der großen Masse der Bevölkerung,
6. die Stabilisierung wirtschaftlicher Nachfrage, aber auch
7. der Anreiz zum arbeitsparenden technischen Fortschritt, den vor allem die Sozialabgaben, welche die Arbeitskosten direkt erhöhen, erzeugen.

Zu den **Nachteilen** der deutschen Sozialpolitik zählen

1. ihre vielfach als drückend empfundene Finanzierungslast,
2. ihr Beitrag zur sozial- und arbeitsrechtlichen Überregulierung von Wirtschaft und Gesellschaft,
3. die direkte Kostenbelastung des Faktors Arbeit, die als Beschäftigungsbremse und als Einnahmebremse der Sozialversicherungskassen wirkt,
4. der hohe Schutzwall, den die Sozialpolitik um die Lohnpolitik der Sozialpartner und die Frühverrentungspraxis von Unternehmen und Betriebsräten baut und somit Sozialpartner, Personalleitungen und Betriebsräte zur Externalisierung von Kosten zu Lasten Dritter verleitet.

(Klaus Schubert [Hrsg.], Handwörterbuch des ökonomischen Systems der Bundesrepublik Deutschland, VS Verlag für Sozialwissenschaften, Wiesbaden 2005, S. 349f. [Art. Sozialpolitik, Verf.: Manfred G. Schmidt]

b) Beide Sichtweisen – die der Kritiker und die der Fürsprecher [des Sozialstaates] – vereinfachen den Sachverhalt zu sehr. Die Kritiker sehen überwiegend nur die Probleme einer ausgebauten Sozialpolitik und bewerten ihre Leistungen zu gering. Die Fürsprecher des Wohlfahrtsstaates hingegen vernachlässigen die Mängel, Nebenwirkungen und Zielkonflikte, in die sich eine ausgebaute Sozialpolitik verstricken kann. [...]

Bewertet man das Für und Wider der wichtigsten Thesen (s. o. Z. 9ff.), ist das Hauptergebnis dies: Die Sozialpolitik hat ein Doppelgesicht – sie ist ein Problemlöser *und* ein Problemerzeuger, ein Nutzenstifter *und* ein Kostenverursacher, ein Lastenträger *und* eine Bürde. Der Wohlfahrtsstaat löst Probleme, und er erzeugt Probleme. Er kann sich zwar einerseits rühmen, „ein recht erfolgreiches Modell sozialer Ordnung zu sein", andererseits verursacht er sehr beachtliche ökonomische, gesellschaftliche und politische Kosten. [...]

Die finanziellen und ökonomischen Kosten einer weit ausgebauten Sozialpolitik sind groß, und seine sozialen und politischen Kosten fallen ins Gewicht. Sozialpolitische Probleme zweiter Ordnung, Zentralisierung und Bürokratisierung, mitunter Überlastung der Wirtschaft, womöglich Zielkonflikte mit der Beschäftigung, finanzielle Austrocknung anderer Politikfelder sind nur einige Stichworte.

Allerdings sind die Kosten mit dem Nutzen der Sozialpolitik abzuwägen. Und der Nutzen ist beträchtlich (s. o. Z. 10ff.). Welcher Politiker möchte denn freiwillig der Legitimation entsagen, die die Sozialpolitik ihm, seiner Partei oder seiner Regierung bringt? Und welche Regierung möchte auf den Wohlfahrtsstaat als „Problemzerstäuber" verzichten? Ferner: Welcher Unternehmer möchte wirklich ab morgen mit den Interessenvertretern der Belegschaft in Verhandlungen über den gesamten Lohn eintreten, also einschließlich der Entlohnung für Fragen der Altersicherung, der Krankenversicherung, der Arbeitslosigkeit, der Invalidität oder der Pflegeabhängigkeit?

Allerdings ist die Spannung zwischen den sozialpolitischen Zielen und anderen Richtgrößen, vor allem ehrgeizigen Wirtschafts- und Beschäftigungszielen, nicht geringer, sondern im Zuge der Reifung des Wohlfahrtsstaates und des großen Wandels in seinem ökonomischen und gesellschaftlichen Umfeld größer geworden. Verantwortlich dafür ist vor allem das Zusammentreffen mehrerer Großprobleme. Zu diesen Problemen gehören das in vielen OECD-Ländern mittlerweile relativ geringere und in manchen Ländern sehr *niedrige Wirtschaftswachstum*, ferner tief greifende weltwirtschaftliche Veränderungen wie zunehmende internationale Abhängigkeit und wachsender *Wettbewerbsdruck*, sodann die *Alterung* der Gesellschaft und ihre Schrumpfung infolge von niedrigen Geburtenraten, die in allen Wohlfahrtsstaaten mehr oder minder weit unter dem zur Bevölkerungsreproduktion erforderlichen Niveau liegen. Nicht zu vergessen sind die Akzeptanzgrenzen gegenüber hohen und womöglich weiter *steigenden Steuern und Sozialabgaben*, und in manchen Ländern Sonderprobleme, beispielsweise in Deutschland die hohen Kosten der Finanzierung der deutschen Einheit und die Nachbarschaft von mittel- und osteuropäischen Niedriglohnländern, die infolge der Osterweiterung der Europäischen Union den Druck auf den Standortwettbewerb weiter erhöhen.

(Manfred G. Schmidt, Sozialpolitik in Deutschland, VS Verlag für Sozialwissenschaften, Wiesbaden, 3. Aufl. 2005, S. 293f.)

1. *Erklären Sie die Bedeutung des Indikators „Sozialleistungsquote" (zur Entwicklung s. M 60) und beschreiben Sie Deutschlands Stellung im Vergleich der EU-Länder (M 68, Grafik; die Quote ist hier für den internationalen Vergleich nach einem etwas anderen Konzept berechnet als in M 60). Zur „Verminderung des Armutsrisikos" durch Sozialleistungen vgl. M 50, Z. 10ff.*

2. *Versuchen Sie einzelne der angeführten Stärken und Schwächen deutscher Sozialpolitik konkreter zu erläutern (M 68a). – Der unter 3. genannte Nachteil wird in der Diskussion seit langem als besonders wichtig angesehen (vgl. M 65a/b) und bildet den Anlass für verschiedene Reformversuche zur Entlastung des „Faktors Arbeit" durch Finanzierung der Kosten aus dem allgemeinen Steueraufkommen (vgl. M 69).*

3. *Zu welcher Abwägung der Vor- und Nachteile des Sozialstaats kommt Manfred G. Schmidt (M 68b)? Erläutern Sie noch einmal die von ihm angesprochene Problemlage (Z. 56ff.; vgl. zu einigen der „Großprobleme" die vorangehenden Materialien).*

Jenseits extremer Positionen in der Diskussion über die „Krise des Sozialstaats" („Hände weg vom Sozialstaat" – „Den Sozialstaat können wir uns nicht mehr leisten"), auf die wir nicht näher eingehen können, hat sich inzwischen weitgehend Konsens darüber entwickelt, dass eine Reform notwendig erscheint. Wie sie erfolgen soll, ist jedoch weiterhin z. T. heftig umstritten. Darüber informiert M 69.

M 69 „Es muss sich was ändern" – doch wie? Problemlagen der Reformpolitik in Deutschland

Einig sind sich alle, dass das Sozialsystem verändert werden muss. Aber uneinig sind sich die Akteure darüber, wie dies geschehen soll. Zu unterschiedlich sind schon die Ansichten, was das System eigentlich leisten soll. Meinen die Ersten, dass Sozialpolitik den inneren Zusammenhang der Gesellschaft herstellen soll, betonen die Zweiten, dass sie die Selbstverantwortlichkeit des Einzelnen unterstützen müsse. Hoffen die Dritten, dass über die Sozialpolitik gesellschaftliche Konflikte reduziert werden, sehen sie die Vierten als Kampffeld der gesellschaftlichen Klassen um die Macht. Die Fünften erwarten von Sozialpolitik die Sicherung der Besitzstandsverhältnisse, während die Sechsten sie auf die Notminderung beschranken möchten.

In Krisenzeiten der Sozialpolitik, wie sie seit den 1990er-Jahren aufgrund der sich verschärfenden Erwerbs-, Konjunktur- und Generationenprobleme bestehen, entwickeln sich aus den verschiedenen Grundpositionen auch unterschiedliche Krisendiagnosen und Lösungsansätze. [...] Zusammengefasst ergeben sich vier (ineinander übergehende) **Konfliktfelder**:

- Modifikation des bisherigen Systems **vs.** Umbau des Systems
- Beibehaltung **vs.** Aufhebung der Lohnarbeitszentrierung [Beitragsfinanzierung durch Arbeitgeber und Arbeitnehmer]
- Betonung des Äquivalenzprinzips [bezogen auf die Rentenversicherung; s. M 62] **vs.** Ersetzung des Äquivalenzprinzips durch Grundsicherung plus private Vorsorge
- Finanzierung hauptsächlich durch Beiträge **vs.** Finanzierung durch Beiträge und Steuern

Neben diesen die Grundlogik sozialer Sicherung betreffenden Reformüberlegungen setzen natürlich eine Reihe sehr unterschiedlicher Reformideen an den einzelnen Zweigen der Sozialsysteme an. Ziel hierbei ist es in erster Linie, Defizite durch *Detaileinsparungen* und *Effizienzsteigerungen* in den Griff zu bekommen. Diese alle hier zu diskutieren, würde ein eigenes Buch erfordern, zumal die Lebenserwartung mancher Vorschläge nicht sehr hoch ist. Nur so viel: Ineffizienzen werden gerne vor allem in Leistungssystemen ausgemacht, die mit einem hohen Anteil an Sachleistungen operieren, also in der gesetzlichen Kranken- und der Pflegeversicherung. Gerade die Krankenversicherung hat sich zu einem ungeheuren Selbstbedienungs- und Selbstbedarfserzeugungssystem entwickelt. [...]

Zugleich gilt es aber auch zu relativieren. Dass die Systeme samt und sonders durch missbräuchliche Inanspruchnahme geradezu ausgesaugt würden, ist eine deutlich überzogene Darstellung. Und es würde aus unserer Sicht „das Kind mit dem Bade ausgeschüttet", wenn man mit stärkerer Selbstbeteiligung, Kontrolle und Leistungsbeschränkungen dieses zu beseitigen versuchte. Ein weitgehend selbstverwaltetes, bedarfsorientiertes System wie die Krankenversicherung muss Ineffizienzen in einem gewissen Maße tolerieren, um die an sich richtige Philosophie des nicht durch eine bürokratisierte

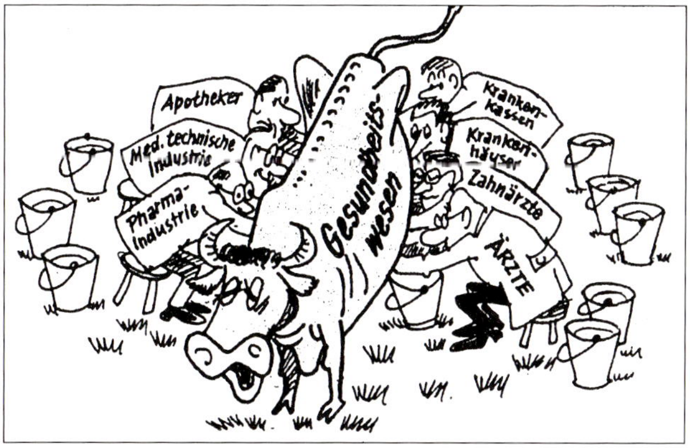

(Zeichnung: Günther Kellner)

Bedürftigkeitskontrolle begrenzten Zugangs zu den Leistungen nicht zu untergraben. [...] Hinzu kommt, dass eine Mehrheit der Gesellschaft nicht bereit sein wird, wesentliche Einschnitte im Niveau der bisherigen Versorgung mitzumachen. Das in zwei Generationen gewachsene *Anspruchsdenken* – von den tatsächlichen rechtlich erworbenen Ansprüchen ganz zu schweigen – lässt sich nicht so ohne weiteres wegfordern. Eine innere Läuterung der Gesellschaft hin zu mehr Bescheidenheit und einem neuen Bewusstsein des sich Einschränkens, wie es verschiedentlich gefordert wurde, ist wohl zu philosophisch. Anzusetzen ist also auf der Einnahmenseite.

Worum es also in den nächsten Legislaturperioden deutscher Sozialpolitik gehen muss, sind *grundlegende Reformen der sozialen Sicherung*, die einen schwierigen Auftrag hat:

- Beseitigung der Strukturprobleme und Anpassung von Umverteilungs-, Organisations- und Finanzierungslogik an die Erfordernisse einer gewandelten Gesellschaft
- Wahrung bereits erworbener Ansprüche
- Entlastung der die Systeme zukünftig tragenden Generationen
- Sicherung beziehungsweise Verbesserung der Leistungsqualität.

Zu Beginn des 21. Jahrhunderts zeichnet sich – wenn auch in kleinen Schritten – ab, dass die *Eigenbeteiligung und die Eigenvorsorge der Bürgerinnen und Bürger* verstärkt eingefordert wird. Deutlich wird dies durch die sogenannte *„Riester-Rente“* als steuerlich geförderte Privatzusatzrente (s. Kasten) und die *Verlagerung von Gesundheitskosten auf die Patienten*. Daneben wurde 2001 das *Grundsicherungsgesetz* verabschiedet, das im Alter und bei Erwerbsminderung greift und den anspruchsberechtigten Personen eine Grundsicherung oberhalb des Sozialhilfeniveaus und ohne die bei der Sozialhilfe sonst übliche Bedürftigkeitsprüfung gewährt. Eine grundlegende Absage an das lohnarbeitszentrierte und beitragsfinanzierte Versicherungssystem ist damit jedoch nicht verbunden. [...]
Mit der Einführung der Riester-Rente [wurde] in Ansätzen auf das Generationenproblem sowie die Schwierigkeiten der Umlagefinanzierung der Alterssicherung eingegangen. Die äußerst vielseitigen *Leistungskürzungen* zum Beispiel im Bereich der Arbeitslosenversicherung, des Gesundheitswesens oder der Rentenversicherung sind Reaktionen auf die Erwerbsstruktur- und die damit verbundenen Finanzierungsprobleme. (Bernhard Frevel/Berthold Dietz [= M 67], S. 155 – 159)

> Um die gesetzliche Alterssicherung zu stabilisieren und ihre Funktionsfähigkeit auf lange Zeit sicherzustellen, nahmen die **Rentenreform 2001** und das Rentenversicherungs-Nachhaltigkeitsgesetz von 2003 eine Reihe wegweisender Veränderungen am Rentensystem vor. Im Mittelpunkt dieser Reformen steht das Ziel, die unausweichlichen Folgen des demographischen Wandels gerecht auf die Generationen zu verteilen. Damit die Beitragslast für die Jüngeren nicht zu stark anwächst, wird das Rentenniveau – das Verhältnis der Standardrente zum jeweiligen Durchschnittseinkommen der Beschäftigten – langfristig gesenkt. Es ist künftig Sache der Versicherten selbst, die so entstehende „Rentenlücke“ durch rechtzeitiges Sparen zu schließen. Der Staat greift ihnen dabei allerdings helfend unter die Arme.
> Seit 2002 ist es möglich, einen Teil des Einkommens mit staatlicher Förderung für eine **zusätzliche private Alterssicherung**, die so genannte *Riester-Rente*, anzusparen. Ab 1.1.2005 gelten dafür vereinfachte Regeln. Für den Aufbau einer „Riester-Rente“ kommen Anlagen in der Form einer privaten Rentenversicherung, eines Banksparplans oder eines Fondssparplans in Frage, sofern sie bestimmte **Voraussetzungen** erfüllen. [...] Sparleistungen bis zu einer Höhe von 4 % des versicherungspflichtigen Bruttoeinkommens (ab 2008) werden vom Staat auf Antrag durch eine **Zulage** begünstigt. Sparer mit Familie erhalten auch für jedes Kind eine Zulage. Alternativ dazu können Aufwendungen für die Riester-Rente von bis zu 2100 € jährlich als steuersparende Sonderausgaben geltend gemacht werden. Die Untergrenze für den vom Sparer selbst zu leistenden Beitrag liegt bei 60 € jährlich.
> (Schmidt-Zahlenbilder)

1. *Auf die gesamte, im Einzelnen sehr komplexe Diskussion über die Reform der sozialen Sicherungssysteme können wir hier nicht näher eingehen. M 69 gibt einen gerafften Überblick über wichtige Hauptprobleme, um die es in dieser – auch für Experten nicht leicht zu beurteilenden – Diskussion geht. Versuchen Sie zu erläutern,*
– welche unterschiedlichen Vorstellungen bereits über die Aufgabe der Sozialpolitik bestehen, z. B. über mehr staatliche oder mehr private Verantwortung für die soziale Sicherung (M 69, 1. Abschnitt),

- *welche Hauptkonfliktfelder zur Umgestaltung des Systems sich abzeichnen,*
- *wie die Möglichkeiten einzuschätzen sind, durch Einsparungen und größere Effizienz (besseres Verhältnis von eingesetzten Mitteln und erzielten Ergebnissen) Finanzierungsprobleme zu entschärfen,*
- *warum es schwierig bzw. kaum möglich erscheint, das erreichte Niveau der Sozialleistungen wesentlich zu senken.*

2. *Was meint der Autor, wenn er als eins der vier Reformziele die „Anpassung an die Erfordernisse einer gewandelten Gesellschaft" (Z. 65f.) nennt? Wie schätzen Sie die Schwierigkeit ein, diesem Erfordernis in Verbindung mit drei weiteren Reformzielen gerecht zu werden?*

3. *Wie beurteilen Sie die Einführung der „Riester-Rente" (s. Kasten) als ersten Schritt im Sinne der vier Reformziele? Zur „Gesundheitsreform" (Leistungskürzungen, mehr Eigenleistungen) und zur Arbeitsmarktreform („Hartz IV*"), die u. a. finanzielle Verbesserungen für bisherige Sozialhilfeempfänger, aber auch deutliche Verschlechterungen für bisherige Bezieher von Arbeitslosenhilfe beinhaltet, können Sie nähere Informationen finden in der Internet-Enzyklopädie Wikipedia (http://de.wikipedia.org/wiki/Gesundheitsreform, http://de.wikipedia.org/wiki/Hartz-Konzept) oder auf den Internetseiten der Ministerien (www.bmwi.de/Navigation/Service/bestellservice.did=56638.html, www.die gesundheitsreform.de/index.html).*

Zur näheren Information und Diskussion über vielfältige Fragen der Arbeitsmarktreform („Hartz IV") bietet sich an dieser Stelle eine **Expertenbefragung** (s. dazu S. 571) eines Vertreters der örtlichen Agentur für Arbeit oder der zuständigen kommunalen Behörde an.

3. Was heißt „soziale Gerechtigkeit"?

(DER SPIEGEL Nr. 37 v. 13.9.1999)

„Sozial gerecht. Um keinen Begriff wird derzeit so heftig gerungen wie um das schillernde Wortpaar, das noch jede Partei für sich reklamiert hat und das gerade in seiner Kombination so wirkmächtig ist wie kein anderer politischer Begriff. Denn dass bei der Verteilung von Lasten und Wohltaten niemand zu kurz kommt, aber auch niemand zu gut dasteht, das ist das zentrale Versprechen jeder Politik.
Deutschland steckt in der Gerechtigkeitsfalle. Nur wer die Deutungshoheit erobert, was als sozial gerecht zu gelten hat, hat Aussicht auf Politik- und Gestaltungsfähigkeit. [...] Genau besehen ist der Streit über die soziale Gerechtigkeit ja auch deshalb so verwirrend, weil die Kontrahenten mit großer Beharrlichkeit den Begriff so verwenden, als gebe es eine verbindliche Definition." (Jan Fleischhauer/Ulrich Schäfer/Harald Schumann, Die Gerechtigkeitsfalle. In: DER SPIEGEL Nr. 37 v. 13.9.1999, S. 97)
Was der SPIEGEL schon 1999 schrieb, gilt auch heute noch: Kaum ein Begriff hat die politische Diskussion in den letzten Jahren so bestimmt wie die „soziale Gerechtigkeit", kein Begriff ist gleichzeitig inhaltlich so umstritten. So waren u.a. die Kritik an der großen *Arbeitsmarktreform* 2004/2005 („Hartz IV"), die Einstellung der Wähler zu den Wahlprogrammen der Parteien zur *Bundestagswahl 2005* und danach zur *Koalitionsvereinbarung* der Großen Koalition weitgehend geprägt von der Frage, ob bestimmte Maßnahmen als sozial gerecht oder ungerecht zu beurteilen seien (bis hin z. B. zu der Frage, ob die Einführung von Studiengebühren sozial gerecht sei oder nicht).
Die folgenden Materialien sollen Ihnen dabei helfen, Klarheit über bestimmte Kriterien zu gewinnen, die zur Ausbildung unterschiedlicher Vorstellungen und Begriffe von sozialer Gerechtigkeit führen, und die Bedeutung der Aussage zu reflektieren, dass „Gerechtigkeit oder Ungerechtigkeit keine objektive Eigenschaft einer Gesellschaft [ist], sondern eine individuelle oder kollektive

subjektive *Bewertung* sozialer Verhältnisse" (Lutz Leisering, Eine Frage der Gerechtigkeit. In: Aus Politik und Zeitgeschichte, 18/1999, S. 10).
Zuvor aber erscheint es sinnvoll, dass Sie – mithilfe von M 70 – spontan Ihre eigenen Vorstellungen zu sozialer Gerechtigkeit äußern und sich auf diese Weise der Probleme bewusst werden, die mit der Orientierung an diesem Begriff verbunden sind. Den **Fragebogen** bitte vervielfältigen, getrennt (jeder für sich, anonym) ausfüllen und (z. B. in Hausarbeit von 2–3 Kursmitgliedern) auswerten; das Ergebnis im Unterricht präsentieren und diskutieren.

M 70 Was ist „sozial gerecht"?

1 Was ist soziale Gerechtigkeit?

Für eine schriftliche Bearbeitung bitte kopieren!

- ☐ wenn es allen gleich gut geht
- ☐ wenn jeder machen kann, was er will
- ☐ wenn auf die Rücksicht genommen wird, denen es schlechter geht
- ☐ wenn die mehr bekommen, die mehr brauchen
- ☐ wenn die mehr bekommen, die mehr leisten
- ☐ wenn ...

2 Wie sozial gerecht geht es Ihrer Meinung nach in Deutschland zu?

☐ sehr gerecht ☐ ziemlich gerecht ☐ nicht besonders gerecht ☐ sehr ungerecht

Bitte begründen Sie Ihre Einschätzung!

3 Was müsste getan werden, damit es in Deutschland gerechter zugeht?

Aussage	Dem stimme ich zu	Das lehne ich ab
1. Die Steuern für die Reichen müssten erhöht werden. Dann hätte der Staat mehr Geld, das er den Armen geben könnte.		
2. Die Steuern müssten gesenkt werden, damit sich Leistung wieder lohnt. Wer mehr arbeitet, soll auch mehr davon haben.		
3. Der Staat muss jedem, der will, einen Arbeitsplatz beschaffen. So hat jeder die gleiche Möglichkeit, sich nach oben zu arbeiten.		
4. Alle Erwerbsfähigen müssten zur Arbeit gezwungen werden. Nur wer am Wirtschaftsleben teilnimmt, kann Ansprüche stellen und gleichberechtigt sein.		

4 Welche Faktoren spielen eigentlich für soziale Gerechtigkeit eine Rolle?

	+	o	–		+	o	–
Einkommen				Glück			
Steuerbelastung				Arbeitsplatz			
Gesundheitsvorsorge				Gleichheit von Mann und Frau			
Soziale Sicherheit				Auslandsreisen			
Bildung				...			

+ sehr wichtig; o nicht so wichtig; – unwichtig

(Bundeszentrale für politische Bildung, Soziale Gerechtigkeit – Utopie oder Herausforderung? Themenblätter im Unterricht Nr. 44, Bonn 2005, Arbeitsblatt A; Verf.: Eckart D. Stratenschulte)

M 71 Soziale Gerechtigkeit als Startchancengleichheit

Ein wesentlicher Aspekt sozialer Gerechtigkeit ist in der Gleichheit der Chancen für eine selbstbestimmte Lebensgestaltung zu sehen. Meist wird vorrangig auf die Startchancen rekurriert, wobei der Start ins Leben – also die Chancen zum Zeitpunkt der Geburt –, der Start in das Bildungs- und Ausbildungssystem oder der berufliche Start betrachtet werden kann. Die Chancen zu den verschiedenen Zeitpunkten im Lebensverlauf sind freilich sehr ungleich verteilt – innerhalb einzelner Kohorten [Altersgruppen, Jahrgänge] sowie verstärkt zwischen Mitgliedern unterschiedlicher Kohorten. Wenn der gesamte Lebensabschnitt vor Eintritt in das Berufsleben einbezogen wird, ergibt sich die Ungleichheit der Startchancen insbesondere infolge von

a) Unterschieden in den *angeborenen Fähigkeiten;*
b) unterschiedlichen *Möglichkeiten der Eltern* (oder anderer familiärer Bezugspersonen) zur Sozialisation und gesellschaftlichen Positionierung ihrer Kinder, wobei hier die eigenen Befähigungen und sozialen Netzwerke der Eltern, aber auch die wirtschaftlichen Verhältnisse der Familie relevant sind;
c) unterschiedlichen *Bildungs- und Ausbildungswegen;*
d) mittelbaren und – unter Verletzung des Gleichheitsgrundsatzes von Artikel 3 GG – unmittelbaren Diskriminierungen, insbesondere nach dem *Geschlecht;*
e) geschlechtsspezifischen *Rollenverteilungen;*
f) *Schenkungen und Vererbungen* des ungleich verteilten Vermögens.

Aus dieser Auflistung folgt, dass der Staat vielfältige *Möglichkeiten zur Verringerung der Ungleichheit der Startchancen* hat, ohne aber vollkommene Chancengleichheit herstellen zu können. Am geringsten dürften die Kompensationsmöglichkeiten hinsichtlich der gegebenen *Veranlagungen* (Punkt a) sein, und auch der Einfluss der *familiären Rahmenbedingungen* (Punkt b) lässt sich nur indirekt ausgleichen – z. B. durch das Angebot qualitativ hochwertiger Kinderbetreuung im Vorschulalter und individuell ausgerichteter Fördermaßnahmen von benachteiligten Schülerinnen und Schülern (insbesondere auch aus ausländischen Familien mit entsprechenden Sprachproblemen), aber auch durch die Vermeidung von Armut in Familien. [...]
Unterschiedliche Bildungs- und Ausbildungswege (Punkt c) folgen zum einen aus den vorgelagerten Ungleichheiten a) und b) und zum anderen wiederum aus ungleichen finanziellen Spielräumen. [...] Von staatlicher Seite kann dem Einfluss der wirtschaftlichen Verhältnisse der Herkunftsfamilie auf die Wahl der Ausbildung – und damit auf die weiteren beruflichen Chancen – freilich direkt entgegengewirkt werden, und zwar durch aus dem allgemeinen Steueraufkommen finanzierte Schulen und Hochschulen mit gebührenfreiem Zugang, durch Lernmittelfreiheit und durch angemessene, einkommensabhängige Transferzahlungen* während der Ausbildungsphase. [...]
Die drei weiteren Ursachen (d bis f) der Ungleichheit von Startchancen werden meist erst in späteren Lebensabschnitten offensichtlich, auch wenn sie teilweise antizipiert werden und so bereits die Bildungs- und Ausbildungsentscheidungen beeinflussen. *Diskriminierungen* (Punkt d) nach dem Geschlecht, aber beispielsweise auch nach der *ethnischen Herkunft*, können in der Einstellungspraxis von Arbeitgebern sowie bei der Entlohnung erfolgen.

(Irene Becker/Richard Hauser, Soziale Gerechtigkeit – eine Standortbestimmung, edition sigma, Berlin 2004, S. 13f.).

1. *Machen Sie deutlich, in welchen Bereichen und Lebensabschnitten „Startchancengleichheit" als wichtiger Aspekt sozialer Gerechtigkeit eine Rolle spielen kann (M 71). Nennen Sie nach Möglichkeit konkrete Beispiele für die einzelnen Bereiche.*

2. *Wo ergeben sich für staatliche Politik größere, wo geringere Möglichkeiten zur Verringerung der Chancenungleichheit?*

M 72 Verteilungsgerechtigkeit als absolute Gleichbehandlung oder als Leistungsgerechtigkeit

● Vorstellungen von gerechter Verteilung stellen letztlich immer Versuche einer Antwort auf die Frage der Gleichheit bzw. der Gleichbehandlung von Personen oder Haushalten dar. Ein

Grundverständnis von Verteilungsgerechtigkeit zielt auf **absolute Gleichheit** der verfügbaren Mittel. Dieses Verständnis stützt sich letztlich auf die Norm der Gleichwertigkeit aller Menschen und auf die Annahme, dass Menschen gleiche grundlegende Existenzbedarfe haben. [...]
Wegen der negativen politischen, sozialen und ökonomischen Folgen einer konsequenten Realisierung verbietet es sich allerdings gänzlich, die Sozialpolitik in der Praxis auf den Extrempunkt des Ideals absoluter Gleichheit zu richten.
Dies stünde in klarem Widerspruch zur Leitidee einer offenen Gesellschaft mit eingeschränkter Rolle des Staates und marktgesteuerter Wirtschaftsordnung. Für die moderne Sozialpolitik kommen deshalb allenfalls „realistische" Versionen des Ansatzes infrage, die besagen, dass ein *bestimmtes Maß der Ungleichheit nicht überschritten* werden solle. [...] Die Zustimmung zu dem Grundgedanken einer Ungleichheitsbegrenzung in seiner abstrakten Form fällt allerdings leichter als die Herstellung eines Konsenses in der Gesellschaft über ein bestimmtes Maß maximal hinnehmbarer Ungleichheit.
Eine noch weniger „anspruchsvolle" Variante stellt darauf ab, dass die bestehende Ungleichheit der verfügbaren Mittel nicht dazu führen dürfe, Mitglieder der Gesellschaft unter das für die Existenzsicherung erforderliche Minimum fallen zu lassen. Eine Festlegung auf die Notwendigkeit eines *Ausschlusses von Armut* ist im Allgemeinen eher konsensfähig als die Verständigung auf bestimmte Höchstmaße hinnehmbarer Einkommensungleichheit. [...]

- Ein anderes Grundverständnis von Verteilungsgerechtigkeit zielt auf die **relative Gleichbehandlung**: Gleichbehandlung lässt sich nur anhand von Kriterien bestimmen, wobei am verbreitetsten die Orientierung auf die wirtschaftliche Leistung ist (Schlagwort „**Leistungsgerechtigkeit**"). Absolute Unterschiede werden in diesem Fall als gerecht betrachtet, wenn sie das Ergebnis von *Unterschieden in der Leistung* sind. Mit einer leistungsbezogenen Gleichbehandlung verbindet sich [...] die Erwartung eines permanenten Ansporns für höhere wirtschaftliche Leistungen. Die konkrete Auslegung dessen allerdings, was als Leistung gewertet werden soll und wie die Leistungen gemessen und bewertet werden sollen, ist relativ schwierig. In der Regel wird Leistung als Beitrag zum Sozialprodukt verstanden. Da jedoch eine wirtschaftliche Leistung in aller Regel durch das Zusammenspiel verschiedener Faktoren zustande kommt, gibt es *schwer lösbare Zurechnungsprobleme bei der Bemessung der individuellen Leistung.*
- Die in einem marktgesteuerten System naheliegende Lösung ist, die Frage der *Leistungsdefinition*, der *Leistungsmessung* und der *Leistungsbewertung* dem Markt zu überlassen. Der Bezug auf den Markt schließt allerdings bestimmte Kategorien von Leistung aus, die ihrem Wesen nach nicht marktbezogen sind. Hierzu gehören z. B. innerfamiliäre Erziehungs- und Pflegeleistungen sowie das ehrenamtliche bürgerschaftliche Engagement. Auch viele Anhänger einer Orientierung auf „Leistungsgerechtigkeit" halten in diesen Fällen ein bewusstes Abweichen vom Markteinkommen für richtig, um Nachteile, die aus solchen gesellschaftlich nützlichen Aktivitäten folgen, abzufangen. [...] Dennoch haben die Schwierigkeiten, die mit anderen Konzepten der Leistungsmessung und Leistungsbewertung verbunden sind, in der Praxis dazu geführt, dass bei einer leistungsbezogenen Vorstellung von Verteilungsgerechtigkeit explizit oder implizit dem Markt ein weitgehendes Definitionsmonopol überlassen wird. Die im Wirtschaftsprozess entstehende Verteilung der Erwerbseinkommen wird bei dieser Tendenz als leistungsgemäß und damit gerecht anerkannt. [...]
- Sozialpolitisch nicht vertretbar ist die Anwendung der Leistungsgerechtigkeitsnorm gleich welcher Ausgestaltung in Fällen, in denen eine Person keine Leistung erbringen

Während der theoretische – kaum realisierbare – Idealzustand von Chancengerechtigkeit absolute Gleichheit impliziert, rekurriert **Leistungsgerechtigkeit** auf eine ungleiche Ausgangslage – denn die Leistungen von Individuen unterscheiden sich erheblich – und auf ein Kriterium der relativen Gleichheit oder Gleichbehandlung. Letzteres äußert sich z. B. in der traditionellen gewerkschaftlichen Forderung „Gleicher Lohn für gleiche Arbeit!", die den Umkehrschluss impliziert, dass absolute Einkommensunterschiede insoweit als gerecht zu betrachten sind, als sie das Ergebnis unterschiedlicher Leistungen sind. Damit soll nicht nur individuelle Gerechtigkeit durch Gleichbehandlung, sondern auch ein Leistungsanreiz erreicht werden, der zu eigenen Anstrengungen führt und über die Erhöhung des Sozialprodukts für alle Gesellschaftsmitglieder von Vorteil ist.

(Irene Becker/Richard Hauser [= M 71], S. 17)

kann, die zu einem für den Lebensunterhalt ausreichenden Einkommen führt – etwa bei Dauerkranken und Menschen mit schweren Behinderungen. Ähnliches gilt auch, wenn Menschen vom Arbeitsprozess ausgeschlossen sind (oder werden): beispielsweise bei Kindern und Asylbewerbern mit Arbeitsverbot. Durch die Anerkennung der Notwendigkeit einer *Mindestsicherung* findet de facto auch bei einer Orientierung auf „Leistungsgerechtigkeit" eine Annäherung an die oben beschriebene „weniger anspruchsvolle" Variante der absoluten Gleichheitsorientierung statt. [...]

• Hier wird deutlich, dass sich die auf den ersten Blick sehr prinzipiell erscheinenden Widersprüche zwischen den unterschiedlichen Gerechtigkeitspositionen bezogen auf die wesentlichen Gestaltungsfragen in entwickelten sozialstaatlich verfassten Marktwirtschaften stark relativieren. Bei beiden Orientierungen ist die *Notwendigkeit einer staatlich organisierten Mindestsicherung* unstrittig. Bei strengeren Vertretern des Gedankens der „Leistungsgerechtigkeit" fällt deren Festlegung zumeist tendenziell spartanischer aus. Bei Befürwortern einer „solidaristischen" Orientierung, die zusätzlich Sympathien für eine *allgemeine ungleichheitsreduzierende sozialstaatliche Strategie* haben, finden sich im Allgemeinen komfortablere Mindestsicherungsvorstellungen.

(Diether Döring, Sozialstaat, Fischer Taschenbuch Verlag, Frankfurt am Main 2004, S. 90–93)

1. *Das Verständnis der Begriffe „Gleichheit" und „Gerechtigkeit" und ihr Verhältnis zueinander sind von zentraler Bedeutung für die Diskussion über eine „gerechte" Sozialpolitik. Stellen Sie heraus, worin der Unterschied zwischen „absoluter" und „relativer" Gleichheit im Hinblick auf die Verteilungsgerechtigkeit liegt (M 72). Inwieweit beruht die Anwendung des „Leistungsprinzips" auf dem Grundsatz der Gleichheit, inwieweit auf dem der Ungleichheit?*

2. *Worin sieht der Autor die Grenzen des Prinzips der absoluten Gleichheit? Welche „realistischen" bzw. weniger anspruchsvollen Varianten des Gleichheitsgrundsatzes beschreibt er? Wie sind sie in Deutschland realisiert?*

3. *Erläutern Sie, warum Leistungsgerechtigkeit als „relative" Gleichheit ein weitgehend anerkanntes Verteilungsprinzip darstellt, auf welche Schwierigkeiten seine konkrete Anwendung jedoch stößt. Vielleicht können Sie die drei Problemaspekte der Definition, der Messung und der Bewertung von Leistung am Beispiel schulischer Leistungen verdeutlichen und diskutieren. Die Praxis kennen Sie selbst, über die rechtlichen Vorgaben dazu kann Sie Ihre Lehrerin/Ihr Lehrer näher informieren.*

4. *Welche Vorteile ergeben sich, wenn man die „Lösung" der mit der Anwendung des Leistungsprinzips verbundenen Probleme dem „Markt" überlässt? Worin bestehen die Grenzen dieser Orientierung?*

5. *Über welches Konzept, die Probleme der Anwendung des Leistungsprinzips zu entschärfen, besteht weitgehend Konsens, worauf beziehen sich die verbleibenden Streitpunkte und Meinungsunterschiede?*

M 73 Bedarfsprinzip und Leistungsprinzip

Dem **Bedarfsprinzip** liegt die Vorstellung zugrunde, dass jeder so viel Einkommen erhält, wie er zur Deckung seiner „berechtigten" Bedürfnisse benötigt.

Auf den ersten Blick erscheint eine am Bedarf orientierte Einkommensverteilung durchaus einleuchtend zu sein. Wenn jeder das bekommt, was er braucht, scheint die Gerechtigkeit ein Stück näher gerückt zu sein. Bei genauerem Hinsehen zeigen sich jedoch zahlreiche Probleme.

Ein am Bedarf orientiertes Einkommen ist in seiner Höhe nicht mehr individuell bestimmbar, sondern müsste nach irgendwelchen Bedarfsgesichtspunkten zugewiesen werden. Dazu bedürfte es einer „Verteilungsinstanz". Ein erstes Problem wäre bereits, wie eine solche Instanz zusammengesetzt sein soll und nach welchen Kriterien sie entscheiden soll.

Die „Verteilungsinstanz" müsste nicht nur über eine allgemeine Höhe des „berechtigten" Bedarfs, sondern auch über seine Struktur entscheiden. Zwar ließe sich sicher noch relativ leicht Einigkeit darüber erzielen, dass ein Vier-Personen-Haushalt im Hinblick auf Nahrung, Wohnung usw. einen größeren Bedarf hat als ein Ein-Personen-Haushalt. Ein Vier-Personen-Haushalt mit vier Erwachsenen hat jedoch bereits eine andere Bedürfnisstruktur als ein Vier-Personen-Haushalt mit zwei Erwachsenen und zwei Kindern. Auch bei gleicher Personenstruktur ergeben sich

aufgrund individueller Besonderheiten weitere Unterschiede bei den Bedürfnissen. Eine Familie mit musikbegabten Kindern hat beispielsweise höhere Ausgaben für die Ausbildung der Kinder als eine andere Familie. Soweit die Verteilung nicht in Sachgütern, sondern in Geld vorgenommen wird, müssten die Bedarfsunterschiede nicht nur festgelegt, sondern auch in Heller und Pfennig ausgedrückt werden. Weiterhin müsste sichergestellt werden, dass die Empfänger das Geld auch tatsächlich entsprechend dem festgestellten Bedarf verwenden usw.
Für eine Realisierung des Bedarfsprinzips wäre es also notwendig, die berechtigten Bedürfnisse jedes Menschen objektiv festzustellen. Bedürfnisse sind jedoch ihrem Wesen nach subjektiv und entziehen sich dadurch einer irgendwie gearteten objektiven Festlegung durch eine fremde Instanz. Wie soll es sich in einer bedarfsgerechten Einkommensverteilung etwa niederschlagen, dass der eine gutes Essen schätzt, der andere lieber Reisen unternimmt? Es wäre überhaupt grundsätzlich zu fragen, warum Personen unterschiedliche Bedürfnisse zugebilligt werden sollen. Nach welchen Gesichtspunkten soll beispielsweise dem einen eine lange und teure Ausbildung zugebilligt werden, einem anderen aber nicht?
Aus dem Postulat von der Gleichheit aller Menschen folgt, dass alle auch das gleiche Recht auf Wohlfahrt haben. Zwar haben nicht alle Menschen die gleichen Bedürfnisse, jedoch steht jedem prinzipiell das gleiche Recht auf die Befriedigung seiner Bedürfnisse zu. In letzter Konsequenz läuft das Bedarfsprinzip somit auf das **Egalitätsprinzip** zu. Es wäre nur zu realisieren, wenn jeder vom Volkseinkommen den gleichen Anteil erhielte und diesen Anteil nach seinen individuellen Bedürfnissen verwenden würde.
Den vom allgemeinen Menschenbild abgeleiteten Argumenten für eine gleichmäßige Verteilung der Einkommen steht jedoch entgegen, dass damit die notwendigen Anreize entfallen würden für die individuelle Entwicklung, für Leistungserbringung, für den Erhalt gesellschaftlicher Einrichtungen und für gesellschaftlichen Fortschritt.

Verteilungskriterien

Kriterium	Gegenstand	Pro	Kontra
Leistung	„Jedem nach seiner Leistung"	• Belohnt erbrachte Leistungen. • Spornt zu höheren Leistungen an.	• Lässt Personen unberücksichtigt, die keine Leistung erbringen können. • Unklar, was als Leistung gemessen werden soll. • Unklar, wie Leistung „gerecht" gemessen werden soll.
Bedarf	„Jedem nach seinen Bedürfnissen"	Berücksichtigt unterschiedliche Bedarfsstrukturen.	• Unklar, welche Bedürfnisse und Bedürfnisbefriedigungen einzelnen Individuen zuzubilligen sind. • Läuft auf Gleichverteilung hinaus und vernachlässigt Leistungsanreize.

(Hans Jürgen Albers u. a., Volkswirtschaftslehre, Verlag Europa-Lehrmittel, Haan-Gruiten, 6. Aufl. 2005, S. 436)

M 74 Beziehungen zwischen den Gerechtigkeitszielen

Als wesentliche Ausprägungen des Gesamtkomplexes sozialer Gerechtigkeit ergeben sich die Ziele der Startchancengleichheit, der Leistungsgerechtigkeit, der Bedarfsgerechtigkeit und der Generationengerechtigkeit. Diese Teilziele scheinen allgemein akzeptiert zu sein – freilich nur als unspezifische Normen. Jede Konkretisierung und Operationalisierung [Umsetzung in messbare Größen] ist dagegen strittig und vom individuellen Wertesystem abhängig, die Messung von „Zielerreichungsgraden" damit faktisch unmöglich. [...]
Die analytische Zerlegung des Gerechtigkeitsziels sollte allerdings nicht als Eigenständigkeit der verschiedenen Aspekte missverstanden werden. Denn zwischen allen genannten Teilzielen bestehen vielschichtige Interdependenzen. Beispielsweise stellt die weitgehende Verwirklichung der Chancengleichheit eine wesentliche Voraussetzung für die Anerkennung der sich über den Markt ergebenden Einkommens- und Vermögensverteilung als „leistungsgerecht" und damit für die Akzeptanz der resultierenden Ungleichheit dar. Auch die Zieldimension der Bedarfs-

gerechtigkeit steht gegenüber der einer Chancengleichheit in komplementärer Beziehung; denn Verletzungen der Bedarfsgerechtigkeit, insbesondere Armut und Ausgrenzung, verstärken die Ungleichheiten der Chancen. Demgegenüber ist zwischen Leistungs- und Bedarfsgerechtigkeit ein Zielkonflikt angelegt. Dieser ist insoweit bereichsübergreifend, als Bedarfsgerechtigkeit eine Voraussetzung für die Annäherung der Chancen ist und damit indirekt auch zwischen Chancengleichheit und Leistungsgerechtigkeit neben dem erwähnten komplementären Verhältnis eine Konfliktbeziehung besteht. [...]

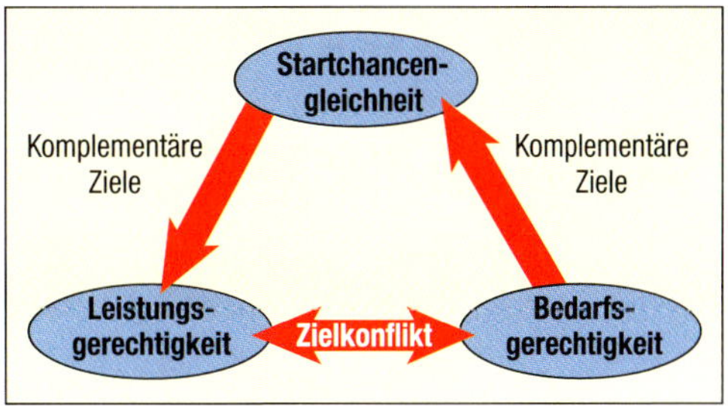

Die Analyse der Zielbeziehungen hat also ergeben, dass die einzelnen Ziele sich teilweise gegenseitig bedingen – einzelne Maßnahmen können zu Annäherungen an mehrere Ziele gleichzeitig führen –, teilweise sich aber auch gegenseitig begrenzen. Die gleichzeitige Erreichung aller Teilziele ist somit nur graduell möglich. Kompromisse sind insbesondere zwischen Aspekten der Leistungsgerechtigkeit einerseits und den weiteren drei Zieldimensionen andererseits erforderlich. Diese letztlich normativen Entscheidungen können nur auf politischer Ebene gefunden werden.

(Irene Becker/Richard Hauser [= M 71], S. 115f.; Grafik S. 12)

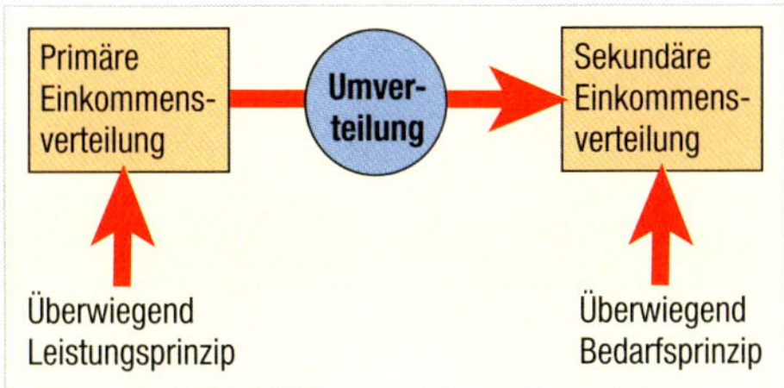

Zusammenfassend kann festgehalten werden, dass eine allen Vorstellungen entsprechende „Gerechtigkeit“ bei der Einkommensverteilung nicht zu erreichen ist. Letztlich muss man sich damit begnügen, entstandene Ungleichheiten im Wege der **Einkommensumverteilung** zu verringern, ohne jedoch die Ungleichheiten völlig einzuebnen. Erreichbar wird dies durch eine Verknüpfung von Leistungs- und Bedarfsprinzip. In der Realität geschieht denn auch die **primäre Einkommensverteilung** vorwiegend nach dem **Leistungsprinzip** und die **sekundäre Einkommensverteilung** vorwiegend nach dem **Bedarfsprinzip**. (Hans Jürgen Albers u.a. [= M 73], S. 436)

1. *Beschreiben Sie die Bedeutung des Bedarfsprinzips für die Verteilungsgerechtigkeit und erörtern Sie die zahlreichen Probleme, die sich mit seiner Anwendung stellen (M 73).*

2. *Auf das in M 73 genannte weitere Ziel der „Generationengerechtigkeit“ können wir hier nicht näher eingehen. Es besagt zum einen, dass die jeweils lebenden drei Generationen (junge, mittlere und alte Generation) im Hinblick auf Teilhabechancen, auf Nutzen- und Lastenverteilung gleich bzw. gerecht zu behandeln sind und dass zum anderen die Lebenschancen zukünftiger (nachrückender) Generationen mindestens so groß sein müssen wie die der heutigen (ihnen vorangegangenen) Generation. Erklären Sie, warum „Generationengerechtigkeit“ in den letzten Jahren (vor allem im Zusammenhang mit der Diskussion über das demographische Problem, insbesondere über die Zukunft des Rentensystems) einen neuen Stellenwert bekommen hat.*

3. *Inwiefern bestehen zwischen den drei in M 71 – M 73 dargestellten Gerechtigkeitszielen unterschiedliche Zielbeziehungen? Welche Ziele ergänzen sich gegenseitig („Komplementarität“), welche stehen eher im Konflikt miteinander? (M 74) Welche Konsequenzen hat diese Beziehungskonstellation für die praktische Gestaltung einer am Prinzip der „sozialen Gerechtigkeit“ orientierten Sozialpolitik?*

4. *Machen Sie deutlich, inwiefern in Deutschland die sich am Markt ergebende („primäre“) Verteilung vorwiegend nach dem Leistungsprinzip erfolgt, während die staatliche Umverteilung (durch Transferleistungen wie z. B. Sozialhilfe, Kindergeld, Wohngeld) dem Bedarfsprinzip entspricht (Kasten zu M 74; vgl. M 61, S. 190).*

C Wirtschaftspolitik in Deutschland – Grundlagen, Entwicklungen, Problemfelder

Karosseriebauhalle eines Automobilherstellers in Leipzig 2004

(Foto: © ZB-Fotoreport)

Protest gegen Arbeitsplatzverlagerung

(Foto: Günter Peters Pressefoto)

Die Europäische Zentralbank in Frankfurt/Main

(Foto: © dpa-Fotoreport)

Übersee-Umschlag rund um die Uhr im Hamburger Container-Terminal

(Foto: Jörg Modrow/laif)

Zur Orientierung

Das vorliegende Kapitel lehnt sich in seiner Struktur weitgehend an das zuletzt 2004 neu bearbeitete Arbeitsbuch „Wirtschaftspolitik im Zeichen der Globalisierung“ an, setzt jedoch z. T. andere Akzente. Es spiegelt die *aktuelle wirtschaftspolitische Diskussion* Anfang des Jahres 2006 wider, die kaum noch vom Streit um die „Agenda 2010“ und die Reform der Arbeitsmarktpolitik („Hartz IV“) geprägt ist, sondern im Zeichen der von der neuen Bundesregierung begonnenen Umsetzung der Koalitionsvereinbarung für die laufende Legislaturperiode steht.

- Entsprechend dem darin festgelegten wirtschaftspolitischen Kurs, der die Förderung von Wachstum und Beschäftigung mit der Konsolidierung des Haushalts verbinden will, machen in Abschnitt III. dieses Kapitels – neben der *Geldpolitik* der Europäischen Zentralbank – die *Steuerpolitik* und die Probleme der *Staatsverschuldung* den deutlichen Schwerpunkt der Darstellung aus.

In Abschnitt II. nimmt angesichts der nach wie vor dramatischen Situation auf dem Arbeitsmarkt die Analyse der *Massenarbeitslosigkeit* und ihrer Ursachen den breitesten Raum ein.
Für das Verständnis der Wirtschaftspolitik erscheinen grundlegende Kenntnisse zum Produktionsprozess und zur *Volkswirtschaftlichen Gesamtrechnung* unerlässlich. Auf eine geraffte Darstellung dazu, von der je nach Vorkenntnissen der Schülerinnen und Schüler Gebrauch gemacht werden kann, ist daher nicht verzichtet worden (Abschnitt I.).
Den Abschluss des Kapitels (Abschnitt IV.) bildet die Beschreibung des *ökonomischen Globalisierungsprozesses* und insbesondere seiner Folgen für die nach wie vor lebhafte Diskussion der „internationalen Wettbewerbsfähigkeit“ des „Wirtschaftsstandorts Deutschland“. Dabei wird der Streit um die Bedeutung der *Arbeitskosten* und die *Arbeitsplatzverlagerung* ins Ausland in den Mittelpunkt gerückt.

- Nachdrücklich sei darauf hingewiesen, dass sich der Herausgeber ganz bewusst für den skizzierten systematischen *Aufbau des Kapitels* und für deutliche Aspekttrennungen entschieden hat. Das eröffnet für die praktische Unterrichtsarbeit die Möglichkeit, je nach thematischer Aktualität und nach Interessenlage der Lernenden in der selbstgewählten Verbindung einzelner Abschnitte und Unterabschnitte eigene „Wege“ für die Erarbeitung zu konzipieren. So kann selbstverständlich, um nur diese Beispiele zu erwähnen, die Behandlung der Geldpolitik (Abschnitt III. 2.) unmittelbar an Abschnitt II. (Inflation), die Erarbeitung der Finanzpolitik (III. 3.) an die Analyse der Arbeitslosigkeit (II. 3.) anschließen.
- Zentrale Informationsquelle zu zahlreichen Themen, Fakten und Daten sind das Statistische Bundesamt (www.destatis.de) und der dort angesiedelte Sachverständigenrat zur Begutachtung der gesamtwirtschaftlichen Entwicklung (www.sachverstaendigenrat-wirtschaft.de). Gut gegliederte Informationen zur Wirtschaftsentwicklung und zur Wirtschaftspolitik der Bundesregierung bieten das Bundesministerium für Wirtschaft (www.bmw.bund.de) und vor allem das Bundesfinanzministerium (www.bundesfinanzministerium.de).

Die bei der Bundeszentrale für politische Bildung kostenlos erhältlichen beiden *„pocket“*-Bändchen „Wirtschaft“ und „Globalisierung“ können in der Hand der Lernenden eine wertvolle Hilfe sein. Das ebenfalls über die Bundeszentrale leicht zu beschaffende *„Lexikon der Wirtschaft“* sollte in jeder Lerngruppe zur Verfügung stehen.
Aus der unüberschaubaren Vielfalt der wissenschaftlichen Einführungsliteratur sei hier nur auf drei Titel hingewiesen, die sich aus Sicht des Herausgebers für eine vertiefende Beschäftigung auch für Oberstufenschülerinnen und -schüler eignen:

- Jörn Altmann, Volkswirtschaftslehre, Lucius & Lucius Verlag, Stuttgart, 6. Aufl. 2003
- Bernd Nolte, Volkswirtschaft konkret, Wiley VCH Verlag, Weinheim 2003
- Gerhard Mussel/Jürgen Pätzold, Grundfragen der Wirtschaftspolitik, Verlag Vahlen, München, 6. Aufl. 2005

Zum Prozess der *Globalisierung* und seinen Folgen für den „Standort Deutschland“ sei auf die knappe, außerordentliche informative Veröffentlichung von Dieter Duwendag (Globalisierung im Kreuzfeuer der Kritik, Nomos, Baden-Baden 2006) besonders hingewiesen (für die Hand der Lehrerin/des Lehrers).

Die Wirtschaftswissenschaft, deren Ergebnisse die zentrale Grundlage für die in den Themen dieses Kapitels behandelten Zusammenhänge und Probleme sind, gehört zu den Sozialwissenschaften (vgl. dazu die Einführung in Kap. A, S. 9f.); aber sie unterscheidet sich nicht nur in ihrem Gegenstand von den beiden anderen Hauptdisziplinen der Sozialwissenschaften (Politikwissenschaft und Soziologie), sondern auch durch eine **spezifisch geprägte Systematik und Methodik** bei der Erfassung und der Analyse ihres Gegenstandes, der ökonomischen Wirklichkeit. Wir wollen Sie daher zu Beginn dieses Kapitels auf einige wesentliche Aspekte zur Zielsetzung, zur Gliederung, zum spezifischen Charakter ihres Gegenstandes und vor allem zum besonderen *Erklärungswert ökonomischer Modellbildung* hinweisen, die als eine der wichtigsten Methoden der Wirtschaftswissenschaft gelten kann. Die Erarbeitung dieses Textes kann Ihnen eine Hilfe sein beim Verständnis und bei der Beurteilung vieler Darstellungen zu den Themen und Gegenständen dieses Kapitels.

M 1 Wirtschaftswissenschaft – Gegenstand, Ziel und Methode der Modellbildung

Gegenstandsbereich der Wirtschaftswissenschaft ist die Erforschung der wirtschaftlichen Wirklichkeit. [...] Weil die Wirtschaftswissenschaft sich (auch) mit dem wirtschaftlichen Handeln von Menschen befasst, wird sie zu den Sozialwissenschaften gerechnet.

Die **Gliederung** der Wirtschaftswissenschaft trennt vor allem in Volkswirtschaftslehre und Betriebswirtschaftslehre. Die *Betriebswirtschaftslehre* erklärt vor allem das Wirtschaften des einzelnen Betriebes, also z. B. Fragen von Investition und Finanzierung, von Marketing und Management oder Beschaffung und Produktion. Die *Volkswirtschaftslehre* zielt mehr auf gesamtwirtschaftliche Fragestellungen wie Wachstum und Verteilung, Arbeitslosigkeit und Inflation oder Steuern und Staatsausgaben. Eine ganz klare Trennung zwischen Betriebswirtschaftslehre und Volkswirtschaftslehre existiert nicht, weil sich auch die Volkswirtschaftslehre mit einzelnen Wirtschaftseinheiten wie Haushalt und Unternehmung befasst. [...]

Die Erklärung der Wirtschaft als zentrale Aufgabe der Wirtschaftswissenschaft

Die Erklärung der Wirtschaft ist allerdings schwierig, weil die Zusammenhänge in der Regel äußerst vielfältig sind und nicht den klaren Gesetzen z. B. der Naturwissenschaften unterliegen. Will man etwa die Arbeitslosigkeit erklären, also die Ursachen der Arbeitslosigkeit erfassen, so muss man sich in einem ersten Schritt Gedanken darüber machen, welche Faktoren die Arbeitslosigkeit bewirkt haben *könnten*. So kann Arbeitslosigkeit bestehen, weil zum Beispiel

- die Nachfrage nach Konsumgütern zu gering ist;
- die Investitionstätigkeit zurückgegangen ist;
- die Löhne zu hoch sind;
- der technische Fortschritt Arbeitskräfte freisetzt;
- der Wert des Euro im Ausland gestiegen ist;
- das Arbeitskräfteangebot zugenommen hat.

Eine solche Zusammenstellung von vermuteten Erklärungszusammenhängen (sogenannte **Hypothesen**) muss äußerst sorgfältig erfolgen. Ein bekannter Wirtschaftswissenschaftler der Gegenwart, *Herbert Giersch* (geb. 1921), bemerkt hierzu sehr illustrativ: „Wie dem Detektiv, der ein Verbrechen aufklären soll, muss uns zunächst alles, was überhaupt von Bedeutung sein könnte, verdächtig erscheinen."

Für eine präzise Erklärung wirtschaftlicher Zusammenhänge reicht aber auch eine solche Zusammenstellung möglicher Erklärungsursachen nicht aus. Es müssen vielmehr Aussagen über die vermutete genaue Form der **Ursachen(Kausal-)Zusammenhänge** gemacht werden, etwa dergestalt: Wenn die Nachfrage nach Konsumgütern um soundsoviel Prozent zunimmt, dann nimmt die Arbeitslosigkeit um soundsoviel Prozent ab. Bei weniger exakten Untersuchungen wird häufig auf eine solche Quantifizierung der Hypothesen verzichtet.

- Überdenkt man die oben beispielhaft genannten Ursachen der Arbeitslosigkeit, so erkennt man, dass die in Betracht gezogenen Faktoren ihrerseits wiederum erklärungsbedürftig sind.

Die Nachfrage nach Konsumgütern kann zum Beispiel zurückgegangen sein, weil die Einkommen der Haushalte zu gering sind oder weil die Haushalte mehr sparen wollen. Die höhere Sparneigung wiederum kann z. B. auf pessimistische Zukunftserwartungen, auf erwartete Preissenkungen oder auf allgemeinen Konsumüberdruss zurückzuführen sein. Und die pessimistischen Zukunftserwartungen schließlich könnten durch allgemeinpolitische Krisensituationen bedingt sein. In ähnlicher Weise müssten die übrigen genannten Einflussfaktoren ihrerseits erklärt werden; etwa die Zunahme des Arbeitsangebots durch geburtenstarke Jahrgänge, die auf den Arbeitsmarkt drängen, durch verstärkte Frauenarbeit oder durch eine Zuwanderung.

- Man erkennt ferner, dass Ursache und Wirkung in einer untrennbaren *Wechselbeziehung* zueinander stehen können: eine zu niedrige private Konsumnachfrage als Begründung der Arbeitslosigkeit und Arbeitslosigkeit als Begründung für eine zu niedrige private Konsumnachfrage.
- Und schließlich wird im Allgemeinen auch zwischen den verschiedenen Ursachen der Arbeitslosigkeit eine kausale Beziehung bestehen: Eine abnehmende Konsumgüternachfrage kann die Investitionstätigkeit negativ beeinflussen: Ein hoher Lohn kann den technischen Fortschritt (Rationalisierung) fördern oder den Wert des Euro im Ausland vermindern usw. Festzuhalten ist, dass es sich nicht um einfache monokausale* Beziehungen, sondern um ein komplexes Beziehungsgeflecht handelt, um ein System **allgemeiner Interdependenz**.

Damit wird deutlich, dass man eine außerordentliche Fülle möglicher Ursachen und gegenseitiger Abhängigkeiten beachten muss und man häufig auch auf Zusammenhänge stößt, die man nicht mithilfe der Volkswirtschaftslehre, sondern mithilfe anderer Wissenschaften wie der Psychologie, Politologie, Soziologie oder Medizin erklären muss.

Charakter und Funktion von Modellen

Da die wirtschaftliche Wirklichkeit im Allgemeinen also äußerst komplex und mit ihren vielfältigen Abhängigkeiten kaum zu überschauen ist, ist es unmöglich, im Rahmen der Erklärung wirtschaftlicher Ereignisse alle Einzelheiten zu erfassen und zu berücksichtigen. Daher muss man sich ein – manchmal rigoros – *vereinfachtes Abbild der Wirklichkeit* konstruieren, um damit die Wirklichkeit wenigstens grob erklären zu können. Diese Vereinfachung der wirtschaftlichen Wirklichkeit auf eine überschaubare Anzahl wesentlicher Zusammenhänge nennt man ein **Modell**.

Die Vereinfachung besteht dabei im Prinzip aus drei Schritten.

1. Es werden nur solche vermuteten Kausalbeziehungen berücksichtigt, von denen man annimmt, dass sie das zu erklärende Ereignis – hier die Arbeitslosigkeit – wesentlich beeinflussen.
2. Die Erklärungskette wird an bestimmten Stellen unterbrochen, weil man sich sonst in andere Wissensgebiete vorwagen müsste oder einfach deshalb, weil man eben nicht „alles auf einmal" erklären kann.
3. Die Kausalbeziehungen zwischen den berücksichtigten wirtschaftlichen Größen werden in möglichst einfacher Form quantifiziert.

Welchem **Erklärungsanspruch** kann ein solches Modell grundsätzlich gerecht werden? Offenbar kann das Modell nur dann die Wirklichkeit erklären, wenn die Auswahl der als wesentlich angesehenen Einflussfaktoren richtig getroffen und ihr genauer Einfluss auf die zu erklärende Größe exakt eingeschätzt wird. Beides wird in der Praxis nur unvollkommen gelingen. Die uneingeschränkt richtige Auswahl der wichtigen Einflussfaktoren scheitert im Allgemeinen daran, dass die exakte Trennung zwischen Wesentlichem und Unwesentlichem streng genommen voraussetzt, dass man die Erklärung schon kennt. Da dies in der Praxis eben nicht der Fall ist – sonst gäbe es nicht mehr viel zu erklären –, hat man in der Volkswirtschaftslehre nicht selten mehrere, miteinander **konkurrierende Erklärungsansätze** bzw. Modelle. Und die genaue Quantifizierung scheitert, weil die Kausalbeziehungen zwischen wirtschaftlichen Größen sehr häufig vom menschlichen Verhalten bestimmt werden. Menschliche Verhaltensweisen aber unterliegen Schwankungen und können deshalb nie so exakt berechnet werden wie zum Beispiel die Umlaufbahn von Satelliten um die Erde.

Beide Faktoren bewirken, dass ein Modell praktisch niemals geeignet ist, ein *konkretes* wirtschaftliches Ereignis genau zu erklären.

Für welches Modell soll man sich aber entscheiden, wenn unterschiedliche Erklärungen desselben wirtschaftlichen Vorgangs geliefert werden? Allgemein kann gesagt werden, dass dem Modell der Vorzug zu geben ist, das den geringsten Teil der Veränderungen der zu erklärenden Größe unerklärt lässt und **zu empirischen Beobachtungen nicht in Widerspruch** steht. Solange das verfügbare statistische Material einen solchen Rückschluss durch „Testen der Modelle" nicht eindeutig zulässt, gelten die konkurrierenden Erklärungsansätze gleichermaßen als (vorläufig) richtig, genauer: als nicht falsifiziert (widerlegt).

(Ulrich Baßeler/Jürgen Heinrich/Burkhart Utecht, Grundlagen und Grundprobleme der Volkswirtschaft, Schäffer-Poeschel Verlag, Stuttgart, 17. Aufl. 2002, S. 1–7)

Modellbildung und „Ceteris-paribus-Klausel"

- Alle Theorien und Modelle arbeiten mit bestimmten **Annahmen bzw. Restriktionen** („wenn …", oder: „unter der Voraussetzung, dass …"). Eine Standardannahme ist z. B., dass die nicht explizit im Modell enthaltenen Größen sich nicht verändern. Wenn man beispielsweise die Veränderung des Bremsweges eines Autos in Abhängigkeit von unterschiedlicher Nässe der Fahrbahn untersuchen will, darf man während der Versuche z. B. nicht den Fahrer auswechseln (und er muss immer gleich wach sein) oder den Zustand des Autos verändern (z. B. andere Reifen aufziehen), weil man sonst vielleicht zu der Schlussfolgerung käme, dass der Bremsweg umso kürzer ist, je nasser die Fahrbahn ist. Diese Vorgehensweise, dass man bei mehreren Einflussfaktoren jeweils nur einen verändert (Fahrbahnnässe), die übrigen aber konstant gehalten werden, fasst man als Bedingung *„unter sonst gleichen Voraussetzungen"* zusammen (lateinisch: **ceteris paribus**, gelegentlich nur als c. p. abgekürzt). Zwar bildet ein solches Modell dann nicht die komplette Wirklichkeit ab, in der sich meist mehrere Größen gleichzeitig verändern, doch ermöglicht nur die ceteris-paribus-Betrachtung, den Einfluss einer einzelnen Variablen in einem komplexeren Zusammenhang zu isolieren. Wenn man beispielsweise den Einfluss von Preiserhöhungen auf das Nachfrageverhalten nach Urlaubsreisen untersuchen will, muss durch eine c.-p.-Betrachtung ausgeschlossen sein, dass gleichzeitig eine Einkommenserhöhung die Preiserhöhungen kompensiert.
- Die Güte eines Modells oder einer Theorie hängt dabei auch von der **Wirklichkeitsnähe** ihrer Annahmen ab. Eine Aussage, die beispielsweise von der Unterstellung eines dreibeinigen Menschen ausgeht, mag theoretisch interessant sein, ist aber ohne jeden praktischen Nutzen. Eine wichtige Gattung von Annahmen stellen sog. **Axiome** (griech.: *„was für wichtig erachtet wird"*) dar. Axiome sind Grundsätze, die weder beweisbar sind noch eines Beweises bedürfen, allgemein z. B., dass jedes Ereignis einen Grund hat (im Sinne von Ursache-Wirkung-Zusammenhängen); in der Ökonomie ist z. B. die Unterstellung rationalen Handelns ein Axiom.

(Jörn Altmann, Wirtschaftspolitik, Lucius & Lucius Verlag, Stuttgart, 7. Aufl. 2000, S. 10f.)

1. *Erläutern Sie die Einteilung der Wirtschaftswissenschaft(en) nach ihren zwei „Teildisziplinen" und machen Sie deutlich, worin für die Wirtschaftswissenschaft die besondere Schwierigkeit bei der Erreichung ihres Hauptzieles liegt.*
2. *Woraus ergibt sich der Zwang zur Modellbildung bei der Erklärung wirtschaftlicher Zusammenhänge? Worin liegt der spezifische Charakter ökonomischer Modelle? Was sollen sie (und was können sie nicht) leisten? Wovon hängt ihr Erklärungswert ab?*
3. *Erläutern Sie anhand des Beispiels (Z. 100ff.) die Bedeutung der „Ceteris-paribus-Klausel" und finden Sie ein weiteres Beispiel.*

1. Grundbegriffe der Volkswirtschaftlichen Gesamtrechnung

Der Wirtschaftsprozess in einem entwickelten Industrieland, dessen Kern die Produktion von Gütern bildet, ist durch unüberschaubar viele Einzelaktivitäten von Millionen von Wirtschaftssubjekten gekennzeichnet. Er wird bei jedem Betrachter den Eindruck von Unübersichtlichkeit und Komplexität erwecken. Will man versuchen, einen Überblick über gesamtwirtschaftliche Prozesse zu gewinnen, erscheint es zweckmäßig, einzelwirtschaftliche zu gesamtwirtschaftlichen Größen (**Aggregaten**) zusammenzufassen. Zählt man z.B. alle auf den Einzelmärkten für Konsumgüter innerhalb eines Jahres getätigten Umsätze zusammen, so erhält man die gesamtwirtschaftliche Größe „Privater Konsum".

Solche Berechnungen zu den verschiedenen Bereichen des Wirtschaftsprozesses werden in der Bundesrepublik Deutschland im Wesentlichen durch das Statistische Bundesamt, daneben auch durch die Bundesbank und einige wirtschaftswissenschaftliche Forschungsinstitute angestellt. Auf diesen Erhebungen beruhen die fast täglich in Presse, Rundfunk und Fernsehen verbreiteten Meldungen über die Entwicklung der Wirtschaft und auch der im Frühjahr eines jeden Jahres erscheinende „Jahreswirtschaftsbericht" der Bundesregierung.

Die geordnete Zusammenstellung aller wesentlichen gesamtwirtschaftlichen Daten geschieht in der **Volkswirtschaftlichen Gesamtrechnung** (VGR). Sie ist die Hauptdatenquelle für Untersuchungen und damit auch für Beurteilungen der wirtschaftlichen Entwicklung in einer abgelaufenen Periode, aber auch für Prognosen des zukünftigen wirtschaftlichen Ablaufs (und damit auch für die Argumentation der Parteien und Verbände im Streit um die richtigen wirtschaftspolitischen Maßnahmen). Es ist daher wichtig, nicht nur die wichtigsten *Grundbegriffe* der Volkswirtschaftlichen Gesamtrechnung zu kennen, sondern sich auch ihre *methodischen Voraussetzungen* und die Grenzen ihrer Aussagefähigkeit bewusst zu machen (Abschnitt 2., S. 223ff.). Zuvor (Abschnitt 1.) wollen wir jedoch noch kurz auf zwei Grundaspekte eingehen: auf den *Produktionsprozess* als Zentrum des gesamten Wirtschaftsprozesses (M 2) und auf das *Modell des Wirtschaftskreislaufs* als Hilfe zum Verständnis dieses Prozesses (M 3). Wenn Sie damit aus früherem Unterricht bereits genügend vertraut sind, können Sie gleich zum zweiten Abschnitt übergehen.

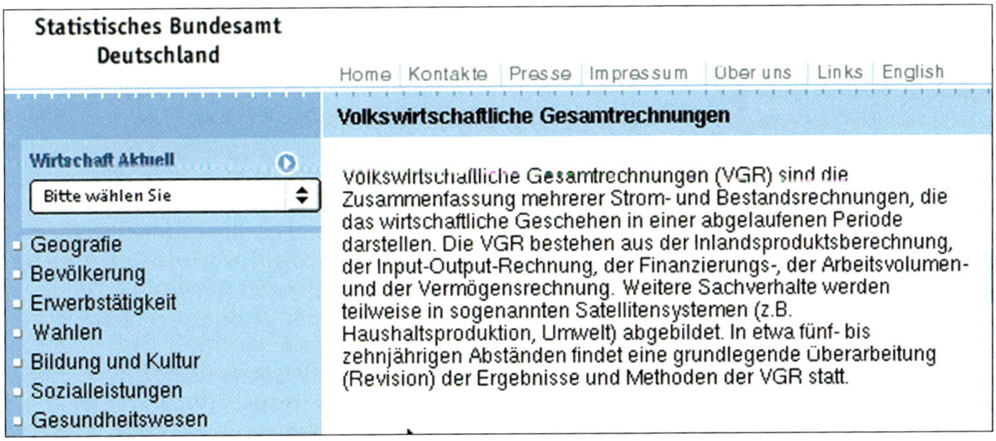

(© Statistisches Bundesamt, Wiesbaden; http://www.destatis.de/basis/d/vgr/vgrtxt.htm)

1. Der Produktionsprozess und das Modell des Wirtschaftskreislaufs

M 2 Im Zentrum des Wirtschaftsprozesses: der Produktionsprozess

Die Menschen benötigen zur Befriedigung ihrer Bedürfnisse Güter. Diese müssen bereitgestellt werden. Ort der Herstellung sind die Unternehmungen. Sie können privat oder staatlich sein. Die technische Herstellung von Gütern erfolgt im „Betrieb“, während die Unternehmung weitergehend als rechtlich-organisatorische Einheit zu verstehen ist. Ungeachtet der Verschiedenheit der hergestellten Güter läuft der Produktionsprozess stets nach dem gleichen Schema ab: Man braucht bestimmte Dinge für die Produktion („Input“), diese werden miteinander kombiniert und heraus kommen schließlich die Erzeugnisse („Output“). Bei einer etwas detaillierteren Betrachtung erhält man für das Produktionsgeschehen in einer Unternehmung das in Abbildung 1 dargestellte Schema.

Abbildung 1: Schematische Darstellung des Produktionsprozesses

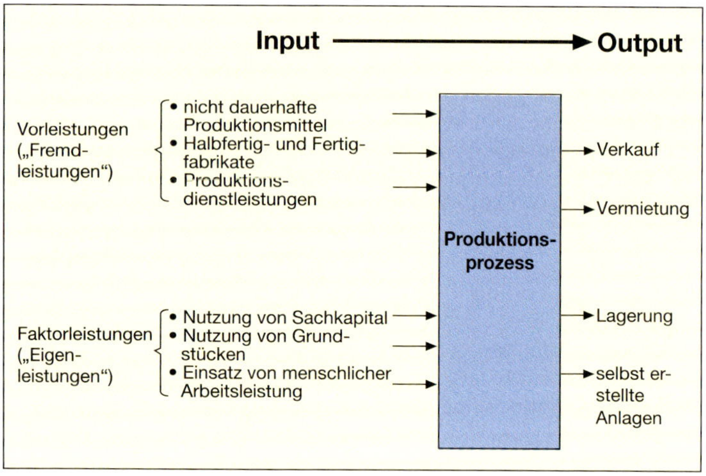

Zum **Input** gehören
- Vorleistungen und
- Faktorleistungen.

Die **Vorleistungen** umfassen Waren und Dienstleistungen, die eine Unternehmung von anderen Firmen bezieht und die bei der laufenden Produktion „untergehen“. Sie stammen sowohl aus dem Inland als auch aus dem Ausland. Als Sachgüter kommen nicht dauerhafte Produktionsmittel (Roh-, Hilfs- und Betriebsstoffe) ebenso in Betracht wie Halbfertig- und Fertigfabrikate (z.B. ein französisches Auto, welches ein deutscher Autohändler bezieht). Bei den Dienstleistungen handelt es sich um Produktionsdienstleistungen (wie Transport-, Versicherungs- und Beratungsdienste); sie gewinnen zunehmend an Bedeutung. Vorleistungen sind also nichts anderes als Einkäufe von anderen Unternehmungen, das heißt aus Sicht der produzierenden Unternehmung „Fremdleistungen“.

An diese Vorleistungen legt nun das betrachtete Unternehmen bildhaft gesprochen selbst Hand an. Die „Eigenleistung“ besteht im Einsatz sogenannter **Faktorleistungen**. Hierzu zählt zunächst der Einsatz von Sachkapital (dauerhafte Produktionsmittel wie Maschinen oder Werkzeuge). Außerdem braucht man für die Produktion die Nutzung von Grund und Boden; diese Faktorleistung spielt naturgemäß in der landwirtschaftlichen Produktion eine überragende Rolle. Vor allem ist für jedwede Produktionstätigkeit der Einsatz der menschlichen Arbeitskraft erforderlich. Dies gilt auch dann, wenn man an eine „Roboterfabrik“ denkt; dort ist zwar die Fertigung vollautomatisiert, aber man braucht Arbeitskräfte, beispielsweise für Wartungs- und Kontrollarbeiten oder in der Verwaltung.

Vorleistungen und Faktorleistungen werden im Zuge des *Produktionsprozesses* miteinander kombiniert. Dieser Transformationsprozess ist ein technischer Vorgang, er bildet das Feld der Ingenieure beziehungsweise Ingenieurwissenschaften. Die Bedeutung von Produkt- und Prozessinnovationen [neue oder verbesserte Güter und Produktionsmethoden] ist unbestritten,

nicht nur bei Technikern, sondern gerade auch bei Ökonomen. Gleichwohl stellt der technische Produktionsprozess für Ökonomen eine „Black Box“ [unbekannte Größe] dar. Die jüngste „Lean Production“-Welle (s. Kasten) hat allerdings gezeigt, dass kostengünstigere Produktionsmethoden nicht nur des technologischen Fortschritts, sondern auch einer organisatorischen, das heißt betriebswirtschaftlichen Flankierung bedürfen.
Die wirtschaftliche Betrachtung setzt erst wieder ein, wenn es um den **Output** geht. Hierfür gibt es, wie Abbildung 1 zeigt, prinzipiell vier Verwendungsmöglichkeiten: Die hergestellten Güter werden

- verkauft,
- vermietet,
- gelagert,
- selbst genutzt.

> **Lean production:** „Schlanke Produktion“; Bündel von Maßnahmen zur Modernisierung der Produktion. Merkmale sind u.a. Verzicht auf alle überflüssigen Arbeitsschritte in Produktion und Verwaltung, Gruppenarbeit (mit stärkerer Verantwortung der Gruppe), Auslagerung bestimmter Produktionsschritte, Einsparung von Personalkosten, Automatisierung des Materialflusses.
>
> (Autorentext)

Die wichtigste Verwendungsform ist der Verkauf. Er erbringt den Herstellern Verkaufserlöse, also *Verkaufsumsätze*. Ihren Wert errechnet man bekanntlich als Produkt aus Verkaufspreis und Verkaufsmenge. Zunehmende Bedeutung erlangen die Umsätze im Vermietungsgeschäft, dem sogenannten *Leasing*. Mehr als die Hälfte der Leasinggeschäfte entfallen in Deutschland auf Fahrzeuge, die von den Fahrzeugherstellern an Privat- und Geschäftskunden vermietet werden, an zweiter Stelle folgen Gebäude.
Ein Teil der Produktion verbleibt beim Hersteller; dies betrifft allerdings nur das Waren produzierende Gewerbe. Zum einen handelt es sich dabei um *Lagerbestandserhöhungen* von Fertigwaren beziehungsweise Halbfertigfabrikaten. Zum andern zählen hierzu *selbst erstellte* Anlagen. Hierunter fallen selbst hergestellte dauerhafte Produktionsmittel, die im eigenen Unternehmen Einsatz finden. In der Computerbranche bleibt bis zu einem Sechstel der gesamten Hardwareproduktion im eigenen Haus.

Produktionsfaktoren

Das Herzstück des Produktionsprozesses ist zweifellos der Einsatz von Faktorleistungen. Deshalb soll hierauf noch etwas genauer eingegangen werden.
Faktorleistungen werden von den sogenannten Produktionsfaktoren abgegeben. Diese unterteilt man üblicherweise in

- Arbeit,
- natürliche Ressourcen,
- Kapital,
- technischen und organisatorischen Fortschritt.

Unter den Produktionsfaktor **Arbeit** fällt jede manuelle und geistige Tätigkeit mit dem Ziel der Erwirtschaftung von Einkommen. Die gesamte Arbeitsleistung, die einer Volkswirtschaft zur Verfügung steht, ergibt das Arbeitsvermögen oder Humankapital*. [...]
Zum Produktionsfaktor **natürliche Ressourcen*** gehört zunächst der Boden, auf dem Gebäude stehen beziehungsweise der von der Land- und Forstwirtschaft genutzt wird. Des Weiteren fallen darunter Bodenschätze sowie andere

Abbildung 2: Produktionsfaktoren

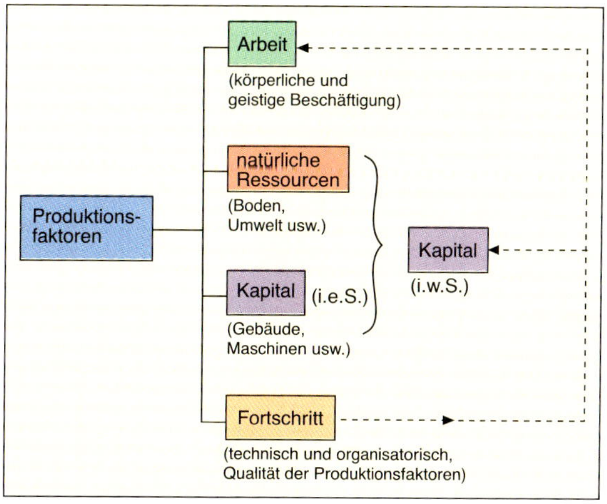

natürliche Gegebenheiten wie Gewässer oder natürliche Hilfsquellen. So bildet das Klima im Mittelmeerraum die entscheidende Voraussetzung für Urlaubsreisen und damit für die Produktion von Tourismusdienstleistungen. In neuerer Zeit subsumiert man unter den Boden auch die *Umwelt*, denn Luft und Wasser sind ebenfalls für die Produktion erforderlich. Die lange Zeit erfolgte Vernachlässigung der Umwelt ist darauf zurückzuführen, dass vor allem Luft und Wasser kostenlos genutzt werden konnten, die Umwelt also keinen Preis hatte. Diese Auffassung hat sich angesichts der immer drängender werdenden Umweltprobleme inzwischen geändert. Der Produktionsfaktor natürliche Ressourcen kann daher mit *Natur* umschrieben werden. Da dieser Faktor ebenso wie die menschliche Arbeitskraft natürlicherweise vorhanden ist, spricht man von originären Produktionsfaktoren.

Der Produktionsfaktor **Kapital** ist hingegen ein derivativer (abgeleiteter) Produktionsfaktor. Sein Bestand (Kapitalstock) muss erst hergestellt werden. In ihm sind, wie bereits erwähnt, sämtliche *dauerhaften Produktionsgüter* der Volkswirtschaft enthalten. Hierzu zählen Gebäude, Maschinen, Werkzeuge, Fuhrpark sowie Lagerbestände. Eine Erhöhung des Kapitals geschieht durch die Anschaffung neuer Maschinen usw. Die Zunahme des Kapitalstocks innerhalb einer Zeitperiode nennt man Nettoinvestitionen (vgl. S. 226f.). Allerdings verliert das Kapital durch seinen Einsatz im Produktionsprozess an Wert; diese *durch Abnutzung entstehende Wertminderung* erfasst man mithilfe der *Abschreibungen* (s. Kasten S. 227). Für Deutschland wurde der Wert des sogenannten Kapitalstocks im Jahr 1997 auf circa 8,3 Billionen DM veranschlagt. Allerdings ist die Berechnung des Kapitals schwierig, z. B. wegen der Bewertungsprobleme. Besonders hinzuweisen ist an dieser Stelle noch auf die Behandlung des Geldes: *Geld* ist kein Produktionsfaktor; erst wenn es zum Kauf einer Maschine verwendet wird, berührt dies das Kapital. Deshalb spricht man beim Produktionsfaktor Kapital häufig vom *Sachkapital* oder *Realkapital*.

Die bisherige Erörterung der Produktionsfaktoren bezog sich lediglich auf deren quantitative Dimension. Die Berücksichtigung der qualitativen Elemente der Produktionsfaktoren erfolgt durch den **technischen und organisatorischen Fortschritt**. Darin sind die Geschicklichkeit und das Ausbildungsniveau der Arbeitskräfte ebenso enthalten wie die Qualität der Böden, die Organisationsformen in den Unternehmen oder der technische Stand des Maschinenparks. Empirische* Untersuchungen kommen zu dem Ergebnis, dass die Produktionsentwicklung der Volkswirtschaft, also das Wirtschaftswachstum, primär auf den technischen und organisatorischen Fortschritt zurückzuführen ist. Gerade für rohstoffarme Industrienationen ist diese Erkenntnis von großer Tragweite. Diese Länder müssen ihre Anstrengungen vorrangig auf eine weitere Verbesserung des Bildungsniveaus der Bevölkerung sowie auf Innovationen und damit mehr Know-how richten.

(Gerhard Mussel, Basis-Know-How Volkswirtschaft, Campus, Frankfurt a. M. 2000, S. 24–28)

1. *Erläutern Sie anhand des Textes das Schema des Produktionsprozesses (Abb. 1) und achten Sie dabei auf die möglichst genaue Klärung der verwendeten Fachbegriffe, wie z. B. Vorleistungen, Faktorleistungen, Umsatz.*

2. *Übersetzen Sie den Begriff Produktionsfaktor ins Deutsche (die beiden zugrunde liegenden lateinischen Wörter dürften Ihnen vertraut sein) und gehen Sie bei der Erläuterung des Schemas (Abb. 2) insbesondere auf die Bedeutung des Begriffs Kapital sowie auf die besondere Stellung des technischen und organisatorischen Fortschritts als eines „qualitativen" Produktionsfaktors ein. Sollte man ihn eher als einen eigenen vierten Faktor oder als eine Dimension der drei übrigen Faktoren betrachten? Inwiefern berücksichtigt das Schema beide Aspekte?*

M 3 Das Modell des Wirtschaftskreislaufs

„Wenn wir uns morgens an den Frühstückstisch setzen, erwarten wir selbstverständlich, dass Brot oder Brötchen, Kaffee oder Tee, Butter, Marmelade, Wurst vorhanden sind. Das musste aber nicht nur eingekauft und auf den Tisch gebracht werden. Es musste vom Bäcker, Metzger usw. hergestellt und angeboten werden. Es sind dazu lange im Voraus Getreide angebaut, Tiere gezüchtet, Rohkaffee und Tee aus Übersee importiert, gelagert, weiterverkauft worden. Es müssen dazu

gleichzeitig Transportmittel, Wasser und Energie zur Verfügung stehen. Käufer und Verkäufer, Produzenten, Händler und Konsumenten benutzen in diesem ständigen Austausch Geld, auf dessen Wert sie sich verlassen, wenn sie dafür Waren weggeben oder Arbeit leisten.
Was geschieht da eigentlich, wenn in einer Großstadt oder in einem Land von Millionen Einwohnern täglich Abermillionen von Tauschvorgängen ablaufen? Wie kommt es, dass das alles so ineinander greift und, von Krisen oder Katastrophen abgesehen, funktioniert? Wer hat dieses unsichtbare Netz landes- und weltweiter Beziehungen geknüpft? Wer ordnet und lenkt das alles, damit wir jeden Tag satt werden? Oder ist das Ganze ein Chaos, und wir merken es nur nicht? Warum haben wir normalerweise keine Angst, dass das alles zusammenbricht?" (Bernhard Sutor/Joachim Detjen, Politik – Ein Studienbuch zur politischen Bildung, Schöningh, Paderborn 2001, S. 262; Verf.: B. Sutor)
„Um verstehen zu können, wie die Volkswirtschaft funktioniert, müssen wir einen Weg zur Vereinfachung des Nachdenkens über diese Aktivitäten finden. Mit anderen Worten brauchen wir ein **Modell**, das in allgemeinen Begriffen erklärt, wie die Volkswirtschaft organisiert ist!" (G. Mankiw) Aus dieser Überlegung resultiert die Idee des Wirtschaftskreislaufs. Sie geht zurück auf den französischen Arzt und Ökonomen François Quesnay (1694–1774; Quesnay war Leibarzt Ludwigs XV.), der möglicherweise die Ähnlichkeit der wirtschaftlichen Austauschvorgänge mit dem menschlichen Blutkreislauf im Auge hatte und in seinem „Tableau Economique" zum ersten Mal Geld- und Güterströme gegenüberstellte. „Das Kreislaufmodell ist in seinem Grundaufbau umso leichter zu verstehen, als es aus der Vielzahl der Beziehungen in einer Volkswirtschaft nur die wesentlichen Tatbestände erfasst, das für diese Betrachtungsweise Unwichtige weglässt und dadurch die komplizierten Zusammenhänge vereinfacht. Die Kreislaufelemente entstehen dadurch, dass gleichartige Wirtschaftseinheiten zu Sektoren und gleichartige Tauschprozesse zu Stromstößen zusammengefasst werden." (Werner Heiring, Im Kreislauf der Wirtschaft, Köln 2005, S. 30)

Eine kreislaufmäßige Darstellung des wirtschaftlichen Ablaufs richtet ihr Augenmerk darauf, dass in einer arbeitsteiligen, entwickelten Marktwirtschaft zur Erfüllung der zentralen ökonomischen Aufgaben der Produktion und der Einkommensbildung und -verwendung eine Fülle von Aktivitäten zwischen verschiedenen Wirtschaftssubjekten durchgeführt werden muss. Die arbeitsteilige entwickelte Marktwirtschaft, in der wir leben, unterscheidet sich von der Haus- (oder Subsistenz)-wirtschaft früherer Zeiten vor allem durch die Auslagerung der Produktion aus der häuslichen Sphäre in eigene Produktionsstätten – die Unternehmen – und die Bildung und Ausweitung von **Märkten**, auf denen die zur Produktion benötigten produktiven Leistungen (Faktorleistungen) sowie die Produktionsergebnisse gehandelt und ausgetauscht werden. Sie hat mithin einen ungleich höheren Bedarf an wirtschaftlichen Aktivitäten zwischen verschiedenen ökonomischen Akteuren zur Erfüllung ökonomischer Aufgaben als die weitgehend selbstgenügsame Hauswirtschaft.
Nach welchen Kriterien sollte nun ein Wirtschaftskreislauf konstruiert werden? Von der Aufgabenstellung der VGR her sollte er die wichtigsten wirtschaftlichen Aktivitäten zwischen den zentralen ökonomischen Akteuren, die in einer Volkswirtschaft vom Typus der Bundesrepublik Deutschland abgewickelt werden, erfassen. Grundsätzlich lassen sich vier Arten von ökonomischen Transaktionen (Aktivitäten) unterscheiden:
a) Einkommensschaffung durch *Produktion* von Gütern (kurz: **Produktion**)
b) Einkommensverwendung durch *Verbrauch* von Gütern (kurz: **Konsum**)
c) Einkommensverwendung durch *Sparen* (kurz: **Vermögensbildung**)
d) Einkommensübertragung durch *Kreditgewährung* bzw. Kreditaufnahme (kurz: **Kreditbildung**)
Diese grundlegenden wirtschaftlichen Aktivitäten werden nun auf – vom Entwicklungsstand der jeweiligen Volkswirtschaft abhängige – unterschiedliche Weise von den ökonomischen Akteuren ausgeführt. Welche **ökonomischen Akteure** prägen den Wirtschaftsprozess in einem entwickelten Industrieland wie der Bundesrepublik? Es sind einmal die *Unternehmen*, in denen Güter (Produkte und Dienstleistungen) für den Markt produziert werden, ferner die *privaten Haushalte*, die den Unternehmen gegen Einkommensbezug Produktivleistungen (Arbeit, Kapital, Boden) zur Verfügung stellen und ihr Einkommen für Konsumgüterkäufe und Ersparnisbildung

verwenden, sowie der *Staat*, der in der VGR vor allem als Produzent unentgeltlicher öffentlicher Güter*, als Steuereinnehmer und als Umverteiler von Einkommen hervortritt.
Nach den Konventionen der VGR (s. S. 223) sind **Unternehmen** Wirtschaftseinheiten, die Waren und Dienstleistungen produzieren bzw. erbringen und diese gegen spezielles Entgelt verkaufen, das in der Regel Überschüsse abwirft, zumindest jedoch die Kosten deckt. Hierzu zählen neben den privaten Produktions-, Dienstleistungs- und Handelsbetrieben die Landwirtschaft, die Gruppe der freien Berufe und das Handwerk. Hinzu kommen öffentliche (staatliche) Unternehmen, Bundespost, Bundesbahn und die Deutsche Bundesbank. Die Wohnungsvermietung wird ebenfalls insgesamt dem Unternehmenssektor zugerechnet. [...]
Der **Staat** setzt sich zusammen aus dem *Bund* und den Gebietskörperschaften der *Länder* und *Gemeinden*, den verwaltungsrechtlichen Verbänden und den Sondervermögen des Bundes. Hinzugerechnet werden ferner die Sozialversicherungen. [...]
Die **Haushalte** umfassen neben den privaten Haushalten auch die Gruppe der privaten Organisationen ohne Erwerbscharakter, wie Gewerkschaften, Kirchen, kulturelle und sportliche Vereine, sowie karitative und wissenschaftliche Organisationen. Gemeinsames Merkmal ist die fehlende Absicht der Gewinnerzielung durch unternehmerische Betätigung.

● Der einfachste Kreislauf (**Übersicht 1**) kann für eine geschlossene Volkswirtschaft (d.h. ohne Außenhandel) ohne staatliche Aktivität konstruiert werden. Er erfasst die ökonomischen Transaktionen der Produktion und des Konsums zwischen einem (oder allen) Unternehmen und einem (oder allen) Haushalt(en). Die Sektoren werden in den Kreislaufdarstellungen als *Pole*, die zwischen ihnen ablaufenden Transaktionen als *Ströme* bezeichnet. Der Wirtschaftskreislauf lässt sich dann näher durch die Ströme, die zwischen den Polen Haushalts- und Unternehmenssektor fließen, charakterisieren. Die privaten Haushalte stellen den Unternehmen produktive Leistungen (v.a. Arbeit) zur Verfügung und erhalten dafür *Faktoreinkommen* (Einkommen als Entgelt für die zeitweise Überlassung von *Produktionsfaktoren*). Die Unternehmen produzieren u.a. mit den erworbenen Produktivleistungen Güter, die sie auf den Gütermärkten den Haushalten anbieten. Die Haushalte treten als Nachfrager auf den Märkten auf und erwerben durch Verausgabung ihres Einkommens Konsumgüter.
Das Diagramm in *Übersicht 1* zeigt den grundlegenden Kreislauf einer Tauschwirtschaft mit Geld. Ist für jeden Sektor die Summe aller hineinfließenden gleich der Summe aller herausfließenden Ströme, ist der Kreislauf geschlossen (Kreislaufaxiom). In Übersicht 1 haben die monetären Ströme jeweils die gleiche Größe wie die ihnen genau entgegengesetzt laufenden realen Güter- und Faktorleistungsströme. Die Aktivitäten lassen sich dann anhand einer der beiden Arten von Strömen erfassen, durch die indirekt auch die entgegenlaufenden – definitionsgemäß gleich großen – Ströme erfasst werden. [...]

● Das erste übermäßig vereinfachte Kreislaufbild lässt sich nun sukzessive um zusätzliche ökonomische Transaktionen und zusätzliche ökonomische Akteure (Pole) anreichern und damit an das in einem entwickelten Industrieland tatsächlich gegebene Bild kreislaufmäßiger Beziehungen anpassen. Haushalte etwa verausgaben ihr Einkommen nicht nur für Konsumgüter, sondern bilden auch *Ersparnisse*. Unter-

Übersicht 1

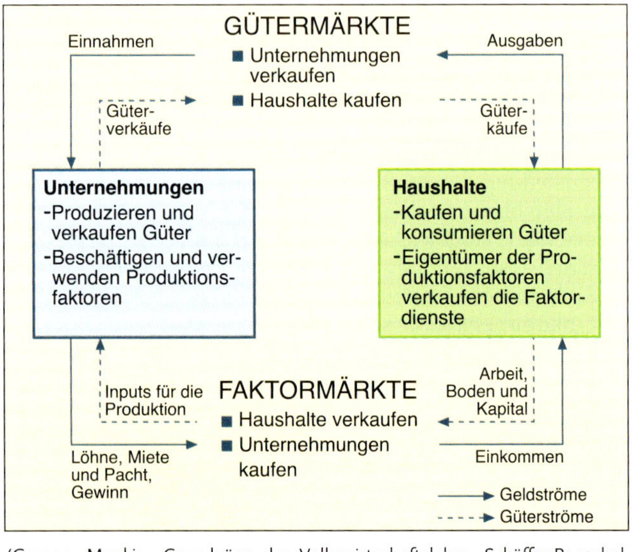

(Gregory Mankiw, Grundzüge der Volkswirtschaftslehre, Schäffer-Poeschel, Stuttgart 2001, S. 28)

nehmen produzieren nicht nur Konsumgüter, die von den Haushalten gekauft werden, sondern auch *Investitionsgüter*, mit denen sie ihre Produktionskapazitäten erneuern oder erweitern. Zum empirischen Nachweis von derartigen Vermögensbildungsvorgängen wird ein Vermögensbildungspol gebildet (siehe **Übersicht 2**, nur Geldströme).

Übersicht 2 (Geldströme)

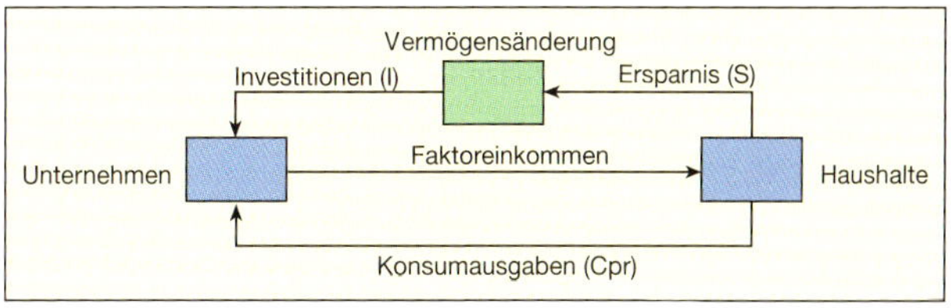

- Wird die ökonomische Aktivität des *Staates* in die Darstellung des Wirtschaftskreislaufes einbezogen, müssen weitere Ströme berücksichtigt werden. Zu den wichtigsten gehören Steuerzahlungen des Unternehmens- und des Haushaltssektors an den Staat, Einkommens- und Trans-

Übersicht 3 (Geld- und Güterströme)

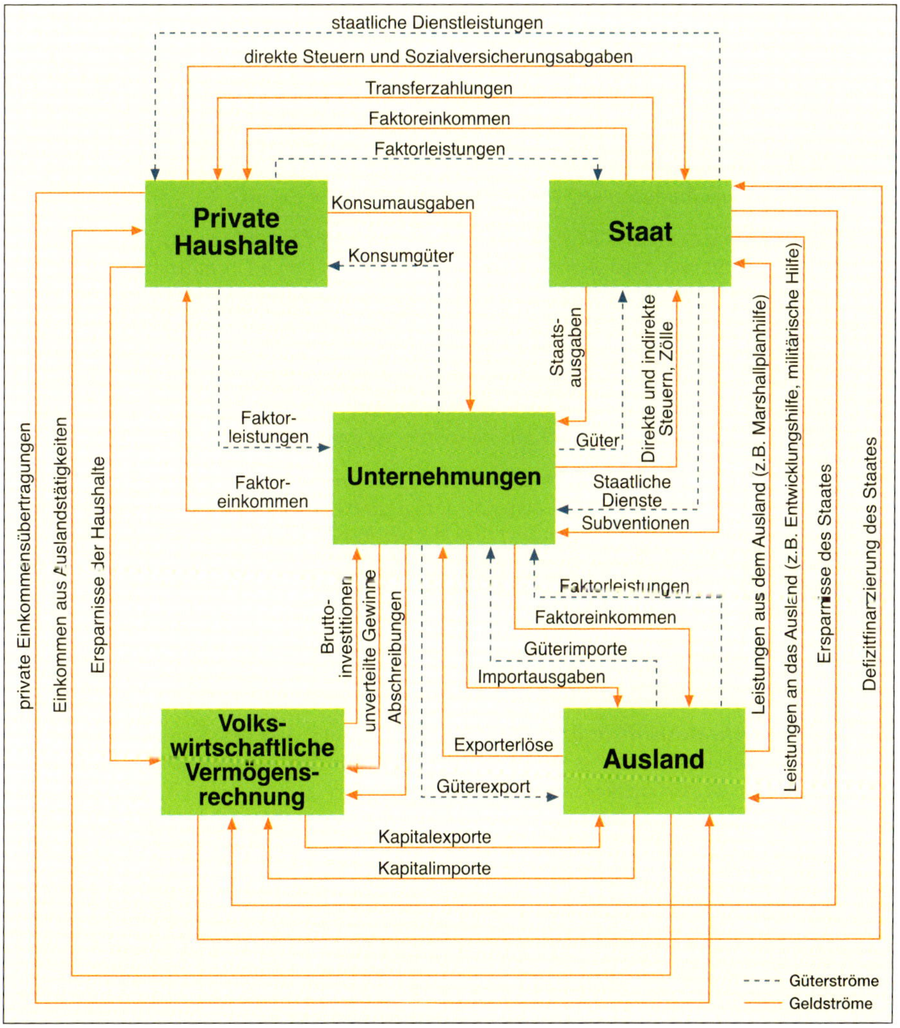

(Horst Wagenblaß, Volkswirtschaftslehre, öffentliche Finanzen und Wirtschaftspolitik, C. F. Müller Verlag, Heidelberg, 7. Aufl. 2001, S. 90; leicht verändert)

ferzahlungen* des Staates an den Haushaltssektor, Zahlungen des Staates an die Unternehmen für den Bezug von Vorleistungen (Verbrauchsgütern) und Investitionsgütern, Subventionszahlungen* an die Unternehmen.

- Eine weitere Annäherung an die Realität ergibt sich durch die Aufgabe der Annahme einer geschlossenen Wirtschaft. Berücksichtigt man das Ausland als neuen Sektor, so müssen die Ströme der Waren und Dienstleistungen zwischen den inländischen Sektoren und dem Ausland erfasst werden (**Übersicht 3**). Ein Teil der inländischen Produktion wird im Ausland nachgefragt und dorthin geliefert (Exporte); dagegen wird ein Teil der Produktion des Auslandes von inländischen Sektoren nachgefragt (Importe) und entweder weiterverarbeitet oder unmittelbar der letzten Verwendung zugeführt. In der Darstellung der Ströme [...] wurde davon abgesehen, dass die einzelnen inländischen Sektoren Unternehmen, Haushalte und Staat Finanzierungsdefizite und -überschüsse aufweisen können, so dass es zu Kreditbeziehungen kommt.

(Christian Leipert, Grundzüge der Volkswirtschaftlichen Gesamtrechnung. In: Verbrauchererziehung, Informationsdienst zur wirtschaftlichen Bildung Heft 9, 1980, S. 16f. Hrsg. vom Informationsdienst des Instituts für wirtschafts- und sozialwissenschaftliche Bildung, Münster)

1. *Vielleicht ist Ihnen die Darstellung des Wirtschaftskreislaufes aus dem vorausgegangenen Unterricht schon vertraut. Für diesen Fall könnten Sie sich darauf beschränken, Ihr Wissen zu überprüfen, indem Sie z. B. das Kreislaufbild (Übersicht 3) erläutern. – Anderenfalls sollten Sie die folgenden Hinweise beachten.*

2. *Machen Sie den grundsätzlichen Unterschied zwischen „selbstgenügsamer" Hauswirtschaft und „arbeitsteiliger entwickelter Marktwirtschaft" klar (Z. 1–12). Inwiefern setzt die Idee des Wirtschaftskreislaufs Arbeitsteilung und Bildung von Märkten voraus?*

3. *Die Erarbeitung des Textes M 3 soll – abgesehen von der Darstellung des Kreislaufmodells – auch dazu dienen, Sie mit einer Reihe von einfachen ökonomischen Grundbegriffen vertraut zu machen. Achten Sie deshalb darauf, dass Sie diese Begriffe nicht einfach überlesen, sondern klare Vorstellungen mit ihnen verbinden (in den ersten beiden Abschnitten etwa: Wirtschaftssubjekt, Produktion, Konsum, Güter, Dienstleistungen, Einkommen, Vermögen, Produktionsfaktoren: Arbeit, Boden, Kapital; vgl. dazu M 2). – Für das Thema Wirtschaftspolitik sind dann vor allem die in Übersicht 3 verwendeten Begriffe (Investitionen, Subventionen, Transferzahlungen, indirekte Steuern) von erheblicher Bedeutung. Auf ihre Klärung sollten Sie besonderen Wert legen.*

4. *An der Festlegung dessen, was im Einzelnen zu den drei Sektoren Unternehmen, Staat, Haushalt gerechnet wird, können Sie zum ersten Mal (vgl. später zu M 4) sehen, dass das aggregierende Verfahren der VGR (s. Einleitungstext S. 215) zu „Konventionen" (Z. 31; Vereinbarungen über die Abgrenzung von Begriffen und die Zuordnung von Einzelbereichen zu größeren Einheiten) zwingt. Nach welchen Kriterien werden z. B. Wohnungsvermietung als „Unternehmen" bewertet (Z. 36f.), Institutionen wie z. B. die Kirchen aber den privaten Haushalten zugerechnet?*

5. *Einzelne Wirtschaftssubjekte können auch mehr als einem Sektor angehören. Inwiefern gehört z. B. ein Fabrikbesitzer sowohl dem Sektor Unternehmen als auch dem Sektor Haushalte an?*

6. *Der Wirtschaftskreislauf hat den Charakter eines Modells. Machen Sie sich Wesen und Funktion ökonomischer Modelle klar (s. M 1) und weisen Sie im Text Formulierungen nach, die den Modellcharakter des Wirtschaftskreislaufs betonen.*

7. *Ihr Verständnis der gesamten Kreislaufdarstellung können Sie kontrollieren, indem Sie in Übersicht 3 den Angaben für die Güter- und Geldströme folgende konkrete Beispiele zuordnen:*
Firma Schulze zahlt Gewerbesteuern. Sie verkauft Bohrmaschinen nach Spanien. • Herr Meier zahlt Lohnsteuer. Er erhält für seine Arbeit seinen Monatslohn von Fa. Schulze. • Frau Schneider kauft einen Kühlschrank. Für ihre Kinder gibt es einen staatlichen Kindergarten. • Frau Schmidt zahlt 250 Euro auf ihr Sparbuch ein. • Herr Pohl lebt von der Sozialhilfe. • Firma Walz erhält einen Kredit für Investitionen. • Lehrer Heine erhält sein Gehalt vom Land NRW.
Wie müsste folgendes Beispiel eingezeichnet werden: Familie Bernd bezahlt und unternimmt eine Reise mit Hotelaufenthalt in Griechenland?

2. Die Berechnung des Sozialprodukts – Entstehung, Verwendung, Verteilung

Wie schon in der Einleitung zu diesem Abschnitt (S. 215) vermerkt, ist es wichtig, sich eine Reihe von methodischen Konventionen (Vereinbarungen) klar zu machen, wenn man die Ergebnisse der VGR sachgerecht interpretieren will. Neben der Tatsache, dass die Abgrenzung und Zuordnung der einzelnen Größen häufig auf Definitionen beruht, die von der Sache her nicht immer sinnfällig erscheinen, ist vor allem auf folgende Charakteristika hinzuweisen:

- Die VGR ist eine **Wertrechnung**; Gütermengen werden mit Preisen bewertet, und zwar zu laufenden Marktpreisen (mit Ausnahme einiger Bereiche wie z. B. des Staatskonsums, s. u.); diese „nominelle" Größe muss also noch um die Preissteigerungen „bereinigt" werden, wenn die „reale" Entwicklung der Produktion erfasst werden soll (s. u. M 4a, Z. 54ff.).
- In Statistiken kann man nicht selten gewisse **Zahlenabweichungen** feststellen; sie hängen damit zusammen, dass die „endgültigen" Ergebnisse der sehr langwierigen und komplizierten VGR häufig erst nach mehreren Jahren vorliegen und auch dann manchmal noch nachträglich korrigiert werden. Auch wird das Berechnungsverfahren des Statistischen Bundesamtes von Zeit zu Zeit revidiert (s. Abb. S. 215 u.), was zwangsläufig zu einer Neuberechnung auch zurückliegender Daten führen muss.

M 4

Das Bruttoinlandsprodukt (BIP) – die zentrale Größe der Volkswirtschaftlichen Gesamtrechnung

Entstehung, Verwendung und Verteilung des Bruttoinlandsproduktes 2005 (in Mrd. Euro, 2244,0)

Die nebenstehende Übersicht kann zum einen den Überblick über die Textdarstellung (M 4a–c) erleichtern (Sie können immer wieder auf sie zurückgreifen) und zum anderen die zahlenmäßigen Größenverhältnisse vermitteln, die in der Textdarstellung nicht genannt werden.

(www.destatis.de/download/d/vgr/wichtige_zusammenhaenge.pdf, S. 12; Quelle: Statistisches Bundesamt, Wiesbaden)

Entstehung = **Verwendung** = **Verteilung**

Entstehung (Bruttowertschöpfung):
- Land- und Forstwirtschaft, Fischerei 21,6
- Produzierendes Gewerbe ohne Baugewerbe 523,6
- Baugewerbe 77,8
- Handel, Gastgewerbe und Verkehr 366,2
- Finanzierung, Vermietung und Unternehmensdienstleister 588,8
- Öffentliche und private Dienstleister 452,2

\+ Gütersteuern abzüglich Gütersubventionen 213,9

Verwendung (private Konsumausgaben):
- Konsumausgaben der privaten Haushalte 1 293,8
- Konsumausgaben der privaten Organisationen ohne Erwerbszweck 37,2

Konsumausgaben des Staates 414,8

Bruttoinvestitionen 385,3

\+ Außenbeitrag (Exporte abzüglich Importe) 112,9

Verteilung (Volkseinkommen):
- Arbeitnehmerentgelt 1 128,9
- Unternehmens- und Vermögenseinkommen 555,6

\+ Produktions- und Importabgaben an den Staat abzüglich Subventionen vom Staat 236,3

\+ Abschreibungen 327,9

− Saldo der Primäreinkommen aus der übrigen Welt 4,7

Der folgende Text bezieht sich auf das *Kernstück der VGR: die Berechnung des Sozialprodukts*. Dabei kann man, wie die Darstellung zeigt, prinzipiell an drei Stellen ansetzen:

- bei der *Entstehung* (Ermittlung des Beitrags der einzelnen Wirtschaftsbereiche zur Gesamtproduktion),
- bei der *Verwendung* (Ermittlung der Verwendungszwecke von Gütern bzw. Einkommen),
- bei der *Verteilung* (Ermittlung der Verteilung der entstandenen Einkommen).

Auf jedem dieser Wege gelangt man unabhängig voneinander zu demselben Ziel, zur Ermittlung des Sozialprodukts bzw. des Gesamteinkommens.
Die Beschreibung der drei Berechnungsarten des BIP (M 4a–c) beruht im Wesentlichen auf einer Veröffentlichung des Statistischen Bundesamtes („Volkswirtschaftliche Gesamtrechnung, Wichtige Zusammenhänge"), deren vollständiger Text im Internet zur Verfügung steht: www.destatis.de/download/d/vgr/wichtige_zusammenhaenge.pdf.

M 4a Die Entstehung des Bruttoinlandsproduktes

(Quelle: Unterrichtsbogen zum aktuellen Wirtschaftsgeschehen. Sparkasse 11./12.1980, Nr. 6)

Seit 1999 wird vom Statistischen Bundesamt als zentrale Größe das „Bruttoinlandsprodukt" (BIP) berechnet. Der Begriff „Bruttosozialprodukt" wurde durch „Bruttonationaleinkommen" (BNE) ersetzt (zum Unterschied der beiden Größen s. M 4a, Z. 41ff.)

„Allgemein hat man sich unter dem Sozial- bzw. Inlandsprodukt den ‚Güterberg' vorzustellen, der in einer Wirtschaft produziert wurde. Gelegentlich vergleicht man die gesamtwirtschaftliche Produktionsleistung auch mit einem großen Kuchen, den die Volkswirtschaft innerhalb eines Jahres gebacken hat. Entsprechend versteht man unter dem Sozial- bzw. Inlandsprodukt die *Summe aller Waren und Dienstleistungen*, die in einer Volkswirtschaft innerhalb einer Periode (üblicherweise ein Jahr) hergestellt wurden." (Gerhard Mussel [= M 2], S. 35):
(1) **Waren** aller Art, von der Stecknadel bis zum Fernsehturm, gleichgültig ob für den Verbrauch, für Investitionen (Maschinen, Gebäude) oder für die Ausfuhr bestimmt; auch Rohstoffe und Zwischenprodukte werden erfasst, solange sie nicht in ein neues Produkt eingegangen sind (sonst Doppelzählung);
(2) **Dienstleistungen** vom Ortsgespräch bis zur Herzverpflanzung; dazu gehören auch der Unterricht in öffentlichen und privaten Schulen, Transportleistungen, Rundfunk und Fernsehen, Bank- und Versicherungsdienste sowie insbesondere die Nutzung von Wohnraum (sowohl in Mietwohnungen als auch im Eigenheim).
Die **Produktionswerte** der Unternehmen stellen den Wert der *Verkäufe* von Waren und Dienstleistungen aus eigener Produktion sowie von Handelsware an andere (in- und ausländische) Wirtschaftseinheiten dar.
Summiert ergeben die Produktionsmeldungen aller Unternehmen den **Bruttoproduktionswert** der Volkswirtschaft. Zieht man von ihm die sog. Vorleistungen ab, erhält man als *Nettoproduktionswert* die **Bruttowertschöpfung**, die um eine unterstellte Bankgebühr bereinigt wird.
Unter **Vorleistungen** (vgl. M 2, Z. 13ff.) ist der Wert der Güter (Waren und Dienstleistungen) zu verstehen, die inländische Wirtschaftseinheiten von anderen (in- und ausländischen) Wirtschaftseinheiten bezogen und im Berichtszeitraum im Zuge der Produktion verbraucht haben. Die Vorleistungen umfassen außer Rohstoffen, sonstigen Vorprodukten, Hilfs- und Betriebsstoffen, Brenn- und Treibstoffen und anderen Materialien auch Bau- und sonstige Leistungen für laufende Reparaturen, Transportkosten, Postgebühren, Anwaltskosten, gewerbliche Mieten,

Benutzungsgebühren für öffentliche Einrichtungen usw. Dabei ist nun zu berücksichtigen, dass Unternehmen einerseits auf ihre erzeugten Güter Steuern zu zahlen haben (**Gütersteuern**) und dass sie andererseits **Gütersubventionen** erhalten. Zählt man diese Steuern der Bruttowertschöpfung hinzu und zieht gleichzeitig die Subventionen ab, so ergibt sich das **Bruttoinlandsprodukt** als die zentrale Größe der Volkswirtschaftlichen Gesamtrechnung (s. Übersicht S. 223). Es erfasst, wie sein Name sagt, die wirtschaftliche Leistung eines politisch-geografischen Raumes, also alle Produktionswerte, die im *Inland* entstehen, unabhängig davon, ob dies durch im Inland oder im Ausland Ansässige geschieht (*Inlandskonzept*).
Vom Bruttoinlandsprodukt unterscheidet sich ein Berechnungskonzept, das auf die Güterproduktion von Inländern abstellt, also nur Daten erfasst, die Inländern zuzurechnen sind, und zwar auch, wenn die erfassten Leistungen im Ausland erbracht werden (*Inländerkonzept*). Inländer sind natürliche oder juristische Personen mit ständigem (Wohn)Sitz im Inland, unabhängig von ihrer Nationalität. Dieses Konzept heißt seit der Übernahme des Europäischen Systems Volkswirtschaftlicher Gesamtrechnungen (1999) **Bruttonationaleinkommen** (vor diesem Zeitpunkt: *Bruttosozialprodukt*).
Das Bruttoinlandsprodukt und die meisten seiner Komponenten lassen sich sowohl **nominal** (in jeweiligen Preisen) als auch **real** (preisbereinigt) darstellen. Die Preisbereinigung erfolgt nunmehr auf der Grundlage einer jährlich wechselnden Preisbasis (Vorjahrespreisbasis) und ersetzt somit die bisherige Berechnung in konstanten Preisen eines bisher üblicherweise fünfjährlich wechselnden festen Preisbasisjahres (s. dazu später M 10, S. 240).

(Autorentext nach der Veröffentlichung des Statistischen Bundesamtes „Volkswirtschaftliche Gesamtrechnung, Wichtige Zusammenhänge im Überblick“, www.destatis.de/download/d/vgr/wichtige_zusammenhaenge.pdf)

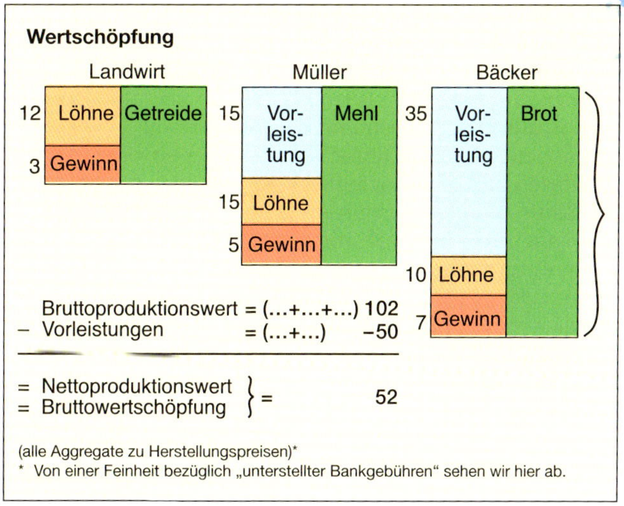

Für das Verständnis der Entstehungsrechnung des Bruttoinlandsproduktes sollten Sie sich auf die Klärung der drei zentralen Begriffe Bruttowertschöpfung, Bruttoinlandsprodukt und Bruttonationaleinkommen und ihr Verhältnis zueinander konzentrieren. Dabei können Sie sich an der Übersicht (s. o.) orientieren.

1. *Erläutern Sie, was man unter Vorleistungen versteht, und überprüfen Sie anhand des nebenstehenden einfachen Beispiels die Berechnung des Bruttoproduktionswertes (= 102) und der Bruttowertschöpfung (= 52). Welche Zahlen gehören in die Klammern?*

2. *Die in dem Schaubild zur Entstehung des BIP (S. 223) aufgeführten Bereiche (Sektoren) der Volkswirtschaft werden oft auch zu dreien zusammengefasst, deren Verhältnis zueinander die Wirtschaftsstruktur eines Landes ausmacht. Vgl. dazu Abb. 1, S. 271.*

3. *Erklären Sie den Unterschied zwischen Bruttoinlandsprodukt (BIP) und Bruttonationaleinkommen (BNE), indem Sie folgende kurze Definition erläutern: „Das BIP unterscheidet sich vom BNE durch den (in der Regel geringeren) Saldo [Differenzbetrag] grenzüberschreitender Einkommen.“*

4. *Die Unterscheidung zwischen nominalen und realen Größen (Z. 54ff.) ist von grundlegender Bedeutung in vielen Bereichen der Wirtschaftslehre. Vergleichen Sie zu diesem Unterschied auch die konkreten Zahlen zum BIP (M 10, S. 240).*

M 4b Die Verwendung des Bruttoinlandsprodukts

Neben der *Entstehung* des Inlandsprodukts wird auch seine *Verwendung* statistisch erfasst (s. Übersicht S. 223). Nach dem Muster eines „Haushaltsbuchs“ gibt diese Rechnung darüber Aufschluss, welche Teile des Inlandsprodukts

- **verbraucht** werden, unterschieden nach privatem und öffentlichem (staatlichem) Verbrauch;
- **investiert** werden, in den „Produktionsapparat“ und in öffentliche Einrichtungen (Anlageinvestitionen) oder in die Lageraufstockung (Vorratsinvestitionen);
- **exportiert** werden: nach Abzug der Importe der sog. „Außenbeitrag“.

Im Einzelnen werden auf der Verwendungsseite des Bruttoinlandsprodukts die Konsumausgaben der privaten Haushalte, der privaten Organisationen ohne Erwerbszweck und des Staates, die Bruttoanlageinvestitionen, die Vorratsveränderungen und der Nettozugang an Wertsachen sowie der Außenbeitrag unterschieden.

Als **Konsumausgaben privater Haushalte** werden die Waren- und Dienstleistungskäufe der inländischen privaten Haushalte für Konsumzwecke bezeichnet.

Die **Konsumausgaben der privaten Organisationen ohne Erwerbszweck** bestehen aus dem Eigenverbrauch, das heißt aus dem Wert der von diesen Organisationen produzierten Güter abzüglich selbst erstellter Anlagen und Verkäufe.

Die **Konsumausgaben des Staates** (Staatsverbrauch) entsprechen dem Wert der Güter, die vom Staat selbst produziert werden, jedoch ohne selbst erstellte Anlagen und Verkäufe, sowie den Ausgaben für Güter, die als soziale Sachtransfers den privaten Haushalten für ihren Konsum zur Verfügung gestellt werden (s. Kasten).

Die **Bruttoanlageinvestitionen** umfassen die Käufe neuer Anlagen (einschließlich aller eingeführten und selbst erstellten Anlagen) sowie die Käufe von gebrauchten Anlagen und Land nach Abzug der Verkäufe von gebrauchten Anlagen und Land.

Als *Anlagen* werden in diesem Zusammenhang alle dauerhaften reproduzierbaren Produktionsmittel angesehen, mit Ausnahme von nur militärisch nutzbaren Anlagen und Gütern, die in den Privaten Konsum eingehen. Als *dauerhaft* gelten in den Volkswirtschaftlichen Gesamtrechnungen diejenigen Produktionsmittel, deren Nutzungsdauer mehr als ein Jahr beträgt [...]. Ausgenommen sind geringwertige Güter, vor allem solche, die periodisch wiederbeschafft werden, auch wenn sie eine längere Nutzungsdauer als ein Jahr haben (zum Beispiel kleinere Werkzeuge, Reifen, Büromittel). Größere Reparaturen, die zu einer wesent-

Der **Staatsverbrauch** ist definiert als *Summe aller Sach- und Dienstleistungen, die öffentliche Einrichtungen unentgeltlich zur Verfügung* stellen. Dazu gehören die Leistungen der Sicherheitskräfte, der Erziehungs- und Gesundheitsbehörden sowie des gesamten Verwaltungsapparates einschließlich Gesetzgebung und Rechtsprechung. Der Begriff Staatsverbrauch oder öffentlicher Konsum ist insofern irreführend, als der Staat diese Leistungen nicht selbst verbraucht oder für eigene Zwecke erbringt.
Da es für diese Leistungen definitionsgemäß keinen Verkaufswert gibt, wird der Staatsverbrauch anhand der laufenden *Personal- und Sachaufwendungen* der öffentlichen Haushalte errechnet (abzüglich der Gebühreneinnahmen, da gebührenpflichtige Leistungen nicht zum staatlichen Verbrauch gehören). *Straßen, Brücken und Wasserwege* gehen ihrerseits mit dem tatsächlichen Erhaltungsaufwand in die Verbrauchsrechnung ein.

(Autorentext)

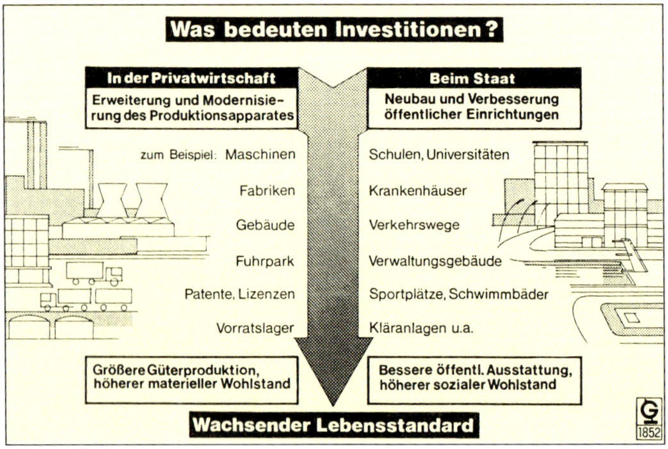

lichen Steigerung des Wertes einer Anlage führen, sind dagegen Bestandteile der Bruttoanlageinvestitionen. Die **Bruttoanlageinvestitionen** untergliedern sich in **Ausrüstungen** (Maschinen, Geräte, Fahrzeuge), **Bauten** (Wohnbauten, Nichtwohnbauten) und **Sonstige Anlagen** (unter anderem Computersoftware, Urheberrechte, Nutztiere und Nutzpflanzungen). Die **Vorratsveränderungen** werden anhand von Bestandsangaben für Vorräte berechnet, die zunächst von Buchwerten auf eine konstante Preisbasis umgerechnet werden.

Der **Außenbeitrag** ergibt sich als Saldo zwischen den Exporten und Importen von Waren und Dienstleistungen. Als **Exporte** und **Importe** gelten alle Waren- und Dienstleistungsumsätze mit Wirtschaftseinheiten, die ihren ständigen Sitz oder Wohnsitz außerhalb Deutschlands haben. Nicht eingeschlossen sind die grenzüberschreitenden Primäreinkommen (sich am Markt ergebenden Einkommen) zwischen Inländern und der übrigen Welt.

(Autorentext [= M 4a])

1. *Das Verständnis der Verwendungsseite des Sozialprodukts ist eine wichtige Voraussetzung für die Beurteilung wirtschaftspolitischer Maßnahmen (insbesondere der Finanzpolitik des Staates, vgl. später S. 323ff.). Machen Sie sich daher vor allem die Bedeutung und das Gewicht des privaten Konsums und der Investitionen (s. Grafik S. 226 u.) klar.*

2. *Bruttoinvestitionen, Nettoinvestitionen, Ersatzinvestitionen – erläutern Sie die Abgrenzung dieser Begriffe voneinander (vgl. Glossar zu Investitionen).*

3. *Beachten Sie: Zeitungsmeldungen über deutsche Rekorde im Außenhandel (Deutschland als „Export-Weltmeister") beziehen sich zumeist nur auf die Ausfuhr/Einfuhr von **Waren** (Handelsbilanz; Überschuss 2005: 160,5 Mrd. Euro). Wie muss daher der Saldo (Differenzbetrag) der Einfuhr und Ausfuhr von **Dienstleistungen** (darunter Auslandsreisen) ausgesehen haben, wenn der gesamte „Außenbeitrag" 2005 nur 130,3 Mrd. Euro betrug (vgl. dazu später M 40 und M 41, S. 290f.)?*

M 4c Die Verteilung des Volkseinkommens

Werden vom Bruttonationaleinkommen die **Abschreibungen** abgezogen, so ergibt sich das **Nettonationaleinkommen**. Durch *Abzug der Produktions- und Importabgaben an den Staat* und Hinzufügen der *Subventionen* vom Staat kann aus dem Nettonationaleinkommen das **Volkseinkommen** abgeleitet werden.

Das Volkseinkommen als häufig genutzte Größe der Verteilungsrechnung ist die Summe aller Erwerbs- und Vermögenseinkommen, die Inländern letztlich zugeflossen sind. Es umfasst also das von Inländern empfangene *Arbeitnehmerentgelt* (frühere Bezeichnung: Einkommen aus unselbstständiger Arbeit) sowie die *Unternehmens- und Vermögenseinkommen* (frühere Bezeichnung: Einkommen aus Unternehmertätigkeit und Vermögen), die Selbstständigen oder Arbeitnehmern (auch sie haben Vermögenseinkommen) zufließen.

Das **Arbeitnehmerentgelt** (als Anteil am Volkseinkommen auch als *Lohnquote* bezeichnet; s.u.) setzt sich zusammen aus

– den *Bruttolöhnen* und *-gehältern* (von Arbeitern, Angestellten, Vorstandsmitgliedern, Beamten, Soldaten usw. einschließlich Urlaubsgeld, vermögenswirksame Leistungen und ähnliche Leistungen des Arbeitgebers)
– und den *Sozialbeiträgen der Arbeitgeber* (Anteil der Arbeitgeber an den gesetzlich vorgeschriebenen Beiträgen zur Renten-, Kranken-, Arbeitslosen- und Pflegeversicherung) und den freiwillig übernommenen Beiträgen (zu Pensionskassen, Unfallversicherung usw.).

Abschreibungen in den Volkswirtschaftlichen Gesamtrechnungen messen die Wertminderung des Anlagevermögens während einer Periode durch normalen Verschleiß und wirtschaftliches Veralten unter Einschluss des Risikos für Verluste durch versicherbare Schadensfälle. Sie werden auf das gesamte Anlagevermögen berechnet, also sowohl auf Sachanlagen als auch auf immaterielles Anlagevermögen, wie Suchbohrungen, Computerprogramme, jedoch nicht auf Tiere. Die Abschreibungen in den Volkswirtschaftlichen Gesamtrechnungen sind zu Wiederbeschaffungspreisen (jeweiligen Preisen) bewertet.

(Autorentext)

Gegenüber den Bruttolöhnen und -gehältern ergeben sich die *Nettolöhne und -gehälter* durch den Abzug der von den Arbeitnehmern zu zahlenden *Lohnsteuer* und *Sozialbeiträge* (Arbeitnehmeranteil).

Die **Unternehmens- und Vermögenseinkommen** (als Anteil am Volkseinkommen: *Gewinnquote*) bestehen im Wesentlichen aus

- den Bruttoeinkommen der selbstständigen Unternehmer, Landwirte und Freiberufler (Anwälte, Ärzte usw.) und
- den Einkommen aus Vermögen (Zins-, Pacht- und Dividendeneinnahmen) der privaten Haushalte.

(Autorentext)

Bereinigte und unbereinigte Lohnquote

Die Zweiteilung in Löhne bzw. Gewinne ist insbesondere deshalb unbefriedigend, weil z. B. ein und derselbe Haushalt sowohl in der Lohnquote (durch sein Erwerbseinkommen) als auch in der Profitquote erfasst wird, wenn er z. B. Zins- oder Mieteinkommen hat. Andererseits werden Leistungen mithelfender Familienangehöriger bei Selbstständigen nicht in der Lohnquote erfasst. Je stärker diese *Querverteilung* ausgeprägt ist, desto weniger aussagekräftig sind die Quoten. Offensichtlich kann die Lohnquote nur steigen, wenn gleichzeitig die Gewinnquote sinkt. Die Lohnquote kann aus zwei Gründen steigen: einmal, wenn bei konstanter Erwerbstätigenstruktur die Löhne stärker steigen als die Gewinneinkommen, zum anderen, wenn die *Zahl* der Lohnempfänger zunimmt.

Daher gibt es auch zwei Versionen der Lohnquote: Die **unbereinigte Lohnquote** erfasst pauschal den Anteil der Löhne am Volkseinkommen und steigt somit (zu Lasten der Gewinnquote) allein aufgrund des Strukturwandels, der sich ergibt, wenn Selbstständige ihre Tätigkeit aufgeben und eine unselbstständige Beschäftigung aufnehmen.

Dieser **Strukturwandel**, d.h. der Rückgang der selbstständigen Unternehmertätigkeit in der Bundesrepublik, der sich auch an zunehmenden Unternehmenskonzentrationen und dem Rückgang des Einzelhandels bzw. mittelständischer Unternehmen ablesen lässt, würde die Aussagekraft von Lohn- und Gewinnquoten verfälschen. Infolgedessen wird eine **„bereinigte" Lohnquote** ermittelt, bei der rechnerisch die als konstant unterstellte Beschäftigungsstruktur eines Basisjahres (in Tab. 1: 1960 bzw. 1991) zugrunde gelegt wird. Dieses Verfahren entspricht im Prinzip der Berechnung von preisbereinigten realen Größen, bei denen die Preisstruktur eines Basisjahres herangezogen wird. Dann kann die Lohnquote nur steigen, wenn die Lohneinkommen – bei unterstelltem konstanten Selbstständigenanteil – stärker steigen als die Gewinneinkommen. Die Abweichungen zwischen bereinigter und unbereinigter Quote am Volkseinkommen sind dabei z. T. beträchtlich. So betrug die unbereinigte Lohnquote 1990 69,6 %; die bereinigte, bei der ein Anteil der Arbeitnehmer an den Erwerbstätigen wie im Jahre 1960 von ca. 77,2 % unterstellt wird, nur 60,1 % (s. Tab. 1). [...]

Primär- und Sekundärverteilung

Die Verteilung des Einkommens auf die Produktionsfaktoren bzw. personell auf Haushalte oder Unternehmen bezeichnet man als **Primärverteilung**. Durch staatliche Umverteilungsmaßnahmen kann diese zur **Sekundärverteilung** verändert werden (s. M 61, S. 190). Auf der einen Seite vermindert sich das Bruttoeinkommen durch Abgaben wie direkte Steuern und Sozialabgaben, auf der anderen Seite fließen Haushalten wie Unternehmen Subventionen (allgemeiner: **Transfereinkommen***) zu (Kindergeld, Wohngeld, Pensionen, Investitionsprämien etc.). [...]

Aussagekraft von Lohn- und Gewinnquote

Lohn- bzw. Gewinnquoten stehen im Zentrum der verteilungspolitischen Diskussion. Aus Arbeitnehmersicht wird verständlicherweise die relativ ungünstige Entwicklung von bereinigten Nettolohnquoten unterstrichen, während Arbeitgeber eher auf die Veränderungen anhand der unbereinigten Bruttolohnquote hinweisen dürften.

Abgesehen von dem Problem der Veränderung der Beschäftigungsstruktur sind Lohn- und Gewinnquoten aus weiteren Gründen als Verteilungsmaße ungeeignet. Zum einen beziehen unselbstständige Arbeitnehmer – wie erwähnt – meist nicht nur Lohneinkommen, sondern auch Zins- und Mieteinnahmen. Dies wird in der Lohnquote nicht berücksichtigt. Zum anderen werden in Lohn- und Gewinnquoten hohe und niedrige Einkommen aggregiert, sodass sich nichts über die gruppeninterne Verteilung herauslesen lässt. Beispielsweise werden auch die Einkommen der Spitzenmanager in Großunternehmen, die eindeutig Unternehmerfunktionen ausüben, aber auch die des Bundespräsidenten und der Minister der Lohnquote zugerechnet. Es wäre sinnvoll, den Anteil höherer und niedrigerer Einkommen an der Lohnquote auszuweisen.

Analog wird bei den Gewinneinkommen nicht zwischen dem Gewinn eines Industriekonzernsbesitzers und dem eines Handwerksbetriebsbesitzers unterschieden. Bei stärkerer Differenzierung in dieser Hinsicht wäre der Unterschied zur personellen Verteilung nicht mehr groß.

(Jörn Altmann, Wirtschaftspolitik, Lucius & Lucius, Stuttgart, 7. Aufl. 2000, S. 228f., 230f., 232)

Der Anteil des Faktors Arbeit am gesamten Volkseinkommen sank 2005 auf den tiefsten Stand seit der deutschen Einigung. In diesem Ergebnis spiegelt sich die stockende Entwicklung der Beschäftigung und der Löhne auf der einen und die kräftige Erholung der Unternehmensgewinne und Kapitalerträge auf der anderen Seite. Überhaupt hängen **kurzfristige Schwankungen** der Lohnquote eng mit der *Konjunkturentwicklung* zusammen. Zu Beginn einer wirtschaftlichen Schwächephase, wenn der Beschäftigungsgrad noch hoch ist, die Unternehmensgewinne aber schrumpfen, steigt die Lohnquote an. Umgekehrt verhält es sich im Aufschwung, bei steigenden Gewinnen, aber erst allmählich wieder zunehmender Beschäftigung. In den Jahren seit der deutschen Einigung war die Lohnquote 1993 (mit 72,9 %) und 2000 (mit 72,2 %) am höchsten; dazwischen markierte das Jahr 1997 (mit 70,3 %) einen Tiefpunkt, der 2005 noch einmal deutlich unterschritten wurde.

In den Sechziger- und Siebzigerjahren führten langfristige **strukturelle Veränderungen** zum Anstieg der Lohnquote. Damals nahm der An-

Tabelle 1: Zur Entwicklung der Lohnquote (in vH)

Jahr	Lohnquote		Anteil der Arbeitnehmer an den Erwerbstätigen
	unbereinigt	bereinigt[1]	
1960	60,1	60,1	77,2
1965	65,3	62,3	80,9
1967	66,1	62,9	81,1
1968	64,7	61,2	81,6
1969	65,7	61,4	82,5
1970	68,0	62,9	83,4
1971	69,7	63,7	84,4
1972	70,3	63,9	84,9
1973	71,4	64,5	85,5
1974	73,9	66,4	85,9
1975	74,1	66,5	86,0
1976	72,9	64,9	86,7
1977	73,7	65,2	87,2
1978	72,9	64,3	87,6
1979	73,3	64,2	88,0
1980	75,8	66,2	88,3
1981	76,8	67,0	88,4
1982	76,9	67,1	88,4
1983	74,6	65,1	88,4
1984	73,4	64,0	88,5
1985	73,0	63,6	88,6
1986	72,1	62,7	88,7
1987	72,6	63,0	88,9
1988	71,5	62,0	89,0
1989	70,3	60,9	89,2
1990	69,6	60,1	89,4
1991	71,0	71,0	90,6
1992	72,2	72,5	90,3
1993	72,9	73,4	90,1
1994	71,7	72,4	89,8
1995	71,4	72,1	89,7
1996	71,0	71,7	89,7
1997	70,3	71,1	89,5
1998	70,4	71,3	89,4
1999	71,2	72,0	89,6
2000	72,2	72,9	89,6
2001	71,9	72,7	89,5
2002	71,4	72,3	89,4
2003	70,7	71,8	89,4
2004	68,4	69,8	89,1
2005	67,0	68,7	88,7

[1] Quote bei konstant gehaltenem Arbeitnehmeranteil an den Erwerbstätigen bis 1990 des Jahres 1960, ab 1991 des Jahres 1991.

(Statistisches Taschenbuch 2005. Hrsg. vom Bundesministerium für Gesundheit und Soziale Sicherung, Bonn 2005, Tab. 1.9; ab 1991 Gesamtdeutschland. Aufgrund einer Neuberechnung (Revision) der Volkswirtschaftlichen Gesamtrechnung sind die Zahlen ab 1991 mit den vorangehenden nicht vergleichbar; www.bmas.bund.de)

teil der Lohn- und Gehaltsempfänger an der Gesamtzahl der Erwerbstätigen ständig zu, sodass die Arbeitnehmerentgelte schon deshalb immer stärker ins Gewicht fielen.

(Schmidt-Zahlenbilder 491 510)

1. *Machen Sie sich die Ableitung des Begriffs Volkseinkommen aus dem Begriff Bruttonationaleinkommen (vgl. M 4c, Z. 1–4) und die Aufteilung in die beiden zentralen Kategorien Arbeitnehmerentgelte und Unternehmens- und Vermögenseinkommen klar. Inwiefern orientiert sich diese Aufteilung nicht an Personengruppen, sondern an Produktionsfaktoren („Faktoreinkommen")?*

2. *Erläutern Sie, inwiefern mit der Verteilung des Volkseinkommens die Verteilung der „Faktoreinkommen" gemeint ist. Welche „Faktoren" sind gemeint? Wie verteilen sich die Erlöse daraus auf die beiden „Quoten"?*

3. *Eine wichtige Rolle in der gesamten wirtschaftspolitischen Diskussion, besonders aber bei Tarifauseinandersetzungen, spielt die Verteilung des Volkseinkommens nach den Leistungsarten „Arbeitnehmerentgelt" und „Unternehmens- und Vermögenseinkommen" („funktionelle" Einkommensverteilung im Unterschied zur „personellen" Einkommensverteilung nach Gruppen von Einkommensempfängern, wie z. B. Selbstständige, Beamte, Angestellte, Arbeiter, s. M 41, S. 162). Machen Sie sich den Unterschied zwischen „tatsächlicher" und „bereinigter" Lohnquote gründlich klar (Z. 44ff., Tab. 1, S. 229). Näheres dazu s. http://de.wikipedia.org/wiki/Lohnquote*

4. *Beschreiben Sie anhand der Tabelle 1 die Entwicklung der Lohnquote 1960–2005. Welche Erklärungen werden für den Verlauf dieser Entwicklung gegeben (Text S. 229, Z. 100ff.)? Berücksichtigen Sie bei der Beurteilung der beschriebenen Entwicklung auch den folgenden Arbeitshinweis.*

5. *Bedenken Sie, dass der Aussagewert der beiden groben Aggregate Lohn- und Gewinnquote beschränkt ist. Einerseits: Generaldirektorengehälter machen reich, werden aber auf der Seite der Arbeitnehmer verbucht; das Unternehmereinkommen des selbstständigen Würstchenverkäufers ist ein Hungerlohn, schlägt sich aber statistisch auf der Seite der Unternehmer nieder. Andererseits: Arbeitnehmer erzielen auch Vermögenseinkommen, z. B. Zinserträge aus Sparguthaben und Einkünfte aus Vermietung und Verpachtung. Das Gesamteinkommen der einzelnen Haushalte bzw. Personen setzt sich also aus unterschiedlichen Einkommensarten zusammen. Weshalb ist wegen dieser „Querverteilung" die Lohnquote für den Streit um die Einkommensverteilung nur bedingt geeignet?*

6. *Überprüfen Sie Ihr Verständnis der Einkommensverteilung durch die Beantwortung folgender Fragen:*
- *Das Volkseinkommen beträgt 1570 Mrd. €, das Einkommen aus unselbstständiger Arbeit 1080 Mrd. €. Wie hoch ist die Lohnquote, wie hoch die Gewinnquote?*
- *Wie verändert sich tendenziell die (unbereinigte) Lohnquote, wenn ein bislang selbstständiger Unternehmer eine abhängige Beschäftigung aufnimmt?*
- *Warum ist die bereinigte Lohnquote 1960–1990 immer geringer als die unbereinigte?*
- *In welcher Weise verändert die „Sekundärverteilung" (Z. 62ff.) die für Nachfragezwecke zur Verfügung stehenden primären Einkommen?*

7. *Zur personellen Einkommensverteilung (nach Haushaltsgruppen) enthält Kap. B (M 41ff., S. 162ff.) eine ausführliche Darstellung.*

M 5 Die Aussagefähigkeit des Bruttoinlandsprodukts als „Wohlstandsindikator"

Die Aussagefähigkeit des **realen Bruttoinlandsprodukts** als Wohlfahrtsindikator wurde in der Vergangenheit zunehmend infrage gestellt. In der Tat existiert eine ganze Reihe von Argumenten, die gegen die Verwendung des Inlandsprodukts als Wohlfahrtsindikator sprechen. Im Folgenden soll auf einige Argumente näher eingegangen werden.

Es ist eine verbreitete Praxis, die Wohlstandssteigerung eines Landes am **prozentualen Zuwachs** des realen Inlandsprodukts abzulesen. Hierbei sollte man sich jedoch der Tatsache bewusst sein, dass es sich bei **Wachstumsraten** stets um Relativzahlen handelt. Ein bestimmter prozentualer Zuwachs gewinnt erst dann an Aussagekraft, wenn man die Prozentzahl in Verbindung mit dem *Ausgangsniveau* sieht. So kann ein Entwicklungsland eine zweistellige Wachstumsrate aufweisen, obwohl die Menschen dort wegen des sehr niedrigen Ausgangsniveaus weiterhin mit einer äußerst schlechten Güterversorgung leben müssen. Umgekehrt suggerieren etwa geringe Wachstumsraten in Industrieländern eine wirtschaftliche „Katastrophe", obwohl das Versorgungsniveau bereits sehr hoch ist und sogar noch weiter wächst. Die Vorstellung, eine Gesellschaft könne auf Dauer mit einer konstant hohen Wachstumsrate wachsen, ist zumindest für hoch entwickelte Volkswirtschaften schlicht unrealistisch. Eine konstante Wachstumsrate würde ja bedeuten, dass eine Volkswirtschaft exponentiell wächst. Je reicher die Menschen werden, umso größer würde auch der absolute Wohlstandszuwachs. Bereits von daher ist es wenig erstaunlich, dass sich die Zuwachsraten des Inlandsprodukts in Westdeutschland im Trend immer weiter abgeflacht haben.

Für die Aussagefähigkeit des Inlandsprodukts bzw. dessen Entwicklung spielt des Weiteren die Entwicklung der **Bevölkerung** eine entscheidende Rolle. Wächst das reale Inlandsprodukt genauso schnell, wie die Bevölkerung zunimmt, so liegt quasi ein stationärer Zustand vor. Das Pro-Kopf-Realeinkommen der Bevölkerung steigt erst dann, wenn die Zuwachsrate des realen Inlandsprodukts über dem Bevölkerungswachstum liegt. Aussagekräftiger als das Inlandsprodukt ist daher das *Pro-Kopf-Inlandsprodukt*. Speziell in Entwicklungsländern ist zu beobachten, dass das Inlandsprodukt zwar wächst, infolge eines noch schnelleren Wachstums der Bevölkerung ist jedoch pro Kopf ein Verarmungsprozess zu konstatieren.

Inlandsprodukt oder Pro-Kopf-Inlandsprodukt sagen zudem nichts über die Verteilung des Volkseinkommens auf die Bevölkerung aus. So kann es sein, dass in einem Staat das rechnerische Pro-Kopf-Einkommen einen sehr hohen Wert aufweist, obwohl gleichzeitig große Teile der Bevölkerung in Armut leben. Erforderlich sind daher zusätzliche Informationen über die Verteilung des Volkseinkommens in einer Gesellschaft.

Ein weiteres Problem stellt die **Zusammensetzung** des Inlandsprodukts dar. Als Aggregat liefert es keinerlei Informationen über seine Struktur. Für den Wohlstandseffekt ist es aber sehr wohl von Bedeutung, ob große Anteile beispielsweise auf den Konsum- oder den Rüstungsgüterbereich entfallen. Ressourcen* können dazu eingesetzt werden, den materiellen Wohlstand in einer Ge-

Was ist Wohlstand?

Bereits bei der Definition des Begriffs „Wohlstand" gehen die Meinungen weit auseinander. Materieller bzw. wirtschaftlicher Wohlstand ist der Versorgungsgrad einer Person oder eines Haushalts, einer Gruppe oder einer Gesellschaft mit wirtschaftlichen Gütern und Dienstleistungen einschließlich der öffentlichen Güter und der Haushaltsproduktion. In dieser Definition ist Wohlstand gleichbedeutend mit dem Begriff Lebensstandard. In einem weiteren Verständnis umfasst Wohlstand auch Eigenschaften wie subjektives Wohlbefinden, allgemeine Lebensbedingungen oder subjektive Zufriedenheit und wird mit den Begriffen Wohlfahrt und Lebensqualität gleichgesetzt. Lebensqualität ist im Unterschied zum Lebensstandard allerdings erheblich schwerer zu erfassen und zu messen.

(Wie funktioniert das? Wirtschaft heute, Meyers Lexikonverlag, Mannheim 1999, S. 52)

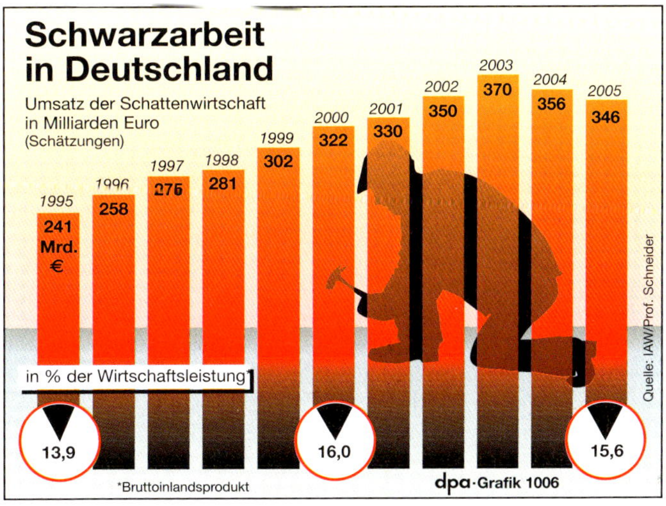

sellschaft zu erhöhen; sie können aber auch dazu dienen, die Machtposition nach innen und außen zu stärken. [...]

Bestimmte wirtschaftliche Leistungen sind im Inlandsprodukt nur teilweise oder aber überhaupt nicht erfasst, da deren Handel nicht auf „offiziellen“ Märkten erfolgt. Dies ist der Bereich der **„Schattenwirtschaft“**. Sie umfasst zum einen „legale“ Produktionsleistungen, vor allem der privaten Haushalte (wie Hausfrauenarbeit oder Do-it-yourself-Tätigkeiten), die keinerlei Eingang in die amtliche Statistik finden. Zum andern ist hierin aber auch der *illegale Bereich* enthalten (z. B. Schwarzarbeit, Drogenhandel). Diese Schattenproduktion ist nur zu einem Teil durch Schätzungen des Statistischen Bundesamtes in den offiziellen Zahlen enthalten. Wenn man den gesamten in einer Gesellschaft erzeugten Output erfassen will, müssten sämtliche illegalen Tätigkeiten erfasst werden; sie dürften gemäß wissenschaftlicher Untersuchungen für Deutschland bei ca. 16 % des legalen BIP liegen (s. Grafik S. 231).

Des Weiteren werden im Inlandsprodukt die **Umweltschäden** nicht oder fehlerhaft erfasst. Obwohl Raubbau an Umwelt und Ressourcen* erfolgt, werden keine Abschreibungen auf das Gut „Umwelt“ vorgenommen. Sie würden das Nettoinlandsprodukt verringern. Umweltschutzausgaben (z. B. Kosten eines Klärwerkes) gehen dagegen positiv in das Inlandsprodukt ein. Es wird damit ein „Wachstum“ ausgewiesen, obwohl diese Ausgaben möglicherweise noch nicht einmal ausreichen, die Verschlechterungen der Umweltqualität auszugleichen. Es ist inzwischen unumstritten, dass zumindest unter Umweltgesichtspunkten der Inlandsproduktindikator zu reformieren oder möglicherweise ganz durch eine **„ökonomische und ökologische Gesamtrechnung“** zu ersetzen ist.

Angesichts der Schwachstellen des Inlandsprodukts als Wohlfahrtsindikator sind verschiedene Versuche unternommen worden, einen „neuen“, korrigierten Inlandsproduktindikator zu berechnen. So haben beispielsweise die Nobelpreisträger Samuelson und Solow die Berechnung eines „NEW“ (Net Economic Welfare) vorgeschlagen. Aus Wohlfahrtssicht positive Faktoren (wie Hausfrauenarbeit, Freizeit u. a. m.) sind dem Inlandsprodukt hinzuzurechnen; dagegen sind negative Faktoren (wie Umweltschädigungen, Ausgaben für Verteidigung etc.) abzuziehen. Berechnungen für Japan haben ergeben, dass das NEW infolge der Umweltverschmutzung wesentlich langsamer wächst als das traditionelle Inlandsprodukt. Allerdings bleiben solche eindimensionalen Maße fragwürdig; schließlich müsste hierzu ja beispielsweise das Waldsterben in Euro und Cent bewertet werden.

„Hurra, wieder 2,5 % höher!“ [vgl. Z. 105ff.]

(Zeichnung: Horst Haitzinger/CCC, www.c5.net)

Schäden als „Wertsteigerung“

Jede statistisch erfasste wirtschaftliche Aktivität, die Schäden nur beseitigt – Reparaturen, Krankheitskosten, Entgiftung von Böden, Reinigung verseuchter Flüsse –, wird als Wertsteigerung erfasst, obgleich sie im besten Fall nur werterhaltend ist. Erfasst wird nicht der Schaden selbst (negativ), sondern die Maßnahme zur Eindämmung oder Reparatur des Schadens geht (positiv) als Wertschöpfung in die Berechnung z. B. des Bruttoinlandsproduktes ein: Die Vergiftung eines Flusses durch einen Ölunfall wird nicht erfasst, wohl aber die Aufwendung der Feuerwehr oder die Maßnahmen zur Reinigung der Ufer. Die „Erfolge“ des Wirtschaftswachstums, ausgedrückt im Bruttoinlandsprodukt, sind daher möglicherweise nur mit vorübergehenden bzw. „netto“ gar nicht zutreffenden Wohlfahrtsgewinnen verbunden.

(Jörn Altmann, Wirtschaftspolitik, Lucius & Lucius, Stuttgart, 7. Aufl. 2000, S. 137)

Wohlfahrt ist ein vielschichtiger Begriff. Sie kann nicht mittels eines einzigen Indikators hinreichend erfasst werden. Es sind daher immer wieder Versuche unternommen worden, ein System von **Sozialen Indikatoren** zu entwickeln. Hiermit soll die Wohlfahrtsentwicklung in einem Land und im internationalen Vergleich dargestellt werden. Im Sozialen Indikatorensystem der OECD wird versucht, verschiedene Lebensbereiche (Gesundheit, Bildungssystem, Qualität des Arbeitslebens, materielle Güterversorgung, Zeiteinteilung und Freizeit, natürliche Umwelt, persönliche Sicherheit und Rechtspflege, Mitbestimmung u.a. m.) mittels zahlreicher Einzelindikatoren zu erfassen (z.B. Ärzte je 100 Einwohner, Schüler-Lehrer-Relation, Wohnraum je Einwohner, Inlandsprodukt je Einwohner). Diese sollen Aufschluss über die Veränderung der Wohlfahrt in einer Gesellschaft geben. Schwierig ist hier jedoch nicht nur die Wahl der Indikatoren; es ist vielmehr auch faktisch unmöglich, dieses System von Einzelindikatoren zu einer Gesamtaussage in Form eines Gesamtindikators zu bündeln – hierzu müssten ja die Einzelfaktoren wiederum gewichtet und auf einen Nenner gebracht werden.
Auch das **Statistische Bundesamt** in Wiesbaden arbeitet gegenwärtig an einer Umweltökonomischen Gesamtrechnung (s. M 6). Sie enthält neben einem umweltökonomischen Berichtsystem die Bewertung relevanter ökologischer Aspekte wie Umweltbelastung oder Ressourcenverzehr. Ziel ist es, eine laufende Umweltberichterstattung zu erhalten. Die Berechnung eines **„Öko-Inlandsprodukts“** ist allerdings wegen der damit verbundenen methodischen Probleme nicht geplant. Es handelt sich vielmehr um ein **„Satellitensystem“** zur Volkswirtschaftlichen Gesamtrechnung. Auf den traditionellen Inlandsproduktindikator kann vorerst – schon aus Gründen des internationalen Vergleichs – nicht verzichtet werden.

(Gerhard Mussel/Jürgen Pätzold, Grundfragen der Wirtschaftspolitik, Verlag Vahlen, München, 6. Aufl. 2005, S. 155–157)

M 6 Umweltnutzung und Wirtschaft

Das Statistische Bundesamt veröffentlicht daher seit geraumer Zeit eine *Umweltökonomische Gesamtrechnung* (UGR), parallel zur VGR. Dadurch sollen die Veränderungen verdeutlicht werden, die sich beim Zustand der Umwelt und bei den Maßnahmen zu ihrem Schutz ergeben. Gleichzeitig werden die Wechselwirkungen zwischen den ökonomischen Aktivitäten und der Umwelt erfasst. Berücksichtigt werden stoffliche Ströme (Materialverbrauch, Energieverbrauch), Energie und Rohstoffbilanzen, Recycling und nicht-stoffliche Nutzungswerte (Fläche, Raum). Mit bestimmten Indikatoren wird der *Umweltzustand* beschrieben (Luft-, Wasserverschmutzung, CO_2-Emissionen, Abfall). Dem werden die *Maßnahmen* des Umweltschutzes gegenübergestellt (Investitionen, Ausgaben). Dabei stellen sich vielfältige, vor allem *methodische Probleme*, denn ‚Umwelt‘ ist kaum zu bewerten oder anders zu quantifizieren, und dies gilt analog für Umweltschäden. Auch die Abgrenzung von Umweltausgaben gegen andere Ausgaben ist nicht immer eindeutig, ebenso wie umweltbezogene Einnahmen (Kfz-Steuer?) nicht immer einleuchtend erfasst werden. Andererseits verdeutlicht die UGR für einzelne ökologische Sektoren recht präzise Zusammenhänge.

(Quelle: © Statistisches Bundesamt, Wiesbaden 2005, Cover der Veröffentlichung „Umweltnutzung und Wirtschaft“, Fotorechte: Getty Images; www.destatis.de/download/d/ugr/berichtugr05.pdf)

(Heinz Dieter Hardes/Frieder Schmitz, Grundzüge der Volkswirtschaftslehre, Oldenbourg, München 2000, S. 289f.)

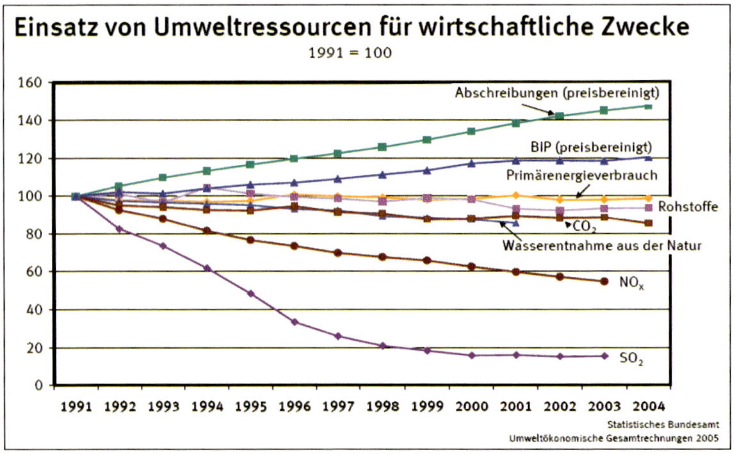

SO_2 – Schwefeldioxid
NO_x – Stickstoffoxid

In Deutschland ging die absolute Menge der meisten Einsatzfaktoren im vergangenen Jahrzehnt zurück (Schaubild). Die Umwelt als Ressourcenquelle für energetische Rohstoffe und Rohstoffe insgesamt wurde im Jahr 2004 etwas weniger in Anspruch genommen als 1991, das in diesem Abschnitt aus Gründen der Datenverfügbarkeit durchgängig als Basisjahr verwendet wird.

(Quelle: Statistisches Bundesamt, Umweltökonomische Gesamtrechnungen 2005; www.destatis.de/download/d/ugr/bericht ugr05.pdf, S. 18)

1. *Setzen Sie sich mit der Problematik des Begriffs „Wohlstand“ auseinander. Wie lässt er sich gegenüber den Begriffen Lebensstandard und Lebensqualität abgrenzen (s. Kasten S. 231o.)? Inwiefern lässt sich zwar die Güterversorgung, kaum aber der Nutzen der Güter „objektiv“ erfassen?*
2. *Was ist bei der Beurteilung von Zuwachsraten des wirtschaftlichen Wachstums zu beachten? Welche Rolle spielt der sog. „Basiseffekt“? Warum wird bei internationalen Vergleichen häufig das „Pro-Kopf-BIP“ herangezogen?*
3. *Welche Bedeutung für die „Wohlfahrt“ eines Volkes haben die (in der VGR nicht erkennbaren) Kriterien „Zusammensetzung des BIP“ und „Verteilung“ des Volkseinkommens?*
4. *Setzen Sie sich mit folgendem Einwand gegen den Hinweis, die Rüstungsproduktion bedeute keine Erhöhung des Wohlstandes, auseinander: „Rüstungsproduktion ist notwendig, um die Sicherheit der Bürger eines Landes zu gewährleisten. Sicherheit ist ein gesellschaftlicher Wert. Daher fördert Rüstungsproduktion den Wohlstand.“*
5. *Grenzen Sie die Begriffe „Schattenwirtschaft“ und „Schwarzarbeit“ voneinander ab. Abgesehen von der Illegalität der Schwarzarbeit und dass durch sie die wirkliche Höhe der Produktionsleistung einer Volkswirtschaft unterschätzt wird: Worin sehen Sie die Ursachen der Schwarzarbeit und ihre negativen Folgen für Haushalts- und Sozialpolitik des Staates?*
6. *Erläutern Sie die besondere Bedeutung der Berücksichtigung von Umweltschäden bei der Berechnung des BIP. Erörtern Sie folgende These: „Je anfälliger und kränker eine Volkswirtschaft ist, desto höher ist das Sozialprodukt“.*
7. *Fassen Sie zusammen, welche Versuche bisher unternommen wurden, um die beschriebenen „Schwachstellen“ des BIP zu vermindern, und gehen Sie dabei vor allem auf die Bemühungen des Statistischen Bundesamtes ein. Erläutern Sie, welche Probleme mit der Erfassung von Umweltschäden und ihrer Bewertung verbunden sind. Woran ist die Berechnung eines „Ökosozialprodukts“ gescheitert? Was leistet demgegenüber eine „Umweltökonomische Gesamtrechnung“? (M 6)*
8. *Wie hat sich der Verbrauch von Umweltressourcen für wirtschaftliche Zwecke in den letzten 15 Jahren entwickelt (s. Grafik)? Nähere Einzelheiten zur Methode und zu Ergebnissen können Sie ggf. dem Bericht 2005 (s. Abb. mit Internet-Adresse zum Download) entnehmen.*

II. Die wirtschaftliche Entwicklung in Deutschland

1. Die Ziele der Wirtschaftspolitik

M 7 Das „magische Viereck" des „Stabilitätsgesetzes"

Ob die **Festsetzung wirtschaftspolitischer Ziele** zu den Aufgaben der Volkswirtschaftslehre gehört, ist seit langem umstritten. Das Problem liegt darin, dass Ziele bereits eine Bewertung wirtschaftlicher Sachverhalte voraussetzen und etwas Gewolltes, Angestrebtes zum Ausdruck bringen, also ein Urteil über das enthalten, was „sein soll", ein so genanntes **Werturteil** (s. Kasten S. 12). Setzt man z. B. als Ziel eine gleichmäßigere Einkommens- und Vermögensverteilung fest, so beinhaltet dies das Werturteil, dass eine solche Verteilung erstrebenswert ist. Ob und inwieweit nun Werturteile Platz in einer Wissenschaft haben, darüber waren und sind die Meinungen sehr geteilt (sogenannte Werturteilsproblematik) – eine Frage, die weit über den Bereich der Volkswirtschaftslehre hinausgehend zu den Grundproblemen der Wissenschaften überhaupt zählt (vgl. Glossar zu Max Weber*). In der Regel wird die Meinung vertreten, dass Werturteile (und damit auch Ziele) wissenschaftlich nicht ableitbar und überprüfbar sind und deshalb mit Wissenschaft im strengen Sinn nichts zu tun haben. Wo sie dennoch in die Beschreibung, Erklärung oder Prognose des Wirtschaftsprozesses einfließen, sind sie eindeutig als Wertungen kenntlich zu machen, um der Argumentation jede Scheinobjektivität zu nehmen. Um Missverständnisse zu vermeiden: Auch diese „wertfreie" Position erkennt die Existenz von Werturteilen, z. B. in Form der Zielsetzungen von Unternehmen, Haushalten und politischen Entscheidungsträgern, an. Sie nimmt diese Wertungen aber als „von außen gegeben", als Daten hin. Die Festsetzung von gesellschaftspolitischen Zielen jedenfalls kann nach dieser Auffassung niemals Aufgabe der Wissenschaft sein, sondern muss rein politisch erfolgen. Dies wird an der gesellschaftspolitischen Diskussion über Einkommens- und Vermögensverteilung, Wachstum und Umwelt besonders deutlich.

In der Bundesrepublik Deutschland sind die gesamtwirtschaftlichen Ziele im „Gesetz zur Förderung der Stabilität und des Wachstums der Wirtschaft" vom 8. Juni 1967 (im sogenannten „Stabilitätsgesetz", vgl. Kasten S. 236 o.) festgelegt worden.

Je nachdem, wie viele Ziele in den gesamtwirtschaftlichen Zielkatalog einbezogen sind, spricht man vom „magischen" Dreieck, Viereck oder allgemein vom „magischen" Vieleck. Die Bezeichnung „magisch" soll dabei zum Ausdruck bringen, dass das Verhältnis zwischen den Zielen sehr komplex und allgemein kaum zu erfassen ist und vor allem, dass es schwierig ist, alle Ziele zugleich zu erreichen.

Das magische Viereck

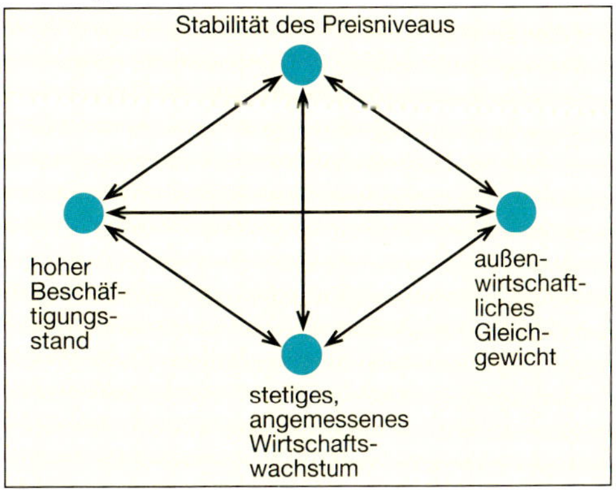

Insbesondere, wenn ein Ziel nur auf Kosten eines anderen (in stärkerem Ausmaß) verwirklicht werden kann, ist offenbar die gleichzeitige

In § 1 des **Gesetzes zur Förderung der Stabilität und des Wachstums der Wirtschaft** (StWG) heißt es zunächst, dass *„Bund und Länder ... bei ihren wirtschafts- und finanzpolitischen Maßnahmen die Erfordernisse des gesamtwirtschaftlichen Gleichgewichts zu beachten"* haben (eine ähnlich lautende Formulierung wurde im gleichen Jahr in das Grundgesetz, Art. 109, Abs. 2, aufgenommen).
Der Begriff „gesamtwirtschaftliches Gleichgewicht" wird dann (§1 Satz 2 StWG) näher erläutert. Danach sind „die Maßnahmen ... so zu treffen, dass sie im Rahmen der marktwirtschaftlichen Ordnung **gleichzeitig zur Stabilität des Preisniveaus, zu einem hohem Beschäftigungsstand und außenwirtschaftlichem Gleichgewicht bei stetigem und angemessenem Wirtschaftswachstum** beitragen."
Ein 5. Ziel ist „die *Bildung und Verteilung von Einkommen und Vermögen*". Dieses Ziel wurde in das „Stabilitätsgesetz" nicht aufgenommen, weil offenbar unter den Parteien über diese Zielsetzung kein Konsens erreicht werden konnte. Gleichwohl findet das Verteilungsziel allgemeine Akzeptanz.
Die in den 70er-Jahren aufgekommene Diskussion über Umweltprobleme und ihren Zusammenhang mit der Herstellung und dem Verbrauch von Gütern hat zu der grundsätzlich berechtigten Forderung geführt, auch das Umweltziel in den Katalog der wirtschaftspolitischen Ziele aufzunehmen, sodass sich insgesamt ein Sechseck der Ziele der Wirtschaftspolitik ergäbe.

(Autorentext)

Erreichung aller Ziele unmöglich. Man spricht in diesem wichtigen Fall von einer **Zielkonkurrenz**. So wird z.B. häufig von einer Konkurrenz der Ziele Vollbeschäftigung und Preisstabilität oder Wachstum und Preisstabilität ausgegangen (s. Kasten). Das hieße, ein Mehr an Beschäftigung oder Wachstum würde zulasten der Preisstabilität gehen. Nun sind aber die Beziehungen zwischen den Zielen nicht ein für allemal gegeben. Ob eine Zielkonkurrenz vorliegt, hängt entscheidend von der wirtschaftlichen Lage und den gewählten Instrumenten der Wirtschaftspolitik ab.
So kann bei bestehender Massenarbeitslosigkeit und Preisstabilität eine Zunahme der staatlichen Nachfrage nach Gütern im Allgemeinen die Beschäftigung erhöhen, ohne das Ziel der Preisstabilität kurzfristig zu gefährden. Besteht hingegen schon eine Inflation, dann wird die Erhöhung der Staatsnachfrage zwar die Beschäftigungssituation verbessern, aber gleichzeitig die Preissteigerungstendenzen verstärken. [...]

(Ulrich Baßeler u.a. [= M 1], S. 7)

Phillipskurve: nach dem britischen Volkswirtschaftler Alban William Phillips (* 1914, † 1975) benannter und für die Jahre 1861 bis 1957 für Großbritannien empirisch untermauerter Zusammenhang zwischen der Zuwachsrate der Nominallöhne und der Arbeitslosenquote. Die Amerikaner Paul Anthony Samuelson (* 1915) und Robert Merton Solow (* 1924) bezogen diese originäre Phillipskurve auf die Inflationsrate und gaben ihr dadurch wirtschaftspolitische Bedeutung: Die modifizierte Kurve zeigt, dass höhere Inflationsraten von geringen Arbeitslosenquoten begleitet sind und umgekehrt. Dadurch wird der Eindruck erweckt, dass es eine Wahlmöglichkeit zwischen Arbeitslosigkeit und Inflation in einer Volkswirtschaft gibt. Die tatsächlichen Werte der Inflationsraten und Arbeitslosenquoten z.B. in der Bundesrepublik Deutschland seit 1960 zeigen jedoch, dass eine einfachen Beziehung zwischen Arbeitslosigkeit und Inflation nicht besteht.

(Bundeszentrale für politische Bildung, Das Lexikon der Wirtschaft, Bonn 2004, S. 115)

Näheres zur Phillipskurve: http://de.wikipedia.org/wiki/Phillipskurve

Abbildung: Die modifizierte Phillipskurve

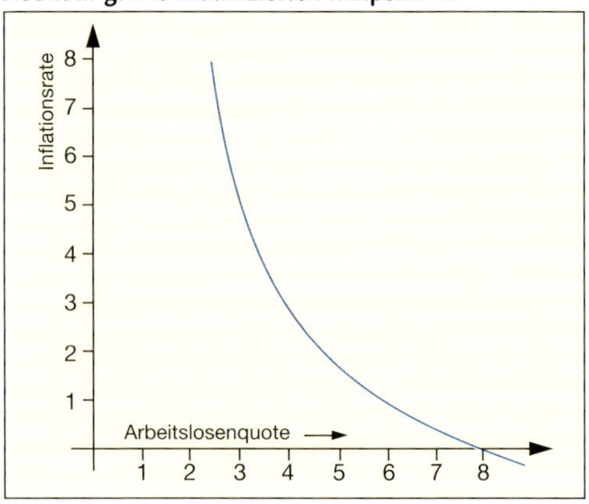

(B. Gahlen u.a., Volkswirtschaftslehre, J. C. B. Mohr/Paul Siebeck, Tübingen 1983, S. 132)

1. *Erklären Sie, warum die Festlegung wirtschaftspolitischer Ziele nicht durch die Wissenschaft, sondern nur durch die Politik erfolgen kann (M 7, Z. 1–20). Was hat Max Weber mit der „Werturteilsfreiheit" der Wissenschaft gemeint?*

2. *Die zitierte Formulierung des „Stabilitätsgesetzes" (§ 1 Satz 2; S. 236) ist für die gesamte wirtschaftspolitische Diskussion (und auch für die weitere Arbeit mit diesem Band) von so zentraler Wichtigkeit, dass wir Ihnen vorschlagen möchten, die beiden Sätze auswendig zu lernen.*

3. *Inwiefern lassen sich die Ziele der gerechten Einkommensverteilung und des Umweltschutzes aus dem Grundgesetz herleiten (vgl. dazu M 58, S. 187, und Art. 20 a GG)?*

4. *Was die Ziele des „Stabilitätsgesetzes" konkret bedeuten (woran ihre Erreichung oder Nicht-Erreichung gemessen werden kann), wird in M 8 näher dargestellt. Von den möglichen Zielbeziehungen des „magischen Vierecks" wurde (und wird z. T. immer noch) der mögliche Konflikt zwischen Wachstum/Vollbeschäftigung und Preisniveaustabilität diskutiert. Welche Rolle spielt dabei die „Phillipskurve" (s. Kasten)? Welche Beziehung besteht nach allgemeiner Auffassung zwischen Wachstum und Vollbeschäftigung?*

M 8 Was bedeuten die Ziele konkret?

	Arbeitslosenquote[1]	Inflationsrate[1]	Wachstumsrate des BIP[1]
1967	0,8 (2,1)	1 (1,7)	4 (–0,3)
1969	1 (0,9)	2 (1,9)	4,5 (7,5)
1982	7 (7,5)	5 (5,2)	1–1,5 (–0,9)
1986	8,5 (9,0)	1,5 –2 (–0,1)	3 (2,3)
1993	7–7,5 (9,8)	3,5 (3,6)	0–1 (–1,1)
1995	7,5–8 (10,4)	2 (1,7)	2,5 (1,7)
2000	10,2 (10,7)	1–1,5 (1,4)	2,5 (2,9)
2005	10,7 (13,0)	1,4 (2,0)	1,6 (0,9)

[1] Zielwerte des Jahreswirtschaftsberichts (in Klammern erreichte Ist-Werte); zu den Definitionen vgl. die Anmerkungen zu M 9.

Das „Stabilitätsgesetz" beschreibt die vier Ziele in einer Form, die grundsätzlich offen lässt, wann (bei welchem Grad der Realisierung) sie als erfüllt gelten können oder nicht. Nun wird zwar niemand darüber streiten wollen, dass Arbeitslosigkeit von Millionen von Menschen eine deutliche Abweichung von der Norm „hoher Beschäftigungsstand" darstellt, dass man nicht mehr von „Stabilität" sprechen kann, wenn der Geldwert jährlich um 10% abnimmt, und dass ein „Minuswachstum" nicht der Forderung des Stabilitätsgesetzes entspricht. Dass es andererseits in einer Marktwirtschaft immer eine bestimmte Zahl von Arbeitslosen geben wird und dass der Geldwert nicht hundertprozentig stabil bleiben kann, ist ebenso unbestritten. Schwierig bleibt die Beurteilung von Entwicklungen, die zwischen den genannten Extremen liegen.

Es besteht daher die Notwendigkeit, die gesetzlichen Zielformulierungen zu *konkretisieren*, wenn man zu einem verallgemeinerungsfähigen Urteil über eine gegebene oder nicht gegebene Normabweichung (und damit über eine erfolglose oder erfolgreiche Wirtschaftspolitik) kommen will. Das bedeutet, dass jedem Ziel zunächst ein **Indikator** zuzuordnen ist, ein „Anzeiger", eine messbare Größe, die sozusagen stellvertretend für den betreffenden, als solchen nicht quantifizierbaren Zielbegriff steht und den Bedeutungsinhalt des Ziels möglichst „gültig" erfasst. Dabei hat man sich für folgende Indikatoren entschieden. „Angemessenes Wirtschaftswachstum" soll erfasst und gemessen werden an der jährlichen Veränderung des **Bruttoinlandsprodukts**, „Stabilität des Preisniveaus" an der Entwicklung des **„Index der Verbraucherpreise"** und „hoher Beschäftigungsstand" („Vollbeschäftigung") an der **„Arbeitslosenquote"** (Anteil der Arbeitslosen an den Erwerbspersonen). Zum Ziel „außenwirtschaftliches Gleichgewicht" s. M 40.

In einem zweiten Schritt der Konkretisierung sind nun den jeweiligen Indikatoren angestrebte quantitative „Bestwerte" zuzuordnen. Bei welcher Höhe der Arbeitslosenquote kann/soll das Ziel des hohen Beschäftigungsstandes als erreicht gelten (absolute Vollbeschäftigung kann es nicht geben)? Bei welcher Höhe der Zunahme des Bruttoinlandsprodukts („Wachstumsrate") ist das Wirtschaftswachstum „angemessen"? Bei welcher Veränderung des Verbraucherpreisindex kann man das Preisniveau als „stabil" bezeichnen (völlig gleich kann der Verbraucherpreisindex

nicht bleiben)? Diese Zielwerte sind natürlich nicht gesetzlich festgelegt, sie unterliegen der politischen Entscheidung der jeweiligen Regierung, die in ihrem **Jahreswirtschaftsbericht** zu Beginn eines Jahres die von ihr angestrebten Zielwerte bekannt geben muss („Jahreszielprojektionen" nach § 2 StWG). Sie kann sich dabei natürlich nicht am „Wünschbaren", sondern – angesichts der Ausgangslage – nur am „Machbaren" orientieren.
Ein Vergleich der Zielprojektionen (s. Tab.; in Klammern sind die jeweils erreichten Ist-Werte angegeben) für ausgewählte Jahre (alte Bundesländer) zeigt mit aller Deutlichkeit, wie abhängig die Zielwerte von der jeweiligen wirtschaftlichen Situation sind (die Werte von 1967, dem Jahr des ersten Jahreswirtschaftsberichtes, können als die „Wunschziele" des Stabilitätsgesetzes bezeichnet werden).

(Autorentext)

1. *Erläutern Sie den Begriff Indikator und grenzen Sie die genannten Konkretisierungsschritte voneinander ab (M 8). Zum Problem der Indikatoren-Bildung s. auch die Darstellung im Anhang, S. 566f.*

2. *Machen Sie sich die Bedeutung der Indikatoren „Arbeitslosenquote", „Preisniveaustabilität" und „Wachstumsrate des Bruttoinlandsprodukts" vorläufig anhand der Anmerkungen zu M 9, S. 239 klar (methodische Probleme, die mit der Festlegung der beiden erstgenannten Indikatoren verbunden sind, werden später in M 19b und M 32 ausführlich erläutert).*

3. *Erläutern Sie die Probleme, die mit der Festlegung der Zielgröße verbunden sind (M 8). – Wenn man von den Zielwerten des Jahres 1967 (s. Tabelle S. 237), in dem das Stabilitätsgesetz verabschiedet wurde, ausgeht: In welchen (wie vielen) Jahren wurden seitdem diese Werte für Inflation und Arbeitslosigkeit erreicht (s. M 9)?*

4. *Erläutern Sie, was es mit der „Phillipskurve" auf sich hat (Kasten S. 236 u.), und überprüfen Sie anhand der Daten in M 9 folgenden Hinweis zu ihrer Relevanz für Deutschland: „In den 1960er-Jahren bestand eine relativ stabile Beziehung zwischen Arbeitslosenquote und Inflationsrate. In den 1970er-Jahren ging eine höhere Inflationsrate mit einer höheren Arbeitslosenquote einher. In den 1980er-Jahren wurden geringere Inflationsraten (als in den 1970er-Jahren) mit einer erheblich höheren Arbeitslosenquote erzielt."*
Wie würden Sie die Entwicklung seit etwa 1995 beschreiben?

5. *Warum orientiert sich die Projektion des jeweiligen Jahreswirtschaftsberichtes offenbar an den realisierbaren, nicht an den eigentlich wünschbaren Zielwerten? In welchem der aufgeführten Beispieljahre (s. Tab. S. 237) hat sich die Bundesregierung insgesamt am stärksten (am schmerzlichsten) geirrt?*

6. *Informieren Sie sich über Art und Aufbau eines Jahreswirtschaftsberichts anhand des Berichts für 2006 (www.bmwi.de/BMWi/Navigation/Wirtschaft/Wirtschaftspolitik/wirtschaftsfakten,did=106824.html). Stellen Sie fest, ob sich die Projektionen der Bundesregierung für das Jahr 2006 (S. 92 des Berichts: Wachstum: 1,4%; Inflation: 1,5%; Arbeitslosenquote: 10,9%) als realistisch erwiesen haben.*

7. *Nehmen Sie (möglicherweise in Gruppenarbeit) anhand von M 9 eine erste vorläufige Überprüfung der Frage vor, ob bzw. inwieweit die drei Ziele Wachstum, Vollbeschäftigung und Preisniveaustabilität in der Geschichte der Bundesrepublik „gleichzeitig" (Stabilitätsgesetz) erreicht bzw. annähernd erreicht wurden (gemessen in etwa an den Wunschzielen von 1967; vgl. Tab. S. 237). Überprüfen Sie dabei auch, ob sich bestimmte typische Phasen in der zeitlichen Entwicklung der Zielbeziehungen erkennen lassen:*
   - *In welchen Jahren war das „gesamtwirtschaftliche Gleichgewicht" am wenigsten gefährdet, in welchen war das Ungleichgewicht am größten?*
   - *Von welcher Zeit an etwa lässt sich feststellen, dass die wirtschaftliche Entwicklung in allen drei Zielbereichen deutlich instabiler wurde?*

   Fassen Sie die Ergebnisse Ihrer Überprüfung in möglichst präzisen Aussagen zusammen.

M 9 Wirtschaftsentwicklung der Bundesrepublik 1953–2005

Jahr	Wachstumsrate[1]	Preisentwicklung[2]	Arbeitslosenquote[3]	Politisch-ökonomische Daten	
1954	7,8	0,1	7,1	1948–60	Wiederaufbau und Zeit des „Wirtschaftswunders"
1955	12,1	1,7	5,2	1949–63	Regierung Adenauer (CDU/CSU u.a.)
1956	7,7	2,6	4,2		
1957	6,1	2,1	3,5		
1958	4,5	2,1	3,6		
1959	7,9	1,0	2,5		
1960	8,6	1,4	1,3		
1961	4,6	2,3	0,8		
1962	4,7	3,0	0,7		
1963	2,8	3,2	0,8	1963–66	Regierung Erhard (CDU/CSU u. FDP)
1964	6,7	2,1	0,8		
1965	5,4	3,2	0,7		
1966	2,8	3,6	0,7	1966–69	Regierung Kiesinger (CDU/CSU u. SPD)
1967	–0,3	1,7	2,1		1. Rezession
1968	5,5	1,5	1,5		
1969	7,5	2,1	0,9	1969–74	Regierung Brandt (SPD u. FDP)
1970	5,0	3,3	0,7		
1971	3,3	5,4	0,8		
1972	4,1	5,5	1,1		
1973	4,6	7,0	1,2	1973/74	1. Ölpreisschock
1974	0,5	7,0	2,6	1974	Anstieg von Löhnen und Gehältern
1975	–1,0	5,9	4,7		um 11,4 %
1976	5,0	4,3	4,6	1974–82	Regierung Schmidt (SPD u. FDP)
1977	3,0	3,7	4,5	1975	2. Rezession
1978	3,0	2,7	4,3		
1979	4,2	4,1	3,8		
1980	1,3	5,5	3,8	1980	2. Ölpreisschock
1981	0,1	6,3	5,5		3. Rezession
1982	–0,8	5,3	7,5	1982	Regierung Kohl (CDU/CSU u. FDP)
1983	1,5	3,3	9,1		
1984	2,8	2,4	9,1		
1985	2,2	2,0	9,3		
1986	2,4	–0,1	9,0		
1987	1,5	0,2	8,9		
1988	3,7	1,3	8,7		
1989	3,9	2,8	7,9		
1990	5,7	2,7	7,2	1990	Deutsche Vereinigung
1992	2,2	5,1	8,5 (7,7)		Strukturwandel in Ostdeutschland
1993	–0,8	4,4	9,8 (8,9)		4. Rezession
1994	2,7	2,7	10,6 (9,6)		
1995	1,9	1,7	10,4 (9,4)		
1996	1,0	1,5	11,5 (10,4)		
1997	1,8	1,9	12,7 (11,4)		
1998	2,0	0,9	12,3 (11,1)	1998	Regierung Schröder (SPD u. Grüne)
1999	2,0	0,6	11,7 (10,5)		
2000	3,2	1,4	10,7 (9,6)		
2001	1,2	2,0	10,3 (9,4)		
2002	0,1	1,4	10,8 (9,8)		
2003	–0,2	1,1	11,6 (10,5)		5. Rezession
2004	1,6	1,6	11,7 (10,5)		
2005	0,9	2,0	13,0 (11,7)	2005	Regierung Merkel (CDU/CSU u. SPD)

(Zusammengestellt aus: Jahresgutachten des Sachverständigenrates 2003/04, früheren Gutachten und Mitteilungen der Deutschen Bundesbank; bis 1990 westdeutsche Länder, ab 1991 Gesamtdeutschland, in Klammern Westdeutschland)

[1] Prozentuale jährliche Veränderung des Bruttoinlandsproduktes bis 1970 in Preisen von 1991 (von 1950 bis 1960 ohne Saarland und Berlin-West), ab 1971 in Preisen von 1995

[2] Prozentuale jährliche Veränderungsraten errechnet aus dem Preisindex für die Lebenshaltung aller privaten Haushalte (bezogen bis 1963 auf das jeweilige Originalbasisjahr; 1963–1991 errechnet aus Index 1985 = 100; 1992–2005 aus Index 2000 = 100)

[3] Prozentualer Anteil der registrierten Arbeitslosen an den abhängigen Erwerbspersonen (beschäftigte Arbeitnehmer + registrierte Arbeitslose); ab 1991 in Klammern Quote für **alle** zivilen Erwerbspersonen

2. Die Entwicklung von Wachstum und Konjunktur

M 10 Die Entwicklung des Bruttoinlandsprodukts 1960–2005*

Jahr	Bruttoinlandsprodukt preisbereinigt[1] Maßeinheit[2]	Bruttoinlandsprodukt preisbereinigt[1] Veränderung in %	Bruttoinlandsprodukt in jeweiligen Preisen insgesamt Mrd. EUR
	Früheres Bundesgebiet		
1960	511,29	–	154,77
1961	534,96	4,6	169,60
1962	559,92	4,7	184,46
1963	575,66	2,8	195,50
1964	614,01	6,7	214,83
1965	646,89	5,4	234,77
1966	664,94	2,8	249,63
1967	662,89	–0,3	252,76
1968	699,04	5,5	272,66
1969	751,19	7,5	305,22
1970	897,00	–	352,00
1971	926,70	3,3	390,10
1972	964,80	4,1	427,50
1973	1 008,80	4,6	476,70
1974	1 013,40	0,5	513,60
1975	1 002,80	–1,0	536,00
1976	1 052,90	5,0	583,90
1977	1 084,90	3,0	623,70
1978	1 117,40	3,0	669,30
1979	1 163,90	4,2	722,50
1980	1 178,70	1,3	766,60
1981	1 180,00	0,1	800,20
1982	1 170,70	–0,8	831,80
1983	1 188,90	1,6	872,20
1984	1 222,50	2,8	915,00
1985	1 249,30	2,2	955,30
1986	1 279,50	2,4	1 010,20
1987	1 298,30	1,5	1 043,30
1988	1 346,80	3,7	1 098,50
1989	1 399,50	3,9	1 168,30
1990	1 479,60	5,7	1 274,90
1991	1 555,00	5,1	1 387,10
	Deutschland		
1991	85,36	–	1 534,60
1992	87,26	2,2	1 646,62
1993	86,56	–0,8	1 694,37
1994	88,86	2,7	1 780,78
1995	90,54	1,9	1 848,45
1996	91,44	1,0	1 876,18
1997	93,09	1,8	1 915,58
1998	94,98	2,0	1 965,38
1999	96,89	2,0	2 012,00
2000	100,00	3,2	2 062,50
2001	101,24	1,2	2 113,16
2002	101,30	0,1	2 145,02
2003	101,11	– 0,2	2 163,40
2004	102,76	1,6	2 215,65
2005	103,65	0,9	2 244,00

Für die Zeit ab 1991 hat das Statistische Bundesamt im Jahre 2005 ein neues Verfahren der Preisbereinigung angewendet. Während bis 1990 der „reale" Wert des BIP durch Umrechnung der „jeweiligen Preise" auf die Preise eines „Basisjahres" (1991 bzw. 1995; s. Anm. 1) errechnet wurde, wird nunmehr der BIP-Wert in Preisen des *jeweiligen Vorjahres* ausgewiesen und dann als Indexzahl* (2000 = 100) ausgewiesen (sog. „Kettenindex").
Die Veränderungsraten für das nach der neuen Methode errechnete BIP weicht in Einzelperioden bis zu 0,4 Prozentpunkte von der bisherigen Berechnung (s. M 11 b) ab, das Bild des Konjunkturverlaufs insgesamt wurde dadurch aber nicht entscheidend verändert.

*) Wegen konzeptioneller und definitorischer Unterschiede sind die Ergebnisse für das frühere Bundesgebiet der Zeiträume 1950 bis 1969 und 1970 bis 1991 sowie die Angaben für Deutschland nicht voll vergleichbar.

[1] Die preisbereinigten Ergebnisse für das frühere Bundesgebiet sind von 1950 bis 1969 in Preisen von 1991, von 1970 bis 1991 in Preisen von 1995 dargestellt. Die Ergebnisse für Deutschland werden in Preisen des jeweiligen Vorjahres als Kettenindex nachgewiesen.

[2] Für das frühere Bundesgebiet von 1950 bis 1991 in Mrd. EUR, für Deutschland als Kettenindex 2000 = 100.

(www.destatis.de/download/d/vgr/wichtige_zusammenhaenge.pdf, Tab. 1; Quelle: Statistisches Bundesamt, Wiesbaden)

M 11 Bergauf oder bergab? – Zwei Darstellungsformen der Entwicklung des Bruttoinlandsprodukts

M 11a

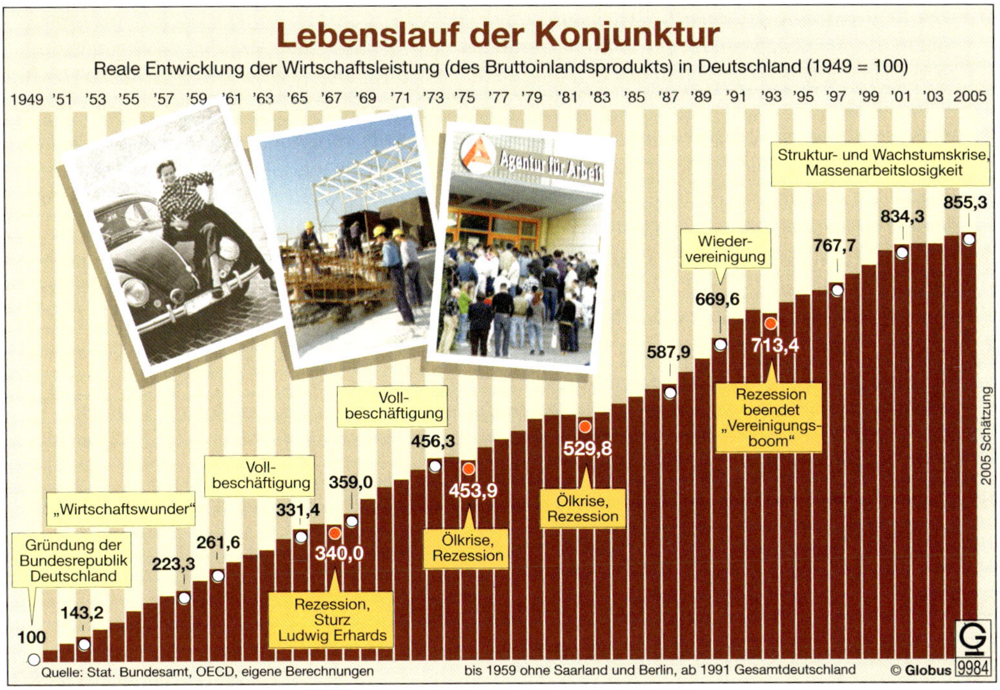

M 11b

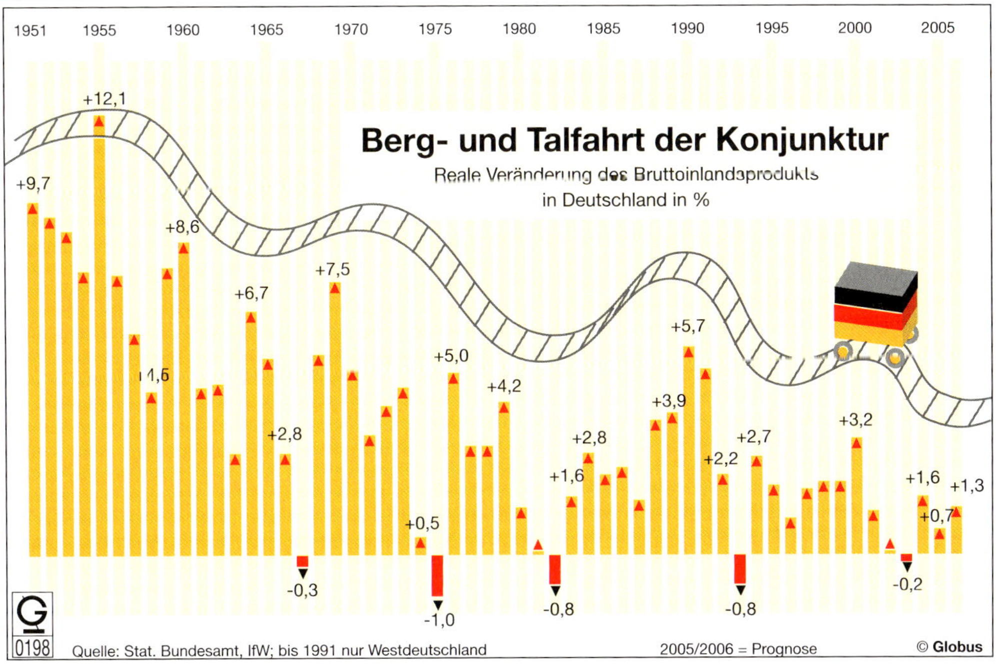

1. *M 10 enthält einen Überblick über die absoluten Zahlen der Entwicklung des BIP in zwei verschiedenen Preisen. Auf diese Weise können Sie sich zunächst den Unterschied zwischen nominalem (d. h. in jeweiligen Preisen) und realem BSP (s. S. 225, Z. 54ff.) noch einmal verdeutlichen (zum Kettenindex-Verfahren für die Werte ab 1991 s. Erläuterungstext).*
2. *Um die Bedeutung des Begriffs „Wachstumsrate" (Veränderungsrate) konkret nachzuvollziehen, sollten Sie diese Größe (reale prozentuale Veränderung gegenüber dem Vorjahr) an ein oder zwei Beispielen selbst berechnen und das Ergebnis an den entsprechenden Werten in der Tabelle (M 10) überprüfen.*
3. *Werfen Sie einen vorläufigen Blick auf die beiden verschiedenen grafischen Darstellungen (M 11a/b) und beschreiben Sie zunächst die unterschiedlichen Eindrücke, die die Darstellungen beim Betrachten hervorrufen. Analysieren Sie nun, worauf die unterschiedlichen Darstellungen und die dadurch erzeugten Eindrücke beruhen: Was stellen die Säulen in M 11a, was in M 11b dar?*
4. *Für welche Zeitabschnitte sind die unterschiedlichen Eindrücke, die beide Darstellungen vermitteln, am auffälligsten (s. z. B. die Jahre 2001–2003)? Wie ist das zu erklären? Stimmen Sie der Aussage zu: „Relative Werte (M 11b) verstellen den Blick für Reales (M 11a)"?*
5. *In einer Erläuterung zur Grafik M 11b heißt es: „Auch wenn die Grafik deutlich zeigt, dass sich das Wachstumstempo stark verlangsamt hat, so muss man doch berücksichtigen, dass 1 Prozent reales Wachstum in den 50er-Jahren einen geringeren Zuwachs an Wohlstand brachte als 1 Prozent Wachstum in den 90er-Jahren. Hier spielt der sogenannte Basiseffekt (s. M 5, Z. 9ff.) eine entscheidende Rolle". Erläutern Sie diese Aussage.*
6. *Welche Darstellungsform der Wachstumsentwicklung halten Sie für die korrekteste bzw. sinnvollste? Begründen Sie Ihre Entscheidung.*

M 12 Konjunktur und Konjunkturzyklus

Als **Konjunktur** bezeichnet man die Gesamtsituation einer Volkswirtschaft, die sich aus der gleichzeitigen Betrachtung (lat.: *conjungere* = zusammenfügen) verschiedener volkswirtschaftlicher Größen ableitet. Die Entwicklung der Konjunktur ist von wellenförmigen Schwankungen gekennzeichnet.

Diese Konjunkturschwankungen lassen sich auf verschiedene Weise erfassen. Zunächst einmal bedeuten Konjunkturschwankungen, dass das gegebene **Produktionspotenzial** einer Volkswirtschaft unterschiedlich stark ausgelastet wird; dies wird in Abschnitt c (S. 244) noch näher betrachtet werden. Die Wachstumsrate des realen Bruttoinlandsprodukts (BIP) unterliegt Schwankungen. Üblicherweise zieht man diese Größen zur Darstellung der Konjunkturbewegungen heran (vgl. die Darstellung M 11b).

Abgesehen von den Jahren 1967, 1975, 1982, 1993 und 2003 ist das BIP in der Bundesrepublik in jedem Jahr gewachsen, wobei aber die „Geschwindigkeit" des Wachstums (die Wachstumsrate) unterschiedlich war. Lediglich in den genannten Jahren ist das BIP real tatsächlich kleiner geworden. Um bei der Geschwindigkeitsanalogie zu bleiben: Aus der Vorwärtsbewegung ist – nach Bremsen und Stillstand – eine Rückwärtsbewegung geworden. Daraus leiten sich auch die im Sprachgebrauch üblichen Begriffe des **„Nullwachstums"** bzw. des **„negativen Wachstums"** ab, womit eine absolute und nicht nur relative Verkleinerung des BIP bezeichnet wird.

a) Konjunkturzyklus

Wenn man die Wachstumsraten des realen BIP im Zeitablauf grafisch darstellt, so ergibt sich ein typischer „S"-förmiger Verlauf (Sinuskurve), den man in verschiedene Phasen unterteilt. An einen Tiefststand (**Talsohle**) schließt sich der **Aufschwung** (bzw. Expansion oder Erholung) an. Danach beginnt die **Hochkonjunktur** (bzw. **Boom** oder Anspannung), die nicht exakt als Punkt, sondern allenfalls als Bereich bestimmt werden kann. Die Hochkonjunktur geht über in die **Krise**[1], und der Aufschwung kippt um in einen **Abschwung** (**Rezession**, Entspannung, Abschwä-

[1] Im Sprachgebrauch wird als ‚Krise' auch die Talsohle im Sinne von ‚Wirtschaftskrise' bezeichnet.

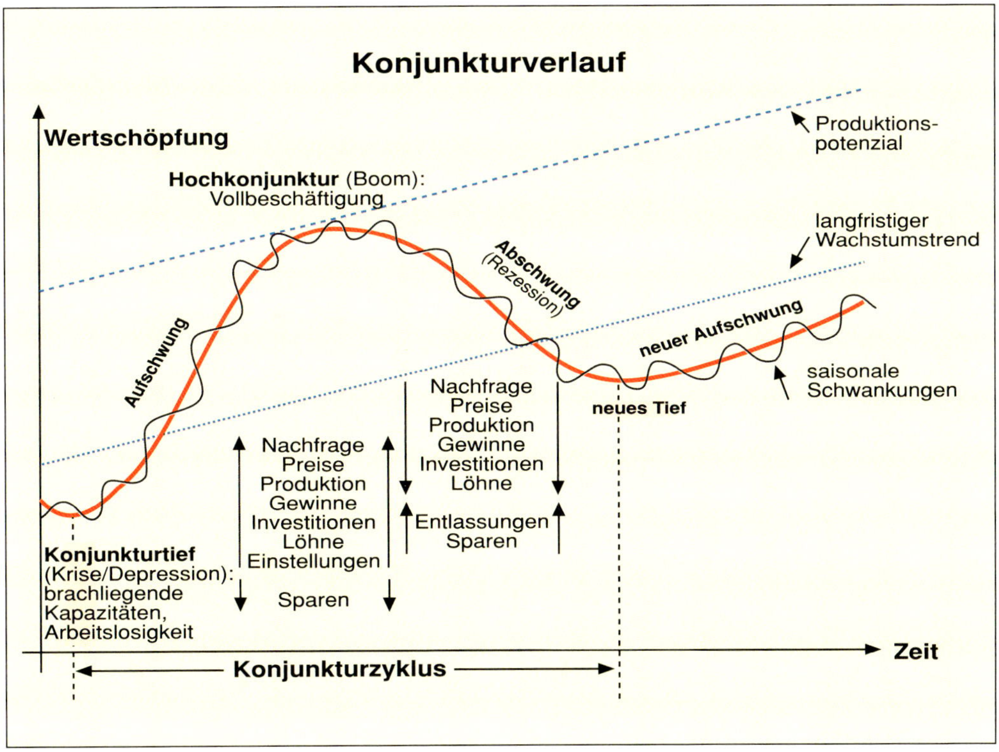

(Bundesverband deutscher Banken (Hg): SCHUL/BANK Wirtschaft, Materialien für den Unterricht, Kapitel 2.5/5,1995)

chung, Kontraktion). Dieser setzt sich fort bis zu einem neuen Tiefststand, wonach sich der Phasenablauf wiederholt. Das Durchlaufen aller Phasen bezeichnet man als **Konjunkturzyklus**. Der *Begriff „Rezession“* wird in der Literatur allerdings unterschiedlich verwendet. Nach unserem Verständnis bezieht sich Rezession (von lat.: *recedere* = zurückgehen) auf eine Verringerung des betrachteten Wachstums*indikators*, also z. B. der Wachstumsrate des realen BIP (andere Interpretationen beziehen sich auf die Auslastung des Produktionspotenzials). Sinkt diese unter die Vorjahreswerte ab, so wächst das Inlandsprodukt zwar noch absolut, aber langsamer bzw. weniger als vorher. In Analogie von „Wachstum“ zu „Geschwindigkeit“ eines Autos bedeutet Rezession ‚Bremsen‘, also eine Verringerung der Geschwindigkeit, wobei das Auto aber noch vorwärtsfährt. Eine Rezession ist also eine *Verringerung der Wachstumsrate* des Inlandsprodukts, was ein absolutes (aber geringeres) Wachstum des Inlandsprodukts nicht ausschließt.

Andere Ökonomen vertreten die Auffassung, dass der Begriff Rezession im Gegensatz zu einem bloßen Abschwung mit sinkenden positiven Wachstumsraten einen absoluten Rückgang des BIP, also *negative* Wachstumsraten voraussetzt (das Auto fährt rückwärts). Diese Interpretation ist zwar verständlich, vor allem aus Politikermund, weil dann von 1983–92 ein anhaltender Aufschwung vorgelegen hätte, ist aber sachlich falsch: Ich bin vielmehr der Meinung, dass jeder *Rückgang der Wachstumsraten* des BIP (jede Verringerung der Vorwärtsbewegung), egal ob mit positiven oder negativen Werten, eine Rezession – nur mit unterschiedlicher Schärfe – darstellt. „Aufschwung“ impliziert somit „Wachstum“, doch kann umgekehrt Wirtschaftswachstum auch in Abschwungphasen vorliegen und ist nicht synonym mit Aufschwung. [...] Abb. M 11b macht deutlich, dass es seit dem 2. Weltkrieg zweifelsfrei diverse Konjunkturabschwünge (= Rezessionen) gegeben hat. [...] Eine positive Wachstumsrate ist folglich *nicht* zwangsläufig gleichbedeutend mit Aufschwung; hierfür sind ‚zunehmende‘ Wachstumsraten erforderlich.

(Jörn Altmann, Wirtschaftspolitik, Lucius & Lucius, Stuttgart, 7. Aufl. 2000, S. 50ff.)

b) Typische Merkmale von Konjunkturphasen

Für die einzelnen Phasen sind jeweils bestimmte Entwicklungen in den Bereichen des Investitionsverhaltens der Unternehmer, der Lohn- und Preisentwicklung und des Beschäftigungsstandes typisch, die sich – in Kürze und auf die wichtigsten Aspekte reduziert – so beschreiben lassen (vgl. die Angaben in der Abb. S. 243). Wie bei der Abb. handelt es sich auch hier um eine „idealtypische*" Betrachtung (s. S. 54): Von einem wirklichen „Boom" und damit verbundenem „Arbeitskräftemangel" kann in Deutschland seit vielen Jahren keine Rede mehr sein.

„Im **Konjunkturaufschwung**, der im Wesentlichen durch Nachfrage- und Produktionssteigerungen gekennzeichnet ist, sind die Wirtschaftseinheiten in der Regel optimistisch gestimmt. Die Unternehmer rechnen mit einer günstigen Absatzlage. Sie nehmen verstärkt Investitionen vor und stellen zusätzliche Arbeitskräfte ein. In der anschließenden **Hochkonjunktur** (*Boom*) steigen angesichts zunehmenden Arbeitskräftemangels die Löhne und somit die Haushaltseinkommen. Steigende Konsumausgaben treiben die Preise auf den Gütermärkten in die Höhe. Der **Konjunkturabschwung** (zunächst als Rezessionsphase, später möglicherweise in eine Depressionsphase mündend) ist durch stagnierende bzw. rückläufige Nachfrage und Produktion gekennzeichnet. Es entstehen unterausgelastete Kapazitäten, Arbeiter werden entlassen. Die optimistischen und vor allem in der Hochkonjunktur übertriebenen Erwartungen sind in pessimistische Erwartungen umgeschlagen: Sie verstärken sich im Verlaufe des Konjunkturabschwungs regelmäßig noch. Erst nach „Durchschreiten der psychologischen Talsohle zeigen sich wieder optimistische Einschätzungen der wirtschaftlichen Entwicklung; diese bereiten den Boden für einen neuerlichen Konjunkturaufschwung." (Henrichsmeyer/Gans/Evers, Einführung in die Volkswirtschaftslehre, Stuttgart 1993, S. 27)

Schwierigkeiten bereitet der Versuch, die einzelnen Phasen des Konjunkturzyklus klar voneinander abzugrenzen. Wann genau z. B. der Aufschwung in den Boom übergeht, lässt sich nicht sagen. Der gesamte Zyklus wird jedoch üblicherweise dadurch abgegrenzt, dass die Aufschwungphase (und damit ein neuer Zyklus) in dem Jahr beginnt, dessen *Wachstumsrate* (des realen BSP) *erstmalig höher liegt als im Vorjahr*, in dem also der Abschwung mit seinen sinkenden Wachstumsraten endet.

(Autorentext)

c) Konjunktur und Wachstum

Die beiden Begriffe Konjunktur- und Wachstumsentwicklung werden im allgemeinen Sprachgebrauch nicht selten synonym gebraucht. Das folgende Zitat zeigt aber, dass man zwischen *Konjunktur* und *Wachstum* unterscheiden muss. Aus dieser Unterscheidung ergibt sich sodann die Frage, die im folgenden Abschnitt beantwortet werden soll: Wodurch wird das Wachstum der Produktionskapazität bestimmt?

„Es ist heute in der praktischen Wirtschaftsanalyse üblich, zwischen dem Wachstum der Produktionskapazität (dem sog. **Produktionspotenzial**) und ihrer Auslastung, gemessen am tatsächlichen Sozialprodukt, zu unterscheiden. Die Messung des *Wirtschaftswachstums* stellt dabei auf den Zuwachs des Produktionspotenzials ab, während der *Konjunkturverlauf* danach beurteilt wird, in welchem Ausmaß das Produktionspotenzial durch die tatsächliche Produktion (gemessen am realen Bruttoinlandsprodukt) ausgelastet wird: Ein sinkender Auslastungsgrad bedeutet danach Rezession, während ein steigender Auslastungsgrad mit wirtschaftlicher Aufwärtsentwicklung (Prosperität) identifiziert wird." (Ulrich van Suntum, Angemessenes und stetiges Wirtschaftswachstum, Beilage zu Das Parlament B 18/19, 27.4.1990, S. 7)

Ein Vergleich des Produktionspotenzials (also der Produktionsleistung, die mit den vorhandenen Produktionskapazitäten erbracht werden *kann*) mit der tatsächlich erzeugten Gütermenge (= Bruttoinlandsprodukt) lässt erkennen, inwieweit (vollständig oder nur zu einem gewissen Teil) die vorhandenen Produktionskapazitäten ausgelastet wurden, und gibt damit Aufschluss über die Konjunkturentwicklung.

(Autorentext)

Auslastungsgrad: Prozentsatz, bis zu dem die Kapazität (Maschinen, Anlagen, Arbeitskräfte) eines Betriebs tatsächlich ausgenutzt wird; gesamtwirtschaftlich das Verhältnis des tatsächlich erwirtschafteten Sozialprodukts zum Produktionspotenzial.

(Autorentext)

1. *Grenzen Sie die Begriffe Konjunktur, Konjunkturschwankungen, Konjunkturphase und Konjunkturzyklus möglichst exakt voneinander ab und erläutern Sie die begrifflichen Unklarheiten, die sich bei den Phasenbezeichnungen feststellen lassen (M 12).*
2. *Zur kurzen Beschreibung des typischen Verlaufs einzelner Phasen des Konjunkturzyklus und dabei zu beobachtender Merkmale können Sie die empirischen Daten vergleichen, z. B. für die Jahre 1987–1990 (Investitionen: M 15a; private Konsumnachfrage: M 15b; Beschäftigung und Arbeitslosigkeit: M 24).*
3. *Machen Sie sich klar, wie Konjunktur und Wachstumsentwicklung unterschieden werden, und erläutern Sie dazu die Begriffe Produktionspotenzial (Produktionskapazität) und Auslastungsgrad (M 12c).*
4. *Das gesamtwirtschaftliche Produktionspotenzial wird vom Sachverständigenrat auf sehr komplizierte (seit 1990 leicht veränderte) Weise berechnet, die wir hier nicht vorführen können. Wichtig zu wissen ist aber, dass darin nicht nur der Unternehmenssektor, sondern z. B. auch die Beiträge des Staates, der Wohnungsvermietung und der privaten Haushalte zur realen Bruttowertschöpfung berücksichtigt werden. Den „normalen" Auslastungsgrad (95%) bestimmt der Sachverständigenrat nach dem „langfristigen Durchschnitt" der Jahre 1963–1993.*

Ursachen von Konjunkturschwankungen – Faktoren der gesamtwirtschaftlichen Nachfrage

In der wirtschaftswissenschaftlichen Literatur gibt es eine Vielfalt von Theorien, welche die Ursachen von Konjunkturschwankungen zu bestimmen versuchen (**Konjunkturtheorien**). Keine von ihnen kann bisher für sich in Anspruch nehmen, eine allgemein gültige und bestätigte Erklärung zu liefern. Das liegt offenbar auch darin begründet, dass die auslösenden Momente eines Auf- und Abschwungs im Einzelfall zu vielfältig und unterschiedlich sind, als dass sie auf einen dominierenden Faktor zurückgeführt werden könnten, wie es die meisten Theorien versuchen (*monokausale** Theorien).

Keine Rolle spielt heute mehr die sog. *Sonnenfleckentheorie* (von Jevons, 1835–1882), die Wirtschaftskrisen durch periodisch auftretende Sonnenflecken und dadurch bedingte Missernten (in deren Folge: Preissteigerungen im Agrarbereich und abnehmende Nachfrage nach Industriegütern) zu erklären versuchte. Sie ist das typische Beispiel einer exogenen (die Ursachen in außerwirtschaftlichen Faktoren suchenden) Theorie.

Bis zur Zeit der Weltwirtschaftskrise (1929–1933; s. Kasten S. 303) herrschte in den Wirtschaftswissenschaften die Lehre der **Klassiker**, die der festen Überzeugung waren, dass in einer freien marktwirtschaftlichen Ordnung längerfristige Krisen nicht auftreten könnten. Diese Überzeugung basierte auf der Annahme, dass auf den Märkten eine Tendenz zum Ausgleich zwischen Angebot und Nachfrage herrsche und sich daraus von selbst ein ständiges Gleichgewicht herstelle. Es wurde lediglich zugestanden, dass kurzfristig und vorübergehend es in einzelnen Bereichen zu Absatzstockungen kommen könne. Falls trotzdem Krisen aufträten, könnten sie nur durch exogene Faktoren, möglicherweise sogar durch das Eingreifen des Staates, verursacht werden. Ansonsten gelte der Grundsatz, dass jede Produktion sich ihre Nachfrage schaffe, weil durch die Entlohnung des Einsatzes von Kapital und Arbeit Einkommen entstünden, die den Verkauf der Produktion sicherstellten (sog. *Say'sches Theorem*, vgl. dazu später M 51).

Nach **Joseph A. Schumpeter** (1883–1950) ergeben sich (langfristige) zyklische Schwankungen aus der technologischen und der dadurch bedingten industriellen Entwicklung. Einzelne „dynamische Unternehmer" vollbringen „Pionierleistungen", indem sie neue technische Erfindungen („Inventionen") in ihren Unternehmen verwerten („Innovationen") und die übrige Wirtschaft zur Anpassung an den Fortschritt zwingen (Preissenkungen, Produktionsumstellungen, Investitionen). Nach vollzogener Anpassung setzt ein neuer „Schub" ein, sobald dynamische Unternehmer wieder neue Erfindungen anwenden (vgl. Kasten S. 246).

Einen gegenüber den Klassikern neuen Erklärungsansatz lieferte der englische Nationalökonom John Maynard **Keynes** (1883–1946). Keynes setzte zur Erklärung von Konjunkturschwankungen

(Foto: Bilderdienst Süddeutscher Verlag)

Der österreichische Volkswirtschaftler und Sozialwissenschaftler **Joseph A. Schumpeter** lebte von 1883 bis 1950. Er war seit 1909 Professor, unter anderem in Graz (1911 bis 1919), Bonn (1925 bis 1932) und seit 1932 an der Harvard University (USA). Schumpeter entwickelte eine Theorie der wirtschaftlichen Entwicklung des kapitalistischen Wirtschaftssystems, die er durch innerwirtschaftliche Veränderungen erklärte. [...] Den durch den Wettbewerb ausgelösten *Prozess der „schöpferischen Zerstörung"*, d.h. der ständigen Erneuerung und Verbesserung der Produktionsverfahren und Erzeugnisse [...], bei dem alte Güter und Produktionsverfahren ständig durch neue ersetzt werden, sieht Schumpeter als Motor der wirtschaftlichen Entwicklung. Eine zentrale Rolle spielt dabei der *„dynamische"*, der schöpferische, einfallsreiche *Unternehmer*, der durch neue Ideen und den Einsatz neuer Produktionsmethoden, Techniken und Verarbeitungsmöglichkeiten den wirtschaftlichen und technischen Fortschritt immer wieder vorantreibt. [...]
Damit leistete Schumpeter einen wichtigen Beitrag zur Konjunkturtheorie. Er befürchtete aber auch das Ende des Kapitalismus*, da der innovative Prozess vor allem durch Bürokratisierung in den Unternehmen und eine verstärkte Rolle des Staates erlahme. Schumpeter gilt als einer der einflussreichsten Volkswirtschaftler des 20. Jahrhunderts.

(Das Lexikon der Wirtschaft, Bibliographisches Institut & Fa. Brockhaus AG, Mannheim, 2. Aufl. 2004, Lizenzausgabe für die Bundeszentrale für politische Bildung, Bonn 2004, S. 44)

bei der *gesamtwirtschaftlichen Nachfrage* an, die sich in vier Sektoren (s. M 13) unterteilen lässt: *die Konsumgüternachfrage der privaten Haushalte, die Investitionsgüternachfrage der privaten Unternehmen, die Nachfrage des Staates* (Staatsverbrauch und Investitionen) und die *Nachfrage des Auslandes*. Hauptursache für konjunkturelle Schwankungen sind nach Keynes Schwankungen der Investitionsgüternachfrage der privaten Unternehmen.
Wir wollen im Folgenden die Keynes'sche Konjunkturerklärung zum Ausgangspunkt nehmen für eine nähere Untersuchung des Einflusses der einzelnen Nachfragekomponenten, insbesondere der Investitions- und der privaten Konsumnachfrage, auf die Konjunkturentwicklung.

M 13 Bestimmungsfaktoren der gesamtwirtschaftlichen Entwicklung

(© Globus)

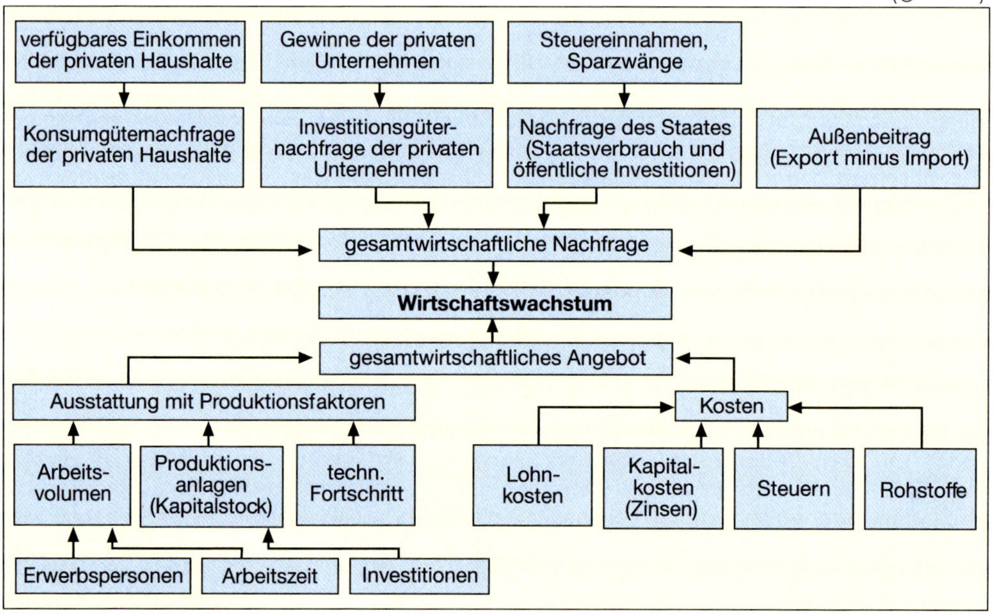

Der **quantitative Anteil** der vier Faktoren der gesamtwirtschaftlichen Nachfrage entwickelte sich seit 1991 wie folgt (vollständige Daten: www-ec.destatis.de, Fachserie 18, Reihe 1.1; Tab. 1.3): Der Anteil der *privaten Konsumausgaben* lag zwischen 57,3 % (1991) und 59,5 % (2003; 2005: 59,3 %). Die *gesamte Investitionsgüternachfrage* (Staat und Unternehmen) entwickelte sich rückläufig von 24 % (1991) auf 17,2 % (2005). Der *staatliche Konsum* schwankte nur geringfügig zwischen 19,1 % (1991) und 18,5 % (2005), während der *Außenbeitrag* von –0,4 (1991) auf 5,0 % (2005) zunahm.

1. *Erläutern Sie (möglichst an konkreten Beispielen) die einzelnen Faktoren von Nachfrage und Angebot (M 13). Sie können dabei für die Nachfrage ggf. zurückgreifen auf M 4b (Verwendungsrechnung des BSP) und M 4c (Einkommen).*

2. *Beschreiben Sie, an welchen Stellen des Schemas die im Folgenden genannten wirtschaftspolitischen Maßnahmen ansetzen und welche (wachstumsfördernden oder -hemmenden) Veränderungen sie tendenziell hervorrufen könnten (vorausgesetzt, dass die übrigen Bedingungsfaktoren gleich bleiben):*
– Erhöhung der Unternehmenssteuern (Gewerbesteuer, Körperschaftssteuer),
– Kürzung staatlicher Transferzahlungen (z. B. des Kindergeldes) an private Haushalte,*
– Erhöhung der Kreditzinsen durch die Zentralbank,
– Senkung der Einkommensteuer,
– Erhöhung der Rohölpreise durch Beschluss der OPEC.

M 14 Der Einfluss der Nachfragekomponenten auf die Konjunkturentwicklung

(1) Der **private Verbrauch** kann als *„Zyklusdämpfer"* eingestuft werden. [...] Das schwache zyklische Muster der Entwicklung der Konsumnachfrage schließt allerdings nicht aus, dass Änderungen im Konsumverhalten nicht doch einen maßgeblichen Einfluss auf die konjunkturelle Entwicklung der Gesamtwirtschaft haben. Unterstellt man gemäß der Akzeleratorhypothese (s. später M 16a, S. 251), dass die private Investitionstätigkeit überproportional auf Veränderungen der privaten Konsumnachfrage reagiert, so bewirken geringe Veränderungen beim Konsum überproportionale Ausschläge der privaten Investitionstätigkeit.

Für die gesamtwirtschaftliche **Konsumnachfrage** lassen sich u.a. folgende Bestimmungsgründe anführen:
- das Einkommen,
- die Einkommensverteilung,
- Präferenzen für Gegenwarts- oder Zukunftskonsum,
- das Vermögen,
- die Zinsen,
- Steuern und Abgaben,
- Erwartungen über die künftige wirtschaftliche Entwicklung,
- Sicherheit des Arbeitsplatzes.

Nach keynesianischer Auffassung ist kurzfristig das **Einkommen** die wichtigste Einflussgröße. [...] Bei zunehmendem Einkommen steigen Konsum und Ersparnis, bei sinkendem Einkommen gehen beide zurück. Das Ausmaß der Veränderung ist abhängig von der Konsumquote (Sparquote), d.h. dem Anteil des Konsums (der Ersparnis) am Einkommen. [...] Welche Faktoren die **Investitionstätigkeit der Unternehmen** bestimmen, ist bisher nicht eindeutig zu beantworten. U.a. werden folgende Gründe genannt (vgl. S. 248 o.):
- Gewinnerwartungen,
- Absatzerwartungen,
- Konkurrenzdruck,
- Zinshöhe,
- Kosten und Steuern,
- psychologische Faktoren wie politisches Klima, Pessimismus oder Optimismus.

(Gerd Jan Krol/Alfons Schmid, Volkswirtschaftslehre, Mohr Siebeck Verlag/UTB, Tübingen, 21. Aufl. 2002, S. 232ff.)

(2) Die **private Investitionsgüternachfrage** zählt zu den „Zyklusverstärkern". Dies gilt speziell für die Bruttoanlageinvestitionen und nur bedingt für die Lagerinvestitionen. Die Anlageinvestitionen beeinflussen einerseits über den *Nachfrageeffekt der Investitionstätigkeit* den Auslastungsgrad der Produktionskapazitäten, sie bestimmen jedoch andererseits über ihren Kapazitätseffekt entscheidend die künftige Zuwachsrate der *Kapazitätsentwicklung*, also die Zuwachsrate des Produktionspotenzials. Eine stark zyklisch schwankende Investitionstätigkeit hat damit nicht nur zur Folge, dass der Auslastungsgrad der Produktionskapazitäten zyklisch schwankt, sondern dass der Kapazitätsaufbau selbst ein zyklisches Verlaufsmuster annimmt. [...] Als *Bestimmungsgründe der Investitionsgüternachfrage* fungieren vor allem die *Gewinnerwartungen der Unternehmen*. Diese hängen ihrerseits von der erwarteten Umsatzentwicklung (erwarteter Absatz mal erwarteter Produktpreis) und der künftigen Kostenentwicklung ab. Die Vielfalt der Investitionsdeterminanten und die faktische Unmöglichkeit, die funktionellen Zusammenhänge eindeutig zu quantifizieren, wirft in der Praxis erhebliche Prognose- und wirtschaftspolitische Steuerungsprobleme auf. [...]

(3) Die **Nachfrage des Staates** *nach Gütern und Diensten* setzt sich aus der staatlichen Investitionstätigkeit (Infrastrukturausgaben im weitesten Sinne) und dem staatlichen Verbrauch (insbesondere die „unentgeltliche" Bereitstellung öffentlicher Dienstleistungen und militärische Ausgaben) zusammen. Sie dienen der Bereitstellung öffentlicher Güter* und Dienstleistungen (*Allokationsfunktion*). Teilweise werden diese Ausgaben auch in den Dienst der Stabilisierung des konjunkturellen Prozesses gestellt (*Stabilisierungsfunktion*). Empirische Untersuchungen zeigen, dass speziell die quantitativ ins Gewicht fallende *Investitionstätigkeit* des Staates sich eher *parallel zur Konjunktur* als entgegengesetzt entwickelt. Die Schwankungsintensität ist jedoch geringer als die der privaten Investitionsnachfrage. Die staatliche Verbrauchsentwicklung ist dagegen relativ stetig. [...]

(4) Die **Auslandsnachfrage** hat sich in der Vergangenheit sowohl als *Zyklusverstärker* als auch als *Zyklusdämpfer* erwiesen. Die Bestimmungsfaktoren des Außenbeitrages sind vielfältig. Zu den wesentlichsten Determinanten zählen die Entwicklung der Gesamtnachfrage im Ausland im Verhältnis zur Nachfrageentwicklung im Inland, die Preisniveauentwicklung im Ausland im Vergleich zu der im Inland, die Wechselkurse (s. M 46), Zölle, Export- bzw. Importsteuern [...] u.a.m.

(Jürgen Pätzold, Stabilisierungspolitik, Haupt Verlag, Stuttgart, 6. Aufl. 1998, S. 92f.)

M 15 Bruttoinlandsprodukt, Investitionen und privater Konsum

M 15a Prozentuale Veränderung von BIP und Investitionen

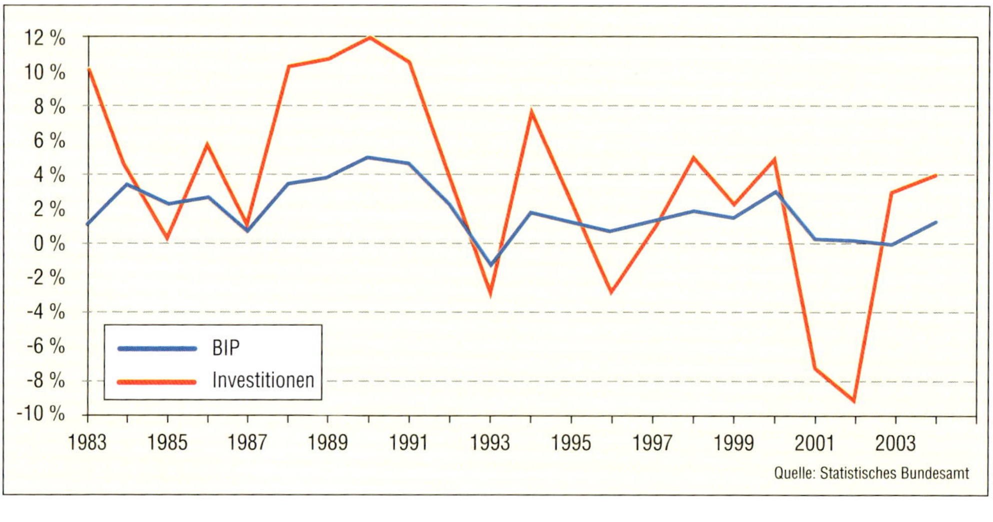

M 15b Prozentuale Veränderung von BIP und privatem Konsum

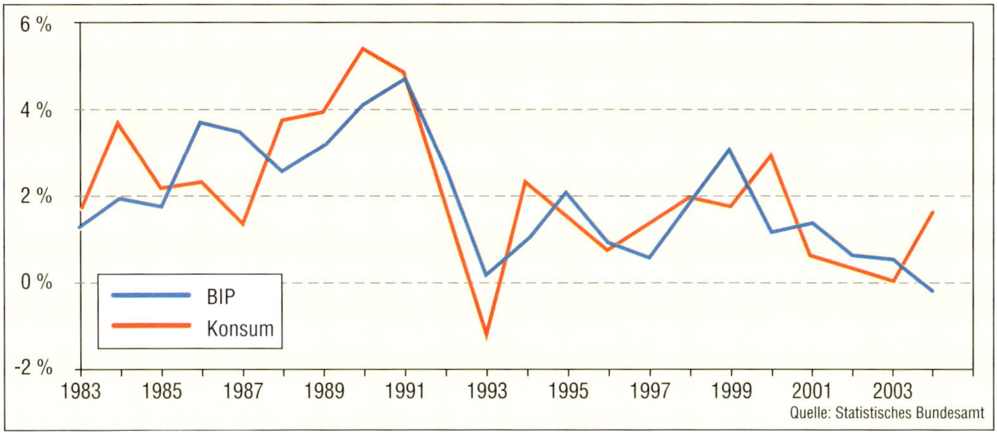

(Grafiken aus: Bernd Nolte, Volkswirtschaft konkret, Wiley VCH Verlag, Weinheim 2003, S. 92ff., 3-527-50079-0; ergänzt; Quelle: Statistisches Bundesamt)

1. *Fassen Sie zusammen, wie in M 14 der Einfluss der einzelnen Nachfragekomponenten auf den Konjunkturverlauf beurteilt wird, und untersuchen Sie zu den Investitionen und zum privaten Konsum die beiden empirischen Darstellungen (Kurvendiagramme) für die Zeit von 1983 bis 2004 (M 15a und b). Beschreiben Sie den Verlauf der jeweiligen Kurve (Investitionen, privater Konsum) im Vergleich mit dem Kurvenverlauf zum BIP (unterschiedlicher Maßstab in M 15a und b). Inwieweit werden die Aussagen in M 14 durch diese Darstellungen bestätigt? Wird Keynes' Auffassung von der „ausschlaggebenden" Bedeutung der Investitionsnachfrage (s. S. 246) gestützt?*
2. *Die Feststellung des Einflusses bestimmter Nachfragekomponenten auf den Konjunkturzyklus besagt noch nichts über die Bestimmungsgründe für die Entwicklung der Komponenten selbst. Stellen Sie heraus, was darüber in M 14 (vgl. Kasten S. 247) gesagt wird. Woran liegt es, dass man vor allem für die Investitionsnachfrage der privaten Unternehmen keine sicheren Aussagen machen kann?*

M 16 nimmt die Überlegungen zur Vielfalt der Bedingungsfaktoren für die konjunkturelle Entwicklung (s. Kasten S. 246) auf und führt sie unter einem wichtigen Aspekt weiter.

M 16a Impulse und Selbstbeschleunigungseffekte der Konjunkturentwicklung – „Multiplikator" und „Akzelerator"

In einer Marktwirtschaft werden die Aktivitäten von individuellen Entscheidungen getragen. Diese Entscheidungen werden unter dem Einfluss einer **Vielzahl von Impulsen** gefällt, die unaufhörlich auf uns einwirken und unser Handeln bestimmen (vgl. Abbildung S. 250). Ein komplexes Zusammenspiel aller wirtschaftlichen Entscheidungen und der dadurch ausgelösten Aktivitäten führt zu Veränderungen an den verschiedenen Märkten und damit letztlich zu Konjunkturschwankungen.
Diese Marktveränderungen beeinflussen verschiedene volkswirtschaftliche Größen, die wir bereits kennengelernt haben, wie den Konsum, das Sparverhalten, die Investitionen, die Gewinne oder die Löhne. Wie Sie ebenfalls wissen, haben Veränderungen einer Größe auch Veränderungen von anderen Größen zur Folge: Im volkswirtschaftlichen Gesamtsystem sind alle Größen miteinander vernetzt. [...]
Die durch die genannten Impulse ausgelösten Schwankungen haben die Tendenz, sich aus eigener Kraft zu beschleunigen. Diese *Selbstbeschleunigung* ist auf verschiedene Verstärker zurückzuführen.

Konjunkturauslösende Impulse

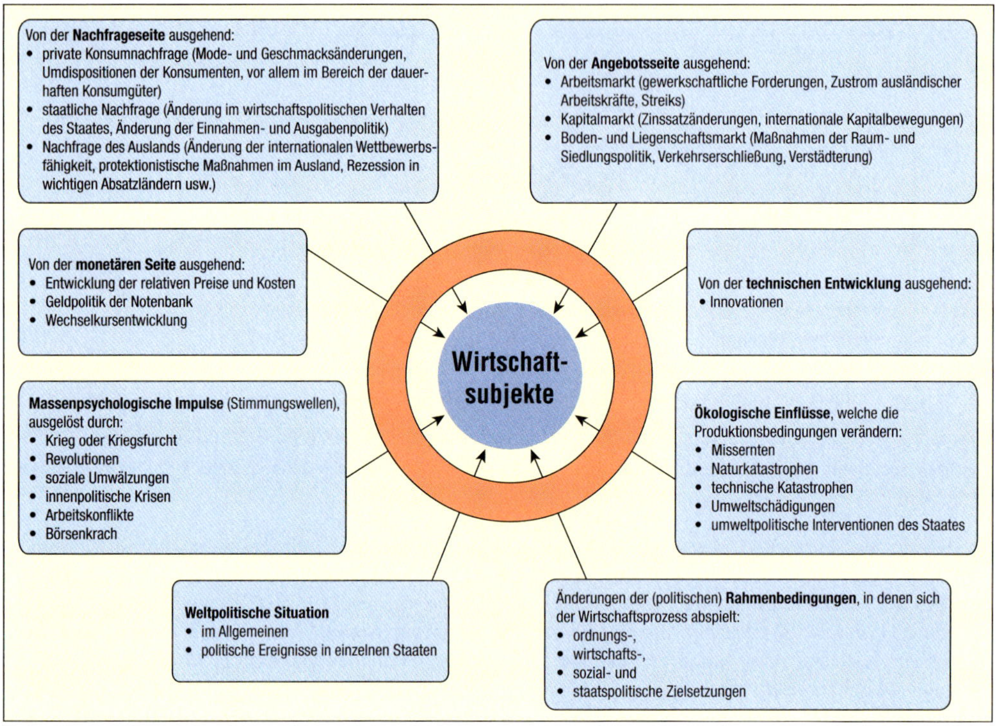

Da Entscheidungen zukunftsgerichtet sind, spielen die Erwartungen der Wirtschaftsakteure eine wichtige Rolle. Diese Erwartungen hängen im großen Maße von *Stimmungswellen* ab. Auch wenn psychische Faktoren nicht von jedermann als eigentliche Ursache von Konjunkturschwankungen erachtet werden, sind sie doch als *psychologische Verstärker* anerkannt.

Bei der Betrachtung von Konjunkturindikatoren haben wir bereits festgestellt, dass die **Investitionen** eine überdurchschnittliche Schwingungsintensität aufweisen. Investitionen bewirken zweierlei:

- Erstens lösen sie einen *Kapazitätseffekt* aus, das heißt, es werden Kapazitäten geschaffen, die das *Wachstum des Produktionspotenzials* (vgl. M 12c, S. 244) mitbestimmen.
- Im Zuge der Herstellung dieser Kapazitäten entsteht zweitens ein *Einkommenseffekt*, das heißt, es entstehen Einkommen, die über die Konsumausgaben der Einkommensempfänger Nachfragewirkungen entfalten und somit die Potenzialauslastung mitbestimmen. [...]

Multiplikator

Welche gesamtwirtschaftlichen **Einkommenswirkungen** entstehen nun, wenn dank einer Investition ein Nachfrageimpuls in Höhe von 100 Millionen Euro ausgelöst wird? Vermutlich überrascht es Sie, dass die Einkommen gesamthaft um mehr als die Höhe des ursprünglichen Investitionsimpulses in Höhe von 100 Millionen Euro zunehmen werden. Der Grund dafür liegt darin, dass die Bezieher dieser Einkommen, ob als Arbeitnehmer und Lohnempfänger oder als Unternehmer und Gewinnbezieher, einen Teil davon wieder ausgeben und damit ihrerseits weitere Nachfrage- und Einkommenseffekte auslösen. Die Stärke dieses Prozesses ist vom Anteil der Einkommen abhängig, welcher wieder ausgegeben, also nicht auf Konten gespart wird. In der Fachsprache nennt man das die *Grenzneigung zum Konsum*. Eine **Erhöhung der Nachfrage** wirkt also *multiplikativ*, weil ein Einkommenseffekt erzeugt wird, der bedeutend größer ist als die ursprüngliche Nachfrageerhöhung. Deshalb bezeichnet man diese Erkenntnis als *Multiplikatortheorie*.

Wir wollen diese Theorie an einem Beispiel verdeutlichen: Nehmen wir an, der Staat löse eine zusätzliche Investition in Höhe von 100 Millionen Euro aus und die Grenzneigung zum Konsum sei 0,8 oder 80 Prozent. Dadurch wird der in der Tabelle dargestellte Prozess ausgelöst.

Der Multiplikator lässt sich folgendermaßen berechnen:

$$\text{Multiplikator} = \frac{1}{1 - \text{Grenzneigung zum Konsum}}$$

Tabelle: Die Wirkung des Einkommensmultiplikators

Periode	ursprüngliche Nachfrageänderung	ausgelöste Nachfrageänderung	Veränderung der Produktion	Veränderung des Einkommens	Veränderung des Konsums
1	100		+ 100	+ 100	+ 80
2		+ 80	+ 80	+ 80	+ 64
3		+ 64	+ 64	+ 64	+ 51,2
4		+ 51,2	+ 51,2	+ 51,2	+ 41,0
5	+	41,0			
…	…				
	100	+ 400	+ 500	**+ 500**	+ 400

In unserem Fall beträgt er 5, der gesamte Einkommenseffekt ist also fünfmal so groß wie die ursprüngliche Investition. Die Wirkung des Multiplikators wird aber immer kleiner und verpufft schließlich ganz. Man kann sich den zeitlichen Ablauf des Multiplikatorprozesses veranschaulichen, indem man sich vorstellt, in einem Auto zu sitzen und kräftig auf das Gaspedal zu drücken. Das Auto beschleunigt zunächst stark und erreicht schließlich eine höhere Geschwindigkeit, mit der es anschließend ausrollt, wenn man nicht weiter Gas gibt. In genau derselben Weise kann eine Nachfrageerhöhung um 100 Millionen Euro multiplikative *Beschäftigungswirkungen* auslösen. Denn auch auf dem Arbeitsmarkt kann die Summe der gesamthaft geschaffenen Arbeitsplätze größer sein als die unmittelbar entstandenen. Ebenso wie die Einkommen oder die Beschäftigung bei einer Erhöhung der Nachfrage um ein Vielfaches zunehmen, nehmen sie bei einer Verringerung der Nachfrage um ein Vielfaches ab.

(Bernd Nolte, Volkswirtschaft konkret, Wiley VCH Verlag, Weinheim 2003, S. 92ff.)

Natürlich läuft in der Realität ein solcher Multiplikatorprozess niemals „rein" und ungestört ab. Berücksichtigt man nur, dass aus dem wachsenden Volkseinkommen auch wachsende *Steuern* zu zahlen sind, sodass also weniger für den Konsum verbleibt, und dass ferner ein Teil der zusätzlichen Nachfrage auf *Importe* entfällt und insoweit nicht das Sozialprodukt des eigenen Landes erhöht, so wird der Gesamteffekt bereits viel geringer ausfallen, ganz abgesehen davon, dass der Ablauf des skizzierten Verstärker-Prozesses Zeit erfordert. Dennoch wird hier ein in nahezu allen Konjunkturerklärungen verwandtes Prinzip sichtbar, das dazu beiträgt, eine einmal eingeschlagene (positive oder negative!) Entwicklung der Volkswirtschaft zu verstärken.

(Peter Czada, Wirtschaft. Aktuelle Probleme des Wachstums und der Konjunktur, Opladen 1984, S. 93)

Akzelerator

Die Multiplikatorwirkung wird verstärkt durch Akzeleratoreffekte („Beschleuniger"). Das Akzeleratorprinzip ist im Grunde ebenfalls ein Multiplikator. Es stellt darauf ab, dass Veränderungen der Konsumnachfrage nicht nur direkte, multiplikative Einkommenswirkungen erzeugen, sondern dass eine (dauerhafte) Nachfrageerhöhung nach *Konsumgütern* bei ausgelasteten Produktionskapazitäten eine erhöhte **Nachfrage nach Investitionsgütern** auslöst, um die Konsumgüternachfrage befriedigen zu können. Die ausgelöste Investitionsgüternachfrage „beschleunigt" oder verstärkt den Konsummultiplikator.

(Jörn Altmann, Wirtschaftspolitik, Lucius & Lucius, Stuttgart, 7. Aufl. 2000, S. 68)

Der Akzelerator wirkt sich weniger ausgeprägt aus, wenn leer stehende Kapazitäten oder ausreichende Lager vorhanden sind. Mitentscheidend für Neuinvestitionen sind neben der Nachfrage natürlich noch weitere Kriterien, so beispielsweise die **Zukunftserwartungen**. So ist es einerseits

durchaus denkbar, dass bei pessimistischen Erwartungen trotz Nachfrageerhöhung zunächst keine Neuinvestitionen getätigt werden, andererseits kann Optimismus zu Neuinvestitionen führen, auch wenn sich die Nachfrage zunächst nicht erhöht.
Der Multiplikator- und der Akzeleratoreffekt *verstärken* sich gegenseitig. Bereits ein Rückgang des Nachfragewachstums kann zu sinkenden Aufträgen in der Investitionsgüterindustrie führen und so Multiplikatorprozesse in Gang setzen und ein Umkippen der Konjunktur bewirken. Allein diese beiden Effekte können also die Konjunktur in Schwingungen versetzen.

(Bernd Nolte [s.o.], S. 94)

M 16b Ein Unternehmen siedelt an – Beispiel eines Multiplikatoreffekts

[...] Nehmen wir an, in einer Kleinstadt siedelt sich ein neues Maschinenbauunternehmen mit 500 Beschäftigten an. Auch wenn vielleicht einige Mitarbeiter mitgebracht werden, so eröffnen sich dadurch doch neue Kooperationschancen für Arbeitssuchende in der Gegend; sie bieten ihre Arbeitskraft an und erhalten im Gegenzug vom Unternehmen Lohn, und für das Unternehmen lohnt sich das Tauschgeschäft, weil für die produzierten Maschinen zahlungsbereite Nachfrage besteht.
Das ist soweit nichts Neues. Interessant ist nun, nach weiteren Folgewirkungen der Ansiedlung zu fragen, deren es natürlich sehr viele gibt, und es hängt, wie immer, vom Problem ab, welche man betrachtet. Eine der Folgewirkungen, die für makroökonomische [gesamtwirtschaftliche] Fragestellungen zentral ist, betrifft die Tatsache, dass die Arbeitnehmer in dem neuen Betrieb Einkommen erhalten und dass daraus etwas folgt. Denn sie werden

- einen Teil dieses Einkommens als *Steuern* abführen müssen – mit der Folge, dass sich dem Staat neue Möglichkeiten der Finanzierung öffentlicher Güter eröffnen,
- einen Teil *sparen* – mit der Folge, dass jenen Akteuren, die Kredite aufnehmen möchten, hier neue Gelegenheiten erwachsen,
- und einen Teil *konsumieren* – mit der Folge, dass nun wiederum die Hersteller bzw. Verkäufer der von ihnen gekauften Güter und Dienstleistungen Einkommen erhalten und eine neue Runde in diesem Prozess beginnt.

Betrachten wir den letzten Unterpunkt noch einmal genauer: Nehmen wir an, Herr J., ein neuer Mitarbeiter des Unternehmens, hat durch seinen neu gefundenen Arbeitsplatz nun 1000 Euro im Monat mehr zur Verfügung, und er gibt davon 500 Euro für Konsumzwecke aus. Was er ausgibt, muss notwendigerweise bei anderen Akteuren als Einnahme anfallen, also als Einkommen, das sie nicht erhalten hätten, wenn Herr J. nicht seinen neuen Arbeitsplatz gefunden hätte. Nun werden diese Akteure ihrerseits das so erhaltene Einkommen für verschiedene Zwecke verwenden, und sie werden verschiedene Güter und Dienstleistungen *zusätzlich* nachfragen, die sie sonst nicht nachgefragt hätten; und ihre Tauschpartner werden dann ihrerseits neues Einkommen erhalten usw.
Nachdem also durch die Ansiedlung des Unternehmens sich in einer ersten Runde neue Kooperationschancen [Chancen der Beteiligung am Wirtschaftsprozess] für die neuen Mitarbeiter eröffneten, ergeben sich daraus wiederum, in einer zweiten Runde, neue Kooperationschancen für neue Interaktionspartner der Mitarbeiter, die von deren gestiegenen Möglichkeiten profitieren; sie können ein paar Brötchen, mehr Kleider, größere Autos und dergleichen mehr verkaufen, mehr Geld verdienen. In einer dritten Runde werden diese das so erworbene Mehreinkommen möglicherweise dazu nutzen, neue Investitionen zu tätigen und/oder neue Mitarbeiter einzustellen usw. Die so stattfindende Ausweitung von Kooperationsmöglichkeiten trägt den passenden Namen **Multiplikatoreffekt**.
Solche Prozesse – und auch ihre Umkehrung, die entsprechenden kontraktiven Entwicklungen – finden in einer Volkswirtschaft ständig statt. Man kann nun natürlich nicht all diese Einzelfälle nachzeichnen. Stattdessen werden in makroökonomischen *Modellen* solche Wirkungsketten im Aggregat [zusammengefasst] betrachtet; es wird nicht nur die Kleinstadt, sondern die gesamte Volkswirtschaft betrachtet, und dies nicht nur im Hinblick auf eine bestimmte Branche, sondern hinsichtlich aller wirtschaftlichen Tätigkeiten.

(Karl Homann/Andreas Suchanek, Ökonomik. Eine Einführung, Mohr Siebeck, Tübingen 2000, S. 307f.)

1. *Für die zentrale Bedeutung, welche die privaten Investitionen für die Entwicklung der Konjunktur (und des Wachstums) haben, sind die in M 16a dargestellten Überlegungen besonders wichtig. Verschaffen Sie sich einen Überblick über die Vielfalt der „konjunkturauslösenden Impulse" (Grafik S. 250), d. h. der Faktoren, welche die Entscheidungen der „Wirtschaftssubjekte" (gedacht ist hier vornehmlich an die privaten Unternehmen als Investoren) beeinflussen. Durch welche Faktorenbündel werden hier die in M 14 genannten möglichen Motive für Investitionsentscheidungen erweitert? Sie brauchen nicht alle dargestellten Impulse näher zu erläutern, sollten aber vielleicht aus jedem der acht Bereiche einen der genannten Impulse durch ein konkretes (vielleicht aktuelles) Beispiel verdeutlichen.*
2. *Beschreiben Sie die „gesamtwirtschaftlichen Einkommenswirkungen", die sich in der Folge einer Erweiterungsinvestition (s. Glossarbegriff Investition*) ergeben, und zeigen Sie anhand des Zahlenbeispiels auf, wie es zu einer „Multiplikation" des ursprünglichen Effektes kommt. Wovon hängt die Größe des Multiplikatoreffekts ab? Sie können an dieser Stelle auch das in M 16 b dargestellte konkrete Beispiel heranziehen.*
3. *Der „Multiplikatoreffekt" ist ein Beispiel für ökonomische Modellbildung (s. M 1). Auf welche möglichen Unterschiede zwischen Modell und Realität wird in Z. 67ff. (S. 251) hingewiesen?*
4. *Erklären Sie den sich in der Folge des Multiplikatoreffekts ergebenden „Akzeleratoreffekt" (S. 251). Unter welcher Modellbedingung tritt er ein?*
5. *Nicht zu vergessen: Multiplikatoreffekte können sich nicht nur „expansiv" (wachstumsfördernd), sondern auch „kontraktiv" (als Schrumpfungsprozess) ergeben. Benutzen Sie das in M 16b dargestellte Beispiel, um analog die multiplikativen Auswirkungen der Schließung eines bestehenden Unternehmens in den wichtigsten Zügen zu beschreiben.*

3. Die Entwicklung der Beschäftigung – Massenarbeitslosigkeit in Deutschland

Tägliche Zeitungsmeldungen und das Umfrageergebnis machen deutlich: Massenarbeitslosigkeit ist längst zu dem bedrückendsten Problem der Bundesrepublik geworden. Sieht man von kurz- und mittelfristigen Schwankungen ab, zeigt sich seit 1974 ein trendmäßiger Anstieg der Arbeitslosigkeit. Dadurch wird das wirtschaftspolitische Ziel, „einen hohen Beschäftigungsstand" (Kurzbezeichnung: Vollbeschäftigungsziel) anzustreben, massiv verletzt. Aus der Massenarbeitslosigkeit ergeben sich vielfältige negative Auswirkungen für die Betroffenen und für die Gesellschaft.

Der Analyse dieses Problems kommt deshalb auch im Rahmen unseres Buches eine besondere Bedeutung zu. Die Darstellung und Erörterung der ökonomischen und sozialen Folgen der Arbeitslosigkeit für den *einzelnen Betroffenen* und für die *gesamte Gesellschaft* können hier allerdings nur kurz dargestellt werden (M 17, M 18). Im Vordergrund stehen die (quantitative und strukturelle) *Beschreibung* der Beschäftigungssituation, ihrer vergangenen und vermutlich zukünftigen *Entwicklung* sowie die Darstellung ihrer *Ursachen* (M 19–M 30) und der Diskussion über mögliche wirtschaftspolitische *Strategien zu ihrer Überwindung* (dazu später S. 323f.).

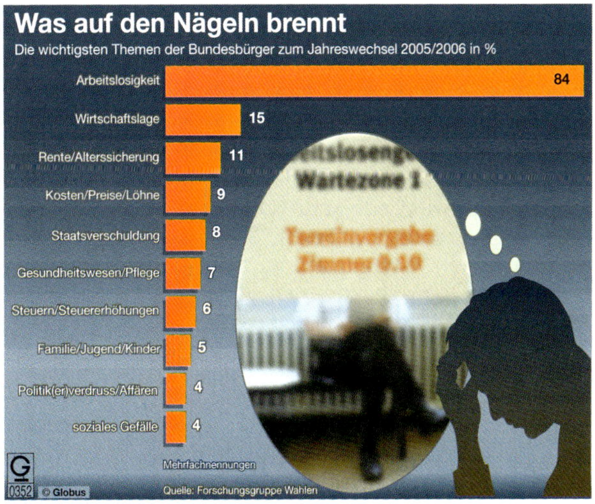

Was Arbeitslosigkeit für den Einzelnen und die Gesellschaft bedeutet

M 17 Belastungen für den Einzelnen und die Gesellschaft

Arbeitslosigkeit bedeutet für den Einzelnen finanzielle Einbußen. Er muss (*solange er Arbeitslosengeld bezieht*) mit maximal 67 Prozent seines bisherigen Nettoentgelts auskommen, ohne dass seine Ausgaben sich in gleichem Maße verringern. Arbeitslose leiden darunter, aus dem „normalen Arbeitsalltag" ausgeschlossen zu sein und den Tagesrhythmus zu verlieren. [...] Angewiesen zu sein auf staatliche Transferzahlungen* berührt das Selbstwertgefühl. Das knappe Arbeitsplatzangebot und erfolgloses Bewerben verstärken die Zweifel an der „gesellschaftlichen Vollwertigkeit".

Herrschte vor gut 100 Jahren in manchen Gewerben noch der Brauch, dass der vergeblich um Arbeit anklopfende Arbeiter ein kleines Geschenk erhielt, so kann der heute Arbeit Suchende oftmals schon froh sein, wenn er überhaupt eine Antwort auf seine Bewerbungen und seine Unterlagen zurückerhält. Von den Arbeitsagenturen fühlen sich viele nur verwaltet, nicht betreut – was angesichts eines Verhältnisses von bis zu 800 Arbeitslosen pro Vermittler kaum erstaunen kann. Bleiben Arbeitsangebote und der Druck, sie anzunehmen, aus, wird die Versuchung groß, sich in der Schattenwirtschaft (s. S. 232) zu engagieren, um das verfügbare Einkommen zu erhöhen und etwas „Sinnvolles" zu machen. Manche gehen diesen Weg vorsätzlich, um mit möglichst geringem Aufwand möglichst gut zu leben – auch wenn sie damit die Gesellschaft insgesamt schädigen. Die überwiegende Mehrzahl der Arbeitslosen ist allerdings [...] bereit, Konzessionen bei den Arbeitsbedingungen zu machen, um einen neuen Job zu bekommen.

Arbeitslosigkeit belastet auch die Gesellschaft. Sie muss über Sozialbeiträge und Steuern das Geld aufbringen, mit dem die Arbeitslosen von den Arbeits- und Sozialämtern unterstützt werden. Sie muss damit umgehen, dass Arbeitskollegen, Nachbarn, Familienangehörige mit ihrer Arbeitsstelle einen Lebensschwerpunkt

Arbeitslosengeld: Leistungen aus der beitragsfinanzierten Arbeitslosenversicherung in Höhe von 60 %, für Arbeitslose mit Kindern 67 % des früheren Nettoarbeitsentgelts. Anspruch haben Arbeitslose, die während der letzten drei Jahre wenigstens drei Monate lang versicherungspflichtig beschäftigt waren, sich persönlich arbeitslos gemeldet haben und Arbeit suchen. Die Anspruchsdauer (bisher je nach Alter und früherer Beschäftigung bis zu maximal 36 Monaten) wurde im Rahmen des „Hartz-IV*"-Gesetzes ab 1.2.2006 auf 12 Monate (für Ältere [ab 55] auf 18 Monate) begrenzt.
Arbeitslosengeld II: Im Rahmen des „Hartz IV"-Gesetzes wurde für alle erwerbsfähigen bisherigen Arbeitslosenhilfe- und Sozialhilfeempfänger eine einheitliche Grundsicherung für Arbeit Suchende („Arbeitslosengeld II") geschaffen, deren Leistungen in der Nähe des bisherigen Sozialhilfeniveaus liegen und im Unterschied zur bisherigen Arbeitslosenhilfe nur bei Bedürftigkeit gewährt werden. Einbezogen sind auch die nicht erwerbstätigen Ehepartner der Leistungsbezieher und die Kinder („Sozialgeld"). (Autorentext)

Nähere Informationen: http://de.wikipedia.org/wiki/Arbeitslosengeld_II

verlieren und von Existenzängsten geplagt werden. Die Unsicherheit über den Erhalt des eigenen Arbeitsplatzes nimmt zu. Angstsparen und die gesunkene Kaufkraft der Arbeitslosen belasten das lokale Wirtschaftsleben. Regionale Schwerpunkte hoher Arbeitslosigkeit lösen oftmals soziale Spannungen vor Ort aus. Tatsächliche oder vermutete Aktivitäten von Arbeitslosen, sich neben den Transferleistungen illegal weitere Einkünfte zu verschaffen oder auch ungerechtfertigt staatliche Leistungen zu „erschleichen", sorgen für Unmut bei der „zahlenden" Bevölkerungsgruppe. Die gesellschaftliche Solidarität bröckelt. Zudem sinkt die gesellschaftliche Leistungskraft, weil das erworbene Wissen und die beruflichen Fähigkeiten der Arbeitslosen (ihr Human-Kapital) nicht im Wirtschaftsprozess genutzt werden können und schrittweise veralten.

(Bundesministerium für Wirtschaft und Arbeit [Hg.], Wirtschaftsbericht 2003, Berlin 2003, S. 9f.)

1. *Fassen Sie zusammen, inwiefern Arbeitslosigkeit für den einzelnen Betroffenen, aber auch für die Gesamtgesellschaft ein schweres Problem darstellt, und zwar nicht nur in rein finanzieller, sondern auch in sozialer Hinsicht (M 17).*

2. *Erläutern Sie, inwiefern zu den gesamtgesellschaftlichen finanziellen Kosten der Arbeitslosigkeit nicht nur Ausgaben, sondern auch „Mindereinnahmen" gerechnet werden müssen (s. Grafik). Nähere Informationen zu den Zweigen der Sozialversicherung finden Sie in Kap. B (M 62, S. 191); zum Arbeitslosengeld und zur Grundsicherung für Langzeitarbeitslose („Arbeitslosengeld II"), die ab 1.1.2005 an die Stelle der bisherigen „Arbeitslosenhilfe" trat („Hartz IV*"), s. Kasten S. 254.*

M 18 Psychische Auswirkungen lang anhaltender Arbeitslosigkeit

Die menschliche Erfahrung mit der Arbeitslosigkeit

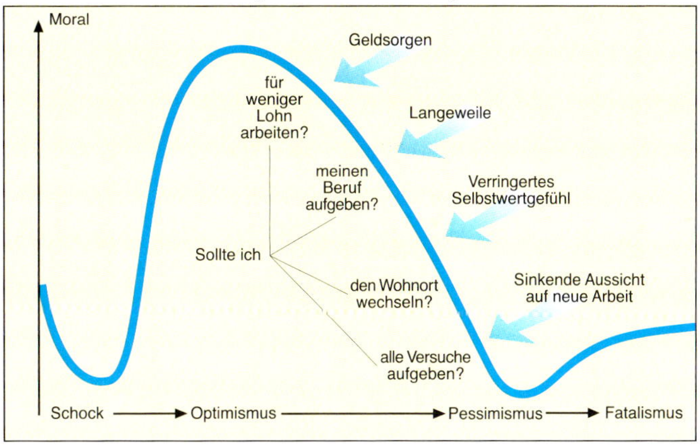

(Nach: Überlegungen II zu einer vorausschauenden Arbeitsmarktpolitik, Hrsg. Bundesanstalt für Arbeit, 1978, S. 209; Primärquelle: Department of Employment Gazette, April 1976)

Wie reagieren Menschen, wenn trotz großer persönlicher Anstrengungen der Arbeitsplatz verloren geht und längerfristige Arbeitslosigkeit eintritt?

In den großen psychologischen Studien zu den Folgen von Arbeitslosigkeit werden seit Jahrzehnten ähnliche Phasen von Verlauf und Reaktionen beschrieben. Nach anfänglichem Schock und Aufbegehren gibt es eine Phase des Befreiungsgefühls, das bald von verstärkter Aktivität und Umtriebigkeit (Bewerbungen, Fortbildungen) abgelöst wird. Bleiben diese Bemühungen erfolglos, nimmt das Interesse ab, Mattigkeit und Hoffnungslosigkeit breiten sich aus.

Dem Leben Arbeitsloser fehlen vor allem Zeitstruktur und soziale Anerkennung als mentale Haltepunkte für eine sinnvolle persönliche Existenz. Arbeitslose antworten darauf mit Gefühlen von persönlichem Versagen.

(Christine Morgenroth, Arbeitsidentität und Arbeitslosigkeit – ein depressiver Zirkel, in: Aus Politik und Zeitgeschichte B 6–7/2003 v. 3.2.2003, S. 17f.)

Wozu führt Arbeitslosigkeit bei den Betroffenen?

Thomas Kieselbach: Auf den ersten Blick führt Arbeitslosigkeit zu einer Verschlechterung der finanziellen Situation. Man verliert seinen Lebensunterhalt. Genauso wichtig sind aber die sogenannten psycho-sozialen Faktoren, die mit Arbeit verbunden sind. Beschäftigung heißt, seine Fähigkeiten anzuwenden, neue Fertigkeiten zu lernen, soziale Kontakte zu haben, die Zeit zu strukturieren. Dies alles geht durch Arbeitslosigkeit verloren. Manches davon kann ersetzt werden etwa durch ehrenamtliche Tätigkeiten, mehr Kontakte im Privatbereich oder die ausgedehntere Pflege von Hobbys. Doch unsere Gesellschaft ist so zentral auf Erwerbsarbeit gerichtet, dass nichts anderes diese bedeutsamen psychologischen Funktionen so gut und gebündelt erfüllt.

(Schwäbisches Tagblatt/Südwestpresse v. 3.6.2003; Kieselbach ist Psychologe an der Uni Bremen)

Beschreiben Sie mit eigenen Worten, wie sich nach entsprechenden Untersuchungen die psychische und soziale Situation von Langzeitarbeitslosen i. d. R. entwickelt. Erläutern Sie die Bedeutung des Hinweises, dass Arbeitslose besonders unter dem Fehlen von „Zeitstruktur“ und „sozialer Anerkennung“ leiden (vgl. auch M 17). Welche Rolle können ggf. Ehrenämter, Freizeitaktivitäten usw. (nicht) spielen?

Da die öffentliche Diskussion über Arbeitslosigkeit von den Monat für Monat von der Bundesagentur für Arbeit bekanntgegebenen Arbeitslosenzahlen beherrscht wird und überdies nicht selten über die Aussagekraft dieser Zahlen gestritten wird, sollen zunächst die methodischen Probleme, die mit der *Erfassung* der Arbeitslosigkeit verknüpft sind, etwas eingehender erörtert werden.

Wie Arbeitslosigkeit gemessen wird

M 19a Angebot und Nachfrage auf dem Arbeitsmarkt

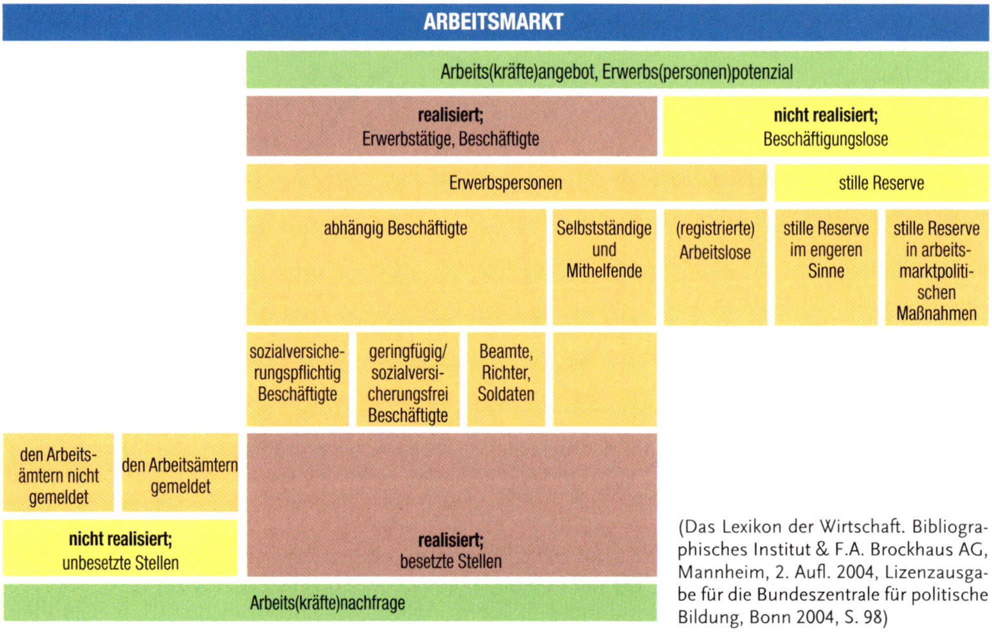

(Das Lexikon der Wirtschaft. Bibliographisches Institut & F.A. Brockhaus AG, Mannheim, 2. Aufl. 2004, Lizenzausgabe für die Bundeszentrale für politische Bildung, Bonn 2004, S. 98)

M 19b Was besagt die Arbeitslosenquote?

Im Unterschied zur (absoluten) Zahl der Arbeitslosen drückt die Arbeitslosenquote ein (relatives) Verhältnis aus: nämlich den Anteil der („registrierten“) Arbeitslosen an den *Erwerbspersonen* (Erwerbstätige + Arbeitslose). Im Jahr 2005 gab es in Deutschland 4 862 940 Arbeitslose, die Ar-

Wer gilt als arbeitslos?

Im Arbeitsförderungsgesetz (AFG) ist festgelegt, wer als arbeitslos gilt. Nach den Vorschriften der 6 und 101ff. AFG wird offiziell als arbeitslos gezählt, wer sich beim zuständigen Arbeitsamt persönlich gemeldet hat, nicht (oder nur kurzzeitig[1]) beschäftigt ist und eine versicherungspflichtige, mindestens 15 Stunden wöchentlich umfassende Beschäftigung anstrebt, arbeitsfähig ist (also nicht arbeitsunfähig erkrankt) und der Arbeitsvermittlung zur Verfügung steht, d.h. bereit ist, zumutbare Arbeitsangebote anzunehmen. Zu den offiziell ‚registrierten" Arbeitslosen gehören somit nur diejenigen, welche die genannten Kriterien des AFG erfüllen. Arbeitslose, die sich nicht beim Arbeitsamt persönlich gemeldet haben, tauchen in der Arbeitslosenstatistik nicht auf.

[1]kurzzeitig bedeutet: beschränkt auf zwei Monate im Jahr

(Autorentext; Daten: Bundesagentur für Arbeit)

beitslosenquote lag bei 11,7 %. In Westdeutschland waren 3 246 350 Erwerbspersonen arbeitslos, in Ostdeutschland 1 616 590. Die Arbeitslosenquote lag im Westen bei 9,9 %, im Osten dagegen bei 18,8 %. Vergleiche (z. B. zwischen verschiedenen Ländern oder Gruppen von Erwerbstätigen) lassen sich sinnvoll nur mit den Arbeitslosenquoten anstellen, nicht mit den absoluten Arbeitslosenzahlen. Zur Berechnung der Arbeitslosenquote wird die absolute Zahl der Arbeitslosen auf eine Gesamtheit bezogen, beispielsweise auf die Gesamtzahl *aller Erwerbspersonen* (so in den oben genannten Zahlen) oder der *abhängigen Erwerbspersonen* (also ohne Selbstständige).

$$\text{Arbeitslosenquote (in \%)} = \frac{\text{Arbeitslose}}{\text{Erwerbspersonen}} \times 100$$

Je nachdem, welche Größen man in Zähler und Nenner einsetzt, bekommt man unterschiedliche Werte für die Arbeitslosenquote. Im Zähler stehen i. d. R. nur die „registrierten" Arbeitslosen. Im Nenner können *alle* Erwerbspersonen (weite Definition) stehen oder nur die *abhängigen* Erwerbspersonen (enge Definition). Bei der weiten Definition ist der Nenner größer, also wird der Wert des Bruches kleiner [bei der engen Definition ergäbe sich für 2005 eine Quote von 13,0 %; West: 11,0 %, Ost: 20,6 %]. Bei gleicher Zahl von Arbeitslosen kann man somit durch die Definition des Nenners den Wert der Arbeitslosenquote „manipulieren". In verschiedenen Ländern gibt es unterschiedliche Definitionen der Arbeitslosenquote; deswegen muss bei internationalen Vergleichen eine „standardisierte" Arbeitslosenquote verwendet werden (s. dazu M 20).

(Gerhard Willke, Pocket Wirtschaft in Deutschland, Bundeszentrale für politische Bildung, Bonn 2003, S. 11, 17; Daten aktualisiert)

1. *Verschaffen Sie sich einen Überblick über die wichtigsten Begriffe, die in allen Darstellungen des Arbeitsmarktes verwendet werden (M 19a): Arbeitskräfteangebot und -nachfrage, Erwerbstätige, Erwerbspersonen (drei Teilgruppen). Zum Begriff der Stillen Reserve s. M 21.*

2. *Machen Sie sich klar, unter welchen Voraussetzungen jemand als arbeitslos registriert wird (M 19b, Kasten) und wie die beiden unterschiedlichen Arbeitslosenquoten berechnet werden. Rechnen Sie nach, ob die Quoten von 10,03 und 11,09 richtig angegeben sind, wenn es 4 093 216 registrierte Arbeitslose gab, die Zahl der abhängig Beschäftigten (Arbeitnehmer) 32 799 674 und die aller Erwerbstätigen 36 704 964 betrug.*

M 20 „Erwerbslose" und „Arbeitslose"

Seit Beginn des Jahres erhebt das Statistische Bundesamt nach den Kriterien der International Labour Organisation (ILO) in Genf monatlich die Erwerbslosenzahl in Deutschland. Diese, so Experten, würde einen monatlichen Vergleich der Arbeitsmarktlage in verschiedenen Staaten ermöglichen und obendrein weniger anfällig für statistische Manipulationen sein als die von der Bundesagentur für Arbeit (BA) veröffentlichte Arbeitslosenzahl. Der Unterschied zwischen beiden Zahlen liegt zum einen in der Erhebungsmethode. Während die BA mitteilt, wie viele Menschen bei den Arbeitsagenturen als Arbeitslose registriert sind, beruht die ILO-Statistik auf einer Telefonbefragung von 30 000 repräsentativ ausgewählten Teilnehmern, die dann auf die

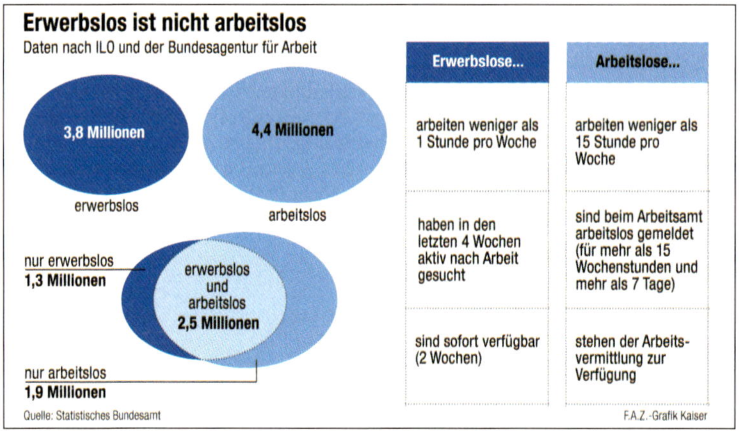

(Grafik: Eckhard Kaiser; Quelle: Frankfurter Allgemeine Zeitung v. 23.2.2005, S. 12)

Gesamtheit der Bevölkerung hochgerechnet werden muss. Zum anderen ist auch die Definition der Erwerbslosigkeit eine andere als die der Arbeitslosigkeit. Als erwerbslos gilt jeder im Alter zwischen 15 und 74 Jahren, der *weniger als eine Stunde* in der Woche arbeitet, in den vorangegangenen vier Wochen aktiv eine Beschäftigung gesucht hat und in den nächsten zwei Wochen zur Verfügung steht. Für die Bundesarbeitsagentur hingegen ist die Person arbeitslos, die weniger als 15 Stunden pro Woche arbeitet und der Arbeitsvermittlung generell verfügbar ist. Die unterschiedlichen Definitionen von Erwerbs- bzw. Arbeitslosigkeit haben zwangsläufig zur Folge, dass auch die Zahlen unterschiedlich hoch ausfallen. Die ILO-Berechnung ist einerseits umfassender, da Rentner, die sich etwas zur Rente hinzuverdienen wollen, oder Frauen, die nach der Familienpause an einen Wiedereinstieg in den Beruf denken, genauso berücksichtigt werden wie Schüler, die nach einem Nebenjob suchen. Dieser Effekt wird allerdings dadurch überlagert, dass alle Menschen, die nur wenige Stunden in der Woche arbeiten, zwar für die Bundesagentur als arbeitslos gelten, der ILO-Statistik zufolge allerdings als Erwerbstätige gehandelt werden müssen.

(Bundesverband Deutscher Banken, SchulBank Nr. 6/2005, S. 1)

Erläutern Sie, warum das Statistische Bundesamt im Auftrag der Bundesregierung ein zusätzliches Verfahren zur Berechnung der Arbeitslosigkeit eingeführt hat (M 20). Wodurch unterscheidet es sich von dem der Bundesagentur für Arbeit? Wie ist es zu erklären, dass danach die Zahl der „Erwerbslosen“ (so der Begriff für die nach diesem Verfahren erfassten Personen) deutlich geringer ist als die der „registrierten Arbeitslosen“?

M 19 und M 20 haben gezeigt, dass es von der Definition abhängt, ob jemand „arbeitslos“ ist oder nicht, und dass die durch die Bundesagentur für Arbeit erfasste Zahl der Arbeitslosen nur die registrierten Arbeitslosen beziffert. Neben dieser „offenen“ Arbeitslosigkeit gibt es aber verschiedene Formen versteckter Arbeitslosigkeit, z. B. von Menschen, die sich nicht registrieren lassen, weil sie keinen Anspruch auf Arbeitslosengeld haben (dafür müssen bestimmte Voraussetzungen erfüllt sein). Oder: Wenn infolge eines Nachfragerückgangs Unternehmen „Kurzarbeit“ einführen, dann steigt zwar nicht die Zahl der registrierten Arbeitslosen, aber es entsteht in einem gewissen Ausmaß Arbeitslosigkeit (als Unterbeschäftigung). Die verschiedenen Formen versteckter Arbeitslosigkeit werden von der Bundesagentur mit dem Begriff **„Stille Reserve“** zusammengefasst, der „Sachverständigenrat zur Begutachtung der gesamtwirtschaftlichen Entwicklung“ erfasst sie – in einer etwas anderen Abgrenzung – als **„verdeckte Arbeitslosigkeit“**. M 21 soll darüber informieren, wie das „wahre“ Ausmaß der Arbeitslosigkeit berechnet wird und wie hoch es sich darstellt. M 19 a gab bereits einen Überblick über die am gesamten *Arbeitsmarkt* beteiligten Gruppen (auf diesem Markt stellen die Beschäftigten und die *Arbeitsuchenden* das *„Angebot“* dar, sie bieten ihre Arbeitskraft an; die *Nachfrageseite* bilden die *Unternehmen*.).

M 21 Das „wahre Ausmaß" der Arbeitslosigkeit – „Stille Reserve" und „verdeckte Arbeitslosigkeit"

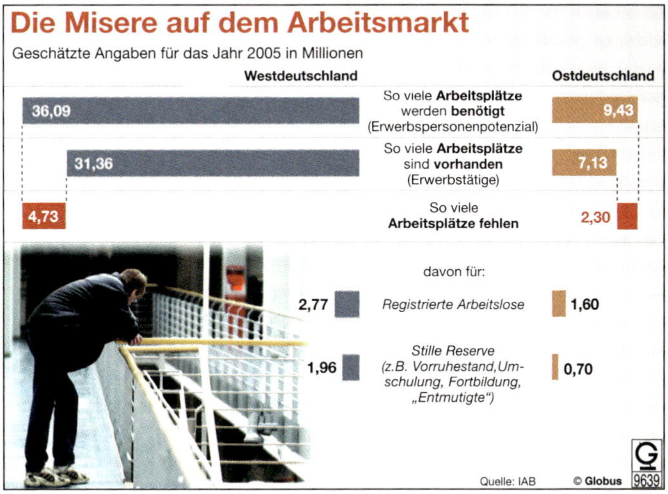

Die Begriffe „Stille Reserve" und „verdeckte Arbeitslosigkeit" werden in vielen Veröffentlichungen unterschiedlich verwendet und meistens nicht klar genug abgegrenzt. Das *Institut für Arbeitsmarkt- und Berufsforschung der Bundesagentur für Arbeit* (IAB) verwendet den Begriff **„Stille Reserve"** im Allgemeinen als Oberbegriff für die *Gesamtheit der nicht registrierten Arbeitslosen* und unterscheidet dabei zwischen

– einem Teil, der sich in bestimmten *arbeitsmarktpolitischen Maßnahmen* der Bundesagentur befindet und sich daher statistisch erfassen lässt, und
– der *„Stillen Reserve im engeren Sinn"* als dem Teil der nicht registrierten Arbeitslosigkeit, der sich statistisch nicht erfassen lässt, also nur geschätzt werden kann (Personen, die grundsätzlich an einer Beschäftigung interessiert sind, sich aber erst gar nicht bei der Arbeitsagentur melden, weil sie z.B. nach langer erfolgloser Arbeitsplatzsuche entmutigt sind („discouraged workers") oder ihre Beschäftigungschancen für zu gering erachten (darunter z.B. auch viele Verheiratete oder Freiberufler, die keine abhängige Beschäftigung suchen)).

Die quantitative Erfassung der gesamten Stillen Reserve erfolgt durch das IAB nicht (wie z.B. in den USA und Österreich) durch direkte Befragungen (Stichprobenmethode), sondern – gewissermaßen auf einem Umweg – durch die *Schätzung des sogenannten „konjunkturellen Erwerbspersonenpotenzials"*, d.h. der Gesamtheit aller Erwerbswilligen, die in Zeiten günstiger konjunktureller Gegebenheiten dem Arbeitsmarkt als Erwerbspersonen zur Verfügung stehen würden (s. Grafik und Kasten). Es orientiert sich dabei (in einem im Einzelnen recht komplizierten Verfahren) an der *Erwerbsbeteiligung früherer Hochkonjunkturperioden* und schreibt diese unter Berücksichtigung dreier „Effekte" (Veränderungen durch die *demographische Entwicklung*, die *Erwerbsneigung der Frauen* als „Verhaltenseffekt" und den „Wanderungseffekt" als *Saldo von Wanderungen* und Pendlern) in die Gegenwart fort. Für das Jahr 2005 kommt das IAB so zu einem Erwerbspersonenpotenzial von 45,52 Mio. für ganz Deutschland (s. Grafik). Unter Abzug der Zahl der Erwerbstätigen (38,49 Mio.) ergibt sich eine gesamte „Unterbeschäftigung" von 7,03 Mio. Zieht man davon die registrierten Arbeitslosen (4,37 Mio.) ab, ergibt sich eine gesamte Stille Reserve von 2,66 Mio., die sich aus der „Stillen Reserve in Maßnahmen" (nach der Abgrenzung des IAB: 0,878 Mio.) und der „Stillen Reserve im engeren Sinn" (1,78 Mio.) zusammensetzt.

Die „Stille Reserve in Maßnahmen" überschneidet sich stark mit der vom *Sachverständigenrat* berechneten **„verdeckten Arbeitslosigkeit"**; dieses

Ergebnisse zum Erwerbspersonenpotenzial bzw. zur Stillen Reserve sollten nicht für sich alleine betrachtet werden. Erwerbspersonenpotenzial und Stille Reserve sind Indikatoren, welche die Sicht auf das Arbeitsmarktgeschehen um weitere Aspekte bereichern sollen, trotz mancher Unzulänglichkeiten. Das Erwerbspersonenpotenzial sollte **nicht als Normgröße für Vollbeschäftigung** betrachtet werden. Das Potenzialkonzept erweitert jedoch die Informationsbasis sowohl in Hinblick auf die Analyse als auch auf arbeitsmarktpolitische Entscheidungen. Es liefert sowohl zusätzliche Hinweise auf die Höhe der tatsächlichen Unterbeschäftigung als auch Anhaltspunkte für ein um die konjunkturelle Lage bereinigtes Arbeitskräfteangebot.

(Johann Fuchs, Erwerbspersonenpotenzial und Stille Reserve – Konzeption und Berechnungsweise; http://doku.iab.de/beitrab/2002/beitr250_203.pdf; S. 15)

Konzept (2004: 1,626 Mio.) bezieht einige weitere Gruppen ein, wie z. B. Kurzarbeiter (s. Kasten), enthält aber eben nicht die „Stille Reserve im engeren Sinn". Für 2004 beziffert der Sachverständigenrat die „verdeckte Arbeitslosigkeit" auf 1,405 Mio. Die „wahre" Arbeitslosigkeit umfasste also nach dem Konzept des Sachverständigenrats (2004) 5,786 Mio. (4,381 registrierte + 1,405 verdeckte) Arbeitslose (1,42 Mio. weniger als nach dem Konzept des IAB). Schätzung des Sachverständigenrats für 2005: 4,890 Mio. registrierte und 1,236 Mio. „verdeckte" Arbeitslose (insgesamt: 6,126 Mio.). Näheres dazu: s. Quellenangabe im Kasten. (Autorentext)

Zu den **verdeckt Arbeitslosen** zählt der Sachverständigenrat all jene, die entweder *subventioniert beschäftigt* sind (Kurzarbeiter mit ihrem Arbeitsausfall, Teilnehmer an Arbeitsbeschaffungs- und Strukturanpassungsmaßnahmen) oder als *Maßnahmeteilnehmer nicht erwerbstätig* sind (Vollzeitäquivalente von Teilnehmern beruflicher Weiterbildung, Teilnehmer an Deutsch-Sprachlehrgängen, Leistungsempfänger nach §§ 125 und 428 SGB III, Empfänger von Altersübergangs- und Vorruhestandsgeld sowie Bezieher von Altersrente wegen Arbeitslosigkeit). [...]

(www.sachverstaendigenrat-wirtschaft.de/download/gutachten/ga05_ges.pdf, Anhang IV B, Tabelle B 1)

1. *Klären Sie anhand der Übersicht M 19a die genaue Bedeutung der Begriffe „Erwerbspersonen" und „Erwerbspersonenpotenzial". Welche Gruppen werden jeweils erfasst? Zur Problematik der quantitativen Erfassung des Erwerbspersonenpotenzials s. M 21 und den folgenden Arbeitshinweis.*
2. *Anhand von M 21 und der darin enthaltenen Grafik können Sie etwas genauer nachvollziehen, auf welche Weise das IAB zu seinen Annahmen über den Umfang der Stillen Reserve kommt (Zahlen nach einer Schätzung im Verlauf des Jahres 2005; zu den endgültigen Zahlen s. M 24). Welcher Anteil ist zahlenmäßig erfassbar, welcher kann nur geschätzt werden? Welche Aspekte und welche Annahmen gehen in diese Schätzung ein? Worin liegen aus Ihrer Sicht Probleme dieses Verfahrens (auch das IAB spricht von „manchen Unzulänglichkeiten", Kasten S. 259)?*
3. *Worin sieht das IAB die Funktion seiner Schätzung des Erwerbspersonenpotenzials? Warum will es darin keine „Normgröße für Vollbeschäftigung" sehen (Kasten S. 259)?*
4. *Worin unterscheidet sich das Konzept der „verdeckten Arbeitslosigkeit" des Sachverständigenrats von dem der „Stillen Reserve" des IAB?*

Entwicklung und Struktur der Arbeitslosigkeit

M 22 Die langfristige Entwicklung der Arbeitslosigkeit

Der Aufbau der Arbeitslosigkeit vollzog sich in drei Schritten, zunächst bedingt durch die beiden Ölpreisschocks in den Jahren 1973 und 1981 und zuletzt durch die 1992/93 einsetzende Rezession. Zwischen diesen Zeitpunkten ging die Arbeitslosigkeit nur schleppend zurück. (Die „Ausreißer" für 1991 sind mit der Wiedervereinigung zu erklären und damit nur bedingt mit den restlichen Werten vergleichbar.)

Die Entwicklung der Arbeitslosigkeit in Deutschland ist durch eine beträchtliche Persistenz (*Dauerhaftigkeit*) gekennzeichnet, obwohl die Beschäftigung in den Achtzigerjahren spürbar gestiegen war. Zwar erreichte die Erwerbstätigenquote kurz vor der Wiedervereinigung wieder das Niveau zu Beginn der 70er-Jahre, als in Deutschland Vollbeschäftigung herrschte. Gleichzeitig war jedoch im Zeitraum 1970–1990 ein starker Anstieg des Arbeitskräfteangebots zu verzeichnen, sodass – trotz des Beschäftigungsanstiegs – die Arbeitslosenquote vom Höchststand der 80er-Jahre (9,3 Prozent) nur auf 7,2 Prozent (1990) zurückging.

Im Laufe der 90er-Jahre ging durch die Wiedervereinigung und den damit verbundenen Systemwechsel rund ein Drittel aller Arbeitsplätze in Ostdeutschland verloren. Gleichzeitig setzte in Westdeutschland eine Rezession ein. Beides zusammen bewirkte, dass die gesamtdeutsche Arbeitslosenquote rapide stieg und zugleich die Erwerbstätigenquote sank. Zwischen 1998 und 2001 sorgte ein kurzer Wirtschaftsaufschwung zwar für eine Verbesserung des Arbeitsmarktes. Sie beschränkte sich jedoch im Wesentlichen auf Westdeutschland.

(Susanne Koch/Ulrich Walwei/Frank Wießner/Gerd Zika, Wege aus der Arbeitsmarktkrise, in: IAB-Werkstattbericht Nr. 11/2002 v. 22.8.2002, S. 8f.)

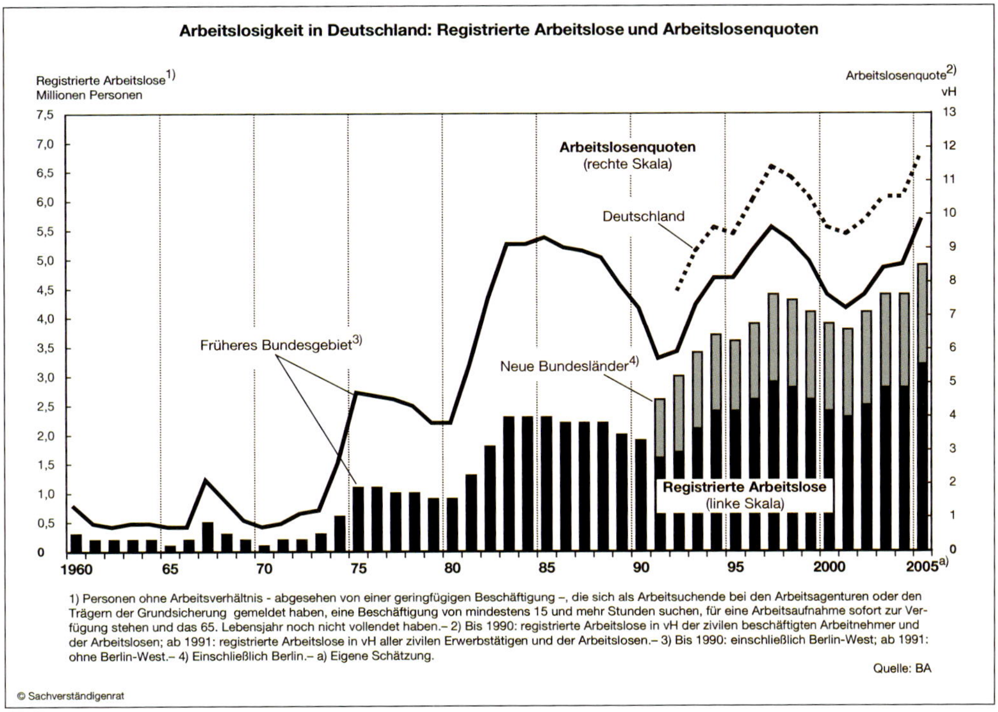

(© Sachverständigenrat, http://www.sachverstaendigenrat-wirtschaft.de/download/abb/2005/sb025.WMF)

M 23 Arbeitslosigkeit in Ost und West

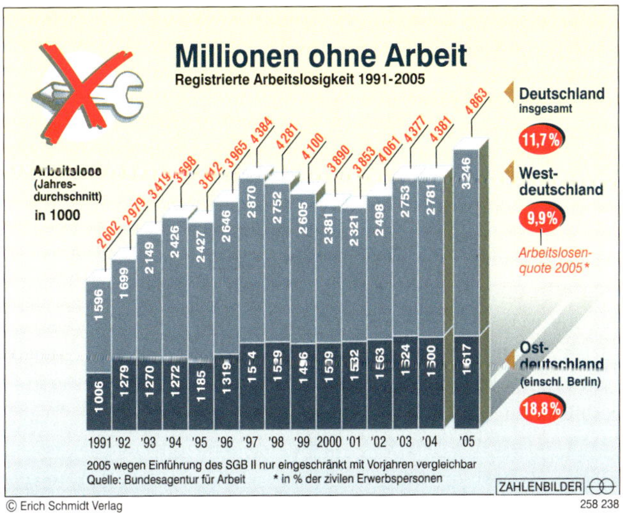

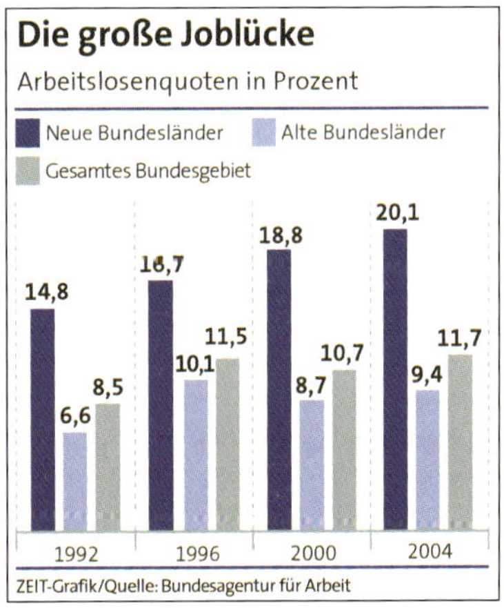

(Grafik: Wolfgang Sischke; Quelle: DIE ZEIT v. 29.9.2005, S. 27; Arbeitslose in Prozent der abhängigen Erwerbspersonen)

Als Ursachen für die höhere Arbeitslosigkeit in den neuen Bundesländern werden im Allgemeinen genannt: „Systemwechsel" von der staatlich gelenkten Zentralverwaltungswirtschaft zur wettbewerbsorientierten Marktwirtschaft und beschleunigter Strukturwandel von der Industrie- zur Dienstleistungsgesellschaft, Aufgabe der veralteten (bei geringer Produktivität beschäftigungsintensiven) Industrieanlagen, zu geringe Neuansiedlung hochtechnisierter (stark rationalisierter) Unternehmen, hohe Erwerbsbeteiligung von Frauen, relative Erfolglosigkeit arbeitsmarktpolitischer Maßnahmen.

M 24 Erwerbstätigkeit und Arbeitslosigkeit 1970–2005

Jahr[1]	Erwerbspersonen[2]	Erwerbsquoten der Wohnbevölkerung		Erwerbstätige[5] Inländer			Erwerbslose[8]	Nachrichtlich		
		insgesamt[3]	15- bis unter 65-Jährigen[4]	insgesamt	darunter: Arbeitnehmer			Registrierte Arbeitslose[7]	Arbeitslosenquote[7/9]	Gemeldete Stellen[7]
					zusammen	darunter Ausländer[6/7]				
	Tausend	vH		Tausend Personen					vH	Tausend
Früheres Bundesgebiet										
1970	26 827	44,2	–	26 724	22 299	–	103	149	0,6 (0,7)	–
1972	27 134	44,0	66,8	26 957	22 911	–	177	246	0,9 (1,1)	–
1974	27 334	44,0	66,6	26 988	23 178	–	346	582	2,1 (2,6)	–
1975	26 920	43,5	66,6	26 307	22 642	–	613	1 074	4,0 (4,7)	–
1976	26 847	43,6	66,2	26 213	22 720	–	634	1 060	3,9 (4,6)	235
1977	26 860	43,7	66,4	26 260	22 900	–	600	1 030	3,8 (4,5)	231
1978	27 085	44,2	66,4	26 519	23 216	–	566	993	3,6 (4,3)	246
1979	27 503	44,8	66,8	27 019	23 791	–	484	876	3,2 (3,8)	304
1980	27 935	45,4	67,1	27 452	24 239	–	483	889	3,2 (3,8)	308
1981	28 280	45,8	66,9	27 482	24 298	–	798	1 272	4,5 (5,5)	208
1982	28 576	46,4	66,9	27 274	24 127	–	1 302	1 833	6,4 (7,5)	105
1983	28 881	47,0	66,2	27 031	23 914	1 714	1 850	2 258	7,9 (9,1)	76
1984	29 180	47,7	66,5	27 250	24 137	1 553	1 930	2 266	7,9 (9,1)	88
1985	29 608	48,5	67,2	27 632	24 514	1 536	1 976	2 304	8,0 (9,3)	110
1986	29 964	49,1	67,7	28 157	25 015	1 545	1 807	2 228	7,6 (9,0)	154
1987	30 289	49,6	68,3	28 530	25 416	1 557	1 759	2 229	7,6 (8,9)	171
1988	30 680	49,9	68,8	28 920	25 811	1 607	1 760	2 242	7,6 (8,7)	189
1989	31 045	50,0	69,0	29 450	26 316	1 684	1 595	2 038	6,8 (7,9)	251
1990	31 699	50,1	70,8	30 276	27 116	1 793	1 423	1 883	6,2 (7,2)	314
1991	32 136	50,2	70,5	30 870	27 667	1 909	1 266	1 596	– (6,2)	331
Deutschland										
1991	40 636	50,9	72,6	38 664	35 144	–	1 972	2 602	–	363
1992	40 385	50,2	72,4	38 066	34 489	–	2 319	2 979	7,7 (8,5)	356
1993	40 324	49,8	71,9	37 541	33 916	–	2 783	3 419	8,9 (9,8)	279
1994	40 463	49,9	72,1	37 488	33 763	–	2 975	3 698	9,6 (10,6)	285
1995	40 413	49,7	71,9	37 546	33 797	–	2 867	3 612	9,4 (10,4)	321
1996	40 567	49,7	71,4	37 434	33 692	2 050	3 133	3 965	10,4 (11,5)	327
1997	40 893	49,8	71,7	37 390	33 574	1 998	3 503	4 384	11,4 (12,7)	337
1998	41 180	50,3	71,7	37 834	33 969	2 024	3 346	4 281	11,1 (12,3)	422
1999	41 451	50,5	72,2	38 339	34 482	1 915	3 112	4 100	10,5 (11,7)	456
2000	41 918	51,0	72,1	39 038	35 123	2 008	2 880	3 890	9,6 (10,7)	515
2001	42 109	51,2	72,6	39 209	35 226	1 979	2 900	3 853	9,4 (10,3)	507
2002	42 223	51,2	72,8	38 994	34 991	1 902	3 229	4 061	9,8 (10,8)	452
2003	42 335	51,3	73,3	38 632	34 563	1 795	3 703	4 376	10,5 (11,6)	355
2004	42 713	51,8	73,3	38 782	34 546	1 739	3 931	4 381	10,5 (11,7)	286
2005	42 565	51,6		38 636	34 317	1 745	3 893	4 863	11,7 (13,0)	413

1) Ab 2002 vorläufige Ergebnisse. –2) Inländerkonzept; nach dem ESVG 1995. –3) Anteil der Erwerbspersonen (Erwerbstätige und Erwerbslose) an der Wohnbevölkerung insgesamt. – 4) Anteil der Erwerbspersonen im Alter von 15 bis unter 65 Jahren an der Wohnbevölkerung in diesem Alter nach den Ergebnissen des Mikrozensus. – 5) Arbeitnehmer, Selbstständige und mithelfende Familienangehörige. – 6) Sozialversicherungspflichtig

Beschäftigte. –7) Quelle: BA. – 8) Erwerbstätige nach dem Inlandskonzept abzüglich Erwerbstätige nach dem Inländerkonzept. – 9) Anteil der registrierten Arbeitslosen an allen zivilen Erwerbspersonen (abhängig Beschäftigte, Selbstständige und mithelfende Familienangehörige), in Klammern: Anteil der reg. Arbeitslosen an den *abhängigen* zivilen Erwerbspersonen (sozialversicherungspflichtig und geringfügig Beschäftigte, Beamte, Arbeitslose).

(Quellen: 1970–1991 [früheres Bundesgebiet]: www.sachverstaendigenrat-wirtschaft.de/download/tabellen/Tab20jg.pdf; 1991–2004 [Deutschland]: Jahresgutachten 2005/06 des Sachverständigenrates zur Begutachtung der gesamtwirtschaftlichen Entwicklung: „Die Chancen nutzen – Reformen mutig voranbringen", Wiesbaden, November 2005, Tabelle 20*; www.sachverstaendigenrat.wirtschaft.de/download/gutachten/ga05_ges.pdf; Statistisches Bundesamt, Fachserie 18, Reihe 1.1 2005, Tab. 1.10; Stand: 20.1.2006; Arbeitslosenquoten z.T. ergänzt nach: Bundesagentur für Arbeit)

1. *Beschreiben Sie anhand von M 22, wie sich die Arbeitslosigkeit langfristig entwickelt hat. Inwiefern ist im Text von „drei Schritten" die Rede? Versuchen Sie, die angesprochenen Gründe für die Entwicklung in Ostdeutschland näher zu erläutern.*
2. *Wenn nach einem durch die schlechte Wirtschaftslage bedingten deutlichen Anstieg im sich anschließenden wirtschaftlichen Aufschwung die Arbeitslosigkeit sich nur wenig wieder zurückbildet, erhöht sich jedes Mal der „Sockel" der Arbeitslosigkeit. Wo sind zwischen 1960 und 2002 solche Entwicklungen erkennbar (s. Grafik)? Zu zugrunde liegenden gesamtwirtschaftlichen und politischen Entwicklungen vgl. M 9, S. 239.*
3. *Die Tabelle M 24 ist in vielerlei Hinsicht aufschlussreich. Klären Sie zunächst die in der Kopfzeile enthaltenen Begriffe und Kategorien (zum Unterschied zwischen „Erwerbslosen" und „registrierten Arbeitslosen" s. M 20) und achten Sie bei der Auswertung auch auf folgende Aspekte:*
   - *Die Einwohnerzahl der Bundesrepublik verringerte sich von 1974 (rd. 62 Mio.) bis 1985 (rd. 61 Mio.) aufgrund der demographischen Entwicklung um 1 Million. Wie ist es zu erklären, dass in diesem Zeitraum die Zahl der Erwerbspersonen (also des Arbeitskräfteangebots) um etwa 2,3 Mio. zunahm (vgl. dazu M 22 und M 30)?*
   - *Im Zeitraum zwischen 1983 und 1989 wurden rd. 2,4 Mio. neue Arbeitsplätze geschaffen. Wie ist es zu erklären, dass im gleichen Zeitraum die Zahl der Arbeitslosen nahezu gleich blieb? Vergleichen Sie dazu die Entwicklung der Erwerbsbeteiligung (3. Sp.) und bedenken Sie die Bedeutung der Stillen Reserve (vgl. auch M 25a).*

M 25 Die Struktur der Arbeitslosigkeit

„Die öffentliche Diskussion zur Arbeitslosigkeit stellt die empirische Entwicklung der gesamtwirtschaftlichen Arbeitslosenquote in den Vordergrund. Diese auf *einen* Indikator beschränkte Betrachtungsweise soll nunmehr um drei Aussagen erweitert werden, die **generelle Beobachtungen** zur Struktur der Arbeitslosigkeit zusammenfassen.
Die **erste** Aussage: Eine Mehrheit von Personen, die im Verlauf eines Jahres arbeitslos werden, verbleibt nur relativ kurzfristig in der Arbeitslosigkeit, obwohl der Stand der Arbeitslosigkeit fortgesetzt auf einem hohen Niveau verbleibt. Mit anderen Worten, trotz einer persistenten, hohen Arbeitslosigkeit lässt sich eine **hohe Bewegung** der arbeitslosen Personen beobachten. [...]
Eine **zweite** Aussage: Demgegenüber verteilen sich die Lasten der Arbeitslosigkeit faktisch nicht gleichmäßig. Ein großer Teil der Bestandsgröße der Arbeitslosen verteilt sich auf Personen mit **langfristiger Dauer** von Arbeitslosigkeit. Ein Grund liegt in der ungleichen Verteilung von Abgangs- oder Arbeitsplatzchancen; mit zunehmender Dauer der Arbeitslosigkeit sinken die Chancen eines Abgangs aus der Arbeitslosigkeit stark ab. [...]
Die **dritte** Aussage: Zwischen verschiedenen Personengruppen von Arbeitnehmern bestehen erhebliche Unterschiede der **gruppenspezifischen Quoten** der Arbeitslosigkeit." (Heinz Dieter Hardes/Frieder Schmitz, Grundzüge der Volkswirtschaftslehre, Oldenbourg Verlag, München 2000, S. 325–327)
Die folgenden Materialien sollen diese drei Aspekte verdeutlichen.

M 25a Zugänge und Abgänge

Auf dem Arbeitsmarkt in Deutschland herrscht reges Kommen und Gehen – trotz konjunktureller Dauerflaute. Das zeigt eine Untersuchung des Instituts für Arbeitsmarkt- und Berufsforschung. Danach meldeten sich im Jahr 2002 über sechs Millionen Männer und Frauen arbeitslos. Die meisten von ihnen, knapp 3,5 Millionen, hatten ihre Arbeitsplätze verloren oder aufgegeben. Fast 1,2 Millionen hatten die „Stille Reserve“ verlassen, um mithilfe der Arbeitsämter nach einem Job zu suchen. Auf der anderen Seite meldeten sich rund 5,8 Millionen Menschen bei den Arbeitsämtern ab; für sie war die Zeit der Arbeitslosigkeit vorüber. Rund die Hälfte von ihnen hatte einen neuen Arbeitsplatz gefunden; gut ein Viertel war in die „Stille Reserve“ abgewandert, unter anderem, weil sie keinen Anspruch mehr auf Leistungen hatten.

(Globus)

	Bewegungen	
	Zugänge in	Abgänge aus
	registrierte/r Arbeitslosigkeit[1]	
	Deutschland	
1991	5 103	4 760
1992	5 535	5 178
1993	6 046	5 483
1994	6 076	6 205
1995	6 525	6 294
1996	7 142	6 785
1997	7 269	6 895
1998	7 157	7 481
1999	7 068	7 218
2000	6 811	7 049
2001	6 898	6 744
2002	7 255	6 992
2003	7 622	7 534
2004	8 179	8 030

(www.sachverstaendigenrat-wirtschaft.de/download/tabellen/Tab21jg.pdf)

[1] Jahressummen

M 25b Dauer der Arbeitslosigkeit

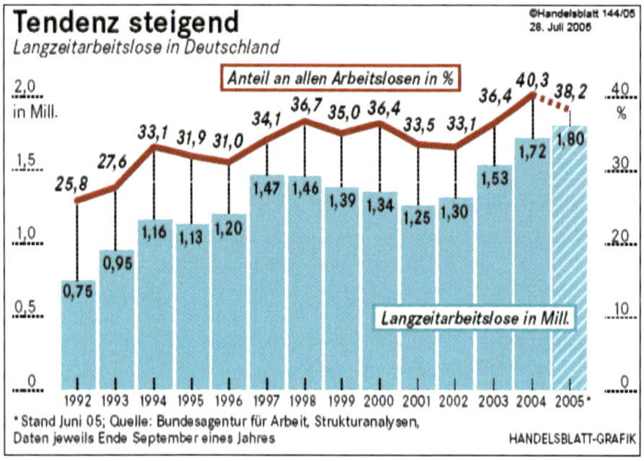

(Handelsblatt Nr. 144 v. 28.7.2005, S. 2)

M 25c

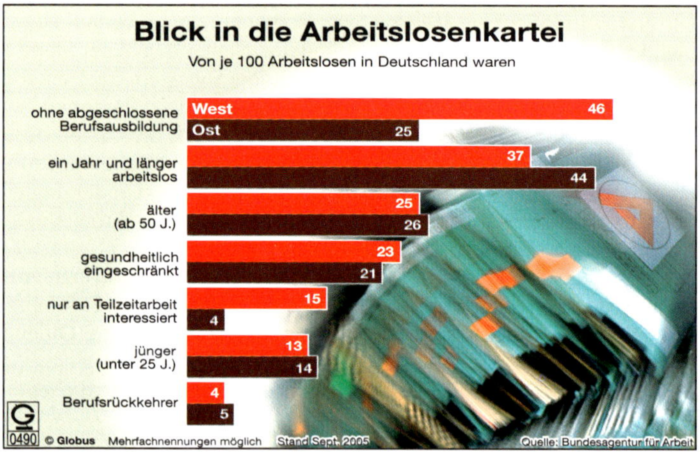

Endgültige Zahlen (Jahresdurchschnitte) zum Anteil der Langzeitarbeitslosen:
2002: 33,7 %, 2003: 34,8 %, 2004: 38,4 %; 2005: 37,7 %

In den 25 Ländern der EU lag 2004 nur in der Slowakei, Italien, Slowenien, Griechenland und Polen der Anteil der Langzeitarbeitslosen höher als in Deutschland.

M 25d „Bildung schützt vor Arbeitslosigkeit"

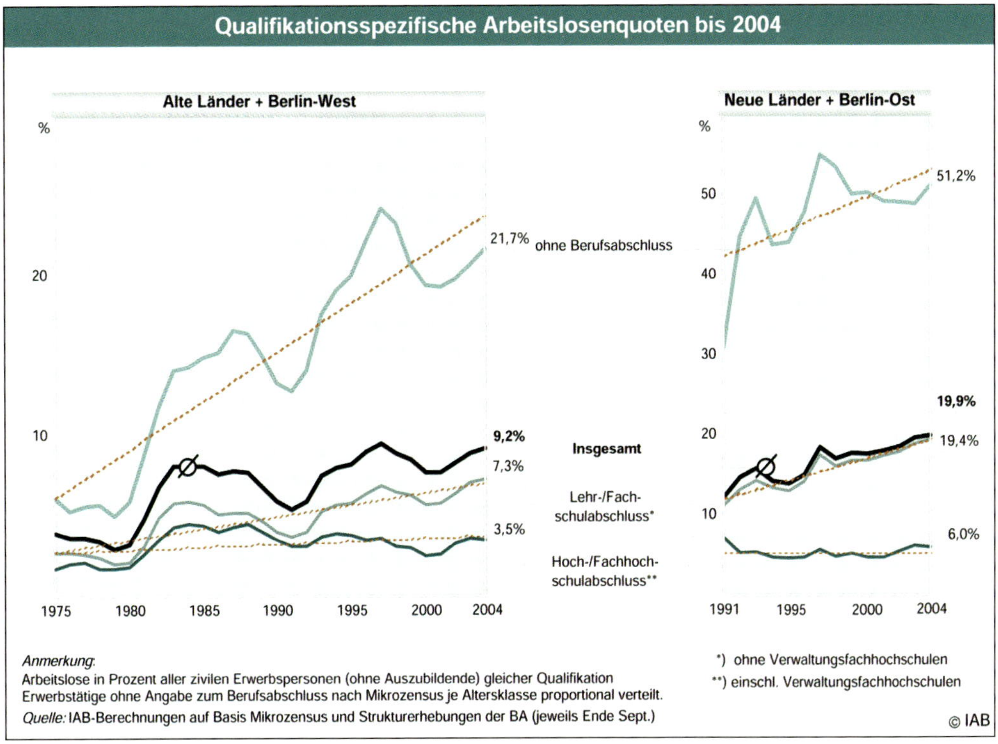

(Grafiken: http://doku.iab.de/kurzber/2005/kb0905.pdf; © IAB)

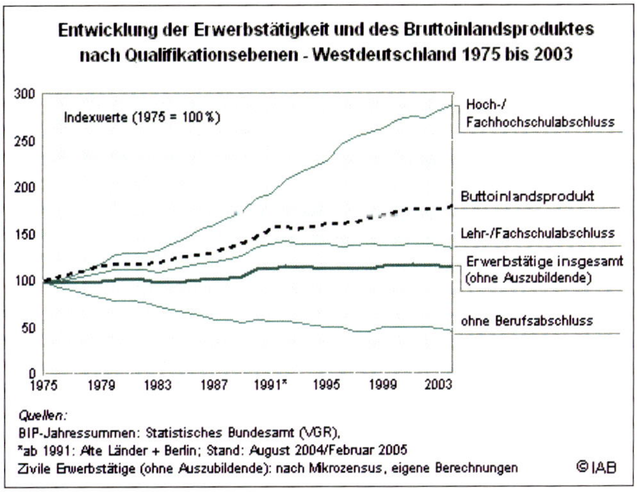

- Die Analyse der qualifikationsspezifischen Arbeitslosigkeit liefert seit Jahr und Tag den gleichen Befund: niedrige Qualifikation – hohes Arbeitsmarktrisiko, hohe Qualifikation – niedriges Risiko. Dieser Trend ist seit Jahrzehnten ungebrochen.
- Dabei verlaufen die langfristigen Beschäftigungsverluste der Geringqualifizierten ebenso (weitgehend) konjunkturneutral wie die massiven Arbeitsplatzgewinne bei den Hochqualifizierten. Selbst eine kräftige Konjunkturbelebung dürfte deshalb die Lage der Geringqualifizierten kaum merklich bessern.
- Der Niedriglohnsektor ist längst Realität. Zwischen 20 Prozent und 40 Prozent aller Erwerbstätigen ohne Berufsabschluss sind nurmehr geringfügig beschäftigt. Für viele ist das der einzige Job. [...]
- Eine gute Ausbildung schützt also nicht nur vor Arbeitslosigkeit. Sie hilft offensichtlich, das Arbeitsvermögen bis zum Rentenalter länger und besser zu nutzen.

(IAB Kurzbericht Nr. 9 v. 13.6.2005, S. 1)

M 26 Die „Landkarte" der Arbeitslosigkeit

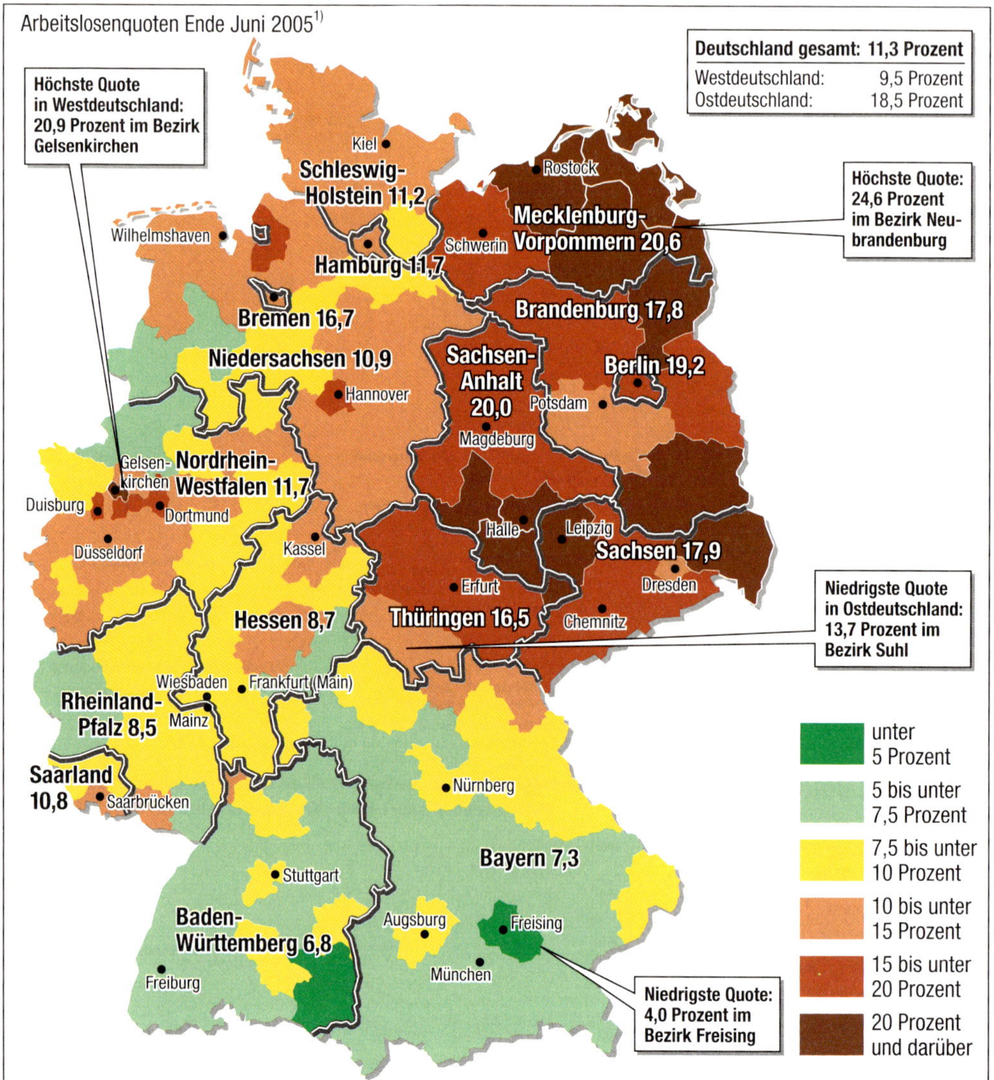

1) Gebietsabgrenzung nach Arbeitsagenturen und Geschäftsstellen. Die Quoten beziehen sich auf alle zivilen Erwerbspersonen. Berlin zusammengefasst (Mitte 22,0, Süd 17,8 und Nord 17,9 Prozent).
Quelle: Bundesagentur für Arbeit / F.A.Z.-Grafik Heumann

(Grafik: Thomas Heumann; Quelle: Frankfurter Allgemeine Zeitung v. 22.7.2005, S. 12)

1. *„Die Bestandszahl an registrierten Arbeitslosen lässt für sich genommen nur ein begrenztes Urteil über die Arbeitslosigkeit zu. Es ist für das ökonomische Urteil, aber auch für die sozialen Belastungen durch Arbeitslosigkeit ein Unterschied, ob in dem Bestand an Arbeitslosen dauerhaft immer dieselben Personen enthalten sind oder ob sich der Kreis der Betroffenen ändert, jeder Einzelne vielleicht nur kurzfristig arbeitslos ist" (Jahresgutachten 1990/91 des Sachverständigenrats). Erläutern Sie diese Aussage (M 25a).*

2. *Erläutern Sie, was man unter „Langzeitarbeitslosigkeit" versteht und wie sie sich in den letzten Jahren entwickelt hat (Deutschland steht hier im europäischen Vergleich sehr schlecht da). (M 25b)*

3. *Im Durchschnitt dauerte 2003 Arbeitslosigkeit für die Betroffenen 8,5 Monate, für die 55- bis 60-Jährigen lag der Durchschnitt bei 16 Monaten. Wie erklären Sie sich das?*

4. *Beschreiben Sie in M 25d die unterschiedliche Betroffenheit von Arbeitslosigkeit bei unterschiedlichen Bildungsabschlüssen und stellen Sie heraus, welche Entwicklung seit 1980 besonders auffällig ist. Wie lässt sich diese Entwicklung erklären? Inwieweit „schützt Bildung vor Arbeitslosigkeit"?*

5. *Zur Struktur der Arbeitslosigkeit gehört auch ihre unterschiedliche regionale Verteilung. Beschreiben Sie dazu die „Landkarte der Arbeitslosigkeit" (M 26). Welche Unterschiede zwischen den Bundesländern, aber auch zwischen bestimmten Regionen innerhalb von Bundesländern sind auffällig? Versuchen Sie, für einige dieser Unterschiede Erklärungen zu finden.*

Hinweis zu M 25d: Angesichts der absehbaren Entwicklung auf dem Arbeitsmarkt erscheint für Jugendliche eine sorgfältige, zwischen Neigung und Berufschancen abwägende **Berufswahl** wichtig. Studieninteressierten will das „Informationssystem Studienwahl und Arbeitsmarkt" (ISA) der Universität Essen „internetseitig überschaubare datengestützte Informationen zur Studienwahl der am meisten nachgefragten Fächer anbieten und darüber hinaus mit Blick auf deren Arbeitsmarktperspektiven weiterführende Informationen geben" (www.uni-essen.de/isa). Eine „Jobampel" gibt relativ klare Auskunft über die Berufschancen für 27 Studiengänge. Die Prämissen, unter denen die jeweilige Prognose entwickelt wurde, werden transparent gemacht.

Ursachen der Dauerkrise auf dem Arbeitsmarkt

M 27 Typisierungen von Arbeitslosigkeit nach Ursachen

Fast täglich werden Sie Zeitungsnachrichten finden können, in denen verschiedene Gründe angesprochen werden, die in einzelnen Betrieben und Sparten zum Abbau von Arbeitsplätzen führen. In diesem Abschnitt wird gleichsam aus der Vogelperspektive nach gesamtwirtschaftlichen und gesamtgesellschaftlichen Ursachen für die Massenarbeitslosigkeit gefragt. Die Ursachen der Arbeitslosigkeit sind vielfältig. Um die Vielfalt dieser Ursachen gedanklich zu ordnen, werden häufig aus gesamtwirtschaftlicher Sicht folgende Typen der Arbeitslosigkeit unterschieden:

Typen der Arbeitslosigkeit nach ihren Ursachen

- saisonale
- friktionelle
- konjunkturelle
- strukturelle

Nach einer Schätzung von Gerhard Willke entfallen (von saisonalen Ursachen abgesehen) zurzeit 60 % der bestehenden Unterbeschäftigung auf strukturelle (im weitesten Sinn; in der Typisierung von Willke 40 % „systemische" und 20 % „merkmalsstrukturelle"; vgl. dazu S. 269) Ursachen, 30 % auf konjunkturelle und 10 % auf friktionelle. (G. Willke, in: Georg Weißeno [Hrsg.], Politik und Wirtschaft unterrichten, Bundeszentrale für politische Bildung, Bonn 2006, S. 50f.)

M 27a Friktionelle und saisonale Arbeitslosigkeit

Die friktionelle sowie die saisonale Arbeitslosigkeit zählen nicht zu den zentralen Sorgenkindern der Vollbeschäftigungspolitik. Es handelt sich hierbei um eine Art „Sockelarbeitslosigkeit". Sie kann auch in Zeiten guter Konjunktur- und Wachstumsentwicklung regelmäßig nicht unter einen gewissen „Bodensatz" gedrückt werden. Selbst in den besten konjunkturellen Zeiten (wie beispielsweise 1970) meldeten sich etwa 150 Tsd. Personen als arbeitslos (vgl. M 24).

Friktionelle Arbeitslosigkeit wird auch als „Sucharbeitslosigkeit" bezeichnet. Sie ist kurzfristiger Natur und tritt auf, wenn Arbeitskräfte entlassen werden und infolge von Suchprozessen bis zum Antritt der neuen Stelle für eine gewisse Zeit nicht beschäftigt sind. Das Auftreten dieser Form von Arbeitslosigkeit ist nicht überraschend, wenn man bedenkt, dass in Deutschland pro Jahr ca. 7 Mio. Beschäftigungsverhältnisse begonnen bzw. beendet werden (vgl. M 25a). Im Durchschnitt liegt die

Dauer eines Beschäftigungsverhältnisses bei knapp 4 Jahren. Nach der Definition der Bundesagentur für Arbeit gilt jede Arbeitslosigkeit, die nicht länger als drei Monate gedauert hat, als Sucharbeitslosigkeit. Das erforderliche Arbeitsplatzangebot ist vorhanden, allerdings kennt die arbeitslose Person die offene Stelle noch nicht bzw. wählt unter den alternativen Angeboten aus. Durch Verbesserungen des Stelleninformations- und -vermittlungssystems (z.B. durch computergestützte Stellenvermittlungen) kann diese Arbeitslosigkeit verringert werden. [...] Zur Verbesserung der Vermittlungseffizienz wurden in Deutschland auch private Arbeitsvermittler zugelassen.

Arbeitsmarkt Deutschland (Arbeitslose in 1000)

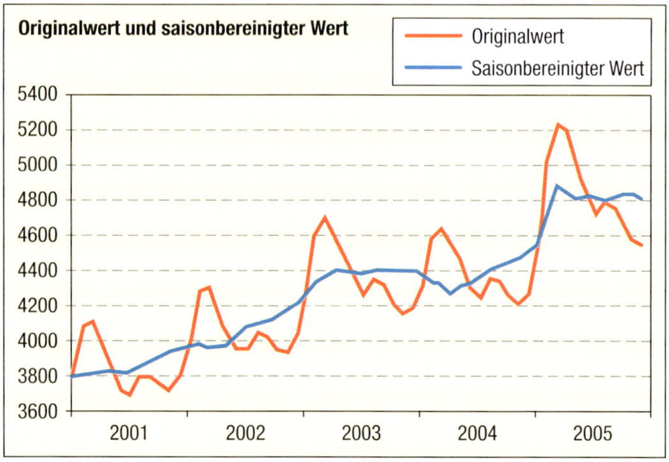

(http://www.destatis.de/indicators/d/gkarb820z5.htm; © Statistisches Bundesamt Deutschland 2005)

Saisonale Arbeitslosigkeit ist die Folge jahreszeitlicher Schwankungen (s. Grafik). Sie tritt sowohl auf der Angebotsseite, d.h. bei der Produktion (Land- und Forstwirtschaft, Bauwirtschaft), als auch auf der Nachfrageseite (Touristikgewerbe, Weihnachts- und Ostergeschäft) auf. Eine ursachengerechte Bekämpfung dieser Art von Arbeitslosigkeit ist naturgemäß kaum möglich. Hierzu müssten ja die Saisoneinflüsse beseitigt werden. Daher muss saisonale Arbeitslosigkeit weitgehend hingenommen werden wie „der Hagel, der die Ernte vernichtet". Eine begrenzte Abhilfemaßnahme stellt die sog. produktive Winterbauförderung dar [Investitions- und Mehrkostenzuschüsse für die Betriebe]; hierdurch soll die Beschäftigung an Baustellen auch im Winter aufrechterhalten werden.

(Gerhard Mussel/Jürgen Pätzold, Grundfragen der Wirtschaftspolitik, Vahlen, 6. Aufl., München 2005, S. 38)

M 27b Konjunkturelle Arbeitslosigkeit

Generell kann gesagt werden, dass die friktionelle und die saisonale Arbeitslosigkeit nur kurzfristiger Natur sind. Eher mittelfristiger, aber dem Grunde nach vorübergehender, also temporärer Art ist die konjunkturelle Arbeitslosigkeit. Sie ist dadurch gekennzeichnet, dass infolge eines Rückgangs der gesamtwirtschaftlichen Nachfrage, also eines Konjunkturabschwungs (vgl. M 12a), in nahezu sämtlichen Branchen und Regionen der Volkswirtschaft die Produktion gedrosselt wird. Damit geht üblicherweise zunächst Kurzarbeit, in der Folgezeit jedoch eine sinkende Beschäftigung einher.

Konjunktureinbrüche können allerdings auch auf bestimmte Wirtschaftszweige, Regionen oder Berufe beschränkt sein (z.B. „schlechte Baukonjunktur"). In einem solchen Fall tritt „strukturalisierte konjunkturelle Arbeitslosigkeit" auf. Kennzeichnend für konjunkturelle Einbrüche ist, dass die daraus resultierende Arbeitslosigkeit im nächsten Boom wieder verschwindet. Bleibt der Aufschwung auf Dauer aus, dann handelt es sich nicht um einen vorübergehenden konjunkturellen Einbruch, sondern um eine länger anhaltende Wachstumsschwäche.

(Zeichnung: Jan Tomaschoff/CCC, www.c5.net)

Erwerbstätigkeit und Konjunktur in der Bundesrepublik Deutschland (bis 1991: alte Bundesländer, ab 1992: Gesamtdeutschland)

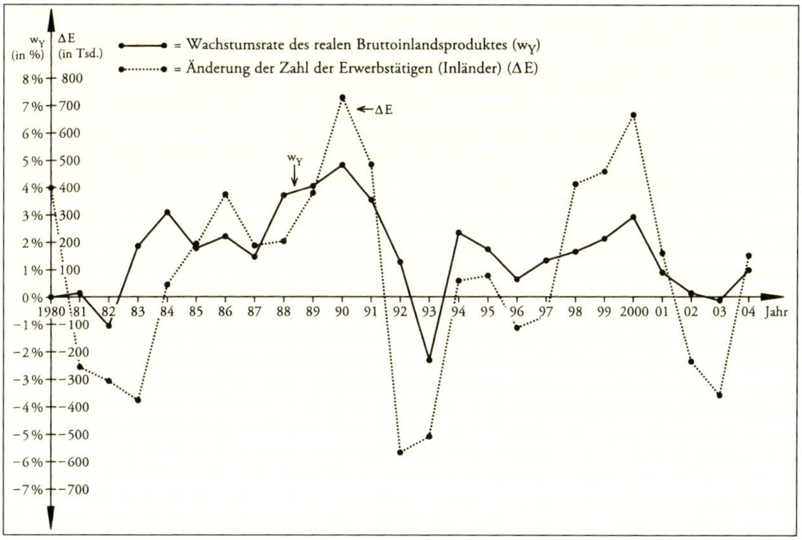

Zu den absoluten Erwerbstätigenzahlen s. M 24, zu den Wachstumsraten des BIP M 10.

(Gerhard Mussel/Jürgen Pätzold, Grundfragen der Wirtschaftspolitik, 6. Auflage 2005, Verlag Franz Vahlen, München S. 37; Abb. S. 41)

1. *Beschreiben Sie die drei Arten von Ursachen („Typen") der Arbeitslosigkeit, die sich klar voneinander abgrenzen lassen (M 27a/b), auch unter den Gesichtspunkten ihrer zeitlichen Begrenzung und ihrer Vermeidbarkeit. Ziehen Sie zur Klärung auch die beiden Grafiken heran. Wodurch ist bei der saisonalen Arbeitslosigkeit der „W-förmige" Jahresverlauf (Grafik S. 268) bedingt? Wie spiegelt sich „konjunkturelle" Arbeitslosigkeit in der Darstellung der Grafik (S. 269) wider?*

2. *Zu dem Hinweis (M 27b), dass konjunkturelle Arbeitslosigkeit „im nächsten Boom wieder verschwinde", ist darauf hinzuweisen, dass nach allgemeiner Auffassung zusätzliche Beschäftigung erst ab einer bestimmten Höhe des Wirtschaftswachstums im konjunkturellen Aufschwung entsteht (in den letzten Jahren lag diese* **„Beschäftigungsschwelle"** *in Deutschland bei einer Wachstumsrate von ca. 1,5 % [vgl. M 29, Z. 76ff.]). Was will die Karikatur (S. 268) dazu sagen? Vergleichen Sie dazu auch die in der Grafik (S. 269) dargestellte Entwicklung in den Jahren seit 2000.*

„Derjenige Teil der Arbeitslosigkeit, der weder saisonaler noch friktioneller noch konjunktureller Natur ist, wird vielfach auch als ‚strukturelle Arbeitslosigkeit im weitesten Sinn' bezeichnet" (Mussel/Pätzold [= M 27a], S. 37). Im Vergleich zu den drei anderen Typen ist „strukturelle Arbeitslosigkeit ‚zählebiger' Natur und nicht mittels schnell wirkender Maßnahmen bekämpfbar". Unter dieser formalen Abgrenzung werden in der Literatur *unterschiedliche inhaltliche Typisierungen* vorgenommen, die sich etwa wie folgt zusammenfassen lassen.

Strukturelle Arbeitslosigkeit im weitesten Sinn kann sich darauf beziehen,

- dass ganze *Wirtschaftszweige* wegen mangelnder Nachfrage oder Konkurrenz auf dem Weltmarkt in die Krise geraten, wie z. B. die Textilindustrie, oder fast ganz verschwinden, wie z. B. der Kohlebergbau (**„Strukturwandel"** von der Industriegesellschaft zur Dienstleistungsgesellschaft);
- dass der Einsatz neuer Techniken und Technologien zu Rationalisierungsmaßnahmen und damit zum Abbau von Arbeitsplätzen führt („**technologisch bedingte** Arbeitslosigkeit");
- dass der beschleunigte Strukturwandel veränderte oder insgesamt höhere *Qualifikationen der Erwerbstätigen* erfordert, die (noch) nicht gegeben sind („**merkmalsstrukturelle**" bzw. „**qualifikationsspezifische**" Arbeitslosigkeit; oft spricht man hier auch von „Mismatch"-Arbeitslosigkeit, d. h. dass die Qualifikationsmerkmale der Arbeitsuchenden nicht zu den angebotenen Arbeitsplätzen (offenen Stellen) passen;

- dass die Unternehmen mit wachsendem internationalen Konkurrenzdruck zu kämpfen haben, weil im Ausland z. T. billiger produziert werden kann und deshalb Arbeitsplätze ins Ausland verlegt werden; die durch das *Wirtschafts- und Sozialsystem* gegebenen Rahmenbedingungen (*Standortbedingungen*) erscheinen den Unternehmen nicht attraktiv genug, um hier zusätzliche Investitionen zu tätigen (und damit neue Arbeitsplätze zu schaffen), oder sie machen es ihnen schwer, sich an veränderte Verhältnisse anzupassen (**„systemische"** Arbeitslosigkeit im Rahmen des Prozesses der Globalisierung);
- dass längerfristig eine zu *geringe Nachfrage* nach Gütern besteht (z. B. wegen stagnierender oder gar sinkender Einkommen oder weil die **Nachfrage** nach bestimmten Gütern **„gesättigt"** ist);
- dass aufgrund der *Bevölkerungsentwicklung*, des *Zuzugs* nicht qualifizierter Arbeitskräfte und der wachsenden *Erwerbsbeteiligung von Frauen* sich das *Angebot* von Arbeitskräften stark vermehrt, während der Bedarf an Arbeitskräften (die Nachfrage der Unternehmen) nicht im gleichen Maße steigt (**„demographische"** Arbeitslosigkeit).

Strukturelle Arbeitslosigkeit: Mit dauerhaft verhärteter Arbeitslosigkeit ist zu rechnen, wenn im Aufbau der Volkswirtschaft tiefgreifende Veränderungen und starke Ungleichgewichte auftreten, etwa wenn ganze Branchen ihre Wettbewerbsfähigkeit auf dem Weltmarkt verlieren oder der technischen Entwicklung nicht mehr folgen können, wenn traditionelle Standortvorteile verloren gehen oder bestehende Nachteile nicht überwunden werden können. Strukturelle Arbeitslosigkeit kann aber auch die Folge von Mängeln im Ausbildungssystem, fehlender Flexibilität auf dem Arbeitsmarkt und beschäftigungshemmenden rechtlichen Rahmenbedingungen sein.

(Schmidt-Zahlenbilder)

Gerhard Mussel und Jürgen Pätzold, deren Darstellung wir bei der folgenden näheren Erläuterung zu den wichtigsten Aspekten folgen wollen, fassen die beiden zuerst genannten Typisierungen unter dem Begriff **strukturwandelbedingte** oder „strukturelle Arbeitslosigkeit im engeren Sinn", die vier weiteren Ursachentypen unter dem Begriff **„wachstumsdefizitäre"** (durch eine anhaltende Wachstumsschwäche bedingte) Arbeitslosigkeit zusammen.
Für die folgende, etwas ausführlichere, für das Verständnis des komplexen Problems der Arbeitslosigkeit und seiner Bekämpfung wichtige Darstellung schlagen wir Ihnen arbeitsteilige **Gruppenarbeit** vor. Die Aufteilung könnte nach den Abschnitten des folgenden Textes erfolgen (vgl. auch die *Übersicht S. 276*). Im Hinblick auf die Arbeitsergebnisse, die gruppenweise dem Plenum vorzustellen sind, sollten Sie auf eine verständliche, Fachbegriffe erläuternde und Akzente setzende Darstellung und nach Möglichkeit auf die Heranziehung von konkreten Beispielen aus Ihrem Wissens- und Erfahrungshorizont achten. Auf einzelne Arbeitshinweise zum Text haben wir verzichtet.

M 28 Strukturwandelbedingte Arbeitslosigkeit

Ein entscheidender Auslöser der strukturellen Arbeitslosigkeit ist der **Strukturwandel** in der Volkswirtschaft. Struktureller Wandel ist eine normale und zugleich notwendige Begleiterscheinung des wirtschaftlichen Wachstums- und Entwicklungsprozesses. Bestimmte Branchen, Produkte, Regionen oder Berufe stagnieren, während andere Branchen, Produkte, Regionen oder Berufe überdurchschnittlich wachsen. Aus dem Strukturwandel gehen also immer Verlierer und Gewinner hervor. Wenngleich die strukturellen Verschiebungen in einer Volkswirtschaft für die Verlierer schmerzhaft ausfallen, darf nicht übersehen werden, dass ohne Strukturwandel auf Dauer kein Wachstum möglich ist. Eine Wirtschaftspolitik, die versuchen würde, „alte" Strukturen und damit „alte" Arbeitsplätze zu konservieren, würde langfristig nicht nur den Wohlstand in einer Gesellschaft, sondern auch die Beschäftigung gefährden. Vollzieht sich der Strukturwandel nicht zu rasch, so sind auch die beschäftigungspolitischen Anpassungsprobleme lösbar – allerdings nicht zwingend für jeden einzelnen Arbeitnehmer; denn in der Praxis wird sich beispielsweise ein älterer Bleisetzer kaum noch beruflich umorientieren. In jedem Fall aber bringt der Strukturwandel einen geänderten Bedarf an Arbeitskräften mit sich. Der Strukturwandel hat also unmittelbare Auswirkungen auf die **Arbeitsnachfrage**.

Die **Ursachen** des Strukturwandels sind ausgesprochen komplex. Sie werden in der Wissenschaft entsprechend kontrovers diskutiert. Im Folgenden können diese Ursachenfaktoren, die zu bestimmten Arten der strukturellen Arbeitslosigkeit führen, daher nur kurz gestreift werden (vgl. dazu M 5 und M 6 in Kap. B, S. 114f.).

- Sichtbarer Ausdruck des Strukturwandels sind die Ergebnisse, wie sie in der bekannten **Drei-Sektoren-Hypothese** (C. Clark, J. Fourastié) zum Ausdruck kommen. So ging in Deutschland während der letzten hundert Jahre der Anteil der Erwerbstätigen im **primären Sektor** (Land- und Forstwirtschaft, Fischerei) stetig zurück. Im Zuge der Industrialisierung nahm der Beschäftigtenanteil im **sekundären Sektor** (Waren produzierendes Gewerbe) bis Anfang der Siebzigerjahre kontinuierlich zu; seitdem ist jedoch auch in diesem Bereich ein Rückgang des Erwerbstätigenanteils festzustellen. Ungebrochen verlief die Zunahme der Erwerbstätigkeit lediglich im tertiären Sektor (private und staatliche Dienstleistungen). Die Entwicklungstendenz kann Abbildung 1 entnommen werden.

Aus diesem Bild geht eindrucksvoll der wirtschaftliche und soziale Wandel in unserer Gesellschaft hervor. Aus einer **Agrargesellschaft** (sog. primäre Gesellschaft) heraus vollzog sich die Entwicklung zunächst hin zur **Industriegesellschaft** (sekundäre Gesellschaft). Aber auch dieses Stadium war nur vorübergehend, danach bewegten sich die „reifen" Volkswirtschaften in Richtung einer **Dienstleistungsgesellschaft** (tertiäre Gesellschaft). Im internationalen Vergleich nimmt die Bundesrepublik Deutschland bei den Dienstleistungen mit einem Anteil von 71 Prozent im Jahr 2004 einen Platz im Mittelfeld ein. Dies gilt sowohl für den Beschäftigtenanteil im tertiären Sektor als auch dessen Beitrag zur Gesamtproduktion.

Abb. 1

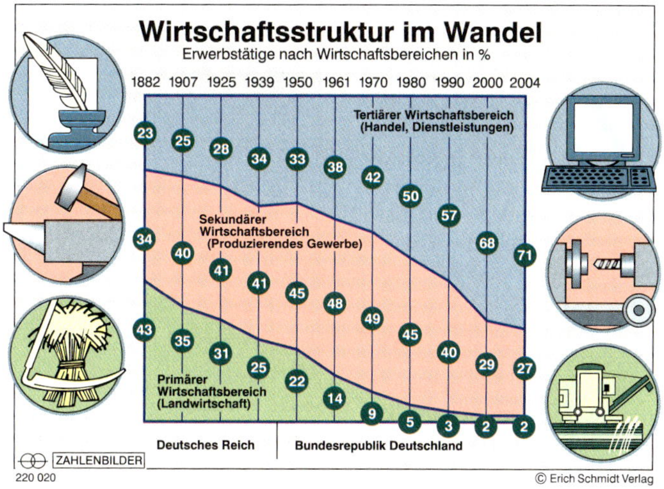

Abb. 2: Der Strukturwandel der deutschen Wirtschaft seit 1970

	Jahr	Landwirtschaft	Industrie	Dienstleistungen
Bruttowertschöpfung (in Mrd. €, in Preisen von 1995)	1970 2000	12,36 24,51 **+ 98,4 %**	381,63 548,23 **+ 43,7 %**	429,49 1331,17 **+ 209,9 %**
Erwerbstätige in Tausend	1970 2000	2302 940 **– 59,2 %**	12 362 11 104 **+ 10,2 %**	11 954 26 729 **+ 123,6 %**
Arbeitsproduktivität in €	1970 2000	5 400 25 200 **+ 366,7 %**	64 500 90 300 **+ 40 %**	140 800 171 100 **+ 21,5 %**

(Bernd Nolte [= M 16 a], S. 156; Quelle: Statistisches Bundesamt)

- Die **Ursachen** für die Veränderungen in der Zusammensetzung der Produktion werden sowohl in Entwicklungen auf der Nachfrageseite als auch auf der Angebotsseite der Volkswirtschaft erblickt. Auf der **Nachfrageseite** sind Veränderungen der Nachfragestruktur und damit *geänderte Bedürfnisse* entscheidend. Sind die Grundbedürfnisse der Bevölkerung gedeckt (primärer Sektor), so entstehen zunehmend gehobene Bedürfnisse nach materiellen Gütern (sekundärer Sektor). Aber auch hier treten im Zeitablauf *Sättigungstendenzen* ein, und es entstehen wachsende Bedürfnisse nach Dienstleistungen (tertiärer Sektor). Bei diesem Erklärungsansatz steht also die Änderung der Bedürfnisstruktur der privaten Haushalte im Vordergrund. Angesichts der aufgezeigten Entwicklungsphasen steigt damit die Nachfrage nach **konsumbezogenen Dienstleistungen**. Sie sind nach diesem Ansatz als Träger des Wachstums der Wirtschaft anzusehen. Über die Marktsignale passt sich die Produktionsstruktur der veränderten Nachfragstruktur an.

Abb. 3

Berufe: Gewinner und Verlierer

Veränderung der sozialversicherungspflichtigen Beschäftigung von 1987 bis 2002 in 1.000

Die größten Gewinner		Die größten Verlierer	
Bürofachkräfte	613	Chemiebetriebswerker	-45
Datenverarbeitungsfachleute	248	Bauschlosser	-48
Sozialarbeiter, Sozialpfleger	171	Tischler	-51
Krankenschwestern, -pfleger, Hebammen	156	Elektrogeräte-, Elektroteilemontierer	-64
Kindergärtnerinnen, Kinderpflegerinnen	125	Betriebsschlosser, Reparaturschlosser	-65
Lager-, Transportarbeiter	117	Maschinenschlosser	-68
Sprechstundenhelfer	114	Bergleute	-76
Heimleiter, Sozialpädagogen	97	Oberbekleidungsnäher	-96
Bankfachleute	84	Maurer	-116
Helfer in der Krankenpflege	74	Stenografen/-typisten, Maschinenschreiber	-144

nur Westdeutschland; Quelle: Bundesagentur für Arbeit — Institut der deutschen Wirtschaft Köln — © 11/2004 Deutscher Instituts-Verlag

(iwd Nr. 11 v. 11.3.2004, S. 3; © Deutscher Instituts-Verlag)

● Zum andern liegen die Ursachen des Strukturwandels auf der **Angebotsseite der Volkswirtschaft**. Das Wachstum des tertiären Sektors kommt nämlich zunehmend auch durch Dienstleistungen zustande, welche die Unternehmen selbst zunehmend benötigen und deshalb nachfragen. Man spricht hier von **produktionsbezogenen Dienstleistungen**. Sie entstehen einerseits infolge von Auslagerungen bestimmter Tätigkeiten, die bislang von den Unternehmen in eigener Regie erbracht wurden (sog. „**outsourcing**“ oder „outhousing“, z.B. vergibt eine Firma ihre Putzarbeiten, die bisher von betriebseigenen Reinigungskräften erbracht wurden, an eine Gebäudereinigungsfirma, oder die bislang selbst durchgeführte Personalauswahl wird von externen Personalberatern vorgenommen). Zum andern erfolgt die Produktion mit einem ständig wachsenden Dienstleistungsanteil, sie wird also immer *dienstleistungsintensiver*. Beispiele für diese inkorporierten Dienstleistungen sind Beratungsleistungen, Forschung und Entwicklung, Werbung, After-sale-Services u.a.m.

Abb. 4

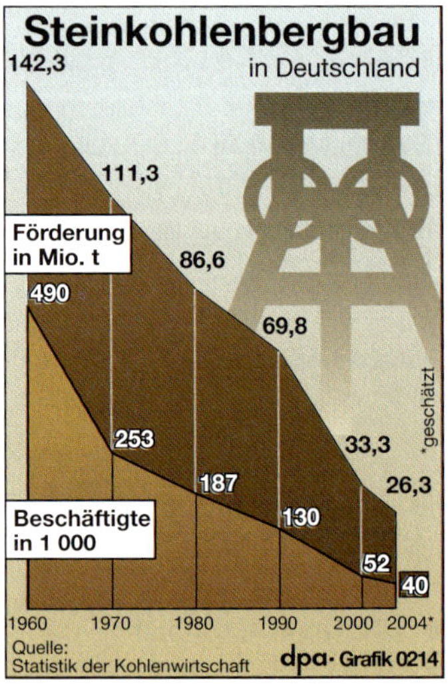

● Ungeachtet der Frage, welche Determinanten nun letztlich für den Strukturwandel verantwortlich sind, bleibt festzuhalten, dass sich im Zuge der Umstrukturierung von Nachfrage und Produktion auch der Bedarf der Wirtschaft an **Arbeitskräften** verändert. Statt Landarbeitern werden Industriearbeiter und schließlich vermehrt Dienstleister nachgefragt. Erfahrungsgemäß passen sich jedoch die Arbeitskräfte nicht schnell genug an die neuen Gegebenheiten in der Produktionssphäre an. Die Folge sind offene Stellen in den wachsenden Wirtschaftszweigen und Arbeitslosigkeit in den vom Strukturwandel negativ betroffenen Branchen. Man spricht deshalb von **branchenspezifischer** oder **sektoraler Arbeitslosigkeit**. Sie tritt als Folge geballter Entlassungen in einzelnen Branchen auf, während gleichzeitig in anderen Wirtschaftsbereichen die Produktionstätigkeit infolge von Arbeitskräfteknappheit behindert wird.

● Die branchenspezifische Arbeitslosigkeit kann durch **Fusionen** eine Verstärkung erfahren. In der jüngeren Vergangenheit sorgten verschiedene spektakuläre Unternehmenszusammenschlüsse für Schlagzeilen. Dabei handelte es sich zu einem beträchtlichen Teil um grenzüberschreitende Fusionen, die als Ausdruck der zunehmenden Globalisierung zu werten sind. Ein wesentlicher Grund für Fusionen liegt in der Hoffnung begründet, dass Größenvorteile und Synergieeffekte [sich aus dem Zusammenschluss ergebende positive Wirkungen] zu Kosteneinsparungen führen sollen. Davon sind insbesondere auch die Arbeitskosten und damit Arbeitsplätze betroffen. Ungeachtet der Tatsache, dass im Durchschnitt nur etwa jede zweite Fusion ein Erfolg wird, gehen von Unternehmenszusammenschlüssen unbestreitbare *Gefahren für die Beschäftigung* aus. Die im Zuge von Zusammenschlüssen auftretenden Arbeitsplatzverluste können daher als **unternehmensgrößenbezogene Arbeitslosigkeit** bezeichnet werden.

- Strukturkrisen treten einerseits auf, weil die Nachfrage nach den Produkten einer Branche nur noch unterdurchschnittlich wächst oder gar absolut zurückgeht. Beispiele hierfür sind die Landwirtschaft oder der Bergbau. Zum andern können Branchen aber auch deshalb in Strukturkrisen geraten, weil sie den Anschluss an neuere technologische Veränderungen (z. B. Mikroelektronik) verpassen bzw. weil sie aufgrund veränderter internationaler Wettbewerbsbedingungen an Konkurrenzfähigkeit verlieren (z. B. Auftreten von Schwellenländern im Textilbereich).

(Gerhard Mussel/Jürgen Pätzold [= M 27b], S. 58–61)

Abb. 5: Beschäftigtenzahl in der Textilindustrie

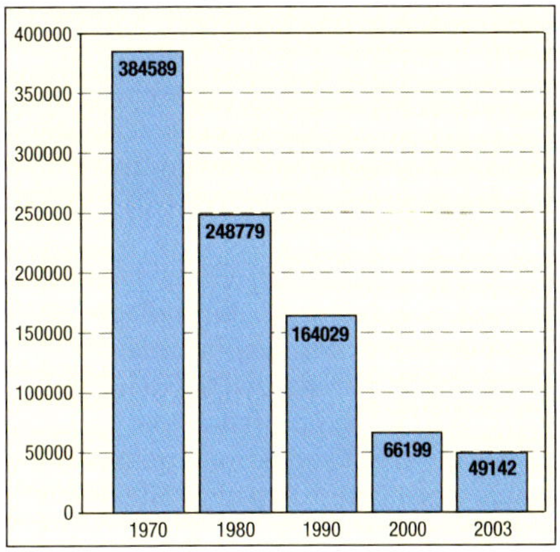

(Quelle: Gesamtverband der deutschen Textil- und Modeindustrie/Textilwirtschaft)

M 29 Ursachen und Arten der „wachstumsdefizitären" Arbeitslosigkeit

Arbeitslosigkeit kann auch Folge eines über längere Perioden anhaltenden Arbeitsplatzmangels aufgrund eines „zu geringen" wirtschaftlichen Wachstums sein. Wie bei der konjunkturellen Arbeitslosigkeit handelt es sich hierbei um einen allgemeinen Mangel an Arbeitsplätzen, also um ein **gesamtwirtschaftliches Phänomen**. Im Unterschied zur konjunkturellen Arbeitslosigkeit liegt **„wachstumsdefizitäre Arbeitslosigkeit"** dann vor, wenn der Beschäftigungsrückgang nicht nur vorübergehender Natur, sondern Folge einer **dauerhaften Wachstumsschwäche** ist.

Kennzeichnend für die wachstumsdefizitäre Arbeitslosigkeit ist, dass das wirtschaftliche Wachstum über eine längere Phase hinweg zu gering ist, um Vollbeschäftigung der Arbeitskräfte zu sichern. Das vollbeschäftigungssichernde Wirtschaftswachstum ist allerdings keine absolute Größe. Vielmehr sind verschiedene Einflussfaktoren für diejenige Wachstumsrate der Produktion verantwortlich, die man benötigt, um das Vollbeschäftigungsziel zu erreichen. Grundsätzlich ist die Entwicklung des Beschäftigungsstandes von folgenden Determinanten abhängig:

- *Entwicklung des realen Inlandsprodukts*; je höher die Zuwachsrate des Inlandsprodukts ausfällt, umso mehr zusätzliche Arbeitsplätze werden unter sonst gleichen Umständen geschaffen;
- *Entwicklung der Arbeitsproduktivität*; sie entscheidet über die potenzielle Freisetzung von Arbeitskräften im Zuge des technischen und organisatorischen Fortschritts;
- *Entwicklung des Erwerbspersonenpotenzials*; nimmt das Arbeitskräfteangebot zu, so ist unter sonst gleichen Umständen ein höheres Produktionswachstum erforderlich, um Vollbeschäftigung aufrechtzuerhalten. Bei einem abnehmenden Arbeitskräfteangebot ist umgekehrt nur ein geringeres Wachstum erforderlich, damit die Vollbeschäftigungssituation bestehen bleibt. [...]

a) Technischer Fortschritt und technologische Arbeitslosigkeit

Häufig wird die These vertreten, die zentrale Ursache für die anhaltende Arbeitslosigkeit in der Bundesrepublik liege im **technischen Fortschritt**. Er ziehe eine Beschleunigung des *Ratio-*

nalisierungsprozesses nach sich, die Folge sei Unterbeschäftigung. Tatsächlich sind in einzelnen Wirtschaftszweigen erhebliche Rationalisierungsschübe als Folge der Anwendung neuer Technologien (Prozessinnovationen) zu beobachten. [...]

„Schauen Sie mal, was der für kostbare Eier legt!"
(Zeichnung: Horst Haitzinger/CCC, www.c5.net)

Ungeachtet der Gefahren für den Arbeitsmarkt sind Produktivitätsfortschritte die zentrale Grundlage für die Steigerung des Wohlstandes einer Gesellschaft. **Produktivitätssteigerung** heißt, dass im Extremfall

- die gleiche Produktionsmenge mit einem geringeren Arbeitskräfteeinsatz (**Arbeitskräfteeinsparungseffekt** des technischen Fortschritts) oder
- eine höhere Produktion mit gleichem Arbeitskräfteeinsatz (**Wohlstandssteigerungseffekt** des technischen Fortschritts)

erzeugt werden kann.

Im ersten Fall wirken Produktivitätssteigerungen als „Jobkiller". Es gelingt nicht, den technischen Fortschritt in vollem Umfang in entsprechende Produktionssteigerungen „umzusetzen". Steigt die Produktivität um beispielsweise 3 % an, und nimmt gleichzeitig die Produktion nur um 2 % zu, so werden einerseits 3 % der Arbeitsplätze „wegrationalisiert", andererseits benötigt man für die Produktionssteigerung 2 % mehr Arbeitsplätze. Per Saldo geht 1 % der Arbeitsplätze verloren (*Arbeitskräfteeinsparungseffekt*).

Im zweiten Fall hingegen steht der Produktivitätssteigerung von 3 % eine Zunahme der Produktion von ebenfalls 3 % gegenüber. Hier werden zwar ebenfalls 3 % der Arbeitsplätze durch den technischen Fortschritt „wegrationalisiert", gleichzeitig aber entstehen 3 % mehr Arbeitsplätze, um die Produktionssteigerung bewältigen zu können. Dies bedeutet, dass die rechnerische Freisetzung von Arbeitsplätzen infolge des technischen Fortschritts vollständig kompensiert wird durch den Mehrbeschäftigungseffekt infolge der Zunahme der Produktion (*Wohlstandssteigerungseffekt*). [...]

Auf gesamtwirtschaftlicher Ebene sind recht *unterschiedliche Konstellationen zwischen Arbeitsproduktivität und Produktionsentwicklung* zu beobachten: In den *Sechzigerjahren* übertraf das Produktionswachstum den Produktivitätsfortschritt. Die Freisetzungsrate war also geringer als die Wiederbeschäftigungsrate. Die sich öffnende Lücke am Arbeitsmarkt wurde vor allem durch Frauen und ausländische Arbeitskräfte geschlossen. In der *Folgezeit* öffnete sich die Schere zwischen Produktivitäts- und Produktionswachstum aber in der umgekehrten Richtung. Das Wachstum des realen Inlandsprodukts war zu gering, um den Freisetzungseffekt des technischen Fortschritts noch vollständig zu kompensieren. Die Folge dieser „Lücke" war eine anhaltende gesamtwirtschaftliche Arbeitslosigkeit.

Umstritten ist allerdings, ob die auftretende Arbeitslosigkeit als „technologisch" etikettiert werden sollte. Ursache der *Produktivitäts-Produktions-Wachstums-Lücke* war nämlich nicht die Beschleunigung des technischen Fortschritts. Im Gegenteil: Die Zuwachsraten der Arbeitsproduktivität sind im Zeitablauf gesunken. Die potenzielle Freisetzung hat sich also – prozentual betrachtet – abgeschwächt. Noch rascher als die Produktivität sind allerdings die *Zuwachsraten der Produktion* gesunken. Die (verringerte) Freisetzung von Arbeitskräften konnte somit nicht mehr durch Produktionssteigerungen kompensiert werden. Es wurden dadurch per Saldo Arbeitskräfte eingespart. Die eigentliche Ursache dieser Arbeitslosigkeit liegt insoweit nicht in der Beschleunigung des Rationalisierungsprozesses, sondern in der **Verlangsamung des wirtschaftlichen Wachstums**. Die zunehmende Arbeitslosigkeit in der Bundesrepublik seit Mitte der Siebzigerjahre ist damit zu einem erheblichen Teil auf die *anhaltende Wachstumsschwäche* zurückzuführen. So zeigen Berechnungen, dass für eine Verbesserung der Arbeitsmarktsituation gegenwärtig eine Zuwachsrate des realen BIP von etwa 1,5 % erforderlich ist. Diese **„Beschäftigungsschwelle"** hat sich im Laufe der Jahre allerdings deutlich nach unten verlagert [sie lag also früher deutlich höher]. Es ist deshalb sachgerechter, diese Art der Arbeitslosigkeit als **„Stagnationsarbeitslosigkeit"** zu bezeichnen.

b) Wachstumsschwäche und Stagnationsarbeitslosigkeit

[...] Von Stagnation spricht man, wenn ein *anhaltender Rückgang* der Zuwachsraten des realen Inlandsprodukts zu verzeichnen ist. Die **Ursachen** einer anhaltenden „Wachstumsschwäche" sind strittig. Vertreter der **Sättigungsthese** weisen darauf hin, dass Volkswirtschaften ohnehin nicht über längere Zeiträume hinweg mit konstanten Raten wachsen können. Denn ein derartiges Wachstum müsste exponentiell verlaufen. Die Konsequenz wäre, dass der absolute Wohlstandszuwachs (in Mrd. Euro) fortwährend progressiv zunehmen würde. Es ist unbestritten, dass Wirtschaftssysteme in diesem Fall an „Grenzen des Wachstums" (Club of Rome) stoßen müssen. Die Vertreter der Sättigungsthese verweisen zudem darauf, dass es mit zunehmendem Wohlstand auf immer mehr Märkten zu Nachfragesättigungen kommt, d.h. das Wirtschaftswachstum von der **Nachfrageseite** her begrenzt werde. In modernen Gesellschaften verlagern sich, so die Hypothese, die Bedürfnisse zunehmend weg von denjenigen Bedürfnissen, die über die Märkte befriedigt werden, hin zu solchen Bedürfnissen, die „nicht marktorientiert" sind. Verwiesen wird insbesondere auf das Verlangen nach mehr Freizeit und nach mehr immaterieller Lebensqualität. Die Folge eines derartigen **Wertewandels** von der marktorientierten Wohlstandsgesellschaft hin zur Freizeitgesellschaft sei die zu beobachtende Stagnation von Produktion und damit realem Volkseinkommen.

Angebotstheoretiker (s. dazu später M 54a, S. 306f.), wie beispielsweise der Sachverständigenrat, sind hingegen der Auffassung, dass „Sättigung" der über den Markt befriedigten Bedürfnisse keine reale Erscheinung ist. Die in der Realität zu beobachtende Stagnation des Produktions- und Volkseinkommenswachstums sei vielmehr Folge „falscher Rahmenbedingungen" für die Investoren. Der Wunsch nach mehr materiellen und über die Märkte bereitgestellten immateriellen Gütern sei ohnehin vorhanden. Nach Auffassung des Rates sind die **Bedürfnisse** noch **keineswegs „gesättigt"**. Es gibt, so die Angebotstheoretiker, auch heute noch einen unbefriedigten Wunsch nach mehr Wohlstand und damit einen Wunsch nach noch höheren Realeinkommen – diese latenten Wünsche müssten nur geweckt und seitens der Produzenten befriedigt werden. Richtig sei zwar, dass auf einzelnen Märkten (Landwirtschaft, Haushaltsgeräte u.a.m.) Sättigungstendenzen zu beobachten seien. Diese „partiellen" Sättigungen dürften jedoch nicht mit „allgemeiner" Sättigung gleichgesetzt werden. Die zentrale Ursache der beobachtbaren Wachstumsschwäche wird vielmehr in angebotsseitigen Störungen gesehen. Es gibt – so die zentrale These – nicht mehr genug wagemutige **Pionierunternehmer**, die durch das Eröffnen neuer Märkte das Wirtschaftssystem und damit das Wachstum in einem „Prozess der schöpferischen Zerstörung" (Joseph Alois Schumpeter) vorantreiben (s. S. 246).

Die Gründe für die angebotsseitigen Hemmnisse sind vielschichtig. Sie werden vor allem in leistungs- und motivationshemmenden Steuern und sozialpolitischen Regelungen sowie in einem Netz staatlicher Regulierungen und Bevormundungen erkannt. Derartige Faktoren erweisen sich als Innovations- und Investitionshemmnisse. [...]

Verwiesen wird in diesem Zusammenhang auch auf *überhöhte Löhne*, die zu einer Verschlechterung der internationalen Wettbewerbsfähigkeit führen und damit den deutschen Standort für die Produzenten zunehmend unattraktiver machen (s. dazu später M 92, M 93, S. 367ff). [...] Nach diesen Überlegungen ist Arbeitslosigkeit also die Folge zu hoher Löhne, man spricht daher auch von **„Hochlohnarbeitslosigkeit"**.

Zu beachten ist jedoch, dass bei diesem Ansatz nur der Kostencharakter der Löhne [Löhne stellen auch Nachfrage dar] betont wird. [...] Außerdem sind Löhne nach unten hin nicht flexibel; die Existenz von Tarifverträgen zwischen Gewerkschaften und Arbeitgebern sorgt für Mindestlöhne, die nicht ohne weiteres unterschritten werden können.

(Gerhard Mussel/Jürgen Pätzold, Grundfragen der Wirtschaftspolitik, Vahlen, München, 6. Aufl. 2005, S. 74–80)

M 30 Demographische Arbeitslosigkeit

Arbeitsmarktprobleme können auch Folge einer zu starken Ausdehnung des Arbeitskräfteangebots sein. Auslöser dieses Effekts sind Faktoren wie:

- Eintritt *geburtenstarker Jahrgänge* auf dem Arbeitsmarkt,
- *Zuwanderungen* aus dem Ausland (s. M 10 in Kap. B, S. 120),
- Zunahme der *Erwerbstätigkeit von Frauen* (s. Tabelle).

Steigt die Arbeitsnachfrage nicht im entsprechenden Ausmaß an, d.h. ist der Arbeitsmarkt nicht in der Lage, das zusätzliche Arbeitskräfteangebot zu absorbieren, so kommt es zu Unterbeschäftigung. Die Ursache für Arbeitslosigkeit liegt also in diesem Fall in der demographischen Entwicklung (Demographie ist die Bevölkerungswissenschaft). Man spricht daher von **„demographischer Arbeitslosigkeit"**. [...]

Eine solche Erhöhung des Arbeitskräfteangebots ist in der Bundesrepublik Deutschland seit Ende der Siebzigerjahre beobachtbar. Folgt man den Schätzungen des Instituts für Arbeitsmarkt- und Berufsforschung, so hat sich das Arbeitskräfteangebot von 1977 bis 1989 um etwa 2,4 Mio. Personen erhöht. Das entspricht einem durchschnittlichen jährlichen Anstieg des Angebots an Arbeitskräften von über 200 000 Personen. Der enorme Anstieg des Erwerbspersonenpotenzials seit 1978 war insbesondere Folge der Entwicklung der [hohen] **Geburtenraten** in den Sechzigerjahren sowie Folge der erheblich gestiegenen **Erwerbsbeteiligung von Frauen**. Soll ein derartiger demographisch bedingter Anstieg des Arbeitskräfteangebots nicht zu Arbeitslosigkeit führen, so müsste (unter sonst gleichen Umständen) die Zuwachsrate der gesamtwirtschaftlichen Produktion kräftig gesteigert werden. Das ist aber in den Achtzigerjahren nicht in ausreichendem Maße gelungen. Das Produktionswachstum reichte nicht nur nicht aus, um die durch Rationalisierung* eingesparten Arbeitsplätze neu entstehen zu lassen; es war zudem auch „zu gering", um den demographisch bedingten Anstieg des Erwerbspersonenpotenzials zu kompensieren. Die Arbeitslosigkeit in der Bundesrepublik war insoweit zu einem erheblichen Teil auch demographischer Natur. [...]

Bei der Einschätzung der künftigen Entwicklung [ist] unsicher, wie sich das Erwerbsverhalten der Frauen vollziehen wird und welche Größenordnungen die (Netto-)**Zuzüge aus dem Ausland** annehmen werden. [...]

Erwerbsquoten von Frauen im Alter von 15–65 Jahren

	Jahr	insgesamt	ledig	verh.
West	1970	46,2	69,9	39,1
	1980	50,2	60,7	46,1
	1990	58,5	68,1	53,9
	2002	63,6	66,2	61,7
	2004	64,9		
Ost	1991	77,2	67,8	81,5
	2002	72,6	64,1	77,7
	2004	73,4	64,7	78,7
D	1995	62,6	65,6	60,8
	2001	64,9	66,2	63,9
	2002	65,3	65,8	64,5
	2004	66,1	65,2	65,7

(Institut der deutschen Wirtschaft Köln, Deutschland in Zahlen, Deutscher Institutsverlag, Köln 2004, S. 12)

Strukturelle Arbeitslosigkeit – Inhaltsübersicht zu M 28 – M 30:

- **M 28: Strukturelle Arbeitslosigkeit im engeren Sinn: strukturwandelbedingte Arbeitslosigkeit**
  Beschreibung (S. 270f.):
  Wandel der *Wirtschaftsstruktur* von der Industriegesellschaft zur „Dienstleistungsgesellschaft"
  Ursachen und Auswirkungen (S. 272f.):
  Wandel der *Nachfragestruktur* und Strukturwandel auf der Angebotsseite
  Freisetzung und Aufnahme von Arbeitskräften zwischen und innerhalb der Wirtschaftssektoren; regionale Strukturkrisen
- **M 29: Wachstumsdefizitäre Arbeitslosigkeit**
  Charakter: Gesamtwirtschaftliche Arbeitsplatzlücke infolge eines anhaltend „zu geringen" Wirtschaftswachstums (S. 273f.)
  Ursachen und Auswirkungen:
  a) *technischer Fortschritt und „technologische Arbeitslosigkeit"* (S. 274f.)
  (Arbeitskräftefreisetzung und Wohlstandssteigerung)
  b) *Wachstumsschwäche und Stagnationsarbeitslosigkeit* (S. 275f.)
  (*Sättigungsthese*, angebotsseitige Störungen, *Lohnkosten, Arbeitsplatzverlagerung*)
- **M 30: Demographische Arbeitslosigkeit** (S. 276)
  Ausdehnung des Arbeitskräfteangebots durch Geburtenentwicklung, Zuwanderungen, Erwerbsbeteiligung von Frauen

(Autorentext)

Ungeachtet dieser Unsicherheiten kommt das IAB in einer neueren Studie zum Ergebnis, dass das Angebot an Arbeitskräften in Deutschland langfristig drastisch sinken wird. [...] Dadurch wird zwar der Arbeitsmarkt Deutschland entlastet, parallel hierzu ergeben sich jedoch gravierende Probleme bei der Finanzierung der Renten.

(Gerhard Mussel/Jürgen Pätzold, Grundfragen der Wirtschaftspolitik, Verlag Franz Vahlen, München, 6. Aufl. 2005, S. 81f.)

4. Die Entwicklung des Preisniveaus – Inflation in Deutschland

M 31 Preisniveaustabilität als Ziel der Wirtschaftspolitik in Deutschland

Ein weiteres zentrales Anliegen der Wirtschaftspolitik ist die Bekämpfung von Inflation. Dies mündet in das Ziel der **Stabilität des Preisniveaus**. Aus dieser Formulierung geht bereits hervor, dass bei diesem Ziel nicht die Vermeidung des Anstiegs einzelner Güterpreise, sondern die Verhinderung von Preisniveausteigerungen auf breiter Front im Mittelpunkt steht. Die Europäische Zentralbank spricht etwas verkürzt von **Preisstabilität**. Gemeint ist damit ebenfalls die Stabilität des Preisniveaus. Gleichwohl könnte diese Formulierung zu einer Fehlinterpretation in dem Sinne führen, dass im Zeitablauf sämtliche Preise stabil bleiben sollen. Für die Funktionsfähigkeit des Allokationsmechanismus und damit der Marktwirtschaft schlechthin sind jedoch Preiserhöhungen auf einzelnen Märkten ein unabdingbares Erfordernis; dem müssen jedoch entsprechende Preissenkungen auf anderen Märkten gegenüberstehen. Vielfach spricht man auch vom Ziel der **Geldwertstabilität**. Die Inflationsbekämpfung nahm in der Wirtschaftspolitik der Bundesrepublik Deutschland stets einen hohen Rang ein. Zum einen sind **Bund** und **Länder** gemäß § 1 Stabilitäts- und Wachstumsgesetz explizit zur Erhaltung der Stabilität des Preisniveaus verpflichtet. Zum andern hatte die **Deutsche Bundesbank** gemäß § 3 Bundesbankgesetz (alt) bis zum 31. Dezember 1998 die Aufgabe, „die Währung zu sichern“, d.h. ihre Geldpolitik primär am Ziel der Preisniveaustabilität auszurichten.

Sinkt das Preisniveau, so liegt eine **Deflation** vor. Sie bedeutet genauso eine Verletzung des Zieles der Stabilität des Preisniveaus wie die Inflation. [...]

Ihre herausragende Bedeutung verdankt die Geldwertstabilität in Deutschland zweifellos der überdurchschnittlich ausgeprägten Inflationsmentalität. Sie ist vor allem bei älteren Menschen anzutreffen. Die Ursache hierfür liegt in den historischen Erfahrungen, denn schon zweimal musste die Bevölkerung in Deutschland auf schmerzliche Weise die Verletzung des Ziels der Preisniveaustabilität erfahren. Die erste verheerende Inflation trat zu Beginn der Zwanzigerjahre des 20. Jahrhunderts auf. Sie kulminierte bis Oktober 1923 in einer **Hyperinflation** mit einer monatlichen Inflationsrate von 32 000 Prozent. Am Ende des Zweiten Weltkrieges zeigten sich dann für die Bevölkerung zum zweiten Mal die ver-

1922/23 erlebte Deutschland die wohl stärkste Inflation aller Zeiten. Um die Staatsschulden nach dem Ersten Weltkrieg zu bezahlen, druckte die Deutsche Reichsbank viel mehr Geld, als zur Finanzierung der realen Wirtschaftsleistung notwendig gewesen wäre. In der Folge stiegen die Preise für alle Güter praktisch stündlich, und es entwickelte sich eine sogenannte **„Hyperinflation“**. Auf ihrem Höhepunkt im Jahr 1923 erreichte die Inflationsrate unvorstellbare 100 Millionen Prozent. Schließlich wurde in der Währungsreform eine Billion Mark gegen nur eine Rentenmark umgetauscht. Millionen von Sparern verloren dadurch ihr gesamtes Vermögen. Nach dem Zweiten Weltkrieg kam es in Deutschland dann noch einmal zu einer **„galoppierenden“** Inflation (davon spricht man bei Teuerungsraten von mehr als 10 Prozent, eine Hyperinflation beginnt bei 50 Prozent). Am 20. Juni 1948 ersetzte in einer neuerlichen Währungsreform die D-Mark die wertlos gewordene Reichsmark. Jeder Bundesbürger erhielt damals 20 D-Mark. Die neu geschaffene Bundesbank, der als erster Zentralbank volle Unabhängigkeit von der Regierung zugestanden wurde, machte die D-Mark dann bekanntlich zu einer der stabilsten Währungen der Welt.

(Helmut Sperber, Wirtschaft verstehen – nutzen – ändern, Schäffer-Poeschel Verlag, Stuttgart 2002, S. 41) hängnisvollen Auswirkungen einer schweren Inflation; abermals ging das Geld „kaputt". Auch in der Nachkriegszeit traten mehrfach Inflationsschübe auf, die jedoch bei weitem nicht das Ausmaß der beiden vorangegangenen Inflationen erreichten. Im internationalen Vergleich kann man die Bundesrepublik durchaus als eine Insel der Stabilität einstufen.

(Gerhard Mussel/Jürgen Pätzold [= M 30], S. 91)

1. *Erläutern Sie den Unterschied zwischen „Preisstabilität" und „Preisniveaustabilität". Was versteht man unter „Inflation"?*
2. *Welche Bedeutung für das Bewusstsein vor allem älterer Menschen wird der Inflationsentwicklung zu Beginn der 1920er-Jahre und der Jahre nach dem 2. Weltkrieg zugemessen?*

Inflationsmessung durch Preisindices und ihre Problematik

M 32 Warenkorb, Preisindex, Inflationsrate

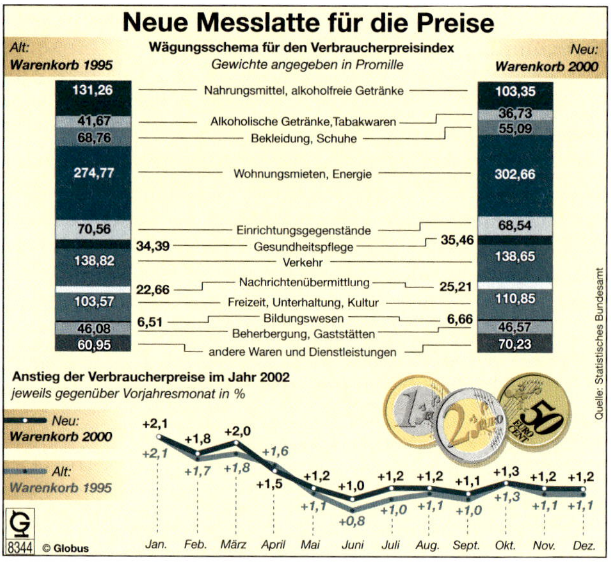

Inflation war definiert worden als (anhaltender) Anstieg des Preisniveaus. Um dies zu erfassen, müsste man eigentlich die Preise aller Güter beobachten, die in einer Volkswirtschaft angeboten werden. Dies ist allein aus erfassungstechnischen Gründen unrealistisch. Daher wird die Gütervielfalt in der Praxis auf solche Güter reduziert, die für den betreffenden Zweck *repräsentativ* sind. Besondere Aufmerksamkeit gilt der Entwicklung der **Lebenshaltungskosten**. Zu ihrer Untersuchung werden die Güter, die ein „typischer" Haushalt in einem Monat nachfragt, zu einem **Warenkorb** zusammengestellt, wobei sie eine Vielzahl ähnlicher (Substitutions-)Güter mitrepräsentieren müssen. Der Güterkorb umfasst die in der Grafik dargestellten zwölf Gütergruppen, wobei sich die Prozentangaben (in der Grafik Promilleangaben) auf den Anteil beziehen, den die einzelnen Gütergruppen wertmäßig am gesamten Warenkorb ausmachen (*Wägungsschema*).
Die Warenkorb-Betrachtung bedeutet formaler gesprochen, dass die im Warenkorb erfassten Güter (x_i) mit Preisen (p_i) gewichtet und die Güterwerte $X_1 \cdot P_1 + X_2 \cdot P_2 + X_3 \cdot P_3 \ldots + X_a \cdot P_n$ summiert werden; dies lässt sich allgemein als $X \cdot P$ symbolisieren. Die *mengenmäßige Zusammensetzung* des Güterkorbes wird über einen bestimmten Zeitraum hinweg *konstant gehalten*, so dass eine Änderung des Gesamtwertes des Güterkorbes ausschließlich preisbedingt ist. Wenn für zwei Zeitpunkte 1 und 2 gilt $(X \cdot P)_1 < (X \cdot P)_2$, dann kann dies – da die Mengenkomponente konstant ist ($\overline{X}$) – nur auf Preiserhöhungen zurückzuführen sein: $\overline{X}_1 \cdot P_1 < \overline{X}_1 \cdot P_2$.

Formal ergibt sich die Inflationsrate somit aus einem sog. **Laspeyres-Index** (nach dem Statistiker und Nationalökonomen Etienne Laspeyres [1834–1913]):

$$\frac{X_1 \cdot P_2}{X_1 \cdot P_1} \cdot 100 = \text{Wachstumsrate des Gesamtwertes des Warenkorbes zwischen Jahr 2 und Jahr 1.}$$

Da absolute Euro-Angaben zu unhandlich und auf den ersten Blick auch wenig aussagekräftig sind, wird der jeweilige Wert des Güterkorbes in eine **Indexzahl*** umgewandelt. Dabei wird der Güterwert des Basisjahres, mit dem die Güterkörbe späterer Jahre verglichen werden, gleich Hundert gesetzt, sodass die Veränderung des Preisindex für diesen Güterkorb die prozentualen Preisveränderungen im Vergleich zum **Basisjahr** (Bezugsjahr) anzeigt.

Wenn der Güterkorb im Jahre 1 (s. Tabelle) einen Gesamtwert von 3 104,53 Euro = 100% hatte, dann resultiert aus dem Güterwert des Jahres 7 mit 3 439,88 Euro ein Preisindex von 110,8, d.h., dass das durchschnittliche Preisniveau zwischen den Jahren 1 und 7 um 10,8% gestiegen ist

$$\left(\frac{3439{,}88}{3104{,}53} \cdot 100 = 110{,}8\right).$$

Die Inflationsrate (s. Tabelle) für z. B. das Jahr 7 berechnet sich somit entweder durch Vergleich der Güterkorbwerte:

$$\frac{3439{,}88 - 3323{,}55}{3323{,}55} = 0{,}035, \text{ d.h. } 3{,}5\,\%,$$

oder durch Vergleich der entsprechenden Indexwerte

$$\frac{110{,}8 - 107{,}1}{107{,}1} = 0{,}035, \text{ d.h. } 3{,}5\,\%.$$

Dabei wird auch der Unterschied zwischen **Prozent** und Prozent**punkten** deutlich: Der Preisindex veränderte sich zwischen den Jahren 6 und 7 um 110,8 – 107,1 = 3,7 Prozentpunkte, was – wie gezeigt – einer Veränderung von 3,5 Prozent entspricht. Diese beiden Begriffe werden häufig verwechselt.

(Jörn Altmann, Wirtschaftspolitik, Lucius & Lucius, Stuttgart, 7. Aufl. 2000, S. 151)

Preisindex und Inflationsrate			
Jahr	Preis des Warenkorbs	Preisindex	Inflationsrate in % gegenüber Vorjahr
1	3 104,53	100,0	–
2	3 101,43	99,9	–0,1
3	3 107,63	100,1	0,2
4	3 148,03	101,4	1,3
5	3 236,18	104,2	2,8
6	3 323,55	107,1	2,7
7	3 439,88	110,8	3,5
8	3 577,47	115,2	4,0
9	3 727,72	120,0	4,2

Mit der Ermittlung des Preisindex zusammenhängend, aber nicht gleichbedeutend, ist die **Inflationsrate**. Sie beschreibt die prozentuale Preisänderung nicht im Vergleich zu einem meist weiter zurückliegenden Basisjahr, sondern zum *Vorjahr* (manchmal auch zum Vormonat, wobei sich außergewöhnliche und saisonale Veränderungen besonders stark bemerkbar machen wie z. B. die Mehrwertsteuererhöhung im April 1998 und die im Sommer generell sinkenden Heizölpreise).

Um die Veränderungen der Lebenshaltungskosten in den **EU-Staaten** einheitlich erfassen zu können, wird seit 1997 ein **Harmonisierter Verbraucherpreisindex (HVPI)** verwendet. Ihm liegt ein vereinheitlichter Warenkorb zugrunde, damit nationale Besonderheiten weitgehend ausgeschaltet werden und eine größtmögliche Vergleichbarkeit der Werte erreicht wird. Die Statistischen Ämter der Mitgliedstaaten ermitteln den HVPI für ihr Gebiet monatlich und liefern die Daten an Eurostat, das daraus die Vergleichstabelle der EU-Staaten erstellt und den Durchschnittwert der Inflationsrate errechnet. Dieser ist wichtigster Indikator der Inflation für geldpolitische Entscheidungen des ESZB. Vgl. dazu M 58c, S. 315.

(Wolfgang W. Mickel/Jan Bergmann, Handlexikon der Europäischen Union, Omnia Verlag, Stuttgart, 3. Aufl. 2005, S. 425)

1. *Das Verfahren der Messung des Preisniveaus ist ein einfaches Beispiel für das in den Sozialwissenschaften verbreitete Verfahren der Operationalisierung* von Begriffen (vgl. Anhang S. 566f.). Machen Sie anhand der Begriffe Preisniveau, Lebenshaltungskosten, Warenkorbwert deutlich, worin hier die Operationalisierung besteht und warum sie notwendig ist. Warum werden z. B. zur Ermittlung der Lebenshaltungskosten nicht alle Güter einer Volkswirtschaft erfasst? Was bedeutet es, dass die Güterzusammensetzung des Warenkorbs „repräsentativ“ sein muss?*

2. *Erörtern Sie, ob z. B. Rennpferde, Petroleumlampen oder Fertigpizza Bestandteile des Warenkorbes sein sollten (nur eines dieser Güter ist im Warenkorb enthalten).*

3. *Begründen Sie, warum der Warenkorb, nach der Struktur der Verbrauchsausgaben gewichtet, über einen bestimmten Zeitraum hin konstant gehalten werden muss, wenn man die Änderung des Preisniveaus messen will.*

4. *Auf die Gewichtung der einzelnen Gütergruppen im Warenkorb (s. Grafik S. 278) geht der Text nicht näher ein. Erklären Sie, warum die Gruppe „Wohnungsmieten, Energie“ im Warenkorb 2000 mit rd. 30% berücksichtigt wird, die Gruppe „Kleidung, Schuhe“ dagegen nur mit rd. 5,5%. Näheres zur Gewichtung der Güter und zur Veränderung des Warenkorbes enthält M 33.*

5. *Machen Sie sich das Verfahren der Indexberechnung klar (Laspeyres-Formel: Güterkorbwert des Berichtsjahres : Güterkorbwert des Basisjahres x 100 = Preisindex für das Berichtsjahr).*

6. *Überprüfen Sie: Wenn der Warenkorb eines bestimmten Jahres z. B. einen Wert von 3148,03 € hatte, der des Vorjahres einen Wert von 3107,63 €, wie berechnet sich daraus eine prozentuale Veränderung (Inflationsrate) von 1,3?*

7. *Erläutern Sie den Unterschied zwischen Prozenten und Prozentpunkten (Z. 58ff.) an folgendem Beispiel: „Beim diesjährigen Abitur sind 8% der Schüler nicht zur Prüfung zugelassen worden, ein Jahr zuvor waren es nur 6%." Wie hoch ist der Zuwachs in Prozent bzw. Prozentpunkten?*

Ausführliche und klar gegliederte Informationen und Erklärungen zu allen mit der Inflationsmessung zusammenhängenden Fragen (besonders zum Preisindex und zum Warenkorb) können Sie der folgenden Internetseite des Statistischen Bundesamtes entnehmen: www.destatis.de/presse/deutsch/pk/2003/vpi_2000.pdf

M 33 Datenerhebung, Berechnung und Veränderung des Warenkorbes

Entsprechend ihrer relativen Bedeutung für den gesamten monatlichen Aufwand für die Lebenshaltung müssen die einzelnen Güter *gewichtet* in den Warenkorb eingehen. Diese *Ausgabenstruktur* wird in aufwändigen Erhebungen festgestellt. Hierzu zählten insbesondere die etwa alle fünf Jahre stattfindenden **Einkommens- und Verbrauchsstichproben** (EVS), die 40–50 000 Haushalte verschiedener Größe und aller sozialen Schichten, Berufe und Regionen erfassen, sowie die laufenden **Wirtschaftsrechnungen (Panels)** mit rund 950 ausgewählten Haushalten, die jährlich durchgeführt werden. Die in diese Erhebungen einbezogenen Haushalte notieren in „Haushaltsbüchern" ihre Einnahmen und Ausgaben, die für wirtschafts- und sozialpolitische Analysen verwendet werden.[...]

Die Ermittlung der **laufenden Preise** erfolgt auf Interviewbasis durch das Statistische Bundesamt und die Statistischen Landesämter in 190 ausgewählten Gemeinden (Gesamtdeutschland) verschiedenster Größen und Regionen.

(Jörn Altmann [= M 32], S. 155)

So werden die Preise erfasst

Zwischen dem 10. und 15. jeden Monats schwärmen Tausende fleißige Statistiker in die Kaufhäuser, Supermärkte und Boutiquen unseres Landes aus, um die aktuellen Preise festzustellen. Für die meisten Erzeugnisse wird unter allen möglichen Qualitäten ein sogenannter ‚Preisrepräsentant' bestimmt. Etwa: Rotwein, mittlere Preislage, trocken, gängige Sorte. Aus den verschiedenen Geschäften einer Gemeinde wird ein Durchschnittspreis ermittelt, im jeweiligen Statistischen Landesamt werden diese Gemeindepreise zu einem Durchschnittspreis des Landes zusammengefasst. In Wiesbaden werden dann die Landespreise zusammengefasst und nach der Einwohnerzahl gewichtet, damit Schleswig-Holsteins Preise, die von 2,7 Millionen Einwohnern bezahlt werden, nicht genauso viel zählen wie die Preise aus Nordrhein-Westfalen mit 17,7 Millionen potenziellen Käufern.

(Wochenpost v. 14.9.1995; Verf.: Wolfgang Kühn)

Der Warenkorb enthält rund 750 Waren und Dienstleistungen, von Frühstücksmarmelade über Herrensocken bis zur Wohnungsmiete, in bestimmter Qualität und Menge, die im Durchschnitt von den Konsumenten gekauft werden. Für diese Waren und Dienstleistungen wird monatlich über ihre sogenannten Preisrepräsentanten (z.B. Erdbeermarmelade von Schwartau und Johannisbeerkonfitüre von Zentis; insgesamt rund 350 000 Einzelpreise) die Preisentwicklung ermittelt. Diese Preisentwicklung wird mit ihrer Bedeutung *gewichtet*, weil z.B. eine zehnprozentige Erhöhung der Miete viel gewichtiger ist als eine zehnprozentige Erhöhung der Preise für Herrensocken.

(Ulrich Baßeler/Jürgen Heinrich/Burkhard Utecht, Grundlagen und Probleme der Volkswirtschaft, Schäffer-Poeschel, Stuttgart, 17. Aufl. 2002, S. 702)

Nun wäre es unrealistisch, die *Mengenstruktur* eines Warenkorbes über einen langen Zeitraum hinweg unverändert als Vergleichsbasis zu nehmen. Neue Güter kommen auf den Markt, alte verschwinden, die Güterqualität wird besser oder schlechter, kurz: Das Güterangebot und die Verbrauchergewohnheiten ändern sich. Daher ist es erforderlich, in bestimmten Abständen einen *neuen Warenkorb* zu ermitteln, der dann für die nächste Zeit als Basis der Indexberechnungen verwendet wird.

(Jörn Altmann [= M 32], S. 158)

Die Verschiebungen der Gewichte im Wägungsschema des Warenkorbs 2000 gegenüber dem von 1995 sind wenig spektakulär (s. Grafik S. 278). Der Rückgang der Ausgabenanteile für „Nahrungsmittel und alkoholfreie Getränke", „alkoholische Getränke und Tabakwaren" sowie bei „Bekleidung und Schuhe" ist für weit entwickelte moderne Volkswirtschaften typisch. Die Erhöhung des Gewichts für „andere Waren und Dienstleistungen" ist auf die zusätzliche Einbeziehung von Dienstleistungen im Bereich der sozialen Sicherung (Sozialschutz) zurückzuführen. Auffällig ist aber die Zunahme des Ausgabenanteils für „Wohnung, Wasser, Strom, Gas und andere Brennstoffe". Entscheidend hierfür ist im Wesentlichen eine Erhöhung des Ausgabenanteils für die Nettokaltmiete. Offensichtlich werden aktuell größere und/oder besser ausgestattete Wohnungen gemietet oder gekauft. Bemerkenswert ist auch, dass der Ausgabenanteil für „Nachrichtenübermittlung" trotz rückläufiger Preise gestiegen ist. Die Verbrauchsbedeutung von Telekommunikationsdienstleistungen hat also sehr deutlich zugenommen. Die Zunahme des Ausgabenanteils für „Freizeit, Unterhaltung und Kultur" ist primär auf die gestiegene Verbrauchsbedeutung der Position „Audiovisuelle, fotografische und Informationsverarbeitungsgeräte und Zubehör" zurückzuführen (insbesondere Kauf von Personalcomputern) – bei stark gefallenen Preisen.

(© Statistisches Bundesamt, Wiesbaden; http://www.destatis.de/basis/d/preis/vpinfo5.htm)

Gestrichene Positionen aus dem Warenkorb 1995:
- Diaprojektor
- elektrische Schreibmaschine
- Kaffeefilter (Kunststoff)

Ersetzte Positionen aus dem Warenkorb 1995:
- Disketten durch brennbare Rohlinge
- Schreibmaschinenpapier durch Druckerpapier
- PVC-Bodenbelag durch Laminat-Fertigboden-Panele

Neue Positionen im Warenkorb 2000:
Pizzaservice (Hauslieferung), Fahrradreparatur, Brötchen zum Fertigbacken, Fitnessstudio, Scanner, Monatsbeitrag Kinderkrippe, Laserdrucker, ambulante Pflege, Digitalkamera, Essen auf Rädern, Blutdruckmessgerät (Handgelenk)

(Autorentext)

M 34 Wie sollen Qualitätsänderungen berücksichtigt werden?

Ein Problem ergibt sich aus Qualitätsänderungen. Verbessert sich die Qualität eines Produkts (z. B. bessere Grundausstattung von Fahrzeugen) und steigt gleichzeitig der Preis dieses Produkts im Ausmaß der Qualitätsverbesserung, so liegt eigentlich keine Inflation vor. In der Realität wird also möglicherweise eine Inflationsrate ausgewiesen, obwohl deren „echter" Wert unter Berücksichtigung von Qualitätsverbesserungen eigentlich niedriger hätte sein müssen. Schätzungen gehen davon aus, dass die statistisch ermittelte Inflationsrate um ein bis zwei Prozent-Punkte gekürzt werden müsste, um die Qualitätsverbesserungen adäquat zu erfassen. Anders formuliert: Mit Blick auf die unzureichende Erfassung von Qualitätsverbesserungen kann man eine Inflationsrate von ein bis zwei Prozent als Preisniveaustabilität interpretieren.

Inzwischen hat das Statistische Bundesamt damit begonnen, die deutsche Preisstatistik in Bezug auf Qualitätsveränderungen mithilfe der sog. „hedonischen Qualitätsbereinigung" zu erweitern. Bei diesem Verfahren, das in den USA bereits seit längerem angewendet wird, erfolgt eine Zerlegung eines Gutes in Qualitätseigenschaften; mit mathematischen Methoden kann dann der Einfluss der Qualitätsmerkmale auf den Preis ermittelt werden. Dadurch ist es möglich, Preisänderungen, die ausschließlich auf Qualitätsänderungen beruhen, von reinen Preisänderungen zu separieren. Die hedonische Qualitätsbereinigung ist insbesondere für innovative technische Güter, etwa aus dem IT-Bereich, geeignet.

(G. Mussel/J. Pätzold [= M 30], S. 104)

M 35 Wie viel ist der Euro noch wert?

Wie viel ist der Euro fünf Jahre nach seiner Einführung noch wert? Für Verbraucher, die sich an die kräftigen Preisaufschläge von Reinigungen, Kinos, Friseuren, Restaurants oder Autowaschanlagen zur Euro-Bargeldeinführung vor drei Jahren erinnern, ist die Antwort klar: deutlich weniger. Der Euro gilt als „Teuro", obwohl die deutsche Statistik für das Jahr 2002 nur eine Inflationsrate von 1,4 Prozent ausweist – und auch für das vergangene Jahr (2004) vergleichsweise niedrige 1,6 Prozent (s. M 36).

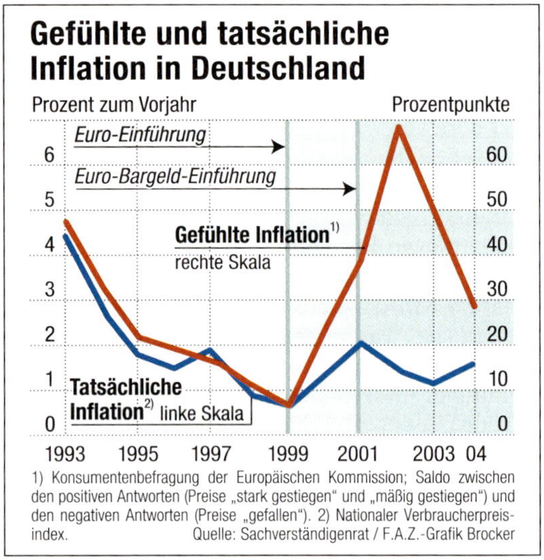

(Grafik: Felix Brocker; Quelle: Frankfurter Allgemeine Zeitung v. 15.11.2005, S. 19)

Der Unterschied zwischen der „gefühlten Inflation" und der Inflationsrate gründet darin, dass sich die allgemeine Teuerungsrate auf 750 Güter in einem repräsentativen Warenkorb bezieht. Die kräftig gestiegenen Preise vieler Dienstleister zur Euro-Bargeldeinführung machen daran nur einen geringen Anteil aus. In Teilbereichen war der Euro ein „Teuro", mit Blick auf das große Ganze indes nicht.

Der riesige Warenkorb der Statistiker bringt es zugleich mit sich, dass die Monat für Monat präzise verkündete Inflationsrate eine durchschnittliche ist. Sie erfasst die Verbrauchsgewohnheiten aller Deutschen. Die persönliche Teuerungsrate aber ist eine ganz andere. Sie fahren Fahrrad, nicht Auto, und verreisen nie? Dann kümmern Sie der höhere Benzinpreis und die Preise für Pauschalreisen gar nicht. Sie heizen mit Gas? Dann interessiert Sie der gestiegene Ölpreis erst, wenn die Gas- an die Ölpreise angepasst werden. Sie waren zuletzt oft krank? Dann belasteten die höheren Zuzahlungen zu Medikamenten Sie mehr als Otto Normalverbraucher. [...]

Wie viel also ist der Euro nach den ersten fünf Jahren noch wert? Trotz der niedrigen Inflationsrate in Deutschland sind es nur noch 93 Cent, gemessen an der höheren Inflationsrate im Euro-Raum nur noch 90 Cent – ein Wertverlust von 10 Cent. Geht das so weiter, wird es noch so schlimm wie bei der guten alten D-Mark. Nach fünfzigeinhalb Jahren war diese nur noch 27 Pfennig wert und war noch die beste unter den Währungen der Welt. In den ersten fünf Jahren ihrer Existenz hatte die D-Mark übrigens gerade mal 2 Pfennig ihres Wertes eingebüßt.

(Frankfurter Allgemeine Zeitung v. 26.2 2005, S. 13: Verf.: Patrick Welter)

1. *Beschreiben Sie, auf welche Weise das Statistische Bundesamt zum einen die Ermittlung der laufenden Preise vornimmt, zum anderen die Mengenstruktur des Warenkorbes festlegt (M 33).*

2. *Warum erscheint es sinnvoll und notwendig, nicht nur die Zusammensetzung des Warenkorbs, sondern auch die Gewichtung der Gütergruppen i. d. R. alle fünf Jahre zu überprüfen und ggf. zu verändern?*
   – Warum wurde z. B. die im Warenkorb 1995 enthaltene „elektrische Schreibmaschine" im Warenkorb 2000 gestrichen, der „Scanner", der 1995 noch nicht im Warenkorb war, neu aufgenommen?
   – Warum wurden z. B. die Gruppen „Wohnungsmieten, Energie" und „Freizeit, Kultur, Unterhaltung" im Warenkorb 2000 gegenüber 1995 deutlich stärker, die Gruppe „Nahrungsmittel, alkoholfreie Getränke" dagegen deutlich geringer gewichtet (s. Grafik S. 278 und M 33)?

3. *Wenn man die westdeutschen Warenkörbe von 1970 und 2000 miteinander vergleicht, fällt vor allem die Veränderung der Gewichtung in folgenden Güterklassen auf: Nahrungsmittel/Getränke/Tabakwaren (1970: 33,3%; 2000: 14,0%); Wohnung (1970: 12,6%; 2000: 30,3%); Verkehr und Nachrichtenübermittlung (1970: 10,5%; 2000: 16,3%). Wie erklären Sie diese Veränderungen?*

4. *Zu den Problemen bei der Messung der Preisniveauveränderungen gehören vor allem die Qualitätsveränderungen bei nicht wenigen Gütern. Erläutern Sie, wie das Statistische Bundesamt dieses Problem angehen will. Über erste Ergebnisse der „hedonischen Preismessung" (z. B. bei Pkw und PC) können Sie sich ggf. über die Internetadresse http://www.destatis.de/presse/deutsch/pm2003/p0580051.htm informieren.*

5. *Nach der Einführung des Euro (2002) war der Eindruck verbreitet, dass „alles teurer geworden" sei. Das Statistische Bundesamt bestätigte zwar spürbare Preissteigerungen bei einigen Sachgütern und in einigen Dienstleistungsbereichen (so z. B. im Gaststättenbereich), konnte aber keine wesentliche, durch den Euro bedingte Steigerung des gesamten Preisniveaus feststellen und erklärte den Eindruck, der Euro sei ein „Teuro", mit dem Unterschied zwischen der „gefühlten" und der tatsächlichen Inflation. Erläutern Sie, was damit gemeint ist (M 35). Fragen Sie Ihre Eltern nach ihrem Eindruck von der Preisniveauentwicklung nach Einführung des Euro.*

Inflationsentwicklung in Deutschland, Ursachen, Erscheinungsformen und Folgen von Inflation

M 36 Verbraucherpreisindex für Deutschland 1991–2005
2000 = 100

Zeitraum	Insgesamt	Veränderung gegenüber Vorjahr in % (Inflationsrate)	Nahrungsmittel und alkoholfreie Getränke	Alkoholische Getränke, Tabakwaren	Bekleidung und Schuhe	Wohnung, Wasser, Strom, Gas und andere Brennstoffe	Einrichtungsgegenstände u. Ä. für den Haushalt sowie deren Instandhaltung	Gesundheitspflege	Verkehr	Nachrichtenübermittlung	Freizeit, Unterhaltung und Kultur	Bildungswesen	Beherbergungs- und Gaststättendienstleistungen	Andere Waren und Dienstleistungen
Gewicht	*1000*		*103,35*	*36,73*	*55,09*	*302,66*	*68,54*	*35,46*	*138,65*	*25,21*	*110,85*	*6,66*	*46,57*	*70,23*
1991	81,9		94,0	83,8	90,9	71,1	90,7	81,1	75,9	122,5	88,6	61,2	82,0	77,5
1992	86,1	**5,1**	95,9	88,0	93,4	78,0	93,0	84,0	80,1	125,5	92,0	66,3	86,0	81,4
1993	89,9	**4,4**	96,4	91,4	96,0	84,4	95,3	86,3	83,8	127,0	94,3	73,2	90,7	86,7
1994	92,3	**2,7**	98,0	92,4	97,4	87,9	96,9	89,2	86,8	127,9	95,4	80,5	93,0	90,4
1995	93,9	**1,7**	99,0	92,9	98,1	90,5	97,9	90,2	88,3	127,5	96,3	83,8	94,3	93,4
1996	95,3	**1,5**	99,6	93,7	98,8	92,7	98,6	91,6	90,4	128,7	96,7	86,8	95,3	93,9
1997	97,1	**1,9**	101,0	95,4	99,2	95,2	99,0	98,1	92,2	124,8	98,8	90,3	96,3	95,6
1998	98,0	**0,9**	102,0	97,2	99,6	96,0	99,7	103,2	92,5	124,1	99,3	94,6	97,7	96,0
1999	98,6	**0,6**	100,7	98,5	99,9	97,2	100,0	99,8	95,0	112,4	99,6	98,4	98,9	97,6
2000	100,0	**1,4**	100,0	100,0	100,0	100,0	100,0	100,0	100,0	100,0	100,0	100,0	100,0	100,0
2001	102,0	**2,0**	104,5	101,7	100,8	102,4	100,9	101,3	102,5	94,1	100,6	101,3	101,9	103,0
2002	103,4	**1,4**	105,3	105,8	101,5	103,4	101,9	101,9	104,5	95,7	101,3	104,0	105,6	105,0
2003	104,5	**1,1**	105,2	111,4	100,7	104,9	102,2	102,4	106,7	96,4	100,7	106,2	106,5	106,8
2004	106,2	**1,6**	104,8	119,1	100,0	106,5	102,0	122,1	109,3	95,6	99,7	109,7	107,3	108,3
2005	108,3	**2,0**	105,3	129,2	98,1	109,5	101,8	124,4	113,9	94,3	99,8	112,1	108,4	109,3

(Statistisches Bundesamt, Wirtschaft und Statistik 1/2006, S. 81; www.destatis.de/download/d/wista/preise0106.pdf)

M 37 Inflation in der Bundesrepublik 1965–2005

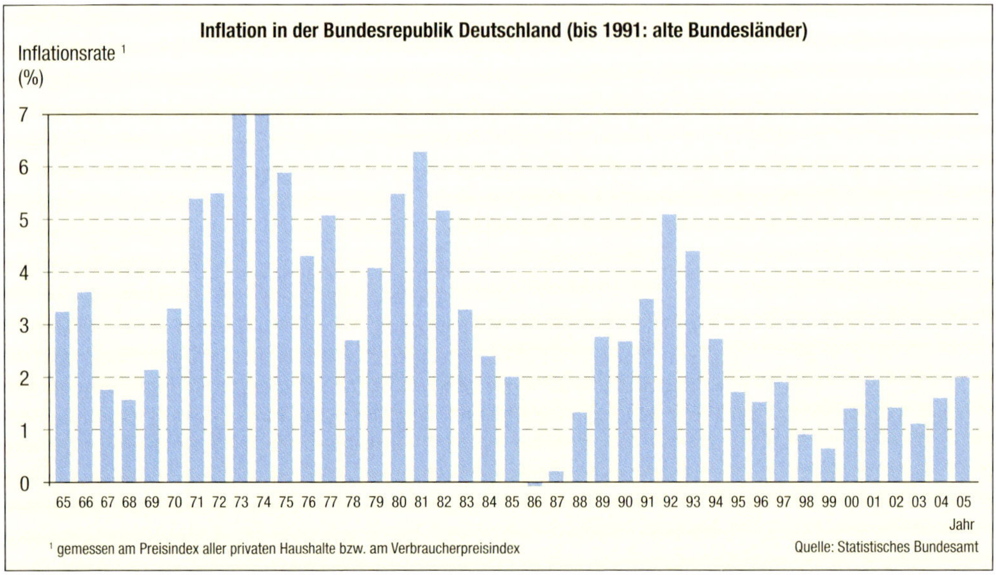

(Gerhard Mussel/Jürgen Pätzold [= M 30], S. 106)

Anfang der Siebzigerjahre war die Bundesrepublik in den Strudel inflationärer Preisbewegungen geraten, gegen die sie sich zwar besser behauptete als die meisten anderen Industrieländer, denen sie sich wegen ihrer engen Verflechtung mit dem Ausland aber auch nicht völlig entziehen konnte. So dauerte es mehrere Jahre, bis der 1973 durch die Verteuerung der Öleinfuhren ausgelöste und durch „hausgemachte“ Faktoren verstärkte Preisschub (Inflationsrate 1974; 7%) eingedämmt werden konnte.
Als die Preise für Erdöl und andere Rohstoffe 1981 wieder kräftig stiegen, bekamen die Verbraucher abermals höhere Rechnungen präsentiert (s. Grafik). Der Preistrend flachte aber schon bald wieder ab, weil sich die Einfuhrpreise auf einem konstanten Niveau einpegelten und weil die schwache Konjunktur zu Preis- und Lohndisziplin zwang. Als 1985 der Dollar-Wechselkurs ins Rutschen kam und sich daraufhin die Ölimporte verbilligten, ging der Index der Lebenshaltungskosten 1986 sogar leicht zurück. An den Preissteigerungen der Jahre 1990–1992 waren zunächst die Erhöhungen einiger Verbrauchssteuern (Mineralöl, Kfz, Tabak) und der Telefongebühren, sodann die Steigerung der Mietpreise und einiger kommunaler Gebühren maßgeblich beteiligt. Die Ursachen der – für eine Rezessionsphase eigentlich untypischen – Inflationsentwicklung im Jahre 1992 lagen in der Verteuerung vieler Dienstleistungen (Versicherungen, Kfz-Reparaturen, Friseurleistungen usw.) und zahlreicher „administrierter“ (von öffentlichen Stellen fixierter) Preise (Postgebühren, Parkgebühren, TÜV-Gebühren usw.). Die industriellen Erzeugerpreise blieben fast konstant. Ende der 90er-Jahre herrschte in der deutschen Wirtschaft nach Feststellung der Deutschen Bundesbank weitgehende Preisstabilität.

(Schmidt-Zahlenbilder)

Der Preisniveauanstieg in den letzten Jahren verlief moderat. Der Rohölpreis wirkte sich im Jahr 2003 wegen der Entwicklung des Dollar-Wechselkurses gegenüber dem Euro (s. M 46, S. 296f.) eher mäßigend aus. Die Verteuerung der Mineralölprodukte durch die Ölpreisentwicklung des Jahres 2004 konnte bis Juli 2004 den gesamten Verbraucherpreisindex noch nicht wesentlich erhöhen. Für die erhöhte Inflationsrate des Jahres 2005 (2,0% wurden seit 1995 nur noch im Jahr 2003 erreicht) waren u.a. die Steigerung der Rohöl-/Benzinpreise und die Erhöhung der Tabaksteuer verantwortlich, wie die entsprechenden Gütergruppen (Tabakwaren, Verkehr) in M 36 zeigen.

(Autorentext)

1. *Untersuchen Sie die Entwicklung des Verbraucherpreisindex im Hinblick auf die unterschiedliche Entwicklung in den einzelnen Gütergruppen (M 36). Was fällt Ihnen besonders auf? Wie sind die Entwicklungen bei „Gesundheitspflege" und „Nachrichtenübermittlung" zu erklären? Welche Entwicklungen haben Ihrer Einschätzung nach zur Steigerung der Inflationsrate von 2004 (1,6%) auf 2005 (2,0%) entscheidend beigetragen?*

2. *M 37 gibt einen knappen Überblick über die längerfristige Inflationsentwicklung in Deutschland. Charakterisieren Sie bestimmte Phasen dieser Entwicklung (Grafik, Text) und achten Sie besonders darauf, welche Ursachen für die jeweilige Entwicklung genannt werden. Welche Rolle spielen „hausgemachte", welche von außen einwirkende Faktoren? Was ist mit „administrierten Preisen" gemeint? – Näheres und Grundsätzliches zu den Inflationsursachen enthält M 38.*

M 38 Ursachen der Inflation – Inflationstheorien

Umlaufgeschwindigkeit: Die Umlaufgeschwindigkeit des Geldes gibt an, wie oft innerhalb einer Periode das Geld den Besitzer wechselt. Sie ist u.a. abhängig von den Ausgabegewohnheiten der Wirtschaftssubjekte, ihren Erwartungen hinsichtlich Preissteigerungen und von Entlohnungsperioden (Monats- oder Wochenlohn). Eine Beschleunigung der Umlaufgeschwindigkeit hat dieselbe Wirkung wie eine Vermehrung der Geldmenge.

(Autorentext)

Die Theorien über die Ursachen inflationärer Prozesse sind zahlreich und deuten insgesamt darauf hin, dass in einer Inflation verschiedene Faktoren zusammenwirken, ohne dass ihr genauer Anteil an der Steigerung des Preisniveaus eindeutig bestimmt werden kann. Die wichtigsten von ihnen wollen wir kurz charakterisieren. Danach lassen sich **geldmengen-, nachfrage- und angebotsinduzierte** Inflationsentwicklungen unterscheiden.

- Die älteste Theorie führt Inflation (von lat. inflare = aufblähen) auf einen Anstieg (Aufblähen) der Geldmenge bei gleich bleibendem Güterangebot zurück (**Quantitätstheorie**). Diese Erklärung setzt voraus, dass die angewachsene Geldmenge sich automatisch auch in eine erhöhte Güternachfrage umsetzt, was nicht unbedingt der Fall sein muss (Geld kann auch „brachliegen", seine Umlaufgeschwindigkeit [s. Kasten] kann sinken). In aller Regel bedeutet aber eine übermäßige *Kreditausweitung* und eine dadurch bedingte *Ausdehnung des Geldvolumens* eine Gefahr für die Preisniveaustabilität. In modifizierter Form hat die Quantitätstheorie seit etwa 1960 in der Diskussion wieder an Bedeutung gewonnen (**Neoquantitätstheorie** von Milton Friedman, vgl. S. 308, Z. 30ff.).

(Autorentext)

- Von einer **Nachfrageinflation** kann dann gesprochen werden, wenn die Nachfrage nach Gütern und Dienstleistungen das im Inland mit den vorhandenen Produktionskapazitäten erstellbare Angebot übersteigt. Ein Nachfrageüberhang wird in der Regel die Güterpreise nach oben treiben. Er kann entstehen, wenn die privaten Haushalte weniger sparen und mehr für Konsumgüter ausgeben. Er kann aber auch darauf zurückgehen, dass sich die private Investitionstätigkeit verstärkt. Wenn die Unternehmer mehr in neue Anlagen (Fabrikgebäude, Maschinen) investieren, steigt die Nachfrage nach Gütern und Arbeitskräften. Demgegenüber bringen die neuen Betriebsstätten ihre Produkte erst zu einem späteren Zeitpunkt auf den Markt. Die Nachfrage eilt zunächst der Produktion voraus. Sind die Kapazitäten schließlich fertiggestellt, so kommen auch vermehrt Waren auf den Markt. Die Ausgaben wachsen dagegen langsamer. Zu einem gesamtwirtschaftlichen Nachfrageüberhang können neben der Konsum- und der Investitionsnachfrage des privaten Sektors auch die Nachfrage des Staates und die Nachfrage des Auslands nach heimischen Gütern (Exporten) beitragen. [...]
- [Insbesondere ist] der Preis, den unsere Wirtschaft für **importierte Güter** bezahlen muss, von erheblicher Bedeutung. Werden Konsumgüter eingeführt, steigen die Verbraucherpreise hierzulande unmittelbar. Da die Bundesrepublik Deutschland zudem arm an Rohstoffen und Energiequellen ist, müssen diese in großem Umfang eingeführt werden. Verteuerungen an den **Rohstoffmärkten** und Verteuerungen von Vorleistungen lassen die Produktionskosten steigen und damit auch tendenziell die Angebotspreise der Unternehmen. Die so **importierte Inflation** spielt also nicht nur auf der Nachfrageseite, sondern auch auf der Angebotsseite unserer Wirtschaft eine Rolle.

- Als **Angebotsinflation** bezeichnen wir deshalb einen Zustand, bei dem Preissteigerungen auf der Angebotsseite ausgelöst werden. Die Unternehmen versuchen, Kostensteigerungen über die Preise weiterzugeben (*Kostendruckinflation*). Angesichts des Einflusses der **Lohnkosten** auf die gesamten Kosten der Gütererzeugung steht dabei die Lohnentwicklung im Vordergrund. Die volkswirtschaftlichen Auswirkungen von Lohnsteigerungen hängen allerdings davon ab, in welchem Verhältnis diese zur Entwicklung der sogenannten Arbeitsproduktivität, also der Erzeugung von Gütern und Dienstleistungen je Arbeitsstunde, stehen. Können nämlich bei gleichem Arbeitseinsatz mehr Güter hergestellt werden, so muss ein Anstieg der Löhne nicht zu einem höheren Angebotspreis der Güter führen.
- Zur Angebotsinflation zählt ferner die sogenannte *Gewinndruckinflation*, bei der die Unternehmen die Preise bei unveränderten Kosten anheben, um ihre Gewinne zu erhöhen. Voraussetzung für diese Inflationsart ist jedoch eine unabhängig von den Marktbedingungen erfolgende Preissetzung durch marktbeherrschende Unternehmen und den Staat (administrierte Preisbildung).

Nicht auf allen Märkten funktioniert nämlich der Wettbewerb ausreichend. Offene und vor allem versteckte Kartellbildung, aber auch staatliche Preissetzungen, wie z.B. in der Landwirtschaft, behindern das freie Spiel von Angebot und Nachfrage in vielfältiger Weise. Manche Unternehmen sind deshalb in der Lage, Kostensenkungen in den Absatzpreisen nicht weitergeben zu müssen bzw. in ihrer Kalkulation auf die Durchschnittskosten unabhängig von der Marktlage eine bestimmte Gewinnmarge aufzuschlagen. Das führt zwar nicht zu einer sukzessiven Gewinn- und Preissteigerung. Dafür nimmt aber die Preisflexibilität „nach unten“ ab. Preisstarrheiten in Teilbereichen begünstigen jedoch den Preissteigerungsprozess in der gesamten Volkswirtschaft.

(Geld und Geldpolitik. Ein Heft für die Schule, Sekundarstufe II, Ausgabe 2005/2006. Hrsg. im Auftrag der Arbeitsgemeinschaft zur Förderung der wirtschaftlichen und sozialen Bildung e.V. Bonn und der deutschen Bundesbank von Dr. Adalbert Kitsche und Prof. Dr. Heinz Markmann, Verlag Th. Mann, Gelsenkirchen-Buer 2005, S. 104f.)

Abb. 1: Einfuhrpreise und Inflation in der Bundesrepublik (bis 1991: alte Bundesländer, ab 1992: Gesamtdeutschland)

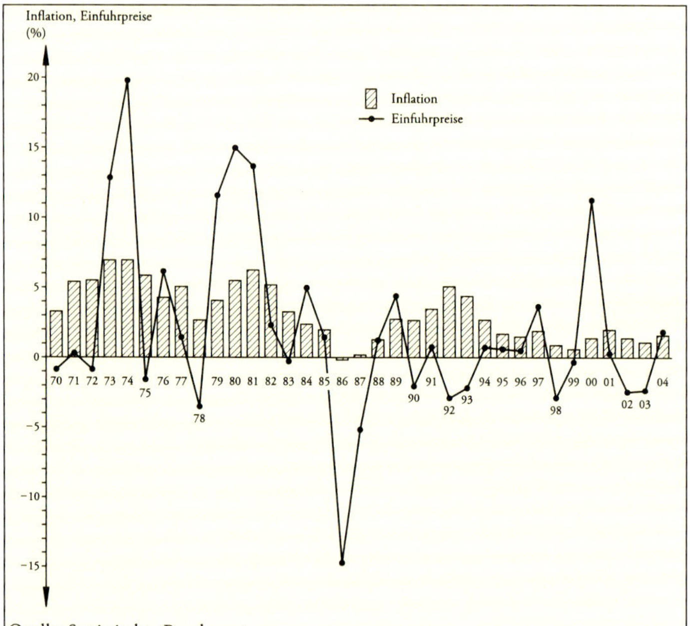

Quelle: Statistisches Bundesamt

(Gerhard Mussel/Jürgen Pätzold [= M 30], S. 123)

Abb. 2

(Zeichnung: Erik Liebermann/CCC, www.c5.net)

Die Darstellung hat gezeigt, dass man sowohl bei der Nachfragesog-Inflation als auch bei der Kostendruck-Inflation nach *„hausgemachten"* und *„importierten"* Inflationsimpulsen unterscheiden kann, je nachdem ob der Nachfragesog stärker aus dem Inland (z. B. erhöhte Konsumnachfrage) oder aus dem Ausland (erhöhte Exporte bei gleich bleibenden oder verringerten Importen) erfolgt und je nachdem, ob der Kostendruck stärker im Inland (z. B. Lohnerhöhungen) entsteht oder vom Ausland (z. B. erhöhte Rohstoffpreise) erzeugt wird. Im Zusammenhang mit den hausgemachten Kostendruckimpulsen wird häufig die sog. **„Lohn-Preis-Spirale"** als wichtige Inflationsursache diskutiert: Die Unternehmer berufen sich bei Preiserhöhungen auf gestiegene Lohnstückkosten (s. M 92, S. 367f.), die Gewerkschaften verlangen bei den Tarifverhandlungen einen entsprechenden „Inflationsausgleich"; die vereinbarten Lohnerhöhungen sind für die Unternehmer wiederum Anlass, die Preise zu erhöhen, usw. So relevant der Zusammenhang zwischen Löhnen, Kosten und Preisen ist, so muss doch auf Folgendes hingewiesen werden: 1. Es lässt sich empirisch meist nicht feststellen, wer die „Lohn-Preis-Spirale" in Bewegung gesetzt hat. Die Diskussion darüber ist häufig müßig. 2. Nachweisbar sind für Preiserhöhungen häufig insbesondere die sog. **„staatlich administrierten"** Preise (z. B. Verkehrstarife, Post- und Fernmeldegebühren) verantwortlich. 3. Die Inflationsentwicklung in der Bundesrepublik zeigt, dass die Entwicklung von Importgüterpreisen (z. B. Rohstoffen) ganz wesentlich die Inflationsentwicklung beeinflusst hat (vgl. dazu Abb. 1). (Autorentext)

Abb. 3

„Grausam, wie der Hase den armen Fuchs hetzt!"
(Zeichnung: Horst Haitzinger/CCC, www.c5.net)

1. *Erläutern Sie möglichst mit eigenen Worten die verschiedenen Inflationstheorien und ihre Klassifizierung (M 38). Auf welchen Voraussetzungen bauen sie jeweils auf? Welche Erscheinungen können Sie erklären, welche nicht?*

2. *Erläutern Sie mit eigenen Worten die folgende Aussage: „Eine Geldmengeninflation setzt voraus, dass bei konstanter Umlaufgeschwindigkeit (U) die Geldmenge (M) stärker wächst als die Güterproduktion (X) (Sozialprodukt). Sofern X und M in gleichem Maße wachsen, entsteht bei konstantem U kein Inflationsdruck." („Fisher'sche Verkehrsgleichung").*

3. *Erklären Sie, inwiefern die „Nachfrageinflation" in den letzten Jahren in Deutschland wohl kaum eine Rolle gespielt hat (vgl. M 15b, S. 249). Welche Inflationsursachen können für die Inflationsentwicklung des Jahres 2005 als hauptverantwortlich angesehen werden (vgl. dazu die Entwicklung des Verbraucherpreisindex [M 36] und M 37)?*

4. *Beschreiben Sie, was es mit der „Lohn-Preis-Spirale" auf sich hat, und verfolgen Sie daraufhin ggf. laufende Tarifverhandlungen. Welche Rolle spielen in der Argumentation der Tarifparteien Inflationsentwicklungen und Inflationsursachen (vgl. auch M 39, Z. 10ff., und Grafik S. 288)?*

5. *Interpretieren Sie die beiden Karikaturen Abb. 2 u. 3. Auf welche möglichen Inflationsursachen nehmen sie Bezug? Was wollen sie zum Ausdruck bringen? Nehmen Sie Stellung zur jeweiligen Aussageabsicht.*

M 39 Folgen der Inflation

Für die realen Folgen inflationärer Entwicklungen kommt es entscheidend darauf an, ob der Kaufkraftverlust pro Geldeinheit durch eine Erhöhung der verfügbaren Geldeinheiten ausgeglichen werden kann. Die Chancen für einen Inflationsausgleich sind bei den Wirtschaftssubjekten unterschiedlich. Neben den Folgen für einzelne Wirtschaftssubjekte bzw. Bevölkerungsgruppen ergeben sich auch Wirkungen für die Gesamtwirtschaft.

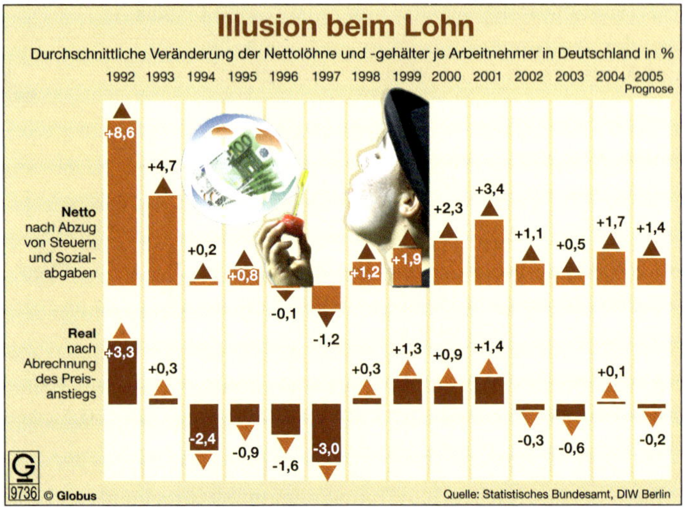

- **Inflation und Einkommen**

Einkommensbezieher sind, wenn sie Kaufkraftverluste vermeiden wollen, darauf angewiesen, inflationsbedingte Geldentwertungen durch Einkommenserhöhungen auszugleichen. Das kann insbesondere für Bezieher fester Einkommen zu einem Problem werden. Wie gut es gelingt, hängt nicht zuletzt von der Wirksamkeit der Interessenvertretung ab. Gewerkschaften können in der Regel in den Tarifverträgen zumindest einen Inflationsausgleich durchsetzen. Strittig ist dabei u.a. zwischen den Tarifparteien immer wieder die Frage, ob eine Lohnerhöhung eine zukünftige Preissteigerung vorwegnimmt und damit auf die zu erwartende Inflationsrate ausgerichtet werden muss, oder ob die Preissteigerung vorausgeht und durch die Lohnerhöhung nachträglich ausgeglichen wird („Lohn-Preis-Spirale"; vgl. M 38, Z. 104ff.).

- **Inflation und Vermögen**

Geldvermögen wachsen durch Zinsen. Liegt der Zinssatz unter der Inflationsrate, nehmen Geldvermögen real ab. Inflation beeinträchtigt also die *Wertaufbewahrungsfunktion* des Geldes. Da insbesondere einkommensschwache Bevölkerungskreise ihre Ersparnisse nur zu vergleichsweise geringen Zinssätzen anlegen (können), ergibt sich eine sozial bedenkliche Inflationsfolge.

Sachvermögen wachsen durch Wertsteigerungen. In der Regel liegen die Steigerungsraten über der Inflationsrate, sodass Sachvermögensbesitzer durch die Inflation kaum benachteiligt werden. Bei hohen Inflationsraten findet daher oft eine *„Flucht in Sachwerte"* statt, d.h., Geldvermögen wird in Sachvermögen umgewandelt („Betongold").

Sparer verlieren, Schuldner gewinnen

Geldentwertung senkt die Kaufkraft aller Vermögenswerte, die auf einen festen Geldbetrag lauten. Darunter fallen Geld, festverzinsliche **Wertpapiere, Sparguthaben und Versicherungsverträge**. Je niedriger die Realzinsen fallen und insbesondere dann, wenn die Inflationsrate höher ist als die Zinsen, die die Bank für das Sparbuch zahlt, desto mehr gewinnen die Kreditnehmer auf Kosten der Eigentümer von Finanzanlagen. [...] Besonders betroffen sind dabei die Sparkonteninhaber. da die Realzinsen der Spareinlagen in Phasen hoher Inflation häufig unter Null sinken. Da Sparanlagen die typische Anlageform breiter Bevölkerungsschichten sind, tragen Sparkonteninhaber einen besonders hohen Teil der Kosten der Inflation.

(Das Parlament Nr. 33–34 v. 8./15.8.1997, S. 5; Verf.: Gertrud Traud)

- **Inflation und Schulden**

Für Schulden gilt das *Nominalwertprinzip*. 1000 Euro Schulden bleiben auch bei hoher Inflation 1000 Euro Schulden. *Schuldner profitieren* und *Gläubiger verlieren* also durch die Inflation, wenn kein Inflationsausgleich durch Zinsanpassungen stattfindet. [...]

- **Inflation und Beschäftigung**

Die Zusammenhänge zwischen Inflation und Beschäftigung bzw. Wachstum sind nicht eindeutig. Die in der Realität oft zu beobachtende Gleichzeitigkeit von Inflation und Beschäftigungszunahme bedeutet noch keineswegs, dass es sich um ein Ursache-Wirkungs-Verhältnis handelt und dass der Staat lediglich die Inflation anheizen müsse, um die Beschäftigung zu fördern. Bei einer Erhöhung der nachfragewirksamen Geldmenge (z.B. durch staatliche Kreditaufnahme) wächst die gesamtwirtschaftliche Nachfrage. Inwieweit die Mehrnachfrage zu mehr Beschäftigung oder zu mehr Inflation führt, hängt insbesondere vom Grad der bestehenden Kapazitätsauslastung ab. Je höher die Auslastung, umso höher der Inflationseffekt; je geringer die Auslastung, umso höher der Beschäftigungseffekt. Aus dem Sowohl-als-auch ergibt sich für die Wirtschaftspolitik ein typischer Zielkonflikt. Der empirische Zusammenhang zwischen Beschäftigung und Inflation wird zumeist mithilfe der Phillips-Kurve dargestellt (s. dazu M 7, S. 236).

(Hans Jürgen Albers [Hg.], Volkswirtschaftslehre, Verlag Europa-Lehrmittel, Haan-Gruiten, 6. Aufl. 2005, S. 257f.)

1. *Erläutern Sie, in welcher Weise bestimmte Bevölkerungsgruppen (Wirtschaftssubjekte) von Inflation betroffen sind, und beantworten Sie folgende, sich daraus ergebende Fragen:*
   - *Warum werden vor allem die „Bezieher fester Einkommen" betroffen? In welcher Lage sind im Allgemeinen Selbstständige, z. B. Unternehmer?*
   - *Inwiefern werden – im Unterschied zu Sachvermögensbesitzern – die Besitzer von Geldvermögen, insbesondere von kleineren Ersparnissen, durch Inflation geschädigt?*
   - *Inwiefern zeigt sich darin eine „sozial bedenkliche Inflationsfolge"?*
   - *Inwieweit macht die Behauptung Sinn: „In Zeiten von Inflation sollte man Schulden machen."?*

2. *Versuchen Sie sich in folgende Rollen zu versetzen und Ihre Situation bei hoher oder steigender Inflation zu beschreiben (als Inflationsverlierer oder auch Inflationsgewinner):*
   - *Sie planen den Bau eines Eigenheims und haben dafür ein Sparguthaben angesammelt.*
   - *Für den Bau eines Eigenheims nehmen Sie einen Kredit zu einem festen Zinssatz auf.*
   - *Sie zahlen für Ihre Alterssicherung regelmäßig Beiträge in eine Lebensversicherung.*
   - *Als Unternehmer haben Sie bei Ihrer Produktionsplanung eine bestimmte (hohe) Kundennachfrage kalkuliert.*

5. Bedeutung und Entwicklung des Außenhandels

M 40 „Außenwirtschaftliches Gleichgewicht" als wirtschaftspolitisches Ziel

Das vierte und damit letzte Ziel des „gesamtwirtschaftlichen Gleichgewichts" ist das Außenwirtschaftsziel. Auch das Ziel des „außenwirtschaftlichen Gleichgewichts" ist in § 1 des Stabilitäts- und Wachstumsgesetzes verankert. Es kann als eine Voraussetzung für die Erreichung der binnenwirtschaftlichen Stabilisierungsziele – Preisniveaustabilität, hoher Beschäftigungsstand, stetiges und angemessenes Wirtschaftswachstum – interpretiert werden. Das Ziel des außenwirtschaftlichen Gleichgewichts beinhaltet insoweit ganz allgemein die außenwirtschaftliche Absicherung der binnenwirtschaftlichen Entwicklung. Es ist sicherzustellen, dass internationale wirtschaftliche Transaktionen sich nicht störend auf die nationale Wirtschaftsentwicklung auswirken.

(Gerhard Mussel/Jürgen Pätzold [= M 30], S. 187)

Etwa ein Drittel des deutschen Bruttoinlandsprodukts wird exportiert; der Anteil der Importe am Bruttoinlandsprodukt beläuft sich auf ca. 30 Prozent. Diese – auch im internationalen Vergleich – hohe Außenverflechtung lässt erkennen, dass die außenwirtschaftlichen Beziehungen für die deutsche Volkswirtschaft von erheblicher Bedeutung sind und dass die wirtschaftliche Entwicklung nicht zuletzt von der außenwirtschaftlichen Position beeinflusst wird. Das Ziel „außenwirtschaftliches Gleichgewicht" hebt auf ein angemessenes Verhältnis von Exporten und Importen ab. Aus gesamtwirtschaftlicher Sicht sind auf Dauer weder Überschüsse noch Defizite wünschenswert. Ständige Überschüsse bedeuten u.a., dass Inländer Güter produzieren, die ihnen weder zum Verbrauch noch für Investitionen zur Verfügung stehen. Defizite müssen aus den Währungsreserven finanziert werden; stehen diese nicht ausreichend zur Verfügung, ergeben sich internationale Finanzierungs- und Verschuldungsprobleme.
Messgrundlage für die außenwirtschaftliche Situation ist die **Leistungsbilanz**. Darin sind enthalten die *Handelsbilanz*, die *Dienstleistungsbilanz*, die Bilanz der *Erwerbs- und Vermögenseinkommen* und die Bilanz der *laufenden Übertragungen* (s. Kasten unten). Als Indikator für das außenwirt-

schaftliche Gleichgewicht verwendet die Bundesregierung den **Außenbeitrag**, genauer: den prozentualen Anteil des Außenbeitrages am Bruttoinlandsprodukt. Der Außenbeitrag ergibt sich aus den *Salden von Handels- und Dienstleistungsbilanz* (2005: 160,5 – 30,2 = 130,3; s. Kasten u.; Quelle: Deutsche Bundesbank; vorläufige Berechnung).
Da die deutsche Übertragungsbilanz traditionell passiv ist, soll der Außenbeitrag in etwa so hoch sein, dass das Defizit der Übertragungsbilanz ausgeglichen werden kann. Leitlinie des Ziels „außenwirtschaftliches Gleichgewicht" ist also eine ausgeglichene Leistungsbilanz. Der Leistungsbilanzsaldo ist der umfassendste Ausdruck für den außenwirtschaftlichen Status eines Landes. Vor allem für internationale Vergleiche werden daher häufig die Anteile des Leistungsbilanzsaldos am Bruttoinlandsprodukt gegenübergestellt.

(Hans Jürgen Albers/Gabriele Albers-Wodsack/Harald Manstein/Inge Maur-Manstein, Volkswirtschaftslehre, Verlag Europa-Lehrmittel, Haan-Gruiten, 6. Aufl. 2005, S. 218f.)

Offenheitsgrad der deutschen Volkswirtschaft
Exporte und Importe in % des realen BIP

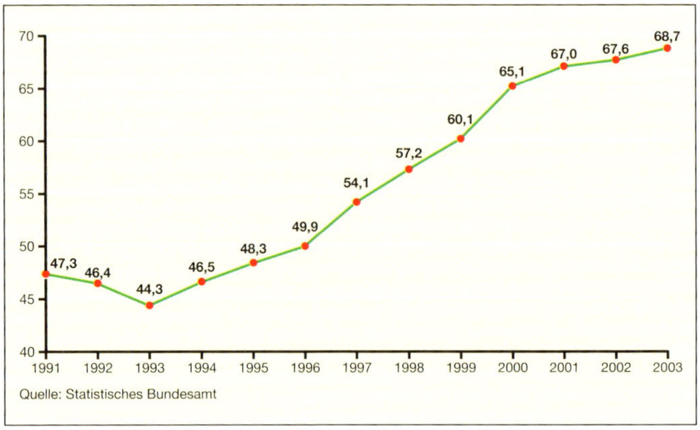

(Bundesministerium für Wirtschaft und Arbeit, Jahreswirtschaftsbericht 2004, S. 14)

Der Saldo der Leistungsbilanz, der sich aus den Salden der einzelnen Teilbilanzen ergibt, soll die Transfers berücksichtigen, die Einfluss auf Verbrauch und Einkommen haben. Die entsprechenden Gegenbuchungen erfolgen in der Kapitalbilanz.
Die **Handelsbilanz** umfasst alle Warenexporte und Warenimporte. Übersteigen die Exporte die Importe, liegt eine aktive Handelsbilanz vor; umgekehrt wird von einer passiven Handelsbilanz gesprochen.
Zu den **Dienstleistungen** gehören Finanz-, Transport- und Reiseverkehrsdienstleistungen sowie Lizenzen und Patente. Beispiel: Urlauber geben für Auslandsreisen Euro aus, sie importieren Dienstleistungen.
Die wichtigsten Komponenten der **Erwerbs- und Vermögenseinkommen** sind Kapitalerträge und Einkommen aus unselbstständiger Tätigkeit, z. B. deutsche Anleger erhalten aus dem Ausland über ihre Hausbank Zinsen und Dividenden überwiesen.
Im Bereich **Laufende Übertragungen** werden Leistungen erfasst, denen keine unmittelbaren Gegenleistungen gegenüberstehen, z. B. Entwicklungshilfe, Beitragszahlungen an die UNO.

(Werner Heiring, Im Kreislauf der Wirtschaft, Bank-Verlag, Köln 2005, S. 145)

Leistungsbilanz (in Mrd. €) 2005

1. Außenhandel	+160,5
Ausfuhr	786,1
Einfuhr	625,6
Ergänzungen zum Warenhandel	–15,1
2. Dienstleistungen	–30,2
darunter:	
Reiseverkehr	–35,8
3. Erwerbs- und Vermögenseinkommen	+3,8
4. Laufende Übertragungen	–28,7
darunter:	
Nettoleistung zum EU-Haushalt	–14,4
Überweisungen von „Gastarbeitern" an das Ausland (netto)	–2,9
Saldo der Leistungsbilanz	**+90,3**

M 41 „Fast nie ausgeglichen" – Die Entwicklung der Leistungsbilanz

Die Leistungsbilanz spiegelt die Wirtschaftskraft, die Leistung einer Volkswirtschaft im Sinne internationaler Wettbewerbsfähigkeit wider, die sich z. B. in der Fähigkeit ausdrückt, Importe durch den Erlös der Exporte zu finanzieren und ggf. Übertragungen an das Ausland zu leisten. Würde man das Ziel *außenwirtschaftlichen Gleichgewichts* so interpretieren, dass die Summe der Importe der Summe der Exporte entsprechen soll – d.h. der Außenbeitrag wäre Null –, dann würde in der Bundesrepublik das erhebliche chronische Defizit in der Bilanz der laufenden Übertragungen – hervorgerufen vor allem aufgrund der Übertragungen an die Europäische Union, deren größter Nettozahler die Bundesrepublik ist, und von Überweisungen ausländischer Arbeitnehmer in ihre Heimat (s. Kasten S. 290) – zu Finanzierungsproblemen führen. Die veröffentlichten Zahlen der Leistungsbilanz wie auch der übrigen Teilbilanzen der Zahlungsbilanz differenzieren üblicherweise nicht nach einzelnen Handelspartnern. Da auch die Dienstleistungsbilanz ein chronisches Defizit aufweist (insbesondere aufgrund der Reisetätigkeit der Deutschen im Ausland), muss im *Warenhandel* ein beträchtlicher Exportüberschuss erwirtschaftet werden, um die beiden Löcher in der Dienstleistungs- und der Bilanz der laufenden Übertragungen zu stopfen.

Außenwirtschaftliches Gleichgewicht wäre nach diesem Konzept verwirklicht, wenn die *Leistungsbilanz* ausgeglichen ist.

Abb. 1

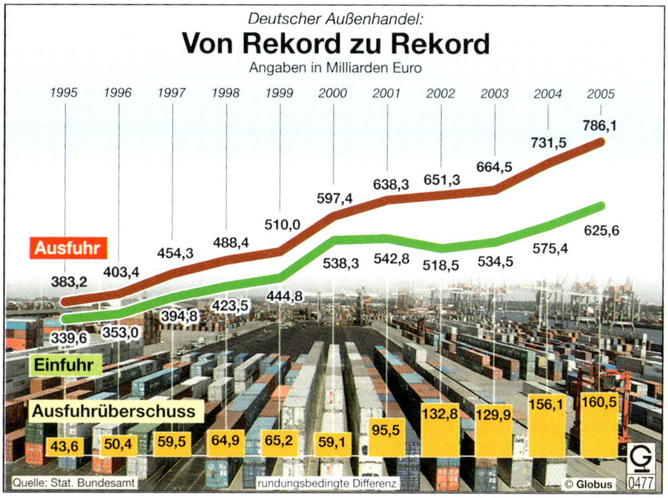

Abb. 2

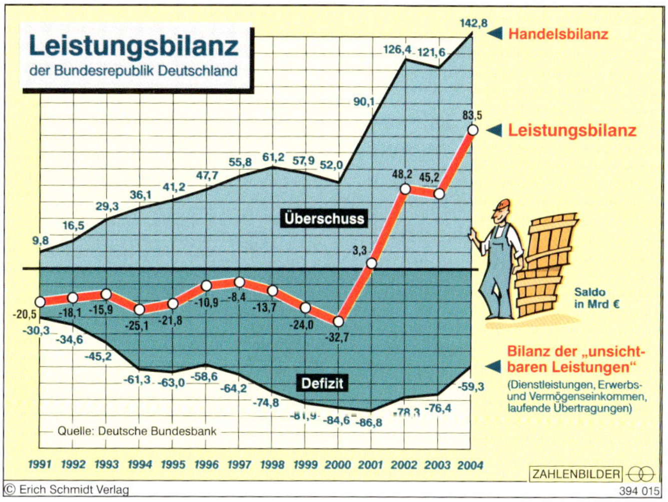

Dieser Zustand [wurde] praktisch nie erreicht. Während es nach dem Zweiten Weltkrieg lange Jahre hindurch nur (zum Teil recht hohe) Leistungsbilanzüberschüsse gegeben hat (**aktive** Leistungsbilanz), wies die Leistungsbilanz in den Jahren 1979–1981 erstmalig ein Defizit auf (**passive** Leistungsbilanz) – eine unmittelbare Folge der zweiten umfassenden Ölpreiserhöhung. Auch ab 1991 ergaben sich aufgrund der Wiedervereinigung hohe Leistungsbilanzdefizite: Der Importsog in den neuen Bundesländern löste eine entsprechende Verringerung des traditionellen Außenhandelsüberschusses aus; die Handelsbilanz rutschte ins Minus. Da gleichzeitig erhebliche Übertragungen zu leisten waren – u.a. bedingt durch den Golfkrieg*, die Rückführung der sowjetischen Truppen und Nachzahlungen an den EU-Haushalt –, ergab sich ein kräftiges Leistungsbilanzdefizit auf anhaltend hohem, ungewohntem Niveau. [Erst ab 2001 ergaben sich aufgrund der aus Abb. 1 ersichtlichen stark ansteigenden Exportüberschüsse deutliche Leistungsbilanzüberschüsse.]

(Jörn Altmann [= M 32], S. 210f.)

1. *Machen Sie sich anhand von M 40 den Aufbau der Leistungsbilanz klar und überprüfen Sie Ihr Verständnis durch die Zuordnung folgender Transaktionen zu den Teilbilanzen:*
   - *Kauf (Verkauf) von Kraftfahrzeugen aus dem (an das) Ausland;*
   - *eine deutsche Reederei lässt ihre Schiffe bei einem englischen Versicherungsunternehmen versichern;*
   - *Ausgaben amerikanischer Touristen für eine Reise nach Deutschland und umgekehrt;*
   - *Einkommen grenznah wohnender, in Deutschland arbeitender Franzosen („Pendler") und umgekehrt;*
   - *Katastrophenhilfe für ein von einem Erdbeben betroffenes Land;*
   - *Entwicklungshilfekredit für ein Dritte-Welt-Land;*
   - *Tilgung des Kredits durch das Entwicklungsland;*
   - *Zinseinkünfte für im Ausland angelegtes Kapital.*

2. *Analysieren Sie anhand von M 41 die Entwicklung der Leistungsbilanz für die Bundesrepublik.*
   - *Durch welche Teilbilanz wird die Entwicklung der Leistungsbilanz im Wesentlichen bestimmt?*
   - *Erklären Sie anhand der Texthinweise, warum die Übertragungsbilanz und zumeist auch die Dienstleistungsbilanz der Bundesrepublik negativ sind. Wie hoch muss der Handelsbilanzüberschuss jeweils sein, damit a) die Leistungsbilanz und b) der Außenbeitrag (als Saldo von Handels- und Dienstleistungsbilanz) ausgeglichen bzw. positiv ist?*
   - *Erläutern Sie die Erklärung, die für die Entwicklung der Leistungsbilanz gegeben wird.*

M 42 Bedeutung, Struktur und Entwicklung des deutschen Außenhandels

Abb. 1

Der Außenhandel ist für die deutsche Wirtschaft von enormer und zunehmender Bedeutung. Jährlich werden zurzeit Güter im Wert von ca. 35 % des Bruttoinlandsprodukts ausgeführt (Exportquote) und von 30 % eingeführt (Importquote; vgl. Grafik zum „Offenheitsgrad" der deutschen Volkswirtschaft, S. 290). Bei der Entwicklung seit den 1990er-Jahren ist allerdings die Expansion des gesamten Welthandels zu berücksichtigen (s. Grafik S. 294). Die Position als „Exportweltmeister" seit 2003 ist auch darauf zurückzuführen, dass die in US-Dollar bewerteten Exporte rein rechnerisch (nominale Berechnung) durch den gestiegenen Außenwert des Euro (s. M 46) höher ausgewiesen wurden. Der *Anteil* des deutschen Exports am Weltexport konnte seit 1995 gehalten werden, während u.a. amerikanische und britische Firmen erhebliche Marktanteile verloren (s. M 43). Zu bedenken ist auch, dass der Importanteil an der gesamten Wertschöpfung des Exports (aus dem Ausland gelieferte Vorleistungen und Teilprodukte für deutsche Exportgüter) stark zugenommen hat (vgl. dazu M 44). In Schaubildern und Statistiken wird auch nicht immer deutlich gemacht, dass Deutschland nur im Warenhandel „Exportweltmeister" ist; bezieht man den Dienstleistungsexport mit ein, liegen die USA unangefochten an der Spitze.

Die „Exportabhängigkeit" des deutschen Arbeitsmarkts zeigt sich darin, dass rd. 20 % (8 Mio.) der deutschen Erwerbstätigen in irgendeiner Weise im Ausfuhrgeschäft tätig sind (bei der Herstel-

lung von Exportgütern selbst sowie von Zubehör und Material und beim Transport und mit Versicherungsleistungen). Im internationalen Vergleich liegt die Exportquote deutlich vor Japan (rd. 7 %) und den USA (rd. 10 %), aber weit hinter einigen kleineren europäischen Ländern wie Belgien (rd. 62 %), Niederlande (49 %), Irland (68 %). Dabei gehen fast zwei Drittel (2004: 64 %) aller deutschen Exporte in die Länder der EU (s. Abb. 3), aus denen auch rd. 60 % aller Importe stammen. Hauptausfuhrgüter sind Autos, elektrotechnische und chemische Erzeugnisse und Maschinen. So stammt z. B. in zwei Bereichen des Maschinenbaus (Fluidtechnik [Hydraulik, Pneumatik] und Papier- und Drucktechnik) ein Drittel des gesamten Weltexports aus Deutschland. Zu beachten (und durch die enorme Vielfalt der Produkte und der Präferenzen [Vorlieben] der Verbraucher zu erklären) ist die Tatsache, dass auch die wichtigsten Einfuhrgüter aus nahezu denselben Bereichen stammen wie die Exportgüter (Autos, elektrotechnische und chemische Erzeugnisse).
Neben den großen Vorteilen der starken Exportposition (Beitrag zum BIP, Sicherung von Arbeitsplätzen) sind insgesamt auch Nachteile der Exportabhängigkeit zu bedenken, wie z. B. die Abhängigkeit von Konjunkturschwankungen im Ausland und die manchmal aus politischen Gründen bedenkliche Rücksichtnahme auf Länder, mit denen aus ökonomischen Gründen wichtige Handelsbeziehungen bestehen. (Autorentext)

Abb. 2

Abb. 3

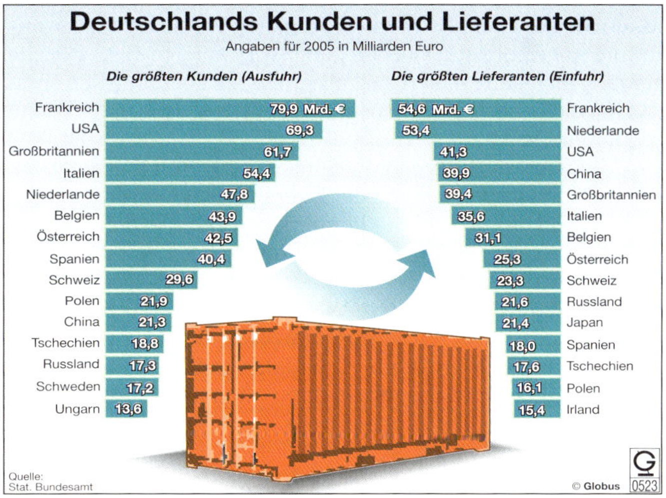

M 43 „Deutschland hält mit"

Der Konkurrenzdruck auf dem Weltmarkt ist groß. Während Produkte aus Osteuropa schwer im Kommen sind, büßen etablierte Industriestaaten Marktanteile ein – nicht so Deutschland: Erzeugnisse aus heimischer Fertigung konnten in den vergangenen zehn Jahren ihre Stellung rund um den Globus halten. Geholfen haben dabei sinkende Lohnstückkosten, günstige ausländische Vorprodukte sowie eine weltweit rege Nachfrage nach deutschen Maschinen und anderen Hightech-Gütern.
„Made in Germany" genießt auf dem Weltmarkt noch immer einen guten Ruf. Das hat einmal mehr die Industriestaatenorganisation OECD mit ihrer Berechnung der sogenannten Exportper-

formance bestätigt. Der Indikator* vergleicht die Entwicklung der Ausfuhren eines Landes mit dem Importwachstum seiner wichtigsten Handelspartner. Die Exportperformance sinkt, wenn ein Land nicht in vollem Umfang von der steigenden Nachfrage seiner ausländischen Abnehmer profitiert, sondern die Kunden verstärkt bei der Konkurrenz in anderen Staaten einkaufen. Deutschland blieb dieses Schicksal im Trend der vergangenen zehn Jahre erspart.
Zwischen 1995 und 2005 konnte die deutsche Exportperformance stabil gehalten werden. Das heißt: Produkte aus heimischen Werkhallen verteidigten ihre Marktanteile auf bedeutenden Absatzmärkten.
Etablierte Konkurrenten mussten dagegen Federn lassen. Die amerikanischen und britischen Firmen zum Beispiel verloren rund ein Fünftel ihrer Marktanteile.
Dass sich Produkte aus hiesiger Fertigung weltweit behaupten, hat vor allem drei Gründe:

(Aus: Der Fischer Weltalmanach 2006, © Fischer Taschenbuch Verlag in der S. Fischer Verlag GmbH, Frankfurt am Main 2005, S. 661)

Moderate Lohnpolitik: Im internationalen Vergleich werden an deutschen Standorten zwar noch immer hohe Lohnstückkosten fällig (vgl. M 93, S. 369). Die eher moderaten Tarifabschlüsse der vergangenen Jahre haben die Unternehmen aber preislich etwas konkurrenzfähiger gemacht. So sanken die Lohnstückkosten [in der Industrie] zwischen 2000 und 2004 im Schnitt um 1 Prozent pro Jahr (s. M 93).
Produktionsverlagerungen: Viele Betriebe konnten ihre Kosten senken, indem sie Vorprodukte im Ausland fertigen ließen oder kostengünstig von dort bezogen (vgl. M 44).
Starke Weltkonjunktur: Die Konjunktur rund um den Globus läuft und läuft. Im vergangenen Jahr kletterte der Wert der weltweit produzierten Waren und Dienstleistungen real um 5 Prozent – 2005 wird die Weltwirtschaft voraussichtlich um 4 Prozent zulegen. Vor allem Amerikaner und Chinesen erleben einen Boom und fragen daher verstärkt hochwertige Güter nach – hier hat Deutschland mit seinen Premiummarken einiges zu bieten. Gleichzeitig rüsten viele Betriebe in Mittel- und Osteuropa ihre Produktionsanlagen auf. Davon profitieren gerade die deutschen Maschinenhersteller, die mit ihren Nischenprodukten oft Marktführer sind.

(iwd Nr. 48 v. 1.12.2005, S. 3; © Deutscher Instituts-Verlag)

M 44 „Basar-Ökonomie"? Viel Import im Export

Deutsche Erzeugnisse sind von hoher Qualität und werden in aller Welt geschätzt – so lautet die bekannte Begründung dafür, dass die Bundesrepublik zu den führenden Exportnationen gehört. Doch da, wo „made in Germany" draufsteht, ist nicht nur deutsche Wertarbeit drin. Denn in immer stärkerem Maße bestehen die Ausfuhren aus in billigeren Ländern hergestellten und dann importierten Teilen. Häufiger als früher sind die als Exporte verbuchten Güter auch gänzlich ausländische Produkte, die hier nur Zwischenstation machen. Der Importanteil an den deutschen Exporten stieg zwischen 1991 und 2002 von knapp 27 auf fast 39 Prozent (s. Grafik S. 295).

(iwd Nr. 50 v. 9.12.2004, S. 6; © Deutscher Instituts-Verlag)

Die Angaben stützen die vom Münchener Ökonomen Hans-Werner Sinn vertretene These der „Basar-Ökonomie". Sinn argumentiert, dass deutsche Exporteure sich von Herstellern zu Händlern wandeln, die ausländische Produkte und Vorprodukte beziehen und sie unter eigenem Namen weiterverkaufen.
Die *inländische Wertschöpfung* verringere sich immer mehr; Arbeitsplätze würden zunehmend ins Ausland (Billiglohnländer) verlagert. Zu hohe Löhne im Inland beeinträchtigten so die inter-

nationale Wettbewerbsfähigkeit der deutschen Unternehmen. Kritiker dieser im Jahr 2005 viel diskutierten These weisen darauf hin, dass der zunehmende Importanteil dazu beitrage, das deutsche *Exportvolumen* insgesamt so zu vergrößern, dass der „Basareffekt" durch diesen „Mengeneffekt" mehr als kompensiert werde. Ob die enorme Steigerung des deutschen Exports (s. Abb. 1, S. 291) *trotz* oder *wegen* des wachsenden Importanteils daran erfolgte, lässt sich mit letzter Sicherheit nicht sagen. (Näheres dazu: http://de.wikipedia.org/wiki/Basar%C3%B6konomie)

(Autorentext)

Deutsche Exporte: Steigender Importgehalt

Anteil importierter Güter und Vorleistungen am Export in Prozent

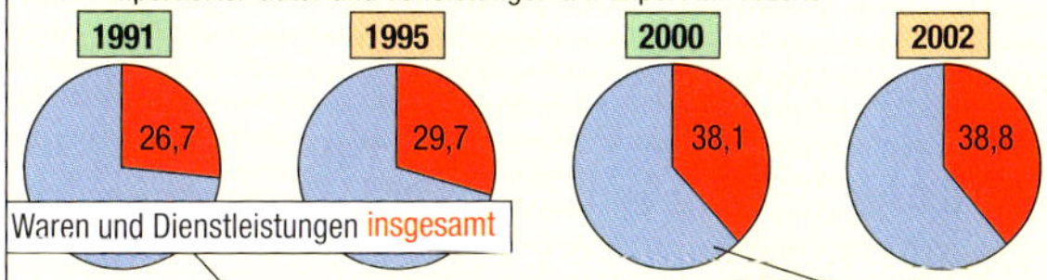

darunter:	1991	2000
Bekleidung	51,0	81,6
Büromaschinen, Datenverarbeitungsgeräte und -einrichtungen	56,8	80,2
Wasser-, Schienen- und Luftfahrzeuge	56,8	67,4
Rundfunk-, Fernseh- und Nachrichtentechnik	43,7	62,1
Textilien	37,7	53,8
Möbel, Schmuck, Musikinstrumente	27,9	42,4
Chemische Erzeugnisse	26,0	40,7
Kraftwagen und Kraftwagenteile	26,9	37,7
Geräte der Elektrizitätserzeugung und -verteilung	23,8	35,9
Papier-, Karton- und Pappewaren	27,5	35,2
Medizin-, Mess-, Steuer- und Regelungstechnik	23,9	35,2
Maschinen	22,0	31,7

Ursprungsdaten: Statistisches Bundesamt — Institut der deutschen Wirtschaft Köln

(iwd Nr. 50 v. 9.12.2004, S. 6; © Deutscher Instituts-Verlag)

Stellen Sie aus M 42 – M 44 die wichtigsten Aspekte zur Struktur, Entwicklung und Bedeutung des deutschen Außenhandels heraus:

- *Welche Bedeutung für die Wirtschaftsleistung (BIP) und die Beschäftigung hat der Export (M 42)? Was beschreibt der „Offenheitsgrad" (M 40)?*
- *Was ist bei der Position als „Exportweltmeister" zu beachten? Wie hat sich Deutschlands Anteil am Weltexport entwickelt? (M 42, M 43)*
- *Wie ist es zu erklären, dass die Hauptimportgüter ähnlicher Art sind wie die Hauptexportgüter?*
- *Mit welchen sechs Ländern (Abb. 3, S. 293) besteht ein Importüberschuss? Um welche Güter könnte es sich dabei vornehmlich handeln?*
- *Worum geht es in der Diskussion über die „Basar-Ökonomie" (M 44; vgl. dazu M 43, Z. 35f.)? Welche Argumentationen stehen sich gegenüber?*
- *Wie beurteilen Sie insgesamt die Vor- und Nachteile der deutschen „Exportabhängigkeit"?*

Außenhandel und Wechselkurse

M 45 Was der Wechselkurs bedeutet

Das Geld, das in einem Land als gesetzliches Zahlungsmittel benutzt wird, wird auch als Währung bezeichnet. Fast jedes Land hat eine eigene **Währung** (eine Ausnahme ist beispielsweise Panama, das den amerikanischen Dollar als Währung nutzt). Staatliche Grenzen und Währungsgrenzen sind in der überwiegenden Zahl der Fälle identisch. Mit der Europäischen Wirtschafts- und Währungsunion wurde dieser Zusammenhang erstmals in größerem Rahmen aufgegeben. Allerdings bleibt die Währungsunion stets auf das Gebiet der Europäischen Union begrenzt.

Bei Geschäften über die Grenzen hinweg wird – wenn man von den grenzüberschreitenden

Beispiel (vgl. M 46):

Euro-Wechselkurs am 4.1.1999:
1 Euro = 1,1789 Dollar
Euro-Wechselkurs am 31.12.2000:
1 Euro = 0,9305 Dollar

> **Aufwertung** des Dollar gegenüber dem Euro um 26,7 %

> **Abwertung** des Euro gegenüber dem Dollar um 21,1 %

Devisen- bzw. Wechselkurse bilden sich in den Ländern, in denen es keine Beschränkung des Devisenhandels gibt, frei nach Angebot und Nachfrage täglich an den Börsen; sie sind also reine Marktpreise.

Geschäften innerhalb der Europäischen Währungsunion und Spezialfällen, wie Panama, absieht – zumindest einer der beiden Geschäftspartner mit einer für ihn ausländischen Währung konfrontiert, entweder als Zahlender oder als Zahlungsempfänger. Mit grenzüberschreitenden Geschäften ist damit in der Regel ein *Tausch von Währungen* verbunden.

Der *Preis*, zu dem eine Währung in eine andere getauscht wird, heißt, je nachdem, von welcher Seite dieser Vorgang betrachtet wird, **Devisenkurs bzw. Wechselkurs**: Der Devisenkurs ist der Preis in inländischer Währung für eine Einheit ausländischer Währung. Beispiele: 1 US-Dollar = 1,0747 Euro, 1 britisches Pfund = 1,6023 Euro (Kurse vom 31.12.2000). In diesem Fall spricht man auch von *Preisnotierung*. Der Wechselkurs ist der Kehrwert, also der Preis in ausländischer Währung für eine Einheit der inländischen Währung. Diese Art der Darstellung der Kursverhältnisse wird auch als *Mengennotierung* bezeichnet. Beispiele: 1 Euro = 0,9305 US-Dollar, 1 Euro = 0,6241 britische Pfund (Kurse vom 31.12.2000). Vielfach werden diese beiden Begriffe allerdings gleichberechtigt nebeneinander benutzt.

Steigt der Devisenkurs einer Währung gegenüber einer anderen Währung, spricht man von *Aufwertung*, wenn er sinkt, von *Abwertung* dieser Währung.

(Bundesverband deutscher Banken [Hrsg.], Schul/Bank Wirtschaft, Berlin 2002, Themenfeld 3.12, S. 119)

M 46 Euro-Kurs und deutscher Außenhandel

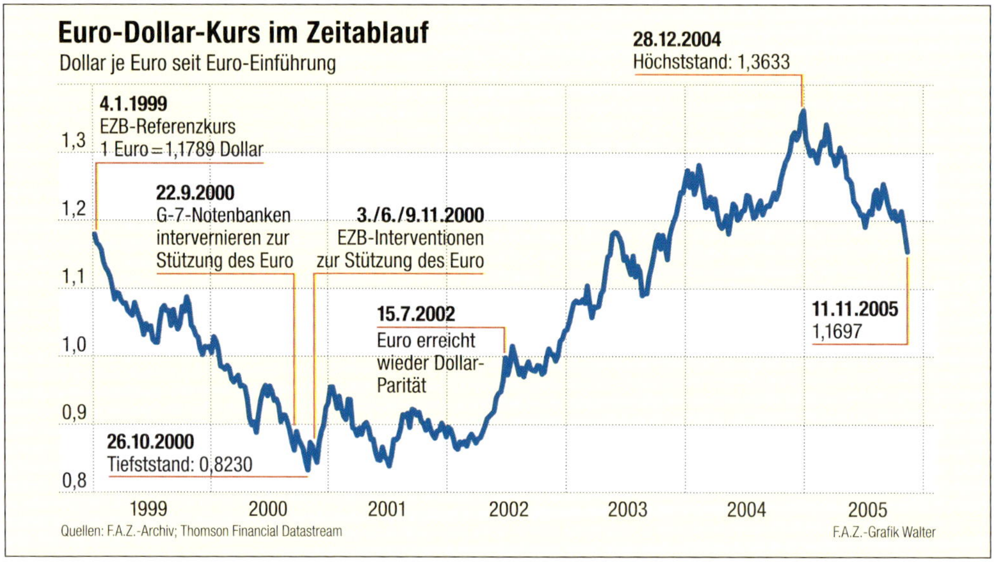

(Grafik: Stefan Walter; Quelle: Frankfurter Allgemeine Zeitung v. 15.11.2005, S. 19) Stand Anfang März 2006: 1,1902

(Zeichnung: Felix Mussil/CCC, www.c5.net)

„Hallo, Nachbarn ..."
(Zeichnung: Walter Hanel/ CCC, www.c5.net)

Die Höhe des Wechselkurses einer Währung beeinflusst nicht nur das Geschehen an den Finanzmärkten, sondern auch den **Außenhandel**. Sinkt der Wechselkurs des Euro gegenüber dem US-Dollar (der Euro verliert gegenüber dem US-Dollar an Wert), dann werden Waren aus Euroland in den USA billiger (der deutsche Export wird steigen) und Waren aus den USA in Euroland teurer (der Import wird sinken). Ein (z. B. in Deutschland hergestelltes) Auto im Wert von 30 000 €, für das ein amerikanischer Importeur Anfang Januar 1999 rd. 35 360 $ bezahlen musste, kostete ihn Ende Dezember 2000 nur noch rd. 24 690 $ (vgl. die Wechselkursentwicklung in der Grafik S. 296). Umgekehrt: Steigt der Kurs des Euro gegenüber dem Dollar, werden in Euro bewertete Güter in Amerika teurer; für das genannte Auto mussten (vorausgesetzt, sein €-Preis blieb gleich) Ende Dezember 2004 rd. 40 900 $ gezahlt werden (s. Grafik).

Die akute Schwäche des Dollars alarmiert die deutsche Industrie. „Die Schmerzgrenze ist bereits überschritten", kommentierte der Präsident des Bundesverbandes der Deutschen Industrie (BDI), Michael Rogowski, die jüngste Entwicklung. Ein Euro kostete gestern im Tagesverlauf zeitweise knapp 1,20 Dollar – mehr als je zuvor. Rogowski nannte die Entwicklung „sehr besorgniserregend". Seit Jahresanfang hat die Gemeinschaftswährung rund 17 Cent zugelegt. Ein Ende des Anstiegs ist nicht in Sicht. Besonders betroffen sind exportorientierte Branchen wie Pharma, Maschinenbau und Automobilindustrie. Ihre Produkte verteuern sich mit steigendem Euro-Kurs außerhalb der Euro-Zone. [...]
Nicht alle Konzerne klagen über den schwachen Dollar. Der Stahlkonzern Thyssen-Krupp etwa profitiert sogar vom starken Euro, weil wichtige Einsatzstoffe wie Eisenerz oder Kohle billiger werden. Auch RWE kann sich über die Dollarschwäche freuen: Die Verschuldung des Konzerns ist allein aufgrund von Wechselkursverschiebungen deutlich gesunken. RWE hatte seine milliardenteuren Zukäufe in den USA in Landeswährung finanziert.

(Handelsblatt v. 20.11.2003, S. 1; Verf: Markus Hennes)

Der kurze Zeitungsbericht (s. Kasten) zeigt, wie sich der Anstieg des Euro-Kurses 2003/2004 auf den deutschen Außenhandel (Exportindustrie) auswirkte. Dass der deutsche Export trotz der weiterhin bestehenden „Stärke" des Euro im Jahr 2004 fast eine Rekordhöhe erreichte (s. Abb. 1, S. 291), lag zum einen daran, dass der Großteil des Exports nicht in den Dollar-Raum, sondern in die EU-Länder erfolgte (s. Abb. 2, S. 291); zum anderen entwickelte sich bei zunehmender Expansion des gesamten Welthandels (s. Grafik S. 294) die Nachfrage (z. B. nach deutschen Autos) sehr stark, vor allem auch in den USA, wo sich eine steigende Einkommensentwicklung bemerkbar machte und sich daher die Nachfrage nach deutschen Gütern trotz des gestiegenen Euro-Dollar-Kurses nicht verringerte (die „Preiselastizität" der Nachfrage also gering war). Auf diese Weise wurde der deutsche Export durch die höheren Preise nicht entscheidend geschwächt.

(Autorentext)

M 47

Die Höhenangst fliegt mit

(Zeichnung: Luis Murschetz/CCC, www.cS.net)

M 48

Wieder Weltmeister

(Zeichnung: Pepsch Gottscheber/CCC, www.c5.net)

Die für den Außenhandel außerordentlich wichtigen Währungsbeziehungen können wir im Rahmen dieses Kapitels nicht ausführlich analysieren. Anhand von M 45 – M 48 können Sie aber Einsicht in einige grundlegende Aspekte gewinnen.

1. *Machen Sie deutlich, welcher Sachverhalt mit dem Begriff Wechselkurs bezeichnet wird. Wann spricht man von Preis-, wann von Mengenwechselkurs? Wo und wie bildet sich der Kurs jedes Tages (M 45)?*

2. *Beschreiben Sie die Entwicklung, die der Wert des Euro gegenüber dem Dollar (Wechselkurs/Mengennotierung) in den fünf Jahren seit seiner Einführung im internationalen Zahlungsverkehr und an den Börsen (1.1.1999) genommen hat (M 46). Welche Berechnungen liegen den Aussagen zugrunde, dass der Euro*
– vom 1.1.1999 bis zum 28.10.2000 fast ein Drittel (30%) seines Wertes verloren hatte,
– vom 28.10.2000 bis zum 29.12.2003 um mehr als 50% an Wert gewonnen hatte?

3. *Analysieren Sie anhand von M 46 die unterschiedlichen Auswirkungen eines „schwachen" bzw. eines „starken" Euro auf die Exportchancen der deutschen Industrie und beachten Sie dabei auch die folgenden Fragen:*
- *Wie kann sich eine Aufwertung des Euro gegenüber dem Dollar auf die Import- und Exportbeziehungen auswirken? Wie entwickelt sich bei einer Aufwertung tendenziell (s. Arbeitshinweis 6.) die Importmenge einerseits und die Exportmenge andererseits?*
- *Für welche Bereiche des Weltmarktes ist die Exportindustrie von den Wechselkursentwicklungen des Euro betroffen? Wie groß ist der Anteil des deutschen Exports, der davon nicht betroffen ist (vgl. Abb. 2, S. 293)?*
- *Warum sind hauptsächlich bestimmte Branchen (Autoindustrie, Maschinenbau) von der Wechselkursentwicklung betroffen (s. Kasten S. 297)?*
- *Welche Bedeutung hat ein „starker" Euro für die Importe nach Deutschland aus Bereichen außerhalb der Euro-Zone?*
- *Wie wirkt sich ein „starker" bzw. „schwacher" Euro auf den Tourismus z. B. in die USA oder nach China aus?*

4. *Die Exportchancen z. B. in die USA hängen nicht nur von der Entwicklung des Wechselkurses (Euro-Dollar), sondern auch von der gesamtwirtschaftlichen Entwicklung (Konjunktur) in den USA ab. Erklären Sie diese Aussage (s. M 46, Z. 30ff.).*

5. *Die beiden Karikaturen M 47 und M 48 erschienen in der Presse am 22.5.2003 (M 47) und am 5.2.2004 (M 48). Welche unterschiedlichen Sichtweisen von den Folgen der Euro-Kursentwicklung vermitteln sie? Wie sind sie zu erklären (s. Arbeitshinweis 3.)?*

6. *Der Hinweis auf die (trotz der Euro-Stärke und der damit verbundenen Preissteigerung von Importgütern aus dem Euro-Raum) hohe US-Nachfrage (M 43, Z. 31ff.) macht zugleich deutlich, dass bei der Darstellung wirtschaftlicher Kausalbeziehungen und Entwicklungstendenzen immer ihr modellartiger Charakter zu bedenken ist, d. h., dass keine anderen als die einbezogenen Faktoren die Entwicklung beeinflussen („ceteris-paribus-Klausel"; s. S. 214). Die „Preiselastizität" (das Ausmaß, in dem die Nachfrage bei steigenden/fallenden Preisen abnimmt/zunimmt) der US-Nachfrage war in diesem Fall also gering. Welche Entwicklung in den USA könnte z. B. dazu führen, dass die US-Nachfrage nach deutschen Gütern trotz einer Euro-Abwertung (!) nur wenig ansteigt (die „Elastizität" der Nachfrage also gering bleibt)?*

Hinweis: Der *Devisenmarkt* (i.d.R. an Devisenbörsen), an dem sich die Wechselkurse „im freien Spiel der Marktkräfte" herausbilden, wird bestimmt durch das *Angebots- und Nachfrageverhalten der Devisenhändler*, die zumeist im Auftrag von großen Banken oder Industrieunternehmen tätig sind. Die Faktoren, von denen sich die Devisenhändler dabei leiten lassen, sind nur sehr schwer bestimmbar und können an dieser Stelle nicht erörtert werden. Sicher ist, dass dabei neben der Einschätzung wirtschaftlicher Entwicklungen (also z.B. einer guten oder schlechten Konjunktur im Euro-Raum oder in den USA) vor allem auch psychologische (und damit im Voraus kaum absehbare) Faktoren eine zentrale Rolle spielen. Vgl. dazu M 49, Z. 29ff.

M 49 Je höher, desto besser? Wie hoch sollte der Außenwert des Euro sein?

Tatsächlich gilt ein hoher Wechselkurs als Zeichen wirtschaftlichen Erfolgs. Er schmeichelt dem Selbstbewusstsein der Bürger (und der Regierenden). Doch ein zu hoher Wechselkurs kann Schaden stiften. Exporte werden erschwert, weil die Güter im Ausland teurer werden. Gewinne werden geschmälert, wenn Exporteure, um wettbewerbsfähig zu bleiben, ihre Preise in Euro senken müssen. Ein zu starker Euro zwingt die Unternehmen, die in Länder außerhalb der Währungsunion exportieren, zu Kostensenkungen – zu zusätzlicher Rationalisierung und damit womöglich zum Abbau von Arbeitsplätzen.

Gleichzeitig kann ein zu hoher Außenwert auch die Firmen unter Kostendruck bringen, die nur für den Euro-Raum produzieren. Denn die Importgüter der ausländischen Konkurrenz werden in diesem Fall billiger. Auch das kann am Ende Arbeitsplätze kosten. Ebenso kann sich aber auch eine Unterbewertung der Währung schädlich auswirken. Ein schwacher Außenkurs fördert zwar kurzfristig den Export und stützt damit die inländische Konjunktur. Doch er setzt falsche Preissignale: So täuscht ein zu niedriger Wechselkurs Unternehmen und Politikern eine höhere internationale Wettbewerbsfähigkeit vor, als sie real existiert. Er verführt dazu, Innovationen und Reformen zu unterlassen. Steigt der Kurs dann an, sind Marktanteile und Arbeitsplätze bedroht.

Erstrebenswert ist deshalb weder ein zu niedriger noch ein zu hoher Außenwert, sondern der Gleichgewichtskurs, der Preisverzerrungen vermeidet. So, wie sich eine Volkswirtschaft im Gleichgewicht befindet, wenn Vollbeschäftigung und stabile Preise erreicht sind, ist die Außenwirtschaft im Gleichgewicht, wenn der Wechselkurs für eine ausgewogene Leistungsbilanz sorgt: wenn sich Ein- und Ausfuhren bei Waren und auch bei Dienstleistungen die Waage halten.

In der Theorie ist dies am besten bei einer *Kaufkraftparität* zu erreichen. Die liegt dann vor, wenn sich ein Europäer, der seine Euro in Dollar umtauscht, in den Vereinigten Staaten dieselbe Menge und dieselbe Qualität an Waren leisten kann wie in Euroland. Der britische *Economist* treibt dies alljährlich auf die Spitze und errechnet aus einem internationalen Preisvergleich des Big-Mac die „richtige" Währungsrelation. Demnach hätte im April (2000) ein Euro 0,98 Dollar wert sein müssen.

Doch Wechselkurse passen sich an solche Relationen nur langsam an. Deshalb taugt die Kaufkraftparität nur als langfristiger Maßstab. Sicher ist, dass für die Kursentwicklung volkswirtschaftliche Fundamentaldaten wie die Wachstumsraten des Bruttosozialprodukts, Inflationsraten, Zinsen und Leistungsbilanzsalden entscheidend sind. Und doch kommt es an den Devisenbörsen häufig zu einem „Überschießen" der Kurse – mal nach unten, mal nach oben. Bisher haben die Ökonomen deshalb kein Modell für eine verlässliche Prognose gefunden – erst im abgelaufenen Jahr hat sich die gesamte Zunft mit ihren Vorhersagen blamiert. Der Wissenschaftler Hans-Werner Sinn hat Recht: „Es gibt zwei Dinge, bei denen man besser nicht weiß, wie sie gemacht wurden: Würstchen und Währungsprognosen".

(DIE ZEIT v. 28.12.2000, S. 23; Verf.: Wilfried Herz)

M 49 stellt eine zusammenfassende Erörterung der differenziert zu beurteilenden Auswirkungen dar, welche hohe oder niedrige Euro-Wechselkurse für die Wirtschaftsentwicklung haben konnen. Stellen Sie diese Auswirkungen stichwortartig gegenüber und beantworten Sie folgende Fragen:

- *Was spricht für einen „Gleichgewichtskurs" als anzustrebende Währungsrelation? Welche Bedeutung hat für das Erreichen dieses Kurses die „Kaufkraftparität"?*
- *Warum ist die Theorie der Kaufkraftparität für die Kursentwicklung nur von eingeschränkter praktischer Bedeutung? Warum gibt es offenbar keine verlässlichen Prognosen für die Kursentwicklung an den Devisenbörsen?*

III. Konzepte, Bereiche und Instrumente der Wirtschaftspolitik in Deutschland

1. Theorien und Konzeptionen der Wirtschaftspolitik

Nachdem im vorausgehenden Abschnitt die wirtschaftliche Entwicklung in vier wirtschaftspolitischen Zielbereichen in der Bundesrepublik beschrieben wurde, soll es in diesem Abschnitt um eine nähere Erläuterung der Grundlagen der **Wirtschaftspolitik** gehen. Unter dem Begriff Wirtschaftspolitik lässt sich nach einer Definition des Wirtschaftswissenschaftlers Herbert Giersch die „Gesamtheit aller Maßnahmen politischer Entscheidungsträger" verstehen, die „darauf abzielen, den Ablauf des wirtschaftlichen Geschehens zu ordnen, zu beeinflussen oder unmittelbar festzulegen."

Da sich die praktische Wirtschaftspolitik in aller Regel an bestimmten **theoretischen Vorstellungen** orientiert, sollen in diesem Abschnitt die Grundzüge der Theorien und ordnungspolitischen Leitbilder vorgestellt werden, die den Hintergrund der praktischen Wirtschaftspolitik in der Bundesrepublik gebildet und die wirtschaftswissenschaftliche und wirtschaftspolitische Diskussion bestimmt haben und weiterhin bestimmen.

Klassischer Liberalismus, Keynes'sche Theorie und Soziale Marktwirtschaft

M 50 Die Wirtschaftsordnung des Klassischen Liberalismus

Adam Smith (1723–1790)

Die *Wirtschaftsordnung des klassischen Wirtschaftsliberalismus* entsprach in ihren Anfängen noch am ehesten dem reinen marktwirtschaftlichen Modell. Sie entwickelte sich Ende des achtzehnten Jahrhunderts zur Zeit der industriellen Revolution in England. Damals wurde mit bahnbrechenden Erfindungen (Dampfmaschine, mechanischer Webstuhl) der Grundstein für die Industrialisierung der Produktion gelegt. Geistesgeschichtlich war diese Epoche vom Naturrechtsdenken der Aufklärung* geprägt, wonach jeder Mensch mit Vernunft ausgestattet ist und rational zu handeln vermag. Daraus wurde ein natürliches Recht auf individuelle Freiheit und Selbstständigkeit in allen Bereichen – also auch in der Wirtschaft – abgeleitet. Staatliche und private Sphäre waren strikt voneinander getrennt. Mit seinem 1776 erschienenen Buch „An Inquiry into the Nature and Causes of the Wealth of Nations" wurde Adam Smith zum Begründer der klassischen Nationalökonomie. Smith behauptet, dass das freie Spiel der Marktkräfte eine harmonische Ordnung ergebe. Gerade eigennütziges Verhalten aller Wirtschaftssubjekte führe unter wettbewerblichen Rahmenbedingungen zu einer bestmöglichen Güterversorgung und zur Vermehrung von Reichtum und Wohlstand sowohl für den Einzelnen als auch für die Gesellschaft insgesamt (s. Kasten). Quasi als „unsichtbare Hand“ lenke der Wettbewerb eigennütziges Verhalten (nolens volens) in eine auch gesellschaftlich vorteilhafte Richtung.

Der Staat hatte im Modell des klassischen Wirtschaftsliberalismus lediglich Ordnungsfunktionen zu erfüllen („Nachtwächterstaat“). Seine Aufgaben beschränkten sich auf die Schaffung und Überwachung einer Rechtsordnung, die insbesondere die Vertragsfreiheit schützen sollte, auf die nationale Verteidigung und auf die Bereitstellung bestimmter öffentlicher Einrichtungen, z. B. Verkehrswege. Für alle Marktteilnehmer mussten die wirtschaftlichen Grundfreiheiten *Vertrags-* und *Gewerbefreiheit, freier Wettbewerb* und *Freihandel nach außen* gewährleistet sein.

(Gerd Jan Krol/Alfons Schmid, Volkswirtschaftslehre, Mohr Siebeck Verlag, Tübingen, 21. Aufl. 2002, S. 24f.)

„Nicht von dem Wohlwollen des Fleischers, Brauers oder Bäckers erwarten wir das, was wir zum Essen brauchen, sondern von der Rücksichtnahme auf ihr eigenes Interesse. Wir wenden uns nicht an ihre Menschenliebe, sondern an ihr Selbstinteresse und sprechen zu ihnen nie von unserem Bedarf, sondern von ihren Vorteilen. [...] Der Einzelne ist stets darauf bedacht herauszufinden, wo er sein Kapital, über das er verfügen kann, so vorteilhaft wie nur irgend möglich einsetzen kann. Und tatsächlich hat er dabei den eigenen Vorteil im Auge und nicht etwa den der Volkswirtschaft. Aber gerade das Streben nach seinem eigenen Vorteil ist es, das ihn ganz von selbst oder vielmehr notwendigerweise dazu führt, sein Kapital dort einzusetzen, wo es auch dem ganzen Land den größten Nutzen bringt. Verfolgt er nämlich sein eigenes Interesse, so fördert er damit indirekt das Gesamtwohl viel nachhaltiger, als wenn die Verfolgung des Gesamtinteresses unmittelbar sein Ziel gewesen wäre.

(Adam Smith, Der Wohlstand der Nationen. Eine Untersuchung seiner Natur und seiner Ursachen, aus dem Englischen übertragen von H. C. Recktenwald, München 1978, S. 369)

M 51 Die Selbstheilungskräfte des Marktes – das „Say'sche Theorem“

„Jedes Angebot schafft sich die entsprechende Nachfrage. Durch den Preis- und Marktmechanismus werden Störungen von selbst überwunden und die Wirtschaft findet ohne Unterstützung den Weg zum Gleichgewicht. Durch einen Konjunkturabschwung werden die Übertreibungen in der Hochkonjunktur gedämpft und die Wirtschaft geht gestärkt aus dem Tief hervor. Solche Störungen lassen sich zwar nicht abwenden, aber durch die Selbstheilungskräfte der Marktwirtschaft werden sie überwunden!“

Diese Meinung war bis zum Ausbruch der Weltwirtschaftskrise Anfang der 1930er-Jahre vorherrschend. Nach Ansicht der sogenannten Klassiker kann es keine gesamtwirtschaftliche Überproduktion geben, weil das Güterangebot sich seine Nachfrage selbst schafft (sogenanntes *Say'sches Theorem*, benannt nach dem Ökonomen **Jean Baptiste Say**, der zwischen 1767 und 1832 lebte). Denn aus jeder Produktion resultiere Einkommen (beispielsweise Lohneinkommen), welches zu kaufkräftiger Nachfrage werde. Die Nachfrage stelle sicher, dass die Produktion auch abgesetzt wird. Eine gesamtwirtschaftliche Überproduktion sei somit allenfalls vorübergehend zu erwarten. Dagegen bestehe auf einzelnen Märkten durchaus die Gefahr von temporären Ungleichgewichten zwischen Angebot und Nachfrage, die jedoch schon nach kurzer Zeit wieder abgebaut werden. Ein Konsumrückgang infolge einer erhöhten Sparanstrengung beispielsweise löse durch das Überangebot an Kapital einen Zinsrückgang aus und bewirke vermittelt über diesen wieder zusätzliche Investitionen. An die Stelle der Konsumnachfrage trete dann eben die Investitionsnachfrage. In jedem Fall würde das Einkommen zu kaufkräftiger Nachfrage.

Denkbar seien zwar Absatzkrisen bei gewissen Produkten, die jedoch eine Übernachfrage nach anderen Produkten beziehungsweise einen absatzstimulierenden Preisrückgang der „überteuerten“ Produkte zur Folge hätten. Der *Preismechanismus* führe demgemäß *automatisch* wieder zum Gleichgewicht zurück und lenke die Produktionsfaktoren in Gewinnchancen versprechende Möglichkeiten. Innovative Unternehmen erschlössen über neue Produkte und neue technologische Produktionsverfahren immer wieder neue Märkte. Im Wege dieses Prozesses

der „schöpferischen Zerstörung" würden Nachfragesättigungen auf alten Märkten durch Mehrnachfrage nach neuen Gütern überkompensiert.
Nach Ansicht der Klassiker kann es also bei einem funktionierenden Preis- und Zinsmechanismus **keine dauerhaften Ungleichgewichte** geben. Ebenso wenig entstehen in dieser Konzeption Ungleichgewichte auf dem Arbeitsmarkt: Besteht Arbeitslosigkeit aufgrund eines Überangebots von Arbeitskräften, dann werden die Löhne so lange sinken, bis es für die Unternehmer wieder interessant ist, weitere Arbeitskräfte einzustellen. Dadurch kommt es auf dem Arbeitsmarkt zu einem erneuten Gleichgewicht zwischen Angebot und Nachfrage. Der *Lohnmechanismus* sorgt dafür, dass alle eine Stelle finden, die bereit sind, zum Gleichgewichtslohn zu arbeiten.
Die Konsequenz dieser Ansichten für die Konjunkturpolitik ist, dass Eingriffe des Staates abgelehnt werden. Der Staat habe sich einzig darauf zu beschränken, ein reibungsloses Funktionieren der Marktwirtschaft sicherzustellen (sogenannte liberale „Laissez-faire"-Staatsauffassung), indem er für die notwendigen Rahmenbedingungen sorge („Nachtwächterstaat"). Staatliche Eingriffe würden die marktwirtschaftlichen Kräfte nur behindern.
[...] Im Licht der Massenarbeitslosigkeit der 1930er-Jahre häuften sich die Zweifel an den Selbstheilungskräften der Marktwirtschaft. Die klassische Theorie wurde vor allem von John Maynard Keynes (1883–1946) aufs Heftigste bekämpft (s. M 52).

(Bernd Nolte, Volkswirtschaft konkret, Wiley VCH Verlag, Weinheim 2003, S. 101f.)

1. *Erläutern Sie den Entstehungshintergrund der Wirtschaftstheorie des „klassischen Liberalismus" und stellen Sie seine Grundgedanken heraus. Was beinhaltete der Freiheitsgedanke? Welches Verhältnis zwischen den Interessen des Einzelnen und dem Gemeinwohl wird angenommen? Welche Rolle soll der Staat (nicht) spielen? (M 50)*

2. *In der Sicht der Klassik sind Wirtschaftskrisen im System der (von staatlichen Eingriffen) freien Marktwirtschaft im Grunde unmöglich. Erläutern Sie die Bedeutung des für diesen Gedanken maßgeblichen „Say'schen Theorems" (M 51). Auf welche Weise kommt – jedenfalls auf mittlere Sicht – ein Gleichgewicht zwischen Angebot (Güterproduktion) und der Nachfrage nach Gütern zustande? Welche Rolle spielen der Preis- und der Zinsmechanismus?*

3. *Erklären Sie, wie in der Sicht der Klassiker auch ein Gleichgewicht auf dem Arbeitsmarkt gewährleistet ist. Welche Voraussetzungen werden angenommen?*

Weitere Informationen zur Person von Adam Smith und der Bedeutung seines Werkes finden Sie unter der Internetadresse http://de.wikipedia.org/wiki/Adam_Smith. Zu seiner viel zitierten Äußerung zur „unsichtbaren Hand" steht im Internet eine ausführliche und gut lesbare Seminararbeit von Victoria Krummel zur Verfügung: www.wiwi.uni-muenster.de/09/ecochron/personen/pp_smith1.htm (Abschnitt II.).

M 52 Grundzüge der Keynes'schen Theorie

John Maynard Keynes (1883–1946)
(Foto: Archiv für Kunst und Geschichte, Berlin)

Die Weltwirtschaftskrise Anfang der 1930er-Jahre hatte in allen Industrieländern verheerende Arbeitslosigkeit und großes Elend zur Folge. Die traditionelle Wirtschaftstheorie stand diesen Tatsachen hilflos gegenüber; ihren Annahmen zufolge konnte Arbeitslosigkeit immer nur eine vorübergehende Erscheinung sein, keinesfalls ein Dauerzustand. Sollte es nämlich zu Arbeitslosigkeit kommen, dann müssten die Löhne sinken und niedrigere Lohnkosten würden für die Unternehmer wieder mehr Produktion und damit mehr Beschäftigung rentabel machen. Im Mittelpunkt der traditionellen (klassischen) Wirtschaftstheorie stand das einzelne Unternehmen und der einzelne Arbeiterhaushalt. Ein Unternehmer, so die Grundthese der klassischen Ökonomik, veranstaltet einen Produktionsprozess und bietet Arbeitsplätze an, wenn er seine Produktion a) absetzen und b) zu Preisen absetzen kann, die seine

Produktionskosten – einschließlich eines „üblichen“ Gewinns – decken. Nach dieser Theorie konnte Arbeitslosigkeit also nur entstehen, wenn zu hohe Lohnkosten die Produktion für den Unternehmer unrentabel machten. Wenn es zu Arbeitslosigkeit kommen sollte, dann würden die Arbeitswilligen verstärkt um die verfügbaren Arbeitsplätze konkurrieren und dadurch ihre Löhne wieder auf ein Niveau drücken, bei dem alle, die arbeiten wollten, auch Beschäftigung finden würden. Anhaltende hohe Arbeitslosigkeit war innerhalb dieses theoretischen Ansatzes also nicht möglich (vgl. M 51). Offensichtlich war sie jedoch in der Realität (der Weltwirtschaftskrise) möglich und deswegen machten sich Keynes und seine Kollegen daran, aus der Kritik der klassischen Wirtschaftstheorie, die offensichtlich an der Realität scheiterte, eine neue Theorie zu entwickeln, die in der Lage wäre, die anhaltende Millionenarbeitslosigkeit zu erklären.

Weltwirtschaftskrise, schwere Erschütterung der Weltwirtschaft, ausgelöst durch den Zusammenbruch der Nachkriegshochkonjunktur des 1. Weltkriegs mit einem Kurseinbruch am 24. Oktober 1929 an der New Yorker Börse, die weit über eine normale Depression im Konjunkturzyklus hinausging, mit tief greifenden Folgen für alle Lebensbereiche und die wirtschaftliche, soziale und politische Ordnung. Ihre Ursachen waren (neben wirtschaftspolitischen Fehlgriffen) vorwiegend außerwirtschaftlicher Natur. Die damals herrschende Konjunkturtheorie vermochte keine ausreichende Erklärung zu geben.

(Karl-Dieter Grüske/Friedrich Schneider, Wörterbuch der Wirtschaft, Kröner Verlag, Stuttgart, 13. Aufl. 2003, S. 586)

Wenn man nur ein einzelnes Unternehmen und den einzelnen Arbeiterhaushalt betrachte, schrieb Keynes, dann seien die Hypothesen der klassischen Theorie schon richtig. Man müsse sich aber fragen, was geschehen würde, wenn **alle** Unternehmen bei bestehender Arbeitslosigkeit die Löhne herabsetzen, wie es in der Krise ja tatsächlich geschehen sei. Dann würden auch die Einkommen der privaten Haushalte sinken – und damit die gesamtwirtschaftliche Konsumnachfrage. Das müsste die Krise aber noch weiter verschlimmern, denn ein Unternehmer, so Keynes, stelle auch bei sinkenden Löhnen so lange keine neuen Arbeitskräfte ein, wie die Nachfrage nach seinen Produkten unzureichend oder gar rückläufg sei. Gesamtwirtschaftlich, d.h. makro-ökonomisch betrachtet, hänge die Beschäftigung vor allem von der *Gesamtnachfrage* und diese wiederum vom Volkseinkommen ab. Sinkende Löhne würden das Einkommen und die wirksame gesamtwirtschaftliche Nachfrage nur noch weiter drücken und dadurch den Abschwungsprozess kumulativ verstärken.

Dies beleuchtet die Bedeutung der wissenschaftlichen Methode: Aus seiner Kritik des **mikro**-ökonomischen* Ansatzes der klassischen Ökonomik entwickelte Keynes seine **makro**-ökonomische*, gesamtwirtschaftliche Größen einbeziehende Theorie. Dieser Wechsel von der einzel- zur gesamtwirtschaftlichen Betrachtung lieferte Ergebnisse, die eine umwälzende Bedeutung für die Wirtschaftspolitik haben sollten. Der wichtigste Bestimmungsgrund der Beschäftigung war für Keynes die **gesamtwirtschaftliche Nachfrage** (vgl. dazu M 13). Ein wirtschaftlicher Abschwung bedeutete für ihn nichts anderes als einen Produktionsrückgang, der auf eine unzureichende gesamtwirtschaftliche Nachfrage zurückzuführen war. Die entscheidende Frage lautete also: Wie kann man die gesamtwirtschaftliche Nachfrage wieder auf ein Niveau heben, bei dem ein hoher Beschäftigungsstand gesichert ist? Keynes analysierte die einzelnen Nachfragekomponenten: Die **Konsumnachfrage** der privaten Haushalte war zu niedrig, weil Arbeitslosigkeit vorherrschte und die Einkommen im Abschwung sanken. Sollte man also die Löhne erhöhen? Dann würden die Unternehmer nur noch mehr Arbeitskräfte auf die Straße setzen, denn für den einzelnen Unternehmer waren es ja auch die zu hohen Lohnkosten, welche die Produktion unrentabel machten. Die **Investitionsnachfrage** war zu niedrig, weil der Aufbau neuer Produktionskapazitäten bei zu hohen Kosten und ungenügender Konsumnachfrage nicht sehr aussichtsreich erschien. Wie konnte man die Investitionsnachfrage wieder anregen? Eine Senkung der Lohnkosten hätte die Konsumnachfrage noch weiter verringert; dieser Weg schied also aus. Welche Nachfragekomponenten blieben dann noch übrig? Die **Auslands-** und die **Staatsnachfrage**. Vom Ausland war nicht viel zu erwarten, denn dort herrschten auch Wirtschaftskrise und Arbeitslosigkeit vor; und der Staat hatte kaum das Geld, seine bestehenden Verpflichtungen, vor allem in der Sozialversicherung, zu erfüllen, weil die Steuereinnahmen bei sinkender Produktion und fallenden Einkommen rückläufig waren. Woher sollte also zusätzliche Nachfrage kom-

men? Der zentrale wirtschaftspolitische Gedanke von Keynes war nun der, dass der **Staat zusätzliche Nachfrage schaffen** muss, weil nur er es „autonom“ konnte. Wenn ihm die Mittel – wegen mangelnder Steuereinnahmen – für zusätzliche Staatsausgaben fehlten, dann konnte er – und deswegen musste er – sich **bei der Notenbank verschulden**. Dies war ein Aufsehen erregender Vorschlag, denn bisher hatte der Grundsatz gegolten, dass der Staatshaushalt ausgeglichen sein müsse. Wie ein ordentlicher privater Haushalt sollte auch der öffentliche Haushalt nur so viel ausgeben, wie er einnahm. Verschulden durfte sich der Staat allenfalls für Kriegszwecke – aber zur Bekämpfung der Arbeitslosigkeit? Das hatte es bisher nicht gegeben.
Genau darauf aber bestand Keynes. Wenn der Staat seine Nachfrage entsprechend seinen sinkenden Steuereinnahmen auch noch drosselt, dann wird der Abschwungsprozess noch verstärkt und die Krise wird noch auswegloser. Um das zu verhindern, muss der Staat also vorübergehend Haushaltsdefizite in Kauf nehmen (**deficit spending**). Der Wirtschaftsprozess wird dadurch wieder in Schwung gebracht und die Steuereinnahmen steigen dann auch wieder, sodass die aufgelaufenen Schulden voraussichtlich auch wieder getilgt werden können.
Fazit: Keynes diagnostizierte die konjunkturellen Schwankungen als zyklische Schwankungen der gesamtwirtschaftlichen Nachfrage. Abschwung und anhaltende Arbeitslosigkeit sind die Folgen unzureichender privater Nachfrage. Ein Staat, der seine Verantwortung für das Wohl der Bürger ernst nimmt, muss die gesamtwirtschaftliche Nachfrage durch zusätzliche Staatsausgaben wieder auf ein Niveau heben, das einen hohen Beschäftigungsstand sichert – auch wenn dadurch Haushaltsdefizite entstehen.

(Gerhard Willke, Wirtschaft –Stabilisierungspolitik und Wirtschaftsordnung. In: Dimensionen der Politik 1, Cornelsen/CVK, Frankfurt/M. 1983, S. 2/54f.)

Beschreiben Sie anhand von M 52,
- *vor welchem historisch-ökonomischen Hintergrund Keynes seine Theorie entwickelte,*
- *worin sich sein Ansatz von dem der klassischen Theorie grundlegend unterscheidet,*
- *wie er ökonomische Krisen erklärt,*
- *welche Sonderstellung er dem Staat im Vergleich zu den übrigen Nachfragesektoren zuerkennt und welche Bedeutung dem staatlichen „deficit spending“ zukommt.*

Weitere Informationen zur Person von Keynes und zu seiner Wirtschaftstheorie finden Sie in verschiedenen Artikeln der Internet-Enzyklopädie Wikipedia (http://de.wikipedia.org/wiki/Keynes und http://de.wikipedia.org/wiki/Keynesianismus).

M 53 Soziale Marktwirtschaft als ordnungspolitische Leitidee und wirtschaftspolitisches Konzept

Die Soziale Marktwirtschaft, so wie sie als Wirtschaftsordnung Deutschlands zu verstehen ist, wird von zwei zentralen Prinzipien gekennzeichnet: *dem freiheitlichen Prinzip* (**Liberalismus**) und dem *sozialen Prinzip*, welches das Freiheitsprinzip in gewisser Weise einschränkt. Nach dem **Liberalismusprinzip** besteht grundsätzlich Freiheit des Individuums hinsichtlich seiner Entscheidungen und Handlungen, insbesondere im Hinblick auf Berufswahl und Gewerbefreiheit, Bildung von Privateigentum, Vertragsfreiheit, Wahl von Wohnort und Arbeitsplatz. Diese individuellen Freiheitsrechte finden dort ihre Grenzen, wo analoge Rechte beeinträchtigt würden. Die Überwachung der Einhaltung dieser Grenzen ist Aufgabe des Staates.
Das **soziale Prinzip** leitet sich daraus ab, dass einzelne Individuen in der Marktwirtschaft auch scheitern können. Um sie „aufzufangen“, sind Maßnahmen des Staates erforderlich, insbesondere im Bereich von Sozialversicherung, Arbeitsschutz, Einkommens- und Vermögensbildung und -umverteilung, Verbraucherschutz, Wettbewerbssicherung und -kontrolle, Tätigkeit öffentlicher Unternehmen etc.
Bei der Sozialen Marktwirtschaft (im weiteren Sinn), so wie sie von vielen Ordnungstheoretikern in Deutschland verstanden wird, sind die Handlungen des Staates, die über eine Regelung der Wirtschafts*ordnung* (**Ordnungspolitik**) hinaus den Wirtschafts*ablauf* beeinflussen (**Ablaufpoli-**

tik), kein Verstoß gegen die Grundprinzipien einer freien Marktwirtschaft. Sie sind vielmehr ordnungskonforme Maßnahmen, da eine Beeinflussung und Stabilisierung des Wirtschaftsablaufs die Verfolgung liberaler und sozialer Prinzipien fördert und erleichtert.

Das so umschriebene Konzept der Sozialen Marktwirtschaft im engeren Sinne erfuhr dann eine Ausweitung, indem durch Anlehnung an **keynesianische Ansätze** das staatliche Aufgabenspektrum neben der Ordnungspolitik auch stärkere ablaufpolitische Elemente umfasste. Vor dem Hintergrund der schweren Rezession von 1965–67 (s. M 9) intensivierte sich eine Diskussion um eine bewusste staatliche Konjunkturbeeinflussung, die bereits Mitte der 1950er-Jahre u.a. von den wissenschaftlichen Beiräten beim Bundesfinanz- und -wirtschaftsministerium geführt wurde. Dabei wurde dem Staat die Aufgabe zugewiesen, konjunkturellen Schwankungen und insbesondere der sich nicht selbst abbauenden Arbeitslosigkeit durch makroökonomische (gesamtwirtschaftlich wirkende) Maßnahmen entgegenzuwirken (**Globalsteuerung**; der Begriff ist insofern irreführend, als es sich nicht um Steuerung im strengen Wortsinn handelt, sondern allenfalls um Beeinflussung des Wirtschaftsablaufs). Keynesianisches Gedankengut lag bereits auch dem 1963 in Kraft getretenen „Gesetz über die Bildung eines **Sachverständigenrats** zur Begutachtung der gesamtwirtschaftlichen Entwicklung" sowie dem schon 1964 von Ludwig **Erhard** entworfenen und **1967** von der Großen Koalition (s. M 9) verabschiedeten „Gesetz zur Förderung der Stabilität und des Wachstums der Wirtschaft" („**Stabilitätsgesetz**") zugrunde, und mit einem keynesianischen Investitionsprogramm ging Wirtschaftsminister Karl Schiller bereits vor Verabschiedung des Stabilitätsgesetzes gegen die Rezession vor. Inwieweit dies den folgenden Konjunkturaufschwung ursächlich beeinflusste, ist umstritten.

Global ansetzende Maßnahmen allein konnten jedoch weniger zur Lösung mikroökonomischer, regionaler und sektoraler Probleme beitragen. Daher umfasste das staatliche Handlungsspektrum im Zeitablauf mehr und mehr direkte, punktuelle **Interventionen**. Die gegenwärtige Wirtschaftsordnung der Bundesrepublik lässt sich daher als Soziale Marktwirtschaft mit Globalsteuerung und Interventionen kennzeichnen.

In diesem Zusammenhang ist begrifflich zwischen Ordnungspolitik und Ablauf- oder Prozesspolitik zu unterscheiden. Unter **Ordnungspolitik** werden die Maßnahmen des Staates verstanden, welche die Wirtschaftsordnung gestalten, erhalten oder ausbauen und somit die Rahmenbedingungen setzen, innerhalb derer sich der Wirtschaftsprozess vollzieht und durch Maßnahmen der **Ablaufpolitik** (synonym: **Prozesspolitik**) des Staates (mit)beeinflusst wird.

Zur Ordnungspolitik sind in erster Linie wettbewerbssichernde und -fördernde Maßnahmen, insbesondere auf gesetzgeberischer Ebene, zu zählen (z. B. „Kartellgesetz", Gesetz gegen Wettbewerbsbeschränkungen, die Gewerbeordnungen etc.). Maßnahmen der Ablaufpolitik müssen also dem Anspruch genügen, sich in die marktwirtschaftliche Ordnung einzupassen. Dies ist gesetzlich geregelt (z. B. im „Stabilitätsgesetz", im Außenwirtschaftsgesetz oder durch Regelungen auf EG-Ebene), zum Teil auch im Grundgesetz, insbesondere in der Finanzverfassung.

(Jörn Altmann, Volkswirtschaftslehre, Lucius & Lucius Verlag, Stuttgart, 6. Aufl. 2003, S. 175–177)

Soziale Marktwirtschaft und Neoliberalismus* – ein Gegensatz?

Neoliberal nannten sich schon vor dem Zweiten Weltkrieg diejenigen, die mit dem staatsfeindlichen Altliberalismus so wenig anfangen konnten wie mit dem Sozialismus. Ohne Markt gehe die Gesellschaft kaputt, hieß die Einsicht der Neoliberalen – aber ohne Ordnung auch. Sie hatten in den Zwanziger- und Dreißigerjahren gelernt, wie unkontrollierte Monopole den Wettbewerb zerstörten und wie Gesellschaften ohne soziale Sicherheit am Abgrund manövrierten. Folglich suchten sie eine menschenwürdige Wirtschaftsordnung.

[Zwischenzeitlich geriet der Begriff neoliberal in der öffentlichen Diskussion nahezu in Vergessenheit oder wurde jedenfalls nicht mehr gebraucht. Erst in den 80er-Jahren tauchte er in der wirtschaftspolitischen Diskussion (über die ökonomische Chicagoer Schule von Milton Friedman; s. S. 308) wieder auf, wobei die Vorsilbe neo (griech.: neu) nun so (miss)verstanden wurde, als bezeichne der Begriff eine Neuauflage des klassischen („altliberalen" „marktradikalen") Liberalismus, den man wegen seines Verzichts auf staatliche Sozialpolitik kritisieren wollte.]

(Thomas Fischermann, Missbrauch eines Etiketts, in: DIE ZEIT v. 3.12.1998, S. 24; letzter Teil zusammengefasst)

1. *Erläutern Sie, inwiefern Soziale Marktwirtschaft auf der Verbindung zweier „zentraler Prinzipien“ beruht und welche Aufgaben der Staat in dieser Wirtschaftsordnung zu erfüllen hat (M 53).*

2. *Beschreiben Sie, inwiefern im Verständnis der Sozialen Marktwirtschaft der Staat sich nicht auf „Ordnungspolitik“ beschränken muss, sondern auch „Ablaufpolitik“ (Prozesspolitik) betreiben kann und soll. Aus welcher politisch-ökonomischen Situation heraus kam es Mitte der 1960er-Jahre (s. M 9) zu einer bedeutsamen „Ausweitung“ des „staatlichen Aufgabenspektrums“?*

3. *Der Begriff „Neoliberalismus“ wird in der heutigen wirtschaftspolitischen Diskussion i. d. R. als Schlagwort für ein wirtschaftspolitisches Konzept gebraucht, das – im Gegensatz zur Sozialen Marktwirtschaft – eine „marktradikale“, den Einfluss staatlicher Sozialpolitik ablehnende, „unternehmerfreundliche“ Politik im Auge habe. Erläutern Sie, inwiefern der Begriff dabei eigentlich missbräuchlich verwendet wird (Kasten S. 305 unten).*

Eine nähere Darstellung zur Theorie des Neoliberalismus und dessen, was heute darunter verstanden wird, finden Sie in der Internet-Enzyklopädie Wikipedia (http://de.wikipedia.org/wiki/Neoliberalismus).

Wirtschaftspolitische Strategien

Zur Kennzeichnung gegenwärtiger, auf bestimmten theoretischen Ansätzen beruhender wirtschaftspolitischer Grundkonzeptionen werden in der wirtschaftswissenschaftlichen Literatur und in der Publizistik unterschiedliche Klassifizierungen und Begriffsabgrenzungen verwandt, auf die wir hier nicht näher eingehen können. Wir halten uns im Folgenden an die begriffliche Abgrenzung von Jörn Altmann: „Im Zentrum der Diskussion stehen zwei sich weitgehend überlagernde Begriffspaare: Nachfrage- versus Angebotstheorie und Fiskalisten versus Monetaristen.“ (Volkswirtschaftslehre [s. M 53], S. 177)

M 54a Angebots- und Nachfrageorientierung

Die **nachfrageorientierte Politik** zielt auf die Beseitigung kurzfristiger Gleichgewichtsstörungen der Volkswirtschaft auf der Nachfrageseite ab, die zu unerwünschten Schwankungen bei Produktion und Beschäftigung führen. Als Konsequenz davon muss der Staat versuchen, durch Eigennachfrage oder Förderung der privaten Nachfrage diese Nachfragelücke zu schließen.
Zur Wiedergewinnung und langfristigen Sicherung der Vollbeschäftigung schlagen Vertreter dieses Politikansatzes die Durchführung von mittelfristig angelegten *staatlichen Ausgabenprogrammen* in erheblicher Größenordnung vor und zu diesem Zweck die Erschließung neuer Nachfragebereiche des Staates. Auf kurze Frist angelegte Stabilitätsprogramme halten sie nicht mehr für geeignet. Die Ausgabenprogramme können zu einem Anstieg der Staatsausgabenquote und vorübergehend auch der Neuverschuldung führen. Maßnahmen zur Verbesserung der Angebotsbedingungen halten sie nicht für ausreichend, da die Unternehmen so lange nicht genügend investierten, wie keine ausreichende Nachfrage für den Absatz der mit neuen Produktionskapazitäten hergestellten Produkte gesichert sei.
Von einem raschen Abbau des Haushaltsdefizits vor Erreichung der Vollbeschäftigung befürchten die Befürworter einer nachfrageorientierten Strategie eine Zunahme der Arbeitslosenquote. Zwar wollen auch sie nicht die Schuldenquote der öffentlichen Haushalte dauerhaft steigen lassen, sie betonen aber mehr den instrumentalen Charakter der *Staatsverschuldung* im gesamtwirt-

schaftlichen Kreislaufzusammenhang und machen ihre Höhe nicht zu einem eigenständigen wirtschaftspolitischen Ziel. Einen vorübergehenden weiteren Anstieg des negativen Finanzierungssaldos und der Neuverschuldung zur Finanzierung staatlicher Ausgabenprogramme nehmen sie in Kauf. Sie verweisen darauf, dass die angestrebte Erhöhung des Beschäftigungsgrades und die Beschleunigung des Wirtschaftswachstums zu zusätzlichen Einnahmen an Steuern und Sozialbeiträgen und zu Einsparungen bei den Transferzahlungen* führten, sodass das Ausgabenprogramm die Finanzierungsposition der öffentlichen Haushalte letztlich verbessere.

(Fritz Rahmeyer, Konzepte der Stabilitätspolitik. In: Verbrauchererziehung. Informationsdienst zur wirtschaftlichen Bildung Heft 4, 1984, S. 23f. Hrsg. vom Institut für wirtschafts- und sozialwissenschaftl. Bildung Münster)

Die **Angebotspolitik** versteht sich als Alternative zur Nachfragesteuerung und als Gegenentwurf zum Keynesianismus. Während die nachfrageorientierte Konjunkturpolitik kurzfristig angelegt ist und darauf abzielt, die gesamtwirtschaftliche Nachfrage auf einem hohen Niveau zu halten, ist die Angebotspolitik mittelfristig ausgerichtet. Ihr Ziel ist es, die Angebotsbedingungen der Wirtschaft zu verbessern, also günstigere Voraussetzungen dafür zu schaffen, dass neue und bessere Güter angeboten werden; dadurch können Wachstum und Beschäftigung zunehmen. Zu den Angebotsbedingungen, unter denen die Unternehmen ein Güter-Angebot auf den Markt bringen, gehören z.B. Löhne und Lohnnebenkosten, Steuern und Abgaben, sozialpolitische Auflagen und Umweltvorschriften, die für die Unternehmen mit Kosten verbunden sind (z.B. Arbeitsschutz, Kündigungsschutz, Umweltschutz, die Verpflichtung, Schwerbehinderte einzustellen, Genehmigungsverfahren bei Betriebserweiterungen usw.), ebenso das Ausbildungssystem und die Infrastruktur. Diese Angebotsbedingungen sind im Kern gleichbedeutend mit den Produktionsbedingungen am Standort Deutschland.
Wenn die Angebotsbedingungen für die Unternehmen günstig sind, dann erhöht das ihre Rentabilität und damit ihre Neigung zu investieren: Das ist Voraussetzung für mehr Wachstum und Beschäftigung. Zur Angebots-Politik gehören deswegen *Steuersenkungen, Verringerung der Lohnnebenkosten* (s. S. 194), *Deregulierung**, Flexibilisierung*, Modernisierung der Infrastruktur und der Berufsausbildung sowie die allgemeine *Verbesserung der Standortbedingungen.*

(Gerhard Willke, Pocket Wirtschaft in Deutschland, Bundeszentrale für politische Bildung, Bonn 2003, S. 6)

Für die Erarbeitung von M 54a können Sie sich an folgenden Kategorien orientieren und eine entsprechende Gegenüberstellung versuchen:
- *Worin wird jeweils die Ursache eines wirtschaftlichen Ungleichgewichts gesehen?*
- *Handelt es sich um eine eher kurzfristige oder eher langfristige Betrachtung der wirtschaftlichen Entwicklung?*
- *Welche Aufgabe wird dem Staat zugesprochen? Mit welchen Mitteln soll er sie wahrnehmen?*
- *Welche Einstellung zum Problem der Staatsverschuldung ist erkennbar? Wie wird diese Einstellung begründet?*
- *Was wird über die Bedeutung von Lohnerhöhungen gesagt?*
- *Welches wirtschaftspolitische Ziel wird besonders betont, welches eher vernachlässigt?*
- *Welche wirtschaftstheoretischen Grundpositionen des klassischen Liberalismus (M 50, M 51) bzw. der Keynes'schen Theorie (M 52) sind erkennbar?*

M 54b „Fiskalismus" und „Monetarismus" als wirtschaftspolitische Instrumentarien

Neben der Strategiedebatte gibt es auch im Hinblick auf das Instrumentarium der Wirtschaftspolitik einen grundsätzlichen Meinungsstreit, der sich mit der Angebots-Nachfrage-Debatte überschneidet.
● Auf der einen Seite stehen wiederum keynesianische „**Fiskalisten**", da sie dem Staatshaushalt eine zentrale instrumentelle Bedeutung beimessen. Diese Bezeichnung ist insofern irreführend, weil auch von Vertretern des fiskalistischen Lagers der Geldpolitik eine wichtige Rolle zuerkannt wird. Allerdings wird ihr eine beträchtliche Handlungs- und Wirkungsverzögerung unterstellt,

sodass die Geldpolitik durch Finanzpolitik zu unterstützen ist, insbesondere, weil das Zinsniveau nur auf einen Teil der Investitionen einwirken kann: Eine deutliche Zinsabhängigkeit kann zwingend nur im privaten Wohnungsbau nachgewiesen werden. Folglich sind – so die Fiskalisten – finanzpolitische (fiskalische) Maßnahmen tendenziell wirksamer als geld- und kreditpolitische.

● Die Gegenposition vertreten die **„Monetaristen"** (insbesondere Milton **Friedman's** „Chicagoer Schule"). Ihrer Meinung nach ist eine antizyklische Finanzpolitik ungeeignet, da sie die Schwankungen nicht dämpft, sondern gerade hervorruft. Im Grunde genommen tendiere der Wirtschaftsablauf zu gleichgewichtiger Entwicklung, und nur durch Eingriffe des Staates würden wegen der Wirkungsverzögerungen und Dosierungsprobleme wirtschaftspolitischer Maßnahmen Schwankungen produziert. Folglich solle sich der Staat konjunkturorientierter Beeinflussung weitmöglichst enthalten. Notenbanken sollten sich auf ihre eigentliche Aufgabe – der Preisniveaustabilisierung – konzentrieren.

Milton Friedman (geb. 1912), 1946–1976 Professor an der Universität Chicago

(Foto: Camera Press/ INTERFOTO)

Besonders der amerikanische Präsident Ronald Reagan (Reaganomics) und die britische Premierministerin Margaret Thatcher (‚Thatcherism') haben Elemente der wirtschaftspolitischen Auffassung Friedmans übernommen. Friedman erhielt 1976 den Nobelpreis für Wirtschaftswissenschaften für seine Beiträge zur Konsumanalyse, Geldgeschichte und Geldtheorie. (Autorentext)

Zentrale Steuerungsvariable der Monetaristen – daher die Bezeichnung – ist die **Geldmenge**. Ihr kommt nach monetaristischer Auffassung eine ursächliche Rolle im Wirtschaftsprozess zu, indem das Inlandsprodukt auf Veränderungen der Geldmenge reagiert (die Beziehung zwischen (Volks-)Einkommen und Geldmenge ist stabil), während Keynesianer dies eher umgekehrt sehen. Insofern stützen sich die Monetaristen auf verfeinerte Versionen der Quantitätstheorie des Geldes, weshalb man sie auch als Neoquantitätstheoretiker oder Neoklassiker klassifiziert. Durch eine Versteigerung der Geldmengenänderung könnten nach monetaristischer Auffassung somit Konjunkturschwankungen langfristig geglättet und das Stop-and-Go antizyklischer Wirtschaftspolitik vermieden werden. [...]
Angebotstheorie und Monetarismus auf der einen Seite und Nachfragetheorie und Fiskalismus auf der anderen überschneiden sich offensichtlich in der Einschätzung der **Rolle des Staates**. Monetaristen, Klassiker und Angebotstheoretiker betonen die Selbstheilungskräfte des Marktes und sehen im Staat eher einen Störfaktor als einen Stabilisator, während Keynesianer und Fiskalisten staatlichen Maßnahmen eine stabilisierende Funktion zusprechen. Die unterschiedlichen Positionen sind also weniger ein Streit um Zweck-Mittel-Relationen als eine ordnungspolitische Auseinandersetzung über die Funktion des Staates im Wirtschaftsablauf und somit um staatliche Wirtschaftspolitik.

(Jörn Altmann [= M 53], S. 181f., 185)

M 55

Nachfragetheorie/Fiskalismus	Angebotstheorie/Monetarismus
Allgemeine Kennzeichen ● kurzfristig, nachfrageorientiert ● Staat soll ggf. nachhaltige Ablaufpolitik betreiben ● Hauptvertreter: John Maynard Keynes (1883–1946); entwickelt unter dem Eindruck der Weltwirtschaftskrise in den 1930er-Jahren; später modifiziert (**„Neo- und Post-Keynesianer"**)	**Allgemeine Kennzeichen** ● langfristig, wachstumsorientiert ● Keine staatliche Ablaufpolitik, nur Ordnungspolitik ● stützt sich auf Konzepte der klassischen Theorie (**„Neoklassik"**) (z. B. Adam Smith) ● früher Vertreter: u. a. F. A. von Hayek; Monetaristen: Milton Friedman (**„Chicagoer Schule"**)

Grundannahmen • Instabilität der Wirtschaft, keine immanente Tendenz zum Gleichgewicht • daher erforderlich: **antizyklisches Gegensteuern** durch den Staat • globale Beeinflussung der gesamtwirtschaftlichen Nachfrage möglich („**Globalsteuerung**“)	**Grundannahmen** • Die private Wirtschaft ist stabil, tendiert zum Gleichgewicht, reguliert sich über Preis- und Mengeneffekte selbst • Antizyklische staatliche Eingriffe („stop and go“) sind nicht Reaktion, sondern Ursache für Konjunkturschwankungen; sie bedeuten Unsicherheit für den privaten Sektor und führen zu Fehlentscheidungen • Notwendige (Struktur-)Anpassungen der Wirtschaft werden u.a. durch Subventionen und staatliche Reglementierung behindert • Für Investitionen erforderliche Unternehmergewinne werden durch im Vergleich zur Arbeitsproduktivität zu hohe Löhne und Lohnnebenkosten sowie zu hohe Steuern und Abgaben geschmälert • Konsum hängt vom auf Dauer erwarteten Einkommen ab
Ansatzpunkte und Instrumente • Veränderung von Staatseinnahmen und -ausgaben (Staatshaushalt), daher „**Fiskalismus**“ • Finanzpolitik/Fiskalpolitik wirkt über *Multiplikatorwirkungen* auf die Nachfrage • im Abschwung müssen zusätzliche Staatsausgaben (Konjunktur- bzw. Beschäftigungsprogramme) durch Verschuldung finanziert werden („**deficit spending**“) • privater Konsum hängt vom laufenden Einkommen ab • *Geldpolitik* wirkt nur auf kleinen (zinsabhängigen Teil) der Nachfrage; ihre Wirkungen sind unsicher und treten nur mit Verzögerung ein; daher nur Ergänzung zur Finanzpolitik	**Ansatzpunkte und Instrumente** • Verstetigung der Geld(mengen)- und Fiskalpolitik, auch bei Konjunkturschwankungen • Steuerungsgröße ist die *Geldmenge* (daher: „**Monetarismus**“) • branchenmäßige und sektorale *Differenzierung der Lohnstruktur* in Abhängigkeit von der Arbeitsproduktivität, kein Einheitstariflohn • Flexibilisierung der Arbeitszeit • Reduzierung der *Staatsquote* • Abbau der *Staatsverschuldung* • Reform (Senkung) unternehmensbelastender Abgaben • Abbau staatlicher Vorschriften („*Deregulierung*“) • Abbau von Subventionen

(Jörn Altmann, Wirtschaftspolitik, Lucius & Lucius Verlag, Stuttgart, 7. Aufl. 2000, S. 260f.)

1. *Stellen Sie die wichtigsten Merkmale der monetaristischen Position und des „Fiskalismus“ gegenüber (M 54h). Achten Sie dabei auf den unterschiedlichen Stellenwert von Geld- und Finanzpolitik in beiden Positionen (zur Unterscheidung der beiden Begriffe s. Einleitungstext S. 311, 2. Spiegelstrich). Näheres zur Person und Bedeutung Milton Friedmans: http://de.wikipedia.org/wiki/Milton_Friedman*

2. *Erörtern Sie die Beurteilung, dass es sich bei dem Streit um die beiden Grundkonzeptionen hauptsächlich um eine ordnungspolitische Auseinandersetzung über die* **Funktion des Staates** *im Wirtschaftsablauf handele.*

3. *Die „Synopse“ (M 55) bietet Gelegenheit, das Verständnis der beiden wirtschaftspolitischen Konzeptionen zu überprüfen (durch Erläuterung einzelner Stichworte, unter denen sich einige in den bisherigen Texten noch nicht gebrauchte Begriffe befinden). Als eine Art „Merkmalskatalog“ („Checkliste“) bietet sie die Möglichkeit, den konzeptionellen Hintergrund aktueller wirtschaftspolitischer Maßnahmen und Stellungnahmen zu untersuchen.*

M 56 Kein „Entweder/Oder"

Die grundsätzliche Auseinandersetzung um Nachfrage- oder Angebotspolitik oder anders ausgedrückt: um die Rolle des Staates im Wirtschaftsablauf – auch und insbesondere im Hinblick auf die Befürwortung oder Ablehnung staatlicher **Beschäftigungsprogramme** – ist keineswegs beigelegt (s. Kasten). Obgleich die Angebotstheorie zu Beginn der 1980er-Jahre regelrecht in Mode kam, ist der Beobachtungszeitraum zu kurz, um eine abschließende Würdigung vornehmen zu können. Das Hauptproblem scheint darin zu liegen, dass die Angebotstheorie ihrem Wesen nach langfristig angelegt ist. Umstellungs- und Anpassungsprobleme jedoch können dazu führen, dass demokratisch legitimierten Regierungen zwischenzeitlich das Vertrauen entzogen werden kann. Die Hauptschwäche des Angebotskonzepts liegt im Hinblick auf die Umstellungsphase darin, dass nicht zwingend deutlich gemacht werden kann, weshalb im Unternehmensbereich angesichts unausgelasteter Kapazitäten, bedingt durch zu geringe Nachfrage, beschäftigungsschaffende Investitionen vorgenommen werden sollen. Kostensenkende Maßnahmen, wie sie die Angebotstheoretiker fordern, sind für arbeitsschaffende Investitionen wahrscheinlich weniger bedeutsam als eine Erhöhung der Absatzmöglichkeiten. Kostenentlastende Maßnahmen können wohl die Gewinnspannen und damit die Einkommen aus Unternehmertätigkeit und Vermögen erhöhen. Diese Verbesserung der **Gewinnquote** zulasten der **Lohnquote** (Anteil der Einkommen aus unselbstständiger Arbeit am Volkseinkommen, vgl. S. 228) wird von Vertretern der Angebotstheorie auch erkannt und (billigend) in Kauf genommen.

Für die konjunkturpolitische Praxis ergibt sich die fast triviale Erkenntnis, dass ein extremes „Entweder/Oder" nicht sinnvoll ist, sondern dass vielmehr die Zielrichtung wirtschaftspolitischen Handelns davon abhängt, ob die Ursachen konjunktureller Störungen angebots- als auch nachfrageorientierte Komponenten umfassen (**„policy mix"**). [...]

Keine ökonomische Theorie hat es bisher vermocht, umfassend und in jeder Lage eine zutreffende Antwort auf zu lösende Probleme zu geben; jede Theorie hat ihre Schwachstellen, und diese beeinträchtigen insbesondere ihre Tauglichkeit für zukunftsgerichtete Prognosen. [...] Was also tun? Welche Konzeption ist die richtige? Keiner weiß es (objektiv), also wird man auch in Zukunft ausprobieren müssen. Tragisch ist dies insbesondere im Hinblick auf die Einschätzung der Entwicklung von *Konjunktur und Wachstum*, weil hier mit Arbeitslosigkeit, Rentenfinanzierung, Besteuerung und Inflation eine Vielzahl von Problemen „dranhängen", die sich unmittelbar beim Einzelnen auswirken. [...] Ökonomische Theorien haben schon viel Nützliches gebracht. Dies gilt für die Klassik/Keynes-Debatte ebenso wie für Monetarismus/Fiskalismus oder Angebots- versus Nachfragetheorie. Aber insgesamt gesehen ist das Gefühl für die Grenzen der Weisheit ausgeprägter geworden, und die Einschätzungen von der Machbarkeit und Steuerungsfähigkeit der Volks- bzw. Weltwirtschaft sind sehr sehr, vorsichtig geworden.

(Jörn Altmann, Volkswirtschaftslehre, Lucius & Lucius, Stuttgart, 6. Aufl. 2003, S. 177f., 186f.)

Alternative Professoren für Konjunkturstütze

Die anhaltende Massenarbeitslosigkeit und die schwache Binnennachfrage können nur durch ein staatliches Konjunkturprogramm beseitigt werden. Diese Auffassung haben die sogenannten alternativen Wirtschaftsweisen um den Bremer Wissenschaftler Rudolf Hickel bei der Vorlage ihres neuen Memorandums untermauert. [...]
In dem Gutachten verlangen sie ein auf zehn Jahre angelegtes staatliches Ausgabenprogramm mit jährlich 75 Milliarden Euro. Notwendig seien ein kräftiges öffentliches Investitionsprogramm, der Ausbau öffentlicher Beschäftigung, eine Verstärkung der Arbeitsmarktpolitik sowie politische Unterstützung für kürzere statt längerer Arbeitszeiten. Das Investitionsprogramm sei zu unterteilen in ein Programm für den Aufbau Ost (20 Milliarden Euro), eines für mehr Bildung (15 Milliarden Euro) und eines zur ökologischen Sanierung (40 Milliarden Euro). „Ein solches Programm schafft Arbeitsplätze und trägt gleichzeitig zur Sanierung und ökologischen Modernisierung der zunehmend veralteten und teilweise maroden Infrastruktur in Deutschland bei", stellen die Wirtschaftswissenschaftler fest. Zur Finanzierung könne die Neuverschuldung erhöht werden. Andererseits werde sich das Programm wegen der dadurch ausgelösten Belebung teils selbst finanzieren.

(Frankfurter Allgemeine Zeitung v. 27.4.2004, S. 13; Verf.: Andreas Mihm)

1. *„Die grundsätzliche Auseinandersetzung ... ist keineswegs beigelegt", heißt es in M 56. Analysieren Sie das beschäftigungspolitische Gutachten der sog. „alternativen Professoren" (Kasten S. 310). Welchem wirtschaftspolitischen Konzept und welcher Wirtschaftstheorie ist es zuzuordnen? Worin können die Gründe dafür liegen, dass diese Vorschläge insbesondere in der gegenwärtigen Finanzsituation (vgl. M 74) von den meisten Wirtschaftsprofessoren und von fast allen politischen Parteien mehr oder weniger abgelehnt werden?*
2. *Worin sieht der Autor von M 56 das Hauptproblem der Angebotspolitik?*
3. *Der Autor kommt zu dem Schluss, dass keiner der beiden Ansätze für sich genommen seine Fähigkeit zur Lösung wirtschaftspolitischer Probleme bisher klar erwiesen hat. Was ist unter dem hier empfohlenen „policy mix" zu verstehen? Inwiefern hängt es entscheidend von der Ursachenerforschung vorliegender Störungen (Diagnose) ab, welche Konzeption (welche Teile einer Konzeption) zu ihrer Beseitigung (Therapie) den Vorzug erhalten sollte?*

Nach der vorangehenden Darstellung theoretischer Konzepte geht es im Folgenden um die in der Praxis verfolgte **Wirtschaftspolitik**.
Nach der bereits in der Einleitung zu diesem Kapitel zitierten allgemeinen Definition kann *Wirtschaftspolitik* verstanden werden als *„die Gesamtheit der Maßnahmen politischer Entscheidungsträger, die darauf abzielen, den Ablauf des wirtschaftlichen Geschehens zu ordnen, zu beeinflussen oder unmittelbar festzulegen"* (H. Giersch, Allgemeine Wirtschaftspolitik, Wiesbaden 1960, S. 17). Wir wollen diese Bestimmung nunmehr in drei Punkten konkretisieren:
- *„Politische Entscheidungsträger"* (**„Akteure"**) – damit ist zunächst einmal und vor allem der Staat gemeint, und zwar der **Staat** auf allen drei Ebenen (des Bundes, der Länder und der Gemeinden). Aber auch die großen *Interessenverbände*, insbesondere die **Tarifparteien** (Gewerkschaften und Arbeitgeberverbände), nehmen durch ihre *Lohn- und Preispolitik* einen erheblichen Einfluss auf die wirtschaftliche Entwicklung, auch sie sind in diesem Sinne „politische Entscheidungsträger". Eine besondere Stellung in der Wirtschaftspolitik nahm in der Vergangenheit die *Deutsche Bundesbank* ein, die dem staatlichen Bereich zugeordnet werden kann, aber von Weisungen der Regierung unabhängig und daher in ihren Entscheidungen frei war. Diese Autonomie besitzt auch die **Europäische Zentralbank (EZB)**, die seit 1999 die geldpolitischen Entscheidungen für die an der Europäischen Währungsunion beteiligten Länder trifft.
- Die *„Gesamtheit der Maßnahmen"* – dieser Begriff umfasst das ganze Spektrum der **Bereiche**, in denen sich wirtschaftliche Entscheidungsprozesse vollziehen. Dazu gehören u. a. die hier nicht näher zu beschreibenden Bereiche der *Wettbewerbs-*, der *Struktur-*, der *Außenwirtschafts-* und der *Währungspolitik*. Im Mittelpunkt unserer Betrachtung sollen die Bereiche des Wirtschaftspolitik stehen, die unmittelbar auf die Erreichung der drei Ziele Wachstum, Beschäftigung und Preisniveaustabilität zielen: die **Finanzpolitik** und die **Geldpolitik** (der häufig allgemein gebrauchte Begriff **Konjunkturpolitik** bezieht sich streng genommen nur auf Maßnahmen, die die Vermeidung konjunktureller Schwankungen zum Ziel haben). Diese für den Laien ganz ähnlich klingenden Begriffe meinen etwas ganz Verschiedenes: Träger der *Finanzpolitik* ist der **Staat** (insbesondere also die Bundesregierung), insofern er die Mittel des Bundeshaushaltes einsetzt, um gesamtwirtschaftliche, vor allem konjunkturelle Zielsetzungen zu verfolgen. Insoweit dabei das Ziel nicht aus dem Auge verloren werden darf, den Staatshaushalt (Fiskus) in Einnahmen und Ausgaben auszugleichen, spricht man auch von *Fiskalpolitik* (vgl. M 54b). Der Begriff *Geldpolitik* fasst die Instrumente zusammen, welche die Zentralbank (seit 1.1.1999 die **Europäische Zentralbank**, zu deren System die Deutsche Bundesbank gehört) einsetzt, um Einfluss auf die Wirtschafts- und Konjunkturpolitik zu nehmen und insbesondere das *Ziel der Geldwertstabilität* zu erreichen.

Im folgenden Abschnitt geben wir zunächst einen knappen Überblick über die Ziele, die Instrumente und die wirtschaftspolitische Bedeutung der **Geldpolitik** der Europäischen Zentralbank. Abschnitt 3. enthält dann die Darstellung der **Finanzpolitik** des Staates, bei der wir den Schwerpunkt auf die *Steuerpolitik* und die *Haushaltspolitik* legen, Bereiche, denen – nicht zuletzt im Hinblick auf die schwerwiegenden Probleme der Arbeitslosigkeit und der Staatsverschuldung – eine zentrale und aktuelle Bedeutung zukommt.

Die Deutsche Bundesbank stellt in Zusammenarbeit mit der „Arbeitsgemeinschaft zur Förderung der wirtschaftlichen und sozialen Bildung“ kostenlos zwei Broschüren (für die Sekundarstufen I und II) zur Verfügung, die ausführlich über alle Aspekte des Geldes und der Geldpolitik informieren. Sie stehen auch im Internet zum Download zur Verfügung und werden immer wieder aktualisiert (www.ag-wiso.de/help/src/geld1_gesamt.pdf und www.wiso-ag.de/help/src/geld2_gesamt.pdf).

2. Die Geldpolitik der Europäischen Zentralbank – Balanceakt zwischen Geldwertsicherung und Konjunkturförderung

M 57 Stellung und Aufgaben der Europäischen Zentralbank

Rechtzeitig vor Beginn der dritten Stufe der Europäischen Wirtschafts- und Währungsunion am 2. Januar 1999 wurde Anfang Juni 1998 die **Europäische Zentralbank (EZB)** mit Sitz in Frankfurt am Main gegründet. Die EZB, die nach dem Vorbild der Deutschen Bundesbank aufgebaut ist, wacht über die neue europäische Währung. Zusammen mit den nationalen Zentralbanken aller EU-Mitgliedstaaten bildet sie das **Europäische System der Zentralbanken (ESZB)**. Das ESZB wird von den Beschlussorganen der Europäischen Zentralbank, das heißt vom EZB-Rat und vom Direktorium, geleitet. Der **EZB-Rat** bestimmt vor allem die Geldpolitik der Gemeinschaft; er entscheidet über die Höhe der Leitzinsen, die Bereitstellung von Zentralbankgeld und die Festlegung von Geldmengenzielen (s. dazu die folgenden Materialien). Die nationalen Zentralbanken handeln gemäß den Leitlinien und Weisungen der Europäischen Zentralbank und führen deren Beschlüsse aus.

Der EZB-Rat setzt sich aus dem geschäftsführenden **Direktorium** der Europäischen Zentralbank und den Präsidenten der Zentralbanken der zwölf Staaten zusammen, die am Euro-Währungsgebiet teilnehmen. Das Direktorium umfasst sechs Mitglieder, mit dem Präsidenten und dem Vizepräsidenten der EZB

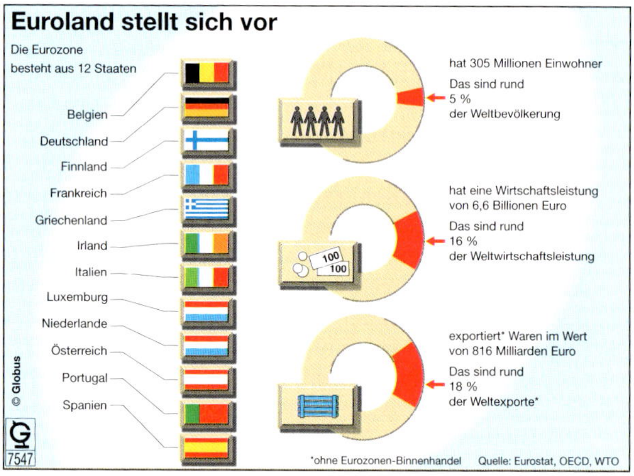

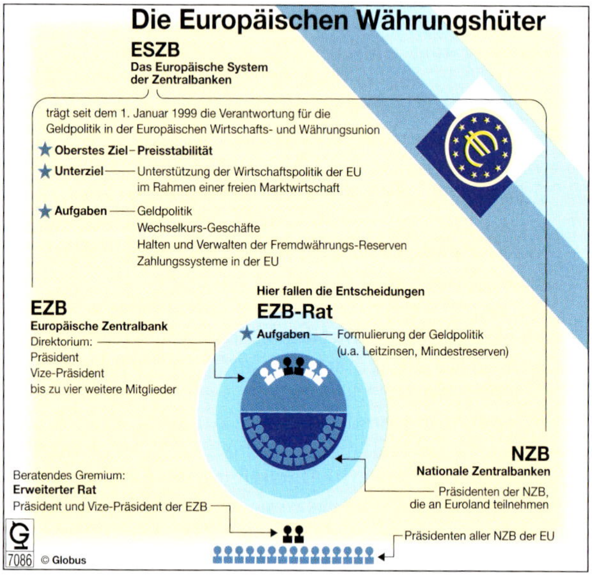

an der Spitze. Als drittes Beschlussorgan der EZB besteht daneben der **Erweiterte Rat**, in dem der Präsident und der Vizepräsident der EZB und die Präsidenten *aller* EU-Zentralbanken vertreten sind. Er ist somit Bindeglied zwischen den EU-Ländern innerhalb und außerhalb der Euro-Währungsunion und hat vorwiegend beratende Aufgaben.

Das Direktorium: hinten, v. l. n. r.: Eugenio Domingo Solans, Tommaso Padoa-Schioppa, Otmar Issing; vorn, v. l. n. r.: Lucas D. Papademos, Jean-Claude Trichet (Präsident), Gertrude Tumpel-Gugerell

(Foto: ECB/Martin Joppen)

Damit die Europäische Zentralbank ihrem Auftrag ohne Rücksicht auf politische Einflussnahme von außen nachgehen kann, hat der Vertrag von Maastricht sie mit einer dreifach gesicherten Unabhängigkeit ausgestattet. Sie ist 1. **institutionell unabhängig**: Nach Art. 107 des EG-Vertrags darf weder die EZB noch eine nationale Zentralbank noch ein Mitglied ihrer Beschlussorgane Weisungen von EU-Organen oder von den Regierungen der Mitgliedstaaten einholen oder entgegennehmen. Sie ist 2. **personell unabhängig**: Der Präsident und die übrigen Geschäftsführenden Direktoren der EZB werden von den Staats- und Regierungschefs der EU-Mitgliedstaaten für eine einmalige Amtszeit von acht Jahren ernannt. Sie können nur durch den Europäischen Gerichtshof ihres Amtes enthoben werden. Die im EZB-Rat vertretenen Präsidenten der nationalen Zentralbanken sind für eine Amtszeit von mindestens fünf Jahren zu berufen. Sie ist 3. **operativ unabhängig**, das heißt, sie entscheidet frei über Auswahl und Einsatz der geldpolitischen Instrumente.

(Schmidt-Zahlenbilder)

M 58a Zielsetzung und Strategie der Geldpolitik

Unter Wirtschaftswissenschaftlern wie Wirtschaftspolitikern wird kontrovers darüber diskutiert, welche Zielsetzungen die Geldpolitik anstreben soll. Umstritten ist vor allem, ob die Zentralbank bei ihren geldpolitischen Entscheidungen nur das Ziel der Geldwertstabilität verfolgen soll oder ob sie darüber hinaus noch das Erreichen weiterer wirtschaftspolitischer Ziele – insbesondere das Erreichen der Vollbeschäftigung – aktiv unterstützen soll. Besonders heftig wird die Debatte immer dann geführt, wenn einerseits das Ziel der Preisniveaustabilität erreicht zu sein scheint, während andererseits auf dem Arbeitsmarkt gleichzeitig eine drückende Unterbeschäftigungssituation zu verzeichnen ist.

Artikel 105, EU-Vertrag

(1) Das vorrangige Ziel des ESZB ist es, die Preisstabilität zu gewährleisten. Soweit dies ohne Beeinträchtigung des Zieles der Preisstabilität möglich ist, unterstützt das ESZB die allgemeine Wirtschaftspolitik in der Gemeinschaft, um zur Verwirklichung der in Artikel 2 festgelegten Ziele der Gemeinschaft beizutragen. Das ESZB handelt im Einklang mit dem Grundsatz einer offenen Marktwirtschaft mit freiem Wettbewerb, wodurch ein effizienter Einsatz der Ressourcen gefordert wird.
[...]

Der EZB ist das zentrale geldpolitische Ziel durch Art. 105 des Maastrichter Vertrags eindeutig vorgegeben (s. Kasten). Sie ist darauf verpflichtet, dass ihr geldpolitisches Handeln vorrangig dem Erreichen der Geldwertstabilität zu dienen hat. Geldwertstabilität wird dabei von der EZB rein binnenwirtschaftlich definiert. Sie sieht das Ziel Geldwertstabilität dann für erreicht an, wenn der für das gesamte Euro-Gebiet geltende **„harmonisierte Verbraucherpreisindex“** (HVPI; s. M 35) jährlich um weniger als 2 Prozent ansteigt (s. Kasten S. 314). Diese Quantifizierung wird jedoch von der EZB ausdrücklich nicht als ein direktes Inflationsziel verstanden, das jederzeit und unter allen Umständen einzuhalten ist bzw. – insbesondere bei Abweichung „nach oben“ – automatisch zu geldpolitischen Gegenmaßnahmen der EZB führen muss. Zum einen weist

die EZB darauf hin, dass keine Zentralbank die Inflationsrate direkt beeinflussen kann. Möglich ist nur eine indirekte Steuerung über geldpolitische Wirkungsmechanismen, die ihrerseits nur mit einer gewissen Zeitverzögerung „greifen". Ein „Überschießen" der Inflationsrate über den anvisierten Grenzwert von 2 Prozent ist daher durchaus möglich. [...]
Da die Inflationsrate nicht direkt gesteuert werden kann, benötigt jede Zentralbank eine „geldpolitische Strategie", d.h. eine *Zwischenzielgröße*, an der sie ihr geldpolitisches Vorgehen ausrichten kann. Die Zwischenzielgröße soll sowohl in einem engen Zusammenhang mit der Inflationsrate stehen als auch relativ unmittelbar von der Zentralbank beeinflusst werden können. Die EZB hat sich für eine geldmengenorientierte Strategie entschieden. [...]

Warum gerade 2 Prozent?

Noyer: Wir haben uns ganz bewusst für die 2 Prozent entschieden, weil bis zu diesem Wert der Inflationsrate die Bevölkerung den Eindruck stabiler Preise hat. Dementsprechend richten – ökonomisch gesehen – die Wirtschaftssubjekte ihre Handlungen an der Preisstabilität aus. Steigen die Preise um deutlich mehr als 2 Prozent, wähnen sich die Menschen in einem inflationären Umfeld. Das findet dann seinen Niederschlag in höheren Lohnabschlüssen oder im Investitionsverhalten. Aller Erfahrung nach beginnt die Bevölkerung bei Teuerungsraten von mehr als 2 Prozent, Inflation in ihre Verhaltensweisen einzuplanen.

(Auszug aus einem Interview mit dem [ehemaligen] Vizepräsidenten der EZB Christian Noyer, in: Frankfurter Allgemeine Zeitung v. 2.1.1999, S. 14)

Hinter der **geldmengenorientierten Strategie** steht die „quantitätstheoretische" Auffassung, dass es – vor allem mittelfristig – einen engen Zusammenhang zwischen Geldmengenentwicklung und Preisniveaustabilität gibt (vgl. M 38). Ein (zu) hohes Geldmengenwachstum führt dieser Ansicht zufolge letztlich nur zu steigenden Inflationsraten.

(Jörn Altmann, Wirtschaftspolitik, Lucius & Lucius Verlag, Stuttgart, 7. Aufl. 2000, S. 372f.)

Die Geldmenge bezeichnet das Geld in den Händen inländischer Nichtbanken. Wegen der Unschärfe des Geldbegriffs gibt es verschiedene Abgrenzungen der Geldmenge. Das Eurosystem unterscheidet folgende Geldmengenbegriffe (M = Money):
M 1 = Bargeldumlauf plus täglich fällige Einlagen;
M 2 = M 1 plus Einlagen mit vereinbarter Laufzeit bis zu zwei Jahren und Einlagen mit vereinbarter Kündigungsfrist bis zu drei Monaten;
M 3 = M 2 plus Anteile an Geldmarktfonds, Verbindlichkeiten aus Wertpapiergeschäften mit Rückkaufverpflichtung und Bankschuldverschreibungen (ausgegebene Wertpapiere, bei denen die Bank sich zu Zinszahlungen und zur Auszahlung des Geldbetrags bei Fälligkeit verpflichtet). An M 3 orientiert sich die EZB bei ihrer Geldmengensteuerung.
(Autorentext)

M 58b

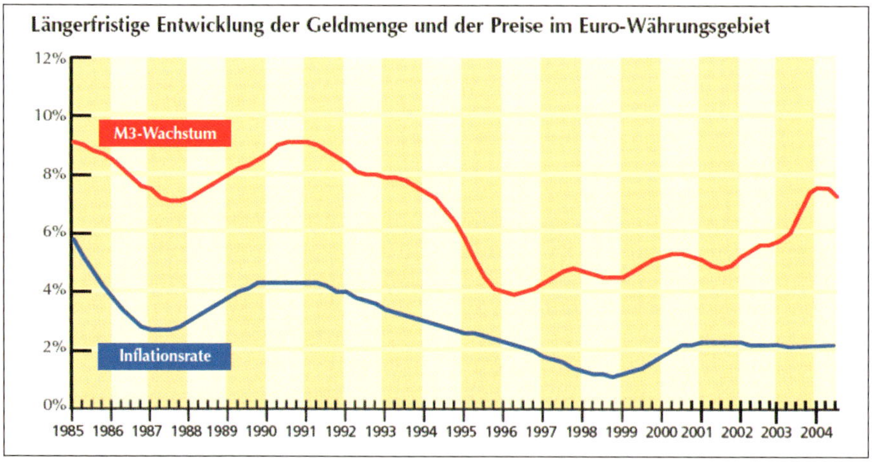

(www.ag-wiso.de/help/src/geld2-06.pdf, S. 69)

M 58c

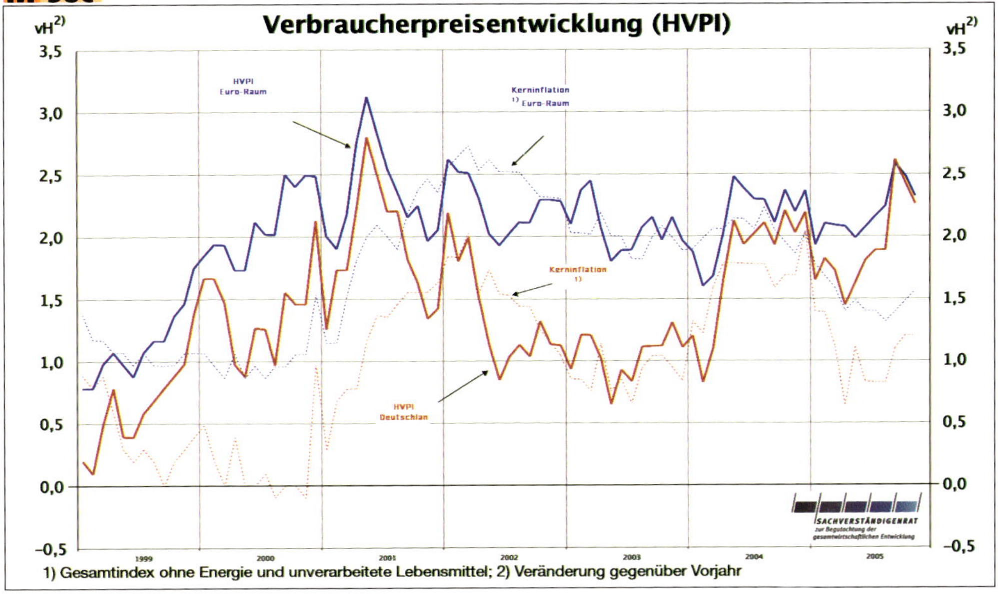

(www.sachverstaendigenrat-wirtschaft.de/download/konindikat/ki09.xls)

1. *Beschreiben Sie anhand von M 57 die Organisation und die Aufgabe der Europäischen Zentralbank (EZB). In welcher Weise sind die zwölf Euroland-Staaten in der EZB vertreten?*
2. *Die Unabhängigkeit (Autonomie) der neuen Zentralbank ist auch im Vergleich zur Deutschen Bundesbank (mit ihrer bereits sehr hohen Autonomie) verstärkt worden. Erläutern Sie die drei Dimensionen dieser Autonomie und die Gründe für diese gesetzlichen Festlegungen (M 57).*
3. *In M 58a heißt es, dass die Zielsetzungen der Geldpolitik, insbesondere auch unter Wirtschaftspolitikern, umstritten sind. Erläutern Sie unter Rückgriff auf M 7 (S. 236), mit welchen anderen Zielen der Wirtschaftspolitik das Ziel der Geldwertstabilität tendenziell in Konflikt geraten kann. Welche Entscheidung ist im EU-Vertrag in dieser Hinsicht getroffen worden? Wie ist die Formulierung zu verstehen, dass das Stabilitätsziel „vorrangig" ist (s. Kasten S. 313)? Wie kommt es dazu, dass Geldwertstabilität z. B. auch noch bei einer Inflationsrate von 1,9 als erreicht gilt?*
4. *Um Entscheidungen über rechtzeitige Maßnahmen zur Sicherung der Geldwertstabilität zu treffen, muss die EZB die gegenwärtige und vor allem zukünftige Entwicklung analysieren und beurteilen. Neben der Beobachtung und der Analyse der allgemeinen Wirtschaftspolitik orientiert sie sich dabei (in einer „Zwei-Säulen-Strategie") an einem bestimmten Prozentsatz, um den die Geldmenge von Jahr zu Jahr zunehmen „darf" (sog. „Referenzwert" von 4,5%), bevor sie (mit einer Erhöhung der Leitzinsen, s. M 61) reagiert. Beschreiben Sie, wie sich im Vergleich dazu die Geldmenge M 3 in den letzten 15 Jahren entwickelt hat (M 58b). Anhand von M 58c können Sie die Inflationsentwicklung in Deutschland mit der im gesamten Euro-Raum vergleichen.*

M 59 Die Instrumente der Geldpolitik

Die Darstellung der Instrumente der Geldpolitik haben wir auf die wichtigsten Punkte beschränkt (M 59c; zur näheren Information stehen Ihnen ggf. die auf S. 312 genannten Broschüren im Internet zur Verfügung).
Die Erarbeitung können Sie ggf. in arbeitsgleicher **Gruppenarbeit** vornehmen. Die Gruppenberichte sollten in möglichst verständlicher Sprache und in anschaulicher Form (ggf. Tafelschema) die einzelnen Instrumente und ihre Wirkungsweise darzustellen versuchen.

Sinnvoll wäre auch eine **Expertenbefragung**: Der Vertreter einer örtlichen Geschäftsbank oder Sparkasse könnte Ihnen konkrete Informationen zur Praxis der „Refinanzierung" geben und Fragen beantworten. Auf einzelne Arbeitshinweise zu M 59c haben wir verzichtet.
Zuvor erscheint es wichtig, den Begriff und die Bedeutung der „Zentralbankgeldmenge" zu klären (M 59a) und die wichtige Rolle zu verstehen, die der „Geldschöpfung" der Banken zukommt (M 59b).

M 59a Der Grundgedanke: Steuerung der Zentralbankgeldmenge

Mithilfe der geldpolitischen Instrumente steuert die Zentralbank die Zufuhr von **Zentralbankgeld** in das Geschäftsbankensystem. Zentralbankgeld kann, wie der Name bereits sagt, nur von der Zentralbank selbst hergestellt werden. Es ist hoheitliches Geld und alleiniges gesetzliches Zahlungsmittel. Seine Erscheinungsformen sind das *Bargeld* sowie *Guthaben auf Konten der Zentralbank* (Zentralbankeinlagen). Die entscheidende Bedeutung des Zentralbankgeldes liegt für die Geschäftsbanken darin, dass sie dieses hoheitliche Geld im Zuge ihres Hauptgeschäfts, nämlich des Kreditgeschäfts benötigen. Zum einen müssen die Banken Barauszahlungen an ihre Kunden tätigen. Zum andern müssen die Kreditinstitute die Mindestreservepflicht erfüllen; das bedeutet, dass sie von Kundeneinlagen einen bestimmten Prozentsatz auf Zentralbankkonten hinterlegen müssen. Durch diese beiden Gegebenheiten entsteht für die Banken ein Zentralbankgeldbedarf. Genau an diesem Punkt setzt die Geldpolitik an. Indem die Zentralbank den Banken Zentralbankgeld zuführt bzw. entzieht, nimmt sie unmittelbaren Einfluss auf die Kreditvergabe der Geschäftsbanken. Da die Kreditgewährung aber die wichtigste Quelle für die Geldentstehung in der Volkswirtschaft ist, steuert die Zentralbank somit die Geldmenge in der Wirtschaft. Auf der **wohldosierten Zufuhr von Zentralbankgeld in das Bankensystem** basiert die Ausgestaltung des Instrumentariums des Eurosystems.
Die Zufuhr von Zentralbankgeld in das Geschäftsbankensystem kann sowohl *mengenmäßig* auch *preismäßig* gesteuert werden. Im ersten Fall handelt es sich um den Einsatz *liquiditäts*politischer Instrumente; im zweiten Fall liegen *zins*politische Instrumente vor. Damit sind die technischen Voraussetzungen geschaffen, um einen angestrebten Zuwachs der Geldmenge zu erreichen. Beide Instrumentenkategorien wurden in der Vergangenheit von der Deutschen Bundesbank eingesetzt und finden sich inzwischen auch in der Geldpolitik des Eurosystems.

(Gerhard Mussel/Jürgen Pätzold, Grundfragen der Wirtschaftspolitik, Verlag Vahlen, München, 6. Aufl. 2005, S. 136f.)

Zum Unterschied zu Bargeld handelt es sich bei Buchgeld/Giralgeld um Geld, das für den *bargeldlosen Zahlungsverkehr* zur Verfügung steht und aus täglich fälligen *„Sichteinlagen"* (entweder bei Geschäftsbanken oder bei der Zentralbank) oder aber aus *Krediten* der Geschäftsbanken besteht. Zahlt ein Kunde bei einer Geschäftsbank eine Summe Bargeld ein und erhält dafür eine Gutschrift auf seinem Girokonto (Sichtguthaben), vermehrt er dadurch nicht die Geldmenge; er wandelt lediglich Zentralbankgeld (Bargeld) in Geschäftsbankengeld um (passive Geldschöpfung). Zu einer Vermehrung der Giralgeldmenge kommt es aber, wenn die Geschäftsbank Kredite vergibt (aktive Geldschöpfung).

(Autorentext)

1. *Erläutern Sie die entscheidende Bedeutung des Zentralbankgeldes für die Kreditgewährung der Bankinstitute und damit für die Entwicklung der Geldmenge M 3 (s. M 58b). Wodurch unterscheidet sich Zentralbankgeld von Geschäftsbankengeld? Was heißt „aktive Geldschöpfung"?*

2. *Die in M 59c näher beschriebenen Instrumente zur Steuerung der Zentralbankgeldmenge werden in M 59a nach liquiditätspolitischen (unmittelbar auf die* ***Menge*** *des Zentralbankgeldes bezogenen) und zinspolitischen (auf den* ***Preis****, den die Geschäftsbanken für den Erwerb von Zentralbankgeld zahlen müssen, bezogenen) unterschieden. Achten Sie auf diese Unterscheidung bei der Erarbeitung von M 59c.*

3. *Beschreiben Sie die Möglichkeiten und Grenzen der „multiplen Giralgeldschöpfung" durch die Geschäftsbanken (M 59b). Welche Beschränkungen sorgen dafür, dass das Geschäftsbankengeld nicht ins Unendliche anwachsen kann? Analysieren Sie dazu auch das Beispiel (Grafik) und berechnen Sie selbst die Beträge zu den Buchstaben D–F.*

M 59b „Wunderbare Geldvermehrung" – die „multiple Giraldgeldschöpfung" der Geschäftsbanken

Die Geldpolitik kann ihr Ziel „Preisniveaustabilität" nur indirekt erreichen, nämlich über die Geldversorgung der Wirtschaft – oder genauer: über die Beeinflussung der Liquidität des Bankensystems. Was ist damit gemeint? Die Geschäftsbanken stehen quasi als Vermittler zwischen der Zentralbank und der „Wirtschaft". Wenn ein Unternehmen zusätzliche Maschinen anschaffen, also investieren will, wenn ein privater Haushalt eine Eigentumswohnung kaufen will, dann nehmen sie häufig Kredite bei ihrer Bank bzw. Bausparkasse auf. Kredit – das heißt: Den Kunden wird ein Sichtguthaben eingeräumt, über das sie verfügen können zum Kauf der Maschinen bzw. der Eigentumswohnung. Auf diese Weise versorgen die Geschäftsbanken ihre Kunden mit Geld. Eine Ausweitung der Kredite erhöht entsprechend die Geldmenge. In der Volkswirtschaftslehre wird dieser Vorgang als *Giralgeldschöpfung* bezeichnet. Bei der aktiven Giralgeldschöpfung wird Buchgeld geschaffen, welches nicht durch Bargeld gedeckt ist, d.h. die Geschäftsbanken sind in der Lage, durch Gewährung von Krediten Giralgeld entstehen zu lassen und somit die Geldmenge zu erhöhen. Um Kredite gewähren zu können, müssen sich die Banken ihrerseits „refinanzieren", d.h. sie müssen sich Geld besorgen – und das können sie bei der Bank der Banken", nämlich der Zentralbank.

(Gerhard Willke, Wirtschaftspolitik, Cornelsen Verlag, Berlin 2003, S. 272)

[Die Geschäftsbank muss] in Relation zu den von ihr eingeräumten Sichtguthaben einen bestimmten Betrag (Mindestreserve der Banken) an Zentralbankgeld, das sie selbst nicht schöpfen kann, auf ihrem Zentralbankkonto hinterlegen. Ferner muss die Bank einen Teil der Einlagen als Bargeld halten, da Kunden erfahrungsgemäß Sichtguthaben in Banknoten abheben. Das Zusammenwirken dieser Größen beim Geldschöpfungsprozess über mehrere Geschäftsbanken beschreibt der Geldschöpfungsmultiplikator. [...]

[Er beschreibt die] Anzahl der Einheiten von Geschäftsbankgeld, das die privaten Geschäftsbanken (Kreditbanken) aus einer Einheit Zentralbankgeld als Überschussreserve schöpfen können. Dies sei an einem Beispiel verdeutlicht: Die Geschäftsbank A gewährt einem Kunden einen Kredit in Höhe von 1000 EUR. Der Kreditnehmer hebt einen Teil (z.B. 40%) des Kredits in bar ab, um damit Barkäufe zu tätigen. Überweist er die verbleibenden 600 EUR auf das Konto eines Geschäftspartners bei der Bank B, entstehen dort Sichteinlagen in selber Höhe. Muss B annahmegemäß darauf 20% oder 120 EUR als Mindestreserve der Banken halten, beträgt die Überschussreserve 480 EUR. Diese Summe vergibt B wiederum als Kredit. Vom neuen Kreditnehmer werden wieder 40% oder 192 EUR in bar abgehoben, der verbleibende Teil (288 EUR) wird von ihm an Bank C überwiesen. Dieser Vorgang kann sich im Idealfall so lange wiederholen, bis der private Bankensektor keine Überschussreserven mehr besitzt.

(Karl-Dieter Grüske/Friedrich Schneider, Wörterbuch der Wirtschaft, Kröner Verlag, Stuttgart, 13. Aufl. 2003, S. 182f.)

[Obwohl also die Überschussreserve immer kleiner wird und jede einzelne Bank immer nur einen Bruchteil ihres „Liquiditätszuflusses" ausleihen kann], sind am Ende die Einlagen im Bankensystem – das Giralgeld – um ein Mehrfaches derjenigen Einlage gestiegen, die durch die ursprüngliche Kreditgewährung entstanden ist. Man spricht deshalb auch von der „multiplen Giralgeldschöpfung" (multipel = vielfach).

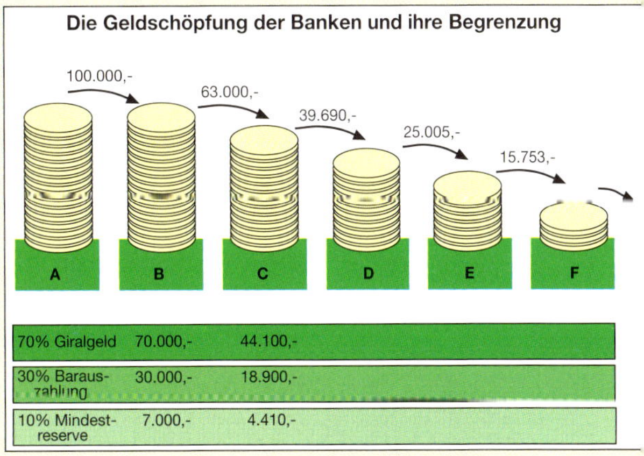

In diesem Beispiel wird angenommen, dass jeweils 30 Prozent der an eine Bank überwiesenen Summe bar abgehoben werden und dass die Bank jeweils Mindestreserven im Umfang von zehn Prozent bei der Zentralbank unterhalten muss.

(Unser Geld. Ein Heft für die Schule, Sek. I, Ausgabe 2004/2005, hg. im Auftrag der Arbeitsgemeinschaft zur Förderung der wirtschaftlichen und sozialen Bildung von Adalbert Kitsche und Heinz Markmann, Verlag Th. Mann, Gelsenkirchen 2004, S. 13)

M 59c Die wichtigsten geldpolitischen Instrumente der Europäischen Zentralbank

Ansatzpunkt für die Geldpolitik ist – wie wir bereits gesehen haben – der Bedarf der Banken an Zentralbankgeld in Verbindung mit ihrer eigenen Geldschöpfung. Über die Bedingungen, zu denen die Notenbank Zentralbankgeld an die Banken abgibt, steuert sie die Geld- und Kreditschöpfung der Banken und beeinflusst damit letztlich auch die Preisentwicklung. Der Weg dahin ist freilich lang und unübersichtlich. Deshalb muss die Geldpolitik vorausschauend tätig werden und sich an Größen wie z. B. der Geldmenge orientieren, die Inflationsgefahren frühzeitig anzeigen (s. Arbeitshinweis 4., S. 315).

Offenmarktpolitik

Üblicherweise kommt ein Kreditinstitut zu Zentralbankgeld durch den Verkauf oder die Verpfändung von Werten aus seinem eigenen Besitz an die Notenbank. Der Fachmann sagt zu diesem Vorgang: Das Kreditinstitut *refinanziert* sich. Heutzutage steht dabei die sogenannte **Offenmarktpolitik** in Form von Wertpapierpensionsgeschäften bzw. befristeten Geschäften im Vordergrund.

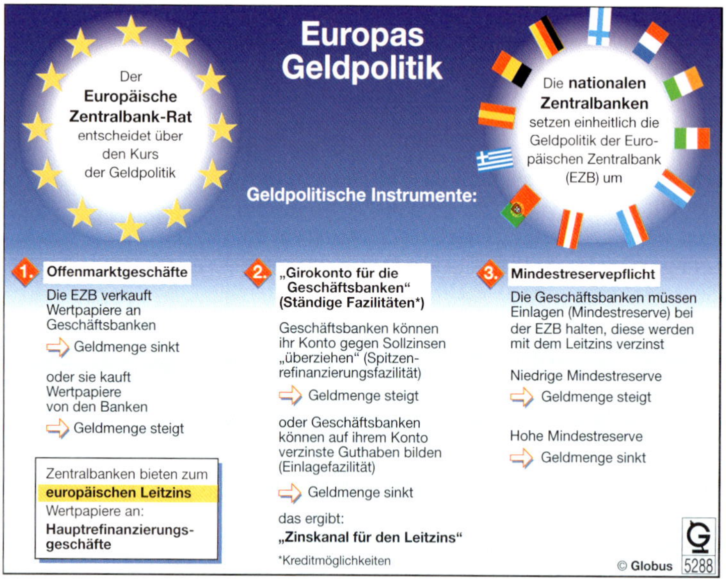

Bei einem befristeten Offenmarktgeschäft übernimmt das Eurosystem Wertpapiere für eine bestimmte Frist gegen Zentralbankgeld von den Banken. Danach muss sie die abgebende Bank wieder zurücknehmen. Das Eurosystem bietet solche Geschäfte in zwei Formen an: Zum einen schließt es wöchentlich ein siebentägiges Geschäft ab (das sogenannte **Hauptrefinanzierungsgeschäft**). Als Pfand nimmt es besonders sichere Wertpapiere herein. Zum anderen offeriert das Eurosystem einmal im Monat ein Geschäft mit einer Befristung von drei Monaten (den sogenannten *Basistender*). Die Zinsen bei den kurzfristigen Offenmarktgeschäften werden entweder vom Eurosystem festgesetzt – dann spricht man vom Mengentender – oder sie ergeben sich aus den Zinsgeboten der Banken, d.h. aus einer „Versteigerung" von Zentralbankgeld – dann spricht man vom *Zinstender*.

Seit Mitte 2000 schreibt das Eurosystem seine Hauptrefinanzierungsgeschäfte als Zinstender aus. Ein sogenannter Mindestbietungssatz liefert allerdings den Banken eine Untergrenze für ihr Gebot. Er signalisiert außerdem dem Markt den zinspolitischen Kurs des EZB-Rats [**Leitzins**].

Mit der Offenmarktpolitik steuert das Eurosystem die Zinsen am **Geldmarkt**. Das ist der Markt, an dem die Banken Zentralbankguthaben untereinander handeln. Übernimmt das Eurosystem Wertpapiere, so steigen die Zentralbankguthaben der Kreditinstitute. Der Geldmarkt wird dann bei sinkenden Zinsen flüssiger, also liquider. Die Banken können jetzt mehr (und billigere) Kredite vergeben. Gibt das Eurosystem aber Wertpapiere ab, so zieht es Geld aus dem Verkehr. Das Geld wird nun knapper und damit auch teurer. Folglich steigen sowohl die Zinsen am Geldmarkt als auch die Zinsen für Bankkredite und Bankeinlagen.

Ständige Fazilitäten

Um Schwankungen des Geldmarktsatzes nach oben und unten einzugrenzen, hält das Eurosystem zwei weitere Instrumente der Geldmarktsteuerung bereit. Da ist zum einen die sogenannte **Spitzenrefinanzierungsfazilität**. Sie ermöglicht den Banken, über Nacht – das heißt für einen Tag – von sich aus und im Prinzip unbegrenzt Geld zu einem über dem Satz der Hauptrefinanzierungsfazilität liegenden Zins aufzunehmen. Umgekehrt können die Kreditinstitute überschüssige Liquidität zu einem darunter liegenden Zins beim Eurosystem anlegen. Dieses Instrument nennt man **Einlagefazilität**.

Mindestreserve

Zinsausschläge am Geldmarkt werden außerdem durch eine moderate Mindestreserve beschränkt. Das Eurosystem verlangt, dass die Banken in Höhe eines bestimmten Prozentsatzes ihrer Kundeneinlagen Guthaben bei der Notenbank unterhalten. Wie wir gesehen haben, stärkt diese Regelung die Bindung der Bankengeldschöpfung an die der Zentralbank.
Vor allem aber wirken die Mindestreserveguthaben bei Liquiditätsschwankungen am Geldmarkt wie ein Puffer, weil die Banken diese Guthaben auch für ihren laufenden Zahlungsverkehr nutzen können und die Mindestreserve nur im Monatsdurchschnitt, nicht aber täglich erfüllen müssen.
Da die Mindestreserven beim Eurosystem marktmäßig verzinst werden, halten sich die mit ihnen verbundenen finanziellen Belastungen der Banken in engen Grenzen.

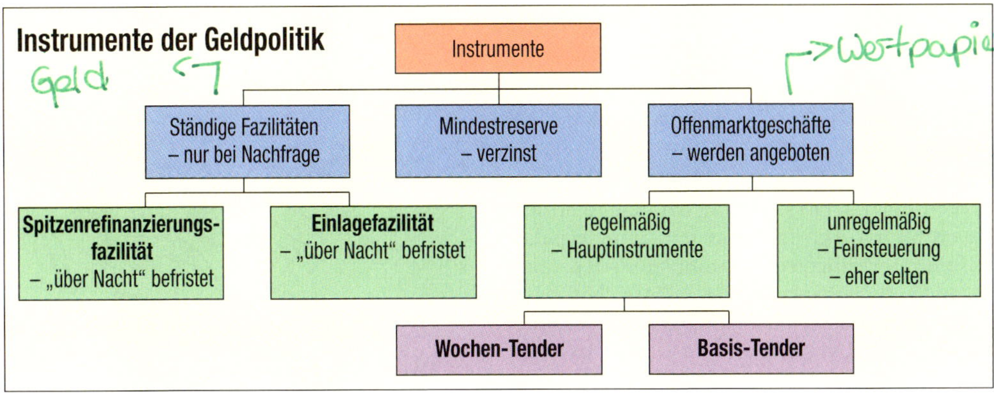

(Grafik aus: Wim Kösters/Martin Hebler, Geldpolitik. In: Klaus Schubert [Hg.], Handwörterbuch des ökonomischen Systems der Bundesrepublik Deutschland, VS Verlag für Sozialwissenschaften, Wiesbaden 2005, S. 176)

Einfluss auf Geldmenge und Preise

Durch Erhöhung oder Verminderung seiner Zinssätze verteuert oder verbilligt das Eurosystem die Refinanzierung der Kreditinstitute. Erhöht es seine Zinsen, so wird für die Banken die Geldbeschaffung teurer. Sie müssen ja nun mehr Geld bezahlen, um Zentralbankgeld zu erhalten.
Diese Verteuerung geben die Banken im Rahmen ihrer Wettbewerbssituation an ihre Kunden weiter, indem sie *höhere Zinsen* für *Bankkredite* verlangen. Das wiederum verteuert die Güterherstellung und die Dienstleistungen.
Manche Geschäfte, die sich bisher noch lohnten, werden nun uninteressant, weil die Geldbeschaffungskosten höher sind als der zu erwartende Gewinn. Deshalb geht auch die Nachfrage der Wirtschaft nach Krediten zurück. Ebenso verschiebt mancher Bauherr bei hohen Zinsen den geplanten Hausbau und mancher Autofahrer den Kauf eines neuen Pkw auf später. Wer liquide ist, legt nun sein Geld zu guten Zinsen langfristig an. Die Geldmenge wächst langsamer. Gleichzeitig lässt die Nachfrage nach Waren und Dienstleistungen in der Wirtschaft nach, was wiederum eine Verlangsamung des Preisanstiegs zur Folge hat.
Hohe Zinsen führen also nicht zu einer Verstärkung, sondern im Gegenteil zu einer *Abschwächung des Preisauftriebs*. Zwar verteuern steigende Zinsen zunächst die Güterherstellung. Ob und

in welcher Höhe diese Kosten in erhöhten Preisen an den Käufer weitergegeben werden können, hängt aber von der Stärke der gesamtwirtschaftlichen Nachfrage und der Marktmacht der Anbieter ab. Da sich die Nachfrage aber bei einer Kreditverteuerung abschwächt, wird die Möglichkeit, höhere Preise zu erzielen, deutlich beschnitten. Senkt das Eurosystem dagegen seine Zinsen, so sinken auch allgemein die Zinsen der Kreditinstitute. Dadurch werden Bankkredite wieder billiger, und manches Geschäft, das sich bisher wegen der hohen Zinslast nicht lohnte, wird nun wieder rentabel. Die Geldmenge und die Nachfrage wachsen wieder schneller.

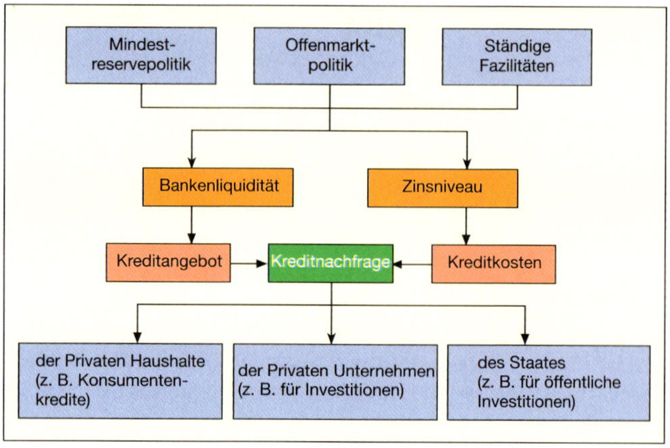

(Hermann Adam, Bausteine der Volkswirtschaftslehre, Bund Verlag, Köln 2000, S. 93)

(Unser Geld. Ein Heft für die Schule, Sek. I, Ausgabe 2005/2006, hg. im Auftrag der Arbeitsgemeinschaft zur Förderung der wirtschaftlichen und sozialen Bildung von Adalbert Kitsche und Heinz Markmann, Verlag Th. Mann, Gelsenkirchen 2005, S. 20f.)

M 60 Wovon der Erfolg abhängt ...

Die Zentralbank versucht mit ihrer Politik vor allem die Kreditpolitik des Bankensystems zu beeinflussen, die sich wiederum auf das Nachfrageverhalten der privaten Kreditnehmer auswirken soll. [...] Ob sie Erfolg hat, hängt einmal davon ab, ob das Bankensystem ihre Impulse aufnimmt. Verfügen die Kreditinstitute z. B. über reichlich Notenbankgeld, ist nicht sicher, dass sie die Signale der Notenbank auf Zinserhöhung und Kreditverknappung an ihre Kunden voll weitergeben. Der Notenbankimpuls könnte bereits durch den zwischengeschalteten Akteur Kreditinstitute gedämpft und verzögert werden. Aber auch wenn die Zentralbank ihre Dämpfungspolitik gegebenenfalls durch stärkeren Einsatz ihrer Instrumente beim Bankensystem durchsetzt, sind die Wirkungen bei den privaten Kreditnehmern unsicher. Ein Faktor ist die Zinsreagibilität*. Will ein Unternehmen z. B. eine Investition mit einem Kredit finanzieren und die Kreditkosten steigen, so wird es kaum auf die Investition verzichten oder sie aufschieben, wenn es damit rechnen kann, die zusätzlichen Kosten bei einer inflationären Entwicklung in die Preise zu überwälzen. Aber insgesamt gilt, dass die Zentralbank über eine konsequente restriktive Geldpolitik durchaus die Kreditnachfrage trifft, allerdings mit erheblicher und schwer prognostizierbarer Verzögerung und in asymmetrischer Verteilung, nämlich primär die Investitionen.

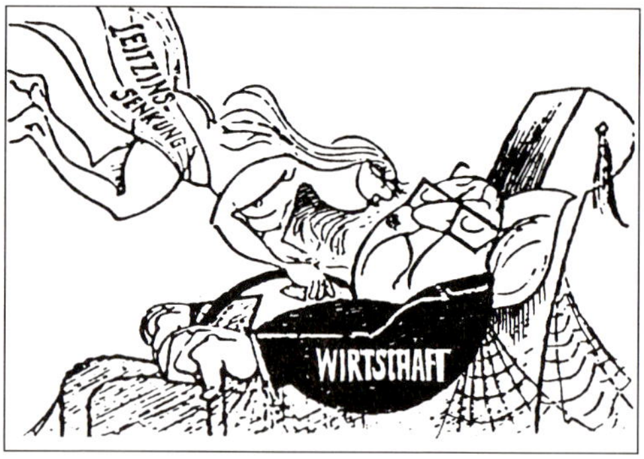

(Zeichnung: Walter Hanel/CCC, www.c5.net)

Asymmetrisch sind auch die Wirkungsmöglichkeiten der Geldpolitik bezüglich Dämpfung und Ankurbelung. Im Falle einer Rezession kann die Notenbank zwar durch großzügiges Geldangebot und niedrige Zinsen von der Kreditseite her günstige Rahmenbedingungen für vermehrte Investitionen schaffen, sie kann aber kein Unternehmen zwingen, seine möglicherweise aus übertrieben pessimistischer Einschätzung der zukünftigen Wirtschaftsentwicklung resultierende Zurückhaltung aufzugeben. Um ein bekanntes Bild zu gebrauchen: Man kann die Pferde zur Tränke führen, saufen müssen sie alleine.

(Uwe Andersen, Konjunktur und Beschäftigungspolitik. In: Der Staat in der Wirtschaft der Bundesrepublik. Hrsg. von Dieter Grosser, Opladen 1985, S. 394f.)

M 61 Umstrittenes „Signal“ – EZB erhöht den Leitzins

Die EZB begründete ihren Zinsschritt mit den gestiegenen Risiken für die Inflation, die im Euroraum im November bei 2,4 Prozent lag. Präsident Jean-Claude Trichet sagte, er fühle sich für die mehr als 300 Millionen Bürger der Eurozone verantwortlich. Die Sparer und Investoren könnten auf die EZB vertrauen. Der Zinsbeschluss sei im EZB-Rat einstimmig gefallen. [...] Finanzminister Steinbrück (SPD) hatte, ähnlich wie Kollegen aus anderen EU-Ländern, die Notenbank vor einer Zinserhöhung gewarnt. [...] Bundeswirtschaftsminister Michael Glos (CSU) rechnet nicht mit einer Dämpfung der Wirtschaftsentwicklung, sprach sich aber gegen weitere Zinserhöhungen aus. Anders als die EZB sieht die Bundesregierung keine Inflationsgefahren.

(Süddeutsche Zeitung v. 2.12.2005, S. 1; Verf.: Helga Einecke und Ulrich Schäfer)

Koalition kritisiert EZB-Entscheidung

„Zinserhöhung stört Wachstum“

SPD spricht von einem „ganz schlechten Signal“, das die Sanierung des Haushalts gefährde

Berlin – Führende Politiker der großen Koalition haben die Zinserhöhung der Europäischen Zentralbank kritisiert. Der Vize-Vorsitzende der SPD-Fraktion, Ludwig Stiegler, sprach von einem „ganz schlechten Signal“. Die Entscheidung gefährde das Wachstum und die Haushaltssanierung. Die Notenbank erhöhte ihren Leitzins am Donnerstag erstmals seit fünf Jahren: von 2 auf 2,25 Prozent.

Am 2.3.2006 erhöhte die EZB den Leitzins ein zweites Mal um 0,25 Prozentpunkte (s. Grafik) und kündigte an, dass bei einem anhaltenden Anstieg der Geldmenge mit weiteren Erhöhungen gerechnet werden müsse.

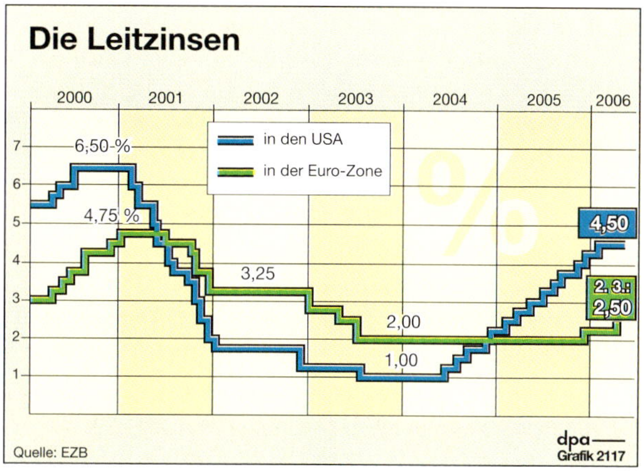

M 62 Die Geldpolitik der EZB in der Karikatur

a)

„Wie Sie sehen, tu ich wirklich mein Bestes!“
(Zeichnung: LUFF/CCC, www.c5.net)

b)

(Zeichnung: Peter Bensch/Handelsblatt v. 17./18.3.2000, S. 47)

c)

Motivationsschub

(Zeichnung: Pepsch Gottscheber/CCC, www.c5.net)

d)

„Zu großzügig! So viel hätte ich Ihnen gar nicht abknöpfen mögen!“ (Zeichnung: Götz Wiedenroth)

1. *In M 58a war bereits davon die Rede, dass die Geldpolitik der EZB neben dem Stabilitätsziel auch die „allgemeine Wirtschaftspolitik“ im Auge haben soll. Verdeutlichen Sie anhand des Schemas S. 320 die möglichen Auswirkungen der Geldpolitik auf die gesamtwirtschaftliche Nachfrage (und damit auch auf die Beschäftigung). Inwiefern kann – je nach gesamtwirtschaftlicher Lage – die Zentralbank in eine „Zwickmühle“ geraten zwischen der Verfolgung ihres Hauptziels der Geldwertstabilität und den Auswirkungen ihrer Politik auf die Konjunkturentwicklung? Vergleichen Sie dazu auch die beiden Karikaturen M 62a und b.*

2. *M 60 beschreibt noch einmal zusammenfassend, wovon es abhängt, ob sich Maßnahmen der Geldpolitik im gewünschten Sinne auswirken. Welche Bedingungen auf der Ebene der Banken und auf der der Kreditnachfrager sind zu bedenken? Zeigen Sie, an welcher Stelle der Wirkungskette die erwünschten Wirkungen nicht automatisch eintreten bzw. verzögert werden können.*

3. *M 60 enthält auch den Hinweis, dass die Wirkung einer restriktiven Geldpolitik höher einzuschätzen ist als die einer expansiven, dass also der „Gärtner“ (Karikatur M 62b) erfolgreicher tätig sein kann als der „Segler“ (Karikatur M 62a). Erläutern Sie diese Einschätzung und ihre Begründung.*

4. *Die Grafik in M 61 zeigt die durch entsprechende Entscheidungen der EZB bestimmten bisherigen Entwicklungen der Leitzinsen. Vergleichen Sie damit die bisherige Inflationsentwicklung im Euroraum (M 58c, S. 315).*

5. *Erläutern Sie die in M 61 angesprochenen unterschiedlichen Beurteilungen der Leitzinserhöhung vom 1.12.2005. Worauf beruft sich der Präsident der EZB? Inwiefern sehen die genannten Politiker in der Zinserhöhung ein falsches Signal für die Konjunktur- und Wachstumsentwicklung?*

6. *Versuchen Sie die beiden Karikaturen M 62c (Senkung auf 2,75 %) und d (Senkung um 0,25 Prozentpunkte) zeitlich der in M 61 dargestellten Entwicklung der Leitzinsen zuzuordnen. Wie kommentieren die Zeichner den jeweilig dargestellten Zinssenkungsschritt? – Hinweis: In den Karikaturen ist Wim Duisenberg zu sehen, der bis 2003 Präsident der Europäischen Zentralbank war (seitdem: Jean-Claude Trichet, s. Foto S. 313).*

7. *Informieren Sie sich über den aktuellen Stand der Leitzinspolitik der EZB. Wurde der in M 61 dargestellte Zinssatz inzwischen erhöht oder gesenkt? Wie wurde die betr. Maßnahme von der EZB begründet? Wie wurde sie in Politik und Wirtschaft beurteilt?*

3. Die Finanzpolitik des Staates – Möglichkeiten und Grenzen im Zeichen von Wachstumsschwäche und Staatsverschuldung

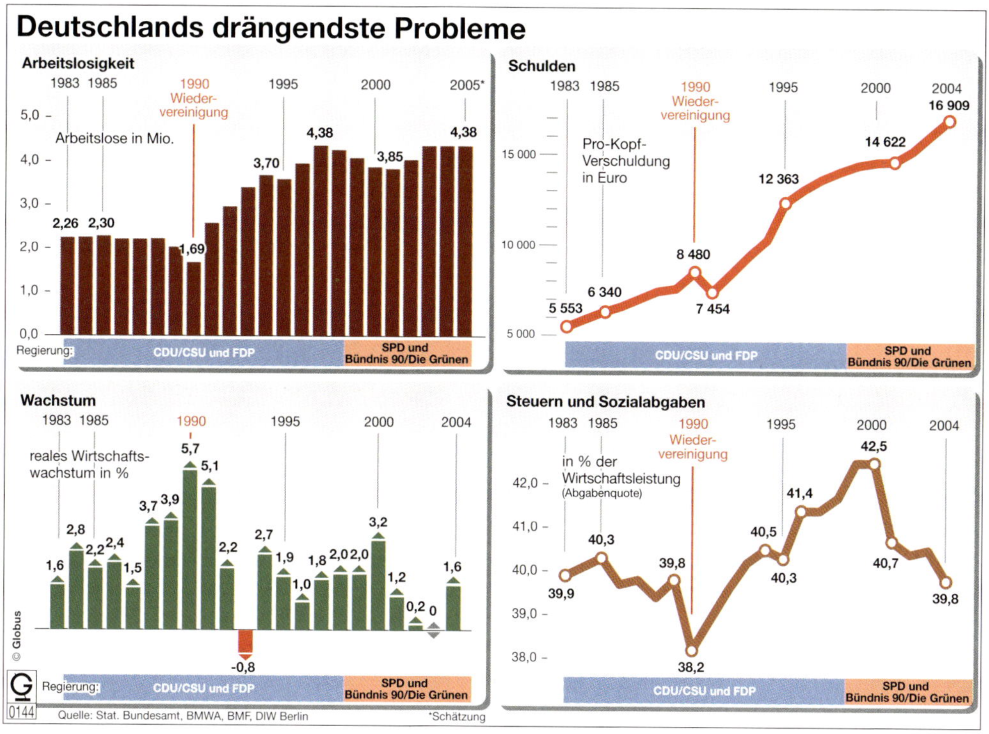

Daten für 2005: Arbeitslosigkeit: 4, 86; Wachstum: 0,9; Schulden: 180 260

Die Globus-Grafik macht ansatzweise deutlich, vor welche Probleme und Hauptaufgaben sich die Wirtschaftspolitik in Deutschland für die nächste Zukunft gestellt sieht. Angesichts der massiven Probleme, die sich vor allem aus der anhaltenden Massenarbeitslosigkeit ergeben, stellt sich als zentrale Frage, welche Maßnahmen zum **Abbau der Arbeitslosigkeit** beitragen und **zusätzliche Beschäftigung** fördern können. Dazu wollen wir zunächst auf einige grundsätzliche Aspekte hinweisen, die in diesem Zusammenhang zu berücksichtigen sind.

- Die in Abschnitt II. 3. dargestellte Vielfalt der Ursachen für Arbeitslosigkeit zeigt: Es gibt kein Patentrezept, kein Allheilmittel gegen die Krankheit der Arbeitslosigkeit. Ihre Bekämpfung muss an vielen verschiedenen Stellen ansetzen. Dabei kann unterschieden werden zwischen „**Arbeitsmarktpolitik**“, die bei den Erwerbspersonen ansetzt und deren Beschäftigungschancen zu verbessern sucht (bessere Information, Beratung und Vermittlung, Qualifizierungsmaßnahmen), und **„Beschäftigungspolitik“**, die im Wesentlichen bei den Arbeitsplätzen ansetzt und die Nachfrage nach Arbeitskräften zu steigern versucht (Maßnahmen zur Förderung der Produktion und des Wirtschaftswachstums).
- Während Arbeitsmarktpolitik sehr wohl staatlich organisiert und gestaltet werden kann, sind die **Möglichkeiten des Staates**, direkt auf die Beschäftigung Einfluss zu nehmen, in einer marktwirtschaftlichen Ordnung naturgemäß beschränkt. Über Einstellungen und Entlassungen entschei-

den die Unternehmen; wichtige Bedingungen für die Beschäftigung (Lohnhöhe, Arbeitszeiten) werden durch die Tarifpartner (Arbeitgeber und Gewerkschaften) ausgehandelt. Die zentrale Aufgabe staatlicher Beschäftigungspolitik liegt in der Schaffung günstiger **Rahmenbedingungen** für „beschäftigungsfreundliche" Entscheidungen der Wirtschaftssubjekte. Je nach wirtschaftspolitischer „Schule", bevorzugter Konzeption (Angebots- oder Nachfrageorientierung) und Interessenlage (z.B. Arbeitgeber/Gewerkschaften) gehen die Meinungen und Vorschläge hier allerdings auseinander. Selbst die ökonomische Wissenschaft ist sich durchaus nicht darüber einig, ob die Probleme – generell gesehen – z.B. eher auf der Seite der zu geringen privaten **Konsumnachfrage** oder eher auf der Seite ungünstiger **Produktionsbedingungen** der Unternehmen (Angebotsbedingungen) zu suchen sind und damit entsprechende Maßnahmen schwerpunktmäßig entweder angebots- oder nachfrageseitig angesetzt werden sollten. Können mehr Wachstum und damit mehr Beschäftigung eher durch erleichterte Produktionsbedingungen für die Unternehmen (z.B. Lohnzurückhaltung, Reduzierung von Steuern und Sozialversicherungsbeiträgen, gelockerter Kündigungsschutz, weniger Bürokratie) oder eher durch mehr Staatsausgaben (Investitionen, Konjunkturprogramme) und mehr Nachfrage der privaten Haushalte (Lohnsteigerungen, staatliche Transferleistungen) geschaffen werden? Und vor allem: Welche konkreten Maßnahmen sind praktikabel und politisch durchsetzbar? Denn:

- Konkrete Maßnahmen der Wirtschafts- und Beschäftigungspolitik sind immer eingebunden in vielfältige, **komplexe Zusammenhänge** ökonomischer und (sozial)politischer Art. Will z.B. der Staat durch Steuersenkungen die Nachfrage der privaten Haushalte oder durch eigene Investitionen die staatliche Nachfrage steigern, wirkt sich das auf die angesichts der enormen **Staatsverschuldung** ohnehin desolate Haushaltslage aus und erscheint daher kaum durchführbar. Ähnliches gilt, wenn durch Senkung der Beitragssätze zu den sozialen Sicherungssystemen die Kostenbelastung der Unternehmen gesenkt und damit vermehrte Produktion und Beschäftigung angeregt werden sollen: Die u.a. aus demographischen Gründen steigenden Ausgaben der Renten-, Kranken- und Pflegeversicherung müssten aus Steuermitteln bezahlt werden. Muss aus Gründen des riesigen Staatsdefizits bei den Staatsausgaben gespart oder müssen gar Steuererhöhungen ins Auge gefasst werden? Wie sollen die dadurch entstehenden Belastungen für die Bevölkerung „sozial gerecht" verteilt werden? Hinzu kommt ganz generell die schwierige Frage, wie die „Herausforderungen der Globalisierung" zu beurteilen sind und wie darauf zu reagieren ist.

Diese kurzen Hinweise machen verständlich, dass wir im Rahmen dieses Abschnitts nicht auf alle Bereiche und Fragen eingehen können. Auch scheinen sich die Schwerpunkte der wirtschaftspolitischen Diskussion im Zeichen der neuen Regierung der **„Großen Koalition"** z.T. anders zu stellen als zuvor. Während noch im Wahlkampf gewisse Unterschiede zwischen einer eher „neoliberalen" bzw. angebotsorientierten (CDU/FDP) und einer z.T. sozialpolitisch geprägten bzw. nachfrageorientierten (SPD/Grüne) wirtschaftspolitischen Programmatik erkennbar waren, verständigten sich die beiden Koalitionspartner auf eine pragmatisch angelegte Politik, die sich vor die Hauptaufgabe gestellt sieht, den durch extrem hohe Verschuldung belasteten Staatshaushalt zu konsolidieren (d.h. die Neuverschuldung zu reduzieren), und zwar mithilfe von Subventionskürzungen einerseits und einer Mehrwertsteuererhöhung andererseits.
Der Streit um die „richtige" wirtschaftspolitische (nachfrage- oder angebotsorientierte) Konzeption unterscheidet nunmehr vor allem die beiden **Oppositionsparteien** FDP (mit deutlichem Plädoyer für eine marktliberale, angebotsorientierte Wirtschaftspolitik) und „Die Linke" (mit entscheidender Befürwortung forcierter Staatsausgaben und Lohnerhöhungen zur Stärkung der Binnennachfrage); beide Parteien kritisieren die Politik der Regierungskoalition je aus ihrer Sicht.
Für die Politik der Bundesregierung zeichnet sich ab, dass **Steuern** und **Staatsausgaben** im Mittelpunkt des Streits um die „richtige" (Wachstum und Beschäftigung fördernde) Wirtschaftspolitik stehen werden. Deshalb wollen wir Ihnen in diesem Abschnitt vor allem zu diesen beiden Bereichen wichtige Grundkenntnisse und Beurteilungsaspekte als Grundlage für Ihre eigene Meinungsbildung zu vermitteln versuchen.
Der Prozess der Globalisierung und seine Folgen für den „Wirtschaftsstandort Deutschland" werden in einem eigenen, letzten Abschnitt (S. 347ff.) thematisiert.

Mit Steuern steuern? Bereiche und Probleme der Steuerpolitik

Die Steuerpolitik hat in der wirtschaftspolitischen Diskussion in der Bundesrepublik immer eine zentrale Rolle gespielt. Wahlkämpfe standen nicht selten im Zeichen geplanter oder nicht geplanter Steuersenkungen oder -erhöhungen, Regierungskoalitionen mussten aufgrund internen Streites über die Steuerpolitik harte Zerreißproben bestehen. Diese Bedeutung der Steuerpolitik wird verständlich, wenn man bedenkt, dass einerseits der Staat als wirtschaftspolitischer Handlungsträger abhängig ist von den auf Steuern und Abgaben beruhenden Haushaltsmitteln und dass andererseits Steuern und Abgaben unmittelbar die Höhe des verfügbaren Einkommens der privaten Wirtschaftssubjekte (private Haushalte und Unternehmen) mitbestimmen.

Die Diskussion über die Steuerpolitik stand auch im Mittelpunkt des Bundestagswahlkampfes 2005: Die von der CDU/CSU für notwendig gehaltene Erhöhung der Mehrwertsteuer stieß auf heftige Ablehnung bei der FDP und den bisherigen Regierungsparteien SPD und Grünen. Die Koalitionsverhandlungen zur Bildung einer neuen Regierung (Große Koalition SPD/CDU/CSU) führten schnell zu der Erkenntnis, dass das riesige „Haushaltsloch" nicht nur durch Einsparungen auf der Einnahmenseite (Kürzung von Subventionen) gestopft werden konnte. Auch die SPD plädierte nunmehr für eine **Erhöhung der Mehrwertsteuer**.

Die beschlossenen steuerpolitischen Maßnahmen (Erhöhung des Mehrwertsteuersatzes von 16 auf 19 % ab 1.1.2007, Erhöhung des Spitzensteuersatzes [„Reichensteuer"] um drei Prozentpunkte für Bezieher von Jahreseinkommen über 250 000 € [500 000 Ehepaare]) müssen im engen Zusammenhang mit der Entwicklung des Haushaltsdefizits (Staatsverschuldung) gesehen und beurteilt werden. Es erscheint daher für eine eigene wirtschaftspolitische Urteilsbildung unerlässlich, sich mit den wichtigsten Aspekten nicht nur des Steuersystems und der Steuerpolitik (M 63 – M 72), sondern auch der Bedeutung und Entwicklung der Staatsverschuldung (M 73 – M 80) vertraut zu machen.

M 63a Jeder zahlt Steuern – Steuerarten und Steueraufkommen

Egal, ob wir ein Auto kaufen oder in einer Kneipe ein Bier trinken, der Staat verdient mit. Das ist nicht neu. Seit jeher fordern Staaten von ihren Bürgern Abgaben. In Deutschland gibt es mehr als 30 verschiedene Steuern. Sie sind die wichtigsten Einnahmequellen von Bund, Ländern und Gemeinden. In deren Kassen fließen daneben noch Gelder aus Gebühren, Beiträgen und Krediten. Während einzelne Steuern je einer der drei öffentlichen Ebenen zustehen, werden die sogenannten Gemeinschaftsteuern auf Bund, Länder und Gemeinden aufgeteilt. Für unsere Steuerzahlungen haben wir Bürger keinen Anspruch auf bestimmte Gegenleistungen. Die Einnahmen ermöglichen dem Staat jedoch, seine öffentlichen Aufgaben im Interesse der Bürger zu erfüllen.

Am ergiebigsten sind die Umsatz- sowie die Lohn- und Einkommensteuer. Beide summieren sich auf mehr als 270 Milliarden Euro. Werden noch die drei nächstgrößeren Quellen (Mineralölsteuer, Gewerbesteuer und Kör-

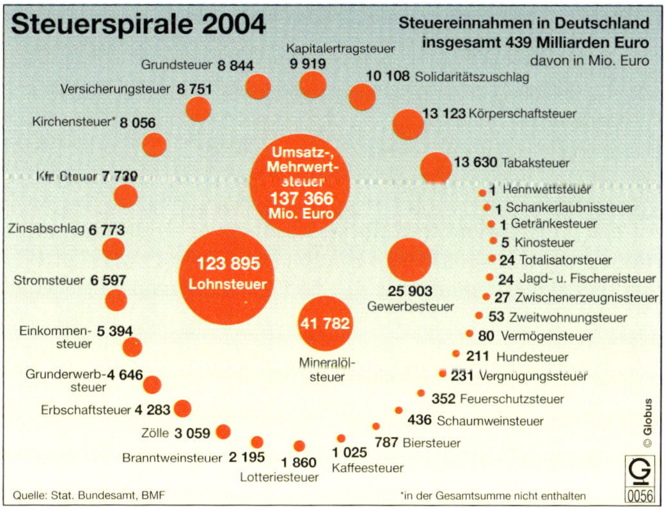

Vom gesamten Steueraufkommen entfielen 2004 47,8 % auf *direkte* Steuern (Steuern auf Einkommen und Vermögen) und 52,2 % auf *indirekte* Steuern (Umsatz-/Mehrwertsteuer und Verbrauchssteuern, wie z. B. Mineralölsteuer, Tabaksteuer, Versicherungsteuer, KfZ-Steuer, Stromsteuer).

perschaftsteuer) hinzugerechnet, so sind schon etwa vier Fünftel der Steuereinnahmen eines Jahres beisammen.
Die **direkten Steuern**, wie die Einkommen- oder Körperschaftsteuer, knüpfen an die Einkommensentstehung an. Sie richten sich somit nach der wirtschaftlichen Leistungsfähigkeit des Steuerpflichtigen: Bürger mit höherem Einkommen sollen auch mehr Steuern zahlen. [...]
Die **indirekten Steuern** – auch Verbrauchsteuern genannt – werden beim Produzenten auf Güter und Dienstleistungen erhoben, also beim Hersteller oder Händler. Sie werden auf den Preis der Produkte und Dienstleistungen aufgeschlagen. Auf diesem Weg zahlen die Verbraucher die indirekten Steuern. Die persönliche Belastung jedes Einzelnen richtet sich dabei nach dem Verbrauch, nicht nach dem Einkommen. Wer viel konsumiert, zahlt mehr Steuern.

(Arbeitsgemeinschaft Jugend und Bildung e.V., Finanzen und Steuern, Info 2005, Universum Verlag, Wiesbaden 2005, S. 8; Verf.: Caspar Dohmen)

Übersicht: Steuer- und Aufgabenverteilung auf einen Blick (vereinfachte Darstellung/Stand 2004)

	Die wichtigsten Steuereinnahmen	Wichtige Aufgaben
Gemeinden	Gemeindeanteil an Lohn- und Einkommensteuer (einschließlich Zinsabschlag), seit 1998: Gemeindeanteil an der Umsatzsteuer, Gewerbesteuer[1], kleinere eigene Steuern (u.a. Hundesteuer, Getränkesteuer, Vergnügungssteuer, Jagd- und Fischereisteuer), Grundsteuer	Müllabfuhr, Kanalisation, Sozialhilfe, Baugenehmigungen, Meldewesen, Kindergärten, Schulbau, Grünanlagen, öffentlicher Nahverkehr, Wasser- und Energieversorgung
Länder	Länderanteil an Lohn- und Einkommensteuer (einschl. Zinsabschlag), nicht veranlagte Steuern vom Ertrag, Körperschaftsteuer, Umsatzsteuer, Erbschaftsteuer, Kraftfahrzeugsteuer, Grunderwerbsteuer, Biersteuer, Spielbankabgabe	Schulen, Universitäten, Polizei, Rechtspflege, Gesundheitswesen, Kultur, Wohnungsbauförderung, Steuerverwaltung
Bund	Bundesanteil an Lohn- und Einkommensteuer (einschließlich Zinsabschlag), Körperschaftsteuer, Umsatzsteuer, Mineralölsteuer, Tabaksteuer, Branntweinsteuer, Kaffeesteuer, Versicherungsteuer, Solidaritätszuschlag, Stromsteuer	Soziale Sicherung (Schwerpunkt Renten- und Arbeitslosenversicherung), Verteidigung, auswärtige Angelegenheiten, Verkehrswesen, Geldwesen, Wirtschaftsförderung, Forschung (Großforschungseinrichtungen)

[1] Die Gemeinden führen Teile ihres Gewerbesteueraufkommens in Form der Gewerbesteuerumlage an die Länder und den Bund ab.

(Finanzen und Steuern, s.o., Lehrer-Handreichung, Folie)

An der **Einkommen- und Körperschaftsteuer** sind Bund und Länder gleichgewichtig beteiligt. Ihnen fließen jeweils 50 % der Kapitalertragsteuer und der Körperschaftsteuer zu. Von der Einkommensteuer erhalten sie je 42,5 %. Die übrigen 15 % gehen an die Gemeinden, die im Gegenzug aber einen Teil ihres Gewerbesteueraufkommens an den Bund und die Länder abgeben müssen. Die Einnahmen aus dem Zinsabschlag werden im Verhältnis 44:44:12 auf Bund, Länder und Gemeinden aufgeschlüsselt.
Während die Aufteilung dieser Steuern längerfristig feststeht, wird die Zerlegung der **Umsatzsteuer** immer wieder den finanziellen Erfordernissen der Gebietskörperschaften angepasst. [...] Dem Bund fließen so insgesamt 51,4 %, den Ländern 46,5 %, den Gemeinden 2,1 % der Umsatzsteuer zu. Durch die Übertragung von Festbeträgen zwischen Bund und Ländern verschieben sich deren Anteile seit 2004 aber zusätzlich zur einen oder anderen Seite. Die nicht unter den Steuerverbund fallenden Steuern fließen nach dem **Trennsystem** entweder dem Bund, den Ländern oder den Gemeinden zu.

(Schmidt-Zahlenbilder 181 114)

M 63b Zahltag mit Herrn Mustermann

„6 Uhr. Hier ist der Deutschlandfunk mit den Nachrichten. Berlin. Der Streit um die Vermögensteuer geht weiter ..." Heinz Mustermann wacht auf, und für den Staat startet der Einnahmetag – auch ohne Vermögensteuer.

Mustermann knipst das Licht an, täglich zahlt der Single neun Cent Stromsteuer. Um fit zu werden für den Arbeitstag, macht der 34-Jährige im Morgengrauen einen Spaziergang mit seinem Hund. Für sein Haustier zahlt er Hundesteuer, jeden Tag 25 Cent. Danach freut sich Mustermann auf das Frühstück. Pro halbe Kanne werden 15,6 Cent Kaffeesteuer fällig. Mustermann isst zwei Brötchen (3,5 Cent Umsatzsteuer) und liest Zeitung (7 Cent Umsatzsteuer). Er raucht nach dem zweiten Brötchen seine erste von täglich 20 Zigaretten. Insgesamt verqualmt er Tag für Tag 1,12 Euro an Tabaksteuer. Die 20 Kilometer zur Arbeit fährt Mustermann mit dem Auto. Allein das Benzin kostet ihn täglich 2,64 Euro Mineralölsteuer. Hinzu kommt die Kfz-Steuer mit 27,5 Cent am Tag.

Im Büro angekommen, vermutet er sich im steuerfreien Paradies. Doch gerade hier ist Mustermann eine ergiebige Steuerquelle. Pro Arbeitstag macht er den Staat mit Einkommensteuer und Solidaritätszuschlag*, die direkt von seinem Lohn abgezogen werden, um 34,70 Euro reicher. In der Mittagspause kennt der Fiskus erst recht keine Gnade: Am Automaten zieht sich Mustermann einen importierten Schokoriegel, der mit 16 Prozent Einfuhrumsatzsteuer belegt ist (16 Cent). Während seiner Mittagspause macht er im Supermarkt schnell ein paar Besorgungen. Für seine Geburtstagsfeier kauft Mustermann Lebensmittel für 36,18 Euro und Getränke, darunter eine Flasche Rum für zehn Euro (3,65 Euro Branntweinsteuer). Kurz überlegt er, ob er für seine weiblichen Gäste noch eine Flasche Sekt für fünf Euro (1,02 Euro Schaumweinsteuer) oder Eierlikör für sechs Euro (1,07 Euro Zwischenerzeugnissteuer) in den Einkaufswagen legt. Er entscheidet sich für Sekt. An der Kasse schlägt das Finanzministerium zu: 16 Prozent Umsatzsteuer auf den Alkohol (2,40 Euro) und der ermäßigte Satz von sieben Prozent auf Lebensmittel (2,53 Euro). [...]

Zu Hause angekommen, hofft er auf einen Abend ohne staatliche Zwangsabgaben. Doch in der Post findet er die Nebenkostenabrechnung und eine Dividendenbenachrichtigung [Gewinnanteile] für seine Aktien. Selbstverständlich hat der Vermieter darauf geachtet, die Grundsteuer an Mustermann weiterzugeben (pro Tag 52,4 Cent). Umso mehr freut ihn deshalb die positive Entwicklung seiner Unternehmensanteile. 35 Aktien hatte Mustermann gekauft, jetzt bekommt er pro Anteil eine Dividende von einem Euro. Doch leider gelangt das Geld nicht direkt zu ihm, sondern macht noch einen Schlenker vorbei am Finanzamt: 21,1 Prozent der Dividende bleiben als Kapitalertragsteuer (inklusive Solidaritätszuschlag) dort hängen, zwei Cent täglich. [...] Zum Feierabend gönnt Mustermann sich zwei Weizenbier (50,2 Cent Biersteuer pro Liter). Entspannt lehnt er sich im Sessel zurück. [...] Mustermann hat an diesem Tag 56,65 Euro in die Staatskasse gezahlt – die Gebühren für Rundfunk, Abwasser oder Müll sind dabei noch gar nicht berücksichtigt.

(Claas Pieper, in: stern Nr. 50/2003, S. 146)

1. *Machen Sie sich die Gesichtspunkte bzw. Begriffe klar, nach denen in M 63a die Steuern eingeteilt werden.*
2. *Die meisten der genannten Steuerarten werden Ihnen bekannt und für Sie leicht verständlich sein. Für die wirtschaftspolitische Diskussion sind neben der Einkommensteuer die Umsatz- oder Mehrwertsteuer, die Mineralölsteuer und die Körperschaftsteuer wichtig. Ordnen Sie diese und eine Reihe anderer Steuern den Kategorien „direkte" und „indirekte" Steuern zu.*
3. *Untersuchen Sie den Bericht über „Herrn Mustermanns Zahltag" auch unter dem Gesichtspunkt, von welchen der genannten Steuern (vgl. auch die „Steuerspirale" in M 63a) Sie selbst in Ihrem „Konsumalltag" betroffen sind (M 63b).*
4. *Überprüfen Sie anhand der „Steuerspirale" die Richtigkeit der Aussage: „Nur zwei von ca. 40 Steuerarten erbringen gut zwei Drittel des gesamten Steueraufkommens (Lohn- und Einkommensteuer rechnen als eine Steuer).*
5. *Untersuchen Sie die Aufgaben, für die der Staat (auf seinen drei Ebenen) die Steuereinnahmen verwendet. An welchen staatlichen Leistungen haben Sie als Jugendliche und Schüler unmittelbar teil? (Übersicht S. 326)*

6. *Machen Sie sich anhand der „Übersicht“ S. 326 das etwas komplizierte System der Aufteilung der Steuereinnahmen klar. Inwiefern ist es durch das bundesstaatliche System der Bundesrepublik bedingt? Welche Steuern werden zwei-, welche dreigeteilt? Welche besondere Rolle spielt die Umsatzsteuer? Wie kommt es zustande, dass der Bund nicht einmal über die Hälfte der Steuereinnahmen verfügt? (Vgl. dazu die Aufgabenverteilung zwischen Bund, Ländern und Gemeinden.)*

Zu den Prinzipien, von denen der Staat bei der Besteuerung seiner Bürger ausgeht, gehören zunächst die *Gesetzmäßigkeit* (Steuern können nur aufgrund eines Gesetzes erhoben werden) und die *Gleichmäßigkeit*, d.h., dass alle Bürger ohne Ansehen der Person nach den gleichen Kriterien besteuert werden sollen. Als Hauptkriterium gilt dabei das der **wirtschaftlichen Leistungsfähigkeit**, dessen Indikator* das am Markt erzielte Einkommen ist (dabei werden allerdings beruflich bedingte Ausgaben und unvermeidliche Privatausgaben von dieser Besteuerungsgrundlage abgezogen). Die Besteuerung muss aber auch dem Prinzip der **sozialen Gerechtigkeit** entsprechen (s. M 64). Dies verlangt das sog. *Sozialstaatsprinzip* des Grundgesetzes (Art. 20 (1) GG; s. M 58, S. 187). Das heißt, dass die am Markt erzielten ungleichen Einkommen (Primärverteilung) vom Staat dadurch in Richtung größerer Gerechtigkeit *„umverteilt“* werden, dass *Arme* gar keine Steuern zahlen und *Reiche* mehr Steuern (einen höheren Prozentsatz) zahlen als solche, die weniger Einkommen haben. Im Folgenden wollen wir vor allem untersuchen, inwiefern und inwieweit die Struktur (der „Tarif“) der wichtigsten Steuer, der Lohn-/Einkommensteuer, diesem Erfordernis entspricht (M 65).

M 64 Ziele der Steuerpolitik: soziale Gerechtigkeit und Wirtschaftsförderung

Hinsichtlich der **sozialen Gerechtigkeit** im Steuersystem gilt das allgemein anerkannte Prinzip: Jeder sollte nach seiner relativen Belastbarkeit Abgaben leisten. Die Reichen sollen also mehr zahlen als die Armen. Eine gleiche „Kopfsteuer“ würde die Armen ungleich härter treffen. Diese Auffassung wurde nicht erst von sozialistischen Bestrebungen durchgesetzt, sondern ist bereits im frühen Liberalismus (Adam Smith) zu finden. Auf dieser Vorstellung beruht die Entwicklung eines progressiven (d.h. wachsenden) Tarifs bei der Einkommensteuer. Wie diese Progression der Steuersätze jedoch ausfällt, ist Ergebnis von Interessenpolitik. Daher steht die *Tarifgestaltung* im Mittelpunkt jeder großen Steuerreform. Dabei geht es stets auch um die Frage, bis zu welchem Einkommen keine Steuern gezahlt werden sollen. Neben der Festlegung eines derartigen *Existenzminimums* ist der Progressionsverlauf und der Höchststeuersatz von großem Interesse (vgl. dazu M 65).
Zu den Vorstellungen von Gerechtigkeit gehört auch der Wunsch nach einem *einfachen, durchschaubaren Steuersystem*, dessen Handhabung nicht Vorteile für „Gerissene“ bringt. Will man aber soziale Tatbestände entsprechend berücksichtigen, ist die Forderung nach Einfachheit nicht leicht zu verwirklichen.
Die Umverteilungswirkung der staatlichen Eingriffe in das Markteinkommen wäre jedoch unvollständig dargestellt, würde man nur die steuerlichen und Sozialabzüge betrachten. Zu Recht wird gegen eine derartige Sicht vorgebracht, dass die vielen *Sozialleistungen* (Kindergeld, Renten, Arbeitslosengeld u.Ä.m.) gegengerechnet werden müssen, wenn man über Verteilungsgerechtigkeit diskutiert. Ähnliches gilt im Unternehmensbereich für die staatlichen *Subventionen*.

Schon dieser Hinweis verdeutlicht, dass sich Vorstellungen über Verteilungsgerechtigkeit nicht von Konzeptionen steuerlicher **Wirtschaftsförderung** trennen lassen. Für die einen stehen dabei die Förderung von Eigenkapitalbildung der Unternehmen und *Stärkung der Gewinne* durch Steuerentlastung im Mittelpunkt einer Wachstumspolitik. Zusätzlich soll individuelle Leistungsbereitschaft durch eine Minderung der Steuerlast belohnt werden. In der Bundesrepublik Deutschland wird eine solche Diskussion stets mit verstärkten Hinweisen auf die internationale Konkurrenzlage der westdeutschen Wirtschaft verbunden.
Auf der anderen Seite wird die Entlastung der unteren Einkommensgruppen und die Sicherung staatlicher Beschäftigungsprogramme durch ein ausreichendes Steueraufkommen als wichtigs-

ter konjunktureller Beitrag gefordert. Dabei soll die Beschäftigung nicht so sehr durch vermehrte Investitionstätigkeit infolge von Gewinnstärkung als vielmehr durch *wachsende private und öffentliche Nachfrage* gesichert werden.
Neben diesen zwei zentralen Zielen der Steuerpolitik (soziale Gerechtigkeit und Wirtschaftsförderung) verfolgt der Staat eine Vielzahl von *Nebenzielen*: Im Einzelnen geht es z. B. um die Förderung von Ehe und Familie, Einflussnahme auf das Verbraucherverhalten, Städtebauförderung, Eigentumsbildung.
Die Finanzminister erhalten in der Abwägung der konkurrierenden Zielsetzungen zusätzlich ein Eigengewicht, weil von ihnen verlangt wird, dass sie bei allen Reformvorhaben die *haushaltswirtschaftlichen* („fiskalischen") Aspekte nicht aus den Augen verlieren: Sie sollen sicherstellen, dass Reformansprüche und der politisch gewünschte Umfang der Staatstätigkeit auch durch Einnahmen gedeckt werden.

(Dieter Eißel, Steuerpolitik, soziale Gerechtigkeit und Konjunktur. In: Wochenschau Nr. 6, Sek. II, Schwalbach 1988, S. 211)

1. *Untersuchen Sie zunächst den sozialen Umverteilungsaspekt der Steuerpolitik (zu den Strukturmerkmalen des Einkommensteuertarifs s. M 65):*
   - *Inwieweit herrscht über das Ziel „soziale Gerechtigkeit" in diesem Bereich Konsens? Was ist umstritten und „Ergebnis von Interessenpolitik" (Z. 7f.)?*
   - *Inwiefern kann man die Umverteilungswirkung staatlicher Eingriffe nicht nur an den Steuern und Abgaben der Bürger beurteilen? Erläutern Sie zu dieser Frage den Begriff „Transferleistungen*".*
2. *Im Hinblick auf den zweiten Zielbereich der Steuerpolitik („Wirtschaftsförderung") werden zwei kontroverse Positionen beschrieben (Z. 21–32), die Sie aus der Erarbeitung von Abschnitt 1. schon kennen. Erläutern Sie sie unter den Begriffen Angebots- und Nachfrageorientierung (vgl. M 54a) und ordnen Sie sie tendenziell bestimmten Parteien und gesellschaftlichen Gruppen zu.*
3. *Beschreiben Sie, in welcher spezifischen Situation sich der jeweilige Finanzminister bei jeder Diskussion um die Steuerpolitik befindet.*

M 65 Die Gestaltung des Einkommensteuertarifs

Seit Anfang 2005 setzt sich der Einkommensteuertarif wie folgt zusammen: • Allen Steuerpflichtigen steht ein **Grundfreibetrag** von 7 664 € (für Ledige) bzw. 15 328 € (für zusammen veranlagte Ehepaare) zu. Auf Einkommen unterhalb dieser Schwelle ist keine Einkommensteuer zu zahlen und auch der Solidaritätszuschlag entfällt. Damit folgt die Steuergesetzgebung dem Gebot des Bundesverfassungsgerichts, das Existenzminimum der Bürgerinnen und Bürger steuerfrei zu stellen.
Nur derjenige Teil des Einkommens, der über den Grundfreibetrag hinausgeht, unterliegt der Einkommensteuer. • Dabei steigt die sogenannte *Grenzbelastung* zunächst in zwei Etappen geradlinig-progressiv an. Die Einkommen werden in dieser **Progressionszone** nach und nach immer stärker belastet: Jeder Euro, der hinzukommt, wächst in einen höheren Steuersatz hinein. Die Besteuerung beginnt oberhalb des Grundfreibetrags mit dem Eingangssteuersatz von 15 % und klettert rasch auf etwa 24 %. Es folgt ein langgestreckter, nicht mehr ganz so steiler Anstieg des Steuertarifs. • Diejenigen Teile des Einkommens, die den Betrag von 52 151 bzw. 104 320 € übersteigen, sind in der sich anschließenden **Proportionalzone** dann einem gleich bleibenden Steuersatz von 42 % unterworfen. 1999 lag dieser Spitzensteuersatz noch bei 53 %, während sich der Eingangssteuersatz auf 23,9 % belief.
Je nach Höhe des Einkommens durchläuft die Berechnung der Einkommensteuer auf diese Weise mehrere Tarifzonen. Bezieht man die so ermittelte Steuerschuld auf das zu versteuernde Gesamteinkommen, ergibt sich die steuerliche **Durchschnittsbelastung**. Diese beläuft sich seit 2005 bei einem Einkommen von 20 000/40 000 € z. B. auf 14,3 %, bei 40 000/80 000 € auf 23,1 % und bei 100 000/200 000 € auf 34,1 %.

(Schmidt-Zahlenbilder)

Abb. 1

Abb. 2

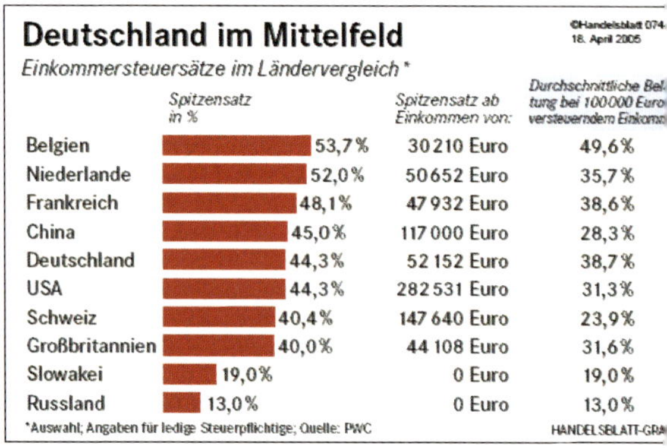

(Handelsblatt Nr. 74 v. 18.4.2005, S. 3)

Abb. 3

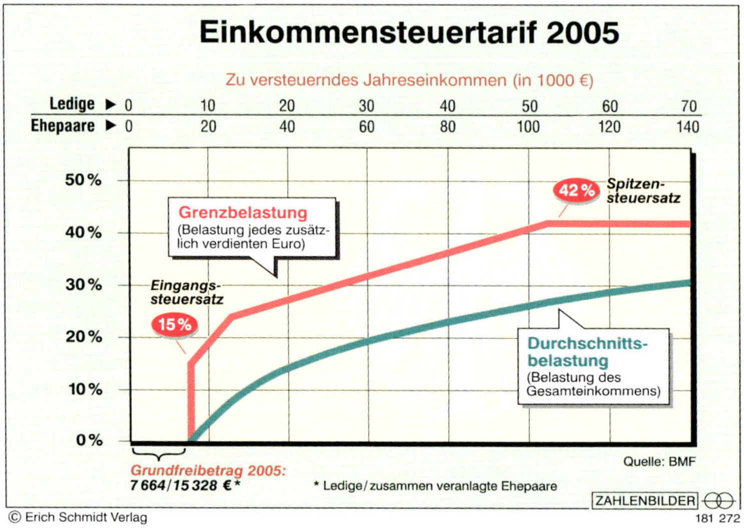

Die steuerliche Belastung stellt sich für unterschiedliche Haushaltstypen (z. B. Steuerklasse I für Alleinlebende, Steuerklasse III für Familien) unterschiedlich dar. Anhand der Lohnsteuertabelle (www.steuerlinks.de/download/AllgemeineMonatslohnsteuertabelle2005.pdf) kann man die Durchschnittsbelastung nach Haushaltstypen/Steuerklassen gesondert für jeden Einkommensbetrag nachschlagen und so auch die praktische Auswirkung der Gestaltung des Einkommensteuertarifs verifizieren. Vgl. auch die Beispiele in M 65c, S. 194

M 66 Der „Umverteilungseffekt“ des Einkommensteuertarifs

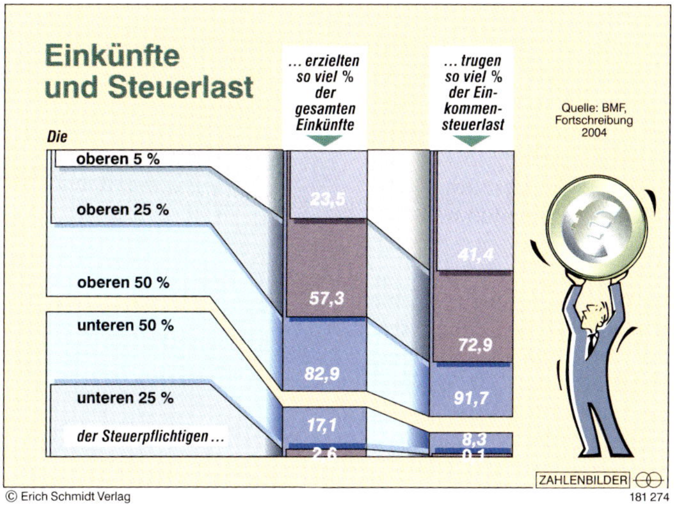

Welche Auswirkungen die Gestaltung des Einkommensteuertarifs hat, zeigt eine vom Bundesfinanzministerium veröffentlichte Berechnung für das Jahr 2004. Sie gibt zunächst Auskunft über die **Schichtung** der Steuerpflichtigen **nach der Höhe der Einkünfte**:
Jahreseinkommen der
oberen 5 %: über 85 400 €;
oberen 25 %: ab 46 550 €;
oberen 50 %: ab 28 200 €;
unteren 50 %: bis 28 199 €;
unteren 25 %: bis 12 250 €;
[...] Bei diesen Berechnungen zählen zusammenveranlagte Ehepaare jeweils als ein Steuerpflichtiger.
Bei den *Einkünften* handelt es sich insbesondere um die Gewinne aus einem Gewerbebetrieb oder aus selbstständiger Arbeit, um die Löhne und Gehälter der Arbeitnehmer nach Abzug der Werbungskosten, um Kapitalerträge (Zinsen, Dividenden) und Miet- oder Pachteinnahmen. Aus der Summe der Einkünfte ergibt sich nach Berücksichtigung von Vorsorgeaufwendungen und sonstigen Sonderausgaben das zu versteuernde *Einkommen*, auf dessen Grundlage schließlich die Einkommensteuer festgesetzt wird (s. Abb. 1 in M 65).
Da der Fiskus bei der Einkommensteuer umso kräftiger zulangt, je höher das Einkommen ist, werden die Besserverdienenden entsprechend stärker belastet, die Geringverdiener dagegen entlastet. [...] Dieser steuerliche **Umverteilungseffekt** hat zur Folge, dass sich die Aufteilung der *verfügbaren Einkommen* – nach Abzug der Einkommensteuer – etwas zugunsten der unteren Einkommensklassen verschiebt.

(Schmidt-Zahlenbilder)

1. *Machen Sie sich die Strukturmerkmale klar, nach denen der Einkommensteuertarif aufgebaut ist (M 65). Erläutern Sie insbesondere den Sinn der „Progressionszone“ und den Unterschied zwischen Grenz- und Durchschnittsbelastung (s. Abb. 3).*

2. *Das „zu versteuernde Einkommen“ liegt i.d.R. niedriger als das „Einkommen“. Erklären Sie anhand der Darstellung in Abb. 1, wie es dazu kommt. Wovon hängt die Höhe dieser Differenz ab?*

3. *Vergleichen Sie die steuerliche Durchschnittsbelastung der Einkommen in einigen der aufgeführten Länder (Abb. 2). Wie kommt es, dass in den USA trotz gleichen Spitzensteuersatzes diese Belastung der in Deutschland entspricht? Worauf ist es zurückzuführen, dass in den Niederlanden die Belastung niedriger ist als in Deutschland, obwohl der Spitzensteuersatz deutlich höher liegt? Wie beurteilen Sie die Gestaltung des Steuertarifs in Russland und der Slowakei (sog. „flat rate“: gleicher Steuersatz auf alle Einkommen)?*

4. *Wie beurteilen Sie im Hinblick auf die „gerechte“ Verteilung der Steuerlast die reale Verteilung auf bestimmte Einkommenskurven in Deutschland (M 66)? Inwiefern ergibt sie sich aus dem Einkommensteuertarif? Worin liegt der soziale „Umverteilungseffekt“? Kann man sagen, dass ein Viertel der Steuerpflichtigen fast drei Viertel des gesamten Steueraufkommens leistet, ein anderes Viertel fast gar keine Steuern zahlt?*

M 67 Der Kunde zahlt – Mehrwertsteuer und Verbrauchsteuern

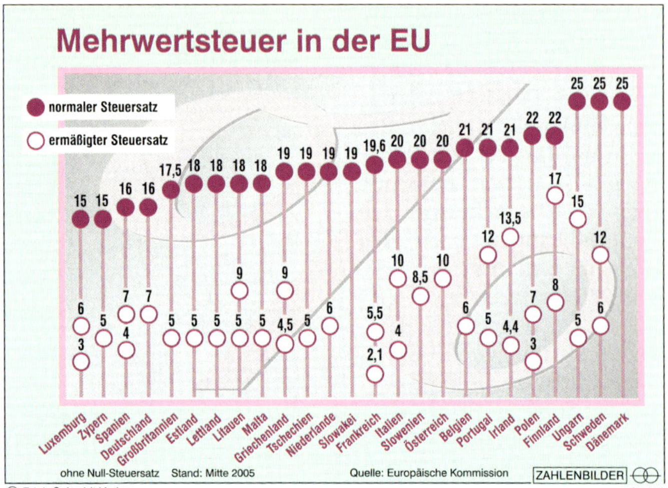

© Erich Schmidt Verlag 725 270

Innerhalb der EU ist festgelegt, dass die Mehrwertsteuersätze in einer Spannbreite zwischen 5 % und 25 % liegen müssen.

Die Umsatzsteuer ist für viele ein Buch mit sieben Siegeln. Dabei kommt jeder Bürger mit der Umsatzsteuer – besser bekannt als Mehrwertsteuer – zwangsläufig in Kontakt, ob bei der Tankquittung, beim Einkauf im Supermarkt oder bei der Handwerkerrechnung. Der Grundgedanke dahinter ist, dass jeder noch so kleine Umsatz besteuert werden soll; die Umsatzsteuer begleitet jedes Produkt vom Rohstoff über die Fertigware bis in die Hand des Verbrauchers. Deswegen wird die Umsatzsteuer auch Mehrwertsteuer genannt. Der Endabnehmer, sprich der Verbraucher, soll die Umsatzsteuer wirtschaftlich tragen – und die Unternehmen sind dabei gewissermaßen Erfüllungsgehilfen des Staates. Denn sie nehmen die Umsatzsteuer ein und leiten sie an den Fiskus weiter. Das bedeutet umgekehrt: Die Umsatzsteuer bleibt am Endverbraucher hängen, das Unternehmen hat im Normalfall keine Mehrkosten. Denn die Umsatzsteuer ist für die meisten Unternehmer ein durchlaufender Posten: Sie erhalten die Steuer mit der Einnahme in ihre Kasse oder mit der Rechnung auf ihr Geschäftskonto und leiten sie an den Staat weiter. Der Verbraucher jedoch muss den um die Mehrwertsteuer erhöhten Endpreis letztlich zahlen.

Grundsätzlich muss in Deutschland jeder Unternehmer auf seine Waren oder Dienstleistungen Umsatzsteuer erheben. Dabei gilt derjenige als Unternehmer, der eine gewerbliche oder freiberufliche Tätigkeit selbstständig ausübt. Der Steuersatz beläuft sich auf 16 Prozent (ab 2007: 19 %). [...] Für bestimmte Umsätze verlangt der Fiskus nur einen ermäßigten Steuersatz, der gegenwärtig bei sieben Prozent liegt. Dieser gilt im Grunde für die wichtigsten Güter des alltäglichen Lebens, nämlich für

- Lebensmittel,
- Bücher, Broschüren und Zeitungen sowie
- landwirtschaftliche Erzeugnisse, aber auch für
- orthopädische Hilfsmittel,
- Kunstgegenstände und
- die Übertragung von Urheberrechten (zum Beispiel bei Schriftstellern, Wissenschaftlern, Grafikern, Desigern oder auch Journalisten).

Ausnahmen gibt es auch hier: So sind Säfte, alkoholische Getränke sowie der Verzehr an Ort und Stelle – also zum Beispiel in einem Restaurant – nicht begünstigt.

(Informationen zur politischen Bildung Nr. 288, 3. Quartal 2005: Steuern und Finanzen, Bundeszentrale für politische Bildung, Bonn 2005, S. 22; Verf.: Constanze Hacke)

1. *Machen Sie die Funktionsweise der Umsatzsteuer/Mehrwertsteuer deutlich und stellen Sie heraus, worin sich die Umsatzsteuer im Hinblick auf die* **soziale Umverteilung** *grundsätzlich von der Einkommensteuer (vgl. M 65) unterscheidet – man spricht in dieser Hinsicht bei der Mehrwertsteuer von einem „regressiven" (die Umverteilung verringernden) Effekt (statt von einem „progressiven", wie bei der Einkommensteuer). Inwieweit wird die „Regressivität" durch den verminderten Steuersatz abgemildert?*

2. *Eine etwas umfangreichere Auflistung von Gütern mit dem vollem und ermäßigten Steuersatz finden Sie auf der Website www.cdu.de/archiv/2370_8840.htm.*

M 68 Welche Steuern zahlen Unternehmen?

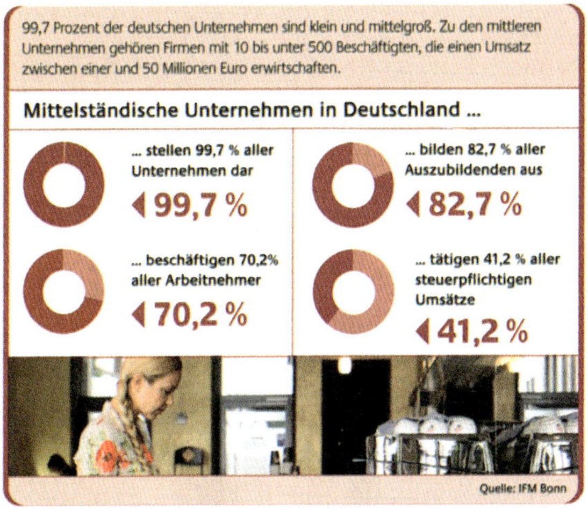

Steuern zahlen nur Unternehmen, die Gewinne erzielen. Einen Teil davon müssen sie an den Staat abgeben. Bei der **Körperschaftsteuer** gibt es einen einheitlichen Steuersatz, das heißt, *Aktiengesellschaften oder GmbH's* zahlen für jeden Euro Gewinn den gleichen Anteil Steuern. *Einzelunternehmen* und *Personengesellschaften* (zum Beispiel offene Handelsgesellschaft, Kommanditgesellschaft) zahlen dagegen **Einkommensteuer**. Dabei steigt für jeden Euro mehr Gewinn der Steueranteil.
Kleine und mittelgroße Unternehmen sind eine tragende Säule der deutschen Wirtschaft (s. Grafik). [...] Traditionell sind Mittelständler in Deutschland als Personengesellschaft organisiert. Mit der Reform der Unternehmensbesteuerung und der Senkung des Einkommensteuertarifs soll die Eigenkapitalbasis mittelständischer Unternehmen gestärkt werden.

(Finanzen und Steuern [= M 63a], S. 14, 15)

Gewerbesteuer: Unternehmen werden in Deutschland nicht nur durch die Einkommen- und Körperschaftsteuer belastet. Neben der Grundsteuer ist insbesondere noch die Gewerbesteuer zu nennen. Steuerpflichtig sind gewerbliche Unternehmen, das sind Handwerks-, Handels- und Industrieunternehmen. Damit sind etwa die freien Berufe (Anwälte, Ärzte) und Kliniken von der Steuerpflicht ausgenommen. 1998 wurde die lange kritisierte **Gewerbekapitalsteuer**, die als Substanzsteuer das gewerbliche Vermögen besteuerte, abgeschafft. Seitdem existiert nur noch die **Gewerbeertragsteuer**, die abhängig vom Gewinn erhoben wird. Im deutschen Steuersystem kommt der Gewerbesteuer eine wichtige Bedeutung für die *Gemeinden* zu, denen das Aufkommen (2002: rund 25 Mrd. Euro) zusteht, abzüglich der **Gewerbesteuerumlage** an Bund und Länder. Die Höhe der Gewerbesteuer wird von der Gemeinde festgesetzt und erhoben. Bei der Berechnung wird der Gewerbeertrag (korrigierter Gewinn des Gewerbebetriebs) mit der Steuermesszahl multipliziert. Auf den sich ergebenden Steuermessbetrag wird der **Hebesatz** angewandt, der von Gemeinde zu Gemeinde unterschiedlich hoch sein kann.

(Bundeszentrale für politische Bildung, Lexikon der Wirtschaft, Bonn 2004, S. 175)

M 69 Unternehmensteuern im internationalen Vergleich

Im zusammenwachsenden Europäischen Binnenmarkt steht die deutsche Wirtschaft – vor allem seit der EU-Osterweiterung – in einem zunehmenden Wettbewerb. In diesem Zusammenhang wird schon seit einigen Jahren die Frage diskutiert, wie hoch die Steuerbelastung der deutschen Wirtschaft im Verhältnis zu vergleichbaren Industriestaaten sein darf, um eine Abwanderung von Unternehmen und Arbeitsplätzen zu verhindern.
Zwar vermittelt ein Vergleich der Steuersätze – allein betrachtet – kein zuverlässiges Bild. Dafür sind bereits die Steuersysteme zu unterschiedlich. Gleichwohl gilt das Steuersatzniveau als wichtiges Kriterium für Investitionsentscheidungen. Internationale Vergleiche der Unternehmensteuerlast sind im Übrigen mit erheblichen methodischen Schwierigkeiten verbunden. Wesentliche Belastungsunterschiede können beispielsweise dadurch begründet sein, dass der steuerpflichtige Gewinn in unterschiedlicher Weise definiert wird. Eine rechnerische Steuerbelastung von

60 Prozent ist anders zu beurteilen, wenn der steuerpflichtige Gewinn bereits zuvor durch Vergünstigungen, wie Sonderabschreibungen, auf 80 Prozent reduziert wurde. In einem solchen Fall beträgt die tatsächliche Steuerbelastung nur 48 Prozent. Für einen Vergleich der Steuerbelastung ist ferner von Bedeutung, wie streng ein Staat seine steuerlichen Ansprüche tatsächlich durchsetzt.

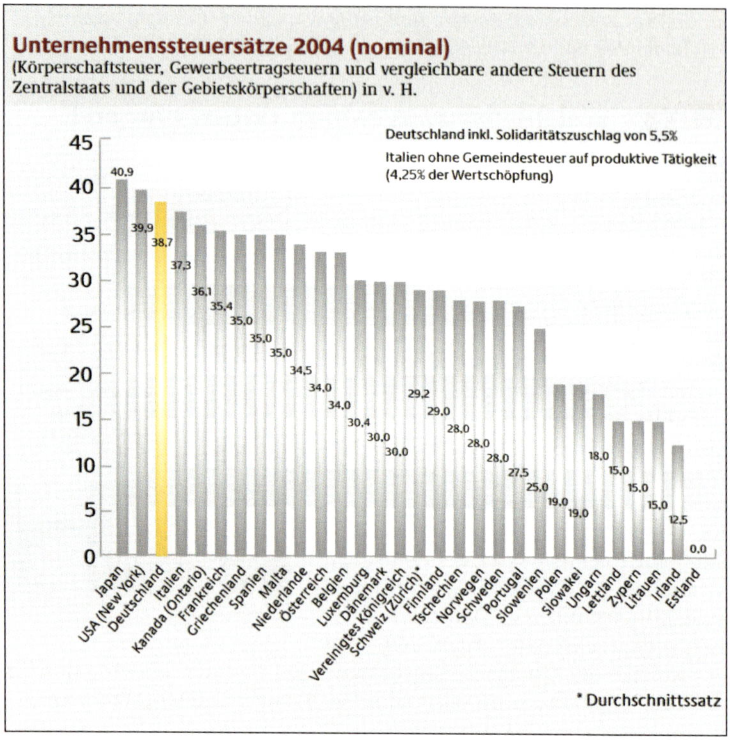

(Bundesministerium der Finanzen, Unsere Steuerpolitik, Ausgabe 2005, S. 16)

Der zunehmende Wettbewerb der Wirtschaftsstandorte um Investitionen und Arbeitsplätze geht insbesondere einher mit einer erheblichen Senkung der Steuersätze in anderen Staaten.

Die steuerlichen Rahmenbedingungen für Investitionen sind ein wichtiger Aspekt für Standortentscheidungen und beeinflussen damit letztlich den Erhalt von alten und die Schaffung von neuen Arbeitsplätzen. Der Gesetzgeber kann sie gestalten, im Gegensatz beispielsweise zum Lohnniveau. Für dessen Festlegung sind im Rahmen der Tarifautonomie die Arbeitgeber und Gewerkschaften in Deutschland zuständig.

(Finanzen und Steuern [= M 63 a], Lehrer-Handreichung, S. 24)

1. *Das System der Unternehmenssteuern ist in Deutschland einigermaßen komplex. Stellen Sie den Unterschied zwischen Kapitalgesellschaften und Personengesellschaften und die damit verbundene unterschiedliche Form der Besteuerung heraus (M 68). Genaueres über die einzelnen Unternehmensformen können Sie ggf. in der Internet-Enzyklopädie Wikipedia (http://de.wikipedia.org) nachschlagen. Dort finden Sie auch weiter gehende Informationen zu den Stichworten „Körperschaftsteuer“ und „Gewerbesteuer“.*

2. *Beschreiben Sie die Position Deutschlands im Vergleich der Unternehmenssteuersätze in Europa und erläutern Sie die Gesichtspunkte, die bei der Beurteilung von Unternehmenssteuersätzen im internationalen Vergleich zu beachten sind (M 69).*

3. *Nominale Steuersätze sagen noch nicht alles über die „real“ gezahlten Steuern aus, weil es auch für Unternehmen im Steuerrecht vielfältige Möglichkeiten gibt, die Bemessungsgrundlage zu reduzieren. Dazu gehört nicht zuletzt die Möglichkeit, Gewinne und Verluste über mehrere Jahre hin zu verrechnen. Nähere Informationen dazu: http://de.wikipedia.org/wiki/Verlustvortrag.*

4. *Die Reform der Unternehmensbesteuerung ist eins der großen Reformvorhaben der Großen Koalition. Erkundigen Sie sich ggf. nach dem Fortschritt oder dem Ergebnis dieser Reformbemühungen, die im Frühjahr 2006 noch in den Anfängen steckten.*

M 70 Steuerpolitik als Mittel der antizyklischen Konjunktursteuerung

Im Unterschied zur Besteuerung des privaten Einkommens, bei dem sich die Entlastungseffekte und die Verteilungswirkungen relativ klar einschätzen lassen, lässt sich die Frage, welche Effekte Steuerreformmaßnahmen für die *Konjunkturentwicklung* tatsächlich bewirken, nicht mit ausreichender Sicherheit beantworten. Die folgende Darstellung zeigt die Gründe für diese Unsicherheit auf.

(1) Eine Variation der **indirekten** Steuern (Mehrwertsteuersatz), bei denen – zumindest vom Prinzip her gesehen – eine Preiswirksamkeit unterstellt werden kann (eine Erhöhung des Mehrwertsteuersatzes führt zu Preissteigerungen), knüpft dabei primär an der Kaufwilligkeit der privaten Wirtschaftssubjekte an. [...]
(2) Eine Variation der **direkten** Steuern verändert im Grundsatz, d.h. auch bei unterschiedlichen technischen Ansatzpunkten (Veränderung des Steuersatzes, des Steuertatbestandes oder der Steuerbemessungsgrundlage*), das Nettoeinkommen der privaten Wirtschaftssubjekte. [...]
Intendiert ist jedenfalls, dass im Grundsatz – und bei gegebenem Ausgabevolumen – von einer Steuererhöhung *restriktive* [konjunkturdämpfende], von einer Steuersenkung *expansive* [konjunktursteigernde] Effekte ausgehen, wobei der Übertragungsweg einen rein monetären Charakter hat. Denn es werden monetäre Bedingungen verändert, und die Wirksamkeit der Maßnahmen hängt von den *Reaktionen der Wirtschaftssubjekte* ab.
Ein **expansiver Effekt** von Steuererleichterungen mit dem Ziel, das Produktionspotenzial mehr auszulasten, um Wachstumsschwäche und Unterbeschäftigung zu vermeiden, wird umso eher gegeben sein, je mehr die *Haushalte* auf Steuersenkungen mit einer *Erhöhung ihrer Konsumausgaben*, *Unternehmen* mit einer *Erhöhung ihrer Investitionsausgaben* reagieren und je mehr dies noch weiter gehende Multiplikatoreffekte auslöst. Antworten die Haushalte mit einer *Erhöhung ihrer Sparquote* bzw. die Unternehmen mit einer Erhöhung ihrer Liquiditätsquote, weil skeptische Einkommens-, Beschäftigungs- oder Absatzerwartungen dominieren, ist der expansive Effekt relativ gering zu veranschlagen. Dies gilt auch für den Fall, dass die Steuersenkungen so vorsichtig dimensioniert sind, dass die Haushalte oder Unternehmen weitere Steuersenkungen erwarten und sich zunächst zurückhalten (Attentismus).

(Werner Glastetter, Konjunkturpolitik, Bund-Verlag, Köln 1987, S. 295f.)

M 71 Das Steuersenkungsprogramm der Bundesregierung 1998–2005

Die Bundesregierung hat mit der Steuerreform 2000 das größte Steuersenkungsprogramm in der Geschichte der Bundesrepublik Deutschland in Kraft gesetzt.
Der „Spitzensteuersatz" der Einkommensteuer wurde von 53 % auf 42 % gesenkt, der Eingangssteuersatz von 25 % auf 15 %. Der Grundfreibetrag wurde von 6 322 auf 7 664 € erhöht (vgl. hierzu Abb. 3, S. 330). Der Körperschaftsteuersatz wurde von 45 % auf 25 % gesenkt. Alle Reformmaßnahmen zusammengenommen zahlen die Steuerzahler heute jährlich fast 60 Mrd. Euro weniger als 1998. Familien, Arbeitnehmer und mittelständische Wirtschaft sind die Hauptgewinner der Reform: 47,3 Mrd. Euro des gesamten Entlastungsvolumens kommen privaten Haushalten und 17 Mrd. Euro dem Mittelstand zugute. Verbraucher wie Unternehmen werden also

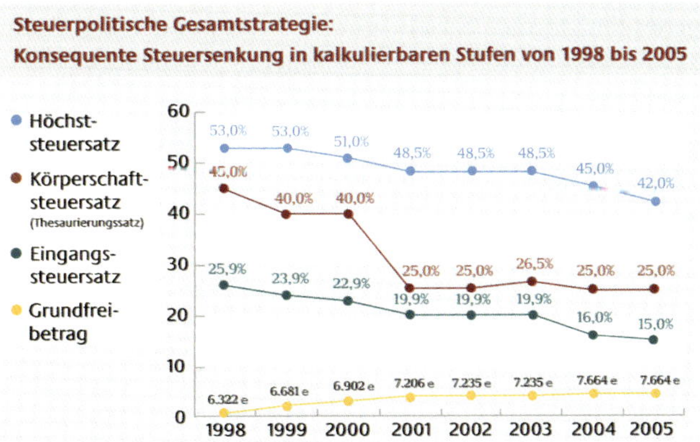

spürbar entlastet und erhalten somit mehr Freiräume – zum Beispiel für die private Altersvorsorge oder für Investitionen in Maschinen und Arbeitsplätze, aber auch für den Konsum.

(Bundesministerium für Finanzen, Unsere Steuerpolitik, Ausgabe 2005, S. 8, Grafik S. 10)

M 72 Steuerpolitik in der Diskussion

a) Reicher Staat, gerechter Staat: der Vorteil hoher Steuern

Wer einen aktiven Staat will, muss ihm auch die Mittel für eine aktive Politik zugestehen. Innere und äußere Sicherheit, Bildungssystem, Verkehrsinfrastruktur, Gesundheitsschutz, Grundlagenforschung – all das sind öffentliche Güter, die der Staat seinen Bürgern zur Verfügung stellen soll. Und im Fall der Bundesrepublik kommt auch noch die Finanzierung der deutschen Einheit dazu. Solche historischen Aufgaben können nicht privat finanziert werden.

Die Folgen geringer Staatseinnahmen zeigen sich in Deutschland vielerorts. Das Straßennetz veraltet; Bäder, Bibliotheken und Sportstätten werden geschlossen; Schulgebäude verkommen; Unis sind überfüllt; Wissenschaft und Forschung werden weniger unterstützt als in den konkurrierenden Ländern Europas und Asiens. Rund 40 Prozent des Bundeshaushaltes fließen heute in die Finanzierung sozialer Ausgaben, 20 Prozent sind Zinszahlungen für die Bundesschuld.

Der Staat darf sich nicht „selber das Wasser abgraben, bis er seinen Aufgaben nicht mehr nachkommen kann", definiert Achim Truger vom gewerkschaftsnahen Institut für Makroökonomie und Konjunkturforschung die Untergrenze. [...]

Ein weiteres Argument für auskömmliche Steuern lautet: Der Staat braucht die Möglichkeit, den wirtschaftlichen Wohlstand gleichmäßiger zu verteilen. Wer besonders wohlhabend ist, soll entsprechend zur Finanzierung öffentlicher Aufgaben beitragen. Aus ökonomischer Sicht ist es kein Schaden, wenn Spitzeneinkommen, große Vermögen oder beträchtliche Erbschaften höher besteuert werden als zurzeit. Allerdings fördern hohe Steuersätze auch die Kapitalflucht ins Ausland. Oder die Betroffenen verlegen gleich ihren Wohnsitz jenseits der Grenzen.

Eine Alternative für klamme Finanzminister ist die Erhöhung indirekter Steuern. Politisch lässt sich etwa eine höhere Tabak- oder Mineralölsteuer leichter durchsetzen als eine Steuer auf Einkommen oder Vermögen, da sich der Widerstand der Betroffenen weniger stark artikuliert. Besonders ergiebig ist dabei die Mehrwertsteuer als generelle Verbrauchsteuer. [...] [Eine Zweckbindung erhöhter Steuereinnahmen dämpft] nicht nur den Widerstand der Steuerzahler, sondern entlastet auch die Unternehmen von Lohnzusatzkosten. Kein Wunder, dass nun diskutiert wird, die Einnahmen aus einer höheren Mehrwertsteuer für die sozialen Sicherungssysteme zu verwenden, um die Lohnzusatzkosten zu senken.

Ob direkte oder indirekte Steuern – eine Erhöhung birgt immer ökonomische Risiken. Nimmt die Steuerflucht überhand, hat der Finanzminister das Nachsehen. Höhere indirekte Steuern können im Extremfall den Verbrauch und damit die Basis der Besteuerung reduzieren – wie im Fall der Tabaksteuer.

Dass eine höhere Mehrwertsteuer unsozial sein muss, stimmt allerdings nicht. Wer ein bescheidenes Einkommen bezieht, gibt zwar den größten Teil davon für den Konsum aus, profitiert aber auch überproportional vom ermäßigten Steuersatz für Lebensmittel. Den muss man ja nicht mit erhöhen.

b) Niedrige Steuern: mehr Geld für den Konsum

Das hat es in der Geschichte der Bundesrepublik noch nicht gegeben: Von 2001 bis 2005 sanken die Steuern für Unternehmen und private Haushalte um mehr als 50 Milliarden Euro (s. M 71). [...]

Die Idee dahinter: Bürger und Unternehmen können sich umso besser entfalten, je weniger der Staat ihnen in die Tasche greift. Die Bürger konsumieren dann mehr, und die Unternehmen investieren wieder. Beides führt zu neuen Jobs und zu mehr Wachstum.

So sah es die Bundesregierung, als sie 2000 ihre große Steuerreform verkündete. Und so sehen es auch die großen Wirtschaftsverbände. „Steuerentlastungen werden zu mehr Investitionen und Arbeitsplätzen führen", sagt Jürgen Thumann, der Präsident des Bundesverbandes der

Deutschen Industrie (BDI). „Sie sind als Starthilfe für den Wachstumsmotor und für den Standort Deutschland dringend notwendig.“

Letzteres Argument hat besonders seit dem EU-Beitritt osteuropäischer Länder an Prominenz gewonnen: Viele von ihnen besteuern die Unternehmensgewinne nämlich nur minimal. Für deutsche Unternehmen wirkt das wie eine Einladung, Arbeitsplätze über die Grenzen zu verlagern. Gleichzeitig halten die deutschen Steuersätze – mehr als die im Einzelfall tatsächlich anfallende Steuerlast – ausländische Investoren davon ab, sich in Deutschland zu engagieren.

So geht es bei der Frage, welche Steuern man denn senken sollte, damit vorrangig neue Arbeitsplätze entstehen, vor allem um die Abgabenlast der Unternehmen, also vornehmlich um die Körperschaftsteuer. Allerdings gibt es keine Garantie dafür, dass sinkende Unternehmensteuern zu steigenden Investitionen führen. Trotz beträchtlicher Steuersenkungen – und gleichzeitig steigender Unternehmensgewinne – hält die Stagnation der deutschen Wirtschaft seit bald fünf Jahren an, und erst jetzt zeigen sich die Hoffnungsschimmer. „Steuersenkungen sind keine hinreichende Bedingung für Wachstum“, sagt Dieter Vesper vom Deutschen Institut für Wirtschaftsforschung in Berlin.

So reagierte auch der Konsum der privaten Haushalte auf die umfangreichen Steuersenkungen nicht wie erhofft. Die unverändert schwache Binnennachfrage verhindert seit Jahren einen stabilen Aufschwung in Deutschland. Gegenläufige Kräfte machten die Steuerentlastungen wieder wett: Die Reallöhne stagnierten, das Gesundheitswesen wurde für die einzelnen Bürger teurer, die zudem mit der beständig vorgetragenen Forderung nach mehr Altersvorsorge konfrontiert sind. Angesichts der verbreiteten Krisenangst verlegten sich ohnehin viele Steuerzahler aufs Sparen und legten eine finanzielle Reserve an.

Vorschläge für Steuersenkungen provozieren gerade in Zeiten knapper Kassen die Frage nach der Finanzierung. Sinkende Einnahmen erhöhen die Gefahr, dass die ohnehin schon defizitären öffentlichen Haushalte weiter in die Verschuldung getrieben werden. [...]

(DIE ZEIT Nr. 32 v. 11.8.2005, S. 20; Verf.: Klaus-Peter Schmid)

1. *Erläutern Sie möglichst mit eigenen Worten die knappe Darstellung zu den grundsätzlichen Möglichkeiten, durch Variation (Minderung oder Erhöhung) der Steuern den Wirtschaftsprozess zu beeinflussen, und machen Sie insbesondere deutlich, von welchen Bedingungen es abhängt, ob z. B. Steuersenkungen den gewünschten „expansiven“ Effekt haben (d. h. sich in erhöhte Nachfrage nach Konsum- und Investitionsgütern und damit in mehr Beschäftigung umsetzen; M 70).*

2. *Beschreiben Sie, in welchen Bereichen und in welchem Ausmaß die Bundesregierung in den Jahren 1999–2005 die Steuern gesenkt hat (M 71; vgl. M 65). Näheres dazu und zu den Entlastungswirkungen dieser Reform finden Sie im Internet unter der Adresse des Bundesfinanzministeriums (www.bundesfinanzministerium.de), z. B. in der Broschüre „Unsere Steuerpolitik“.*

3. *Real eingetretene Wirkungen steuerpolitischer Maßnahmen lassen sich schon deshalb schwer beurteilen, weil man nicht wissen kann, welche Entwicklungen sich ohne diese Maßnahmen vollzogen hätten. Im Hinblick auf das Steuersenkungsprogramm der Bundesregierung ist jedenfalls feststellbar, dass die private Nachfrage nach Konsum- und Investitionsgütern sich trotz der Steuersenkungen nicht positiv entwickelt hat. Die Gründe für die stagnierende Binnennachfrage werden allgemein in einer verbreiteten Verunsicherung der Bevölkerung angesichts der hohen Arbeitslosigkeit und durch die Arbeitsmarktreformen („Hartz IV*“) gesehen, die zu einer höheren Sparquote und damit zu weniger Konsum geführt habe. Hinzu kam, dass die steuerliche Entlastung durch Belastungen in anderen Bereichen (Sozialversicherungsbeiträge, Krankheitskosten, Rentenkürzungen) in einem gewissen Ausmaß konterkariert wurde (vgl. M 70, Z. 17ff., und M 72, Z. 62ff.).*

4. *M 72 nimmt in vielfacher Hinsicht Bezug auf die in den vorangehenden Materialien enthaltenen Begriffe, Aspekte und Zusammenhänge. Für die Erarbeitung bietet sich* **Gruppenarbeit** *an, bei der alle Gruppen den ganzen Text lesen, danach aber eine Aufteilung nach den Abschnitten a) und b) erfolgt: Die Argumente für und gegen hohe Steuern können dann von Vertretern der jeweiligen Gruppe in einer* **Pro- und Kontra-Diskussion** *ausgetauscht werden. Eine Diskussion im Plenum könnte sich anschließen.*

Der Staat in der „Schuldenfalle“? Dimensionen und Folgen der Staatsverschuldung

M 73 Die Entwicklung der Staatsverschuldung

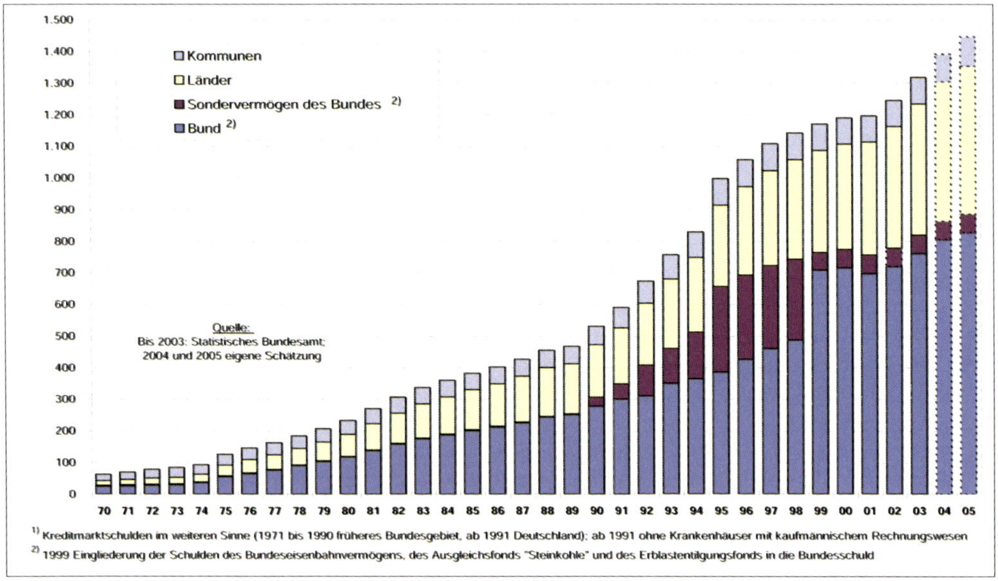

(http://fm.fin-nrw.de/info/finanzplanung/fp_2_2_1.pdf, Abb. 8; © Finanzministerium NRW)

M 74 Verschuldung der öffentlichen Haushalte 1950–2005

Ende des Zeitraums	Insgesamt[1]	Nach den Kreditnehmern: Bund[2]	Länder	Gemeinden[3]	Nachrichtlich: Schuldenstandsquote[4]
	Mio Euro – Früheres Bundesgebiet				
1950	10550	3727	6587	255	
1960	26975	13751	7513	5710	
1970	64366	29556	14206	20602	18,6
1980	239517	120460	70458	48679	31,7
1989	474906	254420	158428	62057	41,8
	Mio Euro – Deutschland				
1993	770225	461416	221818	86991	46,9
1996	1087170	700666	285477	101025	59,8
2000	1211439	774630	338143	98462	60,2
2003	1358121	826058	423737	107857	64,8
2004	1430413	868933	448687	112410	66,4
2005	1487369	901574	471095	114700	68,6

1) Ohne Verschuldung der Haushalte untereinander – 2) Einschließlich der Sondervermögen, wie zum Beispiel ERP-Sondervermögen, Lastenausgleichsfonds, Fonds „Deutsche Einheit“, Kreditabwicklungsfonds/Erblastentilgungsfonds, Bundeseisenbahnvermögen, Ausgleichsfonds Steinkohleneinsatz/Entschädigungsfonds. – 3) Einschließlich Verschuldung der kommunalen Zweckverbände und der kommunalen Krankenhäuser. – 4) Verschuldung der öffentlichen Haushalte in Relation zum Bruttoinlandsprodukt in jeweiligen Preisen. Quelle: BMF

(Zahlen für 2005 vorläufig; Quellen: Deutsche Bundesbank, Monatsbericht Februar 2006, und Sachverständigenrat zur Begutachtung der gesamtwirtschaftlichen Entwicklung [2005]: Jahresgutachten 2005/06 „Staatsfinanzen konsolidieren – Steuersystem reformieren“, Wiesbaden, Tabelle 41)

M 75 Ursachen und Mechanismen der wachsenden Verschuldung

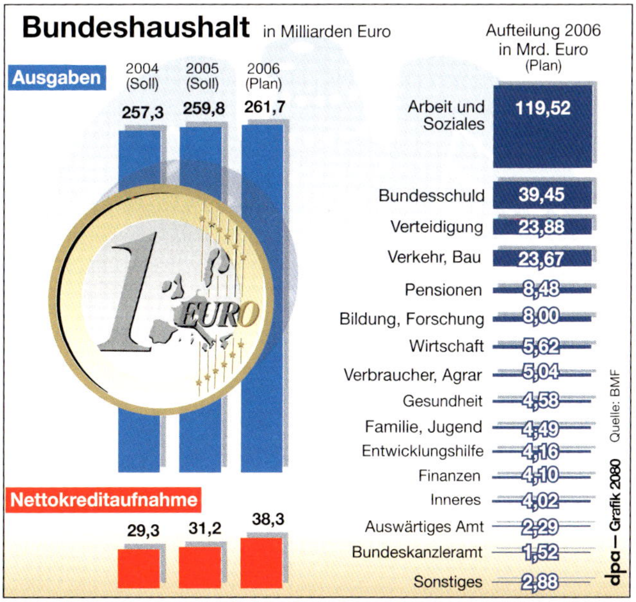

Einen ersten spürbaren Anstieg der Staatsverschuldung brachten die 70er-Jahre, als Konjunkturprogramme („deficit spending") und umfangreiche Infrastrukturmaßnahmen („Zukunftsinvestitionen") sozialdemokratisch geführter Bundesregierungen den Schuldenstand des **Bundes** von knapp 25 Mrd. € auf über 157 Mrd. € mehr als versechsfachten. Ein zweiter Schub setzte mit der **deutschen Einheit** ein. [...]
Auf der Einnahmenseite bestand das Hauptproblem seit den 90er-Jahren in der schwachen Konjunktur, die zu erheblichen Steuerausfällen führte. Auf der Ausgabenseite waren es die außergewöhnlichen finanziellen Belastungen in der Folge der deutschen Einheit, aber auch die hohe Arbeitslosigkeit, die bei Bund und Ländern zu jährlichen Mehrausgaben in zweistelliger Milliardenhöhe führten. [...] Im Durchschnitt der Jahre 1990 bis 2003 wurden aus öffentlichen Haushalten (überwiegend: vom Bund) Transferzahlungen nach Ostdeutschland von ca. 70 Mrd. € pro Jahr geleistet – vor allem zur Finanzierung von Sozialleistungen. [...] Im Verlauf eines Jahrzehnts hat sich die Staatsverschuldung dadurch verdreifacht. [...]
Die dramatisch gestiegene Staatsverschuldung ist Folge der Jahr für Jahr akkumulierten Defizite der öffentlichen Haushalte von Bund, Ländern und Gemeinden. Sind die Einnahmen geringer als die Ausgaben, müssen die entsprechenden Fehlbeträge durch Kreditaufnahme gedeckt werden. Die Summe aller ausstehenden öffentlichen Kredite ergibt die Staatsverschuldung. [...]
Um Haushaltsdefizite zu finanzieren, nehmen Bund und Länder Darlehen auf. Es gibt eine Vielzahl von Kreditformen – Bundes- und Länderanleihen, Obligationen, Schuldscheindarlehen, Bundesschatzbriefe etc. –, die über den Kapitalmarkt („Rentenmarkt") von institutionellen und privaten, in- und ausländischen Anlegern gekauft werden. „Staatspapiere" sind für Anleger interessant, weil sie eine auskömmliche Verzinsung bei geringem Risiko (von Kursschwankungen oder Kapitalverlust) aufweisen. Der Bund finanziert sich vor allem über Anleihen und Obligationen, die Länder überwiegend durch direkte Kredite von Banken und Versicherungen.

(Bundeszentrale für politische Bildung, Themenblätter im Unterricht Nr. 35: Staatsverschuldung, Bonn 2004, Lehrerblatt S. 2; Verf: Gerhard Willke)

Nettokreditaufnahme: Hat dieselbe Höhe wie die Neuverschuldung. Dagegen umfasst die Bruttokreditaufnahme diesen Betrag plus die Schulden, die aufgenommen wurden, um alte Schulden abzulösen.
Defizit: Dieser Begriff ist gefährlich, denn er wird oft falsch oder missverständlich benutzt. Defizit ist der Betrag, um den in einem Haushaltsjahr die Ausgaben die Einnahmen übersteigen. In der Zeitung steht: „Das Defizit wurde im laufenden Jahr abgebaut." Das bedeutet: „Im laufenden Jahr gab der Staat mehr aus, als er einnahm. Letztes Jahr war es noch schlimmer. Der Schuldenberg wuchs in beiden Jahren." Viele missverstehen das als „Die Gesamtverschuldung wurde verringert."
Zins: Der Preis, den ein Kreditnehmer (also auch der Staat) dafür zahlt, dass ihm Geld geliehen wird.
Tilgung: Rückzahlung des geliehenen Kapitals.
Umschuldung: Aufnahme eines Darlehens, um eine alte Schuld zu begleichen. Seit 1965 hat die Bundesrepublik Deutschland nie getilgt, immer nur umgeschuldet.

(www.staatsverschuldung.de; Dr. Klaus Först, Flensburg)

1. *Beschreiben Sie anhand von M 73 und M 74 die Entwicklung der gesamten Staatsverschuldung in der Bundesrepublik und ihre Verteilung auf die drei Gebietskörperschaften. Zur Erklärung der Entwicklung in den 1990er-Jahren können Sie M 75 heranziehen. Kann man sagen, dass sich der Schuldenstand von 1989 bis 2005 verdreifacht hat? In welchem der dargestellten Zeiträume der 1990er-Jahre war der Anstieg am deutlichsten? Wer war daran mit Abstand am stärksten beteiligt? Welche Bedeutung kommt der „Schuldenstandsquote" zu?*

2. *Klären Sie anhand von M 75 (s. Kasten) die im Zusammenhang mit der Staatsverschuldung immer wieder verwendeten Begriffe Schuldenstand (s. M 73/M 74), Haushaltsdefizit, Bruttokreditaufnahme, Nettokreditaufnahme (= Neuverschuldung). Erklären Sie dazu folgende Aussage: Nur dann, wenn die in einem Jahr geleisteten Tilgungen die Summe der Bruttokreditaufnahme übersteigen (und damit die Nettokreditaufnahme negativ ist), wird der Schuldenstand verringert. Wenn die Nettokreditaufnahme = 0 ist, bleibt der Schuldenstand gleich.*

3. *Stellen Sie fest, wie viel Prozent der gesamten Ausgaben des Bundeshaushalts 2006 für die Zahlung der Schuldzinsen (Bundesschuld) verwendet werden müssen (Grafik in M 75). Vergleichen Sie diesen Anteil mit dem anderer wichtiger Ausgabenbereiche. – Zu anderen Messgrößen für die Belastung der Finanzpolitik s. M 76. Nähere Informationen zur Entwicklung der Staatsverschuldung finden Sie unter: www.staatsverschuldung-schuldenfalle.de*

M 76 Was die Quoten besagen – relative Indikatoren der Staatsverschuldung

Tabelle: Schuldenstands-, Defizit- und Zins-Steuer-Quote 1991 – 2004

	1960	1991	1992	1993	1994	1995	1996	1997	1998	1999	2000	2001	2002	2003	2004
Schuldenstandsquote (Maastricht-Kriterium)	–	40,4	42,9	46,9	49,3	57,0	59,8	61,0	60,9	61,2	60,2	59,6	61,2	64,8	66,4
Defizitquote (Maastricht-Kriterium)	3,0	–2,9	–2,6	–3,1	–2,4	–3,3	–3,4	–2,7	–2,2	–1,5	–1,4	–2,8	–3,7	–4,0	–3,7
Zins-Steuer-Quote (nur Bund)	1,7	12,5	12,4	12,9	14,0	13,6	15,0	16,1	16,4	21,4	19,7	19,4	19,3	19,2	19,4

(www.bundesfinanzministerium.de/Anlage18512/Ouoten-als-wichtige-gesamtwirtschaftliche-Groessen.pdf)

Bezogen auf den öffentlichen Gesamthaushalt stieg die Zins-Steuer-Quote von 3,3 (1965) über 8,1 (1980) auf 16,0 (1998) und lag 2002 bei 14,9 und 2004 bei 14,6.

Mit der **„Schuldenstandsquote"** (eigentlich eine Relation) wird das Verhältnis der Schulden des Gesamtstaates (Gebietskörperschaften und Sozialversicherungen) im Verhältnis zum BIP ausgedrückt. Besondere Bedeutung hat die Schuldenstandsquote als eines der Kriterien des Maastricht-Vertrages (s. u.), was auch zu einheitlichen Kriterien zumindest in den Euro-Staaten für die Bemessung dieser Größe geführt hat.

Ebenfalls im Zusammenhang mit den Maastricht-Kriterien (s. u.) hat die Beobachtung der Entwicklung der Finanzierungssalden der öffentlichen Haushalte im Verhältnis zum BIP an Bedeutung gewonnen. Der Ausdruck **„Defizitquote"** ist dabei eigentlich zu kurz gefasst, da prinzipiell nicht nur Defizite, sondern auch Überschüsse mit dieser Verhältniszahl erfasst werden können. Die entsprechenden tatsächlichen Werte haben sich aber von einem Überschuss in 1960 von 3 % zu einem Defizit von –3,9 % in 2003 entwickelt, wobei zwischenzeitlich erhebliche Schwankungen auftraten.

Der „Schuldenstandsquote" und insbesonders der „Defizitquote" kommt im Hinblick auf die Einbindung Deutschlands in die Europäische Wirtschafts- und Währungsunion (EWWU, „Euro-Zone") besondere Bedeutung zu. Für den Beitritt zur EWWU waren im Vertrag von Maastricht als Bedingungen (Konvergenzkriterien) u. a. festgelegt, dass der gesamte **Schuldenstand** eines Staates die Grenze von **60 % des Bruttoinlandsprodukts** (Schuldenstandsquote) nicht überschreiten dürfe und das jährliche **Haushaltsdefizit** höchstens **3 % des Bruttoinlandsprodukts** (Defizitquote) betragen dürfe.

Um die Stabilität in den Mitgliedsländern dauerhaft zu gewährleisten, wurde 1997 der europäische **Stabilitäts- und Wachstumspakt** ausgehandelt, der die Einhaltung der 3%-Quote zur Verpflichtung macht und für den Fall, dass Staaten dagegen verstoßen, die Einleitung eines „Defizitverfahrens“ vorsieht, an dessen Ende erhebliche „Geldbußen“ (zwischen 0,2 und 0,5% des BIP) stehen können.

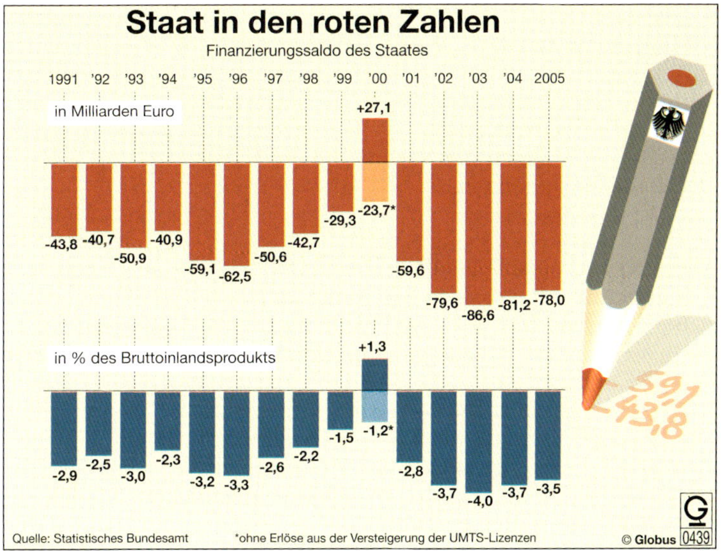

Endgültiger Wert für 2005: –74,5, Defizitquote – 3,3. Für 2006 rechnet der Finanzminister ebenfalls mit –3,3, für 2007 mit einer seit 2002 erstmaligen Unterschreitung des Maastricht-Kriteriums (ca. –2,6).

Mit der **Zins-Steuer-Quote** wird das Verhältnis der Zinsausgaben des Bundes zu den gesamten Steuereinnahmen des Bundes beschrieben.

Während der Anteil der vom Bund für Zinszahlungen aufgewandten Steuereinnahmen zu Beginn der 60er-Jahre mit 1,7% noch sehr niedrig lag, stieg dieser Anteil in der Folgezeit kontinuierlich an und erreichte Anfang der 80er-Jahre 10%. Seit dem Höchstwert von 21,4% in 1999 lässt sich ein Rückgang auf 19,3% in 2002 beobachten. Die Zins-Steuer-Quote wird wesentlich beeinflusst durch den Schuldenstand insgesamt, das Zinsniveau und die Höhe der Steuereinnahmen.

(Autorentext nach der Veröffentlichung des Bundesfinanzministeriums [Quelle zur Tabelle])

M 77 Was ist der „Stabilitätspakt“ noch wert?

Die Europäische Zentralbank soll die Stabilität des Euro sichern. Gelingen kann ihr dies jedoch nur, wenn auch die Finanzpolitik der Euro-Teilnehmer ihren Beitrag dazu leistet. Art. 104 des EG-Vertrags legt deshalb fest, dass die EU-Mitgliedstaaten übermäßige Defizite in ihren öffentlichen Haushalten vermeiden müssen. Diese Bestimmung wurde durch den **Stabilitäts und Wachstumspakt**, bestehend aus zwei EG-Verordnungen und einer Entschließung des Europäischen Rats aus dem Jahr 1997, ergänzt und konkretisiert. Kernstück des Pakts ist die Verpflichtung der beteiligten Staaten zu einer **dauerhaften Haushaltsdisziplin**: Auf mittlere Sicht sollen sie einen ausgeglichenen Haushalt oder sogar Haushaltsüberschüsse vorweisen können.

Abb. 1

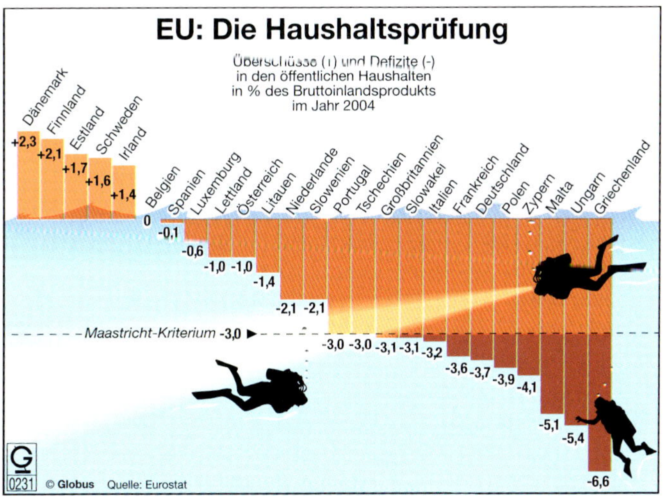

Der korrektive Teil des Stabilitätspakts regelt das Verfahren bei einem übermäßigen Defizit. Als Grenzwert gilt eine **Defizitquote von 3 %** des BIP – allerdings unter Berücksichtigung gewisser Ausnahmen (wenn ein Wirtschaftsabschwung, eine hartnäckige Stagnation oder außergewöhnliche Ereignisse vorliegen). Ist der Grenzwert überschritten, leitet der Ministerrat ein förmliches Defizitverfahren ein und spricht Empfehlungen zum Abbau des Defizits aus. In einem nächsten Schritt kann er Fristen zur Durchführung der notwendigen Maßnahmen setzen und bei Nichteinhaltung schließlich Sanktionen gegen den Defizitsünder verhängen.

(Schmidt-Zahlenbilder 715 540)

Aufgrund der Verstöße Frankreichs und Deutschlands gegen den Stabilitätspakt kam es 2003 zum Konflikt mit der Europäischen Kommission, die auf der Einleitung eines „Defizitverfahrens" bestand. Nachdem Frankreich und Deutschland den Ministerrat der EU dazu überreden konnten, die Aussetzung des Verfahrens zu beschließen, klagte die Kommission vor dem Europäischen Gerichtshof, der der Kommission Recht gab und eine erneute Beschlussfassung des Rates anordnete. Nach langen Auseinandersetzungen – Frankreich und Deutschland verfehlten 2004 zum dritten Mal die Stabilitätsgrenze von 3 % – kam es im März 2005 zur Einigung über eine Reform des Paktes, die neben Fristverlängerungen und Strategien zur Konsolidierung der Staatsfinanzen in den Einzelstaaten v. a. vorsah, dass bei einer Überschreitung der 3 %-Grenze auch weitere Faktoren wie Konjunkturlage, Rentenreformen, öffentliche Investitionen und – für die vereinigungsbedingten Schulden Deutschlands besonders wichtig – Kosten des europäischen Einigungsprozesses angerechnet werden können. Die Einigung kam auch wegen der moderaten Inflationsentwicklung im Euro-Raum zustande. In der deutschen und europäischen Presse wird die Reform überwiegend kritisch (als gefährliche „Aufweichung" des Paktes) beurteilt (s. Karikatur). Die Deutsche Bundesbank, die Europäische Zentralbank und Vertreter der Wirtschaft befürchten mittel- und langfristig negative Auswirkungen.

(Autorentext)

Abb. 2

Vom Stier zum Ochsen – zu sehen ist der deutsche Finanzminister

(Zeichnung: Heiko Sakurai)

1. *Machen Sie deutlich, inwiefern die Messung der Staatsverschuldung bezogen auf die Wirtschaftskraft, das Bruttoinlandsprodukt, eines Landes aussagekräftiger als die absolute Höhe ist und für den internationalen Vergleich notwendig erscheint (M 76).*

2. *Von besonderer Aussagekraft ist die Zins-Steuer-Quote (Tabelle S. 340). Was erfasst sie im Unterschied zu den beiden anderen Quoten in spezifischer Weise?*

3. *Der Euro-„Stabilitätspakt" spielt für die Haushaltspolitik der Regierung und in der öffentlichen Diskussion eine wichtige Rolle. Erläutern Sie sein Zustandekommen, seine Zielsetzung und die vorgesehenen Sanktionsmöglichkeiten bei Verstößen gegen den Pakt durch Überschreiten des Grenzwertes (M 76). Vergleichen Sie dazu die Entwicklung der Daten zur Defizitquote (Tabelle und Grafik M 76).*

4. *Zu welchem Ergebnis hat letztlich der Streit zwischen den Regierungen der beiden größten Euro-Länder und der Europäischen Kommission geführt? Wie beurteilen Sie den Stellenwert des Stabilitätspaktes und das Reformergebnis? – Nähere Informationen zur Bedeutung des Pakts und zu seiner Beurteilung finden Sie auf der Internetseite http://de.wikipedia.org/wiki/Stabilit%C3%A4ts-_und_Wachstumspakt.*

M 78 Folgen der Staatsverschuldung

(Zeichnung: Pepsch Gottscheber/CCC, www.c5.net)

(1) Zunächst einmal bedeutet eine zunehmende Verschuldung, dass ein ständig wachsender Teil der **Staatseinnahmen** bereits **blockiert** wird für den Schuldendienst (d.h. für Verzinsung und Tilgung); dies engt den finanzpolitischen Spielraum der öffentlichen Hand ein (s. Karikatur und Grafik in M 75). [...] Wenn der Schuldendienst nicht aus den laufenden Einnahmen geleistet werden kann, sind neue Kredite zur Bedienung alter Schulden erforderlich, woraus sich eine Schraube ohne Ende ergibt.

(2) Staatsverschuldung in größerem Umfang kann den heimischen Geld- und Kapitalmarkt so beanspruchen, dass die *Kreditzinsen* steigen. Der Zusammenhang mit der kreditinduzierten **Inflation** ist das Hauptargument gegen exzessive Staatsverschuldung [...]. In der jüngeren Vergangenheit lag der Anteil der staatlichen Kreditaufnahme an der gesamten Kreditaufnahme bei durchschnittlich 25 %. Dabei ist aber zu beachten, dass am Kreditmarkt nicht ‚der Staat' als riesiger Kreditnehmer auftritt, sondern eine Vielzahl von einzelnen Kreditnehmern in Gestalt von Bund, Ländern und Gemeinden. Eine nachhaltige Beeinflussung des Zinsniveaus ist daher nur dann zu erwarten, wenn eine plötzliche und massive Erhöhung der staatlichen Kreditnachfrage insgesamt eintritt, welche die Ausdehnungsmöglichkeiten des Kreditangebots überfordert.

(3) In diesem Zusammenhang wird oft der sog. ‚**crowding out"-Effekt** angeführt, d.h. dass der Staat private (Kredit-)Nachfrage verdrängt, was – neben zinssteigernden Effekten – zu Wachstumsverlusten führen könne.

Besetzt

(Zeichnung: J. Partykiewicz)

Dabei ist zwischen güterwirtschaftlicher (realer) und finanzieller Verdrängung zu unterscheiden. Bei güterwirtschaftlichem „crowding out" würde der Staat reale Ressourcen* an sich ziehen, die bei unelastischem Güterangebot („Vollbeschäftigung") privaten Nachfragern nicht mehr zur Verfügung stehen, wodurch auch inflationäre Nachfragesog-Effekte ausgelöst werden können. Analog gilt dies hinsichtlich nachgefragter Finanzmittel auf den Geld- und Kapitalmärkten. Dass ein staatlicher Schuldner einem privaten aufgrund höherer Bonität [Kreditwürdigkeit] überlegen sein kann, ist denkbar. [...]

Ein *Anstieg der Zinsen* aufgrund steigender staatlicher Kreditnachfrage ist nur vorstellbar bei unelastischem Kreditangebot. Dies wird als **„Quellentheorie"** bezeichnet, da die Menge des aus einer Quelle ausströmenden Wassers pro Zeiteinheit konstant ist, sodass sich ein zusätzlicher Nachfrager nur auf Kosten eines anderen durchsetzen kann[1]. Dem finanziellen „crowding out"-Argument im Sinne der Quellentheorie wird entgegengehalten, dass der Staat zwar dem Geld- und Kapitalmarkt Mittel entzieht, diese aber meist auch umgehend wieder verausgabt, sodass sie letztlich den Finanzmärkten über das Bankensystem wieder zuflie-

[1] Der Teil des Wassers aus der Quelle (Ersparnis), der vom Staat für seine Zwecke abgezweigt wird, steht damit für andere Verwendungen – insbesondere für private Investitionen – nicht mehr zur Verfügung.

ßen. Das Grundprinzip dieser „**Fontänentheorie**" (die Fontäne nährt sich aus dem zurückfließenden Wasser[1]) ist einleuchtend, jedoch empirisch nicht zwingend nachzuweisen und daher umstritten. [...]

(4) Ob durch „Verdrängung" nun ein Wachstumsverlust eintritt oder nicht, lässt sich nur spekulativ beantworten, würde aber voraussetzen, dass bei privater Verwendung der Mittel ein größerer Multiplikatoreffekt (s. S. 250) zu erwarten wäre als bei staatlicher Verwendung. Wie bereits angesprochen, hängen entsprechende Berechnungen davon ab, wieweit man Folge- und Nebenwirkungen erfassen und messen kann.

Staatliche Maßnahmen erstrecken sich in großem Maße auf Infrastrukturinvestitionen, die im engeren Sinne nicht rentabel sind, aber – aufgrund ihrer Ergänzungs- und Anregungsfunktion für private Investitionen – gesamtwirtschaftlich anders beurteilt werden müssen als betriebswirtschaftlich. Der Einfluss staatlicher Vorleistungen auf die private Wertschöpfung ist insgesamt jedoch nur ungenau abzuschätzen, sodass in dieser Hinsicht das Verdrängungsargument weder stringent untermauert noch widerlegt werden kann. Auch lässt sich argumentieren, dass die am Kapitalmarkt verfügbaren Mittel zu großen Teilen für reine Finanzgeschäfte verwendet werden, ohne güterwirtschaftlich nachfragewirksam zu werden. In diesem Fall aber würde die staatliche Kreditaufnahme zur Finanzierung von Staatsausgaben zusätzliche Nachfrage bedeuten und Beschäftigungseffekte bzw. im Sinne der Nachfragesogtheorie einen inflationären Impuls bewirken können.

Das Verdrängungsargument träfe in jedem Fall dann nicht zu, wenn die staatliche Kreditaufnahme nicht auf dem inländischen Kapitalmarkt, sondern im Ausland erfolgte. Dann aber käme das Inflationsargument stärker zum Tragen, da zwar kein zinsbedingter Kostendruck, wohl aber Nachfragesog- und Geldmengeneffekte (vgl. M 38) auftreten können.

(5) Schließlich hat die öffentliche Kreditaufnahme auch **Umverteilungseffekte**, da die Teilmenge der (meist) besser verdienenden privaten **Kreditgläubiger** von der Gesamtmenge der **Steuerzahler** refinanziert wird.

Dem ist entgegenzuhalten, dass dieser Effekt durch ein progressives Besteuerungssystem zumindest abgemildert wird, d. h. derjenige, der dem Staat Mittel zur Verfügung stellen kann, wird tendenziell auch stärker besteuert als andere (vgl. M 66). Verteilungswirkungen – gleich welcher Maßnahme – sollten nicht als unbedeutende Nebenwirkungen abgetan werden.

(6) Auch eine **Verteilungswirkung im längerfristigen Zeitablauf** ist zu berücksichtigen. Kreditfinanzierung heute zu tätigender Ausgaben kommt den heutigen Bürgern ohne Belastungen zugute. Verzinsung und Tilgung dieser Schulden muss aber in der Zukunft geleistet werden, sodass möglicherweise die **nächste Generation noch die Schulden abzutragen hat**, die heute gemacht wurden, ohne in gleichem Maße Nutznießer dieser Ausgaben zu sein.

(Jörn Altmann, Wirtschaftspolitik, Lucius & Lucius, Stuttgart 2000, S. 351–354)

Gefahren der Staatsverschuldung

Staatsverschuldung

Möglich sind:
- Blockierung des Haushalts (Zinsen)
- Belastung des Kapitalmarktes
  - Verdrängung („crowding out")
  - Zinsanstieg
- Inflation durch
  - Nachfragesog
  - Kostendruck (Zinsen)
  - Geldmengenerhöhung
- Wachstumsverluste
- Umverteilung
  - viele Steuerzahler → weniger Gläubiger
  - zwischen den Generationen

[1] Der Staat saugt aus dem Teich (Kreditmarkt) Wasser an, um es über den Springbrunnen (höheres Defizit, höhere Produktion, höhere Einkommen und infolgedessen höhere Ersparnis) wieder dem Teich zuzuführen. Eine Verminderung der Wassermenge (Kreditvolumen für die private Verwendung) tritt nicht ein.

1. *Die Einengung des finanzpolitischen Spielraums durch wachsende Staatsverschuldung und den dadurch steigenden Anteil des Schuldendienstes im Haushalt (Grafik S. 339) ist eines der wichtigsten Probleme der Staatsverschuldung. Erläutern Sie diesen Aspekt genauer (M 78, 1. Abschnitt, vgl. Karikatur).*

2. *Beschreiben Sie den möglichen Zusammenhang zwischen Staatsverschuldung, Zinsentwicklung und Inflation (2. Abschnitt).*

3. *Fassen Sie den Grundgedanken des „crowding out"-Argumentes kurz zusammen und erläutern Sie, was – zunächst im Hinblick auf die Zinsentwicklung – dafür („Quellentheorie") und was dagegen („Fontänentheorie") spricht.*

4. *Untersuchen Sie dann die „crowding out"-Theorie im Hinblick auf mögliche Wachstumsverluste. Wie kommt der Autor zu seiner Auffassung, dass „das Verdrängungsargument weder stringent untermauert noch widerlegt werden kann" (Z. 70f.)?*

5. *Erläutern Sie die möglichen Umverteilungseffekte der Staatsverschuldung (Abschnitte 5 und 6). Was bedeutet der oft gehörte Hinweis, dass die Staatsverschuldung „auf Kosten unserer Kinder" erfolge?*

M 79 Möglichkeiten des Umgangs mit der Staatsverschuldung

Totaler Kreditstopp

Es wird ab sofort kein weiterer Kredit aufgenommen. – Leider haben wir diese Möglichkeit nicht. Denn jeden Monat werden Kredite in Milliardenhöhe zur Rückzahlung fällig. Sie wurden bisher immer dadurch zurückgezahlt, dass neue Kredite aufgenommen wurden (Umschuldung). Dabei geht es jährlich um mehrere Hundert Milliarden Euro. Wenn wir die Umschuldung abbrechen, hat dies innerhalb von Tagen den Finanzkollaps des Staates zur Folge: Schlagartig können die Gehälter im öffentlichen Dienst nicht mehr gezahlt und die Sozialleistungen nicht mehr erbracht werden. Die Umschuldung muss also weitergehen.

Neuverschuldung Null

Es wird nur noch umgeschuldet, aber kein Kredit darüber hinaus aufgenommen. – Auch dies ist keine realistische Alternative. Die Steuern lassen sich nicht mehr nennenswert erhöhen. [...] Eine Regierung, die von einem Jahr auf das andere keine neuen Schulden mehr macht, wird aus dem Amt gefegt. Es käme zu öffentlichen Unruhen sowie einem Ausfall an Nachfrage, der zu schwersten Störungen in der gesamten Volkswirtschaft führt.

Neuverschuldung in Höhe des Wirtschaftswachstums

Die Schulden dürfen weiter steigen, aber nicht schneller, als die Wirtschaft wächst. – Dies ist der Kern der Maastricht-Regeln. Das Schuldenproblem wird damit eingefroren, aber nicht gelöst. Dieser Weg ist mit zwei schweren Nachteilen verbunden: Erstens muss die Regierung sich in Zukunft prozyklisch [die konjunkturellen Schwankungen verstärkend] verhalten: Ausgerechnet wenn die Wirtschaft schwach wächst oder gar schrumpft, muss sie den schärfsten Sparkurs fahren. Und zweitens bleiben die Zinslasten unerträglich hoch.

Neuverschuldung Null innerhalb von einer Wahlperiode

Es wird weiter umgeschuldet, der Schuldenberg wird weiter erhöht, aber von Jahr zu Jahr weniger, bis nach einer definierten Frist (eine Wahlperiode?) die Gesamtverschuldung auf der dann erreichten Höhe eingefroren wird. – Dies ist die einzige brauchbare Alternative. Tilgen können wir die Schulden nicht, aber wir müssen versuchen, die Zinslast einzufrieren. Nach sehr langer Zeit wird sie dann durch Wirtschaftswachstum und allgemeine Preissteigerungen erträglich.

(http://www.staatsverschuldung.de/ausweg1.htm)

Hart sparen – aber erst, wenn sich die Konjunktur erholt hat

Es scheint paradox: einerseits ein rasanter Anstieg der Neuverschuldung, andererseits ein strenger Sparkurs. Doch so widersprüchlich es auf den ersten Blick aussieht, beides ist notwendig. Denn eine vernünftige Finanzpolitik bedeutet mehr, als nur für ein ausgeglichenes Budget zu sorgen. Anders als der sparsame Hausvater oder die sparsame Hausmutter, die bei rückläufigen Einnahmen an den Ausgaben sparen, trägt der Staat auch Verantwortung für die gesamtwirtschaftliche Entwicklung. Da wäre es falsch, in die anhaltende Konjunkturflaute hinein auch noch die Ausgaben zu kürzen und auf diese Weise die Krise zu verschärfen. Andererseits darf er sich

jedoch nicht durch eine lockere Ausgabenpolitik zu große Lasten für die Zukunft aufladen und den Handlungsspielraum durch Zinszahlungen auf Schulden übermäßig einengen. [...]
Gibt es keinen Ausweg aus diesem Dilemma?
[...] Voraussetzung dafür wäre eine bindende Verpflichtung aller Beteiligten für den Fall, dass sich die Konjunktur spürbar erholt und damit auch die Steuereinnahmen steigen: Sobald die Wirtschaft wächst, müssen alle bisher nicht eingeplanten Steuermehreinnahmen ausschließlich und unmittelbar für eine Verminderung der Defizite in den öffentlichen Budgets und zur Schuldentilgung verwendet werden. Dann kann und muss ganz hart gespart werden. [...]

(Wilfried Herz, Schulden sind gut für die Zukunft. In: DIE ZEIT Nr. 50 v. 4.12.2003, S. 30)

M 80 Haushaltspolitische Grundsätze und Maßnahmen der Bundesregierung der Großen Koalition

- Unsere Haushaltspolitik wird konsequent sparsam sein. Daher werden wir nicht alles im gewohnten Umfang fortsetzen können. Alle Ausgaben stehen auf dem Prüfstand. Alle neuen finanzwirksamen Vorhaben und Belastungen bei Einnahmen und Ausgaben werden auf ihre Notwendigkeit und ihre Finanzierbarkeit hin überprüft und durch neue Prioritätensetzungen grundsätzlich im jeweiligen Politikbereich ausgeglichen. Alle Maßnahmen dieses Koalitionsvertrages stehen unter Finanzierungsvorbehalt. [...]
- Bei der Haushaltskonsolidierung werden zunächst alle Einsparpotenziale auf der Ausgabenseite geprüft. Als weitere Schritte werden Einnahmeverbesserungen durch die Beseitigung von steuerlichen Gestaltungsmöglichkeiten, den Abbau von Steuervergünstigungen und soweit erforderlich die Erhöhung von Steuern herangezogen.

Die Förderung des Wirtschaftswachstums und die konsequente Konsolidierung der öffentlichen Haushalte gehören zusammen. Gerade die Wachstumsschwäche der vergangenen Jahre hat deutlich gemacht, welche finanziellen Probleme niedrige gesamtwirtschaftliche Zuwachsraten für die öffentlichen Haushalte und die sozialen Sicherungssysteme mit sich bringen. Umgekehrt tragen eine Stärkung des Wachstums und ein Abbau der Arbeitslosigkeit ganz wesentlich dazu bei, die Staatsverschuldung abzubauen und die sozialen Sicherungssysteme finanziell auf eine sichere Grundlage zu stellen.

- Zur Stärkung von Innovation, Investition, Wachstum und Beschäftigung sowie zur Stärkung des Verbrauchervertrauens werden wir in fünf zentralen Bereichen konkrete Impulse in einem Gesamtvolumen für die Legislaturperiode von rund 25 Mrd. Euro geben. Die Mehrausgaben werden etwa zur Hälfte über einen Zukunftsfonds finanziert, der sich aus der Mobilisierung bundeseigenen Vermögens speisen wird. Darüber hinaus werden wir zur Förderung der Beschäftigung die Lohnzusatzkosten dauerhaft unter 40 % senken. Dazu werden wir den Arbeitslosenversicherungsbeitrag um zwei Prozentpunkte reduzieren. [...]

(Koalitionsvertrag zwischen CDU/CSU und SPD vom 11.11.2005, S. 65f.; www.cdu.de/doc/pdf/05_11_11_Koalitionsvertrag.pdf)

1. *Setzen Sie sich mit den in M 79 aufgeführten Möglichkeiten des wirtschaftspolitischen Umgangs mit der wachsenden Staatsverschuldung auseinander. Welche Vor- und Nachteile ergeben sich jeweils? Welche Möglichkeit halten Sie selbst für realistisch und aussichtsreich?*
2. *Welchen Kurs verfolgt die derzeitige Bundesregierung (M 80)? Näheres zu den haushaltspolitischen Maßnahmen finden Sie unter der angegebenen Internetadresse (Quelle zu M 80).*

IV. Die deutsche Wirtschaft im Zeichen der Globalisierung

1. Antriebskräfte und Erscheinungsformen des ökonomischen Globalisierungsprozesses

M 81 Im Vordergrund der ökonomische Aspekt

Globalisierung bezeichnet eine Entwicklung, die äußerst kontrovers diskutiert wird: Für ihre Befürworter ist sie in erster Linie der Weg zu einem effizienteren Wirtschaften durch den Abbau von Handels- und Wettbewerbsbeschränkungen. Nach Meinung ihrer Kritiker verringert die wachsende internationale Verflechtung dagegen die staatliche Steuerungsfähigkeit. Sie bemängeln, dass ihre Akteure – wie etwa weltweit operierende Wirtschaftsunternehmen – keiner wirksamen gesellschaftlichen Kontrolle unterworfen sind, und werten sie als Quelle für politische und wirtschaftliche Instabilität sowie zunehmende soziale Ungleichheit in und zwischen den Staaten. So löst Globalisierung bei den einen Aufbruchstimmung aus, bei den anderen hingegen Angstgefühle. Letztere werden von globalisierungskritischen Gruppen und Bewegungen aufgenommen, die sich seit den Neunzigerjahren auf allen internationalen Konferenzen mit globaler Thematik zunehmend Gehör verschaffen. Attac (frz.: *Association pour une taxation des transactions financières pour l'aide aux citoyens* – Vereinigung zur Besteuerung von Finanztransaktionen im Interesse der Bürgerinnen und Bür-

Aus ökonomischer Sicht versteht man unter **Globalisierung** die Zunahme internationaler Wirtschaftsbeziehungen und -verflechtungen und das Zusammenwachsen von Märkten für Güter und Dienstleistungen über die Grenzen einzelner Staaten hinaus, wobei internationale Kapitalströme und die Diffusion neuer Technologien eine große Rolle spielen. Globalisierung bedeutet also Zunahme der Intensität und der Reichweite grenzüberschreitender wirtschaftlicher Austauschbeziehungen, insofern also auch Intensivierung des Wettbewerbs durch Vergrößerung der Märkte bis hin zum Entstehen globaler Märkte, auf deren Funktionieren die Nationalstaaten zunehmend weniger Einfluss ausüben können.

(Der Fischer Weltalmanach 2003, Fischer Taschenbuch Verlag, Frankfurt a. M. 2002, S. 1093f.; Verf.: Mario von Baratta)

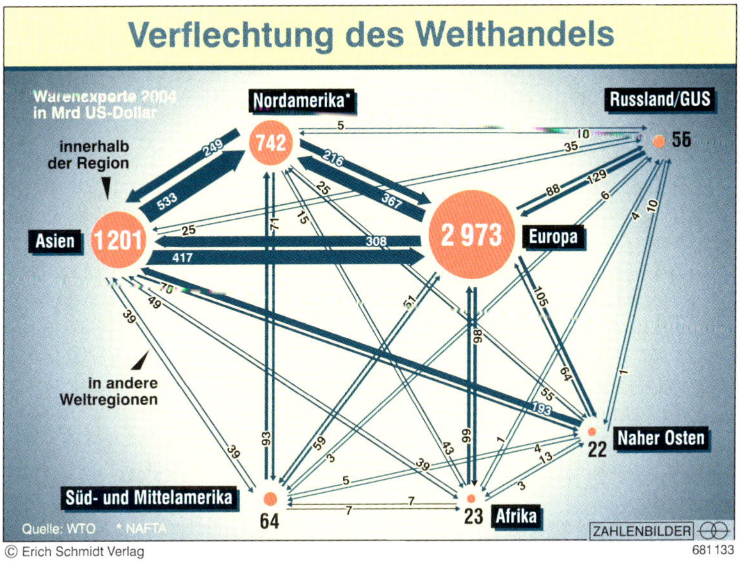

681 133

ger) ist das wohl prominenteste Beispiel. Dabei bedienen sie sich bei ihren Aktionen zum Teil derselben Instrumente und Möglichkeiten, die auch die wirtschaftliche Vernetzung begünstigen und vorantreiben.

Mit dem Phänomen der Globalisierung sind viele Aspekte verbunden. Der Begriff steht, auch wenn er erst in den letzten Jahren allgegenwärtig zu sein scheint, für eine Entwicklung, die weit in die Geschichte zurückreicht und eine große Zahl grenzüberschreitender Aktivitäten umfasst. Es handelt sich um einen Prozess, der schrittweise verlaufen ist und auf mehreren, unterschiedlich starken Triebkräften beruht.

Dazu zählt zuvörderst das wirtschaftliche Interesse. Im 19. Jahrhundert entwickelte sich die theoretische Einsicht und sehr bald auch praktische Erfahrung, dass Staaten, die sich wirtschaftlich nicht abschließen, sondern in einen offenen Austausch mit anderen Volkswirtschaften treten, davon profitieren und Wohlstandsgewinne für ihre Bürgerinnen und Bürger erzielen. Die OECD (*Organization for Economic Cooperation and Development* – Organisation für wirtschaftliche Zusammenarbeit und Entwicklung), ein Zusammenschluss der großen Industriestaaten, bezeichnet Globalisierung folglich als einen „Prozess, durch den Märkte und Produktion in verschiedenen Ländern immer mehr voneinander abhängig werden – dank der Dynamik des Handels mit Gütern und Dienstleistungen und durch die Bewegung von Kapital und Technologie". Einen besonderen Schub löste in diesem Zusammenhang der Zusammenbruch des Ostblocks aus, als an die Stelle der Konkurrenz zweier Gesellschaftsvorstellungen ein weltweiter Kampf um wirtschaftliche Marktanteile trat.

(Informationen zur politischen Bildung Nr. 280, 3. Quartal 2003: Globalisierung, Bundeszentrale für politische Bildung, Bonn 2003, S. 3; Verf.: Bernhard von Plate)

1. *Auf die kontroverse Diskussion über den Begriff der Globalisierung, auf die Vielfalt der Aspekte, die mit diesem Prozess verbunden sind, und auf die unterschiedlichen Richtungen der „Globalisierungskritik" können wir im Rahmen dieses Kapitels nicht eingehen. Stellen Sie heraus, was unter dem zentralen ökonomischen Aspekt unter „Globalisierung" verstanden wird (M 81, Kasten), und verschaffen Sie sich einen ersten Eindruck von der „Verflechtung des Welthandels" (Grafik). Stellen Sie heraus, was Ihnen dabei besonders auffällt.*

Eine genauere Darstellung der Antriebskräfte und Erscheinungsformen dieses Prozesses enthalten die folgenden Materialien. Nähere Informationen zur „Globalisierungskritik" finden Sie unter der Internetadresse http://de.wikipedia.org/wiki/Globalisierungskritik.

2. *Die Begründung für internationalen Handel geht letztlich auf eine berühmt gewordene Theorie des englischen Ökonomen David Ricardo, eines Hauptvertreters des klassischen Liberalismus (vgl. S. 300), zurück. Anhand von M 82 können Sie sich darüber informieren, was es mit den „komparativen Kostenvorteilen" auf sich hat, auf denen Ricardos Theorie basiert.*

- *Fassen Sie zusammen, welche allgemeine Erkenntnis Ricardo aus dem „Tuch/Wein"-Beispiel ableitet.*
- *Bedenken Sie, dass es sich um ein theoretisches Modell handelt, das von bestimmten Voraussetzungen ausgeht (z. B. werden keine Transportkosten berücksichtigt), die komplexe Wirklichkeit also reduziert, dessen Grundgedanke aber bis heute für bedeutsam gehalten wird (Näheres unter http://de.wikipedia.org/wiki/Komparativer_Kostenvorteil).*
- *Inwiefern kann man sagen, dass Ricardo auf Unterschiede der Produktivität (Arbeitsproduktivität) in den beteiligten Ländern abhebt? Auf welche Unterschiede bezieht sich die Weiterführung des Ricardo-Modells durch Heckscher und Ohlin (weitere Informationen dazu: http://de.wikipedia.org/wiki/Faktorproportionentheorie)? (Faktorproportionen = relative Anteile der einzelnen Produktionsfaktoren am gesamten Produktionspotenzial eines Landes)*
- *Bedenken Sie, dass beide Theorieansätze den internationalen Handel zwischen Ländern (Volkswirtschaften, „Wirtschaftsstandorten") im Blick haben. Auf die Ergänzungsbedürftigkeit dieser Betrachtung (nicht Länder, sondern Unternehmen treiben Handel) gehen wir in M 84 ein.*

M 82 Die Theorie David Ricardos: Wohlstand durch Außenhandel

Warum importieren wir eigentlich Güter, die wir auch im eigenen Land bestellen können? Ist es wirklich sinnvoll, wenn deutsche Bergarbeiter oder Fabrikangestellte ihren Arbeitsplatz verlieren, während wir Kohle in den USA, Strom in Frankreich oder Textilien in Malaysia kaufen? Die Erklärung für internationalen Handel lieferte schon vor 200 Jahren der berühmte englische Nationalökonom *David Ricardo* (1772–1823) mit seiner **Theorie der komparativen Kostenvorteile**. Demnach erhöht sich durch Außenhandel der Wohlstand in den beteiligten Ländern. Und zwar ist die Aufnahme von Handel für ein Land auch dann vorteilhaft, wenn es alle infrage kommenden Produkte (absolut) kostengünstiger erzeugen kann. Ricardo zeigte dies anhand des damals zwischen England und Portugal bestehenden Abkommens über den zollfreien Austausch von britischem Tuch und portugiesischem Wein.

Angenommen, in England benötige man 5 Arbeitsstunden, um einen Ballen Tuch zu produzieren, in Portugal seien hierfür nur 4 Stunden notwendig. Des Weiteren braucht man in England für die Erzeugung eines Fasses Wein 10 Arbeitsstunden, in Portugal dagegen lediglich 2 Stunden. Wenn wir unterstellen, dass Arbeit der wichtigste Faktor ist, um Tuch oder Wein zu produzieren, dann kann also Portugal beides billiger herstellen. Es hat bei beiden Gütern einen *absoluten Kostenvorteil*, weil es sie in weniger Arbeitsstunden erzeugen kann. Offenbar ist der Vorteil Portugals aber bei Wein größer als bei Tuch. Denn bei der Weinproduktion brauchen die Portugiesen nur ein Fünftel der englischen Arbeitsstunden, während sie bei der Tuchproduktion vier Fünftel der englischen Arbeitsstunden benötigen. Das heißt, Portugal besitzt einen komparativen Vorteil bei der Herstellung von Wein. Entsprechend wird sich nun Portugal auf die Weinerzeugung spezialisieren (und damit dem Rat Ricardos folgen). England hat einen *komparativen Vorteil* (genauer gesagt: einen vergleichsweise „kleineren Nachteil") bei der Tuchproduktion und wird sich entsprechend auf die Herstellung von Tuch spezialisieren. Die Spezialisierung geschieht dadurch, dass in Portugal sämtliche Arbeitskräfte in die Weinproduktion und in England sämtliche Arbeitskräfte in die Tuchproduktion gelenkt werden. Im Ergebnis steht dann eine insgesamt höhere Produktionsmenge von beiden Gütern (vorausgesetzt wird dabei, dass die für die Wein- bzw. Tuchproduktion neu eingesetzten Arbeiter genauso produktiv sind wie die ursprünglich dort beschäftigten). Anschließend werden jetzt die Portugiesen einen Teil ihrer Weinproduktion gegen englisches Tuch tauschen. Da insgesamt mehr produziert wird als im vorherigen Autarkiezustand, kann auf diese Weise der Konsum in beiden Ländern gesteigert werden.

David Ricardo
(Foto: akg-images)

(Herbert Sperber, Wirtschaft verstehen – nutzen – ändern, Schäffer-Poeschel Verlag, Stuttgart 2002, S. 177f.)

Die moderne Theorie des Außenhandels sucht ebenfalls nach den Ursachen internationaler Güterströme, indem sie die Theorie des komparativen Kostenvorteils modifiziert, so die von den beiden schwedischen Volkswirtschaftlern Eli Filip Heckscher (1879–1952) und Bertil Gotthard Ohlin 1933 entwickelte Theorie zur Erklärung der internationalen Güterströme. Die Wissenschaftler führen Außenhandel auf die unterschiedliche Ausstattung der Länder mit Produktionsfaktoren (Kapital, Arbeit) zurück (**„Faktorproportionentheorem"**). Verfügt ein Land z.B. über reichlich Kapital, ist aber knapp an Arbeitskräften, so hat es bei der Produktion von Gütern, die überwiegend den Einsatz von Kapital erfordern, gemessen an den komparativen Kosten einen Vorteil. Es wird somit bei Aufnahme des Außenhandels kapitalintensive Güter aus- und arbeitsintensive Güter einführen.

„Allerdings wird in der Realität eine vollständige Spezialisierung auf arbeitsintensive Güter von arbeitsreichen Ländern nicht angestrebt, auch wenn die Theorie allen Beteiligten des Welthandels Vorteile verspricht. Die Differenz im Know-How zwischen kapitalreichen Industrieländern und den arbeitsreichen Entwicklungsländern würde sich vergrößern und sich zunehmend als Entwicklungshemmnis erweisen, da die kapitalintensiven Güter ein höheres Entwicklungspotenzial besitzen." (Klaus Peter Kruber, Internationale Wirtschaftsbeziehungen, Braunschweig 2005, S. 37f.)

(Autorentext)

M 83a Ursachen der Globalisierung

Worauf ist der aktuelle Globalisierungsprozess zurückzuführen? In der Literatur werden verschiedene Ursachen diskutiert, von denen im Folgenden die drei aus unserer Sicht wichtigsten vorgestellt werden. Sicherlich handelt es sich bei diesen Faktoren nicht um die einzigen denkbaren Erklärungsgrößen der Globalisierung, jedoch scheinen sie im Rahmen einer ökonomischen Analyse die signifikantesten zu sein.

> GATT: *General Agreement on Tariffs and Trade;* Allgemeines Zoll- und Handelsabkommen. 1948 gegründete Sonderorganisation der Vereinten Nationen mit dem Ziel des weltweiten Abbaus von Handelsschranken zwischen den Ländern (z. B. der Senkung von Zöllen). Das GATT wurde 1996 abgelöst durch die World Trade Organization (WTO).
> (Autorentext)

1. Liberalisierung des Güter- und Kapitalverkehrs

- Seit dem Ende des Zweiten Weltkriegs reduzierten sich die Handelsbarrieren im Rahmen der GATT-Vereinbarungen (s. Kasten) in bedeutendem Umfang zuerst in den großen Industrienationen und später auch in den Entwicklungsländern. Institutionell manifestierte sich das Bekenntnis zum freien Welthandel in der Gründung der **Welthandelsorganisation (WTO)** im Jahre 1994. Ihre zentrale Aufgabe besteht in der Förderung der weltweiten Handelsaktivitäten. Nach der protektionistischen Hochphase während der Weltwirtschaftskrise und des Zweiten Weltkriegs, in der die Zollsätze auf Industrieprodukte bis auf 32 Prozent hochschnellten, hat die tarifäre Belastung des Güterhandels kontinuierlich abgenommen. Die durchschnittlichen Zollsätze der wichtigsten Industrieländer liegen bei Industriegütern mittlerweile unter 5 Prozent. Zudem wurden in die neue Welthandelsordnung verschiedene Abkommen über den grenzüberschreitenden Dienstleistungshandel (GATS = General Agreement on Trade and Services) und den Schutz der geistigen Eigentumsrechte (TRIPS = Trade Related Aspects of Intellectual Property Rights) aufgenommen. Dies ist deshalb von großer Bedeutung, weil der **Dienstleistungshandel** einen

Abb. 1

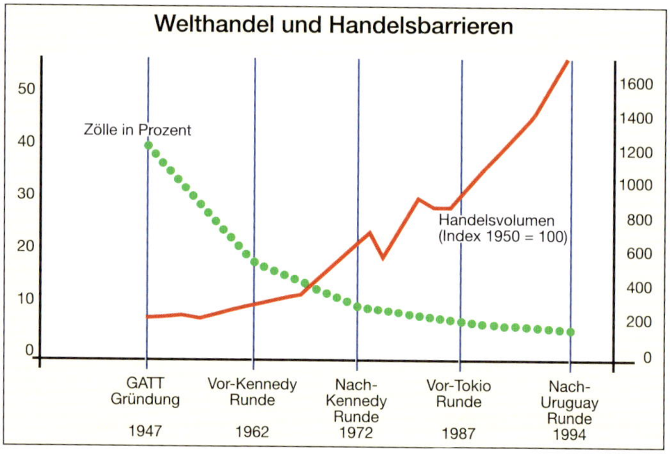

(Quelle: Die ZEIT v. 14.5.1998, S. 32)

Abb. 2

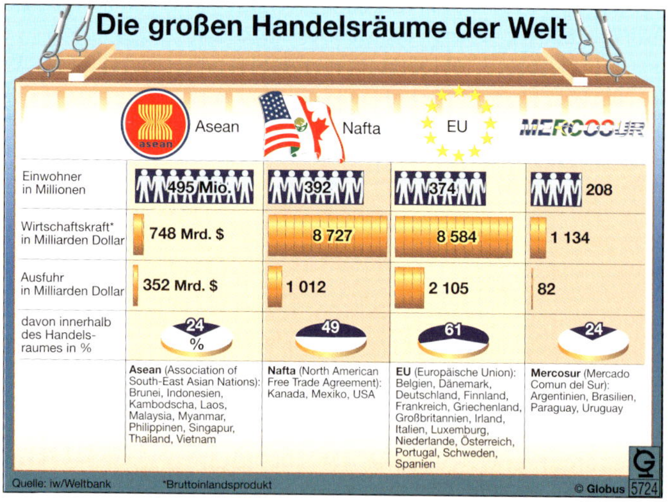

immer größer werdenden Teil am Welthandel ausmacht. Außerdem sollen die v.a. in Entwicklungsländern recht hohen nicht-tarifären Handelshemmnisse (mengenmäßige Ein- und Ausfuhrbeschränkungen wie z.B. Kontingente) in Zölle umgewandelt werden („Tarifizierung"). Diese wiederum sollen im Verlauf der nächsten Jahre spürbar abgebaut werden. Um auf diesen Feldern weitere Fortschritte zu erzielen und die Integration der Entwicklungsländer in die Weltwirtschaft voranzutreiben, wurde 2001 in Doha eine neue Verhandlungsrunde der WTO-Mitglieder eingeleitet. Zusätzlich zum Ausbau des Welthandels entstanden mehrere regionale Integrationsgebiete von großer ökonomischer Bedeutung, wie die Europäische Union, die Nordamerikanische Freihandelszone NAFTA, die asiatische Freihandelszone AFTA, aber auch der MERCOSUR. Der Beitrag regionaler Integrationsgebiete zur weltweiten Handelsschaffung ist jedoch umstritten. [...]

- Weitere wichtige Globalisierungsimpulse stellen die zunehmende Abschaffung von Devisenbewirtschaftungsmaßnahmen und die **Liberalisierung der Finanzmärkte** in vielen Ländern dar. Der weltweite Trend zum staatlich unreglementierten Zahlungsverkehr sowie die schrittweise Liberalisierung und Sicherung der Konvertibilität der Währungen (s. Kasten) seit dem Zweiten Weltkrieg haben die internationale Tauschwirtschaft um eine internationale Zahlungsgemeinschaft ergänzt. Der Abbau von Kapitalverkehrskontrollen, die Abschaffung staatlich festgelegter Zinshöchstgrenzen sowie die Freigabe des Bankensektors für die inländische und ausländische Privatwirtschaft in vielen Ländern haben wesentlich dazu beigetragen, dass ein zunehmend ungehinderter weltweiter Marktzugang zu den Finanzmärkten und somit ein freier Kapitalverkehr über Ländergrenzen hinweg realisiert wird. Die durch diese Liberalisierungsschritte hervorgerufene Senkung der Transaktionskosten (s. Kasten) ist ein essentieller Impuls für die Ausdehnung der internationalen Arbeitsteilung gewesen.

Konvertibilität: Freie Austauschbarkeit von Währungen in unbegrenzter Höhe; gilt für alle Währungen der großen Industrieländer. Konvertibilität zeigt meistens eine (relativ) solide Wirtschaftspolitik an; liegt diese nicht vor, greifen Staaten zur Devisenzwangswirtschaft (die Freiheit des Tauschs wird eingeschränkt oder aufgehoben), meist in Verbindung mit einem staatlicherseits festgesetzten Wechselkurs, der vom Marktwechselkurs mehr oder weniger stark abweicht.
Transaktionskosten: Allgemein alle Kosten, die im Zusammenhang mit wirtschaftlichen Transaktionen entstehen oder diese Transaktionen erst ermöglichen (z.B. Informationskosten der Verbraucher vor dem Kauf langlebiger Konsumgüter); insbesondere auch währungsbedingte Umtausch-, Absicherungs- und Informationskosten des internationalen Güterverkehrs. Beim Tausch von Währungen entstehen Kosten durch Gebühren von Banken oder Wechselbüros.

(Autorentext)

2. Die Zunahme der weltweiten Produktionskapazitäten

Ein weiterer wichtiger Grund der Globalisierung ist die **fortschreitende Industrialisierung** großer Teile der Erde. Eine Reihe von Entwicklungsländern hat seit Ende des Zweiten Weltkriegs die Stufe des Rohstofflieferanten und Abnehmers einfacher Fertigprodukte verlassen und den Status einer Industrienation (daher ihre Bezeichnung als NIC = *newly industrialized countries*; im Deutschen wird für sie der Begriff „Schwellenländer" verwendet) erreicht. Insgesamt lässt sich für die Entwicklungsländer für die vergangenen zwei Jahrzehnte nicht nur ein generelles Wirtschaftswachstum feststellen, sondern insbesondere ein starkes Wachstum der *industriellen Produktion*, welches z.T. beträchtlich über dem der Industrieländer lag [...]. Dieser Prozess hat die Zahl der Anbieter auf dem Weltmarkt deutlich erhöht. Die globalen Produktionskapazitäten haben zugenommen und der *Wettbewerb* hat auf vielen Märkten erheblich an Schärfe gewonnen. Somit existieren heute kaum noch Beschränkungen durch eine zu geringe Marktgröße, die eine Globalisierungsstrategie für viele Firmen in der Vergangenheit verhinderte. [...]

3. Technischer Fortschritt als Beitrag zu einer Reduzierung der Transport- und Kommunikationskosten

Eine fundamentale Voraussetzung für das Entstehen einer global vernetzten Weltwirtschaft war und ist die Entwicklung von Techniken, welche es ermöglichen, die durch Raum und Zeit gegebenen Beschränkungen menschlicher Mobilität zu überwinden. Als wichtigste Beispiele sind hier *Transport- und Kommunikationstechnologien* zu nennen. Sicherlich kann keine dieser Technologien für sich genommen als Ursache der Globalisierung der Weltwirtschaft angesehen werden. Sie machen solche Entwicklungen jedoch erst möglich. Ohne entsprechende technologische Voraussetzungen könnte das komplexe Weltwirtschaftssystem nicht funktionieren.

- Die modernen **Transporttechnologien** haben nach einem ersten großen Entwicklungssprung im 19. Jahrhundert (Eisenbahn, Dampfschiff) in den Jahrzehnten nach dem Zweiten Weltkrieg eine neue Qualitätsstufe erreicht. Von besonderer Bedeutung waren dabei die Einführung regelmäßiger interkontinentaler Flugverbindungen sowohl für den Personen- als auch den Güterverkehr, die Entwicklung von riesigen Massenguttransportschiffen (Stichwort „Supertanker") und die Durchsetzung der *Containertechnologie*, die das Umladen von Gütern von einem Transportmedium (z.B. Schiff) auf ein anderes (z.B. Bahn) deutlich vereinfachte. Diese dynamische Entwicklung hat die Kosten der Raumüberwindung substanziell gesenkt und dadurch den Mobilitätsgrad von Rohstoffen und Zwischenprodukten spürbar erhöht. [...]
- Auch auf dem Gebiet der **Kommunikationstechnologie** waren die Fortschritte innerhalb der letzten Jahrzehnte dramatisch und schafften erst die technisch-organisatorischen Voraussetzungen für die Globalisierung der Wirtschaft. Die *mikroelektronische Revolution*, also der gewaltige Technologieschub auf den Gebieten der Telekommunikation und Datenverarbeitung, führte zu einer deutlichen *Senkung der Transaktions- und Kommunikationskosten*. Dabei ist die Nutzung fest installierter Satelliten für die kommerzielle Telekommunikation (seit 1965) besonders hervorzuheben. Sie trug zu substanziellen Kostensenkungen bei, was durch das Absinken des Preises für ein dreiminütiges Telefongespräch zwischen London und New York eindrucksvoll verdeutlicht wird. Musste man dafür 1930 noch knapp 250 Dollar bezahlen, so waren es 1990 bereits weniger als vier Dollar ($). In den letzten Jahren hat der Ausbau der elektronischen Datenverarbeitung über das **Internet** bzw. firmeninterne Intranetsysteme neben Kostensenkungen zu einer immensen Effizienzsteigerung in der Datenverarbeitung geführt. Bei dem Prozess der Datenübermittlung fallen de facto keine Übertragungszeiten mehr an. Dies erleichtert die Kommunikation zwischen Handelspartnern und verbessert in erheblichem Maße die Effizienz der Unternehmensführung in internationalen Konzernen. [...]
- Technologische Fortschritte im Transport- und Kommunikationsbereich senken die Kosten der Raumüberwindung und steigern den *Mobilitätsgrad* für die meisten Produktionsfaktoren; die Standortgebundenheit nimmt ab. Technische Weiterentwicklungen verbessern auch die Informationen über alternative Standorte und verringern dadurch die Unsicherheit. Unter Globalisierungsaspekten bedeutet diese Tendenz, dass *immer mehr Wettbewerber in immer rascherem Tempo um mobiler werdende Produktionsfaktoren konkurrieren*. Die relative **Attraktivität eines Standorts** gewinnt also in Zeiten sinkender Kosten der Raumüberwindung zunehmend an Bedeutung. Mobile Produktionsfaktoren können schneller auf negative Standortentwicklungen reagieren und ihre wirtschaftliche Tätigkeit an denjenigen Ort verlagern, der ihren spezifischen Anforderungen am besten entspricht. Beispielsweise werden Vorleistungen am billigsten Ort eingekauft, am kostengünstigsten weiterverarbeitet und am einträglichsten Ort verkauft. Je billiger es also ist, Zwischenprodukte oder Produktionsfaktoren über größere Distanzen zu verschieben, desto stärker stehen auch räumlich entfernte Wirtschaftsstandorte untereinander in Konkurrenz.

(Hans-Rimbert Hemmer/K. Bubl/R. Krüger/H. Marienburg: Die Entwicklungsländer im Globalisierungsprozess – Opfer oder Nutznießer?, Literaturstudie im Auftrag der Konrad-Adenauer-Stiftung, St. Augustin, 2. Aufl. 2003, S. 3–7)

Abb. 3

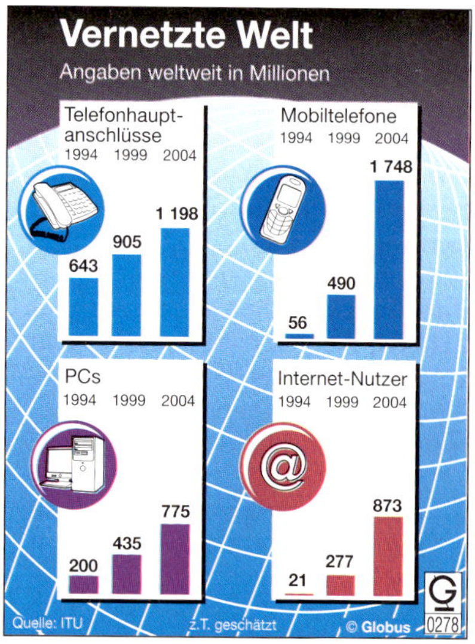

M 83b Erscheinungsformen der Globalisierung

Die Erscheinungsformen der solchermaßen begründeten Globalisierung sind vielfältig. Politische und soziologische Phänomene zählen ebenso dazu wie ökologische (globale Erwärmungs- und Ozonproblematik). Aus ökonomischer Sicht sind *fünf Charakteristika* hervorzuheben, die den Trend zu einer globalisierten Weltwirtschaft besonders eindrucksvoll verdeutlichen: das Wachstum des Welthandels, das Wachstum der Direktinvestitionen und der Unternehmenskooperationen, das Wachstum des internationalen Kapitalverkehrs, das Wachstum der internationalen Arbeitsmobilität und die internationale Anpassung der Konsumstrukturen. Hinzu kommt noch die sozio-kulturelle Dimension der Globalisierung. Diese sechs Facetten der Globalisierung sollen im Folgenden beschrieben werden.

1. Wachstum des Welthandels

- Seit dem Zweiten Weltkrieg ist ein stetiger Anstieg der weltweiten Handelsströme zu beobachten. Der Welthandel expandierte in dieser Zeit mit durchschnittlichen Jahresraten von 6 Prozent und somit langfristig kräftiger als das Bruttoinlandsprodukt (BIP) mit knapp 4 Prozent. Abbildung 1 zeigt die Entwicklung von Warenhandel und weltweitem BIP seit 1950.
Als Folge dieser Entwicklung wurden die Volkswirtschaften immer offener und ihre Integration in die *internationale Arbeitsteilung* immer stärker. Auch ist die Zahl der Teilnehmer am Welthandel größer geworden. Vor allem die Exporterfolge der Schwellenländer Südost- und Ostasiens zeigen, dass den Industrieländern ernst zu nehmende Konkurrenten erwachsen sind. [...] Eine Phase des kräftigen Wachstums des weltweiten Handels ist in der ökonomischen Historie nicht zum ersten Mal zu beobachten. In den Jahren von 1850 bis 1914 hat es schon einmal solch eine Entwicklung gegeben. In dieser Phase weitete sich der weltweite Güterhandel gar mit der erstaunlichen Rate von 25 Prozent p. a. aus. [...]
- Kritiker stellen daher die provokative Frage, was denn so neu an der Globalisierung sei? Es gäbe sie schließlich schon seit Jahrzehnten, wenn nicht gar seit Jahrhunderten. In mancher Hinsicht ist dieser Einwand sicherlich berechtigt, denn das Wachstum der Weltwirtschaft im späten 19. und frühen 20. Jahrhundert und das Bekenntnis zum Freihandel lassen sich durchaus mit einigen der globalen ökonomischen Trends in der zweiten Hälfte des 20. Jahrhunderts vergleichen. Dennoch ist das Wort Globalisierung mehr als eine moderne Verpackung für ein bekanntes Phänomen. Der neue Begriff schöpft seine Rechtfertigung aus der Tatsache, dass sich seit etwa zwei Jahrzehnten das Tempo, die Formen und die Teilnehmer der internationalen Arbeitsteilung verändert haben.
Beschränkte sich der erste Globalisierungsboom im Wesentlichen auf die Länder Westeuropas und Nordamerikas sowie ihre Kolonien und nur auf wenige große Industriezweige (Landwirtschaft und Schwerindustrie), so ist heute beinahe die gesamte Welt zum Standort für multinationale Konzerne geworden. Diese handeln nicht mehr nur mit Waren, sondern bieten in verstärktem Umfang auch Dienstleistun-

Abb. 1

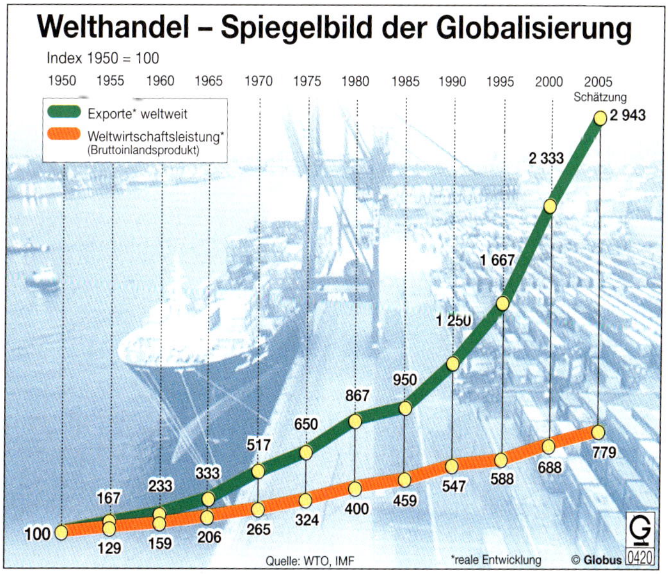

gen und Finanzprodukte an. Zudem lässt sich eine Reihe völlig neuer Trends im Welthandel identifizieren, welche die gegenwärtige Globalisierungsphase deutlich von früheren Epochen unterscheidet. Zu nennen sind hier v.a. das Anwachsen des intra-industriellen und des firmeninternen Handels, die zunehmende Aufsplitterung der Wertschöpfungskette auf geografisch entfernte Standorte („outsourcing“, „offshoring“; s. S. 365) und der Bedeutungsgewinn der Entwicklungsländer als Exporteure industrieller Produkte.

2. Wachstum der Direktinvestitionen und der Unternehmenskooperation

- Als eigentliches Kennzeichen und gleichzeitiger Motor der Globalisierung wird oft das rasante Anwachsen der ausländischen Direktinvestitionen (FDI = *foreign direct investment*) seit Mitte der 1980er-Jahre bezeichnet. Wesentliche Kennzeichen von FDI sind die Beteiligung am Eigenkapital der ausländischen Firma und die Absicht des Investors, dauerhaft Einfluss auf dessen unternehmerisches Geschehen auszuüben. [...]

Abb. 2: Auslandsdirektinvestitionen: Herkunfts- und Zielländer

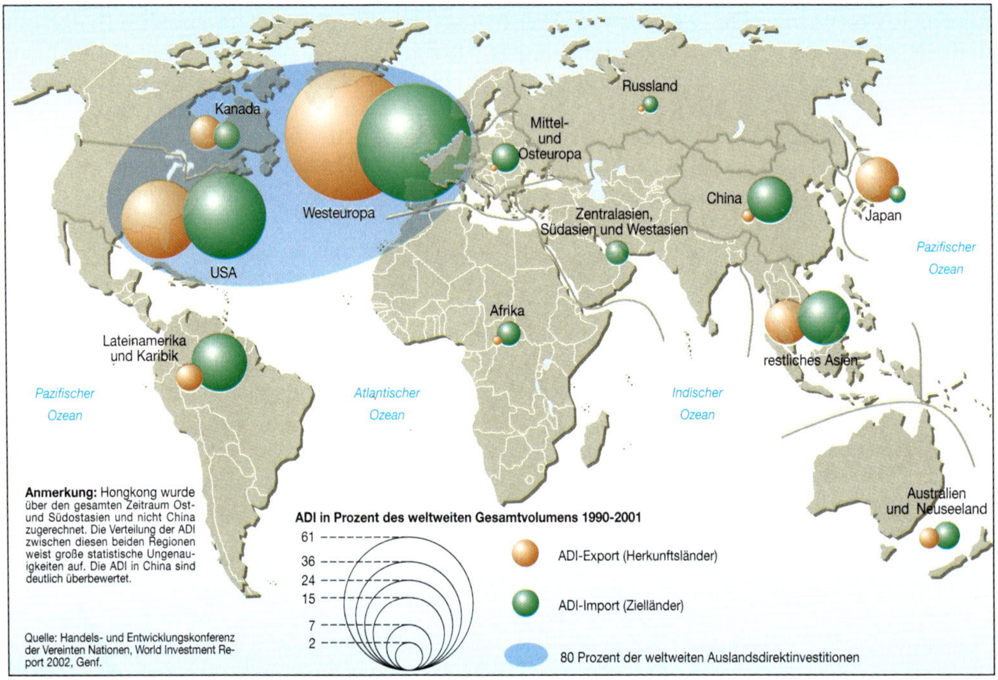

(Le Monde Diplomatique, Atlas der Globalisierung, taz Verlags- und Vertriebs GmbH, Berlin 2003, S. 26)

Direktinvestitionen: Kapitalanlagen im Ausland durch Erwerb von direkten Eigentumsrechten an Immobilien, Auslandsniederlassungen, Geschäftsanteilen, Unternehmen und Tochterunternehmen sowie Reinvestitionen aus Direktinvestitionen.

- Der weltweite *Bestand* an ausländischen Direktinvestitionen stieg zwischen 1980 und 2000 von rund 635 Mrd. Dollar auf 6.845. Mrd. Dollar. Für diesen Zeitraum ergibt sich somit eine durchschnittliche jährliche Zuwachsrate für den Direktinvestitionsbestand von über 12 Prozent. [...]
- Noch eindrucksvoller lassen sich die *Zunahme*, aber auch die Schwankungen von FDI an den jährlichen FDI-Zuflüssen demonstrieren. Anfang der 1980er-Jahre betrugen die jährlichen FDI-Zuflüsse jeweils um die 55 Mrd. Dollar. [...]

2000 wurde ein gewisser Höhepunkt der Zuflüsse erreicht; die FDI beliefen sich nach Berechnungen der UNCTAD („World Investment Report 2004") weltweit auf 1387,953 Mrd. US-$, wobei etwa 90 % dieser Summe auf Firmenkäufe und Zusammenschlüsse (M & A, „mergers & acquisitions") entfielen. Seitdem ging die Summe der FDI-Zuflüsse stark zurück; sie betrug 2002 nur noch 678,751 und 2003 559,576 Mrd. US-$. Der Grund für diesen starken Rückgang liegt nach Analysen der UNCTAD in einer gewissen Normalisierung nach dem „Platzen" des Informationstechnologiebooms um die Jahrtausendwende, in der Konjunkturabschwächung, in wirtschaftlichen Problemen vieler Industriestaaten und in Unsicherheit über die weitere Entwicklung angesichts von Kriegs- und Terrorfurcht.

(Der Fischer Weltalmanach 2006, Fischer Taschenbuch Verlag, Frankfurt a. M. 2005, S. 600; Verf.: Reinhard Paesler, Mario von Baratta)

Für 2004 verzeichnet der „World Investment Report" der UNCTAD einen leichten Wiederanstieg der weltweiten Direktinvestitionen (www.unctad.org/en/docs/wir2005ch1_en.pdf).

- Parallel zum Anstieg der FDI nahm auch die **Zahl der international operierenden Firmen** dramatisch zu. Im Jahre 1993 existierten nach Schätzungen der Bundesregierung etwa 40 000 dieser länderübergreifenden Konzerne mit ca. 250 000 ausländischen Beteiligungsgesellschaften. Nach Schätzungen der Vereinten Nationen gab es 2001 sogar ca. 65 000 transnationale Unternehmen (TNU) mit über 850 000 Auslandsniederlassungen. [...]

Die UN-Konferenz für Handel und Entwicklung (UNCTAD) veröffentlichte in ihrem jährlich publizierten „World Investment Report" einen sog. „**Transnationalitätsindex**" (TNI) für große internationale Konzerne als Verhältnis von Investitionssumme, Umsätzen und Beschäftigten jeweils im Inland (Firmensitz) und im Ausland. 100 % bedeutet stärkste Multinationalität; gewisse Firmen mit weltweiter Präsenz kamen 2002 bereits auf einen Index von mehr als 80 %, so z. B. Vodafone (84,5 %), BP (81,3 %) und Roche Pharma (91,0 %).
Unter den großen **deutschen Konzernen** sind besonders stark global tätig: Bertelsmann (63,4 %), Siemens (62,3 %), VW (57,1 %), BASF (54,7 %), BMW (53,7 %), Bayer (45,6 %).

(Der Fischer Weltalmanach 2006, Fischer Taschenbuch Verlag, Frankfurt a. M. 2005, S. 600)

Die Bedeutung von TNU kann heutzutage kaum überschätzt werden. Gerade die TNU beeinflussen die Umstrukturierungen in der Weltwirtschaft in erheblichem Maße. Sie
- transferieren Technologien, Managementfähigkeiten und Finanzkapital;
- beeinflussen die internationale Arbeitsteilung durch ihre Produktions-, Produkt-, Marketing- und Beschaffungsstrategien;
- tragen mit ihren Standortentscheidungen zur Restrukturierung nationaler Ökonomien bei;
- verfügen über 80 Prozent der privaten weltweiten technologischen Kapazitäten;
- verfügen vor dem Hintergrund zunehmenden Wettbewerbs von Ländern um Direktinvestitionszuflüsse gegenüber den nationalen Regierungen vieler (v. a. ökonomisch schwächerer) Staaten über ein großes Verhandlungspotenzial zur Durchsetzung ihrer Interessen.

(Hans-Rimbert Hemmer u. a. [= M 83a], S. 8ff.)

3. Die Globalisierung der Finanzmärkte

Für viele Betrachter der Szene ist das wirklich Neue an der Globalisierung die Internationalisierung der Währungs-, Geld- und Finanzmärkte, mitunter als Übergang zum *Casino-Kapitalismus* gegeißelt, bei dem internationale Spekulanten täglich riesige Summen hin und her bewegen und damit mitunter über Wohl und Wehe ganzer Volkswirtschaften entscheiden. Und in der Tat sind die Summen atemberaubend, die auf internationalen Kapitalmärkten täglich – quasi auf Knopfdruck – gehandelt werden. Sie übertreffen den Welthandel und die weltweite Produktion mittlerweile bei weitem, finden mittels stets neuer, für den Normalverbraucher exotischer Instrumente statt, was den Verdacht nährt, diese Transfers hätten sich weitgehend von der materiellen Basis gelöst und dienten tatsächlich nur der Bereicherung Weniger.
Der Aufstieg dieser Märkte, an denen im Wesentlichen Werte in fremder Währung gehandelt werden, erklärt sich durch den Zusammenbruch des Nachkriegssystems der festen Wechselkurse (das sogenannte System von *Bretton Woods**), das private Akteure zu eigenständigen Kurssiche-

rungsgeschäften in Bezug auf Währungen und Zinssätze nötigte. Er erklärt sich überdies durch die **Liberalisierung des Kapitalverkehrs** (vgl. S. 351), die den weltweit kaum noch beschränkten Handel mit Vermögensanlagen erlaubt, den Einsatz neuer Finanzierungsinstrumente und natürlich den Einsatz der neuen Kommunikationsmittel, die sekundenschnelle Transfers riesiger Summen quer über den Erdball möglich machen.
Man darf sich vom Größenwachstum der internationalen Finanzmärkte allerdings nicht zu sehr beeindrucken lassen: Es wurde schon darauf hingewiesen, dass bei Ausbruch des Ersten Weltkrieges ausländische Direkt- und Portfolioinvestitionen einen fast ebenso großen Anteil der Inlandsinvestitionen finanzierten wie heute.
Inländische Investitionen werden auch heute noch ganz wesentlich – allerdings in abnehmendem Maße – aus inländischen Ersparnissen finanziert. Der Anteil ausländischer Halter von Staatspapieren beziehungsweise inländischer Aktien ist freilich deutlich gestiegen, ebenso wie der Anteil internationaler Bankgeschäfte am Weltsozialprodukt. Spektakuläre Internationalisierung konstatieren wir beim Handel mit Währungen und sogenannten Finanzderivaten (das sind Berechtigungsscheine für den künftigen Erwerb von Finanzanlagen zu einem bestimmten Kurs), darunter auch die verstärkte Beteiligung transnationaler Unternehmen, Pensions- und Aktienfonds.

(Joachim Betz, Auf dem Weg zu einer globalisierten Welt? Tendenzen, Indikatoren und Folgen der Globalisierung. In: Hans Dieter Kübler/Elmar Elling [Hrsg.], Wissensgesellschaft, Bundeszentrale für politische Bildung, Bonn 2004, S. 12)

Die beiden etwas umfangreicheren Materialien M 83a und M 83b sind so klar gegliedert, dass Ihnen ihre Erarbeitung nicht schwerfallen wird. Wir schlagen Ihnen vor, in ***Arbeitsgruppen*** *zu jedem der beiden Themenaspekte (Ursachen/Antriebskräfte der Globalisierung und Erscheinungsformen der Globalisierung) eine nach den Textabschnitten gegliederte tabellarische* ***Übersicht*** *zu erstellen, in der Sie jeweils die wichtigsten Punkte (Sach- und Problemaspekte einschließlich der Ergebnisse aus der Auswertung der Grafiken) stichwortartig festhalten. In der anschließenden gemeinsamen Besprechung können Sie sich über ihre Arbeitsergebnisse austauschen und ggf. zusätzliche Klärungen vornehmen.*
M 83a und b sind Auszüge aus einer Studie (s. Quellenangabe), deren vollständige Fassung im Internet zur Verfügung steht (http://wiwi.uni-giessen.de/dl/det/Hemmer/4811). Dort finden Sie auch eine Darstellung ***weiterer Erscheinungsformen des Globalisierungsprozesses****, auf die wir hier nicht eingehen können, u.a. der sozio-kulturellen Dimension der Globalisierung (Kultur/Zivilisation, Kommunikation/Medien).*

2. Unternehmen unter Globalisierungsdruck

M 84 Produktionsstandorte im weltweiten Wettbewerb

Globalisierung bedeutet nicht mehr und nicht weniger, als dass die ganze Welt zu einem Produktionsstandort geworden ist. Zum Beispiel für Jeans. Indische Landwirte bauen Baumwolle an und benutzen dazu Pestizide und Düngemittel aus Deutschland. Dann liefern sie die Baumwolle in die Türkei, wo sie zu Garn gesponnen wird. Gleich danach wird sie nach Taiwan transportiert und zu Stoff gewebt. Dann kommen die Franzosen ins Spiel. Sie färben die Stoffe mit chemischen Farbstoffen ein, bevor sie ihre Reise ins mittelamerikanische Honduras fortsetzen. Dort werden sie mithilfe britischer Kurzwaren zu Jeans genäht. Das Ganze geschieht im Auftrag einer US-amerikanischen Firma, die auch den deutschen Markt beliefert. Und selbst nachdem die Jeans aufgetragen sind, ist die Globalisierung möglicherweise nicht zu Ende. Der Jeansträger könnte seine Hose in die Altkleidersammlung geben, die sie dann irgendwo in der Dritten Welt billig weiterverkauft oder verschenkt.
Zwar ist die Globalisierung der Produktion in der Textilbranche besonders weit fortgeschritten. Doch auch viele andere große Unternehmen und Organisationen nutzen den **Weltmarkt der Produktionsstandorte**. Die Lufthansa lässt Teile ihrer Finanzbuchhaltung von Indien aus führen, weil dort wesentlich billiger gearbeitet wird. Die Welthandelsorganisation mit Sitz im schweizerischen Genf hat Dienstleistungen wie Übersetzungen in die preiswerte Dritte Welt ausgelagert, um die Kosten zu senken.

(Wolfgang Kessler, in: Informationen zur politischen Bildung [= M 81], S. 27)

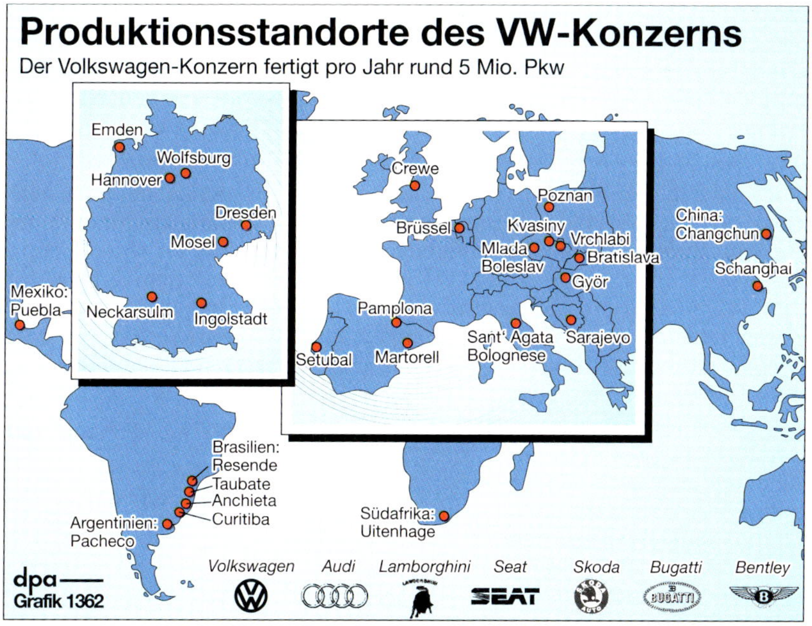

Heutzutage haben die meisten Unternehmen [in Deutschland] internationale Geschäftskontakte; **„going global"** ist für viele Unternehmen das strategische Gebot der Stunde; für sehr viele Unternehmen ist das internationale Geschäft die Existenzgrundlage geworden. Märkte sichern, Kosten sparen, Kapazitäten auslasten, Renditen sichern – das sind die Ziele. Etwas überspitzt wird schon vom großen „Weltdorf" („global village") gesprochen: Die Kundenbedürfnisse werden weltweit immer ähnlicher, die Produktstandards immer stärker harmonisiert. Unabhängig davon gibt es viele kleinere und mittlere Unternehmen, insbesondere Handwerksbetriebe, die sich nur im heimischen Binnenmarkt und dabei oft nur regional orientieren und gar kein Auslandsengagement eingehen wollen – teils aus Risikoscheu, teils weil sie nicht weiter wachsen wollen, teils aus Mangel an Informationen über die Chancen des Auslandsgeschäfts.

Es ist für jedes Unternehmen wichtig, seine Strategie zu definieren, die sich aus einer Vision ableiten sollte: Wo steht man heute, wo will man morgen stehen, und wie gelangt man dahin? [...] Einige Unternehmen verkaufen ihre Produkte nur so nebenbei ins Ausland, andere sind in hohem Maße vom Auslandsgeschäft abhängig und müssen sich daher sehr viel intensiver auf die Auslandsmärkte und die Anforderungen einstellen, die sich aus dem Auslandsgeschäft ergeben. Einige Unternehmen verkaufen oder produzieren weltweit überall, wo sich Marktchancen bieten (*global selling*) und kaufen weltweit dort ein, wo es am günstigsten ist (*global sourcing*), andere selektieren geografisch und beschränken sich auf ausgewählte Länder oder Ländergruppen. Die Absatzchancen großer neuer Märkte, wie z.B. in Indien, China und anderen asiatischen Ländern sowie zunehmend in Lateinamerika, sind oft verlockend. Ein Hersteller von Schuhsohlen schwärmte: „Es gibt eine Milliarde Chinesen, und jeder hat zwei Füße ...". Das Motto

(Zeichnung: Jan Tomaschoff/CCC, www.c5.net)

going global bezieht sich nicht nur auf Großkonzerne und Megafusionen, sondern vor allem auf die unzähligen Unternehmen, die sich international betätigen. Die internationale Perspektive ermöglicht es einem Unternehmen, bezüglich Steuern, Arbeitskosten, Sozial- und Umweltnormen und anderen Standortkriterien nach den besten Rahmenbedingungen zu suchen und eventuell Begrenzungen des heimischen nationalen Rechts zu umgehen. [...]

(Jörn Altmann, Außenwirtschaft für Unternehmen, Lucius & Lucius Verlag, Stuttgart, 2. Aufl. 2001, S. 3)

Doch auch die Vorteile der Globalisierung haben ihre Kehrseite. Einerseits eröffnet der Weltmarkt so den global tätigen Unternehmen große neue Absatzmärkte. Andererseits müssen sie auch auf ihren traditionellen Absatzmärkten mit verschärfter Konkurrenz aus anderen Teilen der Welt rechnen. Dabei stehen die Unternehmen unter einem doppelten Druck. Sie müssen Produkte so effizient und qualitativ hochwertig herstellen wie möglich und dabei ständig die Kosten senken, um mit den Angeboten der internationalen Konkurrenz mithalten zu können.

(Wolfgang Kessler, in: Informationen zur politischen Bildung Nr. 280, 3. Quartal 2003: Globalisierung, Bundeszentrale für politische Bildung, Bonn 2003, S. 28)

Der globale Wettbewerb findet zwischen drei Gruppen von Akteuren statt (siehe Schaubild): Die *Unternehmen* kämpfen um Marktanteile für ihre Produkte; die *Arbeitnehmer* konkurrieren um Arbeitsplätze; und die *Staaten* werden in die Rolle von Gastwirten gedrängt, die sich als attraktive Standorte für Unternehmen und international mobiles Kapital profilieren müssen.

(Herbert Sperber, Wirtschaft verstehen – nutzen – ändern, Schäffer-Poeschel Verlag, Stuttgart 2002, S. 179)

Schaubild: Globaler Wettbewerb

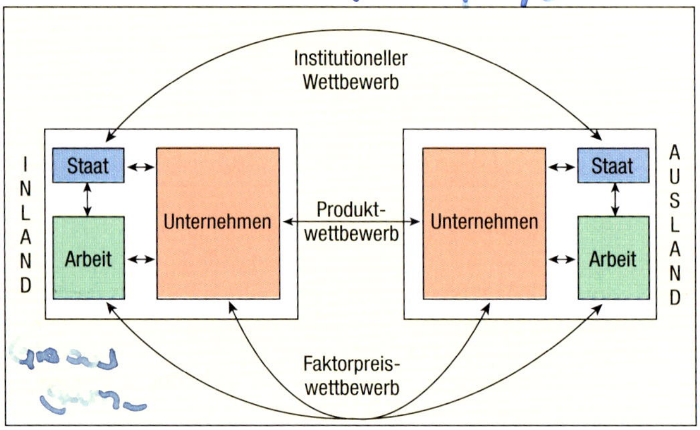

1. *Beschreiben Sie, auch am Beispiel des VW-Konzerns, was es bedeutet, dass „die ganze Welt zu einem Produktionsstandort geworden ist". Zum Hinweis des Textes, dass sich das Motto „going global" nicht nur auf Großkonzerne bezieht, finden Sie einen aktuellen, anschaulichen „ZEIT"- Bericht („Die kleinen Globalisierer") unter der Internetadresse: http://www.geogr.uni-jena.de/fileadmin/Didaktik/Lehrmaterialien/Die_Zeit_-_Die_kleinen_Globalisierer.pdf. Zu Beispielen größerer deutscher Firmen (adidas, Conti) s. M 88.*

2. *Für die Beurteilung der Unternehmensstrategien der „global player" (und auch für die Gestaltung der Wirtschaftspolitik durch Staat und Verbände) ist die Konkurrenzsituation auf dem Weltmarkt von zentraler Bedeutung. Erläutern Sie, inwiefern nicht nur die Unternehmen mit ihren Produkten, sondern auch die Arbeitskräfte (Qualifikation, Lohnkosten) und die Wirtschaftsordnung des Staates (Rahmenbedingungen für den Wirtschaftsprozess) sich in Konkurrenz zu anderen Wirtschaftsstandorten (vgl. dazu später M 90) befinden. Erläutern Sie dazu das Schaubild. Eine anschauliche, durch zahlreiche Fotos, Grafiken, Erfahrungsberichte und konkrete Beispiele beeindruckende Darstellung vielfältiger Aspekte des Globalisierungsprozesses und seiner Folgen (gerade auch für deutsche Unternehmen) enthält die Zusammenfassung einer SPIEGEL-Serie des Jahres 2005 in: SPIEGEL spezial Nr. 7/2005 („Die neue Welt").*

M 85 Deutsche Direktinvestitionen im Ausland

Im Zeichen der Globalisierung investieren deutsche Unternehmen verstärkt im Ausland, sei es zur Gründung oder Erweiterung von Tochterunternehmen oder zum Erwerb von Firmen oder Beteiligungen. Dahinter steht die Absicht, auf den wichtigsten Absatzmärkten unmittelbar vertreten zu sein, Synergieeffekte und Produktionskostenvorteile zu nutzen, Währungsrisiken zu verringern und Handelshemmnisse zu umgehen. Häufig werden auch wichtige Unternehmensfunktionen auf rechtlich selbstständige Holdinggesellschaften [Gesellschaften, deren Geschäftstätigkeit überwiegend oder ausschließlich darin besteht, Beteiligungen, z.B. durch Aktien, an anderen Unternehmen zu „halten"; Beteiligungsgesellschaften] mit Sitz an einem steuerlich oder gesellschaftsrechtlich günstigen Standort im Ausland übertragen. Die Investitionen im Ausland konzentrieren sich dabei nach wie vor auf diejenigen Staaten, mit denen schon ein intensiver Warenaustausch stattfindet. Besonders aktiv sind dabei die Beteiligungsgesellschaften. 280 von insgesamt 666 Milliarden Euro, die Anfang 2004 in Form von Direktinvestitionen im Ausland angelegt waren, stammten von solchen Unternehmen. Erst mit deutlichem Abstand folgten Banken (112 Mrd.), die Automobilbranche (93 Mrd.) und die chemische Industrie (42 Mrd.) als Investoren.

(Schmidt-Zahlenbilder)

Ausländische Anleger, die sich an deutschen Unternehmen beteiligen oder sie aufkaufen, gaben im Jahr 2005 Anlass zu heftigen Diskussionen (sie wurden u.a. als „Heuschrecken" bezeichnet, s. M 87). Neben Beteiligungsgesellschaften, die durch Aufkauf oder Sanierung schnelle Gewinne machen wollen (z.B. durch Wiederverkauf der Unternehmen), gibt es aber auch solche, die sich langfristig engagieren und das Unternehmen zum Erfolg führen (vgl. M 87). (Autorentext)

Abb. 1

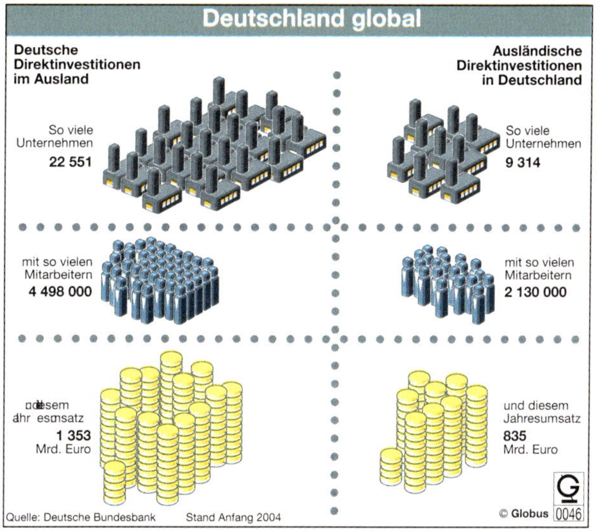

Abb. 2

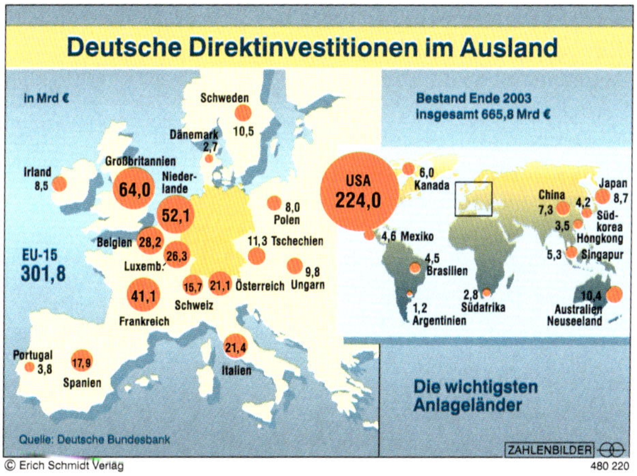

M 86 „Going global" – Warum sich deutsche Unternehmen im Ausland engagieren

Die Frage, weshalb sich Unternehmer im Ausland engagieren, lässt sich relativ schnell beantworten: Sie wollen Geld verdienen und den Bestand des Unternehmens sichern. Das *betriebswirtschaftliche* Interesse ist eindeutig: Ohne Exportmärkte ließen sich Umsatz, Gewinne und Beschäftigung nicht sichern; ohne Importe ausländischer Güter wären viele inländische Produktionsleistungen unmöglich; ohne eigene Präsenz in ausländischen Märkten könnten viele Unternehmen ihre Positionen auch im Inland nicht halten; ohne Kooperation und oft Zusammenschluss mit ausländischen Partnern könnten viele Unternehmen nicht im internationalen Wettbewerb bestehen. Den Schlüssel zum Erfolg hat ein Unternehmer knapp formuliert: „Man braucht eine Spezialisierung, gutes Marketing und gute Leute." So einfach ist das.

Die volkswirtschaftlich notwendige *Sicherung der heimischen Arbeitsplätze* allerdings – dies muss deutlich gesagt werden – steht aus betriebswirtschaftlicher Sicht als Unternehmensziel nur selten im Vordergrund. Arbeitskräfte sind notwendige Produktionsfaktoren, die zur Verfolgung des unternehmerischen Gewinnziels benötigt werden. Unabhängig von sozialpolitischen Überlegungen, die sicherlich bei vielen Unternehmern auch eine Rolle spielen, muss gesehen werden, dass ein Unternehmen auf Dauer nur bestehen kann, wenn es eine Verzinsung des eingesetzten Kapitals erwirtschaftet (Rendite), die deutlich über der alternativen Anlagerendite auf dem Kapitalmarkt liegt: Andernfalls könnte der Unternehmer sein Geld mit geringerem Risiko und eher mühelos in Wertpapierfonds anlegen. Wenn die Gewinne ausbleiben, ist das Ende eines Unternehmens schnell nahe.

Unternehmen, die sich nicht international engagieren, verlieren leicht auch ihre inländische ökonomische Basis; viele retten sich vor den kostenmäßigen Nachteilen des Standortes Deutschland ins Ausland. Einige machen sich freiwillig und von sich aus auf ins Ausland, wollen expandieren oder „kundennäher" operieren, andere reagieren eher unfreiwillig, passiv und meist auch zögerlich auf externe Impulse und sehen dabei vor allem die Risiken des internationalen Wettbewerbs und ausländischer Engagements. Nicht wenige Unternehmen halten sich fälschlicherweise für zu klein für Auslandsgeschäfte. [...]

Beim Drang ins Ausland kann man **Schub-** und **Sogfaktoren** unterscheiden (Push- und Pull-Faktoren), wobei es auf die Betrachtungsweise ankommt: Vergleichsweise hohe Lohnkosten bei gleichzeitig zunehmender (billiger) Importkonkurrenz in bestimmten Branchen „drängen" Unternehmen ins Ausland, umgekehrt sind niedrige Lohnkosten in Osteuropa oder Südostasien attraktive Sogfaktoren. Dann bietet sich oft eine Verlagerung von Produktionskapazitäten in **„Billiglohnländer"** an: Deutsche Nordseekrabben („Granat") werden mit Kühllastern z. B. nach Ungarn gebracht, dort „gepult" und wieder nach Deutschland zum Verkauf zurückgebracht; Stoff wird in Deutschland gewebt und daraus in Hongkong T-Shirts gefertigt; Wäsche wird von Deutschland nach Polen gebracht und dort gewaschen, usw. Eine Arbeiterstunde kostet in Ungarn knapp 3 Euro, in Bulgarien noch weniger, in Deutschland rund 24 Euro (2001). Solche Auslagerungen von Produktionen oder Produktionsschritten sind in der Textil-, Leder- oder Elektroindustrie und vielen anderen Branchen zu beobachten und in steigendem Maße auch bei Computersoftware, wo sich beispielsweise Indien einen Namen gemacht hat. [...]

Schubfaktoren sind sicherlich das Wegsacken von Inlandsmärkten durch Sättigung der Nachfrage oder Konkurrenz aus dem Ausland. „In Deutschland wächst nichts mehr; wir müssen in die Welt gehen", sagte mir unlängst ein Unternehmens-

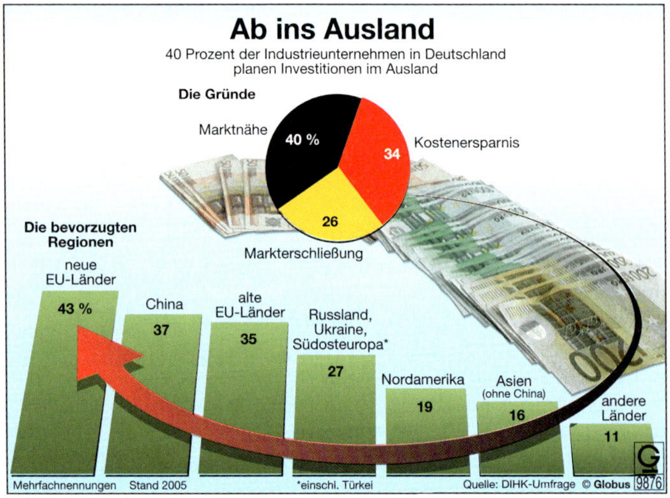

Als besondere Magneten erweisen sich die zehn EU-Neulinge und China. Sie werden von 43 bzw. 37 Prozent der befragten Firmenchefs als bevorzugte Investitionsziele genannt. Während bei einem Engagement in den neuen EU-Ländern der Blick vor allem den niedrigeren Kosten (Arbeitskosten und Steuern) gilt, stehen in China Vertrieb und Kundendienst und damit die Nähe zum Markt im Fokus. Besonders stark ist der Zug ins Ausland bei großen Industrieunternehmen. 69 Prozent der Industriebetriebe mit mehr als 1 000 Beschäftigten planen, sich im Ausland zu engagieren (Näheres dazu www.dihk.de > Standortpolitik > Umfrage März 2005).

(Globus)

chef. Daher können viele Unternehmen ihre Kapazitäten nur durch Aufträge aus dem Ausland auslasten; [...] nicht wenige Branchen – u.a. Bau-, Chemie- oder Autoindustrie, Maschinen- und Anlagenbau – sind in ihrer Existenz in starkem Maße von Auslandsaufträgen abhängig. Ein wichtiger Aspekt ist sicherlich auch das Streben nach Risikostreuung.
Als **Sogfaktor** ist auch anzusehen, wenn Zulieferer mit wichtigen Kunden mitgehen (müssen), u.a. in der Autoindustrie, wo sie den Herstellern beispielsweise in die USA oder nach Brasilien gefolgt sind, oder Unternehmen müssen ihren Konkurrenten ins Ausland folgen (*„me too!"*), um nicht „überholt" und „abgehängt" zu werden und ins Hintertreffen zu geraten, durch Ausnutzen von Kostenvorteilen und Besetzen von Marktpositionen (*outpacing*). Auch ungarische Kunden kaufen eher Konsum- oder Investitionsgüter, wenn die Firma durch Fabriken, Geschäfte oder Büros im eigenen Lande vertreten ist. Insgesamt entsteht für viele Unternehmen ein zunehmender *Zwang zur Teilnahme am internationalen Geschäft*. Auch Unternehmen, die noch vor wenigen Jahren nicht daran gedacht haben, erkennen heute eine Notwendigkeit, internationale Beziehungen aufzunehmen. In nicht wenigen Fällen ergeben sich die ersten Auslandskontakte eines Unternehmens „passiv", indem ein Exportauftrag von einem bislang unbekannten ausländischen Kunden eingeht, der von sich aus den Kontakt herstellt oder neben dem der Juniorchef vielleicht zufällig im Urlaub an der Bar gesessen hat. Schon aktiver wird ein Unternehmen, wenn es sich auf einer Fachmesse oder – heute in zunehmendem Maße – im Internet präsentiert bzw. Kontakte sucht, um Auslandsaufträge einzuwerben.

(Jörn Altmann, Außenwirtschaft für Unternehmen, Lucius & Lucius Verlag, Stuttgart, 2. Aufl. 2001, S. 3ff.)

1. *Beschreiben Sie das gesamte Ausmaß (M 85, Grafik 1)und die regionale Verteilung (Grafik 2) deutscher Direktinvestitionen im Ausland.*

2. *M 86 gibt einen orientierenden Überblick über wichtige Aspekte zum Thema Produktionsverlagerung.*

- *Worin besteht das „betriebswirtschaftliche" Interesse von Unternehmern? Inwiefern kann es in Widerspruch zum „volkswirtschaftlichen" Interesse eines Landes geraten?*
- *Inwiefern müssen die Folgen von Direktinvestitionen im Ausland (im Vergleich zur inländischen Export-Produktion) für die Arbeitsplätze im Inland grundsätzlich „differenziert" gesehen werden?*
- *Stellen Sie stichwortartig die Faktoren zusammen, die für den „Drang ins Ausland" genannt werden. Welche Vorteile des Auslands ziehen Unternehmen an (Sogfaktoren), welche Defizite im Inland schieben sie an (Schubfaktoren)?*

3. *Analysieren Sie das Befragungsergebnis zu den Motiven deutscher Unternehmer für ihr Engagement im Ausland. Erläutern Sie näher, worin der Unterschied zwischen „Marktnähe" und „Markterschließung" liegt (Grafik S. 360).*

M 87 In der Zwickmühle: Deutsche Unternehmen zwischen inländischer Konsumschwäche und ausländischem Wettbewerbsdruck

Stagnierender Inlandsmarkt, weiter zunehmender Wettbewerb aus Niedriglohnländern, steigende Angst vor der Übernahme durch angelsächsische Finanzinvestoren und die trotz aller Liberalisierungstendenzen zunehmende staatliche Förderung der Industrie – vor allem in den Schwellenländern – machen den deutschen Unternehmen zu schaffen. Da werden vor allem im Bereich der Konsumartikelindustrie hierzulande die Produktionen bekannter Marken wie AEG oder Soehnle verlagert. Das kostet Arbeitsplätze. Finanzinvestoren, sie werden hierzulande häufig mit dem vom SPD-Bundesvorsitzenden Franz Müntefering geprägten Begriff der Heuschrecken gekennzeichnet, zwingen deutsche Unternehmen zu noch stärkerer Rationalisierung, also weiterem Arbeitsplatzabbau, und zum Ausschütten von Kapital (Deutsche Börse). Und Schwellenländer wie Taiwan, die Volksrepublik China oder Indien überschwemmen die traditionellen Märkte in Europa und Nordamerika zunehmend mit eigenen, auch technisch anspruchsvollen Produkten.

So hatte sich das niemand vorgestellt. Die Globalisierung sollte allen zum Vorteil gereichen. China würde mehr Textilien exportieren. Aber gleich so viele? Der EU ist es noch einmal gelungen, die chinesischen Importe zu beschränken. Aber viel schlimmer ist der Generalangriff der Chinesen auf fast allen Märkten. Und hinzu kommt der massive Wettbewerb aus Indien, der selbst chinesische Löhne unterbietet und viele Dienstleistungsarbeitsplätze auf den Subkontinent zieht.

Immer mehr Produktionen, vor allem von Konsumgütern, verliert Europa an Fernost. Ob Kameras oder Uhren, ob Personenwaagen oder Puppen. In Deutschland oder Europa ist das alles zu wettbewerbsfähigen Preisen nicht mehr herstellbar. Und inzwischen geht es weit über traditionelle Produkte hinaus. Mit Siemens hat sich der letzte deutsche Hersteller aus der Handyproduktion verabschiedet. Auch sie ging an asiatische Hersteller, in diesem Fall aus Taiwan. Das tat besonders weh, hat Deutschland damit doch ein Produkt verloren, dem eine große Zukunft vorhergesagt wird. Aus Asien kommen nicht nur billige Produkte, die die niedrigen Löhne in ihren Preisen weitergeben, dort werden auch in einem atemberaubenden Tempo neue, technisch anspruchsvolle Güter entwickelt. Dennoch war das Jahr 2004 für Deutschlands Großunternehmen ein erfolgreiches Jahr. Sie konnten ihr Wachstum wieder beschleunigen. Auch die Jahresüberschüsse liegen deutlich über denen des Vorjahres. Und das nicht nur bei Mineralölfirmen oder Stahlunternehmen, die von einer vor allem von China ausgehenden starken Nachfrage profitieren. In den Ertragszahlen spiegeln sich auch die Rationalisierungs- und Umstrukturierungserfolge der vergangenen Jahre wider. [...]

Alle Führungskräfte sind sich einig, dass der Wettbewerbsdruck ehe noch zu- als abnimmt. Daher gilt es, sich darauf vorzubereiten. Wer heute nicht rationalisiert und höchste Effizienz anstrebt, gefährdet morgen alles.

Denn die reinen Gewinnzahlen sehen zwar inzwischen wieder beeindruckend aus, sagen aber noch nichts darüber, ob sie im In- oder im Ausland erwirtschaftet worden sind. Und zumeist kommen die Gewinne aus den ausländischen Engagements der Unternehmen, sodass im Inland der Rationalisierungsdruck weiterhin anhält. Das kann man auch an der Tabelle der größten Arbeitgeber ablesen, in der viele Veränderungszahlen ein Minus als Vorzeichen aufweisen, viele Unternehmen also weiterhin Arbeitsplätze abbauen. Allerdings lässt sich statistisch der negative Effekt der Globalisierung auf dem Arbeitsmarkt schwerer nachweisen, als gefühlsmäßig vermutet wird.

Ohne letztgültige Antwort muss derzeit auch die Frage bleiben, ob die Finanzinvestoren (Private Equity) den übernommenen Unternehmen schaden oder nutzen. Negative Einzelbeispiele wie das des Armaturenherstellers Grohe dürfen nicht darüber hinwegtäuschen, dass einige Unternehmen ohne einen neuen Finanzinvestor nicht mehr leben würden.

(Frankfurter Allgemeine Zeitung v. 5.7.2005, S. U 1; Verf.: Georg Giersberg)

Die größten Arbeitgeber

Lfd. Nr.	Unternehmen	Beschäftigte in 1000	Veränderung[1] in Prozent
1	Siemens	419,2	0,5
2	DaimlerChrysler AG	384,7	6,2
3	Deutsche Post AG	379,8	–0,9
4	Volkswagen	342,5	1,7
5	Metro AG	261,4	3,7
6	Deutsche Telekom AG	247,6	–1,5
7	Robert Bosch GmbH	242,3	4,6
8	Deutsche Bahn AG	225,5	–7,1
9	Edeka Gruppe	219,9	–1,3
10	Aldi-Gruppe	200,0	0,0
11	Rewe-Gruppe	196,2	1,9
12	ThyssenKrupp AG	187,7	–1,3
13	Tengelmann (Welt)	184,0	0,2
14	Schwarz-Gruppe	166,0	9,9
15	Allianz Group	162,2	–6,7
16	Bayer	113,0	–2,1
17	BMW Group	106,0	1,6
18	RAG AG	104,0	36,8
19	RWE AG	97,8	–23,0
20	KarstadtQuelle-Konzern	92,5	–8,4
21	Deutsche Lufthansa	90,7	–2,7
22	BASF-Gruppe	82,0	–6,0
23	Continental AG	80,6	17,2
24	Bertelsmann AG	76,3	4,2
25	E.ON AG	69,7	3,9
26	Fresenius AG	68,5	3,3
27	Deutsche Bank AG	65,4	–3,4
28	MAN AG	61,3	–4,5
29	Schaeffler Gruppe	58,0	7,4
30	HVB Group	57,8	–4,0

[1] 2004 gegenüber 2003

M 88 „Erfolgsgeschichten“: adidas und Conti

Zum Beispiel bei **Conti**: Wenn Konzernchef Manfred Wennemer gefragt wird, ob der Automobilzulieferer ein Globalisierungsgewinner ist, dann gibt es für ihn nur eine Antwort: „Ja.“ Die Globalisierung, sagt er, habe „der Conti viele Vorteile geboten“.

2001 noch steckte das Unternehmen in der Verlustzone. Wennemer schloss unrentable Werke, verlagerte Teile der Produktion in Niedriglohnländer und handelte mit den Betriebsräten des Stammwerks Hannover aus, dass die Belegschaft für den gleichen Lohn länger arbeiten muss. Jetzt konnte Wennemer seinen Aktionären, die sich bereits seit zwei Jahren über steigende Kurse freuen, einen Rekordgewinn präsentieren. 2005 will er das Ergebnis noch einmal überbieten. Die Fabriken sind voll ausgelastet, Conti kann gar nicht so viele Reifen produzieren, wie das Unternehmen verkaufen könnte. Deshalb will Wennemer neue Mitarbeiter einstellen, allerdings in Osteuropa, Asien und Südamerika. In Deutschland dagegen werden weiter Stellen abgebaut, 2005 sollen 1000 Jobs gestrichen werden.

Ist der Conti-Boss deshalb, wie SPD-Generalsekretär Klaus Uwe Benneter sagt, ein „vaterlandsloser Geselle“?

Wennemer ist zunächst einmal ein Getriebener. Die großen Abnehmer, die Autoindustrie, fordern jährlich sinkende Preise. In der Reifenfertigung machen Löhne in Westeuropa 30 Prozent der gesamten Kosten aus, in Rumänien nur 10 Prozent. Diese Fertigung wird zunehmend verlagert. Andere Produktionen mit einem geringen Lohnkostenanteil, wie die des Anti-Schleudersystems ESP, werden dagegen in Deutschland bleiben.

Doch bei Conti sind die deutschen Fabriken und ihre Mitarbeiter keineswegs nur Verlierer der Globalisierung. Mitunter sichern die Fabriken in Osteuropa auch Jobs in Deutschland. Die Produktion von Bremskraftverstärkern beispielsweise ist aufgeteilt: Die maschinelle Bearbeitung wird in Deutschland erledigt, die arbeitsintensive Montage in der Tschechischen Republik. „Nur diese Symbiose“, sagt Wennemer, „hat uns die Chance gegeben, die Arbeitsplätze in Gifhorn zu halten.“

Zum Beispiel **adidas**, das Musterexemplar eines globalen Unternehmens: Herzogenaurach, wo die Marke einst erfunden wurde, ist zwar noch immer Stammsitz des Konzerns und wird es nach Ansicht des Vorstandschefs Herbert Hainer auch bleiben. Aber der weltweite Einkauf wird in Hongkong erledigt, das Marketing in Amsterdam,

adidas-Herstellung in der Schuhfabrik „Apache“ in der chinesischen Provinz Guandong, in der die Arbeiterinnen 2003 allein für den deutschen Markt fast 10 Mio. Paar Schuhe herstellten

(Foto: Michael Wolf/laif)

der Großteil der Produktentwicklung im amerikanischen Portland und das Design unter anderem in Tokio und New York. Hergestellt werden die Schuhe und Trikots zu 95 Prozent in Asien.

adidas-Chef Hainer schimpft zwar über hohe Löhne und niedrige Arbeitszeiten in Deutschland. „Wir werden wieder mehr arbeiten müssen“, sagt er. „Mit 6 Wochen Urlaub, 14 Feiertagen und einer 35-Stunden-Woche sind wir nicht konkurrenzfähig.“ Aber auch bei 4 Wochen Urlaub und einer 45-Stunden-Woche würde der adidas-Chef wohl kaum eine Massenfertigung von Sportschuhen in Deutschland aufziehen. Mit chinesischen Löhnen und Arbeitszeiten können deutsche Arbeiter einfach nicht konkurrieren. Dennoch zeigt adidas, dass Global Player mit Sitz in Deutschland auch hierzulande neue Jobs schaffen können, wenn sie erfolgreich sind. In den vergangenen zehn Jahren hat der Sportartikelhersteller die Zahl seiner Beschäftigten in Deutschland von 1200 auf 2580 mehr als verdoppelt. In diesem Jahr sollen nochmals 150 Stellen, vor allem im Marketing und Vertrieb, dazukommen.

adidas und Conti sind Erfolgsgeschichten. Ein Modell für Deutschland kann adidas jedoch nicht sein, nur von Marketing und Vertrieb kann eine Volkswirtschaft nicht leben. Und bei Conti macht die Verlagerung die Arbeitsplätze im Land zwar sicherer, aber die werden tendenziell immer weniger, neue entstehen jenseits der Grenzen.

Die Konzerne investieren vor allem im Ausland, und dort zahlen sie auch einen Großteil ihrer Steuern. Gerade die neuen EU-Länder in Osteuropa werben mit niedrigen Steuersätzen um Investoren aus den alten EU-Ländern. Dass die Konzerne die Kosten der Verlagerung auch noch in Deutschland von der Steuer absetzen können, wundert dabei fast schon niemanden mehr. Der Staat muss die wachsende Arbeitslosigkeit finanzieren, aber seine Einnahmen schrumpfen.

(DER SPIEGEL Nr. 17/2005 v. 25.4.2005, S. 91f.; Verf.: Alexander Jung, Dietmar Hawranek)

1. *In M 87 werden zu Anfang vier Faktoren genannt, die für die schwierige Lage deutscher Großunternehmen im Jahr 2005 verantwortlich gemacht werden. Erläutern Sie anhand der Textdarstellung die Bedeutung der beiden Faktoren „Konkurrenz der Niedriglohnländer" und „Übernahmen durch Finanzinvestoren" (Näheres zu Begriff und Bedeutung von „Private Equity" finden Sie im Internet unter http://de.wikipedia.org/wiki/Private-Equity). Welche Strategien haben deutsche Unternehmen entwickelt? Wie kommt die verbesserte Gewinnsituation zustande?*

2. *Untersuchen Sie die Beschäftigungsentwicklung bei den 30 größten Arbeitgebern (Tabelle). Lassen sich branchenspezifische Unterschiede (z. B. Autoindustrie im Vergleich zu Dienstleistungsunternehmen) feststellen (zu Problemen der Gesamtstatistik s. M 89a)?*

3. *Analysieren Sie die Situation der deutschen Firmen, über die in M 88 berichtet wird. Inwiefern lässt sich nicht ganz einfach entscheiden, ob sie zu den Gewinnern oder den Verlierern der Globalisierung gehören? Zu China als „Fabrikhalle der Welt" finden Sie eine Fotoserie von Michael Wolf unter: www.stern.de/wirtschaft/unternehmen?id=527922&nv=fs&cp=1*

M 89a Wie viele Arbeitsplätze kostet die Globalisierung? „Keine verlässliche Statistik"

Kostet uns die Globalisierung mehr Arbeitsplätze, als sie neue schafft? Oder verhält es sich gerade umgekehrt? [...]

Führende Ökonomen wie Klaus Zimmermann, Chef des Wirtschaftsforschungsinstituts DIW, räumen ein, dass es „keine verlässliche Statistik" gibt, die die Jobverlagerung ins Ausland misst. Dennoch wird die öffentliche Diskussion beherrscht von ständig neuen Zahlen über die Gefahr durch Outsourcing und Offshoring (s. Kasten S. 365) für den Standort Deutschland. Beispielsweise schätzt der Arbeitgeberverband Gesamtmetall, dass innerhalb von 10 Jahren in Deutschland rund 600000 Arbeitsplätze wegfallen. Eine Studie der Unternehmensberatung Boston Consulting Group (BSG) kommt zu dem Schluss, dass bis zum Jahr 2015 jeder vierte der heute 8 Millionen heimischen Industriearbeitsplätze verloren geht. Die Deutsche Bank sieht binnen der kommenden 5 Jahre eine halbe Million Arbeitsgelegenheiten im Dienstleistungsgewerbe vornehmlich gen Osten wandern. Und der Deutsche Industrie- und Handelskammertag (DIHK) hat, basierend auf der Entwicklung der vergangenen Jahre, hochgerechnet, dass bis Ende 2007 knapp 150000 Stellen ins Ausland verlagert werden – 43 Prozent davon nach Osteuropa, 37 Prozent nach China. Zweifel scheinen angebracht.

Die meisten dieser Berechnungen basieren auf der Entwicklung der Direktinvestitionen deutscher Unternehmen im Ausland (s. M 85). Laut Deutscher Bundesbank hat sich deren Bestand innerhalb von zehn Jahren mehr als verdoppelt. [...]

Welche Folgen ein erfolgreicher Schritt ins Ausland für die inländische Beschäftigung

Exportspezialisten

(Zeichnung: Thomas Plaßmann/CCC, www.c5.net)

haben kann, will eine Studie von McKinsey herausgefunden haben. Die Beratungsfirma kommt zu dem Schluss, dass im Durchschnitt auf jeden neu geschaffenen Arbeitsplatz im Ausland drei neue Arbeitsplätze in Deutschland entfielen. Zu einem ähnlichen Ergebnis kommen die Experten aus dem Bundesfinanzministerium.
Was bleibt nach all den Zahlen? Die Erkenntnis, dass Aussagen über den Exodus deutscher Arbeitsplätze gen Osten vor allem auf Umfragen und Einzelbeispielen beruhen. Und dass die Suche nach der ultimativen Statistik weitergeht.

(Frankfurter Allgemeine Zeitung v. 5.7.2005, S. U 9; Verf: Sven Astheimer)

Outsourcing (aus engl. outside – außen und resource – Hilfsmittel) bezeichnet die Maßnahme eines Unternehmens, bestimmte Fertigungen und Dienstleistungen „auszulagern", d.h. externe Firmen (vor allem Dienstleister) damit zu beauftragen. Damit können Kosten gespart werden; das Unternehmen kann sich auf seine Kernaufgaben konzentrieren, die eigene „Wertschöpfungskette" wird verkürzt, die „Fertigungstiefe" verringert. Dabei werden die Dauer und der Gegenstand der externen Leistung vertraglich festgelegt.
Von **„Offshoring"** (Unterbegriff zu „Outsourcing") spricht man, wenn die Auslagerungen ins (entfernte) Ausland erfolgen (bei Nachbarländern spricht man auch von „Nearshoring").
Vgl. hierzu auch die Diskussion über die „Basarökonomie" (M 44, S. 294f.). (Autorentext)

M 89b Werden mehr Arbeitsplätze gesichert als freigesetzt?

Auf welche Größenordnungen und Auswirkungen der Job-Verlagerungen müssen wir uns einstellen? Hier sind zwei Effekte auseinanderzuhalten, der Freisetzungs- und der Sicherungseffekt. Unstrittig ist, dass Job-Exporte *in einem ersten Schritt zur Freisetzung von heimischen Arbeitsplätzen führen*. Dabei ist das Grundschema stets das gleiche: Hochentwickelte (kapitalreiche) Volkswirtschaften wie Deutschland mit hoher Arbeitskosten- und Steuerbelastung sind bestrebt, sich mit arbeitsreichen Auslandsstandorten mit niedrigeren Lohn- und Steuersätzen zu vernetzen. Es ist diese etwas *längerfristige Perspektive*, die letztlich zählt: die Chance nämlich, durch eine unternehmensinterne Vernetzung (Mischkalkulation) die internationale Wettbewerbsfähigkeit zu steigern und hierdurch die noch vorhandene Inlandsbeschäftigung zu stabilisieren (*Sicherungseffekt*). Optimal wäre natürlich ein positiver Beschäftigungssaldo, bei dem der Sicherungs- den Freisetzungseffekt übersteigt. Leider gibt es zu beiden Effekten keine sicheren Daten. So ist es zum Beispiel nicht möglich, die Verlagerungswirkungen aus der Entwicklung der aggregierten Beschäftigten- oder Arbeitslosenzahlen herauszufiltern. Letztere sind stets eine Gemengelage und der Reflex von gleichzeitig wirksamen konjunkturellen und strukturellen Einflüssen, von Rationalisierungsmaßnahmen und eben auch von Job-Exporten. Insbesondere für die Ermittlung des Sicherungseffektes ist keine empirische Lösung in Sicht, geht es dabei doch letztlich um die Konstruktion eines (hypothetischen) Alternativszenarios: Wie hätte sich die Inlandsbeschäftigung beziehungsweise die Arbeitslosigkeit ohne die Jobverlagerungen entwickelt? Etwas besser ist es um die Quantifizierung der *Freisetzungseffekte* bestellt. Danach dürften seit 1990 Arbeitsplatzverluste durch Verlagerungen in der Größenordnung von annähernd 100 000 im Jahresdurchschnitt stattgefunden und mit etwa einer Million zur gesamten heutigen Arbeitslosigkeit beigetragen haben. Dieses Ergebnis ist mosaikartig aus diversen Quellen zusammengefügt: aus dem Beschäftigungszuwachs von ausländischen Unternehmen mit deutscher Kapitalbeteiligung, aus dem Beschäftigungsrückgang im deutschen Verarbeitenden Gewerbe, aus den Job-Verlusten von gering Qualifizierten und aus den Ergebnissen von Unternehmensbefragungen. Auch eine neuerdings zu beobachtende *Tendenz zu Rückverlagerungen* an den deutschen Standort ist dabei schon berücksichtigt. Der Löwenanteil an allen bisherigen Job-Exporten dürfte auf die kostenorientierten Produktionsverlagerungen der verarbeitenden Industrie durch Auslandsinvestitionen und Lohnveredelung [Bearbeitung oder Ausbesserung von Waren im Ausland mit anschließender Rückführung ins Inland] entfallen sein, ein geringer Anteil dagegen nur auf die export- und importbegleitenden Direktinvestitionen im Ausland. Zunehmende Arbeitsplatzverluste sind in Zukunft vor allem durch das Offshoring (s. Kasten oben) von Dienstleistungsjobs zu erwarten.

(Frankfurter Allgemeine Zeitung v. 22.3.2004, S. 14; Verf.: Dieter Duwendag, Professor für Wirtschaftliche Staatswissenschaften an der Deutschen Hochschule für Verwaltungswissenschaften, Speyer)

1. *Fast täglich erscheinen in den Medien Berichte über Arbeitsplatzverluste in Deutschland durch Produktionsverlagerungen ins Ausland. Zu welchen unterschiedlichen Einschätzungen im Hinblick auf eine „Gesamtbilanz" kommen die in M 89a genannten Untersuchungen?*
2. *M 89b beschreibt präzise die Schwierigkeiten, vor die sich eine verlässliche Statistik gestellt sieht. Der Autor unterscheidet nach sicheren und unsicheren Daten, nach dem „Freisetzungs-" und dem „Sicherungseffekt" sowie nach einer kurzfristigen und längerfristigen Perspektive. Stellen Sie die wesentlichen Aussagen heraus.*

M 90 Was heißt „Standortqualität"?

Die Diskussion um den Standort Deutschland ist sehr breit und tief mit Publikationen aller sektoraler Interessen und politischer und emotionaler Schattierungen unterlegt. Die Standortqualität ist nur unzureichend zu beschreiben. Und jeder misst und bewertet es anders; „objektive" Kriterien wie Arbeitskosten, Steuerbelastung, Arbeitsmarktstatistiken etc. werden mal so, mal so definiert: Es gibt kaum zwei miteinander vergleichbare Studien. Die Wettbewerbsfähigkeit eines *Unternehmens* leitet sich in erster Linie aus mikroökonomischen, betriebswirtschaftlichen Bestimmungsfaktoren ab. Die Rahmenbedingungen des *Standortes* – seien sie makroökonomischer, rechtlicher, politischer, sozialer, kultureller oder anderer Art – übertragen sich aber auch auf die Wettbewerbsfähigkeit eines Unternehmens, sei es als Anbieter, sei es als Kunde von anderen Unternehmen. Letztlich ist für den Unternehmer aber weniger die internationale Wettbewerbsfähigkeit einer Volkswirtschaft interessant, sondern ob er selbst Erfolge hat oder nicht.

(Jörn Altmann [= M 84], S. 2)

Standort Deutschland: die Attraktivität der deutschen Volkswirtschaft als Wirtschaftsstandort im internationalen Vergleich. Zur Beurteilung der Wettbewerbsfähigkeit unterschiedlicher Staaten als Standort für Unternehmen werden verschiedene **Kriterien und Standortfaktoren** herangezogen. Dazu gehören z. B. die Infrastruktur und der technologische Stand in der Wirtschaft, das Steuersystem des Landes, die Kreditwürdigkeit des Staates sowie der Umfang staatlicher Eingriffe und Regulierung, die Subventionspraxis und staatliche Förderungen für Forschung und Entwicklung oder Existenzgründungen, aber auch Merkmale wie das Qualifikationsniveau der Erwerbspersonen, die Lohnpolitik oder arbeitsrechtliche Bestimmungen wie Kündigungsschutz und Mitbestimmungsrechte der Arbeitnehmer spielen eine Rolle.

(Bundeszentrale für politische Bildung, Lexikon der Wirtschaft, Bonn 2004 , S. 150)

China ist der attraktivste Wirtschaftsstandort der Welt. Diese Ansicht vertritt mehr als die Hälfte der 672 international tätigen Unternehmen, die im Frühjahr 2005 von der Beraterfirma Ernst & Young interviewt worden waren. Auf dem zweiten Platz liegen die USA, gefolgt von Indien und Polen. Deutschland erreicht mit 17 Prozent Zustimmung den fünften Rang und ist damit der gefragteste Standort in Westeuropa. Die *Vorteile der Bundesrepublik* sind aus der Sicht der befragten Manager: hervorragende Telekommunikationssysteme, hohe Qualifikation der Arbeitnehmer, guter Ausbau der Verkehrs- und Transportwege. Als Nummer vier nennen die Befragten die bemerkenswerte Lebensqualität am Standort Deutschland.

(Globus)

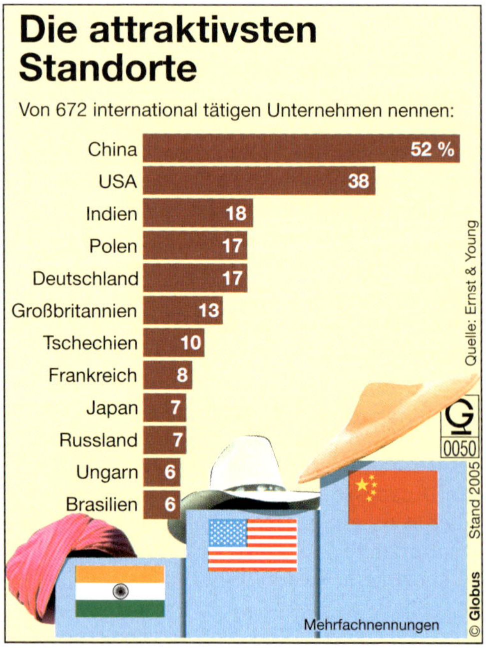

M 91 Die Arbeitskosten als wichtiger Indikator der internationalen Wettbewerbsfähigkeit

Die Arbeitskosten [sind] ein besonders wichtiger Indikator der internationalen Wettbewerbsfähigkeit. Als Gegengewicht zu den Arbeitskosten ist jedoch das Produktionsergebnis je Arbeiter beziehungsweise je Arbeiterstunde [**Arbeitsproduktivität**] zu berücksichtigen. Man kann davon ausgehen, dass nennenswerte Unterschiede bei den Arbeitskosten zum Teil durch entsprechend unterschiedliche Produktivitätsniveaus aufgefangen werden. Der Wettbewerbsnachteil hoher Arbeitskosten kann somit durch einen entsprechenden Produktivitätsvorteil gemildert werden. Allerdings kann eine rechnerisch hohe Arbeitsproduktivität auch Ausdruck eines hohen Kapitaleinsatzes sein. Der Vergleich von Lohnstückkostenniveaus, bei dem die Relation von Arbeitskosten und Produktivität gemessen wird, kann daher in die Irre führen. Denn hohe Produktivitätssteigerungen können wiederum das Ergebnis von überhöhten Lohnabschlüssen sein, die eine Substitution [Ersatz] von Arbeit durch Kapital auslösen. Letztlich kann sich dann die Lohnstückkostenposition zulasten einer geringeren Beschäftigung sogar verbessern.
Die industriellen Arbeitskosten sind auch deshalb ein originärer Standortfaktor, weil bei einer Produktionsverlagerung ins Ausland der technische Standard und das Know-how, also letztlich die heimische Produktivität, ebenfalls international mobil werden, sofern es dort hinreichend qualifizierte oder qualifizierbare Arbeitskräfte gibt. So erreichten die osteuropäischen Tochterfirmen deutscher Unternehmen bereits Ende des vergangenen Jahrzehnts 60 Prozent des Produktivitätsniveaus der Mutterfirma, obwohl im Landesdurchschnitt die Produktivität weniger als ein Viertel des deutschen Werts betrug. Bei Standortentscheidungen werden deshalb immer weniger die unterschiedlichen Produktivitätsniveaus zum entscheidenden Kriterium, sondern in zunehmenden Maße das Arbeitskostengefälle. Eine Reihe von Unternehmensbefragungen belegen dies (vgl. M 86).

(Christoph Schröder, Industrielle Arbeitskosten im internationalen Vergleich. IW-Trends – Vierteljahresschrift zur empirischen Wirtschaftsforschung, aus: Institut der deutschen Wirtschaft, 32. Jg., Heft 3/2005; www.iwkoeln.de/Publikationen/frs_Publikationen.htm)

M 92 Arbeitskosten, Lohnkosten, Lohnnebenkosten, Lohnstückkosten: Ist die Arbeit in Deutschland zu teuer?

Arbeitskosten sind Aufwendungen oder Kosten, die durch den Einsatz menschlicher Arbeitskraft in Unternehmen unmittelbar oder mittelbar entstehen. Die Arbeitskosten lassen sich aufspalten in **Arbeitsentgelt** oder Direktentgelt bzw. direkte Personalkosten (Bruttolöhne und -gehälter, vermindert um die in den Personalzusatzkosten ausgewiesenen Bestandteile) und die gesetzlich, tariflich oder arbeitsvertraglich festgelegten **Lohnnebenkosten** (indirekte Personalkosten, Personalzusatzkosten). Letztere umfassen z.B. Sozialversicherungsbeiträge des Arbeitgebers, vermögenswirksame Leistungen, Weihnachtsgeld (13. Monatsgehalt), Urlaubsgeld, Entgeltfortzahlung im Krankheitsfall oder Fahrtkostenzuschüsse (s. M 65 in Kap. B, S. 194).
Da die Arbeitskosten in der Industrie trotz wachsender Kapitalausstattung und Automation den größten Kostenblock darstellen, werden sie auch zur Beurteilung der internationalen Wettbewerbsfähigkeit und zur Erklärung von Arbeitslosigkeit herangezogen. Erhöhen sich die Arbeitskosten und liegt diese Steigerung über dem Anstieg der Arbeitsproduktivität (steigen also die **Lohnstückkosten**, die das *Verhältnis von Arbeitskosten zu produzierter Werteinheit widerspiegeln*), sind verstärkte Rationalisierungsbemühungen der Unternehmen, verbunden mit dem vermehrten Einsatz des Produktionsfaktors Kapital und dem Abbau von Arbeitsplätzen, die Folge. [...]
Das Niveau der Lohnstückkosten gibt Auskunft über die relative Wettbewerbsfähigkeit eines Landes. Es lässt erkennen, ob die gezahlten Löhne mit einer entsprechend hohen Produktivität unterlegt sind oder ob die inländischen Unternehmen pro Wertschöpfungseinheit höhere Lohnkosten als die ausländische Konkurrenz zu tragen haben. [...] Zu beachten ist hierbei allerdings auch der Einfluss der *Wechselkurse*: Sinkt der Wechselkurs der heimischen Währung, verbessert sich die preisliche Wettbewerbsfähigkeit eines Landes, bei einem Anstieg des Wechselkurses nimmt sie ab.

(Der Brockhaus Wirtschaft, F. A. Brockhaus Verlag, Leipzig/Mannheim 2004, S. 47)

Die Lohnstückkosten bleiben konstant, wenn einerseits zwar die durchschnittlichen Lohnkosten steigen, andererseits aber auch die Produktivität entsprechend zunimmt. Dann steigen Zähler und Nenner des Bruchs gleichermaßen, das Verhältnis bleibt unverändert. Steigen indessen die Lohnkosten infolge hoher Tarifabschlüsse und/oder steigender Lohnzusatzkosten schneller an als die Arbeitsproduktivität, dann erhöhen sich die Lohnstückkosten (vgl. Tabelle).

(Gerhard Willke, Wirtschaftspolitik, © Cornelsen Verlag, Berlin 2003, S. 328)

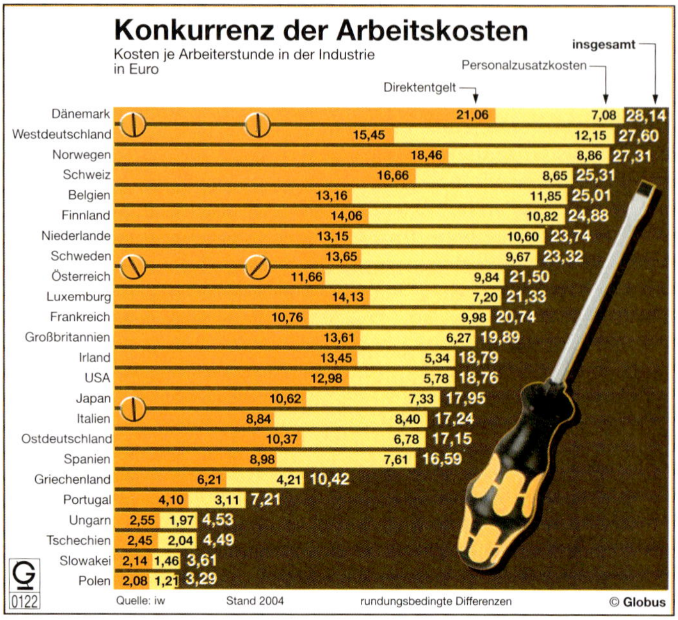

Arbeitsproduktivität, Lohnkosten, Verdienst und Lohnstückkosten im Inland[1]

Jahr[2]	Arbeitsproduktivität[3] je Erwerbstätigen	Arbeitsproduktivität[3] je Erwerbstätigenstunde	Lohnkosten[4] je Arbeitnehmer	Lohnkosten[4] je Arbeitnehmerstunde	Verdienst[5] je Arbeitnehmer	Verdienst[5] je Arbeitnehmerstunde	Lohnstückkosten[6] je Erwerbstätigen	Lohnstückkosten[6] je Erwerbstätigenstunde
	Messzahl (1991 = 100)							
1991	100	100	100	100	100	100	100	100
1992	103,7	102,6	110,4	109,0	110,3	109,0	106,4	106,3
1993	104,3	104,2	114,9	115,0	115,0	115,2	110,1	110,4
1994	107,2	107,3	118,2	118,7	117,2	117,7	110,3	110,7
1995	108,9	110,1	122,4	124,4	120,9	122,8	112,4	113,0
1996	110,3	112,7	124,0	127,8	122,6	126,4	112,4	113,4
1997	112,4	115,5	124,9	129,9	122,8	127,7	111,1	112,5
1998	113,3	116,9	126,1	131,7	123,9	129,4	111,3	112,7
1999	114,1	118,6	127,5	134,3	125,7	132,4	111,8	113,2
2000	115,6	121,7	129,9	138,7	127,5	136,2	112,4	114,0
2001	116,5	123,8	131,9	142,1	129,8	139,8	113,3	114,7
2002	117,2	125,7	133,8	145,1	131,6	142,7	114,1	115,4
2003	118,1	127,3	135,7	147,8	133,1	145,0	114,9	116,1
2004	119,6	128,3	136,1	147,9	133,7	145,3	113,8	115,2

1) Quelle für Arbeitsstunden: Institut für Arbeitsmarkt und Berufsforschung (IAB) der Bundesagentur für Arbeit (BA), Nürnberg. –2) Ab 2002 vorläufige Ergebnisse. –3) Bruttoinlandsprodukt (preisbereinigt, Kettenindex 2000 = 100) je Erwerbstätigen beziehungsweise je Erwerbstätigenstunde. – 4) Arbeitnehmerentgelt je Arbeitnehmer beziehungsweise je Arbeitnehmerstunde. – 5) Bruttolöhne und -gehälter je Arbeitnehmer beziehungsweise je Arbeitnehmerstunde. – 6) Lohnkosten (je Arbeitnehmer beziehungsweise je Arbeitnehmerstunde) in Relation zur Arbeitsproduktivität (je Erwerbstätigen beziehungsweise je Erwerbstätigenstunde).

(Jahresgutachten 2005/2006 des Sachverständigenrats zur Begutachtung der gesamtwirtschaftlichen Entwicklung, „Die Chancen nutzen – Reformen mutig voranbringen", Tab. 34*, S. 69*; www.sachverstaendigenrat-wirtschaft.de/gutacht/ga-content.php?gaid=41)

2005 stiegen die Lohnstückkosten um 0,8 %. Im EU-Vergleich verzeichnete Deutschland von 1996 bis 2005 mit durchschnittlich jährlich 0,2 % den geringsten Anstieg (Durchschnitt EU 15: +1,5 %). (www.wko.at/statistik/eu/europa-lohnstueckkosten.pdf)

M 93 Deutsche Industrie trotz günstiger Entwicklung im Nachteil

Auf längere Sicht machen der deutschen Wirtschaft die hohen Arbeitskosten zu schaffen. Zwar hat das arbeitgebernahe Institut der deutschen Wirtschaft (IW) soeben den Erfolg der gemäßigten Lohnpolitik vergangener Jahre herausgestellt: Danach sind die **Lohnstückkosten** (also das Verhältnis von Arbeitskosten je Beschäftigtenstunde zur Produktivität) im *Verarbeitenden Gewerbe seit 2000 jährlich um ein Prozent gesunken*. In 13 anderen wichtigen Industriestaaten waren dies im Schnitt nur 0,1 Prozent jährlich. Dort liegen allerdings die Lohnstückkosten insgesamt deutlich niedriger als in Deutschland (*Grafik*).

Die deutschen Arbeitskosten sind von der ausländischen Konkurrenz im vergangenen Jahr je Wertschöpfungseinheit im Durchschnitt um 17 Prozent unterboten worden. In den Vereinigten Staaten liegen die Stückkosten um 18 Prozent niedriger als in Westdeutschland, in Japan und Kanada gar um 27 Prozent. Dabei werden die hohen Lohn- und Zusatzkosten hierzulande auch nicht durch einen Produktivitätsvorsprung aufgewogen. Die Arbeitskosten hätten 2004 das zweithöchste Niveau aller großen Wirtschaftsnationen erreicht und im Schnitt 27,60 Euro je Stunde betragen, heißt es beim IW. Dagegen habe Westdeutschland bei der Wertschöpfung je Beschäftigtenstunde (Produktivität) im Vergleich der 14 Industrienationen nur den siebten Platz erreicht. Der Spitzenplatz hinter Dänemark erklärt sich auch, aber nicht nur durch die Euro-Aufwertung. Es wirken frühere hohe Lohnabschlüsse nach. Zugleich erklären sich heutige Produktivitätssteigerungen auch durch die Entlassungswellen der vergangenen Monate und Jahre. Das verbessert die Wettbewerbsfähigkeit der Unternehmen, geht aber auf Kosten der Arbeitslosen. Der Abschwung ist beendet, aber der Aufschwung wird mühsam.

(Süddeutsche Zeitung v. 8./9.10.2005, S. 21; Verf.: Marc Beise)

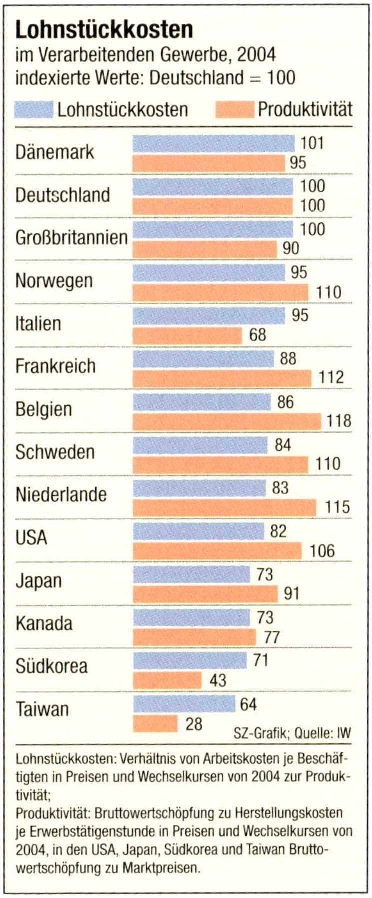

1. *In den Medien erscheinen immer wieder die Ergebnisse von Studien, in denen die „Standortqualität" unterschiedlicher Länder anhand bestimmter Kriterienkataloge miteinander verglichen und Ranglisten aufgestellt werden (vgl. die Grafik in M 90 und ggf. das Ranking des Schweizer „World Competitiveness Yearbook" (www02.imd.ch/wcc/ranking), das Deutschland im Jahr 2005 auf dem 23. Platz in der Welt führt). Erläutern Sie, welche Kriterien und Faktoren bei solchen Standortvergleichen zugrunde gelegt werden und worin der Autor von M 90 die Schwächen solcher Rankings sieht.*

2. *Die Arbeitskosten stellen nach allgemeiner Auffassung einen zentralen Faktor internationaler Wettbewerbsfähigkeit dar und werden immer wieder lebhaft diskutiert. Klären Sie zunächst, inwiefern die Aussagefähigkeit der Arbeitskosten als Indikator für internationale Wettbewerbsfähigkeit durch das „Gegengewicht" einer hohen Arbeitsproduktivität eingeschränkt sein kann, warum aber andererseits hohe Produktivität auch durch geringere Beschäftigung zustande kommen kann (M 91).*

3. *Verschaffen Sie sich anhand von M 92 (vgl. auch M 91) Klarheit über die Abgrenzung der in der Überschrift genannten Begriffe.*

4. *Stellen Sie fest (Grafik S. 368), durch welchen Teil der gesamten Arbeitskosten die „Spitzenposition" Deutschlands im internationalen Vergleich zustande kommt. Welche Position ergäbe sich beim Vergleich der bloßen Lohnkosten?*

5. *Die in der Tabelle auf S. 368 dargestellte Entwicklung der Lohnstückkosten bezieht sich auf die Gesamtwirtschaft. Bezogen auf die Industrie (das Verarbeitende Gewerbe) sind sie seit 2000 – vor allem auch im Vergleich zu den übrigen Industriestaaten – deutlich günstiger verlaufen (M 93). Welches Bild ergibt sich, wenn man in diesem Vergleich nicht auf die zeitliche Entwicklung, sondern auf die absolute Höhe (das Niveau) der Lohnstückkosten abhebt? Analysieren Sie dazu die Grafik in M 93.*

M 94 Konsens und Dissens über die Bedeutung der Lohnpolitik

Bei der Diagnose der Massenarbeitslosigkeit und ihrer Ursachen gibt es nun nicht nur Differenzen und Dissens, sondern bemerkenswerterweise auch einigen Konsens. Insbesondere in drei wichtigen Kernaussagen der Diagnose herrscht eine weitgehende Übereinstimmung:

- Die Massenarbeitslosigkeit ist eine unmittelbare Folge der andauernden wirtschaftlichen *Stagnation* in Deutschland (reales Wachstum 1991–2004: jahresdurchschnittlich magere 1,3 %). Die unzureichende Wachstumsdynamik hat viele Gründe, die beiden wichtigsten aber sind der Mangel an privaten Investitionen und die Schwäche der privaten Konsumnachfrage.
- Die Konsumnachfrage hängt wesentlich vom verfügbaren Einkommen ab. Wenn die Masseneinkommen bei schwachem Wachstum stagnieren, können vom privaten Konsum keine expansiven Impulse ausgehen. Das Investitionsvolumen wird von der (erwarteten) Rendite bestimmt, die einerseits von den Kosten abhängt, andererseits aber auch von den Erträgen, also der Nachfrage. Beide Faktoren sind über den gesamtwirtschaftlichen Kreislauf miteinander verschränkt.
- Eine breite (prinzipielle) Übereinstimmung herrscht zudem in der Frage der *Arbeitskosten*: Es ist weithin unstrittig, dass die Kosten des „Faktors Arbeit“, insbesondere die Lohnnebenkosten in Deutschland zu hoch sind.

Dieser breiten Übereinstimmung in den drei angeführten zentralen Punkten der Diagnose steht ein anscheinend unüberbrückbarer Dissens in der Frage gegenüber, wie die verschiedenen Bestimmungsfaktoren nun gewichtet werden sollen. Und entsprechend umstritten sind auch die wirtschaftspolitischen Schlussfolgerungen, die aus der Ursachenanalyse gezogen werden. Die *neoklassische/neoliberale* Denkschule hält den Mangel an Unternehmensinvestitionen für die primäre Ursache; entsprechend setzt die Therapie auf der Angebotsseite an und zielt auf Verbesserung der Rahmenbedingungen für private Unternehmen und Investoren. Dagegen sieht die *keynesianische* Schule die zentrale Blockierung und damit die primäre Ursache von Stagnation und Arbeitslosigkeit in der vorherrschenden Nachfrageschwäche; entsprechend ist die Therapie darauf gerichtet, den gesamtwirtschaftlichen Nachfragemangel zu bekämpfen. Dazu sollen die Einkommen der privaten Haushalte aufgebessert werden, damit die Konsumausgaben steigen, und zusätzlich sollen die öffentlichen Haushalte die Staatsnachfrage erhöhen, also *„deficit spending“* betreiben.

Mit diesen beiden Auffassungen stehen sich offenbar zwei Diagnosen und zwei wirtschaftspolitische Konzeptionen gegenüber, die zwar in einigen wichtigen Punkten der Ursachenanalyse übereinstimmen, in der entscheidenden Frage der Gewichtung dieser Ursachen aber divergieren, – ja unversöhnliche Positionen vertreten. [...]

Die konkurrierenden Denkschulen kommen zu ihren unterschiedlichen Diagnosen, weil sie mit ihren spezifischen Fragestellungen jeweils auf *einen* Aspekt fokussieren und dadurch notwendigerweise andere Aspekt vernachlässigen. Die Fragestellungen und die Ergebnisse sind ja nicht falsch, – was beide Interpretationen behaupten, trifft jeweils *auch* zu, – sie sind bloß einseitig und geben folglich nur die halbe Wahrheit wieder.

(Gerhard Willke, Das politische Element in der Ökonomik. In: Georg Weißeno [Hrsg.], Politik und Wirtschaft unterrichten, Bundeszentrale für politische Bildung, Bonn 2006, S. 51f.)

Der Streit um die Lohnpolitik, der seit eh und je eine wichtige Rolle in der öffentlichen Diskussion (zwischen Gewerkschaften und Arbeitgeberverbänden, zwischen den politischen Parteien, aber auch zwischen „Denkschulen“ der Wirtschaftswissenschaft) spielte, hat im Zeichen der Massenarbeitslosigkeit und der in den vorangehenden Materialien beschriebenen Situation des „Standorts“ Deutschland an Schärfe eher zugenommen. Analysieren Sie dazu die Darstellung in M 94 und nehmen Sie auf dem Hintergrund Ihrer (aus der Beschäftigung mit den Themen des Kapitels erworbenen) Kenntnisse Stellung, ggf. auch mit einem eigenen wirtschaftspolitischen Vorschlag.

D Die Europäische Union in der Krise? Strukturen und Probleme des europäischen Einigungsprozesses

Das Europäische Parlament, hier am 3. Mai 2004 bei der ersten Sitzung mit Abgeordneten aus den zehn neuen Mitgliedsländern, setzt sich für eine EU mit starker Volksvertretung ein.

(Foto: © picture-alliance/dpa-Fotoreport)

Litauische Jugendliche winken am 30. April 2004 mit ihrer Flagge und Europafahnen bei einem Konzert in Vilnius. In ganz Europa feiern Millionen Menschen die EU-Erweiterung.

(Foto: © dpa-Fotoreport)

Eine Plakatwand in Aix-en-Provence im Mai 2005; mit dem Slogan „Pour moi c'est NON" setzten sich die Gegner der EU-Verfassung beim Referendum in Frankreich durch.

(Foto: AP Photo)

Team Europa – die Europäische Kommission mit Präsident José Manuel Barroso (1. Reihe, 5. v. r.). Neben ihm der deutsche Kommissar Günter Verheugen (4. v. r.).

(Foto: © picture-alliance/dpa-Fotoreport)

Zur Orientierung

Angesichts der *Vielfalt* der Aspekte und der z. T. erheblichen *Komplexität* des Gegenstandes zwingt jede Darstellung der Europäischen Union und ihrer Problemfelder in besonderer Weise zur thematischen *Auswahl*, zur Schwerpunktsetzung und Konzentration auf aktuelle Problemlagen.
Aus der Sicht des Verfassers erscheint eine angemessene Darstellung des *spezifischen Charakters* des **politischen Systems der EU** als eines *„Mehrebenensystems“* (Abschnitt I.), seines *Institutionengefüges* und seines *Rechtssetzungsverfahrens* (Abschnitt II.) unverzichtbar. Dabei wurde Wert darauf gelegt, zum Gesetzgebungsprozess nicht nur den formalen Verfahrensablauf zu beschreiben, sondern an einem etwas ausführlicher dargestellten *konkreten Beispiel* (M 16) den durch vielfältige Interessen und informelle Machtbeziehungen geprägten, realen *politischen Entscheidungsprozess* zu verdeutlichen. Die Information über die *historische Entwicklung* des **Integrationsprozesses** (erster Teil von Abschnitt I.) wurde demgegenüber bewusst knapp gehalten. Über das *Finanzierungssystem* informiert Abschnitt III.
Aus der Vielfalt der **Gemeinschaftspolitiken** der EU wurden die *Gemeinsame Agrarpolitik* und die *regionale Strukturpolitik* als die auch in finanzieller Hinsicht „gewichtigsten“ Bereiche sowie die *Umweltpolitik* (Beispiel Klimaschutzpolitik) ausgewählt (Abschnitte IV.–VI.). Die Darstellung der an Relevanz zunehmenden *Gemeinsamen Außen- und Sicherheitspolitik* wurde in den letzten (VII.) Abschnitt eingebunden, in dem es um die – auch im Hinblick auf das (vorläufige?) Scheitern des Verfassungsvertrags – enormen *Herausforderungen* geht, vor die sich die EU gestellt sieht und die es gerechtfertigt erscheinen lassen, von einer „Krise“ (im Sinne einer umfassenden Entscheidungssituation) zu sprechen: Auf welche *„Endgestalt“* hin will sich die EU weiterentwickeln? Wie können angesichts der fortschreitenden *Erweiterung* des Integrationsverbundes Fortschritte zu *„mehr Demokratie“* und Bürgernähe und zu größerer Effizienz erreicht werden? Wie kann die EU ihrer *globalen Verantwortung* in einer Welt zunehmender Gefährdungen gerecht werden?

Die einzelnen Abschnitte und Materialien enthalten zahlreiche Hinweise auf *themenbezogene Internet-Informationsangebote*. Auf folgende allgemeine, für den Unterricht besonders geeignete Angebote sei an dieser Stelle hingewiesen:
Eine umfangreiche, klar gegliederte und aktuelle Darstellung zum „Themenkomplex Europäische Union“ bietet die Internetseite www.dadalos-d.org/europa. Hervorzuheben ist auch das Internet-Angebot www.europa-digital.de, das sich in vielfacher Hinsicht (Gestaltung, Sprache, Problematisierung, Interaktion) positiv von vielen anderen Angeboten abhebt. Auch die Internetseite des Europäischen Informationszentrums Niedersachsen (www.eiz-niedersachsen.de) kann empfohlen werden. Daneben bieten die zentrale Homepage der Europäischen Kommission (www.europa.eu.int) und die Seiten des deutschen Informationsbüros des Europäischen Parlaments (www.europarl.de), der deutschen Vertretung der EU-Kommission (www.eu-kommission.de) sowie des deutschen Auswärtigen Amtes (www.auswaertiges-amt.de) gut gegliederte Informationen zu allen Bereichen der EU-Politik.

Für die *Hand der Schülerinnen und Schüler* lassen sich zur ergänzenden Information die beiden folgenden Broschüren von der Bundeszentrale für politische Bildung (in kostenlosen Klassensätzen) leicht beschaffen:
- Informationen zur politischen Bildung Nr. 279: Europäische Union. Neuauflage 2005.
- „pocket europa“: EU-Begriffe und Länderdaten

Zur *vertiefenden Information* sei aus der unüberschaubaren wissenschaftlichen Literatur auf die drei folgenden Standardwerke hingewiesen:
- Wolfgang W. Mickel/Jan Bergmann (Hrsg.), Handlexikon zur Europäischen Union, Omnia Verlag, Stuttgart, 3. Aufl. 2005 (mit 928 Seiten das zurzeit wohl umfassendste und aktuellste Informationswerk zum Gesamtkomplex der EU)
- Werner Weidenfeld/Wolfgang Wessels, Europa von A bis Z, Bundeszentrale für politische Bildung, Bonn, 9. Aufl. 2006 (vollständig aktualisierter „Klassiker“)
- Werner Weidenfeld (Hrsg.), Die Europäische Union. Politisches System und Politikbereiche, Bundeszentrale für politische Bildung, Bonn 2004

M 1 „Europa durchlebt eine schwierige Phase"

2005 war kein gutes Jahr für Europa und die Europäische Union. Nach langer Vorarbeit durch einen eigens dafür eingerichteten „Konvent" hatten die Regierungen der Mitgliedsländer sich auf den Text einer „**Europäischen Verfassung**" geeinigt, mit der die nach dem Beitritt von zehn mittel- und osteuropäischen Staaten im Jahr 2004 auf 25 Länder angewachsene Europäische Union ihre innere und organisatorische Ordnung neu gestalten und den Anforderungen einer veränderten Welt anpassen wollte (s. M 43, S. 444). Die Erwartung, dass der neue Vertrag in allen Mitgliedsländern ratifiziert werden würde, erfüllte sich nicht, als die Bürger Frankreichs und der Niederlande im Mai in Volksabstimmungen (Referenden) den Vertrag ablehnten (vgl. Foto S. 371) und die Union damit in eine schwere Krise stürzten; das Projekt der „EU-Verfassung" ist damit zunächst gescheitert. Die weitere Entwicklung (neue, veränderte Verfassung?) war im Frühjahr 2006 nicht abzusehen. Hinzu kam, dass auch der Versuch der europäischen Regierungschefs, sich auf ihrem Gipfeltreffen im Juni 2005 auf den **Finanzierungsplan** der EU für die Jahre 2007 bis 2012 zu einigen, an unüberbrückbaren Meinungsverschiedenheiten zwischen einigen Ländern (vor allem zwischen Frankreich und Großbritannien) scheiterte (erst im Dezember 2005 einigte man sich mühsam auf einen Kompromiss; s. S. 413).
Auf diesem Hintergrund wandten sich die Präsidenten von sieben Ländern (Deutschland, Finnland, Italien, Lettland, Österreich, Polen, Portugal) am 15. Juli 2005 mit einem *Aufruf an die Bürger Europas*, aus dem die folgenden Auszüge stammen. Sie sollen – einleitend zu diesem Kapitel – dazu dienen, zum einen auf wichtige Gründe für die aktuelle Krise der EU hinzuweisen und zum anderen daran zu erinnern, aus welchen Gründen die Europäische Union überhaupt ein lohnendes und wichtiges politisches Projekt ist, dessen Weiterentwicklung im Sinne aller Bürger Europas liegt.

Der Ausgang der Referenden in Frankreich und in den Niederlanden hat die Unzufriedenheit vieler Bürgerinnen und Bürger darüber zum Ausdruck gebracht, dass die europäische Politik nicht ihren Erwartungen entspricht. Die meisten unterstützen zwar das europäische Projekt, haben aber ein Unbehagen gegenüber der Art, wie es betrieben wird. Sie fühlen sich sowohl von den Entscheidungen ausgeschlossen, die für ihre Zukunft von größter Bedeutung sind, als auch von solchen, die ihr tägliches Leben bestimmen.
Zu oft werden wichtige europäische Themen nicht breit genug debattiert, bevor sie entschieden werden. Zu groß erscheint vielen Menschen der Regulierungsdrang der EU. Zu unübersichtlich sind ihnen oft die Entscheidungsverfahren und zu anonym die Entscheidungsträger. Und vor allem: Zu häufig und zu gerne hat man bei innenpolitischen Problemen Brüssel zum Sündenbock gemacht. Man beschädigt damit ein gutes Projekt. Wir sind überzeugt: Die Europäische Union braucht starke und effiziente Institutionen mit Gewicht und transparente Verfahren. Die Europäische Union soll nur das regeln, was gemeinsam besser zu regeln ist. Sie braucht Verfahren, um die Kluft zwischen den europäischen Entscheidungsträgern und ihren Bürgern zu schließen. Die Ziele des Verfassungsvertrags – Bürgernähe, Transparenz, Demokratisierung und Effizienz – behalten nach wie vor ihre Gültigkeit. Fragen, die alle Bürger Europas angehen, müssen von allen Bürgern diskutiert werden können.
Die wichtigste Aufgabe ist jetzt, das Vertrauen in die Europa-Politik zu stärken. Wir müssen allen die Vorzüge der Integra-

Eurobarometer Landesergebnisse	
Irland	70 %
Luxembug	57 %
Italien	56 %
Spanien	55 %
Zypern	52 %
Griechenland	51 %
Litauen	51 %
Slowenien	51 %
Portugal	50 %
Polen	49 %
Belgien	45 %
Frankreich	45 %
Malta	45 %
Europäische Union (25)	**44 %**
Slowakei	43 %
Niederlande	41 %
Dänemark	40 %
Deutschland	40 %
Tschechische Republik	40 %
Ungarn	39 %
Estland	37 %
Schweden	34 %
Lettland	34 %
Großbritannien	29 %
Finnland	27 %
Österreich	24 %

„Positiv"-Antworten auf die Frage: „Ganz allgemein gesprochen, ruft die Europäische Union bei Ihnen ein sehr positives, ziemlich positives, weder positives noch negatives, ziemlich negatives oder sehr negatives Bild hervor?" (Befragungszeitraum Oktober/November 2005)

(Adaptierte Fassung der Originalausgabe der im Eurobarometer 64 veröffentlichten Zahlen, © Europäische Gemeinschaften 2005, http://europa.eu.int/comm/public_opinion/archives/eb/eb64/eb64_first_de.pdf. Die volle Verantwortung für die Bearbeitung liegt beim Schöningh Verlag) tion verständlich machen. Wir müssen in verständlicher Weise erklären, wie die EU funktioniert, was sie geleistet hat, wohin es geht und aus welchen Gründen. Dann gewinnt man die Menschen für das europäische Projekt. Ohne ihre Zustimmung und Mitarbeit kann sich die EU nicht fortentwickeln, nicht einmal konsolidieren.

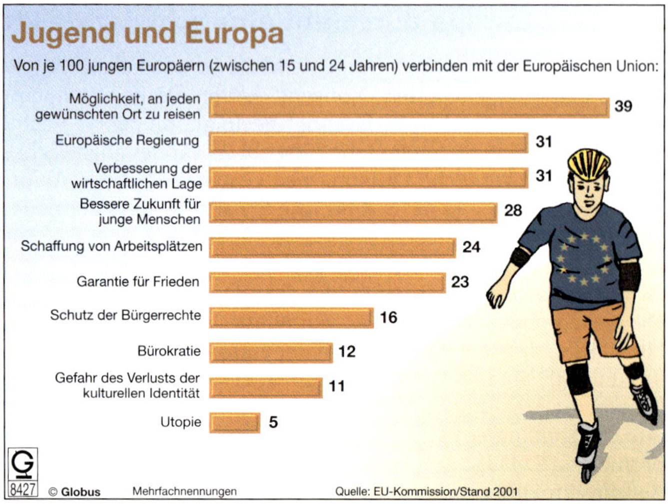

Europa durchlebt derzeit eine schwierige Phase. Aber es gibt keinen Grund, am europäischen Projekt zu zweifeln. Wir brauchen uns bloß ins Bewusstsein zu rufen, was die Europäische Union den in ihr zusammengeschlossenen Staaten und ihren Menschen gebracht hat: wachsenden Wohlstand und eine Wirtschaftskraft, mit der wir die Globalisierung mitgestalten können, Freiheit und Rechte in vielfältigen Formen und vor allem Sicherheit vor Krieg und Unterdrückung.

Der Ministerpräsident von Luxemburg, Jean-Claude Juncker, der im vergangenen Halbjahr EU-Ratspräsident war, hat gesagt: „Wer zweifelt, wer an Europa verzweifelt, der sollte Soldatenfriedhöfe besuchen." Er hat uns aus der Seele gesprochen. Frieden in Europa ist keineswegs selbstverständlich; es leben noch genügend Menschen, die das bitter erfahren mussten. Für die Jugend von heute ist Krieg zwischen Staaten der Europäischen Union undenkbar – mit Recht. Das ist eine unschätzbare Errungenschaft der europäischen Integration.

Nur gemeinsam werden die europäischen Nationen dem Wettbewerb standhalten und erfolgreich mit Ländern wie den Vereinigten Staaten, aber auch China und Indien verhandeln können, die ein demographisches Gewicht von 1,3 und 1,15 Milliarden Menschen aufweisen und mit einer Entwicklungsrate von 9 und 8,5 Prozent wachsen. Nur ein wirtschaftlich starkes, solidarisches Europa kann die Kräfte der Globalisierung gestalten und der Globalisierung die notwendige soziale Dimension verleihen. So können wir der Welt ein gutes Beispiel geben.

(Horst Köhler/Tarja Halonen/Carlo Azeglio Ciampi/Vaira Vike-Freiberga/Heinz Fischer/Alexander Kwasniewski/ Jorge Fernando Branco de Sampaio, Gemeinsam für Europa. In: Frankfurter Allgemeine Zeitung v. 15.7.2005, S. 10)

1. *Erläutern Sie die verschiedenen Gründe, welche die Verfasser für den Ausgang der Referenden in Frankreich und den Niederlanden anführen. Inwieweit sehen sie zum einen Versäumnisse und Defizite der EU selbst, zum anderen Probleme, die von außen auf sie einwirken? Versuchen Sie, einige Aspekte aus ihrem eigenen Erfahrungs- und Wissenshintergrund heraus näher zu konkretisieren.*

2. *Unter der Bezeichnung „Eurobarometer" veröffentlicht die Europäische Union in regelmäßigen Abständen Umfrageergebnisse aus allen EU-Ländern, die u. a. auch die Einstellung der Bürger zur EU betreffen. Inwiefern spiegelt das auf S. 373 wiedergegebene Ergebnis (vom November 2005) die in M 1 beschriebene Situation wider? Vergleichen Sie es ggf. mit einem späteren Umfrageergebnis, um zu sehen, ob oder wie die „Stimmung" sich verändert hat.*

3. *Welche Bemühungen und Maßnahmen können nach Meinung der Verfasser dazu dienen, die Bürger für das europäische Projekt zu gewinnen? Wie beurteilen Sie diese Ansätze?*

4. *Wozu dient überhaupt die europäische Einigung? Stellen Sie heraus (2. Teil des Textes), welche Gründe für Projekt der europäischen Einigung maßgeblich waren (und bleiben) und welche sich aus dem Prozess der Globalisierung neu ergeben. Welche Gründe halten Sie selbst für besonders (oder weniger) wichtig? Vergleichen Sie Ihre Einstellung mit dem dargestellten Befragungsergebnis „Jugend und Europa".*

I. Was ist das, die „Europäische Union"? Entwicklung und Strukturmerkmale des EU-Systems

M 2 Gibt es eine „europäische Identität"?

Was die großen politischen Zielvorstellungen betrifft, ist Europa so einig wie nie zuvor in seiner Geschichte. Andererseits ist Europa sehr heterogen. In Kultur, Sprache und Gesellschaft gibt es zum Teil erhebliche Unterschiede. Nirgendwo sonst prallt auf vergleichsweise kleinem Raum eine so ausgeprägte Vielfalt aufeinander. Eine europäische Identität steckt noch immer in den Kinderschuhen. Egal, welche Nation man befragt, das Ergebnis ist immer das gleiche: Die Bürger Europas fühlen sich in erster Linie als Angehörige ihres Nationalstaates, als Italiener, Ungarn, Schweden oder Franzosen. In einigen Fällen definieren sie sich in erster Linie sogar regional und sehen sich als Korsen, Lappländer, Schlesier oder Basken. Nur als Europäer fühlen sie sich entweder gar nicht oder nur an zweiter oder gar dritter Stelle. [...]

Damit sich eine Identität entwickeln kann, braucht es neben der Abgrenzung ein Objekt, das sich als Einheit versteht und sich selbst beschreibt. Im Falle Europas ist dies die (wachsende) EU, die sich selbst sehr wohl als einheitsstiftend versteht. Ihre Mitglieder haben jedoch zum Teil sehr unterschiedliche Vorstellungen davon, wie die gemeinsame Identität gefüllt werden kann.

- Die Abgrenzung ist unvollkommen: Natürlich gibt es die **geografische Abgrenzung**, die aber im Osten schon unscharf wird. Kein Wunder, geologisch gesehen spricht man nicht von Europa und Asien, sondern vom Kontinent Eurasien. Ural und Kaukasus gelten als Grenzen zwischen Europa und Asien. Im Südosten Europas gilt der Bosporus in Istanbul als Grenze zwischen den beiden Kontinenten. Das hieße, dass mehr als 95 Prozent der Türkei zu Asien gehörten. Die Türkei fühlt sich aber Europa zu-

Die „Kopenhagener Kriterien"

Im Juni 1993 verkündeten die Staats- und Regierungschefs in Kopenhagen die politische Bereitschaft zur Aufnahme der assoziierten mittel- und osteuropäischen Länder. Diese Zusicherung wurde jedoch an die **Erfüllung von Beitrittskriterien** geknüpft. Die sogenannten „Kopenhagener Kriterien" [...] umfassen sowohl wirtschaftliche als auch politische Voraussetzungen einer Mitgliedschaft. Demnach müssen neue Mitglieder folgende Kriterien erfüllen:

- Stabilität der *Demokratie* und ihrer Institutionen (Rechtsstaat, Mehrparteiensystem, Menschenrechte, Schutz von Minderheiten, Pluralismus usw.)
- eine funktionierende *Marktwirtschaft*, die dem Wettbewerbsdruck im Binnenmarkt standhält
- Fähigkeit zur Übernahme der Rechte und Pflichten, die sich aus dem *Acquis* [Bestand aller Rechtsvorschriften] der EU ergeben
- Einverständnis mit den *Zielen* der Politischen Union sowie der *Wirtschafts- und Währungsunion*

(Werner Weidenfeld/Wolfgang Wessels [Hg.], Europa von A bis Z, Bonn 2002, S. 126)

Historische und andere „Bausteine", konstitutiv für eine **europäische Identität**, sind: Idee der Freiheit, der Menschenrechte, Demokratie/Parlamentarismus, Vielfalt der Kulturen, Idee der Individualität, Zentrum der Wissenschaften, Humanismus/Aufklärung*, Industrialisierung, Christentum usw.

(Wolfgang W. Mickel/Jan Bergmann, Handlexikon der Europäischen Union, Omnia Verlag, Stuttgart, 3. Aufl. 2005, S. 438) gehörig und drängt auf eine Mitgliedschaft in der EU. [...]

- Auch die Selbstbeschreibung der EU ist im Fluss. Die EU sieht sich vor allem als **Wertegemeinschaft**. Aber Werte wie Freiheit, Demokratie, Achtung der Menschenrechte und Grundfreiheiten sowie Rechtsstaatlichkeit sind nicht speziell europäisch, sie basieren auf universalistischen [weltweit geltenden] Werten und Zielen. Neben diesen Werten gibt es noch eine Reihe von Zielen und Feldern, auf denen die Staaten im Rahmen der EU zusammenarbeiten. Sie sind in einem Konvolut von Verträgen aufgelistet, das niemand mehr überblickt. Immerhin ist dieses Manko erkannt: Der Inhalt dieser Verträge soll in einer Europäischen Verfassung zusammengefasst werden.

(Quelle: Statistisches Bundesamt, Wiesbaden 2005, Cover des Faltblattes „Europäische Union 2005")

Im Gegensatz zur US-Flagge sollen die Sterne nicht die Mitgliedstaaten symbolisieren. Die mythische Zahl Zwölf steht vielmehr für Vollkommenheit, Vollständigkeit und Einheit. Die Europaflagge knüpft damit an die zwölf Stämme Israels, die zwölf Apostel, die zwölf Monate und die zwölf Stunden des Ziffernblattes der Uhr an. Eingeführt wurde die Flagge 1955 vom Europarat, 1983 übernahm sie das Europäische Parlament, und seit 1986 wird sie von sämtlichen europäischen Einrichtungen verwendet. [...]
Sie flattert nicht nur vor vielen Amtsgebäuden, sondern leuchtet auch von italienischen Nudelpackungen oder deutschen Autokennzeichen.
Die Europaflagge trägt also dazu bei, europäische Identität zu stiften, auch wenn die Strahlkraft der Stars and Stripes noch längst nicht erreicht ist.

(Süddeutsche Zeitung v. 30.4.–2.5.2004, S. 2; Verf.: Stefan Ulrich)

- Die EU steht heute vor dem Problem, dass die ohnehin schon bestehende kulturelle und politische Heterogenität sich durch die [...] **Erweiterung** weiter vergrößern wird. Eine sich ständig wandelnde EU ist jedoch als Bezugspunkt für Identifikation denkbar schlecht geeignet. Für die EU – genauer gesagt, für ihre politischen Vordenker – ist das mangelnde Europa-Bewusstsein ihrer Bürger auf dem Weg zu einer immer engeren Union ein großes Problem. Die EU-Verordnungen sind den meisten Europäern fremd oder unbekannt. Mit ihnen kann man im Alltag genauso wenig anfangen wie mit der Grundrechtecharta oder der Vorschrift, wie viele Sardinen in eine Konservendose passen dürfen.

- Die Europäer sehen die EU oft nach dem Gesichtspunkt der **Zweckmäßigkeit**. Sie fragen sich: Was kostet die EU mich und mein Land, was bringt sie? Ihr Wissen über die Union stufen die Bürger in den Mitgliedstaaten als relativ niedrig ein. Diese Befunde zeigen: Die Europäische Union ist für die Menschen, die in ihr leben, ein diffuses, weit entferntes Etwas. Als wertbezogene Identifikationsgrundlage taugt sie also nichts. Auf dem Papier mag sie für viele Verordnungen und Politikbereiche (mit) zuständig sein. In ihrem Alltag spüren die Europäer wenig davon, denn ihre Lebenswirklichkeit ist nach wie vor weitgehend national bestimmt.

Das erste europäische Symbol, das Eingang in diesen Alltag gefunden hat, ist seit dem 1. Januar 2002 der **Euro**. Er gilt nicht in ganz Europa, aber immerhin in zwölf EU-Staaten. Das ist ein Anfang. Romano Prodi, der Präsident der EU-Kommission (bis 2005), freute sich nach der Einführung des Euro-Bargelds, dass von nun an mehr als 300 Millionen Europäer „ein kleines Stück Europa in ihren Händen halten" können. Gleichzeitig ist der Euro aber auch ein Symbol dafür, dass die EU weiterhin vor allem ein großer **gemeinsamer Wirtschaftsraum** ist. So wichtig das ist, für eine weitgehende Identifikation ist es noch zu wenig.

- Die Frage der europäischen Identität ist auch eine **Generationenfrage**. Staaten, Uni-

(Zeichnung: Peter Kaczmarek/CCC, www.c5.net)

versitäten oder Stiftungen säen die Samen, indem sie Austauschprogramme für Schüler und Studenten anbieten. In einigen Jahrzehnten werden sie die Früchte ernten können. Vermutlich werden sich die Kinder derjenigen, die mit einem Stipendium oder auf eigene Faust im europäischen Ausland waren, viel mehr als Europäer sehen, als es heute die Mehrheit der Menschen in Europa tut. Vielleicht sind sie Europäer aus Überzeugung. Der Weg des Austausches sollte weiter beschritten werden: Nur wer über den nationalen Tellerrand sieht und sich eingehend mit mehreren europäischen Ländern beschäftigt, wird ein europäisches Bewusstsein oder eine europäische Identität entwickeln. Die Grundlagen dafür sollten schon in der Schule gelegt werden, und zwar sorgfältiger, als das momentan der Fall ist. Das gilt vor allem für den Fremdsprachenunterricht. Noch beherrscht fast die Hälfte aller EU-Bürger nur ihre Muttersprache. Unter den Fremdsprachen liegt das Englische klar vorne (41 %), gefolgt von Französisch (19 %), Deutsch (10 %) und Spanisch (7 %). Nur rund ein Viertel der Europäer spricht mehr als eine Fremdsprache.

(Bernd Oswald, Europa, Europäische Verlagsanstalt, Hamburg 2003, S. 8ff.)

1. *Machen Sie deutlich, was gemeint ist, wenn man von einer europäischen „Identität" spricht. Dabei kann Ihnen ggf. der Vergleich mit der Frage helfen, woran Sie denken, wenn Sie sich als Deutscher verstehen. In welchen Situationen hat sich für Sie diese Frage schon einmal gestellt?*
2. *Erläutern Sie die Aussagen des Textes zu den Schwierigkeiten, die sich ergeben, wenn man eine europäische Identität geografisch (s. Karte M 7, S. 382) bestimmen will.*
3. *Erläutern Sie – auch auf dem Hintergrund Ihrer Geschichtskenntnisse – die genannten „historischen Bausteine" einer europäischen Identität (s. Kasten S. 375) und vergleichen Sie dazu auch die politischen und wirtschaftlichen Kriterien, welche die EU als Bedingungen für die Aufnahme neuer Mitglieder festgelegt hat („Kopenhagener Kriterien, s. Kasten S. 375).*
4. *Wie schätzen Sie die identitätsbildende Kraft des Euro und der europäischen Flagge ein? Kennen Sie auch die „Europa-Hymne"?*
5. *Wie beurteilen Sie den Hinweis des Autors, dass die Frage der europäischen Identität auch eine „Generationenfrage" sei? Fördern die angesprochenen Austauschmaßnahmen nicht eher das Bewusstsein europäischer Vielfalt und Verschiedenheit als das europäischer Einheit?*

M 3 „Wachsende tagtägliche Bedeutung" und „zunehmende Komplexität"

Mehr Rechte für Passagiere im Luftverkehr
Neue EU-Verordnung regelt Schadenersatz/Bis zu 600 Euro bei Überbuchung
(Frankfurter Allgemeine Zeitung v. 16.10.2003, S. 15)

EU blockiert weiter Import von Gen-Mais
Antrag der Kommission gescheitert/Agrarminister müssen entscheiden/ Grüne jubeln über „Etappensieg für Verbraucherschutz"
(Süddeutsche Zeitung v. 9.12.2003, S. 21)

Europäischer Gerichtshof: Bereitschaftsdienst ist Arbeit:
Kliniken müssen bis zu 27 000 Ärzte einstellen
Auf Krankenhäuser kommen hohe Kosten zu/Bundesregierung will Urteil rasch in nationales Recht umsetzen
(Süddeutsche Zeitung v. 10.9.2003, S. 1)

EU-Kommission setzt sich für Verbraucher ein
Wieder eine Millionenbuße für VW
Verbotene Preisvorgaben beim Passat/Wolfsburger Konzern zieht vor den EuGH
(Süddeutsche Zeitung v. 31.5.2001, S. 25)

Brüssel verbietet europaweit die Tabakwerbung
Deutschland im Ministerrat überstimmt/Neue EU-Richtlinie gilt für alle Print-Medien/Bundesregierung prüft Klage in Luxemburg
(Süddeutsche Zeitung v. 3.12.2003, S. 19)

EU stoppt Geflügel-Einfuhr aus Amerika
Hochansteckende Version des Vogelgrippevirus/Keine Versorgungsengpässe zu befürchten
(Frankfurter Allgemeine Zeitung v. 25.2.2003, S. 13)

Trotz langjähriger und intensiver Kontroversen um die Europäische Union ist eine Erkenntnis Allgemeingut: Diese seltsam anmutende Konstruktion ist für die Staaten wie auch für jeden Bürger Europas von *wachsender tagtäglicher Bedeutung*. Die Organe der EU treffen verbindliche Entscheidungen, die in zunehmendem Maße wesentliche Bereiche des politischen, wirtschaftlichen und sozialen Zusammenlebens regeln: Qualitätsnormen für Nahrungsmittel und Einfuhrregeln für Bananen sind ebenso wie die Freizügigkeit bei der Wahl des Studienortes für Studenten und die Förderung des landwirtschaftlichen Sektors Gegenstand gemeinschaftlicher Rechtsakte. Seit dem 1. Januar 2002 ist der Euro das einzig gültige Zahlungsmittel – zumindest in der Eurozone der zwölf beteiligten Staaten. In internationalen Organisationen wie bei Krisen im regionalen Umfeld Europas sprechen Vertreter der Union – wenn auch nicht immer erfolgreich – im Namen aller Mitgliedstaaten. Außerdem werden gemeinsame militärische und zivile Krisenreaktionskräfte aufgebaut. Auch die Bekämpfung der internationalen Kriminalität und eine gemeinsame Einwanderungspolitik stehen hoch auf der Tagesordnung der Unionspolitik. „Brüssel" wird so zu einem wesentlichen Teil unseres politischen Lebens, der zunehmend Aufmerksamkeit verlangt und auch erhält. Die Beschreibung, Analyse und Bewertung der Europäischen Union wird nicht nur wichtiger, sie wird auch immer schwieriger. Der wachsenden Bedeutung des EU-Systems steht gleichzeitig eine *Zunahme an Komplexität* gegenüber, die diese Aufgabe zu einer beträchtlichen Herausforderung für alle Betroffenen und Beteiligten werden lässt.

(Werner Weidenfeld [Hrsg.], Die Europäische Union. Politisches System und Politikbereiche, Bundeszentrale für politische Bildung, Bonn 2004, S. 83f.)

(Zeichnung: Reinhold Löffler/CCC, www.c5.net)

Machen Sie sich anhand von M 3 klar, warum es so wichtig ist, etwas über das politische System und die einzelnen Institutionen der Europäischen Union zu wissen und warum es zugleich so schwierig ist (und daher von Ihnen eine gewisse Anstrengung verlangt), sich diesen Überblick zu verschaffen. Nennen Sie ggf. konkrete Beispiele dafür, dass unser Alltagsleben immer mehr durch den Einfluss der EU bestimmt wird (vgl. Kasten S. 377 und M 42, Z. 2ff., S. 443). Inwiefern ist das EU-System für den einzelnen Bürger so schwer durchschaubar?

Wir wollen in diesem Kapitel versuchen, Ihnen einen ausreichenden „Durchblick" zu verschaffen, müssen uns dabei aber weitgehend auf allgemeine, systematische Informationen beschränken. Wir empfehlen Ihnen daher, die Unterrichtsarbeit durch eine eigene (in M 4 näher beschriebene) **„Zeitungsrecherche"** zu ergänzen, die u.a. dazu dienen kann, allgemeine und abstrakte Informationen durch vielfältige **konkrete Beispiele** aus der aktuellen EU-Politik zu ergänzen und dadurch besser verständlich zu machen. Das gilt nicht nur für die Arbeit an diesem Abschnitt, in dem es um das politische Entscheidungssystem der EU, ihre Institutionen und Verfahrensweisen geht, sondern auch für die übrigen Abschnitte zu den verschiedenen inhaltlichen Bereichen der EU-Politik. Zugleich weisen wir Sie an dieser Stelle auf ein in verständlicher Sprache und anschaulicher Darstellung gehaltenes **Informationsangebot im Internet** hin, das zu allen Bereichen und Fragen der Europäischen Union Auskunft gibt. Es wird von einer Reihe kompetenter Journalisten gestaltet und ständig aktualisiert: www.europa-digital.de.

M 4 Projekt: Zeitungsrecherche

In M 3 wurde darauf hingewiesen, wie weitgehend unser Alltagsleben bereits durch Regelungen der EU-Politik bestimmt ist und welche Institutionen für diese Politik verantwortlich sind. Diese „Europäisierung" unseres Lebens und die ständige Weiterentwicklung der EU-Politik spiegeln sich auch in der Berichterstattung der Medien wider. Wir schlagen Ihnen deshalb vor, *begleitend zur Arbeit mit den folgenden Abschnitten* Ihre Tageszeitung(en) auf Nachrichten zur Europa-Politik hin zu untersuchen und aus den gesammelten Ausschnitten eine *Dokumentationsmappe* zusammenzustellen. Dabei können Sie folgendermaßen verfahren:

1. Sie legen gemeinsam den Zeitraum fest, in dem Sie täglich die in Ihrem Haushalt gelesene(n) Tageszeitung(en) (Lokalzeitung, überregionale Zeitung) auf Berichte und Fotos hin durchsehen, in denen es um Fragen und Entscheidungen der EU-Politik geht (zumeist schon an der Überschrift zu erkennen). Diese Artikel schneiden Sie – nach Absprache mit den anderen Familienmitgliedern – aus und sammeln sie in einer Mappe.

2. Am Ende des Zeitraums kann im Unterricht die Auswertung erfolgen. Sie besteht darin, dass Sie sich gemeinsam auf einige *inhaltliche Kategorien* einigen, nach denen Sie die gesammelten Ausschnitte ordnen können. Solche Kategorien könnten z. B. sein:

- Berichte über Tagungen und Sitzungen der einzelnen **EU-Institutionen**;
- Berichte über **EU-Gesetze** (Richtlinien, Verordnungen) und ihre Auswirkungen auf verschiedene Bereiche (Landwirtschaft, Verbraucherschutz, Umweltschutz, Verkehrspolitik usw.);
- Berichte über **außen- und sicherheitspolitische Aktivitäten** der EU (Beschlüsse, Maßnahmen und Verhandlungen).

3. Wenn Sie Ihre Zeitungsausschnitte und Fotos nach diesen Inhaltsbereichen geordnet haben (am besten in Gruppenarbeit), sollten Sie sich (z. B. durch Gruppenberichte und Unterrichtsgespräche) darüber austauschen, in welchen Bereichen die Schwerpunkte der EU-Berichterstattung gelegen haben, welche Probleme im Mittelpunkt gestanden haben, von welchen Ereignissen und Entscheidungen Ihr Alltagsleben am ehesten betroffen ist usw.

4. Wenn Sie sich dazu entschließen, z. B. unter der Überschrift „Europäisierung der Politik" eine kleine *Dokumentation* (z. B. in Form einer Wandzeitung oder auf einer Stellwand) zu veröffentlichen, sollten Sie vielfältige Möglichkeiten der Gestaltung nutzen (vergrößerte Kopien von Zeitungsschlagzeilen, zusätzliche Hinweise und Fotos z. B. zu Institutionen und Personen, eigene kurze Kommentare usw.). (Autorentext)

Bevor die Struktur des politischen Systems der EU näher dargestellt wird, soll ein kurzer Überblick über die Schritte, die zum gegenwärtigen **Stand der europäischen Einigung** geführt haben, knapp informieren (M 5 – M 7). Auf eine ausführliche Darstellung des historischen Entwicklungsprozesses wird verzichtet. Die Übersicht M 5 kann Ihnen einen allgemeinen Überblick verschaffen, soll aber auch zum „Nachschlagen" dienen, wenn in den Materialien dieses Kapitels Hinweise auf bestimmte historische Daten und Beschlüsse zu klären sind.

M 5 Geschichte der Europäischen Union im Überblick

Jahr	Abkommen/Vertrag	Inhalt/Institution	Ziel/Ergebnis
1952	**Pariser Verträge** (s. Foto S. 381) – Europäische Gemeinschaft für Kohle und Stahl (EGKS, Montanunion) – Gerichtshof der Europäischen Gemeinschaft (EuGH)	– Wirtschaftlicher Zusammenschluss zwischen Frankreich, Deutschland, Belgien, Niederlande, Luxemburg, Italien – später: Großbritannien, Portugal, Irland, Dänemark, Griechenland, Spanien, – Einrichtung eines Gerichts zur Entscheidung von Rechtsstreitigkeiten zwischen Mitgliedstaaten, Institutionen, Unternehmen, Privatpersonen	– Gemeinsamer Markt für Rohstoffe, Kohle und Stahl – Durchsetzung gemeinsamer Rechtsvorschriften in allen Mitgliedstaaten.

1957 1958	**Verträge von Rom** (s. Foto S. 381) – Europäische Wirtschaftsgemeinschaft (EWG) – Europäische Atomgemeinschaft (Euratom)	– Ausweitung der Aufgabenbereiche der Montanunion, Beseitigung von Handelshemmnissen (z. B. Senkung von Zöllen, 1968 Abschaffung der Binnenzölle), Verabredung einer gemeinsamen Agrar- und Außenpolitik – Schaffung einer gemeinsamen Atombehörde – Beschluss zur Schaffung eines gemeinsamen Marktes, Einrichtung gemeinsamer Institutionen	– Förderung des Handels zwischen den Mitgliedstaaten, Integration weiterer Wirtschaftsbereiche – Koordination und Kontrolle der im Aufbau befindlichen Nuklearindustrie (Rüstung) – Ministerrat, Kommission
1967	*Fusionsvertrag* – Europäische Gemeinschaft (EG)	– Zusammenlegung der Organe von EGKS, EWG und Euratom zu gemeinsamen Organen: Ministerrat, Kommission, Gerichtshof, Parlament	Effizientere Verwaltung der Teilgemeinschaften
1973	Norderweiterung	Beitritt von Großbritannien, Irland Dänemark	9 Länder in der EG
1978	Europäisches Währungssystem (EWS)	Festlegung der Wechselkurse zwischen den Währungen innerhalb der EG	Kursstabilisierung, gemeinsame Finanzpolitik
1979	Wahlen zum Europaparlament	Die Bürger der Mitgliedstaaten wählen die Abgeordneten zum Europaparlament direkt	Stärkung der Demokratie in der EG
1981/86	Süderweiterung	Beitritt von Griechenland, Spanien und Portugal	12 Länder in der EG
1987	Einheitliche Europäische Akte (EEA)	– Zeitplan zur Vollendung eines gemeinsamen Binnenmarktes bis zum 1. Januar 1993 – Reform der Entscheidungsverfahren der EG: mehr Mitentscheidungsrechte des Parlaments, Mehrheitseinscheidungen im Ministerrat möglich	– Freier Verkehr von Personen, Waren, Kapital und Dienstleistungen – Demokratisierung, Erleichterung der Beschlüsse
1991	**Vertrag von Maastricht** (s. Foto S. 381) – Europäische Union (EU)	– Beschluss zur Umsetzung einer Wirtschafts- und Währungsunion – Verabredung neuer Formen der Zusammenarbeit zwischen den Regierungen der Mitgliedstaaten in der Verteidigungs-, Innen- und Justizpolitik: Eingliederung zwischenstaatlicher Gremien in die EU-Systeme	– gemeinsame Währung: „Euro" ab 1999/2002 – Unionsbürgerschaft – Ausweitung der EU-Kompetenzen in der Außen-, Sicherheits-, Innen- und Justizpolitik
1995	*„Schengener Abkommen" (In-Kraft-Treten)*	Abschaffung der regelmäßigen Pass- und Zollkontrollen an vielen Grenzen der EU	Erleichterung des Waren- und Reiseverkehrs
1995	Erweiterung	Beitritt von Finnland, Schweden und Österreich	15 Länder in der EG
2000	*Vertrag von Nizza*	– Beschluss zum Umbau der Institutionen der EU (z. B. nur ein Kommissar pro Mitgliedstaat) – Vereinbarung zu weiteren Reformen (Kompetenzabgrenzung: EU-Mitgliedstaaten)	Aufnahme neuer Mitglieder soll ermöglicht werden – Regelung für Größe und Funktionsweise der EU-Organe
2002	Treffen in Kopenhagen	– „Konvent zur Zukunft Europas 2002" – Europäischer Rat beschließt Erweiterung um zehn neue Mitglieder	– Europäische Verfassung – Übergangsregelungen für die Beitrittsländer
2004	**Osterweiterung** (s. Foto S. 381)	Beitritt: Polen, Tschechische Republik, Slowakei, Slowenien, Litauen, Estland, Lettland, Malta, Slowakei, Slowenien, Tschechien, Ungarn, Zypern (griech.)	25 Länder in der EU

(Wochenschau II, Nr. 5, Sep./Okt. 2004, Wochenschau Verlag, Schwalbach 2004, S. 189; Zusammenstellung der Redaktion)

M 6 Paris, Rom, Maastricht, Athen, Rom – Wichtige Stationen und Personen des Einigungsprozesses

Paris 1951

Robert Schuman, Jean Monnet, Konrad Adenauer und Walter Hallstein (v. r.) bei der Unterzeichnung des Vertrags über die Europäische Gemeinschaft für Kohle und Stahl (EGKS) am 18.4.1951 in Paris

(Foto: © Fondation Jean Monnet pour l'Europe, Lausanne/Charly Keuffer, St. Saphorin)

Rom 1957

Bundeskanzler Konrad Adenauer (1. Reihe, 5. v. l.) und Staatssekretär Walter Hallstein (von 1958 bis 1967 Präsident der EWG, 6. v. l.) unterzeichnen am 25.3.1957 im historischen Saal des Konservatorenpalastes auf dem Capitol in Rom die „Römischen Verträge".

(Foto: Bundesbildstelle Bonn)

Maastricht 1992

In Maastricht wurde am 7.2.1992 der Vertrag über die Europäische Union unterzeichnet (im Bild für Deutschland: Außenminister Genscher und Finanzminister Waigel). Die bisherigen Verträge (EWG/EG, EGKS, Euratom) wurden verändert und unter dem Dach der „Europäischen Union" durch zwei weitere „Säulen" (s. M 8a) erweitert; die Währungsunion wurde beschlossen.

(Foto: © dpa-Bildarchiv)

Athen 2003

Vor dem Hintergrund des Hephaistos-Tempels auf dem antiken Marktplatz (Agora) Athens unterhalb der Akropolis trafen sich im April 2003 die Staats- und Regierungschefs der bisherigen 15 EU-Länder mit denen der zehn neuen Mitgliedsländer zur feierlichen Unterzeichung des Beitrittsvertrags (auch die Außenminister und Vertreter der EU-Kommission nahmen teil). Die Schaffung des „neuen Europas der 25" wurde als das „Ende der Teilung Europas" gefeiert.

(Foto: © dpa-Fotoreport)

Rom 2004

Der gleiche Ort und ebenso eine historische Stunde: Im selben Saal wie bei der Unterzeichnung der Römischen Verträge (s. S. 381) unterzeichnen die Staats- und Regierungschefs am 29.10.2004 den Vertrag über die „**Verfassung der EU**“. Dass der Vertrag im Frühjahr 2005 an den Volksabstimmungen in Frankreich und den Niederlanden scheitern würde (s. S. 373), damit hatte niemand gerechnet.

(Foto: AP Photo)

M 7

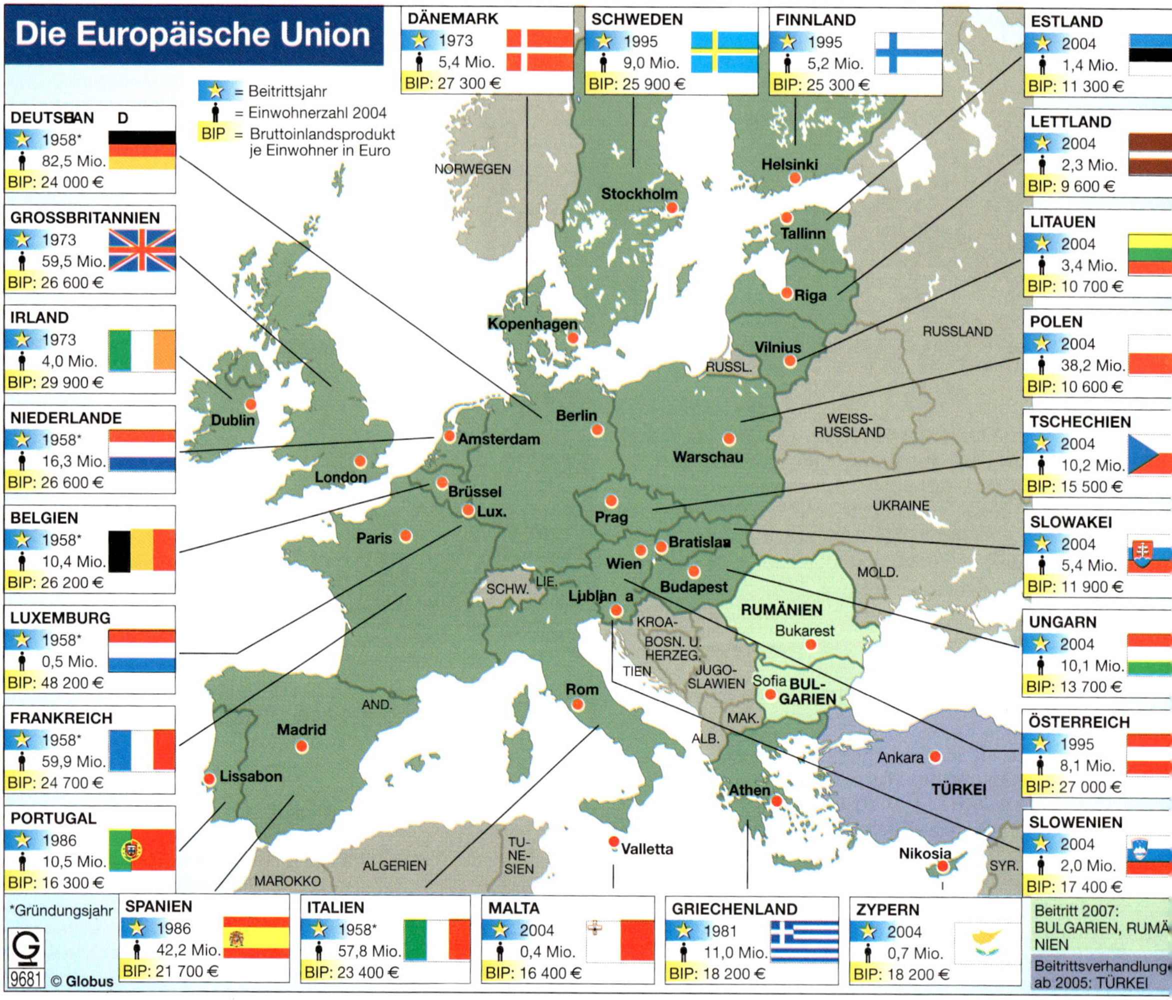

Wirtschafts- und Sozialdaten der EU-Länder (2003)

Land	BIP unter Berücksichtigung der Kaufkraft			Saldo des Staatshaushalts	Staatsverschuldung	Erwerbsquote[2]	Erwerbslosenquoten 2004		Durchschnittl. Kinderzahl je Frau	Einwohner		im Straßenverkehr Getötete[3]	PKW-Dichte	Internet-Nutzer[4]	Mobilfunkteilnehmer	CO_2-Emissionen[5]
	insgesamt	insgesamt	je Einwohner				insgesamt	unter 25 Jahren		je Arzt	je Zahnarzt	je 1 Mill. Einwohner	je 1000 Einwohner			je Einwohner
	Mrd. EUR	Mrd. KKS[1]	KKS[1]	% des BIP		%	%		Anzahl	Anzahl						t
Deutschland	2178,2	1978,2	24000	–3,9	66,0	72,1	9,5	15,2	1,3	276	1288	80	546	473	785	10,1
Belgien	281,8	273,2	26300	0,1	95,6	64,9	7,8	19,8	1,6	239	1142	127[5]	459	385	791	10,9
Dänemark	194,7	147,2	27200	2,8	42,7	79,5	5,4	8,2	1,8	274	1123	80	351	541	883	9,5
Estland	8,8	15,2	11300	1,8	4,9	70,1	9,2	21,0	1,4	320	1249	121	321	444	777	10,5
Finnland	149,7	134,0	25600	2,1	45,1	74,5	8,8	20,7	1,8	319	1121	73	436	534	909	12,2
Frankreich	1625,2	1526,8	24700	–3,7	65,6	69,1	9,6	21,9	1,9	296	1467	101	493	366	696	6,3
Griechenland	164,6	201,9	18300	–6,1	110,5	63,9	10,2[5]	26,5[5]	1,3	220	852	146	332[5]	156	936	8,2
Irland	146,1	121,4	29900	1,3	29,9	68,8	4,5	8,3	2,0	417	1876	84	374	313	869	10,7
Italien	1355,3	1360,8	23500	–3,0	105,8	61,5	7,9[5]	24,6[5]	1,3	166	1701	104	593	320	966	7,6
Lettland	10,9	22,3	9700	–0,8	14,4	69,2	9,8	19,0	1,3	338	1624	213[6]	280	404	526	3,0
Litauen	17,7	37,0	10700	–2,5	19,7	69,9	10,8	19,9	1,3	263	1483	206	366	202	630	3,5
Luxemburg	25,5	21,9	48300	–1,1	7,5	65,1	4,2	12,9	1,6	317	1545	117	650[7]	376	1194	20,7
Malta	4,4	6,5	16200	–5,2	75,0	58,6	7,3	16,7	1,4	321	2477	40	523	302[5]	725	6,3
Niederlande	464,8	434,4	26700	–2,5	55,7	76,3	4,7	7,9	1,8	304	2129	67	423[5]	523	769	11,0
Österreich	233,0	220,0	27100	–1,3	65,2	72,0	4,5	9,7	1,4	309	2202	114	498[7]	458	872	8,2
Polen	195,9	405,6	10600	–4,8	43,6	63,9	18,8	39,5	1,2	446	3817	148	294	235	456	7,4
Portugal	134,7	172,4	16400	–2,9	61,9	72,9	6,7	15,4	1,4	307	2012	148	379	192[5]	893	6,1
Schweden	278,7	233,1	25900	1,4	51,2	77,3	6,3	16,3	1,7	249	1148	59	454	573[5]	981	5,6
Slowakei	32,6	64,1	11900	–3,3	43,6	70,0	18,0	32,3	1,2	300	2233	120	252	256	684	7,0
Slowenien	26,0	34,8	17400	–1,9	29,4	67,1	6,0	14,3	1,2	440	1646	121	446	401	871	7,6
Spanien	793,1	893,4	21800	–0,3	48,9	67,3	10,8	22,0	1,3	220	2249	128	451[5]	232	889	7,3
Tschechische Republik	87,0	158,8	15600	–3,0	37,4	70,2	8,3	21,1	1,2	264	1533	142	363[7]	304	951	11,3
Ungarn	81,4	139,0	13800	–4,5	57,6	60,6	5,9	14,8	1,3	341	2759	131	275	237	785	5,5
Vereinigtes Königreich	1706,3	1593,5	26500	–3,2	41,6	75,6	4,7	10,8[5]	1,7	557	2441	61	501	421[5]	888	8,9
Zypern	12,5	13,4	18200	–4,2	71,9	72,2	5,0	10,6	1,5	392	1197	133	402[5]	342	756	8,9
Europ. Union (EU-25)	10208,[illegible]	10208,1	22300	–2,6	63,8	69,3	9,0	18,6	1,5	287	1767	–	–	–	807	8,3
Europ. Union (EU-15)	9730,9	9311,4	24300	–2,6	64,7	70,0	8,0	16,4	1,5	275	1801	–	–	–	844	8,4

1 „Kaufkraftstandards*", durch deren Berechnung Preisniveauunterschiede in den einzelnen Ländern ausgeschaltet werden;
2 Erwerbspersonen (Erwerbstätige + Erwerbslose) im Alter von 15 – 65 Jahren in Prozent der gleichaltrigen Bevölkerung;
3 innerhalb von 30 Tagen Gestorbene;
4 Näherungswerte;
5 2002

(Statistisches Bundesamt, „Faltblatt EU 2004", www.destatis.de/download/d/veroe/euun.pdf)

Der Überblick über die historische Entwicklung und den gegenwärtigen Mitgliederstand der Europäischen Union dient der Orientierung. Informieren Sie sich über die Bedeutung der wichtigsten Verträge (M 5, M 6) und die einzelnen Erweiterungsschritte (M 7 in Verbindung mit M 5). Eine ausführlichere Darstellung des europäischen Einigungsprozesses finden Sie im Internet unter der Adresse http://de.wikipedia.org/wiki/Geschichte_der_Europ%C3A4ischen_Union. Anhand der Übersicht S. 383 können Sie sich ein Bild von den z. T. erheblichen Unterschieden zwischen den Ländern der EU in vielen Bereichen der Wirtschafts- und Sozialstruktur machen.

M 8 „Ein Gebilde besonderer Art" – Grundstrukturen der EU-Politik

Die Europäische Union ist ein Gebilde besonderer Art.

- Zunächst: Sie ist **kein Staat** und deshalb ist in der Union manches anders als in ihren Mitgliedstaaten. Die Union hat keine Hauptstadt, auch wenn ihre wichtigsten Institutionen in der belgischen Hauptstadt Brüssel ihren Sitz haben. Sie erhebt keine Steuern, ihre Einnahmen bestehen im Wesentlichen aus den Beiträgen, die die Mitgliedstaaten aus ihren eigenen Steuermitteln leisten. Sie hat auch keine „Regierung" in dem Sinne, dass ein vom Volk gewähltes Parlament die Gesetze (Legislative) beschließt und eine von ihm kontrollierte Regierung als oberstes Exekutivorgan wählt (so sieht es das Prinzip der Gewaltenteilung [vgl. S. 39f. in Kap. A] in den einzelnen Mitgliedstaaten vor).
- Was ist die EU dann? Sie ist ein Gebilde aus (seit 2004: 25) zunächst einmal völlig souveränen (d.h. unabhängigen und selbstständigen) Staaten, die untereinander durch völkerrechtliche *Verträge* vereinbart haben, auf einen (im Laufe der Zeit immer größer gewordenen) *Teil ihrer nationalen Souveränitätsrechte** zu verzichten und über bestimmte Bereiche der Politik nur *gemeinsam zu entscheiden* bzw. gemeinsame „europäische" Organe (Institutionen) entscheiden zu lassen. Diese grundlegenden Verträge sind der inzwischen ausgelaufene Vertrag über die Europäische Gemeinschaft für Kohle und Stahl (EGKS, 1951), der *Euratomvertrag* (1958), der EWG-Vertrag (1957; seit 1993: *EG-Vertrag*) und der *EU-Vertrag*, der 1993 in Maastricht unterzeichnet (und durch die Verträge von Amsterdam 1997 und vor allem von Nizza 2001 ergänzt) wurde (s. M 5).
Entsprechend dem besonderen Charakter der EU als eines **Verbunds von selbstständigen Staaten**, die aber einen Teil ihrer Zuständigkeiten „vergemeinschaftet" haben, muss man im Hinblick auf den Gesamtbereich der Politik unterscheiden zwischen Politikbereichen, über die allein auf europäischer Ebene (*„supranational")* *entschieden* wird (*Gemeinschaftspolitik*), und solchen, in denen die *Regierungen zwar eng zusammenarbeiten* und über Wichtiges auch gemeinsam beschließen, ansonsten aber „souverän" bleiben (für diese Bereiche wird der Begriff *„intergouvernementale* Zusammenarbeit"* oder Regierungszusammenarbeit verwendet). Daneben gibt es natürlich immer noch viele Bereiche der Politik, in denen die einzelnen Staaten weiterhin für sich allein entscheiden (dabei allerdings auf die Interessen der anderen Länder Rücksicht nehmen sollen).
- Wesentliche Elemente dieser „seltsam anmutenden Konstruktion" werden häufig „als **politische Dachorganisation** charakterisiert [...], die auf drei ‚Pfeilern' bzw. ‚Säulen' ruht. Als *erste Säule* werden gemeinhin die Europäischen Gemeinschaften benannt, als *zweite Säule* die Gemeinsame Außen- und Sicherheitspolitik (GASP), als *dritte Säule* die Polizeiliche und Justizielle Zusammenarbeit in Strafsachen (PJZS). Europarechtlich ist nur die erste [in M 8a die mittlere] Säule als wirklich supranationaler Bereich zu bezeichnen, in dem also auch mit Mehrheitsbeschlüssen gearbeitet wird und Recht entsteht, das direkt an die Unionsbürgerinnen und Unionsbürger adressiert ist und mithin – ohne nationalen Transformationsakt – auf sie ‚durchgreift'. Nur im Bereich der ersten Säule kann man tatsächlich davon sprechen, dass Politikbereiche vergemeinschaftet und also zur ureigensten Sache der EU gemacht wurden. Nur hier wurde tatsächlich die Souveränität der Mitgliedstaaten stark eingeschränkt und echte europäische Integration geleistet. Im Bereich der zweiten und dritten Säule dagegen findet weitgehend internationale bzw. intergouvernementale Zusammenarbeit der Mitgliedstaaten statt, d.h. es gilt das Prinzip der Einstimmigkeit, was bedeutet, dass jeder Mitgliedstaat grundsätzlich ein Veto-Recht besitzt. Hier wird auf internationaler Ebene überwiegend im Rahmen des allgemeinen Völkerrechts zusammengearbeitet." (Wolfgang W. Mickel/Jan Bergmann, Handlexikon der Europäischen Union, Omnia Verlag, Stuttgart, 3. Aufl. 2005, S. 711)

M 8a Die „Tempelkonstruktion" der EU

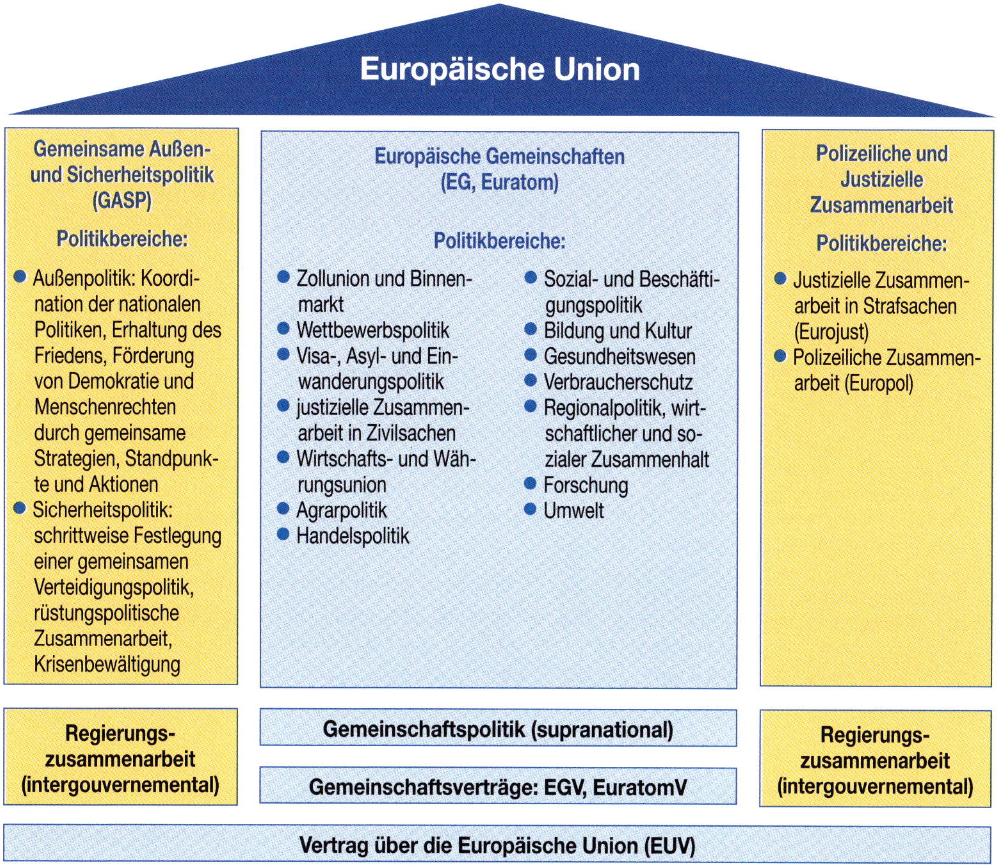

(Nach: Dietmar Herz, Die Europäische Union, C. H. Beck, München 2002, S. 70)

Das Bild vom Tempel ist eine übersichtliche, aber auch vereinfachende Darstellung des äußerst unübersichtlichen, komplexen politischen Systems der Europäischen Union. Das betrifft vor allem die genaue Festlegung der Bereiche, für welche die Entscheidungskompetenz allein auf der EU-Ebene (d.h. in der Zuständigkeit der in M 10ff. näher beschriebenen europäischen Institutionen) liegt. Wichtig zu wissen ist, dass die in der mittleren (Gemeinschafts-) Säule aufgeführten Politikbereiche nicht alle vollständig, sondern nur mehr oder weniger in der Kompetenz der EU liegen. Die ausschließliche **Gesetzgebungs- und Exekutivgewalt** hat die EU vor allem in vielen Bereichen der Agrarpolitik, der Außenhandelspolitik, der Wettbewerbspolitik und der Binnenmarktordnung (für die 12 Euro-Länder hat die Europäische Zentralbank darüber hinaus die alleinige Zuständigkeit). Wo die EU allein zuständig ist, stellen die EU-Gesetze (**„Verordnungen"**) in allen Mitgliedsländern unmittelbar geltendes, den nationalen Gesetzen übergeordnetes Recht dar. In anderen der in der mittleren Säule genannten Politikbereiche bezieht sich die EU-Kompetenz nur auf bestimmte größere (z.B. in der Umweltpolitik) oder kleinere (z.B. im Bereich Bildung und Kultur) Teilbereiche, für die die EU Gesetze in Form von **„Richtlinien"** (Rahmengesetze) erlässt, die von den Mitgliedstaaten jeweils – mit einem gewissen Gestaltungsspielraum – in nationales Recht umgesetzt werden müssen (vgl. Grafik S. 390). Ansonsten bleibt in diesen Politikbereichen die nationale Zuständigkeit erhalten. *Die Verteilung der Zuständigkeiten* ist in den Paragraphen des EG-Vertrags weitgehend festgelegt (s. Übersicht S. 386), jedoch nicht immer mit der notwendigen Klarheit, die auch durch die Geltung des sogenannten **„Subsidiaritätsprinzips"** (s. M 8b) nicht geschaffen werden kann. Nach diesem Prinzip soll die EU in

Bereichen, die nicht in ihrer ausschließlichen Zuständigkeit liegen, nur tätig werden, „sofern und soweit die Ziele der in Betracht gezogenen Maßnahmen auf der Ebene der Mitgliedstaaten nicht ausreichend erreicht [...] und daher wegen ihres Umfangs und ihrer Wirkungen besser auf Gemeinschaftsebene erreicht werden können" (Artikel 5, Absatz 2 EG-Vertrag).

(Autorentext)

**Übersicht:
Das Feld der Gemeinschaftspolitiken gemäß EG-Vertrag**

[Die] zumindest juristisch klare Rechtslage [eröffnet] in der Praxis große Entscheidungsspielräume. Denn letztlich hängt es von den jeweiligen *inhaltlichen Maßstäben* ab, ob eine *Notwendigkeit* für eine europäische Regelung diagnostiziert wird und ob man sich von dieser auch einen *besseren* Wirkungsgrad als von einer vergleichbaren nationalen Regelung verspricht. Für bestimmte Felder, wie die Kultur-, die Gesundheits- oder die Verbraucherpolitik, sind die gemeinschaftlichen Gestaltungskompetenzen durch Beschränkung ihrer Maßnahmen auf „Förderung" oder „Beitrag" *expressis verbis* noch einmal deutlich eingeschränkt.

Gemeinschaftspolitik

I. Freier Warenverkehr (voll vergemeinschaftet)
II. Landwirtschaft (voll vergemeinschaftet)
III. Freizügigkeit, freier Dienstleistungs- und Kapitalverkehr (ergänzende Zuständigkeit)
IV. Visa, Asyl, Einwanderung, freier Personenverkehr (ergänzende Zuständigkeit)
V. Verkehr (voll vergemeinschaftet)
VI. Wettbewerb (voll vergem.), Steuerfragen, Angleichung von Rechtsvorschriften (ergänzende Zuständigkeit)
VII. Wirtschafts- (ergänzende Zuständigkeit) und Währungspolitik (voll vergemeinschaftet)
VIII. Beschäftigung (ergänzende Zuständigkeit)
IX. Gemeinsame Handelspolitik (voll vergemeinschaftet)
X. Zusammenarbeit im Zollwesen (voll vergemeinschaftet)
XI. Sozialpolitik, allgemeine und berufliche Bildung und Jugend (ergänzende Zuständigkeit)
XII. Kultur (ergänzende Zuständigkeit)
XIII. Gesundheitswesen (ergänzende Zuständigkeit)
XIV. Verbraucherschutz (ergänzende Zuständigkeit)
XV. Transeuropäische Netze (ergänzende Zuständigkeit)
XVI. Industrie (ergänzende Zuständigkeit)
XVII. Wirtschaftlicher und sozialer Zusammenhalt (ergänzende Zuständigkeit)
XVIII. Forschung und technologische Entwicklung (ergänzende Zuständigkeit)
XIX. Umwelt (ergänzende Zuständigkeit)
XX. Entwicklungszusammenarbeit (ergänzende Zuständigkeit)
XXI. Wirtschaftliche, finanzielle und technische Zusammenarbeit mit Drittländern (ergänzende Zuständigkeit)

Quellen: EG-Vertrag vom 7. Februar 1992 in der Fassung vom 2. Oktober 1997; Vertrag von Nizza zur Änderung des Vertrags über die Europäische Union, der Verträge zur Gründung der Europäischen Gemeinschaften sowie einiger damit zusammenhängender Rechtsakte vom 26. Februar 2001; die Nummerierung entspricht den jeweiligen Titelnummern des Vertrags.

(Martin Sebaldt/Alexander Straßner, Verbände in der Bundesrepublik Deutschland, VS Verlag für Sozialwissenschaften, Wiesbaden 2004, S. 255ff.)

1. *Machen Sie deutlich, inwiefern die EU kein Staat, aber auch kein bloßer Staatenbund, sondern ein besonders gearteter „Verbund" von Staaten ist (einen offiziellen Begriff dafür gibt es nicht). Welche Rolle spielen die zwischen den Staaten geschlossenen Verträge?*

2. *Das seit dem Maastricht-Vertrag bestehende Nebeneinander der Bezeichnungen EG („Europäische Gemeinschaft", „Europäische Gemeinschaften") und EU („Europäische Union") wird von vielen zu Recht als verwirrend empfunden (vgl. die „Tempelkonstruktion"). Klären Sie auf dem Hintergrund von M 5/M 6 und des Einleitungstextes zu M 8, wie es zu dieser Begrifflichkeit gekommen ist.*

3. *Nach welchem Unterscheidungsmerkmal lässt sich die gesamte EU-Entscheidungspolitik in zwei große Arten („Modi") einteilen? Erläutern Sie dazu die „Tempelkonstruktion" und insbesondere die beiden Begriffe „supranational" und „intergouvernemental" (vgl. Einleitungstext S. 384).*

4. *Untersuchen Sie anhand der Übersicht in M 8a den „unterschiedlichen Vergemeinschaftungsgrad" der einzelnen Politikfelder der mittleren Säule und stellen Sie die „voll vergemeinschafteten" Bereiche heraus. Nennen Sie ggf. einige konkrete Beispiele für diese Bereiche (vgl. auch die Zeitungsschlagzeilen S. 377) und überlegen Sie: Worauf weist die Tatsache hin, dass gerade diese Bereiche der ausschließlichen EU-Zuständigkeit unterliegen?*

5. *Die in M 1 und M 3 angesprochene Unübersichtlichkeit und Komplexität des EU-Systems beruht ganz wesentlich auf der nicht selten als „Kompetenzwirrwarr" kritisierten „Kompetenzordnung" der EU im Bereich der „ergänzenden Zuständigkeit" (mittlere Säule), die ja in jedem der betreffenden Politikfelder unterschiedlich weit greift (z. B. im Bereich Umwelt weiter als im Bereich Bildung und Kultur). Zum „Subsidiaritätsprinzip", das dies Problem lösen soll, s. M 8b.*

6. *Bedenken Sie auch, dass es neben den Politikfeldern, für welche die EU mehr oder weniger zuständig ist, auch (noch) solche gibt, die ausschließlich in nationaler Zuständigkeit verbleiben (also auch nicht „intergouvernemental" entschieden werden). Wie erklären Sie sich, dass dazu als der vielleicht wichtigste der Bereich der Steuerpolitik gehört, für den eine gewisse Vergemeinschaftung von Politikern manchmal gefordert, aber bisher nicht ernsthaft angestrebt oder als politisch nicht durchsetzbar bezeichnet wird?*

M 8b Kann das Subsidiaritätsprinzip das Kompetenzproblem lösen?

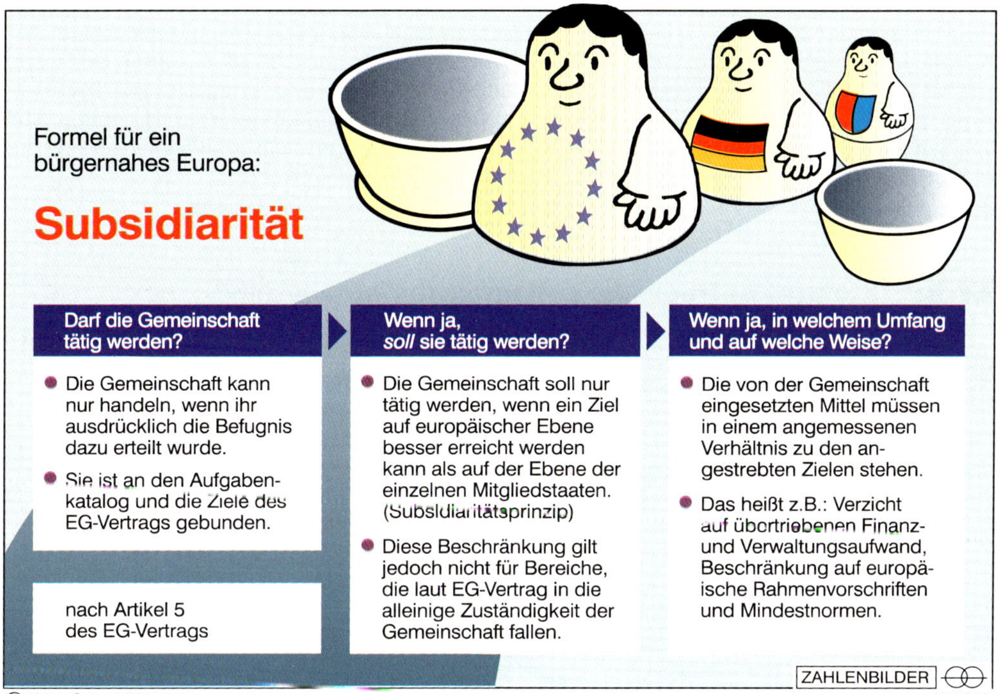

© Erich Schmidt Verlag 714 025

Es ist keineswegs sicher, ob das Subsidiaritätsprinzip zur Lösung des Problems, auf das es gemünzt ist – die Aufgabenverteilung zwischen Mitgliedstaaten und EU – überhaupt etwas beitragen kann. [...]

Dem Subsidiaritätsprinzip in Art. 5 des EG-Vertrages nach den Maastrichter Beschlüssen fehlt dagegen jeder normative Unterbau, der *konkretisieren* könnte, wie es zu verstehen ist. Es bleibt auf sich selbst verwiesen. Seine Anwendung hängt davon ab, was darunter zu verstehen ist, dass Ziele auf der Ebene der Mitgliedstaaten „nicht ausreichend erreicht werden können" und deswegen „besser auf Gemeinschaftsebene erreicht werden können".

Dabei sind viele Verständnismöglichkeiten eröffnet und wenige ausgeschlossen. „Nicht ausreichend“ einerseits und „besser“ andererseits kann effektiver, gerechter, billiger, reibungsloser, bürgernäher, demokratischer bedeuten, ohne dass diese Begriffe ihrerseits viel aussagekräftiger wären als die Worte, welche sie erläutern sollen. Unter diesen Umständen werden in die *Deutung des Subsidiaritätsprinzips* aber jene Ordnungsvorstellungen einfließen, die die verschiedenen Mitgliedstaaten aufgrund ihrer jeweiligen Traditionen und Interessen hegen. Diese Ordnungsvorstellungen sind freilich alles andere als einheitlich. Wie sich in europäischen Gesprächsrunden über die Folgen von Maastricht zeigt, ist nicht einmal Einigkeit darüber zu erzielen, dass das Subsidiaritätsprinzip eine limitierende [begrenzende] Funktion für Aktivitäten der Gemeinschaft haben soll. Vielfach wird dies als die keineswegs maßgebliche Vorstellung der Briten und Deutschen hingestellt, während sich andere Staaten vom Subsidiaritätsprinzip umgekehrt erhoffen, dass es Probleme, die bisher noch nationalstaatlich entschieden werden, auf die Gemeinschaftsebene hebt, weil sie dort „besser“ lösbar sind. [...]

(Dieter Grimm, in: Frankfurter Allgemeine Zeitung v. 17.9.1992)

Bei genauerer Betrachtung wird deutlich, dass faktisch *keine klare Abgrenzung* der ausschließlichen von den konkurrierenden bzw. parallelen Unionszuständigkeiten oder den Rahmenkompetenzen möglich ist. Genauso wenig lässt sich eine klare Kompetenzabgrenzung zwischen EU und Mitgliedstaaten vornehmen. Die europäischen Zuständigkeiten sind vielmehr *dynamisch und final* im Sinne von bzw. in Anlehnung an *Politikziele* formuliert. [...]
Längst überlagert das europäische Recht praktisch sämtliche nationalen Zuständigkeitsbereiche; eigentlich fällt einem kein einziger Bereich mehr ein, der heute noch „100 % europasicher“ wäre. Überall gilt für die Mitgliedstaaten die kompetenzrechtliche Einschränkung, dass ihre Rechtsetzung nicht in Widerspruch zum Recht des Europäischen Intergrationsverbunds geraten darf bzw. ggf. der europarechtliche Anwendungsvorrang greift. Auch aus diesem Blickwinkel sind die Mitgliedstaaten zweifelsohne längst nicht mehr die „Herren der Verträge“.

(Jan Bergmann, Recht und Politik der Europäischen Union, Omnia Verlag, Grevenbroich 2001, S. 110f.)

M 8c Konkret gefragt: Wo soll entschieden werden?

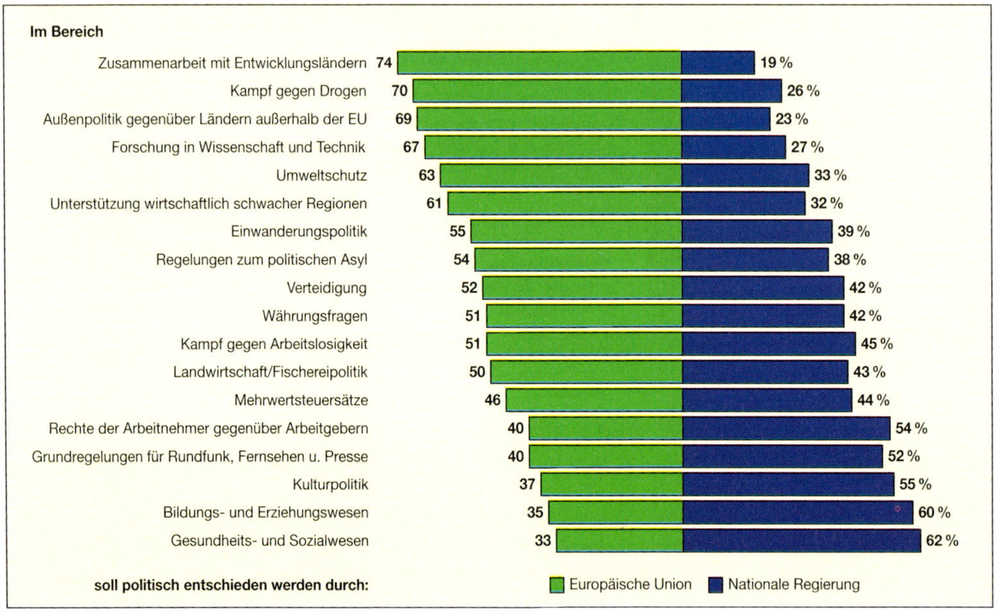

(Aus: Eurobarometer 47/Spring 1997, S.B. 22)

M 9 EU-Politik als „Mehrebenensystem"

Das Problem der Kompetenzverteilung zwischen der EU und den nationalen Regierungen, die unterschiedlichen Formen der europäischen Gesetze (Richtlinien, Verordnungen) und die begrenzte Wirksamkeit des Subsidiaritätsprinzips machen zweierlei deutlich:

– Das politische System der EU ist in einen dynamischen politischen (von unterschiedlichen politischen Zielvorstellungen und Interessen geprägten) Prozess eingebunden und unterliegt daher der ständigen Entwicklung und Veränderungen.
– „Europäische" und „nationale" Politik lassen sich nicht voneinander trennen; EU-Politik stellt sich als „Mehrebenensystem" dar (s. Grafik), das nicht nur durch die nationale und die „supranationale" (ihrerseits durch die zentralen EU-Institutionen strukturierte) Ebene, sondern auch durch die „subnationale" (im Bundesstaat Deutschland durch die Bundesländer besonders ausgeprägte) Ebene – und daneben durch den politischen Einfluss von nationalen und internationalen Interessenverbänden und Nichtregierungsorganisationen (NRO) – vielfältig strukturiert ist.

(Autorentext)

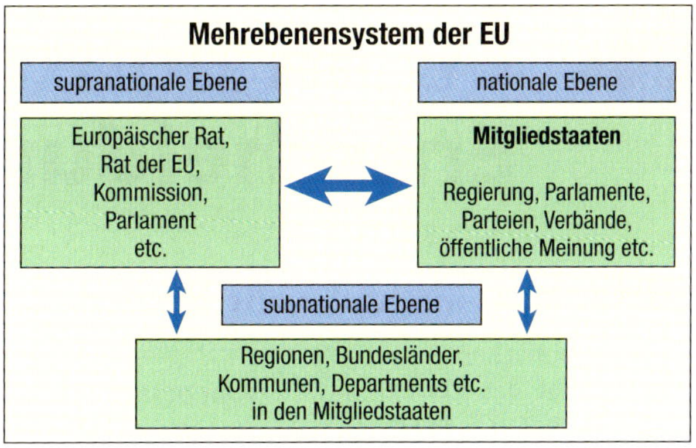

(Wochenschau II, Nr. 5, Sep./Okt. 2004, Wochenschau Verlag, Schwalbach 2004, S. 190)

In der politikwissenschaftlichen Diskussion wird seit geraumer Zeit der Begriff „multi-level-governance" verwendet, was mit „Regieren in einem Mehrebenensystem" übersetzt werden könnte. Dem Begriff liegt die Vorstellung von der Europäischen Union als einem politischen System zugrunde, welches als Mehrebenensystem näher bezeichnet wird. Als solche unterschiedlichen Ebenen werden zum einen Gebietskörperschaften verstanden, also etwa Kommunen, Regionen, Nationalstaaten und die „supranationale" Ebene mit Brüssel als Zentrum. Ebenen können aber auch als *ineinander greifende Handlungssysteme* verstanden und konzipiert werden. Zum Begriff des Mehrebenensystems gehört die Verflechtung politischer Prozesse auf verschiedenen Ebenen, die miteinander verknüpft und voneinander abhängig sind. In diesem Mehrebenensystem agieren und interagieren eine Vielzahl staatlicher und nichtstaatlicher Akteure, die auf diesen verschiedenen Ebenen angesiedelt sind.

(Wolfgang W. Mickel/Jan Bergmann, Handlexikon der Europäischen Union, Omnia Verlag, Stuttgart, 3. Aufl. 2005, S. 412)

1. *Subsidiarität ist ein Prinzip. Erläutern Sie die kritische Einschätzung des ehemaligen Bundesverfassungsrichters Dieter Grimm zu den konkreten Auslegungsmöglichkeiten dieses Prinzips. Wovon hängt es ab, ob im Einzelfall den Institutionen der EU oder denen der Einzelstaaten die Entscheidungskompetenz zuerkannt wird? (M 8b)*

2. *Ob die Entscheidungskompetenz eher in „Brüssel" oder bei den nationalen Regierungen liegen soll, hängt weitgehend auch davon ab, um welche Politikbereiche es im Einzelnen geht. Analysieren Sie dazu das Umfrageergebnis in M 8c.*
- *Wie ist es zu erklären, dass zu den ersten sechs Bereichen über 60% der Befragten, zu den letzten drei Bereichen aber weniger als 40% die Entscheidungskompetenz der EU befürworten?*
- *Überprüfen Sie einige Bereiche: Wie ist die Kompetenzverteilung bisher geregelt (vgl. M 8a, Kasten S. 386)? Entspricht die bestehende Regelung den Vorstellungen der Befragten?*

3. *Wie würden Sie selbst in den aufgeführten Bereichen jeweils die Kompetenz verteilen?*

4. *Für ein angemessenes Verständnis der EU-Politik spielt ihr Charakter als „Mehrebenensystem" eine zentrale Rolle. Machen Sie deutlich, was damit gemeint ist und inwiefern sich dieses Strukturmerkmal aus den in den Materialien M 7 und M 8 angesprochenen Aspekten ergibt (M 9).*

II. Die Institutionen der EU im politischen Entscheidungsprozess

M 10 Das „institutionelle Dreieck"

In demokratischen Staaten schreibt die Verfassung vor, wer das Recht zur Gesetzgebung (das *legislative* Recht) hat und wer durchsetzen darf, was Gesetze vorschreiben (*exekutives* Recht). Die Europäische Union ist entstanden durch Verträge der Mitgliedstaaten untereinander. [...] In diesen Verträgen haben die Mitgliedstaaten geregelt, wie und in welchen Politikbereichen die Union Gesetze erlassen und sie durchführen kann. Wenn die Union weitere Kompetenzen erhalten soll, müssen die Mitgliedstaaten die Verträge und in Zukunft die Verfassung ändern.

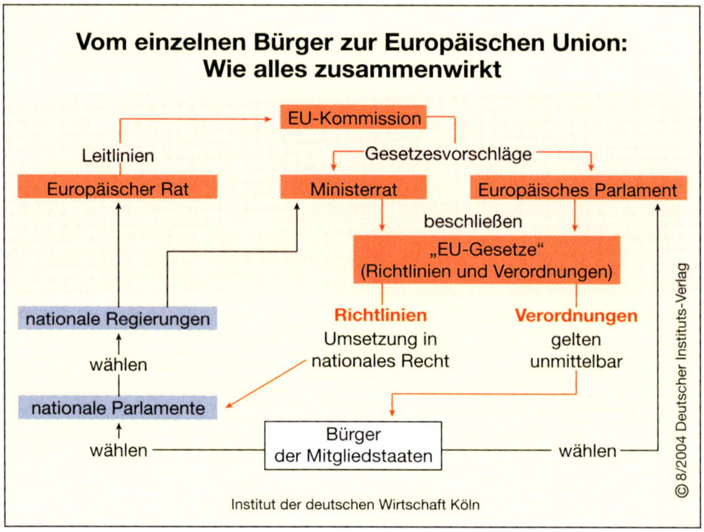

(Wirtschaft und Unterricht, hg. vom Institut der deutschen Wirtschaft Köln, Jahrgang 30/Nr. 8 v. 30.9.2004, S. 1)

An der europäischen Gesetzgebung sind drei Organe der EU beteiligt, die man als „institutionelles Dreieck" bezeichnet:

- das Europäische **Parlament**
- der **Rat** der Europäischen Union (Ministerrat)
- die Europäische **Kommission**

Die Kommission legt alle Gesetzentwürfe vor. Aber sie entscheidet nicht darüber. Das Recht, die Gesetze zu erlassen, haben in der Regel nur der Rat und das Parlament gemeinsam, in einigen Politikbereichen auch der Rat allein. In vielen Fällen sind zwei Ausschüsse beratend beteiligt: der *Wirtschafts- und Sozialausschuss* und der *Ausschuss der Regionen*.

(Niedersächsische Landeszentrale für politische Bildung [Hrsg.], Europäische Union 2004, Omnia Verlag, Stuttgart, 2. Auflage 2004, S. 22, Verf.: Claus D. Grupp)

Nähere Informationen zu zwei weiteren europäischen Institutionen, auf die wir hier nicht näher eingehen können, finden sich unter den Internetadressen: Europäischer Gerichtshof, EuGH (www.europa-digital.de/dschungelbuch/nochorg/gerichtshof) und Europäischer Rechnungshof, ERH (www.europa-digital.de/dschungelbuch/nochorg/rghof).

M 11 Das Europäische Parlament

M 11a Zusammensetzung, Parteien und Fraktionen

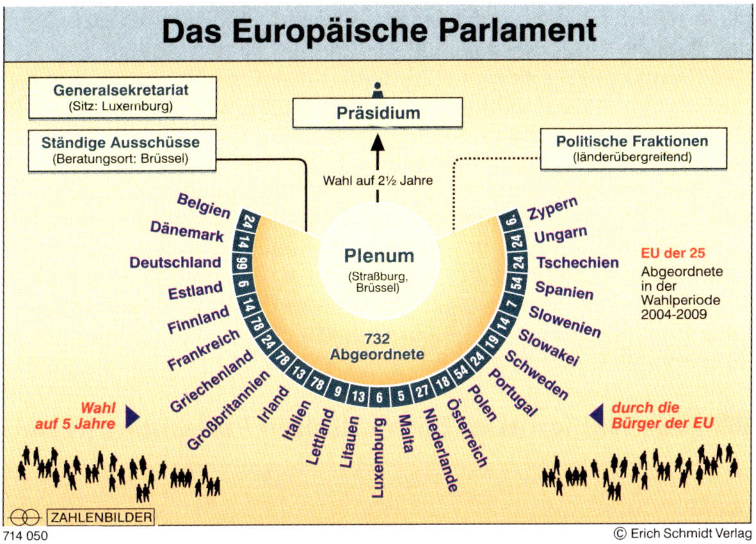

© Erich Schmidt Verlag

Das EP hat [...] sich von einer „Beratenden Versammlung“ aus Delegierten der nationalen Parlamente zu einem (seit 1979) direkt gewählten Parlament mit ausgeweiteten Legislativ-, Kontroll- und Haushaltsbefugnissen entwickelt. [...] Laut Vertrag besteht es aus „Vertretern der Völker der in der Gemeinschaft zusammengeschlossenen Staaten“ (Art. 189 EG-V). Folglich gilt nicht der Gleichheitsgrundsatz „ein Bürger, eine Stimme“, sondern es wird auch im EP den kleinen Staaten eine Überrepräsentation zugestanden, um „eine angemessene Vertretung“ (Art. 190, Abs. 2 EG-V) zu gewährleisten. Jedes Land sollte eine Mindestzahl an Abgeordneten ins EP entsenden können, damit die politischen Grundströmungen repräsentiert sind. Mit der Erweiterung der EU verschärft sich der Zielkonflikt: Die Kommunikation in und zwischen den Fraktionen sowie die gesamtparlamentarische Entscheidungseffizienz erfordern ein überschaubares Gremium, für die überwiegend kleinen Beitrittsstaaten muss eine „angemessene Vertretung“ gewährleistet sein und für die großen Mitgliedstaaten das Prinzip der demokratischen Repräsentativität beachtet werden. Die interne Arbeitsorganisation des EP folgt den typischen Mustern eines *Arbeitsparlamentes*, d.h. es gibt ein ausdifferenziertes Ausschusswesen. Den Ausschussvorsitzenden und Berichterstattern kommt eine erhebliche Bedeutung im Willensbildungsprozess zu (vgl. M 16b).

Für den Verlauf der innerparlamentarischen Willensbildungsprozesse ist die *Fraktionsbildung* nach parteipolitischer Zugehörigkeit ausschlaggebend. Allerdings haben es nur die sozialdemokratisch/sozialistischen, die christdemokratisch/konservativen und die liberalen Parteien geschafft, sich zu einem übernatio-

Fraktionen im EP seit 2004

Fraktion der Europäischen Volkspartei (Christdemokraten) und europäischer Demokraten **EVP-ED**	267
Sozialdemokratische Fraktion im Europäischen Parlament **SPE**	201
Fraktion der Allianz der Liberalen und Demokraten für Europa **ALDE**	89
Fraktion der Grünen/Freie Europäische Allianz **Grüne/EFA**	42
Konföderale Fraktion der Vereinigten Linken/Nordische Grüne Linke **KVEL/NGL**	41
Fraktion Unabhängigkeit/Demokratie **IND/DEM**	36
Fraktion Union für das Europa der Nationen **UEN**	27
Fraktionslos	29
Insgesamt	**732**

(Nach: www.europa-digital.de; Stand: Sep. 2005)

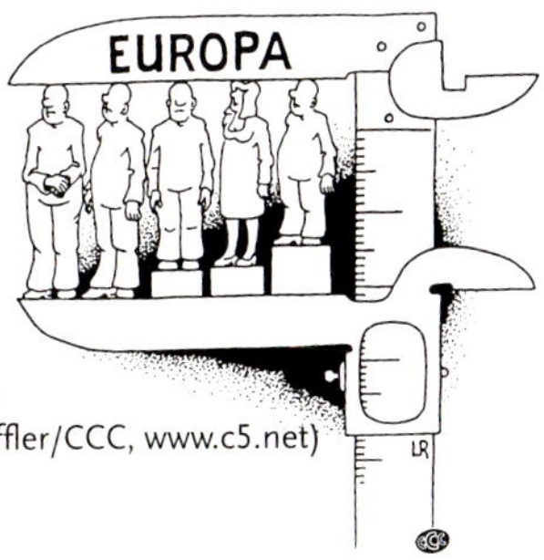

(Zeichnung: Reinhold Löffler/CCC, www.c5.net)

nalen Parteiverbund zusammenzuschließen und sich in einer Fraktion zu organisieren. Die Grünen finden sich in zwei Fraktionen wieder, während alle anderen Fraktionen deutlich gemischt sind: Neben den aus den nationalen Parlamenten bekannten politischen Konfliktlinien (wohlfahrtsstaatliche vs. marktwirtschaftliche links-rechts Orientierung, wertkonservativ vs. liberal) ist die Einstellung zu Europa zusätzlich fraktionsbildend. Die Konservativen, die nach den Wahlen von 1999 erstmalig die größte Fraktion stellen, und die Sozialdemokraten sind traditionsgemäß die beiden stärksten Gruppen im EP. Zusammen mit der Fraktion der Liberalen bilden sie den „klassischen" Kern der in der parlamentarischen Arbeit pro-europäisch ausgerichteten Fraktionen.

Die *parteipolitische Konkurrenz* hält sich im EP in recht engen Grenzen. Zum einen ist die EU kein parlamentarisches System, in dem die Parlamentsmehrheit die Regierung stützen muss und die Opposition sich über ihre Kritik an der Regierung profiliert. Zum anderen sind die Fraktionen in ihrer ideologischen Ausrichtung wenig homogen und von nationalen bzw. regionalen Interessen geprägt. Nicht zuletzt kann sich das EP gegenüber dem Rat nur durchsetzen, wenn Konservative und Sozialdemokraten sich zu einer großen Koalition zusammenfinden.

(Beate Kohler-Koch/Thomas Conzelmann/Michele Knodt, Europäische Integration – Europäisches Regieren, VS Verlag für Sozialwissenschaften, Wiesbaden 2004, S. 119)

M 11b Wahlen zum Europäischen Parlament in Deutschland

Partei	1979		1984		1989		1994		1999		2004	
	%	Sitze im EP	%	Sitze im EP	%	Sitze im EP	%	Sitze im EP	%	Sitze im EP	%	Sitze im EP
CDU	39,1	34	37,5	34	29,5	25	32,0	39	39,3	40	36,5	40
CSU	10,1	8	8,5	7	8,2	7	6,8	8	9,4	13	8,0	9
SPD	40,8	35	37,4	33	37,3	31	32,2	40	30,7	33	21,5	23
FDP	6,0	4	4,8	–	5,6	4	4,1	–	3,0	–	6,0	7
Die Grünen	3,2	–	8,2	7	8,4	8	10,1	12	6,4	7	11,9	13
Republikaner	–	–	–	–	7,1	6	3,9	–	1,7	–	1,8	–
PDS	–	–	–	–	–	–	–	–	5,8	6	6,1	7
Sonstige	0,8	–	3,6	–	3,9	–	10,9	–	3,7	–	7,4	–

Quelle: Europäisches Parlament

(Wolfgang W. Mickel/Jan Bergmann, Handlexikon der Europäischen Union, Omnia Verlag, Stuttgart, 3. Aufl. 2005, S. 293)

Ergebnisse der *Bundestagswahl* 2002: SPD 38,5 %, CDU 29,5 %, CSU 9,0 %, Grüne 8,6 %, FDP 7,4 %, PDS 4,0 %, Republikaner 0,6 %; Wahlbeteiligung: 79,1 %. Die **Wahlbeteiligung** lag 2004 EU-weit bei 45,5 % (1999: 49,8 %; 1994: 56,8 %; 1989: 58,5 %), in Deutschland bei 43 % (1999: 45,2 %,1994: 60,0 %,1989: 62,3 %).

M 11c Die Kompetenzen des Europäischen Parlaments

Die institutionellen Reformen haben dem EP in den letzten Jahren einen deutlichen Zugewinn an Kompetenzen gebracht. Gemessen an den klassischen Funktionen eines Parlaments im parlamentarischen System ist die Bilanz aber immer noch mager. „Das EP ist an dem Prozess, der zur Annahme der Gemeinschaftsakte führt, ... beteiligt" (Art. 192 EG-V). Dies ist eine elegante Umschreibung dafür, dass das EP weder die Gesetzgebungsinitiative noch die *volle* Gesetzgebungskompetenz (Legislativfunktion) hat. Es ist auf eine Mitwirkung beschränkt; teils wird es nur gehört, teils kann es mitentscheiden. Auf die Zusammensetzung der eigentlichen politischen Gestaltungsorgane, nämlich Kommission und Rat, hat das EP kaum bzw. gar keinen Zugriff (Wahlfunktion). Kommission und Rat müssen dem EP Rechenschaft über ihre Arbeit abgeben (Kontrollfunktion), aber nur gegenüber der Kommission verfügt das EP über einschneidende Sanktionsmöglichkeiten, nämlich das Misstrauensvotum und die Verweigerung der Haushaltsentlastung. Die Finanzhoheit, d.h. die Entscheidung über die *Einnahmen* der EG, ist dem EP ganz entzogen, es kann nur bei der Bestimmung der *Ausgaben* mitentscheiden (Budgetfunktion; s. u.). Allerdings wird auch die Verwendung des Haushalts zu einem nicht unerheblichen Teil durch Beschlüsse des Rats (obligatorische Ausgaben) festgelegt. Mit Ausnahme itritts neuer Mitglieder hat das EP auch keinen Einfluss auf die Weiterentwicklung des sungssystems der EU (Systemgestaltungsfunktion), weil institutionelle Reformen und die)etenz-Kompetenz", d.h. die Befugnis, Kompetenzen von den Mitgliedstaaten auf die EU zu v..lagern, den Mitgliedstaaten vorbehalten ist. [...]

Das EP versucht kontinuierlich und hartnäckig seinen politischen Einfluss auszudehnen. In der Gesetzgebung kommt ihm ein ausdifferenziertes Ausschusswesen und die zunehmende Beachtung durch die Interessengruppen zugute. Ebenso profitiert es von dem Legitimitätsvorschuss, den Parlamente in repräsentativen Demokratien genießen.

(Beate Kohler-Koch u. a. [= M 11a], S. 120)

Gesetzgebungsrechte

Lange Jahre hatte der Ministerrat bei der Gesetzgebung ganz klar das Sagen. Die *wachsende Bedeutung des Europäischen Parlaments* macht sich in den letzten zehn Jahren dadurch bemerkbar, dass dem Rat immer mehr die alleinige Entscheidungskompetenz beschnitten wird: Die Europaabgeordneten bilden nun ein starkes Gegengewicht zum Willen der nationalen Regierungen, die im Rat zum Ausdruck kommen. Seit 1999 kann man sogar sagen: Ohne das Parlament geht (fast) nichts mehr.

Je nachdem, in welchem Maß das Parlament in den Prozess der Gesetzgebung einbezogen wird, unterscheidet der EG-Vertrag folgende vier Entscheidungsverfahren:

1. das Verfahren der **Anhörung** (des Parlaments). Bei ihr darf das Parlament seine Meinung äußern und Fragen an den Rat richten – mehr nicht. Früher war das der Regelfall, heute fallen unter dieses Verfahren nur noch die Entscheidungen im Bereich der Agrarpolitik und im Wettbewerbsrecht.

2. das Verfahren der **Zustimmung** (des Parlaments). Diese aus Sicht des EP mächtigste Variante wird nur in Sonderfällen, etwa bei Abkommen mit Drittländern, angewandt. Über die Zeit sind noch einige weitere Fälle hinzugekommen. Entscheidend ist das Verfahren aber bei der Benennung eines Kandidaten für das Amt des Kommissionspräsidenten.

3. das Verfahren der **Zusammenarbeit** von Rat und Parlament (seit 1987). Der Rat behält das letzte Wort – ein bedeutsames Verfahren, das nur noch in wenigen Bereichen der Wirtschaftspolitik gilt, aber tendenziell ein Auslaufmodell ist.

4. das Verfahren der **Mitentscheidung** (des Parlaments). Erst seit November 1993 praktiziert, ist sie mittlerweile für 75 Prozent der Entscheidungen „zuständig" – ein echter Demokratieschub! Denn gegen den Willen des Parlaments kann bei diesem Verfahren kein Rechtsakt mehr zustande kommen. Parlament und Rat sind gleichberechtigt an der Verabschiedung des Gesetzes beteiligt.

Genehmigung des Haushalts

Da es pro Jahr nur einen EU-Haushaltsplan gibt, führt kein Weg am Parlament vorbei. Erst wenn der

Präsident des Europäischen Parlaments den Haushaltsplan unterzeichnet hat, verfügt die EU über die finanziellen Mittel für das darauffolgende Jahr. Diesem Ereignis (das bescherungsecht meist im Dezember stattfindet) voraus geht ein relativ komplexes Verfahren bis zur Verabschiedung um den Interessenausgleich im Dreieck von Kommission, Rat und Parlament. Allerdings können die Abgeordneten auf große Teile des Haushalts keinen Einfluss nehmen, weil diese unter die sogenannten *obligatorischen Ausgaben* fallen. Obligatorische Ausgaben sind Ausgaben, die die Union aufbringen muss, um ihren internen und externen Vertragsverpflichtungen nachzukommen. Größter Anteil der obligatorischen Ausgaben sind die Agrarausgaben.
Wenn der Haushalt verabschiedet ist, hat das EP im neuen Jahr jeweils zu *kontrollieren*, ob die Geldmittel auch zweckmäßig ausgegeben werden. Dafür hat sie unter ihren ständigen Ausschüssen neben einem Haushaltsausschuss noch einen Haushaltskontrollausschuss. Die Kommission, die über 90 Prozent der Mittel ausgeben darf, muss sich in Person der Kommissare alljährlich einer Bewertung durch das Parlament stellen, ob sie verantwortungsvoll mit den Mitteln umgegangen ist.

(http://www.europa-digital.de)

Kontrollrechte

Neben Gesetzgebung und Budgetrecht ist es wichtigste Aufgabe jedes Parlaments, die Exekutive zu kontrollieren, also die Organe, die Gesetze ausführen. In der EU sind dies die Kommission und der Rat. Die Kontrollrechte des Europäischen Parlaments sind zum Teil in den Gründungsverträgen verankert, zum Teil durch Vereinbarungen zwischen den Organen entstanden. Eine neue *Kommission* kann von den Regierungen der EU-Staaten nur ernannt werden, wenn das Parlament in Straßburg die Kandidaten eingehend geprüft und ihrer Ernennung zugestimmt hat. Schon die vorangehende Benennung eines Kandidaten für das Amt des Präsidenten der Kommission muss die Zustimmung des EP finden.
Wenn die Mehrheit der Parlamentsmitglieder einem amtierenden Kommissar das Vertrauen entzieht, muss der Kommissionspräsident dessen Entlassung ernsthaft prüfen. Das Parlament kann darüber hinaus die Kommission als Ganzes (also nicht einzelne Mitglieder) durch ein Misstrauensvotum zum Rücktritt zwingen. Über einen Misstrauensantrag wird offen abgestimmt; für das Misstrauensvotum sind die Stimmen der Mehrheit der Abgeordneten und zwei Drittel aller abgegebenen Stimmen nötig. [...]
Das Parlament hat das Recht, *Untersuchungsausschüsse* (die „schärfste Waffe" jedes Parlaments bei der Kontrolle) einzusetzen; sie prüfen Hinweise auf vermutete Verstöße gegen das Gemeinschaftsrecht.
Jede Bürgerin und jeder Bürger der Europäischen Union hat das *Petitionsrecht*, kann sich also schriftlich mit Bitten oder Beschwerden an den Petitionsausschuss des Europäischen Parlaments wenden oder an den vom EP gewählten Bürgerbeauftragten.

(Europa 2000, Millennium-Edition, hg. vom Europäischen Parlament und dem Presse- und Informationsamt der Bundesregierung, Omnia, Köln 2000, S. 20–25; Verf.: Claus D. Grupp, Klaus Löffler)

1. *Informieren Sie sich kurz über die Geschichte des Europäischen Parlaments (warum gab es erst im Jahre 1979 die ersten Wahlen?) und machen Sie deutlich, inwiefern die Europawahl 2004 einen neuen Abschnitt in dieser Geschichte einleitet. (M 11a; vgl. M 5)*

2. *Stellen Sie heraus, inwiefern man im Hinblick auf die zahlenmäßige Zusammensetzung des Europäischen Parlaments nicht im strengen Sinne von einer „Repräsentation" (Vertretung) sprechen kann, die auf dem Prinzip der Gleichheit aller EU-Bürger beruht. Überlegen Sie, welche Konsequenzen die strenge Beachtung dieses Prinzips hätte, und erläutern Sie, welchen Kompromiss man (zwischen der so krass unterschiedlichen Größe der EU-Länder und der gleichmäßigen Vertretung ihrer Bevölkerung) gefunden hat. Stellen Sie fest (Tabelle S. 397), wie viele Bürger jeweils ein Abgeordneter z. B. aus Deutschland, Belgien, Finnland und Malta „repräsentiert". Was will die Karikatur (S. 391) zum Ausdruck bringen? (M 11a)*

3. *Stellen Sie fest, welche deutschen Parteien seit 2004 im EU-Parlament vertreten sind (M 11b) und ordnen Sie sie den genannten Fraktionen (Kasten S. 391) zu. Welche der Fraktionen besteht fast zu einem Drittel aus deutschen Abgeordneten?*

4. *Wie ist es zu erklären, dass sich im EU-Parlament die „parteipolitische Konkurrenz“ im Vergleich zu nationalen Parlamenten „in engen Grenzen“ hält?*

5. *Untersuchen Sie die Wahlbeteiligung bei den „Europawahlen“ und ihre Entwicklung seit 1989 in Deutschland und im EU-Durchschnitt (M 11b, Anmerkung). Wie beurteilen Sie diese Entwicklung?*

6. *Der erste Abschnitt von M 11c beurteilt die Kompetenzen des EU-Parlaments am strengen Maßstab der Funktionen, welche die Parlamente in nationalen parlamentarischen Demokratien erfüllen. Welche Einschränkungen ergeben sich unter diesem Gesichtspunkt?*

7. *Wodurch unterscheiden sich die vier Gesetzgebungsverfahren der EU (S. 393) im Hinblick auf die Kompetenzen des Parlaments? Wie erklären Sie sich, dass die beiden wichtigen Politikbereiche „Agrarpolitik“ und „Wettbewerbsrecht“ (noch) nicht der Mitentscheidung durch das EU-Parlament unterliegen und damit allein durch den Ministerrat entschieden werden?*

8. *Beschreiben Sie die Kompetenzen des EU-Parlaments im Bereich der beiden anderen Parlamentsfunktionen (Festlegung des Haushalts, parlamentarische Kontrolle).*

9. *Zu welchem Urteil kommen Sie insgesamt zu den Kompetenzen des EU-Parlaments? Bedenken Sie bei Ihrer Beurteilung auch, dass wegen des Gesamtcharakters des EU-Systems (vgl. M 8) die Stellung des EU-Parlaments nicht dieselbe sein kann wie in einer nationalen parlamentarischen Demokratie. – Zur Diskussion über das sog. „Demokratiedefizit“ des EU-Systems s. M 44.*

Zu allen Fragen zum Parlament und zur Europawahl können Sie über die Internetadresse www.europa-digital.de/dschungelbuch/top3/parlament und über die Homepage des EU-Parlaments (www.europarl.eu.int/home/default_de.htm) nähere Informationen einholen. Zum Ergebnis der Europawahl 2004 enthält die Internetseite des Europäischen Parlaments (www.europarl.de) u.a. eine vollständige Liste aller Abgeordneten (www.europarl.de/parlament/abgeordnete/uebersichtsliste.html).

M 12 Der Rat der Europäischen Union (Ministerrat)

M 12a „Zentrales Entscheidungsorgan“

Der Rat der Europäischen Union wird gemeinhin auch als Ministerrat oder einfach nur als „Rat“ bezeichnet. Er ist nicht zu verwechseln mit dem *Europarat**, welcher nicht zum institutionellen System der Europäischen Union gehört, sondern eine eigenständige internationale Organisation darstellt. Auch beim bis zu viermal im Jahr tagenden *Europäischen* Rat (der Staats- und Regierungschefs der EU einschließlich des Präsidenten der Kommission) handelt es sich um eine andere Einrichtung. [...] Der Rat der EU [tagt] 70- bis 80-mal jährlich in neun unterschiedlichen Formationen:

- Allgemeine Angelegenheiten und Außenbeziehungen,
- Wirtschaft und Finanzen (einschließlich Haushalt),
- Justiz und Inneres (einschließlich Katastrophenschutz),
- Beschäftigung, Sozialpolitik, Gesundheit und Verbraucherschutz,
- Wettbewerbsfähigkeit inklusive Tourismus (einschließlich Binnenmarkt, Industrie, Forschung),
- Verkehr, Telekommunikation und Energie (einschließlich audiovisueller Bereich),
- Landwirtschaft und Fischerei,
- Umwelt,
- Bildung, Jugend und Kultur.

Der wichtigste Rat ist der für „Allgemeine Angelegenheiten und Außenbeziehungen“, das heißt, der Rat der *Außenminister*, der unter anderem für die Koordinierung der Ratssitzungen,

die Vor- und Nachbereitung der Europäischen Gipfel sowie für die Durchführung sämtlicher außenpolitischer Maßnahmen (GASP, ESVP, Außenhandel, Entwicklungszusammenarbeit, humanitäre Hilfe) zuständig ist. [...]
Neben dem Europäischen Parlament ist der Rat das *zentrale Entscheidungsorgan* der EG. Der Rat nimmt im politischen System der EU eine Zwitterrolle ein: Einerseits ist er Organ der EG und als dieses entscheidet er für die Gemeinschaft. Auf der anderen Seite werden in ihm die nationalen Interessen der Mitgliedstaaten artikuliert und durchzusetzen versucht. In dem Bemühen, diese beiden Anforderungen auszutarieren, strebt der Rat in der Regel eine *Konsensentscheidung* an – unabhängig davon, ob Einstimmigkeit, einfache oder qualifizierte Mehrheit erforderlich ist (s. M 12b). Denn jedes Mitgliedsland muss damit rechnen, einmal in eine Minderheitenposition zu gelangen, bei der es auf die Rücksicht der anderen Partner angewiesen ist. Die Konsenssuche wird nur dann aufgegeben, wenn nach einer langen Verhandlungszeit ein oder zwei Mitgliedstaaten auf ihrem abweichenden Standpunkt beharren – meist auch, um gegenüber ihrer nationalen Öffentlichkeit als überstimmte Minderheit auftreten zu können. Dies ist häufig dann der Fall, wenn Mitgliedstaaten im Kern dem Vorhaben zustimmen, aber es im nationalen Kontext nicht durchsetzen können.

(Melanie Piepenschneider, Vertragsgrundlagen und Entscheidungsverfahren, in: Informationen zur politischen Bildung Nr. 279: Europäische Union, Bundeszentrale für politische Bildung, Bonn, 2. Quartal 2003, S. 20f.)

Der Rat ist das **Organ der nationalen Regierungen**. Zwar sind diese demokratisch legitimiert: Sie sind durch demokratische Wahlen in ihre Ämter gekommen. In einem Rechtsstaat jedoch haben die Parlamente als Legislativen das Recht zur Gesetzgebung und zur Kontrolle der mit der Ausführung beauftragten Exekutiven, den Regierungen. Bei der Europäischen Union verkehrt sich dieses Prinzip: Hier schlüpft die Exekutive in Form des Rats der Europäischen Union in die Rolle der Legislative, die die für die Mitglieder bindenden Rechtsakte erlässt – die Gesetzausführenden im Nationalstaat werden zu Gesetzgebenden in der Union.

(Marc Fritzler/Günther Unser, Die Europäische Union, Bundeszentrale für politische Bildung, Bonn 1998, S. 53)

Versuch, im Ministerrat einen Kompromiss zu finden

(Zeichnung: Gerhard Mester/CCC, www.c5.net)

M 12b Schwierige Entscheidungsfindung im Ministerrat

Abstimmungen im Rat erfordern je nach Vertragsgrundlage, Politikbereich und Entscheidungsverfahren unterschiedliche Mehrheiten. Abstimmungen mit einfacher Mehrheit der Mitgliedstaaten finden so gut wie keine Anwendung mehr. In der Regel entscheidet der Rat entweder **einstimmig** oder, wie im Vertrag von Nizza festgelegt, in 128 EG- und neun EU-Fällen mit **qualifizierter Mehrheit**. Während im Falle der Einstimmigkeit (und der einfachen Mehrheit) die Stimme jedes Mitgliedstaats das gleiche Gewicht hat, werden die Stimmen bei Entscheidungen mit qualifizierter Mehrheit gemäß Art. 205 EGV verschieden gewichtet. Mit dieser Gewichtung wird versucht, ein demographisches Element in die Entscheidungsfindung einzubinden (s. S. 397). [...]
Trotz aller Berechnungen zur qualifizierten Mehrheit darf nicht übersehen werden, dass die Entscheidungsfindung im Rat auch heute noch eher auf Konsens als auf Kampfabstimmung ausgerichtet ist und dass es im Rat keine festen Koalitionen zwischen verschiedenen Staaten gibt, vielmehr ändern sich die Koalitionen mit den anstehenden Politikfeldern.

(Werner Weidenfeld/Wolfgang Wessels [Hrsg.], Europa von A bis Z, Institut für Europäische Politik/Nomos, Baden-Baden, 9. Aufl. 2006, S. 329f.)

Mit dem Amsterdamer Vertrag wurden 25 neue Fälle (einschl. der Mitentscheidungsverfahren in Zusammenarbeit mit dem EP) aufgenommen, in denen der Rat mehrheitlich entscheidet. Insgesamt entscheidet der Rat in 105 Fällen mit qualifizierter Mehrheit gem. Art. 205 EGV.

Bei Abstimmungen mit qualifizierter Mehrheit werden die Stimmen der Mitgliedstaaten gewichtet. Nach dem Vertrag von Nizza ist seit 2004 eine **Mehrheit der Mitgliedstaaten** (13 von 25 Staaten) notwendig. Ein *zweites Kriterium* besteht in einem bestimmten **Prozentsatz von gewichteten Stimmen**; hier haben die bevölkerungsreichsten Mitgliedstaaten seit Nizza erheblich an Gewicht gewonnen. Für die Verabschiedung eines Rechtsaktes sind 72,3 Prozent der gewichteten Stimmen (232 von 321) notwendig. *Außerdem* kann ein Mitglied des Rates beantragen, dass bei Beschlussfassung des Rates mit qualifizierter Mehrheit überprüft wird, ob diese Mehrheit mindestens **62 Prozent der Gesamtbevölkerung** der Union umfasst.

In der EU mit 25 Mitgliedstaaten ist angesichts dieser drei Schwellen bei qualifizierten Mehrheitsentscheidungen eine zunehmende Handlungsunfähigkeit des Rates zu erwarten. [...] Wenn der **Verfassungsvertrag** für Europa in Kraft treten kann, wird das System der Stimmengewichtung abgeschafft. Jeder Mitgliedstaat verfügt dann über eine Stimme. Die qualifizierte Mehrheit ist erreicht, wenn mindestens 55 % der Mitglieder des Rates (mindestens 15) zustimmen, sofern die von diesen vertretenen Mitgliedstaaten mindestens 65 % der Bevölkerung der Union ausmachen („doppelte Mehrheit“).

(Wolfgang W. Mickel/Jan Bergmann [= M 11b], S. 629, 625)

Vertretung und Stimmengewicht in der Europäischen Union

	Einwohner in Mio.	Sitze im EU-Parlament	Einwohner pro EU-Abgeordneter	Stimmen im Ministerrat	Stimmen im Ministerrat pro Mio. Einwohner
Deutschland (DE)	82,6	99	834 343	29	0,35
Frankreich (FR)	59,6	78	764 103	29	0,49
Ver. Königreich (UK)	59,1	78	757 692	29	0,49
Italien (IT)	56,1	78	719 231	29	0,52
Spanien (ES)	40,7	54	753 704	27	0,66
Polen (PL)	38,6	54	714 815	27	0,70
Niederlande (NL)	16,2	27	600 000	13	0,80
Griechenland (EL)	11,0	24	458 333	12	1,09
Portugal (PT)	10,4	24	433 333	12	1,15
Belgien (BE)	10,3	24	429 167	12	1,17
Ungarn (HU)	10,2	24	425 000	12	1,18
Tschech. Rep. (CZ)	10,1	24	420 833	12	1,19
Schweden (SE)	8,9	19	468 421	10	1,12
Österreich (AT)	8,2	18	455 556	10	1,22
Dänemark (DK)	5,4	14	385 714	7	1,30
Slowakei (SK)	5,4	14	385 714	7	1,30
Finnland (FI)	5,2	14	371 429	7	1,35
Irland (IE)	3,9	13	300 000	7	1,79
Litauen (LT)	3,5	13	269 231	7	2,00
Lettland (LV)	2,3	9	255 556	4	1,74
Slowenien (SI)	2,0	7	285 714	4	2,00
Estland (EE)	1,4	6	233 333	4	2,86
Zypern (CY)	0,7	6	116 667	4	5,71
Luxemburg (LU)	0,4	6	66 667	4	10,00
Malta (MT)	0,4	5	80 000	3	7,50
insg./Durchschnitt	452,6	732	439 382	321	1,99

Quelle: Bevölkerungszahlen aus Globus Infografik 8589 (eigene Berechnung)

(Bundeszentrale für politische Bildung, pocket europa, Bonn 2005, S. 69; Verf.: Bruno Zandonella)

1. *Beschreiben Sie die Zusammensetzung des „Rates der Europäischen Union“ (bzw. seiner neun Varianten) als des „zentralen Entscheidungsorgans“ der EU, seine „Zwitterrolle“ und den sich daraus ergebenden Zwang zur Konsensfindung (vgl. Karikatur). (M 12a)*

2. *In M 12a (Kasten S. 396) heißt es, dass in der Form des Rats „die Exekutive in die Rolle der Legislative geschlüpft“ sei. Erläutern Sie diesen Hinweis und bedenken Sie dabei auch,*

– inwieweit die Rolle des Rats als Legislative durch die Befugnisse des Parlaments eingeschränkt ist (vgl. M 11b) und
– inwiefern auch der Rat – allerdings nur indirekt (vgl. Schema in M 10, S. 390) durch die nationalen Wahlen – „demokratisch legitimiert" ist.

3. *Machen Sie sich klar, was der Unterschied zwischen dem Mehrheits- und dem Einstimmigkeitsprinzip bei den Entscheidungen des Rats bedeutet (M 12b). Warum bedauern „überzeugte Europäer", dass in wichtigen Fragen am Einstimmigkeitsprinzip festgehalten wird? Aus welchen Gründen ist die vollständige Aufgabe dieses Prinzips für viele Politiker unvorstellbar? Wie beurteilen Sie selbst diese Frage?*

4. *Analysieren Sie die als kompliziert geltende „Nizza-Regelung" (M 12b), durch die sich insbesondere Deutschland benachteiligt fühlt, und berechnen Sie nach, ob aufgrund der drei Entscheidungskriterien von Nizza (qualifizierte Mehrheit der Stimmen, Mehrheit der Staaten, 62%-Mehrheit der Bevölkerung) folgende Konstellationen eintreten können:*
Für einen Beschluss reichen nicht aus die Stimmen
– der 10 größten Mitgliedstaaten, die fast 88% der EU-Bevölkerung repräsentieren;
– der 15 Staaten der bisherigen EU (vor der Ost-Erweiterung);
– der 22 mittleren und kleinen Mitgliedstaaten, wenn drei der vier größten Staaten nicht zustimmen.
Für die Verhinderung eines Beschlusses („Sperrminorität") reicht also aus:
– ein „Nein" der 14 kleinsten Mitgliedstaaten, die zusammen ca. 12,9% der gesamten EU-Bevölkerung ausmachen;
– ein „Nein" von drei der vier größten Mitgliedstaaten (bei Beschlussfassung auf Antrag).

M 13 Die Europäische Kommission

Die einzigartige Entwicklung der Europäischen Gemeinschaft hat Institutionen hervorgebracht, wie sie in dieser Art nirgendwo sonst zu finden sind. Dies gilt besonders für die **Europäische Kommission**, die nach dem EU-Vertragswerk eine dreifache Aufgabe erfüllt:

● Als **Hüterin der Verträge** hat sie dafür zu sorgen, dass die in der Europäischen Union geltenden Rechtsvorschriften eingehalten werden. Sie überwacht die *Anwendung* der Vertragsbestimmungen und der von den EU-Organen getroffenen Entscheidungen. Ist sie der Auffassung, dass ein Mitgliedstaat oder ein Unternehmen seine Verpflichtungen verletzt, kann sie vor dem Europäischen Gerichtshof dagegen klagen.

● Als **Motor der Integration** nutzt sie das ihr zustehende **Initiativrecht** [das Recht, Gesetzesvorlagen einzubringen], um Vorschläge zur Weiterentwicklung der Gemeinschaftspolitik zu erarbeiten und dadurch Entscheidungsprozesse anzuregen und voranzutreiben. Wird sie nicht von sich aus aktiv, kann sie durch den Rat oder das Europäische Parlament dazu aufgefordert werden. Die verbindliche Beschlussfassung fällt aber in die Zuständigkeit des Rates und des Parlaments, das in den meisten Fällen über ein Mitentscheidungsrecht verfügt. Aufgabe der Kommission ist es weiterhin, gegenüber den Mitgliedstaaten und den übrigen EU-Organen für das gemeinsame europäische Interesse einzutreten und zwischen deren oft sehr unterschiedlichen Auffassungen zu vermitteln.

Schließlich ist sie als ● **Exekutivorgan** zuständig für die Umsetzung der Gemeinschaftspolitik. Auf einigen Gebieten (so z.B. in der Wettbewerbspolitik) verfügt sie über ausgedehnte eigene Befugnisse zur Anwendung der Verträge. In anderen Bereichen ist sie im Auftrag des Rates tätig. Sie verwaltet die Fonds und Programme, die den Großteil des EU-Haushalts ausmachen, handelt im Namen der EU inter-

Die Verwaltung ist in 23 Generaldirektionen und 13 hochrangige Dienste gegliedert. Der Kommission unterstehen ferner Außenstellen und Forschungseinrichtungen in den Mitgliedstaaten – alles in allem etwa 21 800 Beamte (nicht mehr, als eine deutsche Großstadt hat), darunter etwa 2 000 im Sprachendienst. Die Kommission hat den größten Übersetzungs- und Dolmetscherdienst der Welt; er ist für fast alle EU-Institutionen zuständig (außer für das Europäische Parlament und den Europäischen Gerichtshof). Unterstützt wird die Arbeit der Kommission von rd. 400 Ausschüssen („Komitologie"-„Ausschusswesen") und ca. 1200 von Fall zu Fall einberufenen Expertengruppen.

(Autorentext)

nationale Handels- und Assoziationsabkommen aus und vertritt die EU bei den internationalen Organisationen.

Die Kommission ist ein **supranationales Organ**. Ihre Mitglieder stammen nach einem festen Schlüssel aus allen EU-Staaten (künftig ein Mitglied aus jedem Land), üben ihre Tätigkeit aber nicht als Vertreter ihres Landes, sondern laut EG-Vertrag „in voller Unabhängigkeit zum allgemeinen Wohl der Gemeinschaft“ aus. Unter der politischen Führung des Kommissionspräsidenten ist jedes Kommissionsmitglied in einem bestimmten Sachbereich federführend tätig. Beschlüsse fasst die Kommission mit der Mehrheit ihrer Mitglieder. Sitz der Kommission ist Brüssel. Ihre Dienststellen – mit rund 17 500 Bediensteten in Verwaltungsaufgaben (2004) – sind hauptsächlich in Brüssel, zu einem Teil auch in Luxemburg untergebracht. (Schmidt-Zahlenbilder)

José Manuel Durão Barroso, portugiesischer Ministerpräsident, wurde 2004 Präsident der EU-Kommission als Nachfolger des Italieners Romano Prodi, der das Amt seit Mai 1999 innegehabt hatte.

(Foto: © dpa-Fotoreport)

Die EU-Zentrale in Brüssel (Foto: Marc-Steffen Unger)

M 14 „Regelungswut“ der Europäischen Kommission?

M 14a „Nur die Zeugung läuft noch ohne die EU“

Sandra heißt die fesche Dame, die so entspannt in die Sonne blinzelt. Alois Schuller, Bachbauer in Beuerberg, ist voll zufrieden mit ihr: Sandra war noch nie ernsthaft krank, sie gibt 5500 Liter Milch im Jahr, und trächtig ist sie auch schon wieder. Man tut Sandra kein Unrecht an, wenn man sie als oberbayerische Durchschnittskuh bezeichnet. Doch neben ihrem Leben im Stall und auf der Weide führt Sandra noch eine zweite, verborgene Existenz: in Datenbanken und Bestandsbüchern. Hier heißt sie nicht Sandra, sondern DE 0983041592. Erst mit dieser Nummer auf beiden Ohren wird Sandra zu einem vollwertigen Rindvieh, auf das Europa schaut.

Für Bauer Schuller fangen damit die Probleme an. Denn neben Füttern und Melken muss er sich immer mehr um Papierkram kümmern. Kein anderer Wirtschaftszweig ist so stark reguliert wie die **Landwirtschaft**. Und nirgendwo sonst hat die Europäische Union schon jetzt so viel Macht. Dem bayerischen Landwirtschaftsminister Josef Miller bleibt kaum mehr übrig, als die Vorschriften umzusetzen. Mindestens 80 Prozent der Argarpolitik, das sagen Fachleute, werden von Brüssel vorgegeben. Dort hat man mittlerweile den Überblick verloren: Auf 40 000 schätzt die EU-Kommission die Zahl der EU-Richtlinien, jedes Jahr kommen mehr als 2 000 neue hinzu. Wie viele sich davon auf Sandra beziehen, vermögen auch Experten nicht zu sagen. Selbst Josef Wasensteiner, Fleischreferent beim Bayerischen Bayernband, kommt hier ins Stocken. Zwischen Besamung der Mutterkuh und der Wurst beim Metzger liegt nicht nur ein Rinderleben, sondern mehrere hundert Seiten an Vorschriften.

Sieht man mal von der *Rindersamen-Richtlinie* 88/407/EWG ab, findet wenigstens die Zeugung immer noch im gewissermaßen rechtsfreien Raum statt. Danach wird es ernst: Sandra hat einen richtigen Pass, nur ohne Foto. Gemäß Paragraf 24 der *Viehverkehrsverordnung* hat Bauer Schuller sein Kalb nach der Geburt am 5. Februar 1998 bei den Behörden gemeldet. Die werden sie bis zu ihrem Ende im Schlachthaus nicht mehr aus den Augen lassen. Denn als Folge der BSE-Krise führte die EU eine europaweite *Kennzeichnungspflicht* ein. Selbst als Sandra einmal für ein paar Monate beim Nachbarn weidete, musste Schuller den Ortswechsel der Datenbank melden.

Auch um das Wohl der Kälber sorgt sich Brüssel mit Vorgaben, die in nationales Recht umgesetzt worden sind. In der *Kälberhaltungs- und der Futtermittelverordnung* wird unter anderem geregelt, ob ein Jungtier angebunden werden darf oder was es zu fressen bekommt.

Milchaustauscher mit tierischen Fetten sind europaweit verboten – wegen des BSE-Risikos. Sandra hatte Glück. Sie lebt bei Schuller auf einem Bio-Bauernhof und bekam deshalb nur Vollmilch zu trinken. Das macht es für Schuller aber auch schwieriger, weil er zusätzlich die Richtlinien des ökologischen Landbaus einhalten muss.

Für den Laien kompliziert wird es, wenn die Kuh gekalbt hat und dann endlich Milch gibt. Melken alleine reicht nicht, man braucht dazu erst ein Milchkontingent. Schuller hat seines 1984 zugeteilt bekommen, als die Europäische Gemeinschaft das *Quotensystem* einführte, um den Milchsee abzusenken. Wie viele Kilo es genau sind, möchte er nicht aufgeschrieben haben, denn dann könnte man sich allzu leicht sein Einkommen ausrechnen. Jedenfalls hat Sandra derzeit noch 26 Kolleginnen im Stall. Es dürften sogar noch ein paar mehr sein, weil Schuller an der Börse Milch-Kontingente hinzugekauft hat.

Ärger gibt es, wenn die Kühe zu viel Milch geben, hier sieht das EU-Recht Sanktionen vor. Auch bei der Milchhygiene tut Schuller gut daran, sich an die zahlreichen Vorschriften zu halten, die Keimzahl sowie Sauberkeit seiner Milchkammer betreffen. Um Sandras Fäkalien kümmert sich übrigens die *Gülleverordnung*. Wer es genau wissen will: Die Gülleverordnung ist die Umsetzung der EU-Nitrat-Richtlinie in nationales Recht. Einfach mit dem Odelfass über die Wiese fahren, das geht nicht. Jedenfalls sollte man sich dabei zu bestimmten Jahreszeiten nicht erwischen lassen.

Zum Glück ist Sandra von Natur aus robust. Nur einmal litt sie an einer Zyste. Wenn in solchen Fällen der Tierarzt kommt, greift das *Arzneimittelrecht*. Ein umfangreiches Regelwerk, das man sich hier ebenso ersparen kann wie die Schlachtprämie. Deshalb gleich zum Ende: Wenn Sandra in ein paar Jahren 40 000 oder 50 000 Liter Milch produziert hat, dann muss sie leider zum Metzger. Die Modalitäten der letzten Reise sind in der EU-*Tier-Transportverordnung* festgelegt. Im Falle Sandras wird das Ziel der Tölzer Schlachthof sein. Der stand schon mal kurz vor der Schließung, weil er die Anforderungen der EU-*Fleisch-Hygiene-Richtlinie* nicht erfüllte. Um den Rest von Sandra kümmert sich schließlich die *Tierkörperverwertung* – und damit wieder die EU.

(Süddeutsche Zeitung Nr. 130 v. 8.6.2004, S. 36; Verf.: Sebastian Beck)

M 14b „Wenn einem nichts mehr einfällt, dann wird Europa verdroschen“ – Der deutsche EU-Kommissar nimmt Stellung zur Kritik an der Arbeit der EU-Kommission

DIE ZEIT: Viele Bürger haben von der Europäischen Union offensichtlich die Nase voll. Brauchen wir weniger Europa?

Günter Verheugen: Nein. Wir brauchen nicht weniger Europa, sondern ein besseres.

ZEIT: Was heißt das konkret?

Verheugen: Alle Umfragen zeigen, dass die Bürger in entscheidenden Bereichen nicht weniger Europa wollen, sondern mehr. Sie wollen mehr gemeinsame Außen- und Sicherheitspolitik, damit wir endlich mit einer Stimme sprechen. Der Irak-Krieg hat das gezeigt. Sie wollen mehr gemeinsame Wirtschaftspolitik, damit die Währungsunion gestützt wird. Und sie wollen eine gemeinsame Innen- und Sicherheitspolitik, um besser gegen den Terror geschützt zu werden.

ZEIT: Dennoch wächst in den Mitgliedsländern das Gefühl, dass Europa zu viel reglementiert – und damit den Menschen, aber auch den Unternehmen das Leben unnötig erschwert wird.

Verheugen: Natürlich gibt es viele EU-Regeln. Aber weit über 90 Prozent beziehen sich auf den Binnenmarkt, sorgen für gemeinsame Standards und haben nationale Regeln ersetzt. Es ist schon merkwürdig, dass sich früher in Deutschland und anderen Mitgliedstaaten niemand über bestimmte Vorschriften aufgeregt hat, seit diese aber aus Brüssel kommen, über zu viel Regulierung geschimpft wird. Dabei gibt es heute statt 25 nationaler Regeln oft nur noch eine. Und die betrifft den normalen Bürger zudem kaum. Oft sind es Produktstandards, die nur für die betreffenden Hersteller wichtig sind.

ZEIT: Die heftig umstrittene Feinstaub Richtlinie betrifft jeden.

Verheugen: Und sie war doch richtig, oder? Die Gesundheit der Bürger zu schützen gehört zu den Aufgaben der EU. Ich gebe den Kritikern allerdings in einem Recht: Unsere Regeln sind manchmal zu kompliziert.

ZEIT: Wir haben also nicht zu viele europäische Richtlinien, sondern nur zu komplizierte?

Verheugen: Beides. Und ich kann Ihnen auch erklären, warum. Wir beachten zu viele nationale Sonderwünsche, und es gibt sehr viele Instanzen, die mitreden ...

ZEIT: ... ungefähr 3 000 Arbeitsgruppen ...

Verheugen: Richtig. Und dann müssen Sie noch die Regeln dazurechnen, die sich die Staaten in den Vereinten Nationen, genauer gesagt, im Rahmen der Wirtschaftskommission für Europa verordnen. In diesem Rahmen ist auch die berühmte Regel über die Krümmung der Gurken entstanden. [...]

(Foto: © ZB-Fotoreport/ Klaus Franke)

ZEIT: Dennoch trifft Edmund Stoiber einen Nerv, wenn er über das babylonische Europa schimpft. Was wollen Sie konkret ändern, damit europäisches Recht in Zukunft einfacher wird?

Verheugen: Zurzeit prüfen wir alle 240 Richtlinienentwürfe, die Rat und Parlament vor dem 1. Januar 2004 erreicht haben und die noch nicht verabschiedet wurden. Sollten sie überflüssig sein, werden wir sie zurückziehen.

ZEIT: Angeblich gibt es 50 unnötige Richtlinienentwürfe, die Sie streichen wollen?

Verheugen: Diese Zahl ist aus der Luft gegriffen. Es ist einfach noch zu früh, um über Zahlen zu reden. So viele Entwürfe wie nötig werden zurückgezogen. Wir haben zudem schon das nächste Projekt begonnen und wollen in einem zweiten Schritt alle bereits bestehenden EU-Rechtsakte überprüfen, mit dem Ziel, sie zu vereinfachen oder zu streichen. Das ist eine Mammutaufgabe, denn wenn wir da einmal durch sind, können wir gleich wieder von vorn anfangen. Ich bin übrigens gespannt, wie die einzelnen Mitgliedstaaten reagieren. Ich habe die Wirtschaftsminister und die Wirtschaft bis Ende Juni um ihre Vorschläge gebeten, wo dringlich gehandelt werden sollte. Bisher habe ich noch keine Post bekommen.

ZEIT: [...] Wer hat eigentlich jene Vorschriften gewollt, die schon existieren?

Verheugen: Viele werden tatsächlich von denen verlangt, für die sie gelten. Nehmen Sie die berühmte Regel über die Sicherheit von Traktorensitzen. Sie ist einst von Deutschland eingebracht worden, weil ein Hersteller aus Bayern besonders sichere Sitze erfunden hatte und sich durch eine Richtlinie einen Wettbewerbsvorteil erhoffte.

[...] Die aktuelle Kommission hat daher sehr wenig neue Gesetzentwürfe vorgeschlagen. Wir wollen jetzt immer vorher wissen, wie viel zusätzliche Bürokratie und welche Kosten in der Praxis entstehen würden. Ich möchte einem Unternehmer, der mich fragt, sagen können, was auf ihn zukäme. Intern wende ich dabei folgenden Trick an: Ich kehre die Beweislast um. Derjenige in der Kommission, der den Vorschlag geschrieben hat, soll mir nachweisen, dass er wirklich gebraucht wird. Mein Leitspruch lautet: Wenn es keinen guten Grund dafür gibt, etwas zu regeln, dann gibt es allen Grund, nichts zu regeln.

ZEIT: Wieso veröffentlicht die Kommission dann am Tag nach dem französischen Referendum, als alle über weniger, ein anderes oder besseres Europa diskutieren, eine Verordnung über Masthühnchen?

Verheugen: Es ist ein Richtlinienvorschlag, den Verbraucher, Tierschützer und die Wirtschaft seit langem diskutieren und erwarten. Meistens gibt es für Vorschläge gute Gründe. Als ich beispielsweise vorgeschlagen habe, die Gurkenverordnung abzuschaffen, gab es einen Aufschrei der Produzenten. Wie sollen wir noch Gurken verkaufen, haben die gejammert. Die Verordnung regelt nämlich einfach die Qualitätsklassen, und dabei geht es um bares Geld.

ZEIT: Sie wollen ernsthaft sagen, dass eine europäische Regel, die unter anderem den Krümmungsgrad der Gurke vorschreibt, sinnvoll ist?

Verheugen: Sie stört doch niemanden. Aber die Gurkenproduzenten brauchen sie und der Handel auch. Und die Verbraucher werden beim Preis nicht über den Tisch gezogen. Ich weiß wohl, dass die Versuchung sehr groß ist, sich über vermeintliche Absurditäten lustig zu machen. Ich habe längst die erstaunlichsten Sitten und Gebräuche kennengelernt und festgestellt: Für die meisten gibt es gute Gründe. Es stört mich, dass die EU von Populisten aller Art benutzt wird, um billigen Beifall einzuheimsen. Wenn einem nichts mehr einfällt, dann wird Europa verdroschen. Und weil es keine ernsthaften politischen Argumente gegen die Europäische Union gibt, weil keiner sagen kann, dass wir das Friedensprojekt, den Binnenmarkt oder die Forschungsaktivitäten nicht brauchen, schimpfen sie eben über die Verfahren und die da in Brüssel, die Bürokraten. Ich habe noch niemals gehört, dass sich jemand über in Deutschland geltende nationale gesetzliche Handelsklassen für Schwarzwurzeln oder Preiselbeeren aufgeregt hat.

ZEIT: ... und das regt Sie anscheinend ziemlich auf ...

Verheugen: Ja, denn die Schlagworte kommen ausgerechnet von Leuten, die keine Ahnung haben, was ihre Behörden alles an Regeln produzieren. Die erwecken den Eindruck, dass wir in Brüssel handeln könnten wie ein Staat. Wir sind aber kein Staat. Wir müssen die Interessen von 25 Staaten abgleichen. Ohne die läuft nichts. Und auch nicht ohne das Parlament. Wenn Rat oder Parlament nicht wollen, ist Ende der Veranstaltung.

(DIE ZEIT Nr. 24 v. 9.6.2005, S. 27; Interview: Petra Pinzler)

1. *Vielleicht werden Sie das in Ihrer Zeitungsrecherche (M 6) selbst feststellen: In Medienberichten ist von der Arbeit der Europäischen Kommission weit häufiger die Rede als vom Parlament und dem Ministerrat. Beschreiben Sie die überragende Stellung der Kommission im Hinblick auf die praktische EU-Politik und erläutern Sie dazu die Stichworte: „Motor der Integration", „Hüterin der Verträge", Exekutivorgan, unabhängige Stellung.*

2. *Kritik an der Stellung der Kommission bezieht sich zum einen auf ihren bürokratischen Apparat („Eurokratie"), der eine Eigendynamik zu immer mehr gesamteuropäischen Regelungen entwickelt habe („Normenflut", „Regelungswut"), zum anderen auf ihre durch das alleinige Initiativrecht gegebene Machtstellung, die von vielen als „undemokratisch" (als „Demokratiedefizit" der EU) gekennzeichnet wird. Beschreiben Sie zum Kritikpunkt „Regelungswut" das in M 14a berichtete Beispiel (der Agrarbereich gehört zu den Bereichen mit der größten „Regelungsdichte") und setzen Sie sich mit der Stellungnahme des deutschen EU-Kommissars Verheugen auseinander. Zu welcher Beurteilung kommen Sie selbst?*

M 15 „Außerhalb" und „oberhalb": der Europäische Rat der Staats- und Regierungschefs

Keine andere Institution prägte und prägt die europäische Konstruktion insgesamt so nachhaltig wie dieses rechtlich und wissenschaftlich schwer fassbare Gremium der Staats- und Regierungschefs der Mitgliedstaaten der Europäischen Union. [...]

Der Europäische Rat ist im rechtlichen Sinne kein Organ der EG. Gestützt auf eine Regierungsvereinbarung der Gipfelkonferenz von Paris 1974 wurde er erstmals in Art. 2 der Einheitlichen Europäischen Akte (EEA, 1987) – aber weiterhin außerhalb des damaligen EWG-Vertrags – in einem rechtlich verbindlichen Text erwähnt. Der Vertrag von Maastricht (1993) siedelte dieses Gremium im Abschnitt der „Gemeinsamen Bestimmungen" des EU-Vertrags (Art. 4 EUV) an: Nach dieser Gründungsformel setzt es sich zusammen aus den Staats- und Regierungschefs und dem Kommissionspräsidenten, unterstützt durch die Außenminister der Mitgliedstaaten sowie ein Kommissionsmitglied. [...]
Der Verhandlungsstil ist direkter und persönlicher als im Ministerrat. In der Regel prägen die Regierungschefs der größeren Staaten die Debatten. Je nach Thema spielen aber auch der Präsident der Europäischen Kommission oder einzelne Regierungschefs kleinerer Staaten eine erhebliche Rolle. Der gegenwärtig für jeweils sechs Monate amtierende Präsident übernimmt sowohl bei der Vorbereitung als auch bei der Herstellung von Entscheidungen wesentliche Leitungs- und Lenkungsaufgaben.

(Werner Weidenfeld/Wolfgang Wessels [= M 12b], S. 207–210)

Die (mindestens zweimal jährlich stattfindenden) zumeist zweitägigen **Treffen der Staats- und Regierungschefs** verlaufen nach einem festen Ritual. Während die Arbeitssitzung in Anwesenheit der Außenminister und deren Fachbeamten sowie der Kommission stattfindet, beginnt der informelle Teil des ER mit einem gemeinsamen Arbeitsessen. Der Teilnehmerkreis ist auf die Staats- und Regierungschefs beschränkt, die zum „zwanglosen" Meinungsaustausch zusammentreffen. Damit soll eine vertrauensvolle Atmosphäre geschaffen und die Lösung schwieriger Fragen erleichtert werden. Der ER endet üblicherweise mit einem Schlusskommuniqué, das von den Delegationen erarbeitet wird. Es fasst die „Schlussfolgerungen des Vorsitzes" zusammen, enthält Leitlinien für zukünftige Aktivitäten und oftmals konkrete Arbeitsaufträge an die Europäische Kommission. Aufgrund ihres Rahmencharakters kommt den Schlussfolgerungen des Ratsvorsitzes große Bedeutung zu. Sie sind der Referenzrahmen, auf den sich nicht nur die weiteren Aktivitäten der Gemeinschaft stützen, sondern der auch zur Legitimation einzelstaatlicher Forderungen herangezogen wird.

(Wolfgang W. Mickel/Jan Bergmann [= M 11b], S. 680)

Nach dem Vertrag von Nizza (Art. 4 EUV) gibt der ER der Union *die für ihre Entwicklung erforderlichen Impulse und legt die allgemeinen politischen Zielvorstellungen dafür fest.* Dies gilt auch für die Festlegung der Grundsätze und allgemeinen Leitlinien der Gemeinsamen Außen- und Sicherheitspolitik (Art. 13 EUV) und zwar auch bei Fragen mit verteidigungspolitischen Bezügen. Dem ER kommt somit eine Richtlinienkompetenz in wichtigen europapolitischen Fragen zu. Um diese auszufüllen, tritt er mindestens zweimal im Jahr unter dem Vorsitz des Mitgliedstaates zusammen, der zu diesem Zeitpunkt die Präsidentschaft im Rat innehat. [...]
Zwar ist mit dem ER ein „Superorgan" geschaffen worden, das gegenüber den Fachministerräten eine herausgehobene Position besitzt, dies hat sich bei der Lösung schwieriger Gemeinschaftsprobleme jedoch häufig als hilfreich erwiesen. Durch Themenbündelung und politische Kompromissfindung ist dem ER oftmals ein Durchbruch gelungen, wenn auf der Ebene der Fachministerräte in bestimmten Sachfragen keine Einigung erzielt werden konnte. Vom ER sind für die Gemeinschaftsentwicklung entscheidende Impulse ausgegangen. Bei allen politisch bedeutsamen Vorhaben der EU gingen die Anstöße vom Europäischen Rat aus: von der ersten Direktwahl des EP, dem Europäischen Währungssystem, der GASP bis hin zu den EU-Erweiterungsrunden. Auch bei der EU-Finanzausstattung nimmt der ER eine dominante Rolle ein. Durch seine *Medienwirksamkeit* hat er es sehr viel stärker als etwa die Fachministerräte vermocht, das Interesse der europäischen Öffentlichkeit auf sich zu ziehen.

(Wolfgang W. Mickel/Jan Bergmann, Handlexikon der Europäischen Union, Omnia Verlag, Stuttgart, 3. Aufl. 2005, S. 680, 682)

Die „Gipfeltreffen" der europäischen Staatschefs (Länder mit präsidentieller Demokratie) und Regierungschefs (Länder mit parlamentarischer Demokratie) stehen im Mittelpunkt der Berichterstattung von Presse, Rundfunk und Medien (s. Foto S. 381). Beschreiben Sie die Stellung des „Europäischen Rates" im Gesamtgefüge des EU-Systems und seine Kompetenzen. Stellen Sie fest, wer gerade die (halbjährlich wechselnde) Präsidentschaft des Europäischen Rates innehat, welche Themen bei der letzten Ratssitzung behandelt und welche Entscheidungen getroffen wurden.

M 16 Wie in der EU die „Gesetze" zustande kommen

Das Gesetzgebungsverfahren verläuft auch in der Bundesrepublik nicht unkompliziert, insbesondere bei Gesetzen, denen der Bundesrat zustimmen muss (s. S. 49). Da die EU kein Staat ist, ihre Institutionen sich nur schwer mit denen eines nationalen demokratischen Staates vergleichen lassen und daher das Verfahren der Rechtssetzung in der EU eigens geschaffen werden musste, ist es kein Wunder, dass es den Eindruck besonderer Kompliziertheit und Unübersichtlichkeit erzeugt, zumal es – je nach dem Grad der Beteiligung des Europäischen Parlaments – vier verschiedene Verfahren gibt (s. S. 393). Mithilfe der folgenden Materialien können Sie sich aber schnell einen guten Überblick verschaffen, über den man verfügen sollte, wenn man beurteilen will, ob Europa „demokratisch regiert" wird.

Für die Darstellung des formellen Ablaufs des Gesetzgebungsverfahrens haben wir das **Mitentscheidungsverfahren** ausgewählt, das inzwischen in drei Viertel aller Entscheidungsfälle angewandt wird (M 16a). Wie sich der politische Entscheidungsprozess in der konkreten Wirklichkeit (am Beispiel einer Richtlinie) abspielt, darüber gibt ein deutscher EU-Abgeordneter in M 16b einen instruktiven, etwas ausführlicheren Bericht.

M 16a Der Ablauf des Mitentscheidungsverfahrens

Der Kommissionsvorschlag wird dem Parlament und dem Rat zugestellt.

Erste Lesung

Im Parlament kommt der Text in den zuständigen Ausschuss, der darüber berät und Änderungen vorschlägt, wenn der Kommissionsentwurf nicht den Vorstellungen des Parlaments entspricht. Abschließend stimmt das Plenum über den Text ab. Die Entscheidung des EP wird dem Ministerrat übermittelt. Das Gesetz ist erlassen, wenn der Rat in seiner ersten Lesung sämtliche Änderungswünsche des Parlaments mit qualifizierter Mehrheit billigt oder wenn das Parlament keine Änderungen vorgeschlagen hat und der Rat dem Entwurf der Kommission ebenfalls zustimmt.

Sind die Minister im Rat aber anderer Meinung als die Kommission oder das EP, fassen sie ihre Änderungsvorschläge im „gemeinsamen Standpunkt" der Regierungen zusammen und nennen die Gründe für jede gewünschte Änderung. Der „gemeinsame Standpunkt" wird dem Parlament zur zweiten Lesung zugestellt.

Zweite Lesung

Wenn das Europäische Parlament den „gemeinsamen Standpunkt" des Rats billigt, ist das Gesetz damit erlassen. Die zweite Möglichkeit: Das Parlament lehnt den „gemeinsamen Standpunkt" mit der absoluten Mehrheit seiner Mitglieder ab; dann ist das Gesetz gescheitert.

Die dritte Möglichkeit: Das Parlament ändert den „gemeinsamen Standpunkt" mit absoluter Mehrheit erneut ab. Nun kann die Kommission ihren Gesetzentwurf im Sinne des Parlaments neu formulieren und diese geänderte Fassung dem Ministerrat zur zweiten Lesung vorlegen oder zu den Änderungsvorschlägen des EP Stellung nehmen. Billigen die Minister mit qualifizierter Mehrheit den Gesetzentwurf in der Fassung des Parlaments, ist das Gesetz erlassen, wenn nicht, muss ein Vermittlungsausschuss einberufen werden.

Vermittlungsausschuss

Der Ausschuss besteht je zur Hälfte aus Vertretern des Rates und des Parlaments. Auf der Grundlage des vom Parlament geänderten Textes soll er binnen sechs Wochen einen „gemeinsamen Entwurf" finden. Gibt es eine Einigung, müssen ihr Parlament und Rat in dritter Lesung zustimmen, das Parlament mit absoluter Mehrheit, der Rat mit qualifizierter Mehrheit. Das Gesetz ist gescheitert, wenn eines der beiden Organe den gemeinsamen Entwurf ablehnt oder wenn im Ausschuss keine Einigung gefunden wird.

(Europäisches Parlament, Informationsbüro für Deutschland [Hrsg.], Europa 2003. Alles Wissenswerte über die Europäische Union; Verf.: Klaus Löffler, Claus D. Grupp, Berlin 2003, S. 42f.)

Die Übersicht kann nur den allgemeinen und abstrakten Verfahrensablauf der Gesetzgebung beschreiben. Welche politischen Prozesse sich in der Realität dahinter verbergen, welche Akteure in welcher Form und mit welchen Einflussmöglichkeiten dabei „am Werk“ sind, kann nur an einem konkreten Beispiel aufgezeigt werden. Wir haben dazu die informative Beschreibung der Entstehung einer Richtlinie ausgewählt, an der der brandenburgische SPD-Abgeordnete Norbert Glante als Berichterstatter des zuständigen Parlamentsausschusses maßgeblich beteiligt war. Seine Informationen bildeten die Grundlage für die sehr **konkrete Beschreibung des Gesetzgebungsprozesses** aus der Sicht des Parlaments, die von www.europa-digital.de veröffentlicht wurde (M 16b). Bei der Analyse dieses Berichts können Sie auf das Schema zurückgreifen, um festzustellen, an welcher Station sich das Verfahren gerade befindet.

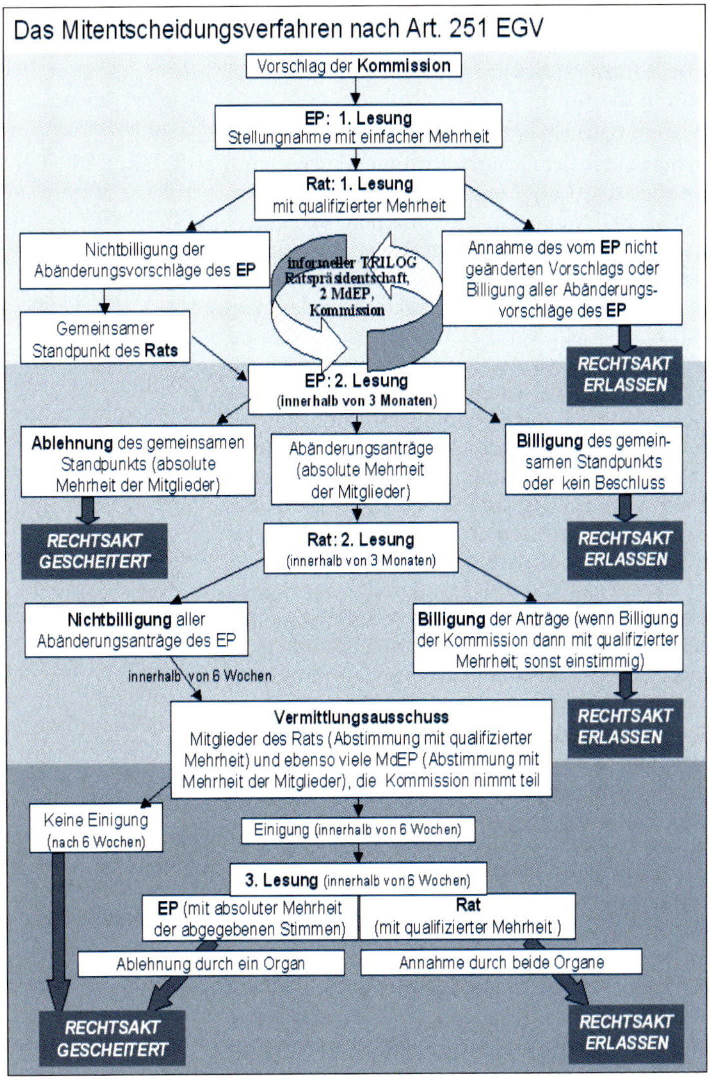

(Werner Weidenfeld/Wolfgang Wessels [– M 12b], S. 111)

Gegenstand der Richtlinie war die europäische Regelung zur Förderung der „Kraft-Wärme-Kopplung“ (KWK), einer Technik zur gleichzeitigen Herstellung von Strom und Wärme in einem Prozess. Sie garantiert eine besonders effiziente Nutzung der eingesetzten Brennstoffmenge, die bei einer getrennten Erzeugung von Strom und Wärme in separaten Prozessen erheblich größer wäre. Die bekannteste Anwendung dieser Technik ist die Fernwärme. Rechtsgrundlage für die Europäische Kommission, in diesem Bereich tätig zu werden, ist Art. 175 des EG-Vertrags (Umweltpolitik). Norbert Glante (www.glante.de) ist EU-Abgeordneter seit 1994. Er ist Mitglied im Ausschuss für Umweltfragen, Volksgesundheit und Lebensmittelsicherheit (ENVI) und stellvertretendes Mitglied im Ausschuss für Industrie, Forschung und Energie (ITRE). Mit dem im Text erwähnten „Schattenberichterstatter“ (im EU-Jargon: „Shadow“) ist der Vertreter einer Fraktion gemeint, die nicht den offiziellen Berichterstatter stellt (in diesem Fall der EVP-Fraktion), aber einen für das betr. Fachgebiet kompetenten Abgeordneten benennt, der die Interessen der eigenen Fraktion vertritt und den offiziellen Berichterstatter in gewisser Weise kontrolliert. In der Regel benennen zumindest die beiden größten Fraktionen (s. S. 391) wechselseitig solche „Shadows“.

M 16b Gesetzgebung konkret – Wie die „KWK-Richtlinie" zustande kam

Die Kommission wird initiativ, der Ausschuss tritt in Aktion

Am 22.7.2002 leitet die Europäische Kommission einen in der Generaldirektion Transport und Energie (DG TREN) erarbeiteten Richtlinien-Vorschlag an das Europäische Parlament und startet damit **den offiziellen Gesetzgebungsprozess.**

Noch vor der Sommerpause behandelt das Präsidium des Europäischen Parlaments den Vorschlag und legt fest, welche **Ausschüsse des EP** sich seiner annehmen sollen. Dabei wird ein federführender Ausschuss und gegebenenfalls weitere beratende Ausschüsse ausgewählt. Bei der KWK-Richtlinie wurde der Industrieausschuss (allgemeine Abkürzung: ITRE) zum federführenden Ausschuss, und als einziger beratender Ausschuss wurde der Umweltausschuss (Abkürzung: ENVI) einbezogen.

Nachdem sich die SPE-Fraktion das Recht gesichert hat, zur KWK-Richtlinie den **Berichterstatter** zu stellen, gilt es innerhalb der Fraktion zu klären, wer es konkret machen soll. Am 3.9.2002 wird Norbert Glante zum Berichterstatter ernannt, nachdem er zuvor sein Interesse bekundet und sich in einer fraktionsinternen (geheimen) Abstimmung gegenüber einem spanischen Kollegen durchgesetzt hat.

Norbert Glante berichtet: „Wenn statt meiner der spanische Kollege Berichterstatter geworden wäre, hätte die Beschlussvorlage des Ausschusses höchstwahrscheinlich anders ausgesehen. Denn energiepolitisch legen Spanier, bzw. insgesamt die Kollegen aus den südlichen EU-Staaten, andere Prioritäten. Für mich ist es wichtig, einen europäischen Ansatz zu wählen, der die geografischen und klimatischen Verhältnisse in der gesamten EU berücksichtigt. Gerade bei der KWK ist dies wichtig, denn im Süden gibt es fast nur industrielle KWK, wohingegen im Norden sowohl die industrielle als auch die Fernwärme verbreitet ist. Da ich mich schon zuvor als Energieexperte der SPE-Fraktion profiliert hatte, entschied die Mehrheit für mich."

Wie Interessenvertreter Einfluss nehmen

Eine Woche, nachdem Norbert Glante zum Berichterstatter gewählt wird, stehen am 10. September die ersten **Lobbyisten** in seinem Büro auf der Matte. Die Damen und Herren von Euroheat & Power, dem Europäischen Dachverband der KWK-Produzenten, haben beobachtet, wie der Startschuss für die KWK-Richtlinie im ITRE-Ausschuss gefallen ist, und haben bis dahin anhand des Kommissionsvorschlags bereits ihr *Positionspapier* vorbereitet, über das nun beim Besuch in Glantes Büro gesprochen wird.

In den folgenden Wochen gibt es dutzende weiterer Gespräche, in denen dem Berichterstatter jeweils erklärt wird, warum diese Spezifizierung sinnvoll oder warum jene Formulierung problematisch wäre. Da Glante sich auch selbstständig mit der KWK-Thematik vertraut gemacht hat, kann er anhand der unterschiedlichen Reaktionen auf seine Fragen und Argumente einen Eindruck davon gewinnen, wie eine sinnvolle Linie für seinen Berichtsentwurf aussehen könnte.

Im Europäischen Parlament ist Lobbying (also der Versuch von Interessenvertretern, Einfluss auf die Gesetzgebung zu nehmen,) grundsätzlich willkommen. Schließlich bringen sie die Perspektive derer mit ein, die letztlich die Richtlinie ausbaden – als Unternehmen, das in irgendeiner Form mit KWK zu tun hat, oder als Verbraucherverband, der die konkreten Folgen für die Allgemeinheit im Auge hat. Um Missbrauch zu vermeiden, gibt es dabei eine Reihe von Regeln und Etiketten. So ist es am besten, wenn die ... Interessenvertreter zum Abgeordneten ins Parlament kommen, wenn sie ihre Vorstellungen in einer vorab versandten Übersicht festgehalten haben und wenn sie den mitgebrachten Präsentationsrechner nicht als kleine Aufmerksamkeit auf dem Tisch stehen lassen ...

Aussprache über den Berichtsentwurf im Ausschuss

Nach der ersten Aussprache über den Kommissionsvorschlag im Ausschuss und weiteren Gesprächen mit Interessenvertretern stellt Norbert Glante Anfang November seinen **Berichtsentwurf** fertig. In den letzten Tagen vor der internen Deadline bedeutet das viele Stunden Arbeit, denn hier kommt es auf jede Formulierung an. Am 12.11. geht das Dokument offiziell an den Übersetzungsdienst des Parlaments, damit sich jeder Abgeordnete in seiner Landessprache damit beschäftigen kann, bevor es zur Aussprache im Industrieausschuss über den Berichtsentwurf kommt.

Die *Aussprache* findet am 3.12. statt. Für seinen Berichtsentwurf erntet Glante viel Gegenwind. In einigen Kernaspekten der Richtlinie liegen sein Entwurf und die Ansätze vor allem der konservativen Kollegen sehr weit auseinander. Jetzt wissen alle im Ausschuss, dass das Thema KWK eine sehr technische und politisch brisante Diskussion mit sich bringen wird ...

Weil das Thema sehr komplex und technisch ist und zwischen den Mitgliedern große Differenzen bestehen, wird beschlossen, sich zunächst bei einem *Hearing im Industrieausschuss* durch externe Experten beraten zu lassen. Es findet am 9.1. im Europäischen Parlament in Brüssel statt. An dieser öffentlichen Anhörung nehmen die interessierten Mitglieder des Industrieausschusses teil. Der spanische Professor Roqueta von der Universidad de Catalunya, Heikki Koivisto als Direktor des finnischen Fernwärmeverbandes sowie der Däne Jesper Lorentzen als Fachmann aus der Kommission erklären, was es mit der KWK im Detail auf sich hat.

Am 27.1. findet eine weitere Aussprache zur KWK-Richtlinie im ITRE statt. Eine Deadline für Änderungsanträge wird zunächst wieder nicht festgesetzt – eine Reihe von Abgeordneten erbittet eine weitere Diskussion und mehr Zeit zur Bearbeitung. Schließlich wird im Februar die Deadline für die Änderungsanträge auf den 4.3. festgelegt.

Nachdem vier Wochen zuvor die Aussprache zum Bericht und den Änderungsanträgen stattgefunden hatte, geht es bei der Abstimmung am 23.4. um die Wurst. Am Ende kann Norbert Glante zufrieden sein. Mit seinen kurz vor der Abstimmung vorgelegten vier Kompromissvorschlägen kann er die Mehrheit der Ausschussmitglieder von seinem Konzept überzeugen. Nur bei einigen Aspekten stehen in „seinem" Bericht nun Dinge, die er vermeiden wollte.

Debatte zum Ausschussbericht im EP

Am 12. Mai kommt das Thema Kraft-Wärme-Kopplung schließlich ins **Plenum des Europäischen Parlaments**. Von den theoretisch 626 Abgeordneten verfolgen nur eine Hand voll Abgeordnete, wie Glante zu nächtlicher Stunde in einer fünfminütigen Rede den Sachverhalt skizziert und den Bericht des Ausschusses vorstellt. Anschließend sprechen noch seine Schattenberichterstatter von den anderen Fraktionen.

Wie in Straßburg üblich, wird auch über den Bericht zur KWK-Richtlinie nicht gleich nach der Debatte abgestimmt, sondern in einem Abstimmungsblock an einem der Folgetage. Dann ist es richtig voll im Plenum, weil es nun auf jede Stimme ankommen kann. Während die meisten Fachdebatten so unter den Experten und Interessierten innerhalb des Parlaments ablaufen und die anderen Abgeordneten in ihren Büros anderen Arbeiten nachgehen, versammeln die **Fraktionen** für die Abstimmungsmarathons alle ihre Mitglieder, um über Berichte und die einzelnen Änderungsanträge so abzustimmen, wie ihnen das von einem Kollegen in der ersten Sitzreihe per Handzeichen angezeigt wird. In Sachen KWK-Bericht kann sich der Berichterstatter mit seinen Vorschlägen weitgehend durchsetzen. 74 Änderungen des Kommissionsentwurfs für die Richtlinie werden angenommen.

Der „Gemeinsame Standpunkt" des Rats

Noch vor der Sommerpause beschließt der Rat seinen ‚**Gemeinsamen Standpunkt**' und veröffentlicht ihn ebenfalls am 23.7. Darin *akzeptiert der Rat nur 25* [der 74] *Änderungen* des Parlaments teilweise bzw. grundsätzlich. Für den Berichterstatter ist das eine herbe Enttäuschung. Der Gemeinsame Standpunkt ist nun die Textgrundlage für die weiteren Verhandlungen und Änderungen durch das Parlament.

Nach Ende der parlamentarischen Sommerpause verkündet der Präsident des Parlaments am 24.9. offiziell die Übermittlung des Gemeinsamen Standpunkts zur KWK-Richtlinie durch den Rat an das **Parlament** und übermittelt ihn an den federführenden Ausschuss. Damit beginnt eine Frist von drei Monaten für die **2. Lesung**. In diesem Zeitraum muss es zu einer Annahme einer Empfehlung für die 2. Lesung kommen. Nach dem Studium des geänderten Vorschlags der Kommission und des Gemeinsamen Standpunktes gibt der Berichterstatter am 1. Oktober im Ausschuss seine Einschätzung zum Gemeinsamen Standpunkt ab und kündigt seine Strategie für die 2. Lesung an. Glante erläutert seine Eindrücke von dem, was nach den Statements von Kommission und Rat machbar ist. [...] Im Endeffekt geht es in der 2. Lesung darum, das Votum des Parlaments gegen die „Konkurrenz", nämlich den Rat und in manchen Fällen die Kommission, durchzusetzen. Der Zusammenhalt zwischen den Abgeordneten ist daher nun wesentlich höher. Im Hinblick auf den neuen Bericht gilt als strategisches Ziel, anfangs möglichst viel zu fordern, um schließlich wenigstens die wichtigsten Forderungen des Parlaments gegenüber dem Rat durchzusetzen. [...] Ohne große Debatte wird der Bericht von Glante schließlich am 2.12. im Ausschuss abgestimmt. Die Zustimmung ist nahezu einstimmig, sehr zur Verwunderung von Kommission und Rat.

Parlament und Rat verständigen sich auf einen Kompromiss

Gleich nach der Abstimmung beginnt ein informeller sogenannter **Trilog mit dem Rat und der Kommission**, um das Gesetzgebungsverfahren *möglichst schon nach der 2. Lesung verabschieden zu können.* Mehrere informelle Treffen zwischen dem Berichterstatter, den Schattenberichterstattern, Vertretern der Kommission und der Ratspräsidentschaft finden in kurzer Zeit statt. Dabei gibt sich der Rat wenig kompromissbereit. Die *Fristen für ein Vermittlungsverfahren* sind wegen der im Jahr 2004 bevorstehenden Europawahlen für das Parlament nur schwer einzuhalten, das Parlament gerät daher unter Druck. Alles kommt nun auf ein letztes Treffen am 10. Dezember an: Norbert Glante und die Schattenberichterstatter beschließen in Abwägung der Vor- und Nachteile nachzugeben und einem **Kompromiss** mit dem Rat zuzustimmen, um nicht das Scheitern der gesamten Richtlinie zu riskieren.

Die Verhandlungen mit dem Rat gestalten sich sehr schwierig. Die italienische Ratspräsidentschaft ist wenig kompromissbereit, wissend, dass viele Ratsmitglieder gar keine Richtlinie wollen. Das ist der Trumpf im Ärmel des Rates. Dem Parlament gelingt es zwar, in den Gemeinsamen Standpunkt einige seiner Forderungen zu integrieren, aber viele andere Forderungen, die dem Rat zu weit gehen, bleiben außen vor. Verhandelt wird hinter verschlossenen Türen, abwechselnd legen Rat und Parlament Kompromissvorschläge vor und es ziehen sich die jeweiligen Delegationen zur Beratung zurück. Erst die letzte Verhandlungsrunde am 10.12. bringt ein Ergebnis, mit dem der Berichterstatter zwar nicht richtig zufrieden sein kann, aber er und seine Kollegen wissen, was auf dem Spiel steht. Der Rat droht die gesamte Richtlinie scheitern zu lassen. Somit einigen sich Rat und Parlament wenigstens auf einen *ersten Schritt in der KWK-Politik auf europäischer Ebene*, der, so die Hoffnung der Parlamentarier, in den kommenden Jahren weiter voran getrieben werden kann. Um nach dieser politischen Lösung die Richtlinie auch juristisch auf den Weg zu bringen, übermittelt das Parlament die abgestimmten Kompromissanträge dem Rat (**2. Lesung**). Nach einer Prüfung durch den juristischen und den Sprachdienst der Europäischen Union *beschließt der Rat die Kompromissvorschläge des Parlaments.* Diese für die meisten Beteiligten erfreuliche Formalie findet am 27.1. statt. [...] Am 21. Februar erscheint der Text der Richtlinie im **Amtsblatt der Europäischen Union**, die Richtlinie tritt an diesem Tag offiziell in Kraft. Von da an haben die Mitgliedstaaten der EU genau zwei Jahre Zeit, ihre Gesetzgebung so abzuändern, dass die Richtlinie inhaltlich in nationales Recht umgesetzt ist. Ob und wie sie das tun, ist eine andere Geschichte.

(http://www.europa-digital.de/dschungelbuch/entscheid/richtlinie/zuratkom.shtml)

Zum Schluss der Geschichte: der Abspann

- Wissenschaftliche und fachliche Mitarbeiter: 18 Assistenten, 5 Fachberater (23)
- Übersetzer: mind. 10
- Beteiligte im Rat: Berater von drei Ratspräsidentschaften plus die nationalen Vertreter in den Ratsarbeitsgruppen: ca. 50
- Beteiligte in der Kommission: Kommissarin de Palacio, Generaldirektor, Unitätschef, bearbeitender Beamter + 2 Fachleute (6)
- Lobbyisten vorstellig im Büro: 56; AGFW (3), EHP (4), COGEN (2), Eurelek (3), Keramik (3), schwedischer, deutscher, österreichischer und niederländischer KWK-Verband (jeweils 3), VKI (3), VCI (3), Vattenfall (2), VKU (3), VKÖ (2), CEPI (3), versch. Brennstoffzellenhersteller (4), Vaillant (2), DIHK (2), BDI (1), VDEW (2), British Sugar (2) plus eine noch höhere Zahl von jeweils involvierten Verbandskollegen, Sekretariatsmitarbeitern.
- Positionspapiere von Lobbyisten: ca. 70
- Ordnerverbrauch: 6
- Höhe des entmüllten Papierbergs: am Ende 0,5 m, zwischenzeitlich 2 m
- Dateien im Computer: 178 (14,2 MB)

1. *Beachten Sie bei Ihrer Analyse des Berichts auch die Gesichtspunkte,*
- *in welcher Form und mit welchem Gewicht die europäischen Institutionen an diesem Prozess beteiligt waren,*
- *welcher Stellenwert dem – in M 16a nur kurz erwähnten – Parlamentsausschuss zukommt,*
- *was sich „hinter den Kulissen" (z. B. durch Einflussnahme von Interessenverbänden) abspielte,*
- *worin die Gründe für die Entscheidung des Parlaments lagen, in diesem Fall trotz gravierender Meinungsverschiedenheiten mit dem Ministerrat den Vermittlungsausschuss nicht einzuschalten,*
- *inwieweit spezifische Probleme europäischer Gesetzgebung (drei beteiligte Institutionen, Abgeordnete aus 15 Ländern, Verbindlichkeit der Richtlinie für 15 nationale Parlamente und 450 Mio. Menschen) sichtbar werden.*

2. *Wie beurteilen Sie den dargestellten Gesetzgebungsprozess und die Kompromissentscheidung des Parlaments?*

III. Wer soll das bezahlen? Die Finanzierung der EU-Politik im Widerstreit der Interessen

M 17 Woher die EU ihr Geld bekommt

Die EU gibt viel Geld aus. Ihr wurden ja auch viele Aufgaben übertragen, die früher Sache der Einzelstaaten waren. Die EU hat aber keine Finanzhoheit, das heißt: Sie hat nicht das Recht, Steuern zu erheben. Das haben ihr die Mitgliedstaaten bisher nicht übertragen. Das nötige Geld wird von den einzelnen Staaten erhoben und dann der Union als deren Eigenmittel zur Verfügung gestellt.

(Europäisches Parlament, Informationsbüro für Deutschland [Hg.], Europa 2003. Alles Wissenswerte über die Europäische Union, Berlin 2003, S. 58; Verf.: Klaus Löffler, Claus D. Grupp)

Die Einnahmeseite des EWG-Haushalt wurde bis 1970 durch Beiträge der Mitgliedstaaten bestritten. Danach wurden diese Beiträge durch sogenannte **Eigenmittel** der EG ersetzt. Der Begriff „Eigenmittel" ist jedoch beschönigend, da die EG mitnichten über autonom kontrollierte Einnahmequellen etwa in Form einer Steuerkompetenz verfügt. [...] Die Eigenmittel setzen sich aus den folgenden Kategorien zusammen:

– Die beiden traditionellen Eigenmittel sind *Agrarabschöpfungen und Zölle*, die im Rahmen der Gemeinsamen Agrar- und der Gemeinsamen Handelspolitik erhoben werden. Die traditionellen Eigenmittel haben noch am ehesten den Charakter einer autonomen Finanzierungsquelle, weil sie im Rahmen von EU-Politikkompetenzen anfallen. Allerdings verlieren sie immer mehr an Bedeutung. [...]

– Die *Mehrwertsteuereigenmittel* werden durch die Anwendung eines für alle Mitgliedstaaten gleichen Abrufsatzes auf der nach EG-Vorschriften einheitlich definierten Mehrwertsteuerbemessungsgrundlage berechnet. Durch verschiedene technische Anpassungen wurde das Volumen der Mehrwertsteuereigenmittel in den zurückliegenden Jahren stark verringert. [...]

– Die *BNE-Eigenmittel* stellen die jüngste und gleichzeitig inzwischen die bedeutsamste Eigenmittelart dar. Dieser erstmalig 1988 erhobene Beitrag der Mitgliedstaaten orientiert sich am Bruttonationaleinkommen (BNE) und hat die Funktion, den Haushalt auszugleichen. Im Gegensatz zu den Haushalten der Mitgliedstaaten darf der EU-Haushalt nicht durch Aufnahme von Krediten zum Ausgleich gebracht werden. Der Ausgleich zwischen Ausgaben und Einnahmen wird durch die BNE-Eigenmittel folgendermaßen erreicht: Die nach Addition der anderen Eigenmittelarten verbleibende Finanzierungslücke wird durch die Mitgliedstaaten proportional zum Anteil des nationalen BNE am EU-BNE getragen.

Beiträge der Mitgliedsländer zum EU-Haushalt 2004 (Mio. Euro)

Land	gesamt
Belgien	3746,63
Dänemark	2059,50
Deutschland	21862,16
Estland	57,10
Finnland	1488,72
Frankreich	16789,03
Griechenland	1737,15
Großbritannien	12845,37
Irland	1265,60
Italien	13664,37
Lettland	66,86
Litauen	125,87
Luxemburg	218,04
Malta	34,66
Niederlande	5455,23
Österreich	2213,93
Polen	1344,20
Portugal	1439,24
Schweden	2684,15
Slowakei	239,93
Slowenien	190,86
Spanien	8196,84
Tschechien	544,18
Ungarn	559,90
Zypern	89,22
Insgesamt	98918,73

(Quelle: EU-Kommission)

Grafik: Prozentuale Anteile der Mitgliedsländer 2004

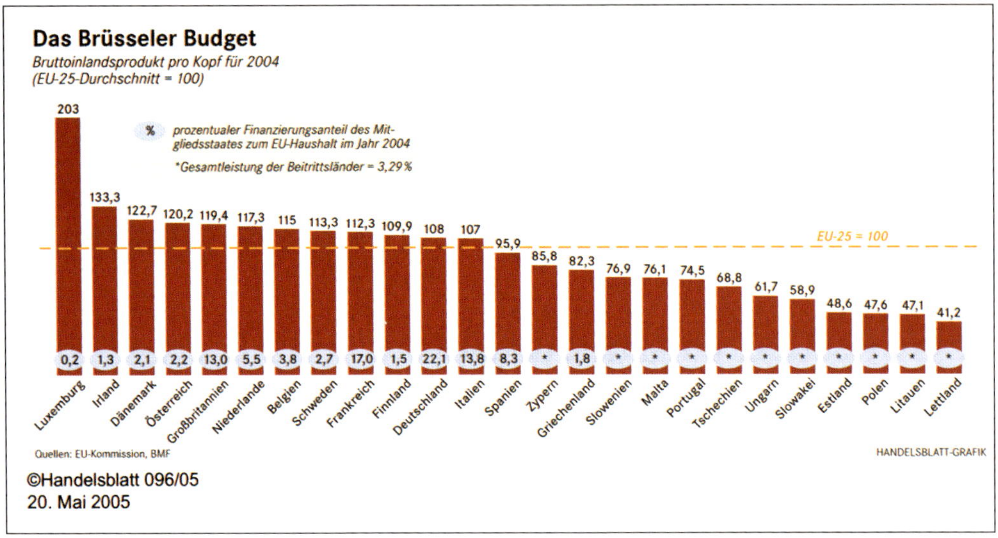

(Handelsblatt Nr. 96 v. 20.5.2005, S. 8)

– Zu erwähnen sind schließlich noch die *sonstigen Haushaltseinnahmen* etwa in Form von Abgaben für EU-Bedienstete, Gebühren und Zinsen. [Die gesamten Mittel dürfen die **Obergrenze von 1,24 % des BNE** der Mitgliedstaaten nicht überschreiten.]

(Werner Weidenfeld/Wolfgang Wessels [= M 12b], S. 275)

Struktur der **Einnahmen 2006**: Agrarzölle und Zuckerabgaben 1,2 %, Zölle 11,5 %, Mehrwertsteuer-Eigenmittel 14,2 %, BNE-Eigenmittel 72,0 %, Sonstige Einnahmen 1,2 % (Gesamtsumme: 111 969,61 Mio. Euro)

M 18 Deutschland als „Zahlmeister"? Die „Nettozahler-Diskussion"

Wichtig bei der Betrachtung des Haushalts der EU ist die immer wieder aufflammende Nettozahler-Debatte. **Nettozahler** ist das Mitgliedsland, welches mehr Mittel an die EU zahlt, als wieder zurückfließen. Es ist evident, dass die EU insgesamt nicht mehr Mittel ausgeben kann, als sie einnimmt, zumal die EU keine Schulden machen darf, also keine Kredite auf dem Kapitalmarkt aufnehmen kann. Zu Diskussionen führen immer wieder unterschiedliche Konzepte zur Berech-

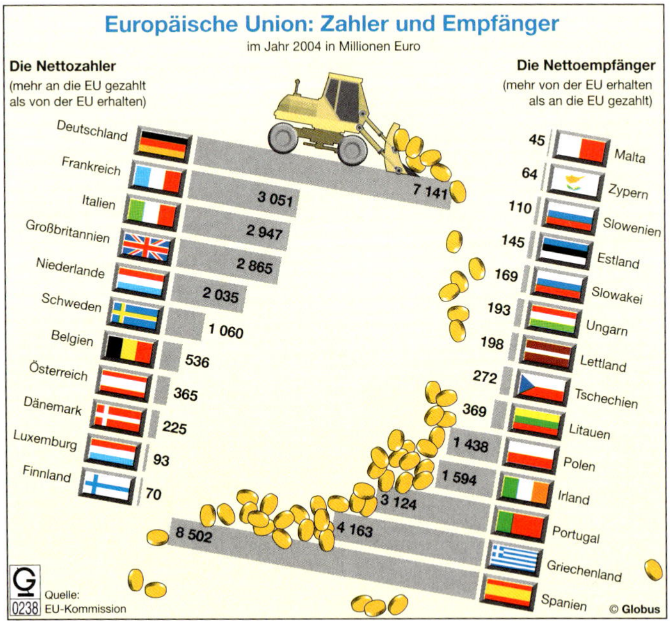

nung von Nettopositionen (Einbeziehung der Verwaltungskosten, des „Britenrabatts“ [s. u.] und/oder der Mittel, die an Länder außerhalb der EU fließen) und das Empfinden, mehr, als die Leistungskraft des Landes hergibt, in den EU-Haushalt einzahlen zu müssen. Besonders in wirtschaftlich schwierigen Zeiten ist dies ein von nationaler Seite gern gebrauchtes Argument. Die EU hat versucht, mit dem variablen BNE-Anteil an den Einnahmen mehr Gerechtigkeit im Sinne von mehr Orientierung an der wirtschaftlichen Leistungsfähigkeit der Staaten zu erreichen: In den letzten zehn Jahren ist der BNE-Anteil am Aufkommen von 27 Prozent auf über 70 Prozent gestiegen; dieser Trend wird sich weiter entwickeln, was den Bedeutungszuwachs dieser Mittelquelle unterstreicht.

Die Fabel vom deutschen Zahlmeister

(Zeichnung: Peter Leger/Besitz und ©: Haus der Geschichte der Bundesrepublik Deutschland)

Diskussionen gibt es auch immer wieder über den **Beitragsrabatt für Großbritannien**, welches als einziges Mitgliedsland einen erheblichen Teil seiner Nettozahlungen wieder zurückbekommt. Diese Sonder-Vereinbarung geht auf Premierministerin Margaret Thatcher zurück („I want my money back!“). Sie ließ sich damit die Zustimmung Großbritanniens zur Lösung der Haushaltskrise von 1984 „abkaufen“. Diese war durch die im Zuge der Süderweiterung um die stark agrarisch orientierten und strukturschwachen Länder Griechenland, Portugal und Spanien explodierenden Agrar- sowie Regional- und Strukturkosten ausgelöst worden. Da dieser Beschluss nur einstimmig durch die Mitgliedstaaten geändert werden kann, ist bisher kein Wegfall des Beitragsrabattes in Sicht.

(Melanie Piepenschneider, Vertragsgrundlagen und Entscheidungsverfahren. In: Informationen zur politischen Bildung Nr. 279: Europäische Union, Bundeszentrale für politische Bildung, überarbeitete Neuauflage, Bonn 2005, S. 30)

M 19 Wofür die EU ihr Geld ausgibt

Nach der großen EU-Erweiterungsrunde des Jahres 2004 durchlief die EU 2005 erstmals ein komplettes Haushaltsjahr mit 25 Mitgliedern. Entsprechend höher waren die Anforderungen an den gemeinsamen Haushalt. Die im Etat der EU-25 veranschlagten **Ausgaben** (Mittel für Zahlungen) stiegen für das Jahr 2005 auf 106,3 Mrd € (2006: 112,0 Mrd.). Dennoch entspricht der Umfang des EU-Haushalts damit nur etwa 2 % der öffentlichen Ausgaben in den Mitgliedstaaten.

Der EU-Haushalt hat im Vergleich zu den nationalen Haushalten allerdings auch nur ein eingeschränktes Spektrum, wie es sich aus dem derzeitigen Entwicklungsstand der europäischen Politik ergibt. Als traditioneller Kernbereich der europäischen Integration steht die **Landwirtschaft** auf der Ausgabenseite nach wie vor im Vordergrund. [...] Höhere Ausgaben als im Vorjahr sind 2006 für Strukturmaßnahmen in den leistungsschwächeren Regionen der EU vorgesehen (**Struktur- und Regionalpolitik**). [...]. Daneben läuft aber die Finanzierung von Programmen weiter, die im Rahmen der He-

Der EU-Haushalt 2006

Bereich	in Milliarden Euro	in % am Gesamthaushalt
Gemeinsame Agrarpolitik	51,0	45,6
Strukturmaßnahmen	35,6	31,8
Interne Politikbereiche	8,9	7,9
Externe Politikbereiche	5,4	4,8
Verwaltungskosten	6,7	5,9
Reserven	0,4	0,4
Heranführungsstrategie	2,9	2,6
Ausgleichszahlungen	1,1	1,0
Gesamtsumme	**112,0**	**100,0**

Quelle: Gesamthaushaltsplan der EU für 2006

(www.europa-digital.de/dschungelbuch/haushalt/ausgaben.shtml)

ranführungsstrategie für die neuen EU-Mitglieder begonnen wurden. Bulgarien, Rumänien, die Türkei und Kroatien erhalten ebenfalls Finanzhilfen aus diesem Topf. Für die **internen Politikbereiche** (Arbeit, Bildung, Umwelt, Forschung, Verkehr, Sicherheit, Justiz usw.) sind Mittel von 8,9 Mrd € vorgesehen. Der Schwerpunkt liegt auf der Forschung, die in der „Lissabon-Strategie" zur Stärkung der Wettbewerbs- und Leistungsfähigkeit der europäischen Wirtschaft eine Schlüsselstellung einnimmt. Deutlich erhöht wurden aber auch die Haushaltsansätze für die innere Sicherheit, einschließlich der Kontrolle der neuen EU-Außengrenzen. Die **externe Politik**, die im EU-Budget eine eher bescheidene Rolle spielt, erhält 2006 ebenfalls mehr Mittel (5,4 Mrd €), mit denen unter anderem Hilfsprogramme für die EU-Nachbarn im Osten und am Mittelmeer und für Partnerländer in den übrigen Weltregionen finanziert werden.
Der erweiterungsbedingte Mehrbedarf an Personal (z. B. für die Strukturfonds oder die Übersetzungsdienste) machte eine merkliche Aufstockung der Haushaltsmittel für die **EU-Verwaltung** (auf 6,7 Mrd €) erforderlich. Damit keiner der neuen Mitgliedstaaten schon zu Beginn seiner EU-Zugehörigkeit mehr in die Gemeinschaftskasse einzahlen muss, als er herausbekommt, werden schließlich 1,1 Mrd € für entsprechende Ausgleichszahlungen in Reserve gehalten.
Weiteres zum Thema im Internet: http://europa.eu.int/comm/budget/budget_glance/index_de.htm
(Schmidt-Zahlenbilder)

1. *Erklären Sie den Hinweis, dass die EU „keine Finanzhoheit" besitzt (M 17), und erläutern Sie die verschiedenen Einnahmearten und ihr unterschiedliches Gewicht. Eine ausführliche Darstellung der Finanzierungsstruktur finden Sie auf der Internetseite der EU-Kommission: http://europa.eu.int/comm/budget/financing/index_de.htm*

2. *Der Haushalt der EG/EU erreichte bis Ende der 1970er-Jahre ein Volumen von rd. 10 Mrd. Euro und stieg mit deutlichen Sprüngen in den Jahren 1986, 1991, 1996 und 2004 auf rd. 112 Mrd. (2006) an. Erklären Sie diese Entwicklung anhand der Übersicht über den europäischen Einigungsprozess in M 5.*

3. *Untersuchen Sie die Verteilung der im Jahr 2004 aufgebrachten Haushaltsmittel auf die einzelnen Mitgliedsländer in absoluten Zahlen und in Anteilen an der Gesamtfinanzierung (Tabelle S. 409, Grafik S. 410). Wie ist es zu erklären, dass Deutschland mit einem Beitrag von 21,9 Mrd. € fast ein Viertel (22,1 %) des gesamten Budgets aufbrachte?*

4. *Welches Bild ergibt sich, wenn man die Beitragsleistungen ins Verhältnis zur Einwohnerzahl (Daten S. 397) setzt? Berechnen Sie diese „Pro-Kopf-Belastung" für Deutschland, Luxemburg, Niederlande, Belgien und Großbritannien.*

5. *In M 18 werden die Beiträge der Länder zum EU-Haushalt unter dem Gesichtspunkt der „Nettozahlungen" betrachtet. Erläutern Sie, was es damit auf sich hat und wie sich die Position der Länder in dieser Betrachtung darstellt (Grafik). Welches Land ist der größte Nettozahler, wenn man den Betrag in Relation zur Einwohnerzahl betrachtet (Grafik in M 18 und Daten S. 397)?*

6. *Für die Beurteilung, ob die Lastenverteilung für Deutschland „gerecht" sei, wird immer wieder auch darauf hingewiesen, dass Deutschland als größtes Exportland „Hauptgewinner" der Europäischen Integration sei (rd. 65 % der deutschen Exporte gehen in EU-Länder; vgl. Abb. 3, S. 293). Erläutern Sie dazu die Darstellung der Karikatur S. 411 und nehmen Sie dazu Stellung.*

7. *Der Streit um den „Britenrabatt" führte im Juni 2005 zum spektakulären Scheitern der Verhandlungen über den Finanzplan („finanzielle Vorausschau") für die Jahre 2007 – 2012 beim EU-Gipfel in Brüssel (vgl. M 20), weil der britische Premierminister Blair sich nur unter der Bedingung kompromissbereit zeigte, dass das gesamte EU-Finanzierungssystem neu geordnet werde. Wie kam dieser „Rabatt" zustande, welche Bedeutung hat er für Großbritannien und für die übrigen Länder?*

M 20 Streit um die Finanzierung

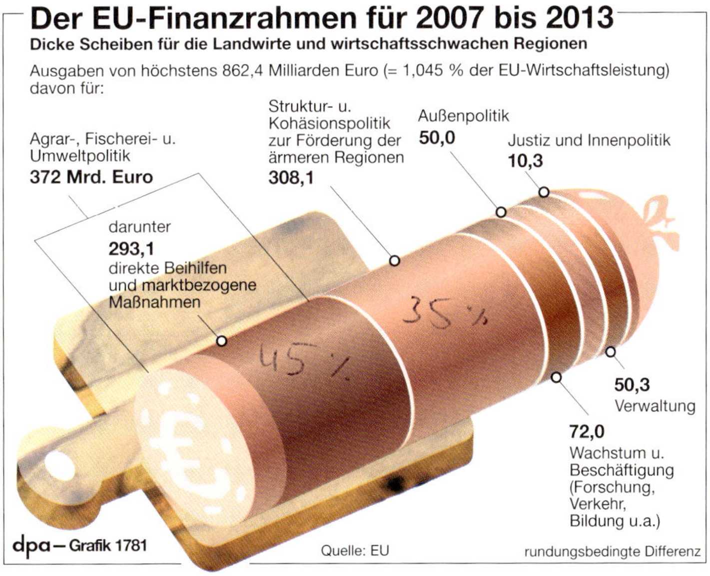

Die **Finanzielle Vorausschau** ist die mittelfristige Finanzplanung der Europäischen Union. Ihr Planungshorizont beträgt 7 Jahre. Sie hat nicht nur unmittelbare finanzpolitische Bedeutung für die Einnahmen und Ausgaben der EU, sondern regelt auch die konkrete Finanzausstattung einer Reihe wichtiger Sachpolitiken und ihrer Programme. Die Gemeinsame Agrarpolitik sowie die Struktur- und Kohäsionspolitik der EU bilden ihre größten Ausgabenblöcke. [...] Sie legt jährliche Obergrenzen sowohl für den gesamten EU-Haushalt als auch für die einzelnen Haushaltsrubriken fest. Diese Obergrenzen haben verbindlichen Charakter und sind in der jährlichen Aufstellung des Haushaltes einzuhalten.

(Wolfgang W. Mickel/Jan Bergmann [= M 11b], S. 323f.)

(Zeichnung: Burkhard Mohr/CCC, www.c5.net)

Über die Vorausschau für die Jahre 2007 bis 2013 kam es im Verlauf des Jahres 2005 zum heftigen Streit. Die EU-Kommission hatte mit Blick auf die großen Herausforderungen (insbesondere die Finanzierung der – incl. Bulgarien und Rumänien [Beitritt: 2007] – 12 neuen Mitgliedstaaten) eine erhebliche Erhöhung der Ausgaben (gegenüber dem vorangehenden 7-Jahres-Zeitraum um rd. 30% auf 1025 Mrd. Euro = 1,14% des BNE) veranschlagt, die von einer Reihe von „Nettozahlern" (vor allem den Niederlanden) unter Verweis auf die schwierige Lage ihrer nationalen Haushalte entschieden abgelehnt wurde. Der Londoner „EU Gipfel" im Juni 2005 scheiterte an dieser Frage u.a. auch, weil die britische Regierung eine Reduzierung des „Britenrabatts" (s. M 18) ablehnte, wenn nicht gleichzeitig die Agrarausgaben gesenkt würden; das aber wies Frankreich entschieden zurück. Erst auf dem EU-Gipfel Mitte Dezember in Brüssel gelang die Einigung auf einen Kompromiss (s. Grafik), zu dessen Zustandekommen die vermittelnde Haltung der neuen deutschen Bundeskanzlerin Angela Merkel erheblich beitrug. (Autorentext)

Erläutern Sie die Bedeutung der „Finanziellen Vorausschau" für die gesamte EU-Politik und die Positionen, die sich im Streit über ihre Gestaltung für den Zeitraum 2007 bis 2013 gegenüberstanden. Vergleichen Sie die Höhe des ursprünglichen Kommissionsvorschlags mit dem gefundenen Kompromiss.

IV. „Sorgenkind seit eh und je“ – Strukturen und Probleme der gemeinsamen Agrarpolitik

M 21 Landwirtschaft in der EU – Strukturen und Diskrepanzen

Aufgrund des ökonomischen Schwergewichts wird die Gemeinsame Agrarpolitik (GAP) teils als „Herzstück“ der EG gepriesen, teils als „Sorgenkind“ kritisiert, teils als „letzte Bastion der Planwirtschaft“ verunglimpft. In den Augen der EU-Bevölkerung ist die Agrarpolitik schlecht angesehen. Sie gilt als teuer, bürokratisch und korruptionsanfällig und ist insbesondere mit **Negativbegriffen** wie *Überbürokratisierung, Wein- und Milchseen, Butterbergen*, dem *Bananenkrieg* oder der *BSE-Krise* verbunden. Auch die Landwirte, die doch eigentlich die Begünstigten bzw. Subventionierten sind, lieben die GAP nicht gerade, was die immer wiederkehrenden Traktorblockaden, Fischerstreiks oder sonstigen Demonstrationen meist eindrucksvoll belegen.

Hauptproblem der Gemeinsamen Agrarpolitik, zu der auch die Fischerei zählt, ist möglicherweise ihr *Erfolg im Sinne der europäischen Integration.* Kein anderer Politikbereich ist so weitgehend vergemeinschaftet und weist eine ähnlich hohe Regelungsdichte auf (vgl. M 14a). Dabei treffen die einheitlichen Regelungen jedoch auf ein **höchst heterogenes EU-Gebilde** aus Klein- und Flächenstaaten, aus agrarisch geprägten Ländern und stark industrialisierten Mitgliedstaaten (s. M 22), aus kulturell gewachsener, extensiver Landwirtschaft und großflächigen Monobetrieben. Nehmen an der GAP doch sowohl *Kleinstaaten* wie Luxemburg oder die Niederlande als auch große *Flächenstaaten* wie etwa Frankreich und Deutschland teil; die Interessen agrarisch geprägter Mitgliedstaaten stehen denen der industriell-geprägten Länder oft diametral entgegen.

Bauernprotest 1999 in Berlin
(Foto: Paul Glaser)

Blumenkohl auf der Autobahn – so protestierten 1998 französische Bauern gegen fallende Preise.
(Foto: © dpa-Fotoreport)

In der EU ist zudem ein klassischer *Nord-Süd-Gegensatz* [und seit der Osterweiterung der EU 2004 ein deutlicher Ost-West-Gegensatz] zu konstatieren.

(Jan Bergmann, Recht und Politik der Europäischen Union, Omnia Verlag, Grevenbroich 2001, S. 294ff.)

M 22 Strukturen der Landwirtschaft in der erweiterten EU

Trotz des Schutzes durch die europäische Agrarpolitik war die Landwirtschaft der EU in den letzten Jahrzehnten strukturellen Veränderungen unterworfen wie kaum ein anderer Wirtschaftszweig – ein Prozess, der in den neuen osteuropäischen Mitgliedstaaten nun im Zeitraffer abläuft und entsprechend einschneidende soziale Folgen nach sich zieht.

Heute verfügt die Europäische Union mit ihren 25 Mitgliedstaaten über eine **landwirtschaftliche Nutzfläche** von rund 163,5 Mio. Hektar (bei einer Gesamtfläche von rund 397 Mio. ha). Die Länder mit den größten Agrarflächen sind Frankreich (29,4 Mio. ha) und Spanien (25,3 Mio. ha) vor Deutschland (17,0 Mio. ha), Großbritannien (16,4 Mio. ha), Polen (16,1 Mio. ha) und Italien (15,1 Mio. ha).

In den 15 „alten" EU-Mitgliedstaaten entfallen nur noch 4,0 % der **Beschäftigten** auf die Landwirtschaft; für die EU-25 beläuft sich dieser Anteil auf 5,2 %. In einigen ost- und südeuropäischen Ländern trägt die Beschäftigungsstruktur immer noch stark agrarische Züge. [...]

Grafik 1

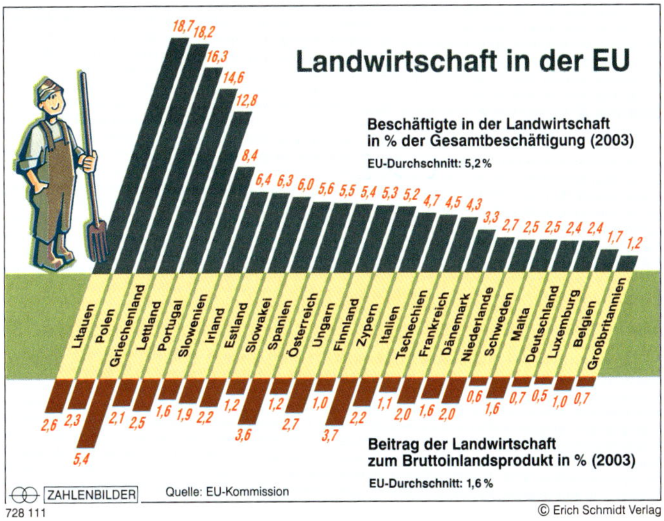

Grafik 2

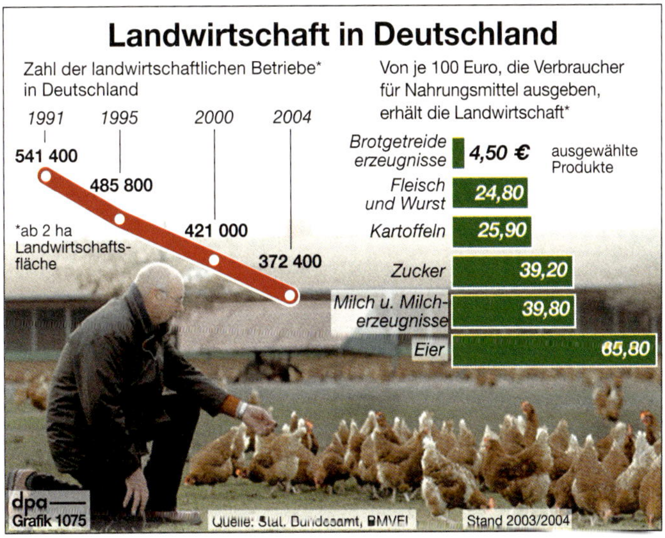

Nach dem Stand von 2003 sind im gesamten Agrarbereich der EU-25 rund 10,1 Millionen Menschen tätig, davon 2,4 Mio. in Polen und jeweils rund 1 Mio. in Frankreich und Italien. Und schon steht der EU-Beitritt weiterer Länder bevor, in denen die Landwirtschaft bisher einen großen Teil der Erwerbsbevölkerung absorbierte. In Rumänien, das ab 2007 zur EU gehören soll, sind allein noch 3,5 Mio. Menschen (38 % der Beschäftigten) im Agrarsektor untergebracht.

Zur volkswirtschaftlichen **Wertschöpfung** der EU-25 trägt die Landwirtschaft lediglich 1,6 % bei.

(Schmidt-Zahlenbilder)

1. *Versuchen Sie zu erklären, warum der Autor die kontroverse Diskussion über die gemeinsame Agrarpolitik der EU gerade auf ihren „Erfolg im Sinne der europäischen Integration" zurückführt (M 21).*
2. *Beschreiben Sie die auffälligen „Diskrepanzen", die sich innerhalb der EU (vor allem nach der Erweiterung 2004) zeigen (Text und Grafik 1).*
3. *Beschreiben Sie die Entwicklung der Landwirtschaft in Deutschland (Grafik 2). Welche Gründe können Sie dafür nennen (vgl. auch Abb. 1 und 2, S. 271)? Warum werden ähnliche Entwicklungen in den neuen osteuropäischen EU-Ländern „im Zeitraffer" ablaufen? Welche Probleme ergeben sich daraus für die EU-Politik (vgl. M 21)?*

M 23 Merkmale und Probleme der EU-Agrarpolitik

Gemessen an ihren Kosten ist die Agrarpolitik der wichtigste Politikbereich der EU: Im EU-Haushalt 2006 waren mit 44 Milliarden Euro fast 46 Prozent der gesamten Haushaltsmittel für die Gemeinsame Agrarpolitik (GAP) vorgesehen (s. M 19). Die große finanzielle Bedeutung der GAP steht in einem auffälligen Gegensatz zur gesamtwirtschaftlichen Bedeutung des landwirtschaftlichen Sektors. Im EU-Durchschnitt arbeiteten im Jahr 2000 lediglich 4,3 Prozent aller Beschäftigten in der Landwirtschaft.

Diese Diskrepanz lässt sich zum einen historisch erklären: Zur Zeit der Römischen Verträge von 1957 hatte die Landwirtschaft ein noch erheblich höheres ökonomisches Gewicht, das bis heute nachwirkt. Zum anderen stellen aber auch die Landwirte eine besonders gut organisierte Interessengruppe dar, die in vielen Staaten politisch einflussreich ist und es gut versteht, ihre Besitzstände zu verteidigen.

Die traditionellen Ziele der GAP sind:

- *Versorgungssicherheit für die Bevölkerung* zu angemessenen Preisen, Erhöhung der *Produktivität* in der Landwirtschaft,
- Gewährleistung eines angemessenen *landwirtschaftlichen Einkommens,*
- Sicherung von *Entwicklung und Beschäftigung in ländlichen Gebieten.*

Eingriffe in den Marktprozess

Während ähnliche Ziele für andere Wirtschaftsbereiche im Binnenmarkt grundsätzlich mithilfe von marktwirtschaftlichen Instrumenten verfolgt werden, dominiert in der GAP ein Politikansatz mit starken Eingriffen in den Marktprozess.

Im Mittelpunkt der gemeinsamen Agrarpolitik stehen die **Marktordnungen**. In ihnen liegen für wichtige Produkte wie Getreide, Fleisch sowie viele Obst- und Gemüsesorten Absatz- und Preisgarantien fest. Überschüsse werden auf Kosten des EU-Haushalts (also letztlich auf Kosten der europäischen Steuerzahler) zu den *garantierten Mindestpreisen* aufgekauft, die in der Regel höher als die Weltmarktpreise sind. Aus diesem Grunde erlaubt das Regelwerk der GAP auch keinen freien Außenhandel für Agrarprodukte: Landwirtschaftliche Importe werden durch *Zölle* verteuert oder durch *Mengenbeschränkungen* verhindert. Da umgekehrt die EU-Produkte zu ihren hohen Preisen auf den Weltmärkten kaum absetzbar wären, gewährt die Union *für Exporte Subventionen*. Die Details der verschiedenen Marktordnungen sind sehr kompliziert;

Garantiepreise, Beispiel Milch: Um den Landwirten einen bestimmten Milchpreis (z. B. 0,25 €/l) zu garantieren, muss der Staat bereit sein, jede beliebige Menge aufzukaufen. Da Milch aber nicht lagerfähig ist, kauft er stattdessen Butter und Magermilchpulver zu garantierten Preisen bei den Molkereien auf. Gleichzeitig muss an den EU-Außengrenzen ein Zoll auf alle Milchprodukte (also z. B. auch Schokolade) erhoben werden, damit ausländische Erzeugnisse nicht von den höheren EU-Preisen profitieren.
Abschöpfungen, Beispiel Getreide: Hat sich auf dem Weltmarkt ein Marktpreis von 9 €/dt [Dezitonne = 100 kg] eingestellt und beträgt der staatlich festgelegte Preis in der EU 13 €/dt, so muss ein Exporteur die Differenz von 4 €/dt erstattet bekommen, um EU-Getreide auf dem Weltmarkt konkurrenzfähig anbieten zu können. Die EU schreibt regelmäßig bestimmte Exportmengen mit einem festgelegten Erstattungssatz aus und potenzielle Exporteure können dann Exportlizenzen erwerben.

(Johannes Greving, Die Europäische Union, Cornelsen Verlag Scriptor, Berlin 2002, S. 55) so wird für Produkte wie Milch und Zucker jedem Betrieb eine „Quote“, eine Obergrenze für die erlaubte Produktion, zugeteilt.

Ständiger Reformdruck

Dieses fast schon planwirtschaftlich zu nennende System ist seit vielen Jahren einem wachsenden Reformdruck ausgesetzt: So haben die Marktordnungen mit ihren Preisgarantien zeitweilig zu hohen *Überschussproduktionen* auf Kosten der Steuerzahlenden geführt. Die traditionelle GAP steht zudem im Konflikt mit umweltpolitischen Bemühungen der EU um ein nachhaltiges Wirtschaften. Die Abschottung der europäischen Landwirtschaft nach außen gerät immer mehr in Widerspruch zum *Prinzip des freien Handels.*

Der Schutz dient dem **Erhalt der Landwirtschaft im industrialisierten Europa**. Wenn Marktordnungen den Bauern ein ausreichendes Einkommen sichern sollen, müssen Einfuhren aus Ländern, wo niedrigere Einkommen eine billigere Produktion möglich machen, künstlich auf das europäische Preisniveau angehoben werden. Ohne Gemeinschaftspräferenz könnten Bauern in Europa nicht überleben; die meisten hätten ihre für uns alle lebenswichtige und für die Kulturlandschaft unerlässliche Arbeit aufgegeben, um einträglichere und bequemere Arbeit in Industrie und Dienstleistung zu finden.

(Niedersächsische Landeszentrale für politische Bildung [Hrsg.], Europäische Union 2004, Omnia Verlag, Stuttgart, 2. Auflage 2004, S. 81)

Während für sonstige Güter und Dienstleistungen weltweit die Zölle sinken oder völlig abgeschafft werden, dominiert für Agrarprodukte in der Union und anderswo (etwa auch in den USA) immer noch der *Protektionismus* (also die Abschottung der nationalen Märkte gegen ausländische Konkurrenz). Dies schadet insbesondere den Exportmöglichkeiten der Entwicklungsländer. Auf der Tagesordnung der Welthandelsorganisation WTO steht daher auch mehr Freihandel für Agrarprodukte ganz oben (vgl. dazu M 61 und M 62 in Kap. E, S. 553ff.). [...]

Immer neue **Reformen** sollten in den vergangenen Jahren die drängendsten Probleme der Agrarpolitik entschärfen. Dem standen jedoch erhebliche politische Widerstände durch die Nutznießer der GAP gegenüber. Dabei handelt es sich nicht nur um die betreffenden Berufsgruppen, sondern auch um die EU-Mitgliedstaaten, die – wie etwa Frankreich – aufgrund der Größe ihrer landwirtschaftlichen Sektoren stark von der Gemeinschaftsfinanzierung der Agrarsubventionen profitieren.

Dennoch konnten einige sinnvolle Reformen verwirklicht werden: 1992 wurde eine deutliche *Absenkung wichtiger Garantiepreise* beschlossen. Zum Ausgleich erhalten die bäuerlichen Betriebe seitdem *direkte Einkommensbeihilfen.* Die Subventionen werden dadurch teilweise von der Produktion entkoppelt. Auf diese Weise sollen die Anreize zur Überschussproduktion verringert werden und dennoch eine ausreichende Einkommenssituation der Landwirte gewährleistet bleiben. Die Strategie der Preissenkung kombiniert mit ausgleichenden Einkommensbeihilfen setzte der Berliner Gipfel durch seine Beschlüsse im März 1999 für den Zeitraum 2000–2006 fort.

(Friedrich Heinemann, Agrarpolitik, in: Informationen zur politischen Bildung Nr. 279, Bundeszentrale für politische Bildung, überarbeitete Neuauflage, Bonn 2005, S. 37ff.)

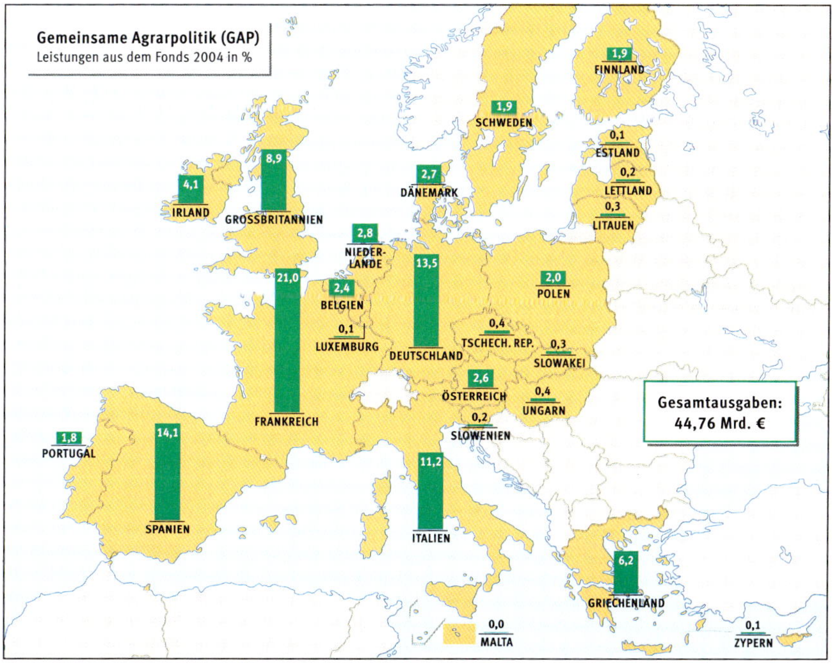

(Aus: Fischer Weltalmanach 2006. © Fischer Taschenbuch Verlag in der S. Fischer Verlag GmbH, Frankfurt am Main 2005, S. 553)

M 24 „Agrarwende“ – Die Reform der Agrarpolitik 2003

728 125 © Erich Schmidt Verlag

Die „Agrarwende“ ist als Eingeständnis der Union zu werten, dass die GAP des alten Stils versagt hat. Hergebrachte Instrumente wie Stützungspreise, Exporterstattungen und produktionsbezogene Prämien führten weder zu einem Gleichgewicht der Märkte noch zu einer gerechten Einkommensverteilung. Nahrungsmittelskandale wie BSE oder hormonverseuchte Tiernahrung machten deutlich, dass die Union bei der Lebensmittelherstellung statt auf Quantität auf Qualität setzen muss. Die Landwirte erhalten mit der Reform ihre Zahlungen nicht ohne Gegenleistung. Voraussetzung ist die Erfüllung hoher Qualitätsstandards in den Bereichen Umweltschutz, Bodenbewirtschaftung und Tierschutz. [...]

Mit Beginn des Jahres 2005 trat die Reform der GAP in der gesamten Union in Kraft. Im Kern sieht die Reform vor, dass die meisten Beihilfen für Landwirte unabhängig vom Produktionsvolumen gewährt werden. Diese neuen „**Betriebsprämien**“ sind an die Einhaltung von Standards in den Bereichen Umwelt, Lebensmittelsicherheit und Tierschutz gebunden (sog. Modulation). Statt wie seither Produktionsentscheidungen von der Höhe der möglichen Subventionen abhängig zu machen, erhalten die Landwirte jetzt Zahlungen unabhängig davon, was sie anbauen oder wie viele Tiere sie halten (**produktionsentkoppelte Zahlungen**). Sie haben damit die Freiheit, das zu produzieren, was die Verbraucher nachfragen, sich neuen Märkten zu stellen und diese zu erschließen. Um diese *marktwirtschaftliche Rolle* wahrnehmen zu können, bietet die GAP den Landwirten die notwendige Einkommensstabilität, damit sie ihre wichtige Funktion im Zentrum der ländlichen Wirtschaft wahrnehmen können. Damit werden auch strukturelle Ziele verfolgt: Stopp der Landflucht und Erhalt des ländlichen Erbes. Jährlich werden z.B. 1,2 Mrd. Euro zur *Entwicklung des ländlichen Raumes* bereitgestellt. Kernpunkte der neuen GAP sind:

Einheitliche Betriebsbeihilfe: Jeder Inhaber eines landwirtschaftlichen Betriebs hat unabhängig von seiner Erzeugung und als ergänzende Leistung zu seinem Einkommen Anspruch auf Direktzahlungen. [...] Die Betriebsbeihilfe ist eine Einkommensbeihilfe für die Landwirte, eine jährliche Zahlung. Hauptzweck dieser Zahlung ist es, den Landwirten ein stabileres Einkommen zu sichern. Diese können entscheiden, was sie erzeugen wollen, ohne die Beihilfen zu verlieren, wenn sie das Angebot an die Nachfrage anpassen.

Entkoppelung: Direktzahlungen an die Bauern werden von der Produktion entkoppelt.
Auflagen: wichtigstes Instrument der Entkoppelung; Landwirte müssen sich an bestimmte Auflagen halten (Umweltschutz, Tierschutz, Lebensmittelsicherheit, Gesundheitsauflagen), um an Gelder aus Brüssel zu kommen.
Cross-Compliance („Überkreuzverpflichtung“): der pauschale Betrag, der gezahlt wird, wenn die Landwirte sich an die vorgegebenen Auflagen halten.
Modulation, auch Umschichtung genannt: produktionsbezogene Direkthilfen werden schrittweise in nationale Programme zur Förderung der ländlichen Entwicklung umgelenkt.
Staffelung: Die Kürzungen der Agrarreform treffen nicht alle Landwirte gleichermaßen. Vielmehr erfolgt eine Staffelung – Großbetriebe müssen eine besonders starke Kürzung hinnehmen.

(Autorentext)

Gewährung der Direktzahlungen: Der Betriebsinhaber erhält Direktzahlungen unter der Auflage, dass er die Böden in gutem landwirtschaftlichem Zustand erhält und die die Gesundheit von Mensch, Tier und Pflanzen betreffenden Vorschriften sowie die Umwelt- und die Tierschutzauflagen einhält.

Zwischen den Jahren 2005 und 2012 werden die Direktzahlungen, ausgenommen diejenigen für Landwirte in den Gebieten in äußerster Randlage (französische überseeische Departements, Azoren und Madeira und Kanarische Inseln) und den Inseln des Ägäischen Meeres, jährlich gekürzt um 3 % (2005), 4 % (2006), dann 5 % in den Folgejahren. Die dadurch eingesparten Beträge werden auf die Mitgliedstaaten aufgeteilt und für Maßnahmen zur Entwicklung des ländlichen Raums eingesetzt.

Flächenstilllegungen: Die Betriebsinhaber sind verpflichtet, einen Teil ihrer Flächen – mit Ausnahme jener Flächen, die für den biologischen Anbau oder für den Anbau von Erzeugnissen, die nicht für den menschlichen oder tierischen Verbrauch bestimmt sind – stillzulegen. In diesem Fall erhalten sie Direktzahlungen. Die stillgelegten Flächen sind in gutem landwirtschaftlichem und ökologischem Zustand zu erhalten und dürfen in den Fruchtwechsel einbezogen werden. Außerdem sind die Landwirte berechtigt, hierauf Ölsaaten anzubauen oder Biomasse zu gewinnen, die vorrangig nicht für Nahrungsmittel verwendet werden.

Zusatzprämien: Diese werden für ausgewählte Agrarprodukte (z. B. Hartweizen, Eiweißpflanzen, Reis, Schalenfrüchte, Energiepflanzen, Stärkekartoffeln, Milchprämie) gewährt.

(Wolfgang W. Mickel/Jan Bergmann [= M 11b], S. 371f.)

M 25 Beispiel für eine komplexe Problemlage: Die Zuckermarktordnung im Widerstreit der Interessen

Nach 40 Jahren Abschottung muss sich Europas Zuckerindustrie auf harten Wettbewerb einstellen. Die garantierten, deutlich über Weltmarktniveau liegenden Preise für Rüben und Zucker sollen drastisch sinken.

Entsprechende Vorschläge machte die EU-Kommission den 25 Mitgliedstaaten, die nun über die Reformpläne beraten und beschließen müssen.

Bauernverband und Zuckerindustrie protestierten scharf. Sie befürchten den Verlust tausender Arbeitsplätze. Gerd Sonnleitner, Präsident des Deutschen Bauernverbands, nannte die Vorschläge „unerhört, unerträglich und unverantwortlich“. Die Pläne seien eine Kampfansage, sagte er am Rande des Bauerntages in Rostock. „Wir nehmen mit allen und mit jedem den Kampf auf.“ Die Bauern würden nicht auf Einkommen verzichten, damit Brasilien zum weltweiten Monopolisten werde. Die Zuckermarktordnung ist nach Verbandsangaben Existenzgrundlage für 46 000 Bauern und 26 000 Beschäftigte der Zuckerbranche. Deutschland ist nach Frankreich zweitgrößter Zuckerproduzent der EU.

Auch der Bielefelder Hans-Jürgen Kleimann, Vizepräsident des Westfälisch-Lippischen Landwirtschaftsverbands, kritisierte die Reformvorschläge: „Die Preissenkungen ziehen den heimischen Betrieben die wirtschaftliche Basis unter den Füßen weg.“ Gerade Ostwestfalen-Lippe als Zuckerland mit zwei Zuckerfabriken, rund 2 000 Rübenanbauern und etwa 10 000 Hektar Zuckerrüben-Anbaufläche wäre besonders betroffen.

Der zuckerverarbeitenden Industrie gehen die Pläne hingegen nicht weit genug. Sie fordert

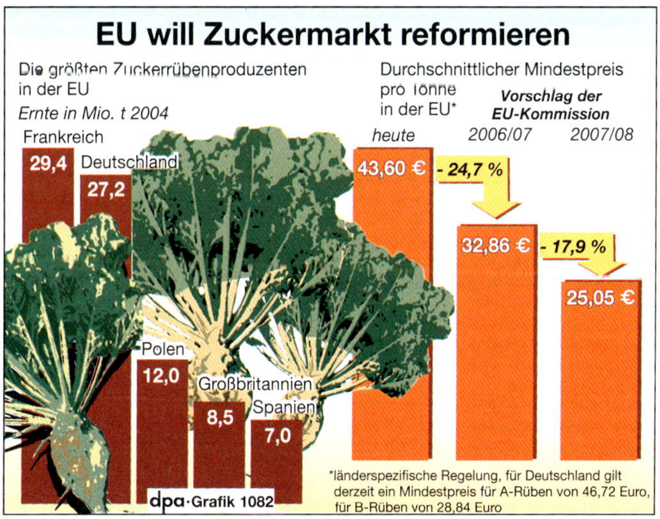

rasch niedrigere Preise im Sinne der Verbraucher.
EU-Landwirtschaftskommissarin Marianne Fischer Boel verteidigte die Pläne. „Es gibt keine Alternative zu einer grundlegenden Reform", sagte sie. „Am einfachsten wäre es, die Hände in den Schoß zu legen. Aber das würde den langsamen und schmerzlichen Tod des europäischen Zuckersektors bedeuten." Der EU-Zuckerpreis ist etwa dreimal so hoch wie der Weltmarktpreis. Die Marktordnung läuft zum 1. Juli 2006 aus. Die Kommission will die neue Regelung bis 2015 festschreiben.

Landwirte protestieren beim Deutschen Bauerntag in Rostock gegen die geplante Zuckermarktreform.
(Foto: © dpa-Report)

Die Preissenkungen sollen in zwei Schritten binnen zwei Jahren kommen. Für weißen Zucker soll der Preis um 39 Prozent verringert werden (von 631,9 Euro auf 385,5 Euro je Tonne). Für Zuckerrüben soll der Preis um 42,6 Prozent herabgesetzt werden (von 43,6 Euro auf 25,05 Euro je Tonne). Die Landwirte sollen zu 60 Prozent durch eine sogenannte entkoppelte Prämie entschädigt werden. Das heißt, sie bekommen das Geld dann garantiert und unabhängig von der Menge der Produktion. Allerdings müssen sie umweltschonend anbauen. Die Kommission plant zudem einen Topf für die Branche, um unrentablen Produzenten den Ausstieg schmackhaft zu machen.
Auch viele arme Länder aus Afrika, der Karibik und dem Pazifikraum exportieren Zucker zu garantierten hohen Preisen nach Europa. Die EU will ihnen mit einem Hilfsfonds in Höhe von 40 Millionen bei der Umstellung auf andere Pflanzen helfen.

(dpa/nw, in: Neue Westfälische Nr. 143 v. 23.6.2005, S. Wirtschaft)

Die AKP-Länder (Afrika, Karibik, Pazifik; s. Grafik S. 421) sehen mit Sorge der geplanten EU-Zuckermarktreform entgegen. Auf einem Treffen von AKP-Ministern mit Mitgliedern der EU-Kommission in Brüssel sagte der Landwirtschaftsminister von Mauritius, Nandcomar Bodha, die geplante Reform mit dem anvisierten Preisrückgang um 37 Prozent bedeute für die AKP-Länder Einbußen in Höhe von bis zu 255 Millionen Euro jährlich.
Die EU gewährt 19 AKP-Ländern bevorzugten Zugang auf den europäischen Markt; der eingeführte AKP-Zucker wird zu den gleichen subventionierten Preisen verkauft wie europäischer Zucker. EU-Entwicklungskommissar Louis Michel stellte auf dem Treffen eine dreijährige Übergangsfrist und finanzielle Unterstützung für die betroffenen Länder in Aussicht. Bodha bezeichnete das als unzureichend; die Länder brauchten länger als drei Jahre, um ihre Ökonomien umzustellen.
Gut 70 Prozent der Einnahmen der AKP-Zuckerindustrie stammen gegenwärtig aus den EU-Präferenzen. Allerdings entfallen 80 Prozent davon auf nur vier der 19 Länder des EU-AKP-Zuckerprotokolls.

(http://www.inwent.org/E+Z/content/archiv-ger/03-2005/fakt_art9.html)

Im Rahmen der **Entwicklungshilfepolitik der EU** kommt der Zusammenarbeit mit den mehr als 70 AKP-Staaten (s. S. 421) eine besondere Bedeutung zu. Dabei handelt es sich ganz überwiegend um ehemalige Kolonien der heutigen EU-Staaten. Seit 1975 wurden in **Lomé**, der Hauptstadt Togos, vier Abkommen geschlossen, in denen den AKP-Staaten bevorzugte Handelsbedingungen (z.B. Preisgarantien) gewährt wurden („Lomé-Abkommen"). Im Jahr 2000 wurden mit dem auf 20 Jahre bezogenen Nachfolgeabkommen von **Cotonou** (Benin) neue Akzente in der Zusammenarbeit gesetzt (u.a. Auflagen für marktwirtschaftliche und demokratische Reformen in den Empfängerländern).

(Autorentext)

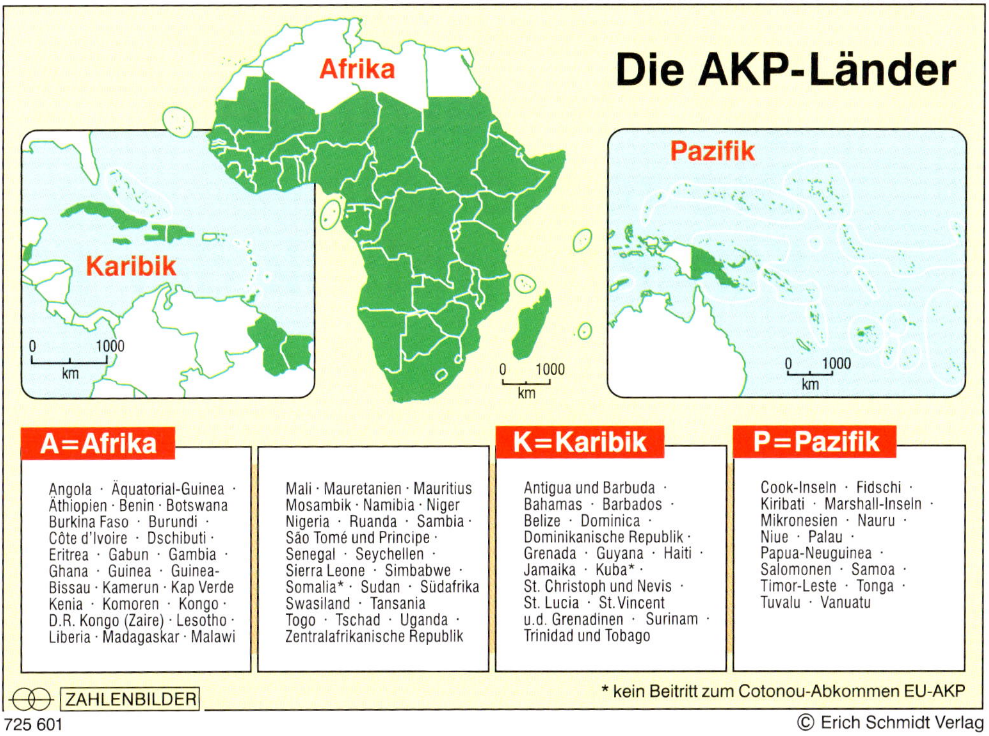

1. *Verschaffen Sie sich anhand von M 23 einen Überblick über die wesentlichen Strukturelemente der bisherigen gemeinsamen Agrarpolitik der EU und beachten Sie dabei auch die folgenden Fragen:*
   - *Welchen Stellenwert besitzt die Agrarpolitik in der EU (vgl. M 19)? Welche Ziele verfolgt sie?*
   - *Warum überlässt die EU landwirtschaftliche Produkte nicht der „freien Preisbildung“ am (Welt-) Markt? Erläutern Sie dazu die Aussage: „Würden wir zu Weltmarktpreisen einkaufen, hätten wir bald keine Bauern mehr.“ Vgl. Kasten S. 417 o.*
   - *Mit welchen Maßnahmen sichert die EU zum einen den Landwirten bestimmte Mindestpreise und schützt sie zum anderen gegen die Konkurrenz billiger Einfuhrprodukte?*
   - *Welche Folgen der GAP und welche Entwicklungen haben zu einem ständigen „Reformdruck“ geführt? In welche Richtung gingen die Reformen bis 2002? Warum wehrte sich vor allem Frankreich immer wieder gegen Reformmaßnahmen?*

2. *Stellen Sie die wichtigsten Punkte der Agrarreform von 2003 zusammen (M 24). Welche Ziele sollten jeweils verfolgt, welche Kritikpunkte an der bisherigen Agrarpolitik berücksichtigt werden?*

3. *Die Reform wird im Allgemeinen als „Agrarkompromiss“ beurteilt, weil u. a. die Entkoppelungen erst allmählich eingeführt werden, Getreide und Rindfleisch bis zu einem gewissen Grad in Relation zur Produktionsmenge unterstützt werden und auf Preissenkungen bei Getreide verzichtet wurde. Wie ist zu erklären, dass diese von vielen kritisierten Zugeständnisse vor allem durch die von Präsident Chirac hartnäckig verfolgten Interessen Frankreichs zustande kamen?*

4. *Die Agrarpolitik muss auch auf dem Hintergrund der Probleme des internationalen Handels im Prozess der Globalisierung betrachtet und beurteilt werden (vgl. dazu M 58ff. in Kap. E). Analysieren Sie dazu die in M 25 wiedergegebene heftige Diskussion über eine Reform der Zuckermarktordnung. Welches Ziel verfolgt die EU-Kommission? Worin unterscheiden sich die Interessen der Landwirte und der Zuckerindustrie von denen der zuckerverarbeitenden Industrie? Wie wirkt sich die Zuckermarktordnung bzw. ihre Reform auf das Entwicklungsland Brasilien, wie auf einige der sog. „AKP-Länder“ aus? Wie beurteilen Sie selbst das Problem?*

V. „Das Wohlstandsgefälle verringern“ – Die regionale Strukturpolitik der EU

In diesem Abschnitt geht es um die strukturellen und sozialen Unterschiede, die dazu angetan sind, die Europäische Union als eine „Gemeinschaft der Ungleichen“ erscheinen zu lassen, und die sie in die Pflicht der Bemühung um Ausgleich der Unterschiede zwischen Arm und Reich, Stark und Schwach nehmen.
Dabei wird traditionellerweise zwischen **Strukturpolitik** und **Sozialpolitik** unterschieden. Unter „Strukturen“ versteht man die äußeren, materiellen Bedingungen, die, z. T. durch die natürliche geografische Lage gegeben, z. T. durch die Menschen geschaffen, in Jahrhunderten entstanden und gewachsen sind. Sie sind in Europa regional, d. h. nach **Regionen** (zur statistischen Einteilung s. Anmerkung zur Karte unten) sehr unterschiedlich ausgeprägt und lassen sich grob nach den Kategorien „Einkommen“ (bzw. wirtschaftliche Leistung) und „Beschäftigung“ erfassen. Darum geht es im ersten Teil dieses Abschnitts.
Mit dem „sozialen“ Bereich sind die *Lebens- und Arbeitsbedingungen* der Menschen gemeint, soweit sie durch staatliche (politische) Regelungen, insbesondere durch staatliche Sicherungssysteme, durch Sozialleistungen und durch das Arbeitsrecht, gestaltet werden. Darum geht es im zweiten Teil dieses Abschnitts (M 32ff.).
Struktur- und Sozialpolitik als Reaktion auf die sozialstrukturellen Unterschiede in den Ländern (s. S. 383) und Regionen der EU überschneiden sich in ihrer Bedeutung: Die Bekämpfung der Arbeitslosigkeit und ihrer Folgen ist das Hauptziel beider Politikbereiche.

M 26 Regionale Unterschiede in der EU

Eines der vordringlichen Ziele der EU besteht darin, das Leistungs- und Wohlstandsgefälle in ihrem Inneren allmählich

Die Systematik der Gebietseinheiten (NUTS – Nomenclature of territorial units for statistics) unterscheidet (für die EU-15) 72 Regionen auf Ebene 1 (Deutschland: 16 Bundesländer), 213 Regionen auf Ebene 2 (Deutschland: Regierungsbezirke) und 1091 Regionen auf Ebene 3 (Deutschland: Kreise). Vgl. Karte S. 427.

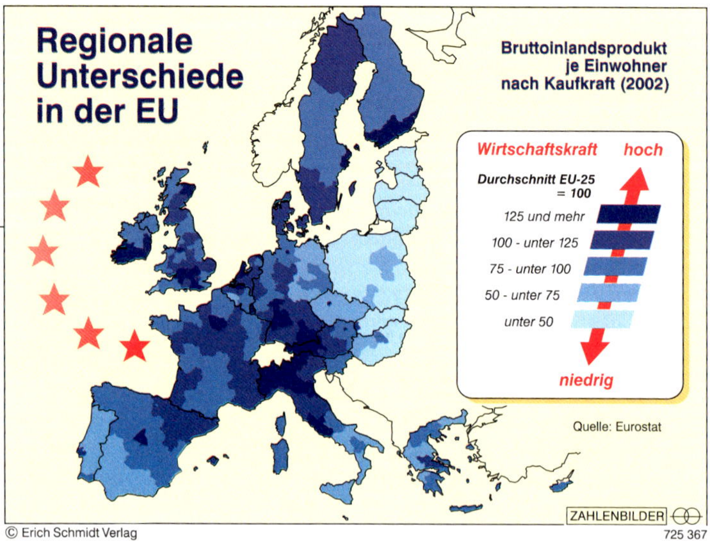

© Erich Schmidt Verlag 725 367

einzuebnen. Wie die Erfahrung lehrt, ist der Weg dorthin aber lang und mühsam, zumal die **regionalen Ungleichgewichte** bisher bei jeder EU-Erweiterung noch zugenommen haben. So lagen z.B. Irland, Griechenland, Spanien und Portugal bei ihrem Beitritt zur Gemeinschaft deutlich hinter den übrigen Mitgliedsländern zurück. Gleiches gilt für den Osten Deutschlands, der 1990 zur EU-Familie stieß. Mit der Erweiterungsrunde 2004 nahm die EU zehn Länder auf, deren wirtschaftliches Leistungsniveau zum Teil weit unter dem bisherigen EU-Durchschnitt lag, sodass sich die Disparitäten innerhalb der Gemeinschaft abermals verschärften.

Wie aus Zahlen des Statistischen Amts der Gemeinschaft (Eurostat) hervorgeht, erwirtschafteten die heute zur EU gehörenden 25 Staaten 2003 ein Bruttoinlandsprodukt von durchschnittlich **22300 € je Einwohner** (s. Tabelle S. 383). Hinter diesem Durchschnitt verbirgt sich jedoch ein enormes Leistungsgefälle zwischen „reichen" und „armen" EU-Ländern. Setzt man die Pro-Kopf-Wirtschaftsleistung der gesamten EU gleich 100, so erzielte Luxemburg – in kaufkraftbereinigten Werten – mehr als das Doppelte (223), Lettland aber weit weniger als die Hälfte (43) davon (vgl. auch Grafik S. 410 o.).

Die wirtschaftlichen Leistungsdaten klaffen noch weiter auseinander, wenn man einzelne **EU-Regionen** (*NUTS-II*-Gebiete: Regierungsbezirke bzw. kleinere Bundesländer in Deutschland, Departements in Frankreich, Woiwodschaften in Polen usw.) miteinander vergleicht. So lebte 2002 in der heutigen EU-25 rund ein Viertel der Gesamtbevölkerung in Regionen, die weniger als 75% des durchschnittlichen Pro-Kopf-BIP der Gemeinschaft erreichten. Von den 40 Regionen der Beitrittsländer blieben 36 unterhalb der 75%-Schwelle; 24 Regionen erreichten nicht einmal 50% der durchschnittlichen Wirtschaftskraft. Diese besonders rückständigen Gebiete erstrecken sich am östlichen Rand der Gemeinschaft vom Baltikum über Polen und die Slowakei bis nach Ungarn.

Weit über dem EU-Durchschnitt rangiert dagegen eine Zone, die von Norditalien über Süd- und Westdeutschland und die Benelux-Staaten bis nach England und Südirland reicht. Außerdem heben sich meist die Hauptstadtregionen durch eine gesteigerte Wirtschaftstätigkeit – zu der allerdings auch die Pendler aus den umliegenden Regionen beitragen – vom jeweiligen Landesdurchschnitt ab. Als wirtschaftlich stärkste Region stand 2002 *Inner London* (mit 315% des EU-Durchschnitts) an der Spitze; den letzten Rang belegte die ostpolnische Woiwodschaft *Lubelskie* (mit 32%; vgl. M 27a).

(Schmidt-Zahlenbilder)

M 27 Indikatoren des „Wohlstandsgefälles" in der EU

M 27a BIP pro Kopf (in KKS) nach Ländern und regionalen Extremen, 2001

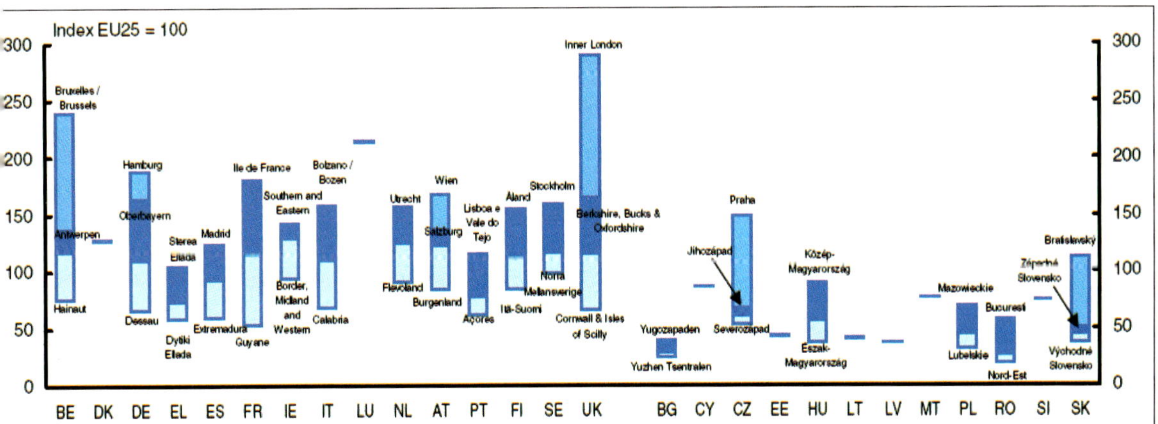

(Europäische Kommission, Generaldirektion Regionalpolitik, Im Dienst der Regionen, Amt für Veröffentlichungen der Europäischen Gemeinschaften, Luxemburg 2004, S. 7; www.europa.eu.int/comm/publications/booklets/move/27/working2004_de.pdf, S. 7; Quelle: Eurostat, Regionalkonten)

M 27b

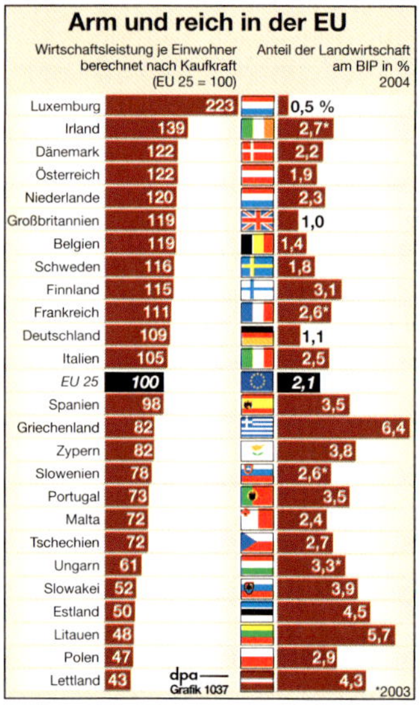

M 27c

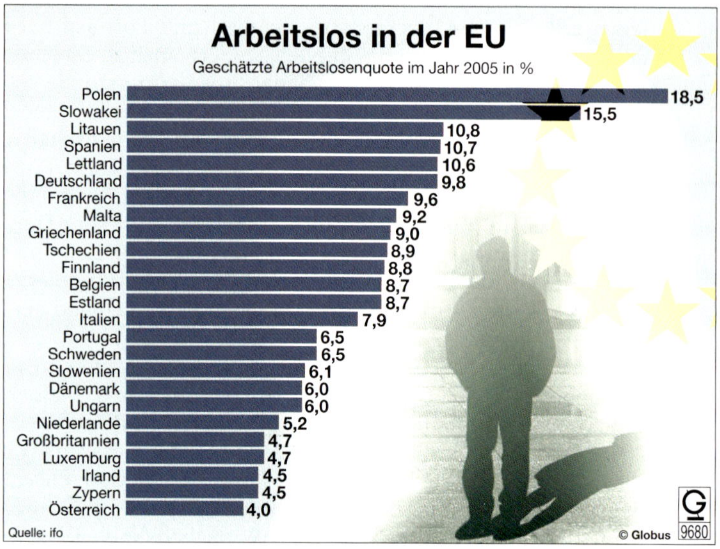

M 28 Die Ursachen der Ungleichheit sind vielschichtig

Mit der Erweiterung der Europäischen Union auf 25 Mitgliedstaaten haben sich die bereits vorher bestehenden wirtschaftlichen und sozialen Disparitäten zwischen den Volkswirtschaften erheblich verstärkt. Zu den rückständigen Gebieten in den alten Mitgliedstaaten zählen Griechenland, Teile Portugals und Spaniens, Süditalien, ein Teil Irlands, Nordirland, die französischen überseeischen Departements sowie die neuen deutschen Bundesländer; in den neuen Mitgliedstaaten nahezu alle Gebiete. Lediglich Zypern und einige Regionen in der Tschechischen Republik und der Slowakei fallen nicht in diese von der Strukturfondsverordnung definierte Kategorie. [...] Regionen mit Strukturschwächen sind meist gekennzeichnet durch geringe Produktivität*, einen niedrigen Beschäftigungsstand und soziale Ausgrenzung. Eine Vielzahl von Gründen wird zur Erklärung dieser Probleme angeführt: die periphere Lage, unzureichende Infrastrukturausstattung, unzureichend ausgebildetes Humankapital, ungünstige Wirtschaftsstruktur mit einem großen Gewicht auf der Landwirtschaft, hohe Arbeitslosigkeit. Neben der Entwicklung rückständiger Regionen besteht auch das Problem der mangelnden Wettbewerbsfähigkeit einzelner Regionen. Hierbei handelt es sich oft um alte Industrieregionen, die den Umstrukturierungsprozess zu zukunfts- und wettbewerbsfähigen Wirtschaftszweigen zu bewältigen haben, oder um Regionen mit besonderen geografischen Merkmalen, die sich in ihrer Entwicklung behindern. Diese Regionen liegen über die gesamte EU verteilt.

(W. Weidenfeld/W. Wessels [= M 12b], S. 338f.)

1. *Wichtige Unterschiede zwischen den Ländern der EU in vielen Bereichen der Wirtschafts- und Sozialstruktur können Sie der Übersicht S. 383 entnehmen. Bei der Analyse der Materialien M 26 und M 27 geht es darum, die regionalen Unterschiede („Disparitäten") innerhalb der EU in möglichst aussagekräftigen Formulierungen zu beschreiben. Beachten Sie dabei folgende Gesichtspunkte:*
   - *An welchen Indikatoren wird das „Wohlstandsgefälle" jeweils gemessen? Worüber können diese Indikatoren nichts aussagen?*
   - *Wie sind die Indikatoren genau bestimmt (Bedeutung des Kriteriums „in Kaufkraftstandards*")?*
   - *Inwiefern hat sich das „Wohlstandsgefälle" durch die „Ost-Erweiterung" der EU (2004) deutlich verschärft?*
   - *Lassen sich Übereinstimmungen oder deutliche Unterschiede feststellen zwischen den Indikatoren BIP/pro Kopf und Arbeitslosenquote?*
   - *Wie stellt sich das „Wohlstandsgefälle" innerhalb Deutschlands dar (Grafiken in M 26 und S. 266)?*

2. *Stellen Sie anhand von M 28 die verschiedenen Ursachenfaktoren für das „Wohlstandsgefälle" heraus. Welche Faktoren sind für die Situation der neuen Bundesländer in Deutschland von maßgeblicher Bedeutung (vgl. S. 261 u.)?*

Ausführliche Informationen zu einer Vielzahl von **Indikatoren regionaler Unterschiede** bietet das Statistische Jahrbuch der Regionen (2004), das im Internet zur Verfügung steht: http://epp.eurostat.cec.eu.int/cache/ITY_OFFPUB/KS-AF-04-001/DE/KS-AF-04-001-DE.PDF.

M 29 Die Strukturpolitik der EU – Ziele, Instrumente, Förderbereiche und Fördergebiete

Abb. 1

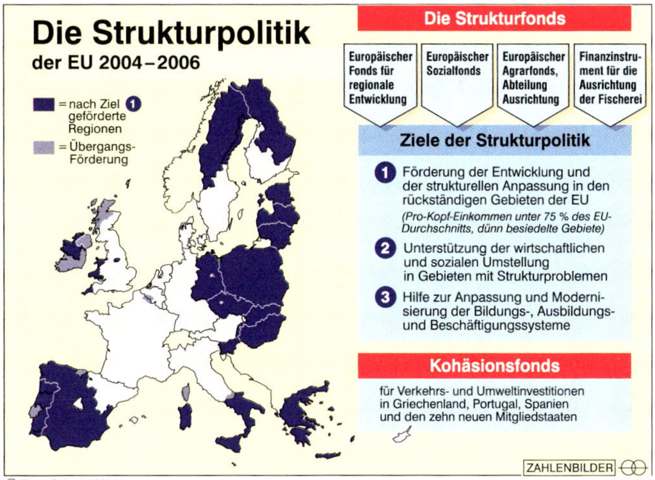

© Erich Schmidt Verlag 725 368

Die Europäische Strukturpolitik ist einer der zentralen Politikbereiche der Europäischen Union, auf den über ein Drittel der Haushaltsmittel entfällt. Sie zielt gemäß Artikel 158 EG-Vertrag darauf ab, den wirtschaftlichen und sozialen Zusammenhalt in der Union zu stärken und vor allem den Entwicklungsrückstand besonders strukturschwacher Gebiete gegenüber dem EU-Durchschnitt durch gezielte Maßnahmen zu verringern. Die wirtschaftlich schwächeren Regionen in der Gemeinschaft sollen so dabei unterstützt werden, Standortnachteile abzubauen und Anschluss an die allgemeine Wirtschaftsentwicklung zu halten.
Es handelt sich dabei um einen sehr konkret erfahrbaren Politikbereich. Menschen wird geholfen, Arbeit zu finden und in ihrem Land, ihrer Region, ihrem Stadtviertel oder ihrem Dorf ein besseres Leben zu führen. Die Investitionstätigkeit von kleinen und mittleren Unternehmen (KMU) wird ebenso gefördert wie Verkehrsprojekte, z.B. Autobahnen, Hochgeschwindigkeitszüge und Flughäfen, oder Qualifizierungsprojekte für Arbeitslose.
Die Instrumente, mit denen diese Ziele verwirklicht werden sollen, sind die Strukturfonds und der Kohäsionsfonds. Über diese stellt die EU Finanzmittel zur Bewältigung der wirtschaftlichen und sozialen Strukturprobleme bereit:

- **Der Europäische Fonds für regionale Entwicklung (EFRE)** unterstützt Regionen mit Entwicklungsrückstand und Strukturproblemen. Er finanziert z.B. Infrastrukturmaßnahmen und produktive Investitionen zur Schaffung von Arbeitsplätzen in kleinen und mittleren Unternehmen wie auch Maßnahmen, die der Forschung und technologischen Entwicklung sowie dem Schutz der Umwelt dienen.
- **Der Europäische Sozialfonds (ESF)** ist das wichtigste beschäftigungspolitische Instrument der EU. Sein Hauptanliegen besteht darin, Arbeitslose bei der Wiedereingliederung in den Arbeitsmarkt zu unterstützen. Außerdem sollen diejenigen durch Bildungsmaßnahmen gefördert werden, die zwar einen Arbeitsplatz haben, aber dennoch ihre beruflichen Chancen verbessern müssen.
- **Der Europäische Ausrichtungs- und Garantiefonds für die Landwirtschaft, Abteilung Ausrichtung (EAGFL-A)** zielt ab auf eine nachhaltige Verbesserung der Agrarstruktur durch Modernisierung der Betriebe, Unterstützung der Verarbeitung und Vermarktung von Agrarerzeugnissen und Förderung von Maßnahmen zur Entwicklung des ländlichen Raums (z.B. Infrastruktur, Dorfsanierung, Tourismus).

- **Das Finanzierungsinstrument für die Ausrichtung der Fischerei (FIAF)** ist ein eigenes strukturpolitisches Finanzinstrument für den Fischereisektor. Einerseits soll es dieser Branche helfen, sich den heutigen ökonomischen Herausforderungen zu stellen. Andererseits trägt es dazu bei, eine nachhaltig ökologische und ökonomisch rentable Bewirtschaftung der Fischbestände zu garantieren.

Hinzu kommt der Kohäsionsfonds. Dieser Fonds wurde 1994 zur weiteren Stärkung der Strukturpolitik errichtet. Er ist für Staaten mit einem Pro-Kopf-BIP von weniger als 90 % des Gemeinschaftsdurchschnitts bestimmt, d.h. Spanien, Portugal, Griechenland und Irland. Über diese Fonds stellt die EU Finanzmittel zur Erreichung folgender Ziele bereit:

- **Ziel 1** bezieht sich auf die Entwicklung und die Strukturanpassung von Regionen mit Entwicklungsrückstand. Es ist das wichtigste Ziel und betrifft im Wesentlichen Regionen mit einem Pro-Kopf-Bruttoinlandsprodukt von weniger als 75 % des Gemeinschaftsdurchschnitts.
- **Ziel 2** betrifft die wirtschaftliche und soziale Umstellung von Regionen mit Strukturproblemen, also z.B. traditionelle Industriegebiete mit rückläufiger Industrieentwicklung, strukturschwache ländliche Gebiete, Gebiete im sozialen und wirtschaftlichen Wandel, städtische Problemgebiete und stark von der Fischerei abhängige Gebiete.
- **Ziel 3** soll die Bildungs-, Ausbildungs- und Beschäftigungspolitiken und -systeme anpassen und modernisieren.

Die vier Strukturfonds tragen unterschiedlich zu den drei Zielen bei. In den Ziel-1-Gebieten kommen alle vier Fonds zum Einsatz. In den Ziel-2-Gebieten sind es nur der EFRE sowie teilweise der ESF. Beim Ziel 3 wird ausschließlich mit ESF-Mitteln gefördert.

Daneben gibt es die sogenannten **Gemeinschaftsinitiativen**. Das sind Förderprogramme, mit denen spezielle Ziele verfolgt werden, die durch die Programme der Ziele 1, 2 und 3 nicht ausreichend erfasst werden. Jede der gegenwärtig vier Gemeinschaftsinitiativen wird aus einem der Strukturfonds finanziert: INTERREG III (Förderung der grenzüberschreitenden Zusammenarbeit von Regionen), EQUAL (Zusammenarbeit der EU-Staaten auf dem Gebiet der Integration von Benachteiligten in den Arbeitsmarkt), LEADER+ (Entwicklung des ländlichen Raums) und URBAN II (wirtschaftliche und soziale Wiederbelebung von Brennpunkten in ausgewählten Städten).

(Bundesministerium der Finanzen, Der Haushalt der Europäischen Union, Berlin 2005, S. 33ff.)

> Für die Interventionen der EG gilt das **Subsidiaritätsprinzip** (s. S. 387). Danach sollen die Maßnahmen immer nur als Ergänzung zu den nationalen, lokalen und sonstigen Aktionen ergriffen werden, und zwar nur dort, wo die eigenen Mittel unzureichend sind. Um zu gewährleisten, dass die Fördermittel der Gemeinschaft zusätzlich eingesetzt werden, vereinbaren Mitgliedstaaten und Kommission bei der Bestimmung der Fondsmittel auch die Bereitstellung der nationalen Mittel. Das Verfahren erfordert eine enge Abstimmung der Politik zwischen allen beteiligten Institutionen. In einer Art Partnerschaft sollen dabei insbesondere auch die regionalen und lokalen Behörden sowie die Wirtschafts- und Sozialpartner einbezogen werden (Dialog der Sozialpartner). Die partnerschaftliche Beteiligung muss die Vorbereitung, Finanzierung, Begleitung und Bewertung der Fördermaßnahmen umfassen. Für die Durchführung der Maßnahmen sind allein die Mitgliedstaaten, und zwar die dort jeweils zuständige Ebene verantwortlich.
>
> (Werner Weidenfeld/Wolfgang Wessels [Hg.], Europa von A bis Z; Institut für Europäische Politik, Verlag Europa Union, Lizenzausgabe für die Bundeszentrale für politische Bildung, Bonn 2002, S. 326)

1. *Die EU begründet ihre Strukturpolitik mit dem Prinzip der Solidarität. Erläutern Sie, was damit gemeint ist (M 29) und welche Konsequenzen sich daraus für die einzelnen Länder ergeben.*
2. *Verschaffen Sie sich einen Überblick über die Instrumente der regionalen Strukturpolitik und die Zielvorgaben, nach denen die Verteilung der Mittel erfolgt (M 29). Machen Sie den Unterschied deutlich zwischen „Ziel 1" (hier spricht man von einem „horizontalen" Kriterium) und „Ziel 2" („vertikales" Kriterium). Anhand der Internetdarstellung der Karte (Abb. 2, S. 427) können Sie (durch Mausklick) für die einzelnen Länder die Aufteilung im Einzelnen genauer analysieren. Wie stellt sich die Aufteilung für Deutschland dar?*

Abb. 2: Strukturfonds: Fördergebiete in der EU-25 für Ziel 1 und 2 zwischen 2000 und 2006

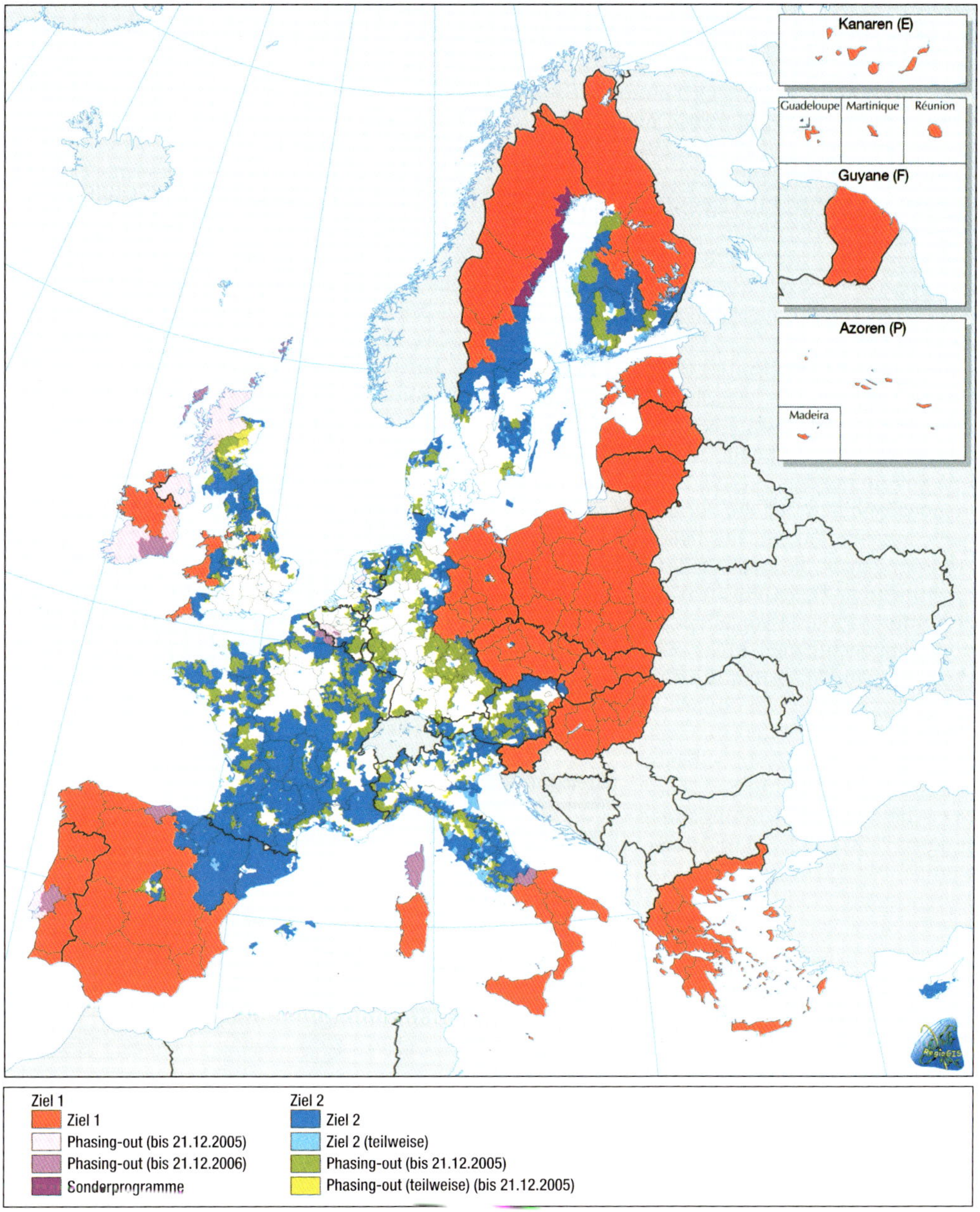

Für Informationen auf nationaler und regionaler Ebene ein Land auf der Karte anklicken
(http://europa.eu.int/comm/regional_policy/atlas/index_de.htm)

3. *Für die Praxis der Vergabe von Fördermitteln aus den Strukturfonds ist von Bedeutung, dass die einzelnen Regionen (Antragsteller) jeweils auch Eigenmittel für die betr. Maßnahme aufbringen müssen (s. Kasten S. 426): In Ziel 1-Gebieten finanziert die EU maximal 75%, in Ziel 2 und 3 maximal 50% des Gesamtaufwands (vgl. auch M 30). Inwiefern kann man sagen, dass damit das Prinzip der „Solidarität" durch das der „Subsidiarität" ergänzt wird?*

M 30 Deutsche Regionen bleiben in der Förderung

Die Europäische Kommission ist den Mitgliedstaaten in der Reform der EU-Regionalbeihilfe-regelungen weiter entgegengekommen. Die von den Kommissaren am Mittwoch verabschiedeten neuen Leitlinien, welche die Zulässigkeit mitgliedstaatlicher Subventionen an wirtschaftlich schwache Regionen im Zeitraum zwischen 2007 und 2013 regeln, enthalten mildere Übergangsbestimmungen, als sie EU-Wettbewerbskommissarin Neelie Kroes ursprünglich beabsichtigt hatte. Dies kommt auch einigen Regionen Ostdeutschlands zugute.

Hintergrund der Reform ist, dass die wirtschaftlichen Unterschiede zwischen den Regionen durch die EU-Ost-Erweiterung zugenommen haben. Kroes hatte vor knapp einem Jahr eine radikale Reform mit dem Ziel zur Diskussion gestellt, Regionalbeihilfen auf die rückständigsten Regionen zu beschränken. Dies hätte unter anderem zur Folge gehabt, dass weite Teile Ostdeutschlands nicht mehr als förderungswürdig eingestuft worden wären. Proteste vor allem aus Deutschland und Frankreich hatten Kroes schon im Sommer veranlasst, ihre Pläne deutlich abzumildern.

Das Ursprungsziel der Reform – die Konzentration nationaler Hilfen für Großunternehmen auf die Ziel-1-Regionen – bleibt indes erhalten. In diesen Regionen beträgt das Bruttoinlandsprodukt (BIP) je Einwohner weniger als 75 Prozent des EU-Durchschnitts. Die Kommission hat für diese Regionen neue Förderungshöchstgrenzen festgelegt, die innerhalb der Ziel-1-Regionen je nach Einkommensrückstand unterschiedlich ausfallen sollen. In Regionen mit einem Pro-Kopf-BIP von weniger als 45 Prozent des EU-Durchschnitts sollen Großunternehmen Beihilfen von bis zu 50 Prozent der Investitionssumme erhalten können. Diese Höchstgrenze reduziert sich auf 40 Prozent für Regionen mit einem Pro-Kopf-BIP von weniger als 60 Prozent des EU-Schnitts und auf 30 Prozent für den Rest der Ziel-1-Regionen. Zu diesem Rest zählen in Deutschland die Regionen Dessau, Brandenburg-Nordost, Magdeburg, Mecklenburg-Vorpommern, Thüringen und Dresden. Sie können bis zum Jahr 2013 mit bis zu 30 Prozent der jeweiligen Investitionssumme gefördert werden.

Die Regionen Halle, Leipzig und Brandenburg-Südwest sind dagegen aus der Höchstfördergruppe herausgefallen, weil dort das Durchschnittseinkommen je Einwohner über 75 Prozent des EU-Schnitts gestiegen ist. Dies ist die Folge des *statistischen Effekts*. Er entsteht dadurch, dass das Durchschnittseinkommen je Einwohner in der EU durch deren Erweiterung im Jahr 2004 gesunken ist. Für diese Regionen gilt eine Übergangsregelung. Bis Ende 2009 ist ebenfalls eine Höchstförderhöhe von 30 Prozent vorgesehen, von 2010 an soll sie auf 20 Prozent sinken. Neben den beiden genannten Kategorien von Regionen bleiben aber noch weitere Gebiete förderungswürdig.

(Frankfurter Allgemeine Zeitung v. 22.12.2005, S. 11; Verf.: Werner Mussler)

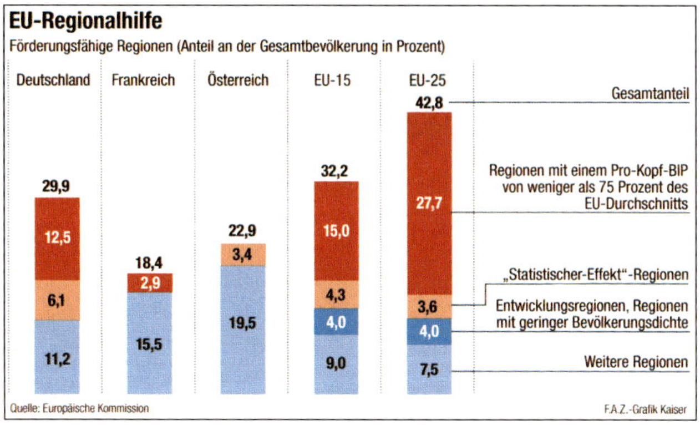

(Grafik: Eckhard Kaiser; Quelle: Frankfurter Allgemeine Zeitung v. 26.7.2005, S. 19)

M 31 „Wie viele Autobahnen braucht Spanien?" Kritik an der Strukturförderung

Wie viele Autobahnen braucht Spanien, welche Beschäftigungsprogramme Sachsen? Mit solchen Fragen beschäftigt sich EU-Regionalförderung – nur ohne Fragezeichen. Politiker vom nordspanischen Oviedo bis ins ostdeutsche Zwickau finden, wirtschaftlich schwächere Gebiete sollten möglichst lange Brüsseler Milliarden bekommen. Nach dieser Lesart braucht Spanien unbefristet Autobahnen aus EU-Mitteln, obwohl das Land wegen seines ökonomischen Erfolgs inzwischen selbst bezahlen könnte.

Nun droht die Umverteilungsmaschine außer Kontrolle zu geraten. In den nächsten Jahren stoßen zwölf ärmere Länder zur Union, die Förderung nötiger haben als andere. Doch deshalb möchte die örtliche Lobby von Spanien bis Sachsen noch lange nicht von ihren Wohltaten lassen. Das neue, größere Europa steht vor einem erbitterten Verteilungskampf ums knappe Geld. Schon heute vereinnahmen Agrar- und Regionalsubventionen 80 Prozent des Brüsseler 100-Milliarden-Euro-Haushalts.

Über die Strukturpolitik lässt sich auch Gutes sagen. Die Mittel beschleunigten das Zusammenwachsen Europas. Bewohner vernachlässigter Gegenden bekamen das Gefühl, das Projekt EU mehre nicht nur den Reichtum der Reichen. Die Fördergelder erleichterten die Zustimmung mehrerer (Süd-)Länder zum Binnenmarkt, zum Euro, zum Beitritt selbst. In diesem politischen Sinn haben sich die Milliarden ausgezahlt. Sie brachten Europas Integration voran, mit ganz handfesten Folgen: mehr Wohlstand für alle.

Der direkte Nutzen der Gelder dagegen ist umstritten – bestenfalls. Manche Förderregionen, sogar ganze Staaten wie Irland schließen wirtschaftlich auf, andere Gegenden bleiben zurück. Offenbar sind es nicht die Brüsseler Milliarden, die den Erfolg bewirken, sondern Eigeninitiative und Dynamik. Die Effizienz der Regionalpolitik ist schon deshalb gering, weil sie systematisch Anreize außer Kraft setzt. Wenn Brüssel das meiste bezahlt, kalkuliert ein Kommunalpolitiker oder Investor nicht lange, ob ein weiterer Golfplatz sinnvoll ist.

(Alexander Hagelüken, Seid verschlungen, Milliarden, in: Süddeutsche Zeitung v. 31.1.2003, S. 4)

1. *Untersuchen Sie anhand von M 30 (Grafik), wie hoch in den angegebenen Ländern der Anteil der Menschen an der Gesamtbevölkerung ist, die in förderungsfähigen Regionen wohnen. Wie erklären Sie sich die Position Deutschlands? – Der deutliche Unterschied zwischen der EU-15 und der EU-25 beruht auf der Tatsache, dass in 7 der 10 Beitrittsländer (2004) fast 100 Prozent der Bevölkerung in solchen Regionen wohnen.*
2. *Erklären Sie, wie es dazu gekommen ist, dass nach 2004 einige Regionen in Ostdeutschland aus der Regionalförderung herausgefallen sind. Was bedeutet der „statistische Effekt" (Z. 58)?*
3. *In der auslaufenden Förderungsperiode (2000–2006) entfiel fast die Hälfte der Förderungsmittel innerhalb der EU-15 auf drei Länder (Spanien, Portugal, Griechenland), die zusammen nur knapp 16% der Gesamtbevölkerung der EU-15 ausmachen. Welche Erklärung gibt es dafür?*
4. *Am Sinn, an der Vergabepraxis und an der Effizienz der EU-Strukturpolitik wird nicht selten Kritik geübt. Setzen Sie sich mit der in M 31 enthaltenen Beurteilung auseinander.*

M 32 Probleme einer einheitlichen europäischen Sozialpolitik

[...] Ebenso wie der gemeinsamen Außen- und Sicherheitspolitik stehen auch einer gemeinsamen Sozialpolitik so gravierende Differenzen der nationalen Interessen und Präferenzen entgegen, dass konsensuale europäische Lösungen extrem schwierig oder sogar unmöglich erscheinen.

Was die Interessen angeht, liegen die Schwierigkeiten auf der Hand: [...] Länder wie Griechenland und Portugal, geschweige denn Polen oder die Slowakei, könnten sich den großzügigen und teuren Sozialstaat einfach nicht leisten, den etwa die Dänen für angemessen halten. Aber das ist nicht einmal der wichtigste Grund. Schweden, Großbritannien und Deutschland haben etwa das gleiche Pro-Kopf-Einkommen, aber sie gehören drei grundverschiedenen „Sozialstaats-Familien" an – nämlich der „skandinavisch-sozialdemokratischen", der „angelsächsisch-liberalen" und der „kontinentaleuropäisch-konservativen".

So wären die Briten, die sich auf einen minimalen Sozialstaat eingestellt und dafür ihre private Vorsorge aufgebaut haben, niemals bereit, die extrem hohe Abgabenlast zu akzeptieren, die in Schweden eine universalistische Rundum-Versorgung finanziert. Ebenso wenig könnten die schwedischen Familien mit dem in Deutschland herrschenden Mangel an öffentlich finanzierten sozialen Dienstleistungen auskommen; und bei uns würden Patienten und Ärzte gemeinsam rebellieren, wenn eine europäische Richtlinie die Umstellung von der Krankenversicherung auf das System des britischen National Health Service verlangen würde.

Kurz: die Rede von dem einen „europäischen Sozialmodell" ist irreführend. Es gibt mehrere Modelle nebeneinander, die sich in ihren Leistungen und in ihrer Finanzierung grundsätzlich unterscheiden. Überall aber haben sich die Bürger in ihren Lebensplänen auf das vorhandene Sozialsystem eingerichtet – mit der Folge, dass selbst sehr begrenzte Reformen innerhalb des jeweiligen Systems auf erbitterten politischen Widerstand stoßen. Keine Regierung könnte es deshalb wagen, gemeinsamen europäischen Lösungen zuzustimmen, die im eigenen Land die Strukturen des Sozialstaats grundlegend verändern würden. [...]

(Fritz W. Scharpf, „Was man von einer europäischen Verfassung erwarten und nicht erwarten sollte", in: Blätter für deutsche und internationale Politik 7/2003, S. 54ff.)

M 33a „Wenn es ernst wird, ist die Harmonie vorbei"

Zwar preisen viele Politiker in Sonntagsreden und Gipfelkommuniqués die europäischen Werte und das europäische Sozialmodell als beispielhaft für die Welt. Doch wenn es konkret wird, ist die Harmonie vorbei. [...]

Deshalb verfolgt jede Nation ihren eigenen Weg. Französische Arbeitszeiten etwa gelten in Großbritannien als schädlicher Luxus. Die schwedische Elternzeit für Männer und Frauen, verbunden mit dem Recht, auf den alten Arbeitsplatz zurückzukehren, klingt für Belgier wie eine Utopie. Und Regeln gegen die Diskriminierung, wie sie in Großbritannien längst existieren, empören die Deutschen. Kurz: Was in einem Land unantastbar ist, gilt andernorts als Blütentraum versponnener Sozialromantiker. Allen kann es die Union mit einem europaweit geltenden Gesetz nie recht machen. Vor allem in Frankreich [...] ist die Europäisierung für viele inzwischen nur die unangenehme Vorstufe der Globalisierung.

Europäische Sozialpolitik ist Stückwerk. Das war in früheren Jahrzehnten so, und daran hat sich bis heute wenig geändert – auch wenn die EU in der Vergangenheit fast zwangsläufig über gemeinsame Mindestnormen für den Schutz und die Rechte der Arbeitnehmer nachdenken musste, wollte sie die gleichen ökonomischen Spielregeln für alle durchsetzen. Nach und nach setzte Brüssel so europaweite Regeln für Bildschirmarbeit, die Arbeitszeit oder den Mutterschaftsurlaub durch. Auch der Slogan „Gleiches Geld für gleiche Arbeit" kam aus Brüssel. Die EU erkämpfte erfolgreich, dass Frauen genauso hoch bezahlt werden wie Männer – gegen den heftigen Protest der Briten, die den Untergang des Königreiches prophezeiten.

Bis heute aber gibt es in Europa weder gemeinsame Sozialsysteme noch einen echten Konsens, was europäische Sozialpolitik eigentlich tun soll und was nicht. Nicht zufällig bevorzugen viele Regierungen den Weg, etwa Renten- oder Krankenversicherungen allenfalls sanft einander anzugleichen. Voneinander lernen, Reformen kopieren statt Direktiven umsetzen lautet die Devise. Besonders schnell, erfolgreich und reformfreudig, das geben alle Beteiligten zu, ist diese Methode nicht. Allerdings produziert Stillstand eben auch keinen Streit. Den gibt es dafür umso heftiger, wenn die Kommission wieder mal loslegt. Per EU-Vertrag darf sie beispielsweise beim Gesundheitsschutz, der Chancengleichheit oder dem Schutz von Beschäftigten ihre Vorgaben machen.

Die Hackordnung der Streithähne ist dabei meist vorher bekannt. Die marktfreundlichen Briten fürchten sich, weil durch EU-Gesetze ihre Standards steigen könnten, und die Deutschen stimmen gern mit ihnen. Die nordischen Länder wehren sich, weil ihr hohes Schutzniveau durch Brüssel nach unten gedrückt werden könnte. Zwar dürfen ihre nationalen Gesetze strenger sein, dennoch kann es natürlich eine Sogwirkung der EU-Regeln geben. Und die Franzosen wollen mehr EU-Regeln, um so ihr Sozialmodell über ganz Europa auszubreiten – was spätestens seit der letzten Erweiterung auf heftigen Widerstand aus Osteuropa stößt. Erst vor wenigen Tagen blühte der ideologische Streit wieder auf. Der spanische Sozialist Alejandro Cercas frohlockte im EU-Parlament in Straßburg: Er habe einen „Sieg auf dem langen Weg hin zu einem sozialen Europa" errungen. Der Abgeordnete hatte gerade die bislang wichtigste neue Richtlinie dieser Legislaturperiode durchs Parlament bugsiert: die Arbeitszeitrichtlinie. Gegen den erbitterten Widerstand vieler britischer und osteuropäischer Parlamentarier stimmte die Mehrheit dafür, dass künftig in ganz Europa eine Höchstarbeitszeit von 48 Stunden gelten soll. „Lächerlich" nannte das die *Financial Times* und drängte die Regierungen, gegen das Werk zu stimmen. [...]

Arbeitszeiten von 48 Stunden? Selbst in Polen, das die Rangliste der Fleißigen anführt, liegt die durchschnittliche Arbeitszeit heute bei nur 42,8 Stunden. Die Briten arbeiten im Schnitt 37,3 Stunden und damit weniger als die Deutschen.

Dennoch ist der Streit um die 48 Stunden mehr als ein Symbol. Die Richtlinie enthält weitere Bestimmungen – wie etwa die Ruhezeiten künftig berechnet werden sollen, regt die deutschen Krankenhausärzte auf. Außerdem soll das soge-

nannte Opt-out beendet werden. Das ermöglichte Großbritannien bisher, die alte EU-Regel zu Arbeitszeiten einfach zu ignorieren.
Geht das künftig nicht mehr, hätte Europa ein paar gemeinsame Sozialstandards auf der Insel durchgesetzt. Für Briten ist das eine Horrorvision. Andere hoffen genau darauf.

(DIE ZEIT Nr. 22 v. 25.5.2005, S. 20; Verf.: Petra Pinzler)

M 33b EU-Sozialkommissar Spidla: „Wir setzen auf Solidarität"

ZEIT: Haben wir die gleichen Vorstellungen von sozialer Gerechtigkeit? Was verbindet die Sozialpolitik der 25 EU-Mitglieder?

Spidla: Viel mehr, als Europas Kritiker heute meinen. Wir alle wollen eine Gesellschaft, die keinen ausklammert. Wir wollen keine Gettos. Wir setzen auf Solidarität, die durch den Staat geleistet wird, und das hat konkrete Folgen: Wir alle haben ein staatliches Rentensystem. [...] Wir kennen alle Krankenkassen oder staatliches Gesundheitswesen. Überall sind Gewerkschaften und Betriebsräte erlaubt und wichtig. Es gibt staatliche Unterstützung für Familien, Kindergeld, Kindergärten. Nur die Umsetzung ist unterschiedlich: Manchmal ist die Gemeinde zuständig, manchmal der Nationalstaat.

ZEIT: Wenn wir alle so gleich sind: Warum braucht die EU dann einen Sozialkommissar?

Spidla: Sicher sind in der Sozialpolitik in erster Linie die nationalen Regierungen zuständig. Aber wenn es um Arbeitsbedingungen, Gesundheitsschutz, Chancengleichheit und Antidiskriminierung geht, bin ich gefragt. Und ich koordiniere die Angleichung der Sozialsysteme, beispielsweise bei der Übertragbarkeit von Renten. Europa ist mehr als der Gemeinsame Markt. Wir wollen in der EU nicht, dass ein Staat mit einem anderen, der seine Frauen diskriminiert und ihnen weniger bezahlt als den Männern, konkurrieren muss. Wir teilen gemeinsame Werte. Wer also Mitglied sein will, muss sich zu den gemeinsamen Werten bekennen.

ZEIT: Manche halten die eher für Ballast im Wettbewerb mit Asien und Amerika.

Spidla: Es wird viel dummes Zeug geredet. Ausgerechnet die Gesellschaften, die am meisten Geld für Soziales ausgeben und die Chancengleichheit am ehesten verwirklicht haben, stehen in allen Wettbewerbstabellen ganz oben. Denken Sie an Finnland.

ZEIT: Was wollen Sie ändern?

Spidla: Im Gesundheitsschutz und bei der Antidiskriminierung müssen wir mehr tun. Und dann will ich die Übertragbarkeit von Privatrenten von Land zu Land erleichtern. Wenn Ihre Tochter nach Spanien heiratet und Sie in ferner Zukunft bei ihr wohnen wollen, sollten Sie auch Ihre Privatrente und nicht nur die gesetzliche Rente übertragen können. Heute ist das noch sehr schwer. [...] Wir werden unsere Sozialsysteme nur durch Europa schützen und erhalten können. Deswegen sucht die Kommission eine Antwort auf die Globalisierung, auf die wachsende globale Konkurrenz. Als einzelnes Land können Sie nur mit dem Strom schwimmen. Als EU können wir auch die Richtung wechseln.

(DIE ZEIT Nr. 22 v. 25.5.2005, S. 20; Interview: Petra Pinzler)

1. *Auf die bisherige Entwicklung, die Bereiche und Maßnahmen der EU-Sozialpolitik, für die die EU nur eine „ergänzende Zuständigkeit" hat (s. S. 386), können wir hier nicht im Einzelnen eingehen (s. dazu www.europa-digital.de/dschungelbuch/polfeld/sozial). Erläutern Sie ansatzweise, welche unterschiedlichen Konzeptionen der Sozialpolitik es in den EU-Ländern gibt und warum in der Sicht des Autors von M 32 eine Vereinheitlichung kaum möglich erscheint. Eine nähere Beschreibung dieser Modelle durch den Autor finden Sie unter www.mpi-fg-koeln.mpg.de/people/fs/aktuelles2000rede_de.html*

2. *Anhand des engagierten Berichts in M 33a können Sie sich an konkreten Beispielen über aktuelle Ansätze europäischer Sozialpolitik in bestimmten Bereichen und über die Hindernisse informieren, die ihrer Ausgestaltung entgegenstehen. Welche grundsätzlichen Auffassungsunterschiede von der Rolle der Sozialpolitik zwischen bestimmten Ländern/Ländergruppen (vgl. M 32) lassen sich feststellen?*

3. *Wie kommt der für die Sozialpolitik zuständige EU-Kommissar zu dem Urteil, dass die Sozialpolitik der 25 EU-Länder „viel mehr verbindet, als Europas Kritiker glauben"? Worin sieht er die Aufgaben und Möglichkeiten europäischer Sozialpolitik? (M 33b)*

VI. Die Umweltpolitik der EU

M 34 Ziele, Bereiche und Instrumente europäischer Umweltpolitik

Seit dem Inkrafttreten der Einheitlichen Europäischen Akte am 1. Juli 1987 verfügt die Europäische Union über eigene Zuständigkeiten in der Umweltpolitik. Das Konzept der nachhaltigen und umweltgerechten Entwicklung als Querschnittsaufgabe der europäischen Politik soll eine „harmonische und ausgewogene Entwicklung des Wirtschaftslebens [...] sowie [...] ein hohes Maß an Umweltschutz und Verbesserung der Umweltqualität" fordern. Die Erfordernisse des Umweltschutzes sind in alle anderen Handlungsfelder der Gemeinschaft einzubeziehen. In Artikel 174 des EG-Vertrags werden folgende Ziele der EU-Umweltpolitik genannt:

- Erhaltung und Schutz der Umwelt sowie Verbesserung ihrer Qualität;
- Schutz der menschlichen Gesundheit;
- umsichtige und rationelle Verwendung der natürlichen Ressourcen*;
- Förderung von Maßnahmen auf internationaler Ebene zur Bewältigung regionaler oder globaler Umweltprobleme.

Die EU-Umweltpolitik beruht auf den Grundsätzen der Vorsorge und Vorbeugung sowie auf dem Verursacherprinzip. Umweltbeeinträchtigungen sollen mit Vorrang an ihrem Ursprung bekämpft werden. Jede Ebene, ob Europäische Union, Mitgliedstaat, Region oder Kommune, muss im Rahmen ihrer Zuständigkeiten zum Schutz der Umwelt beitragen und dabei mit den anderen Handlungsebenen kooperieren. Die Kompetenzen sollen möglichst bürgernah angesiedelt sein. [...]

Auf der Grundlage von Art. 5 des EG-Vertrags wird die Gemeinschaft nach dem Subsidiaritätsprinzip nur tätig, sofern und soweit die Ziele der geplanten Maßnahmen wegen ihres Umfangs oder ihrer Wirkung nicht in ausreichender Weise von den Mitgliedstaaten erreicht werden können. Zudem muss die EU den Nachweis liefern, dass sie zur Problemlösung besser in der Lage ist als die Mitgliedstaaten.

Im Zusammenhang mit globalen Umweltfragen verhandelt die EU für ihre Mitgliedstaaten bei Weltklimakonferenzen. Aufgrund ihrer Verhandlungsmacht kann sie gegenüber anderen Staaten oder Staatengruppen auf weit reichende und fortschrittliche Lösungen drängen. Ein Beispiel hierfür ist der Abschluss des Kyoto-Protokolls der Vereinten Nationen zum Klimaschutz (s. dazu M 37ff.). Die EU engagiert sich intensiv für die Befassung mit globalen Umweltproblemen. Sie investiert in Programme zum Schutz der Ozonschicht, zu Maßnahmen gegen den Treibhauseffekt, zum Schutz der Wälder, insbesondere der Tropenwälder, und der Artenvielfalt, zur Bekämpfung der Desertifikation, zur Erhaltung der Antarktis und zur Beziehung zwischen Bevölkerung und Umwelt.

Die Umweltpolitik wirkt als **Querschnittsaufgabe*** auch in andere Politikbereiche hinein.

Vorbeugeprinzip: Umweltbelastung ist mit präventiven Maßnahmen zu begegnen, um Umweltschäden zu verhindern und nicht erst zu bekämpfen.

Ursprungsprinzip: Die Umweltbeeinträchtigung soll an der Stelle bekämpft werden, an der sie auftritt.

Verursacherprinzip: Es geht erstens darum, wer für eine Umweltbeeinträchtigung oder -gefahr materiell verantwortlich ist, und zweitens um die Kosten zur Beseitigung. Wer für die Entstehung des Schadens verantwortlich ist, muss auch zahlen. Kosten können auf den Verursacher durch Steuern zukommen, wenn sie zum Beispiel umweltschädliche Verpackungen benutzen.

Vorsorgeprinzip: Hierunter versteht die EU vorausschauendes Handeln, das der Entstehung möglicher, aber gleichzeitig realer (bezieht sich aber nicht auf Hirngespinste) Umweltbeeinträchtigungen entgegenwirkt.

(http://www.europa-digital.de/dschungelbuch/polfeld/umwelt/rechtl.shtml)

Dabei ergeben sich in der politischen Praxis häufiger Konflikte etwa zwischen wirtschaftlichen und umweltpolitischen Zielen oder auch zwischen Belangen des Umweltschutzes und der Landwirtschaft oder der Tourismusförderung. Beispielsweise dauerte es wegen anhaltender Widerstände der Wirtschaft erhebliche Zeit, ehe eine Regelung der EU zur Rücknahme von Altautos durch die Automobilindustrie erreicht werden konnte. Auch im Hinblick auf die Besteuerung von Plastikflaschen oder die Einführung eines Pfandes auf Aluminiumdosen gab es unter Verweis auf das EG-Recht und angebliche negative Auswirkungen für das Funktionieren des Binnenmarktes immer wieder Rechtsunsicherheiten.

> Die Gesetzgebung erfolgt vornehmlich durch unmittelbar im innerstaatlichen Recht geltende *Verordnungen* oder, häufiger, durch verbindliche *Richtlinien*, die den Mitgliedstaaten aber die Wahl und Form der Mittel zur Zielerreichung freistellen. Das Umweltrecht baut auf einer konkurrierenden Gesetzgebungskompetenz auf, d.h., die Mitgliedstaaten können solange tätig werden, wie eine Materie nicht abschließend durch EU-Recht geregelt ist (Subsidiaritätsprinzip). [...] Inzwischen sind in fast allen Regelungsbereichen gemeinschaftliche Vorschriften erlassen worden. Da diese Anwendungsvorrang vor nationalem Recht haben, betreffen mittlerweile ca. 80 % aller neu erlassenen Rechtsakte in Deutschland die Umsetzung europäischer Rechtsvorgaben. Die Mehrzahl der Vorschriften wird mit qualifizierter Mehrheit im Ministerrat verabschiedet. Wichtige Regelungsbereiche erfordern aber immer noch eine einstimmige Verabschiedung, so etwa Vorschriften steuerlicher Art.
>
> (Udo E. Simonis, Öko-Lexikon, Verlag C. H. Beck, München 2003, S. 76f.)

Instrumente der EU-Umweltpolitik

Zur Verwirklichung der gemeinsamen Umweltpolitik der EU gibt es folgende Instrumente:

- *Gesetzliche Regelungen* zur Schaffung und Harmonisierung gemeinschaftsweiter Normen* und Umweltstandards (Verordnungen, Richtlinien, Entscheidungen und Empfehlungen). In den letzten 20 Jahren wurden im Umweltbereich mehr als 200 EU-Richtlinien und Verordnungen verabschiedet. Sie betreffen unter anderem die Qualität von Trinkwasser und von Badegewässern oder die Geräuschemission von Maschinen. Mit der 1985 beschlossenen EG-Richtlinie zur Umweltverträglichkeitsprüfung müssen beispielsweise die Auswirkungen technischer Großprojekte auf die Umwelt in allen EU-Staaten systematisch geprüft und bei der Genehmigung berücksichtigt werden.
- *Finanzielle Hilfen:* Vor allem das seit 1992 geschaffene „Life"-Programm dient zur Finanzierung von Umweltmaßnahmen innerhalb der Gemeinschaft und im Rahmen der internationalen Zusammenarbeit. [...] Gefördert werden unter anderem Natur-

(iwd Nr. 8 v. 19.2.2004, S. 5; © Deutscher Instituts-Verlag)

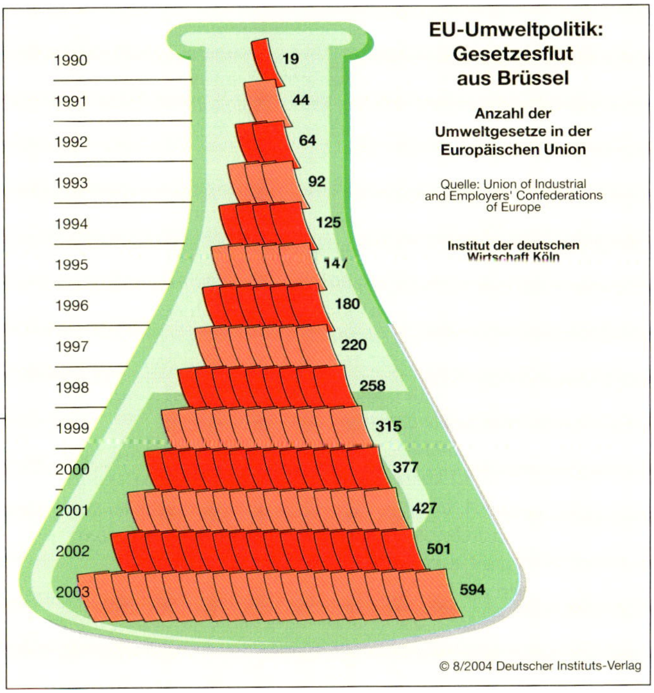

Unter „Umweltgesetze" werden hier nicht nur *Richtlinien* und *Verordnungen* (vgl. Kasten), sondern auch alle unterhalb dieser rechtlichen Ebene liegenden Entscheidungen verstanden. Die Zahlen für die einzelnen Jahre geben den jeweils erreichten Stand an.

schutzvorhaben zur Erhaltung oder Wiederherstellung der Lebensräume bestimmter Tierarten, die Entwicklung umweltfreundlicher Technologien, die Integration von Umweltaspekten in die Raumpolitik sowie Abfallrecycling und rationelles Abfallmanagement. Auch die Strukturfonds tragen in bedeutendem Umfang zur Finanzierung von Maßnahmen für eine Verbesserung der Umwelt bei.

- *Marktorientierte Instrumente* fördern ein umweltgerechtes Verhalten durch die positive Auszeichnung umweltgerechter Produkte und Produktionsarten sowie durch verschiedene Steuerungs- und Lenkungsmaßnahmen. „Öko-Label", die dem Verbraucher eine umweltgerechte Produktion und Vermarktung signalisieren, und „Öko-Audits" für Betriebe mit umweltschonenden Herstellungsverfahren sind bereits in Kraft, eine EU-weite ökologische Steuerreform und Selbstverpflichtungsabkommen sind in Vorbereitung.
- *Begleitende Instrumente* sind unter anderem die Förderung von wissenschaftlicher Forschung und technologischer Entwicklung, Raumplanung, Information und die Sensibilisierung der Öffentlichkeit sowie von Verbraucherinnen und Verbrauchern.

Der Einsatz dieser Instrumente wird in sogenannten **Umweltaktionsprogrammen** auf vorrangige Ziele hin ausgerichtet. [...]

(Otto Schmuck, Umweltpolitik, in: Informationen zur politischen Bildung Nr. 279, 2. Quartal 2003: Europäische Union, Bundeszentrale für politische Bildung, Bonn 2003, S. 34f.)

Beispiele für die maßgebliche Arbeit der EU im Umweltschutz:

- *6. Umweltaktionsprogramm:* Festlegung von vier Schwerpunkten für die EU-Umweltpolitik bis 2012 (Klimaschutz, Natur und biologische Vielfalt, Umwelt und Gesundheit, natürliche Ressourcen und Abfälle) einschließlich Vorgabe konkreter Maßnahmen und Ziele;
- *Luftreinhaltung:* Einführung und Verschärfung von EU-weiten Grenzwerten z. B. für Schwefeldioxid, Stickstoffoxide, Partikel, Blei, Ozonvorläufersubstanzen und flüchtige organische Kohlenstoffverbindungen (VOC); Beispiele für Rechtsakte sind die Großfeuerungsanlagenrichtlinie, die Richtlinie über nationale Emissionshöchstgrenzen für bestimmte Schadstoffe oder die Richtlinie zur Einführung schwefelarmer Kraftstoffe;
- *Abfallwirtschaft:* Altautorichtlinie, Richtlinien für Elektro- und Elektronik-Altgeräte, Batterierichtlinie, Verpackungsrichtlinie, Deponierichtlinie, Altölrichtlinie;
- *Chemikaliensicherheit*: Beschränkung für gefährliche Stoffe; Verpflichtung der chemischen Industrie zur Registrierung und Sicherheitsüberprüfung von ca. 30 000 chemischen Stoffen [REACH];
- *Wasser*: Schaffung EU-weiter Abwasserstandards; Schaffung eines Ordnungsrahmens für die Europäische Wasserpolitik (EG-Wasserrahmenrichtlinie);
- *Klimaschutz*: Umsetzung des Kyoto-Protokolls durch die EU, EU-Klimaschutzprogramm mit Maßnahmen wie der Schaffung eines EU-weiten Emissionshandels insbesondere für Kohlendioxid (s. M 37ff.).

(http://www.bmu.de/de/1024/js/sachthemen/europa/kurzinfo/main.htm)

Verschaffen Sie sich einen Überblick über wesentliche Aspekte der gemeinsamen europäischen Umweltpolitik und berücksichtigen Sie dabei auch folgende Fragen:

- *Wie ist es zu erklären, dass die EU eigentlich erst in einer relativ späten Phase ihrer Entwicklung eigene Zuständigkeiten für eine Umweltpolitik erhielt?*
- *Wie lassen sich die im EG-Vertrag genannten vier Ziele der Umweltpolitik voneinander abgrenzen? Erläutern Sie konkreter, was jeweils gemeint ist, und ordnen Sie einige der am Schluss von M 34 genannten Beispiele den vier Bereichen zu.*
- *Wodurch unterscheidet sich in der Umweltpolitik das Vorsorgeprinzip vom Verursacherprinzip?*
- *Wie alle EU-Politikbereiche ist auch die EU-Umweltpolitik eine „Mehrebenenpolitik" (vgl. M 9, S. 389). Was ist damit gemeint? Was bedeutet dabei das Prinzip der Subsidiarität (vgl. S. 387)?*
- *Inwiefern wird Umweltpolitik als „Querschnittsaufgabe*" verstanden? Welche Folgen können sich daraus für die Gesetzgebung ergeben?*
- *Worin liegen die Unterschiede zwischen den genannten Hauptinstrumenten der EU-Umweltpolitik? Verdeutlichen Sie insbesondere den Charakter „marktorientierter" Instrumente. Nähere Informationen zu „Life": http://www.murl.nrw.de/sites/specials/titel-life-umwelt.htm, zum neuen Chemikalienrecht (REACH) http://de.wikipedia.org/wiki/Reach-System*

Beispiel: Klimaschutzpolitik

M 35 Drohende Gefahren durch Treibhauseffekt und globale Erwärmung

Als gesicherte Annahmen über die Auswirkungen der Klimaerwärmung durch den Treibhauseffekt können gelten:

- Klimaverschiebungen mit z. B. Zunahme der Intensität von Stürmen und winterlichen Regenniederschlägen im Norden mit Überschwemmungen;
- weniger Niederschläge im Süden mit zunehmender Wasserknappheit, mehr Dürren und Ausbreitung von Wüsten und Steppen;
- Ansteigen des Meeresspiegels durch die Ausdehnung des sich erwärmenden Wassers; Überschwemmung von Küstengebieten und Inseln (rd. 70 % der Weltbevölkerung wohnt in Küstengebieten; viele arme Länder sind besonders gefährdet);
- Zunahme von Bevölkerungswanderungen und Flüchtlingsströmen;
- Auswirkungen auf Flora und Fauna (z. B. Vernichtung von Arten, Begünstigung von Schädlingen und Krankheitserregern).

(Autorentext nach: Jörn Altmann, Umweltpolitik, Stuttgart 1997, S. 25f.)

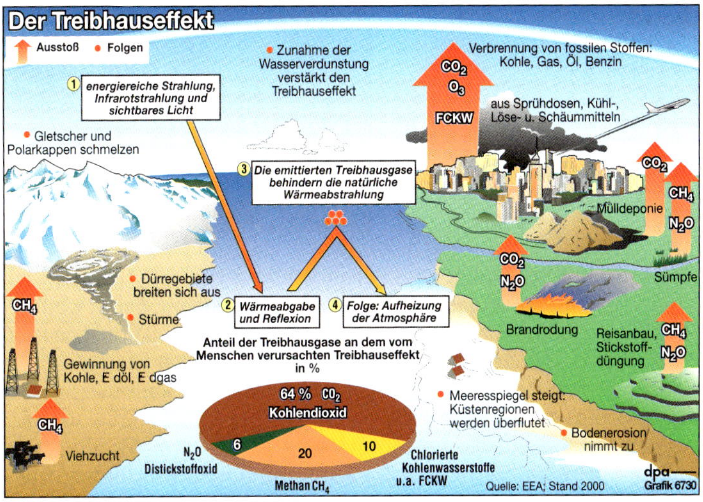

M 36a

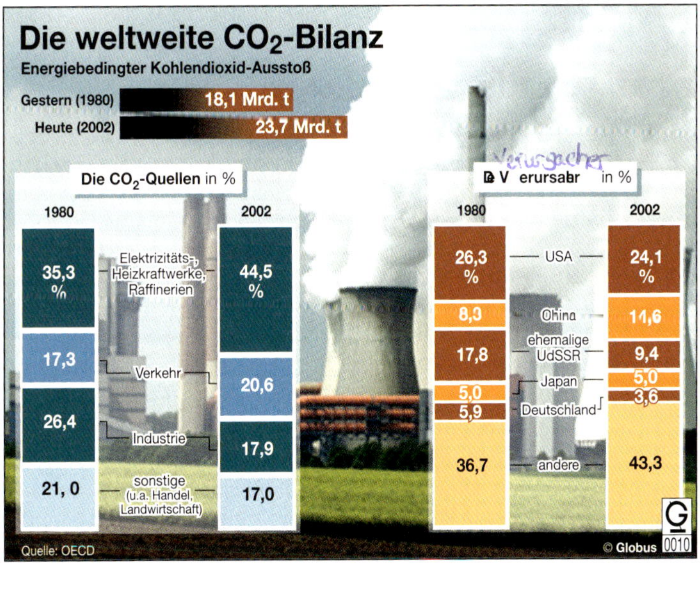

Die wichtigsten Faktoren, die die Veränderungen der Treibhausgas-Emissionen bestimmen, sind die Entwicklungen der Bevölkerung (demographische Komponente), des Bruttoinlandsprodukts je Einwohner (Einkommenskomponente), der gesamtwirtschaftlichen Energieintensität (Energieintensitätskomponente) sowie des Treibhausgasgehalts des Primärenergieverbrauchs (Energiemix-Komponente).

M 36b Weltweite CO_2-Emissionen 1990–2004

Pro-Kopf-CO_2-Emissionen in Tonnen (2002):
USA: 19,4
Kanada: 16,7
Finnland: 12,3
Niederlande: 11,1
Russland: 10,4
Deutschland: 10,2
Großbritannien: 8,7
Frankreich: 6,4
Italien: 7,6
Schweden: 5,8
China: 3,2
Durchschnitt OECD: 10,8
Durchschnitt Entwicklungsländer: 1,8

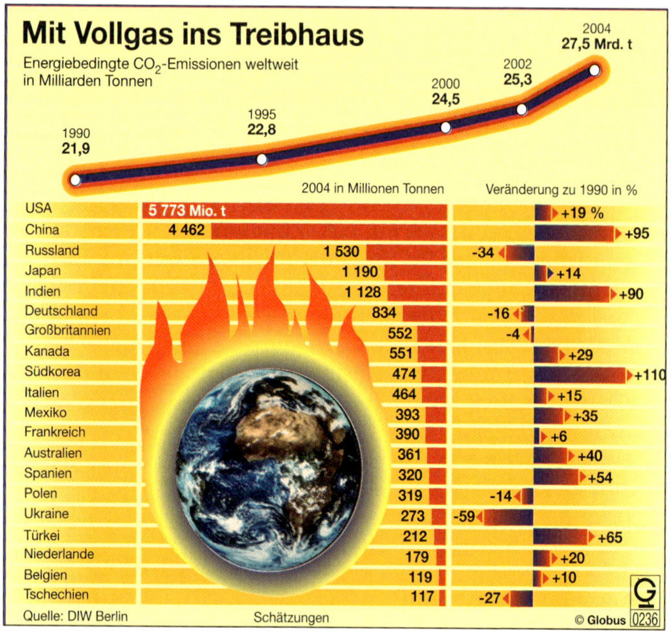

Der Pro-Kopf-Verbrauch an Energie hängt zwar hauptsächlich vom wirtschaftlichen Entwicklungsstand eines Landes ab, daneben aber auch von vielen weiteren Bedingungen und Einflüssen: Wirtschaftsstruktur und Zusammensetzung der Industrie (z. B. hoher Verbrauch der metallurgischen und chemischen Industrie), Grad der Motorisierung, Klima (Dauer der Heizperiode), Art der verwendeten Energieträger und Grad der Rationalisierung bzw. Verschwendung beim Energieeinsatz. Der sehr hohe Energieverbrauch der USA und Kanadas geht zum großen Teil auf den verschwenderischen Umgang mit der dort relativ billigen Energie zurück. In Westeuropa nimmt der Energieverbrauch pro Kopf in den meisten Ländern nur noch gering zu oder stagniert durch Einsparungen und technische Entwicklungen (Automatisierung, energiesparende Geräte und Maschinen, verbesserte Heizungs- und Verkehrstechniken, Wärmedämmung der Gebäude), aber auch durch den Abbau der energieintensiven Montan- und chemischen Industrie.

(Fischer Weltalmanach 2005, Fischer Taschenbuch Verlag, Frankfurt a. M. 2004, S. 643; Verf.: Reinhard Paesler, Mario von Baratta)

M 37 Die Klimaschutzpolitik der EU

Die EU hat sich stets zu ihrer Verpflichtung bekannt, dem Anstieg der Treibhausgase (vor allem CO_2) und den dadurch implizierten Klimaänderungen entgegenzuwirken. Insbesondere auf ihr Drängen ist im Dezember 1997 das Protokoll von Kyoto über Klimaänderungen unterzeichnet worden, in dem sich die EU verpflichtet, ihre Treibhausgasemissionen von 2008 bis 2012 im Vergleich zum Stand von 1990 um 8 % zu verringern. Anfang 2005 ist das **Kyoto-Protokoll** nach der Ratifizierung durch Russland – nach langjährigem Drängen und viel politischer Überzeugungsarbeit seitens der EU – in Kraft getreten. Es sieht weltweit die Reduzierung von Treibhausgasemissionen um 5,3 % bis 2012 gegenüber 1990 vor.

(Wolfgang W. Mickel/Jan Bergmann [= M 11b], S. 183)

Für die einzelnen Mitgliedstaaten wurde die Verpflichtung nach dem Verteilungsschlüssel der sogenannten Lastenteilung differenziert, die politisch ausgehandelt wurde. Der von Deutschland übernommene Minderungsbeitrag beträgt 21 Prozent. Andere Mitgliedstaaten haben ähnliche oder geringere Minderungsverpflichtungen übernommen (s. Grafik S. 437). Einige EU-Staaten haben sich zur Stabilisierung der Treibhausgasemissionen verpflichtet (Frankreich und Finnland), anderen ist das Recht zu einer weiteren Ausweitung ihrer Emissionen zugestanden

worden. Die Erweiterung der Europäischen Union im Jahr 2004 hat nach den Festlegungen des Kyoto-Protokolls keinen Einfluss auf die gemeinsamen Verpflichtungen. Sie beschränken sich weiterhin auf die EU der 15.
Nach Schätzung der EU-Kommission am Ende des Jahres 2005 spricht alles dafür, dass die EU ihr Reduzierungsziel (–8 %) erreichen wird.

(Fischer Weltalmanach 2005, Fischer Taschenbuch Verlag, Frankfurt a. M. 2004, S. 643; Verf.: Reinhard Paesler, Mario von Baratta)

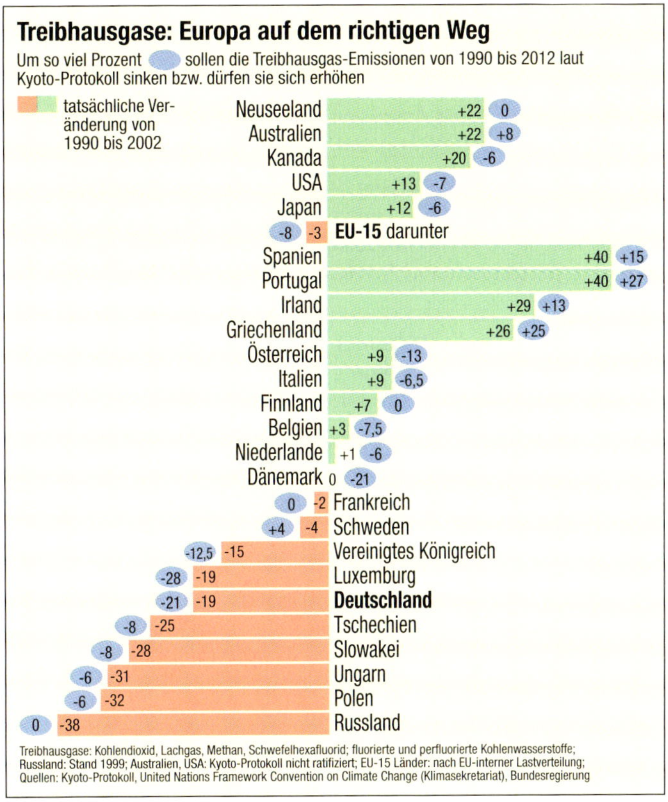

(iwd Nr. 6 v. 10.2.2005, S. 4; © Deutscher Instituts-Verlag)

Nachdem sich Ende der Neunzigerjahre herausstellte, dass die Mitgliedstaaten ihre Ziele mit isolierten Aktivitäten nicht erreichen würden, hat die EU eine Reihe von Richtlinien und anderen Maßnahmen initiiert, um die Verpflichtungen im Rahmen des Kyoto-Protokolls erfüllen zu können. Dazu gehören technologieorientierte Schritte wie Richtlinien zur Förderung der Stromerzeugung aus Erneuerbaren Energien, zur Einführung von Biokraftstoffen, zur Förderung der Kraft-Wärme-Kopplung (vgl. M 16b, S. 406), zur Verbesserung der Energieeffizienz in Gebäuden sowie Vereinbarungen zu Höchstverbrauchsstandards von Geräten. Darüber hinaus hat die EU ein eigenes CO_2-Emissionshandelssystem für die energieintensiven Industrien etabliert (s. M 39ff.) sowie die Energiebesteuerung erstmals harmonisiert und verschiedene Forschungsprogramme in Rahmen der Europäischen Union initiiert. Die Klammer für die Klimaschutzpolitik bildet das Klimaschutz-Aktionsprogramm der EU (*European Climate Change Programme* – ECCP).
Wie die nationale Politik ist die Klimaschutzpolitik der EU von vielfältigen *Rivalitäten und Auseinandersetzungen* zwischen der Klimaschutz-, Energie-, Wirtschafts-, Wettbewerbs- und Agrarpolitik gekennzeichnet. Will sie erfolgreich sein, muss sie langfristig stärker als *Querschnittsaufgabe** verstanden und in allen Politikbereichen umgesetzt werden.

(Informationen zur politischen Bildung Nr. 287, 2. Quartal 2005: Umweltpolitik, Bundeszentrale für politische Bildung, Bonn 2005, S. 28f.; Verf.: Felix Christian Matthes)

Das größte Problem des Kyoto-Protokolls bleibt, dass trotz der Reduktionsverpflichtungen der weltweite Ausstoß von Treibhausgasen bis 2004 gestiegen ist (s. M 36b) und dass mit Australien und den USA (rd. 20 % der weltweiten Emission) zwei wichtige Industriestaaten nicht eingebunden werden konnten. China, der zweitgrößte Emittent (16 %), gehört zwar zu den Kyoto-Staaten, ist aber keine Verpflichtung zur Begrenzung des CO_2-Ausstoßes eingegangen. Wenn in einem Post-Kyoto-Abkommen diese Länder nicht eingebunden werden können, bleibt nach Einschätzung vieler Experten jede Klimaschutz-Regelung ohne große Wirkung.

(Autorentext)

1. *Erläutern Sie – auch aufgrund Ihrer Vorkenntnisse – die Bedeutung des („menschgemachten") Treibhauseffekts und der daraus resultierenden Klimaerwärmung. Welche Folgen dieses Effekts werden befürchtet? (M 35)*

2. *Beschreiben Sie den Anteil von Kohlendioxid an den Treibhausgasen, die Entwicklung der CO_2-Emissionen seit 1980 insgesamt und in den vier Entstehungsbereichen (M 35, M 36a).*

3. *Wie stellt sich die Verteilung der CO_2-Emissionen auf die ausgewählten Länder dar (M 36b)? Beachten Sie dabei den Unterschied zwischen den absoluten und den einwohnerbezogenen Werten (die Anteile an der Weltbevölkerung betragen für die USA 4,6%, für China 20,7%, für Japan 2,0%, für Deutschland 1,3%). Welche Gründe lassen sich für einen hohen oder niedrigen Pro-Kopf anführen?*

4. *Beschreiben Sie die Bedeutung des „Kyoto-Protokolls" für den weltweiten Klimaschutz (Zeitraum und Ausmaß der Verpflichtung zur Reduzierung des CO_2-Ausstoßes insgesamt sowie nach Ländergruppen und Ländern) (M 37).*

5. *Beschreiben Sie genauer, wie die Europäische Union ihre Gesamtverpflichtung auf die einzelnen Länder umgesetzt hat. Wie kommt es, dass z. B. Portugal im Verpflichtungszeitraum seine CO_2- Emissionen um 27% steigern darf, während z. B. Deutschland sie um 21% reduzieren muss (s. Grafik S. 437)?*

6. *Analysieren Sie anhand der Grafik, wie sich in der EU-15 der Stand der Entwicklung bis 2002 (gegenüber dem Basisjahr 1990) darstellt und worauf die EU-Kommission ihre zuversichtliche Einschätzung für das Erreichen des Ziels gründen könnte. Bedenken Sie dabei, dass auf die drei größten EU-Länder (Deutschland, Großbritannien und Frankreich) zusammen rd. 55% des gesamten Ausstoßes der EU-15 entfallen.*

Mit den eingegangenen Verpflichtungen zum Kyoto-Protokoll stellte sich für die EU die Frage nach den **Instrumenten**, mit denen die Länder die vereinbarten Reduktionen erreichen können.
„Mit dem herkömmlichen Instrumentarium (in Deutschland das Bundes-Immissionsschutzgesetz) wären solche mengenmäßigen Ziele kaum oder nur unter großen Schwierigkeiten zu erreichen. Theoretisch könnten die Verwaltungsbehörden jedem Unternehmen auf Antrag eine Erlaubnis für die Emission bestimmter Mengen klimawirksamer Gase erteilen. Neben rechtlichen Problemen, die eine solche Vorgehensweise hätte, spricht vor allem die Überlegung dagegen, dass die Minderung von Emissionen klimawirksamer Gase je nach Branche bzw. je nach industrieller Technik sehr unterschiedliche **Kosten** verursacht. Wer zu welchen Kosten wie viele Emissionen vermeiden kann, wissen jedoch die Unternehmen selbst sehr viel besser, weil sie ihre eigene Technik, ihre eigenen Prozesse und deren Weiterentwicklungsmöglichkeiten kennen." (http://de.wikipedia.org/wiki/Emissionshandel)
In den Überlegungen, die zu diesem Problem angeführt werden und die für die EU die Frage zur Entscheidung über ein bestimmtes Verfahren („Emissionshandel") geführt haben, spielen immer wieder zwei unterschiedliche **theoretische Ansätze** zur gesamten Umweltpolitik eine wesentliche Rolle, die beide zum Ziel haben, von den Verursachern auf Kosten der Allgemeinheit verursachte Umweltschäden („externe Effekte" des Wirtschaftens) zu „internalisieren", d. h. in die Kostenrechnung der Verursacher zu überantworten. Darüber können Sie sich aus M 38 näher informieren (weitergehende Informationen: http://de.wikipedia.org/wiki/Pigou-Steuer und http://de.wikipedia.org/wiki/Coase-Theorem).

Der EU-Emissionshandel selbst wird in M 39 näher beschrieben. Die EU hatte sich im Juli 2003 nach zähen Verhandlungen auf die Regelungen für den Handel mit CO_2-Emissionsrechten (Zertifikaten, „Luftverschmutzungs-Gutscheinen") einigen können, der damit im Jahr 2005 beginnen konnte.

M 38 Zwei theoretische Lösungswege zur „Internalisierung" negativer „externer Effekte" des Wirtschaftens

Die Umweltökonomie beschreibt Umweltprobleme als **externe Effekte des Wirtschaftens**, die nicht im Kalkül der einzelnen Wirtschaftsakteure berücksichtigt werden, weil die Nutzung vieler Umweltgüter keinen Preis hat. Grundsätzlich können Umweltgüter wie Luft, Gewässer, Landschaft und stabile Ökosystemfunktionen frei genutzt werden, da sie „Öffentliche Güter" darstellen, von deren Nutzung niemand ausgeschlossen werden kann und die allen gleichermaßen zur Verfügung stehen. Die fehlenden (oder unzulänglichen) Preise führen jedoch zur Übernutzung und zur Schädigung der Umweltgüter; die Wirtschaftsakteure verhalten sich als Trittbrettfahrer, die für die Nutzung nicht zahlen. Es entstehen **externe Kosten** in Form von ökologischen Schäden, die von Einzelnen oder der Gemeinschaft zu tragen sind, nicht aber vom eigentlichen Verursacher.
Dieses Marktversagen macht daher staatliches Handeln zur **Internalisierung** externer Effekte erforderlich. Für die Internalisierung werden in der Umweltökonomie zwei theoretische Lösungswege diskutiert. Der eine Ansatz wird als **Coase-Theorem** bezeichnet und setzt auf die **Verhandlung zwischen Verursacher und Geschädigtem**, bei der unter idealen Bedingungen ein volkswirtschaftlich optimales Ergebnis erzielt werden kann. In der Realität sind jedoch meist keine idealen Bedingungen gegeben, weil es eine Vielzahl von Verursachern und Geschädigten gibt und Verhandlungen in diesem Fall schwierig zu bewerkstelligen sind. Die andere Möglichkeit ist die Erhebung einer Pigou-Steuer, bei der die Verursacher eine Steuer in Höhe der von ihnen verursachten Schäden entrichten müssen.
Die **Pigou-Steuer** (PS) wurde in den 1920er-Jahren von Arthur Cecil Pigou zur Internalisierung externer Effekte entworfen. Der Steuersatz müsste dabei genau so bemessen sein, dass er exakt in Höhe der z.B. bei Produktionsprozessen verursachten externen Kosten erhoben wird. Durch diese steuerliche Belastung des Verursachers würden eine gesamtwirtschaftlich optimale Bereitstellung von Gütern und eine effiziente Verteilung der Ressourcen bewirkt. Infolge der Internalisierung der externen Effekte muss der Verursacher seine Preise anders kalkulieren und die von ihm verursachten Schäden mit einbeziehen (Verursacherprinzip). Die praktische Umsetzung des Konzeptes birgt jedoch große Schwierigkeiten, weil zum einen Schadenshöhen nicht exakt monetär bewertet werden können, zum anderen eine exakte Zuordnung der Schäden zu bestimmten Verursachern meist nicht möglich und die ständige Anpassung des Steuersatzes an die Entwicklung der Schadenskosten administrativ nicht umsetzbar ist.
Gleichwohl findet sich der Grundgedanke der PS auch in modernen Ansätzen der Ökologischen Steuerreform.

(Udo E. Simonis, Öko-Lexikon, Verlag C.H. Beck, München 2003, S. 213, 160)

Beispiel: Kosten entstehen beispielsweise, wenn eine Fabrik in einem ruhigen Tal so viel Lärm macht, dass dadurch die Rentabilität eines benachbarten Sanatoriums gemindert wird. Zweifelsfrei ist die Fabrik die Verursacherin des Lärms. Für solche Fälle hatte der britische Volkswirtschaftler Arthur Cecil **Pigou** 1950 die populäre Lösung einer *Umweltsteuer* formuliert. Sie zwingt die Fabrik, zum Beispiel Lärmfilter einzubauen, die Produktion einzudämmen oder gar den Betrieb zu schließen.
Coase kritisierte die Pigou-Steuer und das ihr zugrunde liegende Verursacherprinzip. Statt den Umweltschädiger zur Verantwortung zu ziehen, will er den Nutzen für die Volkswirtschaft erhöhen. Eine Steuer bewirke weniger Wirtschaftsleistung und verursache allenfalls soziale Kosten, wenn beispielsweise Arbeitsplätze verloren gingen. Auch das Sanatorium sei an der Lärmbelästigung beteiligt. Erst durch dessen Vorhandensein stelle sich die Schadensfrage. Anstelle eines Staatseingriffs schlägt Coase deshalb eine *Verhandlungslösung* vor. So könnte sich das Sanatorium an einem Lärmfilter beteiligen. Denn sowie der Fabrikbesitzer ein Interesse daran habe, zu produzieren und Gewinne zu erwirtschaften, so habe das Sanatorium ein Interesse an Ruhe, um ebenfalls Gewinne zu erzielen. Nach dem Coase-Theorem ist es also für eine volkswirtschaftliche Leistung unerheblich, wem die *Eigentumsrechte* – in diesem Fall an einem Umweltgut wie der erholsamen Ruhe – zugeteilt sind.

(www.hr-online.de/d/themen/wirtschaft/wirtschaft_einzel_lang_jsp/key=wirtschaft_extralang_101778.html)

M 39 „Handel mit dreckiger Luft" – Wie der Emissionshandel funktioniert

An den zunehmenden Umweltschäden zeigen sich die Störwirkungen eines negativen externen Effekts in besonders deutlicher Weise: Beim Umweltverbrauch werden Unternehmen und Konsumenten weder mit den Kosten belastet, die sie *unmittelbar* hervorrufen (schlechte Luft, Lärm, Stauprobleme), noch mit den Kosten, die sie für *spätere Generationen* hervorrufen (Treibhauseffekt, Ozonloch u.Ä.). In der Wirtschaftswissenschaft gibt es seit längerem eine intensive Diskussion darüber, mit welchen Instrumenten die staatliche Umweltpolitik am besten zur Beseitigung dieses **Marktversagens** beitragen kann.
Für das Verständnis der ökonomischen Sichtweise zur Umweltpolitik ist es wichtig, dass es dabei nicht darum geht, die Umweltverschmutzung auf Null zu reduzieren. Ziel einer auf Vermeidung externer Effekte ausgerichteten Umweltpolitik ist es, dafür zu sorgen, dass die externen Kosten von den Verursachern übernommen werden müssen. Man bezeichnet dies als **„Internalisierung externer Effekte"**.

(Peter Bofinger, Grundzüge der Volkswirtschaftslehre, Pearson Studium, München 2003, S. 221)

Da es also nur um die möglichst effiziente *Verteilung* einer mengenmäßig feststehenden Reduktion klimawirksamer Gase geht, wird die einem Land zugeteilte Berechtigung zur *gesamten* Emission – ähnlich wie die Stückelung von Unternehmenskapital in Aktien – aufgeteilt in sogenannte Emissionszertifikate, die die Emission bestimmter Mengen klimarelevanter Gase gestatten. Diese werden nach Maßstab der bisherigen Emissionen an die Unternehmen vergeben (sogenannter „nationaler Allokationsplan"). Unternehmen, die mehr Zertifikate benötigen, müssen sie von anderen Unternehmen kaufen, die weniger benötigen, weil sie ihre Reduktionsverpflichtung schon weitergehend erfüllt haben. Es ist also den Unternehmen freigestellt, wie schnell oder langsam sie ihre Reduktionsverpflichtungen erfüllen wollen und die damit verbundenen technischen Umstellungen in ihre sonstigen Innovationspläne einpassen. Diese Frage wird marktwirtschaftlich anhand der sich herausbildenden Marktpreise für die Zertifikate entschieden werden. Jedem Marktteilnehmer ist es nun freigestellt, ein Emissionszertifikat zu erwerben oder aber umweltfreundlichere Technologien einzusetzen.
Der Emissionsrechtehandel stellt also ein effizientes Mittel dar, die negativen externen Effekte von Gütern, die nicht der Ausschließbarkeit unterliegen, zu internalisieren, indem man sich der effizienten Verteilung unter *Ausnutzung der Effekte des Marktes* (s. Kasten S. 441) bedient.

(http://de.wikipedia.org/wiki/Emissionshandel)

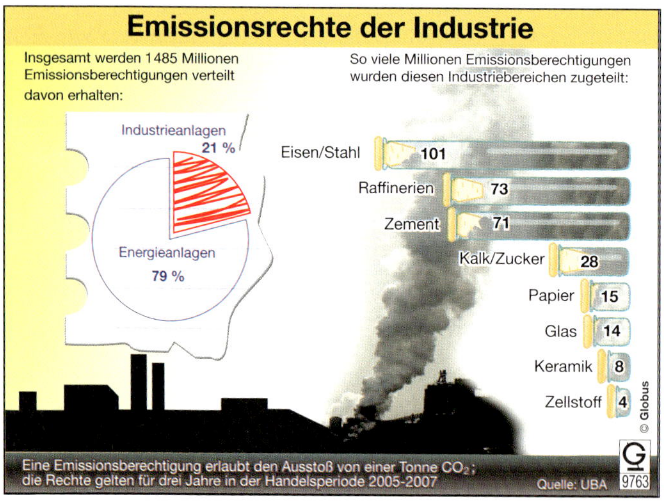

In Deutschland wurden 655 der 1485 Mio. Emissionsberechtigungen (44 %) an Unternehmen in Nordrhein-Westfalen vergeben. Zweitgrößter „Abnehmer" war Brandenburg mit 158 Mio.

Zertifikate berechtigen die Emittenten, eine bestimmte festgelegte Emission pro Zeiteinheit zu emittieren. Darüber hinausgehende Emissionen sind verboten. Ein Unternehmen, das über die konzessionierte Menge hinaus emittiert, muss sich die hierfür erforderlichen zusätzlichen Emissionslizenzen beschaffen. Dies ist dergestalt möglich, dass andere Unternehmen, die ihre Nutzungsrechte nicht vollständig „verbraucht" haben, diese auf einem eigenen Markt anbieten. Er funktioniert wie eine Börse, nur dass dort keine Wertpapiere etc. gehandelt werden, sondern Umweltzertifikate. Als Ergebnis von *Angebot und Nachfrage* der knappen Nutzungsrechte ergibt sich ein Preis. Steigende Börsenpreise für Emissionslizenzen schlagen sich bei demjenigen Unternehmen, das diese Lizenzen zukaufen muss, in höheren Kosten nieder. Analog zur Umweltabgabe gibt es jetzt *Anreize*, diese Kosten durch umwelttechnische Fortschritte zu senken.
Im Grenzfall führen Umweltabgaben und Umweltzertifikate zum gleichen Ergebnis. Der *ökologische Vorteil* der Zertifikate besteht aber darin, dass das umweltpolitische Ziel – im Unterschied zu den Umweltabgaben – sicher erreicht werden kann. Denn es wird ja lediglich diejenige Menge an Umweltnutzungsrechten ausgegeben, die umweltpolitisch für tolerabel gehalten wird. Der Preis, der sich aus Folge dieser Mengenvorgabe herausbildet, ist *Ergebnis der Marktkräfte*.

(Gerhard Mussel/Jürgen Pätzold, Grundfragen der Wirtschaftspolitik, Vahlen, München, 6. Aufl. 2005, S. 250f.)

M 40 Die Bundesregierung ist zuversichtlich: Deutschland erreicht sein Klimaschutz-Ziel

Die Bundesregierung sieht sich beim Klimaschutz im Plan. Um 18,5 Prozent, so heißt es im Bericht zum Klimaschutzprogramm 2005, sind die Treibhausgase gegenüber 1990 zurückgegangen. Deutschland hatte sich im Rahmen des Kyoto-Protokolls verpflichtet, 2012 um 21 Prozent weniger Treibhausgase zu emittieren als 1990. [...]
Dem Bericht zufolge ist es vor allem Rückgängen im Straßenverkehr zu danken, dass die Bilanz nicht schlechter ausgefallen ist. Waren die Emissionen von Autos, Lkw und Flugzeugen noch in den Neunzigerjahren stark gestiegen, konstatiert der Bericht nun einen deutlichen Rückgang. Zwischen 1999 und 2003 fielen die Emissionen hier um acht Prozent auf 166,5 Millionen Tonnen Kohlendioxid. „Überall sonst in Europa sind die verkehrsbedingten Emissionen gestiegen", sagte Bundesumweltminister Jürgen Trittin. Als Grund für die Rückgänge in Deutschland nennt der Bericht sparsamere Motoren, die wachsende Zahl von Dieselautos und die Verteuerung durch die Ökosteuer. Nach Auffassung Trittins könnte der Verkehrsbeitrag bald noch deutlicher ausfallen.

(Süddeutsche Zeitung v. 13.7.2005, S. 6; Verf.: Michael Bauchmüller)

1. *Beschreiben Sie anhand von M 39 den Grundgedanken und die Funktionsweise des Handels mit Emissionsrechten:*
   - *Inwiefern handelt es sich um eine „Internalisierung externer Effekte" (vgl. M 38)? Welchem der beiden in M 38 beschriebenen umweltpolitischen Theorieansätze steht der Emissionshandel nahe?*
   - *Worüber entscheidet der Staat, worüber die beteiligten privaten Unternehmen?*
   - *Wie ist der Begriff „optimale Umweltbelastung" zu verstehen?*
2. *Stellen Sie fest, mit welchen Anteilen die Emissionsrechte in Deutschland an die beiden großen Bereiche Energie und Industrieunternehmen sowie an die einzelnen Industriebranchen vergeben wurden. Wie erklären Sie sich, dass über die Hälfte der Emissionsrechte an zwei der 16 Bundesländer gingen?*

Nähere Informationen über Einzelheiten des Emissionshandels können Sie u. a. der Internetseite (http://de.wikipedia.org/wiki/Emissionshandel) und der Homepage des Bundesumweltministeriums (www.bmu.de/publikationen/doc/35354.php) entnehmen. Über die Bilanz in Deutschland (M 40) und das deutsche „Klimaschutzprogramm" informiert das Bundesumweltministerium unter der Adresse: www.bmu.de/klimaschutz/downloads/doc/35742.php

VII. Quo vadis, Europa? – Zentrale Herausforderungen für die Zukunft Europas

M 41 Zentrale Entwicklungsfelder und Problemzonen

Es fehlt weiterhin eine verlässliche Grundordnung, ein tragfähiges **Leitbild für ein großes Europa mit 27 und mehr Mitgliedstaaten**, das hinsichtlich des politischen, wirtschaftlichen und sozialen Zusammenhaltes an seine Grenzen stößt und vor gewaltigen Anpassungserfordernissen seiner Institutionen und Politiken steht.

Die Strukturen, die in den 1950er-Jahren für sechs Länder entworfen wurden, sollen jetzt, ein halbes Jahrhundert später, noch für den Zusammenschluss von 27 und mehr Staaten tragfähig sein. Aber ist dies historisch angemessen? Die europäische Integration hat spätestens durch den Reformreigen in den letzten zwei Jahrzehnten ihre Gestalt, ihre Reichweite und ihre Tiefenwirkung grundlegend verändert. Aus sechs Mitgliedstaaten wurden 15, aus einer auf wenige Sachbereiche beschränkten internationalen Organisation mit supranationalen Elementen ist eine supranationale Union mit bereits deutlich sichtbaren föderalen Strukturen geworden. Und sowohl in ihrer direkten Nachbarschaft wie weit darüber hinaus wächst die Erwartungshaltung an die Europäische Union: Entwicklungshilfe, Krisenmanagement, Kooperation, Handelsabkommen, Assoziierung, Beitritt, so lauten die vielfältigen Ansprüche, die an sie herangetragen werden. Bei aller Kritik an den internen Strukturen ist der Magnetismus nach außen also ungebrochen. Gleichzeitig treten aber immer deutlicher die Schwierigkeiten des Integrationsprozesses zutage. Anforderung und Wirklichkeit klaffen oft weit auseinander. Sieben zentrale Entwicklungsfelder und Problemzonen lassen sich diagnostizieren, in denen die Europäische Union ihre Reformbemühungen mit einer klaren Strategie intensivieren muss, um ihre Zukunftsfähigkeit zu stärken:

1. Die Handlungsfähigkeit in einer sich erweiternden Union droht verlorenzugehen – die EU wird die **Effizienz der Entscheidungsfindung** steigern müssen.

2. Die Entscheidungen auf europäischer Ebene greifen immer tiefer in die Rechte der Mitgliedstaaten und ihrer Bürger ein – die EU muss daher die **demokratische Legitimation** ihrer Gesetzgebung gewährleisten.

3. Die seit Beginn der Integration krisenbelastete **Finanzierung** der Gemeinschaftsaufgaben wird mit der Erweiterung auf ihre bisher schwerste Probe gestellt – es gilt, die gegenseitige Solidarität zu sichern.

4. Außen- und sicherheitspolitisch wachsen die Erwartungen der Bürger, der transatlantischen Partner und der internationalen Staatengemeinschaft an einen europäischen **Beitrag zur Krisenbewältigung** – die EU muss bereit sein, mehr Verantwortung zu übernehmen.

5. Die Aufgabenteilung nach innen, die Folgen der Erweiterung sowie die geografische Reichweite Europas werden hinterfragt und treiben die Union in eine Identitätskrise – die **Grenzen der europäischen Integration** müssen neu definiert werden.

6. Weit reichende Integrationsschritte sind schon im Kreis der 15 kaum mehr gemeinsam umzusetzen, diese Tendenz wird mit der Erweiterung zunehmen – es gilt daher, die **Differenzierung** zu organisieren.

7. Die Bürger fühlen sich nicht ernst genommen, der Integrationsprozess ist kaum zu durchschauen, und es fehlt an Öffentlichkeit und Transparenz – Maßnahmen zur **Verbesserung der Akzeptanz** der europäischen Einigung müssen ergriffen werden.

Die Europäische Union steht also vor der enormen Herausforderung, trotz Interessenvielfalt, Vertiefungsdruck und Erweiterungsfolgen in Zukunft bestehen zu können. Diese vielschichtige und riskante Ausgangslage ist die Stunde der Strategen. Eine neue Verständigung über Sinn und Zweck der Europapolitik ist zu erarbeiten.

(Werner Weidenfeld/Claus Giering, Die Zukunft Europas. In: Werner Weidenfeld [Hrsg.], Die Europäische Union. Politisches System und Politikbereiche, Bundeszentrale für politische Bildung, Bonn 2004, S. 630f.)

1. *Wenn Sie die in M 41 aufgeführten „Problemfelder" der zukünftigen Entwicklung der Europäischen Union im Einzelnen durchgehen, werden Sie feststellen, dass einige davon in den vorangehenden Abschnitten dieses Kapitels bereits angesprochen wurden. Geben Sie dazu kurze Erläuterungen.*
2. *Wir wollen im Folgenden in drei kurzen Abschnitten auf folgende Herausforderungen und Fragen näher eingehen:*
   - *Gibt es ein Defizit an demokratischer Legitimation und Transparenz im politischen System der Europäischen Union? (Problemfelder 2. und 7.)*
   - *Lässt sich die innere Einigung Europas weiterentwickeln und vertiefen, obwohl die EU immer größer wird? Welche Lösungswege gibt es? Wo liegen die Grenzen der europäischen Integration? (Problemfelder 5. und 6.)*
   - *Welche Rolle soll Europa in der durch Globalisierung und vielfältige Gefährdungen gekennzeichneten Welt von heute und morgen spielen? (Problemfeld 4.)*

1. Herausforderung: Demokratie gewährleisten und Akzeptanz schaffen

M 42 Was notwendig ist: Stärkung der Demokratie in Parlament und Rat, Erstellung eines „nachvollziehbaren Grundlagendokuments"

Eng mit der Erhöhung der Effizienz hängt in Europa die Frage der **demokratischen Legitimation** zusammen. Europa findet sich überall. Es gibt kaum einen Lebensbereich, der nicht von in Brüssel getroffenen Entscheidungen beeinflusst wird. Ob dies die Neuordnung der Führerscheinklassen, die Kennzeichnung gentechnisch veränderter Nahrung, die Qualität unserer Gewässer oder die Bankgebühren für EU-weite Überweisungen betrifft, die Mehrzahl der gesetzlich geregelten Vorgaben für Wirtschaft und Verwaltung fußt direkt oder indirekt auf europäischen Vorgaben. Da also immer mehr durchgreifende und politisch sensible Sachverhalte auf der EU-Ebene entschieden werden, müssen auch die Anforderungen an die Demokratie in Europa auf den Prüfstand gestellt und mit neuer Qualität versehen werden. [...]

● Einig sind sich die meisten Beiträge zur [...] Frage der Legitimation darin, dass die Befugnisse des Europäischen Parlamentes gestärkt werden müssen. [Die neue, allerdings zunächst gescheiterte „Verfassung" sieht hier eine deutliche Ausweitung der Mitentscheidungskompetenzen vor, s. M 43.] [...]

Trotz dieser positiven Einschätzung kann das Potenzial der EU natürlich so lange nicht ausgeschöpft werden, wie immer noch zahlreiche zentrale Entscheidungen mit einem Vetorecht jedes einzelnen Mitgliedstaates versehen sind. Deshalb sollte es künftig nochmals darum gehen, möglichst viele Politikbereiche – vor allem in der GASP (s. M 52), in der Handelspolitik (Dienstleistungen und geistiges Eigentum) und in Steuerfragen – in das Verfahren der qualifizierten Mehrheitsentscheidung im Rat zu überführen. Die Beibehaltung der Einstimmigkeit in diesen Bereichen wird in einer EU-25-plus zu Blockaden führen, die gerade im Bereich der GASP letztlich nur durch den Ausweg der differenzierten Integration – gegebenenfalls auch außerhalb der Verträge – aufgelöst werden können.

- Eng mit der Frage der Legitimation hängt wiederum das Prinzip der **Solidarität** zusammen. Die europäischen Entscheidungen müssen nicht nur durch die entsprechenden institutionellen Arrangements effizient und demokratisch abgesichert, sondern sollten auch in ihren Konsequenzen von den Bürgern mitgetragen werden. Von besonderer Brisanz sind dabei in der Regel die **finanziellen Auswirkungen** gemeinsamer Entscheidungen. Diese kommen vor allem in der Agrar- und Strukturpolitik zum Tragen, da diese zusammen rund 80 Prozent des Gemeinschaftshaushaltes ausmachen. [...]

> **Einstimmigkeit** bedeutet: Kein Staat kann überstimmt werden, aber jeder Staat kann Entschlüsse blockieren, die alle anderen Staaten für notwendig halten. Mehrheitsbeschlüsse bedeuten, dass Staaten, die einem Beschluss nicht zugestimmt haben, trotzdem gezwungen sind, ihn als Recht anzuerkennen und zu befolgen. Die Frage, wann mit Mehrheit und wann einstimmig beschlossen werden muss, ist also von großer Bedeutung.
>
> (Europa 2002 – Die Europäische Union und die Währungsunion, hg. v. Presse- und Informationsamt der Bundesregierung, Omnia, Köln 2000, S. 44; Verf.: Claus D. Grupp)

- Das Projekt Europa den Bürgern wieder näher zu bringen, ist ein zentrales Ziel des laufenden Reformprozesses. Ein nachvollziehbares **Grundlagendokument** ist daher von größter Bedeutung für die Identifikation der Bürger mit dem politischen Europa. [In der Verfassung sind] hier einige wichtige Entscheidungen getroffen [worden; s. M 43]. [...]

Sprachlich und aufgrund eines komplexen strukturellen Aufbaus dürften die Bürger jedoch Schwierigkeiten haben, sich mit diesem Mega-Vertrag als ihrer Verfassung zu identifizieren: Es ist nicht gelungen, ein knappes und übersichtliches Verfassungsdokument zu erarbeiten. Der erste Teil ist nicht, wie von vielen vorgeschlagen, ausreichend, um dem Bürger ein geschlossenes Bild der EU als Verfassungsgemeinschaft zu vermitteln. Stattdessen erschließen sich die Rechte und Pflichten, die Ziele und Grenzen der Europäischen Union erst aus der Lektüre von 460 Artikeln. [...]

Die Bürger tun sich schwer, Europa zu verstehen. Komplizierte Entscheidungsverfahren und komplexe institutionelle Strukturen, ein in über 50 Jahren gewachsenes, kaum zu durchdringendes Vertragsdickicht sowie Unklarheit darüber, wer in der EU für was verantwortlich ist, lassen die EU in den Augen des Souveräns undurchsichtig und zu zentralistisch erscheinen.

(Werner Weidenfeld/Claus Giering [= M 41], S. 634–636, 643f.)

M 43 Strukturmerkmale des (gescheiterten) Verfassungsvertrags

Die Staats- und Regierungschefs sowie die Außenminister der 25 EU-Staaten unterzeichneten am 29.10.2004 in Rom den Vertrag über eine Verfassung für Europa, über den am 18.6. Einvernehmen erzielt worden war. [...] Er soll an die Stelle der Verträge treten, auf denen die EU beruht.

Die **Handlungsfähigkeit** der erweiterten EU soll verbessert werden v.a. durch institutionelle Reformen – Einführung der doppelten Mehrheit bei Entscheidungen mit qualifizierter Mehrheit im Rat (i.d.R. Zustimmung von mind. 55 % der Mitgliedstaaten, die zusammen mind. 65 % der EU-Bevölkerung repräsentieren, erforderlich), Schaffung der Posten eines Präsidenten des ER und eines EU-Außenministers sowie von 2014 an Verkleinerung der Kommission auf zwei Drittel der Zahl der Mitgliedstaaten – und eine deutliche Ausweitung der Bereiche, in denen der Rat mit qualifizierter Mehrheit beschließen kann. Um die **demokratische Legitimierung** des Handelns der EU und ihrer Organe zu erhöhen, erhalten das EP mehr Rechte, v.a. durch Anwendung des Mitentscheidungsverfahrens in weiteren Politikbereichen, und die nationalen Parlamente mehr Einfluss. Die Charta der Grundrechte der Union wird vollständig in den Vertrag aufgenommen. Zu mehr **Transparenz** der EU sollen u.a. beitragen: einheitliche Rechtspersönlichkeit der EU, Abschaffung der drei Pfeiler der EU, klarere Abgrenzung der Zuständigkeiten von EU und Mitgliedstaaten sowie Vereinfachung der Gesetzgebungsverfahren. [...]

Das EP sprach sich am 12.1.2005 mit 500 gegen 137 Stimmen bei 40 Enthaltungen für die Ratifizierung des Verfassungsvertrags aus. [...]

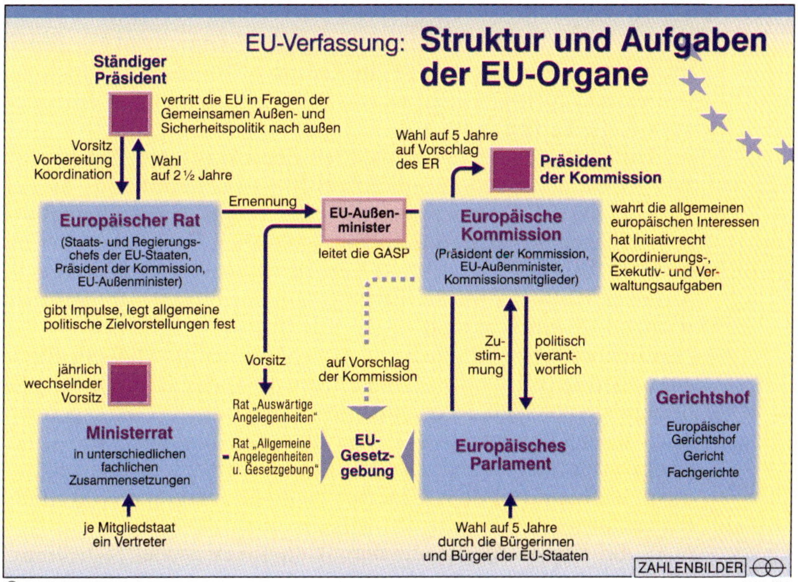

© Erich Schmidt Verlag 714 115

Bei einer **Volksabstimmung in Frankreich** und einem konsultativen **Referendum in den Niederlanden** am 29.5. (Stimmbeteiligung 70%) bzw. 1.6. (Stimmbeteiligung 62,8%) sprachen sich 54,9% bzw. 61,6% der Teilnehmer **gegen eine Ratifizierung des Verfassungsvertrags** aus. Als Gründe für die Ablehnung genannt wurden v.a. innenpolitische Motive, wirtschaftliche Sorgen, das Tempo der Veränderungen in der EU, die EU-Erweiterungen, Bedenken gegen den Verlust an Souveränität und die hohen finanziellen Beiträge der Niederlande an den EU-Haushalt. Daraufhin suspendierte die britische Regierung am 6.6. die für Frühjahr 2006 geplante Volksabstimmung.

(Fischer Weltalmanach 2006, Fischer Taschenbuch Verlag, Frankfurt a. M. 2005, S. 552f.)

1. *M 42 nimmt z. T. Bezug auf den (im Juni 2005 zunächst gescheiterten) Verfassungsvertrag, dessen wesentliche Neuerungen in M 43 zusammengefasst sind (der vollständige Text findet sich im Internet unter der Adresse: http://europa.eu.int/constitution/index_de.htm), eine Zusammenfassung unter der Adresse: http://europa.eu.int/constitution/download/summ_de.pdf. Inwiefern stellte er im Hinblick auf das Erfordernis „mehr Demokratie" einen Fortschritt dar? Was bedeutet die Forderung nach mehr Mehrheitsentscheidungen (statt Einstimmigkeit) im Ministerrat? (M 42)*

2. *Inwiefern erscheint im Hinblick auf die Identifikation der Bürger mit der EU ein „nachvollziehbares Grundlagendokument" wünschenswert bzw. erforderlich? Wie wird in dieser Hinsicht der Verfassungsvertrag beurteilt?*

3. *Was müsste Ihrer eigenen Vorstellung nach – auf dem Hintergrund dessen, was Sie in diesem Kapitel über die EU erfahren haben – in einem „nachvollziehbaren Grundlagendokument" stehen? Was könnte/sollte an anderer Stelle (in anderen Dokumenten) festgehalten werden? Vergleichen Sie dazu das Inhaltsverzeichnis des Verfassungsvertrags (http://europa.eu.int/constitution/de/lstoc1_de.htm).*

M 44 Leidet die EU unter einem „Demokratiedefizit"?

Eines der in den letzten Jahren meistdiskutierten Problemfelder der Europäischen Union ist zweifelsohne das sog. „demokratische Defizit". [...]
Der problematische Kern des Demokratiedefizits [sind] die starke Stellung des Rats bzw. der Fakt, dass hier überwiegend Mitglieder der nationalen Exekutive Recht erlassen, sowie die demgegenüber vergleichsweise schwächere Stellung des Europäischen Parlaments. [...]
Je stärker durch die Rechtsetzungstätigkeit des Rates die nationalen Parlamente „entmachtet" werden, desto wichtiger wird es, dass die Unionsbürger stärkeren Einfluss auf den europäischen Rechtsetzungsprozess erhalten. [...] Eine ... Stärkung des Parlaments wird von diesem seit Jahrzehnten lautstark gefordert, von den Staats- und Regierungschefs der Mitgliedstaaten aber nur zögerlich zugestanden. Insbesondere durch die Novellierungen des Mitentscheidungsverfah-

rens in Art. 251 EGV und die Ausdehnung dieses Verfahrens auf im Wesentlichen alle Politikfelder, die die Unionsbürger direkt betreffen, wurde zuletzt mit den Verträgen von Amsterdam und Nizza ein beachtlicher Schritt in Richtung von mehr „Demokratiedichte" in der EU gemacht. Von einem „gleichstarken" Organ Parlament gegenüber einem „entmachteten" Rat kann aber noch nicht die Rede sein. [...]

Im Hinblick auf die viel kritisierten demokratischen Schwächen der EU ist gewissermaßen zur Verteidigung des Europäischen Integrationsverbunds darauf hinzuweisen, dass sich der Vorwurf des EU-Demokratiedefizits im Vergleich mit ebenfalls vorhandenen Schwächen einzelstaatlicher Strukturen durchaus entkräften lässt. Denn bei näherer Betrachtung lässt sich darlegen, dass alle *vier Elemente demokratischer Verfassungen* – Legitimation, Kontrolle und Transparenz hoheitlicher Macht, Partizipation der Bürger – im Rahmen der EU doch eigentlich hinreichend verwirklicht sind.

Legitimation*: Die Mitglieder des Rates gehören als Minister alle demokratisch legitimierten Regierungen an (vgl. Grafik). Das Problem des Rates, dass hier Angehörige der Exekutive legislative Befugnisse ausüben, ist mithin kein demokratisches im engeren Sinne. [...]

Auch in der Bundesrepublik sind über den Bundesrat die Landesregierungen am Gesetzgebungsverfahren beteiligt. Der graduelle Unterschied, dass der Bundesrat nicht Hauptlegislativorgan ist, kann mit dem Unterschied eines Integrationsverbunds (vgl. M 8) zum Bundesstaat gerechtfertigt werden. [...]

Auch die *Kommission* ist aus demokratietheoretischer Sicht hinreichend legitimiert. Die Kommissionsmitglieder kommen nur durch Zustimmung des Europäischen Parlaments zu ihrem Amt [dieser Zusammenhang ist in der Grafik nicht markiert]. Zuvor unterziehen sie sich einem aufwändigen und ins fachliche Detail gehenden Prüfungsverfahren vor Parlamentsausschüssen. [...] Verglichen mit einem deutschen Bundesminister ist ein Kommissionsmitglied wohl sogar demokratisch mehr legitimiert, zieht man in Erwägung, dass der Deutsche Bundestag auf die Ernennung der Bundesminister rechtlich keinerlei Einflussmöglichkeit hat.

Auch das *Europäische Parlament* selbst ist hinreichend demokratisch legitimiert. Zwar rekrutieren sich seine Mitglieder streng genommen wohl noch nicht aus einem „Staatsvolk", und der Grundsatz der Gleichheit der Wahl ist nicht voll verwirklicht. Gerechtfertigt werden

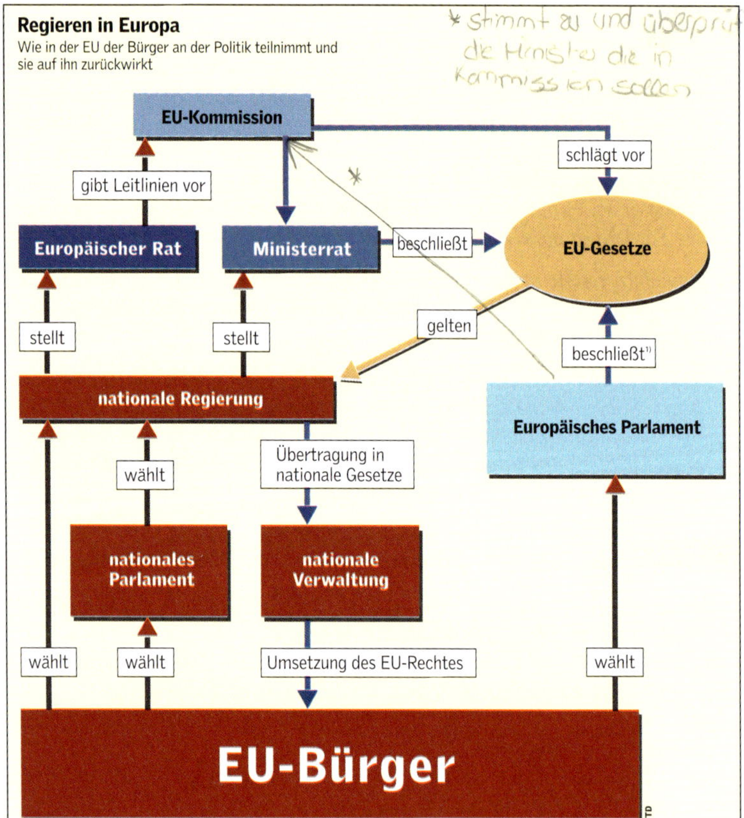

(Financial Times Deutschland v. 16.6.2003, S. 33)

können diese Umstände zum einen wiederum mit dem Hinweis auf die Eigentümlichkeiten eines Integrationsverbundes und zum anderen mit dem völkerrechtlichen Prinzip der Gleichheit der Staaten, die die Grundlage der Union bilden. Kleine Mitgliedstaaten müssen demnach relativ mehr Abgeordnete stellen als die großen, soll gesichert werden, dass die großen Mitgliedstaaten die kleinen nicht majorisieren können. Angesichts der vielfältigen Mitwirkungsrechte, die dem Europäischen Parlament nunmehr – gerade in Bereichen, die den Bürger direkt betreffen – eingeräumt wurden, kann mithin argumentiert werden, dass die europäischen Rechtsakte hinreichend demokratisch entstanden sind.

Kontrolle hoheitlicher Macht: Insbesondere hinsichtlich der „Hauptorgane" Rat, Kommission und Parlament besteht im Rahmen des institutionellen Gleichgewichts eine hinreichende gegenseitige Kontrolle. Allerdings bleibt hierbei das Problem, dass der Rat durch seine starke Stellung im Institutionengefüge aus dem theoretischen Gleichgewicht ein faktisches Ungleichgewicht macht. Zudem kann der Rat von Kommission und Parlament weitgehend nur politisch und vom Europäischen Gerichtshof (EuGH) nur sehr begrenzt rechtlich kontrolliert werden. Da die Ratsmitglieder jedoch alle demokratisch legitimierten Regierungen angehören und die nationalen Parlamente zudem die Möglichkeit haben, ihre Ratsmitglieder „an die kurze Leine zu legen", kann dies nicht pauschal als „undemokratisch" eingestuft werden. Nachdem die nationalen Parlamente ihre Kontrollmöglichkeiten bei weitem nicht wirklich ausschöpfen, kann die mangelnde Kontrolle des Rates außerdem allenfalls zu einem gewissen Teil der EU angelastet werden.

Transparenz hoheitlicher Macht: Dass die Sitzungen des Rates nicht umfassend öffentlich sind (auch gem. Art. 1–50 VVE 2004 soll der Rat nur dann öffentlich tagen, wenn er über Entwürfe zu Gesetzgebungsakten berät oder abstimmt), liegt in der Natur der Sache. Würde hier durchgängig Öffentlichkeit gelten, wäre dessen Arbeitsfähigkeit im Zeitalter der Mediendemokratie mit großer Wahrscheinlichkeit zumindest partiell infrage gestellt. [...] Auch das Bundeskabinett, die Bundestags- und Bundesratsausschüsse, die Fraktionen, die Koalitionsausschüsse, die Parteigremien und sogar der Vermittlungsausschuss zwischen Bundestag und Bundesrat tagen unter Ausschluss der Öffentlichkeit, ohne dass dies etwa als „undemokratisch" gebrandmarkt worden wäre. Man sollte von der EU nun auch nicht mehr verlangen, als man zu Hause von seinen eigenen Verfassungsorganen fordert.

Partizipation der Unionsbürger: Die Verträge von Maastricht, Amsterdam und Nizza sowie insbes. der Verfassungsvertrag 2004 sind von den Bemühungen gekennzeichnet, die Union „bürgernah" auszubauen. So wurde zuletzt in den Art. 17 bis 22 EGV die Unionsbürgerschaft ausgebaut: Jeder Unionsbürger besitzt heute das aktive und passive Wahlrecht zum Europäischen Parlament und nach Art. 230 EGV das Klagerecht zum EuGH bezüglich Rechtsakten, die ihn unmittelbar und individuell betreffen. Nach Art. 21 EGV besitzt jeder Unionsbürger das Petitionsrecht und kann sich an den Bürgerbeauftragten wenden. Jeder Unionsbürger kann sich zudem schriftlich in seiner Sprache an die europäischen Institutionen wenden und muss Antwort in derselben Sprache erhalten: Nach Art 255 EGV hat jeder Unionsbürger grundsätzlich das Recht auf Zugang zu Dokumenten des Parlaments, des Rates und der Kommission. Durch dieses Bündel an Unionsbürgerrechten, die der Verfassungsvertrag (s. M 43) weiter ausbauen will, ist eine demokratische Partizipation sichergestellt.

Im Vergleich kann sich die Europäische Union mithin schon heute durchaus mit den Demokratiesystemen der Mitgliedstaaten messen. [...]

Insoweit könnte man abschließend behaupten, dass das wahre Problem der EU nicht ihr sog. „Demokratiedefizit" ist, sondern der **fehlende Konsens über die Finalität [die „endgültige" Gestalt], d.h. darüber, wie tief die Europäische Integration letztlich greifen soll**. Solange viele Mitgliedstaaten vehement auf ihre Souveränität pochen – etwa Frankreich auf die der Bürgernation, Großbritannien auf die des Parlaments, etc. –, kann es eigentlich überhaupt keine „echte" supranationale Demokratie in Europa geben. Wollen die Mitgliedstaaten möglichst viel im Bereich der intergouvernementalen Zusammenarbeit (s. M 8) regeln, bedeutet dies im Klartext, dass Regierungen verhandeln und das Volk „wenig zu sagen hat". Aus theoretischer Sicht kann wohl nur ein echter Bundesstaat wirklich demokratisch verfasst sein.

(Wolfgang W. Mickel/Jan Bergmann, Handlexikon der Europäischen Union, Omnia Verlag, Stuttgart, 3. Aufl. 2005, S. 148ff.)

M 45 „Legitimität durch Erfolg"?

Solange die Bevölkerungen in den Mitgliedstaaten mit den Brüsseler Entscheidungen zufrieden waren, oder zumindest nicht in einem Maße unzufrieden, dass sie die Integration infrage stellten, solange konnte die Politik der Gemeinschaft als legitim gelten. Trotzdem bestand das „Demokratiedefizit". Man muss also zwischen Demokratie- und Legitimationsdefizit unterscheiden, auch wenn sich beide wechselseitig beeinflussen. Diese Unterscheidung entspricht weitgehend derjenigen zwischen Input- und Output-Legitimation.

(Ragnar Müller, Die normativen Aspekte der europäischen Integration: Demokratie- und Legitimationsdefizit; www.politik-international.de)

Für die Legitimität* europäischen Regierens ist nicht nur von Bedeutung, dass die Entscheidungsprozesse demokratischen Grundsätzen entsprechen, sondern auch hinreichend effizient und effektiv sind. Diese Legitimationsquelle bezieht sich auf die **Output-Legitimität** europäischen Regierens, d.h. die *Problemlösungsfähigkeit* auf europäischer Ebene. Die EU ist, wie Werner Weidenfeld einmal nüchtern und völlig zu Recht feststellte, in erster Linie eine „Problemlösungsgemeinschaft". Das bedeutet, die Union verdient in dem Maß normative Anerkennung, in dem sie in der Lage ist, diejenigen Probleme zu lösen, die im engen nationalstaatlichen Gehäuse nicht mehr adäquat bearbeitet werden können. Aus diesem Blickwinkel ist nicht die Qualität des demokratischen Prozesses als vielmehr das politische Resultat der Entscheidungsfindung relevant. [...]

(Marcus Höreth, Die erweiterte EU in der Legitimitätskrise, in: Landeszentrale für politische Bildung Baden-Württemberg [Hg.], Die Ost-Erweiterung der EU. Der Bürger im Staat, 54. Jg., Heft 1/2004, Stuttgart 2004, S. 45)

Die Klage über das „Demokratiedefizit" der EU ist nicht neu und wird nicht selten auch in sehr pauschaler Form erhoben. M 44 soll Ihnen die Möglichkeit der differenzierten Analyse und einer sachgerechten Beurteilung dieses viel diskutierten Problems geben.

1. *Erläutern Sie – auf dem Hintergrund Ihrer Kenntnisse aus der Beschäftigung mit Abschnitt II. dieses Kapitels –, inwiefern das Europäische Parlament gegenüber dem Rat immer noch kein „gleich starkes" Organ ist.*
2. *Stellen Sie heraus, zu welchen Ergebnissen der Verfasser bei seiner Überprüfung der „vier Elemente demokratischer Verfassungen", besonders des Aspektes der „Legitimation", im bestehenden System der EU (vgl. Grafik S. 446) kommt.*
3. *Machen Sie deutlich, inwiefern die Beantwortung der Frage nach dem „Demokratiedefizit" der EU letztlich davon abhängt, welche Zielvorstellung von der Art und der Tiefe der europäischen Integration man dabei im Auge hat (letzter Abschnitt). Was meint der Verfasser mit dem Hinweis auf ein „Ehrlichkeitsdefizit"?*
4. *M 45 geht davon aus, dass eine im klassischen Sinn demokratische Legitimität im EU-System (wegen seines spezifischen Charakters: die EU ist kein Staat) nicht erreichbar ist, und weist auf eine weitere Quelle für die Beschaffung von Legitimität hin. Erläutern Sie, was es mit der hier beschriebenen „Output- (d.h. am Erfolg gemessenen) Legitimität" auf sich hat. Wie beurteilen Sie – auf dem Hintergrund Ihrer Beschäftigung mit den Themen der vorangehenden Abschnitte – die „Erfolgsbilanz" der EU-Politik (ihre bisherige Fähigkeit, Probleme zu lösen)?*

2. Herausforderung: Erweiterung und/oder Vertiefung gestalten

M 46 Erweiterung und/oder Vertiefung? Das „grundlegende Gestaltungsproblem der europäischen Integration"

Erstens: Die EU hat seit den 1990er-Jahren zwei komplexe Probleme gleichzeitig zu lösen: „Vertiefung und Erweiterung". Alle aktuellen Sachprobleme wie die Gemeinsame Agrarpolitik, Finanzen der EU sowie die intensive Debatte über die Neu-Strukturierung der EU-Organe im Zusammenhang mit der Arbeit des „Verfassungskonvents“ sind die wichtigen Teilaspekte des Problemkomplexes „Vertiefung und Erweiterung“. Ob und wie die Vertiefung, d.h. der EU-interne Integrationsprozess, wie er in den Verträgen von Maastricht und Amsterdam vorgezeichnet wurde, fortzusetzen und zugleich diese höchst problematische Erweiterung zu realisieren ist, wurde nicht rational diskutiert und stringent beantwortet. [...]

Zweitens: Der Problemkomplex „Vertiefung und Erweiterung“ wird durch die grundsätzliche Frage, in welchem Politikbereich und wie weit die Mitgliedstaaten ihre souveräne Entscheidungskompetenz auf die Gemeinschaftsebene zu delegieren bereit sind, überlagert. Dieses Grundproblem der Vertiefung im Integrationsprozess, „Vergemeinschaftung durch Souveränitätsabgabe“ (vgl. M 8, S. 384), ist zwar nicht neu und auch nicht abschließend zu beantworten, wurde aber mit der Ost-Erweiterung dringlich und kam erneut auf die Tagesordnung der Reformdebatte. [...] Unter den heutigen Mitgliedstaaten gibt es jedoch welche, die entschieden gegen den Souveränitätsverzicht in bestimmten „sensiblen“ Politikbereichen sind: Beispielsweise ist Deutschland in den Fragen der Einwanderungspolitik, sind Großbritannien, Spanien u.a. in der Steuer-, Außen- und Verteidigungspolitik strikt gegen die Gemeinschaftslösungen, also gegen die Mehrheitsentscheidungen; d.h. das Vetorecht, Beibehaltung der Einstimmigkeitsregel in nationalstaatlich wichtig erachteten Politikfeldern bleibt. Nicht nur bei den alten, sondern auch unter den neuen Mitgliedstaaten ist die Frage, welcher Politikgegenstand und wie er zur Gemeinschaftsaufgabe werden soll, mit welchen Mehrheiten im Ministerrat zu entscheiden ist oder was der intergouvernementalen Zusammenarbeit überantwortet wird, im hohen Maße umstritten. Dies hat zur Konsequenz, dass die konstitutionelle Struktur der Europäischen Union, wie sie im Maastrichter Vertrag entstanden ist, prinzipiell erhalten wird. In der Drei-Säulen-Konstruktion der EU (s. M 8a, S. 385) sind also weiterhin die Europäische Gemeinschaft (EG) und Euratom gemeinschaftspolitisch (supranational) auf der Grundlage der Gemeinschaftsverträge (EGV und Euratom V) und die beiden anderen Säulen Gemeinsame Außen- und Sicherheitspolitik (GASP) und Polizeiliche und Justizielle Zusammenarbeit (PJZ) in Form der Regierungszusammenarbeit (intergouvernemental) gestaltet. Jeder weitere Schritt in der Integrationstiefe verändert die supranationale und intergouvernementale Komponente der EU. Dies ist ein grundlegendes Gestaltungsproblem der europäischen Integrationspolitik.

(Alparslan Yenal, Europäische Integration: Ein problemorientierter Überblick. In: Georg Weißeno [Hrsg.], Europa verstehen lernen. Eine Aufgabe des Politikunterrichts, Bundeszentrale für politische Bildung, Bonn 2004, S. 21f.)

Machen Sie deutlich, worin das prinzipielle Spannungsverhältnis zwischen „Erweiterung“ und „Vertiefung“ (im Sinn der Verstärkung gemeinschaftlicher, „supranationaler“ Politik und des Verzichts auf nationale Souveränitätsrechte in immer mehr Bereichen der Politik) liegt und inwieweit es hier unterschiedliche Auffassungen zwischen einzelnen Mitgliedsländern gegeben hat und gibt (M 46).

M 47 Wo liegen die Grenzen der EU?

Die Einführung des Euro und die derzeitige Erweiterungsrunde stellen die Integration vor das Problem der Identität. Wo sind eigentlich die materiellen wie geografischen Grenzen einer immer engeren Union der europäischen Völker, wie sie in der Präambel des EU-Vertrages anvisiert werden? [...]

Weit reichende Implikationen hat der Beitritt von zehn Kandidatenländern am 1. Mai 2004 sowie der absehbare Beitritt von mindestens zwei weiteren Staaten im Jahr 2007. Im Prozess der Erweiterung drängen praktisch alle mittel- und osteuropäischen Staaten in die Europäische Union. Sie wollen in Europa auch institutionell dazugehören. Sie wollen an der politischen Stabilität und der wirtschaftlichen Wohlfahrt partizipieren und von den budgetären Hilfen profitieren. In keinem Land ist allerdings eine Bereitschaft zur supranationalen Integration auszumachen, die mit dem Aufbruch der sechs westeuropäischen Staaten in den 1950er-Jahren zu den Verträgen von Rom vergleichbar wäre. Die politischen und juristischen Probleme der Übernahme

Sagen Sie mir bitte für jedes der folgenden Länder, ob Sie dafür oder dagegen wären, dass es Teil der Europäischen Union wird?	EB64	
	EU15	NMS10[1]
	Dafür	Dafür
Schweiz	76%	83%
Norwegen	76%	82%
Island	67%	72%
Kroatien	47%	70%
Bulgarien	45%	64%
Rumänien	41%	53%
Ukraine	38%	57%
Die frühere Jugoslawische Republik Mazedonien	39%	51%
Bosnien-Herzegowina	39%	50%
Serbien und Montenegro	36%	50%
Albanien	32%	40%
Türkei	29%	38%

(Quelle für die Tabellen: Europäische Kommission, Eurobarometer 64, Erste Ergebnisse [Befragung November 2005], http://europa.eu.int/comm/public_opinion/archives/ebeb64/eb64_first_de.pdf, S. 27, 29; © Europäische Gemeinschaften 2005);
[1] 10 neue Mitgliedstaaten (2004)

Zustimmung zum Vorschlag, in den nächsten Jahren weitere Länder in die EU aufzunehmen (in Prozent der Befragten): Landesergebnisse	
Griechenland	74%
Slowenien	74%
Polen	72%
Litauen	69%
Zypern	67%
Slowakei	67%
Ungarn	66%
Tschechische Republik	65%
Lettland	62%
Malta	57%
Spanien	55%
Portugal	55%
Irland	54%
Italien	53%
Estland	51%
EU-25	**49%**
Niederlande	48%
Schweden	48%
Belgien	47%
Dänemark	46%
Finnland	45%
Großbritannien	43%
Deutschland	36%
Frankreich	31%
Luxemburg	31%
Österreich	29%

des Rechtsbestandes werden zu lösen sein; es steht aber zu befürchten, dass es immer dann besonders schwierig werden wird, wenn *Grundfragen der Souveränität* berührt werden (s. M 46). Die Gründungsidee – gemeinsamer Souveränitätsgewinn durch nationale Souveränitätsbeschränkung – könnte einigen Beitrittskandidaten ebenso wie schon einigen der später hinzugekommenen heutigen Mitgliedstaaten weitgehend fremd bleiben. Doch je größer die Gemeinschaft ist, desto vielfältiger wird die Gemengelage der Interessen über Weg und Ziel der Integration sein und desto größer wird auch wiederum die Notwendigkeit supranationaler Entscheidungsstrukturen werden. Ohne die Bereitschaft der jeweiligen Minderheiten, die Ziele der entsprechenden Mehrheiten zu akzeptieren, kann eine große Europäische Union nicht funktionieren.

In etwas anderer Hinsicht stellt der Beschluss des Gipfels von Helsinki vom Dezember 1999, die **Türkei als Beitrittskandidaten** einzustufen, eine nie da gewesene Herausforderung dar. Zweifel an einer EU-Mitgliedschaft der Türkei wurden mit dem Argument entkräftet, Europa sei nicht an die christliche Religion gebunden. Dies entspricht dem Selbstverständnis der Union als offene, plurale und weltanschaulich neutrale Entität [Größe]. Dennoch greift dieses Argument zu kurz. Entfällt Identität als Kriterium, so erweist sich auch die Ablehnung eines späteren Beitrittes weiterer Staaten über die heutigen Beitrittskandidaten hinaus – Russland, die Ukraine, Moldova, die Kaukasus-Republiken, ja sogar einige Europa historisch und kulturell eng verbundene Staaten des Nahen Ostens und Nordafrikas wie Israel, Marokko oder Algerien – als unbegründet. Eine Europäische Union, die mittelfristig die geografische Reichweite des Europarates mit seinen heute 41 Mitgliedstaaten hätte, ware die inhärente Konsequenz.
Doch schon die EU-Mitgliedschaft der zehn bereits beigetretenen Staaten und der zwei Kandidaten, mit denen zurzeit noch verhandelt wird, stößt bei den Bürgern nicht auf breite Zustimmung. [...] Das ist keine gute Voraussetzung für die weitere Vertiefung und Erweiterung der europäischen Integration. Hier macht sich das Fehlen einer Zukunftsstrategie und klarer integrationspolitischer Leitbilder negativ bemerkbar. Doch enthalten auch die Zukunftsentwürfe der letzten Zeit keine Antworten mehr auf die Fragen, welches Europa wir wollen und wo dessen Grenzen liegen sollen.

(Werner Weidenfeld/Claus Giering [= M 41], S. 639ff.)

M 48 „Die Erweiterungspolitik stößt an ihre Grenzen"

Die Strategie der Erweiterung der Europäischen Union um neue Mitglieder beginnt zunehmend an ihre Grenzen zu stoßen. Zum einen sind die finanziellen und politischen Kapazitäten der EU begrenzt, sie kann nicht immer weitere Staaten durch finanzielle Förderung und politische Stabilisierung auf das Niveau der Beitrittsreife heben. Zum anderen bedeutet die Aufnahme neuer Mitglieder immer auch eine Erschwerung der Entscheidungsfindung und eine Belastung der innergemeinschaftlichen Grundlagen des Zusammenlebens. Zur Reform der Entscheidungsverfahren und der Ausgabenpolitiken wurden außerordentlich langwierige Verhandlungen notwendig, die Konflikte in der Gemeinschaft aufbrechen ließen und von einigen Politikern zur innenpolitischen Profilierung benutzt wurden. Die Bereitschaft der Bevölkerungen der jetzigen Mitgliedstaaten zu einer signifikanten Umverteilung von Wohlstand oder zur Berücksichtigung von außen- und sicherheitspolitischen Problemen neu beitretender Mitgliedstaaten ist bereits bei der jetzigen Ost-Erweiterung prekär. Bei geografisch und kulturell noch weiter entfernten Staaten würde sie vermutlich überstrapaziert. Auch die Frage, wie die schon heute problematische demokratische Legitimation und die Entscheidungseffizienz europäischer Politik in einem solchen System gewahrt werden können, ist offen. Die Schlussfolgerung lautet, dass die EU mit dem **Dilemma** eines Auseinanderfallens faktischer Interdependenz und der geografischen Reichweite der europäischen Integration dauerhaft wird leben müssen. Regionale Stabilisierungspolitik und politische Dialoge sind Mittel zur Milderung des Dilemmas, auflösen können sie es nicht.

(Beate Kohler-Koch/Thomas Conzelmann/Michele Knodt, Europäische Integration – Europäisches Regieren, VS Verlag für Sozialwissenschaften, Wiesbaden 2004, S. 316)

1. *Erläutern Sie mit eigenen Worten, welche Schwierigkeiten für die weitere Entwicklung der europäischen Integration – im Sinne ihrer „Gründungsidee" – die Verfasser von M 47 durch den Beitritt der osteuropäischen Länder gegeben sehen.*
2. *Inwiefern hat die EU bei ihrer Entscheidung für Beitrittsverhandlungen mit der Türkei auf „Identität als Kriterium" verzichtet? Welche Konsequenzen ergeben sich daraus für weitere Beitrittskandidaturen? Ausführliche Pro- und Kontra-Argumente zum Türkei-Beitritt: http://de.wikipedia.org/wiki/T%C3%BCrkischer_EU-Beitritt*
3. *Analysieren Sie die Befragungsergebnisse zu zusätzlichen Erweiterungen der EU (S. 450). Untersuchen Sie, ob sich zu den Antworten auf die allgemeine Frage Unterschiede zwischen Ländergruppen erkennen lassen. Welche Unterschiede zeigen sich im Hinblick auf die Frage nach bestimmten Beitrittskandidaten? Welche Erklärungen haben Sie ggf. für diese Ergebnisse?*
4. *M 48 fasst die Problemlage der EU-Politik noch einmal zusammen. Stellen Sie die einzelnen Aspekte heraus, die diese Lage kennzeichnen. Inwiefern handelt es sich in der Sicht des Verfassers um ein dauerhaftes Dilemma (d. h. um eine Situation, in der es nur die Wahl zwischen zwei mehr oder weniger nachteiligen Möglichkeiten gibt)?*
5. *Setzen Sie sich mit den in M 47 und M 48 enthaltenen Positionen auseinander. Wie beurteilen Sie die aufgezeigte Problematik?*

M 49a „Kerneuropa" als Problemlösung?

„Kerneuropa", „Avantgarde", „Europa der zwei Geschwindigkeiten" – die Begriffe stehen seit Jahren für ein und dieselbe politische Intention. Europäische Staaten, die in bestimmten Politikfeldern gemeinsame, grenzüberschreitende Ziele verfolgen, schließen sich zusammen, um sie mit gebündelten Kräften schneller zu erreichen als die Union in ihrer Gesamtheit. „Kerneuropa" ist eine Antwort an die Bremser im Integrationsprozess. Die Befürworter einer Vertiefung der Zusammenarbeit wollen nicht auf die Skeptiker warten („differenzierte Integration").

Paradebeispiel ist die **Währungsunion**, der seit ihrer Gründung in den 90er-Jahren nur zwölf der 25 Mitgliedstaaten angehören (s. M 57, S. 312), sagt EU-Kommissar Günter Verheugen. Gemeinsames Ziel war die Einführung der Einheitswährung. [...] Die Euro-Teilnehmer haben im Vergleich zu den Nicht-Teilnehmern auf ein hohes Maß nationaler Souveränität verzichtet. Sie haben die nationale Zinspolitik in die Verantwortung der Europäischen Zentralbank übergeben und sich zugleich zu einer engen Koordinierung ihrer jeweiligen Wirtschaftspolitik verpflichtet. [...] Die 1985 ins Leben gerufene **Schengen-Politik** beweist, dass „Kerneuropas" außerhalb des EU-Vertrags gegründet werden können. [...] Die Einbindung skandinavischer Staaten in das Schengen-Protokoll verdeutlicht, dass sich die politischen Kreise über die Grenzen der Europäischen Union hinaus ausdehnen können. [...]

Zwei Geschwindigkeiten

(Zeichnung: Luis Murschetz/CCC, www.c5.net)

(Joachim Hoenig, Die „Avantgarde" hat eine lange Geschichte, in: Handelsblatt v. 15.1.2004, S. 2)

M 49b Das „Schengen-Abkommen" als Beispiel gelungener Teilintegration

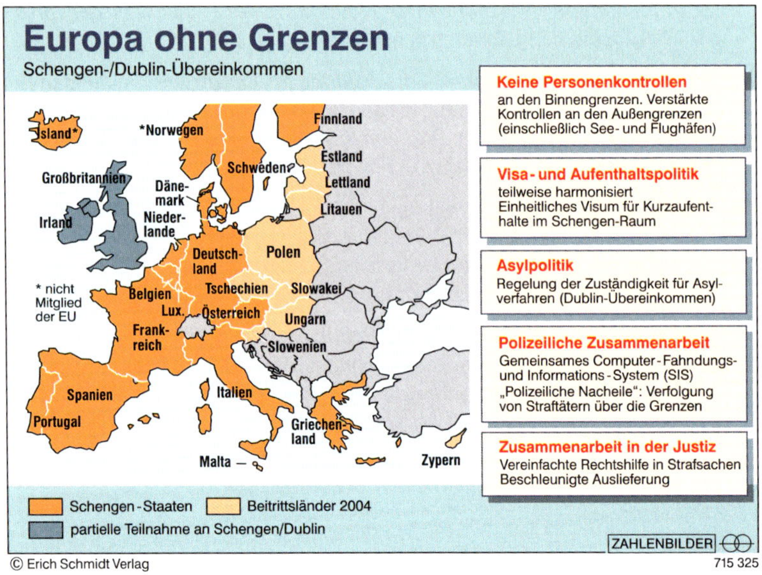

Für die Schengen-Teilnehmer stand von vornherein fest, dass die durch den Wegfall der Grenzkontrollen gewonnene Bewegungsfreiheit nicht mit einem Verlust an innerer Sicherheit erkauft werden durfte. Ergänzende Maßnahmen sollen deshalb den Missbrauch der offenen Grenzen verhindern. So finden an den Außengrenzen (einschließlich der See- und Flughäfen) verschärfte, nach einheitlichen Maßstäben durchgeführte Kontrollen statt. Eine gemeinsame Visapolitik soll die *illegale Einwanderung* erschweren. Visapflichtige Ausländer haben die Möglichkeit, ein einheitliches Visum für den gesamten Schengen-Raum zu beantragen.

Die außerhalb der Gemeinschaft begonnene Schengen-Zusammenarbeit wurde mit dem Vertrag von Amsterdam in den Rahmen der EU überführt. Sie ist damit Teil des gemeinschaftlichen Besitzstandes, der von den neuen EU-Mitgliedern (2004) übernommen wird – allerdings nicht sofort in vollem Umfang. Vorrang hat die Sicherung der neuen EU-Außengrenzen. Über die Aufhebung der internen Grenzkontrollen wird erst später – für jedes Beitrittsland einzeln – entschieden.

(Schmidt-Zahlenbilder)

M 50 „Differenzierte Integration" als Chance der Neuori nach dem Scheitern des Verfassungsvertrags

Enttäuschung hat sich über Europa gelegt. Das Scheitern [des Verfassungsvertrags fliegenden Hoffnungen auf eine verlässliche Grundordnung für die erweiterte Eur on zunächst platzen lassen. Ein großer politischer Kraftaufwand ist ohne greifbares Ergebnis geblieben. Alle, die ohnehin schon an Europa zweifelten, fühlen sich bestätigt – so auch alle, die nur aus dem Augenblick heraus urteilen. Doch historisch gesehen bietet die gegenwärtige Lage große Chancen. [...] Wie schon aus früheren Krisen im Einigungsprozess kann die EU auch aus dem vorläufigen Scheitern [...] produktive **Kraft für eine Neuorientierung** schöpfen. Die Verzögerungen in der Verfassungsgebung beschleunigen eine Entwicklung, die das große Europa so oder so durchlaufen wird: die strategische Neuausrichtung des Einigungsprozesses durch den gezielten Einsatz der differenzierten Integration. [...] Nachdem bereits in der Vergangenheit wichtige Integrationsschritte nur von einer begrenzten Zahl an EU-Mitgliedern umgesetzt wurden (Schengen, Währungsunion), wird das **Prinzip der differenzierten Integration** [der Möglichkeit unterschiedlich weit reichender Intergrationsverbünde für Teilgruppen der Mitgliedsländer] zum Wesensmerkmal des großen Europas. Die integrationswilligen Mitgliedstaaten vertiefen ihre Zusammenarbeit innerhalb des Vertragsrahmens der EU. Eine Gruppe von Staaten bildet jeweils die Wirtschaftsunion, die Union der inneren Sicherheit oder die Verteidigungsunion. Die Zusammenarbeit orientiert sich an den Prinzipien der Gemeinschaftsmethode und ist darauf ausgelegt, weitere Mitgliedstaaten zu integrieren. [...] Es entstehen mehrere offene *Gravitationsräume* [Räume mit Anziehungskraft], denen große, kleine, neue und alte EU-Mitgliedstaaten angehören und deren Schnittmenge letztlich Europas Entwicklung in Richtung einer überstaatlich organisierten föderativen Union vorantreibt.

[...] Ohne einen höheren Grad der Differenzierung ist die Parallelität von Erweiterung und Vertiefung unter den Bedingungen einer wachsenden Heterogenität zwischen den EU-Mitgliedstaaten nicht realisierbar. Schon die bisherige Integrationserfahrung hat gezeigt, dass nicht immer alle Mitgliedstaaten zur selben Zeit bereit und fähig sind, bestimmte Schritte gemeinsam zu vollziehen. Dieser Ansatz hat nicht zu einer Spaltung Europas geführt, sondern bisher durchgehend zur Erhöhung der Leistungsfähigkeit und Problembewältigung im Interesse aller Mitgliedstaaten beigetragen, wie die sich jeweils ausweitende Mitgliedschaft in differenzierten Projekten gezeigt hat. Differenzierung ist kein Selbstzweck, sie sollte aber nicht länger nur als letztes Mittel und potenzieller Spaltpilz angesehen werden. Stattdessen kann sie dazu beitragen, konstruktive Antworten auf die drängenden Herausforderungen an Europa zu geben.

Dazu bedarf es einer konzeptionellen Versöhnung zwischen flexiblen und gemeinsamen Integrationsschritten. Die an einem Integrationsprojekt nicht beteiligten EU-Länder sollten nicht dauerhaft ausgegrenzt werden. Eine derartige Entwicklung würde die Union sowohl nach innen als auch international schwächen. Daher ist bereits bei der Anlage differenzierter Integrationsprojekte zu berücksichtigen, wie das Gesamtkonstrukt EU zusammengehalten werden kann und welche Regelungen, Instrumente und Garantiemechanismen nötig sind, um allen Mitgliedstaaten den Zugang zu den einzelnen Gravitationsräumen zu öffnen.

(Werner Weidenfeld/Claus Giering [= M 41], S. 645ff.)

1. *Verdeutlichen Sie, welche Vorstellungen von der Weiterentwicklung der europäischen Integration mit den Begriffen „Kerneuropa", „Avantgarde" und „Europa der zwei Geschwindigkeiten" verbunden sind. In welchem Zusammenhang stehen diese Überlegungen mit dem Kernproblem „Vertiefung und/oder Erweiterung"? In welcher Weise nimmt die Karikatur dazu Stellung? (M 49a)*

2. *Erläutern Sie, inwiefern die Währungsunion (Euro) und das „Schengen-Abkommen" als Beispiele für bisher schon erfolgte Teilintegrationen angesehen werden können (M 49a/b).*

3. *M 50 greift die in M 49a angesprochenen Vorstellungen auf. Erläutern Sie mit eigenen Worten, was die Autoren unter dem „Prinzip der differenzierten Intergration" verstehen, wie sie die Relevanz dieses Modells begründen und sich einen entsprechenden Prozess vorstellen. Was verstehen sie unter „Gravitationsräumen"? Wie beurteilen Sie die Realisierungschancen dieses Konzeptes?*

3. Herausforderung: Sicherheit schaffen in einer Welt voller Bedrohungen

M 51a Javier Solana: Die globale Verantwortung der EU

[...] Der Schock des 11. September 2001 (s. S. 494) hat gezeigt, dass die Welt komplizierter ist und die Gefahren größer sind, als viele dachten. Natürlich hat auch die Irak-Krise (s. S. 487f.) ihre Spuren hinterlassen: Europa war nicht in der Lage, die Rolle zu spielen, die seinem Potenzial entspricht. Die EU muss aber, wenn sie nun [...] 450 Millionen Einwohner zählt, ihrer globalen Verantwortung besser gerecht werden. [...]

Die Globalisierung bringt mehr Freiheit und mehr Reichtum. Aber sie schafft auch Frustrationen, die gefährliche neue Bedrohungen auslösen können: zum Beispiel einen weltweit agierenden Terrorismus, der aus regionalen Konflikten und dem damit verbundenen Elend sein Kapital schlägt. Oder etwa kriminelle Organisationen, die sich Massenvernichtungswaffen beschaffen, indem sie sich der Hilfe von Schurkenstaaten bedienen oder den Zusammenbruch staatlicher Strukturen ausnutzen. Und schließlich das Zusammenspiel von religiösem Fanatismus, organisierter Kriminalität und Cyberterrorismus. Leider sind all diese Gefahren sehr real. Um sie abzuwehren, brauchen wir unbedingt neue, globale Antworten. Das genau ist auch der Sinn von Europas Sicherheitsstrategie.

(Javier Solana, Hoher Vertreter der GASP [s. M 52], Europas Rolle in der Welt, in: Süddeutsche Zeitung v. 20./21.9.2003, S. 2)

M 51b „Nur eine gemeinsame Handlungsfähigkeit sichert die Zukunft"

Kein einzelner der europäischen Staaten, auch nicht der größte, kann in Zukunft alleine seine Interessen nach außen auf Dauer wirksam vertreten. Dafür sind selbst die größten und mächtigsten europäischen Nationalstaaten unter den Bedingungen, die sich uns in Zukunft stellen werden, zu klein. Nur gemeinsam als Europäische Union können wir den Herausforderungen der Zukunft effektiv begegnen. Nur gemeinsam haben wir eine Chance, das 21. Jahrhundert auf positive Weise zu gestalten.

Die Welt wird auf die Europäer nicht warten. Entweder lösen wir unsere internen Probleme, entweder stellen wir eine gemeinsame Handlungsfähigkeit her, entweder finden wir nicht nur in einem gemeinsamen Markt zusammen, sondern auch in einer gemeinsamen Demokratie und einer gemeinsamen Außen- und Sicherheitspolitik, entweder wird die Europäische Union zum politischen Subjekt auf internationaler Bühne oder die Welt wird sich ohne den wesentlichen Einfluss der Europäer fortentwickeln. Das würde für uns alle eine bittere Erfahrung werden.

(Der damalige Außenminister Joschka Fischer, Rede vor dem Deutschen Bundestag am 11.12.2003, in: Das Parlament Nr. 51 vom 15.12.2003, S. 17)

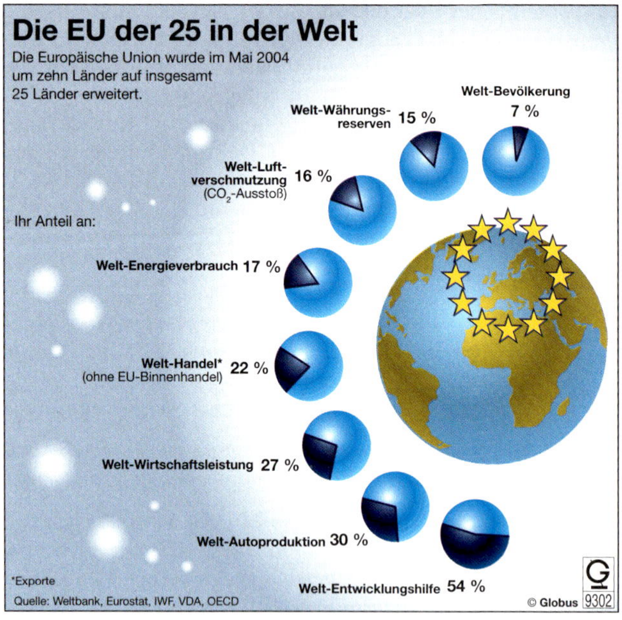

1. *Erläutern Sie, welche „gefährlichen neuen Bedrohungen" nach Javier Solana, dem für die Außenbeziehungen der EU zuständigen Vertreter (s. M 52), von der EU eine neue globale Orientierung ihrer Politik verlangen (M 51a).*
2. *Woraus leitet der frühere deutsche Außenminister Fischer die dringende Notwendigkeit einer „gemeinsamen Handlungsfähigkeit" der EU ab? (M 51b)*
3. *Fischer plädiert für die EU als eigenständiges „politisches Subjekt" in den internationalen Beziehungen. Beschreiben Sie die wirtschaftliche Bedeutung der EU in der Welt (Grafik). In welchen der aufgeführten Bereiche tritt die EU bereits als eigenständiges „wirtschaftliches Subjekt" auf?*

M 52 Die Entwicklung einer Gemeinsamen Außen- und Sicherheitspolitik (GASP)

Erst seit Anfang der Siebzigerjahre befasste sich der „Wirtschaftsgigant EG" im Rahmen der „Europäischen Politischen Zusammenarbeit" (EPZ) zögernd auch mit außenpolitischen Fragen. Spätestens seit 1989, mit dem Ende des Ost-West-Konflikts und der bis dahin vorherrschenden bipolaren Weltordnung, sah sich die Europäische Union jedoch in der Rolle einer bedeutsamen internationalen Akteurin, an die zunehmend Erwartungen, Wünsche, Hoffnungen und Schuldzuweisungen herangetragen werden. Die Europäische Union kann – und will – sich ihrer größeren **Verantwortung in der Außenpolitik** nicht mehr entziehen.

- Der in Maastricht geschlossene Vertrag über die Europäische Union von 1992 enthielt erstmals vertragliche Bestimmungen für eine Gemeinsame Außen- und Sicherheitspolitik (GASP) der EU-Staaten, wobei die Mitgliedstaaten sich zwar zur Koordinierung ihrer nationalen Politiken verpflichteten, auf ihre nationalen Zuständigkeiten in diesen Bereichen jedoch nicht verzichten wollten. Die GASP wurde deshalb zu einer „zweiten Säule" der EU neben der ersten Säule, die durch Gemeinschaftsverfahren mit Mehrheitsentscheidungen und einer starken Stellung der EU-Organe gekennzeichnet ist (s. M 8a).

Hauptproblem der Bestimmungen des Unionsvertrags zur GASP ist der weiterhin vorhandene *Zwang zur Einstimmigkeit*. Dieser zentrale Schwachpunkt konnte – trotz zum Teil weit reichender Überarbeitungen der Bestimmungen in den Verträgen von Amsterdam (1997) und Nizza (2000) – nicht überwunden werden. Kritisiert wird auch die *schwache Stellung des Europäischen Parlaments in der Außenpolitik* und die fehlende Möglichkeit, rechtliche Fragen durch den Europäischen Gerichtshof prüfen zu lassen.

Die institutionellen **Strukturen der GASP** sind vergleichsweise kompliziert: Wesentliche Beschlüsse werden vom Europäischen Rat der EU-Staats- und Regierungschefs einstimmig beschlossen. Lediglich nachfolgende Ausführungsbeschlüsse können

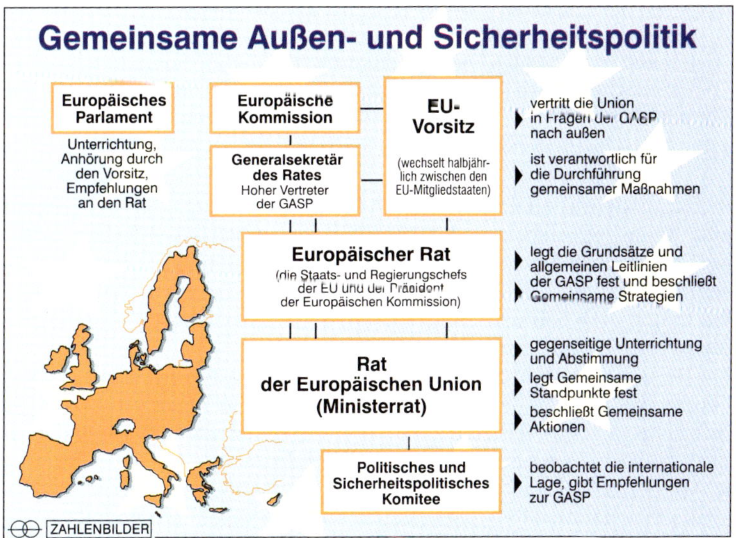

715 200 © Erich Schmidt Verlag

Der Spanier Javier Solana ist der Hohe Vertreter für die Außen- und Sicherheitspolitik der EU.

(Foto: © dpa-Fotoreport)

vom Rat der Außenminister mit Mehrheit getroffen werden. Die Außenrepräsentation nimmt seit dem Amsterdamer Vertrag von 1997 die sogenannte **Troika** wahr. Sie besteht aus dem Land, das gerade für sechs Monate den Vorsitz im Rat innehat, dem für die Außenpolitik zuständigen Mitglied der Kommission und dem *„Hohen Vertreter" der GASP*, der zugleich Generalsekretär des Rates ist. Seit Oktober 1998 hat der frühere NATO-Generalsekretär und spanische Außenminister Javier Solana die Funktion des „Hohen Vertreters" der GASP inne.

(Informationen zur politischen Bildung Nr. 279: Europäische Union, Bundeszentrale für politische Bildung, Bonn, Überarbeitete Neuauflage 2005, S. 42f.)

- Als Teil der GASP rief die Union darüber hinaus eine **Europäische Sicherheits- und Verteidigungspolitik (ESVP)** ins Leben, die vorbehaltlich entsprechender Beschlüsse auch die Schaffung einer gemeinsamen Verteidigungsstruktur ermöglicht. Im Dezember 2003 nahmen die europäischen Staats- und Regierungschefs eine **Europäische Sicherheitsstrategie** an und verständigten sich über ihren Grundauftrag (s. Kasten). Der Kampf gegen den Terror, eine Strategie für den Nahen Osten und eine umfassende Politik für Bosnien-Herzegowina wurden als vorrangige Aktionsbereiche festgelegt.

Die europäische Sicherheitsstrategie: „Ein sicheres Europa in einer besseren Welt".

Aus der von Krieg und Gewalt geprägten Geschichte des europäischen Kontinents in der ersten Hälfte des 20. Jahrhunderts und der darauf folgenden, einzigartigen Epoche des Friedens werden in der Einleitung *zwei bestimmende Merkmale* der heutigen Identität Europas abgeleitet: der Wille, Konflikte auf friedlichem Wege zu lösen, und die Bereitschaft, in gemeinsamen Institutionen zusammenzuarbeiten. Die Dominanz der Vereinigten Staaten nach dem Ende des Kalten Krieges* und ihre unübertroffene militärische Macht werden klar benannt. Doch es folgt sofort die Feststellung, kein Land sei in der Lage, „die komplexen Probleme der heutigen Welt allein zu lösen". Allein aus der Tatsache, dass die erweiterte Europäische Union eine Gemeinschaft von 25 Staaten mit einer Bevölkerung von 450 Millionen Menschen sein wird, ergebe sich, dass die EU „zwangsläufig ein globaler Akteur" sei. Die Sicherheitsstrategie nennt *fünf Hauptbedrohungen*: den Terrorismus, die Verbreitung von Massenvernichtungswaffen, regionale Konflikte, das Scheitern von Staaten und die organisierte Kriminalität. Diese Einschätzung entspricht weitgehend der amerikanischen. Doch auch hier wird ein anderer Akzent gesetzt: Keine der neuen Bedrohungen sei rein militärischer Art; deshalb könne ihnen auch *nicht nur mit militärischen Mitteln* begegnet werden. Angemessen sei daher ein möglichst frühzeitiges „präventives Engagement" in Krisen und Konflikten, bei dem die EU auf alle ihr zur Verfügung stehenden Mittel zurückgreifen könne: diplomatische, entwicklungspolitische und militärische. Am deutlichsten unterscheidet sich die europäische Strategie von der amerikanischen durch den Hinweis auf die *herausgehobene Rolle der UN* bei der Aufrechterhaltung von Frieden und Sicherheit.

(Horst Bacia, in: Frankfurter Allgemeine Zeitung v. 13.12.2003, S. 6)

- Damit sie mit einer glaubhaften Interventionskapazität ausgestattet wird, hat die EU ferner eine Reihe von *Aufgaben* bestimmt, die von *militärischen Kräften* erfüllt werden könnten; zu ihnen zählen humanitäre Aufgaben und Rettungseinsätze, friedenserhaltende Maßnahmen, Krisenmanagement und sogar friedensschaffende Einsätze. Zur Umsetzung dieser Aufgaben hat die Union eine **Schnelle Eingreiftruppe** („Battle Group"*) eingesetzt, deren militärische Stärke über mehrere Jahre ausgebaut werden soll.

Ferner wurde vereinbart, bis zu 5 000 Polizeibeamte für zivile Aspekte der Krisenbewältigung bereitzustellen, von denen 1 000 innerhalb von 30 Tagen einsatzfähig sein sollten.

Es passte ganz gut, dass die ersten drei **ESVP-Einsätze im ehemaligen Jugoslawien**, dem Schauplatz früherer Enttäuschungen, durchgeführt wurden.

- Mit der GASP und der ESVP schafft die Union eine politische Dimension, die ihre Rolle als große internationale Handels- und Wirtschaftsmacht ergänzt. Es ist jedoch noch ein **langer Weg**, bis das Ausmaß dieser politischen Dimension klar wird. Obwohl sich die Mitgliedstaaten verpflichtet haben, der Gemeinsamen Außen- und Sicherheitspolitik zum Erfolg zu verhelfen, fällt es ihnen manchmal schwer, ihre eigene nationale Politik hinsichtlich eines bestimmten Landes oder einer bestimmten Region im Interesse der Solidarität der EU-Mitgliedstaaten zu ändern. Wie schwierig das sein kann, zeigte die tiefe Spaltung der EU-Mitgliedstaaten im Frühjahr 2003 in der Frage, ob der UN-Sicherheitsrat dem *Krieg gegen den Irak* unter Führung der Vereinigten Staaten zustimmen sollte (s. dazu M 53). Zwar hat die Union Flexibilität in die GASP-Abstimmungsverfahren gebracht, indem einzelne Regierungen sich der Stimme enthalten können, *Mehrheitsbeschlüsse* gefasst werden können oder es einer Mehrheit von Ländern gestattet werden kann, auf eigene Verantwortung zu handeln, doch ist *Einstimmigkeit* noch gefordert, wenn über Fragen entschieden wird, die militärische oder verteidigungspolitische Auswirkungen haben.

(Quelle: Überblick über die Tätigkeitsbereiche der EU-Außen- und Sicherheitspolitik; http://europa.eu.int/pol/cfsp/print_overview_de.htm; © Europäische Gemeinschaften 2005)

1. *Stellen Sie aus M 52 die wichtigsten Informationen zu folgenden Gesichtspunkten stichwortartig zusammen:*
   - *Ereignisse und Erfahrungen, die maßgeblich zur Entwicklung der GASP beitrugen,*
   - *Art und Entscheidungsmodus dieses Politikfeldes,*
   - *Träger und Instrumente der GASP,*
   - *Verhältnis der Europäischen Sicherheits- und Verteidigungspolitik (ESVP) zur GASP,*
   - *wichtige Aspekte der EU-Sicherheitsstrategie (ESS),*
   - *militärische Kräfte der EU und ihre Aufgaben,*
   - *Defizite der GASP und der ESVP (vgl. auch M 53).*
2. *Nähere Einzelheiten und aktuelle Informationen zum gesamten Bereich der GASP bzw. der ESVP hält das Auswärtige Amt der Bundesrepublik bereit (www.auswaertiges-amt.de/www/de/eu_politik/gasp/index_html und www.auswaertiges-amt.de/www/de/eu_politik/gasp/esvp_html). Der vollständige Text der Europäischen Sicherheitsstrategie (ESS) findet sich unter der Adresse www.auswaertiges-amt.de/www/de/infoservice/download/pdf/friedenspolitik/ess.pdf*

M 53 Probleme und Defizite der GASP – Was ist zu tun?

Die EU will ein internationaler Akteur sein, der seinen Beitrag zu einer friedlichen, stabilen und solidarischen Welt leistet. Das Problem dabei: Die EU kann nur so gut agieren, wie es ihre Mitgliedstaaten zulassen. In der Außenpolitik merkt man das besonders. [...]

Die GASP hat mit mehreren Problemen zu kämpfen. Außenpolitik gilt als ursprüngliche und zentrale Domäne eines jeden Nationalstaats. Sie ist oft das Aushängeschild und dient der Profilierung in der Welt. Deswegen ist die angestrebte Vergemeinschaftung der Außenpolitik durch die EU ein außerordentlich ehrgeiziges und sehr schwierig zu erreichendes Ziel.

Die meisten Mitgliedstaaten sind überaus skeptisch, wenn es darum geht, außenpolitische Befugnisse an die EU zu übertragen oder sich gar Mehrheitsentscheidungen zu beugen. Wenn man sich doch auf eine gemeinsame Position einigt, ist das unter dem Strich oft der kleinste gemeinsame Nenner. Das ist zwar ein Wesensmerkmal der EU, im Bereich der GASP ist es aber besonders stark ausgeprägt.

Im Gleichschritt, marsch!

(Zeichnung: Pepsch Gottscheber/CCC, www.c5.net)

Die GASP ist wie eine Kann-Bestimmung zu sehen. Die Regierungschefs können eine gemeinsame Außenpolitik betreiben, wenn sie wollen, sie müssen es aber nicht. Es kann sehr gut sein, dass erst gar nicht versucht wird, eine gemeinsame EU-Position zu finden, weil einzelne Mitglieder vorgeprescht sind und vollendete

Tatsachen geschaffen haben, die eine Kompromisssuche von vornherein als aussichtslos erscheinen lassen.
Die Irak-Krise im Frühjahr 2003 (s. S. 487f.) hat das der EU und der Welt auf das Deutlichste vor Augen geführt. Die EU-Staaten unternahmen gar nicht erst den Versuch, eine gemeinsame Bedrohungsanalyse und als Konsequenz daraus eine gemeinsame Position zu erarbeiten. [...] Fast jeder europäische Staat verfolgte seine eigenen Interessen und scherte sich kaum oder gar nicht um die im EU-Vertrag so hochgehaltene gemeinsame Außen- und Sicherheitspolitik. Als es um die Frage Pro oder Kontra USA und damit Pro oder Kontra Krieg im Irak ging, war die EU tief gespalten, vor allem die im UN-Sicherheitsrat vertretenen Länder. [...]
Die Aussichten, dass die GASP ihren Namen in Zukunft mehr verdienen wird, sind nicht allzu rosig. Zehn neue EU-Mitglieder seit 2004 stellen die GASP zunehmend vor Probleme: Die Koordination wird schwieriger, weil es gilt, noch mehr verschiedene Positionen und Interessen unter einen Hut zu bekommen. [...]
Die Politiker haben erkannt, dass es nach wie vor enormen Handlungsbedarf gibt, wenn man eine GASP hinbekommen will, die diesen Namen auch verdient. [...]
Wie kann es nun mehr Europa geben? Wo liegt die Chance der EU? Die Europäische Union scheint aus dem Debakel in der Irak-Krise zwei Lehren gezogen zu haben:
Erstens: Wenn sie ihre Interessen und Ziele international durchsetzen will, dann muss sie mit einer Stimme sprechen.
Zweitens: Die EU muss in der Lage sein, im Krisenfall auch selbst eingreifen zu können, und zwar nicht nur mit Worten, sondern auch mit Truppen (vgl. Glossar zum Begriff „Battle Group“). [...]
Abhilfe könnte hier ein differenziertes Vorgehen für die GASP schaffen. Ähnlich wie zum Beispiel bei den Zollkontrollen im Schengener Abkommen könnte auch bei der GASP eine Gruppe von Staaten vorangehen nach dem Motto: Keiner muss wollen, aber diejenigen, die wollen, müssen auch dürfen, wie Joschka Fischer sagt.
Eine derartige Außenpolitik-Avantgarde könnte natürlich nicht für ganz Europa sprechen, wäre aber immer noch besser als ein völlig unkoordiniertes Vorgehen der einzelnen EU-Staaten.

(Bernd Oswald, Europa, Europäische Verlagsanstalt, Hamburg 2003, S. 70–74)

Der Autor von M 53 stellt den in M 52 beschriebenen Möglichkeiten der GASP die bisherige Praxis gegenüber. Welche grundsätzlichen Probleme behindern eine intensivere Zusammenarbeit? Wie verhielten sich die EU-Länder in der „Irak-Krise“ des Jahres 2003? Inwiefern hat diese Situation zu einem Lernprozess innerhalb der EU geführt?

M 54 Die EU und die USA – Dissonanzen im transatlantischen Verhältnis

Die Fähigkeit der EU, sich als autonomer strategischer Akteur auf gleicher Augenhöhe mit den USA zu behaupten, wird durch die jüngsten Fortschritte in der europäischen Sicherheits- und Verteidigungspolitik keineswegs bestätigt. Die USA verfügen auf dem Gebiet der Rüstung über eine überwältigende Vormachtstellung. Auf sie allein entfallen mehr als 40 Prozent der weltweiten Rüstungsausgaben und zwei Drittel der Militärausgaben der NATO. Ihr Budget für Rüstungsforschung ist fünfmal so hoch wie das der EU. [...]
● Während die Europäer die Amerikaner als Garant ihrer Sicherheit zur Abwehr möglicher Bedrohungen benötigen, haben die USA gezeigt, dass sie auch ohne die Europäer handeln können, wenn es um militärisches Eingreifen geht. Bei den letzten von den USA geführten Kriegen (erst in Afghanistan*, dann im Irak) wurde die NATO einfach ignoriert. Für die amerikanische Supermacht ist es günstiger, von Fall zu Fall „Willige“ anzuwerben, als sich einem multilateralen Stab unterzuordnen. Die NATO mag nützlich sein, um die Verbündeten zu kontrollieren, aber sie soll der amerikanischen Macht nicht die Hände binden. [...] Beim EU-USA-Gipfel vom 21. Juni 2005 in Washington unterstrichen diesmal EU-Kommissionspräsident José Manuel Barroso, EU-Ratspräsident Jean-Claude Juncker und der Hohe Repräsentant für die Außen- und Sicherheitspolitik, Javier Solana, sowie US-Präsident George W. Bush den politischen Stellenwert

der transatlantischen Partnerschaft. Der Gipfel hat eine klare Botschaft an die Weltöffentlichkeit gesandt: Europa und Amerika stehen auch künftig gemeinsam für Frieden, Demokratie und Freiheit in der Welt ein. Diese allgemeine Rhetorik kann aber die immer häufigeren transatlantischen Dissonanzen nicht mehr verdecken. [...]

- Überhaupt gibt es ausschlaggebende *politisch-kulturelle Unterschiede zwischen Europa und Amerika:* die Rolle des Staates und der Gewalt in der Gesellschaft, die Problematik der Todesstrafe, die Frage des Umweltschutzes und der nationalen Souveränität und nicht zuletzt der Stellenwert der Religion: In Amerika spielt sie eine viel bestimmendere Rolle als im weitgehend säkularisierten [„verweltlichten"] Europa, und daraus ergibt sich der fest verankerte Glaube an die gottgewollte Mission Amerikas, die Welt zu verbessern. Die EU und die USA haben gemeinsame Werte, aber ihre Wertvorstellungen sind nicht identisch. Sicher, jeder Blick auf nichtwestliche Gesellschaften zeigt, dass im Bereich der Grundwerte die transatlantischen Gemeinsamkeiten die Unterschiede weit übertreffen. In der Auseinandersetzung zwischen Amerika und Europa wird es kein Aufeinanderprallen unterschiedlicher Wertesysteme geben. Aber die Unterschiede zwischen der EU und den USA in der Interpretation, wie diese Werte in der Welt zu vertreten und zu verteidigen sind, sind bemerkenswert. Es gibt zwischen Europa und Amerika keine gemeinsame Vision im Blick auf den Nahen und Mittleren Osten sowie auf Afrika, und auch die Akzentsetzungen hinsichtlich der Gestaltung der Beziehungen zu anderen Ländern wie China und Russland sind andersartig, denn die Interessen auf beiden Seiten des Atlantiks sind unterschiedlich geworden und werden es auch bleiben. [...] Für die weitere Entwicklung der transatlantischen Beziehungen spielt die Frage, wie diese innereuropäischen Gegensätze in der Haltung gegenüber den USA überbrückt werden, eine entscheidende Rolle. [...]

Europa wird nie über die militärischen Mittel verfügen, die notwendig wären, um aus der EU eine Gegenmacht zu den USA zu machen. Es spricht auch alles dagegen, dieses Ziel anzustreben. Es wäre schon viel gewonnen, wenn die europäischen Mitglieder der NATO wenigstens immer dann ein Korrektiv zu den USA bilden könnten, wenn deren Politik europäischen Widerspruch herausfordert. [...]

Der politisch-strategische Dialog zwischen den USA und der EU muss wieder belebt und institutionell fester als bisher verankert werden. Dies muss im Rahmen einer reformierten NATO ... und eines direkten EU-USA-Dialogs erfolgen. Ziel eines strategischen Dialogs muss es sein, gemeinsame Ziele und Projekte zu identifizieren und Differenzen in internationalen Fragen konstruktiv auszutragen. Partnerschaft sollte nicht die Aufgabe eigener Positionen bedeuten. Allerdings muss Europa die Initiative ergreifen und eigene kooperative Lösungsansätze zu Fragen der internationalen Sicherheit und Wirtschaft erarbeiten, mit denen die Vorzüge und Möglichkeiten multilateraler Politik unter Beweis gestellt werden können. Nur so wird Europa von den USA als Partner und nicht als Vasall behandelt werden. [...]

- Erfolg werden Amerika und Europa erst wieder miteinander haben, wenn sie der veränderten weltpolitischen Lage Rechnung tragen, ein neues Bewusstsein dafür entwickeln, wie sie miteinander umgehen, und ein effektives multilaterales System finden, in dem aber die UNO als die globale Instanz akzeptiert wird, die über die stärkste internationale Legitimität* verfügt: Ohne deren Unterstützung können auch die Stärksten auf lange Sicht nicht erfolgreich agieren. Dabei werden die USA, die sich in ihrer Rolle als Führungsmacht für Europa über Jahrzehnte eingerichtet und sich zuletzt einer unilateralen Strategie verschrieben haben, den weiteren Weg gehen müssen. Aber es ist der einzige, den es gibt: Ob die transatlantischen Beziehungen ihre überragende Bedeutung beibehalten werden, ist fraglich. Auf jeden Fall werden sie mit dem Verlust ihrer Selbstverständlichkeit viel nüchterner werden.

(Stephan Martens, Die Zukunft der transatlantischen Beziehungen. In: Aus Politik und Zeitgeschichte Nr. 38–39/2005 v. 23.9.2005, S. 31ff.)

Analysieren Sie auf dem Hintergrund der Informationen aus M 54 die schwierige Lage der Beziehungen zwischen der EU und den USA. Stellen Sie die Probleme heraus, die sich zum einen aus unterschiedlichen politischen Zielsetzungen und Wertorientierungen zwischen den USA und der EU, zum anderen auch aus unterschiedlichen Auffassungen innerhalb der EU ergeben. Welche Anstrengungen sind nach Meinung des Autors von jeder der beiden Seiten erforderlich? Wie schätzen Sie selbst die Problemlage ein?

E

Globale politische Strukturen und Prozesse

Der Sicherheitsrat der Vereinten Nationen

(Foto: © dpa-Bildarchiv)

Ein deutscher Soldat der Afghanistan-Schutztruppe ISAF bei einer Spendenaktion in einer Schule.

(Foto: © Streitkräfteamt Abteilung I/Bildarchiv IMZBw)

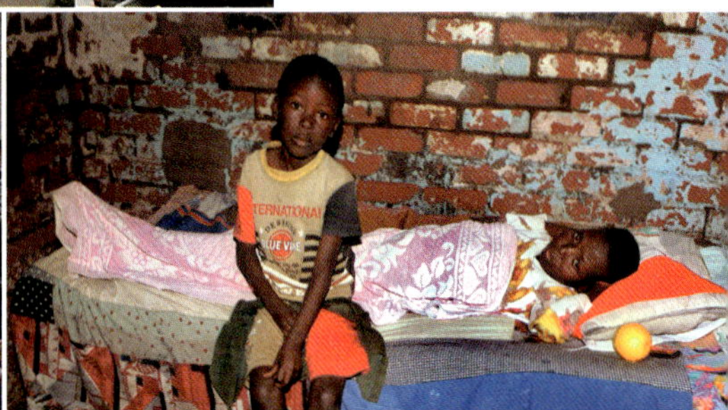

Ein Schicksal unter vielen: In einer Hütte in Durban betreut ein Mädchen seine aidskranke Mutter. 40 Prozent aller Einwohner sind in dieser Region Südafrikas infiziert.

(Foto: Sepp Spiegel/SV-Bilderdienst)

Gipfeltreffen der Regierungschefs der Gruppe der acht großen Industrienationen (G 8) am 6. Juli 2005 in Gleneagles (Schottland), an dem auch EU-Kommissionspräsident Barroso teilnahm.

(Foto: AP Photo)

Zur Orientierung

Komplexität und Aspektvielfalt des mit dem Titel dieses Kapitels umschriebenen Inhaltsfeldes zwingen in besonderer Weise zur thematischen Auswahl und Schwerpunktsetzung. Der Verfasser hat sich dabei von folgenden Überlegungen leiten lassen:

Es erscheint sinnvoll, in einem ersten kurzen Abschnitt einige *Grundbegriffe* (Recht, Macht) der politikwissenschaftlichen Teildisziplin „Internationale Beziehungen" zu erörtern und wichtige *Strukturmerkmale* des gegenwärtigen internationalen Systems (Akteure, Machtverteilung) hervorzuheben. *Theorieansätze* zur Analyse internationaler Beziehungen und Begriffskonzepte wie Unilateralismus und Multilateralismus werden im thematischen Zusammenhang des Abschnitts II. 3. eingeführt.

Der zweite Abschnitt nimmt die Dimension der *internationalen Sicherheit* in den Blick und unterzieht die Möglichkeiten der Friedenssicherung durch die *UNO* und im Zusammenhang damit die *Folgen des Irak-Kriegs* für die internationale Friedensordnung einer kritischen Analyse. Die Darstellung der Bedrohung durch den internationalen *Terrorismus* und der Möglichkeiten seiner Bekämpfung schließt sich an.

Die Dimension der weltweiten ökonomischen und sozialen Ungleichheit ist in der Sicht des Verfassers von zentraler Bedeutung für die weitere Entwicklung der internationalen Politik auf allen Ebenen. Die Darstellung der *Unterentwicklung*, ihrer Merkmale und Ursachen sowie insbesondere die Diskussion der Möglichkeiten der *Entwicklungspolitik* nimmt daher breiten Raum ein (3. Abschnitt) und bezieht die Erörterung der Rolle von *Weltbank* und *IWF* als zentraler Handlungsträger im Rahmen der „internationalen politischen Ökonomie" mit ein.

Da die Darstellung des ökonomischen Globalisierungsprozesses in das Kapitel C (Wirtschaftspolitik, „Standort Deutschland") einbezogen wurde, konzentriert sich der letzte Abschnitt auf die Analyse der durch das Welthandelsregime der *WTO* geprägten Strukturen und Verteilungswirkungen des *internationalen Handels*.

Den auf das gesamte Kapitel bezogenen Abschluss bildet die Frage nach den Möglichkeiten verbesserter internationaler Kooperation auf allen Ebenen (*„Global Governance"*).

Zur ergänzenden Information für die Hand der Schülerinnen und Schüler können von der Bundeszentrale für politische Bildung ggf. das *„pocket-global"* („Globalisierung in Stichworten") sowie drei Hefte der *Informationen zur politischen Bildung* (Nr. 245 „Internationale Beziehungen I" [2003], Nr. 280 „Globalisierung" [2003] und Nr. 286 „Entwicklungsländer und Entwicklungspolitik" [2005]) leicht beschafft werden (sie stehen auch im Internet zur Verfügung: www.bpb.de/publikationen/MXQU1P,0,0,Informationen_zur_politischen Bildung.html).

Zur vertiefenden Information sei aus der unüberschaubaren wissenschaftlichen Literatur auf folgende Titel hingewiesen:

- Wichard Woyke (Hrsg.), Handwörterbuch Internationale Politik, VS Verlag für Sozialwissenschaften, 9. Aufl. Wiesbaden 2005, UTB 702
- Stefan A. Schirm, Internationale politische Ökonomie, Nomos Verlagsgesellschaft, Wiesbaden 2005
- Franz Nuscheler, Lern- und Arbeitsbuch Entwicklungspolitik, Verlag J.H.W. Dietz Nachf., Bonn, 5. Aufl. 2004
- Dieter Nohlen (Hrsg.), Lexikon Dritte Welt, rororo 61468, Rowohlt Verlag, Reinbek 2002

I. Grundbegriffe und Grundstrukturen internationaler Beziehungen

M 1 Worum es geht – Grundfragen internationaler Politik

Seit den Anfängen des systematischen Nachdenkens über Politik haben Fragen, die sich auf grenzüberschreitende Phänomene beziehen, eine große Rolle gespielt. Die Herausbildung weltweiter Handels- und Produktionsbeziehungen, die Entwicklung immer stärkerer Waffensysteme, überregionale Auswirkungen von Umweltzerstörung und Ähnliches haben das Ausmaß und die Reichweite gegenseitiger Beeinflussung stark erhöht. Zugleich hat sich durch die ständige Weiterentwicklung von Kommunikations- und Transportmitteln die Bedeutung von Entfernungen verringert. Die damit verbundene zunehmende Möglichkeit oder sogar Unvermeidbarkeit von Außenkontakten birgt sowohl Chancen als auch Gefahren. Zu den wichtigsten Aufgaben von Politik gehört es seit jeher, diese Chancen und Gefahren abzuschätzen und die Außenbeziehungen entsprechend zu gestalten. Grundlegende, immer wiederkehrende Fragen, deren Beantwortung unerlässliche Voraussetzung für eine fundierte, zielgerichtete Gestaltung internationaler Politik ist, sind unter anderem: Welches sind die relevanten Akteure, und welche Bedeutung haben sie? Wie verhalten sie sich, und welche Machtressourcen stehen ihnen zur Verfügung? Lassen sich Verhaltensmuster erkennen? Existiert ein chaotisches Durcheinander von Beziehungen (Anarchie), oder sind prägende Strukturen (Hegemonie und Abhängigkeit, Bi- oder Multipolarität, Regionalisierung und Blockbildung usw.) erkennbar? Welche Konflikte und Allianzen sind damit verbunden? Lassen sich Veränderungen beobachten, und welcher Dynamik sind sie gegebenenfalls unterworfen? Welche Rolle spielen Probleme von Unterentwicklung und Entwicklung? Neben diesen und ähnlichen Fragen, die sich auf die Beschreibung, das Verstehen bzw. die Erklärung gegebener internationaler Prozesse und Phänomene beziehen, ist in diesem Zusammenhang aber auch an normative* Fragen zu denken, bei denen es nicht darum geht, wie internationale Beziehungen aussehen, sondern wie sie aussehen *sollten*. Entsprechende Grundfragen lauten etwa: Welche Merkmale müsste eine gerechte Weltordnung haben? Welche Mittel darf ein Staat einsetzen, um seine Interessen gegenüber anderen Staaten durchzusetzen? Lässt sich Krieg jemals rechtfertigen? Die Teildisziplin, die sich mit all diesen Fragen beschäftigt, wird *Internationale Beziehungen* oder *Internationale Politik* genannt.

(Hans Joachim Lauth/Ruth Zimmerling, Internationale Beziehungen. In: Manfred Mols/Hans Joachim Lauth/Christian Wagner [Hrsg.], Politikwissenschaft: Eine Einführung, Verlag Ferdinand Schöningh, Paderborn, 4. Aufl. 2003, S. 135f.)

1. *Erläutern Sie mit eigenen Worten, inwiefern die Beschäftigung mit internationalen Problemen eine unvermeidbare Aufgabe der Politik ist und warum diese Aufgabe im Laufe der Zeit immer wichtiger geworden ist. (M 1)*

2. *Versuchen Sie, auf einige der aufgeführten Grundfragen eine vorläufige Antwort zu geben. Welche dieser Fragen sind Ihnen aus den Medien mehr, welche weniger vertraut?*

3. *Im Text heißt es, dass sich auch „normative" Fragen stellen. Machen Sie den Unterschied zwischen normativen* und solchen Fragen deutlich, die sich auf die Analyse (Beschreibung und Erklärung) beziehen.*

4. *Vergleichen Sie mit den angesprochenen Fragen das Inhaltsverzeichnis zu Kap. E dieses Buches (S. 5). Welche Themen werden berücksichtigt?*

M 2 Die Bedeutung des Völkerrechts

Als Völkerrecht bezeichnet man die Rechtsnormen, die das Verhältnis von Völkerrechtssubjekten (Staaten, internationale Organisationen) zueinander regeln. Es handelt sich, genau genommen, nicht um *„Völker"*-Recht, sondern, da es die Beziehungen der *Staaten* betrifft, um zwischenstaatliches Recht. Die Besonderheit und damit zugleich die Schwäche des Völkerrechts besteht darin, dass es in seiner Wirksamkeit von der Anerkennung durch die betroffenen Staaten abhängt; es fehlt eine zentrale Durchsetzungsmacht.

Rechtsquellen des Völkerrechts sind das Völkervertragsrecht, das Völkergewohnheitsrecht und hilfsweise die allgemeinen Rechtsgrundsätze (vgl. Art. 38 Abs. 1 des Statuts des Internationalen Gerichtshofs). **Völkervertragsrecht** entsteht durch übereinstimmende Willenserklärungen von mindestens zwei Völkerrechtssubjekten; je nach Anzahl der Beteiligten unterscheidet man zwischen bilateralen (zweiseitigen) und multilateralen (mehrseitigen) Verträgen. Das ungeschriebene **Völkergewohnheitsrecht** setzt, vergleichbar dem innerstaatlichen Gewohnheitsrecht, langjährige von der Rechtsüberzeugung der beteiligten Staaten getragene Übung voraus. Die **allgemeinen Rechtsgrundsätze** sind grundlegende, von den staatlichen Rechtsordnungen allgemein anerkannte Rechtsprinzipien, wie z.B. Treu und Glauben. Angesichts der Unsicherheit über Existenz und Inhalt völkerrechtlicher Normen, gerade auf dem Gebiet des Völkergewohnheitsrechts, kommt den Bemühungen, das Völkerrecht durch den Abschluss multilateraler Verträge schrittweise zu kodifizieren, also in einem einheitlichen Regelwerk zusammenzufassen, große Bedeutung zu. Das gilt etwa für die *Haager Konventionen* von 1907, deren wichtigste, die Haager Landkriegsordnung, Fragen des Kriegsführungsrechts und des Besatzungsrechts im Krieg regelt. Zu nennen sind ferner die auf Initiative des Internationalen Komitees vom Roten Kreuz zustande gekommenen **Genfer Konventionen** von 1949, die im Sinne eines humanitären Völkerrechts über die Haager Landkriegsordnung weit hinausgehen. Sie enthalten Regelungen hinsichtlich der Verwundeten, Kranken und Kriegsgefangenen und befassen sich vor allem mit dem Schutz der Zivilpersonen in Kriegszeiten. In den Zusammenhang des humanitären Völkerrechts gehört auch die *UNO-Konvention gegen Folter* und andere grausame, unmenschliche oder erniedrigende Behandlung oder Strafe vom 10. Dezember 1984. Eine der bedeutendsten Kodifikationen des Völkerrechts bildet die *Wiener Vertragsrechtskonvention* vom 23. Mai 1969 mit einheitlichen Regeln für Abschluss, In-Kraft-Treten, Auslegung, Anwendung und Beendigung völkerrechtlicher Vereinbarungen.

(Hermann Avenarius, Die Rechtsordnung der Bundesrepublik Deutschland, Bundeszentrale für politische Bildung, Bonn, 3. Aufl. 2001, S. 67f.)

M 3 Menschenrechte brauchen das Völkerrecht

Von besonderer Bedeutung für den Schutz und die Verwirklichung der Menschenrechte sind völkerrechtliche Verträge. Staaten treten solchen Konventionen, Pakten und Übereinkommen auf freiwilliger Basis bei und verpflichten sich durch die Ratifikation, die Vertragsinhalte in bindendes nationales Recht umzusetzen.

Neben dem Völkervertragsrecht gelten manche Rechte auch per Gewohnheit. Ein solches Völkergewohnheitsrecht setzt eine langjährige Praxis, basierend auf gemeinsamen Rechtsüberzeugungen, voraus, wie sie sich z.B. in übereinstimmenden Normen nationaler Verfassungen widerspiegeln. Heute gelten bestimmte Rechte wie der Schutz des Lebens unabhängig von vertraglichen Vereinbarungen als Völkergewohnheitsrecht, d.h. sie sind auch ohne die förmliche Kodifizierung für alle Staaten bindend.

Der Internationale Pakt über bürgerliche und politische Rechte (**Zivilpakt**) und der Internationale Pakt über wirtschaftliche, soziale und kulturelle Rechte (**Sozialpakt**), die beide 1976 in Kraft traten, gelten als zentrale Menschenrechtsverträge.

Sie bilden zusammen mit der **Allgemeinen Erklärung der Menschenrechte** von 1948 die *International Bill of Human Rights*. Die Erklärung stellt im Prinzip ein rechtlich nicht bindendes Dokument dar. Sie ist jedoch ein Meilenstein in der Entwicklung des internationalen Menschenrechtssystems, und wichtige, darin verankerte Menschenrechte gelten heute als Völker-

gewohnheitsrecht. Daneben gelten auch das Übereinkommen zur Beseitigung jeder Form der Rassendiskriminierung (**Anti-Rassismuskonvention**), das Übereinkommen gegen Folter und andere grausame, unmenschliche oder erniedrigende Behandlung oder Strafe (**UN-Folterkonvention**), das Übereinkommen zur Beseitigung jeder Form von Diskriminierung der Frau (**Frauenrechtskonvention**) und das Übereinkommen über die Rechte des Kindes (**Kinderrechtskonvention**) als bedeutsame Menschenrechtsverträge. Die Verankerung der Menschenrechte in Verträgen und die Errichtung von Instrumenten zur Überwachung ihrer Einhaltung bildet die Grundlage des internationalen Menschenrechtsregimes. [...]
Der ständige **Internationale Strafgerichtshof** (*International Criminal Court*, ICC) [gilt] als Meilenstein für die Herausbildung eines globalen *Völkerstrafrechts*, [...] der zu einer zentralen Instanz für die Durchsetzung international anerkannter Normen werden soll.
Seine Errichtung ist Ausdruck für den Wandel des traditionellen Völkerrechts vom reinen Staatenrecht hin zu einem Recht, das *auch für nicht-staatliche Akteure* Geltung beansprucht. Dies ist vor dem Hintergrund der wachsenden Privatisierung politischer Gewalt, beispielsweise durch den transnationalen Terrorismus, von besonderer Bedeutung.
Das 1998 auf einer Staatenkonferenz in Rom verabschiedete Statut des ICC regelt dessen Zuständigkeiten und Kompetenzen. Das Gericht wird bei vier besonders schweren Verbrechen aktiv, nämlich Völkermord, Verbrechen gegen die Menschlichkeit, Kriegsverbrechen und Verbrechen des Angriffskrieges (wobei dieser Tatbestand erst noch definiert werden muss), und zwar nach Artikel 13 des Status,
a) wenn ein Mitgliedstaat eine Staatenbeschwerde einreicht;
b) wenn der UN-Sicherheitsrat gemäß Kapitel VII der UN-Charta die Untersuchung einer bestimmten „Situation" beschließt;
c) wenn der Chefankläger eine Untersuchung einleitet (*ex officio*).

(Stiftung Entwicklung und Frieden, Globale Trends 2004/2005 – Fakten, Analysen, Prognosen, Fischer Taschenbuch Verlag, Frankfurt a. M. 2003, S. 254f.)

Strafen, die der internationale Strafgerichtshof (ICC) verhängen kann

Der Internationale Strafgerichtshof (ICC) kann gemäß Artikel 77 des Römischen Statuts folgende Gefängnisstrafen verhängen:
- Freiheitsentzug bis zu einer Höchstdauer von 30 Jahren;
- lebenslangen Freiheitsentzug, wenn dies durch die außergewöhnliche Schwere des Verbrechens und die persönlichen Verhältnisse des Verurteilten gerechtfertigt ist.

Daneben kann der Gerichtshof
- Geldstrafen verhängen;
- anordnen, den Erlös, das Eigentum und die Vermögensgegenstände einzuziehen, die unmittelbar oder mittelbar aus dem angeklagten Verbrechen stammen, unbeschadet der Rechte gutgläubiger Dritter.

(Stiftung Entwicklung und Frieden, Globale Trends 2004/2005 – Fakten, Analysen, Prognosen, Fischer Taschenbuch Verlag, Frankfurt a. M. 2003, S. 254f.)

Darfur: Im März 2005 beauftragte erstmals der UN-Sicherheitsrat das Weltgericht, *Verbrechen gegen die Menschlichkeit* zu verfolgen: Der ICC soll Massaker an Zivilisten und die Vertreibung von weit über 1 Mio. Menschen untersuchen (s. Foto S. 473), für die Regierungstruppen, Rebellengruppen und die Janjawid-Reitermilizen 2003/04 in der Provinz Darfur im Norden des Sudan verantwortlich gemacht werden. Die UN überreichte dem ICC eine Liste mit 51 Namen mutmaßlicher Kriegsverbrecher. Wer die Verdächtigen verhaften und ausliefern könnte, blieb unklar, u.a. weil die sudanesische Regierung im Gegensatz zu den beiden wichtigsten Rebellengruppen die Zusammenarbeit mit dem ICC verweigerte. Näheres zu Darfur: http://de.wikipedia.org/wiki/Darfur

(Harenberg Aktuell 2006, Meyers Lexikonverlag, Mannheim 2005, S. 401)

1. *Beschreiben Sie, was mit dem Begriff „Völkerrecht" gemeint ist und wie sich die drei Rechtsquellen unterscheiden, auf denen das Völkerrecht beruht (M 2). Welche Bedeutung für die Verbindlichkeit und Anwendung des Völkerrechts, insbesondere der Durchsetzung von Menschenrechten (M 3), kommt „multilateralen" (zwischen mehreren/vielen Seiten abgeschlossenen) Verträgen zu? Nähere Informationen zu den aufgeführten Übereinkommen finden Sie unter der Internetadresse http://homepage.hamburg.de/menschenrechtsbund/menschenrechtspakte.html*

2. *Erläutern Sie, inwiefern die Errichtung des Internationalen Strafgerichtshofes ein wichtiger Fortschritt in der Geschichte des Menschenrechtsschutzes und des Völkerrechts bedeutet.*

3. *Worin liegen besondere Probleme und Schwierigkeiten der Arbeit des ICC (vgl. das Beispiel Darfur)? Erkundigen Sie sich, ob es inzwischen weitere Verfahren gibt, in denen der Gerichtshof tätig geworden ist. Nähere Informationen bieten die Internetseite des Deutschen Auswärtigen Amtes (www.auswaertiges-amt.de/www/de/aussenpolitik/vn/voelkerrecht/istgh/hintergrund_html sowie die beiden offiziellen Homepages www.un.org/icc und www.icc-cpi.int*

M 4 Macht und Machtverteilung im internationalen System

M 4a Faktoren der Macht

Zwischen den Staaten [gibt es] extreme Unterschiede, wie schon ein oberflächlicher Blick auf die Weltkarte zeigt. Wir sprechen von Supermächten, von großen, mittleren und kleinen Mächten. Der Unterschied zwischen den USA und Panama, zwischen Russland und Finnland, zwischen Rotchina und Taiwan scheint unermesslich zu sein. Es gibt unter dem Aspekt der Stärke offenkundig eine Schichtung in der Staatengesellschaft. Die Bündnissysteme, die während des Kalten Krieges* den beiden Supermächten zugeordnet waren, konnten den Eindruck erwecken, die internationale Politik werde von den „Großen" schlechthin beherrscht.

> Macht ist nach **Max Webers*** bekannter formaler Definition „die Chance, innerhalb einer sozialen Beziehung den eigenen Willen auch gegen Widerstreben durchzusetzen, gleichviel, worauf diese Chance beruht". Machtverhältnisse können sowohl zwischen Individuen und Gruppen wie zwischen Organisationen, Gesellschaften und Staaten auftreten. Die Gründe für das Auftreten von Macht sind vielfältig und müssen nach der jeweils spezifischen geschichtlichen oder sozialen Situation sondiert werden.
>
> (Karl-Heinz Hillmann, Wörterbuch der Soziologie, Kröner Verlag, Stuttgart 1994, S. 50–59)

Aber so einfach liegen die Machtverhältnisse nicht zutage. Politische Macht ist nicht einfach Ergebnis von Größe oder Militärpotenzial eines Landes, und Machtungleichgewicht bedeutet nicht schlechthin einseitige Abhängigkeit der Schwächeren. [...]

Es gibt viele Versuche, die Macht von Staaten möglichst objektiv zu erfassen durch die **Kombination messbarer Größen**, etwa: Territorium, Bevölkerung, Rohstoffe, Sozialprodukt, Militärpotenzial. Ohne Zweifel können alle diese Faktoren auf die zwischenstaatlichen Beziehungen einwirken und das Verhalten von Staaten beeinflussen; sie können also zu Faktoren politischer Macht werden. Dennoch lässt sich diese nicht objektiv, gleichsam mithilfe mathematisch-physikalischer Formeln berechnen. Politik ist nicht Mechanik natürlicher Kräfte, sondern aus Interessendefinition entspringendes internationales Handeln von Personen, die Großgruppen repräsentieren. Wo dieses Handeln klug kalkuliert ist, wird es die objektiv gegebenen Faktoren beachten und zu nutzen versuchen. Aber in die Definition und in die Wahrnehmung der Interessen eines Staates fließen immer die subjektiv-intentionalen Perspektiven der Handelnden ein. Die Repräsentanten eines Staates handeln zudem außenpolitisch nicht in einem Freiraum; sie stehen vielmehr in einem Kontext, der durch vielfältige innergesellschaftliche Kräfte, durch geschichtlich-politische Vorgegebenheiten und Institutionen mitbestimmt ist. Die oben genannten Faktoren objektiver Stärke müssen also immer erst durch politisches Wollen und durch die entsprechende politische Ordnung in Macht umgesetzt werden, und das kann mehr oder weniger gut gelingen, auch mehr oder weniger zielstrebig versucht werden.

Man wird also unterscheiden müssen zwischen *physischer Stärke* und *politischer Macht*. Die Sozialphilosophin *Hannah Arendt* (1906–1974) hat diese Unterscheidung in die politische Theorie eingeführt. *Gottfried-Karl Kindermann* stellt in seinem Text die verschiedenen **Machtfaktoren** der beiden Arten zusammen:

„Die wichtigsten einzelnen, vielfach interdependenten Kodeterminanten [Bestimmungsfaktoren] und Kriterien der außenpolitischen Machtlage von Staaten sind:

a) Quantität, Qualität, Reichweite und Verwundbarkeit ihrer **militärischen Gewaltmittel**; bedeutsam ist hier auch das Maß der Fähigkeit zur autarken [eigenständigen] Produktion zeitgemäßer

Waffensysteme. Die erhöhte technische Komplexität der Waffenerzeugung führte zu entsprechenden Abhängigkeiten industriell schwächerer Staaten von der Bereitschaft stärkerer, ihnen komplexere Waffensysteme zu liefern;

b) die **ökonomisch-technologische Produktivkraft**, Verwundbarkeit (bzw. Abhängigkeit) und internationale Reichweite ihres Wirtschaftssystems sowie ihre Fähigkeit, Wirtschaftskraft (notfalls ohne ökonomische Gewinnerwartung) für politische Zwecke einzusetzen;

c) das Maß **innerstaatlicher Zustimmung oder Opposition**, das dem außenpolitischen Kurs der Führungskräfte entgegengebracht wird (innere Kohärenz des Systems);

d) das Maß der **Unterstützung oder Opposition**, das der Außenpolitik eines Staates seitens der **Regierungen anderer Staaten** oder einflussreicher nichtstaatlicher Interessengruppen in anderen Staaten entgegengebracht wird; [...]

e) die **Glaubwürdigkeit** der Zusagen und Drohungen eines Staates gegenüber anderen;

f) das Maß des Einflusses, den ein Staat auf andere auch ohne den **Einsatz militärischer oder ökonomischer Druckmittel** auszuüben vermag;

g) die oft sehr unterschiedliche **Geschicklichkeit der außenpolitischen Staatsführungen** und ihrer Exekutivorgane (Auswärtiger Dienst, Institutionen auswärtiger Wirtschaftshilfe, Geheimdienste, Militär usw.) bei der Entwicklung und Verwirklichung außenpolitischer Verhaltensstrategien sowie der Bewertung der realen Motivationen fremdstaatlicher Akteure." (Gottfried-Karl Kindermann [Hrsg.], Grundelemente der Weltpolitik, 3. Aufl. München 1986, S. 62)

(Bernhard Sutor/Joachim Detjen, Politik – Ein Studienbuch zur politischen Bildung, Schöningh Verlag, Paderborn 2001, S. 373f.; Verf.: Joachim Detjen)

Nach dem Ende des Ost-West-Konflikts hat sich ein dramatischer **Wechsel der Inhalte und Dimensionen von Macht** vollzogen. In der OECD-Welt, d.h. den Industriestaaten – nicht so sehr in den Staaten der Dritten Welt – hat das Militär einen Bedeutungswechsel erfahren. Es hat als klassisches Zeichen der Macht und der Souveränität eines Staates viel von seinem Stellenwert verloren. In nahezu allen OECD-Staaten wurde enorm abgerüstet; Militär hat zunehmend die Funktion, als Interventionsstreitkräfte, meist weit außerhalb des eigenen Territoriums, eingesetzt zu werden. Andere Aspekte wie technologisch-wissenschaftliche Grundlagen, industrielle und finanzielle Leistungskraft einer Volkswirtschaft, Währung, Humankapital*, Garantie der sozialen Sicherheit und staatliche Daseinsvorsorge bestimmen nun immer stärker den Stellenwert, den Rang und die Macht von Staaten.

(Wichard Woyke [Hg.], Handwörterbuch Internationale Politik, VS Verlag für Sozialwissenschaften, UTB, Wiesbaden, 9. Aufl. 2004, S. XII)

M 4b Die Frage nach der Zahl der „Pole" – Internationale Machtverteilung nach dem Ende des Ost-West-Gegensatzes

Die Machtverteilung hat sich gravierend geändert, und diese Veränderung begründet das neue internationale System. Manche Beobachter vertreten die Auffassung, seine Struktur sei durch **Unipolarität** charakterisiert. So hat William Wohlforth (1999) aus dem Zusammenbruch des sowjetischen Pols mit mathematischem Charme geschlussfolgert: „2 – 1 = 1. Das System ist unipolar." Wohlforths Berechnungen der Relationen in den verschiedenen Bereichen der „Macht" belegen zwar die **herausragende Position der USA** im militärischen Bereich, aber im ökonomischen Bereich erscheint dies nur deshalb so, weil Wohlforth die einzelnen europäischen Staaten in Bezug zu den USA setzt und nicht die EU, die die ökonomischen Potenziale ihrer Mitglieder integriert, als einen ökonomischen Pol identifiziert, der bei manchen Indikatoren sogar stärker ist als die USA.
Eine differenzierte und dann zusammenschauende Betrachtungsweise ergibt, dass die Struktur des neuen internationalen Systems durch die **Kombination aus unipolarer und multipolarer Machtverteilung** charakterisiert ist. Unipolar ist das Weltsystem insofern, als das militärische Potenzial der USA nach Quantität und Qualität überragend ist, die USA aufgrund ihrer Truppenstationierungen und Allianzen auch eine europäische und asiatische Macht sind und mittels ihrer territorialen Stützpunkte und ihrer Flottenpräsenz auf allen Weltmeeren weltweit Machtprojektionen vornehmen können und auch tatsächlich vornehmen. Im nuklearen mi-

litärischen Bereich ist formal die Parität mit Russland durch die rüstungskontrollpolitischen Vereinbarungen fortgeschrieben worden, aber der *wirtschaftliche Niedergang Russlands* und die amerikanischen Innovationen fördern die rüstungspolitische Asymmetrie zugunsten der USA. Immerhin bedeutet jedoch die Existenz unabhängiger atomarer Machtpotenziale in Russland, Großbritannien, Frankreich und China sowie die Existenz neuer regionaler Nuklearmächte, nämlich Indien und Pakistan und informell Israel, eine *Beschränkung der amerikanischen Macht.* Denn Nuklearwaffen sind ja politische Waffen der Abschreckung. Zudem haben die großen Nuklearmächte als ständige Mitglieder des VN-Sicherheitsrates eine gleichberechtigte *Veto-Möglichkeit* bei der Verhängung von VN-Zwangsmaßnahmen. Eindeutig besteht eine voll ausgeprägte Multipolarität im geo-ökonomischen Bereich, genauer gesagt, eine **Tripolarität**, denn die ökonomischen Potenziale konzentrieren sich auf die drei großen Regionen Nordamerika, Europa und Südostasien mit den großen Wirtschaftsmächten USA, EU und Japan als Kernmächten, zwischen denen eine ungefähre Balance, ein kooperatives interregionales Gleichgewicht besteht, wobei beim Welthandel die EU sogar vor den USA rangiert. China dürfte demnächst ebenfalls zu einer führenden Wirtschaftsmacht werden.

Gesamtpolitisch bilden USA, Russland, China, Japan und die EU – mit den Führungsmächten Deutschland, Frankreich und Großbritannien – die machtpolitische Spitzengruppe; mit deutlichem Abstand gegenüber den anderen Staaten. Die USA sind die herausragende Zentralmacht in der Spitzengruppe, aber ihre Position wird relativiert durch die politische und ökonomische Multipolarität, die durch die regionalistischen Substrukturen gestärkt wird.

(Werner Link, Hegemonie und Gleichgewicht der Macht. In: Mir A. Ferdowsi [Hrsg.], Internationale Politik im 21. Jahrhundert, Wilhelm Fink Verlag München, Paderborn 2002, S. 37–39)

M 4c „Soft Power" – Machtverteilung auf drei Ebenen

Internationalisierung und Privatisierung von Macht sind per se nichts Schlechtes; ihre Chancen wie ihre Gefahren sind aber nicht mehr in gleichem Ausmaß wie früher von den Regierungen kontrollierbar. Selbst die einzige Supermacht der Welt ist auf Verbündete angewiesen – in der Staatenwelt und der Welt der internationalen Organisationen genauso wie unter den transnationalen Konzernen und den Nichtregierungsorganisationen. Joseph S. Nye [Professor an der Kennedy School of Government in Harvard, stellv. Verteidigungsminister der Clinton-Regierung (1993–2001)] hat schon in früheren Publikationen den Begriff der *soft power* geprägt, um diese Zusammenhänge zu verdeutlichen.

Unter der weichen Macht, die in einer global vernetzten Welt zunehmend an Bedeutung gewinnt, versteht Nye alles, was die **kulturell-ideologische Attraktivität und die Glaubwürdigkeit eines Landes** (oder eines nichtstaatlichen Akteurs) verbessert. Zur weichen Macht eines Landes tragen beileibe nicht nur Regierungen, sondern auch – unter Umständen mehr noch als diese – Wirtschaftsunternehmen, zivilgesellschaftliche* Assoziationen [Gruppen, Verbände], Forschungs- und Bildungseinrichtungen, Schauspieler oder Popstars bei. Weiche Macht bringt andere dazu, dass sie das wollen, was man selbst will. Anders als harte Macht, zu der Nye neben der militärischen auch die wirtschaftliche Macht zählt, kooptiert [bezieht ein] sie die Menschen, anstatt sie zu zwingen.

Die internationale Politik gleicht Nye zufolge heute einem komplexen **dreidimensionalen Schachspiel:** Auf den beiden oberen Schachbrettern ist die harte Macht angesiedelt, die militärische und die wirtschaftliche, auf dem unteren Schachbrett wirkt die weiche kulturelle Macht. Nur die beiden oberen Ebenen sind der staatlichen Einflussnahme überhaupt zugänglich, nur hier macht es noch Sinn, in Kategorien staatlicher Souveränität zu denken. In *militärischer* Hinsicht haben wir es mit einer unipolaren Weltordnung zu tun, die von der amerikanischen Hegemonialmacht bestimmt wird. Auf der *wirtschaftlichen* Ebene dagegen ist die Welt bereits heute multipolar geordnet, mit den USA, Europa, Japan und bald auch China als den dominanten Mächten. Die *weiche Macht* schließlich ist so breit verteilt, dass sich jeder Souveränitätsbegriff ad absurdum führt. Auf diesem dritten Schachbrett tummeln sich die unterschiedlichsten nichtstaatlichen Akteure; hier können selbst Hacker oder Terroristen die Regierungen in Schach halten.

(DIE ZEIT Nr. 18 v. 24.4.2003; Verf.: Patrick Horst; www.zeit.de/2003/18/P-Nye)

1. *Erläutern Sie, was – ganz formal – unter „Macht" zu verstehen ist und warum in den internationalen Beziehungen die Machtstellung nicht einfach das Ergebnis „messbarer Größen" ist. Inwiefern ist zwischen „physischer" und „politischer" Macht zu unterscheiden (zu verdeutlichen etwa am Beispiel des heutigen Russland)? (M 4a)*
2. *Machen Sie anhand der aufgeführten Machtfaktoren deutlich, inwiefern innenpolitische Faktoren von großer Bedeutung für die außenpolitische Machtstellung eines Staates sein können. (M 4a)*
3. *Setzen Sie sich mit dem Hinweis auseinander, dass das Militär für die Machtstellung eines Staates erheblich an Bedeutung verloren hat (Kasten in M 4a).*
4. *Bis zum Ende des Ost-West-Gegensatzes herrschte Einigkeit darüber, dass die internationale Macht auf die beiden großen „Blöcke", also „bipolar" [auf zwei „Machtpole"] verteilt war (Kalter Krieg*). Stellen Sie heraus, inwiefern die Beschreibung der heutigen Machtverteilung nicht so einfach vorzunehmen ist und auf welche der in M 4a aufgeführten Machtfaktoren sich der Autor von M 4b bei seiner Darstellung stützt. Nennen Sie die verschiedenen Aspekte, die den Autor dazu führen, die Machtstruktur des heutigen internationalen Systems als „eine Kombination aus unipolarer und multipolarer Machtverteilung" zu kennzeichnen. Worauf führt er die Stellung der USA als „herausragende Zentralmacht" zurück?*
5. *Der amerikanische Politikwissenschaftler Nye geht davon aus, dass Machteinflüsse nicht mehr nur auf der militärischen und wirtschaftlichen Ebene wirksam sind. Erläutern Sie, was er unter „weicher Macht" versteht und wie sich in dieser Sicht die gesamte internationale Machtverteilung darstellt. Wie beurteilen Sie das Gewicht der „weichen Macht"? (M 4c)*

M 5 Strukturmerkmale des internationalen Systems zu Beginn des 21. Jahrhunderts

Versuchen wir das internationale System am Beginn des 21. Jahrhunderts abzubilden, so kann es durch folgende – in ihrer Wertigkeit unterschiedliche – Charakteristika gekennzeichnet werden:

a) Wenn sich die Welt auch zunehmend in eine Wirtschafts- und Gesellschaftswelt (Czempiel) entwickelt hat, spielt die **Staatenwelt** nach wie vor eine entscheidende Rolle für das internationale System. National- und Territorialstaaten sind nach wie vor zentrale Akteure. Mehr als 200 Staaten – viermal so viel wie zur Zeit der Gründung der Vereinten Nationen 1945 – überziehen heute den Globus (s. Karte S. 470). Es gibt eine Vielfalt von Ländern unterschiedlicher territorialer Ausdehnung, demographischer Struktur, wirtschaftlicher Fähigkeit, militärischer und politischer Macht. [...] Politische Macht im völkerrechtlich-formalen Sinn [bleibt] an die einzelnen Staaten gebunden, wenngleich ihre Kompetenz zur Lösung zunehmend sich globalisierender Probleme sinkt. Die Nation dient besonders in den (neuen) Staaten Mittel- und Osteuropas als Identifikationsobjekt für Gesellschaften zur einigenden Klammer. [...]

b) Eine zunehmende Anzahl **internationaler Organisationen** sowohl gouvernementaler* Art *(international governmental organisation/IGO)* als auch nichtgouvernementaler Art *(international non-governmental organisation/INGO)* tritt als Akteur in der internationalen Politik auf. Gab es 1964 erst 179 IGOs, so waren es 1985 bereits 285, um nach dem Ende des Ost-West-Konflikts im Jahr 2002 auf 238 zurückzugehen. Bei den INGOs wurden 1964 erst 1268 gezählt, während sie sich im Jahr 2002 bei ca. 18 000 bewegten. Dazu kommen noch etwa 60 000 transnationale Konzerne, die ebenfalls grenzüberschreitend agieren. Diese internationalen Organisationen bilden den institutionellen Rahmen für grenzüberschreitende Politikentwicklungsprozesse, an denen staatliche und/oder nichtstaatliche Akteure aus mehreren Ländern und Gesellschaften beteiligt sind. Sie übernehmen bestimmte Steuerungsfunktionen für Politikbereiche, die von den National-/Territorialstaaten nicht oder nicht mehr ausreichend wahrgenommen werden können. Sichtbarster Ausdruck einer solchen überstaatlichen Regelungsinstanz wurden die 1945 gegründeten Vereinten Nationen einschließlich ihrer Unterorganisationen.

c) In den letzten drei Jahrzehnten ist eine immer weiter **zunehmende Globalisierung** der internationalen Politik sowie eine **grenzüberschreitende Problemvernetzung** festzustellen.

Grafik 1: Wachstum der Menge Internationaler Organisationen seit 1909

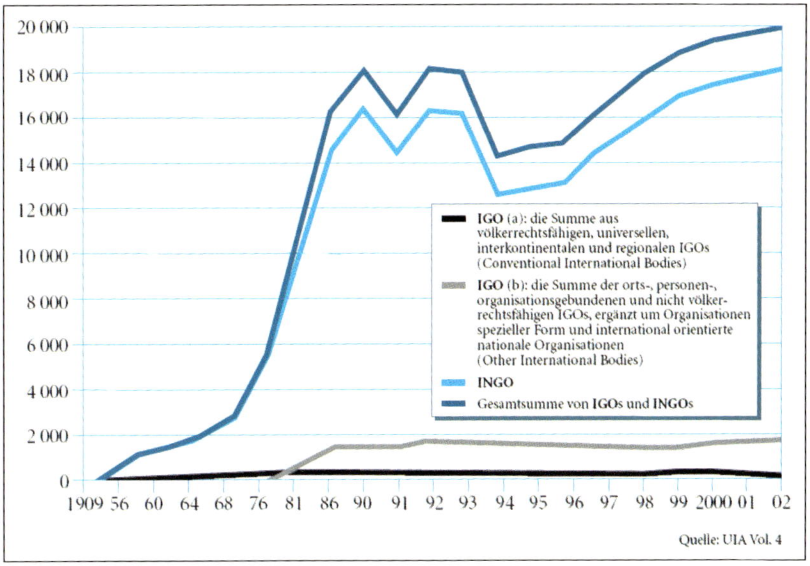

(Stiftung Entwicklung und Frieden, Globale Trends 2004/2005 – Fakten, Analysen, Prognosen, Fischer Taschenbuch Verlag, Frankfurt a. M. 2003, S. 37)

Globalisierung bedeutet eine immer größere Verdichtung grenzüberschreitender Interaktionen vor allem in den Bereichen Ökonomie, Technologie, Kommunikation, Wissenschaft und Transportsystemen. Scheinbar noch so bedeutungslose Entwicklungen in einem weit entfernten Land wie Verelendung, Umweltzerstörung, Migration u.a.m. können globale Bumerangeffekte bewirken. Globalisierung verwickelt somit fast alle Staaten, Gesellschaften, Organisationen, Akteursgruppen und Individuen, wenn auch in unterschiedlichem Grad, in ein **komplexes Interdependenzsystem** [System gegenseitiger Abhängigkeit]. [...] Die neue Qualität der Interdependenz erschwert nicht nur nationalstaatliche Steuerungsversuche, sondern erfordert geradezu eine internationale Verregelung. Mit dem Prozess der Globalisierung geht auch gleichzeitig die *weltweite Vernetzung von Risiken und Gefahren* einher: ökologische Herausforderungen, Migration, Krankheiten, ABC-Massenvernichtungswaffen, Kriminalität, Drogenhandel u.a.m.

d) Die Widersprüchlichkeit des internationalen Systems zeigt sich in parallel zur Globalisierung verlaufenden Prozessen der **Dezentralisierung**, **Regionalisierung** und Multipolarisierung. Nicht mehr die Konfliktfigur des Ost-West-Konflikts mit seiner Bipolarität ist für das internationale System strukturbestimmend (vgl. M 4b). Es bilden sich zunehmend **regionale Machtzentren** heraus. Regionale Zusammenschlüsse wie die Europäische Union, der Mercado Commun del Cono Sur (MERCOSUR; s. Abb. 2, S. 350), multipolare Zusammenschlüsse wie die G 7/G 8 (Gruppe der sieben wichtigsten Industriestaaten und Russland; s. Foto S. 460) die Organisation Erdöl exportierender Staaten (OPEC) und weitere internationale Organisationen werden neben den Nationalstaaten zu bedeutsamen Akteuren im internationalen System. Auch **nichtgouvernementale internationale Organisationen** wie z.B. Greenpeace und amnesty international versuchen mehr und mehr als Akteure in der internationalen

Grafik 2: Ebenen internationaler Verflechtung

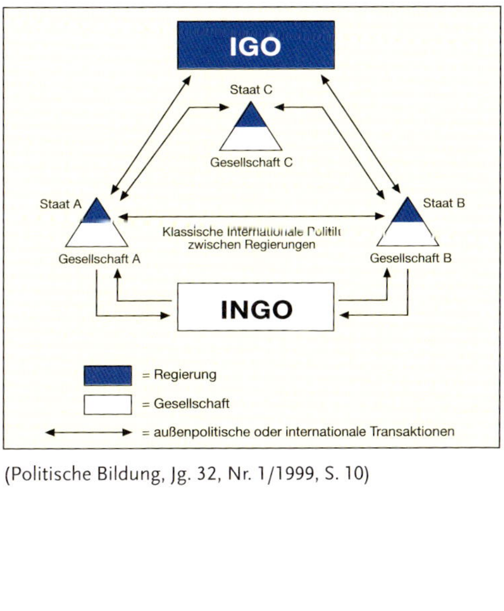

(Politische Bildung, Jg. 32, Nr. 1/1999, S. 10)

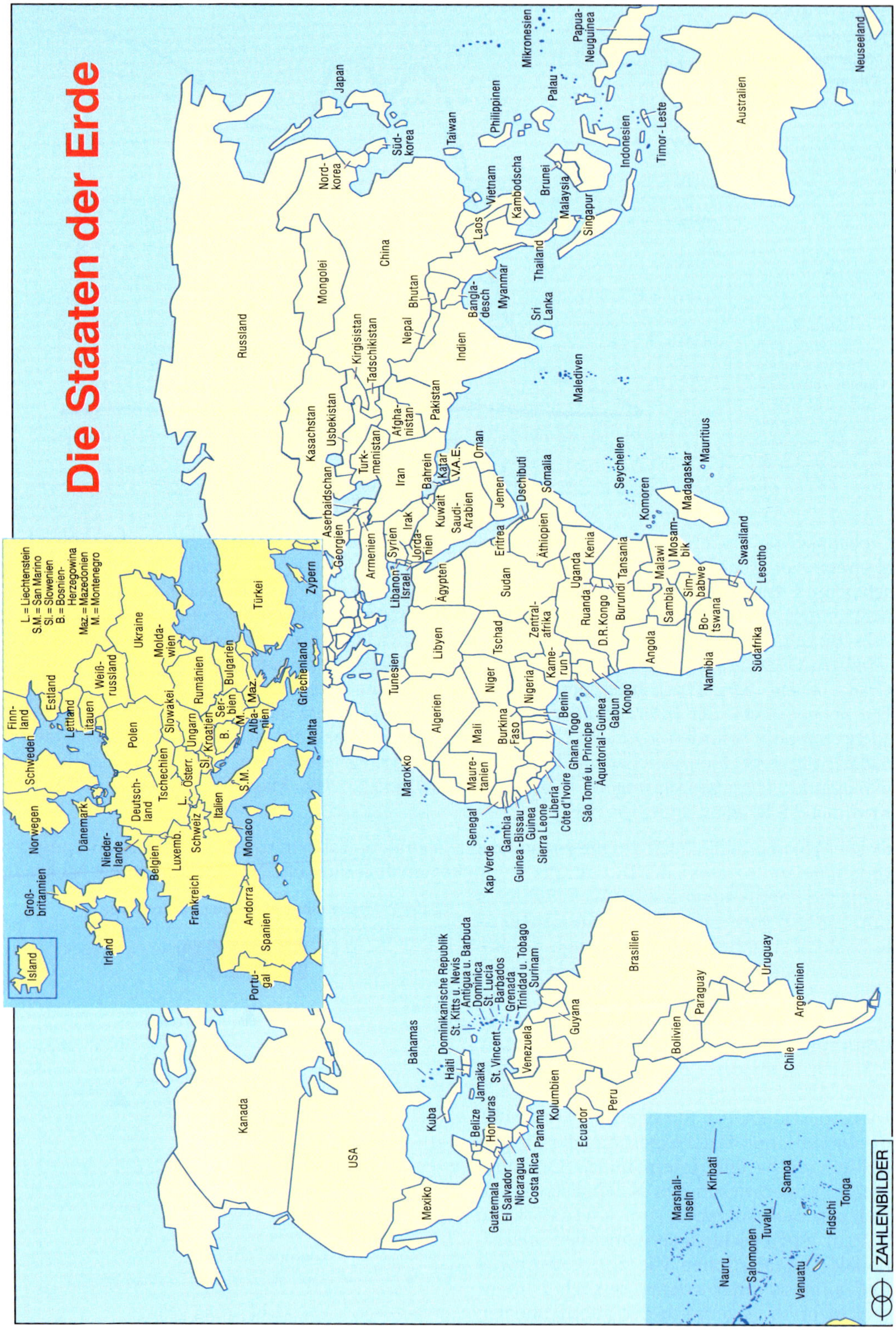

ZAHLENBILDER 603 655

Politik zu agieren. Sie machen durch spezifische Aktivitäten auf ihre Sicht der Dinge ebenso aufmerksam, wie sie sich durch die Teilnahme an internationalen Konferenzen [...] mit ihren Vorstellungen in die internationale Politik einzubringen suchen (s. M 6).

e) Die Konfrontationsachse, bis Ende des vorigen Jahrhunderts eindeutig im Ost-West-Verhältnis gelegen, verschiebt sich in die Nord-Süd-Dimension. Der **Nord-Süd-Konflikt** rückt aus dem Schatten des Ost-West-Konflikts. Er gründet sich auf die unterschiedlichen politischen und wirtschaftlichen Entwicklungschancen von Industrie- und Entwicklungsländern, nahezu alle auf der Südhalbkugel gelegen, und den Industriestaaten, wobei die Macht- und Einflusspotenziale höchst ungleich verteilt sind.

(Wichard Woyke [Hrsg.], Handwörterbuch Internationale Politik, VS Verlag für Sozialwissenschaften, UTB, 9. Aufl., Wiesbaden 2004, S. Xff.)

M 6 Die Bedeutung der „Nichtregierungsorganisationen" (NGOs) in der internationalen Politik

Die Einschätzung der Rolle der NGOs in den internationalen Beziehungen im Allgemeinen und in der internationalen Menschenrechtspolitik im Besonderen schwankt zwischen unkritischer Romantisierung, die bei den NGOs eine Selbstüberschätzung animiert, und despektierlicher Abwertung des „bunten Haufens" zu lästigen Störenfrieden durch hartgesottene „Realisten" in Politik und Wissenschaft. Die Abwertung wird ihrer Rolle, die sie bereits im UN-System und auf internationalen Konferenzen spielen, ebenso wenig gerecht wie die Rede von der „NGOisierung der Weltpolitik" oder von der Machtverlagerung aus der Staatenwelt in die Zivilgesellschaft* (vgl. Grafik 2, S. 469). Zwar haben Globalisierungsprozesse die Souveränität zu einer juristischen Fiktion abgewertet, aber die oligarchisch strukturierte Staatenwelt bestimmt noch immer die Spielregeln der internationalen Politik und die Handlungsspielräume der nicht-staatlichen Akteure. [...]
Dieser Versuch, **Stärken und Schwächen** der NGOs zu bilanzieren, orientiert sich an den Erkenntnissen von Dirk Messner (1997):

1. NGOs haben das Privileg und die Funktion, die eingespielten Routinen der Politik durch *Protest und Provokation* zu stören, in Bewegung zu halten, Gegenöffentlichkeit zu erzeugen und Gegenmacht aufzubauen.

2. Die NGOs fungieren als Sensoren der Gesellschaft, greifen vernachlässigte Themen auf und konfrontieren das politische System mit einem *Reformdruck* von unten. Sie setzen die Politik unter Handlungs- und Legitimationsdruck.

3. NGOs tragen zur Zerkleinerung der „großen Politik" bei und können sich leisten, über den kurzen Zeithorizont von Wahlterminen hinauszuschauen und *Vorschläge* zu unterbreiten, die aus machtpolitischen Gründen tabuisiert werden.

4. Die NGOs konfrontieren die Welt der Sachzwänge und scheinbar unveränderbaren Systemlogiken oft mit der *Welt des Wünschbaren*, mit der Utopie einer besseren Welt und können so zuweilen zumindest Nachdenklichkeit bewirken und Denkanstöße geben.

5. NGOs tragen dazu bei, das *soziale und moralische Kapital* einer Gesellschaft zu mobilisieren; sie bringen zum Ausdruck, dass es neben Individualisierungs- und Entsolidarisierungstendenzen auch noch Bedürfnisse nach erlebbarer Gemeinschaft und kreativer Betätigung im Gemeinwesen gibt. Sie holen gewissermaßen die Politik in die Gesellschaft zurück.

Diesen Innovations- und Kreativitätspotenzialen stehen einige Schwächen gegenüber, die einer Mystifizierung der NGOs widersprechen:

1. Die NGOs greifen oft *punktuell Problemfelder* auf und erarbeiten sich in diesen Feldern beachtliche Sachkompetenz, berücksichtigen aber bei dieser Engführung die Interdependenzen zwischen Politik- und Problemfeldern nicht hinreichend. Paradigmatisch [beispielhaft] ist das Handeln von Umwelt-NGOs, die oft Belange des Arbeitsmarktes ignorieren. Auch NGOs leiden häufig an einer *Kurzsichtigkeit*, die sie der Politik anzulasten pflegen, weil sie die Wirkungen ihrer Aktivitäten auf andere Problemfelder ausblenden. Ihr Erfolg beruht auch auf dem Privileg, sich nicht um den Ausgleich von Zielkonflikten kümmern und Entscheidungen treffen zu müssen.

2. Die NGOs haben zwar die kommunikative Infrastruktur der Gesellschaft verbreitert und zur Rückbindung der Politik in die Gesellschaft beigetragen. Manche neigen allerdings, weil sie auf die Schaffung von Öffentlichkeit über die Medienpräsenz setzen, zu einer *„Skandalisierung" der Politik*. Statt komplizierte Sachverhalte verständlich zu machen und Lösungswege aufzuzeigen, werden Skandale medienwirksam inszeniert.

3. Größere NGOs haben innere *Demokratie- und Legitimationsdefizite*; statt auf Wählerfang gehen sie auf Spendenfang. Die Zustimmung zu ihrer Arbeit über Spenden hinterlässt ein Legitimationsvakuum: In wessen Namen und für wie viele Menschen sprechen die NGO-Funktionäre? Es gibt eine wachsende Gruppe professionalisierter NGOs, die kaum über aktive Mitstreiter verfügen, sondern auf der Grundlage von Spendengeldern *Lobbyarbeit* für dieses oder jenes Anliegen betreiben. Was unterscheidet dann noch solche Lobby-NGOs von klassischen Verbänden, die zumindest eine innerverbandliche Demokratie haben?

Die NGOs sind ein belebendes Element der Demokratie; sie erhöhen die Sensibilität gegenüber ausgegrenzten Themenfeldern und üben auf diese Weise wichtige Korrekturfunktionen aus. Sie bieten Partizipationschancen. Dennoch sollten sie nicht romantisiert werden. Sie sind keine besseren politischen Akteure, sondern andere Akteure mit komparativen Vor- und Nachteilen.

(Franz Nuscheler [2003], NGOs in Weltgesellschaft und Weltpolitik, www.oneworld.at/ngo-conference/discussion/nuscheler.htm)

1. *Den Hinweis in M 5 auf die Vervierfachung der Zahl der Staaten gegenüber 1945 können wir hier nicht vollständig erläutern. Anfang der 1990er-Jahre entstanden allein durch den Zerfall der früheren Sowjetunion (UdSSR – Union der Sozialistischen Sowjetrepubliken) 14 neue selbstständige Staaten und durch die Auflösung des ehemaligen Jugoslawien etwa zum gleichen Zeitpunkt weitere fünf. Versuchen Sie, sie auf der Karte S. 470 zu identifizieren. Denken Sie auch an den Prozess der Entkolonialisierung, z. B. in Afrika, wo allein von 1960 bis 1964 24 ehemalige Kolonien zu unabhängigen Staaten wurden.*

2. *Der Prozess der Globalisierung wird in Kap. C (S. 347ff.) näher beschrieben. Erläutern Sie an dieser Stelle die beiden Begriffe „Interdependenz" und „Vernetzung" als wesentliche Merkmale dieses Prozesses und verdeutlichen Sie, inwiefern Globalisierung auch einen (an sich gegenläufigen) Prozess der „Regionalisierung" (besonders im wirtschaftlichen Bereich) bewirkt hat (vgl. Abb. 2, S. 350). Die „Nord-Süd-Beziehungen" werden Gegenstand des Abschnitts III. dieses Kapitels sein.*

3. *Zu den auffälligsten Merkmalen der Entwicklung der internationalen Beziehungen gehört sicherlich das enorme Wachstum der Zahl internationaler „Nichtregierungsorganisationen" (INGOs) seit den 1970er-Jahren. Verdeutlichen Sie die Unterscheidung zwischen IGOs (die wichtigsten von ihnen wie u. a. die UN, der IWF und die WTO werden in diesem Kapitel näher betrachtet) und INGOs (vgl. Grafik 2, S. 469). Inwiefern sind INGOs auf der Ebene der „Gesellschaft", nicht des „Staates" angesiedelt? Erläutern Sie dazu auch das in Grafik 2 dargestellte Geflecht internationaler Beziehungen.*

4. *Die Entstehung von Nicht-Regierungsorganisationen wird allgemein auf den Abschied von der Auffassung zurückgeführt, dass der Staat alles könne oder das meiste am besten könne. Nehmen Sie beispielhaft Bezug auf die Bereiche des Umweltschutzes, der Menschenrechte oder der Entwicklungshilfe und stellen Sie dar, dass diese veränderte Grundauffassung auch für den internationalen Bereich von Bedeutung ist. Nennen Sie Ihnen bekannte INGOs für diese Bereiche und erörtern Sie, ob diese Organisationen nicht nur die Maßnahmen der staatlichen Ebene ergänzen, sondern auch manche Aufgaben besser erfüllen können als staatliche Organisationen.*

5. *Wie weit der Einfluss von INGOs auf die internationale Politik reicht und wie er zu beurteilen ist, ist umstritten. Erläutern Sie dazu die in M 6 dargestellten „Stärken" und „Schwächen" in der Sicht von Franz Nuscheler. Vielleicht können Sie – aus eigener Erfahrung als Mitglied einer NGO – dazu Stellung nehmen.*

6. *Unter den folgenden Internetadressen können Sie nähere Informationen zu zahlreichen Organisationen (im Bereich Entwicklung, Umwelt usw.) einholen: http://www.nachhaltigkeit.aachener-stiftung.de/5000/Akteure.htm; http://www.politische-bildung.net/links/voll.php?viewCat=65; http://de.wikipedia.org/wiki/Nichtregierungsorganisationen; http://de.wikipedia.org/wiki/Liste_der_Organisationen*

tember 2001 hat jedoch gezeigt, dass diese Staaten einen geradezu idealen Nährboden für die Entwicklung substaatlicher bzw. privater Gewaltakteure bieten, die sich entweder innerhalb der Grenzen des gescheiterten Staates als Warlords [„Kriegsherren"] betätigen oder aber mit dem Mittel des Terrors ihre Gewalttätigkeit in andere Staaten hineintragen können. In der Perspektive einer immer wahrscheinlicheren Verfügbarkeit von Massenvernichtungswaffen für nichtstaatliche Akteure kommt diesen Gruppierungen und ihren möglichen Unterstützerstaaten besonderes Augenmerk zu.

Eine Resultante der privatisierten Kriegführung ist die Angewiesenheit der nichtstaatlichen Gewaltakteure auf alle Formen der **Finanzierung**. So verquicken sich seit Jahrzehnten in zunehmender Weise innerstaatliche Guerillas ebenso wie international aktive Terroristen mit der *Organisierten Kriminalität* und ihren spezifischen Formen des Gelderwerbs durch Drogen-, Waffen- und Menschenhandel sowie der Geldwäsche. Spätestens an dieser Stelle beginnt die klassische Unterscheidung zwischen militärischen und kriminellen Risiken zu verschwimmen, und es werden daher neue Formen eines integrierten Vorgehens der verschiedenen mit staatlicher Sicherheit betrauten nationalen Organe wie auch deren intensivierte Zusammenarbeit im internationalen Bereich notwendig.

(Sven Bernhard Gareis, Der Wandel der Friedenssicherung durch die Vereinten Nationen. In: Aus Politik und Zeitgeschichte Nr. 27–28/2002 v. 8.7.2002; http://www.bpb.de/publikationen/P4JYUT,0,Der_Wandel_der_Friedenssicherung_durch_die_Vereinten_Nationen.html)

M 11b Völkermord in Ruanda

Völkermord ist die systematische Auslöschung einer Menschen- oder Volksgruppe. Nach dem Massenmord der Nationalsozialisten an den europäischen Juden einigten sich die Mitgliedstaaten der Vereinten Nationen am 9. Dezember 1948 auf eine „Konvention über die Verhütung und Bestrafung des Völkermordes". Danach sind als Völkermord (auch Genozid genannt) eine Reihe von Handlungen zu verstehen, die eine nationale, ethnische, rassische oder religiöse Gruppe zerstören sollen. Darunter fällt nicht nur das Töten oder die Verursachung von schwerem körperlichen oder seelischen Schaden, sondern auch die Auferlegung zerstörerischer Lebensbedingungen, Geburtenverhinderung oder dass Eltern gewaltsam die Kinder weggenommen werden.

(Süddeutsche Zeitung v. 5./6.3.2005, S. 2; Verf.: Nicolas Richter)

800 000 Tote in 100 Tagen

Ruanda sieht heute so friedlich und gepflegt aus, dass böse Menschen behaupten, das gesamte Land gleiche einem riesigen, spießigen Schrebergarten. Fast nirgendwo – außer in den Gedenkstätten – wird man noch daran erinnert, dass sich von April bis Juni 1994 etwas zugetragen hat, das nur als Bruch der Zivilisation beschrieben werden kann. Es war ein Schlachten, das es bis dahin nicht gegeben hatte. Tausende von Hutu betrachteten es als oberste Pflicht, die „Kakerlaken", die Tutsi, auszurotten. Flüsse färbten sich rot vom Blut, und selbst Kirchen und Hospitäler wurden zu Schlachthäusern. Es war der schnellste Genozid der Neuzeit, und das, obwohl er mit einfachsten Waffen ausgeführt wurde, mit Macheten, Speeren und Knüppeln. In nur 100 Tagen wurden 800 000 Menschen ermordet, das sind fünf

Getötete Tutsi in Ruandas Hauptstadt Kigali (1994)

(Foto: Luc Delahaye/SIPA PRESS)

Tote pro Minute – so schnell war nicht einmal die Tötungsmaschinerie der Nazis.
Viele Berichterstatter flüchteten sich damals in rassistische Erklärungen. Von einer „Verirrung der Natur“ war die Rede oder von einem „archaischen Stammeskrieg“. Dabei war der Genozid weder archaisch noch ein Stammeskrieg. Es war ein Menschheitsverbrechen von Hutu-Extremisten, bei dem das Militär, die Polizei, eine Miliz und ein Radiosender ihre lange einstudierten Rollen hatten – sie wollten verhindern, dass Tutsi und moderate Hutu in diesem Bürgerkriegsland an der Macht beteiligt werden. Die Tragödie in ihrem ganzen Ausmaß aber wurde erst möglich, weil die UN, die USA, Frankreich und Belgien Warnungen ignorierten. Mehr noch: Die UN zogen die meisten ihrer Truppen ab, als der Völkermord bereits begonnen hatte.

(Süddeutsche Zeitung Nr. 53 v. 5./6.3.2005, S. 2; Verf.: Michael Bitala)

Die gründliche Analyse von M 11a ist für das Verständnis des spezifischen Charakters von Krisen- und Konfliktlagen, wie sie sich seit den 1990er-Jahren entwickelt haben, von besonderer Wichtigkeit. Beschreiben Sie möglichst mit eigenen Worten, wie und aus welchen Gründen sich das allgemeine Kriegsbild verändert hat, welche Rolle „zerfallene Staaten“ (failed states) und „Warlords“ spielen und auf welche Weise sich häufig Kriegsführung mit „organisierter Kriminalität“ verbindet. Als extremes Beispiel für einige Strukturmerkmale „neuer Kriege“ können Sie den Völkermord in Ruanda (M 11b) analysieren (vgl. später auch M 14 und die Hinweise auf weitere Informationsmöglichkeiten in Arbeitshinweis 2, S. 477).
In Europa kam es im Bosnienkrieg 1995 zu einem völkermordähnlichen Massenmord in der bosnischen Stadt Srebrenica (Näheres dazu: http://de.wikipedia.org/wiki/Massaker_von_Srebrenica).

2. Möglichkeiten und Probleme der Friedenssicherung durch die UNO

M 12 Die Organisation der Vereinten Nationen

„Vereinte Nationen“ nannten sich erstmals die Kriegsgegner der Achsenmächte (Deutschland, Italien und Japan) in der Washingtoner Erklärung vom 1.1.1942, mit der sie die von Roosevelt und Churchill in der sogenannten Atlantik-Charta vereinbarten Grundsätze einer künftigen Weltfriedensordnung anerkannten. Aus dieser Kriegskoalition ging 1945 die Organisation der Vereinten Nationen hervor – nach dem Scheitern des Völkerbunds der erneute Versuch, ein weltumspannendes System kollektiver Sicherheit zu errichten. Die von den vier Großmächten (USA, Sowjetunion, Großbritannien und China) ausgearbeitete Satzung der neuen Organisation, die **Charta der Vereinten Nationen**, wurde am 26.6.1945 in San Francisco von 51 Staaten unterzeichnet. Am 24.10.1945 fand die erste Tagung der Vereinten Nationen statt.

Kofi Annan (Ghana), Generalsekretär der UNO seit 1997
(Foto: © dpa-Fotoreport/epa AFP Ray Abrams)

Die Charta verpflichtet die UN-Mitglieder, den Weltfrieden und die internationale Sicherheit zu bewahren, freundschaftliche Beziehungen zwischen den Völkern herzustellen, bei der Lösung wirtschaftlicher, sozialer und kultureller Fragen zusammenzuarbeiten und die Grundrechte und -freiheiten der Menschen zu achten. Im Mittelpunkt der UN-Organisation stehen die in Artikel 7 der Charta genannten **Hauptorgane** (Text der Charta: www.dadalos-d.org/uno/un-charta.htm).
Das Plenarorgan der Vereinten Nationen ist die **Generalversammlung**, in der alle Mitgliedstaaten mit jeweils einer Stimme vertreten sind. Jedes Jahr von September bis Dezember tritt sie in New York zu ihrer regulären Sitzungsperiode zusammen. Sie beschließt den UN-Haushalt und legt den Verteilungsschlüssel für die Beiträge der UN-Mitglieder fest. Im Übrigen kann sie grundsätzlich alle internationalen Fragen erörtern und Empfehlungen dazu abgeben; davon ausge-

nommen sind lediglich Angelegenheiten, die noch im Sicherheitsrat behandelt werden. Die Generalversammlung fasst ihre Beschlüsse im Allgemeinen mit einfacher Mehrheit; zu „wichtigen Fragen“ ist jedoch eine Zweidrittelmehrheit erforderlich. Verbindlich sind ihre Resolutionen nur für die zustimmenden Staaten. Unterstützt wird die Arbeit der Generalversammlung durch zehn *Hauptausschüsse* und weitere *ständige Ausschüsse* oder ad hoc eingesetzte Kommissionen. Zur Bewältigung der vielfältigen praktischen Aufgaben, die sich den Vereinten Nationen stellen, hat die Generalversammlung eine Reihe von ständigen *Hilfsorganisationen, Programmen und Fonds* ins Leben gerufen, darunter z. B. das Weltkinderhilfswerk (UNICEF), die Konferenz für Handel und Entwicklung (UNCTAD) und das UN-Entwicklungsprogramm (UNDP).

Der **Sicherheitsrat** (s. Foto S. 460) kann als einziges Organ der Vereinten Nationen für alle Mitglieder verbindliche Beschlüsse fassen, wenn er festgestellt hat, dass eine Friedensbedrohung, ein Friedensbruch oder eine Aggression vorliegt. Er kann Sanktionen politischer, wirtschaftlicher oder militärischer Art verhängen und ein Mandat zum Einsatz von Friedenstruppen (UN-Blauhelmen) erteilen. Der Sicherheitsrat besteht aus *fünf ständigen Mitgliedern* (China, Frankreich, Großbritannien, Russland, USA) und *zehn weiteren Mitgliedern*, die von der Generalversammlung auf jeweils zwei

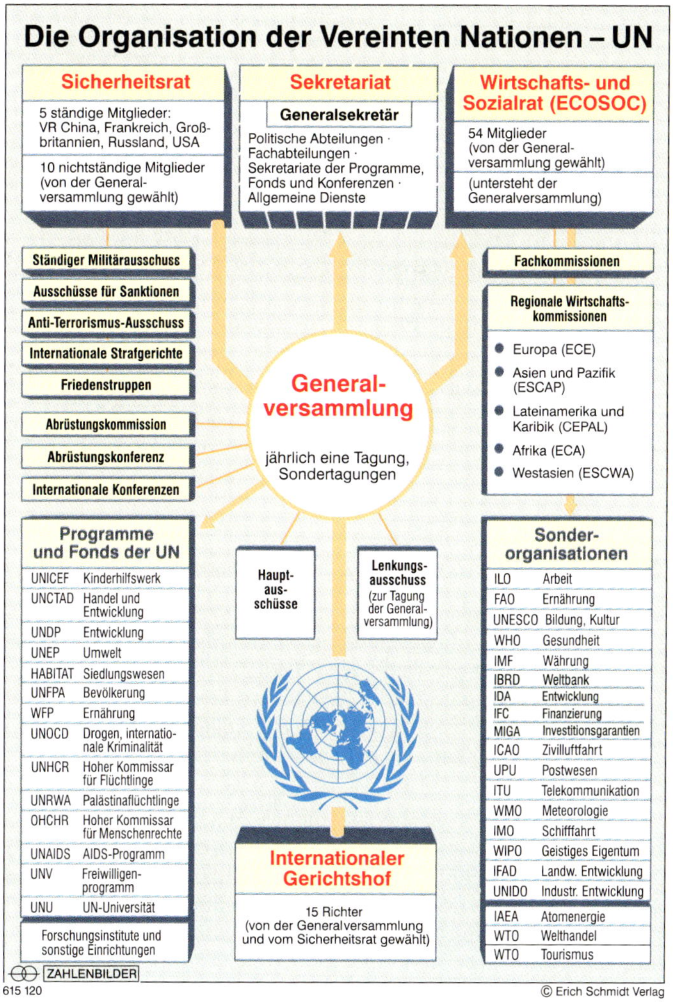

Jahre gewählt werden. Zur Beschlussfassung in wichtigen Fragen sind mindestens neun Ja-Stimmen erforderlich, darunter die Stimmen der fünf ständigen Mitglieder; diese können durch ihr *Veto* also eine Entscheidung des Sicherheitsrats blockieren.

Der **Internationale Gerichtshof** (Sitz: Den Haag) befasst sich mit internationalen Rechtsstreitigkeiten, die ihm von den UN-Mitgliedstaaten unterbreitet werden, und erstattet völkerrechtliche Gutachten für die UN und ihre Sonderorganisationen. Seine 15 Richter werden von der Generalversammlung und vom Sicherheitsrat in getrennten Abstimmungen auf neun Jahre gewählt; sie repräsentieren alle großen Kulturkreise und Rechtssysteme.

(Schmidt-Zahlenbilder)

RUNIC

Umfassende und gut gegliederte Informationen zu allen die UN betreffenden Fragen bietet das Regionale Informationszentrum der UNO (RUNIC), Büro Bonn, auf seiner Internetseite: http://www.runiceurope.org/german/index.htm

Gut gegliederte Informationen bietet auch die Internetseite der Deutschen Gesellschaft für die Vereinten Nationen (www.dgvn.de).

Aktuelle Analysen zur Situation der UN anlässlich ihres 60-jährigen Bestehens finden sich in „Aus Politik und Zeitgeschichte", Nr. 22/2005 (Download im Internet: www.bpb.de/files/4M2XRE.pdf).

(Autorentext)

M 13 Möglichkeiten der Friedenssicherung durch die UNO

Die Handlungsmöglichkeiten der UN zur Friedenssicherung in der Welt werden in den Kapiteln VI und VII der UN-Charta beschrieben. Während es in Kap. VI um „Die friedliche Beilegung von Streitigkeiten" geht, bezieht sich Kap. VII auf „Maßnahmen bei Bedrohung oder Bruch des Friedens und bei Angriffshandlungen". Wir wollen das Verfahren nach **Kap. VII** kurz beschreiben.

Erscheint durch zwischenstaatliche Auseinandersetzungen die internationale Sicherheit gefährdet, kann der Rat zunächst den Konfliktparteien *empfehlen*, eine friedliche Einigung herbeizuführen. Kommt es zu Kampfhandlungen, kann der Sicherheitsrat *Vorschläge* für einen Waffenstillstand unterbreiten. Sind die Konfliktparteien zu einem Frieden nicht bereit, kann der Sicherheitsrat **Zwangsmaßnahmen** anordnen, die für alle Mitgliedstaaten rechtlich verbindlich sind.

Voraussetzung für den Beschluss solcher Zwangsmaßnahmen ist allerdings die Feststellung, dass eine Bedrohung oder ein Bruch des Weltfriedens oder eine Aggression vorliegt. Der Rat kann nun die Betroffenen *auffordern*, bestimmten Anordnungen Folge zu leisten.

Wird ihnen nicht entsprochen, so kann der Sicherheitsrat zunächst *nichtmilitärische Maßnahmen*, allen voran Wirtschaftssanktionen, verhängen. Reichen diese Maßnahmen nicht aus, besteht die Möglichkeit, *militärische Sanktionen* zu beschließen (vgl. Kasten).

(Martin Wedel: Die UNO – zwischen Anspruch und Wirklichkeit. In: RAAbits Sozialkunde/Politik. 44. EL Februar 2004. II/D1 Reihe 2, S. 8)

Der Sicherheitsrat fordert die Konfliktparteien auf (Art. 40):
- den Weltfrieden und die internationale Sicherheit zu wahren;
- den Konflikt friedlich beizulegen;
- die Lage vor Ausbruch des Konflikts wiederherzustellen.

Maßnahmen unter Ausschluss von Waffengewalt (Art. 41):
- Abbruch der Wirtschaftsbeziehungen (Embargo);
- Unterbrechung des Land-, See- und Luftverkehrs;
- Unterbrechung der Post-, Telegrafen- und Funkverbindung;
- Abbruch der diplomatischen Beziehungen.

Maßnahmen unter Anwendung von Waffengewalt (Art. 42, 47, 48 und 49):
- Einsatz von Luft-, See- und Landstreitkräften zur Wahrung oder Wiederherstellung des Friedens, falls Maßnahmen nach Art. 41 „unzulänglich sein würden oder sich als unzulänglich erwiesen haben";
- Bildung eines UN-Oberkommandos (Generalstabsausschuss);
- Durchführung der Maßnahmen „von allen oder einigen Mitgliedern" der UN;
- bei der Durchführung leisten die Mitglieder der UN einander Beistand.

(Martin Wedel: Von der Staatenwelt zum Weltstaat? Theorien der internationalen Beziehungen. In: RAAbits Sozialkunde/Politik. Raabe Verlag Stuttgart. 18. EL August 1997. II E2, Reihe 1, S. 33)

Da die UNO nicht über eigene Truppen verfügt, ist es für die Durchführung militärischer Zwangsmaßnahmen durch den Sicherheitsrat selbst erforderlich, dass die Mitgliedstaaten nach Abschluss von entsprechenden Sonderabkommen Truppen zur Verfügung stellen. Da solche Abkommen bisher nicht zustande kamen, ist es bisher auch noch nicht zu einem Militäreinsatz unter dem Kommando der UNO selbst gekommen, jedoch zweimal zu *von den UN legitimierten militärischen Einsätzen internationaler Truppen* (in beiden Fällen unter dem Oberkommando der USA): 1950 bis 1953 zur *Befreiung Südkoreas* vom Überfall Nordkoreas (15 beteiligte Staaten) und 1991 zur *Befreiung Kuwaits* vom Überfall des Irak („Golfkrieg*“, 13 Staaten). Bei den drei weltweit größten internationalen Militäreinsätzen der letzten Jahre handelte es sich nicht um Zwangsmaßnahmen der UNO. Im *Kosovo*-Konflikt* (1999) griff die *Nato ohne Zustimmung des UN-Sicherheitsrates* ein und begründete das mit dem Ziel, weitere Menschenrechtsverletzungen zu verhindern. In *Afghanistan** erklärte die UNO den Militäreinsatz der USA zur Beseitigung des Taliban-Regimes (2001, nach dem Terroranschlag des 11. September) als Selbstverteidigung für rechtmäßig. Im *Irak-Krieg* (s. dazu M 16ff.) handelten die USA ausdrücklich ohne Zustimmung des UN-Sicherheitsrats.

Laufende UN-Friedenssicherungseinsätze (Stand: 31.10.2005)

Mission	Eingerichtet	Truppenstärke	Gesamtzahl[1]	Todesopfer
UNTSO	Mai 1948	–	369	41
UNMOGIP	Januar 1949	–	112	10
UNFICYP	März 1964	842	1059	174
UNDOF	Juni 1974	1030	1170	41
UNIFIL	März 1978	2009	2404	250
MINURSO	April 1991	27	463	11
UNOMIG	August 1993	–	418	8
UNMIK	Juni 1999	–	5474	35
UNAMSIL	Oktober 1999	1396	2230	165
MONUC	November 1999	15197	18875	60
UNMEE	Juli 2000	3080	3794	10
UNMIL	September 2003	14645	17772	58
UNOCI	April 2004	6704	8476	8
MINUSTAH	Juni 2004	7273	9934	10
ONUB	Juni 2004	5364	6481	15
UNMIS	März 2005	3519	5358	–
	Gesamt:	61106	84409	900

[1] einschließlich: Militärbeobachter, Zivilpolizei, internationales und lokales Zivilpersonal und UNO-Freiwillige; beteiligte Staaten: 107; Budget für den Zeitraum Juli 2005 bis Juli 2006: ca. 3,5 Mrd. US-Dollar

UNTSO – Organisation der Vereinten Nationen zur Überwachung des Waffenstillstands im **Nahen Osten**
UNMOGIP – Militärbeobachtergruppe der Vereinten Nationen in **Indien und Pakistan**
UNFICYP – Friedenstruppe der Vereinten Nationen in **Zypern**
UNDOF – Beobachtertruppe der Vereinten Nationen für die Truppenentflechtung **(Syrien, Golan)**
UNIFIL – Interimstruppe der Vereinten Nationen in **Libanon**
MINURSO – Mission der Vereinten Nationen für das Referendum in der **Westsahara**
UNOMIG – Beobachtermission der Vereinten Nationen in **Georgien**
UNMIK – Mission der Vereinten Nationen zur Übergangsverwaltung des **Kosovo**
UNAMSIL – Mission der Vereinten Nationen in **Sierra Leone**
MONUC – Mission der Vereinten Nationen in der **Demokratischen Republik Kongo**
UNMEE – Mission der Vereinten Nationen in **Äthiopien und Eritrea**
UNMIL – Mission der Vereinten Nationen in **Liberia**
UNOCI – Operation der Vereinten Nationen in **Côte d'Ivoire**
MINUSTAH – Stabilisierungsmission der Vereinten Nationen in **Haiti**
ONUB – Operation der Vereinten Nationen in **Burundi**
UNMIS – Mission der Vereinten Nationen in **Sudan**

(www.runiceurope.org/german/frieden/sicherung/dpi1634dt.pdf)

Von den in Kap. VII vorgesehenen UN-Truppen sind die „**UN-Friedenstruppen**“, deren Einsatz dem **Kap. VI** zuzuordnen ist, zu unterscheiden. Sie werden wegen der Farbe ihrer Kopfbedeckung „**Blauhelme**“ genannt und waren in der Charta ursprünglich nicht vorgesehen. „Erfunden“ wurden sie 1956 vom damaligen UNO-Generalsekretär Dag Hammarskjöld, weil West und Ost sich im Sicherheitsrat aufgrund ihres Vetorechts dauernd blockierten und damit UNO-Maß-

nahmen zur Wahrung des Weltfriedens unmöglich machten. Damals beschloss die Generalversammlung aufgrund ihrer Ermächtigung „Uniting for Peace“, 6000 Soldaten auf die Halbinsel Sinai zu entsenden. Sie überwachten den Abzug der britischen und französischen Truppen nach Beendigung der Suezkrise (1956) und bildeten zwischen Israel und Ägypten eine Pufferzone. Diese ersten UN-Truppen mit friedenserhaltendem Auftrag blieben elf Jahre. Der Internationale Gerichtshof bestätigte später, dass Blauhelm-Einsätze rechtmäßig sind.
Die Einsätze der Blauhelm-Truppen („**Friedensmissionen**“) wurden nach dem Ende des Ost-West-Konflikts immer zahlreicher (s. M 14) und veränderten ihren Charakter ganz erheblich. In ihrer „klassischen“ Form waren sie an die Voraussetzungen gebunden, dass die Konfliktparteien ihr Einverständnis erklärten, dass die eingesetzten Truppen sich streng neutral verhielten und Gewaltanwendung – außer zur Selbstverteidigung – vermieden und die gesamte Durchführung in der Verantwortung der UN verblieb. Aufgrund der Entwicklung, die in M 14 näher beschrieben wird (ihre Kenntnis ist für das Verständnis heutiger Einsätze unerlässlich), gibt es heute keine klare Unterscheidung mehr zwischen Einsätzen mit militärischer Gewaltanwendung (Kap. VII, *„peace enforcement“*) und gewaltlosen Maßnahmen (Kap. VI, *„peace keeping“*). Für jede Mission wird gewissermaßen ein neues, spezifisches Konzept entworfen. (Autorentext)

Verschaffen Sie sich anhand von M 12 und M 13 einen Überblick über die Organisation der Vereinten Nationen (insbesondere über die Stellung des Sicherheitsrats) und das Instrumentarium, mit dem der Sicherheitsrat seine Aufgabe der Friedenssicherung wahrnehmen kann.

- *Welche Voraussetzungen müssen erfüllt sein, bevor es zu einem Beschluss über die Anwendung von Waffengewalt (nach Kap. VII, Art. 42 der Charta) kommen kann?*
- *Warum ist es bisher zu solchen Einsätzen kaum gekommen?*
- *Im „Handwörterbuch Internationale Politik“ heißt es: „Bei den sogenannten Blauhelmen handelt es sich eigentlich um einen Notbehelf, um die Vereinten Nationen angesichts der gegenseitigen Blockierung der Supermächte im Sinne der Friedenserhaltung tätig werden zu lassen.“ (Wichard Woyke [= M 5], S. 346). Erläutern Sie diesen Hinweis.*
- *Wie ist es zu erklären, dass die „Blauhelm“-Friedensmissionen nach dem Ende des Ost-West-Gegensatzes („Kalter Krieg*“) an Zahl so stark zunahmen (zum gegenwärtigen Stand s. Tabelle S. 483)?*

Aktualisierte Übersichten veröffentlicht die UNO unter den Internet-Adressen www.un.org/Depts/dpko/dpko/index.asp sowie, in deutscher Sprache und mit Informationen zu einzelnen Einsätzen, www.runiceurope.org/german/frieden/index.htm.

M 14 Von der Überwachung von Waffenstillständen zum „robusten Mandat“ – Das UN-Peacekeeping im Wandel

Die internationale Gemeinschaft tat und tut sich schwer, dem Problem des Staatszerfalls (s. S. 478) und den daraus resultierenden regionalen Problemen Herr zu werden. Im ersten Schritt, ab Anfang der Neunzigerjahre, versuchte sie es mit einem in den Zeiten des Kalten Krieges* entstandenen Instrument, nämlich den Blauhelmen (s. M 12). Ihnen war schon 1988 kollektiv der Friedensnobelpreis verliehen worden. Die darauf folgenden erfolgreichen Einsätze erst in Namibia und Mittelamerika und dann in Kambodscha und Mosambik weckten größte Hoffnungen hinsichtlich der zukünftigen Rolle des Peacekeeping bei der Prävention und Lösung der „neuen“ Konflikte. Diese Hoffnung war trügerisch. Die Rückschläge in Angola (1992), Somalia (1993) und in Ruanda (1994; vgl. M 11b) sowie Bosnien-Herzegowina leiteten eine grundlegende Ernüchterung ein. Die VN und das Peacekeeping gerieten in Misskredit, obwohl weniger sie selbst als häufig der mangelnde politische Wille der internationalen Führungsmächte und der internationalen Gemeinschaft für die Fehlschläge verantwortlich war.
Das Scheitern der VN war zugleich aber auch Ausdruck grundlegender konzeptioneller Probleme. Das traditionelle Peacekeeping war vor allem für Kriege zwischen Staaten beziehungsweise zwischen klar definierbaren Konfliktparteien wie in Namibia entwickelt worden, nicht aber für im Zerfall befindliche Staaten und Gesellschaften. Bei *innerstaatlichen Konflikten* stellen sich die Fragen der *Anwendung von militärischer*

Gewalt, von Konsens und Unparteilichkeit ebenso wie die Frage des Wiederaufbaus in einer völlig veränderten und weit komplizierteren Weise als bei zwischenstaatlichen Kriegen.

- Die VN ebenso wie die internationale Friedens- und Konfliktforschung brauchten dennoch lange, um diese Veränderungen zur Kenntnis zu nehmen. Zentrale Aufgabe der **ersten Generation** von Friedenseinsätzen war die Überwachung von Waffenstillständen bei zwischenstaatlichen Kriegen. Hierzu zählten beispielsweise die Einsätze im Sinai, in Zypern oder auf den Golanhöhen. Einverständnis der Konfliktparteien, Unparteilichkeit und Anwendung von Gewalt ausschließlich zur Selbstverteidigung waren und sind die grundlegenden Prinzipien dieser ersten Generation. Ihr Personal bestand fast ausschließlich aus Militär.
Ende der Achtzigerjahre, parallel zum Ende des Ost-West-Konflikts, entwickelte sich eine **zweite** durch Multidimensionalität der Aufgabenfelder gekennzeichnete **Generation von Friedenseinsätzen**. Im Gegensatz zur ersten Generation beschränkten sie sich nun nicht mehr nur auf das bloße Überwachen von Waffenstillständen. Beendigung der Konflikte durch Mechanismen der politischen, sozialen und ökonomischen Konfliktlösung kam als strategische Aufgabe hinzu. Die Einsätze wurden wesentlich dynamischer in ihrer Konfliktlösungsfähigkeit. Die Mehrheit der Einsätze der ersten Generation dauert bis heute an (vgl. Tabelle S. 483), während verschiedene der zweiten wie in Namibia, Zentralamerika, Kambodscha und Mosambik relativ schnell abgeschlossen werden konnten. Polizei (CIVPOL) und ziviles Personal wurden dabei wichtige Partner des Militärs. Zugleich wurden die Einsätze jedoch viel komplexer. Die Koordination der Vielzahl von Akteuren ist ein bis heute nicht gelöstes Problem.
- Die Realität des gewaltsamen Staatsversagens oder *Staatszerfalls* brachte dann jedoch eine bittere Einsicht. In Somalia, dem früheren Jugoslawien, Liberia, Haiti, Ruanda und anderen Ländern bedeutete die feierliche Unterzeichnung von Friedens- oder Waffenstillstandsvereinbarungen keineswegs ein Ende der Gewalt. Hunderte von ihnen wurden gebrochen. Nationale, regionale und lokale Führer, Warlords und bewaffnete Gruppen sind in diese Gewalt verstrickt und schaffen eine Lage, die für die traditionellen, auf die persönliche Selbstverteidigung beschränkten Blauhelme nicht mehr zu bewältigen ist (vgl. M 11a).

> Nach den Vorschlägen einer Expertengruppe unter dem Vorsitz des ehemaligen algerischen Außenministers Lakhdar **Brahimi** vom August 2000 sollen die UN-Truppen, für die im Jahr 2002 rd. 2,2 Mrd. US-Dollar ausgegeben wurden, in Zukunft grundsätzlich ein robustes Mandat erhalten und nur in Einsätze geschickt werden, wenn die Regeln dafür eindeutig sind, sie hinreichend geführt werden können und gut ausgerüstet sind. Zudem soll [...] eine schlagkräftige multinationale Streitkraft bereitgestellt werden, auf die bei Bedarf schnell zugegriffen werden kann. Insgesamt soll damit das System der Friedenssicherung effektiver werden und auch der vorbeugenden Diplomatie sowie der Friedenskonsolidierung mehr Aufmerksamkeit geschenkt werden. Eine offene Frage bleibt, ob der Sicherheitsrat tatsächlich das Monopol im Bereich der Friedenssicherung hat oder ob es akzeptabel ist, wenn in Sonderfällen – wie etwa beim Einsatz der NATO in Jugoslawien im Jahr 1999 (Kosovo*) – auch ohne eindeutiges Mandat des Sicherheitsrats eingegriffen wird. Auch das militärische Eingreifen der USA und ihrer Verbündeten im Irak im Frühjahr 2003 gegen den ausdrücklichen Willen des Sicherheitsrats hat das Friedenssicherungssystem der Vereinten Nationen auf eine schwere Belastungsprobe gestellt (s. dazu M 19).
>
> (Wichard Woyke [= M 5], S. 542)

Die alte Doktrin der strikten Nichtanwendung von Gewalt außer im Falle der persönlichen Selbstverteidigung ließ sich nicht länger aufrechterhalten. In Somalia sah sich der VN-Sicherheitsrat gezwungen, die Friedenstruppen mit einem „robusten“, auf Kapitel VII der VN-Charta basierenden Mandat auszustatten, das die begrenzte Anwendung von Gewalt erlaubt. Die **dritte Generation** der Friedenseinsätze, das sogenannte **Robuste Peacekeeping** war geboren. Zahlreiche weitere Mandate dieses Typs folgten.
Robuste, multidimensionale Friedenseinsätze sind zu definieren als Einsätze, in denen die traditionellen Prinzipien des Peacekeeping weiter gelten, bei dem darüber hinaus aber die Möglichkeit besteht, Gewalt im Sinne militärischer Zwangsmaßnahmen in begrenztem Umfang zur Verteidigung und Durchsetzung des Mandats gemäß der Charta anzuwenden. Wichtigste Aufgabe des Militärs ist es, für die nichtmilitärischen Akteure und ihre zivile Wiederaufbauarbeit ein sicheres Umfeld zu schaffen. Denn der Satz, dass Konflikte in der Regel nicht mit militärischen Mitteln gelöst werden können, ist zwar richtig. Er bedarf aber der Ergänzung durch einen zweiten: Ohne ein

sicheres Umfeld können die nichtmilitärischen Mittel, also das sogenannte Peacebuilding, nicht wirksam werden. Letzteres braucht zudem die volle Unterstützung der Konfliktparteien und der Bevölkerung. Konsens und Unparteilichkeit bleiben deswegen Schlüsselprinzipien. Die rechte Balance zwischen diesen beiden Prinzipien und einem gegebenenfalls robusten Vorgehen ist im Einzelfall äußerst schwierig und stellt höchste Ansprüche an das Führungs- und Einsatzpersonal. Zwischen den Risiken des Nichthandelns und der Gefahr einer unkontrollierten Eskalation ist abzuwägen.

Das robuste Peacekeeping hat sich inzwischen als die dominante Einsatzform moderner Friedenseinsätze durchgesetzt. Die Entwicklung der Friedenseinsätze ist jedoch nicht bei der dritten Generation stehen geblieben. Inzwischen kann man sogar von einer **vierten Generation** von Einsätzen sprechen, auch wenn diese Bezeichnung noch nicht in den Sprachgebrauch der VN eingegangen ist. Denn einige Einsätze der dritten Generation sind nicht nur robust und multidimensional, sondern wurden auch hinsichtlich der *Übernahme politischer und administrativer Verantwortung* um ein qualitativ völlig neues Element ergänzt, nämlich die ausdrückliche, interimistische Übernahme von „exekutiven" Aufgaben, also von Regierungsgewalt. In Ansätzen geschah das schon Anfang der Neunzigerjahre in Kambodscha, umfassend dann später im Kosovo und in Ost-Timor sowie – hier allerdings nur mit Einschränkungen – in Bosnien und Herzegowina.

„Wer oder was bin ich eigentlich?"

(Zeichnung: Walter Hanel/CCC, www.c5.net)

Insgesamt lassen sich die robusten Friedenseinsätze, seien sie exekutiver oder nicht exekutiver Art, als eine Art militarisierte, den Gewaltbedingungen in zerfallenden Staaten gerecht werdende internationale Polizeieinsätze charakterisieren. Diese Charakterisierung steht im Einklang mit der Erkenntnis, dass im Zentrum der Problematik von zerfallenden oder fehlgeschlagenen Staaten ein extremer Verlust von öffentlicher Sicherheit und Ordnung steht. Diese müssen zumindest ansatzweise wiederhergestellt werden, bevor die zweite strategische Aufgabe moderner Friedenseinsätze in Angriff genommen werden kann – das Peacebuilding.

(Winrich Kühne, Die Friedenseinsätze der Vereinten Nationen. In: Aus Politik und Zeitschichte Nr. 22/2005 v. 30.5.2005, S. 26ff.)

M 15 Beispiel: Die UNO-Mission in der Demokratischen Republik Kongo

Die „Demokratische Republik Kongo" (Hauptstadt: Kinshasa; nicht zu verwechseln mit der „Republik Kongo", Hauptstadt Brazzaville) ist ein seit Jahrzehnten von Regierungskrisen und Bürgerkriegen erschüttertes Land, ein dramatisches Beispiel für einen „zerfallenden Staat" (s. M 11a; zu seiner jüngeren Geschichte s. http://wikipedia.org/wiki/Demokratische_Republik_Kongo).

Die Unfähigkeit der Blauhelm-Mission, für Frieden zu sorgen, führte Anfang 2005 zu einer *Flüchtlingskatastrophe*, die auch die Nachbarstaaten betrifft. Allein in Uganda, an den Ufern des Albertsees, haben seit Jahresanfang mehr als 17 000 Flüchtlinge Zuflucht gesucht. Viele der Flüchtlinge sind aus dem nordost-kongolesischen Bezirk Ituri geflohen – vor den Milizen der FNI (Front Nationaliste et Intégrationniste). Ihre Mitglieder gehören zur Volksgruppe der Lendu. Die Region Ituri liegt an der Grenze zu Uganda. Die Region verfügt über Goldvorkommen und vermutlich auch über Erdöl. Der Hema-Lendu-Konflikt hat allerdings deutlich ältere Wurzeln und hat allein seit 1999 *über 50 000 Tote und mehr als eine halbe Million Vertriebene* verursacht. Lange sah die UNO zu. Erst nach einem Massaker an rund 1000 Männern, Frauen und Kindern der Hema im April 2003 griff die Internationale Gemeinschaft ein und entsandte zunächst eine EU-Eingreiftruppe unter französischem Kommando. Im September 2003 wurde diese von der mit einem *robusten Mandat* versehenen UN-Mission MONUC abgelöst.

(Autorentext)

Nach der vorübergehenden Einnahme der Stadt Bukavu im Juni 2004 durch nicht in die Regierungsgruppen integrierte Kämpfer, die einem UN-Bericht vom 22.7.2004 zufolge von Ruanda mit Waffen versorgt werden, hatte die Allparteienregierung verstärkt loyale Truppenteile in den Osten des Landes verlegt. In der Folge kam es zu heftigen Kämpfen, vor denen Zehntausende flohen und in deren Schatten *Massaker an der Zivilbevölkerung* und „ethnische Säuberungen" stattfanden. Die Blauhelm-Mission MONUC (Mission de l'Organisation des Nations Unies en République Démocratique du Congo) versuchte zwar die Flüchtlingslager zu schützen, griff aber ansonsten nicht in die Kämpfe ein. Als der UN-Sicherheitsrat am 1.10. beschloss, die Truppen der MONUC zu verstärken, wurde zugleich das *Mandat erweitert:* Zum Schutz der Zivilbevölkerung vor Gewalt bekamen die Blauhelme das *Recht, aktiv in Kampfhandlungen einzugreifen.* Bei Offensiven im März und April 2005 wurden UN-Angaben zufolge ca. 100 Rebellen getötet. Gleichzeitig mit dem Start der Offensive hatte die MONUC den Milizen ein Ultimatum gestellt und diese aufgefordert, bis zum 1.4.2005 ihre Waffen freiwillig abzugeben. [...] Bis Mitte April sollen ca. Zweidrittel entwaffnet worden sein.

UN-„Peacekeepers" aus Pakistan bei ihrer Ankunft in Che in der Provinz Ituri, deren Goldminen u. a. von bewaffneten Rebellen und Milizen umkämpft werden.

(Foto: MONUC Photo/Christophe Boulierac)

Seit Februar 2005 erhöhte MONUC auch den Druck auf die Allparteienregierung in Kinshasa und verlangte ein entschiedeneres Vorgehen gegen bekannte Kriegsverbrecher und Milizenchefs, die sich bis dahin unbehelligt in Kinshasa aufhielten.

(Der Fischer Weltalmanach 2006, Fischer Taschenbuch Verlag, Frankfurt a. M. 2005, S. 276f., Verf.: Mario von Baratta)

1. *Erstellen Sie zu M 14 eine zusammenfassende Übersicht, in der Sie den insgesamt vier „Generationen" von Peacekeeping-Einsätzen stichwortartig die wichtigsten Merkmale zuordnen, sodass die Unterschiede in der Gestaltung der einzelnen Konzepte deutlich werden.*
2. *Erläutern Sie mit eigenen Worten, worin die Ursachen für den Wandel des Peacekeeping lagen. Vergleichen Sie dazu auch M 11a. Worauf will die Karikatur S. 486 hinweisen?*
3. *Am Beispiel der UN-Mission MONUC in der Demokratischen Republik Kongo (vgl. auch M 7 und M 43b) können Sie die komplexe Problemlage eines UN-Einsatzes der „vierten Generation" konkret beschreiben (M 15). Näheres dazu: www.un.org/Dpts/dpko/missions/monuc/index.html und www.monuc.org/Home.aspx?lang=en*

3. Die Folgen des Irak-Kriegs für die internationale Friedensordnung

M 16 Der Verlauf des Krieges und der Terror in der Folgezeit

Seit dem Golfkrieg* 1991 galt für den durch seinen verbrecherischen Diktator Saddam Hussein regierten Irak die durch den UNO-Sicherheitsrat beschlossene Auflage, seine sämtlichen Massenvernichtungswaffen zu vernichten. Nachdem in den Jahren 1991–1998 unter UN-Aufsicht (UNSCOM) ein Teil dieser Waffen zerstört wurde, die Inspektoren dann aber das Land verlassen mussten, forderte der Sicherheitsrat den Irak in scharfer Form unter Androhung „ernsthafter Konsequenzen" auf, seine gesamten ABC-Waffen zu vernichten und darüber zu berichten. Die US-Regierung drohte – auch unter dem Eindruck des Terroranschlags vom 11.9.2001 in New York (s. M 21) – ihren Kampf gegen den internationalen Terrorismus mit einem Militäreinsatz gegen den Irak fortzusetzen, da sie davon ausgehe, dass der Irak auch den Terrorismus unterstütze und eine große Gefahr für die amerikanische und internationale Sicherheit darstelle. Die UN-Waffeninspektoren, die ihre Arbeit unter dieser Drohung wieder aufnehmen konnten, berichteten wiederholt über Teilerfolge, aber auch über mangelnde Unterstützung ihrer Arbeit durch die irakische Regierung. Die US-Regierung unter Präsident George W. Bush erklärte, dass sie in weiteren Waffeninspektionen keinen Sinn mehr sehe, und begann am 20.3.2003 den Angriff auf den Irak, obwohl sie mit der Zustimmung der Mehrheit des Sicherheitsrates nicht rechnen konnte (Frankreich und Russland hatten ihr „Veto" angekündigt und plädierten zusammen mit der Mehrheit des Rates für weitere Inspektionen). Zum Einsatz kamen insgesamt 255 000 amerikanische, 45 000 britische und 2 000 australische Soldaten, auf irakischer Seite rd. 380 000 Soldaten. Es kam zu Protestdemonstrationen in vielen Ländern der Welt. Insbesondere aufgrund massiver Luftangriffe auf irakische Städte und Stellungen zeichnete sich mit der Eroberung Bagdads bereits am 9.4.2003 der Sieg der alliierten Truppen ab. Am 21.4.2003 wurde der Krieg offiziell für beendet erklärt. Bis zu diesem Zeitpunkt starben mindestens 2 300 irakische Soldaten und 1 200 (amerikanische Schätzung) bis 3 240 (irakische Schätzung) irakische Zivilisten, 138 amerikanische und 33 britische Soldaten sowie mindestens 10 Journalisten.

Die **Folgezeit** war gekennzeichnet einerseits durch die Entdeckung furchtbarer Gräueltaten (u.a. Massenhinrichtungen) aus der Zeit des Saddam-Regimes und andererseits durch Versuche der amerikanischen und britischen Militärverwaltung, für Ordnung und Sicherheit zu sorgen und die Voraussetzungen für den Wiederaufbau des unter massiven Zerstörungen leidenden Landes zu schaffen. Zahlreiche, zeitweise fast tägliche Anschläge islamistischer Terroristen und Saddam-Anhänger auf amerikanische Soldaten, irakische Sicherheitskräfte, die irakische Zivilbevölkerung und Mitglieder internationaler Hilfsorganisationen hatten Zigtausende von Todesopfern zur Folge (s. Grafik).

Saddam Hussein konnte Ende Juni 2004 festgenommen werden, ohne dass sich daraus eine Beruhigung der Lage ergeben hätte. Ende Januar 2005 fanden in einer Atmosphäre der Angst und unter militärischem Schutz der Wahllokale die ersten freien Wahlen für ein Übergangsparlament statt, an denen sich trotz der schwierigen Situation ca. 60 % der Wahlberechtigten beteiligten. Nach drei Monaten mit einer Übergangsregierung wurde die Regierungsbildung Mitte Mai 2005 abgeschlossen. Der Terror hielt unvermindert an. Am 15. 12. 2005 beteiligten sich fast 70 % der Wahlberechtigten an der Wahl des ersten regulären Parlaments.

(Autorentext)

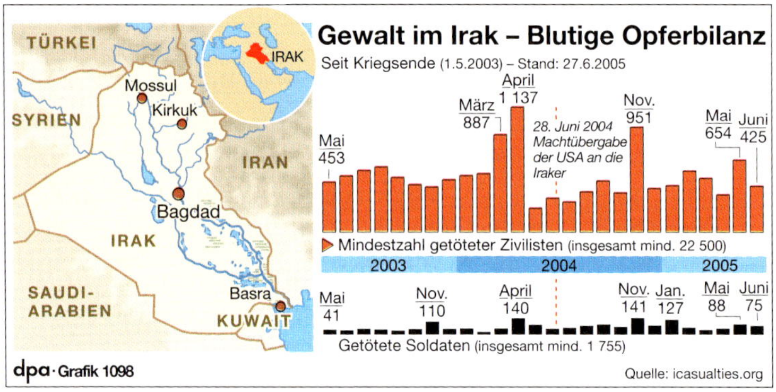

Die unabhängige Untersuchung „Iraq Body Count" (www.iraqbodycount.org) bezifferte Anfang 2006 die Gesamtzahl der zivilen Todesopfer seit Kriegsbeginn bis Ende 2005 auf rd. 30 000. Getötete amerikanische Soldaten seit Kriegsende bis Ende 2005: 2256.

M 17 UN-Generalsekretär Kofi Annan: „Wir stehen an einer historischen Wegscheide"

Nach Artikel 51 der Charta behalten alle Staaten für den Fall eines Angriffs das ihnen zukommende Recht auf Selbstverteidigung. Aber bisher galt es als selbstverständlich, dass Staaten, die darüber hinausgehen und sich entschließen, bewaffnete Gewalt anzuwenden, [...] dafür eine *Legitimation* brauchen, die nur die Vereinten Nationen geben können.

Jetzt sagen einige, dass diese Übereinkunft nicht länger haltbar ist, weil ein „bewaffneter An-

griff" mit Massenvernichtungswaffen jederzeit, ohne Vorwarnung und durch unbekannte Gruppen geführt werden könne. Statt auf einen solchen Angriff zu warten, meinen sie, dass jeder Staat das Recht und die Verpflichtung hat, Gewalt vorbeugend einzusetzen. [...]
Sie behalten sich das Recht vor, unilateral (s. M 18) oder in Adhoc-Koalitionen [Aktionsbündnisse von Fall zu Fall] zu handeln. Diese Logik stellt die Prinzipien, auf denen Weltfrieden und Stabilität in den letzten 58 Jahren beruhten, grundsätzlich infrage.
Meine Sorge ist, dass [...] sie Präzedenzfälle schaffen könnte, die zur Ausbreitung unilateraler und gesetzloser Gewaltanwendung führen würden – ganz gleich, ob diese (*im Einzelfall*) gerechtfertigt ist oder nicht. [...]
Exzellenzen, wir stehen heute an einer historischen Wegscheide. Dies könnte ein Zeitpunkt sein, der nicht weniger entscheidend ist als das Jahr 1945, in dem die Gründung der Vereinten Nationen erfolgte.

(Kofi Annan, Ansprache vor der Generalversammlung der Vereinten Nationen am 23.9.2003 in New York; in: www.un.org/webcast/ga/58/statements/sg2eng030923.htm; Übersetzung: Wochenschau Verlag/G.Weber; zit. nach: Wochenschau II, Nr. 3/4, Mai-August 2004, S. 161)

M 18 „Unilateralismus" und „Multilateralismus"

Multilateralismus kann ganz allgemein als ein Politikstil verstanden werden, bei dem die Beziehungen zwischen drei oder mehr Staaten auf der Basis bestimmter allgemein akzeptierter Verhaltensregeln und Prinzipien ablaufen. Multilateralismus ist das konzeptionelle Gegenmodell zum *Unilateralismus*, bei dem einzelne Staaten sich vorbehalten, je nach eigener Interessenslage alleine und, wenn notwendig, auch gegen andere Staaten zu handeln. In der politischen Praxis neigen vor allem große und mächtige Staaten zu unilateralem Vorgehen, weil sie sich davon die maximale Durchsetzung ihrer eigenen Interessen versprechen. [...]
Zu den Grundsätzen multilateraler Politik gehört das uneingeschränkte Verbot von Gewalt zur Durchsetzung politischer Ziele und die Erkenntnis, dass nationale Interessen durch Zusammenarbeit besser durchgesetzt werden können als in einem nationalstaatlichen Gegeneinander. Die Betonung gemeinsamer Interessen ist mithin entscheidend für eine multilaterale Politik. [...]
Unterstellt das multilaterale Konzept ein alles in allem rationales Verhalten der zentralen Akteure, so hebt das unilaterale Konzept stärker auf den anarchischen* Grundzustand des internationalen Systems ab und orientiert sich damit an den Grundlinien der realistischen Schule. [...]
Es hängt damit stark von den theoretischen Leitbildern in den betreffenden Staaten ab, ob eine unilaterale oder multilaterale Strategie als Erfolg versprechend angesehen wird. Die Vereinten Nationen können nur dann eine wichtige Rolle in der internationalen Politik spielen, wenn ihre Mitgliedstaaten auf multilaterale Strategien zur Bewältigung der Probleme und Herausforderungen setzen, d.h., ein Erfolg der Vereinten Nationen ist äußerst voraussetzungsreich. In der realen Welt zeigt sich, dass diese Voraussetzungen nicht immer gegeben sind. Zu selten sind die Mitgliedstaaten bereit, die Vereinten Nationen an die Spitze ihrer außenpolitischen Prioritäten zu setzen und vor allem ihr Verständnis von Außenpolitik von „souveränen" Staaten zu ändern.

(Johannes Varwick/Wilhelm Knelangen, Die Rolle der Vereinten Nationen, in: Aus Politik und Zeitgeschichte B 27–28/2002 v. 8.7.2002, S. 5f.)

1. *Die knappe Darstellung zum Irak-Krieg (M 16) können Sie ggf. über die Internetseite http://de.wikipedia.org/wiki/Irak-Krieg durch nähere Informationen zu allen Aspekten ergänzen.*

2. *Die von UN-Generalsekretär Kofi Annan drei Tage nach dem Beginn des Irak-Kriegs gehaltene Rede (M 17) macht deutlich, was die von der US-Regierung getroffene Entscheidung für die UN bedeutete. Machen Sie deutlich, inwiefern Annan darin einen Verstoß gegen ein zentrales Prinzip der UN-Friedenssicherungspolitik und eine „historische Wegscheide" sieht. Welche Konsequenzen der getroffenen Entscheidung befürchtet Annan?*

3. *Erläutern Sie die Bedeutung der beiden alternativen Prinzipien (Politikmuster) „Unilateralismus" und „Multilateralismus" für die internationale Politik (M 18). Zu den im Text angesprochenen „theoretischen Leitbildern" der Analyse internationaler Beziehungen können Sie M 19 untersuchen (s. die Arbeitshinweise S. 491).*

nicht lesen

M 19 Zwischen Idealismus und Realismus – Theorien internationaler Beziehungen

[Die unterschiedlichen Theorien zur Deutung der internationalen Beziehungen stimmen darin überein,] dass das internationale System anarchisch* strukturiert [...]. Im Unterschied zum Nationalstaat, in dessen Grenzen sich das staatliche Gewaltmonopol* herausbildet und die staatlichen Behörden bzw. das Militär die Ordnungsfunktion wahrnehmen, ist das internationale System durch die Abwesenheit eines entsprechenden internationalen Gewaltmonopols gekennzeichnet. [...] Einen Weltstaat, der eine solche Ordnungsfunktion dauerhaft wahrnehmen könnte, gab es nicht und gibt es nicht, ein solcher ist allenfalls in sehr ferner Zukunft aus einer sehr idealistischen Perspektive vorstellbar.

Wie nun unter den Bedingungen von Anarchie* nationale oder internationale Politikziele wie die Sicherung der staatlichen Existenz, der Frieden, die nationale Wohlfahrt, der Schutz der Umwelt oder die Durchsetzung der Menschenrechte erreicht und dauerhaft gewährleistet werden können, darin unterscheiden sich die paradigmatischen* Geister. [...]

Der **Idealismus** ist vom Glauben an den Fortschritt durchtränkt. Er setzt auf das Gute im Menschen oder zumindest darauf, dass der Mensch vernunftbegabt ist. Vernunftbegabt heißt, dass der Mensch rationalen Argumenten zugänglich und damit lernfähig ist. Langfristig muss demnach die Durchsetzung des Vernunftprinzips zu einer besseren Welt führen, in der alle Konflikte und Interessengegensätze auf kooperative Weise durch Kompromiss und Ausgleich lösbar sind. Der ewige Frieden, der Wohlstand der (aller) Nationen, die weltweite Demokratie, die Wahrung von universalistisch verstandenen Menschenrechten, der Schutz der Umwelt und andere idealistische Ziele sind prinzipiell erreichbar. [...].

Der **Realismus** in seiner klassischen Version geht demgegenüber vom gegenteiligen Menschenbild aus. Der Mensch ist nicht nur gut, sondern auch schlecht, er ist nicht nur vernunftbegabt, sondern auch triebgesteuert. Seiner Lernfähigkeit sind Grenzen gesetzt. Damit sind auch den idealistischen Vorstellungen über die Möglichkeit kooperativen und rationalen Verhaltens enge Grenzen gesetzt. Realistischer ist es deshalb, das *Selbsthilfeprinzip* zu verfolgen. Sicherheit wird durch Aufrüstung bzw. (in der neorealistischen Variante) durch eine Politik des Gleichgewichts und Frieden, hier verstanden als Nichtkrieg, wird durch Abschreckung garantiert. Das daraus resultierende Sicherheitsdilemma (s. Kasten) ist prinzipiell nicht aufhebbar. Es sei denn, ein Staat ist in der Lage, so viel Macht zu akkumulieren, dass er eine absolute Dominanz, d.h. eine umfassende Hegemonie (Vormachtstellung), im internationalen System erringen kann. [...]

Der **Institutionalismus** nimmt eine Mittelposition zwischen Idealismus und Realismus ein. Kooperation ist prinzipiell denkbar, nur muss sie realistisch und nicht idealistisch fundiert sein. Eine realistische Begründung für kooperatives Verhalten ist aber der Eigennutz, den die Kooperationspartner aus diesem Verhalten ziehen können. Rüstungskontrollvereinbarungen z.B. haben dann eine Chance, wenn sie nicht nur zur Überwindung des Sicherheitsdilemmas führen, sondern auch helfen, militärisch gebundene Ressourcen zu sparen, die einer zivilen Nutzung zugeführt werden können und damit den jeweiligen Wohlstand der Partner mehren. Sind solche Institutionen friedensstiftender, wohlstandsmehrender, menschenrechtewahrender oder umweltschonender Art erst einmal etabliert und sind sie auch erfolgreich, entwickeln sie eine Eigendynamik und können somit normative Wirkung entfalten.

(Ulrich Menzel, Zwischen Idealismus und Realismus. Die Lehre von den internationalen Beziehungen, Suhrkamp Verlag, Frankfurt a. M. 2003, S. 20f.)

Aus der erwähnten systemischen Eigenschaft – Anarchie und damit Angewiesenheit der Staaten auf Selbsthilfe – folgt nun, in Kombination mit der Tatsache, dass einzig und eindeutig defensive militärische Mittel praktisch nicht existieren, ein zentrales Dilemma der internationalen Politik, [...] das sogenannte **Sicherheitsdilemma**. Es besteht darin, dass militärische Maßnahmen, selbst wenn sie von A in defensiver Absicht ergriffen werden, für B als Bedrohung erscheinen, worauf B sich seinerseits bewaffnet, was nun wiederum A's Gefühl der Unsicherheit verstärkt. Es kann so nicht nur zu endlosen Spiralen des „Wettrüstens“ kommen, sondern das Gefühl der Sicherheit wird, trotz steigender Militärausgaben, nicht vergrößert, ja möglicherweise durch die Wahrnehmung eines „Rüstungswettlaufs“ vermindert. Oder, noch einmal anders und kürzer formuliert: Unter Bedingungen von Anarchie kann einseitiges Streben nach Sicherheit Unsicherheit erzeugen.

(Martin List u.a., Internationale Politik. Probleme und Grundbegriffe, Opladen 1995, S. 93)

Wie für alle sozialwissenschaftliche Forschung gilt auch für die Analyse internationaler Beziehungen: Sie kann nicht eigentlich „objektiv“ erfolgen, sondern ist immer schon durch bestimmte unterschiedliche Grundauffassungen und Sichtweisen (Anschauungen, Theorien) geprägt, die man auch als „Paradigmen“ (Paradigma – griech.: Muster) bezeichnet.*

1. *Machen Sie zunächst deutlich, inwiefern das internationale politische System als „anarchisch (griech.: „ohne Herrschaft“) strukturiert“ verstanden wird. Inwiefern gilt angesichts von z. B. UNO (Sicherheitsrat) und Völkerrecht (s. M 2, M 12) dieser anarchische Charakter nicht total?*

2. *Charakterisieren Sie die theoretischen Leitbilder „Idealismus“ und „Realismus“ möglichst mit eigenen Worten und machen Sie deutlich, welche „Menschenbilder“ jeweils zugrunde liegen. Wie verhält sich der „Institutionalismus“ zu diesen beiden Grundauffassungen? Wie lassen sich „Unilateralismus“ und „Multilateralismus“ (s. M 18) zuordnen?*

M 20 „Präemptive Selbstverteidigung“ und das Völkerrecht

Zu den zentralen völkerrechtlichen Grundsätzen gehört das Prinzip der friedlichen Beilegung von Streitigkeiten und das allgemeine **Gewaltverbot**, mit dem den Staaten das Recht zum Kriege (ius ad bellum) formal entzogen worden ist. Davon sind lediglich die vom Sicherheitsrat der Vereinten Nationen autorisierten Zwangsmaßnahmen nach Kapitel VII der VN-Charta (s. S. 480) und die individuelle bzw. kollektive Selbstverteidigung gemäß Artikel 51 der VN-Charta ausgenommen. Auch wenn das Gewaltverbot in deutlich mehr als einhundert Fällen seit 1945 missachtet wurde und sich Staaten regelmäßig das Recht auf unilaterale Gewaltausübung vorbehalten, sind die Bestimmungen in der Charta der Vereinten Nationen zu einem wichtigen Referenzpunkt geworden. Sie werden zwar nicht immer eingehalten, der Rechtfertigungsdruck im Falle der Regelverletzung hat aber enorm zugenommen. Selbst große Mächte können sich diesem durch die internationale Öffentlichkeit verstärkten Druck kaum entziehen.

• Der Krieg gegen den Irak im Frühjahr 2003 stellt insofern einen fundamentalen Einschnitt in die etablierte Völkerrechtsordnung dar. Die USA begründeten ihren ohne VN-Mandat geführten Krieg mit der Notwendigkeit, das Land von einem grausamen Unterdrückungsregime zu befreien und der irakischen Führung den Zugang zu Massenvernichtungswaffen zu entziehen bzw. zu verweigern. Es wurde also ein gewaltsamer Regimewechsel angestrebt und auch erreicht, der völkerrechtlich unzulässig ist. Damit sei wieder einmal deutlich geworden, so etwa der US-amerikanische Völkerrechtler Michael Glennon (2003), dass sich Staaten – und zwar nicht nur die USA – bei der Anwendung militärischer Gewalt nicht in erster Linie fragen, ob diese rechtmäßig sei oder nicht, sondern schlicht als *Maßstab ihre nationalen Interessen zugrunde legen*. Die völkerrechtlichen Regelungen zur Einhegung des Krieges, wie sie in der Charta der Vereinten Nationen festgeschrieben sind, seien gescheitert und es sei an der Zeit, das Völkerrecht zu reformieren und den neuen Gegebenheiten anzupassen. Unter welchen Voraussetzungen und für welche Fälle militärische Interventionen erlaubt sein sollen, sind strittige Fragen, die mit der Debatte um die sogenannte **präemptive Sicherheitspolitik**, wie sie etwa in der US-amerikanischen Sicherheitsstrategie vom September 2002 vertreten wird, verbunden sind. Dort wird – neben der Entwicklung einer breit angelegten, multidimensionalen strategischen Antwort auf die veränderte sicherheitspolitische Lage, die auch der Notwendigkeit von nichtmilitärischen Elementen breiten Raum einräumt – argumentiert, dass Bedrohungen heute anders begegnet werden müsse. Das Konzept der unmittelbaren Bedrohung müsse an die Fähigkeiten und Ziele der heutigen Gegner angepasst werden.

• Hintergrund dieser Überlegungen ist die in sicherheitspolitischen Fachkreisen bereits seit längerem diskutierte Veränderung der strategischen Landschaft. In der *Kombination von Terrorismus und Massenvernichtungswaffen* liege eine der zentralen sicherheitspolitischen Herausforderungen. Die der sicherheitspolitischen Strategie in der Zeit des Ost-West-Konflikts zugrunde liegende Philosophie der Abschreckung (deterrence) funktioniere unter den neuen Gegebenheiten nicht mehr. Im Einzelfall müsse von einer „Abschreckung durch Bestrafung“ (deterrence by punishment) zu einer „Abschreckung durch Verwehren“ (deterrence by denial) übergegangen werden. Denn werde militärische Gewaltanwendung prinzipiell als äußerstes Mittel (ultima ratio) begriffen, könne der günstigste Augenblick verpasst werden, in dem beim Eingreifen in Konflikte mit vergleichsweise geringem Mittelaufwand – und möglicherweise schon mit einer glaubwürdigen Drohung – ein maximaler politischer Effekt erzielt werden könne. Der günstigste Zeitpunkt für ein Eingreifen in Konflikte und der Zeitpunkt, zu dem die öffentliche Unterstützung für ein Eingreifen am höchsten sein dürfte, liegen zudem weit auseinander. Zu einem frühen Zeitpunkt in Krisen und Konflikte einzugreifen, ist jedoch aufgrund der öffentlichen Einschätzung von Krisen nur schwer möglich. Denn die Aufmerksamkeit der Öffentlichkeit, wie auch der politischen Führung, richte sich meistens erst dann auf einen Krisenherd, wenn der Konflikt bereits eskaliert sei. Je größer aber im Zeitalter der Verbreitung von Massenvernichtungswaffen die Bedrohung sei, desto größer sei das durch Untätigkeit entstehende Risiko und „desto zwingender das Argument für *antizipatorische Selbstverteidigung*, selbst wenn Unsicherheit darüber besteht, wann und wo der Feind angreifen wird. Die Vereinigten Staaten werden jedenfalls präemptiv handeln, um solche feindlichen Akte unserer Gegner zu vereiteln oder ihnen vorzubeugen" (www.whitehouse.gov/nsc/nss.html, Abschnitt V).

Selbstverteidigung nach Art. 51 UN-Charta

Nach Art. 51 UN-Charta gewährt die Charta „im Falle eines bewaffneten Angriffs gegen ein Mitglied der Vereinten Nationen ... das naturgegebene Recht zur individuellen oder kollektiven Selbstverteidigung, bis der Sicherheitsrat die zur Wahrung des Weltfriedens und der internationalen Sicherheit erforderlichen Maßnahmen getroffen hat." Die Voraussetzungen der Selbstverteidigung sind anhand des Wortlautes wie folgt zusammenzufassen: Es muss ein bewaffneter Angriff vorliegen, dieser muss in einer bestimmten Intensität erfolgen, muss sich gegen ein taugliches Angriffsobjekt richten und von einem tauglichen Angreifer geführt werden. Darüber hinaus muss eine gewisse Unmittelbarkeit zwischen Angriffs- und Selbstverteidigungshandlung liegen.
Die Charta selbst enthält jedoch keine Definition des „bewaffneten Angriffs." Die Generalversammlung der Vereinten Nationen hat mit ihrer Resolution 3314 (XXIX) vom 14.12.1972 eine Aggressionsdefinition in Form von Beispielsfällen verabschiedet, welche zwar nicht unmittelbar für Art. 51 UN-Charta gelten kann, jedoch Anhaltspunkte für den Begriff des „bewaffneten Angriffs" liefert. Hiernach stellen die Invasion, Bombardierung und Beschuss fremden Territoriums, die gewaltsame Blockade sowie der Angriff auf Land-, See- und Luftstreitkräfte und auf die zivile See- oder Luftflotte eine Aggression dar, die bei entsprechender Intensität auch als „bewaffneter Angriff" zu werten sind. [...].
Einzig die Vermutung des Besitzes von Massenvernichtungswaffen und die mögliche Weitergabe an Terroristen als dann zuzurechnende Unterstützungshandlung kann jedenfalls nicht die Voraussetzung des „bewaffneten Angriffs" i.S.d. Art. 51 UN-Charta erfüllen.

(Daniel Volk, Friedenssicherung im 21. Jahrhundert. Der Irak-Krieg und seine Folgen für die internationale Friedensordnung. In: Dieter Blumenwitz/Gerd Wehner [Hrsg.], Völkerrechtliche Fragen der Friedenssicherung, Hanns Seidel Stiftung, München 2003, S. 178f.)

• Die im deutschen Sprachgebrauch unübliche Unterscheidung zwischen *Prävention* (prevention) und *Präemption* (preemption) ist erläuterungsbedürftig. Von einem präventiven Angriff kann dann gesprochen werden, wenn dieser vor einer unmittelbar zu erwartenden aggressiven Handlung der gegnerischen Seite erfolgt. Ein präemptiver Angriff (preemptive strike, die deutsche Übersetzung wäre Präventivkrieg) ist demgegenüber eine Kriegshandlung, die lediglich auf der Annahme einer zu erwartenden militärischen Offensive eines Gegners beruht. Wie bereits erläutert, ist die *Selbstverteidigung* nach Artikel 51 der VN-Charta ein klassisches legitimes Recht der Staaten. Die zentrale Frage ist aber, was im Zeitalter von Terrorismus und Massenvernichtungswaffen Selbstverteidigung ist. Die Grenzen des Selbstverteidigungsrechts sind bereits seit längerem unscharf, seit dem 11. September 2001 ist aber deutlich geworden, dass existenzielle Bedrohungen für Staaten nicht dem klassischen Bild eines bewaffneten Überfalls von Staat A auf Staat B entsprechen müssen. Der Sicherheitsrat der Vereinten Nationen hatte nach dem 11. September unverzüglich deutlich gemacht, dass die USA gegen diesen terroristischen Angriff das Recht auf Selbstverteidigung in Anspruch nehmen könnten. Insofern ist die Anpassungsfähigkeit des Völkerrechts an neue Gefahren bereits anerkannt und in der Praxis demonstriert worden. *Voraussetzung für ein legitimes Handeln* ist aber immer, dass Gefahren nicht nur instrumentell behauptet werden, sondern deren Existenz mit hoher Plausibilität dargelegt wird. Während militärische Prävention als im Einzelfall legitim gelten kann, stellen Präemptionskriege die internationale Ordnung vor fundamentale Herausforderungen. Denn es bleibt offen, wer über die Angemessenheit von solchen Militäreinsätzen entscheidet, auf welcher völkerrechtlichen Grundlage sie durchgeführt werden und wie sich dazu das allgemeine Gewaltverbot der VN-Charta verhält. Kann mehr Stabilität erreicht werden oder nimmt damit die Unberechenbarkeit in der internationalen Politik zu, die am Ende nicht mehr, sondern weniger Sicherheit bringt?

- Bedacht werden müssen aber ebenfalls die möglichen Folgen, wenn in jedem Fall auf der Sanktionierung von Gewaltanwendung durch den Sicherheitsrat der Vereinten Nationen bestanden wird. So sind durchaus Fälle vorstellbar, in denen der Sicherheitsrat aufgrund von – nicht zwangsläufig rationalen bzw. mit der Sache zusammenhängenden – Vetodrohungen blockiert ist – das war etwa im Kosovo* 1999 der Fall –, aber dennoch unmittelbarer Handlungsbedarf besteht. Ein überzogener „VN-Legalismus" ist also nicht tragfähig und sollte einer realistischeren Sichtweise weichen. Um es dann aber nicht nur der Willkür oder der Interessensdefinition einzelner Staaten zu überlassen, was eine sicherheitsrelevante Bedrohung ist und was nicht, wird u.a. diskutiert, das Völkerrecht im Lichte der neuen Bedrohungen fortzuentwickeln. Denkbar wäre etwa, eine Debatte darüber zu führen, wo die *Toleranzgrenze* bei der Verbreitung von Massenvernichtungswaffen, der Unterstützung des internationalen Terrorismus oder aber auch der systematischen Verletzung von Menschenrechten liegt. Es müsste dann ein nachvollziehbarer *Kriterienkatalog* entwickelt werden, bei dem ein Eingreifen gerechtfertigt sein kann. Solche Definitionsversuche sind mit zahlreichen Schwierigkeiten verbunden, und es ist zudem eher unwahrscheinlich, dass es gelingen wird. Die Alternative ist aber, den status quo zu erhalten, der ebenfalls unbefriedigend ist. Im Falle von Massenvernichtungswaffen ist die Chance aufgrund der allumfassenden Bedrohung wohl noch am größten. Es sollte möglich sein, dass sich der Sicherheitsrat darüber verständigt, unter welchen Voraussetzungen und bei welchen Akteuren die Verfügungsgewalt über solche Waffen eine unmittelbare Bedrohung darstellt. Im Falle von Terrororganisationen und „failed states" (s. S. 478) ist dies ganz offensichtlich, im Falle von Diktaturen oder totalitärer* Regime bestünde wahrscheinlich schon intensiverer Diskussionsbedarf. Schwierig wird es spätestens dann, wenn aus dem Verhalten von Staaten bei der versuchten Herstellung bzw. dem Erwerb von Massenvernichtungswaffen bereits auf eine Bedrohung geschlossen wird. Im Falle von massiven Menschenrechtsverletzungen hingegen bestehen nur geringe Aussichten auf die Entwicklung eines verbindlichen Kriterienkatalogs. Die Selektivität* bisheriger sogenannter „humanitärer Interventionen*" und die willkürliche, interessengeleitete Einmischung der westlichen Staaten lassen es auch in der Zukunft nicht erwarten, dass mehr als jeweils angreifbare Einzelfallentscheidungen erreichbar sind.

(Johannes Varwick, Völkerrecht und internationale Politik als ambivalentes Verhältnis. In: Politische Bildung Nr. 3, Jahrgang 38/2005, Wochenschau Verlag, Schwalbach 2005, S. 69f.)

1. *Das entscheidende, in der Folge des Irak-Kriegs von Wissenschaftlern und Politikern lebhaft diskutierte Problem besteht in der Frage, wie sich die Entscheidung der US-Regierung zu den in der UN-Charta festgelegten völkerrechtlichen Prinzipien, insbesondere zum „naturgegebenen Recht" der Selbstverteidigung (Art. 51 der UN-Charta) verhält. Konnten sich die USA auf dieses Recht berufen? Analysieren Sie dazu die Darstellung in M 20 und machen Sie deutlich,*
- *warum das Verhalten des Angriffs der USA nach dem bestehenden Völkerrecht als „unzulässig" beurteilt wird (vgl. Kasten S. 492),*
- *wie (mit welcher veränderten Sicherheitslage) die USA ihre Politik der „präventiven Selbstverteidigung" begründen (Z. 12–52), und*
- *worin die „zentrale Frage" und die „fundamentalen Herausforderungen" bestehen, die sich für die internationale Ordnung stellen (Z. 53–75).*

2. *Erläutern Sie (letzter Abschnitt von M 20), warum der Autor in einer strikten und ausschließlichen Bindung von Gewaltanwendung an entsprechende Beschlüsse des Sicherheitsrats („VN-Legalismus") keine tragfähige Lösung des Problems sieht. In welcher Weise könnte das Völkerrecht weiterentwickelt werden? Worin liegen die – je nach Fallgestaltung unterschiedlichen, aber insgesamt enormen – Schwierigkeiten der Verwirklichung einer solchen Reform? Wie beurteilen Sie selbst die gesamte Problemlage und die genannten Lösungsvorschläge? Nähere Analysen in: Aus Politik und Zeitgeschichte B 43/2004, www.bpb.de/files/78TS50.pdf*

4. Weltweite Bedrohung durch internationalen Terrorismus

M 21 Der Schock des 11. September 2001

(Foto: Reuters/Christian Charisius)

(Foto: AP Photo/Ernesto Mora)

(Foto: © dpa/Hubert Boesl)

Seit dem Ende des Kalten Krieges* (1990) hat wohl kaum ein Ereignis das Bewusstsein fast aller Menschen und die Politik vieler Länder so verändert und beeinflusst wie der Terroranschlag am 11. September 2001 in den USA. Bis heute gehen die meisten der zahlreichen Terroranschläge in aller Welt auf die Organisation zurück, die für den Anschlag des 11. September verantwortlich war.

Am 11. September 2001 starben in New York 2801 Menschen (darunter 11 Deutsche) – im American-Airlines-Flugzeug, das in den Nordturm des World Trade Center stürzte, 87; im United-Flugzeug, das in den Südturm flog, 60 Personen; im Pentagon in Washington starben 125 Menschen, im American-Airlines-Flugzeug, das in das Pentagon flog, 59; in Shanksville in Pennsylvania kamen 40 Menschen beim Absturz zu Tode. Die 19 Terroristen sind dabei nicht mitgezählt. Insgesamt (3191) starben am 11. September mehr als dreimal so viele Menschen wie in allen terroristischen Anschlägen der vergangenen 30 Jahre zusammen. Ausführliche Darstellung: http://de.wikipedia.org/wiki/11_September_2001

(Autorentext)

M 22 Merkmale des neuen internationalen Terrorismus

Die Begriffe ‚Terror' und ‚Terrorismus' werden meist synonym verwendet, obwohl sie unterschiedliche Sachverhalte bezeichnen. Unter ‚Terror' wird staatliche Schreckensherrschaft gegen seine Bürger oder bestimmte Bürgergruppen verstanden (‚Terror von oben'). Im Gegensatz dazu werden Angriffe gegen die Machtausübenden (‚Terrorismus von unten') als ‚Terrorismus' bezeichnet. [...] Eine international einheitliche Definition von ‚Terrorismus' konnte bisher nicht gefunden werden. Dennoch ist sich die Terrorismusforschung weitgehend einig: Terrorismus ist das Verbreiten von Angst und Schrecken durch überraschend, organisiert und fortgesetzt begangene Gewalttaten, um politische Ziele zu erreichen. Beabsichtigt ist eine breitere Wirkung auf den Gegner, der eingeschüchtert und zu einer Verhaltensänderung gebracht werden soll.

Der *‚moderne' Terrorismus* bezweckt vor allem eine emotionale, psychische Wirkung, die von der Gräueltat eines Anschlages (insbesondere bei Massenmord) ausgeht. *Zum einen* soll durch den Anschlag die Bevölkerung des Gegners in Angst, Schrecken und Unsicherheit versetzt werden. *Zum anderen* richtet sich der geglückte Anschlag an einen Kreis von Personen, die von den Terroristen als potenzielle Befürworter und Unterstützer ihrer Ideologie und ihrer Ziele angesehen werden. [...] Der erfolgreich ausgeführte Anschlag soll demonstrieren, dass eine kleine Gruppe entschlossener Aktivisten in der Lage sein kann, einem überlegenen Gegner einen beträchtlichen Schaden zuzufügen und ihn zu einer Veränderung seines Verhaltens zu nötigen, wenn sie adäquate Methoden beherrscht und einsetzt. [...]

Von *‚Internationalem Terrorismus'* kann dann gesprochen werden, wenn:

- die Zielsetzungen und Anschlags-Begründungen abstrakt-ideologisch sind, sodass sie sich nicht nur auf ein Land und dessen Gesellschaft beziehen; und/oder
- sich die Ziele nicht auf eine Region beziehen, sondern überregional bzw. global angelegt sind; und/oder
- der Aktionsraum der Terroristen nicht auf eine Region beschränkt ist; und/oder
- die Mitglieder der Terrorgruppe aus verschiedenen Ländern stammen, sodass mit der Ausweitung ihrer Aktivitäten in dieses Umfeld gerechnet werden muss.

Attentate und Überfälle von Einzeltätern oder lose organisierten Gruppen auf politische Machthaber oder politische Gegner spielen heute nur noch Nebenrollen. Anschläge, Organisationen und Strukturen sind komplexer und professioneller geworden. Die terroristische Einzelaktion als unmittelbare Reaktion auf eine politische Handlung ist zugunsten von politischen Langfriststrategien des Terrorismus in den Hintergrund getreten. Die früher übliche Trennlinie zwischen Kombattanten, die anzugreifen sind, und Nicht-Kombattanten, die verschont werden sollen, existiert heute nicht mehr. Es geht zunehmend um undifferenzierten Massenmord als Medienereignis, um mittelbar politischen Druck auf den Gegner auszuüben.

(Wichard Woyke [= M 5], S. 254f.; Verf.: Kai Hirschmann)

M 23 Bin Laden und sein Terror-Netzwerk Al-Qaida

Osama Bin Laden macht sich ein Netzwerk zunutze, das zu großen Teilen vom Westen aufgebaut und finanziert worden ist. In den Achtzigerjahren unterstützten die USA, Saudi-Arabien und andere Staaten den afghanischen Widerstand gegen die sowjetischen Truppen. Nach dem Rückzug der Sowjets aus Afghanistan* 1989 kam die Organisation, die Tausende von moslemischen Kämpfern unterhielt, bewaffnete und ausbildete, unter die Kontrolle von Osama Bin Laden. Innerhalb weniger Jahre baute er diese zu einem globalen Netzwerk von Terrorgruppen aus und gab ihr den Namen Al-Qaida (die Basis). Rückgrat und treibende Kraft von Al-Qaida war von Beginn an Bin Laden. Heute zählt Al-Qaida zwischen 3000 und 5000 Mitglieder, verfügt über Zellen in etwa 50 Ländern rund um die Welt und ist durch modernste Technologie vernetzt. Viele der Mitglieder werden zu speziellen Zwecken ausgebildet und leben in den jeweiligen Ländern als sogenannte Schläfer, bis sie auf Kommando zum terroristischen Einsatz kommen.

(Peter Barth, Im Zeichen des Terrors, Studiengesellschaft für Friedensforschung e.V., München 2002, S. 271)

Osama Bin Laden

(Foto: © dpa-Fotoreport/epa/AFP)

Die **Ideologie der ‚Al-Qaida'** geht von einem satanischen, weltweiten Verschwörungs-Plan, geschaffen vom christlichen Westen und den Juden zur Ausrottung des wahren Islam, aus. Die ideologische Weltsicht der ‚Al-Qaida' lautet: Die muslimischen Staaten sind heute in praktisch jedem Bereich ‚dem Westen', sprich den ungläubigen „Juden und Kreuzfahrern", unterlegen. Ihre Gesellschaften sind durch Armut und ein großes soziales Gefälle gekennzeichnet, obwohl der Islam die überlegene Religion sei. Die schlechte Entwicklung muslimischer Staaten muss nach *Bin Laden* also daran liegen, dass die Feinde ihre Werte und Verhaltensmuster den muslimischen Staaten aufzwängen und diese ihres Reichtums (z. B. Erdöl) beraubten. Dass das überhaupt geschehen konnte, läge wiederum daran, dass die muslimischen Regierungen vom ‚wahren Islam' abgefallen seien. Statt dessen hätten sich die muslimischen Herrscher bereichert, die islamische Gemeinde gespalten und sich zu Handlangern bzw. Vasallen des Feindes gemacht. Gegen diese drei Feinde (Juden, Kreuzfahrer, Handlanger) müssten sich die Muslime mit Gewalt in einem ‚Dschihad*' verteidigen, um die Dominanz der Ungläubigen und des Bösen zu beenden. Durch die anschließende Rückkehr zum Ur-Islam entstünde die Prosperität [Wohlstand], derer die Muslime beraubt wurden. Verdrängt werden müssten dazu konkret westliche Werte und Verhaltsmuster, besonders amerikanische in muslimischen Staaten, mittels einer Taktik der ‚weltweiten Nadelstiche'.

(Wichard Woyke [= M 5], S. 259f.; Verf.: Kai Hirschmann)

Al-Qaidaismus: Zwar gelang es nach den Anschlägen vom 11. 9. 2001 mittels internationaler massiver Terrorbekämpfung, etwa zwei Drittel der Spitzenfunktionäre des Ende der 1980er-Jahre von Osama Bin Laden gegründeten islamistischen Terrornetzwerks Al-Qaida durch Tod oder Verhaftung auszuschalten. Gleichzeitig verstärkte sich jedoch die **Dezentralisierung**, sodass die Ideologie des Heiligen Krieges (Dschihad*) von autonom bzw. regional operierenden islamistischen Gruppierungen in die Tat umgesetzt wurde (Al-Qaidaismus). [...] Regionale Konflikte wie in Tschetschenien oder im Irak wurden von islamistischen Terroristen für ihre Zwecke benutzt; im Gegenzug ließen sich die regionalen Kämpfer nicht nur von Militanten aus anderen, insbesondere arabischen Ländern unterstützen, sondern wandten auch die Al-Qaida-Strategie an, möglichst rücksichtslos und medienwirksam zuzuschlagen.

(Harenberg Aktuell 2006, Meyers Lexikonverlag, Mannheim 2005, S. 338)

Schwere Terroranschläge von El Kaida und islamistischen Extremisten

Auswahl (seit September 2001)

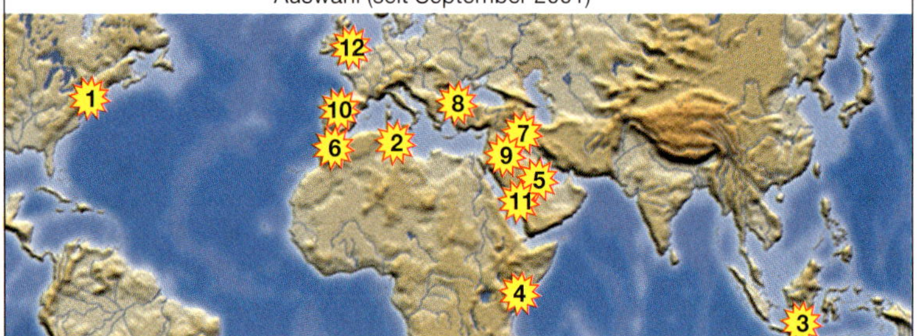

1. 11.9.2001 – Anschläge auf das World Trade Center (New York) und das Pentagon (Washington D.C.) – mehr als 3 000 Tote
2. 11.4.2002 – Anschlag auf Synagoge auf tunesischer Insel Djerba – 21 Tote, davon 14 Deutsche
3. 12.10.2002 – Bombenanschlag auf zwei Diskotheken auf Bali (Indonesien) – 202 Tote
4. 28.11.2002 – Selbstmordattentäter in Mombasa (Kenia) – 18 Tote
5. 12.5.2003 – Serienanschlag auf Wohngebiete westlicher Ausländer in Riad (Saudi-Arabien) – 35 Tote
6. 16.5.2003 – Anschlagsserie in Casablanca (Marokko) – mehr als 40 Tote
7. 19.8.2003 – Anschlag auf UNO-Hauptquartier in Bagdad (Irak) – 22 Tote
8. 20.11.2003 – Bombenanschläge auf brit. Konsulat und Bank in Istanbul (Türkei) – mind. 30 Tote. Fünf Tage zuvor Anschläge auf zwei Synagogen – etwa 24 Tote
9. 2.3.2004 – Serie zeitgleicher Anschläge auf heilige Stätten der Schiiten in Bagdad und Kerbela (Irak) – mindestens 181 Tote
10. 11.3.2004 – Nahezu zeitgleiche Explosionen von zehn Bomben in vier Pendlerzügen in Madrid (Spanien) – mehr als 190 Tote
11. 29.5.2005 – Saudi-Arabien, Überfälle – 22 Tote
12. 7.7.2005 – Vier Bombenanschläge in London innerhalb einer Stunde auf U-Bahnen und einen Bus – über 50 Tote, etwa 700 Verletzte

dpa·Grafik 1144

M 24 Fundamentalismus und Islamismus

‚Religiöser Fundamentalismus' ist kein Phänomen bestimmter Kulturkreise oder Religionen, sondern als Minderheitenbewegung in allen Religionen und Weltanschauungen anzutreffen. Von **religiösem Fundamentalismus** kann dann gesprochen werden, wenn Vertreter einer Religion ihre Interpretation ursprünglicher religiöser Inhalte und Werte **politisieren**, zu einer Ideologie stilisieren und sie damit zur Grundlage einer allumfassenden, universalen Ordnungsvorstellung machen. Der Begriff *Fundamentalismus* bezeichnete ursprünglich zu Beginn des 20. Jhs. eine Sammelbewegung amerikanischer Protestanten, für die ihre Glaubensinhalte als biblische Grundwahrheiten (Fundamentals) galten. Diese ersten christlichen Fundamentalisten bezeichneten sich als die ‚wahren Gläubigen' und grenzten sich so von den liberalen Christen ab. Noch heute ist diese Überzeugung für Fundamentalisten verschiedener Religionen kennzeichnend. [...]

Der **islamische Fundamentalismus** ist die am weitesten verbreitete Variante des religiösen Fundamentalismus und hat sich als einziger global und transnational organisiert. In arabischen, türkischen oder persischen Sprachformen wird in einem gewissen Spektrum des inner-islamischen Diskurses der religiöse Fundamentalismus als **„Islamismus"** bezeichnet. Der Begriff „Islamismus" steht dabei für das *ideologisch-politische Moment* radikal-islamischer Vorstellungen. Die Begriffe ‚Islamischer Fundamentalismus' und ‚Islamismus' werden dabei in der zeitgenössischen Literatur weitestgehend synonym verwendet und in ihrem Bedeutungsgehalt gleichgesetzt. Der ‚Islamismus' ist eine (Minderheiten-)Strömung im Islam und vertritt entgegen eigener Zielvorstellungen die überwiegende Mehrheit der Muslime nicht, da er sich religiöser Symbole nur bedient, diese ideologisch-politisch verfremdet und mit neuen Bedeutungsinhalten füllt. Islamisten glauben, dass die islamische Lehre nicht nur ultimative moralische Maßstäbe setzt, sondern auch *konkrete Handlungsanweisungen für die Gestaltung von Politik, Wirtschaft, Recht und Kultur*, abgeleitet aus den beiden normativen Quellen des Islam, Koran und Sunna, anbietet. Mit ihrem doktrinären Anspruch auf Unveränderbarkeit des Islam treten sie für die Errichtung eines ‚Gottesstaates' ein, lehnen die Rechtsordnung der westlichen Welt ab und sehen eine unauflösbare **Einheit zwischen Religion und Staat**. Der Hauptvorwurf der heutigen Islamisten ist, dass sich Regierungen und Eliten der muslimischen Länder vom Islam abgewandt und eine ‚gottlose', an westlichen Mustern orientierte Gesellschaft begründet hätten. Ihre Forderung dagegen lautet, die Entwicklung zurückzudrehen und die wahre ‚islamische Gemeinschaft' (*umma*) nach dem Vorbild des Propheten mit einer auf Koran und Sunna begründeten Rechts-und Werteordnung wiederherzustellen. [...] Aus diesem Selbstverständnis leiten die Islamisten einen **Universalitätsanspruch** ab und begreifen den Islam als allumfassende Lebensform und natürliche, göttliche Ordnung. [...] Gewaltbewegungen, die sich auf den Islam berufen, schöpfen aus einem großen Reservoir an Ungerechtigkeit, Furcht, Frustration, Hass, berechtigten Klagen, unberechtigten oder berechtigten Forderungen und irrationalen Erwartungen. [...] Die von außen herangetragenen kulturellen Werte der westlichen Moderne konnten in der islamischen Welt keine Wurzeln schlagen und erzeugten bei vielen Muslimen ein Gefühl der Orientierungslosigkeit, das vor allem durch die Verdrängung der Religion im Laufe der Säkularisierung hervorgerufen wurde. Die empfundene Bedrohung kann von so großer Sprengkraft sein, dass Menschen bereit sind, für ihre Kultur ihr Leben einzusetzen. [...]

Vom Islamismus als einer homogenen Einheit kann nicht gesprochen werden und gerade im Hinblick auf den Umgang mit islamistischen Organisationen ist es wichtig, zwischen gewaltbereiten oder gar terroristisch aktiven und nicht gewalttätigen Gruppierungen zu unterscheiden. Innerhalb der Strömungen religiöser Fundamentalisten, so auch im Islamismus, gibt es zwei grundsätzliche Richtungen: *zum einen* die ‚Radikalen des Wortes', *zum anderen* die ‚Radikalen der Tat', die glauben, ihre ideologischen Überzeugungen mit Gewalt durchsetzen zu müssen oder nur so implementieren zu können. Somit kann Fundamentalismus in jeder beliebigen Religion auch gewalttätige Formen annehmen. Allerdings zieht nur ein geringer Anteil der islamischen Fundamentalisten Gewalt oder terroristische Aktionen als ein geeignetes Mittel zur Verfolgung ihrer Ziele in Betracht. Für die meisten Islamisten kommt die Anwendung von Gewalt aus religiösen oder auch aus pragmatischen Gründen nicht in Betracht.

(Wichard Woyke [= M 5], S. 256–258; Verf.: Kai Hirschmann)

1. *Warum hat der 11. September 2001 die Welt so erschüttert? Worin bestehen wesentliche Unterschiede des „modernen" internationalen Terrorismus zu bisher bekannten terroristischen Anschlägen (M 22)?*

2. *Für das Verständnis der zahlreichen, seit dem Irak-Krieg deutlich zahlreicher gewordenen terroristischen Anschläge (Grafik in M 23; vgl. M 16) sind zum einen der „Netzwerk-Charakter" (mit zunehmender Dezentralisierung) und die religiöse, islamistisch geprägte Motivation der Täter von Bedeutung. Informieren Sie sich über beide Aspekte aus M 23 und M 24:*
   - *Charakterisieren Sie die Bedeutung des religiösen Fundamentalismus und machen Sie deutlich, in welcher spezifischen Weise sich die Ideologie des „Islamismus" von der allgemeinen islamischen Lehre abhebt. (M 24) Zum Begriff* ***„Dschihad"*** *(„Heiliger Krieg") s. www.de.wikipedia.org/wiki.Dschihad*
   - *Was unterscheidet radikale Islamisten „des Wortes" von solchen „der Tat"? (M 24)*
   - *Inwieweit hängt die Weltsicht des „Al-Quaidaismus" (M 23) mit der Ideologie des Islamismus zusammen? Welche Positionen gegenüber der „westlichen" Kultur und Politik einerseits und den gegenwärtigen Regierungen der muslimischen Länder werden vertreten?*
   - *Wie lässt sich die Bereitschaft vieler islamistischer Terroristen erklären, bei Anschlägen ihr eigenes Leben zu opfern?*

M 25 Erfolgloser Kampf gegen den weltweiten Terror?

Trotz aller Vorkehrungen und Absprachen, obwohl den Fahndern weltweit seit Beginn des Antiterrorkampfes im Herbst 2001 eine ganze Reihe hochrangiger Strategen des islamistischen Terrors ins Netz gegangen sind, blieb das internationale El-Kaida-Netzwerk mit seiner unkontrollierbaren Vielzahl von autonomen Zellen weiter aktiv. Die Terroristen agieren global, schlagen aber lokal zu, wobei sie sog. weiche Ziele wie Bahnhöfe oder Wohnhäuser bevorzugen, die kaum ausreichend geschützt werden können.

Militärischer Antiterrorkampf: Ein rein militärisches Eingreifen gegen die islamistischen Extremisten scheint wenig erfolgreich. In Afghanistan*, wo die USA ihren Kampf gegen den Terror 2001 begannen, war es auch zweieinhalb Jahre nach dem Sturz des Regimes nicht geglückt, die Aktivitäten der Taliban- und El-Kaida-Kämpfer zu unterbinden. [...] Die US-Invasion des Irak scheint islamistischen Gruppen, die den Dschihad*, den „heiligen Krieg", propagieren, noch größeren Zulauf verschafft zu haben. [...]

Grenzüberschreitende Maßnahmen: Von militärischen Eingriffen abgesehen, hat die internationale Staatengemeinschaft nach dem 11.9.2001 einiges an Anstrengungen unternommen, um der islamistischen Bedrohung Herr zu werden. In ihrer Resolution 1368 stuften die **UN** im Herbst 2001 den Terrorismus erstmals als Bedrohung des Weltfriedens ein und billigten den Staaten ein Recht auf Selbstverteidigung zu. Der UN-Sicherheitsrat in New York schrieb den Mitgliedsländern konkrete Schritte gegen den Terror vor; so sind sie z.B. verpflichtet, Geldströme der El-Kaida auszutrocknen und Terroristen außer Landes zu weisen. Zur Überwachung wurde ein Ausschuss eingerichtet, dem die einzelnen Staaten regelmäßig Bericht erstatten sollen. Der Ausschuss tadelte Ende 2003 die mangelnde Beteiligung der Staatengemeinschaft. Nur 84 der insgesamt 191 Mitgliedstaaten hätten ihre Erkenntnisse und konkreten Schritte im Kampf gegen den Terror gemeldet.
Auch die **Europäische Union** versuchte nach dem 11.9.2001 ihre Anti-Terror-Bemühungen zu intensivieren. Bei der europäischen Polizeibehörde Europol (Den Haag) wurde zur Unterstützung der Mitgliedstaaten ein Expertenteam gebildet. Außerdem war man bestrebt, die nationalen Strafvorschriften gegen den Terrorismus zu vereinheitlichen und den Informationsaustausch zwischen den Geheimdiensten zu verbessern. Ein europäischer Haftbefehl soll künftig die Auslieferung von Extremisten beschleunigen. Unter dem Eindruck des Terroranschlags von Madrid am 11.3.2004 einigten sich die EU-Regierungen auf eine Solidaritätsklausel, die alle EU-Staaten auch zum militärischen Beistand für ein von einem Anschlag betroffenes Land aufruft. [...]

Innere Sicherheit und Freiheitsrechte: Der Kampf gegen den Terrorismus wird zumindest von allen westlichen Staaten als notwendig erachtet. Viele nationale Regierungen reagierten auf die

Gefahr des islamistischen Terrors mit einer Verschärfung ihrer Sicherheitsvorkehrungen, was in zahlreichen Fällen mit einer Einschränkung der bürgerlichen Freiheitsrechte einherging. Die USA verschärften z. B. Anfang 2004 ihre Einreisebestimmungen und verpflichten seitdem Touristen aus Nicht-EU-Ländern und alle für einen längeren Aufenthalt ins Land kommende Ausländer, bei der Einreise Fingerabdrücke und ein Foto zu hinterlassen. US-Bürgerrechtler sehen der Entwicklung mit großem Misstrauen entgegen und befürchten einen Überwachungsstaat.

(Harenberg Aktuell 2005, Meyers Lexikonverlag, Bibliographisches Institut & F.A. Brockhaus AG, Mannheim 2004, S. 205; Verf.: Brigitte Lotz)

M 26 Probleme und Defizite der bisherigen Bekämpfung des internationalen Terrorismus

Das Phänomen des islamistischen Netzwerk-Terrorismus wurde in seiner Aufbauphase bis 1998 lokal begrenzt, international beherrschbar und von niedriger globaler Relevanz eingeschätzt. [...] Nach dem 11.9.2001 begann ein weltweiter Kampf gegen den Terrorismus unter Führung der USA, der diesen Namen kaum verdiente und der bisher wenig erfolgreich war, aber in zahlreichen Regionalkonflikten wie z. B. dem Irak ab Mai 2003 ‚Al-Qaida' neue Kämpfer und Sympathisanten zugetrieben hat. Häufig wurde alles Mögliche bekämpft, nur nicht der islamistische Terrorismus, den man vielmehr gestärkt oder gar regional erst geschaffen hat. Bei der Maßnahmenplanung und -umsetzung wurde kaum bedacht, dass

- wenn man erfolgreich sein will, sowohl die *Symptome* des Terrorismus (‚Al-Qaida'-Kämpfer und ihre Unterstützer) als auch die *Ursachen* der gesellschaftlichen Frustrationen angehen muss, die zwar nicht ursächlich für den islamistischen Terrorismus sind, ihm allerdings immer wieder Sympathisanten zutreiben, Begründungen liefern und von ihm instrumentalisiert werden.
- man die Denkweisen, Emotionen, Traditionen und Organisationen seines Gegners verstehen muss, um ihn zu bekämpfen. Im Grunde geht der Westen immer noch von einem klassischen Gegner aus, der nach unseren Spielregeln vorgeht, was aber nicht der Fall ist. Besonders im Irak wird derzeit deutlich, dass die USA noch nicht einmal die muslimischen Traditionen und Kulturen richtig verstanden haben.
- ungeschicktes politisches Taktieren und Interessenpolitik Erfolge im Kampf gegen den Terrorismus verhindern. *Saddam Hussein* war zwar ein Diktator und Mörder, hatte aber mit islamistischem Terrorismus nichts zu tun. [...]
- es sich um eine Geisteshaltung handelt, die durch klassische Machtinstrumente wie militärische Operationen oder repressive Diplomatie nicht erfolgversprechend zu bekämpfen ist. Ideen in den Köpfen von Menschen, die ansonsten mitten in der Gesellschaft unauffällig leben, werden mit Panzern und Bomben nicht auszutreiben sein. Sinnvolle militärische Ziele wie die ‚Al-Qaida'-Trainingslager in Afghanistan wurden bereits zerstört. [...]
- es zur Bekämpfung eines international vernetzten Terrorismus einer internationalen Kooperation von Staaten in hoher Intensität bedarf. Voraussetzung dafür ist innen- und außenpolitische Gesamtstrategie von Staaten, die an die Stelle von unverbundenen und politisch motivierten Einzelmaßnahmen tritt. [...] Unterdessen lachen sich die islamistischen Netzwerk-Terroristen ins Fäustchen, weil sie wissen und erfahren, dass einer einheitlichen Gefährdung eine zersplitterte Bekämpfung entgegengesetzt wird.

(Wichard Woyke [= M 5], S. 262f.; Verf: Kai Hirschmann)

1. *Beschreiben Sie die bisher getroffenen Maßnahmen der Terrorismus-Bekämpfung und machen Sie deutlich, worin ihre besonderen (durch den spezifischen Charakter des „modernen" internationalen, zumeist durch Selbstmordanschläge geprägten Terrorismus) Schwierigkeiten liegen. (M 25)*

2. *Erläutern Sie, welche Versäumnisse und falschen Ansätze der Autor von M 26 der bisherigen Terrorismus-Bekämpfung (insbesondere des vor allem von den USA propagierten „war on terrorism") vorhält. Wie würden in dieser Sicht erfolgversprechendere konkrete Maßnahmen aussehen? Setzen Sie sich mit den einzelnen Kritikpunkten auseinander.*

III. Entwicklungsländer und Entwicklungspolitik – Strukturen und Probleme

1. Entwicklungsländer: Kriterien, Ländergruppen

M 27 „Entwicklungsländer", Dritte Welt", „Süden"

Der Begriff „**Entwicklungsländer**" (*developing countries*) ist sprachlich in gewisser Weise problematisch. Kritische Stimmen wie der schwedische Ökonom Gunnar Myrdal haben darauf hingewiesen, er unterstelle in unangemessen optimistischer Weise, dass diese Länder sich tatsächlich entwickelten. Dabei sei doch gerade die Frage, ob und wie sie sich entwickelten, klärungsbedürftig. Für die ärmsten Entwicklungsländer hat sich der Begriff „am wenigsten entwickelte Länder" (*Least Developed Countries – LDC*) durchgesetzt.
Die Bezeichnung „**Dritte Welt**" wird meist historisch auf die Einteilung in Erste Welt (westliche Industrieländer) und Zweite Welt (östliche Industrieländer) bezogen, sodass die Entwicklungsländer dann als jüngste Ländergruppierung als Dritte Welt erscheinen. Er ist nicht etwa im Sinne einer Rangordnung („drittrangig") zu verstehen. Der Begriff Dritte Welt wurde auch verwendet, um die Einheit dieser Ländergruppe zu betonen. Andere Fachleute haben die ärmste Teilgruppe, die „am wenigsten entwickelten Länder", noch als *„Vierte Welt"* ausgegliedert. Mit dem Ende des Ostblocks

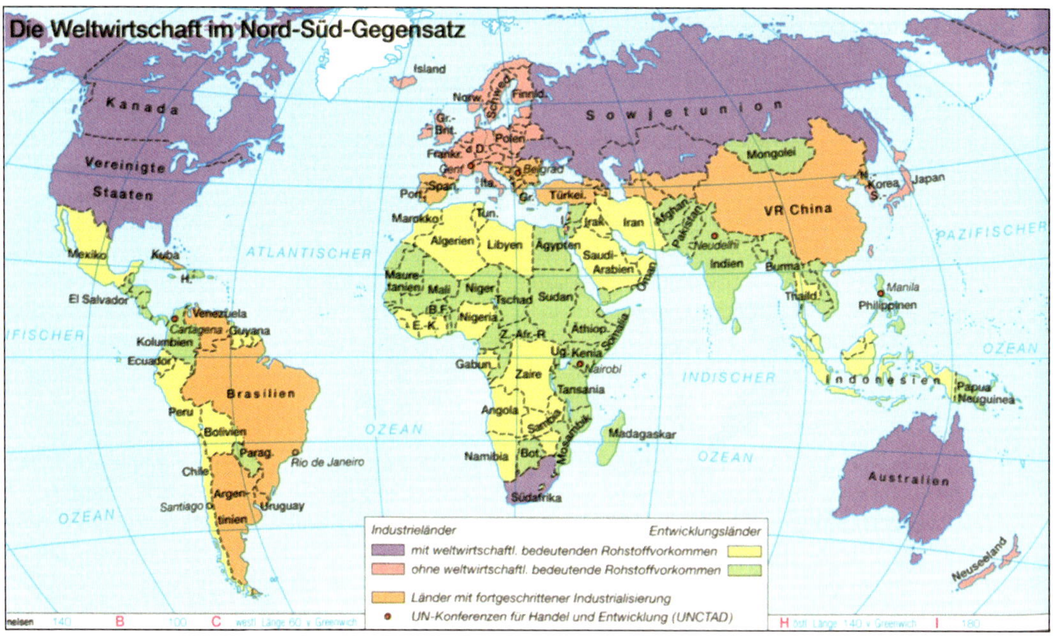

(Aus: Putzger Atlas und Chronik zur Weltgeschichte 2002, © Cornelsen Verlag Berlin 2002, S. 274) Stand: vor 1991

und der Pluralisierung der Entwicklungsländer wird die Benennung zunehmend fragwürdig. Aber auch die mögliche sprachliche Alternative, der „**Süden**", ist problematisch. Nicht nur die geografische Zuordnung ist ungenau, da sich beispielsweise die wohlhabenden Staaten Australien und Neuseeland auf der Südhalbkugel befinden. Vielmehr legt der Begriff „Süden" eine Einheitlichkeit von Interessen und Handlungen nahe, die faktisch nicht oder nicht mehr vorhanden ist.

(Informationen zur politischen Bildung [= M 28], S. 7)

M 28 Kriterien für „Entwicklung" und „Unterentwicklung"

a) Es gibt unterschiedliche Auffassungen, nach welchen **Kriterien** Länder als Entwicklungsländer anzusehen sind. In den internationalen Organisationen und in der Praxis der entwicklungspolitischen Zusammenarbeit dominieren immer noch **ökonomische Merkmale**, da Daten dazu meistens leichter verfügbar sind und noch am ehesten konsensfähig scheinen. Es gibt aber einen deutlichen Trend, zusätzlich andere, vor allem soziale Indikatoren einzubeziehen.

Die **Weltbank** gruppiert bisher noch alle Länder (einschließlich der früheren Ostblockstaaten) nach dem **BNE pro Kopf** und unterscheidet Staaten mit niedrigem, mittlerem und hohem Einkommen, wobei die mittlere Einkommensgruppe noch in zwei Teilgruppen aufgespalten wird. Zu den Ländern mit hohem Einkommen zählen nicht nur die westli-

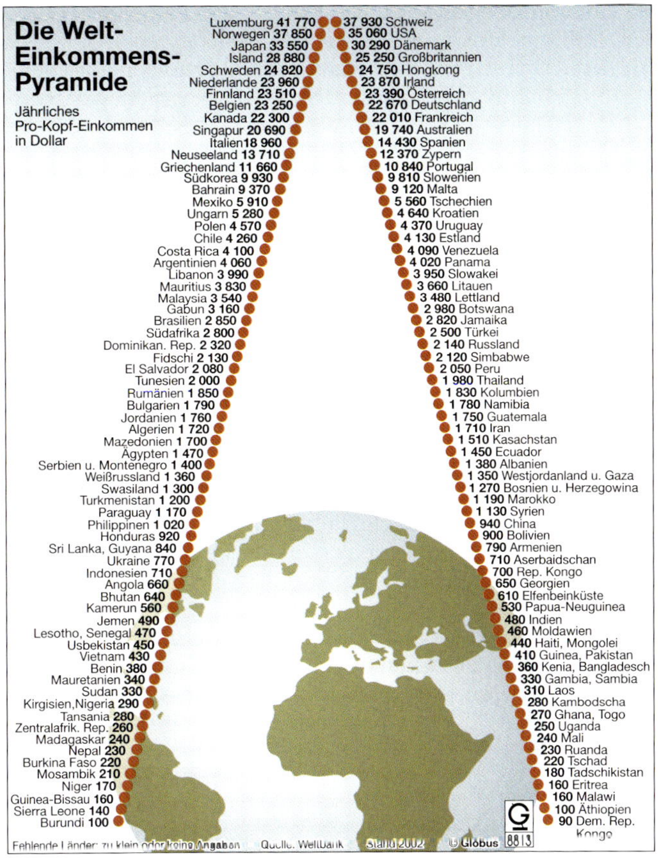

Ländergruppen nach der Klassifizierung der Weltbank **(2003)**:
Länder mit **niedrigem Einkommen** (low income countries – LIC): bis 765 $;
Länder mit **mittlerem Einkommen,** *unterer Bereich* (lower middle income – LMIC): 766 bis 3 035 $;
Länder mit mittlerem Einkommen, *oberer Bereich* (upper middle income – UMIC): 3 036 bis 9 385 $;
Länder mit **hohem Einkommen** (high income – HIC): ab 9 386 $.

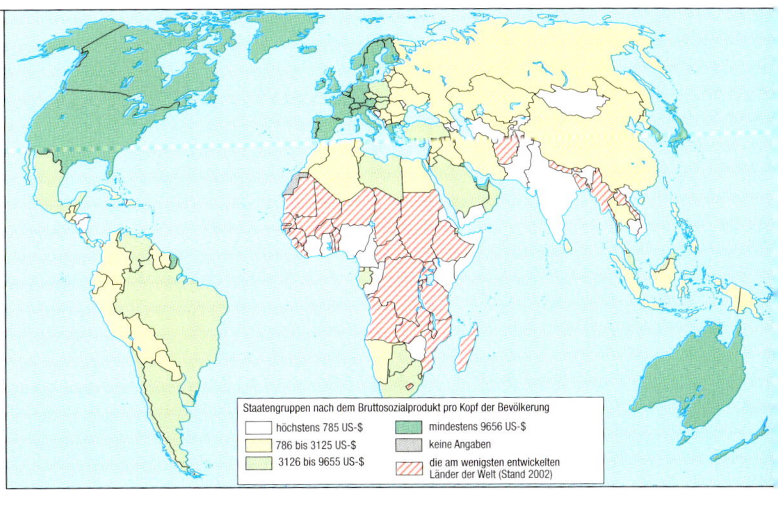

(© Bibliographisches Institut & F. A. Brockhaus AG)

chen Industriestaaten, sondern auch Singapur, Hongkong und Israel sowie bevölkerungsarme Erdölexporteure wie Kuwait und die Vereinigten Arabischen Emirate, während sich zum Beispiel mit Portugal und Griechenland zwei EU-Mitgliedsländer im obersten Teil der mittleren Einkommensgruppe befinden.

(Informationen zur politischen Bildung Nr. 286, 1. Quartal 2005: Entwicklung und Entwicklungspolitik, Bundeszentrale für politische Bildung, Bonn 2005, S. 22; Verf.: Uwe Andersen)

Die UN (UNDP – United Nations Development Programme) unterscheiden innerhalb der Entwicklungsländer (developing countries; Industrieländer – developed countries) als Teilgruppe die „am wenigsten entwickelten Länder" (least developed countries – **LDC**) nach einigen – neben dem Pro-Kopf-Einkommen – weiteren Indikatoren.
Für den Anspruch auf Entwicklungshilfeleistungen entscheidend ist die „**Länderliste**" des Entwicklungshilfeausschusses der OECD (Development Assistance Committee – **DAC**), die alle drei Jahre neu erstellt wird und im Wesentlichen die Länder der drei ersten Weltbank-Gruppen (s.o.; rd. 75 % der gesamten Weltbevölkerung) umfasst. Die im Internet veröffentlichte Liste (www.bmz.de/de/zahlen/imDetail/Laenderliste_2003.pdf) markiert gleichzeitig auch die LDC.
Zur Abgrenzung der „**Schwellenländer**" und zu regionalen Einteilungen s. M 29. Politisch haben sich die Entwicklungsländer lose zusammengeschlossen als „**G 77**" (Gruppe der 77, nach der Zahl beim erstmaligen Zusammentreffen 1964). (Autorentext)

b) Eine differenziertere Bemessungsgrundlage (als das BNE) stellt der „**Index der menschlichen Entwicklung" (Human Development Index – HDI)** dar, der von einer Arbeitsgruppe im Entwicklungsprogramm der Vereinten Nationen (UNDP) konstruiert worden ist. Er umfasst zurzeit drei Teilelemente:

- die **Lebensdauer** – gemessen als Lebenserwartung bei der Geburt,
- das **Bildungsniveau** – gemessen als eine Kombination aus der Alphabetisierungsrate von Erwachsenen (zwei Drittel) sowie der Gesamteinschulungsrate der Kinder und Jugendlichen, die sich auf die verschiedenen Schulstufen verteilen (ein Drittel) – und
- den **Lebensstandard** – gemessen als Pro-Kopf-Einkommen in realer Kaufkraft, wobei das Einkommen oberhalb eines als angemessen betrachteten Grenzwertes in abnehmendem Maße berücksichtigt wird.

In den HDI gehen die drei Teilelemente jeweils zu einem Drittel ein. Er wird so berechnet, dass er für alle Länder zwischen 0 und 1 liegt, und es werden die Teilgruppen mit hohem (größer als 0,8), mittlerem (0,5 – 0,8) und niedrigem (unter 0,5) HDI unterschieden.

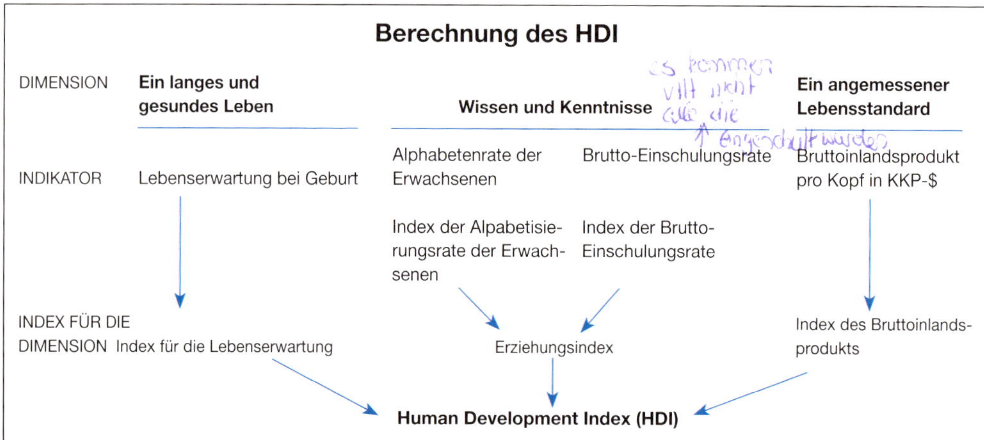

(Übersicht: UNDP, Human Development Report 2002; deutsche Ausgabe: Bericht über die menschliche Entwicklung 2002, UNO-Verlag, Bonn 2002, S. 282)

Der Index für menschliche Entwicklung veranschaulicht, dass Einkommen und menschliches Wohlergehen nicht dasselbe sind. Indem ein Durchschnittswert der Errungenschaften in den Bereichen Gesundheit, Bildung und Einkommen gemessen wird, kann der HDI ein vollständigeres Bild vom Entwicklungsstand einzelner Länder vermitteln, als die Messung des Einkommens es allein vermöchte. Bolivien hat zwar ein viel geringeres Pro-Kopf-BIP als Guatemala, liegt aber beim HDI höher, weil es dort besser gelungen ist, das vorhandene Einkommen in menschliche Entwicklung umzusetzen. So hat auch Tansania, eines der ärmsten Länder der Welt, einen HDI, der mit dem von Guinea, einem fast viermal so reichen Land, vergleichbar ist. Umgekehrt gibt es bei Ländern, die auf demselben Einkommensniveau liegen, große Unterschiede beim HDI – Vietnam hat in etwa ein gleich hohes Einkommen wie Pakistan, aber einen wesentlich höheren HDI, was vor allem auf die höhere Lebenserwartung und den höheren Alphabetisierungsgrad zurückzuführen ist.

(Deutsche Gesellschaft für die Vereinten Nationen [Hrsg.], Bericht über die menschliche Entwicklung, Kurzfassung, Berlin 2004, S. 47)

Tabelle: Index der menschlichen Entwicklung und Teilindikatoren

Länder (Auswahl)	HDI (Rang) 2003	Lebenserwartung bei Geburt	Alphabetisierungsgrad[1]	Bruttoeinschulungsquote	Pro-Kopf-BIP[2]
Norwegen	0,963 (1)	79,4		101	37,670
USA	0,944 (10)	77,4		93	37,562
Japan	0,943 (11)	82,0		84	27,967
Deutschland	0,930 (20)	78,7		89	27,756
Südkorea	0,901 (28)	77,0	97,9	93	17,971
Polen	0,858 (36)	77,3	99,7	90	11,379
Kuba	0,817 (52)	77,3	96,9	80	–
Russland	0,795 (62)	65,3	99,4	90	9,230
Brasilien	0,792 (63)	67,5	88,4	91	7,790
China	0,755 (85)	71,6	90,9	69	5,003
Türkei	0,750 (94)	68,7	88,3	68	6,772
Südafrika	0,658 (120)	48,4	82,4	78	10,346
Indien	0,602 (127)	63,3	61,0	60	2,892
Haiti	0,475 (153)	51,6	51,9	–	1,742
Nigeria	0,453 (158)	43,4	66,8	64	1,050
Äthiopien	0,367 (170)	47,6	41,5	36	711
Sierra Leone	0,298 (176)	40,8	29,6	45	548

1 Fehlende Angaben: Bei der Berechnung wurde ein Prozentsatz von 99 zugrunde gelegt.
2 Angaben in Kaufkraftparitäten* ($); insofern nicht vergleichbar mit Grafik S. 501; vgl. M 32 a/b

(Quelle: Human Development Report 2005, Tab. 1, S. 222ff.; http://hdr.undp.org/reports/global/2005/pdf/HDR05_HDI.pdf)

1. *Erläutern Sie, warum die drei in M 27 genannten Bezeichnungen – jede für sich – als problematisch angesehen werden. Welche Bezeichnung halten Sie selbst für am sinnvollsten?*

2. *Beschreiben Sie, nach welchem Kriterium die Weltbank ihre Klassifizierung der Länder der Welt vornimmt (M 28a), und überlegen Sie, worin man Defizite dieses Indikators (als Maßstab für „Wohlstand") sehen könnte.*

3. *Machen Sie deutlich, inwiefern der „Index der menschlichen Entwicklung" zeigen will, dass „Einkommen und menschliches Wohlergehen nicht dasselbe sind". Erklären Sie seine Berechnung (Bildung und Gewichtung der Teilindikatoren). (M 28b)*

4. *Untersuchen Sie einige der in der Tabelle ausgewählten Länder im Hinblick auf ihre Rangfolge im Gesamtkonzept und auf die Werte für die Teilindikatoren. Wie kommt es z. B., dass Südafrika mit einem Pro-Kopf-Einkommen, das dem von Polen fast gleichkommt, auf Platz 120 liegt, während Polen Platz 36 einnimmt?*

5. *Die gesamte HDI-Rangliste (177 Länder) mit allen Teilindikatoren finden Sie auf der als Quelle zur Tabelle angegebenen Internetseite. Durch Vergleich mit der Rangliste des Jahres 2002 (HDR 2004: www.hdr.undp.org/reports/global/2004/pdf/hdr04_HDI.pdf) können Sie ggf. feststellen, welche Länder ihren Rangplatz verschlechtert oder verbessert haben und welche Veränderungen bei den Teilindikatoren der Veränderung zugrunde liegen.*

6. *Im Unterschied zum „objektiven" Indikator* „Volkseinkommen pro Kopf" beruht der HDI auf (politisch gefällten) Entscheidungen seiner Konstrukteure über die Auswahl und die Gewichtung der Teilindikatoren (vgl. Arbeitshinweis 3.) und ist daher auch auf Kritik gestoßen. Wie beurteilen Sie selbst diese Entscheidungen und den darauf beruhenden Aussagewert des HDI?*

M 29 „Schwellenländer" und Regionalgruppen

Schwellenländer

Handelt es sich bei den bisher genannten Gruppen um ökonomisch benachteiligte Staaten, so wird bei den Schwellenländern angenommen, dass sie – daher die deutsche Bezeichnung – an der **Schwelle zum Industriestaat** stehen und genügend Eigendynamik besitzen, um Merkmale eines Entwicklungslandes in absehbarer Zeit zu überwinden. Es gibt international keine verbindlich festgelegte Liste der Schwellenländer. Häufig genannte Beispiele sind die Türkei, die vier „kleinen Tiger" in Südostasien, Brasilien und Mexiko in Lateinamerika sowie die Republik Südafrika. Zu beachten ist aber, dass der wirtschaftliche Fortschritt dieser Länder keineswegs allen Teilen der Bevölkerung zugute kommt und dass darüber hinaus die politische und soziokulturelle Entwicklung nicht parallel zu den wirtschaftlichen Erfolgen verlaufen muss. [...]

Regionalgruppen

Neben den genannten Gruppen, die primär anhand ökonomischer Merkmale gebildet wurden, darf die regionale Komponente nicht außer Acht gelassen werden. Länder verstehen sich als Teil einer Region und verfolgen meist gemeinsam mit ihren Nachbarländern ihre Interessen. Ein gutes Beispiel ist Lateinamerika, das historische, sprachliche, religiöse und politische Gemeinsamkeiten sowie ein regionales Selbstbewusstsein besitzt. Selbst Haiti als einziges lateinamerikanisches LDC dürfte mehr Gemeinsamkeiten mit seinen Nachbarländern sehen als mit den afrikanischen LDC.

(Informationen zur politischen Bildung [= M 28], S. 20)

	Bevölkerung			Bruttonationaleinkommen (BNE)	Bruttonationaleinkommen (BNE) bei KKP*	Lebenserwartung zum Zeitpunkt der Geburt in Jahren	Sterblichkeitsrate der Kinder unter 5 Jahren pro 1000	Alphabetisierungsgrad von Erwachsenen in % der Einw. ab 15 Jahren
	in Mio.	Durchschn. jährliche Wachstumsrate in %	Bevölkerungsdichte in Einw. pro km²	pro Kopf in $	pro Kopf in $			
	2003	1990–2003	2003	2003	2003	2002	2002	2002
Ostasien und Pazifik	1854,5	1,2	117	1080	4680	69	42	90
Europa u. Zentralasien	472,7	0,1	20	2570	7570	69	37	97
Lateinamerika u. Karibik	534,2	1,6	27	3260	7080	71	34	89
Nah. Osten u. Nordafrika	311,6	2,1	28	2250	5700	69	54	69
Südasien	1424,7	1,8	298	510	2660	63	95	59
Sub-Sahara Afrika	702,6	2,5	30	490	1770	46	174	65

(Quelle: Weltbank/Bundeszentrale für politische Bildung, Weltentwicklungsbericht 2005: Ein besseres Investitionsklima für jeden, Bonn 2005, S. 309) Vgl. hierzu auch die Daten in der Grafik S. 513 o.

1. *Beschreiben Sie den Charakter und die Bedeutung der sog. „Schwellenländer" (auch „Newly Industrialized Countries" [NIC] oder „emerging markets" genannt) und stellen Sie fest, zu welchen Regionalgruppen sie gehören.*

2. *Stellen Sie im Hinblick auf die angegebenen Merkmale einige deutliche Unterschiede zwischen den Regionalgruppen heraus. Welche Region nimmt im Hinblick auf die drei Sozialindikatoren eine deutliche Sonderstellung ein? (Tabelle)*

2. Strukturmerkmale von Entwicklungsländern

M 30 Merkmale der „Unterentwicklung" – Übersicht

Allgemein kann als Charakteristikum von Entwicklungsländern (EL) gelten, dass sie nicht in der Lage sind, für erhebliche Teile ihrer Bevölkerung *grundlegende Existenzbedürfnisse* zu befriedigen. Auch wenn über die Gewichtung der einzelnen Merkmale kein Konsens besteht und in der wissenschaftlichen Diskussion zudem fachspezifische Blickverengungen unverkennbar eine Rolle spielen, sind die folgenden Merkmale in mehr oder minder ausgeprägter Form in den meisten EL anzutreffen:

ökonomische Merkmale:
- geringes durchschnittliches Pro-Kopf-Einkommen verbunden mit extrem ungleicher Einkommensverteilung;
- unzureichende Ernährung;
- hohe, teilweise verdeckte Arbeitslosigkeit;
- niedrige Spar- und Investitionsrate;
- unzureichende Schul- und Ausbildung (hohe Analphabetenquote);
- geringe Produktivität;
- unzulängliche Infrastruktur (Verkehrswege, Kommunikation);
- dominanter, teilweise auf Selbstversorgung orientierter traditioneller Sektor und davon weitgehend getrennte moderne (Industrie-)Enklaven („dualistische Struktur");
- außenwirtschaftliche Abhängigkeit von wenigen, auf die Märkte der Industrieländer (IL) orientierten Exportprodukten (meist Rohstoffe) und starke Auslandsverschuldung;

soziodemographische Merkmale:
- im Vergleich zu IL deutlich geringere, obwohl im Zeitvergleich stark zugenommene Lebenserwartung vor dem Hintergrund von verbreiteten Gesundheitsmängeln und unzureichender medizinischer Versorgung;
- „Bevölkerungsexplosion" als Folge schneller zurückgegangener Sterbeziffern (v. a. Seuchenbekämpfung) und nur langsam absinkender Geburtenziffern (z. B. Faktor fehlende Altersversorgung) mit der Konsequenz extremer Dominanz der jungen Jahrgänge;
- starke Wanderungsbewegungen in großstädtische Ballungsräume (Landflucht);

ökologische Merkmale:
- teilweise armutsbedingter ökologischer Raubbau und Zerstörung besonders anfälliger Ökosysteme (z. B. Desertifikation) mit partiell globalen Konsequenzen (z. B. Vernichtung der Tropenwälder als „grüne Lungen");

soziokulturelle und politische Merkmale:
- starke Orientierung an Primärgruppen (z. B. Großfamilie, ethnische Gruppen), meist verbunden mit gering ausgebildeter Loyalität gegenüber „abstrakteren" institutionellen Strukturen wie Staat;
- geringere soziale Rollendifferenzierung und Mobilität;
- bad governance, insbesondere autoritärer und zugleich „schwacher" Staat (*G. Myrdal*), d. h. einerseits meist politische Systeme mit keiner oder dürftiger politischer Legitimation der Repräsentanten durch die Bürger und fehlender Sicherung von Menschenrechten, andererseits mangelnde politische Umsetzungsfähigkeit politischer Programme verbunden mit strukturell verankerter, systematischer Korruption;
- zahlreiche gewaltsam ausgetragene Konflikte nach innen (z. B. sozialer und ethnischer Natur) wie außen (u. a. aufgrund willkürlicher kolonialer Grenzziehungen und gefördert durch hohe Rüstungsimporte v. a. aus IL), u. a. mit der Folge starker Flüchtlingsströme.

Viele dieser Merkmale beeinflussen sich so, dass sie sich gegenseitig verstärken. Dieser Tatbestand hat zur Konstruktion zahlreicher „**Teufelskreise**" (circuli vitiosi) geführt, die auf der gewählten konkreten Ebene plausibel sind, aber nichts über die tiefer liegenden Ursachen von Unterentwicklung aussagen.

(Wichard Woyke [Hg.] [= M5], S. 85f.; Verf.: Uwe Andersen)

M 31 „Millenniumsziele“ der Entwicklung

Die Millenniums-Entwicklungsziele (MDG) und ihre Zielvorgaben

Ziel 1: Beseitigung der extremen Armut und des Hungers
Zielvorgabe 1: Zwischen 1990 und 2015 den Anteil der Menschen halbieren, deren Einkommen weniger als 1 Dollar pro Tag beträgt
Zielvorgabe 2: Zwischen 1990 und 2015 den Anteil der Menschen halbieren, die Hunger leiden

Ziel 2: Verwirklichung der allgemeinen Primarschulbildung
Zielvorgabe 3: Bis zum Jahr 2015 sicherstellen, dass Kinder in der ganzen Welt, Jungen wie Mädchen, eine Primarschulbildung vollständig abschließen können

Ziel 3: Förderung der Gleichstellung der Geschlechter und Stärkung der Rolle der Frauen
Zielvorgabe 4: Das Geschlechtergefälle in der Primar- und Sekundarschulbildung beseitigen, vorzugsweise bis 2005 und auf allen Bildungsebenen bis spätestens 2015

Ziel 4: Senkung der Kindersterblichkeit
Zielvorgabe 5: Zwischen 1990 und 2015 die Sterblichkeitsrate von Kindern unter fünf Jahren um zwei Drittel senken

Ziel 5: Verbesserung der Gesundheit von Müttern
Zielvorgabe 6: Zwischen 1990 und 2015 die Müttersterblichkeitsrate um drei Viertel senken

Ziel 6: Bekämpfung von HIV/AIDS, Malaria und anderen Krankheiten
Zielvorgabe 7: Bis 2015 die Ausbreitung von HIV/AIDS zum Stillstand bringen und allmählich umkehren
Zielvorgabe 8: Bis 2015 die Ausbreitung von Malaria und anderen schweren Krankheiten zum Stillstand bringen und allmählich umkehren

Ziel 7: Sicherung der ökologischen Nachhaltigkeit
Zielvorgabe 9: Die Grundsätze der nachhaltigen Entwicklung in einzelstaatliche Politiken und Programme einbauen und den Verlust von Umweltressourcen umkehren
Zielvorgabe 10: Bis 2015 den Anteil der Menschen um die Hälfte senken, die keinen nachhaltigen Zugang zu hygienischem Trinkwasser haben; Erweiterung des WSSD (World Summit on Sustainable Development) in Johannesburg: Bis 2015 den Anteil der Menschen halbieren, die keinen Zugang zu sanitärer Basisversorgung haben
Zielvorgabe 11: Bis 2020 eine erhebliche Verbesserung der Lebensbedingungen von mindestens 100 Millionen Slumbewohnern herbeiführen

Ziel 8: Aufbau einer weltweiten Entwicklungspartnerschaft
Zielvorgabe 12: Ein offenes, regelgestütztes, berechenbares und nicht diskriminierendes Handels- und Finanzsystem weiterentwickeln (umfasst die Verpflichtung auf eine gute Regierungs- und Verwaltungsführung, die Entwicklung und die Armutsreduzierung sowohl auf nationaler als auch auf internationaler Ebene)
Zielvorgabe 13: Den besonderen Bedürfnissen der am wenigsten entwickelten Länder Rechnung tragen (umfasst einen zoll- und quotenfreien Zugang für die Exportgüter der am wenigsten entwickelten Länder, ein verstärktes Schuldenerleichterungsprogramm für die hoch verschuldeten armen Länder und die Streichung der bilateralen öffentlichen Schulden sowie die Gewährung großzügigerer öffentlicher Entwicklungshilfe für Länder, die zur Armutsminderung entschlossen sind)
Zielvorgabe 14: Den besonderen Bedürfnissen der Binnen- und kleinen Insel-Entwicklungsländer Rechnung tragen
Zielvorgabe 15: Die Schuldenprobleme der Entwicklungsländer durch Maßnahmen auf nationaler und internationaler Ebene umfassend angehen und so die Schulden langfristig tragbar werden lassen
Zielvorgabe 16: In Zusammenarbeit mit den Entwicklungsländern Strategien zur Beschaffung menschenwürdiger und produktiver Arbeit für junge Menschen erarbeiten und umsetzen
Zielvorgabe 17: In Zusammenarbeit mit den Pharmaunternehmen erschwingliche unentbehrliche Arzneimittel in den Entwicklungsländern verfügbar machen
Zielvorgabe 18: In Zusammenarbeit mit dem Privatsektor dafür sorgen, dass die Vorteile der neuen Technologien, insbesondere der Informations- und Kommunikationstechnologien, genutzt werden können

(Quelle: UN; zit. nach: Politische Studien Nr. 403, September/Oktober 2005, S. 83, Hanns Seidel Stiftung, Atwerb Verlag, München; Verf.: Peter J. Opitz)

1. *Verschaffen Sie sich einen Überblick über die in M 30 aufgelisteten „Strukturmerkmale der Unterentwicklung" und bedenken Sie dabei, dass sie zum einen nicht alle die gleiche Bedeutung für den Stand der Entwicklung eines Landes haben und zum anderen die einzelnen Länder in oft sehr unterschiedlicher Form davon betroffen sind. Wenn Sie dazu neigen, die Situation einzelner Länder etwas genauer zu untersuchen und miteinander zu vergleichen, bieten sich dazu vier relativ kurz gehaltene „Länderstudien" (Südafrika, Tansania, Südkorea, Brasilien) an, die Sie unter der Internetadresse www.bpb.de/publikationen/2FD3J3.html finden können (Informationen zur politischen Bildung Nr. 286, S. 25ff.).*

2. *Aus Anlass der Jahrtausendwende haben im September 2000 die Staats- und Regierungschefs der UN-Mitgliedsländer auf einer Konferenz („Millenniumsgipfel") als Zielrahmen für die Entwicklungspolitik der nächsten 15 Jahre acht Ziele („Millenniumsziele") beschlossen (M 31). Stellen Sie fest, inwieweit sich in diesen Zielen die in M 29 aufgeführten Strukturmerkmale widerspiegeln.*

Im Rahmen dieses Arbeitsbuches können wir nur auf einige wichtige Strukturmerkmale näher eingehen, die zumeist auch im Mittelpunkt der öffentlichen Diskussion über Entwicklungsländer und Entwicklungspolitik stehen: die aus dem geringen Einkommen resultierende weit verbreitete **Armut** (M 32), die unzureichende **Ernährung** (M 35), die mangelhafte **medizinische Versorgung** am Beispiel der Immunschwächekrankheit AIDS (M 36), die mit der „**Bevölkerungsexplosion**" verbundene Problematik (M 37) und die hohe **Auslandsverschuldung** (M 40). Einige andere Merkmale wie die geringe Lebenserwartung und die unzureichende Bildung werden kurz gestreift (Grafik S. 513 o.). *Politische* Merkmale wie „bad governance" (Fehlen funktionierender Institutionen, zerfallende Staatsmacht, innerstaatliche Konflikte und Kriege) und ökonomische Merkmale wie die außenwirtschaftliche Abhängigkeit werden in Abschnitt 4. im Zusammenhang mit Entwicklungspolitik und Weltwirtschaft thematisiert.

Armut und Unterernährung

M 32a „Ein Dollar pro Tag" – Von den Schwierigkeiten der Weltbank, die Weltarmut zu berechnen

Die Weltbank legt für ihre Definition extremer Armut die Einkommensgrenze „Ein Dollar pro Tag", ausgedrückt in **Kaufkraftparitäten*** (KKP), zugrunde. Der Maßstab KKP führt notwendiger- und berechtigterweise in Entwicklungsländern zu höheren Einkommenswerten als das BSP pro Kopf. Dieser Effekt kommt hauptsächlich dadurch zustande, dass verschiedenartige *Dienstleistungen* in Entwicklungsländern z.T. unvergleichlich weniger kosten als in Industrieländern. Für Konsumgüter des täglichen Bedarfs – vornehmlich auf diese sind Arme angewiesen – ist dieser Unterschied aber bei weitem nicht so groß; sie sind auf jeden Fall teurer, als der auf den Konsum *aller* Güter und Dienstleistungen basierende KKP-Maßstab nahelegt. Die Berechnung nach Kaufkraftparitäten erfolgt nach einer von den internationalen Organisationen (Weltbank, OECD, EU) einheitlich angewandten Methode, dem International Comparison Program (ICP).

Zwischen reichen und armen Ländern bestehende Preisverhältnisse sind je nach Ware äußerst unterschiedlich. Preise von Gütern, die leicht über Grenzen hinweg gehandelt werden können, liegen international nah beieinander. Güter und Dienstleistungen, die sich nicht leicht exportieren lassen, können in reichen Ländern bis zu hundertmal mehr kosten als in armen. Wenn das ICP die Kaufkraft der indischen Rupie beim 5,3-fachen des Umrechnungskurses zum US $ ansetzt, gibt das ICP uns also einen Durchschnittswert, bei dem, grob gesagt, jede Ware gemäß ihrem durchschnittlichen nationalen Konsumanteil berücksichtigt wird.
Dies ist sinnvoll, wenn man das Bruttosozialprodukt Indiens mit dem der USA vergleichen will. [...] Es ist jedoch ein gravierender Fehler, auch die *Einkommen armer Inder* mit diesem Durchschnittswert von 5,3 zu multiplizieren. Denn der Konsum der Armen spiegelt nicht den Weltkonsum wider, sondern konzentriert sich auf Grundnahrungsmittel und andere lebenswichtige Bedarfsgüter. Diese sind zwar in den armen Ländern billiger – aber in der Regel bei weitem nicht so viel billiger, wie es die ICP-Kaufkraftparitäten nahelegen. Der Grund dafür liegt auf der Hand.

Die größten Preisunterschiede zwischen reichen und armen Ländern gibt es bei nicht exportierbaren Dienstleistungen. In sehr armen Ländern kann man eine Haushaltshilfe, einen Fahrer oder einen Haarschnitt schon für ein Hundertstel des hiesigen Preises bekommen. Solche riesigen Preisunterschiede treiben die ICP-Kaufkraftparitäten dieser Länder nach oben. Aber sie sind völlig irrelevant für deren *Arme*, die sich solche Dienstleistungen nicht leisten können. Das Resultat [...], dass man in Indien mit 6 US-$ pro Monat besser lebt als mit 30,42 US-$ in den USA, ist also absurd, wenn man dafür viel weniger Bedarfsgüter bekommt. [...] Bei der Umrechnung der Armutsgrenze in andere Währungen sind in der Tat lokale Preise von Gütern und Dienstleistungen zu berücksichtigen. Aber nicht gemäß ihrer Rolle im Weltkonsum, sondern gemäß ihrer Wichtigkeit für die *Befriedigung menschlicher Grundbedürfnisse*. Noch fehlen die Preisdaten, die nötig wären, um internationale Kaufkraftvergleiche in dieser plausibleren Weise vorzunehmen. Die vorliegenden Preisdaten über Nahrungsmittel insgesamt, Brot und Getreide sowie andere Bedarfsgüter zeigen jedoch, dass diese in den armen Entwicklungsländern im Schnitt um 30 bis 40 Prozent teurer sind, als Kaufkraftparitäten nahelegen. [...] Höchstwahrscheinlich müsste die Weltbank also, wenn sie bei der Umrechnung ihrer Armutsgrenze in die Währungen armer Entwicklungsländer einen Preisindex lebenswichtiger Bedarfsgüter zugrunde legte, ihre nationalen Armutsgrenzen – und damit auch ihre Schätzungen der Anzahl armer Menschen – ganz erheblich nach oben revidieren [...]

Hinzu kommt schließlich noch, dass die Weltbank bei den Definitionen ihrer Armutsgrenzen jeweils von einem Dollarbetrag ausgeht, der ziemlich willkürlich aus der Luft gegriffen und mit der normalen Wortbedeutung von „Armut“ kaum vereinbar ist. Wir nennen eine Person arm, wenn sie für ihre normalen menschlichen Grundbedürfnisse nicht aufkommen kann. Natürlich ist es sinnvoll, dieses Wort durch ein Monatsbudget genauer zu präzisieren. Aber dabei muss man sich schon Gedanken darüber machen, was Menschen zum Überleben brauchen. Die neueste Armutsgrenze der Weltbank entspricht heute in den USA einem Monatsbudget pro Person von 41 Dollar [...]. Versuchen Sie einmal, einen Monat lang nur mit diesem Betrag auszukommen – und dem tröstenden Gedanken, dass Sie dabei nicht zu den Armen zählen. Denn arm sind der Weltbank gemäß ja nur die, die weniger (im Schnitt übrigens 30 Prozent weniger) Einkommen haben. [...] Die Bestimmung eines plausiblen Armutsbegriffs muss von einer Konzeption menschlicher Grundbedürfnisse ausgehen und dann die verschiedenen Güter ermitteln, mit denen wir diese Bedürfnisse befriedigen

M 32b Unterschiede des Bruttosozialproduktes pro Kopf nach Wechselkursen und nach Kaufkraftparitäten*, 2003, ausgewählte Länder

Land	BSP/ Kopf in $ (1)	BSP/Kopf zu KKP* (in $) (2)	BSP/Kopf zu KKP (in $): BSP (in $) x 100 = (2) : (1) x 100 (3)
Ägypten	1390	3940	283,4
Argentinien	3650	10920	299,2
Belgien	25820	28930	112,0
Brasilien	2710	7480	276,0
Burkina Faso	300	1180	393,0
Deutschland	25250	27460	108,7
Elfenbeinküste	660	1390	210,6
Frankreich	24770	27460	110,8
Indonesien	810	3210	396,3
Japan	34510	28620	82,9
Kongo, Dem. Rep.	100	640	640,0
Lesotho	590	3120	528,8
Mosambik	210	1070	509,5
Niger	200	820	410,0
Schweiz	39880	32030	80,3
Singapur	21230	24180	113,9
Sri Lanka	930	3730	401,1
USA	37610	37500	99,7
Vietnam	480	2490	518,7
Niedrigeinkommensländer	450	2190	486,7
Mittleres Einkommen	1920	6000	312,5
Hohe Einkommen	28550	29450	103,1

(Quelle: Weltbank, Weltentwicklungsbericht 2005, Tabelle 1; Lesebeispiel für Spalte 3: Setzt man den Wert in Sp. 1 = 100 (Index), liegt im Vergleich dazu der Wert aus Sp. 2 für Ägypten bei 283,4).

können. Als arm sind dann die zu zählen, die sich keine hinreichende Kombination solcher Güter leisten können. Um das im Einzelfall zu entscheiden, brauchte man vor allem präzisere Preisdaten speziell über die jeweils billigsten Bedarfsgüter-Daten, die im Rahmen der ohnehin stattfindenden ICP-Preiserhebungen ohne nennenswerte Mehrkosten leicht gesammelt werden könnten.

(Thomas Pogge, in: Neue Zürcher Zeitung v. 4./5. Januar 2003, S. 55)

1. *Vergleichen Sie zu den grundsätzlichen Schwierigkeiten, den Begriff „Armut" zu operationalisieren und damit Armut messbar zu machen, M 48 in Kap. B, S. 171f.). Welches „Armutskonzept" findet in den Untersuchungen der Weltbank Anwendung?*

2. *Für das Verständnis des Armut-Indikators „1 Dollar pro Tag" ist zunächst die Klärung der Maßgröße „Pro-Kopf-Einkommen in Kaufkraftparitäten*" (KKP; engl. PPP – Purchasing Power Parity) wichtig. Erläutern Sie, was damit gemeint ist und warum die Anwendung dieses Maßstabes für Wohlstandsvergleiche zwischen Ländern für unbedingt notwendig gehalten wird. Zeigen Sie anhand der Tabelle M 32b auf, was es für die Beurteilung der Einkommenssituation in verschiedenen Ländern bedeutet, ob das BIP pro Kopf in Dollar (nach Wechselkursen) oder in Dollar pro Kopf in KKP berechnet wird. Vergleichen Sie dazu z. B. die Berechnung für die angegebenen Industrieländer mit Entwicklungsländern. Wie sind die Unterschiede zu erklären?*

3. *Verdeutlichen Sie, warum der Autor von M 32a das von der Weltbank zugrunde gelegte Armutskonzept (auch bei Verwendung des KKP-Maßstabs) für unzureichend hält. Von welchem Verständnis von Armut geht er aus? Welche (zurzeit wohl kaum lösbaren) Schwierigkeiten ergeben sich, wenn man das „Bedürfniskonzept" von Armut für die „Armutsmessung" zugrunde legen will? Vgl. dazu auch M 73, S. 208.*

M 33a Anteil der Bevölkerung, der von weniger als „1 Dollar pro Tag" lebt; 1990 und 2001 (in Prozent der jeweiligen Gesamtbevölkerung)

Die Grafik gibt nicht nur die Bevölkerungsanteile für die beiden Jahre 1990 und 2001 an, sondern markiert auch jeweils das in der Millenniumserklärung gesetzte Ziel (target) zur Reduzierung dieses Anteils bis zum Jahr 2015 (Ziel 1 in M 31, S. 506).

CIS – Community of Independent States = GUS*; Developing Regions – Entwicklungsländer

Werte für **1981** (etwas abweichende regionale Abgrenzung): Welt insgesamt 40,4; Ostasien/Pazifik (incl. China) 56,7; Europa/Zentralasien 0,8; Lateinamerika/Karibik 10,1; Mittlerer Osten/Nordafrika 5,1; Südasien 51,1; Sub-Sahara-Afrika 41,6; Welt insgesamt ohne China (Ostasien): 1990: 26,1; 2001: 22

(UNDP, The Millennium Development Goals Report 2005, S. 6; www.un-ngls.org/MDG/STAT-MDG-2005.pdf)

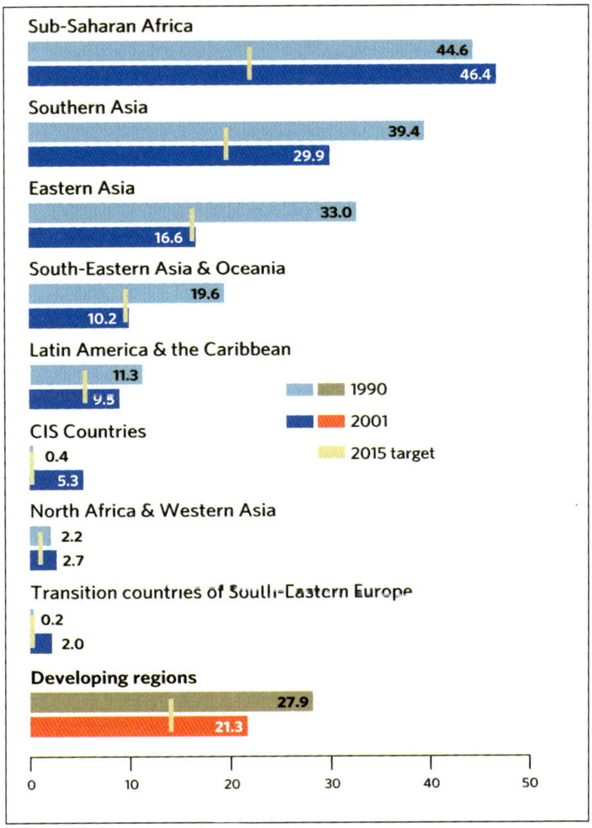

M 33b Wirtschaftswachstum und Zahl der Armen

Region	Durchschnittliche jährl. Wachstumsrate des BNE pro Kopf		Zahl der absolut Armen (Mio.) (weniger als „1 Dollar pro Tag")			
	1991–2000/ 2001–2004	2005–2015 (Projektion)	1981	1990	2001	2015
Ost-Asien und Pazifik (darunter: China)	6,4/6,2	5,5 (6,0)	796 (606)	472 (375)	271 (212)	19 (16)
Europa und Zentralasien	–1,6/4,8	3,6	3	2	17	2
Lateinamerika und Karibik	1,5/0,2	2,4	9	49	50	43
Mittlerer Osten und Nordafrika	1,7/2,4	2,4	36	6	7	4
Süd-Asien	3,1/4,2	4,2	475	462	431	216
Sub-Sahara-Afrika	–0,2/1,5	1,7	164	227	313	340
Gesamt (ohne China)		**3,6** (2,8)	**1483** (877)	**1219** (844)	**1089** (877)	**622** (606)

(Quelle: Weltbank; zusammengestellt nach: http://siteresources.worldbank.org/GLOBALMONITORINGEXT/Resources/ch2.pdf und www.worldbank.org/data/wdi/wditext/Section1-1-1.htm)

Über das Ausmaß und die Entwicklung der Armut in der Welt (bezogen auf den Indikator der Weltbank, vgl. M 32) erscheinen immer wieder alarmierende und z. T. auch widersprüchliche oder doch verwirrende Nachrichten. Analysieren Sie dazu die beiden Statistiken M 33a und M 33b (leicht unterschiedliche Ländergruppeneinteilung).

1. *Beschreiben Sie in beiden Statistiken die Entwicklung der Armut 1990 bis 2001 nach Ländergruppen und insgesamt und formulieren Sie eine Antwort auf die Frage, ob „die Armut" in diesem Zeitraum zu- oder abgenommen hat. Beachten Sie dabei die unterschiedlichen Indikatoren (Bevölkerungsanteile und absolute Zahlen).*
2. *Stellen Sie anhand der Daten in M 33a und b in einem Säulendiagramm die Entwicklung der Armut 1981, 1990 und 2001 weltweit in Mrd. Personen (linke Skala von 1–1,5 Mrd., Abstände je 0,1) und der Armutsquote (Prozent der Bevölkerung) in den Entwicklungsländern (rechte Skala: 20–45 %, Abstände je 5,0) dar (jeweils zwei Säulen nebeneinander) und beschreiben Sie diese Entwicklung.*
3. *Stellen Sie fest, welche Bedeutung für die Entwicklung der weltweiten Armut (jeweils nach M 33a und b) die Entwicklung in China hat (in M 33a nahezu identisch mit „Ostasien").*
4. *In M 33a sind auch die Werte für das erste „Millenniumsziel" (M 31; zur Reduzierung der Armut bis 2015) markiert. Stellen Sie fest, wie weit die einzelnen Ländergruppen und die Welt insgesamt von der Erreichung des Ziels entfernt sind.*
5. *Die Weltbank setzt für ihre Projektion für 2015 zur Erreichung des „Armutsziels" bestimmte Wachstumsraten der Wirtschaft an, bei deren Werten sie sich an der Wachstumsentwicklung in den Zeiträumen 1991 bis 2000 und 2001 bis 2004 orientiert (M 33b). Erscheinen Ihnen diese Annahmen eher optimistisch oder eher realistisch? Begründen Sie Ihre Einschätzung.*
6. *Der neueste Human Development Report (2005) beurteilt wegen der Wachstumsentwicklung die Chancen zur Erreichung des „Millenniumsziels" zur Armut besser als die zu den übrigen Zielen: „The trend points in a positive direction" (vgl S. 17f. und S. 20 des Berichts: http://hdr.undp.org/reports/global/2005/pdf/HDR05_chapter_1.pdf).*

M 34 Wirtschaftliches Wachstum, Armut und Ungleichheit

Es gibt so gut wie keine Beispiele von Ländern, die beträchtliches Wachstum verzeichneten, ohne dass dies mit einer Verringerung der Armut einherging. Es wurde festgestellt, dass der Anstieg der Durchschnittseinkommen im Zusammenhang mit breit verteiltem Wachstum bis zu 90 Prozent der Verringerung von Armut ausmacht. Verbesserungen des Investitionsklimas in China und Indien waren die treibende Kraft für die größten Rückgänge der Armut, die die Welt je erlebt hat. Allein in China wurden mehr als 400 Millionen Menschen aus der Armut befreit. Mit den Einkommenssteigerungen gingen auch Fortschritte bei den Gesundheitsergebnissen einher. Zwischen 1980 und 2002 stieg in **China** die Lebenserwartung um vier Jahre von 66,8 auf 70,7 Jahre und die Säuglingssterblichkeitsrate sank von 49 auf 32 pro 1000 Lebendgeburten. In **Indien** stieg die Lebenserwartung von 54 auf 63 Jahre, die Säuglingssterblichkeit ging um 40 Prozent zurück und die Anzeichen für Unterernährung nahmen ebenfalls ab.

● Es gibt zwei grundlegende Möglichkeiten, wie die Einkommen armer Menschen zunehmen können: Entweder steigen bei konstanter Einkommensverteilung die Durchschnittseinkommen, oder die Einkommensverteilung verschiebt sich zugunsten der Armen. Die größte Wirkung wird zweifellos erzielt, wenn Wachstum mit einer Verlagerung zu einer gleichmäßigeren Einkommensverteilung einhergeht. Wenn die Rückwirkung von mehr Gleichheit Wachstumsprozesse verstärkt, kann die Dynamik im Laufe der Zeit die Armut signifikant verringern.

● Ist die Einkommensverteilung relativ stabil, heißt es häufig, dass Wachstum den Armen nütze, weil der Einkommensanteil, der den Armen zufließt, zusammen mit den Durchschnittseinkommen ansteigt. Es gibt jedoch Belege dafür, dass das Ausmaß an Ungleichheit in einer Gesellschaft die Art und Weise beeinträchtigt, in der Wachstum zu steigenden Einkommen für die Armen führt. Es ist nicht nur so, dass der Einkommensanteil der Armen in einer ungleicheren Gesellschaft vergleichsweise kleiner ist – er steigt auch weniger als 1:1 im Verhältnis zu den Durchschnittseinkommen.

● Ungleichheit kann auch aus anderen Gründen Besorgnis erregend sein. Mehr Ungleichheit wird mit geringerem sozialem Zusammenhalt, unsichereren Eigentumsrechten und einem höheren Risiko schwerwiegender politischer Unruhen in Verbindung gebracht. Ungleichheit kann deshalb wichtige Folgen für die Wahrscheinlichkeit und die Art und Weise von Verbesserungen des Investitionsklimas, die Glaubwürdigkeit von Veränderungen der politischen Handlungskonzepte und damit auch für deren Auswirkungen auf Unternehmensentscheidungen haben. Dies macht es für Regierungen umso wichtiger, auf die Verteilung der Wachstumsdividenden [der sich aus dem Wachstum ergebenden Wohlstandsgewinne] zu achten.

(Weltbank/Bundeszentrale für politische Bildung, Weltentwicklungsbericht 2005, Droste Verlag, Düsseldorf 2005, S. 38f.)

Zur grundsätzlichen Bedeutung der Wirkungen wirtschaftlichen Wachstums auf die Entwicklung von Armut und Ernährung gibt es in der wissenschaftlichen Diskussion, auf die wir hier nicht ausführlich eingehen können, unterschiedliche Positionen zu der Frage, ob wirtschaftliches Wachstum nur eine notwendige oder auch eine hinreichende Bedingung für die Verringerung von Armut darstellt. Die zweite Auffassung geht von der Annahme aus, dass Wachstumsprozesse in den Entwicklungsländern nicht nur den Lebensstandard der sozialen Oberschichten erhöhen, sondern auch die Lebensverhältnisse der Masse der Bevölkerung verbessern (sog. **„trickle-down-Effekt"**: *Wachstum „sickert nach unten durch"). Die erste Auffassung bestreitet nicht, dass Verringerung der Armut wirtschaftliches Wachstum voraussetzt, hält aber weitere sozialpolitische Maßnahmen für erforderlich, damit Wachstum auch den armen Bevölkerungsschichten zugute kommt.*

1. *Analysieren Sie zu dieser Frage die Darstellung der Weltbank in ihrem Weltentwicklungsbericht 2005 (M 34).*

2. *Erläutern Sie anhand der Beispiele China und Indien, welche Auswirkungen wirtschaftlichem Wachstum nicht nur im Hinblick auf die Reduzierung von Einkommensarmut zugeschrieben werden. Welche Differenzierungen der allgemeinen Aussage sind zu beachten, wenn man als weiteren Faktor das Ausmaß von Einkommensungleichheit einbezieht? Welche Konstellation zwischen Einkommensverteilung und Wachstum wird als die wirksamste eingeschätzt?*

M 35a Wie Hunger berechnet wird

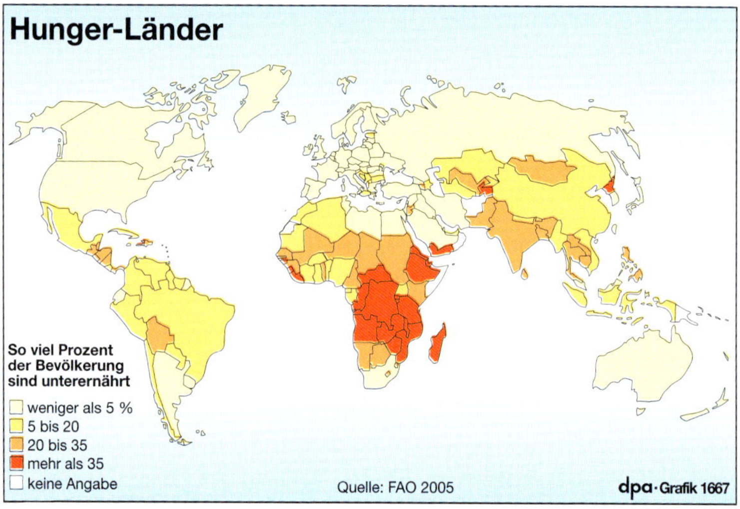

Das Ausmaß des Hungers oder das Nahrungsdefizit werden folgendermaßen berechnet: Die durchschnittliche Nahrungsenergie, die unterernährte Menschen aus ihrer Nahrung erhalten, wird mit dem Mindestbedarf an Nahrungsenergie verglichen, den sie benötigen, um ihr Körpergewicht zu halten und leichte Tätigkeiten ausüben zu können.

Die tägliche Nahrung der meisten der 800 Millionen chronisch hungernden Menschen weist einen Mangel von 100–400 Kilokalorien auf. Diese Menschen sterben nicht an Hunger. Sie sind oft dünn, aber nicht stark abgemagert. Der chronische Hunger fällt nicht immer sofort auf, denn der Körper kompensiert eine unzureichende Ernährung, die körperliche Aktivität sinkt und bei Kindern verlangsamt sich das Wachstum. Abgesehen von der verstärkten Anfälligkeit für Krankheiten bedeutet chronischer Hunger, dass Kinder teilnahmslos werden und sich nicht mehr in der Schule konzentrieren können, dass Mütter untergewichtige Kinder gebären und es Erwachsenen an Kraft fehlt, ihr volles Potenzial einsetzen zu können. Zahlenmäßig gibt es in Asien und im pazifischen Raum mehr chronisch Hungernde, aber das Ausmaß des Hungers ist eindeutig in den Ländern Afrikas südlich der Sahara am größten. In 46 % der Länder südlich der Sahara liegt der durchschnittliche Nahrungsmangel bei den Unterernährten bei mehr als 300 Kilokalorien pro Person und Tag. Im Vergleich dazu leiden in nur 16 % der Länder Asiens oder des Pazifiks die Unterernährten an einem Nahrungsmangel dieses Ausmaßes. Dort, wo das durchschnittliche Kilokaloriendefizit sehr hoch ist, fehlt es in der Nahrung der Menschen an allem, einschließlich der stärkehaltigen Grundnahrungsmittel (Mais, Kartoffeln, Reis, Weizen und Maniok), die einen Großteil der Energie liefern. Wo das Defizit weniger groß ist, verfügen die Menschen in der Regel über ausreichende Mengen von Grundnahrungsmitteln. Bei

Eine Familie in Wajid, Somalia
(Foto: Peter Turnley/Corbis)

ihnen mangelt es häufig an Nahrungsmitteln, die eine ausgewogene Ernährung sicherstellen: Hülsenfrüchte, Fleisch, Fisch, Öle, Milchprodukte, Gemüse und Obst, die neben Energie auch Proteine, Fett und Mikronährstoffe liefern. Die Ernährung dieser Menschen abzurunden, ist notwendig, um Ernährungssicherheit zu erreichen.

(Weltbericht zu Hunger und Unterernährung 2000 der FAO, S. 1)

Entwicklungsländer nach Regionen:	So viel Prozent der Bevölkerung hungern	Von je 1 000 Kindern sterben vor dem 5. Lebensjahr	Von je 100 Einwohnern (15 Jahre und älter) können weder lesen noch schreiben	So viel Prozent der Bevölkerung haben keinen Zugang zu sanitären Anlagen	Von je 1 000 Einwohnern haben einen Telefonanschluss
Naher Osten und Nordafrika	9 %	61	36	34 %	94
Ostasien und Pazifik	keine Angabe	39	10	51	172
Lateinamerika und Karibik	10	32	10	25	165
Südasien	21	91	41	63	47
Afrika südlich der Sahara	30	179	39	64	9

Quelle: UNDP 2005 © Globus 083

M 35b Kein Fortschritt im Kampf gegen Hunger?

Trotz vieler Programme und zahlreicher Hilfseinsätze ist die **Zahl der Hungernden** auf der Welt in den vergangenen Jahren nahezu gleich geblieben. Das geht aus dem neuen „Weltbericht zu Hunger und Unterernährung" hervor, den die Landwirtschaftsorganisation der Vereinten Nationen (FAO) in Rom vorstellte. Immer noch haben Hunderte Millionen Menschen nicht ausreichend zu essen, obwohl nach Ansicht der meisten Fachleute genügend Nahrungsmittel produziert werden könnten, um die gesamte Weltbevölkerung zu ernähren. Demnach sind 852 Millionen Menschen chronisch unterernährt: „Sie können sich körperlich und geistig nur eingeschränkt entwickeln."

Der Großteil derjenigen, die mit Hungergefühlen zu Bett gehen müssen – 815 Millionen –, lebt in den *Entwicklungsländern*. Dasselbe Schicksal teilen etwa 28 Millionen Menschen in den *Transformationsstaaten* des ehemaligen Ostblocks und immerhin noch neun Millionen Menschen in den *Industrieländern*. Im Vergleich zur Mitte der Neunzigerjahre ist die Gesamtzahl der Unterernährten in absoluten Werten sogar wieder gestiegen, und zwar um 18 Millionen, wie die FAO mitteilt.

Den höchsten **Anteil von Hungernden**, gemessen an der Gesamtbevölkerung, findet man in Afrika südlich der Sahara und in Asien. Gleichzeitig aber wurden in diesen beiden Regionen auch die *größten Fortschritte* erzielt. Während sich die Lage in Nordafrika und in Osteuropa – auf geringerem Niveau – verschlimmert hat, erzielt Afrika südlich

Anteil der Bevölkerung mit unzureichender Nahrungsversorgung 1990/1992 und 2000/2002 (in Prozent der jeweiligen Gesamtbevölkerung)

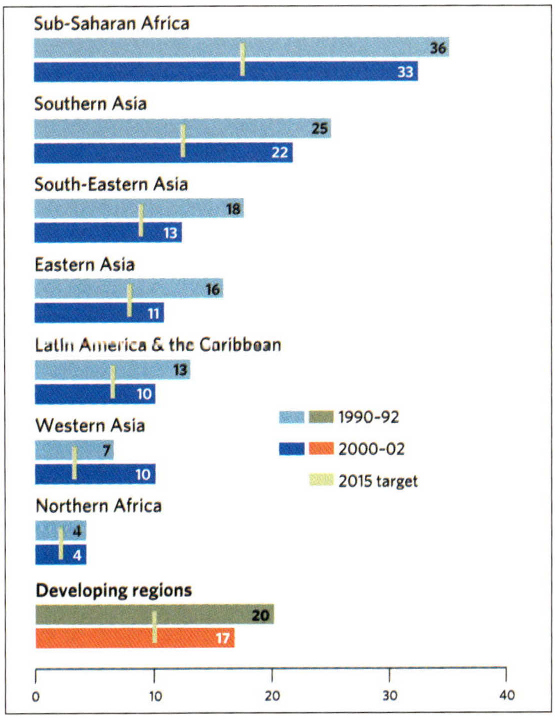

(UNDP, The Millennium Development Goals Report 2005, S. 7; www.un-ngls.org/MDG/STAT-MDG-2005.pdf)

der Sahara, trotz einer prekären Gesamtsituation, den deutlichsten Trendwechsel: Der Anteil der chronisch Unterernährten ist dort, wie die FAO berichtet, in den vergangenen zwölf Jahren von 36 auf 33 Prozent gefallen. Asien hat ähnliche Erfolge erzielt und seinen Anteil von 20 auf etwa 17 Prozent verringert. Auch Lateinamerika konnte den Prozentsatz der Hungernden senken. Dabei haben viele der Länder, die große Fortschritte verbuchten, eines gemeinsam: Sie steigerten ihre *landwirtschaftlichen Kapazitäten* und erzielten auf diesem Sektor im Durchschnitt ein Wachstum von 3,2 Prozent, während den anderen Entwicklungsländern dabei nur ein Zuwachs von 2,2 Prozent gelang. Die FAO sieht daher einen Zusammenhang zwischen dem Ausbau des Agrarsektors eines Staates und der Zahl der Unterernährten, schon weil mehr als zwei Drittel der Hungernden – unabhängig von der Weltregion – auf dem Land leben. Sie mit dem Nötigsten zu versorgen, lasse sich nur mit intensiverer Landwirtschaft erreichen. Umgekehrt gilt, dass Kriege und Konflikte oftmals Nahrungsmittelengpässe mit sich bringen oder nach sich ziehen: Sie müssen als „Hauptursache nicht nur für kurzfristige Lebensmittelnotfälle betrachtet werden, sondern auch für weit verbreitete Unterernährung", schreibt die FAO. Mit jedem Friedensschluss, lautet die schlichte Lehre daraus, sinkt die Zahl der Unterernährten.

Die FAO rief angesichts der neuen Zahlen dazu auf, verstärkt die ländlichen Regionen in den armen Ländern zu fördern. Mit kostengünstiger Investition in Bewässerung, Kommunikation, Straßenbau und Logistik ließen sich mehr Arbeitsplätze schaffen und höhere Einkommen erzielen. Mit öffentlich geförderten Anti-Hunger-Programmen könnte es nach dem Urteil der FAO immer noch gelingen, die Zahl der Hungernden, wie international verabredet, bis zum Jahr 2015 zu halbieren (s. M 31). 24 Milliarden Dollar jährlich veranschlagt die FAO als Kosten für derartige Programme und hält sie im Vergleich zum moralischen und wirtschaftlichen Schaden, der bei Nichtstun entsteht, noch für gering. Sie schreibt: „Über das menschliche Elend hinaus verursachen Hunger und Unterernährung in den Entwicklungsländern Einbußen beim Bruttosozialprodukt zum Gegenwartswert von über 500 Milliarden Dollar, da Kinder ihre volle Lebensleistung nicht erreichen."

(Frankfurter Allgemeine Zeitung v. 9.12.2004, S. 9; Verf.: Friederike Bauer)

1. *Erläutern Sie, wie Hunger berechnet wird, welche Auswirkungen Hunger auf die betroffenen Menschen hat und worin der Unterschied zwischen „ausreichender" und „ausgewogener" Ernährung liegt (M 35a).*

2. *Beschreiben Sie, in welcher Weise Unterernährung mit anderen Merkmalen der Unterentwicklung korrespondiert (Grafik S. 513 o.).*

3. *Fassen Sie zusammen, wie sich die Verbreitung und Entwicklung von Unterernährung (Hunger) nach dem letzten FAO-Bericht darstellt (M 35b), auch im Hinblick auf die Erreichung des Millenniumsziels zum Hunger („target" in der Grafik S. 513; vgl. M 31). Stellen Sie die Unterschiede zwischen einzelnen Regionen heraus und vergleichen Sie auch die Entwicklung in Sub-Sahara-Afrika mit der Armutsentwicklung in dieser Region (M 33a). Wie begründet die FAO die von ihr geforderten Maßnahmen zur Bekämpfung des Hungers?*

Mangelnde medizinische Versorgung – das Beispiel AIDS

M 36 AIDS: eine neue Geißel von Armut und Unwissenheit

Es zeigt sich derzeit immer deutlicher, dass keine andere Krankheit in ihrer Kombination aus sozialen und ökonomischen Folgen so verheerend ist wie AIDS. Die besonders betroffenen Staaten sehen sich mit Problemen konfrontiert, die angesichts ihres ohnehin geringen Entwicklungsstandes kaum zu bewältigen sind.

Demographie

AIDS entfaltet den größten demographischen Einfluss auf die Mortalität junger Erwachsener und Kleinkinder. Zwar ist der Einfluss der erhöhten Sterblichkeit auf das Wachstum der Weltbevölkerung global gesehen äußerst gering, jedoch ergibt sich für einige Staaten Afrikas sogar ein

Rückgang der Bevölkerung. Da dort vor allem Frauen von der Seuche betroffen sind, führt die Veränderung des Geschlechterverhältnisses zu einem Rückgang der Fertilität [Fruchtbarkeit], was die Folgen der erhöhten Sterblichkeit noch verstärkt. Die ständige Erhöhung der durchschnittlichen Lebenserwartung, auch in den Entwicklungsländern, war zentraler positiver Faktor der Entwicklung der letzten Jahrzehnte. Diese Fortschritte wurden in einigen Ländern durch AIDS völlig zunichte gemacht: In Botswana etwa sank die Lebenserwartung innerhalb weniger Jahre von weit über 60 auf unter 40 Jahre. Die Lebenserwartung in Afrika lag 2001 bei durchschnittlich 47 Jahren, unter Ausschaltung des Faktors AIDS hätte sich ein Wert von 62 Jahren ergeben (s. Grafik 3). Der Rückgang der Lebenserwartung führt dazu, dass betroffene Länder deutlich in ihrem Entwicklungsstand zurückfallen. Botswana etwa sank im Human Development Index (s. M 31b) innerhalb von nur drei Jahren um 51 Ränge.

Grafik 1

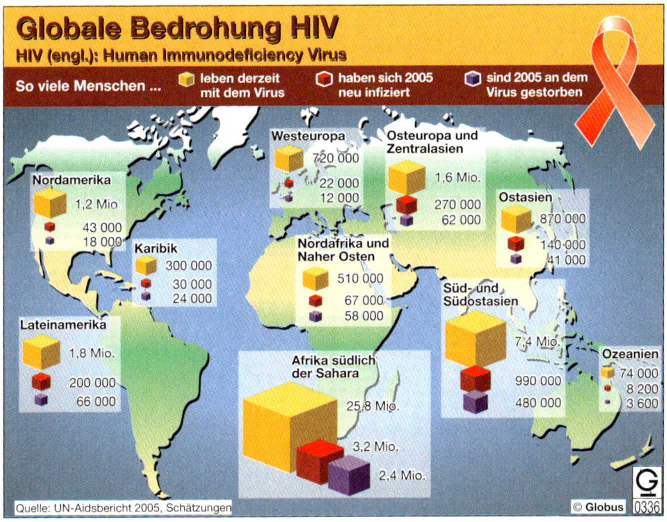

Soziale Folgen

Der durch HIV geschwächte Körper ist anfällig für opportunistische [durch Bakterien, Viren, Pilze und Parasiten erzeugte] Infektionen: Malaria, Tuberkulose und Cholera schlagen heftiger zu als zuvor. Traditionelle Heiler haben angesichts einer derzeit von der Schulmedizin unheilbaren Krankheit starken Zulauf. AIDS führt zu Diskriminierung und Stigmatisierung. Die Tatsache, dass AIDS in traditionellen Gesellschaften mit feindlichen Zauberkräften oder göttlicher Strafe in Zusammenhang gebracht wird, erschwert Betroffenen, Hilfe in Anspruch zu nehmen.

Waisen

Die Zahl der Kinder, die durch AIDS entweder ihre Mutter oder beide Elternteile verloren haben, liegt weltweit bei über 14 Millionen, bis 2010 rechnet die WHO mit 25 Millionen Waisen. Zwar ist etwa die afrikanische Gesellschaft mit ihrer Großfamilie traditionell gut gerustet, solche Fälle zu bewältigen, jedoch bringt die Größenordnung des Problems diese traditionellen Strukturen an die Grenze des Zusammenbruchs. AIDS gefährdet die Lebenschancen und Zukunftsaussichten der – oft selbst infizierten – Kinder in vielerlei Hinsicht: So müssen diese oft die Arbeitskraft von erkrankten oder toten Angehörigen ersetzen, können daher nicht mehr die Schule besuchen (vgl. Foto

Grafik 2

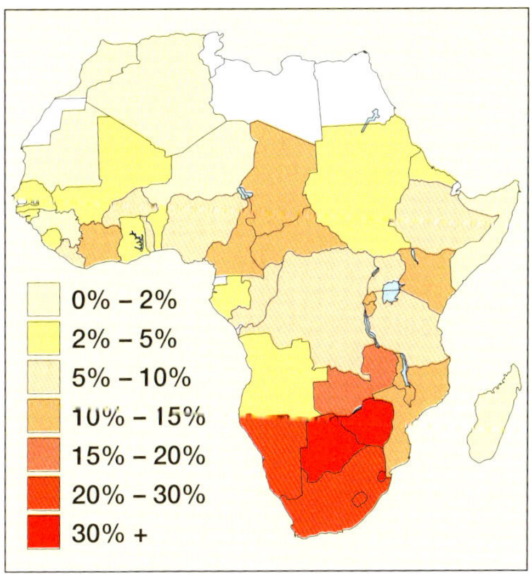

Verbreitung von AIDS in Afrika in Prozent der Bevölkerung (zu den weiß markierten Gebieten liegen keine Daten vor)
(http://de.wikipedia.org/wiki/AIDS_in_Afrika)

S. 460). Sie sind durch die lange Krankheit oder den Tod ihrer Verwandten oft traumatisiert. Mangelnde Fürsorge und die verschlechterte Ernährungssituation führen vor allem bei Kleinkindern zu irreversiblen Beeinträchtigungen der physischen und mentalen Entwicklung. Viele der Waisen drohen in die Kriminalität abzurutschen, um ihren Lebensunterhalt zu verdienen.

Grafik 3: Entwicklung der Lebenserwartung in südafrikanischen Ländern

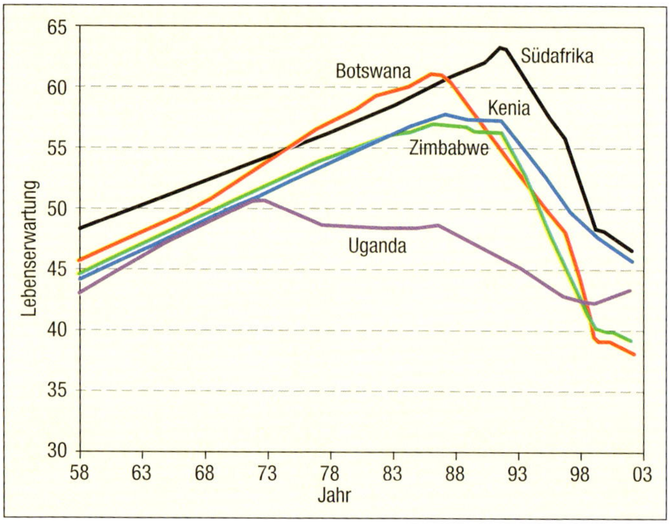

(Quelle: World Bank World Development Indicators, 2004; http://de.wikipedia.org/wiki/AIDS_in_Afrika)

Wirtschaftliche Folgen

80% der bisher an AIDS Verstorbenen waren zwischen 20 und 49 Jahre alt. Die Krankheit trifft damit den wirtschaftlich produktivsten Teil der Bevölkerung. Der wachsenden *Mangel an qualifizierten Arbeitskräften* führt zu einem Rückgang der wirtschaftlichen Produktivität. Die Annahme, dass durch ein Überangebot an Arbeitskräften diese Ausfälle kompensiert werden könnten, ist unrealistisch, da sie Verluste an ausgebildeten Arbeitskräften vernachlässigt. Die größere Personalfluktuation verursacht nämlich höhere Ausbildungskosten bei gleichzeitig sinkender Arbeitsproduktivität. Daher ziehen sich viele Firmen aus Ländern mit hoher HIV-Prävalenz [Vorkommen, Verbreitung] zurück. Besonders hart getroffene Staaten werden einen drastischen Rückgang ihres Bruttosozialproduktes erleben.

Die Seuche hat über den Verlust an landwirtschaftlicher Arbeitskraft auch Auswirkungen auf die *Ernährungssicherheit.* Fallstudien belegen Produktionsrückgänge um 60%, vor allem im kleinbäuerlichen Sektor, wo der Ausfall einzelner Familienmitglieder nicht zu kompensieren ist.

Auf individueller Haushaltsebene betrifft AIDS sowohl die Einnahmen- (Verdienstausfälle) als auch die Ausgabenseite (Behandlungskosten). Zur Behandlung opportunistischer Infektionen (s.o.) müssten viele Haushalte ein Vielfaches ihres jährlichen Pro-Kopf-Einkommens aufwenden. Im staatlichen Haushalt müssen Mittel umgeschichtet werden, die dann in anderen Bereichen, etwa im Bildungssektor, fehlen.

Bekämpfung

Die beschriebenen Folgen von AIDS sind geeignet, Gesellschaften zu destabilisieren und einen Kollaps ganzer Staaten herbeizuführen. Der Bekämpfung der Seuche muss daher im Sinne von Krisenprävention und nachhaltiger Entwicklung höchste Priorität zukommen.

Warum sich **AIDS in den Entwicklungsländern** so viel schneller ausbreitet als in den Industrieländern, hat viele Gründe. Hier einige von vielen:

- Aufklärungskampagnen erreichen z. B. Menschen, die weder lesen noch schreiben können oder im strukturschwachen ländlichen Raum wohnen, wesentlich schwerer.
- Auch von den Informierten können sich nur wenige Kondome, HIV-Tests oder lindernde Medikamente leisten.
- Krankenhäusern fehlen qualifiziertes Personal, Ausrüstung und Medikamente.
- In vielen Ländern haben Politiker, religiöse und gesellschaftliche Führer die Gefahr lange verdrängt, totgeschwiegen oder verharmlost, teilweise haben Irr- und Aberglaube von den tatsächlichen Ursachen abgelenkt.
- Das Tabu von Sexualität macht es unmöglich, über den wirksamen Schutz vor AIDS offen zu sprechen.
- Kriege und Unruhen zerreißen Familien, entwurzeln Menschen und zerstören traditionelle Wertesysteme. Menschen ohne Perspektive sind anfälliger für häufigen Partnerwechsel und Prostitution.

(http://www.bmz.de)

Voraussetzung einer wirksamen Bekämpfung ist die Enttabuisierung von AIDS. Nur Staaten und Gesellschaften, die offensiv mit der Problematik umgehen, sind in der Lage, die Seuche unter Kontrolle zu bringen.

Eine flächendeckende Versorgung mit sogenannten antiretroviralen **Medikamenten** ist heute nur schwer möglich: Die Kosten einer Therapie etwa in den Industriestaaten liegen bei monatlich über 500 US$ pro Kopf. Die Produktion günstiger Generika [„Nachahmerpräparate" nach Ablauf des Patentschutzes für Markenpräparate] ist seit der WTO-Deklaration von Doha (s. M 62) eine Option für jene Staaten, die nachweislich in einer Gesundheitskrise stecken. Da die gesamte Konstitution des Immunsystems entscheidend den Verlauf der Krankheit bedingt, ist und bleibt die Eindämmung von AIDS eine Frage des Entwicklungsstandes einer Gesellschaft insgesamt. Dies betrifft daher auch Bereiche wie die Ernährungssicherheit und das gesamte Gesundheitswesen.

Joint United Nations Programme on HIV/AIDS
UNAIDS
UNHCR·UNICEF·WFP·UNDP·UNFPA
UNODC·ILO·UNESCO·WHO·WORLD BANK

www.unaids.org

Uganda und Thailand gelten als beispielhaft in ihrem Kampf gegen AIDS: Wie mittlerweile auch andere Staaten, haben sie **Aktionspläne** entwickelt und AIDS zum Top-Thema ihrer Politik gemacht. Durch einen offensiven Umgang (z. B. Aufklärungskampagnen, kostenlose Tests) und eine offene Informationspolitik konnten Verhaltensänderungen erreicht und somit eine gezielte Bekämpfung ermöglicht werden. Der multisektorale [auf mehrere Bereiche bezogene] Ansatz wird von einer breiten Koalition staatlicher und nichtstaatlicher Akteure (NGO, Kirchen etc.) mitgetragen, wobei auch kulturelle Besonderheiten im Umgang mit Sexualität in der multiethnischen Bevölkerung berücksichtigt wurden. Die Neuinfektionsraten in diesen Staaten sind seitdem deutlich zurückgegangen.

Verschiedene internationale Akteure haben sich dem Kampf gegen AIDS verschrieben, darunter UNAIDS oder der „Global Fund to fight AIDS, Tuberculosis and Malaria", eine Initiative der G8-Staaten, der Europäischen Kommission, des UN-Generalsekretärs sowie der Afrikanischen Union. Auch innerhalb der deutschen Entwicklungszusammenarbeit kommt dem Thema sowohl als Sektorprojekt als auch als multisektoraler Querschnittsaufgabe eine besondere Bedeutung zu.

(Quelle: TERRA-ALEXANDER-Datenbank, Autor: Sebastian Siebert; http://www.klett-verlag.de/klett-perthes/sixcms/klett-perthes/terra-extra/sixcms/detail.php?id=43174)

1. *Stellen Sie – ggf. in arbeitsgleicher Gruppenarbeit – die wichtigsten Informationen zur weltweiten Ausbreitung der Immunschwächekrankheit AIDS und zu den verschiedenen Folgen zusammen, die sich daraus insbesondere für die armen Länder Afrikas ergeben haben (M 36). Über die Internetadresse www.geographie.uni-erlangen.de/fkrueger/pub/uk106-aids.pdf können Sie sich am konkreten Beispiel von Botswana näher über die Folgen der hohen AIDS-Prävalenz für die gesamte gesellschaftliche und wirtschaftliche Entwicklung informieren. Zu den Ländern Afrikas insgesamt s. http://de.wikipedia.org/wiki/AIDS_in_Afrika*

2. *Machen Sie deutlich, auf welche Schwierigkeiten die Bekämpfung von AIDS gerade auch in Entwicklungsländern stößt (vgl. auch Kasten in M 36). Erläutern Sie dazu die Formulierung der Überschrift zu M 36.*

3. *Umfassende Informationen zu allen Aspekten des weltweiten AIDS-Problems finden Sie in der Internet-Enzyklopädie „wikipedia" (http://de.wikipedia.org/wiki/AIDS) sowie auf der Internetseite von UNAIDS (s. Abb.).*

Bevölkerungsentwicklung

M 37 Bevölkerungswachstum als Schlüsselproblem

Eines der Schlüsselprobleme der Dritten Welt, das ihre Entwicklungschancen mindert, ist das starke Wachstum ihrer Bevölkerung seit dem 20. Jahrhundert. Der medizinische Fortschritt,

Historische Entwicklung der Weltbevölkerung

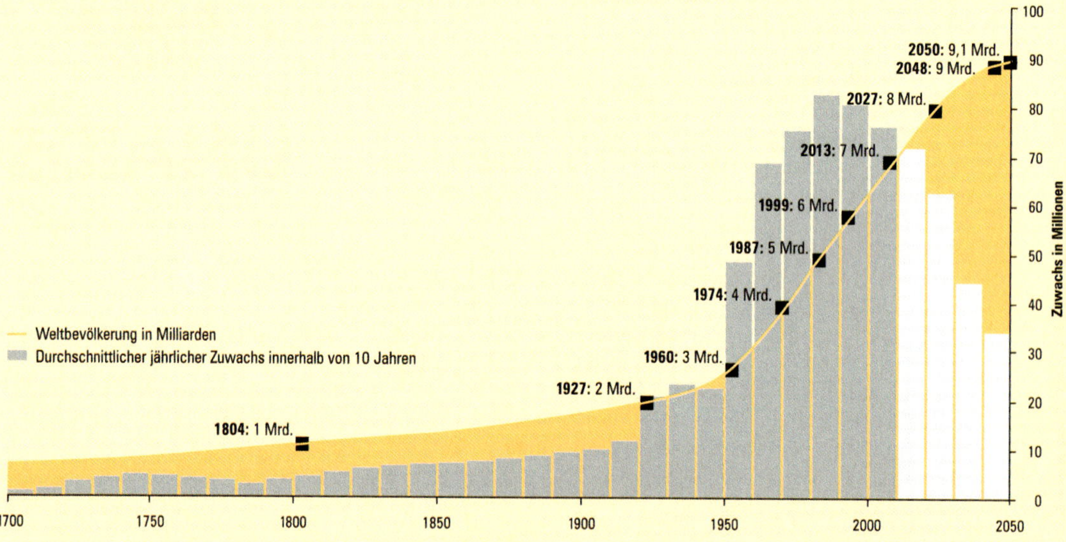

Grafik: Deutsche Stiftung Weltbevölkerung Quelle: Vereinte Nationen, World Population Prospects: The 2004 Revision, New York 2005.

Die erste Milliarde erreichte die Weltbevölkerung im Jahr 1804. Bis 1900 lebten noch 1,6 Milliarden Menschen auf der Erde. Im Jahr 1927 waren es zwei Milliarden, 33 Jahre später drei Milliarden. 1974 wurden vier und schon 1987 fünf Milliarden Menschen gezählt. Im Jahr 1999 überschritt die Weltbevölkerung die Sechs-Milliarden-Grenze. Damit hat sich die Weltbevölkerungszahl im 20. Jahrhundert nahezu vervierfacht – ein in der Geschichte der Menschheit einmaliger Vorgang. Zur Zeit wächst die Weltbevölkerung etwa alle 14 Jahre um eine weitere Milliarde Menschen. Das Bevölkerungswachstum findet zu 95 Prozent in Entwicklungsländern statt.

(Grafik: Deutsche Stiftung Weltbevölkerung; http://www.weltbevoelkerung.de/pdf/histEntwWB.pdf)

insbesondere bei der Seuchenbekämpfung, hat auch in den Entwicklungsländern zu einem Rückgang der *Sterbeziffer* (Zahl der verstorbenen pro 1000 Einwohnerinnen und Einwohner) geführt. Anders als in den Industrieländern ist die *Geburtenziffer* aber nicht im entsprechenden Maße abgesunken, auch wenn sie rückläufig ist. Daher wächst die Weltbevölkerung derzeit jährlich noch um 1,6 Prozent, und die UN erwarten, dass sie von 6,3 Milliarden 2003 bis 2050 auf neun Milliarden steigen wird. [...]

Die *Chancen und Risiken* des Bevölkerungszuwachses werden unterschiedlich bewertet, wobei auch die verschiedenen Ausgangsbedingungen wie Bevölkerungsdichte und Verfügbarkeit von landwirtschaftlich nutzbaren Flächen eine Rolle spielen. Positiv wird das mit wachsender Bevölkerung größer werdende Potenzial an menschlicher Kreativität hervorgehoben. Auf der Negativseite stehen die mit einer großen Kinderzahl verbundenen Belastungen: Nahrungssicherung, Bereitstellung von Wohnungen und Schulen, die enormen Investitionen für die erforderlichen Arbeitsplätze und die Gefahr einer Überlastung der natürlichen Ressourcen*. Das bisherige, durchaus beachtliche wirtschaftliche Wachstum der Dritten Welt hat sich aufgrund des Bevölkerungswachstums pro Kopf etwa halbiert.

Trotz insgesamt sinkender **Geburtenraten** bekommen Frauen in 35 der 148 armen Staaten immer noch mehr als fünf Kinder. Allerdings gibt es auch eine Reihe von Entwicklungsländern, in denen die Geburtenrate bereits unter zwei Kinder pro Frau gesunken ist. Zu dieser Gruppe zählt auch China. Indien dürfte China als bevölkerungsreichstes Land der Welt schon bis zum Jahr 2030 überholt haben – etwas früher als bislang erwartet; 2050 werden in Indien nach den Schätzungen ca. 1,6 Milliarden Menschen leben, in China ca. 1,4 Milliarden. Die Bevölkerung in Europa, Russland und auch Japan wird nach der Prognose insgesamt leicht schrumpfen (s. Tabelle S. 522).

(Süddeutsche Zeitung v. 26./27.2.2005, S. 10; Verf.: Arne Perras)

Die meisten Entwicklungsländer versuchen daher, das Bevölkerungswachstum zu verringern (s. M 39b). Mögliche Mittel dafür sind die Heraufsetzung des Heiratsalters und die Verringerung der Geburtenzahl mithilfe verstärkter Familienplanung (Empfängnisverhütung). Die staatliche Steuerung in diesem intimen Bereich zwischenmenschlicher Beziehungen ist jedoch umstritten.

Bisherige Erfahrungen zeigen, dass es für die Verringerung der Geburtenzahl auf eine *Veränderung der Rahmenbedingungen* ankommt. Eine allgemeine Erhöhung der Lebensqualität, breitere Bildung, eine Verbesserung der Situation von Frauen, verringerte Kindersterblichkeit, eine nicht mehr allein auf eine große Kinderzahl gestützte Altersversorgung sind wichtige Faktoren. Notwendig sind aber auch Mentalitätsveränderungen, zum Beispiel weg von der Fixierung auf männliche Nachkommen. Die Erfolge der Bevölkerungspolitik, insbesondere der Rückgang der Kinderzahl pro Frau, fallen in den einzelnen Entwicklungsländern und Weltregionen sehr unterschiedlich aus – am geringsten sind sie in den Ländern Afrikas südlich der Sahara. Der Altersaufbau der Bevölkerung in den Entwicklungsländern – etwa die Hälfte ist unter 20 Jahre – sorgt dafür, dass die Zahl der Frauen, die in das gebärfähige Alter kommen, noch lange zunehmen wird.

(Informationen zur politischen Bildung [= M 28], S. 13)

M 38a Die Entwicklung der Weltbevölkerung nach Regionen 2004–2050

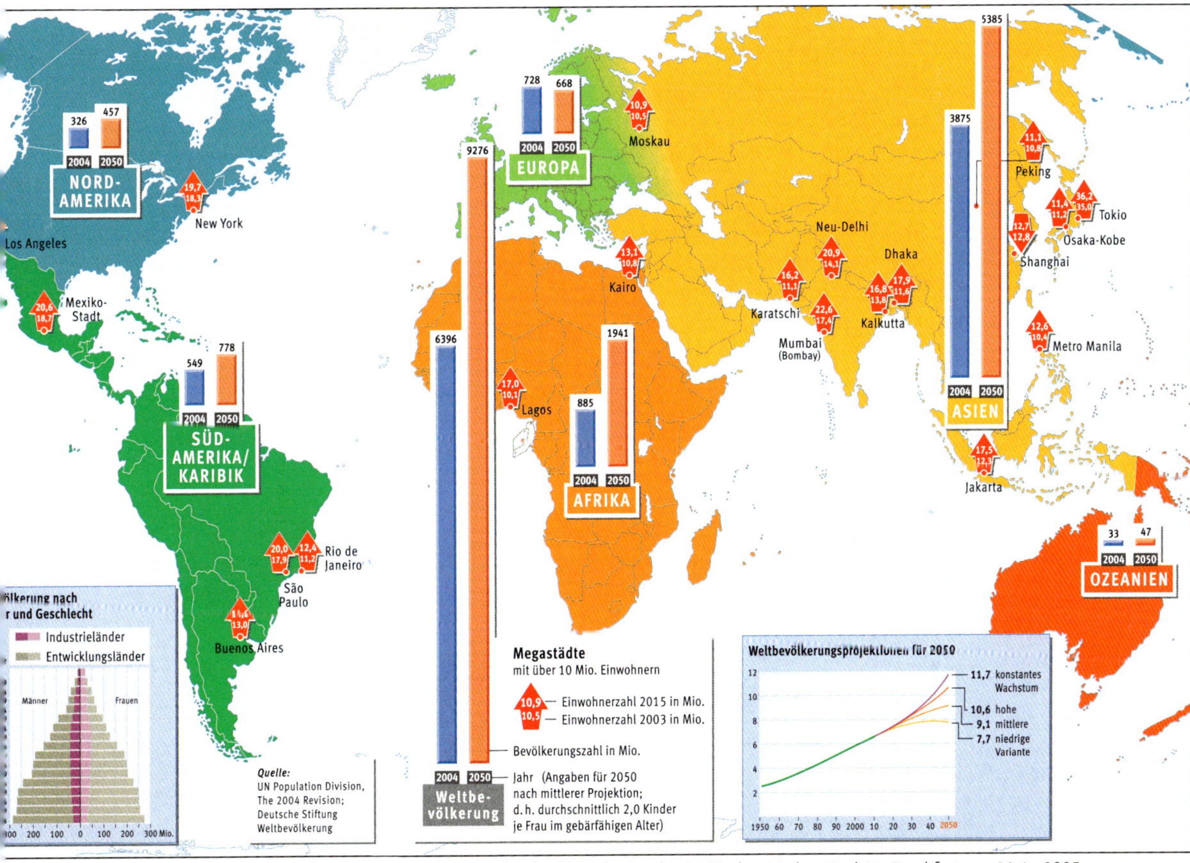

(Aus: Fischer Weltalmanach 2006, © Fischer Taschenbuch Verlag in der S. Fischer Verlag GmbH, Frankfurt am Main 2005, S. 28f.)

M 38b Bevölkerungsentwicklung nach Weltregionen 1850 bis 2050 (absolut und in %; 2000 bis 2050 Projektionen)

Region	1850	%	1900	%	1950	%	2000	%	2025	%	2050	%
Weltbevölkerung	1,171	100	1,608	100	2,486	100	6,067	100	7,859	100	9,104	100
Industrienationen[1]	302		520		711	28,6	1,184	19,5	1,249	15,9	1,231	13,5
Entwicklungsländer					1,775	71,4	4,883	80,5	6,610	84,1	7,873	86,5
Europa	274	23,4	401	24,9	675	27,2	728	12	718	9,1	651	7,2
Nordamerika	26	2,2	81	5	166	6,7	306	5	382	4,8	450	4,9
Lateinamerika	33	2,8	63	3,9	162	6,5	518	8,5	697	8,9	815	9
Afrika	95	8,1	120	7,5	217	8,7	800	13,2	1,281	16,3	1,845	20,3
Asien	741	63,3	937	58,3	1,395	56,1	3,684	60,7	4,741	60,3	5,297	58,2
Ozeanien (mit Australien und Neuseeland)	2	0,2	6	0,4	13	0,5	31	0,5	40	0,5	46	0,5

[1] 1800–1950: Europa, Nordamerika (ohne Japan); ab 1950: ganz Europa, Nordamerika, Australien, Japan und Neuseeland (Definition der UN)

(Wichard Woyke [= M 5], S. 49; 3. Tabellenzeile ergänzt; die Daten für 2050 liegen leicht unter denen in M 38a, die auf der neuesten Revision [2004] durch die UN beruhen. Die nächste Revision ist für 2006/2007 vorgesehen)

Stand **2005**: Welt 6,477, Industrieländer 1211 (18,7 %), Entwicklungsländer 5,266 (81,3 %) (ohne China: 3963); Europa 730 (11,3 %), Nordamerika 329 (5,1 %), Lateinamerika 559 (8,6 %), Afrika 906 (14 %), Asien 3921 (60,5 %), Ozeanien 33 (0,5 %)

M 38c „Demographischer Übergang"

Der Trendwechsel von steigenden zu fallenden Zuwachszahlen scheint die Theorie vom „demographischen Übergang", die auf der historischen Bevölkerungsentwicklung in Europa fußt, zu bestätigen. Dieser Theorie entsprechend folgt auf eine erste Phase mit hoher Geburten- und Sterberate [vorindustrielle Gesellschaft] eine Phase sinkender Sterblichkeit bei weiterhin hoher Geburtenrate. In dieser zweiten Phase wächst die Bevölkerung zunehmend, und die Altersstruktur nimmt infolge des Überschusses der Geburten über die Sterbefälle eine pyramidenförmige „junge" Gestalt an [Beginn des gesellschaftlichen Modernisierungsprozesses]. In der dritten Phase des demographischen Übergangs sinkt die Geburtenrate, was langfristig zu einer Verlangsamung des Bevölkerungswachstums führt [Reaktion der Familien auf die veränderten Lebensbedingungen und die sinkende Kindersterblichkeit]. Allerdings bewirkt die zunächst noch pyramidenförmige Altersstruktur, dass auch zu Beginn der dritten Phase für einen längeren Zeitraum jährlich größere Jahrgänge in das Elternalter hineinwachsen. In diesem Zeitraum kompensiert das Wachstum der

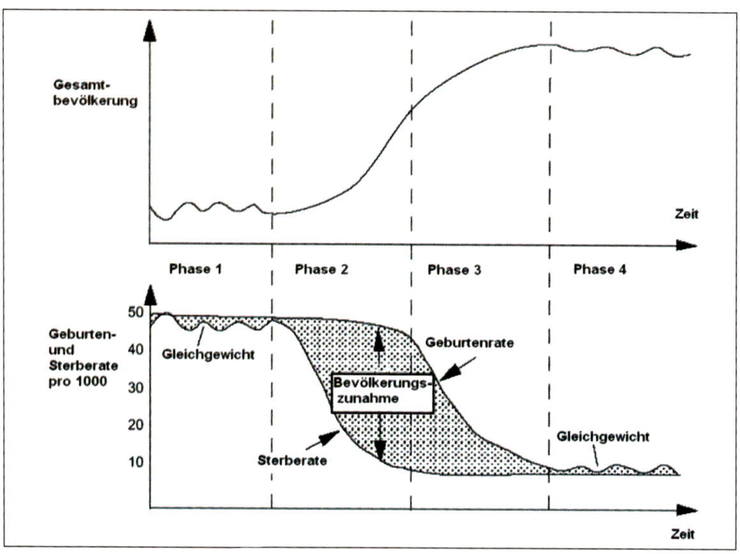

(http://de.wikipedia.org/wiki/Demographischer_%C3%9Cbergang)

Elternzahl das Sinken der Fertilität zumindest teilweise, weshalb der Bevölkerungszuwachs trotz sinkender Fertilität nur relativ langsam abnimmt [Geburten- und Sterberate pendeln sich allmählich ein; in vielen hochentwickelten Ländern sinkt die Geburtenrate unter das Niveau der Sterberate = 5. Phase].

(Stiftung Entwicklung und Frieden, Globale Trends 2002, Fischer Taschenbuch Verlag, Frankfurt a. M. 2001, S. 97)

M 39a „Die Wunde der Welt"

Gut ist nicht gut genug. Zehn Jahre nach der Bevölkerungskonferenz von Kairo können die Vereinten Nationen zwar nun in ihrer Bilanz einige Fortschritte vorweisen. Familienplanung ist in vielen Ländern kein Tabu mehr. Und niemals zuvor hatten so viele Menschen in der Welt Zugang zu Verhütungsmitteln. Doch die Probleme, die sich aus dem rasanten Wachstum der Bevölkerung in den Armutsgebieten des Südens ergeben, sind noch lange nicht überwunden. Sie werden Leid und Armut in den nächsten Jahrzehnten noch vergrößern.

Die Industriestaaten haben das Thema weitgehend verdrängt, gewiss auch deshalb, weil sie selbst mit einem ganz anderen Problem zu kämpfen haben. Denn fast überall im Norden schrumpfen die Bevölkerungen. Dieser Trend wirft andere Fragen auf als im Süden: Wer bezahlt die Rente? Wer kommt für die Beiträge zur Krankenversicherung auf? Das treibt die Menschen in Europa und Japan um – und verstellt den Blick auf das andere Extrem, das sich fernab von den Wohlstandsinseln entfaltet.

Die armen Länder sorgen für mehr als 95 Prozent des weltweiten Bevölkerungswachstums. Zwar sinken die Geburtsraten wieder, sodass UN-Experten damit rechnen, dass sich die Weltbevölkerung in den nächsten Jahrzehnten bei einer Zahl von etwa neun Milliarden einpendeln könnte. Doch schon heute, mit etwas mehr als sechs Milliarden Menschen, haben sich die Konflikte um Land vielerorts verschärft, ob in Asien, Afrika oder Lateinamerika. Von Generation zu Generation wird die Fläche, die ein einzelner Bauer dort bearbeiten kann, kleiner. Und schon in zwanzig Jahren werden vermutlich mehr als zwei Milliarden Menschen in Gegenden leben, in denen Wasser knapp ist. Wozu dies führen kann, sieht man zum Beispiel im Westsudan. Dort konkurrieren viehzüchtende Nomaden mit sesshaften Ackerbauern um Wasser und Boden. Machtbesessene Politiker in Khartum haben diesen Konflikt in Darfur für ihre eigenen Herrschaftsziele missbraucht und geschürt. Die Folge ist ein Krieg mit mehreren zehntausend Toten und mehr als einer Million Vertriebenen (s. Foto S. 473). Je härter der Kampf um lebenswichtige Ressourcen* wird, umso leichter ist er für politische Zwecke zu instrumentalisieren. Das gilt längst nicht nur für den Sudan.

Leider haben einige abwegige Thesen derzeit Konjunktur. Wer heute etwa behauptet, die ärmeren Länder müssten ihr Heil in höheren Geburtenraten suchen, weil dort so viele Menschen an AIDS, Malaria oder Bürgerkriegen sterben, verkennt auf zynische Weise die Not der Frauen in der Dritten Welt. Die meisten von ihnen würden gerne weniger Kinder zur Welt bringen, wenn sie nur könnten. Hätten sie etwas kleinere Familien, wäre für jedes einzelne Kind mehr Geld da, um Medizin zu kaufen oder das Schulgeld zu bezahlen. Die Chancen der Familie, irgendwann der Armut zu entrinnen, dürften wachsen.

Wer aber immer wieder unfreiwillig schwanger wird, weil Verhütungsmittel und gute Aufklärung fehlen, ist einem Risiko ausgesetzt, das man sich in der heilen Welt der High-Tech-Medizin nur schwer vorstellen kann. Beispiel Westafrika: Dort stirbt jede zwölfte Frau vor oder bei der Geburt ihres Kindes. In entwickelten Regionen liegt das Risiko hingegen bei 1:4000. Mehr als 500 000 Frauen sterben jedes Jahr an den Folgen ihrer Schwangerschaft, die Hälfte von ihnen allein in Afrika.

Es ist auch falsch, die AIDS-Katastrophe als Argument für mehr Geburten ins Feld zu führen, wie dies gelegentlich geschieht. Das tödliche Virus hat jetzt schon Millionen Kinder zu Waisen gemacht, um die sich niemand kümmert. Tag um Tag müssen sie betteln oder stehlen, um zu überleben. Die AIDS-Krise macht gerade deutlich, wie wichtig eine bessere Gesundheitsvorsorge ist, zu der auch eine vernünftige Aufklärung, Familienplanung und der Zugang zu Kondomen gehören.

(Arne Perras, Die Wunde der Welt. In: Süddeutsche Zeitung v. 16.9.2004, S. 4)

M 39b Maßnahmen der Bevölkerungspolitik

Bevölkerungspolitik in Entwicklungsländern bzw. in der Dritten Welt ist weitgehend quantitative, antinatalistische [die Geburtenzahl beschränkende] Politik der **Familienplanung**. Ihre Bevölkerungen stehen unter innerem Wachstumsdruck der mittleren Phase des demographischen Übergangs (s. M 38c), wo sinkende Sterbeziffern und noch hohe Geborenenzahlen für entsprechend hohe Geborenenüberschüsse und damit geburtenstarke Jahrgänge sorgen. Es gibt heute kein Entwicklungsland, das nicht eine gewisse Form von Bevölkerungspolitik betreibt. Die einzelnen Staaten akzentuieren unterschiedlich: Neben direkten bevölkerungspolitischen Maßnahmen („Population Policy") erscheinen als Grund *„Gesundheit für Mutter und Kind" („Health for Mother and Child")*, weil Familienplanungsprogramme im Gesundheitswesen installiert werden, und schließlich „Menschenrecht" (Deklaration von Teheran 1967). Nur wenige Länder wollen ihre Bevölkerungszahl erhöhen, z. B. Malaysia und einige arabische Monarchien. Weltweites Aufsehen erregen die Bemühungen *Indiens* seit der Staatsgründung, die Geburtenzahlen zu senken, und der *VR China*, mit einer drastischen Ein-Kind-Politik, um sein Bevölkerungsvolumen nicht über 1,4 Mrd. anwachsen zu lassen. Beim derzeitigen Wachstumstempo würde die Bevölkerung Indiens die chinesische in den kommenden Jahrzehnten überholen. Antinatalistische Politik setzt sich in Indien wegen kultureller und ökonomischer Widerstände auf dem flachen Land ungleich schwerer durch als bei den „disziplinierteren" Han-Chinesen. Das demographische Schwergewicht der Weltbevölkerung wird in Zukunft in Asien liegen, gefolgt vom tropischen Lateinamerika (Mexiko, Brasilien), wo allerdings Großmachtinteressen eine eindeutige Entscheidung für eine direkte Bevölkerungspolitik mit angebbaren Zielen verhindern. Auch in Afrika werden sich im arabischen Norden und in Westafrika (Nigeria) Bevölkerungsgewichte herausbilden, zumal drosselnde Bevölkerungspolitik dort an organisatorische und kulturell-religiöse Schranken stößt. Das von der Welt mit Beklemmung registrierte Desaster Schwarzafrikas (Bürgerkrieg, Stammeskonflikte und AIDS) dürfte sich schon allein dadurch vergrößern. (Wichard Woyke [= M 5], S. 52f.; Verf.: Josef Schmid)

Tabelle: Die bevölkerungsreichsten Länder der Welt – heute und in Zukunft

Land	Bevölkerung 2005 in Mio.	Land	Bevölkerung 2050 in Mio.
China	1304	Indien	1628
Indien	1104	China	1437
USA	296	USA	420
Indonesien	222	Indonesien	308
Brasilien	184	Pakistan	295
Pakistan	162	Brasilien	260
Bangladesch	144	Nigeria	258
Russland	143	Bangladesch	231
Nigeria	131	Dem. Rep. Kongo	183
Japan	128	Äthiopien	170
Mexiko	107	Philippinen	142
Philippinen	85	Mexiko	139
Deutschland	83	Ägypten	126
Vietnam	83	Vietnam	115
Ägypten	74	Russland	110

(Deutsche Stiftung Weltbevölkerung, Datenreport 2005, S. 6ff.)

M 37 bietet einen ersten zusammenfassenden Überblick über die Probleme, die mit der Bevölkerungsentwicklung in Entwicklungsländern verbunden sind und die in den folgenden Materialien (M 38 – M 39) z. T. näher entfaltet werden. Wir schlagen Ihnen vor, M 37 bis M 39 ggf. in arbeitsgleicher ***Gruppenarbeit*** *im Zusammenhang miteinander zu erarbeiten. Bei der Präsentation der Arbeitsergebnisse können Sie sich an den folgenden Hinweisen orientieren.*

1. *Beschreiben Sie das (bisherige und prognostizierte) Wachstum der Weltbevölkerung insgesamt und beachten Sie dabei besonders die Entwicklung seit 1950, auch im Hinblick auf die Steigerungsraten von Jahrzehnt zu Jahrzehnt (M 37). Welche Erklärung für die dargestellte Entwicklung liefert die Theorie des „demographischen Übergangs" (M 38c; vgl. dazu beispielhaft die Entwicklung in Europa seit 1800 [M 38b, 4. Tabellenzeile])?*

2. *Beschreiben Sie die unterschiedliche Entwicklung in den einzelnen Erdteilen und das Wachstum der „Megastädte" der Welt (M 38a).*

3. *Stellen Sie fest, wie sich die Bevölkerungsentwicklung 1950–2050 im Vergleich zwischen Industrie- und Entwicklungsländern (M 38b, 2. und 3. Tabellenzeile) darstellt (absolute Zahlen, Steigerungsraten, prozentuale Verteilung auf beide Ländergruppen). Vergleichen Sie dazu auch die Entwicklung in Deutschland (Kap. B, M 13 und M 15, S. 123 und 125).*

4. *Das Bevölkerungswachstum stellt sich auch in den Entwicklungsländern nach Ländergruppen, Regionen und Ländern differenziert dar. Heben Sie dazu die Informationen in M 37 (vgl. Kasten) hervor.*

5. *Listen Sie die Probleme auf, die sich aus der Bevölkerungsentwicklung in vielen Ländern ergeben (M 37, M 39a), und erörtern Sie die angesprochenen Maßnahmen (M 37, M 39a/b), die zur Bewältigung der Probleme ergriffen und diskutiert werden. Worin sehen Sie selbst die wichtigsten Handlungsmöglichkeiten?*

6. *Zu allen Aspekten des Problems der Bevölkerungsentwicklung finden Sie gut aufbereitete Informationen auf der Internetseite der „Deutschen Stiftung Weltbevölkerung" (DSW): www.welt bevoelkerung.de. Der „Datenreport 2005" enthält u. a. einen aktuellen Bericht über den Stand der Erreichung der „Millenniumsziele" (s. M 31) im Hinblick auf die Bevölkerungsentwicklung und sämtliche für die Bevölkerungsentwicklung relevanten Sozialdaten aller Länder, geordnet nach Regionen (www.weltbevoelkerung.de/pdf/dsw_datenreport_05.pdf). Weitere Verweise auf Informationsangebote enthält die Seite „Weltbevölkerung" der Internet-Enzyklopädie „Wikipedia" (http//de.wikipedia.org).*

Hohe Auslandsverschuldung

M 40 Entwicklung der „Schuldenkrise" und Folgen der Verschuldung

Auslandsverschuldung ist grundsätzlich ein Mittel, den Engpass einer zu geringen Kapitalbildung im Inland durch Rückgriffe auf Auslandskapital zu mildern. Auf diese Weise kann ein Land sich über eigene Exporterlöse hinaus Devisen, also Geld in fremden Währungen, verschaffen, um zum Beispiel ausländische Investitionsgüter wie Maschinen zu importieren. Werden die ausländischen Kredite so verwendet, dass die damit bewirkte Produktions- und Exportsteigerung die für den *Schuldendienst (Zinsen und Tilgung)* erforderlichen Mittel übersteigt, erscheint die Kreditaufnahme für das Schuldnerland sinnvoll. In der Dritten Welt ist die Auslandsverschuldung seit den Siebzigerjahren jedoch dramatisch angewachsen. Zu Beginn der Achtzigerjahre führte sie in Verbindung mit ungünstigen weltwirtschaftlichen Bedingungen zum offenen Aus-

Die Verschuldung der Entwicklungländer hat vielfältige **Folgen**:
- Hohe Schuldendienstquoten zur Bewältigung von Lasten aus der Vergangenheit belasten die *Zukunft*: Konsum, Energieverbrauch und Investitionen müssen eingeschränkt werden. Selbst bei der Ersatzteilbeschaffung für importierte Maschinen und Fahrzeuge treten Engpässe auf, weil Devisen nicht vorhanden, zumindest aber knapp sind. Produktionskapazitäten können nicht ausgelastet werden.
- Schuldenprobleme treffen die *Armen* besonders hart: Arbeitslosigkeit, nachlassende Kaufkraft und abnehmende soziale Leistungen, Hunger usw.
- Die *Regierungen* vieler Entwicklungsländer sind durch die Fehlentscheidungen in der Vergangenheit in ihrer Bewegungsfreiheit eingeengt. Die Fehlleitung des Produktivkapitals (Kredite und Beteiligungen), das Zurückdrängen eigenverantwortlicher privater Investitionsentscheidungen sowie eine erzeugerfeindliche Preispolitik im Agrarbereich haben in vielen Ländern die *Ernährungssicherung* aus eigener Kraft und die *soziale Stabilität* geschwächt und die Gefahr sozialer und politischer Konflikte geschürt. Insbesondere bei der ländlichen Bevölkerung regt sich Unzufriedenheit gegen die Städte und die Herrschenden, denn Zinsen und Tilgungen müssen durch Zwangssparen (= Erlöse unterhalb der Gestehungskosten, Verzicht auf Basisinvestitionen) insbesondere von der Landwirtschaft und der ländlichen Bevölkerung erwirtschaftet werden, ohne dass ihnen ausländisches Investivkapital in nennenswertem Maße zugeflossen wäre.

(Karl Engelhard, Welt im Wandel, OMNIA Verlag, Grevenbroich/Stuttgart 2004, S. 115) bruch der „Schuldenkrise“, die auch westliche Gläubigerbanken mit hohen Kreditanteilen in der Dritten Welt zu ruinieren drohte. Die wichtigsten **Ursachen** waren:

- die *Ölpreissteigerung* für die Öl importierenden Entwicklungsländer;
- der *Preisverfall für wichtige Rohstoffe* der Dritten Welt und zunehmende Handelshemmnisse der Industrieländer gegenüber Fertigwarenexporten;
- zeitweilig extremer *Zinsanstieg*;
- die *unwirtschaftliche Verwendung* von Kreditmitteln zum Beispiel für Prestigeobjekte oder Waffenkäufe.

Betrug die Gesamtverschuldung der Entwicklungsländer im Jahre 1980 nach Angaben der Weltbank 647 Milliarden US-Dollar, so erreichte sie 2001 2332 Milliarden US-Dollar. Der **Grad der Verschuldung** ist in der Dritten Welt sehr unterschiedlich. Spitzenreiter sind Brasilien, China, Mexiko, Russland und Argentinien. Die *absolute Höhe* der Verschuldung sagt noch wenig über die Fähigkeit aus, den Schuldendienst zu leisten und die damit verbundene Belastung zu tragen. Aussagefähiger ist in dieser Hinsicht die *Schuldendienstquote*, die den Prozentsatz der Exporterlöse angibt, der für den Schuldendienst aufgebracht werden muss (s. M 41a). [...] Die Schuldendienstquote zeigt aber auch an, dass Länder, deren absolute Verschuldung auf den ersten Blick nicht besonders hoch erscheint, von der Last dieser Schulden erdrückt werden. So erreichte zum Beispiel das zu den ärmsten Entwicklungsländern zählende Sierra Leone 2001 untragbare 74,3 Prozent. Im regionalen Vergleich entfällt die höchste Verschuldung auf die wirtschaftlich relativ besser gestellten Entwicklungsländer Lateinamerikas und der Karibik. Sie wiesen 2001 knapp ein Drittel der Gesamtverschuldung sowie eine Schuldendienstquote von 19,4 Prozent auf. Gezielte Maßnahmen wie die Initiative gegen die Verschuldung der am stärksten betroffenen Entwicklungsländer (*Highly Indebted Poor Countries*, HIPC – hoch verschuldete arme Länder) haben zur Stabilisierung der Gesamtsituation beigetragen, ohne dass das Verschuldungsproblem als gelöst angesehen werden kann (s. dazu M 42).

(Informationen zur politischen Bildung [= M 28], S. 11)

M 41a Die „Top 20“ der „Schuldnerländer“[1]

	Höhe der Schulden (Mrd. Dollar)		Schuldenstand (Gegenwartswert) in Prozent (Stand 2003)		Schuldendienstquote (jährlicher Schuldendienst in Prozent der Exporterlöse)	
	1990	2003	des BIP	der Exporterlöse	1990	2003
Brasilien	119,9	235,4	54	330	15,7	23,4
China	55,3	193,6	15	48	9,7	2,8
Russland	59,3	175,3	52	135		7,1
Argentinien	62,2	166,2	117	533	28,9	17,7
Türkei	49,4	145,7	81	251	29,6	17,1
Mexiko	104,4	140,1	25	88	15,1	11,3
Indonesien	69,9	134,4	82	204	24,9	10,6
Indien	83,6	113,5	19	123	25,6	18,1
Polen	49,4	95,2	48	150	4,3	6,5
Philippinen	30,6	62,7	80	147	22,2	12,4
Thailand	28,1	51,8	41	59	10,4	7,6
Malaysia	15,3	49,1	56	45	10,6	4,7
Ungarn		45,8	71	99	30,4	6,8
Chile		43,2	67	178	15,1	5,5
Pakistan		36,3	41	234	19,8	12,7
Nigeria	33,4	35,0	76		22,3	
Venezuela	33,1	34,9	42	139	19,4	25,3
Tschechien		34,6	48	69		3,0
Kolumbien		33,0	47	232	34,5	34,6
Ägypten	33,0	31,4	31	152	23,2	11,0

[1] Reihenfolge nach der absoluten Höhe der Schulden 2003 (in Mrd. Dollar)

Zur Erläuterung: Die Weltbank nimmt folgende **Klassifizierungen** vor:
Länder, deren Schuldenstand („Gegenwartswert" , „present value of debt") höher liegt als 220 Prozent der Exporterlöse oder höher als 80 Prozent des BIP, gelten als „hoch verschuldet" („severely indebted"). Liegt dieser Wert unter diesen Grenzen, aber höher als 132 Prozent der Exporterlöse oder als 48 Prozent des BIP, spricht die Weltbank von „mäßiger" Verschuldung („moderately indebted"). Alle anderen Länder gelten als „gering verschuldet" („less indebted"). – Der *Schuldenstand („Gegenwartswert")* umfasst die Summe aller künftigen Zahlungsverpflichtungen, die sich aus der Gesamtverschuldung (kurz- und langfristige Schulden bei öffentlichen und privaten Kreditgebern) ergeben, vermindert um die bis zur Fälligkeit auflaufenden Zinsen (Abdiskontierung/Abzinsung, berechnet durch die OECD).

(Quelle: Weltbank, World Development Indicators 2005, Tabelle 4.16 und 4.17; www.worldbank.org/data/wdi2005/wditext/Table4_ 17.htm)

M 41b Gesamte Auslandsverschuldung der Entwicklungsländer 1990–2003 (in Prozent des BIP)

LIC (Low Income Countries) – Länder mit niedrigem Einkommen
MIC (Middle Income Countries) – Länder mit mittlerem Einkommen
Zur Klassifizierung s. M 28, S. 501.

(Global Development Finance 2005, S. 74; http://siteresources.worldbank.org/INTGDF2005/Resources/gdf05_ch4.pdf)

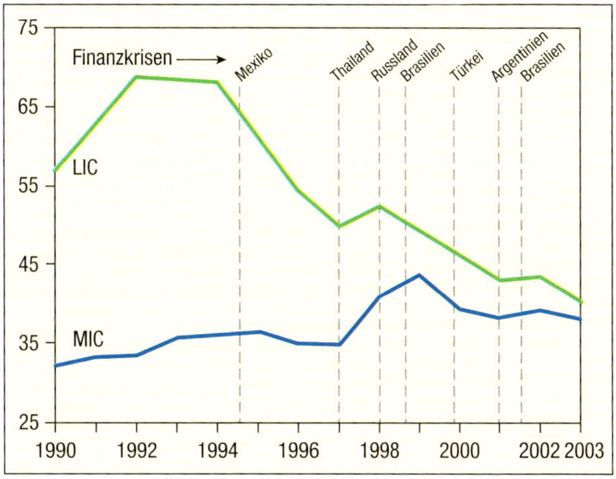

1. *Erläutern Sie mit eigenen Worten, warum Kreditaufnahme im Ausland grundsätzlich ein geeignetes Mittel für Länder ist, in denen sich zu wenig Kapital bildet (M 40). An welche Voraussetzungen ist der Erfolg dieser Maßnahme gebunden?*

2. *Welche Entwicklungen haben dazu geführt, dass die Auslandsverschuldung vieler Entwicklungsländer in den 1980er-Jahren eskalierte, und welche Folgen hat es, wenn ein Land zu viel Geld für den „Schuldendienst" (Zins- und Tilgungszahlungen) aufbringen muss (Kasten in M 40)?*

3. *Was heißt „zu viel"? Machen Sie deutlich, warum man die „zu hohe" Auslandsverschuldung eines Landes nicht an der absoluten Höhe der Schulden, sondern daran messen kann, wie sich die Höhe des Schuldendienstes zu seiner Wirtschaftskraft (BIP) oder zu den Einnahmen verhält, die es aus seinen Exporten (Güter und Dienstleistungen) erhält.*

4. *Analysieren Sie anhand der verschiedenen Kriterien das Ausmaß der Auslandsverschuldung einzelner Länder (M 41a) und die Entwicklung von 1990 bis 2003.*
   - *Wie hat sich von 1990 bis 2003 die Höhe der Verschuldung einerseits, die Schuldendienstquote andererseits insgesamt entwickelt?*
   - *Welche Länder sind nach den Kriterien der Weltbank „hoch verschuldet", welche „gering"?*
   - *Wie sähe danach (Kriterium Schuldenstand in Prozent der Exporterlöse) die Reihenfolge der 10 am höchsten verschuldeten Länder aus?*
   - *Welche Länder haben sich, gemessen an der „Schuldendienstquote", zwischen 1990 und 2003 am positivsten, welche am negativsten entwickelt?*
   - *Wie kommt es, dass China 2003 fast viermal so viele Schulden angehäuft hatte wie 1990, seine Schuldendienstquote in diesem Zeitraum aber um mehr als 70% verringern konnte?*

5. *Die vollständigen Daten zur Auslandsverschuldung aller Entwicklungsländer finden Sie auf den Internetseiten der von der Weltbank herausgegebenen „World Development Indicators 2005“ (s. Quellenangabe zu M 41a); die Tabelle 4.16 enthält die Angaben in absoluten Zahlen, Tabelle 4.17 die (zur Beurteilung wichtigeren) „Quoten“ (Relationen zum BIP und zu den Exporterlösen).*

M 42 Lösungsversuche – Schuldenerlass für hochverschuldete arme Länder (HIPC)

Spätestens 1995 setzte sich die Einsicht durch, dass alle bisherigen Lösungsansätze nicht ausreichen würden, um den ärmsten Ländern das Erreichen einer tragfähigen Schuldenbelastung zu ermöglichen. Die Verschuldungsindikatoren hatten sich insgesamt kaum verbessert. Die Gesamtschulden jener 41 Länder mit niedrigem bzw. mittlerem Einkommen, die später in der neuen Kategorie der hochverschuldeten armen Länder (HIPC-Länder, s. u.) zusammengefasst wurden, beliefen sich 1996 auf 245,1 Mrd. US-Dollar, ihre Zahlungsrückstände auf 70,3 Mrd. US-Dollar. Zwar betrug ihr Anteil an der Gesamtverschuldung aller Entwicklungs- und Transformationsländer nur elf Prozent; für die Menschen in diesen Ländern war die Schuldenlast jedoch zu einem entscheidenden Entwicklungshemmnis geworden.

(Thomas Kampffmeyer, Lösungsansätze für die Verschuldungsprobleme der ärmsten Entwicklungsländer. In: Aus Politik und Zeitgeschichte B9/2000, www.bpb.de/publikationen/T56SJJ.html)

Auf dem „**Kölner Gipfel**“ der G 8 (1999) wurde auf Initiative der Bundesregierung ein Vorschlag zur teilweisen Entschuldung „hochverschuldeter armer Länder“ *(Highly Indebted Poor Countries – HIPC)* beschlossen, der von der Weltbank und dem IWF verabschiedet wurde. Für die Entschuldung können sich Länder qualifizieren, die einen Schuldenstand von 200 % der Exporterlöse (dieses Limit wurde später auf 150 % gesenkt) oder mehr als 250 % der Staatseinnahmen aufweisen. Diese „**HIPC-Initiative**“ führte zwar zu einer beträchtlichen Reduzierung in Ländern, die die Voraussetzungen für den Schuldenerlass erfüllten: Jedes Land muss eine „nationale Armutsminderungsstrategie“ *(Poverty Reduction Strategy Paper, PRSP)* vorlegen und diese mindestens ein Jahr lang durchführen, um den Zeitpunkt des Vollzugs des vereinbarten Schuldenerlasses („completition point“ – *Vollendungszeitpunkt*) zu erreichen. Einige Länder blieben aber (z. T. auch aufgrund neuer Kreditaufnahmen nach Erreichung des Vollendungszeitpunktes) weiterhin sehr hoch verschuldet.
Daher wurde auf dem Wirtschaftsgipfel vom 6. bis 8. Juli 2005 in **Gleneagles** (s. Foto S. 460) beschlossen, den HIPC-Ländern, die den Vollendungspunkt erreicht haben, einen 100 %igen Erlass auf ihre multilateralen Schulden bei der IDA (International Development Agency, Tochter der Weltbank), beim Afrikanischem Entwicklungsfonds (AfDF) und dem IWF zu gewähren. Für die Länder, die den Vollendungspunkt schon erreicht haben, bedeutet dies nach ersten vorläufigen Schätzungen einen zusätzlichen nominalen Schuldenerlass von rd. 40 Mrd. US-Dollar; einschließlich der Erlasse der Kölner Schuldeninitiative werden dies rd. 77 Mrd. US-Dollar sein. Die übrigen (ca. 20) HIPC-Länder sollen den zusätzlichen Erlass erhalten, sobald sie den Vollendungspunkt erreicht haben. Zur Problematik der Schuldenerlass-Politik s. M 43a/b. Zur Stellung und Tätigkeit der multilateralen (von vielen Ländern getragenen) internationalen Finanzinstitutionen (Internationaler Währungsfonds IWF, Weltbank) s. später M 52ff.

(Autorentext)

In M 42 werden aus der langjährigen Geschichte der „Schuldenkrise“ und der Versuche, sie zu „bewältigen“, die Maßnahmen der letzten Phase (seit Mitte der 1990er-Jahre) zusammenfassend beschrieben. Nähere Informationen zur Geschichte der Schuldenerlass-Strategie finden Sie unter der Internetadresse www.bpb.de/publikationen/T56SJJ.html, die Liste der beteiligten Länder und den aktuellen Stand unter http://de.wikipedia.org/wiki/HIPC.
Stellen Sie heraus, wie es zur „HIPC-Initiative“ kam, was sie beinhaltet und welche Bedeutung dem Beschluss des Weltwirtschaftsgipfels vom Juli 2005 zukommt, der auf Initiative des britischen Premierministers Blair zustande kam.

M 43a „Ohne gute Politik verpufft jeder Schuldenerlass"

Zweifellos ist die Schuldenlast vieler Länder in Afrika, aber auch in Lateinamerika und Asien unerträglich. Durch die Tsunami-Katastrophe hat das Schuldenproblem zusätzliche Brisanz erhalten. So kann es durchaus sinnvoll sein, wenn Weltbank, Internationaler Währungsfonds (IWF) und die Gläubigerstaaten darauf verzichten, die vereinbarten Rückzahlungen von Krediten und Zinsen einzutreiben. Abgesehen von Katastrophen- und direkten Wiederaufbauhilfen ist jedoch zweifelhaft, ob ein generelles Streichen der Schulden zweckmäßig ist. Es schadet sogar der Bevölkerung in den armen Ländern mehr als es nützt, wenn dadurch korrupte, für Misswirtschaft und Verstöße gegen die Menschenrechte verantwortliche Regierungen in der Dritten Welt stabilisiert werden.

Ein Argument indes, das Ökonomen und Finanzexperten immer wieder gegen Schuldenstundungen oder -streichungen vorbringen, sticht im Hinblick auf die Ärmsten der Armen nicht: dass dann deren Kreditwürdigkeit leide und sie künftig am Kapitalmarkt höhere Zinsen zu zahlen hätten. Das mag für das von dem Seebeben betroffene Indonesien gelten, aber nicht für die Gruppe der hochverschuldeten armen Entwicklungsländer. Diese Länder sind ohnehin seit langem auf Entwicklungshilfekredite der multinationalen Organisationen oder der Industriestaaten angewiesen. [...]

Die Befürworter wie auch die deutsche Entwicklungshilfeministerin Heidemarie Wieczorek-Zeul verweisen auf Erfolge der laufenden Entschuldungsaktion: dass in Uganda jetzt vier Millionen Kinder in die Grundschule gehen, in Tansania 31 000 neue Klassenräume gebaut, 18 000 neue Lehrer eingestellt, in Mosambik eine halbe Million Kinder gegen Tetanus, Keuchhusten und Diphtherie geimpft worden sind. [...]

Doch mehr als diese drei positiven Beispiele können auch die Sympathisanten des Schuldenerlasses nicht nennen. Tatsächlich scheint beim Schuldenerlass der Streuverlust gewaltig zu sein. Die Wirtschaft ist nicht schneller gewachsen, am Elend der Bevölkerung hat sich in den betroffenen Ländern wenig geändert. In Einzelfällen, so in Bolivien, ist die Armut sogar gestiegen. Einige Staaten haben nach dem Erlass gleich wieder so viele neue Kredite aufgenommen, dass ihr Schuldenberg alte Höhen erreicht hat. Die Gläubiger tragen daran zumindest eine Mitschuld: Sie haben von Anfang an die Bedingungen zu lax gehandhabt. „Für uns bleibt good governance [gute Regierungsführung, Rechtsstaatlichkeit, Demokratie] Voraussetzung für einen Schuldenerlass", hatte Bundeskanzler Gerhard Schröder noch 2000 auf dem Wirtschaftsgipfel in Okinawa erklärt. „Es macht keinen Sinn, denen Hilfe anzubieten, die nichts damit anzufangen wissen." Und der französische Staatspräsident Jacques Chirac hatte damals gesagt: „Man kann keine Gelder erlassen, die dann für Staatsstreiche und Kriege verwendet werden."

Trotz der starken Worte waren selbst Kriege – siehe Uganda – kein Hindernis für einen Schuldenerlass. Zurzeit warnt das Auswärtige Amt in Berlin selbst wegen „kriegerischer Auseinandersetzungen" vor Reisen in die Demokratische Republik Kongo – ein Land, das den Entscheidungspunkt schon hinter sich hat und jetzt auf den konkreten Erlass wartet (vgl. M 43b). Zudem sind die Kongolesen mit einem Anteil der Rüstungsausgaben am Bruttoinlandsprodukt von 21,7 Prozent absolute Spitze. Aber auch hohe Militärausgaben sind offenkundig kein Hinderungsgrund. Äthiopien, dem bereits Schulden erlassen wurden, kommt immerhin noch auf eine Quote von 8 Prozent. Da nimmt sich Ruanda, das insgesamt 4,1 Prozent seiner gesamten Wirtschaftsleistung in die Rüstung steckt, schon fast friedlich aus.

Ruanda stand von Beginn an auf der Kandidatenliste für die Schuldenerleichterung, obwohl es noch nicht einmal die Anti-Folter-Konvention der Vereinten Nationen unterzeichnet hatte. Dasselbe gilt für Guinea. Wenig überzeugend ist auch die angebliche Beteiligung der Zivilgesellschaft an dem Programm zur Armutsbekämpfung in einem Land wie Mauretanien, in dem Oppositionelle willkürlich inhaftiert, kritische Zeitungen verboten und Minderheiten unterdrückt werden.

Korruption zählt zwar laut Weltbank zu den wichtigsten Hemmnissen für das Wirtschaftswachstum in Entwicklungsländern. Doch in dem Entschuldungsprozess spielt sie keine Rolle. Dabei befinden sich sämtliche Schuldenerlass-Länder auf der Rangliste von Transparency International, einer Organisation, die weltweit Bestechung und Bestechlichkeit bekämpft, auf den hinteren Plätzen. Von good governance kann danach keine Rede sein.

Als Horst Köhler noch Chef des Internationalen Währungsfonds war, warnte er vor zu hohen Ansprüchen an die armen Entwicklungsländer und deren Regierungen. Man könne, so Köhler damals, von den hochverschuldeten Ländern „nicht das Perfekte verlangen über Nacht". Doch ohne gute Politik verpufft jeder Schuldenerlass.

(DIE ZEIT v. 13.1.2005, S. 22; Verf.: Wilfried Herz)

M 43b Interview mit dem kongolesischen Bürgerrechtler Georges Tshionza

Tshionza leitet in Kinshasa (Hauptstadt der Demokratischen Republik Kongo) die Organisation „Seracob", die Fortbildung für zivilgesellschaftliche Basisorganisationen anbietet. Er ist Mitglied des „Nationalen Technischen Komitees" der kongolesischen Regierung zur Ausarbeitung des Armutsbekämpfungsprogramms.

Das Parlament: Die Demokratische Republik Kongo steht an erster Stelle der Empfängerländer ausländischer Hilfe in Afrika. Wird diese Hilfe korrekt eingesetzt?

Georges Tshionza: Nein. Das Geld landet über die Ministerien für Finanzen und Haushalt und die Zentralbank bei der Regierung. Über 50 Prozent des Staatshaushaltes kommt aus dem Ausland, aber die Bevölkerung spürt davon nichts. Ihre Lebensumstände werden nicht besser, die Gehälter im öffentlichen Dienst werden nicht angehoben, es entstehen kaum Arbeitsplätze oder eine Infrastruktur. Die Regierung investiert Geld in Gebäude und Flugzeuge, aber sie investiert nicht für die Bevölkerung.

Das Parlament: Liegt das an schlechtem Willen oder ist es ein strukturelles Problem?

Georges Tshionza: Es ist kein schlechter Wille, sondern mangelnde Kapazität. Im Jahr 2004 war es so, dass bis Oktober erst zehn Prozent des internationalen Armutsbekämpfungsfonds (eingesparter Schuldendienst aus Schuldenerlassprogrammen, der stattdessen vom Staat für Armutsbekämpfung ausgegeben werden soll – d. Red.) abgerufen waren. Außerdem befinden wir uns in einer politischen Übergangsphase, die droht, blockiert zu werden. Die Kriegsparteien haben gemeinsam den Krieg beendet, aber sie verwalten nicht gemeinsam den Staat. Sie haben den Staat und seine Einnahmequellen unter sich aufgeteilt. Es gibt keine zentrale Autorität, Entscheidungsprozesse verlaufen sehr schwerfällig, und unser Staatschef steht unter Kontrolle von Leuten, die ihn ausnutzen und manipulieren.

Das Parlament: Was würden Sie einer Geberregierung raten, die dem Kongo verstärkt helfen will?

Georges Tshionza: Zum einen muss es ein Partnerland sein, das nicht selber die Ressourcen des Kongo ausbeutet. Die jetzigen Partner haben oft eigene Interessen im Land. Zum zweiten muss man mit den Autoritäten im Land eine harte und deutliche Sprache sprechen. Unser größtes Problem ist eine schlechte Regierungsführung, die Macht missbraucht und korrumpiert. Die größte Hilfe, die das Ausland uns bringen kann, ist nicht Geld, sondern die Verbesserung der Regierungsführung. [...] Wir haben nach Untersuchungen in 470 Gemeinden im ganzen Land elf Grundprobleme identifiziert, die die Menschen immer wieder nennen. Korrumpierbare, undemokratische Regierungsführung ist dabei eines der wichtigsten, von dessen Lösung 80 Prozent des Restes abhängt. Die anderen Probleme sind: Zerfall der Verkehrswege, Ernährungsunsicherheit, Unsicherheit an Leib, Leben und Eigentum überhaupt. Hinzu kommen Arbeitslosigkeit, Menschenrechtsverletzungen, starker Rückgang der kommerziellen Agrarproduktion, sehr niedrige Haushaltseinkommen und die Marginalisierung benachteiligter Gruppen wie Kinder, Flüchtlinge, HIV-Infizierte. Aber eine schlechte Regierungsführung ist der Hauptgrund für diese Probleme. Das heißt: Die Geber müssen besser kontrollieren, wo ihre Hilfe ankommt.

Das Parlament: Ist das ein spezifisches kongolesisches Problem oder gilt das für Afrika insgesamt?

Georges Tshionza: Es ist kein spezifisch kongolesisches Problem. Hilfe für Afrika ist gut und Afrikas Schulden müssen erlassen werden. Die Gegenleistung muss aber gutes Management und Einsatz der Hilfe zur Armutsbekämpfung sein. Bisher gibt es in Afrika noch nicht viel Veränderung. Überall gibt es eine Nomenklatura, die an der Macht klebt, die Wahlen fälscht, die die Bürger korrumpiert und einschüchtert. Helft Afrika, seine Regierungssysteme zu verbessern! Das ist unser größtes Problem. Es ist nicht normal, dass Leute, die Steuern für den Staat eintreiben müssen, selber nicht bezahlt werden. Man muss verhindern, dass Gelder aus Schuldenerlassprogrammen nur den Mächtigen nützen.

(Das Parlament Nr. 47 v. 21.11.2005, S. 23; Verf. Dominic Johnson)

Die bisherigen Bemühungen zur Bewältigung des Verschuldungsproblems sind immer wieder auch auf Kritik gestoßen. Anhand der Stellungnahmen in M 43a und b können Sie herausstellen, worin Gründe für eine weitgehende Erfolglosigkeit insbesondere der bisherigen Schuldenerlass-Politik gesehen werden. Von welchen Voraussetzungen hängt nach dieser Darstellung der Erfolg solcher Maßnahmen ab? Zu einer umfassenderen Diskussion und Beurteilung der Entwicklungshilfe s. später M 56 und M 57 a/b.

3. Ursachen der Unterentwicklung

M 44 „Es gibt keine einfachen Antworten"

Es scheint so, dass alle entwicklungspolitische Bildungsarbeit an Schulen, Volkshochschulen und Universitäten, die Öffentlichkeitsarbeit von Entwicklungsbehörden und die Aufklärungsarbeit von Hilfsorganisationen nicht verhindern konnten, dass bei Fragen nach den Ursachen von Unterentwicklung immer wieder Antworten gegeben werden, die auf vorurteilsgeladene Stammtisch-Weisheiten zurückfallen: sei es die „Bevölkerungsexplosion", die ominöse Mentalität „der da unten", die „heiligen Kühe" in Indien oder auch korrupte Diktatoren à la *Mobutu*.
Auf der anderen Seite gibt es eine „Dritte-Welt-Szene", die voller Engagement, Solidarität und Empathie [...] teilweise immer noch einfache Antworten parat hat: Die Dritte Welt ist arm und wird immer ärmer, weil sie von der reichen Welt ausgebeutet wird. Diese Gruppe vertritt mit Politikern und Intellektuellen aus der Dritten Welt die Anklage, dass der Kolonialismus die Strukturen der Unterentwicklung hinterlassen habe und Unterentwicklung nur die Kehrseite der Entwicklung der heute reichen Länder sei. [...]
Worum drehte sich in den 70er-Jahren – mit Anfängen in den späten 60er-Jahren und Nachklängen in den frühen 80er-Jahren – die „große Debatte", die eine ganze Generation von Entwicklungsforschern und „Dritte Welt-Bewegten" in feindliche Lager spaltete? Die Streitfragen waren damals: Sind die Ursachen der Unterentwicklung außerhalb oder innerhalb der Dritten Welt zu suchen, sind sie hausgemacht oder von außen aufgezwungen? War es der Kolonialismus, der Unterentwicklung hervorgebracht hat, und ist es die „neokoloniale" Abhängigkeit (Dependenz), die Entwicklungsländer zu „unterentwickelt gehaltenen Ländern" macht? Oder liegen die Ursachen ganz woanders: nämlich im „Mangel an dynamischen Impulsen und Möglichkeiten in ihrer Kultur und insbesondere in ihrer Wertordnung und ihrer gesellschaftlichen Schichtenstruktur"? Ist also nicht zu viel, sondern zu wenig Kapitalismus am Elend in der Dritten Welt schuld? [...]
Dieser Dogmenstreit hat heute selbst an Universitäten keine Konjunktur mehr. Er hat sich in den ordnungspolitischen Streit verflüchtigt, wie viel Markt und Staat für Entwicklung gut ist. Jede Weltbank-Studie versuchte zu beweisen, dass zu viel Staat und zu wenig Marktwirtschaft für Stagnation verantwortlich sei. Ein Rückblick auf die „großen Theorien" (s. M 46) lohnt sich dennoch, weil immer noch wichtige Grundsatzfragen nach Entwicklungen hinter der entwicklungspolitischen Aktualität gestellt werden und das Nachdenken über Tiefenschichten von Unterentwicklung und Entwicklung anregen können. Entwicklungstheorien sind unverzichtbar für die sachkundige Diskussion. Es ist auch keineswegs so, als wüssten wir schon mit letzter Gewissheit, warum sich die einen Gesellschaften oder Regionen entwickelt haben, die anderen aber stagnierten oder sogar zurückfielen.

(Franz Nuscheler, Lern- und Arbeitsbuch Entwicklungspolitik, Verlag J. H. W. Dietz Nachf., 5. Aufl. Bonn 2004, S. 207–209)

M 45 Der Kolonialismus als Sündenbock?

Von wenigen Ausnahmen – zum Beispiel Äthiopien und Liberia – abgesehen wurden die Länder der Dritten Welt im Zeitalter des Kolonialismus durch die Kolonialmächte ihrer politischen, ökonomischen und soziokulturellen Selbstständigkeit beraubt. Die „Mutterländer" richteten ihre Kolonien auf ihre Interessen aus und zwangen sie in eine ungleiche internationale Arbeitsteilung hinein. Dem standen zwar auf der Habenseite eine verbesserte Infrastruktur (Straßen- und Schienennetz) sowie medizinische und technische Neuerungen gegenüber, auch wenn sie ursprünglich dem Eigeninteresse der Kolonialmächte entsprungen waren.
Dennoch vertreten einige Autoren die Ansicht, die Entwicklung der Industrieländer sei auf Kosten der Entwicklungsländer erfolgt, die Entwicklungsländer seien also „unterentwickelt worden". Fraglos wirken Strukturen der kolonialen Vergangenheit in vielen, längst unabhängig gewordenen Entwicklungsländern bis heute nach – zum Beispiel Monokulturen [Beschränkung der landwirtschaftlichen Bodennutzung auf nur eine Nutzpflanzenart] und willkürliche Grenzziehungen.

Dennoch wird die Erblast des Kolonialismus heute zunehmend weniger als Hauptursache der Unterentwicklung angesehen. Ein Argument gegen diese Sichtweise ist unter anderem die sehr *unterschiedliche Entwicklung* sowohl der früheren Kolonien – zum Beispiel der ehemaligen britischen Kolonien Australien, Singapur, Indien und Uganda – als auch der früheren Kolonialmächte, zum Beispiel Portugals auf der einen, Großbritanniens auf der anderen Seite.

(Informationen zur politischen Bildung [= M 28], S. 21)

Besonders afrikanische Politiker und Intellektuelle neigen dazu, eine einfache Antwort auf alle Fragen nach den Gründen für die afrikanische Misere zu geben: Der Kolonialismus ist an allem schuld! Hinter dieser Schuldzuweisung versteckten sie eigene Verantwortlichkeiten für die Misere. Aus ihr leiteten sie Forderungen nach Kompensationsleistungen in Form von Entwicklungshilfe oder Schuldenerlassen ab. Je größer das eigene Versagen ist, desto lauter wird der Kolonialismus zum Sündenbock aufgebaut. [...] Die Solidaritätsbewegung im Norden gab dieser Schuldzuweisung bereitwillig Ohr und Stimme – und übersah in falsch verstandener Solidarität die *nachkolonialen Fehlentwicklungen*, die für den lamentablen Zustand Afrikas mindestens ebenso verantwortlich sind wie koloniale Hinterlassenschaften. Afrika ist in der Tat ein geplünderter Kontinent: Er wurde von Kolonialunternehmen und in nachkolonialen Zeiten vom „internen Kolonialismus" seiner korrupten Diktatoren geplündert. [...]
Was die Kolonialverwaltungen begonnen hatten, setzten die nachkolonialen Regierungen fort: Sie förderten die Exportproduktion auf den besten Böden zur Devisenbeschaffung und vernachlässigten die Selbstversorgung mit Nahrungsmitteln. Und sie setzten das Schröpfen der Bauern fort. Die entscheidende Ursache für die geringe Bereitschaft der Bauern, mehr zu produzieren, lag nicht in deren „traditioneller" Apathie oder Lernunfähigkeit, sondern in der staatlichen Preispolitik. Fast alle Regierungen neigten dazu, durch Kontrolle der Nahrungsmittelpreise die städtischen Konsumenten bei Laune zu halten; und sie schröpften die Exportfarmer durch niedrige Produzentenpreise, Zwangsabgaben und Exportsteuern. [...]

Fazit: Der Kolonialismus taugt nicht als seriöse Erklärungsformel für alle Ursachen der Unterentwicklung. Inzwischen wächst auch in Afrika die Selbstkritik, die nicht mehr darüber hinwegsieht, dass z.B. die DR Kongo nicht allein von westlichen Minengesellschaften, sondern auch von ihren Nachbarn ausgeplündert wird. *Nelson Mandela* lastete Anfang 2000 die Hauptschuld an der Misere Afrikas zornig den Tyrannen und räuberischen Eliten an. Sie seien hauptverantwortlich für den lamentablen Zustand, in dem sich das subsaharische Afrika zu Beginn des 21. Jahrhunderts befinde. Auch UN-Generalsekretär *Kofi Annan*, ein gebürtiger Ghanaer, las den afrikanischen Staatschefs auf der OAU-Gipfelkonferenz in Lomé (Juli 2000) die Leviten: Afrika – und damit meinte auch er die anwesenden nachkolonialen Eliten – sei an seinem Elend größtenteils selbst schuld.
Diese Selbstkritik liefert dem Kolonialismus und seinen Hinterlassenschaften noch keine Generalabsolution, zwingt aber zum Überdenken allzu bequemer Schuldzuweisungen. Der Kolonialismus ist eine schwere Hypothek, aber Hypotheken schaffen nicht nur Lasten, sondern auch Chancen, sie durch Eigenleistung abzutragen. Die Einsicht, dass die Krise Afrikas vornehmlich hausgemachte Ursachen hat, liegt auch der in Afrika geborenen Initiative für eine *„Neue Partnerschaft für Afrikas Entwicklung"* (NEPAD) zugrunde.

(Franz Nuscheler [= M 44], S. 211–213)

1. *Erläutern Sie die in M 44 kurz skizzierten „einfachen Antworten" (Z. 1–12) und den entscheidenden Streitpunkt, um den es in den Zeiten der „großen Debatte" über die Ursachen der Unterentwicklung ging. Warum ist der Autor der Meinung, dass sich ein Rückblick auf die beiden, heute so nicht mehr vertretenen „großen Theorien" lohnt?*
2. *Geschichte und Strukturen des Kolonialismus werden Ihnen aus dem Geschichtsunterricht bekannt sein. Stellen Sie heraus, inwiefern vor allem „nachkoloniale Fehlentwicklungen" für die heutige Situation Afrikas (hauptsächlich um diesen Erdteil geht es in der Kolonialismus-Debatte) verant-*

wortlich zu machen sind. Erläutern Sie dazu vor allem, was mit dem „internen Kolonialismus" gemeint ist und welche Landwirtschafts- und Preispolitik bis heute ein erhebliches Problem für viele afrikanische Länder darstellt.

3. *Inwiefern zeigt auch der Blick auf andere ehemalige Kolonien außerhalb Afrikas, dass der Kolonialismus als ernsthafte „Erklärungsformel für alle Ursachen der Unterentwicklung" nicht taugt? Warum werden die Regierungen vieler afrikanischer Staaten auch von bedeutenden afrikanischen Politikern zunehmend kritisiert?*

M 46 Rückblick: Der Streit der „großen Theorien"

[Die **Modernisierungstheorie** entstand in den 1950er- und 1960er-Jahren und bildete in dieser Zeit die „herrschende Theorie".] Ihre verschiedenen Versionen betonten zwar unterschiedliche Aspekte, teilten aber die gemeinsame Prämisse: dass die eigentlichen Entwicklungsblockaden in den Köpfen, *Einstellungen und Verhaltensweisen der Menschen* sowie in den *Sozialstrukturen und Wertsystemen* der „traditionellen" Gesellschaften liegen.
Die modernisierungstheoretische Quintessenz lautete: Die Entwicklungsländer sind unterentwickelt, weil und solange sie sich nicht aus den Fesseln der Tradition befreien können. Mit anderen Worten: Sie müssten so werden, denken, handeln, produzieren und konsumieren wie wir. [...] Die modernisierungstheoretischen Schlüsselbegriffe (vgl. Kasten S. 112) waren: Säkularisierung, Individualisierung, Pluralisierung, Leistungsorientierung, Markt und Wettbewerb. [...]

> Für die wirtschaftlichen Entwicklungsdefizite, etwa das Fehlen einer schöpferischen, änderungswilligen Unternehmerschicht, werden häufig die traditionsorientierten gesellschaftlichen Verhältnisse, insbesondere die religiösen Traditionen, verantwortlich gemacht. Sie als entscheidendes Entwicklungshemmnis zu benennen, ist jedoch nicht haltbar. Vielmehr gilt es, die Anpassungsfähigkeit und das Entwicklungspotenzial der einzelnen Religionen im Zusammenhang mit den jeweils besonderen gesellschaftlichen Verhältnissen zu untersuchen und den Einfluss der jeweiligen Macht- und Herrschaftsverhältnisse zu berücksichtigen. Eine „positiv" gemeinte, gleichwohl höchst problematische Position macht für den Modernisierungsrückstand der Entwicklungsländer pauschal andere Wertmaßstäbe der Bevölkerung in der Dritten Welt verantwortlich: Diese räume etwa der freien Verfügung über Zeit einen viel höheren Stellenwert ein als materiellen Gütern, sie sei „arm, aber glücklich". Für die meisten Menschen in Entwicklungsländern ist im Gegensatz dazu eine „Revolution der steigenden Erwartungen zu beobachten – Bezugspunkte sind häufig Lebensstandards und Konsummuster der Industrieländer, zu deren Verbreitung der internationale Tourismus und der weltweite Einsatz von Massenmedien beigetragen haben.
>
> (Informationen zur politischen Bildung [= M 28], S. 20)

Die Modernisierungstheorien haben durchaus einen **Erklärungswert**, wenn man ihren ideologischen Wust beiseite räumt und ihren harten Kern offenlegt. Dann kommen die folgenden Selbstverständlichkeiten zum Vorschein:

- Die Transformation von Agrargesellschaften, die noch größtenteils Subsistenzökonomien [lediglich für den Eigenverbrauch produzierende „Hauswirtschaften"] sind, in Industriegesellschaften setzt einen umfassenden Wandel der Sozialstrukturen, eine Neuorganisation von Produktion, Arbeit und Distribution voraus. Die industrielle Produktionsweise verlangt eine *Rationalisierung* von Arbeit und Zeit, die Aneignung von *Wissen* und technischen Fertigkeiten.
- Die Akkumulationsfähigkeit [Fähigkeit zur Vermehrung der Produktionsmittel] erfordert den Spar- und Investitionswillen. [...] Korruption und Kapitalflucht sind Gift für eine eigenständige Entwicklungsfähigkeit.
- Der Transformationsprozess braucht einen Staat und eine Verwaltung, die verlässliche Rahmenbedingungen schaffen, die notwendige materielle und soziale Infrastruktur bereitstellen und den Entwicklungsprozess steuern können.

Auf diesen Kern verdichtet, lautet die kurze und bündige These der Modernisierungstheorien so: Die entscheidenden Voraussetzungen für Entwicklung müssen im Innern der Gesellschaften geschaffen werden. Mancher Streit wäre überflüssig gewesen, wenn sich die Kritik mehr auf diesen Kern konzentriert hätte, den inzwischen auch ehemalige Dependenztheoretiker nicht mehr infrage stellen.

(Franz Nuscheler [= M 44], S. 214f.)

Die **Dependencia-Theorie** widerspricht der Modernisierungstheorie und sieht die Ursachen der Unterentwicklung in der asymmetrischen [im Vergleich zu den Industrieländern ungleichen] Integration der Entwicklungsländer in den Weltmarkt begründet. Die internationale Arbeitsteilung würde sich nicht, wie von der Modernisierungstheorie behauptet, wohlfahrtssteigernd auf die Entwicklungsländer auswirken, sondern diese vielmehr daran hindern, sich zu entwickeln. Die Weltwirtschaft sei von den Industrieländern dominiert und die Entwicklungsländer befänden sich in einer Situation der Abhängigkeit („Dependencia"), in der Entwicklung nicht möglich sei. Theoretisch stützt sich ein Teil der Dependencia-Theorie auf den Marxismus und die Imperialismustheorie Lenins. Die Ausbeutung der „Peripherie" (Arbeiterklasse) durch das „Zentrum" (Kapitalisten) in den Industrieländern werde reproduziert, indem im internationalen System die „Peripherie" (Entwicklungsländer) vom „Zentrum" (Industrieländer) ausgebeutet würde. Dabei spielten die Eliten in den Entwicklungsländern die Rolle von „Sub-Zentren", die ebenfalls von der Integration in den Weltmarkt profitieren würden.

(Stefan A. Schirm, Internationale Politische Ökonomie, Nomos Verlagsgesellschaft, Baden-Baden 2004, S. 23)

Die Dependenztheoretiker begingen in ihrem gemeinsamen Eifer, das „Elend der bürgerlichen Entwicklungstheorie" offenzulegen, einen umgekehrten Fehler: Sie blendeten in ihren Analysen von Verhältnissen und Strukturen weitgehend den „subjektiven Faktor" aus, also das Denken, Streben und Handeln von Menschen als den Subjekten von Geschichte und Entwicklung. Sie drückten sich auch um die Frage, warum in den „weißen Kolonien" (Kanada, Südafrika, Australien) trotz der Einbindung in das Kolonialsystem eine industrielle Entwicklung in Gang kam. Wenn man zum Beispiel die Entwicklung von Australien und Argentinien im vergangenen Jahrhundert vergleicht, dann stellt sich heraus, dass vor allem die inneren Klassen- und Machtverhältnisse für die unterschiedliche Entwicklung unter ähnlichen Weltmarktbedingungen verantwortlich gemacht werden müssen. Argentinien war zu Beginn des 20. Jahrhunderts weiter entwickelt als Australien und einige der heutigen EU-Staaten, das marode Uruguay die „Schweiz Lateinamerikas".

Wer Unterentwicklung kurz und bündig als unzureichende Entwicklung der Produktivkräfte definiert, stößt bei der Frage nach dem Warum nicht nur auf den Kolonialismus, sondern auch auf Menschen, Kulturen, gesellschaftliche und politische Verhältnisse, die einer industriellen Entwicklung, wie sie in Westeuropa oder in Nordamerika unter ganz speziellen Bedingungen stattfand, nicht förderlich waren.

Die Dependenztheorien haben durch ihre Betonung der Verkettung von endogenen [im Inneren entstehenden] und exogenen [von außen erzeugten] Strukturproblemen viel zum Verständnis von Unterentwicklung beigetragen. Aber die einseitige Verortung der Ursachen von Unterentwicklung in der Einbindung in den Weltmarkt geriet ihnen zum Verhängnis, weil Entwicklung gerade dort stattfand, wo sie nach den dependenztheoretischen Lehrsätzen nicht stattfinden durfte: in Ostasien und in Teilen Lateinamerikas. Dependenztheorien scheiterten, weil sie nicht nur die Gestaltungs- und Veränderungskraft von Politik, Menschen und Kulturen, sondern auch die Chancen des Weltmarkts unterschätzten. Außerdem machte sie die Verteufelung der „Multis" [multinationalen Unternehmen] als Verkörperung der Ausbeutung und des Wirtschaftsimperialismus blind für die von der Forschung nachgewiesenen positiven Wirkungen von Auslandsinvestitionen. [...]

Schlussfolgerung: Gegen vereinfachende Halbwahrheiten

Unterentwicklung ist ein vielschichtiger Zustand und Prozess, der nicht mit griffigen Formeln erfasst werden kann. Monokausale [auf nur eine einzige Ursache bezogene] Erklärungen, die ihre Multidimensionalität und Multikausalität auf einzelne Ursachen – sei es den Kolonialismus, den „Sachzwang Weltmarkt", die (gar als „Ewiggestriges" verkürzte) „Tradition" oder die „Bevölkerungsexplosion" – zurückzuführen, bringen allenfalls vereinfachende Halbwahrheiten hervor. Solche Halbwahrheiten sind jedoch verführerisch, weil sie leichter zu handhaben sind als mühsame und letztlich vergebliche Bemühungen, das vielschichtige und jeweils unterschiedliche Problem der Unterentwicklung in den analytischen und verstehenden Griff zu bekommen.

Unterentwicklung bedeutet formelhaft die ungenügende Entwicklung der Produktivkräfte. Das Warum ist und bleibt das zu Erklärende, das sich nicht an ideologisch besetzten Unterscheidungen zwischen endogenen und exogenen Faktoren oder an Gewandeinteilungen wissenschaftlicher Disziplinen orientieren darf. Es gibt keinen allumfassenden und alles erklärenden Begriff von Unterentwicklung, der die jeweils verschiedenen historischen, natürlichen und ökonomischen, gesellschaftlichen und politischen, kulturellen und anthropologischen Komponenten in sich vereinen und gleichzeitig in eine kausale Wechselbeziehung unter Berücksichtigung internationaler Rahmenbedingungen bringen könnte. Es wird diesen Begriff auch niemals geben. Wir haben lange gebraucht, um uns in einem schwierigen Suchprozess zu dieser Erkenntnis durchzuringen. Dieser Suchprozess ist noch nicht zu Ende.

(Franz Nuscheler [= M 44], S. 217f., 223f.)

1. *Erläutern Sie wichtige Aspekte der in M 46 kurz skizzierten „Modernisierungstheorie" (zum Begriff „Modernisierung" als Muster des „sozialen Wandels" vgl. Kap. B, S. 112). Inwiefern werden „traditionale" innergesellschaftliche kulturelle und religiöse Orientierungen und Wertvorstellungen als Entwicklungshemmnisse gesehen (vgl. Kasten)? Was bedeuten demgegenüber die in Z. 9f. genannten „Schlüsselbegriffe" „moderner" Industriegesellschaften (als Norm für den „Aufholbedarf" der „Nachzüglergesellschaften")?*

2. *Hauptkritikpunkte an der Modernisierungstheorie waren ihre einseitige Orientierung an „westlichen" Vorstellungen von „Entwicklung", die Vernachlässigung des Stellenwertes eigenständiger und z. T. ganz unterschiedlicher kultureller Traditionen in den einzelnen Entwicklungsländern und vor allem der einseitige Blick auf ausschließlich interne Ursachenfaktoren der Unterentwicklung. Welche Gesichtspunkte werden demgegenüber heute als richtige Einsichten und damit als wichtige Erfordernisse erfolgreicher Entwicklungsprozesse angesehen? (M 46, Z. 13ff.)*

3. *Erläutern Sie, inwiefern die „Dependencia" (span.: Abhängigkeit)-Theorie auch als Reaktion auf die Modernisierungstheorie entstand und worin sie die entscheidenden Faktoren der Unterentwicklung zu erkennen glaubte. In welchen Aspekten spiegelt sich hier die marxistische Theorie von der Aufteilung der Gesellschaft in zwei Klassen wider? Welche Rolle spielt in diesem Zusammenhang der Kolonialismus (s. M 45)?*

4. *Worin lag die entscheidende Schwäche der Dependencia-Theorie? Welche realen Entwicklungen in Ländern der „Dritten Welt" widersprachen ihrem Erklärungsmuster?*

5. *Von großer Bedeutung für die Dependencia-Theorie war die von Raul Prebisch vorgetragene These von der „säkularen [langfristigen] Verschlechterung der Terms of Trade". Was es mit dem (für den Außenhandel jedes Landes grundsätzlich bedeutsamen) Konzept der „Terms of Trade" auf sich hat und warum die These von Prebisch nach heutiger allgemeiner Auffassung Unterentwicklung nicht ausreichend erklären kann, darüber können Sie sich anhand von M 47 informieren.*

6. *Zusätzliche Informationen und Hinweise (Weblinks) zu den Entwicklungstheorien finden Sie bei „Wikipedia": http://de.wikipedia.org/wiki/Entwicklungstheorie. Über „Neue Ansätze zur Entwicklungstheorie" informiert eine Aufsatzsammlung von Reinhold E. Thiel, die im Internet zu Verfügung steht (www.inwent.org/infotellen/izep/publikationen/themendienst/03723/index.de.shtml). Erläutern Sie mit eigenen Worten die Vielfalt der Aspekte, die es nach Auffassung von Franz Nuscheler als fast unmöglich erscheinen lassen, einen „allumfassenden und alles erklärenden Begriff von Unterentwicklung" zu finden (M 46, Z. 82ff.).*

M 47 Die Bedeutung der „Terms of Trade"

Empirisch versuchte Raul **Prebisch** von der Wirtschaftskommission für Lateinamerika der Vereinten Nationen (CEPAL) in den 50er-Jahren die These von der **Ausbeutung der Entwicklungsländer** mit dem Verfall der „terms of trade" zu belegen: Seiner historischen Untersuchung zufolge verlieren wenig oder nicht verarbeitete Produkte als Hauptexportgüter der Entwicklungsländer kontinuierlich an Wert gegenüber den verarbeiteten Produkten der Industrieländer. Dieser Verfall des realen Austauschwertes zwinge die Entwicklungsländer dazu, immer mehr Einheiten ihrer Produkte (etwa: Kaffee) für den Import einer Einheit eines verarbeiteten Produktes (etwa: Traktor) zu exportieren. [...] Zusammen mit der Ausbeutungsthese des kapitalistischen Weltwirtschaftssystems bildete die Beobachtung der Verschlechterung der „terms of trade" die Grundlage für die Forderung nach einer *„Abkoppelung" der Entwicklungsländer vom Weltmarkt:* Da eine Integration schädlich sei, müssten sie sich auf den Aufbau eigener Industrien konzentrieren, um früher importierte Waren nun selber herzustellen.

(Stefan A. Schirm, Internationale Politische Ökonomie, Nomos Verlagsgesellschaft, Baden-Baden 2004, S. 24)

Die „**Terms of Trade**" (sinngemäß: „Bedingungen des Handels") bezeichnen das Tausch- bzw. Preisverhältnis zwischen Gütern oder Gütergruppen. Dabei werden die Export- und die Importpreise jeweils in Preisindices dargestellt und miteinander in Beziehung gesetzt:

$$\text{Term of Trade} = \frac{\text{Exportpreis-Index}}{\text{Importpreis-Index}}$$

Wenn die Exportpreise steigen und/oder die Importpreise sinken, „verbessern" sich die Terms of Trade, im umgekehrten Fall „verschlechtern" sie sich. Veränderungen der Terms of Trade drücken somit aus, ob mit denselben Exportmengen mehr oder weniger Importgüter „bezahlt" werden können.

(Jörn Altmann, Wirtschaftspolitik, Lucius & Lucius Verlag, Stuttgart, 7. Aufl. 2000, S. 513)

Terms of Trade Indices 1980–2003 (Index: 2000 = 100)

	1980	1990	1998	2001	2003
Industrieländer	97	103	105	101	105
Entwicklungsländer	117	100	100	99	97
Regionen:					
Südamerika	113	78	97	93	105
übriges Amerika	231	101	95	99	97
Nordafrika	140	90	82	99	110
Sub-Sahara-Afrika	129	100	91	98	103
Westasien	98	86	70	97	105
Ostasien	110	107	105	99	95

(Quelle: UNCTAD Handbook of Statistics 2005, Tab 2.1E; www.unctad.org./docs/tdstat/30p2_enfr.pdf, S. 42)

● Bei der Bewertung der entwicklungspolitischen Relevanz der Terms of Trade-These für „die" Entwicklungsländer müssen deren sehr heterogene Export- und Importstrukturen berücksichtigt werden; Terms of Trade-Berechnungen sind nur sinnvoll, wenn sie *getrennt nach Ländern und/oder Produkten* vorgenommen werden. Dann stellt man fest, dass keineswegs von einer eindeutigen Verschlechterung „der" Terms of Trade für „die" Entwicklungsländer die Rede sein kann. Es gibt vielmehr Länder, deren Terms of Trade sich über einen längeren Zeitraum hinweg verbessert, andere, bei denen sie sich im selben Zeitraum verschlechtert haben, und schließlich lassen sich mehrere Länder feststellen, bei denen die Terms of Trade lediglich zyklische Schwankungen, aber keinen eindeutigen Trend aufweisen. In der Tat zeigen die vorliegenden internationalen Statistiken, dass die Entwicklung der Terms of Trade eher durch *Schwankungen* als durch eine eindeutige Tendenz zugunsten oder zu ungunsten der Entwicklungsländer gekennzeichnet ist. Insofern hängt es im Wesentlichen von der *Wahl der Länder* und der *Betrachtungsperiode* der Terms of Trade-Reihe ab, ob sich eine tendenzielle „Verbesserung" oder „Verschlechterung" der Terms of Trade für die Entwicklungsländer errechnet. [...]

● Da die Entwicklungsländer, wenn auch in unbefriedigendem Maße, interne Wachstumsprozesse durchlaufen, können die Terms of Trade-Änderungen dieser Länder nicht nur mit dem Hinweis auf externe Datenänderungen begründet werden. Sie werden vielmehr auch durch interne Datenänderungen verursacht und müssen dann in entsprechend modifizierter Weise untersucht und interpretiert werden. Als Beweis für die Richtigkeit der These, die Entwicklungsländer würden von den derzeitigen internationalen Wirtschaftsbeziehungen negativ betroffen, können die Terms of Trade-Änderungen daher nicht verwendet werden.

(Hans-Rimbert Hemmer, Wirtschaftsprobleme der Entwicklungsländer, Vahlen, München 2002, S. 302, 306)

4. Entwicklungspolitik – Träger, Maßnahmen, Probleme

Entwicklungspolitik – Begriff, Leistungen, Träger

M 48 Begriff und Ziele der Entwicklungshilfe

In einem weiten Wortsinn kann man „alle von entwickelten Ländern eingesetzten Maßnahmen, die unmittelbar oder mittelbar in den Empfängerländern die Überwindung der Unterentwicklung fördern sollen", als Entwicklungshilfe bezeichnen. Nach der Praxis des OECD-Entwicklungshilfeausschusses DAC (Development Assistance Committee) und anderer multinationaler Organisationen werden jedoch nur die Leistungen an Entwicklungsländer als offizielle Entwicklungshilfe (Official Development Assistance, ODA) bezeichnet, die

- von der *öffentlichen Hand* stammen,
- die *Förderung des wirtschaftlichen Fortschritts* der Entwicklungsländer zum Ziel haben und
- zu *vergünstigten Bedingungen* erbracht werden, d.h. ihr Zuschusselement (Schenkung) muss mindestens 25 % betragen.

Nur diese ODA-Leistungen werden auf die **0,7 % des Bruttonationaleinkommens** (BNE) angerechnet, die 1970 auf der Generalversammlung der Vereinten Nationen als **Zielgröße** der Geberländer vereinbart wurden, leider ohne dass ein Zeitpunkt für die Erfüllung dieser Zusage festgelegt wurde.

Daneben werden die staatlichen Hilfen an *Transformationsländer* als „Offizielle Hilfe" (Official Aid, OA) anerkannt. Die OA erfüllt ansonsten dieselben Kriterien wie die offizielle Entwicklungshilfe ODA, nur ist ihr Adressat kein offizielles Entwicklungsland. [...]

Bezüglich des „Kanals", über den die Entwicklungshilfe geleistet wird, ist für Deutschland zu unterscheiden zwischen der:

Öffentliche Entwicklungshilfe (ODA) in Prozent des BNE der „Geber-Länder" 1990 – 2006

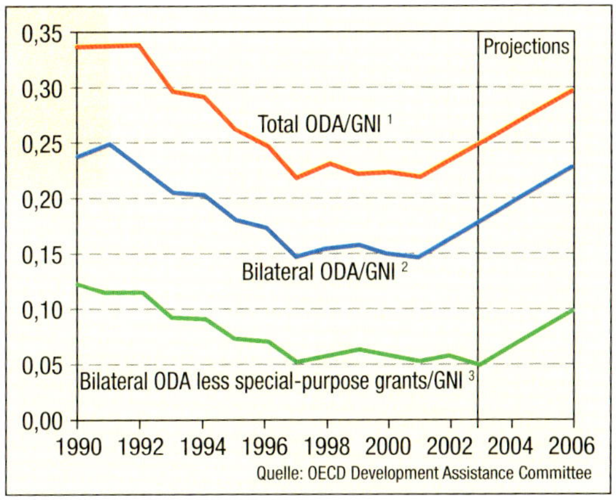

[1] ODA insgesamt; [2] Bilaterale ODA; [3] Bilaterale ODA abzüglich der Leistungen für „spezifische Zwecke" (special purposes: technische Zusammenarbeit, Schuldenerlass, Notfall- und Katastrophenhilfe sowie Verwaltungskosten); GNI – Gross National Income (= BNE)

(http://siteresources.worldbank.org/INTGDP2005/Resources/gdf05_ch1.pdf, S. 25)

1990: 54,3 Mrd. Dollar; 1997: 48,5 Mrd.; 2003: 69,0 Mrd.; reale Steigerung (unter Berücksichtigung der Inflations- und Wechselkursentwicklung) 1990 – 2003: 4,8 %

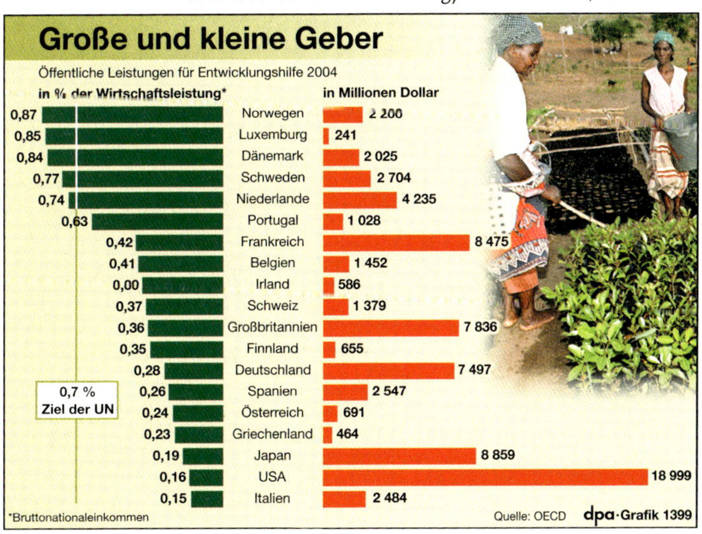

- *bilateralen* Entwicklungshilfe, bei der die Leistungen direkt von Deutschland als „Geberland" an die Entwicklungsländer fließen,
- der Entwicklungshilfe Deutschlands über die *EU* (supranationale Entwicklungshilfe),
- der Entwicklungshilfe Deutschlands über *multinationale Organisationen*, insbesondere Weltbank, internationaler Währungsfonds und Vereinte Nationen (multilaterale Entwicklungshilfe).

Dabei versucht die Bundesregierung, bilaterale, europäische und multinationale Hilfe länder- und aufgabenspezifisch möglichst gut aufeinander abzustimmen.
Neben der staatlichen Entwicklungshilfe wird z.T. auch **private Entwicklungshilfe** geleistet und in Statistiken ausgewiesen (vgl. M 49).

(Ulrich Baßeler/Jürgen Heinrich/Burkhard Utecht, Grundlagen und Probleme der Volkswirtschaft, Schaeffer-Pöschel Verlag, Stuttgart, 17. Aufl. 2002, S. 529f.)

M 49 Empfängerländer und Formen der Entwicklungshilfe

Abb. 1

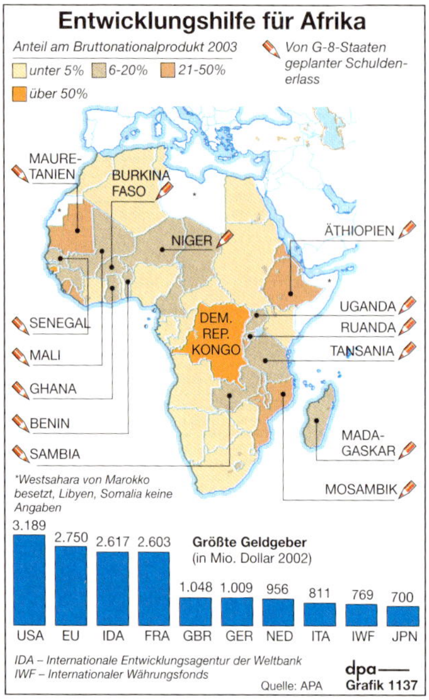

Abb. 2: Empfangene Entwicklungshilfe pro Kopf (US-Dollar): Afrika im Vergleich zu anderen Regionen

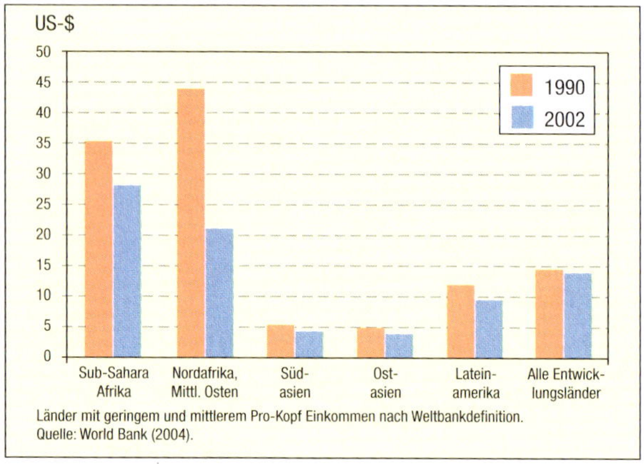

(Peter Nunnenkamp, Mehr ist nicht genug: Wirksame Entwicklungshilfe für Afrika? Kieler Arbeitspapier Nr. 1239, S. 7f.; www.uni-kiel.de/ifw/pub/kap/2005/kap1239.pdf)

Der Anteil der empfangenen öffentlichen Entwicklungshilfe am Bruttoinlandsprodukt der *Empfängerländer* verringerte sich in den ärmsten Ländern von 3,5 % (1991) auf 2,1 % (2003), in allen Entwicklungsländern von 2 % (1991) auf 1,1 % (2003) (Angaben: DAC der OECD).

Die vorherrschende Form der Entwicklungshilfe (EH) ist die *Förderung konkreter Projekte*, die von den Geberländern detailliert geprüft worden sind. Allerdings erprobt die Weltbank mit einigen Entwicklungsländern die Erarbeitung eines „Umfassenden Entwicklungsrahmens" als strategisches Instrument für die Abstimmung entwicklungspolitischer Maßnahmen und die Koordinierung auch von EH.
Schließlich ist eine wichtige Unterscheidung die zwischen **Kapitalhilfe** und **technischer/fachlicher Hilfe**. Die Kapitalhilfe stellt innerhalb der EH trotz relativ gesunkener Bedeutung nach wie vor den größten Anteil. Hinsichtlich der Konditionen der Kapitalhilfe haben sich die westlichen Industrieländer im Rahmen des DAC auf Standardbedingungen geeinigt, die normal 2 % Zinsen bei einer Laufzeit von 30 Jahren und zehn tilgungsfreien Jahren lauten und sich bei den besonders günstigen IDA-Konditionen (Weltbankgruppe) auf eine Gebühr von unter 1 %, 35 bis 40 Jahre Laufzeit und zehn tilgungsfreie Jahre ermäßigen. Die besonders benachteiligten LDC sollen öffentliche EH nur noch als reine Zuschüsse erhalten.

(Uwe Andersen, Entwicklungspolitik/-hilfe, in: Wichard Woyke [Hg.], Handwörterbuch Internationale Politik, VS Verlag für Sozialwissenschaften, UTB, Wiesbaden 2004, S. 91)

Nachdem in der ersten Phase der Entwicklungszusammenarbeit die nachholende Industrialisierung im Vordergrund stand, wurde sie in der nächsten Phase überlagert von der **Grundbedürfnisstrategie**, um die Bedürfnisse der armen und ärmsten Bevölkerungsgruppen zu befriedigen; dies bedeutet insbesondere auch – aber nicht nur – eine Entwicklung der *Landwirtschaft*. Dabei wurde – und wird – das Prinzip der **„Hilfe zur Selbsthilfe“** verfolgt. Diese überschneidet sich mit der gegenwärtig zentralen Strategie der **nachhaltigen Entwicklung***, ein Begriff, der sich nur schwer in einem Wort fassen lässt: Mit dem englischen *sustainable development* ist gemeint, dass der Entwicklungsprozess sich selbst trägt, also kein Strohfeuer auslöst, sondern nachhaltig weitergeht. Parallel dazu wird nachhaltig/sustainable auch im Hinblick auf die Ressourcennutzung angewendet, indem kein Raubbau betrieben werden soll, sondern eine behutsame, dauerhaft mögliche, umweltschonende Entwicklung erfolgt.

(Jörn Altmann, Wirtschaftspolitik, Lucius & Lucius Verlag, Stuttgart, 7. Aufl. 2000, S. 609f.)

M 50 Entwicklungshilfe in Deutschland

Entwicklungspolitik ist eine typische Querschnittsaufgabe*, da sie auch die Handels-, die Landwirtschafts- oder die Umweltpolitik betrifft. Bei Querschnittsaufgaben mischt in der Regel eine Vielzahl von Akteuren mit, was einen hohen Abstimmungsbedarf erfordert. [...]
Die Bundesrepublik Deutschland ist eines der wenigen Geberländer, in dem für die Entwicklungspolitik ein eigenes Ministerium geschaffen wurde – das Bundesministerium für wirtschaftliche Zusammenarbeit und Entwicklung (BMZ). Als selbstständiges Ressort kann es sich leichter für die langfristigen, globalen Strukturinteressen der Entwicklungsländer einsetzen, ohne sie auf dem Altar kurzfristiger außenpolitischer Interessen opfern zu müssen. Das BMZ hat im Laufe der Zeit zunehmend Zuständigkeiten der Entwicklungspolitik von anderen Ministerien gewonnen. Gleichwohl zählt es innerhalb der Bundesregierung immer noch zu den „Leichtgewichten“, verglichen mit dem Auswärtigen Amt, dem Bundesministerium der Finanzen sowie dem Bundesministerium für Wirtschaft und Arbeit. Das BMZ vereinigt auch keineswegs alle entwicklungspolitisch bedeutsamen Befugnisse. So liegt die Zuständigkeit für die Katastrophenhilfe beim Auswärtigen Amt, in Fragen der Weltwirtschaftsordnung verhandelt das Bundesministerium für Wirtschaft und Arbeit, und in Fragen der Umwelt- oder Landwirtschaftspolitik wachen die betreffenden Ministerien über ihre Zuständigkeit. Schon innerhalb der Regierung ist eine einheitliche Entwicklungspolitik schwierig und der Abstimmungsprozess zwischen BMZ und den anderen Ministerien häufig konfliktreich. Können wichtige Streitfragen nicht auf unterer Ebene zwischen den Ministerien geklärt werden, bleibt als letzte Möglichkeit eine Entscheidung im Kabinett.

(Informationen zur politischen Bildung [= M 28], S. 61ff.; Verf.: Uwe Andersen)

ODA der Bundesrepublik Deutschland im Verhältnis zum BSP/BNE, 1964–2004

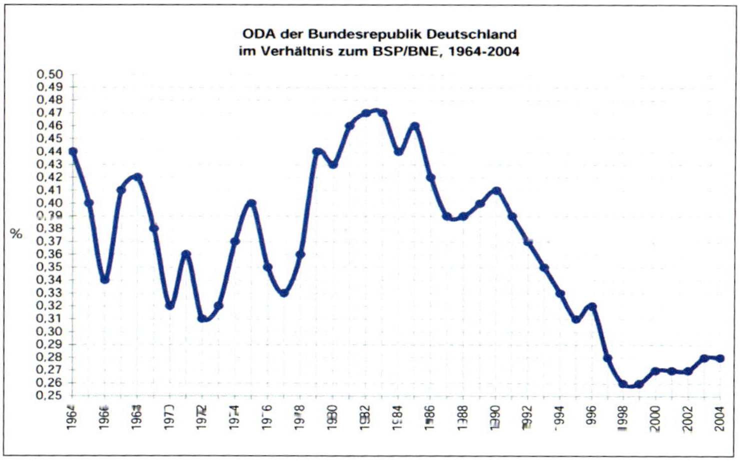

(www.bmz.de/de/zahlen/imDetail/1-4_Deutsche_ODA-Leistungen_1964-2004__Grafiken_.pdf)

Die größten Empfänger deutscher Entwicklungshilfe (bilaterale Nettoauszahlungen) waren in der Vergangenheit afrikanische Länder. 1999–2003 erhielten in Euro pro tausend Einwohner Namibia 13 910, Sambia 8 680, Kamerun 6 430, Mauretanien 5 050, Benin, Botswana, Mosambique ca. 3 600, Lesotho, Mali, Guinea, Malawi ca. 2 500.

AwZ: Ausschuss für wirtschaftliche Zusammenarbeit
HA: Haushaltsausschuss
AA: Auswärtiges Amt
BMWA: Bundesministerium für Wirtschaft und Arbeit
BMF: Bundesfinanzministerium
GTZ: Gesellschaft für technische Zusammenarbeit
KfW: Kreditanstalt für Wiederaufbau
INWENT: Internationale Weiterbildung und Entwicklung
DED: Deutscher Entwicklungsdienst
FES: Friedrich Ebert Stiftung (SPD)
KAS: Konrad Adenauer Stiftung (CDU)
HSS: Hanns Seidel Stiftung (CSU)
FNS: Friedrich Naumann Stiftung (FDP)
HBS: Heinrich Böll Stiftung
RLS: Rosa Luxemburg Stiftung
VENRO: Verband Entwicklungspolitik Deutscher Nicht-Regierungs-Organisationen
EZE: Evangelische Zentralstelle Entwicklungspolitik
KZE: Katholische Zentralstelle Entwicklungspolitik
AGE: Arbeitsgemeinschaft Entwicklungspolitik
SES: Senior Experten Service

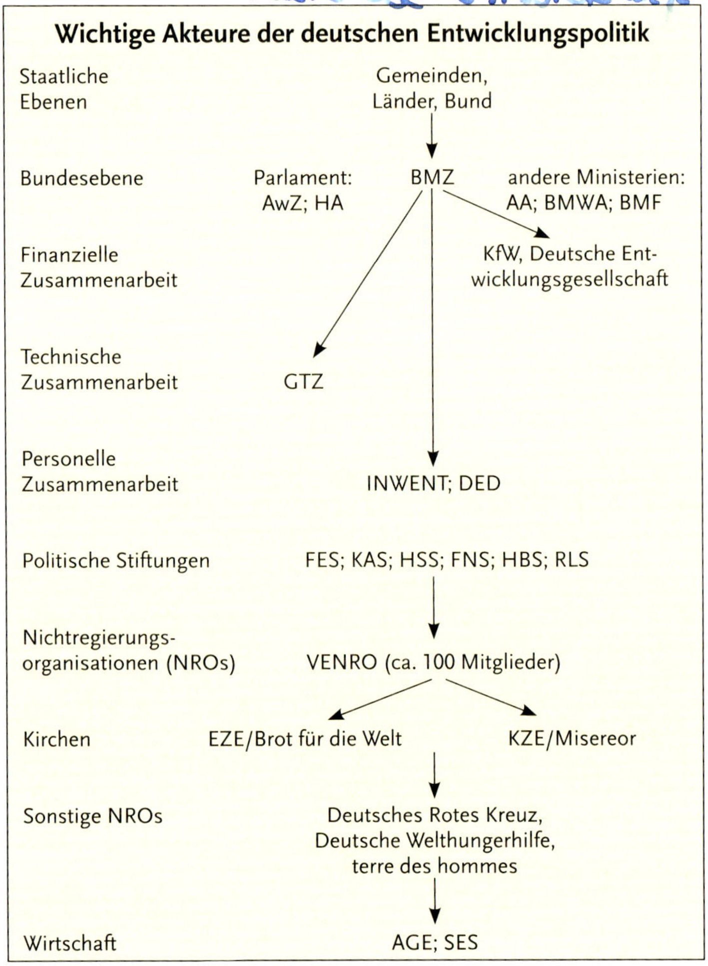

Vollständige Link-Liste aller Organisationen: www.entwicklungshilfe.info

(Informationen zur politischen Bildung [= M 28], S. 61ff.; Verf.: Uwe Andersen)

Bei den **Formen der Entwicklungshilfe** (EH) werden verschiedene Gliederungskriterien verwendet. Nach dem Kriterium des Trägers bietet sich die Aufteilung in *öffentliche* und *private* EH an. Bei den nicht gewinnorientierten Leistungen dominieren eindeutig die öffentlichen Mittel (in Deutschland etwa 90%). Auf privater Seite ist die EH unterschiedlichster Nichtregierungsorganisationen, v.a. die der Kirchen, zu nennen. Teilweise kommt es aber auch zu *Mischformen*, indem z.B. in kirchliche EH-Projekte auch staatliche Zuschüsse fließen. Bei dem Einsatz staatlicher Mittel über private Träger spielt die Erwägung eine Rolle, dass staatliche Instanzen in stärkerem Maße dem Postulat der Nichteinmischung in die inneren Angelegenheiten anderer Staaten unterliegen und private Organisationen leichter gesellschaftliche Gruppen in den Entwicklungsländern erreichen, insbesondere solche, die in Opposition zu ihrer Regierung stehen. In Deutschland sind die Stiftungen der großen politischen Parteien wichtige Träger von EH-Projekten in politisch sensiblen Bereichen, wobei die Finanzierung fast ausschließlich aus Steuermitteln erfolgt.

(Uwe Andersen, Entwicklungspolitik/-hilfe, in: Wichard Woyke [= M 49], S. 91)

M 51 Der „Monterrey-Konsens" – eine neue Vereinbarung über Entwicklungsfinanzierung

Ein Kernproblem der Entwicklungspolitik ist die Finanzierung der vielfältigen Maßnahmen zur Umsetzung international vereinbarter Entwicklungsziele, insbesondere der Millenniumsziele (s. M 31). Sie war Thema der **UN-Gipfelkonferenz** der Staats- und Regierungschefs im März 2002 in Monterrey/Mexiko. Ihr Ergebnis, der Monterrey-Konsens, bildete den Abschluss zweijähriger, durchaus kontroverser Verhandlungen, deren wichtigste Akteure die USA, die EU und auf Seiten der Entwicklungsländer die UNCTAD und China waren. Vertreter der NROs und der Privatwirtschaft wurden in einem bislang ungewohnten Ausmaß an der Diskussion beteiligt, denn es sollten alle Finanzquellen, nicht nur die öffentlichen, erschlossen werden. [...]

Bemerkenswert ist die Einigung auf zwei wechselseitig verbundene Eckpunkte: einerseits die **Eigenverantwortung der Entwicklungsländer**, *ownership* und *good governance*, andererseits ein förderliches internationales Umfeld und damit die **Verantwortung der Industriestaaten**. Dazu heißt es in Punkt 1,4: „Wir verpflichten uns auch dazu, die inländischen Ressourcen zu mobilisieren, internationale Finanzflüsse anzuziehen, internationalen Handel als einen Motor für Entwicklung zu fördern, internationale finanzielle und technische Entwicklungszusammenarbeit zu erhöhen, zu nachhaltiger Schuldenfinanzierung und externer Schuldenerleichterung und die Kohärenz und Konsistenz der internationalen Währungs-, Finanz- und Handelssysteme zu verstärken."

Positiv ist der Ansatz, alle wichtigen Finanzierungsquellen einzubeziehen. Für die Mobilisierung der internen Finanzquellen werden *good governance* und der Kampf gegen Korruption als wichtige Voraussetzungen aufgeführt.

Als quantitatives Ziel wird die Zahl von **0,7 Prozent des BNE** für ODA bekräftigt. Davon sollen 0,15 bis 0,2 Prozent des BNE, also etwa ein Viertel, an die LDC gehen. Zeitliche Festlegungen im Monterrey-Konsens lehnten die Geberländer aber ab. Solange eine Kreditaufnahme nachhaltig, das heißt tragfähig bleibt, wird auch sie als weitere Finanzierungsquelle gewürdigt. Zugleich verweist der Monterrey-Konsens übermäßige *Verschuldung* in die gemeinsame Verantwortung von Gläubigern und Schuldnern und fordert im Krisenfall eine faire Lastenteilung zwischen öffentlichen und privaten Akteuren wie Schuldnern, Gläubigern und Investoren.

Die Kritik an fehlenden bindenden Verpflichtungen im Vorfeld des Monterrey-Konsenses hat vermutlich dazu beigetragen, dass wichtige Geberländer einseitig öffentliche Selbstverpflichtungen bekanntgaben. US-Präsident George W. Bush verkündete seine Absicht, sich gegenüber dem US-Kongress für eine 50-prozentige Steigerung der gemessen am BNE allerdings extrem niedrigen Entwicklungshilfe (s. Grafik S. 535) in den drei Folgejahren einzusetzen. Der damalige EU-Kommissionspräsident, Romano Prodi, erklärte, die EU wolle ihre Hilfe bis 2006 von 0,33 Prozent des BNE auf 0,39 Prozent erhöhen (jedes Mitgliedsland mindestens 0,33 Prozent).

Zu den sechs EU-Ländern mit der Mindestquote von 0,33 Prozent zählte auch Deutschland, das 2000 nur 0,27 Prozent erreichte und sich damit zu einer bescheidenen Steigerung verpflichtete.

(Informationen zur politischen Bildung [= M 28], S. 48f.; Verf.: Uwe Andersen)

Good Governance: Gutes Regierungshandeln, das nach allgemeinem Verständnis charakterisiert wird durch eine Reihe von Kriterien wie zum Beispiel Wahrung der Menschenrechte, Beteiligung der Bevölkerung an politischen Entscheidungen, Rechtsstaatlichkeit, eine marktwirtschaftliche Wirtschaftsordnung sowie entwicklungsorientiertes und effizientes Staatshandeln. Im Rahmen der internationalen Entwicklungszusammenarbeit wird die Vergabe von Entwicklungshilfe zunehmend an die Gewährleistung dieser Standards von Seiten der Empfängerländer geknüpft.

(Informationen zur politischen Bildung [= M 28], S. 69)

Ownership: Der englische Begriff Ownership bedeutet wörtlich übersetzt „Eigentümerschaft". Er wird in der entwicklungspolitischen Diskussion verwandt, um die Identifikation der Menschen mit einem sie betreffenden Vorhaben zu umschreiben. Ownership ist auch die Eigenverantwortung, die Zielgruppen und Partnerorganisationen bei der Entwicklungszusammenarbeit übernehmen. Sie gilt als wichtige Vorbedingung für die Effizienz, die Nachhaltigkeit und den Erfolg von Maßnahmen.

(http://www.bmz.de/de/service/glossar/ownership.html)

1. *Verschaffen Sie sich einen Überblick über die in M 48 bis M 51 zusammengestellten Informationen zu den Fragen, was man unter Entwicklungshilfe versteht, welche Arten und Formen sich unterscheiden lassen und wie sich die Vielfalt der Träger in Deutschland darstellt. Weitergehende Informationen zu allen Aspekten finden Sie auf der Internetseite des deutschen Entwicklungshilfeministeriums www.bmz.de/de/zahlen/imDetail.*

2. *Analysieren Sie zur Höhe der Entwicklungshilfe die Daten in den Statistiken in M 48 und beachten Sie dabei unterschiedliche Maßgrößen und Indikatoren. Zur Entwicklung der ODA-Leistungen Deutschlands in den 1990er-Jahren (M 50) ist zu beachten, dass Deutschland nach dem Ende des Ost-West-Gegensatzes erhebliche Leistungen an die osteuropäischen „Transformationsländer" (als „Öffentliche Hilfe" [OA] von „Öffentlicher Entwicklungshilfe" [ODA] zu unterscheiden) erbracht hat (2002: 780 Mio. $; ODA: 5,2 Mrd. $). – Die gesamten Leistungen privater Entwicklungshilfeorganisationen (insbesondere der Kirchen) aus Eigenmitteln und Spenden betrugen 2002: 874 Mio. €.*

3. *Beschreiben Sie die Verteilung von Entwicklungshilfeleistungen auf die Empfängerländer und insbesondere den Anteil Afrikas (M 49). Beachten Sie dabei die unterschiedlichen Maßgrößen in den Statistiken. Wie ist es zu erklären, dass die empfangenen Pro-Kopf-Leistungen für alle Entwicklungsländer von 1990 bis 2002 fast gleich blieben, sich für Afrika aber stark verringert haben?*

4. *Für die gesamte Entwicklungshilfestrategie und ihre Erwartungen an die Geber- und Empfängerländer gilt der sog. „Monterrey-Konsensus" als wichtige Grundlage und Orientierung (M 51). Stellen Sie heraus, wer an diesem Konsens beteiligt war, was es mit den beiden „wechselseitig verbundenen Eckpunkten" auf sich hat und welche Zielsetzungen für den Umfang der Entwicklungshilfe vereinbart wurden. Vergleichen Sie dazu die Daten zu den bisher erbrachten Leistungen (M 48, M 50).*

Einen guten Überblick über viele Aspekte der Entwicklungspolitik mit nützlichen Hinweisen auf weitere Internet-Informationsangebote gibt die Internet-Enzyklopädie Wikipedia: http://de.wikipedia.org/wiki/Entwicklungspolitik. Für die deutsche Entwicklungspolitik enthält das „Medien-Handbuch" des Ministeriums für wirtschaftliche Zusammenarbeit umfangreiche Informationen bereit: www.bmz.de/de/service/infothek/fach/handbuecher/90259.html.

Internationale Organisationen in der Entwicklungspolitik – Weltbank und Internationaler Währungsfonds (IWF)

M 52 Die Weltbankgruppe

Die Weltbank (offizieller Name: International Bank for Reconstruction and Development – IBRD) ist die wichtigste internationale Finanzorganisation in der Entwicklungspolitik. Organisatorisch hat sie sich in fünf Institutionen ausdifferenziert, sodass auch von der Weltbankgruppe gesprochen wird. Zu ihr gehören (vgl. Grafik S. 541):

- die eigentliche Weltbank als „Mutter";
- die Internationale Entwicklungsorganisation (*International Development Association* – IDA), die wichtigste Finanzorganisation für günstige Entwicklungskredite an die ärmsten Länder;
- die Internationale Finanz-Corporation (*International Finance Corporation* – IFC), die private Unternehmen in Entwicklungsländern mit Krediten und zeitlich befristeten Unternehmensbeteiligungen fördert;
- die Multilaterale Investitions-Garantie-Agentur (*Multilateral Investment Guarantee Agency* – MIGA), die privatwirtschaftliche Investitionen in den weniger entwickelten Ländern fördert, indem sie Versicherungen gegen nichtkommerzielle Risiken, wie Bürgerkriege oder Enteignungen, anbietet;
- das Internationale Zentrum für die Beilegung von Investitionsstreitigkeiten (*International Centre for the Settlement of Investment Disputs* – ICSID), das bei Streitigkeiten zwischen ausländischen Investoren und den Regierungen von Entwicklungsländern zu vermitteln versucht.

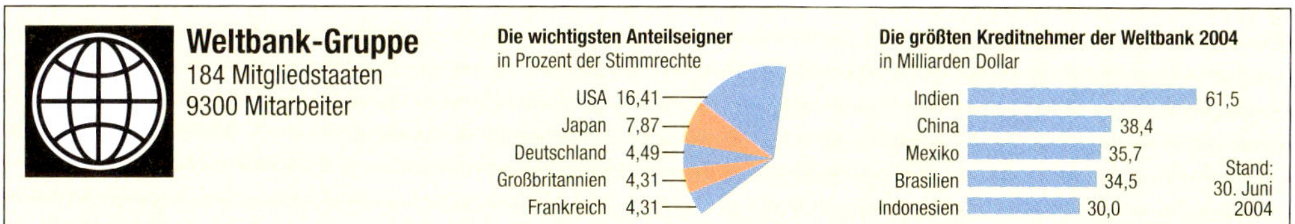

Internationale Bank für Wiederaufbau und Entwicklung (IBRD)	Internationale Entwicklungs-organisation (IDA)	Internationale Finanz-Corporation (IFC)	Multilaterale Investitions-Garantie-Agentur (MIGA)	Internationales Zentrum für die Beilegung von Investitionsstreitigkeiten (ICSID)
▶Kreditvergabe an Schwellenländer	▶Kreditvergabe an die „ärmsten" Länder	▶Finanzielle Hilfe und Beratung für private Unternehmen in den Entwicklungsländern	▶Absicherung privater Investoren gegen nichtkommerzielle Risiken	▶Schlichtung von Investitionsstreitigkeiten zwischen ausländischen Investoren und Staaten
Kreditvolumen insgesamt **394** Mrd. $	**151** Mrd. $	Kreditzusagen insgesamt **23,5** Mrd. $	Volumen gewährter Garantien **13,5** Mrd. $	Registrierte Fälle insgesamt **159**
Kreditvergabe 2004 **11** Mrd. $ für 87 neue Vorhaben in 33 Ländern	**9** Mrd. $ für 158 neue Vorhaben in 66 Ländern	Kreditzusagen 2004 **4,8** Mrd. $ für 217 neue Vorhaben in 65 Ländern	Gewährte Garantien 2004 **1,1** Mrd. $	Registrierte Fälle 2004 **30**

(DER SPIEGEL Nr. 22 v. 30.5.2005, S. 67)

Insgesamt betragen die Stimmrechte der OECD-Industrieländer 62,7 %; übrige Anteile: Asien: 13,5 %, Lateinamerika/Karibik 7,5 %, Afrika 6,9 %, Naher Osten 6,6 %, Osteuropa 2,2 %.

Die letzten drei Organisationen mit ihrer Ausrichtung auf private Unternehmen und Direktinvestitionen haben seit dem Ende des Ost-West-Konflikts und mit der zunehmenden Globalisierung an Bedeutung gewonnen.

- Die Weltbank finanziert ihre **Kredite** an Entwicklungsländer vor allem über die Aufnahme eigener Darlehen an den globalen Kapitalmärkten. Da die Mitgliedsländer für die Anleihen der Weltbank bürgen und sie hohes Ansehen genießt, sind die Zinssätze für sie niedriger, als wenn Entwicklungsländer direkt Geld auf den Kapitalmärkten aufzunehmen versuchten. Dennoch muss auch die Weltbank von ihren Kunden – den Entwicklungsländern – marktnahe Zinsen verlangen, die für viele von ihnen jedoch zu hoch sind.

Die Gruppe der einkommensschwächsten Entwicklungsländer erhält daher von der IDA *Kredite zu subventionierten Bedingungen* (Standard-Laufzeit 35 bis 40 Jahre, zehn Freijahre ohne Rückzahlung, zinslos, aber eine Bearbeitungsgebühr von 0,75 Prozent pro Jahr). Die Subventionen erbringen die Geberländer unter den Mitgliedern durch Zahlungen in einen Fonds, der regelmäßig wieder aufgestockt werden muss.

- Weltbank- und IDA-Kredite sind an **Bedingungen** gekoppelt. Damit hat die Weltbank die Möglichkeit, auf die Regierungen der Entwicklungsländer und deren Entwicklungspolitik Einfluss zu nehmen. Sie hat dies auch zunehmend genutzt, indem sie verstärkt von der Projekt- zur Programmfinanzierung über-

Die **Weltbank** fördert durch entsprechende Kredite, denen oft auch **IWF-** und andere Kredite folgen, sog. **Strukturanpassungsprogramme** (SAP). Um die Kredite zu erhalten, müssen bestimmte Bedingungen erfüllt werden (sog. **Konditionalität**). Diese umfassen auf der Maßnahmenseite meist eine *Abwertung der Inlandswährung* (um die Exporte anzuregen und die Importe zu reduzieren), eine *allgemeine Handelsliberalisierung* (Abbau von Zöllen und Exporthemmnissen), um die Integration in die Weltmärkte zu fördern, auch in anderer Hinsicht Liberalisierung (Privatisierung von Staatsunternehmen, Förderung der Privatwirtschaft), ferner eine *Sanierung des Staatshaushalts* durch Streichung von Subventionen (oft bei Grundnahrungsmitteln, Medikamenten oder im öffentlichen Transportwesen) und andere *Kürzungen von Regierungsausgaben* (Entlassungen im öffentlichen Dienst), u. a. m.
Ohne dies hier im Einzelnen auszuführen, ist festzuhalten, dass solche Programme tendenziell die armen Bevölkerungsgruppen deutlich stärker belasten als die reichen (wenn überhaupt), denn sie sind mit oft massiven Preissteigerungen, Versorgungsengpässen und Verlust von Arbeitsplätzen verbunden. IWF und Weltbank sind daher in Entwicklungsländern oder entsprechend in osteuropäischen Ländern selten sonderlich beliebt, auch wenn SAPs *makroökonomisch** durchaus *richtig* sind. Sie treffen aber *mikroökonomisch* die *Falschen*: Von einer Belastung der Vielbesitzenden, die der der Wenig- oder Nichtbesitzenden proportional wäre, kann keine Rede sein [s. hierzu M 54].

(Jörn Altmann, Wirtschaftspolitik, Lucius & Lucius Verlag, Stuttgart, 7. Aufl. 2000, S. 622f.)

gegangen ist und so die Gesamtpolitik der Entwicklungsländer beeinflusst, zum Beispiel durch Strukturanpassungsdarlehen und Orientierung auf *good governance* (s. S. 539).

- Die Weltbank hat die Diskussion über die internationale Entwicklungsstrategie nicht nur durch ihre Finanzmacht geprägt, sondern auch durch ihre Datensammlungen, Veröffentlichungen und die Beteiligung an der öffentlichen Debatte. Die seit 1978 jährlich von ihr herausgegebenen **Weltentwicklungsberichte** sind die wohl einflussreichste entwicklungspolitische Publikation und haben mit ihren wechselnden thematischen Schwerpunkten häufig internationale Diskussionen angestoßen.
- Die *entwicklungspolitische Strategie* der Weltbank wurde von Entwicklungsländern, zivilgesellschaftlichen Organisationen in den Industrieländern und seitens der Wissenschaft aber immer wieder scharf *kritisiert*. Ein zentraler Vorwurf lautet, die Weltbank sei eine westlich dominierte Organisation. Tatsächlich verfügen Weltbank und IWF abweichend von der Regel in internationalen Organisationen über ein **gewichtetes Stimmrecht**. Abgesehen von einem Anteil gleicher Basisstimmen für jedes Land richtet sich das Stimmengewicht eines Mitgliedstaates überwiegend nach dem von ihm zu leistenden Finanzbeitrag (Quote). Nur die fünf stimmenstärksten Mitglieder – darunter Deutschland (s. Grafik S. 541) – haben das Recht auf einen eigenen Direktor im Exekutivdirektorium. Aufgrund des gewichteten Stimmrechts verfügen die westlichen Industrieländer über eine deutliche Mehrheit in IWF und Weltbank. Dies hat auch zu der Tradition beigetragen, dass der Präsident der Weltbank bisher immer ein US-Amerikaner, der geschäftsführende Direktor des IWF bisher immer ein Europäer war. Die Entwicklungsländer fordern vor diesem Hintergrund zunehmend eine „Demokratisierung", womit sie ein stärkeres Mitspracherecht meinen.

Die Kritik gerade auch von entwicklungspolitisch engagierten NROs hat dazu geführt, dass Weltbank wie IWF auf größere Transparenz ihrer Organisation wie ihrer Aktivitäten achten und sich mit Kritikern im Rahmen gemeinsamer Tagungen verstärkt auseinandersetzen.

(Informationen zur politischen Bildung [= M 28], S. 38f.)

M 53 Der Internationale Währungsfonds (IWF)

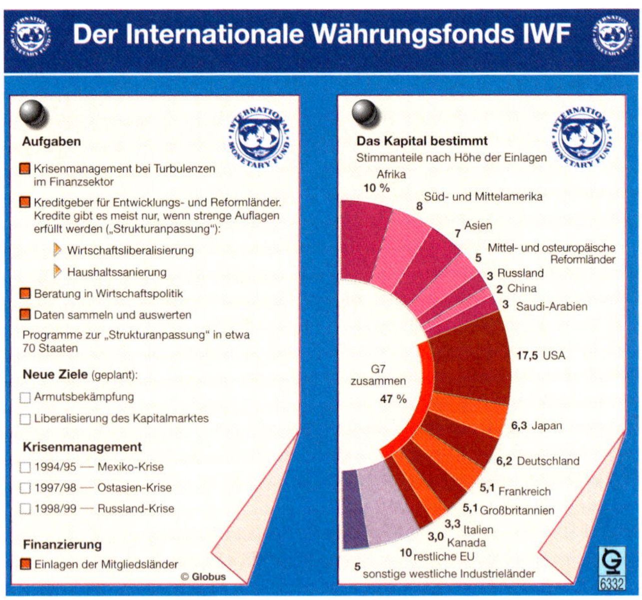

Der IWF zielt auf die Förderung stabiler Währungsbeziehungen. Zu diesem Zweck analysiert er die Wirtschafts- und Währungspolitik seiner Mitglieder und versucht durch Beratung rechtzeitig auf Schwachstellen hinzuweisen und sie zu beseitigen. Im Fall von Zahlungsbilanz-Defiziten und Währungskrisen kann er seinen Mitgliedern mit **Krediten** zu Hilfe kommen, bindet diese Darlehen aber regelmäßig an Auflagen für die Währungs- und Wirtschaftspolitik. Der IWF ist von seiner Entstehung und seinen Kernzielen her eine Währungs-, keine Entwicklungsorganisation. Seine Bedeutung für die Entwicklungsländer hat aber zugenommen: Er hat die währungspolitische und institutionelle Beratung der Entwicklungsländer – zum Beispiel Wechselkurspolitik, Rolle der Zentralbanken – stark ausgebaut. Zudem sind in den letzten Jahren Währungskredite des IWF im Zusammenhang mit Währungskrisen ausschließlich von

Entwicklungsländern in Anspruch genommen worden. Innerhalb des IWF haben sich **Gruppen von Staaten** zusammengeschlossen, die ihre Interessen vorab abstimmen und die Politik des IWF in ihrem Sinne zu beeinflussen suchen. Die wichtigsten westlichen Industrieländer sind in der G (als Abkürzung für Gruppe) 7 vereint. Mitglieder der **G 7** sind die USA, Japan, Deutschland, Frankreich, Großbritannien, Italien und Kanada, die aufgrund des gewichteten Stimmrechts zusammen schon über 4 Prozent der Stimmrechte verfügen. Die Entwicklungsländer haben sich in der **G 24** zusammengeschlossen, die jeweils acht Mitgliedsländer aus Lateinamerika, Afrika und Asien umfasst.

Sitzung des Entwicklungskomitees von IWF und Weltbank in Dubai, 23.9.2003

(Foto: © dpa-Bildarchiv)

IWF und Weltbank unterhalten gemeinsam das *Entwicklungskomitee* (Development Commitee). Es ist ein hochrangiges Gremium, dem in der Regel Minister angehören. Deutschland wird durch die Ministerin für wirtschaftliche Zusammenarbeit und Entwicklung repräsentiert. Bei den meist zweimal jährlich stattfindenden Sitzungen, in denen Industrie- und Entwicklungsländer vertreten sind, werden wichtige Fragen der Entwicklungsstrategie erörtert und nach Möglichkeit entwicklungspolitische Impulse für die Arbeit von IWF und Weltbank abgeleitet.

(Informationen zur politischen Bildung [= M 28], S. 39f.)

Die Mittel des IWF stammen im Wesentlichen aus den Beiträgen der Mitgliedsländer. Die Höhe des Beitrags [...] richtet sich nach der **Quote**, die jedem Mitgliedstaat gemäß seiner wirtschaftlichen und finanziellen Leistungsfähigkeit zugewiesen wird. In Höhe der Quote sind Einzahlungen an den Fonds zu leisten, und zwar im Allgemeinen zu einem Viertel in **Sonderziehungsrechten** (SZR), der Reservewährung des IWF, und zu drei Vierteln in Landeswährung. Von Zeit zu Zeit werden die Quoten an den wachsenden Kreditbedarf angepasst. Nach der Quotenerhöhung von 1999 beläuft sich die Summe der Mitgliedsanteile auf rund 212 Mrd. SZR. Die höchsten Quoten entfallen auf die USA (37,1 Mrd. SZR), Japan (13,3 Mrd. SZR) und Deutschland (13,0 Mrd. SZR). Entsprechend den Quoten ist auch das Stimmrecht in den Organen des IWF abgestuft, sodass die wirtschaftlich stärksten Länder einen dominierenden Einfluss auf die Entscheidungen des Fonds ausüben. (Schmidt-Zahlenbilder)

1. *Stellen Sie die wichtigsten Aspekte zur Stellung der Weltbank als der „wichtigsten internationalen Finanzorganisation in der Entwicklungspolitik" heraus: ihre organisatorische und aufgabenbezogene Gliederung, die Herkunft ihrer Mittel, die Bedingungen der Mittelvergabe und die Kritik an der Verteilung der Stimmrechte bei Entscheidungen (M 52).*

2. *Im Mittelpunkt der Diskussion über die entwicklungspolitische Kreditvergabe der Weltbank stand immer wieder das Konzept ihrer „Strukturanpassungsprogramme" (SAP). Erläutern Sie (M 52, Kasten S. 541) die wesentlichen Merkmale dieses Konzepts und seine Zielsetzung (Weiteres ggf.: http://de.wikipedia.org/wiki/Strukturanpassungsprogramm). Was ist gemeint, wenn diese Programme als „makroökonomisch* richtig", aber als „mikroökonomisch" verfehlt beurteilt werden (so eine verbreitete Einschätzung)?*

3. *Beschreiben Sie, worin die eigentliche Aufgabe des Internationalen Währungsfonds (IWF; engl. IMF – International Monetary Fund) liegt und aufgrund welcher Entwicklung er immer stärker auch zu einer Entwicklungsorganisation geworden ist, deren Kreditvergabe ebenfalls an Strukturanpassungsprogramme (s. Kasten S. 541) gebunden ist (M 53).*

M 54 „Die Bedeutung institutioneller Reformen unterschätzt" – Der IWF ändert seine Strategie

Der Internationale Währungsfonds (IWF) hat seine Reformprogramme für Lateinamerika auf den Prüfstand gestellt und gravierende Defizite festgestellt. [...] Die Programme, die auf dem Gedankengebäude des sogenannten **„Washington Consensus"** beruhten, galten als Vorbedingungen für die Vergabe von IWF-Krediten in den lateinamerikanischen Krisenländern.

Inzwischen habe man erkannt, dass institutionelle Faktoren für ein Gefälle des Pro-Kopf-Einkommens zwischen verschiedenen Ländern wichtiger seien als das Verhältnis zwischen Kapital und Arbeit, heißt es in einem Bericht. Daher sei es entscheidend, die staatlichen und wirtschaftlichen Institutionen zu stärken, um Krisen zu vermeiden, das Geschäftsklima zu verbessern und Wachstum zu stärken. Die Korruption, „die vor allem die Armen betreffe", müsse bekämpft, das oftmals „schwache und stark politisierte Justizsystem, das Investorenvertrauen und Eigentumsrechte untergräbt", müsse verbessert, legale Prozeduren vereinfacht und spezialisierte Gerichtsbarkeiten etwa für Konkursverfahren oder kommerzielle Konflikte eingeführt werden.

Die Finanzsysteme seien liberalisiert worden, ohne effiziente Aufsichts- und Kontrollorgane aufzubauen. Privatisierungen fanden statt, ohne dass eine effiziente Regulierung Monopolstrukturen vermieden hätte. [...]

Für die künftige IWF-Politik bedeuten diese Erkenntnisse, dass sich der Fonds stärker einmischen soll. Eine aktive Wachstumspolitik müsse Infrastrukturinvestitionen, Reformen im Unternehmenssektor, im Arbeitsmarkt oder in anderen Bereichen außerhalb des klassischen IWF-Aktionsradius mit einschließen. Hierfür sei eine enge Zusammenarbeit mit der Weltbank oder der Interamerikanischen Entwicklungsbank nötig. IWF-Kreditprogramme müssten künftig stärker an institutionelle Veränderungen geknüpft sein anstatt an kurzfristige politische Anpassungsmaßnahmen.

Der IWF sieht aber auch positive Errungenschaften der 90er-Jahre: So sei die Inflation erfolgreich bekämpft worden, flexible Wechselkurse eingeführt und die Autonomie der Zentralbanken verbessert worden. Zum Beispiel in Brasilien habe der IWF einen positiven Beitrag dabei geleistet, politische Umbrüche zu bewältigen. Auch der Privatsektor habe Fortschritte bei der Krisenbewältigung gezeigt, etwa bei der freiwilligen Umschuldung Uruguays 2003. Doch räumt der IWF ein, dass viele Länder trotz milliardenschwerer Kreditprogramme kein nachhaltiges Wachstum erzielten und es zu weiteren schweren Finanzkrisen kam. Da die Armut weiterhin hoch und die Einkommensverteilung extrem ungleich sei, gebe es berechtigte Bedenken, ob die Reformen politisch nachhaltig seien. Man habe „nicht genug darauf geachtet, dass die Reformen einer breiten Bevölkerung zugute kommen."

(Handelsblatt v. 11.–13.2.2005, S. 9; Verf.: Anne Grüttner)

1. *Der IWF sah sich in der Vergangenheit immer wieder deutlicher Kritik ausgesetzt. Ihm wurde vorgeworfen, oft zu großzügig und zu wenig konsequent gegenüber Empfängern seiner Kredite zu verfahren (z. T. auch aus politischen Gründen, wenn z. B. auf Drängen der USA befreundete Regierungen umfangreiche Kredite erhielten) oder die Empfängerländer dazu veranlasst zu haben, ihre Finanzmärkte zu schnell gegenüber spekulativem Kapital zu öffnen. Wie zuvor schon die Weltbank (s. M 52), hat auch der IWF auf die Kritik an seiner Strategie reagiert. Beschreiben Sie, worin er inzwischen selbst deutliche Fehler sieht und in welcher Richtung er seine Konzeption verändern will (M 54).*

2. *Der Begriff* **Washington Consensus** *wurde von dem Wirtschaftswissenschaftler John Williamson 1990 für eine Lateinamerika-Konferenz in Washington geprägt. Er umfasst im Wesentlichen wirtschaftspolitische Maßnahmen zur Förderung der makroökonomischen* Stabilität, die bei der Vergabe von Krediten für Strukturanpassungsprogramme zur Bedingung gemacht wurden (Inflationsbekämpfung, Verringerung von Haushaltsdefiziten, Kürzung der Staatsausgaben, Deregulierung der Wirtschaft, Handelsliberalisierung; s. dazu Kasten S. 541). Erläutern Sie, worin sich dieser Ansatz von den in Z. 14ff. genannten Maßnahmen unterscheidet.*

3. *Der wirtschaftstheoretische Ansatz, an dem sich Weltbank und IWF inzwischen stärker orientieren („Institutionenökonomik"), hat in den letzten Jahren stark an Bedeutung gewonnen. Stellen Sie anhand von M 55 heraus, wodurch er sich von der „klassisch-liberalen Wachstumstheorie" unterscheidet und inwiefern er gerade auch für eine erfolgreiche Entwicklungspolitik von großer Relevanz ist.*

M 55 Institutionenökonomik als neuer Theorieansatz

Anhaltende Wohlstandsunterschiede zwischen Industrie- und Entwicklungsländern sowie Unterschiede innerhalb der Gruppe der Schwellen- und Entwicklungsländer haben in der Internationalen Politischen Ökonomie einen neuen Theorieansatz populär gemacht: die Institutionenökonomik. Die (neo-) **klassisch-liberale Wachstumstheorie** hatte positive wirtschaftliche Effekte für alle durch die Globalisierung prognostiziert und konnte daher fortbestehende Unterentwicklung in Entwicklungsländern nur mit unzureichender *Marktliberalisierung* erklären. Im klassischen Modell sind die Akteure rationale Individuen, die über vollständige Informationen und klare Präferenzen verfügen. Der Zugang zu Märkten ist frei, und das Zusammenspiel von Angebot und Nachfrage führt zu optimalen Ergebnissen, falls es keine Marktverzerrungen gibt. Dies sind Annahmen, die die **Institutionenökonomik** infrage stellt. [...]. Während klassische Theorien Institutionen als gegeben ansehen, analysieren institutionalistische Theorien ihre Entstehung, Funktion und Dysfunktion. Dadurch bieten institutionalistische Theorien eine vielschichtigere Sicht auf viele ökonomische Probleme. Mit der Institutionenökonomik gelingt es insbesondere, die **Auswirkungen von Institutionen auf die Wirtschaft** zu erklären. Entgegen der klassischen Wachstumstheorie lässt sich die Wachstumsrate einer Volkswirtschaft nicht mehr nur mit der Faktorausstattung (Arbeit, Kapital und in der neuen Wachstumstheorie mit Humankapital) eines Landes, sondern auch mit der Qualität der bestehenden Institutionen erklären. Die zentrale Prämisse der Institutionenökonomik lautet: Die wirtschaftliche Entwicklung einer Volkswirtschaft hängt entscheidend vom institutionellen Umfeld und den institutionellen Arrangements ab. Wirtschaftliche Unterentwicklung ist aus Sicht der Institutionenökonomik daher ein Ergebnis fehlender institutioneller Rahmenbedingungen, wie etwa effektiver Mechanismen zur *Durchsetzung von Verträgen oder von Eigentumsrechten*. Diese sind in einer Marktwirtschaft von besonderer Relevanz, da sie die Bereitschaft stärken, in langlebige Kapitalgüter zu investieren. [...]

[Eine Hauptfunktion von Institutionen ist] die Senkung von **Transaktionskosten**. Institutionen sind immer Regeln. Beispiele für Institutionen sind Verfassungen, Gesetze, Verträge, moralische Normen etc. Kernaussage der Institutionenökonomik ist, dass Institutionen für den Wirtschaftsprozess und die Entwicklung eines Landes von zentraler Bedeutung sind. Die Funktion von Institutionen besteht darin, Unsicherheiten der Akteure zu reduzieren, ihren Zeithorizont zu verlängern, Anreize für Spezialisierung und Arbeitsteilung zu geben, um so das Wohlstandsniveau in einer Wirtschaft zu heben. [...]

Die besondere Relevanz, die die Institutionenökonomik dem institutionellen Gefüge in einer Volkswirtschaft zuweist, spiegelt sich somit im **neuen Ansatz der Weltbank** wider. Ist keine feste institutionelle Grundlage gegeben, so werden die Erfolgsaussichten von entwicklungspolitischen Initiativen zunehmend skeptisch eingestuft. Das Handeln der Regierungen in den jeweiligen Förderstaaten und traditionelle Konzepte zur Förderung von Stabilität und Wachstum haben zwar nach wie vor einen hohen Stellenwert. Sie werden aber jetzt von Konzepten ergänzt, die auf die Schaffung von sozialen und institutionellen Grundlagen zielen. Wirtschaftspolitische Reformen sollen nunmehr in soziale und institutionelle Reformen eingebettet werden. Zentrale Bedeutung erlangt die gesellschaftliche Einbettung von neuen Institutionen, um die Akzeptanz von Reformen zu unterstützen.

(Stefan A. Schirm, Internationale Politische Ökonomie, Nomos Verlagsgesellschaft, Baden-Baden 2004, S. 54, 60, 55f., 63)

Transaktionskosten sind die mit der Abwicklung einer Transaktion (einer wirtschaftlichen Aktivität, eines Tauschgeschäftes) auf Märkten oder in Unternehmen entstehenden Kosten. Dazu gehören z. B. Kosten für die Suche nach Geschäftspartnern (Recherchedienst, Informationsbeschaffung) und die Kontaktaufnahme, Kosten des Vertragsabschlusses, rechtlicher Prüfungen (Notarkosten), Abwicklungskosten (Transport), Kontrollkosten (z. B. Qualitätskontrolle), Änderungskosten (z. B. Reklamationen). Transaktionskosten erhöhen sich, wenn zwischen den beteiligten Partnern Kommunikationsbedarf, Verständigungsprobleme, Missverständnisse usw. auftreten. Die Höhe der Transaktionskosten kann das Zustandekommen von Transaktionen verhindern.

(Autorentext)

Entwicklungspolitik am Ende? – Bilanz und Perspektive

M 56 „Wenig effektiv" – Entwicklungspolitik am Scheideweg

- Die Entwicklungspolitik ist an einer Scheidelinie angelangt. Einerseits sind wichtige **asiatische Länder** wie Indien, China und vor allem Malaysia, Singapur, Taiwan und Südkorea keine bedürftigen Entwicklungsländer mehr. Indien, jahrzehntelang das größte Empfängerland, hat die neue Situation im Jahr 2003 scharf markiert, indem es seinen Verzicht auf weitere Entwicklungshilfe erklärte. Nach der Tsunami-Katastrophe hat es diesen Verzicht auf Hilfe wiederholt und sich selbst als helfenden Akteur ins Spiel gebracht. Ähnliches gilt für die führenden Länder Lateinamerikas wie Chile und Brasilien. Noch mehr als in der Vergangenheit sind die ökonomischen Beziehungen der entwickelten Länder zu diesen Schwellenländern von wirtschaftlichen Eigeninteressen bestimmt, insbesondere dem Interesse an der Vermarktung hochwertiger technischer Systeme oder von Dienstleistungskomplexen. Japan, die USA und die EU bemühen sich um Freihandelsabkommen mit wichtigen Schwellenländern, vor allem in Lateinamerika.
- Andererseits sind vor allem viele **afrikanische Länder** in ihrer Entwicklung nicht nur nicht entscheidend weitergekommen, sondern ihre staatlichen Strukturen lösen sich tendenziell auf, sodass die Voraussetzungen für Entwicklung und Investitionen kaum mehr gegeben sind. [...] Zugleich muss konstatiert werden, dass gerade Länder, die hohe Entwicklungsleistungen erhalten haben, in ihrer Entwicklung stagnierten oder sogar zurückgefallen sind, während andere Länder mit wenig oder gar keinen „Finanzspritzen" entscheidend weitergekommen sind. China, Indien und Brasilien haben in den letzten vierzig Jahren weniger als ein Prozent ihres Bruttosozialprodukts an Hilfe erhalten, aber dessen ungeachtet in den Jahren 1965 bis 2002 ihr Pro-Kopf-Einkommen vervielfacht: China von 85 auf 940 $, Indien von 90 auf 480 $ und Brasilien von 200 auf 2850 $. Länder, die sehr hohe Entwicklungshilfesummen erhalten haben, die zum Teil sogar ihr gesamtes Bruttosozialprodukt übertrafen, haben sich demgegenüber nicht entwickeln können. Dies gilt insbesondere für Länder in Afrika südlich der Sahara. So lag etwa das Pro-Kopf-Einkommen Ghanas zum Zeitpunkt seiner Unabhängigkeit über dem Chinas, Indiens und Südkoreas. Es belief sich 1992 immer noch auf 440 $, im Jahr 2002 aber – ungeachtet außergewöhnlich hoher Unterstützung durch westliche Länder – nur noch auf 270 $. Der Entwicklungshilfespezialist Heinrich Langerbein, der diese Vergleichsdaten zusammengestellt hat, weist erklärend darauf hin, dass die meisten Entwicklungshilfegelder in die Industrieländer zurückfließen – vor allem, wenn sie projekt- und liefergebunden sind – und dass große Summen von „kleinen Macht-Eliten kassiert und als Fluchtgeld ins Ausland gebracht" werden. Der langjährige kongolesische Diktator Mobutu ist für ein solches Verhalten ein bekanntes Beispiel. Als Fazit muss festgehalten werden, dass *Entwicklungshilfe wenig effektiv* gewesen ist.

(Dietrich Thränhardt, Entwicklung durch Migration – ein neuer Forschungsansatz. In: Aus Politik und Zeitgeschichte Nr. 27/2005 v. 4.7.2005, S. 6)

James Shikwati, 35, Gründer der Wirtschaftsförderungsgesellschaft „Inter Region Economic Network" in Nairobi (Kenia), ist ein leidenschaftlicher Anwalt der Globalisierung. Er plädiert für mehr Eigenständigkeit der Entwicklungsländer und für freien Handel.

SPIEGEL: Die westlichen Industrienationen haben sich vorgenommen, Hunger und Armut zu eliminieren.

Shikwati: Solche Vorsätze schaden unserem Kontinent schon seit 40 Jahren. Wenn die Industrienationen den Afrikanern wirklich helfen wollen, sollten sie endlich diese furchtbare Hilfe streichen. Jenen Ländern, welche die meiste Entwicklungshilfe kassiert haben, geht es am schlechtesten. Trotz der Milliarden, die geflossen sind, ist der Kontinent arm.

SPIEGEL: Können Sie uns dieses Paradox erklären?

Shikwati: Es werden riesige Bürokratien finanziert, Korruption und Selbstgefälligkeit gefördert, Afrikaner zu Bettlern erzogen und zur Unselbstständigkeit. Zudem schwächt die Entwicklungshilfe überall die lokalen Märkte und den Unternehmergeist, den wir so dringend brauchen. Sie ist einer der Gründe für Afrikas Probleme, so absurd das klingen mag. Wenn sie abgeschafft würde, bekäme das der kleine Mann gar nicht mit. Nur die Funktionäre wären schockiert. Darum behaupten sie, die Welt ginge unter ohne diese Entwicklungshilfe.

(DER SPIEGEL Nr. 27 v. 4.7.2005, S. 106; Näheres zur Person Shikwatis und zu seiner Kritik an der Entwicklungshilfe: http://de.wikipedia.org/wiki/James_Shikwati)

M 57a „Überfordert und dennoch nicht wirkungslos"

Ein Gutteil der Bankrotterklärungen beruht erstens auf einer Fehleinschätzung, was externe Hilfe – weltweit im ungefähren Umfang des Landeshaushalts von NRW (2004: 48 Mrd. Euro) – in einer Welt mit 2 Mrd. Armen überhaupt bewirken kann. Westdeutschland, einer der reichsten Staaten der Welt, transferierte seit der staatlichen Wiedervereinigung in einer welthistorisch einmaligen Transaktion, die das Volumen des Marshallplans bei weitem überstieg, jedes Jahr ungefähr das doppelte Volumen der derzeitigen internationalen ODA nach Ostdeutschland und konnte dennoch die versprochenen „blühenden Landschaften" nicht aus dem Boden stampfen (vgl. *Der Spiegel* Nr. 15/2004). Die in großen Teilen der Dritten Welt zu lösenden Probleme waren und sind weit größer als die der ehemaligen DDR, die kein Entwicklungsland war. Die **wohlfeile Pauschalkritik** an der Entwicklungshilfe war und ist in der Tat, wie das BMZ zur Selbstverteidigung bemerkte, „häufig überzogen", weil sie schlichte Größenordnungen und Zusammenhänge nicht hinreichend berücksichtigt. Hier geht es nicht um Gesundbeten, sondern um das rechte Augenmaß von Kritik.

Zweitens ignoriert das Wortspiel, dass die Hilfe nicht geholfen habe, und der Vorwurf, dass sie die Armut dort noch vergrößert habe, wo sie am reichlichsten geflossen sei, **unbestreitbare Erfolge:**

- Obwohl sich die Weltbevölkerung seit 1960 mehr als verdoppelt und in den ärmsten Ländern teilweise fast verdreifacht hat, nahm die Zahl der Hungernden und der extrem Armen zwar absolut, aber nicht prozentual im Verhältnis zur gewachsenen Bevölkerung zu (s. M 33a/b). In den letzten Jahrzehnten [gab es] nicht nur in Ost- und Südostasien und in Lateinamerika, sondern auch in der sprichwörtlichen Armutsregion Südasien bemerkenswerte Fortschritte in einzelnen Lebensbereichen.
- Die durchschnittliche Lebenserwartung, die im *Human Development Index* als Indikator für die allgemeinen Lebensbedingungen (Ernährungssicherung und Versorgung mit Leistungen des Gesundheitswesens) gilt, erhöhte sich in den LLDC von damals 39 Jahren auf fast 52 Jahre.
- Die Kindersterblichkeit wurde in Südasien mehr als halbiert, in Südostasien, China, Lateinamerika und in den arabischen Staaten sogar um etwa zwei Drittel verringert.

Wie kann ernsthaft behauptet werden, dass im Süden trotz aller Entwicklungshilfe alles schlimmer geworden sei? Es gab dort nicht nur Rückschritte, Verelendung, Staatsversagen und Gewalteruptionen. Stagnation und Rückschritte im subsaharischen Afrika, die vor allem kriegerischen Konflikten und dem Zerfall von Staaten geschuldet sind, können nicht verallgemeinert werden. Eine schwierige Frage ist allerdings, welchen Anteil die internationale Entwicklungspolitik an einzelnen Erfolgsgeschichten hatte, z. B. in China und Indien, wo die Erfolge bei der Bekämpfung des Hungers am größten waren.

M 57b „Globale Strukturpolitik" als Perspektive der Entwicklungspolitik

Aus der Analyse der Tiefenstrukturen des Nord-Süd-Konflikts folgt, dass sich die entwicklungspolitischen Herausforderungen nicht in einer Aufstockung der Entwicklungshaushalte erschöpfen können. Entwicklungspolitik muss zur globalen Strukturpolitik weiterentwickelt werden, die sich an der Logik „gemeinsamer Interessen" und an der Schutzbedürftigkeit globaler öffentlicher Güter orientiert. Sie verlangt tiefgreifende **strukturelle Veränderungen auf drei Ebenen**, die sich wechselseitig bedingen:

- zuvörderst sozio-ökonomische und politische **Strukturreformen in den Entwicklungsländern** im Osten und Süden, die sowohl Marktkräften Entfaltungschancen geben als auch mit *good governance* (Rechtstaatlichkeit), Bekämpfung der Korruption und der Respektierung der grundlegenden Menschenrechte Wege für eine Demokratisierung autokratischer Regime öffnen;
- eine **Veränderung der weltwirtschaftlichen Rahmenbedingungen**, die auch den „Fußkranken der Weltwirtschaft" Chancen eröffnen, an den Wohlstandsgewinnen der Globalisierung teilzuhaben (vgl. dazu Abschnitt 5., S. 549ff.);

- **Veränderungen in den Interessen-, Konsum- und Bewusstseinsstrukturen der reichen Länder**, die mit ihrem verschwenderischen Lebensstil auch eine schwere Belastung für eine globale nachhaltige Entwicklung bilden.

Eine als globale Strukturpolitik verstandene Entwicklungspolitik kann keine dieser drei Handlungsebenen ausklammern. [...]
Die vom sozialen und politischen Nord-Süd-Gefälle ausgehende **Friedensgefährdung** liegt im Konfliktpotenzial von inner- und zwischenstaatlichen Verteilungskämpfen um verknappende Ressourcen, von armutsbedingter Umweltzerstörung und grenzüberschreitenden Massenmigrationen. [...]
Deshalb bildet das **Armutsproblem** auch in Zukunft das Schlüsselproblem der Nord-Süd-Beziehungen. Wenn die Staatengemeinschaft, wie sich bereits abzeichnet, die *Millennium-Entwicklungsziele* (s. M 31) weit verfehlen sollte, würde nicht nur die internationale Entwicklungspolitik den letzten Rest an Glaubwürdigkeit verlieren, sondern es würde sich auch die Warnung erfüllen, dass es keine globale Sicherheit ohne globale Gerechtigkeit geben kann. Eine armutsorientierte Entwicklungspolitik ist deshalb nicht nur ein Gebot der Moral, sondern auch ein Gebot der politischen Vernunft und Klugheit. [...]
Es gibt trotz einiger Skepsis auch gute Gründe, sich nicht einer lähmenden Rat- und Hoffnungslosigkeit hinzugeben. Visionen zu haben bedeutet, auch das derzeit Unmögliche zu denken und das Mögliche an konkreten Utopien zu orientieren. Die KfW-Entwicklungsbank (s. S. 538) brachte den entwicklungspolitischen Imperativ auf den einprägsamen Punkt: „Entwicklung kostet – keine Entwicklung kostet die Zukunft."

(M 57a und b: Franz Nuscheler, Entwicklungspolitik, Verlag J.H.W. Dietz Nachf., Bonn, 5. Aufl. 2004, S. 609–611)

Globale Strukturpolitik als Mehrebenenpolitik: Die Leitidee ist hier, dass entwicklungspolitische Strategien oft nur dann wirkungsvoll sein können, wenn sie zugleich auf unterschiedlichen Handlungsebenen (lokal bis global) ansetzen. Beispiel: Die Stärkung der Wettbewerbsfähigkeit von lokalen agrarindustriellen Klein- und Mittelindustrien (KMI) in Entwicklungsländern macht nur Sinn, wenn auf der nationalen Ebene zugleich Strukturen abgebaut werden, die KMI gegenüber Großunternehmen systematisch benachteiligen, und auf der Ebene des Welthandelssystems daran mitgewirkt wird, protektionistische Barrieren für agrarbasierte Produkte abzubauen. Entwicklungspolitik soll also nicht mehr nur auf die „Mitgestaltung der Verhältnisse in Ländern", sondern verstärkt auch auf die Mitgestaltung globaler Regelwerke und Organisationen ausgerichtet werden.

(www.bpb.de/poup_druckversion.html?guid=I7CZYZ; Tagungsbeitrag von Dirk Messner [Juli 2001])

1. *Die Kritik an der fehlenden Effizienz der bisherigen Entwicklungspolitik ist vielfältig und hat sich in den letzten Jahren eher verschärft. Auch einzelne Kritiker aus den afrikanischen Entwicklungsländern wie der kenianische Ökonom James Shikwati erregten Aufsehen mit ihrer Forderung nach Einstellung der Entwicklungshilfe (s. Kasten S. 546). Stellen Sie die wichtigsten Argumente heraus, die für die Ineffizienz der bisherigen Entwicklungshilfe vorgetragen werden (M 56; vgl. M 43 a/b). Eine ausführlichere Auseinandersetzung mit der Frage „Wirksame Entwicklungshilfe für Afrika?" hat das Kieler „Institut für Weltwirtschaft" im Internet veröffentlicht: www.uni-kiel.de/ifw/pub/kap/2005/kap1239.pdf*

2. *Erläutern Sie die Gesichtspunkte, die nach Franz Nuscheler bei der Beurteilung der Effizienz von Entwicklungshilfe beachtet werden sollten (M 57a). Inwieweit widersprechen diese Hinweise der Darstellung in M 56?*

3. *M 57b sieht die Zukunft der Entwicklungspolitik in ihrer Weiterentwicklung zu einer „globalen Strukturpolitik", die drei Ebenen miteinander verknüpft. Beschreiben Sie dies Konzept mit eigenen Worten (auf die zweite Ebene der „weltwirtschaftlichen Rahmenbedingungen" gehen wir im folgenden Abschnitt näher ein). Inwiefern werden darin Kritikpunkte an der bisherigen Entwicklungspolitik berücksichtigt? Welche Anforderungen stellt das Konzept an das gesamte System der internationalen Politik? Warum hält der Verfasser „armutsorientierte Entwicklungspolitik" für ein „Gebot der politischen Vernunft" (Z. 36f.)?*

4. *Formulieren Sie (z.B. als Hausaufgabe) auf dem Hintergrund Ihrer Beschäftigung mit den Materialien des Abschnitts 4. eine eigene (ausreichend differenzierte) Stellungnahme zum Problem der Entwicklungspolitik, insbesondere zur Wirksamkeit der Entwicklungshilfe.*

IV. Gewinner und Verlierer im System des Welthandels

M 58 Regeln für den Welthandel – die Bedeutung der Welthandelsorganisation (WTO)

● Die Welthandelsorganisation (WTO) – formal keine UN-Sonderorganisation – wurde 1995 gegründet. Sie baut auf dem 1948 abgeschlossenen Allgemeinen Zoll- und Handelsabkommen (*General Agreement on Tariffs and Trade* – GATT) auf, in dem bis 1994 die *Regeln für den internationalen Handel* festgelegt worden waren. Die WTO bezieht nicht nur den *Güterhandel* ein, sondern auch den Handel mit *Dienstleistungen* und den *Schutz geistigen Eigentums*. Ihr Kernziel ist es, Handelshemmnisse abzubauen und Handelsvorteile allen Mitgliedern zugute kommen zu lassen *(Meistbegünstigungsklausel)*. Um dieses Ziel zu erreichen, setzt die WTO unter anderem auf ein ausgebautes, bindendes Streitschlichtungsverfahren bei Handelskonflikten.

● In mehrjährigen sogenannten **Handelsrunden** wird über den Abbau von Handelshemmnissen und die Festlegung einheitlicher Mindeststandards verhandelt. [...]

● Im Handelsbereich und entsprechend in den WTO-Verhandlungen dominieren immer noch die westlichen Industriestaaten, auch wenn einige Entwicklungsländer

Konferenz der 147 WTO-Mitgliedstaaten im Juli 2004 in Genf. Nicht-Mitglieder der WTO sind neben einigen afrikanischen Ländern (darunter Algerien, Libyen, Sudan) und einigen arabischen Staaten (Saudi Arabien, Syrien, Irak, Iran) Russland und andere Länder der ehemaligen Sowjetunion (u.a. Ukraine, Weißrussland). Die meisten von ihnen haben Beobachter-Status.

(Foto: © dpa-Fotoreport)

Die Welthandelsorganisation WTO wird oft in einem Atemzug mit den beiden anderen großen Institutionen der globalen Ökonomie genannt, der Weltbank und dem Internationalen Währungsfonds (IWF). Tatsächlich funktioniert sie ganz anders. Bei der Bank und beim Fonds gilt jeweils das Prinzip „Wer zahlt, schafft an“: Mitgliedsländer, die hohe finanzielle Beiträge leisten, haben mehr Mitspracherechte. Die WTO dagegen ist streng demokratisch organisiert: Jedes Mitgliedsland, egal, ob die Vereinigten Staaten oder Mali, hat nur eine Stimme, jeder Beschluss muss einstimmig gefällt werden. Und während es die Aufgabe von Weltbank und dem Internationalen Währungsfonds ist, Geld an Regierungen zu verleihen, verfügt die Welthandelsorganisation kaum über eigene Finanzmittel. Sie stellt lediglich ein Forum dar, innerhalb dessen die Staaten der Welt die Regeln des globalen Handels festlegen. Die Einhaltung dieser Regeln wird dann vom Schiedsgericht der WTO überwacht. Wenn einzelne Länder unerlaubte Zölle erheben oder zu hohe Subventionen zahlen, können andere Staaten dagegen Klage erheben. Bekommen sie Recht, dürfen sie Sanktionen gegen die Übeltäter verhängen.

(DIE ZEIT Nr. 51 v. 15.12.2005, S. 2; Verf.: Wolfgang Uchatius)

wie China an Gewicht gewonnen haben. Kommt es nicht zu Vereinbarungen im Rahmen der WTO, sind zweiseitige und regionale Vereinbarungen, die ohnehin eine wichtige Rolle spielen, eine Alternative. Sie gehen jedoch häufig zu Lasten der Entwicklungsländer. Deren Droh- und Druckpotenzial im Handelsbereich ist eng begrenzt. Bei den *sehr komplizierten Verhandlungen* in der WTO (s. M 62) sind die Entwicklungsländer schon deshalb benachteiligt, weil es ihnen an Spezialwissen und geschulten, kompetenten Verhandlungsführern mangelt. Auch hier setzen Hilfsmaßnahmen zur Beratung und Schulung an, die die Asymmetrie in den Verhandlungen bisher aber nicht beheben konnten. Da der Abbau handelspolitischer Beschränkungen auch innerhalb der Gruppe der Entwicklungsländer auf *unterschiedliche Interessenlagen* trifft – die Schwellenländer profitieren davon ungleich mehr als die LDC –, wenden sich gerade letztere auch strikt gegen den Slogan „Handel statt Hilfe“ (Trade, not Aid). Ihre Forderung lautet „Handel und Hilfe“.

Aktionstag von „attac“ in Köln am 14.9.2002
(Foto: Karsten Hennig)

(Informationen zur politischen Bildung [= M 28], S. 40)

1. *Erläutern Sie das „Kernziel“ der WTO, an das sich ihre Mitglieder durch ihren Beitritt gebunden haben (im Unterschied zum IWF und der Weltbank ist die WTO nicht eigentlich ein eigenständiger Akteur in der internationalen Politik, sondern stellt eher einen organisatorischen Rahmen dar für Verhandlungen zwischen ihren Mitgliedern in Fragen des Welthandels) (M 58). Nähere Informationen (zur internen Organisation, zu den einzelnen Prinzipien und den bisherigen „Handelsrunden“) finden Sie z. B. unter den Internetadressen http://de.wikipedia.org/wiki/WTO und www.politikerscreen.de/static/dossier/weltwirtschaft/12.htm*

2. *Verdeutlichen Sie, inwiefern sich die Entwicklungsländer bei den WTO-Verhandlungen bisher in einer vergleichsweise schwachen Position befunden haben (zu neueren Entwicklungen und zu den angesprochenen unterschiedlichen Interessen von Schwellenländern und LDC s. später M 62, M 63).*

3. *Die WTO steht seit ihrer (gescheiterten) Konferenz in Seattle (1999) im Zentrum der Kritik globalisierungskritischer Nicht-Regierungsorganisationen (NRO), unter denen „Attac“ aufgrund wachsender Mitgliederzahlen und spektakulärer Protestdemonstrationen die bekannteste ist. Erläutern Sie zum Hauptpunkt der Kritik die Darstellung des Transparents auf dem Foto. Nähere Informationen (zur Herleitung des Namens, zur Zielsetzung und zu einzelnen Aktionen) finden Sie auf der Homepage www.attac.de und unter http://de.wikipedia.org/wiki/attac. Die Vorstellungen von einer „Alternativen Weltwirtschaftsordnung“ finden sich unter der Adresse: www.attac.de/awwo/broschuere/AWWO2004DruckFinal.pdf. Eine kritische Auseinandersetzung mit „Attac“ findet sich unter www.kas.de/db_files/dokumente/arbeitspapie re/7_dokument_dok_pdf_4414_1.pdf*

Diskussionen und Verhandlungen in der WTO kreisen um die beiden für die Welthandelsordnung zentralen Gestaltungsprinzipien „**Freihandel**“ und „**Protektionismus**“ (von lat. protegere – vor etwas schützen). Darüber wollen wir im Folgenden (M 59 – M 61) etwas systematischer informieren, bevor wir näher auf die Kontroverse zwischen Industrie- und Entwicklungsländern in der WTO eingehen.

M 59 Freihandel oder Protektionismus – Ordnungsprinzipien internationaler Wirtschaftsbeziehungen

Internationale Wirtschaftsbeziehungen können nach zwei grundsätzlich entgegengesetzten Prinzipien geordnet sein: Freihandel oder Protektionismus. Nach dem Leitbild des Freihandels sind alle außenwirtschaftlichen Beschränkungen möglichst zu beseitigen und der dann entstehende Handels- und Zahlungsverkehr nach marktwirtschaftlichen Grundsätzen zu steuern. Allerdings gibt es ernst zu nehmende ökonomische und politische Argumente, die unter bestimmten Bedingungen für Beschränkungen des freien Handels sprechen [Protektionismus].

In der Geschichte der internationalen Wirtschaftsbeziehungen verfolgte man einmal überzeugt das eine und einmal das andere Prinzip. Tatsächlich findet man zu allen Zeiten eine Mischung beider im Prinzip gegensätzlichen Ordnungsvorstellungen. Bis in die heutige Zeit hinein ist das Spannungsverhältnis zwischen Freihandel und Protektionismus ein Kernpunkt von Meinungsverschiedenheiten in Wissenschaft, Politik und öffentlicher Meinung. [...]

Die Grundlage der **Freihandelsidee**, der Idee vom völlig unbehinderten internationalen Güteraustausch, ist der Wirtschaftsliberalismus: Freiheit und Selbstverantwortung der Menschen sowie eine Weltwirtschaftsordnung nach marktwirtschaftlichen Grundsätzen stehen im Vordergrund.

David **Ricardo** (1772–1823; zu seiner die Vor-teile des Außenhandels begründenden „Theorie der komparativen Kostenvorteile" s. M 82 in Kap. III., S. 349), neben Adam Smith (1723–1790) einer der wichtigsten Vertreter des „klassischen Wirtschaftsliberalismus", schrieb in seinem Werk „Über die Grundsätze der politischen Ökonomie und der Besteuerung" Folgendes zum Freihandel:

„Bei einem System des vollkommen freien Handels wendet natürlich jedes Land sein Kapital und seine Arbeit solchen Zweigen zu, die für jedes am vorteilhaftesten sind. Dieses Verfolgen des individuellen Vorteils ist bewundernswert mit dem allgemeinen Wohle des Ganzen verbunden." [...]

Demnach lautet die Grundeinstellung der Wirtschaftsliberalen, dass sich im uneingeschränkten Leistungswettbewerb die besten Güter und Produktionsmethoden durchsetzen, die freie Preisbildung nach Angebot und Nachfrage für den bestmöglichen Ausgleich zwischen den unterschiedlichen Interessen der Produzenten und Konsumenten sorgt sowie die Nutzung der Arbeitsteilung in Verbindung mit Freihandel den Wohlstand der Länder erhöht. [...] Vertreter des Freihandels sind hauptsächlich die marktwirtschaftlich geordneten Industrienationen. [...]

Kaum ein Land wird bereit sein, einem völlig freien Welthandel zuzustimmen. Stattdessen soll durch **Protektionismus** (eine Politik der Einfuhrbeschränkung und Exportförderung) die einheimische Wirtschaft unterstützt bzw. gegen billigere ausländische Konkurrenz geschützt werden. Dieser Schutz wird umso stärker ausfallen, je bedrohlicher die Lage im eigenen Land eingeschätzt wird und je ausgeprägter das Sicherheitsbedürfnis ist. Das Prinzip protektionistischer Maßnahmen ist es, Ausfuhren zu erleichtern und Einfuhren zu erschweren. Das Interesse der einheimischen Konsumenten an preiswerter und qualitativ bester Versorgung sowie das Interesse der Volkswirtschaft am effizienten Einsatz der Produktionsfaktoren wird dem Schutzzweck des betreffenden Wirtschaftszweigs untergeordnet. Die grundlegenden Instrumente protektionistischer Maßnahmen [lassen sich danach unterscheiden], ob sie primär am Preis oder an der Menge ansetzen. [...]

Als **tarifäre Handelshemmnisse** werden in öffentlichen Verzeichnissen (Tarifen) aufgelistete Abgaben oder Begrenzungen von Ein- oder Ausfuhren bezeichnet [in erster Linie Zölle und mengenmäßige Einfuhrbeschränkungen/„Kontingente"; Exportförderung erfolgt z.B. durch Subventionierung von Exportgütern]. [...]

Bei **nichttarifären Handelshemmnissen** handelt es sich beispielsweise um Formalitäten im Abfertigungsverfahren an den Grenzen, um die Vorgabe bestimmter technischer Standards (Normen), Gesundheitsprüfungen, Umweltschutzvorschriften. Sie sind meistens sachlich begründet und oft zum Schutz der Konsumenten oder zur Erleichterung des Handels (Normen) notwendig. Sie können aber auch willkürlich oder diskriminierend zu Lasten ausländischer Anbieter gehandhabt werden. In diesen Fällen sind die nichttarifären Handelshemmnisse Instrumente des Protektionismus.

(Klaus Peter Kruber, Internationale Wirtschaftsbeziehungen, Ökonomische Bildung kompakt 6, Westermann Verlag, Braunschweig 2005, S. 44ff.)

M 60 Mögliche Gründe für eine Beschränkung des Freihandels in der Diskussion

In der Tat wird kaum bestritten, dass Freihandel die Gesamtproduktion der Welt bei gegebener Ausstattung mit Produktionsfaktoren maximiert. Fraglich ist nur,

- ob der Freihandel die Entwicklung der Produktivkräfte der einzelnen Länder optimal fördert und
- ob die Verteilung des resultierenden Überschusses nach den Regeln des freien Wettbewerbs unseren Gerechtigkeitsvorstellungen entspricht. [...]

Dieses Beispiel gilt allgemein: Langfristig würden die Anbieter von landwirtschaftlichen Produkten (Bananen, Kakao, Kaffee usw.) im Welthandel gegenüber den Anbietern von Industrieprodukten verlieren, wie die bisherige Entwicklung des Welthandels deutlich zeigt. Die Nachfrage nach Industrieprodukten und deren Preise stiegen meist schneller als die Nachfrage nach landwirtschaftlichen Gütern und Rohstoffen und deren Preise. Weil auf die Dauer nur eine Steigerung der Arbeitsproduktivität durch Mechanisierung und Industrialisierung eine Zunahme des materiellen Wohlstandes bewirken kann, müssen alle Länder die Entwicklung einer heimischen Industrie anstreben. Hier kommt dann das sogenannte *Schutzzoll- bzw. Erziehungszollargument* zum Tragen, als dessen Begründer allgemein der deutsche Nationalökonom *Friedrich List* (1789–1846) gilt. Schutzzölle oder Importquoten sollen für eine gewisse Zeit der Entwicklung der heimischen Industrie *Schutz vor der erdrückenden Konkurrenz* der entwickelten ausländischen Industrienationen bieten. So ist der Industrialisierungsprozess in Deutschland im 19. Jahrhundert durch das Mittel des Schutzzolles erleichtert worden, der den Konkurrenzkampf mit der entwickelteren englischen Industrie zu bestehen half. [...]
Es gibt einige weitere Gründe, die dem Prinzip des Freihandels entgegengehalten werden. [...]

Beschränkungen des Freihandels zur Sicherung der Versorgung
Wenn ein Land im Zuge der Spezialisierung auf die Herstellung wichtiger Güter verzichtet (z. B. landwirtschaftliche Produkte, Kohle als Energieträger), kann die Sicherheit der Versorgung in Krisensituationen gefährdet sein. Ebenso ist ein Staat im Falle der Vernachlässigung wichtiger Produktionen ausländischem Druck (Erpressung) ausgeliefert. Daher wird jedes Land ein gewisses Maß an Autarkie, also Unabhängigkeit von Einfuhren, anstreben. Dabei gilt es jedoch sehr sorgfältig zu prüfen, ob den hohen volkswirtschaftlichen Kosten tatsächlich eine sichere Versorgung gegenübersteht (deutsche Kohle deckt sicherlich nicht den deutschen Energiebedarf).

Beschränkungen des Freihandels zur Sicherung der Arbeitsplätze
Internationale Arbeitsteilung mit uneingeschränktem Freihandel kann Arbeitsplätze gefährden. Dies geschieht dann, wenn es sich um Wirtschaftszweige handelt, die einen relativen Preisnachteil haben. Ihr Output und ihre Beschäftigung gehen zurück. In diesem Fall sind sowohl Arbeitgeber wie auch Arbeitnehmer betroffen, die sich dann häufig politisch organisieren, um dadurch institutionelle Regelungen (Schutzzoll, Subventionen) zum Schutz des Sektors durchzusetzen. Allerdings wird hierbei das Argument unberücksichtigt gelassen, dass Importschutz langfristig dem geschützten Sektor schadet, da der fehlende Wettbewerbsdruck keine Anstrengung zur Kostensenkung und Qualitätsverbesserung der Produkte erzwingt. Auch werden volkswirtschaftliche Ressourcen gebunden, die für andere Zwecke fehlen (Förderung der deutschen Steinkohle versus Verbesserung des Bildungssystems).

(Klaus Peter Kruber [= M 59], S. 48)

Im Allgemeinen wird vor allem den bisher unterentwickelten Ländern ein Schutz vor der Anwendung des reinen Freihandelsprinzips zugestanden; keinesfalls gilt diese Rechtfertigung für Schutzzölle bzw. Importkontingente zugunsten der Wirtschaft hochentwickelter Nationen. Trotzdem werden heimische Wirtschaftszweige auch entwickelter Länder immer wieder vor der Konkurrenz billiger Auslandsprodukte geschützt. Dies ist eine sehr kurzsichtige Politik, die vergisst, dass

- andere Länder „Vergeltungsmaßnahmen“ einführen werden, bis schließlich der freie Welthandel erstickt,

- die Einnahmen, die andere Länder aus dem Export ihrer Produkte erzielen, wiederum für Importe unserer Güter ausgegeben werden können und
- der Schutz heimischer Industriezweige vor der Auslandskonkurrenz schließlich die Verbraucher in Form höherer Preise für diese Güter bezahlen lässt.

Der Leser wird erkennen, dass letztlich meist **zwischen Effizienz und sozialer Gerechtigkeit abzuwägen** ist: Freier Wettbewerb und Welthandel sind effizient, bieten aber den Schwachen keinen Schutz vor Ausbeutung und keine Gewähr für eine langfristig optimale Entwicklung ihrer Wirtschaftsstruktur.

(Ulrich Baßeler/Jürgen Heinrich/Burkhard Utecht, Grundlagen und Probleme der Volkwirtschaft, Schaeffer-Pöschel Verlag, Stuttgart, 17. Aufl. 2002, S. 529f.)

1. *Erläutern Sie, inwiefern sich das Freihandelsprinzip aus der Wirtschaftstheorie des klassischen Liberalismus herleitet (M 59; vgl. dazu auch Kap. C, M 50, S. 300f.). Was besagt David Ricardos Theorie der „komparativen Kostenvorteile“ (s. S. 349)? Welches Ziel hat der „Protektionismus“ im Auge? Worin können protektionistische Maßnahmen bestehen?*
2. *Zwischen den Extremen völligen Freihandels und der – theoretischen – völligen Abkoppelung von internationalen Handelsbeziehungen werden in der Realität vielerlei Zwischenformen praktiziert, wobei es i.d.R. darum geht, den Freihandel (Liberalisierung) als das allgemein akzeptierte Kernziel der WTO durch notwendig oder sinnvoll erscheinende protektionistische Maßnahmen mehr oder weniger einzuschränken. Analysieren Sie dazu die in M 60 (Text und Kasten) aufgeführten drei Gründe, aus denen sowohl von Industrie- als auch von Entwicklungsländern protektionistische Maßnahmen für erforderlich gehalten werden können, und verdeutlichen Sie die Problemlage am konkreten Beispiel der Subventionen für die deutsche Steinkohle (zum Schutz gegen billige Auslandskohle). Um welche Argumente geht es im Streit (auch zwischen den deutschen Parteien) um diese Subventionen? Wie beurteilen Sie – unabhängig von diesem Beispiel – jeweils die drei Begründungen?*
3. *Die Autoren von M 60 halten Schutzzölle und Einfuhrbeschränkungen in modernen Industrieländern für grundsätzlich nicht gerechtfertigt (Z. 23f.). Verdeutlichen Sie die für diese Position angeführten Begründungen. Für Ihre eigene Beurteilung des Problems sollten Sie zuvor die folgenden Materialien (M 61 – M 64) erarbeiten und berücksichtigen.*

M 61 Problembeispiel Agrarsubventionen – Baumwolle aus Burkina Faso und den USA

[...] Mit den Werkzeugen Afrikas, der kurzen Hacke und dem von mageren Ochsen gezogenen Pflug, bricht Yiribaté Dabou die Erde auf. Dabou, der Bauer. 28 Jahre ist er alt, abends isst er Maisbrei, nachts schläft er auf dem Lehmboden, tags arbeitet er auf seinem Acker unter der Sonne. Dabou lenkt die Ochsen, seine Brüder führen den Pflug, die Frauen und die Kinder streuen das Saatgut in die Erde, die Malaria-Mücken zerstechen ihnen den Rücken. Darauf achten sie nicht.
Dabou achtet auf das Wetter. Die Wolken sind gut dieses Jahr, sagt er. Der Regen kam früh, er fällt reichlich, in ein paar Monaten werden die Sträucher mannshoch auf dem Acker stehen, so dicht wie selten, und der Acker wird nicht grün sein, sondern weiß. Dicke Wattebüschel werden an den Zweigen hängen wie warmer Schnee. Tage- und wochenlang werden die Männer und die Frauen und die Kinder die Baumwolle pflücken, den Rohstoff für die Hemden, Hosen, Jacken, Socken, Handtücher, Bettlaken und Waschlappen der Welt, die Ernte des Jahres 2003 in einem kleinen Staat in Westafrika, der sich Burkina Faso nennt, Land der Aufrechten. Es wird eine gute Ernte sein.

Am frühen Morgen des 13. Mai 2002 [...] wird George W. Bush die Farm Bill unterzeichnen, das neue Agrargesetz der Vereinigten Staaten. Per Unterschrift wird er 180 Milliarden Dollar ausgeben. Diesen Betrag sollen die amerikanischen Bauern in den kommenden Jahren von der amerikanischen Regierung als Subventionen erhalten. [...] Auf einem freien Weltmarkt hätten die amerikanischen Bauern keine Chance, vor allem nicht gegen die Afrikaner. Die [...] können kostengünstig Baumwolle produzieren. Die preiswerteste

landwirtschaftliche Maschine ist immer noch der Mensch, jedenfalls, wenn er zum Arbeiten nichts braucht als ein, zwei Schälchen Mais am Tag. Nach Berechnung des International Cotton Advisory Committee (ICAC) in Washington produzieren die Bauern in Burkina Faso ihre Baumwolle dreimal billiger als die Bauern in Amerika, und weil die Afrikaner die weiße Watte mit den Händen von den Sträuchern zupfen, ist sie auch noch von besserer Qualität als cotton USA. [...]
Angetrieben von den staatlichen Geschenken, exportieren die amerikanischen Cotton-Farmer heute mehr Baumwolle als je zuvor in der Geschichte, mehr als jedes andere Land. Mehr, als die Textil- und Bekleidungsunternehmen in aller Welt verarbeiten.
Das Überangebot hat eine simple ökonomische Folge. Der Weltmarktpreis der Baumwolle fällt. Im Sommer 1995 lag er noch bei weit über einem Dollar pro Pfund, später bei 90 Cent, dann bei 80, 60, 50 Cent. Ende 2001 fiel der Preis auf unter 40 Cent und war, inflationsbereinigt, so niedrig wie seit der Weltwirtschaftskrise vor 70 Jahren nicht mehr. Heute liegt er noch immer weit unter dem langfristigen Durchschnitt von 70 Cent. Laut ICAC wird er in den kommenden Jahren kaum steigen.
Für Baumwollbauern rund um die Welt ist das so, als habe ihnen eine ominöse, höhere Macht ihr Einkommen halbiert. Nur die 25 000 Baumwollfarmer in den USA müssen sich nicht sorgen [...], denn sie bekommen ihr Geld vom Staat. Im Jahr 2002 waren es 3,9 Milliarden Dollar, doppelt so viel wie 1992, dreimal so viel wie die gesamte amerikanische Entwicklungshilfe für 500 Millionen Afrikaner. [...]
Dabou, der Bauer, aber lebt im 19. Jahrhundert, in einer Welt, in der die Lebenserwartung 46 Jahre beträgt und drei von zehn Kindern vor ihrem fünften Geburtstag sterben. In der die Menschen vor allem mit einem beschäftigt sind: Überleben.
Die Baumwolle, einst von den Kolonialherren ins Land gebracht, eignet sich dafür besonders gut. Denn die Baumwolle ist das Einzige, was Bauern wie Dabou verkaufen können. Richtig verkaufen. Nicht so wie die paar Eier oder das bisschen Gemüse, das die Kinder am Straßenrand den vorbeifahrenden Autos entgegenstrecken. Sondern zentner- und tonnenweise, eingeschnürt in Plastikballen, abtransportiert von den schweren Lastwagen der halbstaatlichen Baumwollfirma Sofitex.
Deren Mitarbeiter kaufen den Bauern den Rohstoff ab, um ihn dann zu exportieren. Ist der Weltmarktpreis hoch, zahlen sie viel, ist er niedrig, zahlen sie wenig. Zurzeit zahlen sie sehr wenig. So stellen sie die Verbindung her zwischen dem 21. und dem 19. Jahrhundert, zwischen Bush, dem Präsidenten, und Dabou, dem Bauern, die nichts voneinander wissen, weil der eine, als er die Farm Bill unterschrieb, an Amerika dachte, während der andere denkt, der niedrige Baumwollpreis sei ebenso unerklärlich wie eine langjährige Dürre. Er klagt, er verzweifelt, er fügt sich. [...]
Von dem, was er für die Baumwolle bekommt, muss Dabou seine Schulden für den Dünger, das Saatgut und die Schädlingsbekämpfungsmittel begleichen. Früher blieben ihm dann 300 000 westafrikanische CFA-Franc, das entspricht einem Gewinn von 1,20 Euro am Tag. Damit kaufte er das Essen für die Familie, zahlte das Schulgeld und die Medikamente für die Kinder, die der Durchfall und die Malaria plagt, und hatte dann immer noch genug übrig, um hin und wieder mit den übrigen Männern einen trinken zu gehen.
Mitte der Neunziger, als die Baumwolle auf dem Weltmarkt hohe Preise erzielte, sank die Armutsquote in den Dörfern laut Berechnung der Weltgesundheitsorganisation innerhalb kurzer Zeit um zehn Prozent. Damals ernährte das Geld, das die Bauern verdienten, nicht nur ihre Familien, sondern auch die anderen im Dorf.
Damals haben sie sogar eine Schule gebaut, aus Beton, gelb und orange gestrichen. Zwei kleine Klassenzimmer haben sie fertig bekommen, und wenigstens die jüngeren Kinder müssen jetzt nicht mehr stundenlang laufen, bis zum Unterricht. Für das dritte Zimmer hat das Geld gefehlt, denn dann begann der Baumwollpreis zu fallen.

(Wolfgang Uchatius, Der Norden sät den Hunger, in: DIE ZEIT Nr. 34 v. 14.8.2003; www.zeit.de/2003/34/Baumwolle_2fBurkina?page=1)

M 62 Scheitert die „Doha-Runde" der WTO? Welthandelsordnung im Streit zwischen Industrie- und Entwicklungsländern

Noch unter dem Eindruck der Anschläge auf die USA wurde im November 2001 in Doha/Katar von der WTO eine neue Handelsrunde beschlossen, die besonders die Interessen der Entwicklungsländer berücksichtigen sollte. Für die sehr komplexen Verhandlungen wurden gut drei Jahre vorgesehen und ein Abschluss bis Januar 2005 geplant. Die Doha-Runde erwies sich aber schnell als sehr krisenträchtig, sodass das Zeitziel nicht eingehalten werden konnte.

Besonders umstritten waren die **vier Themenbereiche** Agrarhandel, die „Singapur-Themen" (so genannt nach dem Tagungsort der Ministerkonferenz, auf der sie 1996 beschlossen wurden – siehe auch unten), Marktzugang für nicht-agrarische Güter (einschließlich Dienstleistungen) und Entwicklungsfragen.

- Die **Entwicklungsländer** sind besonders am Abbau der Handelshemmnisse bei den landwirtschaftlichen Produkten interessiert, die zwar weniger als zehn Prozent des internationalen Handels ausmachen, bei deren Erzeugung die Entwicklungsländer aber häufig besonders wettbewerbsfähig sind. Gerade im Agrarbereich sind die von den EU-Ländern und den USA errichteten Hürden jedoch besonders hoch. Der Wunsch der Industriestaaten nach Mindesteigenversorgung bei existenznotwendigen Gütern (Ernährungssicherung) wie auch der Druck ihrer Bauern spielen dabei eine ursächliche Rolle.
Ein spezielles Ärgernis für die Entwicklungsländer sind die **Exportsubventionen von EU und USA.** Mit ihrer Hilfe werden Agrarprodukte – zum Beispiel Milchprodukte – künstlich verbilligt und auf die ausländischen Märkte gedrückt, wo sie die Produkte der Entwicklungsländer verdrängen. So ist zum Beispiel in Jamaika der Marktanteil einheimischer Milchproduzenten aufgrund des Importes von subventioniertem EU-Milchpulver geschrumpft. Aber auch für die Industrieländer birgt die Subvention einheimischer Bauern Nachteile, wenn sie direkt an eine Steigerung der Produktion gekoppelt ist, denn damit werden Überproduktionen angeheizt und die Marktregeln außer Kraft gesetzt. Als weiteres Hemmnis für den Handel gelten die Zölle für Agrarimporte, die allerdings auch in vielen Entwicklungsländern hoch sind.
- Die **Industriestaaten** sind eher an den „Singapur-Themen" wie Handelserleichterungen (zum Beispiel Zollverfahren), Transparenz bei öffentlichen Aufträgen, Investitionsschutz und Wettbewerbsregeln interessiert, deren Einbeziehung in die Doha-Runde aber bisher auf den Widerstand der Entwicklungsländer stieß. Auch der weitere Abbau der Hemmnisse im Handel mit Industriegütern und Dienstleistungen wurde vor allem von den Industrieländern verfolgt, während die Entwicklungsländer diese Maßnahmen mit Entwicklungsfragen verknüpfen wollten. So stellen diese sich asymmetrische Verpflichtungen und Schutzrechte zugunsten aller Entwicklungsländer vor und drängen auf den zoll- und quotenfreien Zugang ihrer Produkte zu den Märkten der Industrieländer sowie auf weitere Markterleichterungen für die LDC.
- Die Zwischenkonferenz in Cancun/Mexiko im September 2003 scheiterte spektakulär. Dabei spielte eine neue Gruppe unter Führung von Brasilien und Indien, die primär Schwellenländer und unter anderem auch China und Südafrika umfasst (G 20; s. Kasten S. 556), eine wichtige Rolle. Sie hielt die Angebote der Industrieländer – insbesondere im Agrarbereich – für völlig unzureichend und blockierte daraufhin unter dem Beifall der Nord-NROs weitere Verhandlungen. Selbst wenn damit unmissverständlich klargemacht werden konnte, dass auch die Entwicklungsländer zumindest über Blockademacht verfügen, bleibt offen, zu wessen Lasten ein Scheitern gehen würde. Die USA erproben als Alternative zu multilateralen Verhandlungen bereits regionale Abkommen und Verträge mit einzelnen Ländern, bei denen sie ihre Marktmacht voll einsetzen können. Ob die neue Gruppe, deren Mitglieder sehr unterschiedliche Einzelinteressen verfolgen, ihre Einheit bewahren kann, bleibt abzuwarten. Ein endgültiges Scheitern der Doha Runde dürfte nicht nur das Wachstum des Welthandels und damit eine wichtige Finanzquelle der Entwicklungsländer beeinträchtigen, sondern auch die WTO schwächen.

(Informationen zur politischen Bildung [= M 28], S. 52)

M 63 Neue Hoffnung für die Doha-Runde? Die Konferenz von Hongkong endet mit einem Kompromiss

Die Handelskonferenz in Hongkong ist nach harten Verhandlungen mit einem Kompromiss zu Ende gegangen. Die Einigung gelang in der Nacht zum Sonntag, nachdem die Europäische Union Zugeständnisse bei ihren Agrarexportsubventionen gemacht hatte. Diese Hilfen, die noch drei Milliarden Euro betragen, sollen 2013 auslaufen. Zunächst war in den Verhandlungen das Jahr 2010 gewünscht worden, was die EU ablehnte, weil die jetzige europäische Agrarreform bis 2013 läuft. Die EU war erst zu einem Kompromiss bereit, nachdem Amerika zugesichert hatte, Exportkredite für Farmer zu begrenzen und die Nahrungsmittelhilfe an arme Länder zu beschränken. Die EU sieht darin eine versteckte Exportförderung.

Die EU schaffte es indes nicht, für das Zugeständnis im Agrarhandel ein Entgegenkommen der Entwicklungsländer bei Industriezöllen und bei der Öffnung von Dienstleistungsmärkten zu erreichen. Das scheiterte vor allem an den Schwellenländern, die unter Führung Brasiliens und Indiens die Gruppe der G 20 bilden. Diese Länder wehren sich dagegen, ihre teils hohen Schutzzölle ähnlich stark zu senken wie die Industriestaaten. Nach langem Streit wurde eine Formel vereinbart, wonach hohe Zölle stärker fallen sollen als niedrige Zölle. Weiterer Streit droht jetzt allerdings bei der Frage, wie groß der Abstand sein soll zwischen den Zollkürzungen in den verschiedenen Ländergruppen.

Trotz des in Hongkong ausgehandelten Kompromisses ist ein Abschluss der Doha-Runde bis Ende 2006 nicht garantiert. Wichtige Entscheidungen, die in Hongkong getroffen werden sollten, waren schon vor Beginn der Konferenz vertagt worden. Die Prozentsätze zur Kürzung von Zöllen und Subventionen sollen erst im Frühjahr von den 150 WTO-Staaten festgelegt werden. Als spätester Termin wurde nun Ende April 2006 festgelegt. Bisher konnten solche Fristen meist nicht eingehalten werden.

Weil die vor vier Jahren gestartete Doha-Runde eine „Entwicklungsrunde" sein soll, wurde ein Handelspaket geschnürt für die 50 ärmsten Staaten der Welt, von denen 32 WTO-Mitglieder sind. Alle Länder, in denen die Menschen von weniger als zwei Dollar am Tag leben, dürfen vom Jahre 2008 an Güter zoll- und quotenfrei in Industriestaaten einführen. Einige Schwellenländer wollen sich diesem Beispiel anschließen, das Armut durch Handel zu lindern sucht. Die EU gewährt bereits Zollfreiheit bei etlichen Produkten. Weil Amerika sich vor einer neuen Importflut von Textilien fürchtet, etwa aus Bangladesch, muss der Markt zunächst jedoch nur für 97 Prozent der Güter geöffnet werden. Bei den umstrittenen *Baumwollsubventionen* in reichen Staaten, die vor allem Bauern in vier armen afrikanischen Ländern schädigen, wurde ebenfalls eine Kompromisslösung gefunden: Exporthilfen werden 2006 verboten, und die Staatshilfen für Bauern werden beschleunigt abgebaut. Das betrifft vor allem Amerika, den mit Abstand größten Zahler solcher Subventionen.

EU-Handelskommissar Mandelson sagte zu den Ergebnissen von Hongkong, dass er mit dem Zugeständnis der EU bei Agrarhilfen die WTO-Konferenz vor einem Fehlschlag habe bewahren wollen. Die Handelsminister Brasiliens (Amorim) und Indiens (Nath) zeigten sich dagegen in guter Stimmung. „Jetzt wird die Doha-Runde wirklich zu einer Entwicklungsrunde", sagte Nath. Die britische Dritte-Welt-Organisation „Oxfam" sah dagegen die Interessen der Industrieländer besser gewahrt als jene der armen Staaten.

Die deutsche Wirtschaft zeigte sich enttäuscht. „Beim Marktzugang für Industriegüter und Dienstleistungen wurden keine nennenswerten Fortschritte erzielt", bemängelte der Bundesverband der Deutschen Industrie (BDI). Es sei fraglich, so fügte der Verband hinzu, ob die WTO-Runde in absehbarer Zeit erfolgreich abgeschlossen werden könne.

(Frankfurter Allgemeine Zeitung v. 19.12.2005, S. 1f.; Verf.: Konrad Mrusek)

Unterschiedliche Interessen-Gruppierungen der Entwicklungsländer in der WTO

– Die **G 20** umfasst in Wirklichkeit nur 19 Entwicklungsländer, von denen 9 Agrarnettoexporteure sind und 10 auch der G 33 angehören. Unter Leitung von Brasilien, gefolgt von China, Indien und Südafrika, beansprucht die G 20 die Führungsrolle unter den Entwicklungsländern, muss jedoch tendenziell mit dem Widerspruch der G 33 und G 90 rechnen. Nicht zu verwechseln ist die G 20 mit der gleichnamigen Gruppe, die 1999 von der G 7 der Industrieländer gegründet wurde.

– Die **G 33** umfasst 42 Entwicklungsländer, von denen 10 auch Mitglieder der G 20, weitere 28 auch Mitglied der G 90 sind. Sie tritt vor allem für die Beibehaltung hoher Einfuhrbeschränkungen ein.

– Die **G 90** umfasst die 79 AKP-Staaten, die durch das Cotonou-Abkommen mit der EU assoziiert sind (s. S. 420f.), die 49 am wenigsten entwickelten Länder (LDC) – die meisten gehören zur AKP – und die Länder der Afrikanischen Union, die zum überwiegenden Teil sowohl zur LDC-Gruppe also auch zu den AKP-Staaten gehören. Sie teilt das Ziel der G 33, hohe Einfuhrbeschränkungen beizubehalten, befürchtet aber, dass die von der G 20 geforderte Senkung der Einfuhrzölle der Industrieländer für ihre Staatengruppe negative Folgen nach sich ziehen könnte.

– Die **G 4** umfasst die Vereinigten Staaten, die Europäische Union, den G-20-Repräsentanten Brasilien und den G-33-Repräsentanten Indien. Sie übernimmt tendenziell die Rolle der G 5 (G 4 plus Australien) bei der Formulierung der Verhandlungsfortschritte, bevor die Gespräche in erweiterter Zehner- oder Zwölferrunde und „Miniministerkonferenzen" mit 25 bis 30 Mitgliedern weitergehen.

(Le Monde Diplomatique, Dezember 2005, S. 9; www.helvetas.ch/global/pdf/topic/biobaumwolle/0512_LMD.pdf)

M 64 Verringert Freihandel die Armut?

Es gibt nicht viele Aussagen, über die sich Wirtschaftswissenschaftler einig sind, ein paar aber doch – zum Beispiel diese: Wenn die Industrieländer ihre Märkte für Produkte aus dem Süden öffneten, würde das in den Entwicklungsländern viele hundert Millionen Menschen aus der Armut befreien.

Auf diese Behauptung können sich so ziemlich alle Ökonomen verständigen, egal ob Globalisierungsanhänger oder -kritiker, ob Angebots- oder Nachfragetheoretiker. Bis jetzt. Denn nun haben die Forscher Mark Weisbrot, David Rosnick und Dean Baker vom Center for Economic and Policy Research (CEPR) in Washington einige Zweifel an der Richtigkeit dieser Aussage geweckt. In ihrer Studie *Poor Numbers: The Impact of Trade Liberalization on World Poverty* versuchen sie nachzuweisen, dass die Entwicklungsländer von einer Marktöffnung des Nordens weit weniger profitieren würden, als gemeinhin angenommen.

So sei es zwar richtig, so die Autoren, dass die Agrarsubventionen der Industrieländer den Weltmarktpreis für Produkte wie Zucker oder Baumwolle nach unten trieben und damit die Bauern in vielen Entwicklungsländern hart träfen. Jene Länder der Dritten Welt jedoch, die keine dieser Produkte herstellen, profitierten jedoch von dem niedrigen Preis. Ähnlich in der Textilindustrie: Während die Einfuhrquoten des Nordens auf manche armen Staaten wie eine Produktionsbremse wirkten, hätten sie für andere Länder durchaus Vorteile gebracht. Um die Quoten zu umgehen, seien Textilkonzerne in kleinere Entwicklungsländer ausgewandert, die erst dadurch eigene Textilfabriken aufbauen konnten. Ohne die Quoten könnten die neuen Industriezweige zusammenbrechen.

Durch eine Liberalisierung des Welthandels würde demnach nicht nur alte Armut beseitigt, es würde auch neue Armut entstehen, was den positiven Gesamteffekt reduzierte. Eine der bisher üblichen Schätzungen, wonach eine Liberalisierung des Welthandels bis zu 500 Millionen Menschen aus der Armut befreien könne, basiere zudem auf Rechenfehlern, heißt es in der Studie. Tatsächlich müssten die Zahlen weit niedriger angesiedelt werden. „Natürlich ist jegliche Verringerung der Armut wünschenswert“, so die Autoren, „aber da die armen Länder gezwungen sind, im Austausch für eine Marktöffnung in den reichen Ländern Zugeständnisse zu machen, ist es wichtig, dass sie mit einer realistischen Einschätzung des möglichen Nutzens in die Handelsgespräche gehen.“

(DIE ZEIT v. 2.12.2004, S. 32; Verfasser: Wolfgang Uchatius)

1. *Ein zentraler Streitpunkt innerhalb der laufenden Welthandelsrunde der WTO (vgl. M 62) sind die protektionistischen Agrarsubventionen der EU und der USA. Beschreiben Sie am Beispiel der Baumwolle, wie sich die darauf bezogene Subventionspolitik der USA auf die Produzenten in den Entwicklungsländern (Beispiel Burkina Faso) und im Industrieland USA auswirkt (M 61).*

2. *Erläutern Sie die spezifische Zielsetzung und die Themenbereiche der Doha-Runde und stellen Sie die unterschiedlichen Interessenlagen und Verhandlungsziele der Entwicklungsländer und der Industrieländer (USA, EU) gegenüber (M 62). Welche Folgen würde ein endgültiges Scheitern der Runde haben?*

3. *Analysieren Sie das Ergebnis der WTO-Ministerkonferenz von Hongkong (13.–18.12.2005), auf der man nach der Konferenz von Cancun (2003) ein erneutes Scheitern vermeiden wollte. Inwiefern werden die Ergebnisse als „Kompromiss“ gewertet? Erkundigen Sie sich ggf. nach der weiteren Entwicklung der Verhandlungen im Rahmen der Doha-Runde.*

4. *Seit Cancun sind die Entwicklungsländer zu härteren Verhandlungspartnern gegenüber den Industrieländern geworden. Zugleich werden aber auch die internen Interessenunterschiede deutlicher. Wie grenzen sich die verschiedenen Gruppierungen und ihre Interessenlagen voneinander ab (s. Kasten S. 556)? Wie lässt sich erklären, dass z. B. das Ergebnis von Hongkong von der „G 20“ positiver bewertet wurde als von der „G 90“?*

5. *Bessere Chancen für Agrarprodukte der Entwicklungsländer auf den Weltmärkten können, darauf weist die Weltbank immer wieder hin, in besonderer Weise zum Abbau der Armut beitragen, weil mehr als die Hälfte der Menschen in den Entwicklungsländern in ländlichen Regionen lebt. Bauern in den Entwicklungsländern können mit den durch Subventionen niedrig gehaltenen Preisen von*

Agrarprodukten aus der EU und den USA nicht konkurrieren. Erklären Sie, warum nach der in M 64 zitierten Studie die Erwartungen an einen durch Handelsliberalisierung bewirkten Abbau der Armut insgesamt nicht zu hoch gesteckt werden sollten.

M 65 Die Entwicklungsländer als Gewinner und Verlierer der Globalisierung

● Auf den ersten Blick scheint Globalisierung an den Entwicklungsproblemen der früheren „Dritten Welt“ vorbeizugehen: Armut und Unterentwicklung haben nicht an Schrecken verloren, mehr als 50 Länder sind im letzten Jahrzehnt noch ärmer geworden. Vor allem weite Teile Afrikas und Südasiens sind nach wie vor von Unterernährung, Analphabetismus und mangelnder Gesundheitsversorgung geprägt. Während Unterentwicklung auch in Zeiten der Globalisierung anhält, sind die *Wohlstandsunterschiede zwischen Arm und Reich* gewachsen. Historisch gesehen vergrößerte sich das Gefälle zwischen dem Durchschnittseinkommen im reichsten Land der Erde und demjenigen im ärmsten Land von 9 : 1 am Ende des 19. Jahrhunderts auf 60 : 1 am Ende des 20. Jahrhunderts: Das durchschnittliche Familieneinkommen ist in den USA 60-mal größer als in Äthiopien. Nach anderen Berechnungen ist das Pro-Kopf-Einkommen in den USA heute immerhin noch 42-mal so hoch wie in Äthiopien.

● Allerdings konnten die *Entwicklungsländer als Gruppe* in den letzten zwei Dekaden, also in den Zeiten forcierter Globalisierung, ihren Anteil an der weltweiten Wirtschaftsleistung vergrößern und wuchsen stärker als die Industrieländer: Während das Bruttosozialprodukt (BSP) der Entwicklungsländer zwischen 1979 und 2003 um durchschnittlich rund 5 % wuchs, stieg es in den Industrieländern nur um rund 3 %.

Wie können diese offenbar widersprüchlichen Entwicklungen erklärt werden? Ein zweiter Blick scheint angebracht, der differenzierter auf die Entwicklungsländer schaut, denn anscheinend haben sie sich in den letzten Jahrzehnten sehr verschieden entwickelt: Ähnlich den Industrieländern gehören einige Entwicklungsländer zu den Globalisierungsgewinnern, andere zu den -verlierern. Und ebenso wie in den Industrieländern sind die Globalisierungsgewinne auch *innerhalb* der Entwicklungsländer unterschiedlich verteilt.

● Insgesamt gesehen gehört die Gruppe der Entwicklungsländer zu den **Gewinnern** der stärkeren weltweiten Integration von Handel, Produktion und Kapital. Sie konnten ihren Anteil am Welthandel deutlich erhöhen, erhielten 1996 sechsmal so viele Auslandsinvestitionen wie durchschnittlich zwischen 1983 und 1989 und konnten ihr reales Pro-Kopf-Einkommen zwischen 1965 und 1995 verdoppeln. [...] Allerdings profitierten einige mehr, andere gar nicht vom weltwirtschaftlichen Austausch. Zu den langfristigen Gewinnern gehören vor allem die **„Tiger-Staaten“ Ostasiens** (trotz der Krise 1997/98), **China** und die „Jaguar-Staaten“ Lateinamerikas (Chile, Mexiko). Gerade diejenigen Staaten konnten die größten Entwicklungserfolge verbuchen, die sich am stärksten in die Weltwirtschaft integriert haben. Herausragend sind dabei die „Newly Industrializing Countries“ (NICs) in Asien. Während die Entwicklungsländer als Gruppe ihr reales Pro-Kopf-Einkommen zwischen 1965 und 1995 verdoppeln konnten, vervierfachte es sich in Malaysia und verzehnfachte es sich in Südkorea. Mit ihrer Strategie des „Export-Led-Growth“, d.h. des Wachstums durch Produktion wettbewerbsfähiger Güter

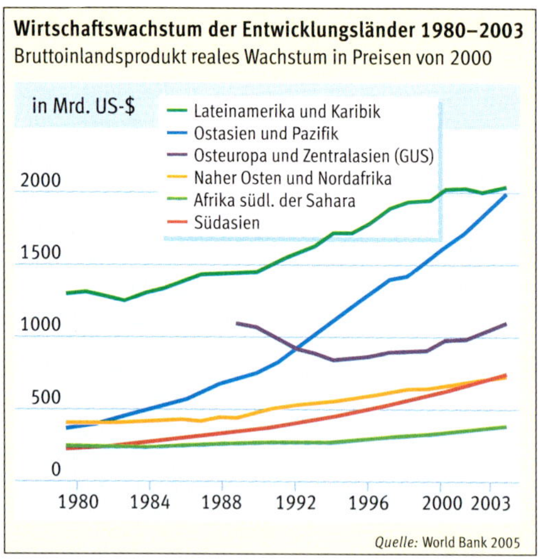

(Aus: Fischer Weltalmanach 2006, © Fischer Taschenbuch Verlag in der S. Fischer Verlag GmbH, Frankfurt am Main 2005, S. 609)

für den Weltmarkt, erreichten diese Staaten (wie auch Taiwan und Thailand) erhebliche Vorteile aus der globalen Ausrichtung ihrer Wirtschaft. Vor allem in *Taiwan* und *Südkorea* profitierte auch die Mehrheit der Bevölkerung von diesem Prozess. Als Resultat entstand eine breite Mittelschicht. Hohe Investitionen in Bildung sowie eine Landreform trugen ebenfalls dazu bei, dass die Globalisierungsgewinne nicht in der Hand einer kleinen Oberschicht verblieben.

Anteil der Entwicklungsländer am Welthandel (Exporte) nach Regionen (in %)

	1948	1973	2003
Lateinamerika und Karibik	12,3	4,7	5,2
Afrika	7,3	4,8	2,4
Asiatische Entwicklungsländer	9,5	6,4	18,4
Mittlerer Osten	2,0	4,1	4,1
Osteuropa und frühere Sowjetunion	6,0	9,1	5,5
Industriestaaten	62,9	70,8	64,5

Quelle: WTO

(Evangelischer Entwicklungsdienst e.V. [Hrsg.], Verraten und verkauft? Entwicklungsländer in der WTO, Bonn 2005, S. 8)

• Die zweite Gruppe der Globalisierungsgewinner umfasst diejenigen **Staaten Lateinamerikas**, die sich mit marktwirtschaftlichen Reformen und einer Öffnung zum Weltmarkt aus der „verlorenen Dekade" der 80er-Jahre befreien konnten. Hauptsächlich wegen der *Verschuldungskrise* waren die 80er-Jahre weitgehend ein Jahrzehnt ohne Wachstum und gingen deshalb als „verlorene Dekade" in die Geschichte des Subkontinents ein. Vor allem Chile, Argentinien, Brasilien und Mexiko liberalisierten in den 90er-Jahren ihre vormals protektionistisch abgeschotteten Volkswirtschaften und können nach anfänglichen Anpassungsproblemen am globalen Wettbewerb inzwischen Erfolge verbuchen: Handel, Investitionen und Wachstum stiegen erheblich. [...] Trotz einer leicht verbesserten internen Verteilungsgerechtigkeit in Lateinamerika (auch als Folge der Demokratisierung in den 80er-Jahren) verblieb gesamtwirtschaftliches Wachstum aber überwiegend in der Hand Weniger. Als Trend lässt sich wie für Ostasien auch für Lateinamerika festhalten, dass die Volkswirtschaften gerade derjenigen Staaten wuchsen, die sich am stärksten in die Weltwirtschaft integrierten.

• Bei der empirischen Prüfung der Frage nach den Auswirkungen von Globalisierung auf Entwicklungsländer ist es interessant, nicht nur Länder hinsichtlich ihres Wachstums zu vergleichen, sondern die **Bevölkerungszahl** hinzuzuziehen: Während die Zahl der Länder (Asiens, Lateinamerikas), die von Globalisierung profitiert haben, der Zahl derjenigen Länder (Afrikas, Lateinamerikas) möglicherweise ähnelt, die nicht profitiert haben, ergibt sich ein anderes Bild, wenn die Einwohnerzahlen berücksichtigt werden: Den meisten Menschen in Entwicklungsländern geht es heute besser als 1980. Dies liegt daran, dass in denjenigen Ländern, die sich in den letzten zwei Dekaden erfolgreich entwickelt haben, wesentlich mehr Menschen leben als in vielen „Verlierern". Vor allem die Verbesserung des Lebensstandards in China und Indien erklärt diese Daten. Auch diese Länder hatten sich in den letzten Dekaden verstärkt grenzüberschreitendem Handel und Auslandsinvestitionen geöffnet.

• Damit wird auch deutlich, wer zu den **Globalisierungs-Verlierern** gehört: Meist sind es diejenigen Staaten, die keine marktwirtschaftliche Politik betreiben, nach außen abgeschottet bleiben und relativ wenig in weltwirtschaftliche Zusammenhänge eingebunden sind. Dies betrifft vor allem *Länder Afrikas und des Mittleren Ostens*. Bis auf Erdöl exportierende Staaten und Ausnahmefälle sank der Anteil dieser Regionen am Welthandel, fielen Investitionen und Wachstum unterdurchschnittlich aus.

Im Vergleich zu Afrika konnten asiatische Entwicklungsländer 1990–96 fast doppelt so viele private Kapitalzuflüsse (als Prozentsatz ihres BSP) verbuchen. Private Kapitalzuflüsse bergen zwar Risiken für die Empfänger-Länder, können aber ihre Entwicklung auch fördern. Während die NICs Asiens mit ihrem Pro-Kopf-Einkommen (PKE) zu den Industrieländern (IL) aufschließen konnten (1965: 18 % des PKE der IL, 1995: 66 %), vergrößerte sich der Abstand Afrikas zur „Ersten Welt". [...]

Diese Zahlen machen deutlich, dass die oftmals von Inkompetenz, Korruption, staatlichem Interventionismus und autoritären Regimen geprägte Wirtschaftspolitik der Länder Afrikas und des Nahen Ostens (aber auch einiger Staaten Lateinamerikas) entwicklungspolitisch katastrophale Folgen hatte. [...]

• Die Ursachen für diese **Polarisierung zwischen erfolgreichen und erfolglosen Entwicklungsländern** in den letzten Dekaden liegen wesentlich in den unterschiedlichen Politiken dieser Staaten, deren Wirkungen aber von Globalisierung verstärkt wurden. Denn in dem Maß, in dem Kapital und Produktion global mobil wurden, vergrößerten sich die Anreize für eine „gute Politik" in Form von Zuflüssen globaler Ressourcen, aber auch die Kosten für eine „schlechte Politik". Zu den Kosten gehören dabei nicht nur der Abzug etwa von Investitionen, sondern auch Opportunitätskosten*, d.h. ausgebliebene Zuflüsse: Bei einer anderen Politik hätten nicht nur einige asiatische und lateinamerikanische NICs von „Globalisierung" profitiert, sondern auch afrikanische und südasiatische Länder. Zeitweise Ausnahmen wie Uganda und Ghana bestätigen, dass potenziell jedes Land die Chancen des Weltmarktes nutzen kann – wenn es die „richtige" Politik betreibt. Diese *potenzielle* Nutzung von Globalisierung geschieht natürlich vor dem Hintergrund unterschiedlicher materieller (Rohstoffe, Fruchtbarkeit des Bodens, Bevölkerungsentwicklung etc.) und politischer (Prägungen durch die Kolonialzeit, Stammesfehden etc.) Hintergründe und oftmals wenig hilfreicher Politik der Industrieländer (etwa: Agrarprotektionismus; vgl. M 62/63).

(Stefan A. Schirm, Internationale politische Ökonomie, Nomos Verlagsgesellschaft, Baden-Baden 2004, S. 160–164)

Wie die Frage nach den Folgen des Abbaus von Agrarsubventionen für unterschiedliche Ländergruppen ist auch die Frage nach den Folgen des gesamten Globalisierungsprozesses für „die Entwicklungsländer" einigermaßen komplex und nur sehr differenziert zu beantworten. M 65 gibt einen gerafften Überblick über die Gesichtspunkte und Faktoren, die dabei zu berücksichtigen sind. Fassen Sie die Aussagen des Textes abschnittsweise in thesenartigen Formulierungen zusammen. – Eine anspruchsvolle, umfassende Untersuchung mit dem Titel „Entwicklungsländer im Globalisierungsprozess – Opfer oder Nutznießer?" von Wissenschaftlern der Universität Gießen (Prof. Dr. Hans-Rimbert Hemmer u.a.) finden Sie im Internet: http://wi.uni-giessen.de/gi/dl/det/Hemmer/4811 (dort S. 46ff.).

Zum Abschluss unserer Darstellung zur internationalen Entwicklungs- und Welthandelspolitik wollen wir den Blick öffnen auf die Gesamtheit der Aspekte und Probleme, die in diesem Kapitel über „Globale politische Strukturen und Prozesse" angesprochen wurden und von denen im Rahmen des Globalisierungsprozesses die Menschen in allen Ländern mehr oder weniger betroffen sind. Eine immer häufiger gestellte Frage richtet sich darauf, ob und wie es ggf. zu einer besseren **Koordination der internationalen Politik** und ihrer Akteure und damit zu einer Erfolg versprechenden Bekämpfung von Gefahren und Risiken kommen kann. Überlegungen dieser Art werden seit einiger Zeit unter dem Modell-Konzept „Global Governance" angestellt und diskutiert. Darüber soll M 66 informieren.

M 66 Regieren im Weltmaßstab? Grundzüge und Probleme des Modells „Global Governance"

Der prominente Harvard-Politologe und einflussreiche Berater verschiedener Regierungen, Joseph Nye, beschreibt die heutige Weltpolitik als einen dreidimensionalen Handlungsraum. Darin gehe es erstens um militärische Herausforderungen; zweitens um globale ökonomische gegenseitige Abhängigkeiten; drittens um transnationale Herausforderungen wie Terrorismus, Weltarmut oder Klimawandel. [...]
Angesichts der Herausforderungen in den drei Dimensionen der Weltpolitik haben sich zu Beginn der 1990er-Jahre Konzepte entwickelt, die auf den Begriff „Global Governance" gebracht wurden. Einer der wichtigsten Ideenspender war die von der UN berufene „Commission on Global Governance" unter Leitung des schwedischen Ex-Ministerpräsidenten Ingvar Carlsson. Alle deutschen Übersetzungsversuche wie „Weltinnenpolitik" (Willy Brandt), „Weltordnungspolitik" (Kurt Biedenkopf) oder „globale Ordnungs- und Strukturpolitik" (das Auswärtige Amt) stießen auf Widerspruch. So wurde der englische Originalbegriff in den wissenschaftlichen und politischen Sprachgebrauch übernommen.
Was aber bedeutet Global Governance? Das Konzept versucht, Antworten auf politische Schicksalsfragen des 21. Jahrhunderts zu finden: Wie ist diese von Krisen und Konflikten geschüttelte, sich globalisierende Welt regierbar? [...]

Soll die Welt bei diesen Stressfaktoren noch regierbar sein, genügt nicht mehr ein punktuelles und reaktives Krisenmanagement, sondern es müssen neue Ordnungsstrukturen und neue Mechanismen internationaler Kooperation geschaffen werden: ein System von Global Governance. Doch was könnten die Bausteine der Global-Governance-Architektur sein?

Ein Ordnungsrahmen
(Zeichnung: Luis Murschetz/CCC, www.c5.net)

Keine „Weltregierung"

In der Diskussion über die Bewältigung der Weltprobleme hält eine kleine Gruppe von „Globalisten" bis heute an der Vision eines Weltstaats fest. Sie träumen von einer Weltorganisation, die – anders als der Völkerbund und die Vereinten Nationen – mit aller Macht ausgestattet wäre. So könnte sie den fast 200 großen und kleinen Staaten der Erde ihren Willen aufzwingen, eigene Truppen zur Friedenssicherung einsetzen und ein wirklich verbindliches Völker- und Weltbürgerrecht durchsetzen.

Die meisten Vordenker von Global Governance halten die Vision eines Weltstaats aber weder für realistisch noch für wünschenswert. Global Governance heißt nicht Global Government. Eine Weltregierung wäre schon deshalb nicht möglich, weil die Staaten – große und kleine, mächtige und ohnmächtige – alles tun würden, sie zu verhindern. Außerdem könnte ein solcher „Welt-King-Kong" kaum demokratische Legitimation* gewinnen. Überall steht Dezentralisierung, nicht Zentralisierung, Stärkung der übersichtlichen Gemeinschaften, nicht Aufbau von bürokratischen Superbehörden auf der Reform-Agenda*.

Stärkung der UNO

Wünschenswert, ja sogar Voraussetzung für Global Governance wäre aber eine Stärkung der Vereinten Nationen. Die Staaten – allen voran die ständigen Mitglieder im UN-Sicherheitsrat, die alle Reformen blockieren können, – müssten bereit sein, der UNO mehr Macht einzuräumen. Allerdings stellt sich dann gleich wieder die Frage, wer diese größere Macht dann kontrollieren soll. Die Generalversammlung, die nach dem urdemokratischen UN-Prinzip „ein Staat – eine Stimme" aus Vertretern aller Staaten besteht? Dagegen spricht, dass die großen Staaten sich bei wichtigen Entscheidungen nicht vom „Zwergengehege" vieler kleiner und armer Staaten majorisieren lassen würden.

Es gibt den Vorschlag, zum Beispiel vom Philosophen Jürgen Habermas, neben dieser Staatenkammer eine Versammlung von gewählten Vertretern aller Völker einzurichten, die so etwas wie demokratische Kontrolle ausüben sollte. Aber schon ein flüchtiges Nachdenken und Nachrechnen ergibt, dass China und Indien zusammen die Mehrheit von Deputierten stellen würden. Und wer garantiert deren wirklich demokratische Wahl? Nein, so können die Vereinten Nationen weder gestärkt noch demokratisch kontrolliert werden.

Kooperation auf verschiedenen Ebenen und Souveränitätsverzicht

Auch deshalb suchen die Architekten von Global Governance nach anderen und praktikablen Lösungen. Ihre Vision beruht auf verschiedenen Formen der internationalen Koordination und Kooperation auf möglichst vielen Ebenen. Internationale Organisationen (wie zum Beispiel die Weltbank) müssten diese Koordinationsfunktion übernehmen und sogenannte „Regime*" (wie zum Beispiel das Welthandelsregime) den Willen zur Kooperation in verbindliche Regelwerke übersetzen.

Politische Kooperation verlangt aber unweigerlich Souveränitätsverzicht. Auch Großmächte müssen sich in Zukunft mit „geteilten Souveränitäten*" abfinden. Diese bedeuten nicht – wie das Beispiel der EU zeigt – zwangsläufig einen Verlust, sondern können einen Zugewinn an gemeinsamer Handlungs- und Problemlösungsfähigkeit bewirken. [...]

Staatliche und nichtstaatliche Akteure

Global Governance ist aber auch kein Projekt, an dem nur Regierungen oder internationale Organisationen beteiligt wären. Sein Geheimnis liegt vielmehr im Zusammenwirken von staatlichen und nicht staatlichen Akteuren von der lokalen his zur globalen Ebene. Zu diesen Global Playern gehören natürlich die *multinationalen Unternehmen* mit ihrer Finanzkraft, ihren Managementfähigkeiten und ihren multinationalen Organisationsstrukturen, aber auch die zunehmend transnational organisierten *Nichtregierungsorganisationen* (NGOs).

(Franz Nuscheler, Come together, in: PM Welt des Wissens, August 2004, S. 47ff., Gruner + Jahr, München 2004)

Anerkennung der Menschenrechte

Oft wird überhaupt erst durch das Zusammenwirken staatlicher und nichtstaatlicher Akteure die effektive und legitime Problemregelung jenseits des Nationalstaates möglich. Beispielsweise ist eine wirksame *Menschenrechtspolitik* ohne die internationalen und regionalen Menschenrechtskonventionen, die von nationalen Regierungen unterzeichnet und von nationalen Parlamenten ratifiziert werden (s. M 3, S. 463f.), nicht denkbar. Gleichzeitig leistet die geduldige und unparteiische Überwachung der Menschenrechte durch NRO wie Amnesty International einen wichtigen Beitrag zur schrittweisen Annäherung an das Ziel der globalen Durchsetzung der Menschenrechte. [...]
Die vor allem in der allgemeinen Anerkennung menschenrechtlicher Mindeststandards wurzelnden Elemente globaler Rechtsstaatlichkeit sollten gestärkt und ausgebaut werden. In Ansätzen geschieht dies bereits, wie einige Präzedenzfälle zeigen, in denen nationalstaatlich begangene Menschenrechtsverletzungen international verfolgt und geahndet wurden. Beispiele hierfür sind die internationalen Interventionen im Gefolge der Genozide [Völkermorde] im ehemaligen Jugoslawien und in Ruanda sowie die sich daran anschließenden Gerichtsverfahren.
Die jüngst erfolgte Arbeitsaufnahme des permanent tagenden *Internationalen Strafgerichtshofs* (International Criminal Court – ICC) wird zur Verstetigung der strafrechtlichen Verfolgung nationalstaatlich begangener Menschenrechtsverletzungen auf globaler Ebene beitragen, auch wenn ihm wichtige Staaten wie die USA und China noch nicht angehören (s. Kasten S. 464). Zwar ist der ICC dabei auf die Kooperation mit gesellschaftlichen und staatlichen Akteuren angewiesen. Dies stellt jedoch im Rahmen der Global Governance-Architektur eher einen Vorzug als einen Nachteil dar, da so die enge Abstimmung mit den verschiedenen politischen Ebenen gewährleistet bleibt.

Bürgerferne als Zentralproblem

In Anbetracht der implizit bereits benannten Probleme scheinen vor allem aus demokratietheoretischer Sicht die Realisierungschancen des Global Governance-Modells zumindest kurzfristig gering zu sein. An erster Stelle ist hier das Problem der Identifizierung der Betroffenen und der Entscheidenden zu nennen. Im Allgemeinen geht die Demokratietheorie davon aus, dass alle von einer Entscheidung potenziell Betroffenen ein Mitspracherecht bei der Willensbildung und Entscheidungsfindung haben sollten. [...]
Bereits in den vergleichsweise homogenen Demokratien Westeuropas lässt sich zunehmende Politikverdrossenheit feststellen. Dies hängt sicherlich damit zusammen, dass nationalstaatliche Politik gewünschte Zustände, wie oben geschildert, in einer globalisierten Welt oft nicht mehr herstellen kann. Es hängt aber wohl auch damit zusammen, dass sich viele Menschen nicht mehr ausreichend repräsentiert fühlen von „abgehobenen" politischen Prozessen. Falls nun tatsächlich verstärkt auf globaler Ebene regiert wird, ist nicht zu erwarten, dass sich das Ausmaß der **Bürgerferne der Politik** verringert. Die Alternative zum anspruchsvollen Verständnis von Global Governance, nämlich rein technokratisch ansetzende Problemlösungen, die von Experten für Experten konzipiert, beschlossen und umgesetzt werden, ist aber gerade aus demokratietheoretischer Sicht erheblich weniger wünschenswert.

Zusammengefasst bietet sich also ein ambivalentes Bild: Auf der einen Seite besteht offenkundig ein steigender Bedarf an global ansetzenden Verregelungen global auftretender Problemlagen. Auf der anderen Seite hinken die Lösungsvorstellungen den realen Problemlagen nach wie vor hinterher. [...]
Da nicht damit zu rechnen ist, dass die Globalisierungsprozesse an Dynamik verlieren, bleibt die Arbeit an einer effektiven und demokratisch legitimierten Global Governance-Architektur eine notwendige Aufgabe, um auch im 21. Jahrhundert politische Steuerung ausüben und gewünschte Ziele erreichen zu können.

(Lars Brozus/Michael Zürn, Regieren im Weltmaßstab. In: Informationen zur politischen Bildung Nr. 280, 3. Quartal 2003, Bundeszentrale für politische Bildung, Bonn 2003, S. 61f.)

1. *Machen Sie deutlich, wie es zur Entwicklung des Konzeptes „Global Governance" gekommen ist und inwiefern es dabei nicht um die Etablierung einer „Weltregierung" geht. Was will die Karikatur S. 561 zum Ausdruck bringen?*
2. *Erläutern Sie die einzelnen, hier nur kurz angesprochenen „Bausteine" der „Global Governance-Architektur" und heben Sie die Gesichtspunkte hervor, die Ihnen bei Ihrer Beschäftigung mit den Themen dieses Kapitels bereits begegnet sind. Auf welche bereits vorhandenen Ansatzpunkte, aber auch auf welche Veränderungen gegenwärtiger Strukturen heben die einzelnen Bausteine ab? Erläutern Sie dazu auch die Darstellung der Grafik S. 562.*
3. *Welche Hauptprobleme der Verwirklichung von Global Governance werden im letzten Abschnitt beschrieben? Wie beurteilen Sie die Zielsetzung und die Realisierungschancen des Konzeptes?*
4. *Ergänzende Informationen zum Stichwort „global governance" enthält der Wikipedia-Artikel http://de.wikipedia.org/wiki/Global_Governance. Eine projektförmig ausgearbeitete Unterrichtseinheit bietet Martin Geisz unter der Internetadresse: www.lehrer-online.de/dyn/bin/513982-514117-2-global-governance_projektbeschreibung.pdf an. Eine ausführliche wissenschaftliche Darstellung und Erörterung des „Global Governance"-Konzeptes von Dirk Messner und Franz Nuscheler (Das Konzept Global Governance – Stand und Perspektiven) steht im Internet zur Verfügung (http://inef.uni-duisburg.de/page/documents/report67.pdf).*

Abkürzungen

ABC-Waffen	Atomare, biologische und chemische Waffen und Kampfmittel
AFTA	Asian Free Trade Area (Asiatische Freihandelszone der 10 ASEAN-Länder)
AKP	Afrika, Karibik, Pazifik (Ländergruppe des Lomé-Abkommens mit der EU)
APEC	Asia Pacific Economic Cooperation
AIDS	Acquired Immune Deficiency Syndrome (Erworbenes Immunschwächesyndrom)
ASEAN	Association of South-East Asian Nations
ATTAC	Association pour une Taxation des Transactions financieres pour l'Aide aux Citoyens (globalisierungskritische Organisation, vor allem in Westeuropa), www.attac.de
BIP	Bruttoinlandsprodukt
BNE	Bruttonationaleinkommen (früher: Bruttosozialprodukt)
BMZ	Bundesministerium für wirtschaftliche Zusammenarbeit (Entwicklungshilfe), www.bmz.de
DAC	Development Assistance Committee (Entwicklungshilfeabteilung der OECD)
DED	Deutscher Entwicklungshilfedienst, www.ded.de
DIW	Deutsches Institut für Wirtschaftsforschung
EAGFL	Europäischer Ausrichtungs- und Garantiefonds für die Landwirtschaft
Ecofin-Rat	Rat der Wirtschafts- und Finanzminister (economic financial) der EU
EFTA	European Free Trade Association, Europäische Freihandelszone
EG	Europäische Gemeinschaft(en)
EGKS	Europäische Gemeinschaft für Kohle und Stahl
EL	Entwicklungsländer
EP	Europäisches Parlament
ER	Europäischer Rat
ESVP	Europäische Sicherheits- und Verteidigungspolitik
ESZB	Europäisches System der Zentralbanken
EU	Europäische Union, http://europa.eu.int
EuGH	Europäischer Gerichtshof
Euratom	Europäische Atomgemeinschaft
Eurostat	Statistisches Amt der EU, www.eurostat.de
EUV	Vertrag über die Europäische Union
EWG	Europäische Wirtschaftsgemeinschaft
EWU	Europäische Währungsunion
EZB	Europäische Zentralbank
FAO	Food and Agriculture Organization, Welternährungsorganisation, www.fao.org
FCKW	Fluorkohlenwasserstoffe
GAP	Gemeinsame Agrarpolitik der EU
GASP	Gemeinsame Außen- und Sicherheitspolitik der EU
GATT	General Agreement on Tarrifs and Trade, Allgemeines Zoll- und Handelsabkommen
GNI	Gross National Income, Bruttonationaleinkommen (BNE)
G 7/G 8	Gruppe der sieben (acht incl. Russland) führenden Wirtschaftsmächte
GTZ	Gesellschaft für technische Zusammenarbeit (in der Entwicklungshilfe), www.gtz.de
GUS	Gemeinschaft Unabhängiger Staaten (der ehemaligen Sowjetunion)
HDI	Human Development Index, Index der menschlichen Entwicklung
HDR	Human Development Report, www.undp.org/hdr2005
HIPC	Highly Indebted Poor Countries (hochverschuldete ärmste Länder)
HIV	Human Immunodeficiency Virus, AIDS-Erreger
IDA	International Development Association
ICC	International Criminal Court, Internationaler Strafgerichtshof
IL	Industrieländer
ILO	International Labour Organization, Internationale Arbeitsorganisation, www.ilo.org

IMF/IWF	International Monetary Fund/Internationaler Währungsfonds, www.imf.org
IGO	International Governmental Organization, Internationale Regierungsorganisation
INGO	International Non-Governmental Organization, Internationale Nichtregierungsorganisation
ISAF	International Security Assistance Force, Internationale Friedenstruppe in Afghanistan
KfW	Kreditanstalt für Wiederaufbau
KKP	Kaufkraftparitäten
KKS	Kaufkraftstandards
LDC	Least Developed Countries, am wenigsten entwickelte Länder
LIC	Low Income Countries, Länder mit niedrigem Pro-Kopf-Einkommen
MdEP	Mitglied des Europäischen Parlaments
MERCOSUR	Mercado Comun del Cono Sur, Gemeinsamer Markt im südlichen Amerika
MIC	Middle Income Countries, Länder mit mittlerem Pro-Kopf-Einkommen
NAFTA	North American Free Trade Agreement, Nordamerikanisches Freihandelsabkommen
NATO	North Atlantic Treaty Organization, Nordatlantische Verteidigungsorganisation, www.nato.int
NEPAD	New Partnership for Africas Development
NGO/NRO	Non-Governmental Organization/Nichtregierungsorganisation
NIC	Newly Industrialized Countries („Schwellenländer")
OA	Official Aid, Öffentliche Hilfe (für Transformations- und Schwellenländer)
OAU	Organization of African Unity (bis 2001; seit 2002: AU – African Union)
ODA	Official Development Assistance, Öffentliche Entwicklungshilfe
OECD	Organization für Economic Cooperation and Development, Organisation für wirtschaftliche Zusammenarbeit und Entwicklung, www.oecd.org
OPEC	Organization of Petroleum Exporting Countries (Organisation Öl exportierender Staaten)
OSZE	Organisation für Sicherheit und Zusammenarbeit in Europa, www.osce.org
PPP	Purchasing Power Parities, Kaufkraftparitäten (KKP)
PRSP	Poverty Reduction Strategy Paper, Konzept für eine Strategie der Armutsreduzierung
REACH	Registrierung, Evaluierung und Autorisierung von Chemikalien
SAP	Strukturanpassungsprogramm
TNC/TNK	Transnationale Konzerne
ToT	Terms of Trade
UdSSR	Union der Sozialistischen Sowjetrepubliken (Sowjetunion, bis 1991)
UN, VN	United Nations, Vereinte Nationen
UNAIDS	AIDS-Bekämpfungsprogramm der Vereinten Nationen
UNCTAD	United Nations Conference on Trade and Development, Welthandelskonferenz, www.unctad.org
UNDP	United Nations Development Program (Entwicklungsprogramm der Vereinten Nationen), www.undp.org
UNESCO	United Nations Educational, Scientific and Cultural Organization, Erziehungs-, Wissenschafts- und Kulturorganisation der Vereinten Nationen, www.unesco.org
UNHCR	United Nations High Commissioner for Refugees, Hoher Flüchtlingskommissar der Vereinten Nationen, www.unhcr.org
UNICEF	United Nations International Children's Emergency Fund, Kinderhilfswerk der Vereinten Nationen, www.unicef.org
UNSCOM	United Nations Special Commission zur Kontrolle und Vernichtung von Massenvernichtungswaffen im Irak (nach dem Golfkrieg; 1991 – 1998)
VN	Vereinte Nationen
VR	Volksrepublik
WHO	World Health Organization; Weltgesundheitsorganisation
WTO	World Trade Organization; Welthandelsorganisation, www.wto.org
WWU	Wirtschafts- und Währungsunion der EU

Anhang: Hinweise zu ausgewählten Methoden der Sozialwissenschaften und des Unterrichts

Zu einer Reihe von methodischen Aspekten der *Sozialwissenschaften* enthalten die Materialien im thematischen Zusammenhang entsprechende Darstellungen, so u. a. zum empirischen Charakter und zur Werturteilsproblematik (S. 9f.), zum Idealtypus (S. 54), zur Modellbildung in der Politikwissenschaft (S. 18) und vor allem in der Ökonomie (S. 212ff., S. 219ff.), zur Indikatorenbildung (S. 71ff., S. 154f.), zur Bedeutung unterschiedlicher Theorieansätze/Paradigmen (S. 300ff., 489, 490, 545, 551). Drei Aspekte werden an dieser Stelle noch einmal näher betrachtet: Begriffsbildung, Operationalisierung und Indikatorenbildung sowie Wissenschaft und Werturteile.
Von den *Unterrichtsmethoden* geben wir nähere Hinweise auf diejenigen, die für die Arbeit mit den Materialien dieses Bandes – neben der Gruppenarbeit – von besonderer Bedeutung sind: Statistikanalyse, Expertenbefragung und Schülerreferat.

1. Alltagssprache und Fachsprache – Begriffsbildung

Die Soziologie beginnt mit Begriffen. Begriffe schlüsseln die Realität auf. Sie sind Instrumente, Lupen oder Fernrohre, mit denen man genauer oder weiter als mit bloßem Auge, als man mit alltäglichen, nicht bewusst definierten und gebrauchten Begriffen sehen kann. Das Nachdenken über Begriffe ist keineswegs steril; es führt dazu, Rangordnungen und Überschneidungen, Verweisungen und Widersprüche zwischen Begriffen zu erkennen, und kann vor ihrer gedankenlosen Anwendung schützen.

(Heiner Meulemann, Soziologie von Anfang an, Westdeutscher Verlag, Wiesbaden 2001, S. 22)

Grundsätzlich können für die wissenschaftliche Forschung mehrere Arten von Sprachen herangezogen werden. In den Sozialwissenschaften finden – sieht man von der Verwendung der Symbolsprache der Mathematik, vor allem in der Ökonomie, ab – sowohl die Alltagssprache der jeweiligen Sprachgemeinschaft als auch die Fachsprache Verwendung.
Der Vorteil der Alltagssprache besteht darin, dass sie jeder, der sich mit dem Fach beschäftigen will, versteht; man braucht also keine neue Sprache zu erlernen.
Der Nachteil der Alltagssprache liegt in ihrer mangelnden Genauigkeit; viele ihrer Begriffe sind nicht genügend präzisiert, ihr Vorstellungsinhalt ist vage und bei verschiedenen Personen verschieden. Solche Begriffe bedürften vor der Verwendung als wissenschaftliche Sprache der Explikation, das heißt der systematischen sprachlichen Präzisierung.
Durch die Explikation von immer weiteren Begriffen entwickelt sich im Laufe der Zeit eine Fachsprache, die sich deutlich von der Alltagssprache unterscheidet und daher erlernt werden muss; sie ist im Allgemeinen sehr leicht an der großen Zahl von Fremdwörtern zu erkennen. Deren Verwendung hat den Vorteil, dass ihre Explikation nicht durch ihre schillernde Alltagsbedeutung erschwert wird. Dem Nachteil der Notwendigkeit, die Fachsprache zu erlernen, steht ihre größere Genauigkeit und die geringere Verwechslungsgefahr gegenüber.

(Autorentext)

2. Operationalisierung und Indikatorenbildung in den Sozialwissenschaften

Immer wenn wir Begriffe wie *Wachstum, Wohlstand, Lebensqualität* verwenden, haben wir es mit Phänomenen zu tun, die nicht direkt beobachtbar oder wahrnehmbar sind. Anders ausgedrückt: Die für derartige Phänomene verwendeten Bezeichnungen sind *Begriffe ohne direkten empirischen* Bezug*. Ähnliches gilt z. B. auch für Begriffe wie *Freiheit, Gerechtigkeit, Gleichheit* und viele andere. Da wir nun die derartig benannten Tatbestände nicht ohne weiteres wahrnehmen können, uns an-

dererseits aber über Fragen wie Gerechtigkeit, Lebensqualität usw. politisch oder wissenschaftlich verständigen wollen, müssen diese Begriffe irgendwie ‚greifbar' (operabel) gemacht werden, damit nicht jeder etwas anderes darunter versteht. Mit anderen Worten, sie müssen *operationalisiert* werden.
Wissenschaftler versuchen daher, für Begriffe mit nur indirektem empirischem Bezug sog. *Indikatoren* (Ersatzgrößen, Merkmale) zu finden, mit deren Hilfe sie begründet auf das Vorliegen des nicht unmittelbar wahrnehmbaren Phänomens schließen zu können hoffen. Wie schwierig es ist, derartige Indikatoren zu finden, sehen wir z. B. an dem sehr vagen Begriff *Wohlstand*. Wählt man als Indikator lediglich globale Geldgrößen, z. B. das „Volkseinkommen" und dessen Steigerung, so hat man keine Information darüber, wie gerecht oder ungerecht dieses Einkommen unter den Bürgern verteilt ist; ganz zu schweigen davon, dass viele Menschen Faktoren wie Bildungsniveau, Gesundheit, Sicherheit, saubere Luft sicherlich auch zu dem zählen würden, was sie unter Wohlstand verstehen.
Selbst bei einer scheinbar so objektiven Größe wie der *Arbeitslosenquote* muss man sich erst verständigen, wie man bei der Messung und Berechnung vorgehen will. Soll man nur die offiziell gemeldeten oder auch die nicht gemeldeten (verdeckten) Arbeitslosenzahlen, die ‚stille Reserve', zugrunde legen? Je nach der gewählten Größe (dem Indikator) kommt man zu ganz verschiedenen Ergebnissen. Indikatoren lassen sich also auch leicht manipulieren, je nach der politischen Absicht, die man damit verfolgt. Dies löst dann meist heftige Diskussionen über die *Gültigkeit* (Validität) der Indikatoren aus. Als gültig wird nämlich ein Indikator nur dann angesehen, wenn er das misst, was er zu messen vorgibt. (So wäre z. B. ein Indikator, der nur die gemeldete Arbeitslosigkeit misst, unter dem Aspekt der Gültigkeit dann problematisch, wenn er suggeriert, den Gesamtumfang der Arbeitsuchenden – also auch die stille Reserve – wiederzugeben.)
Außerdem soll ein Indikator *zuverlässig* sein. Dies ist er dann, wenn sich die mit seiner Hilfe gewonnenen Ergebnisse unter den gleichen Untersuchungsbedingungen wiederholen lassen. Das Kriterium der Zuverlässigkeit (Reliabilität) wäre z. B. dann nicht erfüllt, wenn eine mehrmals unter (vermeintlich) gleichen Voraussetzungen durchgeführte Untersuchung über die Zufriedenheit einer Betriebsbelegschaft mit ihren Arbeitsbedingungen zu unterschiedlichen Ergebnissen gelangte. Hier können z. B. die äußeren Umstände bei der Fragestellung, die Tageszeit der Befragung usw. eine (zunächst nicht beachtete) Rolle gespielt haben.

(Franz Josef Behet, Soziale Marktwirtschaft. Grundlagen und Entwicklung, Ernst Klett Schulbuchverlag, Stuttgart 1995, S. 122)

3. Wissenschaft und Werturteile

Wertungen, über die man verschiedener Ansicht sein kann, sind **keine wissenschaftlichen Aussagen**. Diese Abgrenzung des Wissenschaftsbegriffs sei an einigen Beispielen erläutert: Ob Kauf und Konsum eines bestimmten Gutes – z. B. eines schnellen Sportwagens oder alten Whiskys – einen Luxus darstellt, darüber wird es verschiedene Meinungen geben. Der Ausdruck Luxus ist also ein wertbezogener und deshalb unwissenschaftlicher Begriff, und die Begründung einer Luxussteuer kann sich nicht auf wissenschaftliche Aussagen stützen. Verschiedener Ansicht wird man auch darüber sein, ob ein Einkommen im Hinblick auf die erbrachte Leistung *angemessen* oder die Verteilung der Einkommen *gerecht* ist. Wer von gerechten Löhnen oder von ungerechter Einkommensverteilung spricht, bedient sich nach dem herrschenden Wissenschaftsverständnis einer unwissenschaftlichen Ausdrucksweise. [...]
Ein häufiger Gebrauch von Begriffen wie „gerecht", „fortschrittlich" oder „gut" – geradezu charakteristisch für politische Äußerungen – sollte nicht darüber hinwegtäuschen, dass sich dahinter die handfeste Absicht verbergen kann, bestimmte Meinungen gegen widerstreitende durchzusetzen. Werturteile stehen zu wissenschaftlichen Aussagen in demselben Verhältnis wie *meinen* zu *wissen*. Sie haben die Form von imperativen (etwas soll sein) oder *normativen* (etwas ist gut oder schlecht) Aussagen. Wissenschaftliche Feststellungen sind dagegen Tatsachenaussagen (etwas ist so oder nicht so). Das Merkmal zur Unterscheidung von Werturteilen und wissenschaftlichen Aussagen ist demnach die Möglichkeit der intersubjektiven Überprüfbarkeit und der Kritik. Die Aussage:

„Das Wetter ist schön" stellt ein Werturteil dar, es sei denn, „schön" ist durch intersubjektiv überprüfbare Angaben (wie Temperatur, Luftfeuchte, Bewölkung) näher definiert und der Kritik zugänglich.

Die Entscheidung für eine in ihren *Aussagen* werturteilsfreie Wissenschaft bedeutet **keineswegs**, dass es eine **in jeder Hinsicht wertfreie Wissenschaft** gibt oder auch nur geben könnte.

Erstens sei wiederholt, dass die Wahl des Wissenschaftsbegriffs selbst eine Wertung ist. Ob Aussagen der allgemeinen Wissensvermehrung dienen sollen, darüber kann man verschiedener Meinung sein, und tatsächlich hat es zu allen Zeiten Menschen gegeben, die der Wissenschaft eine andere Aufgabe gestellt haben.

Zweitens ist nach aller Erfahrung die Zahl der zu lösenden Probleme größer als die Forschungskapazität. Eine *Auswahl* ist unvermeidlich (Selektionsproblem). In der Problemwahl werden sich die persönlichen Neigungen des Forschers niederschlagen.

Einen Tatbestand erläutern bedeutet nicht, dass man ihn gutheißt oder ein moralisches Urteil darüber fällt. Verstehen bedeutet weder beurteilen noch billigen. Ökonomen haben genauso wie Physiker, Chemiker, Anwälte oder Maurer bestimmte Wertvorstellungen, ethische Prinzipien und politische Überzeugungen, die sie zu unterschiedlichen Schlussfolgerungen führen, je nachdem, ob sie dem positiven oder dem normativen Lager angehören. Die Aussage, dass der gesetzte Mindestlohn die Entwicklung der Arbeitslosigkeit begünstigt, ist zum Beispiel die konkrete Beobachtung eines Tatbestands; sie impliziert aber nicht, dass der Ökonom, aus dessen Munde sie kommt, ein herzloser Rohling ist, der den Menschen nicht ihre Lohntüte gönnt. Nein, in dieser Phase fällt der Ökonom keinerlei moralisches Urteil, er erläutert lediglich einen Tatbestand (womit nicht ausgeschlossen ist, dass er in seiner Erläuterung irrt – aber das ist eine andere Frage ...).

(Andre Fourçans, Die Welt der Wirtschaft, Campus, Frankfurt/New York 1998, S. 23; Übers.: Sabine Schwenk)

Vermutlich hegen die meisten Menschen die Hoffnung, dass Wissenschaftler Probleme aufgreifen, von deren Lösung für alle ein Nutzen ausgeht, und keine Erkenntnisse erarbeiten, aus denen allgemeiner Schaden erwächst. Da wissenschaftliche Ergebnisse in ihren Konsequenzen, ihrer Verwertung meistens schwer abzuschätzen sind, ist diese Maxime (Leitsatz, Grundsatz), der sicherlich fast alle Wissenschaftler entsprechen möchten, tatsächlich nicht leicht zu befolgen.

Drittens können Werturteile selbst Gegenstand wissenschaftlicher Aussagen sein. Die Behauptung: „Diese Einkommensverteilung ist ungerecht" ist ein Werturteil. Es kann jedoch wissenschaftlich untersucht werden, wieso die meisten Menschen dazu kommen, eine bestimmte Einkommensverteilung als ungerecht zu bezeichnen. Insbesondere ist die Entstehung oder Vereinbarkeit von Werturteilen in wissenschaftlichen Untersuchungen grundsätzlich klärbar.

Die genannten drei Wertbezüge lassen jedoch die Forderung nach wertfreien Aussagen unberührt. Diese Forderung hindert den Forscher auch nicht, persönlich Stellung zu beziehen und Werturteile abzugeben. Nur kann er sich dann nicht auf die Wissenschaft berufen und deren Autorität in Anspruch nehmen.

Die Fähigkeit, *Werturteile von wissenschaftlichen Aussagen zu unterscheiden*, lässt sich durch sorgfältigen Sprachgebrauch erhöhen. Einige Beispiele sollen das Gesagte noch einmal verdeutlichen:

Sachverhalt	Mögliches Werturteil	Mögliche wissenschaftliche Aussage
1. Einige Bauarbeiter essen Kaviar zum Frühstück.	Der Verzehr von Kaviar ist ein Luxus für Bauarbeiter.	Die Kaviarnachfrage der Bauarbeiter wird aus Lohnerhöhungen bestritten.
2. Unternehmer verdienen im Durchschnitt zehnmal so viel wie Arbeiter.	Die Einkommensverteilung ist ungerecht.	Die Einkommensverteilung ist ungleichmäßig.
3. Die deutsche Landwirtschaft erhält jährlich 3,5 Mrd. Euro Subventionen.	Die Subventionen sind zu hoch (oder zu gering).	Die öffentliche Hilfe für die Landwirtschaft bindet etwa 300 000 Beschäftigte in der Landwirtschaft.

(Artur Woll, Allgemeine Volkswirtschaftslehre, Vahlen, München 1996, S. 8f., 10f.)

4. Hinweise zur Analyse von Statistiken

a) Merkmale und Problemaspekte grafischer Darstellungen

Kurven- und Säulendiagramme sind die mit Abstand verbreitetsten Formen der grafischen Darstellung sozialwissenschaftlicher und insbesondere wirtschaftlicher Daten, ihrer Zusammenhänge und Entwicklungen. Sie heben wichtige *Größenverhältnisse* in ihrer Beziehung untereinander und in ihrer zeitlichen Entwicklung klar hervor. Ihre Anschaulichkeit und Überschaubarkeit kann zugleich helfen, sich wirtschaftliche Daten, Fakten und Entwicklungen nachhaltig einzuprägen. Ihre spezifischen Vorzüge sind freilich auch mit bestimmten Problemaspekten und Gefahren verknüpft. Die beiden wichtigsten Problemaspekte seien hier kurz skizziert:

- Der Vorzug der einprägsamen Verdeutlichung und Hervorhebung durch regelmäßige grafische Formen (Rechtecke, Linien) oder durch grafische Symbole (in Schaubildern) ist zwangsläufig verbunden mit der Gefahr der inhaltlichen *Verkürzung* und *Vereinfachung*. Grafische Darstellungen können immer nur bestimmte Aspekte eines größeren und oft komplexeren Sach- und Problemzusammenhangs zur Geltung bringen. Die Gefahr einer verzerrenden oder gar verfälschenden Gewichtung einzelner Faktoren eines weiteren Zusammenhangs muss daher – auch bei ansonsten korrekter grafischer Darstellung – immer mit bedacht werden.

- Soweit Diagramme nicht nur verschiedene Größen vergleichend nebeneinander stellen oder Größenverhältnisse bestimmter Teilmengen veranschaulichen (neben Säulen- und Streifendiagrammen sind hier auch Kreisdiagramme beliebt), sondern in einem Koordinatensystem Merkmalsausprägungen (senkrechte y-Achse) in ihrer zeitlichen Entwicklung (waagerechte x-Achse) darstellen wollen (insbesondere Kurvendiagramme), ist mit dem Vorzug der Verdeutlichung bestimmter Entwicklungsverläufe (Abschnitte, Wendepunkte, Trends) die Gefahr verbunden, u.a. durch die Wahl der *Maßeinheiten* solche Verläufe verzerrend, übermäßig akzentuierend oder auch untertreibend wiederzugeben. Auch die Wahl des darzustellenden Zeitabschnitts sowie die Entscheidung für bestimmte *Zahlenarten* (absolute Zahlen, Prozentzahlen, Indexzahlen) beeinflusst das Bild, das die Darstellung dem Leser vermittelt (vermitteln soll), ganz erheblich. Ursachen und Hintergründe bestimmter Größenverhältnisse und Entwicklungen können grafischen Darstellungen ohnehin nicht entnommen werden. Insgesamt öffnet sich hier also ein weites Feld der (beabsichtigten oder unbeabsichtigten) Beeinflussung („Manipulation“) des Lesers, die es im Unterricht bewusstzumachen gilt. Bis zu einem gewissen Grade ergibt sie sich allerdings unvermeidlich aus der Darstellungsform selbst.

b) Arbeitsschritte bei der Analyse von Statistiken

Statistiken sind in einer besonderen „Sprache“ abgefasst, die sich auf wenige Begriffe, auf Zahlen und grafische Zeichen (Säulen, Kurven, Kreise) beschränkt, um auf diese Weise eine Vielzahl und eine Vielfalt von Fakten unter ganz bestimmten (vom Verfasser der Statistik ausgewählten) Gesichtspunkten zusammenzufassen, zu ordnen und überschaubar zu machen. Wenn man diese „Sprache“ richtig verstehen und „übersetzen“ will, muss man sie ein Stück weit erlernen. Das geht am besten, wenn man beim „Lesen“ der Statistik bestimmte Regeln beachtet und sich an bestimmten Leitfragen orientiert (s. u.). Das ist auch deshalb wichtig, weil man nur auf diese Weise auf Unklarheiten, Mängel und Fehler aufmerksam wird, die nicht selten in Statistiken enthalten sind. Denn: Statistische Darstellungen erwecken zumeist den Anschein vollkommener Objektivität und unbezweifelbarer Richtigkeit, obwohl sie oft – absichtlich oder unabsichtlich, vermeidbar oder unvermeidbar – wesentliche Informationen verschweigen oder gar das Urteil des Lesers über die dargestellten Sachverhalte in einer bestimmten Richtung beeinflussen.

Für die Erarbeitung einer statistischen Darstellung (hier: eines Diagramms) kann man zwischen der *Beschreibung*, der *Auswertung* und der *kritischen Beurteilung* unterscheiden. Dabei sollte man jeweils bestimmte Leitfragen beachten. Die folgende Aufstellung enthält zum einen nicht alle möglichen Fragestellungen, die man bei Statistiken beachten sollte; zum anderen sind nicht alle aufgeführten Fragen für jede einzelne Statistik von Bedeutung.

1. Beschreibung

Um eine exakte Erarbeitung zu gewährleisten, ist es notwendig, *Beschreibung, Auswertung* und *kritische Beurteilung* deutlich zu trennen und dabei bestimmte Leitfragen zu beachten (nicht alle Fragen des folgenden Katalogs sind für jede einzelne Statistik von Bedeutung).

a) *Aussagebereich und Quelle* (Überschrift und Quellenangabe)

- Wozu soll die Statistik etwas sagen? Welche Frage will sie beantworten?
- Für welche Zeit und für welchen Raum soll sie gelten?
- Wer hat die Statistik verfasst (verfassen lassen)? Auf welchen Quellen beruht sie?
- Bei Befragungsergebnissen: Auf welche Frage hatten die Befragten zu antworten? Welche Antwortmöglichkeiten hatten sie?

b) *Darstellungsform, Kategorien und Zahlen*

- Welche Form der Darstellung wurde gewählt?
- Welche *Kategorien* (Begriffe) werden miteinander in Beziehung gesetzt? (z. B. bei Tabellen: Was steht in der Kopfzeile/Tabellenkopf, was in der Seitenspalte/Vorspalte? Was bedeuten diese Begriffe genau?)
- Welche *Zahlenarten* (absolute Zahlen, Prozentzahlen, Index*-Zahlen) werden verwendet? Auf welche Gesamtzahl (Basiszahl, Bezugsgröße) beziehen sich ggf. die Prozentzahlen?
- Welche *Informationen* lassen sich der Statistik entnehmen? (Was bedeutet z. B. eine bestimmte Zahl in der Tabelle, ein bestimmter Punkt auf der Kurve des Diagrammes usw.)?

Hinweis: Insbesondere bei Vergleichen zwischen *Prozentzahlen* muss man darauf achten, ob die Gesamtzahl angegeben ist. So kann z. B. der Vergleich zweier Zeitungsverlage, von denen der eine seine Auflage von 500 000 auf 1 Million (also um 100 %) gesteigert hat, der andere seine Auflage von 2 Millionen auf 3 Millionen (also um 50 %) erhöht hat, einen ganz unterschiedlichen Eindruck hervorrufen, je nachdem, ob man diesen Vergleich in absoluten Zahlen (500 000 im Vergleich zu 1 Million) oder in Prozentzahlen (100 % im Vergleich zu 50 %) formuliert.
Auch der Unterschied zwischen einer Veränderung in *Prozent* und in *Prozentpunkten* ist bei der Beschreibung zu beachten. Vermehrt z. B. eine Partei bei Wahlen ihren Anteil an den Wählerstimmen von 8 auf 10 Prozent, so handelt es sich um eine Steigerung um 2 Prozentpunkte, aber um 25 Prozent.

> *„Zehn von hundert Menschen haben Ahnung vom Prozentrechnen. Das sind über 17 Prozent.“*
> (aus einem Zeitungskommentar)

2. Auswertung

- Welche Aussagen (Antworten auf die Fragestellung) lassen sich formulieren?
- Welche Aussagen (Beziehungen, Entwicklungen) sind besonders wichtig? Lassen sich bestimmte Schwerpunkte (Maxima, Minima), regelhafte Verläufe, besondere Verhältnisse und Entsprechungen feststellen?
- Wie lässt sich die Aussage zusammenfassend formulieren?

3. Kritische Beurteilung

- Gibt es Unklarheiten im Hinblick auf die Angaben zur Quelle, zur Fragestellung, zum Zeitpunkt usw.?
- Enthält die Statistik offensichtliche Mängel und Fehler (z. B. in der Berechnung, Benennung, grafischen Anlage usw.)?
- Zu welchem Bereich der Fragestellung macht die Statistik keine Angaben? Was müsste man wissen, um die Daten und ihren Stellenwert im größeren Zusammenhang beurteilen zu können?
- Lässt sich ein bestimmtes Interesse an der Veröffentlichung erkennen? Könnte sie jemandem nutzen oder schaden?

(Autorentext)

> *„Mit der ganzen Algebra ist man oftmals nur ein Narr, wenn man nicht noch etwas anderes weiß.“*
> (Friedrich der Große)

5. Hinweise zur Expertenbefragung im Unterricht

Ein Experte (bzw. Expertin) ist ein Sachverständiger, also eine Person, die über einen bestimmten Sachverhalt aus eigenem Erleben und/oder intensiver Beschäftigung genaue Kenntnisse hat. Ein Experte kann häufig Sachverhalte genauer und anschaulicher darstellen, als das z. B. in Texten möglich ist; er hat zudem häufig Informationen, die in Büchern (noch) nicht vorhanden sind.
Hauptzweck von Expertenvortrag und Expertenbefragung ist die *Informationsgewinnung*. Der Unterschied zu einer politischen Diskussion, in der es zentral um Meinungsbildung, Meinungsaustausch und ggf. Entscheidungsfindung geht, darf nicht verwischt werden. Das schließt nicht aus, dass eine Expertenbefragung nach einer gewissen Zeit in eine politische Diskussion übergeht.
Jeder Experte hat aber neben Kenntnissen auch *Meinungen* zu den Gegenständen oder Sachverhalten, mit denen er sich beschäftigt. Wertungen und Meinungen, die sich ein Experte bei der Auseinandersetzung mit dem Gegenstand gebildet hat, können eine wertvolle Anregung für die eigene Meinungsbildung sein. Voraussetzung dafür ist jedoch, dass der Experte und seine Zuhörer zwischen Informationen und Wertungen so weit wie möglich trennen. Der Experte ist dann nicht mehr sachliche Autorität, sondern grundsätzlich gleichberechtigter Gesprächspartner.
Eine Experten*befragung* hat gegenüber einem Expertenvortrag den Vorzug, dass die zu übermittelnden Informationen genau auf die Bedürfnisse der Zuhörer abgestimmt werden können und dass die Zuhörer Verlauf und Ergebnis der Veranstaltung aktiv mitgestalten können. Deshalb konzentrieren sich die folgenden Hinweise auf die Expertenbefragung. Bei der Vorbereitung und Durchführung einer solchen Befragung sollte Folgendes beachtet werden:

1. Auswahl des Themas für eine Expertenbefragung
Nicht jedes Thema eignet sich für eine Expertenbefragung. Da eine Expertenbefragung einen nicht unerheblichen Aufwand für den Experten und seine Zuhörer bedeutet, sollte sie nur veranstaltet werden, wenn die gewünschten Informationen nicht oder nur erheblich schlechter auf anderem Weg beschafft werden können.

2. Auswahl des Experten
Der Experte muss so ausgewählt werden, dass er für das gewählte Thema über den bisherigen Kenntnisstand der Zuhörer hinaus tatsächlich Neues vermitteln kann. Das muss vorher eventuell durch ein Vorgespräch ermittelt werden.

3. Organisatorische und inhaltliche Vorbereitung
Ort, Zeitpunkt und Dauer der Befragung sollten frühzeitig vereinbart, Sitzordnung, Gesprächsleitung und die Form des Festhaltens der Ergebnisse (Protokollführung) vorher abgeklärt werden.
Gezieltes Fragen setzt eine gewisse Kenntnis des Gegenstandes voraus. Die Zuhörer müssen also bereits in das Thema der Befragung eingearbeitet sein. Fragenbereiche und Einzelfragen sollten auf der Grundlage der bisherigen Beschäftigung mit dem Gegenstand genau vorbereitet sein. Im Regelfall sind auch vorherige Vereinbarungen darüber, wer welche Fragen zu welchem Zeitpunkt stellt, unumgänglich. Der Experte sollte rechtzeitig über die an ihn gerichteten Erwartungen informiert werden, damit er sich – falls notwendig – gezielt auf die Befragung vorbereiten kann.

4. Durchführung der Befragung
Eine Expertenbefragung kann nur gelingen, wenn alle Beteiligten (Experte, Frager und Zuhörer, Gesprächsleiter) sich an die am Anfang formulierten Regeln halten. In besonderer Weise ist dafür der Gesprächsleiter verantwortlich. Er muss z. B. darauf achten, dass die vorbereiteten Themenbereiche zur Sprache kommen, dass der Experte und die Fragenden nicht abschweifen, dass der Unterschied zu einer politischen Diskussion erhalten bleibt bzw. der Übergang zu einer solchen Diskussion deutlich markiert wird.

5. Auswertung der Befragung
Jede Expertenbefragung sollte zu einem späteren Zeitpunkt ohne den Experten ausgewertet werden. Der sachliche Ertrag sollte klar bestimmt werden. Dieses Ergebnis sollte daraufhin überprüft werden, welche neuen Informationen gewonnen wurden und inwieweit das Ziel der Befragung erreicht wurde. Auch Vorbereitung, Organisation und das Verfahren sollten im Hinblick auf weitere Befragungen kritisch überprüft werden.

(Autorentext: B. Binke-Orth)

6. Hinweise zur Vorbereitung eines Kurzreferates

Ein **Referat** ist ein mündlicher Vortrag über ein deutlich markiertes Thema. Es dient dazu, einer Zuhörerschaft neue Informationen über ein bestimmtes Thema zu vermitteln, die sie ohne erheblichen Aufwand sonst nicht bekommen würde. Für den Referenten/die Referentin gibt es die Möglichkeit, sich darin zu üben, Sachverhalte in zusammenhängender, geordneter Form vorzutragen.

Für die **Vorbereitung** ist Folgendes zu beachten:

- Das Thema muss klar bezeichnet und eingegrenzt werden. Eine solche klare Fragestellung hilft bei der Stofferarbeitung und erleichtert später beim Vortrag das Zuhören.
- Das in der Vorbereitung zu erarbeitende Material sollte – eventuell nach einer Phase der Materialsuche – genau eingegrenzt werden. Unüberschaubares Material führt zur Verzettelung und oberflächlichen Bearbeitung.
- Der Referent sollte sich bei der Vorbereitung an einen Arbeitsplan mit folgenden Arbeitsphasen halten:
  - Materialsuche (falls nicht vorgegeben),
  - Auswertung des Materials (Lesen, Unterstreichen, Notizen machen),
  - Erstellung einer Gliederung,
  - Ausarbeitung des Referates in Stichworten (kein Aufsatz),
  - Vorbereitung von unterstützenden Materialien für den Vortrag (evtl. Folie oder vervielfältigte Übersicht).

Für die **Durchführung** des Referates sollten folgende Grundsätze beachtet werden:

- Ein Referat sollte klar gegliedert sein. Nach einer Einleitung, die das Thema sowie die Materialgrundlage nennt und versucht, die Zuhörer für das Thema zu interessieren, folgt ein unter Umständen noch einmal unterteilter Hauptteil mit den Informationen und Gedanken, die der Referent vermitteln will. Am Ende steht eine knappe Zusammenfassung, in der unter Umständen auch offene Fragen und Möglichkeiten der Weiterarbeit benannt werden.
- Ein Referat soll auf die Fähigkeit der Zuhörer, konzentriert zuzuhören, ausgerichtet sein. Die Länge des Referates muss deshalb genau überlegt werden.
- Ein Referat sollte nach Stichworten frei vorgetragen und nicht abgelesen werden, da der Vortrag so lebendiger wird.
- Der Referent sollte den Zuhörern zu Beginn mitteilen, wie er sich Rückfragen vorstellt (Zwischenfragen während des Referates oder Fragen nach der Beendigung des Vortrags). Solche vereinbarten Regeln geben Referent und Zuhörern Sicherheit.
- In vielen Fällen ist es sinnvoll, den mündlichen Vortrag durch kurze Skizzen, Schemata und Zusammenfassungen zu unterstützen. Ihre Präsentation auf einer Folie, auf die der Referent laufend Bezug nimmt, konzentriert die Aufmerksamkeit der Zuhörer auf den Vortrag. Schriftliche Zusammenfassungen in vervielfältigter Form sollten deshalb im Regelfall erst am Ende des Vortrags ausgegeben werden.

Für ein aktives und wirksames **Zuhören** bei Referaten sollte Folgendes beachtet werden:

- Wichtiger als die Erfassung aller Einzelheiten ist es,, den „roten Faden" des Referenten zu verfolgen. Dabei ist es hilfreich, auf Einleitungssätze, Überleitungen und Zusammenfassungen besonders zu achten.
- Ein Versuch, möglichst viel möglichst genau mitzuschreiben, behindert eher bei der Aufnahme der Informationen. Insbesondere, wenn eine schriftliche Zusammenfassung angekündigt wird, ist es besser, sich nur die grobe Struktur des Vortrags und ggf. Stichworte zu Rückfragen oder Diskussionsbeiträgen zu notieren.

(Autorentext: B. Binke-Orth)

Glossar

Absolutismus. Form der Monarchie des 17. und 18. Jahrhunderts, in welcher der Fürst oder König beanspruchte, eine uneingeschränkte Herrschaft auszuüben und Gesetze erlassen oder aufheben zu können, ohne selbst an Gesetze gebunden zu sein (legibus absolutus – „losgelöst von Gesetzen").

Afghanistan. Nach dem Terroranschlag in den USA vom 11. September 2001 stellte sich heraus, dass die Terroristen zu dem von Osama bin Laden geführten Terrornetzwerk Al-Qaida gehörten und dass diese Organisation von der damaligen afghanischen (Taliban-)Regierung unterstützt wurde. Daraufhin flogen die USA im Herbst 2001 wochenlange massive Luftangriffe gegen Ziele in Afghanistan (die UN erklärten dies Vorgehen als Selbstverteidigung für rechtmäßig), die dazu führten, dass das Taliban-Regime durch die Truppen der oppositionellen afghanischen „Nord-Allianz" gestürzt wurde. Seitdem wurde das Land von einer Übergangsregierung unter der Leitung von Hamid Karsai regiert, die von UN-Truppen (ISAF; unter starker deutscher Beteiligung) unterstützt wird. Karsai wurde im Oktober 2004 zum Präsidenten Afghanistans gewählt. An den Parlamentswahlen im September 2005 beteiligten sich 54 % der Wahlberechtigten. Nähere Information: www.de.wikipedia.org/wiki/Afghanistan

Agenda (lat.: „was zu tun ist"). Häufig gebrauchte Bezeichnung für einen Handlungsplan, in dem festgelegt wird, was (z. B. im politischen Bereich) durchgeführt werden soll („Tagesordnung"); im Medienbereich bezeichnet die Agenda die Auswahl der Themen, die behandelt werden sollen (s. → agenda setting).

agenda setting. s. S. 88

Akzeptanz. Bereitschaft, etwas anzunehmen; die Chance, für bestimmte Meinungen, Maßnahmen, Vorschläge und Entscheidungen bei bestimmten Personengruppen auf ausdrückliche oder stillschweigende Zustimmung zu treffen, ist eine Grundvoraussetzung sozialen und politischen Handelns.

Anarchie (griech.: „Herrschaftslosigkeit"). In der politikwissenschaftlichen Lehre von den internationalen Beziehungen Bezeichnung für ein grundlegendes Strukturmerkmal: die Tatsache, dass es auf internationaler Ebene keine mit dem → Gewaltmonopol ausgestattete Entscheidungsinstanz gibt. Zwar ist das internationale System in vielen Bereichen durchaus regelgebunden (z. B. durch das Völkerrecht und zahlreiche internationale Regierungsorganisationen), es fehlt aber eine internationale Exekutivgewalt, welche die Einhaltung von Regeln (z.B. des Völkerrechts) erzwingen könnte (mit der seltenen Ausnahme von bestimmten Beschlüssen des UN-Sicherheitsrats; vgl. M 12, S. 481).

anarchisch. → Anarchie

Arbeitslosengeld/Arbeitslosengeld II. s. S. 254

Aufklärung. Geistige und politisch wirksame Bewegung vom Ende des 17. bis zum 19. Jh., die auf der Überzeugung beruht, dass alle Menschen „von Natur aus" gleich und vernünftig sind und sich aus ihrer „selbstverschuldeten Unmündigkeit" (Kant) befreien können. Das aufklärerische Denken stellte die → Legitimität des monarchischen Herrschaftsanspruches im → Absolutismus infrage und forderte die Anerkennung unveräußerlicher Grundrechte in einer demokratischen Gesellschaft.

Battle Group. Um in Krisenfällen schneller reagieren zu können, baut die Europäische Union derzeit kleine, schlagkräftige Kampfverbände auf. Diese „Battle Groups" sollen sowohl für humanitäre Missionen als auch für Kampfeinsätze bereitstehen, die der Sicherung und Erzwingung des Friedens dienen und nur wenige Monate dauern. Bisher gibt es nur eine Battle Group, und sie könnte möglicherweise im Kongo eingesetzt werden. Insgesamt soll es von 2007 an 13 Einheiten geben, die an zwei Missionen gleichzeitig teilnehmen können. Die multinationalen Truppen werden aus jeweils 1500 Soldaten bestehen, die innerhalb von fünf Tagen nach einem EU-Ministerratsbeschluss verlegt werden können und nach zehn Tagen einsatzbereit sein sollen. Ähnlich wie die Nato-Eingreiftruppe werden die Battle Groups durch ein freiwilliges Rotationssystem der Mitgliedsländer bestückt. Frankreich, Großbritannien, Italien und Spanien werden zunächst eigene Battle Groups bilden, andere EU-Staaten wie Deutschland wollen sich an gemischten Einheiten beteiligen. Im ersten Halbjahr 2007 sollen Soldaten des deutsch-niederländischen Korps zusammen mit finnischen Soldaten eine Truppe bilden. Auch das Eurokorps ist für eine Battle Group vorgesehen. Als Haupteinsatzgebiete gelten Regionen der Welt, an denen die USA wenig interessiert sind, etwa zerfallende Staaten in Afrika. (Süddeutsche Zeitung v. 15.2.2006, S. 3; Verf.: Jeanne Rubner)

Blockparteien. Bezeichnung für die Zusammenfassung aller zugelassenen Parteien in den ehemaligen kommunistischen Staaten (z. B. in der ehemaligen DDR), die verpflichtet waren, die Führungsrolle der kommunistischen Partei (in der DDR der SED) anzuerkennen (Einparteienherrschaft).

Bretton-Woods-Abkommen. Im Rahmen der Währungs- und Finanzkonferenz der Vereinten Nationen 1944 in Bretton Woods (USA) getroffene Vereinbarung über die Neuordnung des internationalen Geldwesens. Die wichtigste Entscheidung betraf die Errichtung der beiden Institutionen Weltbank und Internationaler Währungsfonds (IWF).

checks and balances. Der Verfassung der USA zugrunde liegendes, von den Autoren der Federalist Papers aus der v. a. durch Montesquieu begründeten Lehre von der Gewaltenteilung entwickelter Grundsatz der „Hemmungen und Gegengewichte" der Verfassungsorgane. Das Prinzip der checks and balances besteht in der Zuordnung der Staatsfunktionen auf sich gegenseitig kontrollierende und aufeinander einwirkende Institutionen mit dem Ziel der Machtbeschränkung und Freiheitssicherung, d.h., eine Institution kann nie etwas alleine bewirken, sondern ist immer auf die Unterstützung (zumindest aber Tolerierung) der anderen Institutionen angewiesen. (Everhard Holtmann [Hg.], Politik-Lexikon, Oldenbourg, München 2000, S. 99; Verf.: Heinrich Pehle)

Deregulierung. Rücknahme staatlicher Eingriffe in einen Markt, Freigabe eines staatlich beherrschten Marktes. Ziel der Deregulierungspolitik ist eine Zurückdrängung der Rolle des Staates in einer Volkswirtschaft durch den weitgehenden Verzicht auf Vorschriften, Genehmigungen und Kontrollen. Auf den Arbeitsmarkt bezogen, richtet sich die von den Arbeitgebern erhobene Forderung nach Deregulierung auf eine Reduzierung gesetzlicher Regelungen (z.B. für den Kündigungsschutz, die Teilzeitarbeit usw.), die als zu weitgehend und die Einstellung von Arbeitskräften behindernd betrachtet werden.

Differenzierung, soziale (lat. differentia – Unterschied). Prozess der Trennung, Besonderung und (horizontal wie vertikal) wirksamen Abgrenzung von zunächst einheitlichen sozialen Gebilden. Horizontale soziale Differenzierung führt zu komplexen Strukturen von sozialen Positionen, Rollen und Verhaltensmustern. Vertikale Differenzierung ist gleichbedeutend mit der Entstehung von Herrschaftsverhältnissen oder führt bei bereits bestehenden „groben" Ober- und Unterordnungsverhältnissen zu „feineren", mehrgliedrigen Abstufungen. *Regionale* Differenzierung trennt z. B. Stadt- von Landkultur. *Funktionale* Differenzierung meint die Spezialisierung und Aufgabenverteilung unter Angehörigen einer Gesellschaft (Arbeitsteilung).

Dschihad. Die Gemeinschaft der Muslime versteht sich nicht nur als Kern des islamischen Staates, sondern auch als Vorbild der gesamten menschlichen Gesellschaft. So haben die Muslime sich dafür einzusetzen, ihren Glauben zu verkünden und sich die Oberhoheit in aller Welt zu verschaffen. Dieser Einsatz (dschihad) gilt zunächst dem Schutz der islamischen Gebiete gegen die Übergriffe und Gefahren von jeder Seite. Darüber hinaus soll der Machtbereich ausgedehnt werden, notfalls, so die klassische Lehre im Mittelalter, mit den Mitteln des bewaffneten Kampfes. Diese Pflicht obliegt der Gemeinschaft als solcher und hört erst auf, wenn alle Menschen den islamischen Glauben angenommen oder sich dem islamischen Staat unterworfen haben. Heute teilen sich die muslimischen Gelehrten in Bezug auf den *dschihad* in zwei Lager. Die einen wollen den kämpferischen Charakter dieses Einsatzes nach dem Vorbild des Mittelalters wieder lebendig machen. Die anderen legen den Akzent eher auf den Frieden als eigentlicher Zweck des Einsatzes der Muslime für die Sache des Glaubens. (Adel Theodor Khoury, Der Islam, in: Günter Kettermann, Atlas zur Geschichte des Islam, Wissenschaftliche Buchgesellschaft, Darmstadt 2001, S. 3f.)

empirisch. Auf die Wirklichkeit, die Erfahrung bezogen (im Unterschied zu „theoretisch" d.h. auf Überlegung und gedanklicher Verknüpfung beruhend); die Wirklichkeit durch Verfahren und Methoden erschließend, die nachvollziehbar und nachprüfbar sind und somit das Ergebnis von der Subjektivität des Forschers unabhängig machen.

Europarat. Der Europarat (Council of Europe) wurde als erste politische Organisation 1949 mit dem Ziel gegründet, Einheit und Zusammenarbeit in Europa zu fördern. Der Europarat ist eine eigenständige internationale Organisation. Seine Mitglieder haben sich auf eine enge, aber rein zwischenstaatliche Zusammenarbeit verpflichtet. Am meisten Bedeutung hat der Europarat durch seine Arbeiten zur Wahrung der Menschenrechte erlangt. In seinem Rahmen wurden die Europäische Menschenrechtskonvention (1950) und die europäische Sozialcharta (1965) erarbeitet. Der Europarat hat seinen Sitz in Straßburg; aufgrund der Namensähnlichkeit kommt es leicht zu Verwechslungen mit dem Europäischen Rat (European Council), der jedoch ein Organ der EU ist. (Beate Kohler-Koch u.a., Europäische Integration – Europäisches Regieren, VS Verlag für Sozialwissenschaften, Wiesbaden 2004, S. 31)

Feudalismus. Auf dem Lehnsrecht aufgebaute Wirtschafts- und Gesellschaftsform, in der alle Herrschaftsfunktionen von der über den Grundbesitz verfügenden Oberschicht ausgeübt werden. Die Blütezeit des Feudalismus lag in Europa zwischen dem 10. und 13. Jahrhundert.

Finanzausgleich. s. Länderfinanzausgleich.

Finanzmärkte, internationale. Zu den internationalen *Kapitalströmen* zählen insbesondere langfristige Kredite in Form von Direktausleihungen und Schuldverschreibungen, Portfolioinvestitionen wie der Erwerb von Aktien und Anleihen, ausländische Direktinvestitionen und Immobilien-Investments sowie kurzfristige „spekulative" Kapitalbewegungen („Hot Money"). All diese Transaktionen laufen über *Finanzmärkte*: über die Geld-, Kredit- und Kapital- bzw. Wertpapiermärkte sowie bei Währungsumtausch und beim Handel mit Währungen über die Devisenmärkte. Die wichtigsten „Global Players" auf den Finanzmärkten sind die sog. institutionellen Investoren wie multinationale Banken, Versicherungen, Pensions- und Investmentfonds, aber auch Hedge-Fonds und Private-Equity-Gesellschaften (Beteiligungsgesellschaften). (Dieter Duwendag, Globalisierung im Kreuzfeuer der Kritik, Nomos Verlagsgesellschaft, Baden-Baden 2006, S. 69)

Flexibilisierung. Auf den Arbeitsmarkt bezogen: Lockerung starrer gesetzlicher Regelungen (z. B. Kündigungsschutz, Flächentarife, Mindestlöhne) und verstärkte Arbeitszeitflexibilisierung (Teilzeitarbeit, Schichtarbeit, Gleitzeitarbeit, befristete Arbeitsverträge).

Föderalismus (von lat. foedus – Bündnis). Staatsaufbau aus mehr oder minder selbstständigen Gliedstaaten (in Deutschland: Bundesländer) und dem durch ihren Zusammenschluss gebildeten Gesamtstaat (in Deutschland: Bund). Im Gegensatz zu einem Zentralstaat (Einheitsstaat) gibt es die wichtigsten staatlichen Strukturelemente (Legislative, Exekutive, Verwaltung, Gerichtsbarkeit) auch auf der Ebene der Länder. Oberste Ziele des Föderalismus sind u. a. die Aufgliederung der Macht („vertikale“ Gewaltenteilung) und die Integration unterschiedlicher Gesellschaften bei relativer Autonomie oder gesicherten Mitwirkungsrechten der Gliedstaaten.

Fundamentalismus. Allgemein: das kompromisslose, dogmatische Festhalten an bestimmten, insbesondere religiösen und politischen Überzeugungen, Glaubensvorstellungen und Grundsätzen, die mitunter fanatisch und kämpferisch vertreten werden. Fundamentalistische Strömungen gibt es in Religionen, sozialen Bewegungen und politischen Parteien. Vgl. S. 497

Gemeinwohl. → S. 106 (Kasten)

Gewaltmonopol. Nach → Max Weber das den Staat definierende instrumentelle Merkmal, das diesem die legitime Anwendung physischen Zwanges gegenüber Personen vorbehält. Das verfassungsmäßigen und gesetzlichen Beschränkungen und Regelungen unterliegende Gewaltmonopol des Staates ist nach westlich-liberalem Demokratieverständnis als Schutz gegen Willkürherrschaft und als Grundlage der Verwirklichung von sozialen und Freiheitsrechten unabdingbar. (Everhard Holtmann [Hg.], Politik-Lexikon, Oldenbourg, München 2000, S. 226f.; Verf.: Heinrich Pehle)

Golfkrieg. Krieg zwischen dem Irak (Präsident S. Hussein) und alliierten Truppen unter Führung der USA (aus 26 Ländern), die aufgrund einer Ermächtigung durch die UNO eingriffen, um die irakische Eroberung Kuwaits (1990) rückgängig zu machen (17.1.–28.2.1991).

gouvernemental. Auf die Regierung(en) (franz. gouvernement) bezogen; im Unterschied z. B. zum nichtstaatlichen Bereich.

Hartz IV. Bezeichnung für gesetzliche Neuregelungen zur Arbeitsmarktreform, die Teil eines von der sog. Hartz-Kommission (unter Leitung des Personalvorstandes der Volkswagen AG, Dr. Peter Hartz) vorgeschlagenen Reformmaßnahmen-Katalogs sind. Die aus diesem Katalog realisierten Maßnahmen wurden in vier Gesetze aufgeteilt (Hartz I: Schaffung von „Personal-Service-Agenturen“ zur Schaffung neuer Beschäftigungsmöglichkeiten durch Leih- und Zeitarbeit; Hartz II: Gesetz zur Förderung von „Minijobs“ und von „Ich-AGs“ sowie zur Einrichtung von „Job-Centern“; Hartz III: organisatorischer Umbau der bisherigen Bundesanstalt für Arbeit zu einer Bundesagentur für Arbeit mit stärkerem Akzent auf der Arbeitsvermittlung; Hartz IV: s. Arbeitslosengeld II, Kasten S. 254).

Hierarchie. Ordnungs- oder Herrschaftssystem, das durch das vertikale Prinzip von Über- und Unterordnung streng gegliedert ist.

hierarchisch. s. Hierarchie.

humanitäre Intervention. Eingreifen, auch mit militärischen Mitteln, im Gebiet eines anderen Staates zum Schutz der Menschen, z. B. bei massiven Menschenrechtsverletzungen und Völkermord, unter der Voraussetzung, dass der betr. Staat selbst nicht in der Lage oder nicht willens ist, Schutz zu bieten. Beispiel: → Kosovo-Konflikt.

Humankapital. Die Summe der wirtschaftlich nutzbaren Fähigkeiten, Kenntnisse und auch Verhaltensweisen der Erwerbsbevölkerung einer Volkswirtschaft. Der Begriff bringt zum Ausdruck, dass erst die Ausbildung ein Individuum wirklich befähigt, volkswirtschaftlich produktiv tätig zu werden. Statistisch kann das Humankapital nur direkt anhand sozialer Indikatoren (z. B. Art der schulischen Ausbildung) gemessen werden. Als Investitionen im Humankapital sind demnach die Ausgaben für Erziehung, Aus- und Weiterbildung anzusehen.

idealtypisch. Bezeichnung für eine Betrachtungsweise, welche die Realität nicht einfach beschreiben, sondern wichtige Wesenszüge und Merkmale hervorheben (unwesentliche vernachlässigen) und zu einem Modell zusammenfassen will. Der von → Max Weber geprägte Begriff des Idealtypus trägt nicht den Charakter des Vorbildlichen, sondern dient methodisch der begrifflich-gedanklichen Analyse und Ordnung der sozialen Wirklichkeit; vgl. S. 54 (Kasten).

Index. „Anzeiger“; in der Statistik eine Messzahl, die das Verhältnis mehrerer Zahlen zueinander angibt (z. B. in zahlenmäßigen Entwicklungsreihen über die Entwicklung der Löhne, der Bevölkerung usw.); dabei wird die Zahl eines bestimmten Jahres (Basisjahr) = 100 gesetzt und die Veränderungen der absoluten Zahl für das Bezugsjahr in Prozentpunkte umgerechnet.

Indikator (von lat. indicare – anzeigen). „Anzeiger“ oder „Kennziffer“ für bestimmte Sachverhalte, die zahlenmäßig erfasst und gemessen werden sollen. Der Indikator ist eine Größe, bei der das Vorhandensein an sich (Schimmel im Brot) oder das Überschreiten eines bestimmten Zahlenwertes (2 % Preisniveausteigerung) das Vorhandensein eines weiter gefassten Begriffs „anzeigt“ (verdorbenes Brot, Inflation). Der Indikator steht also für eine andere Sache, die unmittelbar nicht beobachtet oder gemessen werden kann, ist nicht diese selbst. Wichtiges Qualitätsmerkmal eines Indikators ist seine Gültigkeit (Validität), d. h., dass er tatsächlich das anzeigt, was er anzeigen soll. Ein zweites Kriterium, das jeder Indikator erfüllen soll, ist seine Zuverlässigkeit (Reliabilität). Sie ist dann gegeben, wenn die Anwendung des Indikators unter kontrollierten Bedingungen zu gleichen Ergebnissen führt. Vgl. Anhang S. 566f.

intergouvernemental. Zwischen den einzelnen Regierungen (franz. gouvernement – Regierung) liegend;

Bezeichnung für eine begrenzte Zusammenarbeit der Einzelregierungen in der Europäischen Union als eine eher lockere Form der Integration; im Unterschied zu einer engeren „supranationalen" Politik, bei der die Einzelstaaten weitgehender auf ihre → Souveränitätsrechte verzichten und die politischen Entscheidungen durch gesamteuropäische Institutionen treffen lassen.

Investition. Langfristige Anlage von Kapital zur Erhaltung und Vermehrung der Produktionsmittel in Form von Maschinen, Gebäuden usw. Man kann Ersatzinvestitionen (Ersatz abgenutzter Anlagen), Erweiterungsinvestitionen (zur Vergrößerung der betrieblichen Kapazität) und Rationalisierungsinvestitionen (zur Verbesserung der Produktivität, d. h. des Verhältnisses zwischen Kosten und Ertrag) unterscheiden; öffentliche Investitionen sind Investitionen des Staates (Bund, Länder, Gemeinden), z. B. im Bereich der Infrastruktur.

Item (engl. Einzelangabe). Element eines Fragebogens oder einer Skala; es besteht aus einer Aussage, die als Frage oder als Urteil formuliert ist, zu der sich die Befragten zustimmend oder ablehnend oder Kenntnisse nennend äußern sollen.

juristische Personen. Organisationen, die ebenso wie natürliche Personen Träger von Rechten und Pflichten sind, in eigenem Namen klagen und verklagt werden können. Dazu zählen z. B. Kapitalgesellschaften, Genossenschaften und Vereine sowie im öffentlichen Bereich Gebietskörperschaften und Anstalten des öffentlichen Rechts (z. B. Rundfunkanstalten)

Kalter Krieg. Der Begriff bezeichnet die nach dem Zweiten Weltkrieg (1939 – 1945) entstandene Auseinandersetzung zwischen den USA und der ehemaligen Sowjetunion und ihren Bündnissystemen. Eine direkte militärische Auseinandersetzung konnte trotz mehrerer Krisen (Berlin 1948 u. 1958, Kuba 1962), die einen „heißen Krieg" hätten herbeiführen können, vermieden werden. Während des Kalten Krieges versuchten beide Staaten ihre eigene Position durch Aufrüstung, Paktsysteme, Wirtschaftshilfe, Propaganda, Unterstützung von Staatsstreichen, Revolutionen und Stellvertreterkriegen in der Dritten Welt zu stärken bzw. zur Verhinderung eines Dritten Weltkrieges die jeweils andere Seite abzuschrecken. Noch während dieser Epoche wurde aber auch eine Entspannungspolitik entworfen und erfolgreich abgeschlossen. Mit dem neuen Denken des Führers der Sowjetunion, Gorbatschow (ab 1985), endgültig mit dem Zusammenbruch des Ostblocks und der Sowjetunion endete der Kalte Krieg.

Kapital. Geld- und Sachwerte, die dazu eingesetzt werden, weiteren Nutzen zu erwirtschaften (z. B. Zinsen zu erbringen oder Güter herzustellen). Als Produktionsfaktor versteht man unter Kapital produzierte Produktionsmittel, z. B. Maschinen, maschinelle Anlagen, Gebäude, die der Produktion von Gütern dienen.

Kapitalismus. Schlagwortartige Bezeichnung für ein Wirtschafts- und Gesellschaftssystem, in dem die Produktionsmittel – im Gegensatz zum Sozialismus – privaten Eigentümern (Kapitaleigentümern) gehören und zu dem Zweck der Gewinnerzielung eingesetzt werden. Der Markt dient als Steuerungselement für Produktion (Art und Umfang), für Höhe und Verteilung der Einkommen und deren Verwendung (Verbrauch und → Investition); der Wettbewerb soll der ständigen Verbesserung der wirtschaftlichen Leistung dienen.

Kapitalmarkt. Markt für mittel- bis langfristige Finanzmittel (über vier Jahre); Partner sind Banken, Unternehmen, öffentliche Stellen, private Haushalte, Ausländer und die Zentralbank; der Kapitalmarkt findet an Börsen oder freien Stellen statt (Aktienmarkt, Rentenmarkt, Hypothekenmarkt); er besorgt den Emittenten (Aussteller, Herausgeber) von Wertpapieren langfristige Finanzierungsmittel und ermöglicht den Kapitalgebern einen jederzeitigen Verkauf der Papiere.

Kaufkraftparität. Verhältnis (Relation) der Ausgaben für einen Warenkorb (bestimmte Auswahl von Gütern) im Ausland zu den Ausgaben für denselben Warenkorb im Inland; es besagt, dass für homogene, handelbare Güter in zwei Staaten der gleiche Preis zu zahlen ist, wenn die Preise für das jeweilige Gut in einer einheitlichen Währung ausgedrückt werden. Mit der Bildung von Kaufkraftparitäten (KKP) soll der internationale Vergleich der Kaufkraft verschiedener Währungen oder des Realeinkommens in verschiedenen Ländern ermöglicht werden (z.B. wie viel Euro erforderlich sind, um in Europa das gleiche Güterbündel zu kaufen, das in den USA für 1 USD zu erwerben ist; → Kaufkraftstandards), vgl. auch S. 507.

Kaufkraftstandards. Sie entsprechen einer künstlichen Recheneinheit von EUROSTAT, mit deren Hilfe auf der Basis von Kaufkraftvergleichen nationale Währungen in eine einheitliche Parität umgerechnet werden. → Kaufkraftparität.

Kosovo-Konflikt. Auseinandersetzung um die Provinz Kosovo (südlicher Teil Serbiens mit rd. 2 Millionen Einwohnern); die dort ansässigen muslimischen Albaner, die rd. 90 % der Bevölkerung ausmachen, wurden von der serbischen Zentralregierung in vielen Bereichen diskriminiert; es kam 1999 zum Bürgerkrieg der „Albanischen Befreiungsarmee des Kosovo" (UCK) gegen die serbischen Regierungstruppen mit schweren Verbrechen der Serben an der muslimischen Bevölkerung, die zur Massenflucht (rd. 1,1 Millionen bis Juni 1999) der Albaner führte. Als der serbische Präsident Milosevic auf ein Ultimatum der NATO nicht reagierte, begann die NATO am 24.3.1999 mit Luftangriffen auf militärische Ziele und andere serbische Einrichtungen; die NATO begründete ihr Eingreifen (ohne Zustimmung des UN-Sicherheitsrates) mit dem Ziel, weitere schwere Menschenrechtsverletzungen im Kosovo zu verhindern. Nachdem Milosevic Anfang Juni 1999 einem Friedensplan zustimmte, beendete die NATO ihre Angriffe; eine UN-Zivilverwaltung wurde eingesetzt, die durch internationale Friedenstruppen

(KFOR) unterstützt wird. In Serbien wurde Präsident Milosevic durch die Bevölkerung zum Rücktritt gezwungen und durch die neue serbische Regierung 2001 an den Internationalen Gerichtshof (UN-Kriegsverbrechertribunal) in Den Haag ausgeliefert, wo seit Februar 2002 der Prozess gegen ihn stattfand. Im März 2006 verstarb er in der Haft, der Prozess wurde eingestellt.

Länderfinanzausgleich. In der Bundesrepublik Deutschland das in den Artikeln 107 I und II des Grundgesetzes verfassungsrechtlich festgeschriebene, die Konstruktion des „sozialen Bundesstaates" (Art. 20 I GG) konkretisierende System des Ausgleichs der unterschiedlichen Finanzkraft der Bundesländer. Der Länderfinanzausgleich ist Teil eines umfassenderen komplizierten Systems des bundesstaatlichen Finanzausgleichs der Verteilung der Steuereinnahmen auf die Ebenen des Bundes, der Länder und der Kommunen; s. M 63a, S. 326. Die wichtigsten der verschiedenen Ausgleichszahlungen verpflichten nach einem komplizierten Schlüssel finanzstarke („ausgleichspflichtige") Länder zur Zahlung von Zuschüssen an finanzschwächere („ausgleichsberechtigte") Länder. – Der Länderfinanzausgleich hat zu heftigem Streit zwischen reicheren und ärmeren Ländern und zwischen den Ländern insgesamt und dem Bund geführt.

laissez-faire (auch: laissez aller, laissez passer – lasst machen, lasst gehen). Schlagwort und Prinzip des uneingeschränkten Wirtschaftsliberalismus, das den Verzicht des Staates auf jegliche Beeinflussung des Wirtschaftsprozesses fordert. Dahinter steht die Vorstellung, dass auf diese Weise die wirtschaftliche Entwicklung am besten gefördert wird. Ursprünglich diente der Begriff als Parole des französischen Liberalismus des 17. und 18. Jahrhunderts und entstand als Reaktion auf das System des Merkantilismus, der sehr stark staatlich gelenkten Wirtschaftsordnung, mit der die Nationalstaaten im Zeitalter des → Absolutismus ihren Reichtum zu mehren versuchten.

Legitimation. Politische Legitimation ist eng verwandt mit dem Begriff der politischen → Legitimität und wird gelegentlich auch identisch verwendet. Sofern zwischen beiden Begriffen differenziert wird, kann sich dies auf unterschiedliche Aspekte beziehen. Eine in der Sozialwissenschaft gängige Unterscheidung ist die zwischen Legitimität als Rechtmäßigkeit eines politischen Systems und Legitimation als den Verfahren zur Herstellung von Legitimität. Vgl. S. 16.

Legitimität, (lat.) „Rechtfertigung". Legitimität kann insofern als universelles Phänomen bezeichnet werden, als aufgrund ihrer hohen Bedeutung für Funktionsfähigkeit und Stabilität politischer Systeme nahezu jede politische Herrschaft, wenn auch in deutlich unterschiedlichem Ausmaß, versucht sich zu rechtfertigen. Nach dem demokratischen Legitimitätsprinzip, dessen Kernbegriff die → „Volkssouveränität" darstellt („Alle Staatsgewalt geht vom Volke aus"), gilt eine Herrschaftsordnung nur dann als legitim, wenn sie unmittelbar vom Volk ausgeübt wird (direkte Demokratie) oder mittelbar durch vom Volk gewählte Vertretungen und eine durch sie kontrollierte Regierung (repräsentative Demokratie).

legitimieren. Etwas als rechtmäßig/berechtigt begründen (s. → Legitimität).

Liberalisierung. Die Beseitigung von Regelungen, die den freien Austausch von Waren, Dienstleistungen und Kapital behindern. Im nationalen Bereich spricht man auch von → *Deregulierung.* Die Liberalisierung des internationalen Warenhandels führt zum *Freihandel.*

Madison, James (1751–1836). 4. Präsident der USA (1809–1817); als Rechtsanwalt einer der Führer der Unabhängigkeitsbewegung; entwarf 1781 die Grundlage der amerikanischen Verfassung; zu ihrer Begründung und Durchsetzung schrieb er zusammen mit A. Hamilton und J. Jay „The Federalist"; unter Präsident Th. Jefferson (1801–1809) Außenminister.

makroökonomisch. Bezeichnung für die Erforschung und Beschreibung des Wirtschaftsprozesses im Hinblick auf große (zu Sektoren/Aggregaten zusammengefasste) Wirtschaftseinheiten (private Wirtschaft, Staat, Import, Export usw.) und gesamtwirtschaftliche Zusammenhänge (Konjunktur, Beschäftigung, Inflation). Im Unterschied dazu bezieht sich die *mikroökonomische* Betrachtungsweise auf die Untersuchung des Verhaltens einzelner Wirtschaftseinheiten oder Wirtschaftssubjekte (z. B. das Angebots- und Nachfrageverhalten von Unternehmen und Haushalten auf den einzelnen Märkten, die Preisbildung und den Wettbewerb). Die mikroökonomische schafft die Voraussetzung für die makroökonomische Analyse.

monokausal (griech. monos – allein; lat. causa – Ursache, Grund). Etwas (ein Ergebnis, einen Zustand, eine Veränderung) auf eine einzige Ursache zurückführend (im Unterschied zu multikausal – mehrere Ursachen annehmend).

Nachhaltigkeit (von engl. sustainable development – nachhaltige Entwicklung). In den Sozialwissenschaften häufig gebrauchter Begriff für die dauerhaft positive Wirkung einer Maßnahme oder politischen Konzeption, z. B. für eine Art des Wirtschaftens, die nicht nur die Bedürfnisse der heutigen Generation, sondern auch die zukünftiger Generationen berücksichtigt, deren Lebenschancen gesichert werden sollen. Der Begriff stammt ursprünglich aus der Forstwirtschaft, wo er besagt, dass nicht mehr Holz geschlagen werden soll, als in gleicher Menge und Qualität nachwächst. Er wurde zunächst in den Umweltschutzgedanken (dauerhafte Sicherung der natürlichen Lebensgrundlagen) und dann in andere Politikfelder, insbesondere in die Entwicklungspolitik übernommen. Er wird zunehmend exzessiv und nicht immer sinnvoll verwendet.

nachhaltige Entwicklung. → Nachhaltigkeit

neoklassisch. Bezeichnung für die das Grundkonzept der Klassiker weiterentwickelnde und den neuen

Verhältnissen und Erkenntnissen anpassende Wirtschaftstheorie; Kernstück der älteren neoklassischen Theorie ist das Marktmodell der vollständigen Konkurrenz.

Neoliberalismus. Sozial- und Wirtschaftstheorie, die zwar auf den Individualismus setzt (Liberalismus), aber die Freiheit des Einzelnen nur in einer Wettbewerbssituation anerkennt. Notwendig ist, dass der Staat den ordnungspolitischen Rahmen für Wettbewerb und Konkurrenz intakt hält und auch gegen unternehmerische Lobbys für funktionierende Märkte sorgt. Damit folgt der Neoliberalismus historisch auf den ursprünglichen Wirtschaftsliberalismus, der dem Staat keinerlei Regulierungsfunktion in der Wirtschaft zubilligte (→ „Laissez-faire-Politik", „Manchester-Kapitalismus"). Für den deutschen Neoliberalismus war die „Freiburger Schule" um den Ökonomen Walter Eucken mit ihrem „Ordoliberalismus" maßgeblich. In den 90er-Jahren wird der Begriff – schlagwortartig und eher missbräuchlich – zur Charakterisierung und Kritik vorhandener Strukturen und Tendenzen der reinen „Herrschaft des Marktes" (im Sinne des „klassischen" Liberalismus) und des Abbaus staatlicher Sozialpolitik verwendet. Vgl. S. 305.

normativ. Sich an → Normen orientierend; eine Aussage/Theorie ist normativ, wenn sie einen Sachverhalt im Hinblick auf eine bestimmte Norm bewertet oder beurteilt und so zum Ausdruck bringt, was eigentlich (nicht) sein soll. Im Unterschied dazu wird eine Aussage als *deskriptiv* bezeichnet, wenn sie einen Sachverhalt lediglich beschreibt; s. Anhang S. 567.

Normen. In jeder Gesellschaft gibt es grundlegende Wertvorstellungen, die von ihren Mitgliedern mehr oder weniger anerkannt werden (z. B. Gerechtigkeit, Freiheit, Solidarität, Frieden). Aus diesen Werten lassen sich Normen, d. h. bestimmte Vorschriften ableiten, an denen sich das Verhalten unmittelbar orientieren soll (z. B. ergibt sich aus der Wertvorstellung Gerechtigkeit für Lehrer die Norm, Schülerarbeiten gerecht zu bewerten). Im wirtschaftlich-technischen Verständnis sind Normen bestimmte vorgeschriebene Größen, Qualitäten, Verfahren usw. Im Bereich des Rechts spricht man von Rechtsnormen (Grundrechte, Verfassungsartikel, Gesetze).

OECD. Organization for Economic Cooperation and Development. 25 Mitglieder-Länder (alle westlichen Industrieländer einschließlich Kanada, USA, Japan und Australien, außerdem Griechenland, Spanien, Portugal und die Türkei). Ziel der OECD (Sitz: Paris) ist die Koordinierung der Konjunktur- und Währungspolitik und die Förderung der Entwicklungshilfe.

öffentliche Güter. Güter, die nicht vom Markt, sondern vom Staat (Gemeinden, Ländern, Bund) zur Verfügung gestellt werden (z. B. Straßen, Schulen, Verwaltungen) und prinzipiell von jedem in Anspruch genommen werden können.

Operationalisierbarkeit. Möglichkeit, einen Begriff, bei dem der gemeinte Sachverhalt nicht direkt wahrnehmbar und messbar ist, so weit zu konkretisieren, dass man entscheiden kann, ob und inwieweit das mit dem Begriff Gemeinte vorhanden ist (vgl. → Operationalisierung und Anhang S. 566f.).

Operationalisierung. Anwendbarmachen von theoretischen Begriffen für die → empirische Forschung. Dabei müssen präzise Angaben gemacht werden, mit deren Hilfe entschieden werden kann, ob in der untersuchten Realität ein mit dem betr. Begriff bezeichnetes Merkmal (Tatbestand) vorliegt oder nicht. Im weiteren Sinne ein Verfahren immer weiter gehender Konkretisierung (Zuordnung von → Indikatoren zu theoretischen Begriffen). Vgl. Anhang S. 566f.

Opportunitätskosten. Kosten für den entgangenen Nutzen oder Ertrag, der sich bei einem anderen Einsatz eines Gutes oder eines Produktionsfaktors als der tatsächlich gewählten Verwendung ergeben hätte (Alternativkosten). Ein Unternehmer steht z. B. grundsätzlich vor der Wahl, private Geldbeträge für neue Maschinen und Ausstattung in seinen Betrieb zu investieren oder diese Beträge am Kapitalmarkt anzulegen und dafür Zinsen zu erhalten. Entscheidet er sich für die betriebliche Investition und nicht für die Anlage am Kapitalmarkt, entstehen ihm Alternativkosten in Höhe der Zinserträge für die nicht gewählte, alternative Anlage des Geldes am Kapitalmarkt. (Das Lexikon der Wirtschaft, Bibliographisches Institut & Fa. Brockhaus AG, Mannheim 2004, Lizenzausgabe für die Bundeszentrale für politische Bildung, Bonn 2004, S. 10)

Outsourcing (aus engl. outside – außen und resource – Hilfsmittel). Maßnahme eines Unternehmens, bestimmte Aufgaben und Dienstleistungen „auszulagern", d. h. externe Firmen damit zu beauftragen, um Kosten zu sparen und im eigenen Unternehmen flexibler verfahren zu können (z. B. in den Bereichen Forschung und Entwicklung, EDV-Beratung, Werbung). Vgl. S. 365.

Paradigma. „Unter Paradigma [griech.: Muster] wird im weiteren Sinne eine vorherrschende Sichtweise verstanden, die Leitgedanken und generelle Erklärungsmuster zur Verfügung stellt und damit den Erkenntnisprozess strukturiert. Wissenschaftliche Forschung neigt dazu, sich innerhalb etablierter Paradigmen zu bewegen und dabei eigene Grundannahmen nicht mehr infrage zu stellen und sich in ihrer Erklärungsfähigkeit zu erschöpfen, bis sie schließlich von konkurrierenden Paradigmen verdrängt werden [Paradigmenwechsel]." (Beate Kohler-Koch u. a., Europäische Integration – Europäisches Regieren, VS Verlag für Sozialwissenschaften, Wiesbaden 2004, S. 32). Beispiele für Paradigmen sind z. B. in der Ökonomie Angebots- und Nachfragetheorie, in der Politikwissenschaft Realismus und Idealismus (in der Lehre von den internationalen Beziehungen; s. S. 490).

Produktivität. Verhältnis von Produktionsergebnis zu den eingesetzten Produktionsfaktoren. Die *Arbeitsproduktivität* wird gemessen als Produktion je Beschäftigten oder als Produktion je Beschäftigtenstunde; sie stellt die wichtigste Kennzahl zur Messung der betrieblichen und volkswirtschaftlichen Leistungsfähigkeit dar. Ihre Steigerung kann bedingt sein durch eine wachsende Leistungsintensität des Produktionsfaktors Arbeit, durch zweckmäßigeren Arbeitseinsatz und durch → Rationalisierung. Die *Kapitalproduktivität* misst das Verhältnis zwischen Produktionsergebnis und Kapitaleinsatz. – Verbessert sich die Produktivität, spricht man von Produktivitätsfortschritt; liegt sie im Vergleich zu anderen Bereichen oder Ländern niedriger, spricht man von einem Produktivitätsdefizit.

professionalisieren. Berufsspezifisch qualifizieren; → Professionalisierung.

Professionalisierung. Tendenz und Entwicklung zur Verberuflichung handwerklicher und geistiger Fähigkeiten durch spezifische fachliche Ausbildung und Fortbildung, auch im Hinblick auf die Entwicklung berufsspezifischer Qualifikationen für neu entstehende Tätigkeits- und Aufgabenbereiche.

Querschnittsaufgabe. Bezeichnung für die Verfolgung eines bestimmten Ziels (z. B. Umweltschutz) in verschiedenen Bereichen der Politik (z. B. Wirtschaftspolitik, Landwirtschaftspolitik, Verbraucherpolitik, Energiepolitik).

Rationalisierung. Im ökonomischen Sinn Sammelbegriff für alle technischen und organisatorischen Maßnahmen in Produktion und Verwaltung mit dem Ziel, Kosten zu sparen und die Produktivität und Rentabilität zu erhöhen. Über den ökonomischen Bereich hinaus bedeutet Rationalisierung (lat. ratio = Rechnung, Verstand), dass das Denken und Handeln immer mehr der Berechnung und Begründbarkeit unterliegt und auf das Ziel gerichtet ist, die umgebende Wirklichkeit beherrschbar zu machen.

Regime (frz. regime – Regierung). Traditionell: Bezeichnung für eine bestimmte politische Herrschaftsordnung oder eine Staatsform. In der Lehre von den Internationalen Beziehungen Fachausdruck für ein bestimmtes Regelwerk der Kooperation (internationale Regime). „Als Regime kennzeichnende Merkmale werden übereinstimmend Prinzipien, Normen, Regeln sowie Verhaltens- und Entscheidungsroutinen [...] innerhalb eines Problemfeldes [...] genannt. [...] Das Element von ‚Dauerhaftigkeit' verknüpft mit ‚Effektivität' wird [...] ebenfalls als konstituierendes Merkmal von Regimen begriffen." (Beate Kohler-Koch, Regime in den internationalen Beziehungen, Baden-Baden 1987, S. 18)

Ressourcen. Hilfsquellen und Hilfsmittel, die der Mensch als Mittel zum Leben braucht; in der Volkswirtschaft alle Mittel, die für die Produktion von Gütern und Dienstleistungen zur Verfügung stehen; in der Politik: Machtmittel, Möglichkeiten, auf die man sich stützen kann. Im weiteren Sinne alle Mittel und Möglichkeiten, aus denen eine Person oder eine Gruppe schöpfen kann, um ihre Stellung in der Gesellschaft zu erhalten oder zu verbessern.

Richtlinienkompetenz. s. S. 58

Säkularisierung (von lat. saecularis = weltlich, heidnisch und von franz. sécularisation = Verweltlichung). Bezeichnung für den die Neuzeit charakterisierenden Prozess der zunehmenden Lösung und Verselbstständigung der Individuen, gesellschaftlicher Organisationen und des Staates gegenüber Religionsgemeinschaften und kirchlichen Einflüssen und der Lösung von Deutungsmustern, Wertvorstellungen und Normen von ihren kirchlichen und theologischen Prägungen (Verweltlichung). Als → Indikatoren der Säkularisierung wertet man vor allem abnehmende Kirchenmitgliedschaft, rückläufige Anzahl der Gottesdienstteilnehmer, schrumpfenden Einfluss der Kirche auf die Meinungsbildung und private Lebensführung der Kirchenmitglieder sowie Bedeutungsminderung der konfessionellen oder religiösen Konfliktlinie im Wählerverhalten.

SED. Sozialistische Einheitspartei Deutschlands. Bis zum Ende der DDR (1989/90) die das gesamte politische, gesellschaftliche und wirtschaftliche Leben des Landes beherrschende Staatspartei der DDR (hervorgegangen aus der unter dem Druck der sowjetischen Besatzungsmacht vollzogenen Zwangsvereinigung von KPD und SPD).

Selektivität (lat. selectio – Auswahl, Auslese). Im politikwissenschaftlichen Sprachgebrauch Bezeichnung für die geplante oder ungeplante Bevorzugung oder Benachteiligung von Teilen einer Menge (z. B. von Gruppen und Interessen in einer Gesellschaft, von bestimmten Politikbereichen und politischen Maßnahmen gegenüber anderen, von bestimmten Personenkreisen bei der Besetzung von Ämtern und Beförderungsstellen usw.).

Sozialisation. Bezeichnung für die Gesamtheit aller Vorgänge, in deren Verlauf der Mensch zum Mitglied einer Gesellschaft und Kultur wird. Durch den Sozialisationsprozess, der wesentlich durch Sozialisationsinstanzen (Familie, Schule, Medien, Freundschaftsgruppe usw.) geprägt wird, gewinnt das Individuum seine Identität als eine gesellschaftlich handlungsfähige Persönlichkeit. Grundeinstellungen zu verschiedenen Lebensbereichen (z. B. Politik, Arbeit, Ordnung) werden durch den Prozess der Sozialisation in einer bestimmten Richtung geprägt.

Souverän. Bezeichnung für eine Person oder (in der Demokratie) das Volk als Träger der unbeschränkten Staatsgewalt.

Souveränität. Eigene, selbstbestimmte Herrschaftsgewalt eines Staates nach innen (Gewaltmonopol) und außen; die äußere (völkerrechtliche) Souveränität garantiert die Unabhängigkeit (Selbstbestimmungsrecht) eines Staates in den internationalen Beziehungen; *Souveränitätsrechte* können auf supranationale Organisationen übertragen werden (Souveränitätsverzicht in bestimmten Bereichen).

Subventionen. Zuschüsse der „öffentlichen Hand" (des Staates) an förderungsbedürftige Wirtschaftszweige (z. B. Landwirtschaft, Wohnungsbau, Schifffahrt) oder an Personengruppen mit geringem Einkommen (Sparförderung, Vermögensbildung). So können Subventionen etwa zur Erhaltung von Betrieben oder ganzen Wirtschaftszweigen gewährt werden, zur Anpassung an neue Bedingungen, zur Förderung des Produktivitätsfortschritts und des Wachstums von Unternehmen oder Unternehmenszweigen. Subventionen werden als direkte Finanzhilfen oder indirekt in Form von Steuervergünstigungen gezahlt und können mit bestimmten Auflagen verbunden sein. Im allgemeinen Sprachgebrauch werden alle Arten von staatlichen Zuschüssen und Fördermitteln als Subventionen (von lat. subvenire – zu Hilfe kommen) bezeichnet.

subventionieren. → Subventionen

totalitär. Kennzeichnung eines Herrschaftssystems, das alle Lebensbereiche der Menschen und der Gesellschaft einem einheitlichen Willen der Staatsmacht unterwirft und diesen Willen mit allen Mitteln durchsetzt; totalitäre Systeme in diesem Sinn waren der Nationalsozialismus oder der stalinistische Kommunismus; → totalitärer Staat.

totalitärer Staat. Diktatorische Herrschaftsgewalt, die im Namen einer totalitären → Ideologie (Totalitarismus) ausgeübt wird und der Intention nach sämtliche Lebensbereiche der Gesellschaft durchdringt. Kennzeichen totalitärer Systeme sind in Anlehnung an Carl Joachim Friedrich: monopolistische Staatspartei; Zentralverwaltungswirtschaft; Nachrichtenmonopol; allumfassende Ideologie; Waffenmonopol; terroristische Geheimpolizei. Das Dritte Reich des Nationalsozialismus und der Kommunismus (v. a. der Stalinismus) – aber auch der faschistische Staat Italiens – gelten als historische Ausprägungen des totalitären Staates, in denen alle gesellschaftlichen und politischen Bereiche totalitär gleichgeschaltet waren.

Transaktionskosten. → S. 545 (Kasten)

Transfereinkommen. → Transferzahlungen.

Transferzahlungen. Zahlungen des Staates an private Haushalte ohne gleichzeitige ökonomische Gegenleistung (hauptsächlich Sozialleistungen wie z. B. Sozialhilfe, Kinder- und Wohngeld). Sie bewirken eine Einkommensumverteilung und sollen soziale Ungleichheiten mildern. Manchmal werden Transferleistungen auch zu den → Subventionen gerechnet.

Volkssouveränität. Volkssouveränität gilt seit den großen Menschenrechtserklärungen des 18. Jh. als grundlegendes Prinzip demokratischer → Legitimation. Es besagt, dass im Gegensatz zum Prinzip der Souveränität eines Alleinherrschers erstens alle Staatsgewalt letztlich vom Volk ausgeht und durch die Stimmbürgerschaft direkt (z. B. durch direktdemokratische Verfassungsgebung oder direktdemokratische Wahl der Regierung) oder mittelbar (z. B. durch Entscheidungen der vom Volk gewählten Abgeordneten) legitimiert ist und dass demzufolge zweitens die Inhaber politischer Ämter dem Volk oder den aus Wahlen hervorgegangenen Repräsentativorganen verantwortlich sind.

Weber, Max. Professor für Wirtschaftswissenschaften und Soziologie in Berlin, Freiburg und Heidelberg (1864–1920). Hauptwerk: Wirtschaft und Gesellschaft, Grundriss der verstehenden Soziologie, 3 Bde., Berlin 1921. Ausgehend von vielfältigen historischen Forschungen (Recht, Wirtschaft, Religion) entwickelte Weber seine Methode einer „verstehenden Soziologie". Da die soziale Wirklichkeit nicht unmittelbar und „objektiv" erfasst werden kann und kausale Zusammenhänge nicht eindeutig bestimmt werden können, muss wissenschaftliche Analyse auf einem „deutenden Verstehen" basieren. Die Soziologie muss versuchen, Handlungen vom Standpunkt der Handelnden aus zu verstehen, d. h. über das beobachtbare Verhalten hinaus zu analysieren, welche subjektive Sinngebung, welche Gedanken und Motivationen den Handlungen zugrunde liegen. Zur Methode der Konstruktion von „Idealtypen" s. Kasten S. 56. In seinen wissenschaftstheoretischen Arbeiten widmete sich Weber vor allem dem Problem der Werturteilsfreiheit der Wissenschaft: Wissenschaftliche Aussagen und persönliche Wertungen sollen klar getrennt werden. Die Unmöglichkeit, wissenschaftliche Werturteile zu fällen, hängt mit Grenzen wissenschaftlicher Erkenntnismöglichkeiten zusammen (s. o.). Wissenschaft kann lediglich angeben, mit welchen Mitteln (und welchen Nebenfolgen) bestimmte Ziele erreicht werden können. Überdies kann sie das Bewusstsein über das Gewollte erhellen, jedoch niemals verbindlich entscheiden, was gewollt werden sollte. Max Weber hat durch seine Arbeiten wesentlich zur Ausbildung der Soziologie als eigenständiger Wissenschaft beigetragen und gilt bis heute als einer ihrer „Gründerväter" und bedeutendsten Vertreter.

Weltwirtschaftskrise. → S. 303 (Kasten)

Werturteil. Aussage, die explizit eine Wertung enthält, d. h. bestimmte Vorgänge, Handlungen oder Entscheidungen als gerechtfertigt/wünschenswert/gut bzw. als nicht gerechtfertigt/schlecht bezeichnet. Die von Max Weber geforderte Wertfreiheit (genauer: Werturteilsfreiheit) der Wissenschaften zielt darauf ab, wissenschaftliche Aussagen intersubjektiv überprüfbar zu machen, sie also von subjektiven Bewertungen freizuhalten, die nichts zur kognitiv-informativen Zielsetzung der Wissenschaft beitragen können. Sie bedeutet nicht, dass der Forscher kein individuelles Wertsystem haben darf, durch das seine Themenwahl, sein Interesse und seine Theorienbildung beeinflusst werden. Vgl. Anhang S. 567f.

Zivilgesellschaft. Einzelpersonen, Gruppen, Gemeinschaften, Organisationen, Institutionen oder Parteien bestimmen das Leben in einer Gesellschaft. Freiwilliges Engagement gehört genauso dazu wie professionelles Arbeiten in Verbänden, die Nachbarschaftshilfe oder das Organisieren von globalen Netzwerken und Kampagnen zum Schutz der Umwelt oder für die Rechte der Kinder. Eine Zivilgesellschaft wird geprägt von einem Geflecht unzähliger Aktivitäten und von der Bereitschaft und Fähigkeit der Menschen, ihre Interessen zu artikulieren, sich für die Belange Schwächerer einzusetzen und Andersdenkende zu tolerieren.

Register